金融学译丛

# 房地产金融与投资

(第十五版)

威廉·B. 布鲁格曼(William B. Brueggeman)
杰弗里·D. 费希尔(Jeffrey D. Fisher) 著
刚健华 译

# REAL ESTATE FINANCE AND INVESTMENTS

(FIFTEENTH EDITION)

中国人民大学出版社
·北京·

# 出版说明

作为世界经济的重要组成部分，金融在经济发展中扮演着越来越重要的角色。为了加速中国金融市场与国际金融市场的顺利接轨，帮助中国金融界相关人士更好、更快地了解西方金融学的最新动态，寻求建立并完善中国金融体系的新思路，促进具有中国特色的现代金融体系的建立，中国人民大学出版社精心策划了这套“金融学译丛”，该套译丛旨在把西方，尤其是美国等金融体系相对完善的国家最权威、最具代表性的金融学著作，被实践证明最有效的金融理论和实用操作方法介绍给中国的广大读者。

该套丛书主要包括以下三个方面：

（1）理论方法。重在介绍金融学的基础知识和基本理论，帮助读者更好地认识和了解金融业，奠定从事深层次学习、研究等的基础。

（2）实务案例。突出金融理论在实践中的应用，重在通过实务案例以及案例讲解等，帮助广大读者将金融学理论的学习与金融学方法的应用结合起来，更加全面地掌握现代金融知识，学会在实际决策中应用具体理论，培养宏观政策分析和进行实务操作的能力。

（3）学术前沿。重在反映金融学科的最新发展方向，便于广大金融领域的研究人员在系统掌握金融学基础理论的同时，了解金融学科的学术前沿问题和发展现状，帮助中国金融学界更好地认清世界金融的发展趋势和发展前景。

我们衷心地希望这套译丛的推出能够如我们所愿，为中国的金融体系建设和改革贡献出一份力量。

**中国人民大学出版社**

# 前　言

## 1. 本书内容简介

本书希望读者能够理解与住宅房地产和商业房地产的投资与融资相关的风险和收益，并对这些风险和收益有所准备。本书中包含了一些概念和技术，这些概念和技术在与房地产有关的行业中被广泛使用，内容包括投资、房地产开发融资、评估、咨询、房地产投资组合管理、租赁、房地产管理、房地产位置分析、房地产法人管理以及房地产基金管理等。这些内容也与那些想要更好地了解房地产金融的个人相关，可以使个人在做投资和融资决定时获得一定参考。

21 世纪初国际金融市场上的混乱情形与房地产市场上发生的事件息息相关，这也暗示投资者、贷款人和其他所有参与房地产市场的人们需要更好地理解如何评估各种与投资和租赁相关的风险和收益。这需要人们了解能影响贷款人和投资者权益的法律条款、租赁和投资房地产的特点、贷款和投资的经济效益、地方经济如何影响房地产的投资表现以及租赁者和投资者的目标。

本书致力于帮助学生和其他读者理解这些因素，使他们可以进行必要的分析，做出有根据的房地产金融和投资决策。在本书中，我们讨论房地产融资和房地产投资两方面的内容，这两个话题是相互联系的。例如，一位投资者购买房地产的行为就是“投资”，这一过程通常涉及通过抵押贷款融资。因此，投资者不仅要明白如何分析投资，还要知道如何评估融资行为对投资风险和收益的影响。

相似地，贷款人向投资者提供资金购买房地产的行为也是一种“投资”，贷款人希望通过放出贷款获取一定的收益。因此，贷款人也需要了解放贷的风险和收益。实际上，和抵押贷款有关的一项风险是，如果借款人违约，贷款人就会获得房地产的所有权。这意味着贷款人也需要用各种方法评估房地产的价值，就像投资者购买房地产时所做的一样。

## 2. 本书组织结构

从上述讨论中我们可以看到，有很多因素会对房地产投资和抵押贷款的投资和收益产生影响。这些因素不仅适用于个人住房投资，而且适用于大型的产生收益的投资，例如投资写字楼。

本书第 1 部分讨论了一些法律概念，这些概念对于学习房地产融资和投资十分重要。尽管一个房地产投资者或者贷款人会在很大程度上依靠律师进行房地产交易，但是知道足够多的相关法律概念并能提出正确的问题是非常重要的。我们只关注那些和房地产投资与融资相关的法律问题。

第 2 部分讨论了货币时间价值的概念，这些概念对分析房地产投资和抵押贷款十分重要。货币时间价值的重要性在于房地产投资是一项长期投资，为其进行融资的贷款需要在很长一段时间内进行偿付。这产生了对于抵押贷款基本构造方式的讨论：固定利率抵押贷款和可调整利率抵押贷款。

第 3 部分将住宅房地产视为一项投资，并且涵盖抵押贷款承销。这和个人做出的融资决定是相关的，比如是买房子还是租房子，同时这也和贷款人息息相关，因为贷款人既要评估贷款又要评估借款人。

第 4 部分涵盖了许多和分析房地产投资收入有关的话题。我们提供了一些有深度的案例，包括公寓、写字楼、购物中心和仓库。许多概念也可以扩展到其他种类的房地产上。我们讨论的话题包括租赁协定、如何评估房地产、如何分析一项投资的潜在风险和收益以及税收怎样影响投资收益。我们也会讨论如何评估一项房地产应该被售卖还是被修复更新。最后我们将考虑，那些自身没有投身于房地产行业的公司，有时也必须在商业上做出房地产决策。这将包含选择持有还是租赁公司运营中的房地产的问题和一些其他问题。

本书的前四部分着眼于现存房地产投资或融资，第 5 部分讨论了如何分析待开发的工程。开发过程可以包括土地的取得和各类收益性房地产的建造，也可以包括收购土地并对其进行细分和改进，以便于建成公司办公园区或出售给住宅开发商。这一部分也包括项目在开发过程中如何融资。建设和开发房地产的融资与现有已被占用的房地产的融资大不相同。

第 6 部分讨论了各种各样的房地产融资和投资工具。我们从合伙企业开始讨论，展示有着不同领域专长的各方如何聚集在一起做出房地产投资决策。例如，有开发技术的一方需要项目开发的资金。合伙企业是由一个拥有资金但是没有开发技术的投资者建立的。然后我们对投资进行财务分析，包括资本出资形式，资本分配，以及房地产取得、经营与销售过程中的合伙人。在这部分，我们也会讨论住宅和商业贷款资产池是如何建立的。然后我们会讨论抵押贷款支持证券的一些问题：（1）它是如何建立的；（2）如何对这些资产池发放抵押证券；（3）它在二级市场上是如何进行交易的。我们还会讨论这些投资具有何种风险。这一部分会涉及房地产投资信托基金（REIT）。上市公司会投资于房地产，并会允许投资者通过购买本公司的股票拥有多样化的房地产投资组合。

最后，第 7 部分讨论了如何评估一个投资组合中的房地产，这个投资组合包含其他各类投资，如股票、债券。这需要大家了解投资组合中包含房地产所带来的增加多样性的好处，还要了解在房地产投资组合（包含跨国投资）内部增加多样性的方法。再下面一章的内容是关于房地产投资基金——为一掷千金的个人或机构投资者而设立的基金。我们讨论不同的基金策略、基金结构和如何分析涉及不同行业标准的基金的业绩。

## 3. 本书受众

从上述讨论中我们可以看出本书涵盖了很多话题，课程是覆盖所有的章节还是部分章节取决于具体的课程目标。如果愿意的话，课程还可以强调一个投资者或贷款人的观点。一些课程可以强调不同的部分，例如住宅房地产、商业房地产、房地产的建造和开发、抵押贷款支持证券、公司房地产或投资基金。也就是说，本书的设计可以使教师和学生选择全面理解所涉及的话题或只关注对他们来说重要的话题。

## 4. 本版的变化

除了更新全书的材料外，尤其自豪的是在本书这一版中我们引入了一个新的章节——第 23 章。这一章详细介绍了房地产投资基金。这些基金在住宅和商业房地产所有权领域扮演了重要的角色。典型的房地产投资基金是由专业投资经理和私人证券公司创立的，他们为一掷千金的投资者、养老金计划发起人和其他机构投资者提供了投资于专业管理的房地产投资组合的机会。该章的重点是介绍这些基金如何构成、运转和进行评估。

另一个重要的改变是，我们在第 18 章中增加了一个新的概念框，总结了由于《创业企业融资法案》而产生的美国证券交易委员会的新规定：允许通过“众筹”为房地产投资筹集资金。新的规定允许使用互联网来连接投资者，这在之前是不可行的，预计这将带来个人投资的显著增加。

本版也介绍了一种新的基于云计算、租赁、折现现金流的软件。软件设计旨在对收益性房地产投资进行分析和估值。

## 5. 电子工具

本书实用性强，我们将理论和实际问题应用相结合。这些问题的表述和解决方法需要应用到金融计算器、Excel 和一些专门用于分析房地产收入的软件。大家可以在本书的网站（www. mhhe. com/bf15e）上找到 Excel 电子表格，这些电子表格可以帮助学生理解本书各章展示的例子。通过对这些示例的操作，学生不需要再建立新的电子表格就可以解决每章的课后题。

学生也可以在网站上注册，免费使用一个在线的房地产评估软件——REIWise。我们之所以选择这个软件，是因为只要有网络的连接，任何人都可以方便地通过 iPad 或者其他移动设备来使用。REIWise 在很多章中被用来作为 Excel 的补充，协助进行投资分析和解决估值问题。一旦学生或教师完成注册，他们就能接触到本书中示例的数据文件。学生可以在以下网址进行注册：www. reiwise. com/edu。

## 6. 网络工具和资源

能否对房地产投资和融资做出明智的决策取决于能否获得有用的信息。这些信息包括国家和地区市场趋势、利率水平、可获得的房地产、融资替代品以及关注房地产各部门发展前景的专家们的意见。

网络为房地产投资者和贷款人提供了丰富的信息资源，了解如何在网络上搜寻信息是“尽职调查”的重要环节，应该在做任何房地产投资前完成。本书第十五版包括了一些 Web App 专栏，这些专栏可以提供一些需要在网络上搜寻相关信息的练习。这些 Web App 专栏提供了在网上可以找到的数据和其他类型信息的实际例子。本版也包含了一些参考网站，学生们可以利用这些网站进行各种房地产问题的调查研究。除了调查研究，这些资源还给读者提供了了解本书讨论的许多话题的机会。

本书的网站是 www.mhhe.com/bf15e，其中包含了很多有用的辅助资料，例如网站链接、多项选择题、Excel 电子表格和附录。教师用密码进行登录可以获得参考答案、试题库和演示文稿。

## 7. 补充材料

本书有一些补充材料可供使用，包括：

- 参考答案——由本书作者开发。
- 试题库——由 Scott Ehrhorn（利伯蒂大学）开发。
- 演示文稿——由 Joshua Kahr（哥伦比亚大学）开发。

## 8. 致　谢

我们想对以下人士表示感谢，他们有的是评论者，有的向我们提供了反馈。正是他们对本书最近几版所做出的贡献，使我们进一步完善了最新的版本：

Edward Baryla　东田纳西州立大学
Eric Fruits　波特兰州立大学
Robert Berlinger，Jr.　大学理工学院
Deborah W. Gregory　亚利桑那大学
Roy T. Black　佐治亚州立大学
Arie Halachmi　田纳西州立大学（美国）/中山大学（中国）
Thomas P. Boehm　田纳西大学诺克斯维尔校区
Barry Hersh　纽约大学 SCPS 房地产研究所
Thomas Bothem　伊利诺伊大学芝加哥分校
Samuel Kahn　图罗学院
Wally Boudry　北卡罗来纳大学教堂山分校
Joshua Kahr　哥伦比亚大学
Grace Wong Bucchianeri　宾夕法尼亚大学沃顿商学院
W. Keith Munsell　波士顿大学
Brad Case　房地产投资信托协会
Michael Schonberger　罗格斯大学新不伦瑞克校区
Ping Cheng　佛罗里达大西洋大学
Tracey Seslen　南加利福尼亚大学
Rui Shi　L&B 房地产咨询公司

Ron Donohue　霍姆尔·霍伊特研究院
Carlo Slawson　路易斯安那州立大学
John Fay　圣塔克拉拉大学
Jan Strockis　圣塔克拉拉大学
Michael Fratantoni　乔治城大学

在进行第十五版的修订时，一些人向我们提出了宝贵的建议。美国房地产投资信托协会的 Brad Case 和霍姆尔·霍伊特研究院的 Ron Donohue 帮助修改了有关房地产投资信托的章节。Joe D'Alessandro 和 Rui Shi 帮助修改了有关房地产投资基金的章节。联邦国民抵押贷款协会的 Rhea Thornton 对住房贷款承保相关章节提出了一些建议。Megalytics 公司的 Susanne Cannon 提供了关于"众筹"的内容。Heather Hofmann 对于书稿的准备和提交给予了帮助。

本书第十五版中的一些材料得益于众多为以前版本提供帮助的人。阿布扎比投资局的 Youguo Liang 在合资企业的结构方面提供了重要意见。Charles Johnson 和 Aaron Temple 帮助提供了参考网站。Jacey Leonard 帮助准备了本版中使用的一些电子表格模板。Charles Johnson 和 Aaron Temple 帮助制作了网络参考资料和电子表格。Ji' Reh Kore 帮助研究了影响房地产金融行业的近期趋势，并编写了参考答案。Deverick Jordan 和 Diem Chau 也对参考答案和书中图表的制作提供了帮助。Nathan Hastings 帮助更新了书中的一些法律法规，并提供了关于房地产行业所采用的所有权结构的信息。

我们怀念已故的 Theron Nelson，他为本书的早期版本做出了贡献，包括创建了几个电子表格模板的原始版本。我们感谢他对本书和房地产行业的贡献。

感谢麦格劳-希尔教育出版公司的图书团队：Chuck Synovec，Michele Janicek，Jennifer Upton，Melissa Caughlin，M. Jane Lampe，James Heine，Lynn Breithaupt，Douglas Ruby，Kevin Shanahan。感谢他们在开发新版本方面提供的帮助。

我们也继续感谢那些为本书之前的版本做出贡献的作者，特别是写了本书第一版的已故的 Henry E. Hoagland，以及参与了几个版本的已故的 Leo D. Stone。最后，我们感谢所有前面版本的读者，他们的反馈让我们获悉本书对学生们步入房地产行业的职业生涯有所助益。

**威廉·B. 布鲁格曼**
**杰弗里·D. 费希尔**

# 目 录

## 第 1 部分　房地产融资和投资概述

# 第2部分　抵押贷款

# 第 3 部分　住宅房地产



# 第 4 部分　收益性房地产

## 第5部分　房地产开发融资



## 第6部分　房地产融资与投资工具选择

# 第 7 部分　投资组合分析与房地产投资基金

第 1 部分

# 房地产融资和投资概述

# 第 1 章　房地产投资基本法律概念

这不是一本关于房地产法律的书，但是房地产行业有很多法律术语。在投资房地产时，投资者了解自己投资的自然属性和所有权是非常重要的。在本章中，我们讨论了与房地产有关的一些重要法律条款。这些法律条款和概念会在之后的章节中出现，并作为理解之后章节的必要基础。

房地产行业中现在使用的很多法律条款是从英国普通法发展而来的，这些法律是现行美国物权法的基础。比如，房地产（real estate）中的“real”来源于“realty”（不动产），表示土地以及永久附着物（包括无法移动的物品，例如建筑和其他建造物）。没有被归入不动产的其他物品均被规定为动产（personalty），包括所有的无形资产和可移动物品（例如，汽车、股票、银行存款和专利）。“estate”现指“一个人拥有的所有”，包括动产和不动产。因此一个人拥有的包括不动产的部分就是“real estate”。然而，在现在的商业实践中，尽管有时也会用“realty”，我们通常用“real estate”来指土地和一切永久依附于土地的东西。

理解动产和不动产的区别是非常重要的，因为我们的法律体系已经发展到这两种概念非常不同的地步。比如，在很久以前的英格兰，对于房地产的争论通常涉及合法所有权、占有、土地边界等一些问题。当这些争议被带到法庭上时，双方当事人所谓的证词通常基于口头协议、承诺等类似的协定，使得这些争议问题很难解决。如何解决这些问题是十分重要的（当时英格兰的经济非常依赖于农业），会影响人们的生活方式。法庭决定可能需要一方从土地上搬出并将土地上所有永久的改造物移交给另一方（房屋、谷仓等）。随着争议的增加，人们设计了一个实际的解决方法——所有涉及房地产的交易均必须签订书面的协议从而使交易可实施。①

① 这个要求包含在《反欺诈和作伪证法令》中，此法令于 1677 年由英格兰通过，意图减少法庭审理前具有争议和可疑的交易。

类似的发展有：（1）设计一个系统，凭借它可以精确调查土地位置和边界并在合同中描述出来；（2）一个细致的公共管理档案系统，包含在政治权限内一切房地产所有权的信息。任何涉及房地产的交易都可以加入这个档案系统，从而创造一切所有权变更的历史记录，并向公众公示，尤其是那些想要购买房地产或者在房地产项目上放款的团体或个人。类似的惯例在美国依然存在，在今天我们依然需要书面合同、必备条件、调查方法和详细记录每个州、每个城市的房地产所有权的公共档案系统。我们应该注意到，许多涉及动产的交易并不受限于和房地产相同的合同要求，口头协定也可执行。

当进行房地产投资时，除了可以获得实体的土地资产和土地上所有永久附着物外，投资者还可以获得一定的权利。这些权利包括控制、占有、开发、装修、开采、抵押、出租、排除和出售的权利。这些权利总称为所有权。因此，不动产和不动产所有权这两个词条是逐步形成的。[①] 作为一个实际问题，在商业中，房地产和不动产这两个概念有时是可以互换的。然而，正如我们所见，在投资房地产时获得的所有权是独立可分离的。例如，出于换取租金或其他考量，房地产可能会被出租或抵押给别人。这些在不放弃所有权的条件下就可完成。实际上，理解所有权的本质和所有权如何与房地产进行捆绑，并被创新使用来增强房地产的价值是本书的一个目标。读者可以参考表 1－1 对此概念进行大致了解。

**表 1－1　　房地产金融和投资中的基本财产概念**

| （1） | （2） | （3） | （4） |
|---|---|---|---|
| **财产的一般性质** | **分类** | **举例** | **财产所有权：法律演变的条件/证据** |
| 任何可以被占有、使用、享用、控制、开发或转让，或任何可以产生效用或价值的物品都被认为是财产。 | A. 不动产 | A. 土地和其他永久附属物（建筑物、人行道等）。不能移动的财产。固定附着物。 | A. 书面协议、法律描述、调查、契约、遗嘱、占有。公告。 |
| | B. 动产 | B. 无形资产和可移动物体（比如，汽车、股票、专利、家具）。 | B.（口头或书面）合同、购买清单等。 |
| **财产权**<br>财产所有者可执行的权利，包括占有权、使用权、享用权、控制权和创造财富的权利。 | | C. 财产所有者将使用权出租给承租人，使房地产变成可租赁房地产。 | C. 书面文件（租约）描述用于换取租金的房地产和拥有物。 |
| **财产权益**<br>由业主创造，为了在不放弃所有权的条件下达到特定目的而抵押或限制房地产的使用。 | | D. 财产所有者抵押房地产来获得贷款。 | D. 抵押物留置权、地役权等。 |
| | | E. 财产所有者赋予其他人地役权，使他人有权通过此土地到达其他地方。 | |

① 对于非地产来说，术语“动产”发生了变化，动产所有权包含一系列和上述所列相似的权利，但是这些权利只从属于动产。

## 1.1 产权和房地产

正如上文所说，“房地产”（real estate）指代那些不可移动的物品，例如土地和附着于土地上的永久建造物。房地产和所有权（ownership rights）一起被称为“不动产”（real property）。上文也对不动产和动产（personal property）进行了比较。[①]

区分房地产资产的实体和房地产资产所有权是非常重要的，因为许多人可能对一个固定打包的房地产拥有不同的所有权。我们的法律系统对房地产投资和融资提供了创造性的方法，以在这些当事人中间分配权益。

我们通常所说的财产权（property rights）是指一个人对财产占有、使用、享用、处置的权利。在房地产应用中，权益是一个宽泛的法律词条，通常用来指代财产权。房地产权益的持有者可以享受一些权利或者拥有一定程度上的控制或使用的权利，同时在出售此权益时接受付款。这种权益的价值在这个范围内是可以被确定的，也可以被买卖、使用或作为贷款的抵押。

一个特定的打包房地产的价值可以被认为是个人愿意为这些权利带来的好处所支付的价格。个人本身不一定是房地产的所有者，也可以只是拥有房地产产权的一些好处。比如，一个租用土地的承租人（lessee），在一定时间内拥有占有土地和排外的使用权。这种使用权对承租人来说是有价值的，尽管租赁期限是固定的。作为此权利的交换，承租人愿意为承租期限付出租金。抵押权人，作为贷款抵押物的非所有者，也会有一些权利。这些权利根据各州法律和抵押条款的不同会有变化，但是，总的来说，如果借款人违约，抵押贷款贷款人有权收回或销售房地产。尽管贷款人可能不会占有或使用此房地产，抵押贷款文件赋予了贷款人担保权益（secured interest）。显然，这个权益对贷款人是有价值的，它会减少业主所持有的权利。

很明显，理解房地产的法律性质对分析归属于不同的、对特定资产拥有所有权的当事人的相关好处是十分重要的。在大多数房地产融资和投资交易中，我们一般认为投资、出售或借款都建立在这样一个假设基础上，即一个所有者拥有房地产的所有权利。然而，正如我们所讨论的那样，所有或者部分权利可能会受到限制或被转让给他人。比如，一个业主可能出租房地产或将其作为抵押贷款的抵押物。这些当事人通常相对和谐地享用各自的权利。然而，在权益持有者中，有关权利和权利优先次序的冲突偶有发生。这些冲突发生的可能性也会影响个人愿意支付的租金，或从贷款人处融资的能力，最终会影响房地产的价值。

---

① 我们应该指出有一些物品被称为“固定附着物”（fixture）。这些物品曾经被归为动产，但是现在被归为不动产，因为它们要么以某种永久方式附着于土地或建筑物，要么意图永久地和建筑物一起被使用。一些例子包括：内置式洗碗机、炉子、车库等。对于固定附着物有着明确的判例法。在实际中，当资产被买卖时，一系列的动产和固定附着物应该被详细记录下来，构成买卖合同的一部分。这是为了避免资产从卖方转移到买方过程中发生不明确的情况。

### 1.1.1 房地产的定义

财产（estate）指“一个人拥有的全部物品”，房地产（real estate）指个人财产中的所有房地产的部分，不动产中的房地产（estates in real property）概念曾经用来描述房地产的权利和权益范围。对英国物权法的一系列修正法律在不断进步，修正后的法律将房地产概念表述为交易中一系列权利和权益及其本质。例如，自由继承房地产（fee simple estate）描述对房地产的绝对拥有权，然而租赁产权房地产（leasehold estate）描述了居住者出租或租用房地产时获得的权利和权益。后者也是一种所有者权益，它涉及了在拥有时期占有和使用的一般权利。

### 1.1.2 房地产的两种一般分类

**基于权利的分类：现在拥有的房地产和未拥有的房地产（未来房地产）**

这种宽泛的分类方式是基于伴随着房地产所有权的权利的本质来进行分类的。现在拥有的房地产（土地上现有的房地产）使它的所有者有权立刻享有房地产权利。未拥有的房地产（土地上未来有的房地产）直到未来才能给予这种权利。未拥有的房地产，从另一方面来说，代表了未来对房地产的所有权益。通常，直到一个特定事件发生，它才能转变为拥有的房地产。现在拥有的房地产在现在更常见。当人们想到房地产时，他们通常想到的是现在拥有的房地产。显然，出租者和投资者在考虑购买或进行房地产融资时，非常关心房地产拥有者所持有房地产的本质属性。

**基于所有和使用的分类：永久产权房地产和租赁产权房地产**

现在拥有的房地产通常可分为两种类型：永久产权房地产和租赁产权房地产。这是基于房地产确定性或其存在期的确定性来区分的。永久产权房地产（freehold estate）的持续时间是不确定的，即没有规定房地产结束的确定日期。租赁产权房地产（leasehold estate）的有效期是确定的。除了这个不同，永久产权房地产也隐含着不动产所有权是属于业主的，然而租赁产权房地产的所有者只在一段时间内有权拥有或使用此房地产，房地产的实际所有权是归他人所有的。

### 1.1.3 永久产权房地产的例子

回顾所有可能的永久产权房地产的类型超出了本章的范围。我们将会讨论两种最常见的例子，来传递了解此类与特殊交易相关的房地产的重要性。

**自由继承房地产**

自由继承房地产，即继承者拥有绝对处理权的房地产，是一种永久产权房地产，代表了最完全的房地产所有权。自由继承房地产的所有者可以在遵守房地产所属州法律的前提下，任意地按照自己的想法将房地产划分为较小的部分，对其进行定价、出售、出租或抵押。除了政府的规定，没有任何其他的规则、限制、条款可以影响自由继承房地产持有者使用、出租、出售甚至赠与他人的权利。这种房地产是投资者和出租者在大多数投资和出租交易中会遇到的房地产类型。

**终身房地产**

还有一种比自由继承房地产拥有的权利少一些的永久产权房地产。终身房地产（life estate）就是一个例子，它是一种持续时间与所有者寿命或其他人寿命一样长的永久产权房地产。一旦这个人死亡，房地产归还给原让与人（房地产转让人）、原让与人的继承人或者原让与人指定的人。大多数终身房地产是源于财产让与。例如，一个让与人在死亡前可能希望将他的房地产赠送给别人，但是还希望保留在死亡前使用的权利。这可以通过受保留的终身房地产限制的财产让与来实现。终身房地产可以出租、用于抵押或售卖。然而，和此房地产有关的当事人应该意识到，房地产持有将伴随着持有者的死亡而结束（或持有者的生命长度决定了房地产的持续期）。因为终身房地产持续期的不确定性，它的可销售性和作为抵押物的价值会在很大程度上受到限制。

## 1.1.4 未拥有的房地产（未来房地产）

之前的讨论主要涉及现在拥有的房地产，即可以让业主立刻享用的房地产。接下来我们讨论未拥有的房地产，或者说未来房地产（future estates），这种类型的房地产直到未来的某个时间才将使用房地产的权利交给业主。两种最主要的未来房地产类型是复归房地产和剩余权益房地产。

**复归房地产**

当房地产持有者（让与人）将房地产转让给另一个人（受让人），此类房地产给予受让人较少的所有者权利，并保留了让与人的后代在未来拿回房地产的权利，在让与人让与房地产之前，这个房地产就是复归（reversion）房地产。在这种情况下，让与人对受让人持有的房地产保留复归的不动产产权。复归权益可以被出售或用于抵押，因为它是一种真实的房地产权益。

**剩余权益房地产**

当一个让与人已经将一个现有房地产的部分权利转让给受让人后，让与人或其后代具有结束受让人房地产使用权的复归权益。若让与人把此复归权益又转让给第三方，此时的房地产就是剩余权益（remainder）房地产。剩余权益房地产对于第三方来说是未来房地产，它也具有抵押权利。

## 1.1.5 租赁产权房地产的例子

租赁产权房地产主要有两种类型：长期租赁房地产和按年租赁房地产。此外还有两种不太常见的类型。① 租赁产权房地产的分类基础是其被创造和结束方式的不同。

**长期租赁房地产：租期**

长期租赁房地产（estate for years）是投资者和贷款人很容易遇到的租赁产权房地产。它通过标明具体出租期限的租约被创立。只要租约标明了结束时间，即使租期短于

① 自由意志房地产（estate at will）：指业主在没有协议规定租赁价格和租期的情况下，同意把房地产给其他人占有使用。这类房地产持续期不确定。默许房地产（estate at sufferance）：在没有业主同意或知情的情况下，租户在上述三种房地产情况终止之后继续占有使用房地产。

一年，仍然是长期租赁房地产。租赁合约是书面的，和房地产中所有其他合约一样。实际上，根据《防止欺诈法》的要求，当租赁期超过一年时，租约必须采用书面形式。业主和租户的权利及义务和其他与租赁有关的条款通常都在租赁协议中写明。

长期租赁房地产的最长持续时间为99年（按照惯例，很少有超过99年的租约），给承租人在此期间使用和控制房地产的权利，而承租人需要用租金来换取这种权利。在租约的存续期内，一定程度上具体的租金可能比市场租金率低，租约对于承租人来说是有价值的（租赁权的价值）。这种房地产权益的价值可以被借入或者被出售。比如，如果承租人有权以每年1 000美元的租金来占有房地产，而此时完全竞争市场上的价值为每年2 000美元，那么这额外的每年1 000美元就代表承租人权益的价值，这个价值可以被借入或售出（假设没有租赁条约来阻止这一权利）。

当一个房地产被出租时，最初的收费业主被认为持有了一个租赁费用房地产（leased fee estate）。这意味着他放弃了一些房地产权利，把它转让给承租人（租赁产权房地产）。租赁费用房地产的价值取决于租约持续期中期望的租赁收益加上租约结束时房地产的价值和最初所有者回收的剩余权益的价值。因此，一个租赁费用房地产可以被用作房地产贷款抵押物或者被出售。

**按年租赁房地产**

按年租赁房地产（estate from year to year）（即按期租赁房地产，或简单地称为定期租赁）持续不断，直到一方明确表示有在一期或连续几期后终止租赁的想法。一个“时期”通常和付租金的时期相对应。因此，租期通常按月来计，尽管它可以在任何期限到一年的时间内持续。这类房地产可以通过当事人间明确的条款被创造出来，尽管无法确定一个明确的终止时间。因为这类房地产通常是短期的（一年或更少），合约可以是且通常是口头的。这类房地产可以在没有业主明示同意的情况下产生。一个常见的例子是，当租户在超出截止日期后延期或持续占有房地产，业主接受了房租或做出了默许同意的表示。

如果在转让或出售房地产后，现有租户仍继续租赁使用该房地产，受让人应同意根据现有租约取得产权。协议应规定租金的分配并将相关款项转移给受让人。受租约约束的房地产买方应始终保留审查和批准租约的权利，以确保租约有效、不违约、不受不良条款的影响。

## 1.2 权益、产权负担和地役权

房地产权益可以被认为是一种对房地产的权利或对房地产及其产品和收益的主张，权益通过所有者被创造和转移给其他当事人，通常是为了换取其他报酬。在房地产中，权益通常被认为是重要程度仅次于房地产实体的存在。例如，一个自由继承房地产的所有者可以选择抵押或设立产权负担作为获得贷款的条件（抵押贷款）。在这种情况下，贷款人只拥有担保权益，而不具有占有、使用等权利。这种担保权益的性质通常记录在贷款条约中，解释了在业主不满足贷款条件的情况下贷款人可以对担保物采取的行为。在抵押期间，业主保持对房地产占有和使用的权利。在业主通过授予另一方当事人地役权或进出其房地产的权利而产生产权负担时，房地产权益也会产生。

地役权（easement）是一种对土地的非占有权益（nonpossessory interest），它是一种对他人拥有或出租的土地的使用权，通常是为了一些特殊的目的（例如，对房地产的通行权）。地役权只赋予了有限制的使用者权利，而不是与所有权有关的。[①] 地役权的例子是：有两个业主 A 和 B，A 允许 B 使用他的私人车道，从而使 B 可以方便地从 A 的土地上回到自己的房地产中。在零售业的发展中，A 和 B 可能会执行互惠地役权，赋予双方互相接近、穿过房地产的权利，从而增强消费者的交通流量和购买机会。

# 1.3 所有权担保

在投资房地产时，房地产买方通常希望能确保变为房地产合法所有者，出售者是房地产合法所有者并有权转让房地产所有权。表 1-2 包含了一个基本的流程，可以帮助读者理解与房地产所有权有关的概念。

当考虑购买房地产时，买方处于评估可获得的财产权数量与质量的位置。所有权担保（title assurance）指房地产买方通过一些方式（1）提前了解出售者是否拥有并可以转让他们宣称的所有权，（2）在所有权转移之后，若所有权名不符实，可以获得补偿。[②] 贷款人也关心所有权担保问题，因为所有权的质量会影响到贷款人具有担保权益的房地产的担保价值。在检查所有权担保机制前，我们必须简单地回顾一下所有权和契约的概念。

## 1.3.1 所有权的含义

所有权（title）是一个抽象的词条，经常被用来将拥有房地产的个人或实体联系起来。当一个人有“所有权”的时候，我们就说他有所有元素，包括可以证明所有权的文件、记录和法案。所有权建立起了从卖方到买方房地产权利的转移。之前的部分简要地介绍了多种类型所有权和所有者权益的一部分，这些权利在各种房地产中都有涉及。例如，一个持有自由继承房地产的所有权的人可能将所有权转变成终身房地产类型并转移给某个人，也可以在终身房地产结束之后转变成复归房地产类型再转移给另一个人。因此，现实中存在很多可能的权利和权益的组合类型。

所有权概要（abstract of title）是对公开记录的影响所有权的文件的一个历史性总结。从卖方转移到买方的所有权质量取决于这些文件对出售者合法持有房地产的影响。

本质上，所有权只存在于永久产权房地产。另一方面，租赁产权房地产是典型的通过合约（即租约）创造出的房地产类型，租约创立在产权所有者（出租人）和另一个人（承租人）间，通过租约，房地产的占有权被业主在一段时间内赋予其他人。房地产租约

① 当一个业主赋予他人权利，比如地役权，我们就说这个业主被认为有产权负担。这可能会被作为随后销售的一部分转让给新的业主，除非被拒绝、权益的所有者豁免或承认业主的权益。

② Grant S. Nelson and Dale A. Whitman, *Real Estate Transfer, Finance and Development*, 2nd ed. (St. Paul, MN: West Publishing, 1981), p. 167.

的存在将会影响可以转移给新买方的权利的性质，因为租约对新的所有者具有约束力，除非承租人放弃租约或在司法辖区内所有权通过司法拍卖被获得。由于投资者和贷款人关注他们所获得或融资的权利的性质和范围，因此，与房地产相关的租约将对房地产的价值有着显著的影响。

**表 1-2　　房地产所有权流程图**

| 概念 | 描述 |
| --- | --- |
| 业主身份（ownership）<br>↓ | 当一个人或其他法律实体在法律上拥有不动产和不动产权（物权，完全基于物的概念），就说他们具有业主身份。 |
| 业主身份证明<br>（proof of ownership）<br>↓ | 证明通常通过文件完成，例如契约、合同、遗嘱、让与、财产记录或持续拥有和使用的证据等。 |
| 所有权（title）<br>↓ | 当一个人或实体有合法的证据来证明业主身份，就说他们具有了一个房地产的所有权。这个证据将一个人的所有权和一个具体的房地产连接起来。 |
| 所有权担保<br>（assurance of title）<br>↓ | 当投资房地产时，投资者一定要评估所有权的质量和完整性。这对于买方在未来想获得融资或再出售房地产是十分重要的。作为合同商议的一部分，卖方通常会同意转移出所有权并提供一个保证书或担保。 |
| （a）一般担保契约<br>（general warranty deed）<br>↓ | 当卖方提供一个一般担保契约时，他保证（1）他在法律上拥有房地产和房地产的所有权利；（2）没有其他人或实体拥有此房地产的所有者权益；（3）所有权没有产权负担或其他缺陷（具体例外说明：例如，地役权、租约或留置权）。当依赖卖方保证的买方因为所有权瑕疵造成损失时，卖方应该承担责任。 |
| （b）资格担保契约<br>（qualified warranty deeds）<br>↓ | 当卖方不确定所有权的质量或不愿意提供一般担保契约时，卖方可以通过“特殊担保契约”“简单买卖契约”或“放弃索偿契约”来证明所有权的质量。 |
| 关于所有权的性质和质量<br>↓ | 房地产投资者如何确定卖方在法律上拥有房地产并且所有权记录明晰，或者如何确定房地产是不受限的。 |
| （a）律师咨询<br>↓ | 律师检查房地产的公共记录和其他确定“所有权链”是否“明确”的证据。当一个所有权是明确的，通常意味着所有曾经拥有此房地产所有权的业主在之前一系列的所有权让与过程中都完全转移或放弃了权益。当存在其他当事人可能拥有所有权或其他权益的可能性时，就称所有权是有“缺陷或瑕疵”的。如果一个投资者希望拥有“明确”的所有权，必须采取一系列的措施来“治愈”这些瑕疵。通常支付给律师一定报酬让律师来做这些工作，律师将会联系所有权链中的相关当事人，协商出一个放弃或转移权益的方法。 |
| （b）所有权保险<br>（title insurance） | 更常见的是，人们购买保险通常是为了避免因为可能的所有权瑕疵造成的损失（通常是房地产买方购买保险）。这样做可能是因为卖方的保证可能受到了限制。如果卖方申请破产保护或没有经济能力赔偿买方因为所有权瑕疵造成的损失，这种情况就可能发生。所有权保险也可以用来代替律师咨询，因为所有权保险可以在律师所有权调查存在疏忽的情况下保证买方的权益。所有权保险公司通常在发行一个所有权保险前会对所有权链进行检查。 |

### 1.3.2 契　约

所有权通常通过书面文书，即契约（deed），将所有权从一个人（让与人）转移给另一个人（受让人）。[我们通常使用“让与人”（grantor）而不是“卖方”（seller），因为所有权可能通过遗嘱从所有者转移给他的继承人，所以我们使用“让与人”和“受让人”（grantee）。] 为了保证房地产所有权转移的合法有效，所有的契约均必须以书面形式呈现，并且需要满足房地产所在州的一些具体的法律要求。①

通常，买方希望契约可以代表一个可行的、市场化的房地产所有权。有效的所有权指事实上合法可靠，让与人在法律上拥有房地产所有权。然而，因为缺少充足的文件或因为产权负担，一个有效的所有权可能是不能市场化的。一个市场化的所有权不仅要求实际上合法可靠，而且要求“没有合理疑点”，即“免于诉讼”，“可以被无困难出售或抵押给谨慎的买方或抵押权人（抵押贷款的贷款人）”。②

所有权的产权负担，例如地役权、租约和抵押（抵押权益），不一定使房地产不能市场化。买方可能愿意接受受到产权负担约束的所有权。但是契约应该标明所有权上所有的产权负担，使潜在的买方可以理性决策是否要购买，并基于既定风险、成本和产权负担带来的限制达成合理的价格。

## 1.4　所有权担保方法

买方通常有三种方法来保证所有权是有效的和市场化的。第一，让与人在契约中提供保证书；第二，通过调查一系列相关记录文件，买方可判断是否有理由质疑所有权的质量，这通常是律师的任务，同时律师会提出一些法律建议；第三，买方可以购买所有权保险来预防未预料到的所有权问题。

**一般担保契约（general warranty deed）**

任何契约，无论它包含的保证书有多复杂，都能传递让与人拥有的房地产的所有权质量的信息，理解这一点是十分重要的。这就是为什么大部分房地产买方通常从第三方处获得独立的关于所有权可靠性和市场化的保证。一般担保契约是房地产交易中最常使用的契约，也是从买方角度来说最受欢迎的契约。它提供了关于所有权质量的最综合的保证。本质上，此契约中最有意义的条款是：（1）让与人有有效的（法律上有效的）房地产所有权；（2）让与人有权转移房地产；（3）补偿受让人因为其他人拥有对房地产更优先的权利而遭受的财产损失或被驱逐；（4）反对任何除了契约中特别说明的产权负担。

---

① 契约并不是转移房地产所有权的唯一方式。所有权也可以通过遗嘱、法庭判决、从政府向私人的土地出让转移。除此之外，合法的房地产所有权也可以通过“逆权侵占”获得。应该指出的是，尽管我们在本书中使用“买方”和“卖方”，在合同或其他房地产文件中经常使用的是“让与人”和“受让人”。“让与人”包括卖方，也包括其他的可能通过赠与（不是出售）、遗嘱等方式转让所有权的业主。“受让人”包括交易中的买方和其他可能通过赠与、遗嘱继承等方式接受所有权的人。

② *Black's Law Dictionary*, 7th ed. (St. Paul, MN: West Publishing, 1999).

在一般担保契约中，这些条款覆盖了从最初的所有权到现在所有时间内的房地产转让。

**特殊担保契约（special warranty deed）**

特殊担保契约只能应用于在让与人拥有房地产所有权条件下发生的弊端和产权负担，除了这一点，特殊担保契约和一般担保契约的保证相同。不同于一般担保契约中的保证，特殊担保契约中的保证不应用于前任所有者造成的所有权问题。

**简单买卖契约（bargain and sale deed）**

简单买卖契约没有卖方。有时也叫“按现状出售”契约。房地产买方获得所有权时没有卖方的保证，买方必须主动判断是否有瑕疵存在，以及当瑕疵存在时应如何解决。

**司法长官契约-受托人契约（sheriff's deed-trustee's deed）**

这是简单买卖契约的一种，买方通过法院拍卖房屋或其他强制性出售获得，因为司法长官或托管人有代表资格。没有任何附加的保证。

**所有权转让契约（quitclaim deed）**

所有权转让契约给受让人最少的保护。这种契约只传达给受让人，让与人可能具有的房地产权利、权益和财产权。没有任何关于这些权利和财产权性质或让与人所有权质量的保证。所有权转让契约只是简单地写明让与人“转让”所有他“声称具有”的关于房地产的任何东西（可能他什么都没有）。[①]

**Web App**

成立于1907年的美国土地产权协会（ALTA，网址为 www. alta. org），是全美产权保险行业的行业协会。ALTA成员通过研究、检查和确保土地产权来保护投资房地产的买方和抵押贷款的贷款人。ALTA的总部位于华盛顿。

在它的网站上有一个“用户信息”的链接，包括了一些常见产权问题的讨论。列出了在房地产交易过程中可能遇到的一些房地产产权问题。

很少有房地产买方仅依赖于转移过程中卖方提供的所有权担保。买方最常用的两种独立于卖方保证的所有权担保方法是：获取律师所有权意见和所有权保险。

## 1.4.1 所有权说明书和意见方法

在所有权保险普及之前，获得律师的所有权意见曾经是最常见的所有权担保方法。本质上，所有权说明书和意见方法（abstract and opinion method）是一个两步的过程。首先，调查所有权记录，这一步包括定位和检查公开记录中所有可能影响房地产所有权的工具。[②] 其次，当所有权调查完成后，律师为了形成关于所有权特点的专业意见，会了

① 所有权转让契约经常适用于解决技术上的瑕疵或笼罩在房地产产权上的“乌云”。当记录表明一个人有可能拥有房地产时，获得这个人的所有权交易契约可以消除这个可能在未来实现的风险。

② 大多数影响房地产所有权的制度记录在县记录办公室，和各州的记录法案一致。但是一些影响所有权的制度可能被记录在其他地方。记录保存地点的性质在各州可能都不同。

解影响房地产所有权相关的公开文件和其他事实和记录。基于对理论或记录的学习，律师将会给出自己对于所有权是否可行和市场化的判断。如果发现所有权是“不明确的”，律师在意见中应陈述文件记录中没有包括的瑕疵和阻碍，还应该陈述律师认为应如何解决这些未包含在内的瑕疵。

因为一个律师的职责只限制在文件记录所呈现的内容中，对于文件记录中没有揭露的所有权瑕疵，就不能追究律师的责任。律师所有权意见所存在的不利因素是律师可能在检查文件记录过程中产生疏忽或缺少专业技能。除了依靠律师的意见，所有权保险行业逐步形成。现在很多贷款人和投资者更喜欢用所有权保险来减少风险。

## 1.4.2 所有权保险方法

所有权保险是为了解决所有权说明书和意见方法对所有权担保的不足问题而发展起来的。人们所期望的经过仔细推敲制定的担保条款和优秀的律师能提供的经过深思熟虑的意见，所有权保险都能做到。此外，它还增加了保险原理，来分散潜在的风险。

因为所有权保险可以排除公共记录中的潜在风险，所以很多投资者和贷款人都很喜欢这种所有权担保方法。事实上，任何在二级市场交易的抵押贷款都要求具有所有权保险。所有权保险的过程从仔细分析记录开始。商业所有权保险公司可获得的信息会比公开记录的信息更完整。所有权保险公司的经验丰富的技术人员会检查所有可用的证据来确定所有权的性质。如果他们的结论得到批准，所有权公司将会为此房地产所有权提供保险，并假定公开记录或者公司自己的文件中没有揭露出风险的存在。简言之，所有权保险确保所有权是有效的和市场化的。

所有权保险能够补充所有权说明书和意见方法的不足之处，具体内容如下：(1) 明确保费支付者的合同责任；(2) 提供充足准备来应对不确定的损失；(3) 由所有权保险公司经营所在的州的代理商进行监管；(4) 帮助投保人抵御在未来可能由于所有权瑕疵而出现的财产损失。尽管有这些不足之处，所有权说明书和意见方法还是可能被使用，因为它具有较低的成本。通常，购买房地产时通常只使用一个方法，而不是多个，以避免成本和支出加倍。

**所有权保险种类**

存在两种所有权保险。业主所有权保险（owner's policy）投保新的业主的权益。贷款人所有权保险［lender's (or mortgagee) policy］投保抵押权人权益。业主所有权保险支付给所有者（或所有者的继承人）；贷款人所有权保险支付给抵押权人。

两种所有权保险都是一次性支付保险金。在有些州，州保险委员会规定，保险金是公司合并和继续经营的必要的财务条件。业主所有权保险的一次性保险金保障业主拥有房地产的整个时期内的权益。保险金可能由买方或卖方中的一方支付，这取决于购买合同中的条款，条款受当地习惯和市场状况的影响。借款人支付贷款人所有权保险来确保贷款人在贷款持续期的权益，是一个普遍的惯例。在房地产被同一个业主用来进行再筹款的情况下，新的贷款人可能要求再次进行所有权调查。在这种情况下，或许可以从同一个公司以一个优惠成本来获取新的所有权保险。

## 1.5 记录法案

所有的州都制定了记录法案（recording acts）。尽管各州的记录法案不统一，这些法案通常提供了一个不同于其他任何组织系统的公开可查的系统，以评估和建立房地产请求或权益。这些法令也提供了一系列解决相互竞争的主张人之间房地产权利优先权争议的权威规定。作为这个系统的一部分，存档文件和保存记录的程序已经建立起来，公共记录中影响房地产权益索求的文件和关于所有房地产权益的可获得信息都会被记录下来。一旦一个房地产权益的请求被按时记录，这份记录就会在“结构上”通知给“全世界”。“结构上”通知意味着记录法案允许一个人能够掌握所有包含在公开记录中的信息——这些信息可以通过勤奋地调查记录获得，无论调查者是否掌握与信息记录有关的知识。记录法案涉及记录事实上可以影响房地产的所有权益的内容，包括契约、抵押贷款、抵押贷款分配、房地产留置权、房地产合同、长期租约、地役权、限制性契约和购买权。

大多数记录法案为了建立和保留对房地产权利在法律上优先于其他未来主张人的索取权，条款要求记录索取权必须符合州法律要求。这些法案部分是为了保护无辜的买方而设立的，以使这些诚心在房地产市场上购买房地产的买方避免因不了解房地产权益已经被他人获得而造成的损失。例如，如果 A 将房地产转移给 B，B 没有登记他的权属，之后 A 又将相同的权益转移给 C，C 进行了登记。若 C 不知道之前的房地产转移，并已经支付给 A，那么 C 的索取权将优先于 B。B 的索取权只包括起诉 A 诈骗。

**建设者留置权**

公开记录不能揭露的产权不确定性中有一项是建设者留置权（mechanics' lien）。通常，建设者留置权使未结款的建筑商、工人和原料供应商有权对他们付出了劳动或原材料的房地产行使留置权。为了获得欠款，他们可以通过法院拍卖存在产权负担的房地产来强制执行留置权。拍卖所得款用于支付欠款。各个州都存在使用建设者留置权的例子，尽管各州法令不同。

建设者留置权允许“在事实发生后”进行记录。也就是说，各州法律一般在工程完工或材料运输完成后，给建筑商、工人或原材料供应商一段时间进行留置权报备。在留置权报备过后，它和房地产就有了关联，并且相对于其他留置权有优先地位。结果，直到允许报备这段时间结束（通常是 60 天），购买新建或改建房地产的买方都不能确定产权是否无负担或产权将优先考虑他人。为了预防风险，这类房地产的贷款人或买方通常要求卖方提供一份保证书，保证结束时，所有建筑商和分包商的费用都被结清。在结束之后申请留置权的情况下，根据保证书很容易证明卖方违背条约，这些卖方有责任承担这些留置权。在实际中，新建或翻新房地产的业主应该要求承包商、工人和原料供应商签署一个放弃留置权协议，承认他们已经收到偿还费用，同意放弃所有的留置权。在很多情况下，如果贷款人提前支付工程和材料的资金，在建造的每个阶段都需要在下一笔资金发放之前签署放弃留置权协议。

## 1.6 房地产权利的限制

**政府限制**

在本章，我们强调了房地产产权的重要性。还应指出的是，尽管政府保护个人拥有和享用房地产的权利，这些权利也不是没有限制的。政府对私人产权的限制确实是存在的。在州和地方层面，土地使用的限制情况是十分突出的。规范的权利来自“州治安权”，这是基于保护居民的健康、安全和公共福利（社会考量）而制定的。随着一个地区的污染加重，城市、小镇和自治区可以合并起来向州进行申请，在这样的情况下州会代表这些地区来行使限制权。合并的地区可能会规范和加大对土地使用的管理和发展限制。这些条款通常会列举在市区划分规则和建筑法规中。用于实施管理的限制条款通常包括市区划分规则、允许使用规则、高度限制、停车场需求、建筑法规、许可和安全检查。州政府通常有管理水资源或河岸的权利、矿产权、土地征用权等权利，联邦政府则管理住房和贷款歧视、州际土地出售、抵押和环境监管（房屋使用和开发对水和空气污染、濒危物种和湿地的影响）。

**私人契约限制**

在有些情况下，业主可能会选择编制一些契约限制，来限制所有后来的业主使用房地产。业主可能使用这些限制来达成私人或商业目的。一个私人目的的例子是，契约限制明确永久禁止在房地产内出售或消费酒精饮料，若违反此约定，按规定所有权可能需要归还给契约制定者或他的继承人。商业目的通常通过契约规定来实现，一个例子是，涉及将一大片土地分成小块土地然后出售给建筑商或开发商时，为了向最初的买方保证后续的买方在小块土地上的建造物将会遵守一定质量和使用规则，最初大片土地的所有者可能会对每个小块土地制定其限制契约。这些条约可能要求一个最小或最大的建筑规模、建筑材料最低质量、景观美化等，从而向所有业主提供设计和建筑质量符合一般标准的一些保证。然而，对未来任何违反契约限制的行为的解决可能会造成结果的不确定，尤其是在一段较长时间之后。在第一个例子中，如果当前业主违反条约规定进行酒类销售，最初业主或他的所有继承人可以行动起来反对当前业主，重新获得房地产的所有权。在第二个例子中，通常细分土地的业主协会的代表可以通过法律起诉违反条约的业主。在这个例子中，法庭可能要求违反契约的业主解决这些问题或赔偿业主协会房地产价值的损失，否则就要强制出售房地产。

## 总　结

本章讨论了关于房地产的一些法律问题。这在房地产金融的学习中十分重要，因为购买、出售和抵押的对象就是这些权利。因此，理解和房地产有关的权利对于正确评估房地产价值以做出金融决策十分有必要。法律问题会给与房地产产权相关的经济收益带来风险。例如，我们已经讨论过市场化所有权的重要性。所有权上的任何瑕疵都会导致业主的利益损失并使贷款人的担保价值受到危害。在一定程度上，这种风险可以通过所有权担保的方法得到控制和最小化，包括使用所有权保险或一般担保契约。

了解各种产权分割的方法可能能够最大化一个房地产的价值，因为它使得对房地产产权有不同需求的各方当事人（例如，使用者、权益投资者和贷款人）在最大程度上得到满足。因此，如果没有租赁或其他形式的权利分割，房地产相关权益的总价值可能超过房地产本身的总价值。

## 关键术语

| | | |
|---|---|---|
| 所有权说明书 | 简单买卖契约 | 契约 |
| 契约限制 | 地役权 | 财产 |
| 长期租赁房地产 | 按年租赁房地产 | 自由继承房地产 |
| 未来房地产 | 一般担保契约 | 租赁产权房地产 |
| 贷款人所有权保险 | 承租人 | 出租人 |
| 终身房地产 | 建设者留置权 | 非占有权益 |
| 业主所有权保险 | 所有权 | 动产 |
| 财产权 | 所有权转让契约 | 房地产 |
| 不动产 | 记录法案 | 剩余权益 |
| 复归 | 担保权益 | 特殊担保契约 |
| 所有权 | 所有权担保 | 司法长官契约-受托人契约 |

## 参考网站

www. alta. com——美国土地产权协会，提供和所有权保险有关的信息。

www. ired. com——国际房地产摘要，为大多数房地产从业者提供信息、软件或工具。

www. reals. com——这是一个房地产目录，包括商业房地产、国际房地产和其他专业服务。

www. findlaw. com——法律信息的可靠来源，包括房地产。

www. investorwords. com——此网站提供对一些金融术语的解释，无论你是否有相关经验都可以很好地理解。它提供了超过 6 000 条金融词条的定义，包括 20 000 个词条间的关联。词汇表可以免费使用。它也提供一系列很好的投资和个人理财的网站，但是大多数都需要一定程度的经验或一定词汇基础。

www. fiabci. com——这个网站提供了很好的资料来比较各国立法、专业标准、税收和执照的情况。它也提供有些国家的商业租赁要求。

www. china-window. com/china _ market/china _ real _ estate/index. shtml——这个网站提供关于中国房地产的信息。它也提供关于房地产的法律和规定的信息、关于中国房地产的相关网页和不同政府机构的联系方式。

www. epra. com——这个网站由欧洲公共房地产协会（EPRA）管理，EPRA 是一个依照荷兰法律建立起的非营利机构。这个网站给出欧洲房地产部门发展的季度回顾报告。它也提供和房地产相关的调查报告。

## 问　题

1. 不动产和动产的区别是什么？

2. 房地产是什么意思？
3. 一个租赁房地产如何拥有可以被转移给第三方的价值？
4. 什么是所有权说明书？
5. 列出三个所有权担保的一般方法并简要描述。当一个朋友要购买房地产时，你会推荐哪种方法？为什么？
6. 你向朋友签署了放弃留置权契约，内容是放弃对自由女神的要求权，这是否合法？

# 第 2 章　房地产融资：本票和抵押贷款

融资对于投资房地产是一个非常重要的组成部分。通常，当投资者想获得融资时，他们通常抵押或担保他们的产权作为获得贷款的条件。在很多情况下，投资者也会抵押动产来获得贷款。接下来我们将介绍本票和抵押贷款，这是在房地产融资中最常用的两个合法手段。

## 2.1　本　票

本票（promissory note）是可以作为借款人和贷款人的借贷关系存在证据的文件，通常包含贷款偿付的依据条款和双方的权利和义务。除非特别说明，借款人根据条款对偿付到期债务承担个人责任。[我们称这些贷款对借款人具有“追索权”（with recourse）。] 尽管很多贷款条款都被包含在内，本票通常包含至少以下内容：

A. 借款金额。这是本票的一般面值，当贷款合同被执行时，这个金额通常会增长。然而，当涉及建设贷款时，金额可能随着施工进度而增加，但不会超过最高金额。

B. 利率。可能是固定利率或浮动利率。如果是浮动利率，利率变化的确切过程将会被详细说明。

C. 美元金额、到期日和借款人还款金额。（例如，每月第一天还款 500 美元，一直到截止日期连续还款 300 个月）。

D. 到期日。贷款合同条款上所有剩余的到期金额将在这个日期被偿付。

E. 作为贷款抵押物的房地产的证明。由抵押贷款文件（将会被讨论）证明。

F. 付款的使用。通常先用来偿付滞纳金，然后支付利息，最后支付房贷本金。

G. 违约。发生在当一个借款人没能执行贷款合约上的一项或多项条款时。违约通常因为拒付到期款而发生。

H. 逾期付款和宽容条款的罚款。后者规定了债务宽限期，在此期间可以弥补逾期付款（通常带有罚款），贷款人没有宣布借款人违约。贷款人允许债务宽限期或宽容期限并没有放弃在未来某个时刻宣布借款人违约的权利。宽容条款通常由贷款人在他们认为借款人将会弥补逾期付款时使用。他们允许借款人用一定时间来弥补付款，因为他们认为这一行为带来的益处和节约的时间将会超过宣布贷款违约并开始着手终止抵押程序或强制出售房地产所带来的收益。

I. 提前偿付条款。包含涉及计划外提前付款或全部或部分提前偿付未清余额的条款。它允许借款人在到期日之前部分或全部提前付款或偿还借款。若许可提前偿付，本票会注明未来的偿付是否会减少或贷款到期日是否会提前。这个条款是一项特权而不是一项权利，因为美元金额和借款人偿付金额在C项中有明确说明。在居民抵押贷款中通常包含提前偿付条款。然而，当为收益性房地产融资时，提前偿付条款可能会被高度限制并要求偿付费用或罚金。

J. 通知违约和加速条款。当过期未付款发生时，贷款人必须通知借款人违约。借款人可以加速本票兑现，要求借款人立刻偿付贷款合约下所有未偿付的金额。

K. 无追索权条款。正如上面所看到的那样，当一个借款人执行本票的时候，他个人承担责任，换句话说，贷款是附有“追索权的”。这意味着，如果他的贷款违约，贷款人可以通过法律手段来追索本票下的逾期未付款，这可能会导致出售借款人的其他资产（股票、债券、其他房地产）。反之，“无追索权条款”是本票的一项规定，通过这项条款，贷款人在一些具体规定的条件下，同意在违约发生时不追究借款人的个人责任。在这种情况下，贷款人只会采取行动强制出售作为贷款抵押物的房地产。借款人免于承担个人责任。这个条款对于房地产投资者和开发者是十分重要的。

L. 贷款承担。这个条款表明一个借款人可以被允许用另一当事人来代替自己承担剩余贷款偿付的责任的条件。这可能发生，若借款人希望出售房地产给其他人，同时允许新的买方保留之前商议过的贷款融资条款。禁止这项权利的贷款人可以通过增加“出售即到期”条款明确禁止此权利，这一条款要求房地产一旦被出售或进行所有权转让，所有剩余贷款金额必须被立刻偿付。然而，如果本票允许新的业主承担贷款，贷款人通常要求新业主的信用至少和之前的业主一样好，或对于贷款人来说新业主是可接受的。本票也要求详细说明最初的借款人是否保留承担个人责任或当贷款被新的借款人承担时解除个人责任。

M. 分配条款。贷款人有权在不经过借款人同意的条件下出售本票给第三方。

N. 未来变化。借款人可以要求增加资金，增加的资金不应超过一定的最大金额或现在房地产价值的一个最大比例，其中房地产价值记录在由原始贷款合约中包含的相同条款下。这些变化可能会受利率水平变化的约束。

O. 贷款人解除留置权。当贷款被完全偿付时，贷款人同意解除房地产留置权。

## 2.2 抵押工具

接下来简单介绍抵押贷款。大部分讨论适用于所有抵押贷款，包括特定的适用于住宅房地产的条约和适用于商业房地产的条约，之后将介绍建设贷款。抵押贷款融资是为购买房地产进行融资的最常用方法。这个过程通常是买方利用贷款人的借款和其他资金来购买房地产。该借款通常带有明确的目的，即用来购买房地产，同时此房地产将会作为贷款的抵押物。然而，贷款也可能时不时地进行再融资，抵押贷款会变成其他贷款的抵押物。房地产通常被贷款人认为是一个绝佳的贷款抵押物，贷款人会获得进行抵押贷款的房地产的抵押权利。

### 2.2.1 抵押贷款的定义

广义地说，抵押凭证（mortgage document）在交易中被创造出来，凭借抵押凭证一方将房地产抵押给另一方，作为欠另一方债务的抵押物。本票（之前讨论过的）通常和抵押贷款同时被执行。在本票的条款中包含偿还贷款的义务，并由抵押贷款做担保。偿还或执行的义务和将房地产作为债务的抵押物是对存续的抵押贷款十分重要的元素。[1] 通常来说，当贷款是由房地产卖方提供给房地产买方时，这通常指购买货币抵押贷款（purchase-money mortgage）（之后在本章将会详细讨论）。这和建设贷款、为现存贷款再融资的贷款等其他贷款形成对照。

### 2.2.2 本票和抵押贷款的关系

通常，抵押贷款担保的潜在债务由本票来证明。正如在讨论本票的过程中我们所指出的那样，除非本票包含了无追索权条款，它提供了债务的证明并且使借款人（抵押人）承担对债务的个人责任。抵押贷款通常是一个独立的文件，将指定的房地产作为债务的抵押。因此，贷款人（抵押权人）有两个收回借款的来源：（1）承担个人责任的借款人和（2）本票的抵押物——房地产。当违约发生的时候，贷款人可以选择无视抵押贷款，依据本票进行法律诉讼。其结果是，判决可能依附于抵押人的其他房地产，当抵押人出售这些房地产来满足法院判定的留置权时，抵押权人可以比他取消抵押物的赎回权更容易收回债权的金额。在实际中，抵押权人通常会选择依据本票进行起诉的同时，取消抵押物的赎回权。典型的抵押贷款通常包含抵押人和抵押权人双方的契约（covenants）条款。这些契约除了包含依据本票条款必须进行的支付，还包含承诺、义务和借款人责任。这些在本票中经常重复，或本票参照贷款将相关契约进行合并。

**Web App**

《平等信用机会法案》（Equal Credit Opportunity Act，ECOA）和《公平住房法案》

[1] 由贷款担保的债务可能不是货币性债务。例如，它可能是一个完成一些服务或特定的行为的合约。本身不明确是货币的债务必须可以简化为货币条款。也就是说，它必须有美元价值。

(Fair Housing Act，FHA）保护你在申请抵押贷款以购买房地产、再融资或改善住房时不受歧视。在网站 www. findlaw. com 上你可以找到这些法案赋予你的权利，还可以利用网站的搜索功能找到关于抵押贷款歧视的内容。或者，你可以在搜索引擎例如，www. yahoo. com 或 www. google. com 上搜索关于抵押贷款歧视的内容。你可以找到非法的贷款歧视的例子。

### 2.2.3 可抵押权利

大多数人习惯性地认为抵押贷款涉及全部的所有权或可自由继承的所有权。但是房地产的任何权利都受到销售、让与和分配的限制，也就是说，任何可以被转移的房地产权利都可以进行抵押。因此，这些多种多样的权利，无论是属于自由继承房地产、终身房地产、长期租赁房地产、剩余权益房地产、复归房地产的权利，还是租赁权利及选择购买房地产的权利，只要法律允许，这些权利都可进行抵押。至于涉及健全的商业决策，抵押权人是否愿意对一些不太重要的土地权利发放贷款就是另外一回事了。

### 2.2.4 最低抵押要求

抵押涉及房地产权利从业主向贷款人的转移。依照《防止欺诈法》，这些过程必须以书面形式记录下来。现今，体量最大的抵押贷款是机构抵押贷款，它拥有规范、正式的文件记录。然而，对于一个有效的抵押贷款，没有具体的形式要求。实际上尽管大多数抵押贷款都有正式文件，一个有效的抵押贷款应该是手写的。有效的抵押贷款文件要求：（1）措辞恰当地表达出创造房地产抵押权利的一方从抵押贷款中获利的意图，（2）州法律所要求的其他条款。

在美国，抵押贷款法案一般属于州法案的司法管辖权；总的来说，抵押贷款一直是主要由州法律管辖的，因此，贷款要想实施，必须符合作为抵押物的房地产所在州的法律要求。

无论是使用印刷形式的抵押证书还是律师起草的特殊形式的抵押证书，都应该包括以下内容：

（1）对抵押人和抵押权人的正确识别；

（2）恰当描述作为贷款抵押物的房地产；

（3）法定占有和担保契约①；

（4）放弃寡妇产权的条约②；

（5）需要的其他条款和契约。

所有包含在本票中的条款和契约都可以包含在抵押贷款合同中，在抵押文件中也可以参考本票中的条款。

尽管大多数的抵押法案由州法律进行司法管辖，还有很大一部分联邦条款是适用于

---

① 契约是一个承诺或具有约束力的保证。法定占有是拥有的正在转移的所有权的状态。

② 寡妇产权是在丈夫去世之后依据法律将其房地产权利转移给他的遗孀。鳏夫产权是习惯法中在妻子去世后将其房地产权利转移给她的遗夫。在很多地方已经在法律上允许用继承人房地产来代替寡妇产权和鳏夫产权。

抵押贷款领域的。另外，联邦政府最近几年在一些领域直接取代州法律（例如，推翻州高利贷法[①]，推翻州操作立即到期条款的限制，设定准许抵押贷款预付款的条件和设置预付款惩罚）。这在影响住房抵押贷款的立法上是非常明显的。商业房地产贷款和抵押贷款一般被排除在联邦立法之外。

除此之外，联邦政府通过资助机构和准私人机构对抵押贷款交易施加了强烈但是间接的影响，这些机构和准私人机构支持并在所有实际情况下构成了住房抵押贷款二级市场。联邦国民抵押贷款协会（FNMA）和联邦住房贷款抵押公司（FHLMC）出于在全国基础上促进二级市场交易的目的，已经采用联合标准抵押形式。FNMA-FHLMC联合统一抵押贷款形式已经被住房抵押贷款的贷款人广泛地接纳使用，以至于它在很大程度上取代了私人机构的抵押贷款形式。该形式在住房抵押贷款中流行的一个原因是，如果贷款人希望在抵押贷款发放后出售该贷款，那么主要的二级市场机构很容易接受这种形式的贷款。

### 2.2.5 重要抵押条款

讨论所有可能出现在抵押文件中的条款和契约超出了本章的范围。然而，我们将会提到一些比较重要的条款，使读者理解这些条款对借款人和贷款人地位可能产生的影响。

**税和保险基金**

这一条款要求抵押人支付需要的金额来覆盖房地产税、房地产火灾和伤亡保险，如果贷款人要求的话，还要支付抵押保险金，这些支付都应该在到期之前按月分期支付，除非这项支付被州法律禁止。这项条款的目的是使抵押权人能够用抵押人提供的资金支付这些费用，而不是依靠抵押人自己及时付款。抵押权人因此可以更好地保护他的抵押留置权的担保权益，这项权益通常拥有高于第一次抵押的优先权，并可以避免保险覆盖的一时失误。这些资金通常存在抵押人的托管账户或信托账户中。

**收费和留置权**

这一条款要求抵押人支付所有的税收、评估、费用和对被评估房地产的索赔，这些都比抵押贷款具有优先权，如果可以的话还要支付所有租赁费。该条款存在的原因是，如果抵押权人的债权、留置权没有被支付，抵押权人的担保权益可能会被注销，因为这些权利比抵押权人的利益具有优先权。例如，如果税收和评估没有被支付，房地产的第一抵押可能被注销并被出售来支付税收留置权，除非抵押权人是欠税拍卖的成功竞标人或支付到期税款来避免房地产被欠税拍卖。

**灾害险**

这一条款要求抵押人获得并持续持有抵抗由火灾或其他灾害，例如暴风、冰雹、爆炸、烟雾等造成的房地产损失或损毁的保险。实际上，这个条款承认抵押人和抵押权人对抵押物都具有可保权益。抵押权人的可保权益是抵押贷款金额。

**保留和维护房地产**

这一条款使抵押人有义务保持房地产的良好状态，并且不得从事或允许废弃行为。[②]

---

① 高利贷法禁止收取不合理的和过高比例或数量的利率。高利贷贷款是利率超过高利贷法允许的利率的贷款。

② 废弃是滥用或破坏性使用房地产，使其价值减少，因此降低其抵押价值。

该条款承认抵押权人具有正当的权利来防止抵押物恶化到担保价值受损的程度。

**转移借款人的房地产或受益权益**

这个条款被称为立即到期条款（due-on-sale clause），当房地产或房地产的一些权利未经过抵押权人书面同意被转移时，允许抵押权人加速让抵押人还款（比如，采取行动来平衡未偿还贷款和立即到期应付的累积权益）。立即到期条款的目的是让抵押权人可以通过批准新的业主来保护抵押权人的抵押权益。该条款也可以准许抵押权人提高贷款利率到现行市场利率。这理所应当会降低新业主以诱人的利率获得贷款的可能性。

**借款人恢复权利**

当抵押权人已经要求抵押人加速还款时，抵押人可以用此条款来恢复本票中的原始还款条款。它赋予抵押人在判决强制执行抵押前的任何时间中断止赎（foreclosure，即丧失抵押赎回权）诉讼（例如，在做出拍卖房地产判决之前）的权利，如果抵押人有以下行为之一的：

（1）在加速还款发生之前，支付给抵押人所有将要到期的金额。

（2）解决任何契约或协议的违约。

（3）支付贷款人强制执行其抵押所发生的所有费用。

（4）采取抵押权人合理要求的行动，以确保抵押权人对房地产的权利和抵押人的付款义务不变。

**介入的权利：贷款人持有**

这一条款规定，根据房地产的加速条款或废弃条款，抵押权人（或一个司法指定的接收人）可以介入房地产来保护抵押权利。贷款人可以将租金占为己有直到止赎。征收的租金必须被先用于房地产的管理和运行支出，然后被用于偿还抵押债务、房地产税、保险和抵押中具体的其他抵押人义务。

**未来垫款**

虽然预计抵押贷款将总是可以说明它预计可保障的债务总额，但这一金额可能是对分期付款总额的预测。也就是说，抵押贷款可能包含未来垫款（future advances）和现在预付款。例如，书面的抵押贷款可以这样写，它将保护抵押权人向抵押人提供的一般信用额度下的多个连续的贷款。如果总金额不能被准确预测，至少预付款或贷款的一般性质必须从抵押贷款的字面上明显体现出来。

正如抵押贷款的未来垫款（mortgage for future advances）描述的那样，考虑到贷款的结构，有时我们也称它为开放抵押贷款（open-end mortgage）。在这里，借款人提前和抵押人约定了总金额，通常在抵押贷款里有明确的说明，这些资金将在抵押贷款项下分阶段预付，以满足在进行过程中的部分建设成本。随着贷款结构的发展，抵押人有权要求抵押权人续借贷款。按照抵押贷款合同，建设过程中所有的建设改进都变成抵押物。

**从属条款**

通过这一条款，第一抵押贷款持有人同意其抵押贷款的优先性排在其他贷款人的抵押贷款之后。在卖方通过从买方收回抵押贷款提供融资，买方也有意从银行或其他金融机构获得抵押贷款（通常是为了开发或者建设改善）的情况下，可以使用从属条款

(subordination clause)。金融机构通常要求其贷款有第一抵押优先权。因此，卖方必须同意在抵押中纳入一个从属条款，从而卖方同意其抵押的优先权从属于银行贷款。这确保即使卖方的抵押贷款是在银行贷款之前记录的，它也将从属于银行贷款。

## 2.3 抵押承担

当抵押人将他的权利转让给另一人时，出现问题："受让人（买方）是否同意承担抵押贷款的付款，并解除抵押人（卖方）的个人义务？"如果这是双方的意图，受让人的抵押承担（assumption of the mortgage）可能会达到目的。该契据在指明抵押房地产的性质后，将载有一项条款，说明受让人承担并同意支付欠抵押权人的债务款额，作为转让所有权的部分代价。受让人同意承担时，应该对此以毫无疑问的语言来表达。

承担协议采取赔偿合同的形式。它将支付的责任从让与人转让给受让人。此后，让与人（担保人）承担债务支付的担保责任。然而，这种安排只限制当事双方：让与人和受让人。由于抵押人通常不是该协议的缔约者，所以他不受此约束。结果，抵押权人可能仍然承担原始抵押人的责任。因此，如果有贷款承担的房地产被出售，新业主发生贷款违约时，贷款人可以要求前业主承担责任，除非前业主已被免除债务。

**免除让与人的债务承担**

当拥有房地产的抵押人将该房地产让与另一人并且受让人承担让与人的抵押贷款时，贷款人可能会或可能不会免除让与人对抵押债务的个人责任。免除决定将取决于担保房地产的价值、受让人的财务能力以及影响贷款人交易态度的其他因素。如果结果将会增加信用风险，抵押权人就不会免除前期抵押人的责任，除非抵押权人以某种方式获得补偿（例如，获得一个较高的利率）。

## 2.4 获得有抵押约束的产权

与承担债务的个人义务相反，受让人可能不愿意接受这一责任。在这种情况下，他们可能会要求让与人允许他们获得有抵押约束（"subject to" the mortgage）的产权。只要受让人在经济上有能力，并认为这将有利于他们，他们将继续按照抵押条款付款并遵守其他契约。在正常情况下，如果他们以合理的价格购买房地产，将有利于避免抵押贷款违约，并保护他们自己的权益。

但是，如果受让人得出结论，即进一步付款不再有任何好处，或者如果他们的经济状况出现了问题，他们可能会拖欠款项。通过这样做，他们有丧失在房地产中拥有的任何权益的风险。然而，受让人不能对他们承担的债务的数额承担个人责任，让与人仍然负有个人责任，并可能对因止赎出售造成的任何不足之处的判断负责。

让与人出售有抵押约束的房地产显然是冒险的。如果可以选择，他们通常更喜欢让负责任的受让人承担抵押，除非他们以担保方式承担的额外风险得到补偿（例如，通过对该房地产收取较高的价格）。

### 2.4.1 抵押覆盖的房地产

作为抵押担保的财产不仅包括土地和任何现有的建筑物，还包括地役权和固定附着物（fixture）。此外，抵押协议可以规定抵押所涵盖的范围还包括自然资源（例如，矿产、木材、石油天然气、水或河岸）的权利，甚至包括房地产租赁和获利的权利。与房地产一起运作的地役权通常被法律视为被抵押所涵盖，不管地役权是在抵押权执行之前还是之后被创建的。这样的地役权，如果在房地产被抵押的时候就存在的话，即使没有在抵押贷款中被提到也被抵押所覆盖。止赎出售不会消除这种地役权。然而，若地役权在抵押贷款记录之后被创建，该地役权将被止赎权消灭。

涉及固定附着物的问题产生了相当大的法律争议。一般来说，固定附着物是已经固定在或拟与房地产一起使用的有形个人财产（也称为动产），被视为财产的一部分。法律普遍认为，固定附着物被抵押所涵盖，但租户安装的“交易设备”[①] 除外。

抵押贷款通常也包含所谓的后取得财产条款（after-acquired property clause），作为对抵押贷款所涵盖的财产类型的描述的一部分。该条款实际上规定，在执行作为房地产一部分的抵押物之后获得的财产被包括在抵押所涵盖的担保中。只要债务尚未偿还，后获得的财产包括房地产的额外改进或在未来变成房地产一部分的固定附着物。法院普遍肯定了后取得财产条款的有效性，《统一土地交易条款》（ULTA）明确规定了其有效性。[②]

### 2.4.2 次级抵押贷款

在简单的房地产融资交易中，如涉及单一住宅的房地产融资交易，抵押贷款结构的特点很容易定义。高级或优先抵押贷款通常被称为第一抵押贷款（first mortgage）。所有其他抵押贷款都被称为次级抵押贷款（junior mortgages）。在特殊情况下，可能有一个或多个次级抵押或根本没有。次级留置权，通常被称为第二抵押贷款（second mortgage），有时被用于弥补房地产的价格和第一抵押贷款总额之间的差距以及买方可用作首付款的金额。传统上，第二抵押贷款是短期的，并且具有比第一抵押贷款更高的利率，因为次级抵押贷款有额外的风险。

### 2.4.3 抵押贷款记录

除非国家的法规要求，否则记录对抵押权的有效性不是至关重要的，因为这是抵押人和抵押权人之间的一项协议。记录行为不会产生以前不存在的权利，而是向其他人通知了抵押的存在和影响。记录的抵押贷款通过给予持有人较后续抵押人的优先权来保护

---

① 交易设备是租户在业务中使用的个人财产。这些固定附着物具有个人财产的性质（例如，用于陈设商品的货架）。

② 关于后取得财产条款的讨论和相关法律案件资料，可以参见 Grant S . Nelson and Dale A. Whitman, *Real Estate Transfer, Finance, and Development*, 2nd ed. (St. Paul, MN: West Publishing, 1981), pp. 633 - 39；也可以参见 Robert Kratovil and Raymond J. Werner, *Modern Mortgage Law and Practice*, 2nd ed. (Englewood Cliffs, NJ: Prentice Hall), pp. 114 - 17。

持有人。例如，如果抵押权人未能记录抵押贷款，抵押人可以将该财产抵押给第二贷款人。如果第二贷款人事先不知道存在未记录的抵押贷款，第二贷款人将较原始贷款人有优先留置权。一般而言，连续留置权的优先权是由记录时间的先后决定的。

正如我们所讨论的那样，记录为保护持有人的财产利益提供了机会，但同时他们在利用这些机会时也要负有责任。未能检查优先留置权的记录或未能记录抵押权可能会给抵押权人造成损失。在大多数州，若次级留置权人不知道存在高级抵押贷款记录，那么他将拥有优于未能记录的高级抵押贷款的优先权。即使是后续的高级抵押留置权记录一般也不会将其提升到更高的优先级。

## 2.5 其他融资来源

### 卖方融资

房地产买方的信用来源通常是卖方。如果卖方愿意收回抵押作为购买价款的一部分或全部付款，则称为卖方融资（seller financing）。这种类型的融资通常在以下情况下被使用：

（1）第三方抵押贷款融资太贵或不可行；

（2）买方不符合长期抵押贷款的信用条件，因为首付款较低或不能达到每月的偿还金额；

（3）卖方希望用分期付款的方式来申报销售所得；

（4）卖方希望通过提供一个低于市场的抵押贷款利率来人为地提高房地产的价值，从而创造更多的资本利得和更少的利息或普通收入。[①]

买方提供的任何用于确保支付全部或部分房地产的购买价格的抵押贷款，通常被称为购买货币抵押贷款（purchase-money mortgage）。在卖方提供完成交易所需的全部融资的情况下，它可以是第一抵押贷款。它也可以采取由卖方提供的第二抵押贷款的形式，用于弥补可用的第一抵押贷款与买方首付款之间的差距。因此，必须区分购买货币抵押贷款和来源于第三方的、为了购买房地产的担保贷款。第三方贷款人（例如，一家金融机构）通常希望其抵押贷款是第一抵押贷款。因此，购买货币抵押贷款必须在第三方贷款之后记录，或者包含如前所述的从属条款。

## 2.6 土地契约

多年来广泛使用的房地产融资形式的一种，通常被称为土地契约（land contract）。土地契约一词有各种别名，包括房地产合同、分期销售合同、转让协议和承包契约。如上所述，土地承包商承诺在买方履行合同要求的义务后转让所有权。这种表现通常意味

① 这种方法的使用会被“未定义的利益规则”限制。

着按合同约定的分期付款方式支付款项，与按本票、抵押贷款的方式大致相同。

应该强调的是，土地承包合同不是抵押贷款。在土地契约下，卖方将所有权保留在他们自己名下。契约记录显示，卖方仍然是房地产的所有者，但土地契约会限制他们的行为，以确保卖方或其代理人最终将所有权转让给买方、买方的继承人或代理人。

土地契约可以用来代替购买货币抵押贷款，通常情况下，如果可以选择购买货币抵押贷款，则不会选择土地契约。然而，在没有首付或小额首付，并且买方必须在很长一段时间内定期向卖方付款时，土地的卖方可能会拒绝签订契约并收回抵押贷款，直到购买价格中大部分被支付。

以下是购买货币抵押贷款合同和土地契约的几点比较：土地契约买方没有财产所有权，因此，不能控制房地产在执行土地契约之后是否会被抵押或在未来受制于卖方的契约、地役权或建设者留置权。大多数土地契约都包含一项条款，允许卖方抵押物的金额等于买方对卖方的债务。如果使用抵押融资，买方将受到这种保护，因为限制明确规定买方将拥有所有权。此外，在没有提供任何程序性抵押保护的情况下，将存在土地契约权益被没收的可能性。这种技术的使用受到"未定义的利益规则"的限制。在做出是否使用土地契约购买、出售或获得抵押贷款融资的决定时，最好考虑以上所有的比较。通常，土地契约适用于很多相似的情况，例如购买货币抵押贷款（例如，买方存在获得第三方融资的困难）。

**土地契约记录**

州法律支持对影响所有权的土地和工具的转让进行记录。土地契约一般被认为是影响所有权的工具，所以是可被允许记录的。土地契约记录对它的有效性不是十分必要，其作用只是通知第三方土地契约的存在。

## 2.7 违　约

我们已经讨论了与房地产相关的各种财产权。接下来，考虑当一方当事人不履行与其财产权有关的合同义务时会产生的一些问题。这些问题的法律后果影响到其他团体的金融安全，因此是房地产金融的重要方面。

提供抵押贷款最重要的风险之一是借款人本票违约，使贷款人可能无法收到预期的贷款还款。如果发生这种违约事件，与抵押贷款有关的风险部分取决于贷款人的权利。因此，了解抵押贷款违约的法律后果是十分重要的。

**违约构成**

违约是未能履行合同、协议或义务，特别是财务义务（如本票）。违反抵押契约也可能导致抵押贷款违约（mortgage default）。最常见的违约是未能支付本票规定的利息和本金分期付款，到期未缴纳税款或保险费也可能导致违约，这可能会导致催促债务还款和止赎。事实上，一些抵押贷款有具体的条款对这些情况进行规定。未能维护安全性也可能构成违约，通常被称为技术违约。然而，由于违反合同导致技术违约通常可以由借款人解决，这种情况很少导致实际的止赎销售。此外，抵押权人可能难以证明抵押中的补救条款已被破坏，除非有明确的证据显示该房地产已被破坏影响。这意味着即使存在违约，抵押权人也可能会推迟采取补救措施。然而，在伴随着废弃的技术违约的情况下，可能出现的情况是抵押权人将迅速采取行动，保护他的利益免受损害、忽视和浪费。即使借款人正在进行贷款支付，这种情况也可能会发生。

## 2.8 止赎的替代方法：定制

止赎涉及法院出售房地产以偿还未偿债务。这个过程的细节将在后面讨论。因为止赎需要时间和与止赎有关的各种费用（以及对受损房地产的修复），贷款人往往倾向于寻求实际止赎的替代方法。

虽然抵押贷款合同通常会对其中的任何违约行为做出明确的处罚，但经验表明，尽管在抵押贷款违约时会及时按规定行动，很多协议没有严格符合契约规定。相反，每当抵押人陷入财务困难，无法履行义务时，如果借款人和贷款人都认为困难是暂时的，并且可以得到纠正，则可能会对付款或其他条款进行调整。

“定制”（workout）一词通常用于描述处理经济困难的抵押人的一系列的行动。很多时候，各方制定一项协议，规定在一段具体的时间，他们的行为和讨论的规划。贷款人同意不采取法律补救措施，作为交换，借款人承认其财务困难，并同意某些条件，例如向贷款人提供当前详细的财务和其他信息，并建立一个现金账户，房地产的任何租金收入都要存入此账户，从此账户支取任何现金都要经贷款人批准。

定制可以考虑以下六个选择：

（1）重构抵押贷款；

（2）将抵押贷款转移给新的所有者；

（3）自愿将产权转移给抵押权人（贷款人）；

（4）“友好止赎”；

（5）预破产；

（6）一个“卖空”：贷款人同意以少于借款余额的价格出售。

### 2.8.1 重构抵押贷款

抵押贷款可以在许多方面进行重构。这种重构可能涉及降低利率和应计利息或延长到期日。如果原贷款对借款人没有追索权，贷款人可能希望通过贷款重构协议获得对借款人的个人追索权。这使得如果重构失败，借款人将面临更大的下行风险。作为愿意重构贷款的补偿，贷款人也可能希望参与房地产业务，以提高贷款人的上涨潜力。例如，贷款人可以要求从该房地产当前水平上的任何收入增长中提取一定的百分比。

**重铸抵押贷款**

一旦抵押贷款被执行并被记录在案，其形式可能会在赎回前大幅改变。它可能出于以下几个原因被重铸。抵押贷款可以随时进行重新谈判，但最常见的是通过更改抵押条款（暂时或永久地）进行改写，以避免或处理违约。

如果利率、摊还期限或支付金额等抵押条款发生变化，抵押权人必须谨慎行事，以避免失去对干预留置权的优先权。只是延长付款时间一般不会损害延期抵押贷款的优先权，但法院应注意保护干预留置权利人免受侵害，抵押贷款可能会失去优先权，以至利率、付款金额或债务金额的变化对抵押人造成额外的负担。①

**延期协议**

有时经济困难的抵押人可以向抵押权人征求许可，将抵押条款延长一段时间。这被称为抵押延期协议（extension agreement）。抵押人可以要求一个更长的分期还款期限，以保持本金、利息支付或两者同时支付的本金余额或临时宽限期。在回应这样的要求时，抵押权人需要考虑以下问题：

（1）安全的条件是什么？它是被相当好地保持还是有浪费和忽视？

（2）是否存在留置权？这些是在抵押登记之后，但是在对其进行任何修改之前记录或附加的留置权。如果是这样，它们对延期协议的影响是什么？如果这样的留置权存在，现有抵押的延期可能相当于取消抵押贷款和创造一个新的抵押贷款。如果是这样，这可以提高留置权的优先次序。

（3）承担抵押权的受让人的担保地位是什么？延期支付抵押担保债务将会终止担保人的责任吗？抵押人保护自己免受这些问题影响的最佳方式是确保延期协议同意所有担保人延期。作为它的缔约方，他们可以不反对。但是如果不是延期协议的缔约方——特别是如果通过延期协议的抵押条款的变更倾向于增加担保人的责任——那么应该注意确保拒绝签署协议的担保人不被延期协议批准。止赎拍卖和清偿债务余额的判决可能是同意成为延期协议缔约方的充分诱因。

延期协议的确切性质取决于抵押人和抵押权人的谈判地位。如果抵押人可以以更有利的方式对贷款进行再融资，他们可能不会申请延期协议。否则，他们可能必须做出对抵押权人有利的改变，例如提高利率。

**延期协议的替代方案**

延期协议的一种替代方案是，抵押权人非正式地同意暂时延期，而不对双方之间正式记录的协议进行任何更改。如果抵押人不能按月支付抵押贷款，按月支付条款也可能全部或部分地被暂时放弃。例如，简单地提出这样一个协议问题：抵押人不能支付贷款本金。因此，会做出一些非正式的安排，以允许抵押人保留房地产的所有权，以换取每月付款，这可能包括或不包括贷款本金。使用这种非正式协议可能很麻烦，但一般来说，如果协议达成，所需金额将根据借款人现在的偿付能力进行调整。如果借款人的财务状况有所改善，贷款人可能恢复使用原本的偿付计划。

使用明确延期协议的替代方式可能会满足抵押人和抵押权人的暂时需求。如果抵押权人觉得抵押充分保障了留置权，抵押权人可以仁慈地帮助抵押人在困难时期调整财务安排。如果抵押人也觉得房地产中存在真正的权益，他们也会希望尽可能地保护房地产。

---

① 有时，重铸抵押贷款以允许非抵押执行时的利率是很有必要的。例如，抵押贷款可能没有规定要求进入抵押贷款涉及土地背后的公共事业公司的地役权。因为公共事业服务设施的安装通常会增加而不是减少抵押物的价值，所以抵押权人通常支持这些改变。然而，这需要指明重构抵押贷款的期限。

## 2.8.2 将抵押贷款转移给新的所有者

不能或不愿意履行抵押贷款义务的抵押人可能会找到愿意购买房地产的人，买方将承担抵押责任或接手受现存抵押贷款“约束”的房地产。如果新买方认为该房地产的价值超过抵押贷款的余额，那么他可能愿意接受抵押转让（transfer of mortgage）。在任何情况下，卖方保留债务的个人责任。然而，如果卖方即将违约并预期会失去房地产，他可能愿意冒险让新的买方偿还抵押贷款债务。这一行为的风险是，新的买方可能违约，卖方将重新承担债务责任并重新获得房地产。

回想一下，如果买方获得了受现存债务“约束”的房地产，他们不需要为债务承担个人责任。因此，他们只会丧失个人投资房地产的权益。当卖方面临财务困境和止赎拍卖时，这种权益投资可能相当小。因此，买方冒险获得受抵押贷款约束的房地产的损失可能非常小。如果此房地产是一个很好的投资，买方将继续偿还债务，但如果买方发现房地产的价值在合理的时间内不可能超过抵押债务，他们会直接停止付款，让卖方重新获得房地产。因此，在这种情况下，买方购买受抵押的房地产相当于购买了一种期权。买方的权益投资是这个期权的购买价，使得买方在获得房地产后有机会获得房地产价值的增值收益。因此，我们可以看到为什么买方甚至会向卖方付款来获得一个抵押房地产，即使这个房地产的现有价值小于抵押贷款余额。

例如，一个房地产的抵押贷款余额为 100 000 美元。该区域的房地产价值目前正在下跌，业主认为直接出售只能获得 99 000 美元。然而，买方愿意以 101 000 美元获得受现有抵押贷款“约束”的房地产。因此，买方为房地产可能的价值上涨支付了 2 000 美元的期权费用。[①] 如果房地产价值没有超过 100 000 美元（少于贷款的本金支付额），买方可能放弃房地产，最初的业主要承担抵押贷款责任。如果房地产价值超过 101 000 美元，买方获得盈利，他将继续偿还抵押贷款。

我们应该明确各种合法替代方案（例如，购买有抵押约束的房地产和承担抵押贷款），这些方案可以允许卖方达成最符合其财务目标的协议。因此，在财务背景下，我们经常会对可替代合法方案进行评估。

## 2.8.3 自愿转让

不能再履行抵押贷款义务的借款人（抵押人），可能试图将他的权益“出售给”抵押权人。例如，假定抵押人不能履行义务，并且面临权益的止赎拍卖。为了节省时间、避免麻烦和减少与止赎拍卖有关的费用，抵押权人可能提出或接受从抵押人处获得产权的提议。如果他们都认为房地产价值超过抵押贷款余额，将会向抵押人支付一定金额用于换取其权益。如果房地产价值小于抵押贷款余额，贷款人可能仍然愿意接受产权，并将抵押人从抵押贷款债务中免除出来。这种自愿转让（voluntary conveyance）可能发生，因为止赎拍卖的成本超过其预期收益。

当自愿转让发生时，产权转让通常伴随着从抵押人到抵押权人的保证书或产权转让契约。抵押人应该坚持要求解除抵押，以确保他们不再受其票据和抵押的约束，特别是

---

① 卖方将收到 1 000 美元的现金，但是因为卖方在价值权益上损失 1 000 美元，他将获得 2 000 美元的经济收益，这也是支付价格和房地产市场价值之差。

在抵押贷款余额接近或超过房地产价值的情况下。否则，抵押人可能仍对支付抵押贷款票据有个人义务。这种转移给抵押权人以换取从抵押贷款债务中免除责任的行为，经常被称为抵押贷款的替代止赎契约（deed in lieu of foreclosure）。替代止赎契约具有快速、最小化转让房地产费用和诉讼不确定性的优势。它也避免了止赎拍卖或破产带来的负面宣传效应。替代止赎契约不会削弱该房地产的附属利益。贷款人必须对其他所有债务人做出安排。潜在的破产问题还会存在。作为优先转让，该转让可能失效。除了涉及自愿转让的法律问题，抵押权人也会经常面临非常实际的财务问题。未清偿的初级留置权不能通过自愿转让消除。事实上，如果房地产产权被转移给一个财务更健康的业主，那么持有人的状况会变得更好。除非用某些方式将这些初级留置权从房地产中释放出来——可能通过与持有人的协议将初级留置权转让给抵押人拥有的其他房地产，甚至有时会取消初级留置权——抵押权人可能会发现止赎拍卖相对于自愿转让是很有必要的，因为转让的产权受制于初级留置权。止赎拍卖为抵押权人提供了一个合法的方式，使其免受次级债权人的留置权。

### 2.8.4 友好止赎

止赎拍卖非常耗费时间并且昂贵，其间房地产可能会受到损失。友好止赎（friendly foreclosure）指借款人遵从法庭裁判，放弃辩护主张和上诉或反对判决的权利，并且同意在诉讼中和贷款人合作。这可以缩短止赎所需的时间。这样做也会阻隔附属留置权，在借款人破产后提供更好的保障。友好止赎通常比自愿转让花费更多时间，但是比不友好的止赎花费的时间少。接下来我们会详细讨论这一点。

### 2.8.5 预破产

抵押权人必须考虑到抵押人将威胁向其申请破产，作为一种方式来减免最初抵押贷款协议中规定的责任。破产对于有担保的贷款人会造成显著的后果。如果担保债务的抵押物的价值比债务的本金少，不足的金额会被认为是未担保债务。在预破产（prepackaged bankruptcy）中，在提交破产申请前，借款人同意将其资产转让给债权人，以换取债务的解除。和没有事先商定的条款相比，这可以节省相当多的时间和费用。在本章最后一部分我们将讨论破产的后果。

### 2.8.6 卖　空

卖空（short sale）指所出售房地产的销售收入低于抵押贷款余额。在卖空中，因为抵押人的经济或财务困难，抵押贷款的贷款人同意将贷款余额折价。这通常是在房价显著下降的时候进行的，财务困难更多地是由市场状况而不是由借款人的行为造成的。

在卖空中，业主或借款人以小于贷款未清偿余额的价格出售抵押房地产，然后将出售房地产的所得收入移交给贷款人，通常这个收入可以清偿贷款。在某些情况下，贷款人可能还会在法律上追求欠款判决。贷款人有权赞同或反对一个出售计划。卖空通常被用来阻止止赎的发生，因为贷款人认为卖空的经济损失小于止赎拍卖。进行卖空的决定是贷款人回收房地产贷款的最经济的方法。与止赎相反，如果借款人在卖空被批准前仍继续支付贷款，卖空不会影响借款人的信用报告，因为贷款人同意将贷款折价。

如果房地产以低于其未清偿最低贷款余额的价格被出售，且贷款人不追求欠款判决，则可能导致贷款人“债务免除”，这对于所有者或借款人可能是“应税事项”。

## 2.9 止　赎

实际上，绝大多数抵押权人并不急于从抵押人处取得房地产，特别是在抵押人与抵押权人坦诚沟通违约的情况下，抵押人在合理的期限内提出了切实可行的方法来解决贷款违约问题。因为房地产的管理和处置需要专业技能，这些通常在大多数贷款人的专业知识范围之外，因此这些技能的获取对于贷款人来说成本高昂，所以抵押权人更愿意收取欠款，并且在情况需要时保持仁慈和耐心。抵押权人很少强烈坚持合约上确切的要求，也不会一有违约的证据就向法院提出止赎拍卖。但是，在耐心和宽容地对待拖欠还款的抵押人后，最终处理是很有必要的，抵押权人会开始止赎诉讼的过程。

### 2.9.1 司法止赎

一般来说，抵押人违约时，抵押权人有两种补救办法来保护自身利益。第一种，贷款人可以进行司法止赎（judicial foreclosure），即对债务提起司法诉讼，获得判决，对抵押房地产执行拍卖。在司法止赎中，受扣押和执行[①]约束的财产不限于抵押财产。该判决可以对任何没有法律豁免[②]的抵押人的财产执行。

第二种，贷款人可以提出止赎诉讼并取得止赎和出售的法院判决。如果出售抵押财产的价格可以抵消抵押权人的索赔并还有结余，这个结余归属于抵押人。尽管止赎和财产出售可能是两个分开进行的行动，在实际中这两步通常同时进行。

### 2.9.2 赎　回

赎回（redemption）是通过支付债务或履行抵押的其他条件，取消止赎出售转让所有权的过程。赎回可以通过支付给抵押权人全部债务、利息和费用来实现。赎回权[③]必须在止赎之前提出。一旦止赎出售已经被确认，抵押人不能再赎回财产，除非在规定止赎出售后有一定法定赎回期限的州。止赎之后在一定法律期限内的赎回权叫作法定赎回权（statutory redemption），在美国大约一半的州都存在这种权利。一般来说，法定赎回期是止赎出售后大约六个月至一年的时间。在一些州，除了授予抵押人在止赎出售后的赎回权，州法律会允许推迟出售以提供更长的时间来支付违约债务。

### 2.9.3 房地产出售

房地产出售的广告、出售地方和出售方式都受州法规管辖。虽然细节不同，但在所

---

① 扣押是按照法院命令扣押债务人财产的一种行为，目的是在法院判决执行过程中确保债权人的债务安全。执行是赋予法警或其他可胜任的政府官员扣押或出售抵押人财产的过程，以满足之前支持债权人权利的法院判决。

② 作为执行判决的结果，大多数州依照法令免除征税和出售中一定数额的借款人财产责任。为了在借款人经济恢复期为其提供保持其家庭运作的最小数额的财产，这些法令通常规定：借款人的家庭中没有被买卖留置权保护的个人财产和权益应该被抵消并免于扣押和出售。

③ 赎回权是抵押人赎回违约财产的一种权利，权利的持续期为违约后到止赎出售开始之前。

有州的结果大致相同。

### 固定价格

抵押贷款止赎出售源于假定公开拍卖是令人满意的实现房地产出售的最佳价格的方式。因此，在一些司法管辖区中，出价最高的投标人获得房地产，无论其费用多少、留置权金额或其他的考量。尽管要求公开出售，在大多数情况下，只有抵押权人或抵押权人和少数投标人出现在止赎出售中，因此抵押权人通常是中标者。抵押权人可以使用其索赔权来抵消交易支出，但费用必须以现金支付。其他人必须用现金购买（可能是以贷款的形式，这种贷款是从另一个贷款人处获得的，并通过协议进行抵押），除非中标者可以安排抵押权人通过重新谈判或承担他们的现有债务来保持留置权有效。最后，通常只有抵押权人会认真地为房地产投标。由于贷款人通常倾向于避免拥有和清算止赎房地产，所以通常在贷款人索赔权价值小于或等于抵押物止赎拍卖、转卖和持有成本的市场价值的情况下，贷款人才会全额投标他们的索赔权。很少有贷款人会试图超额投标其索赔权以战胜拍卖中的其他买方。

在一些州，在止赎拍卖之前，法院会确定一个固定的价格。这意味着法院会评估确定一个固定的最小房地产价值，在投标中必须至少达到这个最小价值，否则法院拒绝确认此次销售。这不是一个普遍的行为，因为法院很难确定止赎出售的价格。一方面，法院希望对抵押人公平。由于在抵押权人不满意出售金额的情况下，短额裁定可能会发生，并且价格越低，短额裁定越大。另一方面，抵押权人的权利也需要受到保护。如果法院坚持太高的价格，就不会达成有效出售，因此抵押权人会对其索赔不满意。

### 信托契约

在一些司法管辖区，法律的历史发展通常导致房地产的融资方法是信托契约（deed of trust）融资而不是通常的抵押融资。信托契约担保的贷款涉及三方主体。借款人（信托的创建者）将作为担保的所有权作为抵押物转让给托管人，该托管人以借款人在贷款时执行的票据持有人的利益作为担保。这一过程通过契约转让给托管人，但转让附有信托协议作为契约的一部分，或者除此之外，还规定了安全性条款并赋予托管人在违约发生时出售房地产的权利。

信托契约通常用于亚拉巴马州、阿肯色州、加利福尼亚州、科罗拉多州、哥伦比亚特区、伊利诺伊州、密西西比州、密苏里州、内华达州、新墨西哥州、田纳西州、得克萨斯州、犹他州、弗吉尼亚州和西弗吉尼亚州。信托契约在其他州使用得不广泛，因为当地法院认为出于抵押债务的任何房地产转让都是抵押，不论使用的工具形式如何。这个解读极大地限制了托管人的出售权，因为此解读通常要求法院诉讼的费用和延迟，甚至到止赎，甚至包括止赎。强加这个限制的州力求确保借款人和票据持有人在出售房地产之前可获得合理的销售价格和所有其他适当的利益。

根据信托契约条款，在违约发生时，托管人有权以公开拍卖的方式出售该房地产来取消借款人的抵押赎回权。经过适当的宣传期限，托管人必须向双方汇报出售收益。当销售价格可以抵销出售费用（包括对托管人的补偿）时，双方有权享有剩余权益。信托契约通常有比止赎更快的优势。

### 信托契约和抵押贷款对比

信托契约是信托和抵押法律的混合体，任何使用它的人都应该根据当地房地产律师的建议行事。但一般来说，围绕债务产生和证明的法律规则对抵押贷款和信托契约是一样的，无论债务产生和证明的形式是票据、借款人权利、房地产的法律描述还是已获得房地产留置权的产生和记录。相似地，受信托契约约束的房地产可以根据信托契约出售，无论是否由买方承担债务。借款人可以出售他们的权益或用权益作为抵押进行借款。从技术上来说，借款人对房地产享有复归权，当债务支付完成后，房地产的所有权将归还给借款人。如果借款人偿还债务后，托管人未能或拒绝执行归还，则托管人可能会被法律程序强制执行，借款人将会获得法院强制托管人执行的命令。

在加利福尼亚州，信托契约和抵押贷款是同时使用的，两种工具之间有几个区别。虽然抵押权可能会通过在记录中简单地确认清偿而被解除，但信托契约解除的标志是归还所有权。[①] 抵押贷款和信托契约的记录要求也不同。根据大多数州的记录法，抵押贷款转让可能会被记录，而在一些州必须记录抵押贷款转让。信托契约转让则不需要被记录，并且一些州也不具备记录的资格。初始信托契约的记录要标明房地产留置权，只有托管人才能通过归还房地产产权来消除这些记录。

**止赎拍卖的产权性质**

止赎拍卖房地产的买方实际上是购买被销售中断的抵押人的权利。即使出售是在法庭监督下进行的，法院对买方将收到的所有权的性质不做任何陈述。在止赎拍卖之前存在的任何所有权瑕疵将继续转移给买方。如果索赔中的初级留置权没有中断，则买方以取消这些留置权的方式取得项目，而不是简单地不受阻碍地收取费用。

如果在止赎诉讼中，某次级留置权人的权益被忽略了，那么该权益不会因为这类事件作废。因此在这种情况下，买方购得的是附带留置权的房地产而非自由继承房地产。

**止赎诉讼的各方当事人**

当高级（第一）抵押贷款持有人将提起取消抵押物赎回权的诉讼时，他需要让所有对抵押房地产享有权益的当事人都参加。这些当事人不仅包括次级抵押贷款持有人，而且包括判决债权人、强制拍卖的买方和破产管理人（如果有的话）。未能这样做的话，有可能提高这类当事人的要求权的地位。例如，高级抵押权人如果在止赎拍卖中成为中标者，而且，如果记录的某次级留置权人未被通知参加诉讼，则当高级抵押权人取得产权时，次级留置权人成为该产权的第一留置权人。为了避免这种可能性，每个止赎行动之前都应仔细查询记录，以发现所有应该加入止赎诉讼的次级留置权人。

如果某次级留置权人认为有必要保护自己对于拍卖房地产所享有的权益，他可以通过还清较自己的权益优先的债务或保留这些债务的方式，在拍卖中购得该房地产。举例说明，设某房地产的第一抵押权人对其享有 50 000 美元的留置权益，而某次级留置权人享有 10 000 美元的权益。该次级权益人认为自己的权益价值在 50 000 美元之上，因此有意保留这一权益。如果这一次级权益人不参加拍卖竞价，该第一抵押权人就会以 50 000 美元购得该房地产（如果不存在其他竞价人的话），而次级权益人的权益就此作废，使其遭受损失。为取得第一权益人的地位，该次级权益人可出价 60 000 美元购买该房地产。

---

① 一些州不要求通过归还产权来解除信托契约。然而信托的担保受益人（票据持有人）必须签署解除信托契约的请求，这个请求由借款人提交给托管人，一并提交的还有取消票据和信托契约。托管人同意免除契约，将由相关机构记录在县公共记录中。

在这类情况下，通常次级权益人要事先征得第一权益人的同意。双方甚至可以商讨在调整或不调整其债权数额的前提下，更新第一抵押权人的要求权的问题。

止赎出售的买方取得的房地产不再附带任何留置权。无论该赢家是第一抵押贷款的持有人，还是其他人，一切原有的次级留置权都将作废。

如果次级留置权人请求止赎，他们不必请第一留置权人参加诉讼，而应从属于第一留置权人提起诉讼。也就是说，他们不必负责偿还第一留置权债务。实际上，次级留置权人可能更愿意保留高级抵押贷款。而且第一留置权人可以自愿参加诉讼，有时这样做是为了让自己的权益得到充分保护。其间，他们可以请求法庭裁决拍卖中标者应负担的债务数额，或解决留置权的优先性问题。当然，他们也可以实现与次级留置权人达成协议，维持原抵押贷款。若次级抵押贷款持有人打算在拍卖中购得该房地产，那么一般他们就会还清第一抵押贷款，但这样做一定要征得未参与诉讼的第一抵押贷款持有人的同意。也就是说，次级留置权人必须偿付第一留置权人的优先债权，但可以消除位于其后的留置权人的抵押贷款债务。例如，假设某价值 100 000 美元的房地产负债情况如下：

| | |
|---|---|
| 第一抵押贷款 A | 90 000 美元 |
| 第一抵押贷款 B | 20 000 美元 |
| 第一抵押贷款 C | 10 000 美元 |
| 抵押贷款总额 | 120 000 美元 |

拍卖中，抵押权人 B 可通过保留第一抵押贷款或重新融资以偿还该第一抵押贷款的方式，以 110 000 美元购买到该房地产，则位于其后的第三抵押贷款留置权将作废。

拍卖中被取消的次级留置权人对售价高于第一抵押贷款人债权的盈余部分有权申请债权，如果没有盈余，他们有权要求对其债权做全额判决，从此以后，他们就仅仅是抵押人的一般无担保债权人，除非后者拥有该判决所附的其他房地产。

### 2.9.4 止赎对次级留置权人的影响

高级留置权人提起止赎诉讼要求止赎时会出现以下问题：如何处置作废的要求权（留置权）？拍卖收入用以偿还止赎的费用和第一抵押贷款债务后的余额，将在次级权益人之间进行分配。然而，实际运作中，这种分配并不是像听起来那样简单。其间可能就优先性的问题产生激烈的争执，而不得不由法庭做出最后的裁决。

如果高级抵押贷款被正当抵押，则将初次抵押贷款的留置权消除，但抵押担保的债务不受影响。如果止赎出售没有盈余或不足以满足所有索赔要求，债权人仍享有对抵押人的追索权。这类债权人有权在将来抵押人的经济情况得到改善的时候，要求其偿还债务。

### 2.9.5 短额裁定

虽然出售抵押物可能会导致抵押人有权获得盈余，但可能以不能满足抵押权要求的价格出售。任何赤字都是抵押权人对抵押人的持续索赔。抵押人个人有义务支付本票所证明的债务。由于抵押贷款可能涉及一项或多项针对其索赔的具体事项，因此抵押权人可查看这类不动产，以此为自己的要求权寻求最合适的抵押保证，如果这样仍不足以偿还欠款，抵押人则依然负有还款义务。这里，执行止赎及抵押物拍卖之后的所得收入仍不足以偿还的债务，叫作短额裁定（deficiency judgment）。

短额裁定是一种无担保的索赔（除非抵押人拥有其他房地产），其与抵押人的其他债务是平等的。与原抵押贷款不同的是，短额裁定的权益人对债务人的非房地产资产没有期权。① 因而短额裁定的价值是很值得怀疑的，债务人经常会采取各种方法避免偿还这类负债或在偿还时做手脚。

由于短额裁定权益只对房地产或债务人未来取得的这类资产有效，因此债务人可以通过想办法避免取得房地产权益而免于偿还短额。如果他们取得了房地产资产，可以将它们的所有权记录在他人的名下。

关于短额裁定有许多争议，不少人认为应该废止短额裁定。有几个州严格限制短额裁定的适用范围。当然，这增加了借款人在自己用于抵押房地产的市场价值低于贷款余额的情况下，"无能为力"地走开的可能性。

## 2.9.6 违约的税收

房地产税的缴纳是抵押人的义务。因此，应缴税款对抵押物享有优先留置权。产权转让一律考虑到应计的未付税款。抵押贷款通常包含税收条款，赋予抵押权人在抵押人未能定期缴纳税款的情况下缴纳税款的权利，然后将如此支付的金额加入抵押权人的债权。虽然税收留置权给予税务机关在违约的情况下取消抵押权的权利，但税务机关很少采取这种做法，而是选择出售手中税收留置权的办法。由于税收留置权享有最高优先权，而且税款的利率很高，因此抵押权人喜欢通过替抵押人缴纳所欠税款的方式，取得税收留置权。

如果需要取消止赎，抵押权人会将其替抵押人交的税款计入未偿债款中。止赎出售时，买方通常预期支付所有拖欠的所得税，从而使资产的税务状况符合现行条件。

### 税收拍卖

如果抵押权人不采取措施维护其税收留置权（即不替抵押人缴纳税款），那么征税机关迟早要施加压力以收回拖欠的税款。无论是在形式上还是在效果上，税收拍卖（tax sale）与止赎拍卖都是相同的。拍卖中标者将收到一份税收证明，这种证明在所有的州都有效。该证明的赎回期限一般为 2～3 年。如果税款拖欠者在此期间未能向证明持有人还清税款，则该持有人就有权取得抵押房地产的所有权契据。

税收拍卖买方所有权通常被视为一个薄弱的所有权凭证。税务人员关心的是找到一个愿意并能够为别人缴税的人，以换取对该房地产的索赔，而不管房地产权益的性质如何，也不做出任何保证。除产权性质的不确定性以外，税务官对此事漠不关心的态度就够让人担心了。后者通常通过以下形式表现出来：

（1）由于房地产描述不正确或所有权记录不正确，拍卖通知可能有缺陷；

（2）业主的正当法律程序或其在法庭上的时间可能被剥夺了；

（3）拍卖权限可能不明确；

（4）违规和粗心大意，即使是在小事情上，也可能导致拍卖无效。

---

① 在实行短额裁定的地区，短额裁定对债务人的一切房地产都享有留置权。从这一层面看，该裁定可以看作抵押权益，贷款人可以通过取消受该留置权控制的房地产的赎回权来收回应收债款。

所有这些都部分取决于逾期纳税人的恢复能力。如果他们失去房地产权益或缺乏经济能力来保护他们的权益，那么逾期纳税人在出售时只能听从买方的安排。然而，购买税收留置权的风险仍然很大，建议谨慎行事，即使是微小的细节也要注意。

在税收拍卖中如果没有投标人（这种情况可能发生在萧条期间或出售廉价的空置土地时），房地产通常归还州、市或其他地方政府机构。这些机构在处置此类房地产时，通常是很马虎的，因而很难为房地产制定一个合理的价位。而且经政府出售的此类房地产的有效赎回期很短。因此，抵押人应勤勉监督税收拍卖的公告，确保其在税收拍卖中拍卖的房地产的留置权不受影响。

## 2.10 破　产

破产（bankruptcy）可以被定义为法院接管债务人的财产以满足债权人的要求的诉讼程序。其目的是解除债务人的一切负债，使其有偿付能力。美国的《破产法》第 7、11、13 章中有关破产的规定，影响着房地产作为抵押物的价值。贷款人必须意识到借款人申请破产的可能性，并且必须知道这样的申请将如何改变其立场。房地产投资者和贷款人都必须对其在破产程序中的权利有一个基本的了解。还应该强调的是，在许多州，宅地法保护某些住宅和其他财产，并可以在破产程序中排除这种财产。虽然对《破产法》的详细讨论超出了本章的范围，但下面讨论了对房地产投资者和贷款人特别重要的几个《破产法》内容。

### 2.10.1 《破产法》第 7 章

第 7 章（即“直接破产”）是让债务人重新开始履行其所有债务，并清算不受豁免的资产。第 7 章可适用于任何人，无论其资产及负债情况如何。债务人可自愿申请这种破产，债权人也有权申请对债务人强制执行破产。只有一种情况例外，即不可对农民强制执行破产。

在提交第 7 章申请后，法院委派一名临时受托人负责评估债务人的财务状况，并在第一次债权人会议上报告是否有可用于清算和分配给无担保债权人的资产。受托人的工作是监督非豁免资产清算和评估债权人提出的索赔。第 7 章破产的最终目标是根据各种债权人的合法权益和优先事项，对债务人资产进行有序清算和收益分配。

贷款人以房地产作为抵押贷款给债务人，如果抵押物的价值超过应付账款余额，通常会得到全额支付。要想止赎并出售债务人的财产，贷款人必须首先向破产法庭提出申请。如果债务人尚未超过其偿还贷款的最后期限，并希望保留财产，他可以通过重申抵押债务来实现。这意味着虽然债务人在破产中偿还债务的义务已经解除，但债务人在解除债务之后签署了一个新的协议。

### 2.10.2 《破产法》第 11 章

第 7 章的替代方式是第 11 章的破产方式，第 11 章规定的破产方式适用于企业主的情况。第 7 章规定的破产方式的最终结果是清算债务人的资产，而第 11 章的破产程序则着眼于维护债务人的资产。在提交第 11 章破产申请后的 120 天内，该重组计划必须由债务人向法院提出。该计划必须对债务人的资产进行各种索赔分类，并规定每类债务的处理情况。在典型的重组计划中，双方的权利和义务以一种或两种方式重新定义。计划书可重新调整债务情况，以求延长还款期限和减少应付债务额，或者按比例缩减债务，将债务人的义务减少到少于全部索赔的金额。

计划书的提案者通常是债务人，计划书拟好之后，还必须征求债权人的意见。当有半数以上的债权人表示同意，并且他们代表了占总数 2/3 以上的要求权时，法庭就要着手鉴定计划书，以确定它在技术上是否符合得到司法认证的必要条件。通过鉴定以后，即使一个或几个等级的债权人提出异议，法庭依然可以做出批准的裁定，这种确认方法叫作强制破产（cramdown）。①

第 11 章中有关强制破产的规定旨在让借款人通过执行改组计划，重新安排对其抵押及未抵押贷款权益的处理方式，以期为自己的经营提供喘息的机会，创造新的发展空间。执行这一规定的关键就在于保证借款人的完整性。如果没有强制破产规定，有担保的贷款人就可以以拒绝该计划并取消借款人的大部分财产的赎回权的方式，阻挠改组计划的实施。

根据《破产法》实施改组计划可能会削弱有担保的贷款人的权益。即使这样，法庭也可能在有担保的贷款人反对的情况下，批准计划的实行，但强制破产对反对改组计划的有担保的贷款人的处理方法也有所规定。其一是由借款人保留抵押房地产，但要立即或在未来一段时间支付给贷款人相当于抵押物限制的款项；其二是将抵押物拍卖，其收入用于归还贷款余额；最后一揽子办法是实现有担保的贷款人的不容置疑的要求权益。

按照第 11 章实行破产诉讼对于贷款人关系重大，因为他们可能发现，在借款人的改组计划执行过程中，自己的抵押物连续几年被“锁”住，动不了。甚至以借款人的个人住宅为抵押物的有担保的贷款人也可能无法取消抵押物的赎回权，因为这样会干扰改组计划的实施。总之，第 11 章的根本目的，是给处于经济困境的企业以实行由法律监督的改组计划的机会，从而避免清算破产。

### 2.10.3 《破产法》第 13 章

第 13 章破产申请（也称为“雇佣劳动者破产诉讼”）是第 7 章中适用的清算的一种有吸引力的备选方案。与第 11 章一样，第 13 章的程序设想制订一项旨在恢复债务人的计划。该计划规定，计划的资金将来自债务人未来的工资和收入。任何有固定收入的债务人，若其无抵押金额低于 10 万美元，担保债务低于 35 万美元，均可获得第 13 章的救济。因此，第 13 章破产是最有可能被个人使用的破产。

第 13 章破产法的核心在于偿还计划，它由债务人制订，法庭确定其符合各项有关规定之后给予批准执行。债务人要根据计划偿还所有债务，期限一般为 3～5 年。与前两种破产法不同的是，前两者要求债务人每隔 6 年才能申请一次破产，而第 13 章则规定只要债务人是真诚严肃的，可以在一次破产清算或破产计划结束之后立即申请第二次雇佣劳动者破产。

---

① 2009 年，国会通过了立法，允许联邦法官修改已经申请破产并寻求避免止赎的财产所有者的抵押权，这种法定形式的封锁可以让法官减少抵押贷款余额或利率或者改变贷款期限，以避免止赎。

在执行计划期间，债权人只能遵照计划收取还款，而不能采用其他方式。计划成功实施之后，应解除债务人的一切负债（除那些超过计划执行期的长期还款义务之外）。有一点需要引起注意，即改组计划不能更改只以债务人的私人住宅为抵押物的抵押权人的权益。这一优惠政策的理论依据在于，如果这类抵押权人因自身利息受到侵害而要求止赎，债务人就会因失去住所而影响其改组计划的正常进行。尽管如此，这类贷款人也应当清楚，如果要在债务人违约时要求加速还款，债务人可以通过申请破产的方法来弥补自己违约造成的后果，即制订偿还目前的违约欠款的计划，从而恢复原抵押贷款。由此可见，虽然改组计划不能更改只以债务人的私人住宅为抵押物的抵押权人的权益，但第13章的破产法可以阻止止赎的立即执行，并允许债务人在合理的时间内偿还提交文件当日尚未还清的债务。如果计划要求处理拖欠款，并且不修改现行付款时间表，法院通常会批准该计划，因为这并不会严重影响贷款人的权利。

# 总　结

本章讨论了与房地产融资相关的法律手段和后果，如违约、止赎、破产等。发生一起或多起事件的概率以及当事人的权利最终会影响到各种财产权的价值。当我们在后面的章节中讨论与抵押贷款相关的风险时，应该牢记这些法律考虑。显然，借款人和贷款人的合法权利会影响各方承担的风险的程度，进而影响各种交易的价值。

各种合法替代方案的适用性可以被看作是控制交易各方之间风险的一种方式。借款人违约或破产的可能性以及各方可用的合法替代方案影响贷款的预期收益。在后面的章节中，我们将讨论贷款人如何使用与房地产价值相关的贷款金额来控制风险。读者应该记住，本章讨论的贷款契约也控制了风险。

## 关键术语

| | | |
|---|---|---|
| 后取得财产条款 | 抵押承担 | 破产 |
| 契约 | 强制破产 | 信托契约 |
| 替代止赎契约 | 短额裁定 | 立即到期条款 |
| 延期协议 | 第一抵押贷款 | 固定附着物 |
| 止赎 | 友好止赎 | 未来垫款 |
| 司法止赎 | 次级抵押贷款 | 土地契约 |
| 抵押贷款文件 | 抵押贷款违约 | 抵押贷款的未来垫款 |
| 开放抵押贷款 | 预破产 | 本票 |
| 购买货币抵押贷款 | 赎回 | 第二抵押贷款 |
| 卖方融资 | 卖空 | 有抵押约束 |
| 从属条款 | 税收拍卖 | 抵押转让 |
| 自愿转让 | 追索权 | 定制 |

## 参考网站

www. alta. org——美国土地产权协会，提供行业和政府新闻，以及解释在土地产权方面的消费者利益。

www.mortgagemag.com——包括房地产文书以及含抵押贷款银行、法律机构和科技的相关链接。

http://dictionary.law.com——法律字典。

http://real-estate-law.freeadvice.com——许多关于房地产法律的有价值的问答。

## 问　题

1. 区分抵押和票据。
2. 贷款人在票据上加速意味着什么？宽限意味着什么？
3. 借款人可以在任何时点偿还部分或全部贷款吗？
4. “无追索权”融资意味着什么？
5. “指定”意味着什么？为什么贷款人想指定抵押贷款？
6. “购买货币抵押贷款”意味着什么？贷款什么时候不再是“购买货币抵押贷款”？
7. 违约意味着什么？它只在借款人不能按期还款时发生吗？
8. 对于抵押贷款，借款人什么时候希望有另一个交易对手来承担他的负债？
9. 短额裁定是什么意思？
10. 土地契约是什么？
11. 建设者留置权怎样能够获得优先于在其建设者留置权之前记录的第一抵押贷款的优先权？
12. 说出房地产的可抵押的潜在权益，并对其作为贷款人抵押物的风险做出评论。
13. 抵押止赎是什么意思？还有什么替代方案？
14. 解释买方承担抵押和买方承担有抵押约束的所有权的区别。
15. 在出售有抵押约束的房地产时，抵押权人和未解除责任的抵押人面临什么样的风险？
16. 股权赎回和司法赎回的区别是什么？
17. 抵押权人在止赎拍卖中作为止赎对手方有什么特别的优势？
18. 当抵押人做出让步时，止赎销售会是合意或者说是必要的吗？
19. 当借款人宣布破产时贷款人的风险有哪些？
20. 短额裁定是什么？根据《破产法》它对贷款人有什么价值？

## 习　题

1. 塞奇威克获得第二国民银行不超过5万美元的开放式建设贷款。贷款被终止，塞奇威克最初提取了30 000美元。3个月后，他取出了剩下的2万美元。银行对可能插入留置权的立场是什么？
2. 去年，琼斯获得了10万美元的抵押贷款。他正好继承了一大笔钱，正在考虑提前偿付全部的贷款余额以节省利息。他有什么权利提前偿付贷款？
3. 鲍勃签订了土地合同，从山姆那里购买房地产。购买价格将每月分期支付10年。在第5年结束的时候，鲍勃违约，没有按要求付款。合同规定，如果违约，卖方可以在30天后宣布没收，并收回房地产。如果法院认为土地契约是公平的抵押物，鲍勃和山姆的权利可能是什么？
4. 史密斯先生5年前收购了一块土地和一栋两层建筑，价值10万美元。他还从ACE银行获得了8万美元的抵押贷款，以提供融资来完成购买。今年，史密斯先生用自己的资金建造了另一栋建筑，耗资20 000美元。史密斯先生已经决定在完工后以此新建筑为抵押物向Duce银行借款16 000美元。Duce银行有可能提供16 000美元的融资吗？还有什么其他的选择供史密斯先生考虑吗？
5. 布朗女士5年前以10万美元购买了一块土地和一栋建筑。她在那个时候从ABC银行获得了8万美元的抵押贷款。该建筑非常古老，布朗女士将它拆除。她现在想要建造一栋新的建筑。布朗女士希望通过ABC银行为建设提供融资，并会很快打电话给银行讨论融资新项目。ABC银行将如何评估向布朗女士再次提供贷款的可能性？

# 第 2 部分

# 抵押贷款

# 第3章 抵押贷款基础：货币时间价值

购房融资通常会涉及长期或短期借款。由于大部分融资通常与购房款有关，因此融资成本往往数额较大，并在投资决策中占据重要地位。房地产融资的利益相关者必须了解这些成本的计算以及贷款协议中各项条款对贷款利率和还款额的影响。熟悉复利计算，对于理解还款额的确定、贷款合同条款对贷款利率的影响以及筹资决策对投资收益率的影响是至关重要的。这对投资分析的计算也很重要，我们稍后会在本章中进行探讨。本章主要介绍财务计算，有时也被称为“货币时间价值”（time value of money，TVM）。它是讨论住房贷款、建设项目和开发项目融资等概念的基础。

## 3.1 复利

理解复利过程需要知道一些基本公式。这些公式均来源于复利（compound interest）概念。例如，如果某人的银行存款为10 000美元，存款利率为6%，每年支付一次，那么一年后这笔存款的价值将是多少呢？在研究这个问题时，我们应该意识到，任何与复利相关的计算都由四个基本部分组成：

（1）最初存款额，或投资额现值。

（2）利率。

（3）期限。

（4）未来某一特定时期的价值。

在我们的问题中，存款本金为10 000美元，年利率为6%，期限是一年，我们想知道年末存款总额为多少。现在我们有四个条件，其中三个为已知，一个为未知。

## 3.2 复利终值

在前面的问题中，我们想确定的是，如果年初存入或支付 10 000 美元，每年存款余额可获得 6%的利息收入，那么一年后存款价值为多少。为找出答案，我们必须引入一些术语：

$PV$=现值(present value)或年初本金

$i$=利率

$I$=一年所得利息额

$FV$=$n$ 年后本息额，或终值(future value)

$n$=年数

该问题中，$PV$=10 000 美元，$i$=6%，$n$=1 年，$FV$，或一年后存款价值，是我们想知道的。

一年后存款价值可由以下关系式确定：

$$FV=PV+I_1$$

年末终值 $FV$ 等于年初存款额 $PV$ 加上期间利息 $I_1$。由于 $PV$=10 000 美元，可知 $FV$ 由 $I_1$ 决定。因为是每年复利一次，$FV$ 很容易得出，是 10 600 美元，具体过程如下：

$$\begin{aligned} I_1 &= PV\times i \\ &= 10\ 000\times 0.06 \\ &= 600 \text{ 美元} \end{aligned}$$

一年后（$n$=1）终值则为：

$$\begin{aligned} FV &= PV+I_1 \\ &= 10\ 000+600 \\ &= 10\ 600 \text{ 美元} \end{aligned}$$

或者，

$$\begin{aligned} FV &= PV(1+i) \\ &= 10\ 000\times(1+0.06) \\ &= 10\ 600 \text{ 美元} \end{aligned}$$

### 多期模型

为得出两年后存款价值为多少，我们将第一年末所得 10 600 美元作为第二年初的存款额，并在此基础上进行再次复利。这一过程如下：

$$10\ 600\times 0.06=I_2$$

$$636=I_2$$

第二年末（$n=2$）存款价值为：

$$10\ 600+I_2=FV$$

$$10\ 600+636=11\ 236 \text{ 美元}$$

上面展示了第二年末累计的 11 236 美元存款终值的计算过程。请注意，在第二年期间，利息不仅以初始存款 10 000 美元为基础，还包括第一年的利息（600 美元）。“利滚利”是复利过程中必须理解的关键概念，也是财务计算中所有财务表和财务概念的基石。

从上述计算中应看到第二年末的终值是由 $PV$ 直接决定的：

$$\begin{aligned} FV &= PV(1+i)(1+i) \\ &= PV(1+i)^2 \end{aligned}$$

在该问题中，当 $n=2$ 年时，

$$\begin{aligned} FV &= PV(1+i)^2 \\ &= 10\ 000\times(1+0.06)^2 \\ &= 10\ 000\times1.123\ 600 \\ &= 11\ 236 \text{ 美元} \end{aligned}$$

在这一计算方法中，第二年末存款价值 11 236 美元与之前的结果完全相同。能够根据 $PV$ 直接计算 $FV$ 是一种非常重要的关系，因为这意味着终值，即某一存款额或支付额经任意期限复利所得结果，都可以通过 $PV$ 的简单计算来确定。因此，如果我们想确定今日存款额的任意年限的复利终值，我们可以利用复利计息的一般公式，即：

$$FV=PV(1+i)^n$$

通过代入 $PV$，$i$ 和 $n$ 的值，我们可以确定任意年数的 $FV$。①

**其他计息频率**

在前一小节中，复利频率为每年一次。许多储蓄账户、债券、抵押贷款和其他投资方式会提供月度、季度或半年复利。我们将在后面的章节中专门讨论抵押贷款，这涉及每月复利一次的情况，因此我们考虑其他计息间隔将十分重要。

当计息频率不是每年一次时，我们可以对一般公式进行调整。调整前一般公式为：

$$FV=PV(1+i)^n$$

其中，

$n$＝年数

$i$＝年利率

$PV$＝存款现值

对于任意计息期，我们用年利率 $i$ 除以每年计息次数，即一年之内计息次数。同时，

① 对于这一点，读者可能意识到这些问题可以通过金融计算器或计算机软件解决。我们将使用与金融计算器一致的符号和按键顺序来解决本章和本书中其他章节的许多问题，读者也可以使用计算机软件代替金融计算器。

复利期数 $n$ 也要相应乘以每年的计息次数。举个例子，假设一年之内计息次数为 $m$，即一年内复利 $m$ 次，一般公式中的年数为 $n$，则有：

$$FV=PV\left(1+\frac{i}{m}\right)^{n\cdot m}$$

因此，如果存款本金为 10 000 美元，年利率为 6%，按月计息，即 $m=12$，那么存款年末终值为：

$$\begin{aligned}FV&=10\ 000\times\left(1+\frac{0.06}{12}\right)^{1\times12}\\&=10\ 000\times1.061\ 678\\&=10\ 616.78\text{ 美元}\end{aligned}$$

如果将月度复利的终值与一年复利一次的终值相比较，我们能立即看出月度复利的结果更大。如果将初始存款按月复利，年末我们可以得到 10 616.78 美元，而每年复利一次仅能得到 10 600.00 美元。

另一角度是比较两者的有效年收益率（$EAY$，effective annual yield）。这样做的前提是假设年初存入 10 000 美元，并且所有的收益将在年底收回。对于每月复利的存款，我们有：

$$\begin{aligned}EAY&=\frac{FV-PV}{PV}\\&=\frac{10\ 616.78-10\ 000.00}{10\ 000.00}\\&=6.167\ 8\%\end{aligned}$$

对于每年复利一次的存款，我们有：

$$\begin{aligned}EAY&=\frac{10\ 600.00-10\ 000.00}{10\ 000.00}\\&=6\%\end{aligned}$$

通过两者比较，我们可以得出结论：当名义年利率相同时，如均为 6%时，月度复利的有效年收益率更高。这一比较可以立即解释同一名义年利率下每年复利一次与每月复利一次的区别。在两种情况下，存款均以相同的名义年利率（6%）复利，然而，一个是按每月月末 0.5%（=6%/12）的利率复利 12 次，另一个是按年末 6%的利率复利一次。对于美国，在合同条款、储蓄账户、抵押票据及其他交易中通常按照惯例给出一个名义利率。还款额的确定或利息的计算（如每年计息一次、每月计息一次、每日计息一次）会在协议中明确规定，有效年收益率的确定取决于交易各方。

从以上分析中我们可以得到很确定的结论。当两项投资的名义年利率相同时，一年中复利次数更多的投资会得到更高的有效年收益率。在我们的例子中，可以看到在 6% 的年利率下，每月复利一次能提供 6.168%的有效年收益率。

其他还有半年计息一次、每季计息一次和每日计息一次的投资情况。在这些情况下，复利计息基本公式应做如表 3－1 所示的修改。

**表 3-1**

| 名义年利率（%） | 复利计息频率 | | 修改后公式 | 有效年收益率*（%） |
|---|---|---|---|---|
| 6 | 每年一次 | $m=1$ | $FV=PV(1+i)^{n\cdot 1}$ | 6.00 |
| 6 | 半年一次 | $m=2$ | $FV=PV\left(1+\frac{i}{2}\right)^{n\cdot 2}$ | 6.09 |
| 6 | 季度一次 | $m=4$ | $FV=PV\left(1+\frac{i}{4}\right)^{n\cdot 4}$ | 6.14 |
| 6 | 月度一次 | $m=12$ | $FV=PV\left(1+\frac{i}{12}\right)^{n\cdot 12}$ | 6.17 |
| 6 | 每日一次 | $m=365$ | $FV=PV\left(1+\frac{i}{365}\right)^{n\cdot 365}$ | 6.18 |

* 即年百分比收益率（*APY*，annual percentage yield）。

举个例子，如果存款为 10 000 美元，年利率为 6%，按日计息，那么我们有：

$$FV=10\ 000\left(1+\frac{0.06}{365}\right)^{1\times 365}$$
$$=10\ 000\times 1.061\ 831$$
$$=10\ 618.31\text{ 美元}$$

有效年收益率为$\frac{10\ 618.31-10\ 000}{10\ 000}=6.183\ 1$。如果存款期限为 2 年，公式中的指数变为 2×365，2 年后终值为 11 274.86 美元。

许多银行和储蓄机构会公开 CD、经常账户等的年百分比收益率（annual percentage yield）。从概念上讲，这里所说的有效年收益率和 *APY* 是一样的。然而，联邦规章中要求银行写明适用的具体的手续费和罚款。类似的费用会使得 *APY* 与我们例子中的有效年收益率不一致。

在整本书中，我们会依照惯例在所有问题、案例以及表格里使用名义年利率。因此，“利率”一词表示名义的年化利率。这意味着，当比较两种计息间隔不同的投资选择时，我们不能再使用名义利率作为比较基础。在这种情况下，我们应在后续解决方案中使用有效年收益率概念。

### 计算复利终值系数

要找到多期复利问题的解决办法是比较困难的，因为计算量会非常大。拥有复利计算功能的计算器解决了很多财务计算上的细节问题。复利问题的另一解决办法就是使用复利终值系数（也叫复利因子），它们可以解决许多问题。我们会解释这些系数是如何计算得到的，以便读者理解财务计算与计算器计算之间的联系，并更有效地解决问题。我们这么做也是为了在解决多步和多期投入问题时，读者能够将其分解并利用复利因子分步解决。

为了熟悉各利率的复利因子，我们可以回忆一下之前讨论的问题——我们想确定一年后 10 000 美元存款按 6%年利率复利的终值是多少。观察表 3-2 中利率为 6%的列和年数为 1 的行的交汇点，我们可以发现复利终值系数为 1.060 000。这个数乘以 10 000 美元后，我们的问题便得到解决。

$FV = 10\ 000 \times 1.060\ 000$
$= 10\ 600$ 美元

1 美元按 6%复利一年的终值是 1.060 000 美元——这与我们计算 $(1+0.06)^1$ 的结果相同，或者说和一般复利公式中得到的 1.06 结果相同。换句话说，即

$$(1+0.06)^1 = 1.06$$

**表 3-2　　不同利率和期数的 1 美元复利终值系数**

| 年数 | 利率 | | | |
|---|---|---|---|---|
| | 6% | 10% | 15% | 20% |
| 1 | 1.060 000 | 1.100 000 | 1.150 000 | 1.200 000 |
| 2 | 1.123 600 | 1.210 000 | 1.322 500 | 1.440 000 |
| 3 | 1.191 016 | 1.331 000 | 1.520 875 | 1.728 000 |
| 4 | 1.262 477 | 1.464 100 | 1.749 006 | 2.073 600 |
| 5 | 1.338 226 | 1.610 510 | 2.011 357 | 2.488 320 |

我们可以用计算器确定表 3-2 中不同利率和时期组合的复利终值系数。只要我们知道期初存款数额（$PV$）、利率（$i$）以及按年复利的期数（$n$），我们就可以用复利终值系数解决任何一个复利问题。例如，通过计算器计算，我们能够得出利率为 6%、期限为 1 年的复利终值系数，结果如下：

$PV=1$ 美元
$i=6\%$
$n=1$
$PMT=0$

解得 $FV=1.06$ 美元。

同样，如果我们想要利率为 10%和期限为 4 年的结果，我们会有：

$PV=1$ 美元
$i=10\%$
$n=4$
$PMT=0$

解得 $FV=1.464\ 100$ 美元。

**问题：**年复利率为 10%的 4 年期 5 000 美元存款的终值是多少？

**解：**$FV = 5\ 000 \times 1.464\ 100$
$= 7\ 320.50$ 美元

与年复利终值系数一样，根据修正公式 $PV\ (1+i/12)^{n\cdot 12}$ 计算出选定利率和年份的月度复利终值系数编制在表 3-3 中。为了让学生熟悉这些复利终值系数，在表 3-3 中已经选择了利率和期限，并计算了复利终值系数。

表 3-3　　不同利率和期数的 1 美元复利终值系数

| 月份数 | 利率 6% | 利率 8% | |
|---|---|---|---|
| 1 | 1.005 000 | 1.006 670 | |
| 2 | 1.010 025 | 1.013 378 | |
| 3 | 1.015 075 | 1.020 134 | |
| 4 | 1.020 151 | 1.026 935 | |
| 5 | 1.025 251 | 1.033 781 | |
| 6 | 1.030 378 | 1.040 673 | |
| 7 | 1.035 529 | 1.047 610 | |
| 8 | 1.040 707 | 1.054 595 | |
| 9 | 1.045 911 | 1.061 625 | |
| 10 | 1.051 140 | 1.068 703 | |
| 11 | 1.056 396 | 1.075 827 | |
| 12 | 1.061 678 | 1.083 000 | |
| 年数 | | | 月份数 |
| 1 | 1.061 678 | 1.083 000 | 12 |
| 2 | 1.127 160 | 1.172 888 | 24 |
| 3 | 1.196 681 | 1.270 237 | 36 |
| 4 | 1.270 489 | 1.375 666 | 48 |

在之前的问题中，我们想要确定年利率为 6%并按月计息的 10 000 美元的终值。这很容易通过在表 3-3 中选择 6%和 12 个月（或一年）所决定的终值系数来确定。该复利终值系数是 1.061 678。因此，为了获得 12 个月后或一年后的存款价值，我们有：

$$FV = 10\ 000 \times 1.061\ 678$$
$$= 10\ 616.78 \text{ 美元}$$

换句话说，期限为一年、按月计息、利率为 6%的复利终值系数为 1.061 678，这个结果和我们计算 $(1+0.06/12)^{1\times12}$时得到的一样，即

$$(1+0.06/12)^{1\times12} = 1.061\ 678$$

**问题：**年利率为 8%，按月计息的单笔 5 000 美元存款两年后的终值是多少？

**解：**$FV = 5\ 000 \times (1+0.08/12)^{2\times12}$

$= 5\ 000 \times 1.172\ 888$

$= 5\ 864.44$ 美元

## 3.3　使用财务函数：计算器和电子表格

使用计算器来解决一个多期复利问题能够大大简化计算过程。利用复利函数编程的计

算器满足了许多问题情况下财务表的需求。电子表格（如 Excel）的功能可以让用户输入财务变量并解决问题。为解决本书其余部分中与资金时间价值相关的大多数问题，我们将使用一个与金融计算器格式相对应的通用函数作为替代解决方案。请参考具体的计算器手册来确认所有的操作是否相似。除非另有规定，否则解决方案假定付款均发生在期末，并且支出的资金为负（－），流入的资金为正（＋）。在解决问题时，我们将使用以下格式：

$n$＝年数，除非另有说明

$i$＝年利率，除非另有说明

$PV$＝现值

$PMT$＝支付款

$FV$＝终值

解决方案将遵循上面的格式，未知变量列在最后，最终的金额被四舍五入到小数点后两位。

例如，在之前讨论的问题中，我们想要确定期限为一年、年利率为 6%的 10 000 美元的复利终值。

### 财务函数　　概念框 3.1

随着技术的进步，包含 TVM 和抵押贷款、价值评估和投资的相关概念已经被极大简化。许多 TVM 以及相关概念包含指数方程式，而这会使解决问题变得更为复杂。金融领域的专业人员已经在使用金融计算器或计算机软件（Excel）或两者结合，使它们通过编程，让计算更快更有效。

下面是对后面章节中经常出现的一些财务函数的列表。读者应熟悉这些函数以及记号。

***PMT*（*n*，*i*，*PV*，*FV*）**——计算一定时期内的等额支付金（年金）的函数，这些年金有确定的现值并可能在未来有最终支付额。

***PV*（*n*，*i*，*PMT*，*FV*）**——计算等额支付金（年金）现值的函数，这些现金流可能还包括未来某一时点收到的一定金额。

***FV*（*n*，*i*，*PV*，*PMT*）**——计算一定时期内的年金以及/或一系列等额支付金（年金）终值的函数。

***i*（*n*，*PV*，*PMT*，*FV*）**——计算当前一项投资可获得的利率（即内部收益率，*IRR*）的函数，这项投资在未来一定时期内可获得等额报酬，以及/或投资期末（$n$ 期）的资金终值。

***n*（*i*，*PV*，*PMT*，*FV*）**——计算特定利率下偿还一笔贷款所需期数的函数，终值可以是零，也可以是非零的数。

注意：

1. 这些函数中的变量值必须根据收付现金流的频率以及一年内复利和折现的次数进行调整。

2. 在最基本的应用中，假定这些变量相对于时间是恒定的。在那些要求某些变量（例如 $PMT$）可能随时间变化的问题中，我们将提供适当的方法来修改函数并根据需要解决问题。

3. 在解决 TVM 和相关问题之后，读者将会明白这是重复的模式。这种模式通常涉及一个包含五个变量的方程：$I$，$n$，$PV$，$FV$ 和 $PMT$。大多数问题提供了四个变量的值以便输入，留下了一个未知变量去解决。（参见上面的函数列表，括号左边列出的变量是未知变量。）这样标记使读者能够更容易地识别未知变量。

| 解： | 函数： |
|---|---|
| $n=1$ 年 | $FV(n, i, PV, PMT)$ |
| $i=6\%$ | |
| $PMT=0$ | |
| $PV=-10\ 000$ 美元 | |
| 解得 $FV=10\ 600$ 美元。 | |

（请注意，这个解法与我们计算的终值系数 1.060 000 得到的结果一样，但是当使用计算器时，计算利率的中间步骤被省略了。）

每月复利的类似问题将遵循下面列出的格式。注意：有几种计算器包含能计算多期的函数。在这种情况下，期数和利率是以年为基础表述的，期数要单独键入。

| 解： | 函数： |
|---|---|
| $n=12$（1 年×每年 12 期） | $FV(i, n, PV, PMT)$ |
| $i=0.5\%$（6%/每年 12 期） | |
| $PMT=0$ | |
| $PV=-10\ 000$ 美元 | |
| 解得 $FV=10\ 616.78$ 美元。 | |

（注意，这个解法与我们计算表 3-3 中所示的 1.061 678 得到的结果一样。）

按日计息的类似问题解法如下。

| 解： | 函数： |
|---|---|
| $n=365$（1 年×每年 365 期） | $FV(i, n, PV, PMT)$ |
| $i=0.016\ 4\%$（6%/每年 365 期） | |
| $PMT=0$ | |
| $PV=-10\ 000$ 美元 | |
| 解得 $FV=10\ 618.31$ 美元。 | |

**问题：**本金为 5 000 美元，年利率为 10%，每年复利一次的四年期终值是多少？

| 解： | 函数： |
|---|---|
| $n=4$ 年 | $FV(PV, i, n, PMT)$ |
| $i=10\%$ | |
| $PMT=0$ | |
| $PV=-5\ 000$ 美元 | |
| 解得 $FV=7\ 320.50$ 美元。 | |

**问题：**本金为 5 000 美元，年利率为 8%，按月计息的两年期终值是多少？

解：

函数：

$n=24$（2 年×12 期）

$i=0.666\%$（8%/12 期）

$PMT=0$

$PV=-5\ 000$ 美元

$FV(PV, i, n, PMT)$

解得 $FV=5\ 864.44$ 美元。

## 3.4 现 值

在前面的部分，我们关心的是确定未来某一时点的价值，也就是说，我们考虑的是存入存款后进行复利，在未来所能获得的终值。

在本节中，我们感兴趣的是已知投资获得的未来现金收入，那么现在投资应该支付多少的问题。现值（present value）的概念是基于货币具有时间价值的思想。时间价值仅仅意味着，如果投资者在今天收到 1 美元与将来收到 1 美元之间做出选择，那么正确的选择将总是在今天收到 1 美元，因为这 1 美元可以被投资。在某些机会中可以赚取利息，这总是优于接受未来的 1 美元。从这个意义上说，金钱是有时间价值的。

为一项预期未来产生收益的投资确定现在需要支付多少时，我们必须对未来收入进行折现（discounting）调整，以反映货币的时间价值。现值概念为计算抵押贷款支付、确定抵押贷款的真实成本以及确定收益性资产的价值奠定了基础，这些都是房地产金融中非常重要的概念。

### 3.4.1 现值的图表解释

从下面的问题我们可以看到折现是如何成为一个重要的财务概念的。假设一个人正在考虑一项投资，这项投资在一年的时间里能够获得 10 600 美元的现金回报。投资者认为这个投资的回报应该以每年 6%的速度增长。问题是，如果投资者在年底想要收到 10 600 美元并且要求每年 6%的复利收益率，投资者今天需要投资多少钱？

通过与本章第一节讨论中确定 1 美元的复利价值问题进行比较，可以更清楚地理解现值问题。在那个讨论中，我们关心的是确定每月复利一次的 10 000 美元存款的终值，其中年利率为 6%。表 3-4 描述了这种比较。

注意在表 3-4 中我们关心的是确定投资的复利终值。在折现中，我们关心的是相反的概念，即假设要求的利率是可获得的，那么对于一个特定的投资，今天应该支付多少现值或价格？

从前面的部分我们可以知道，以每年 6%的利率进行复利，年末可获得 10 600 美元的终值，10 000 美元就是这个投资的现值。但是，如果我们没有做前面的复利问题，我们怎么知道 10 000 美元等于这项投资的现值呢？让我们再来看一下上一节考虑的复利问题。为了确定终值，回想一下复利的一般公式：

$$FV=PV(1+i)^n$$

**表 3-4　　　　终值与现值的比较**

| | | 月份数 | | | | | |
|---|---|---|---|---|---|---|---|
| | | 2 | 4 | 6 | 8 | 10 | |
| 以 6%复利 | 10 000 美元 | ⟶ | | | | | 终值（?） |
| 以 6%折现 | 现值（?） | ⟵ | | | | | 10 600 美元 |

在现值问题中，$PV$ 成为未知变量，因为 $FV$，或者年末（$n=1$ 年）获得的终值已知，为 10 600 美元。此外，利率也已知，为 6%，$PV$ 是唯一的未知变量。$PV$，也就是今天我们需要为投资付出的现值，通过复利公式的变形可以很容易确定，公式表示如下：

$$FV=PV(1+i)^n$$

$$PV=FV\frac{1}{(1+i)^n}$$

在我们的问题中，我们可以直接通过将已知值代入上述表达式来确定 $PV$，如下所示：

$$\begin{aligned} FV &= FV\frac{1}{(1+i)^n} \\ &= 10\,600\ \frac{1}{(1+0.06)^1} \\ &= 10\,600\ \frac{1}{1.06} \\ &= 10\,600\times 0.943\,396 \\ &= 10\,000 \text{ 美元} \end{aligned}$$

请注意，用于求解现值的方法就是将终值 $FV$ 乘以 $1/(1+i)^n$。我们从复利部分可以知道，在我们的问题中 $(1+i)^n$ 是 $(1+0.06)^1$，等于 1.06。1 除以 1.06 等于 0.943 396，这个结果在现值分析中很重要，因为它显示了终值与现值之间的关系。

从表 3-4 中我们可以看到折现过程与复利相反，任何投资的现值只是简单地将复利过程反向应用。在我们的问题中，通过计算利率为 6%的 1 美元复利终值的倒数，1÷1.06，即 0.943 396，并乘以投资的终值得到现值。现在我们可以说年末获得的 10 600 美元，如果按 6%折现，现值为 10 000 美元。或者，如果有一项投资年末可获得 10 600 美元，我们想要赚取 6%的年回报，我们不应该支付超过 10 000 美元的投资（我们赚取 6%的利息是基于 10 000 美元的现值）。

### 计算复利现值系数

由于折现过程与复利相反，折现的复利现值系数 $1\div(1+i)^n$ 仅仅是复利终值系数的倒数，那么一系列复利现值系数便可以得到。表 3-5 包含一些折现时用到的复利现值系数的例子。

**表 3-5　　不同利率和期数下的 1 美元复利现值系数**

| 年数 | 利率 | | |
|---|---|---|---|
| | 6% | 10% | 15% |
| 1 | 0.943 396 | 0.909 091 | 0.869 565 |
| 2 | 0.889 996 | 0.826 446 | 0.756 144 |
| 3 | 0.839 619 | 0.751 315 | 0.657 516 |
| 4 | 0.792 094 | 0.683 013 | 0.571 753 |
| 5 | 0.747 258 | 0.620 921 | 0.497 177 |
| 6 | 0.704 961 | 0.564 474 | 0.432 328 |
| 7 | 0.665 057 | 0.513 158 | 0.375 937 |

在我们的问题中，我们想知道如果投资者要求年收益率为 6%，在第一年末时将收到 10 600 美元的终值，那么应该用多少钱来投资。我们可以通过计算或从表 3-5 的 6% 一列中选择 0.943 396 来解决问题。现在可以用终值 10 600 美元乘以 0.943 396，从而得到现值 10 000 美元。为了帮助读者理解这些概念，我们也可以利用金融计算器计算复利现值系数，结果如下：

| 解： | 函数： |
|---|---|
| $n=1$ 年 | $PV\ (n,\ i,\ PMT,\ FV)$ |
| $i=6\%$ | |
| $PMT=0$ | |
| $FV=1$ 美元 | |
| 解得 $PV=0.943\ 396$ 美元。 | |

**问题：**假设一项房地产投资在 3 年后可获得 20 000 美元，投资者要求的年收益率为 15%，那么投资者今天应支付多少？

**解：**
$$PV=20\ 000\times\frac{1}{(1+0.15)^3}$$
$$=20\ 000\times 0.657\ 516$$
$$=13\ 150.32\text{ 美元}$$

对于一项投资收益率为 15%，3 年后获得 20 000 美元的投资，今日投资者应支付不超过 13 150.32 美元。①

## 3.4.2　利用计算器求现值的扩展使用

正如复利过程，金融计算器也可以使我们直接得到现值。它们已经被编程进了内部计算程序，完成所需的操作就可以得出最终答案。我们的问题可以用一个计算器来解决，

① 一个公认的财务惯例是，当提到投资百分比收益率时，假定为名义年利率。如果解决方法是根据一年内不同的复利间隔期计算的，例如每月计息，则应该将解决方法指定为每月复利的年利率。如果需要，可以将后一解决方法转换为有效年收益率，如前文所示。

如下所示：

| 解： | 函数： |
| --- | --- |
| $n=3$ 年 | $PV$（$FV$，$PMT$，$n$，$i$） |
| $i=15\%$ | |
| $PMT=0$ | |
| $FV=20\ 000$ 美元 | |
| 解得 $PV=-13\ 150.32$ 美元。 | |

假定每年复利一次时，我们可以使用折现过程来查找终值的现值，因此在假定每月复利一次时，我们也可以采用同样的方法。例如，在我们的月度复利的例子中，期限为一年，年利率为 6%，按月复利的 10 000 美元的终值为 10 616.80 美元。投资者应该考虑的一个重要问题是，今天应该支付多少才可以在一年后获得 10 616.80 美元的终值？假设按月复利的年名义收益率为 6%。

我们可以通过找到按月复利的公式的倒数，$1\div(1+i/12)^{1\times 12}$，来回答这个问题，并将结果乘以终值 10 616.80 美元以得到现值（$PV$）。我们可以用一个计算器来计算这个复利现值系数：

| 解： | 函数： |
| --- | --- |
| $FV=1$ 美元 | $PV$（$FV$，$PMT$，$n$，$i$） |
| $PMT=0$ | |
| $n=12$ 个月 | |
| $i=6\%\div 12$ | |
| 解得 $PV=0.941\ 905$ 美元。 | |

一些复利现值系数已经计算并列在表 3-6 中。

在我们的问题中，假设必要收益率为 6% 并按月复利，确定在一年后获得的 10 616.80 美元的现值是多少。通过找到 6% 的那一列和一年（12 个月）的那一行所共同决定的复利现值系数 0.941 905，我们可以用 $10\ 616.80\times 0.941\ 905=10\ 000$ 美元，则 10 000 美元应是现在支付的最大投资额。

或者，读者如果认同这些复利现值系数和折现过程的推导，可以用计算器更直接地找到解决方法，结果如下：

| 解： | 函数： |
| --- | --- |
| $n=1$ 年 $\times 12$ 期 $=12$ | $PV$（$n$，$i$，$PMT$，$FV$） |
| $i=6\%\div 12$ 期 $=0.5\%$ | |
| $PMT=0$ | |
| $FV=10\ 616.80$ 美元 | |
| 解得 $PV=-10\ 000$ 美元。 | |

**表 3-6　不同利率和期数下的 1 美元复利现值系数**

| 月份数 | 利率 6% | 8% | 9% | |
|---|---|---|---|---|
| 1 | 0.995 025 | 0.993 377 | 0.992 556 | |
| 2 | 0.990 075 | 0.986 799 | 0.985 167 | |
| 3 | 0.985 149 | 0.980 264 | 0.977 833 | |
| 4 | 0.980 248 | 0.973 772 | 0.970 554 | |
| 5 | 0.975 371 | 0.967 323 | 0.963 329 | |
| 6 | 0.970 518 | 0.960 917 | 0.956 158 | |
| 7 | 0.965 690 | 0.954 553 | 0.949 040 | |
| 8 | 0.960 885 | 0.948 232 | 0.941 975 | |
| 9 | 0.956 105 | 0.941 952 | 0.934 963 | |
| 10 | 0.951 348 | 0.935 714 | 0.928 003 | |
| 11 | 0.946 615 | 0.929 517 | 0.921 095 | |
| 12 | 0.941 905 | 0.923 361 | 0.914 238 | |
| 年数 | | | | 月份数 |
| 1 | 0.941 905 | 0.923 361 | 0.914 238 | 12 |
| 2 | 0.887 186 | 0.852 596 | 0.835 831 | 24 |
| 3 | 0.835 645 | 0.787 255 | 0.764 149 | 36 |
| 4 | 0.787 098 | 0.726 921 | 0.698 614 | 48 |

**问题：**为了在 3 年后（36 个月）获得 12 000 美元，投资者现在应支付多少？假设投资者要求的收益率为 9%并按月复利。

**解：**$PV=12\ 000\times 0.764\ 149$

$=9\ 169.79$ 美元

| 解： | 函数： |
|---|---|
| $n=3$ 年×12 期=36 | $PV$ ($n$, $i$, $PMT$, $FV$) |
| $i=9\%\div 12$ 期=0.75% | |
| $PMT=0$ | |
| $FV=12\ 000$ 美元 | |
| 解得 $PV=-9\ 169.79$ 美元。 | |

投资者为这项投资支付的资金不应超过 9 169.79 美元，或者说这项投资的现值是 9 169.79 美元。

# 3.5　年金复利终值

本章第一节解决的是期初单笔存款或支付款（仅发生一次）的复利终值，同样相关的问题是以相等时间间隔存入或支付的一系列等额款项的复利终值是多少。例如，在接下来的 5 年中每年末都存入 1 000 美元，年利率为 5%且每年复利一次。那么在投资期末这一系列存款及复利利息的终值是多少？在该例中，问题涉及相等时间间隔的一系列等额支付款或存款。这一系列支付款或存款称为年金（annuity）。我们知道如何找到只存入一笔存款的问题答案，因此假定在处理年金问题时适用相同的复利过程是合乎逻辑和正确的。但是由于我们现在处理的是每年都发生的一系列存款，因此这个过程只是解决问题的一部分。

为了计算每一年度发生的存款及复利利息的总和，复利的一般公式需要扩展如下：

$$FV=P(1+i)^{n-1}+P(1+i)^{n-2}+\cdots+P$$

也可以写成：

$$FV = P \cdot \sum_{t=1}^{n-1}(1+i)^t + P$$

这意味着我们可以采取固定支付额或年金 $P$，并乘以从时间 $t=1$ 扩展到第 $n-1$ 期的“总和”，再加上 $P$。① 因此，符号 $\sum$ 代表这一系列的“总和”，并且是代替重复写 $1+i$ 的简写符号。

在这个表达式中，$FV$ 是年金终值（future value of an annuity），或者说所有存款 $P$ 的总和，以年利率 $i$ 复利 $n$ 年。在表达中要注意的是，存款假定发生在每年末，并复利到第 $n$ 年。最后的存款不会赚取利息，因为它发生在最后一年末。现在举一个例子，假设我们每年末存入 1 000 美元，共存 5 年。第一笔 1 000 美元的存款复利了 4 期（$n-1$），第二年末存入的 1 000 美元的存款复利了三期（$n-2$），依此类推，直到最后一笔存入 $P$。最后一笔存款没有复利，因为它是在第五年底存入的。②

为了计算这些存款的价值，我们可以构建一个类似于表 3－7 所示的解决方案。注意每一笔 1 000 美元存款的计息是从存入的当年年底到下一年年底。换句话说，正如上面我们的扩展公式所示，第一年末的存款共复利 4 年，第二年末的存款共复利 3 年，依此类推。通过每年进行一次该过程，我们得出了答案，即 5 525.63 美元，就是最右边一列的复利结果相加。

虽然可以按照表 3－7 所示的方式确定每期 1 000 美元的终值，但仔细观察复利过程发现可以用一种更简单的方法来解决。请注意，1 000 美元的存款每年发生一次，数值不变，即它是常数。当存款保持不变时，可以将所有期数下的 1 美元复利终值利息因子（IF）相加，得到 5.525 631。用 1 000 美元乘以 5.525 631，可以得到 5 525.63 美元。如表 3－7 底部一栏所示。

**表 3－7　　年复利率为 5%的 1 000 美元年金终值利息因子**

| 年数 | 存款 | | 利息因子 | 终值 |
|---|---|---|---|---|
| 1 | 1 000 | × | 1.215 506 | =1 215.51* |
| 2 | 1 000 | × | 1.157 625 | =1 157.63* |
| 3 | 1 000 | × | 1.102 500 | =1 102.50 |

① 这里显示的公式是普通年金（ordinary annuity）的公式，它假设所有的存款都是在每期期末发生。表达式中最后一个 $P$ 表示最后一次存款没有复利。

② 读者应该知道，这个公式适用于普通年金，即付款、收入发生在每期期末时。这不同于预付年金（annuity due）的公式，其中预付年金指存款发生在每期期初。

续前表

| 年数 | 存款 | | 利息因子 | 终值 |
|---|---|---|---|---|
| 4 | 1 000 | × | 1.050 000 | =1 050.00 |
| 5 | 1 000 | × | 1.000 000 | =1 000.00 |
| | 1 000 | × | 5.525 631 | =5 525.63 |

* 四舍五入。

### 使用年金终值系数

因为在考虑年金时可以将表 3-7 中的终值系数相加，所以各利率的一系列新的年金终值系数也可以计算出来。这些年金终值系数的一部分已经展示在表 3-8 中。

在现在的问题中，我们想要确定每年存入 1 000 美元并且年利率为 5%的五年期年金的复利终值。请注意，如果我们在表 3-8 中找到 5%一列以及与五年相对应的终值系数，我们可以找到问题的解，具体如下：

$$FV = 1\ 000 \times 5.525\ 631$$
$$= 5\ 525.63 \text{ 美元}$$

这个数额相当于从表 3-7 中进行的一系列乘法相加得到的解。

正如我们已经解释的那样，已经了解上面所讨论的复利过程和等式的读者，可以使用金融计算器直接得到答案。计算器可以执行和存储计算年金复利的必要步骤来获得答案。结果如下：

解：

$n=5$

$i=5\%$

$PV=0$

$PMT=-1\ 000$ 美元

解得 $FV=5\ 525.63$ 美元。

函数：

$FV\ (n,\ i,\ PV,\ PMT)$

**表 3-8　不同利率和期数的 1 美元年金终值系数**

| 年数 | 利率 | | |
|---|---|---|---|
| | 5% | 6% | 10% |
| 1 | 1.000 000 | 1.000 000 | 1.000 000 |
| 2 | 2.050 000 | 2.060 000 | 2.100 000 |
| 3 | 3.152 500 | 3.183 600 | 3.310 000 |
| 4 | 4.310 125 | 4.374 616 | 4.641 000 |
| 5 | 5.525 631 | 5.637 093 | 6.105 100 |
| 6 | 6.801 913 | 6.975 319 | 7.715 610 |
| 7 | 8.142 008 | 8.393 838 | 9.487 171 |
| 8 | 9.549 109 | 9.897 468 | 11.435 888 |

**问题：**六年内每年存入 800 美元，六年后每年以 10%的利率复利，其终值是多少？

**解：**$FV=800\times 7.715\ 610$

$=6\ 172.49$ 美元

| 解： | 函数： |
|---|---|
| $n=6$ | $FV\ (n,\ i,\ PV,\ PMT)$ |
| $i=10\%$ | |
| $PV=0$ | |
| $PMT=-800$ 美元 | |
| 解得 $FV=6\ 172.49$ 美元。 | |

与年金存入或年金支付相同的复利程序也适用于每月的年金，通过用 $i/12$ 代替 $i$ 并在年度表达式中加上每年的复利期数（$m$），可以对年度年金等式进行非常简单的修改如下：

$$FV=P\left[1+\frac{i}{12}\right]^{n\cdot m-1}+P\left[1+\frac{i}{12}\right]^{n\cdot m-2}+\cdots+P$$

或

$$FV=P\cdot\sum_{t=1}^{n\cdot m-1}\left[1+\frac{i}{12}\right]^{t}+P$$

在这个公式中，$n\cdot m$ 表示月份数。存款或付款（$P$）每月进行一次，金额不变。因此，每月存款的复利终值系数可以相加（如表 3-7 中计算年度存款终值系数一样），并且可以计算一系列新的月度终值系数。这样通过给定的利率和年数就可以得出结果。①

**问题：**投资者每月支付 200 美元进行房地产投资，投资承诺每月支付 8%的年利率。如果投资者连续每月支付持续 5 年，5 年后的终值是多少？

**解：**$FV=200\times 73.476\ 856$

$=14\ 695.37$ 美元

| 解： | 函数： |
|---|---|
| $n=5\times 12=60$ 个月 | $FV\ (n,\ i,\ PV,\ PMT)$ |
| $I=8\%/12=0.666\%$ | |
| $PV=0$ | |
| $PMT=-200$ 美元 | |
| 解得 $FV=14\ 695.37$ 美元。 | |

在这种情况下，以每年 8%的年利率赚取利息的价值为 14 695.37 美元。

## 3.6 年金现值

在上一节中，我们主要关注的是确定年金，即未来连续等时间间隔支付额的终值。

① 跟年金复利一样，公式假设每期的收入发生在每月末或者说是普通年金。

在本节中，我们考虑投资产生的一系列年收入或年金现值（present value of an annuity）。因为投资者在决定是否投资时可能要考虑一系列的收入，这是一个重要的问题。回想一下，当处理单一收益或结算价值的现值时，我们采取了复利的基本公式，可以把它们重新排列以确定投资的现值如下：

$$FV=PV(1+i)^n$$
$$PV=FV\div(1+i)^n$$
$$PV=FV\cdot\frac{1}{(1+i)^n}$$

要考虑年金现值，我们只需要考虑所有付款/收款的各自现值的总和。这可以通过修改基本的现值公式实现如下：

$$PV=PMT=\frac{1}{(1+i)^1}+PMT\frac{1}{(1+i)^2}+PMT\frac{1}{(1+i)^3}+\cdots+PMT\frac{1}{(1+i)^n}$$

或者可以写成：

$$PV=PMT\cdot\sum_{t=1}^{n}\frac{1}{(1+i)^t}$$

在此表达式中，每个支付额（$PMT$）将用与实际收到的时间相对应的年数来折现。换句话说，第一次付款将在第一期结束时发生，只需折现 1 期，即 $PMT\cdot[1/(1+i)^1]$。第二次付款将折现 2 期，即 $PMT\cdot[1/(1+i)^2]$，依此类推。

假设一个人正在考虑一项投资，将获得为期六年的每年 500 美元年金收入，投资者希望获得 6%的回报，那么投资者应该为今天的投资支付多少钱？如表 3-9 所示，我们可以从第一年的 500 美元收入的现值开始。500 美元收入的现值需要用 6%往前折现一年。

这样做是因为第一年 500 美元的收入直到年底才收到，投资者希望今天支付的金额（现值）能够确保 6%的回报。因此，将 500 美元用 6%折现一年，即乘以折现因子 0.943 396，得到的现值是 471.70 美元。第二年 500 美元的收入付款是在第二年结束时收到的。所以应该用 6%折现两年，即乘以折现因子 0.889 996，得到现值 445 美元。这个过程可以继续应用于剩下 3 年的收入。整个系列收入的现值可以通过在右边将每期折现的现值加总，得到 2 458.66 美元。

**表 3-9　　每年 500 美元的现值（以年利率 6%折现）**

| 年数 | 支付额 | | 折现因子 | 现值 |
|---|---|---|---|---|
| 1 | 500 | × | 0.943 396 | 471.70 |
| 2 | 500 | × | 0.889 996 | 445.00 |
| 3 | 500 | × | 0.839 619 | 419.81 |
| 4 | 500 | × | 0.792 094 | 396.05 |
| 5 | 500 | × | 0.747 258 | 373.63 |
| 6 | 500 | × | 0.704 961 | 352.48 |
| | 即 500 | × | 4.917 324 | 2 458.66 |

因为每期支付是不变的，所以我们可以简单地加总折现因子以获得一个总折现因子，乘以 500 美元得到相同的现值（见表 3－9），6%的所有折现因子之和为 4.917 324。4.917 324 乘以 500 美元得到现值 2 458.66 美元，与表 3－9 中经过冗长的乘法相加的结果相等。

现在已经介绍了由这些方程所得到的方程和折现因子，我们也可以直接使用金融计算器找到解决方案，如下所示：

| 解： | 函数： |
|---|---|
| $n=6$ | $PV$ ($n$, $i$, $PV$, $PMT$) |
| $i=6\%$ | |
| $PV=0$ | |
| $PMT=-500$ 美元 | |
| $FV=0$ | |
| 解得 $PV=2\ 458.66$ 美元。 | |

**年金折现因子的使用**

如前所示，在表 3－9 中只要收入金额相等，支付的时间间隔相等，折现因子就可以进行加总。不同利率的折现因子现值如表 3－10 所示。在我们的问题中，要确定假设所需的年收益率为 6%，6 年中每年收到 500 美元的一系列年金的现值，投资者今天应该付多少钱去保证这样的收益呢？我们可以通过用计算器或依据表 3－10 解决这个问题。在表格中找到 6%的列，然后向下直到我们找到行中对应持续时间 6 年的折现因子，也就是 4.917 324，因此，

$$PV=500\times 4.917\ 324$$
$$=2\ 458.66 \text{ 美元}$$

这种解法与表 3－9 中得到的结果一致。

**表 3－10　　对于不同的利率和时间段每期 1 美元的普通年金折现因子**

| | 利率 | | | |
|---|---|---|---|---|
| 年数 | 5% | 6% | 10% | 15% |
| 1 | 0.952 381 | 0.943 396 | 0.909 091 | 0.869 565 |
| 2 | 1.859 410 | 1.833 393 | 1.735 537 | 1.625 709 |
| 3 | 2.723 248 | 2.673 012 | 2.486 852 | 2.283 225 |
| 4 | 3.545 951 | 3.465 106 | 3.169 865 | 2.854 978 |
| 5 | 4.329 477 | 4.212 364 | 3.790 787 | 3.352 155 |
| 6 | 5.075 692 | 4.917 324 | 4.355 261 | 3.784 483 |
| 7 | 5.786 373 | 5.582 381 | 4.868 419 | 4.160 420 |
| 8 | 6.463 213 | 6.209 794 | 5.334 926 | 4.487 322 |

**问题：**投资者投资出租房地产，每年将获得净现金收益 400 美元，为期 3 年。投资者认为每年应该从这个投资中获得 10%的回报。投资者应该为该投资付多少钱呢？

**解：**$PV = 400 \times 2.486\,852$

$= 994.74$ 美元

投资者的投资支付应该不超过 994.74 美元，在这个投资额下，可获得 10%的回报。

通过使用金融计算器可以更直接地解决，如下：

| 解： | 函数： |
|---|---|
| $n=3$ | $PV\ (n,\ i,\ PMT,\ FV)$ |
| $i=10\%$ | |
| $PMT=-400$ 美元 | |
| $FV=0$ | |
| 解得 $PV=994.74$ 美元。 | |

每年支付或收到的年金折现的逻辑，同样可以适用于每月支付或收到的现金。在这种情况下，可以对年金折现的公式进行简单的修改以反映月度收入或付款，而折现间隔则被更改以反映每月复利：

$$PV=P\left[\frac{1}{1+\frac{i}{12}}\right]^{1}+P\left[\frac{1}{1+\frac{i}{12}}\right]^{2}+\cdots+P\left[\frac{1}{1+\frac{i}{12}}\right]^{12\times n}$$

付款（$P$）每月发生，则指数代表月份从 1 到 $n \cdot m$，$PV$ 代表在 $n \cdot m$ 个月内收到的年金的现值。

像年度折现一样，如果必须针对每个问题扩展上述公式，特别是在问题涉及多个月的现金收入或支付的情况下，计算年金的现值可能非常麻烦。因此，可以通过对月度间隔扩展上述公式来计算得到一系列月度折现因子（在表 3－9 中对年度年金进行折现来实现）。像年度表格一样，表 3－11 中的因子被标记为每期 1 美元的普通年金的现值，每期为一个月。因此，如果投资者想要知道他今天应该支付多少钱，以便在接下来的 12 个月中获得月度年金 500 美元，并且每月的年复合收益率为 6%，投资者可以通过计算器轻松计算出解决方案，或者通过参考表 3－11 来确定。找到 6%对应的列，并向下找到相应的 12 个月的行，你会发现折现因子为 11.618 932，乘以 500 美元得到 5 809.47 美元，即在预期复合收益率为 6%时，投资者今天应支付的金额。

计算器解决方案是：

| 解： | 函数： |
|---|---|
| $n=12$ 个月 | $PV\ (n,\ i,\ PMT,\ FV)$ |
| $i=6\%/12=0.005$ | |
| $PMT=500$ 美元 | |
| $FV=0$ | |
| 求得 $PV=5\,809.47$ 美元 | |

**表 3-11　　对于不同的利率和时间段，1 美元的普通年金现值利息因子**

| | 利率 | | |
|---|---|---|---|
| 月份数 | 6% | 8% | |
| 1 | 0.995 025 | 0.993 377 | |
| 2 | 1.985 099 | 1.980 176 | |
| 3 | 2.970 248 | 2.960 440 | |
| 4 | 3.950 496 | 3.934 212 | |
| 5 | 4.925 866 | 4.901 535 | |
| 6 | 5.896 384 | 5.862 452 | |
| 7 | 6.862 074 | 6.817 005 | |
| 8 | 7.882 959 | 7.765 237 | |
| 9 | 8.779 064 | 8.707 189 | |
| 10 | 9.730 412 | 9.642 903 | |
| 11 | 10.677 027 | 10.572 420 | |
| 12 | 11.618 932 | 11.495 782 | |
| 年数 | | | 月份数 |
| 1 | 11.618 932 | 11.495 782 | 12 |
| 2 | 22.562 866 | 22.110 544 | 24 |
| 3 | 32.871 016 | 31.911 806 | 36 |
| 4 | 42.580 318 | 40.961 913 | 48 |

**问题：**一个房地产合伙企业预测，它将在未来 6 个月内每个月末向其合伙人支付 300 美元。假设其合伙人希望每月投资收益率为 8%，那么他们应该支付多少？

**解：**$PV=300\times5.862\ 452$

$=1\ 758.74$ 美元

解：

$n=6$ 个月

$i=8\%/12=0.666\ 6\%$

$PMT=-300$ 美元

$FV=0$

解得 $PV=1\ 758.74$ 美元。

函数：

$PV\ (n,\ i,\ PMT,\ FV)$

## 3.7　总计终值的累积

前两节涉及计算单一年金支付的复利和折现问题。但在某些情况下，有必要确定一系列支付来累积计算得到某一确定终值，同时考虑到这些支付将在存入时累积的利息。例如，假设我们有 20 000 美元的债务，在五年结束时必须一次性偿还。我们想在每年末做一系列相等的年度支付（年金），所以在第五年末，我们将有累积存款加利息共 20 000 美元。假设我们每年可以在这些存款上赚取 10%的利息，那么每年应付多少钱？

在这种情况下，我们正在处理总计终值的累积问题。回想表 3－4，这意味着我们将对一系列支付或年金做复利以得到总计终值。因此我们可以如下计算：

$$FV = 20\ 000 \text{ 美元}$$
$$PMT(6.105\ 100) = 20\ 000 \text{ 美元}$$
$$PMT = 20\ 000/6.105\ 100$$
$$= 3\ 275.95 \text{ 美元}$$

| 解： | 函数： |
| --- | --- |
| $n=5$ | $PMT$（$n$，$i$，$PV$，$FV$） |
| $i=10\%$ | |
| $PV=0$ | |
| $FV=20\ 000$ 美元 | |
| 解得 $PMT=-3\ 275.95$ 美元。 | |

这个计算仅仅表明，当以年利率 10%复利时，未知的一系列等额支付（$PMT$）将导致 5 年结束时总计终值为 20 000 美元。由表 3－8 得，复利为 10%的折现因子为 6.105 100，由此我们得出未知的支付额（$PMT$）。用 $PMT$ 乘以那个因子，将得到 20 000 美元。因此，用 20 000 美元除以复利年金的折现因子，就可以得到必要的年度支付 3 275.95 美元。结果告诉我们，如果我们每年结束时支付 3 275.95 美元，每笔年利率为 10%，5 年后本息累计 20 000 元。

从上面的计算可以看出，用 20 000 除以 6.105 100 等于用 20 000 乘以（1/6.105 100）即 0.163 797，都能得到结果 3 275.95。因子 0.163 797 在房地产金融中被称为偿债基金因子（sinking-fund factor，SFF），也被用于房地产的其他方面。在每月支付的情况下，如果我们想知道在 5 年结束时需要偿还 20 000 美元的债务，我们每月需要支付的金额，同时考虑到每一笔付款将以年利率 10%每月复利，我们可以通过计算器解决如下：

| 解： | 函数： |
| --- | --- |
| $n=5\times 12=60$ | $PMT$（$n$，$i$，$PV$，$FV$） |
| $i=10\%/12=0.008\ 333$ | |
| $PV=0$ | |
| $FV=20\ 000$ 美元 | |
| 求得 $PMT=-258.27$ 美元。 | |

每月需支付的金额为 258.27 美元。

## 3.8 确定投资收益率或内部收益率

到目前为止，本章已经介绍了如何在复利情况下确定终值以及在折现情况下确定现值。每一个问题本身都很重要，而且提供了在房地产金融中广泛使用的确定其中一个重要组成部分的工具，这个部分即计算收益率或投资收益率（investment yield），换句话说，折现过程也可以用来确定投资和抵押贷款等活动的收益率。这些概念必须掌握，因为这将成为后续章节大部分内容的基础。

我们以前一直集中于当以某个给定的利率进行复利时确定今天投资的终值，或者当以给定的利率折现时，未来收到的现金流的现值。在本节中，我们关注的问题是，我们知道今天投资的成本以及未来的现金回报，但是我们不知道投资的收益率（复利）。

### 3.8.1 单一收入投资

在很多情况下，投资者和贷款人关心的是复利率是多少，或投资收益率是多少。为了说明投资收益率的概念，假设投资者今天以 5 639 美元的价格买入一英亩的土地，该土地预计将在 7 年后升值到 15 000 美元。那么这一投资的收益率是多少呢？从我们之前关于复利的讨论中可以注意到，15 000 美元也代表未来现金流量或终值（$FV$）。

为了解决这个未知的问题，我们可以把这个问题表述如下：

$$PV=FV\cdot\frac{1}{(1+i)^n}$$

$$5\ 639=15\ 000\cdot\frac{1}{(1+i)^7}$$

我们想知道复利的年利率 $i$ 为多少，即将其代入上述等式时，将使未来收益或终值 15 000 美元等于投资费用或现值 5 639 美元。

一种方法是重新整理上面的等式如下：

$$\frac{1}{(1+i)^7}=\frac{5\ 639}{15\ 000}$$

$$(1+i)^7=15\ 000/5\ 639$$

$$1+i=1.15$$

$$i=0.15 \text{ 或 } 15\%$$

另一种方法为试错法，我们假设 $i$ 值，将假设的 $i$ 值代入公式，使终值 15 000 美元折现到现值为 5 639 美元，满足条件的 $i$ 就是我们求得的收益率。

我们怎样开始寻找 $i$ 呢，一种方式是猜想一个答案，假设为 10%，去检验

$$PV=15\ 000\times\frac{1}{(1+0.10)^7}$$

是否等于 5 639 美元。

计算可得

$$PV=15\ 000\times 0.513\ 158$$
$$=7\ 697 \text{ 美元}$$

我们发现 7 697 美元比我们期望的 5 639 美元要大，这意味着我们假设的收益率太低，要增大收益率进行进一步的试错。

我们下一步的试错值为 15%，代入式子中得

$$PV=15\ 000\times\frac{1}{(1+0.15)^7}$$
$$=15\ 000\times 0.375\ 937$$
$$=5\ 639.06 \text{ 美元}$$

*PV* 等于我们的期望值 5 639 美元，证明这次我们猜对了。结果得出这项投资的收益率为 15%。

实际上，我们从 15 000 美元现金（终值）中“拿掉”了 7 年的 15%的利息，使初始存款或现值为 5 639 美元。

当试图找出只涉及一个终值的收益率时，我们可以参考财务表格中的折现因子，方法如下：

$$5\ 639=15\ 000\ \frac{1}{(1+i)^7}$$

$$5\ 639.06/15\ 000=\frac{1}{(1+i)^7}$$

$$0.375\ 937=i$$

上面的计算表明折现因子是 0.375 937，我们还不知道利率是多少。但是，我们知道投资增值的时间段是 7 年。因为我们的计算结果是 0.375 937，投资期限为 7 年，参照表 3－5 中的利息表，我们很容易找到正确的利率。由于终值或 15 000 美元的现金回报是单一的收入，我们只需要找到一个折现因子，使 1 美元的现值等于 0.375 937 美元。我们开始通过选择一个任意的利率，例如 6%，来搜索利率。在表 3－5 中与 6%对应的列显示了该列中 7 年的折现因子为 0.665 057，它大于 0.375 937，移动到与 10%对应的列，7 年的折现因子为 0.513 158，比 6%的折现因子更小，更接近我们正在寻找的值。如果我们继续这个试错过程，那么 15%的列显示 7 年的折现因子为 0.375 937，答案即为 15%。我们知道这是正确的答案，因为 15 000×0.375 937=5 639.06 美元。

找到收益率或内部收益率的更有效的方法是使用金融计算器。如下：

| 解： | 函数： |
| --- | --- |
| $n=7$ | $i$ ($n$, $PV$, $PMT$, $FV$) |
| $PV=-5\ 639$ 美元 | |
| $PMT=0$ | |
| $FV=15\ 000$ 美元 | |
| 解得 $i=15\%$。 | |

这个利率或收益率意味着什么呢？这意味着今天投资了5 639美元，持有7年后，将以15 000美元的价格出售，相当于今天投资5 639美元，并使其按每年15%的利率复利计息（注意利率与收益率之间的对应关系）。[①] 计算如下：

$$FV = 5\ 639 \times 2.660\ 020$$
$$= 15\ 000 \text{ 美元}$$

这个计算简单地表明，存入5 639美元，每年以15%的利率复利7年后得到15 000美元。因此，进行这项投资相当于赚取15%的收益率。这种收益率通常被称为投资收益率（investment yield）或内部收益率（internal rate of return）。

| 解： | 函数： |
|---|---|
| $n=7$ | $FV(n, i, PV, PMT)$ |
| $i=15\%$ | |
| $PV=-5\ 639$ 美元 | |
| $PMT=0$ | |
| 解得 $FV=15\ 000$ 美元。 | |

内部收益率综合了复利和现值的概念。它代表了衡量投资回报的一种方式，在整个投资期内以复利率表示。例如，如果投资者面临投资创收的风险投资，无论现金回报是如何形成的，内部收益率为投资者提供指导或比较。它告诉了投资者在考虑的投资中，等价的复利率是多少。在投资一英亩土地的例子中，15%的收益率或内部收益率相当于存入5 639美元并且每年以15%的利率复利7年后，投资者将获得15 000美元，其中包括5 639美元的原始投资加上所有复利利息。如果内部收益率是已知的，投资者可以更容易地判断是否应做该投资，如果15%的收益率是足够的，就可以投资；如果不足，投资者应该拒绝它。[②]

内部收益率或投资收益率、现值和复利的概念是房地产金融和投资中不断被使用的重要工具。如果没有对已经解释的概念的牢固把握，读者不应该跳过这一部分，这些概念构成本章其余部分和随后章节的基础。

### 3.8.2 投资年金收益率

单个现金收入（土地被出售的情况）所涉及的概念也适用于一系列现金收入的情况。因此，这种类型的投资也可以计算收益率或内部收益率。

假设投资者有机会投资于房地产开发成本为3 170美元的房地产，每年末可以获得现金收入1 000美元，为期4年，投资收益率或内部收益率是多少呢？在这种情况下，我们有一系列的现金收入，我们希望以未知的利率进行折现，使得1 000美元年金的现值

---

① 我们现在使用的概念是收益率（yield）和内部收益率，而不是利率（interest rate）。评估投资时使用收益率或内部收益率是公认的惯例。利率一般用于贷款人收取的贷款利率。这两个概念是非常相似的，但读者应该熟悉它们的差异。

② 当比较不同的投资时，应考虑其风险的差异，这个问题将在后续章节涉及。

等于3 170 美元的原始投资。回想一下年金的现值，我们有：

$$PV = PMT \cdot \sum_{t=1}^{n} \frac{1}{(1+i)^t}$$

代入数值得：

$$3\ 170 = 1\ 000 \sum_{t=1}^{n} \frac{1}{(1+i)^t}$$

我们可以化简为：

$$3\ 170 \div 1\ 000 = \sum_{t=1}^{n} \frac{1}{(1+i)^t}$$

$$3.170\ 000 = \sum_{t=1}^{n} \frac{1}{(1+i)^t}$$

| 解： | 函数： |
| --- | --- |
| $n=4$ | $i$ ($n$, $PV$, $PMT$, $FV$) |
| $PV=-3\ 170$ 美元 | |
| $PMT=1\ 000$ 美元 | |
| $FV=0$ | |
| 解得 $i=10\%$。 | |

这个过程类似于解决上一节讨论的单一收入的收益率或内部收益率，只是我们现在处理的是一系列的年金。与之前相同，我们要寻找一个为期 4 年的折现因子 3.170 0，这个因子对应于某个利率，在表 3－10 中，寻找 4 年对应的行，我们发现 10%的列对应的刚好是 3.170 0。因此，这 3 170 美元投资的收益率为 10%，表 3－12 更深入地分析了收益的分布情况。

这一分析的一个重要组成部分是确定是否可以从未来现金流入中收回初始投资 3 170 美元，从表 3－12 中可以看出现金流入总共为 4 000 美元。因此，除了收回 3 170 美元的投资之外，还将收到额外的现金流 830 美元，说明投资是有利可图的，或者投资收益率必须是正的。

计算内部收益率时，会出现两个附加的内容（见表 3－12），一个是每个时期的资本回收，另一个是每个时期的利息收入。换句话说，当内部收益率是根据 3 170 美元的初始投资和每年收到的 1 000 美元计算时，在 4 年期间每年收回的现金流量中隐含的是收回初始投资 3 170 美元加上利息，将要收到的总利息（利润）等于 830 美元。我们的目标是通过找到一个此投资的复利率来简化投资结果。这个结果可以与其他可能有不同初始投资和现金流量模式的投资的复利率进行比较，比较各种投资收益率比现金流要容易，货币的时间价值也已经考虑在内了。因此，10%的投资收益率实际上是每年考虑到每笔资本回收后，在未偿还投资余额上赚取的复利率。在 4 年期间收到的 4 000 美元中，总利息为 830 美元，资本回收为 3 170 美元。这也相当于我们的投资年复利率为 10%。

表 3-12 内部收益率和现金收入组成部分的分解 单位：美元

| | 年 | | | |
|---|---|---|---|---|
| | 1 | 2 | 3 | 4 |
| 投资本金（余额） | 3 170 | 2 487 | 1 736 | 910 |
| 10%内部收益率 | 317 | 249* | 174* | 91* |
| 收到现金 | 1 000 | 1 000 | 1 000 | 1 000 |
| 减去：收益率为 10%的现金 | 317 | 249 | 174 | 90* |
| 回收投资 | 683 | 751 | 826 | 910 |
| 投资本金（年初） | 3 170 | 2 487 | 1 736 | 910 |
| 减去：回收投资 | 683 | 751 | 826 | 910 |
| 投资本金（年末） | 2 487 | 1 736 | 910 | 0 |

* 四舍五入。

### 月度年金的投资收益率

投资收益率可以同样应用在月度年金的投资上。例如，假设投资者进行了51 593 美元的投资，在未来 20 年（240 个月）每个月底将收到 400 美元。该投资以复利计算的年收益率是多少?

解：

$n=20\times12=240$

$PV=-51\ 539$ 美元

$PMT=400$ 美元

$FV=0$

解得 $i$（月度）$=0.583\ 3\%$，

$i$（年化）$=0.005\ 833\times12$ 或 7%。

函数：

$i$（$n$，$PV$，$PMT$，$FV$）

与投资的年度收益的内部收益率情况一样，我们发现 51 593 美元投资的月度复利内部收益率为 7%。在 20 年期间，51 593 美元的回收投资和 44 407 美元的利息都包含在每月 400 美元的现金收入中（总收入 96 000 美元）。

## 3.8.3 扩展：等价名义年利率（*ENAR*）

在本章前面部分，我们讨论了在一年内存在多个复利区间的情况下确定等价年收益率的问题。在我们的例子中，每年、每月和每日复利 10 000 美元投资的有效年收益率分别为 6%、6.17%和 6.18%。在许多情况下，我们可能已经知道有效年收益率（*EAY*），并希望知道每月复利（或其他少于一年的期限）的名义年利率。例如，我们需要考虑按每年 6%的名义年利率每月复利的实际收益率问题。由于每月复利一次，实际年利率（6.17%）大于名义利率（6%）。

**其他财务函数** **概念框 3.2**

在表 3-12 中，我们在处理每年得到 1 000 美元的现金流入或年金的投资的情况下引入了内部收益率概念。在许多情况下，投资者必须以不同时期的现金流入来评估投资。在这些情况下，投资者也必须知道 IRR。然而当每期现金流入不同时，解决内部收益率问题变得稍微复杂一些。假设我们的投资如表 3 - 13 所示。

**表 3 - 13**

| 现值 | 现金流入（CF） | | | |
|---|---|---|---|---|
| 投资额 | 第 1 年 | 第 2 年 | 第 3 年 | 第 4 年 |
| 8 182 美元 | 1 000 美元 | 2 000 美元 | 3 000 美元 | 4 000 美元 |

为了求得内部收益率（$i$），我们有：

$$PV=\frac{CF_1}{(1+i)^1}+\frac{CF_2}{(1+i)^2}+\frac{CF_3}{(1+i)^3}+\frac{CF_4}{(1+i)^4}$$

代入得：

$$8\ 182=\frac{1\ 000}{(1+i)^1}+\frac{2\ 000}{(1+i)^2}+\frac{3\ 000}{(1+i)^3}+\frac{4\ 000}{(1+i)^4}$$

加总现金流入，4 年内总共将获得 10 000 美元的收益。由于这个总额超过 8 182 美元的初始投资，投资将是有利可图的，并且 $i$ 也是正的。（读者可以验证使方程成立的 $i$ 为 7%。）实际上，求解 $i$ 非常麻烦。

**引入函数 $CF_j$：** 许多金融计算器和软件程序都可以更快速有效地解决不同现金流量在不同期间的内部收益率问题。这些程序使用“试错法”或“迭代法”来求解 $i$。这种方法首先为 $i$ 选择一个非常大的值，代入上述表达式，然后求解 $PV$，比较 $PV$ 和8 182 美元之间的差值使其接近于零。重复该过程，继续为 $i$ 选择不同值并重新计算 $PV$。通过对 $i$ 使用连续较高的值或较低的值，计算 $PV$ 直到找到 $i$，使得计算的 $PV$ 与8 182美元之间的差值等于零。

随着电子技术的进步，这些计算可以通过使用 $CF_j$ 和 $n_j$ 函数非常快地执行。需要输入每个时期（$n_j$）的现金流（$CF_j$），然后算出 $i$。在我们的例子中，我们会有：

解：

| 输入 CF | 输入 $n_j$ |
|---|---|
| $CF_j=-8\ 182$ 美元 | $n_j=1$ |
| $CF_j=1\ 000$ 美元 | $n_j=1$ |
| $CF_j=2\ 000$ 美元 | $n_j=1$ |
| $CF_j=3\ 000$ 美元 | $n_j=1$ |
| $CF_j=4\ 000$ 美元 | $n_j=1$ |

解得 $i=7\%$。

当每一现金流是对应单一时期时，可以使用以下符号运用 IRR 函数：

$$IRR(CF_1, CF_2, \cdots, CF_n)$$

对应上面的例子，我们有 IRR(−8 182，1 000，2 000，3 000，4 000)＝7%。

假设我们想要知道每月复利的名义年利率是多少，有效年收益率（EAY）为 6%，我们可以使用下面的公式，其中 ENAR 是相当于每月复利的名义年利率：

$$ENAR=[(1+EAY)^{\frac{1}{m}}-1]\cdot m$$

在我们的问题中，

$$\begin{aligned}ENAR&=[(1+0.06)^{\frac{1}{m}}-1]\times 12\\&=[(1+0.06)^{0.083\,333}-1]\times 12\\&=[1.004\,868-1]\times 12\\&=0.058\,410\,6\text{ 或 }5.841\,06\%\text{（四舍五入）}\end{aligned}$$

为了说明这个概念，如果我们已知投资 A 将提供 6%的有效年收益率，同时正在考虑的投资 B 将提供每月复利的利息，我们想知道每月复利的等价名义年利率，使其提供相同的有效年收益率 6%。这个比率是年化 5.841 06%。

$$\begin{aligned}FV&=1\left[1+\frac{0.058\,410\,6}{12}\right]^{12}\\&=1.06\text{ 美元（四舍五入）}\end{aligned}$$

从我们的例子中得，有效年收益率 $EAY=(1.06-1.00)\div 1.00$，或 6%。因此，我们现在知道，每月复利计息的等风险投资的年均名义利率应至少为 5.841 06%，等价的有效年收益率为 6%。显然，通过改变上述公式中的 $m$，可以修改为不同复利周期的投资。

| 解： | 函数： |
|---|---|
| $n=12$ 个月 | $FV$ ($n$, $i$, $PV$, $PMT$) |
| $i=5.841\,06\%/12=0.486\,755\%$ | |
| $PV=-1$ 美元 | |
| $PMT=0$ | |
| 解得 $FV=1.06$ 美元。 | |

## 3.8.4 扩展：求解部分周期的年收益率

许多投资每月产生现金流量，但要求标示有效年化益率。然而，许多投资可能会在一年内出售（比如 5 个月之后）。一年内的月度现金流量如何以年利率表示？考虑下面的例子：

投资金额为 8 000 美元，预计持有 2 年。合同要求将投资回报标示为有效年收益率。不过，这笔投资很早就卖出了，收到 17 个月的现金流量，每月为 500 美元。等价的投资年收益率是多少？

| 步骤一：求解月度收益率 | |
|---|---|
| 解： | 函数： |
| $n=17$ 个月 | $i$ ($n$, $PMT$, $PV$, $FV$) |
| $PMT=500$ 美元 | |
| $PV=-8\,000$ 美元 | |
| $FV=0$ | |
| 解得 $i=0.682\,083\%$。 | |

步骤二：通过月度收益率求得有效年收益率

解： 函数：

$PV=-1$ 美元 $FV\ (PV,\ i,\ PMT,\ n)$

$i=0.682\ 083\%$

$PMT=0$

$n=12$

解得 $FV=1.084\ 991$ 美元。

步骤三：求有效年收益率

$(FV/PV)-1=1.084\ 991-1.000=0.084\ 991$ 或 8.5%（四舍五入）

因此，这一 17 个月的投资产生了 8.5%的等价有效年收益率（$EAY$）。（请注意，按月复利，名义年利率将是 0.682 083×12=8.19%。）

**解析 *XIRR***

计算有效年收益率的另一种方法是计算所谓的 $XIRR$。$XIRR$ 越来越多地用于绩效评估，因为它包含在 Excel 等电子表格程序中，可以处理包括一年中部分周期发生现金流的现金流量模式，以及不规则的现金流量模式，现金流可以发生在任一年。

$XIRR$ 是使得如下等式成立的利率：

$$\sum P_j/(1+\text{利率})^{d_j/365}=0$$

其中，$P_j$ 是投资开始日期后第 $j$ 天收到的第 $j$ 笔款项。Excel 允许实际输入每个付款（现金流量）的日历日期，然后将其转换为天数。上述等式的左边只是以实际年利率作为折现率将现金流量折现为现值。我们需要找到使 $PV$ 等于零的利率。

使用上面每月收到 500 美元、持续 17 个月的例子，我们假设现金流如表 3-14 所示，在 17 个月中每个月的 30 日收到现金流。在前面的例子中，我们计算的有效年收益率为 8.5%。我们现在利用 $XIRR$ 计算，使用 8.5%来查看结果是否为零现值，可以得到和前面相同的结果，证明 $XIRR$ 是可行的。

表 3-14 中的（3）列使用上述 $XIRR$ 公式中的有效年收益率，因为我们想表明，这是使现值等于 0 美元的利率，这一点从最终的总和可以看出。最后一列中的每一行都表示在当年收到的付款的现值。

在上面的例子中，现金流是每月发生的。但是一年中的任何一天都可能产生现金流。在 Excel 中，在 $XIRR$ 函数中将使用实际日期（例如，2012 年 2 月 12 日）来确定在该日期产生的现金流。

**表 3-14　　*XIRR***

| | | 利率为 8.5% | | | |
|---|---|---|---|---|---|
| | | (1) | (2) | (3) | (4) |
| 月份数 | 天数 | 天数/365 | 现金流（美元） | $(1+\text{利率})^{(\text{天数}/365)}$ | 现金流/(3)（美元） |
| 0 | 0 | 0.000 000 | −8 000 | 1.000 000 | −8 000.00 |
| 1 | 31 | 0.084 932 | 500 | 1.006 953 | 496.55 |

续前表

| 月份数 | 天数 | 利率为 8.5%<br>(1)<br>天数/365 | (2)<br>现金流<br>(美元) | (3)<br>(1+利率)$^{(天数/365)}$ | (4)<br>现金流/(3)<br>(美元) |
|---|---|---|---|---|---|
| 2 | 61 | 0.167 123 | 500 | 1.013 727 | 493.23 |
| 3 | 92 | 0.252 055 | 500 | 1.020 775 | 489.82 |
| 4 | 122 | 0.334 247 | 500 | 1.027 643 | 486.55 |
| 5 | 152 | 0.416 438 | 500 | 1.034 557 | 483.30 |
| 6 | 182 | 0.498 630 | 500 | 1.041 517 | 480.07 |
| 7 | 213 | 0.583 562 | 500 | 1.048 758 | 476.75 |
| 8 | 243 | 0.665 753 | 500 | 1.055 814 | 473.57 |
| 9 | 274 | 0.750 685 | 500 | 1.063 155 | 470.30 |
| 10 | 305 | 0.835 616 | 500 | 1.070 547 | 467.05 |
| 11 | 336 | 0.920 548 | 500 | 1.077 990 | 463.83 |
| 12 | 366 | 1.002 740 | 500 | 1.085 243 | 460.73 |
| 13 | 396 | 1.084 932 | 500 | 1.092 544 | 457.65 |
| 14 | 425 | 1.164 384 | 500 | 1.099 648 | 454.69 |
| 15 | 455 | 1.246 575 | 500 | 1.107 046 | 451.65 |
| 16 | 485 | 1.328 767 | 500 | 1.114 494 | 448.63 |
| 17 | 515 | 1.410 959 | 500 | 1.121 992 | 445.64 |
| | | | | 合计 | 0.00 |

# 总　结

本章介绍和说明了财务分析中复利的数学原理。虽然这可能是很多读者复习的部分，但这对房地产金融这个话题的透彻理解是必不可少的。本章介绍的概念和技术将在本书的其余部分用于解决房地产金融领域遇到的各种问题。在之后的两章中，我们会将财务数学原理应用于抵押贷款偿付的计算和各种其他抵押贷款工具的有效成本计算。之后，我们将财务数学应用于收益性房地产投资分析。本章说明了如何使用财务表格、利息因子，以及如何使用金融计算器找到这些表格和因子。列出这些表格是为了帮助读者理解利用利息因子进行复利、折现和查找内部收益率的过程。这些表格对解决本书其余部分的任何问题均是不必要的。事实上，金融计算器也提供了解决问题的方案。我们给出利息因子的解决方案，可便于读者看到计算器解决方案背后的数学原理。随着技术的发展，读者可以更方便地使用金融计算器或在个人电脑上使用电子表格等程序来获得解决方案。

## 关键术语

| | | |
|---|---|---|
| 年百分比收益率 | 年金 | 预付年金 |
| 复利 | 折现 | 有效年收益率 |
| 等价名义年利率 | 终值 | 年金终值 |
| 内部收益率 | 投资收益率 | 普通年金 |
| 现值 | 年金现值 | 收益率 |
| 偿债基金因子 | 收益率 | |

## 参考网站

www. bai. org——该网站提供了目前各种金融工具市场利率的来源，以及可以讨论如何正确比较不同付款方式的投资。

www. interest. com——该网站提供了目前的平均抵押贷款利率、抵押贷款计算器以及购房的基本信息。

www. bankrate. com——该网站提供了大额存单（CD）和其他投资的利率来源。

## 问　题

1. 复利的基本概念是什么？
2. 表 3－2 中的利息因子是如何得到的？表 3－2 中的金融计算器是如何用来计算终值系数的？
3. 关于一年内的最大价值和复利间隔可以制定什么样的通用规则？
4. 什么是货币时间价值？
5. 用于确定现值的折现与用于确定终值的复利有什么关系？如何使用现值？
6. 表 3－8 中的终值系数是如何得到的？表 3－8 中的金融计算器是如何用来计算利息因子的？
7. 什么是年金？它是如何定义的？普通年金和预付年金之间有什么区别？
8. 如何折现一系列不相等的收入来找到现值？
9. 什么是偿债基金因子？如何和为什么使用？
10. 什么是内部收益率？它是如何使用的？这与复利的概念有何关系？

## 习　题

1. 吉姆在一个银行账户上存了 12 000 美元。这笔存款是为了赚取利息，每年复利，利率为 6%，为期 7 年。
   a. 吉姆 7 年后有多少钱？(提示：终值是什么?)
   b. 假设存款每季度复利，利率为 9%，那么在 7 年后他的存款是多少？
   c. 在比较（a）和（b）时，各自的有效年收益率是多少？(提示：考虑一年后每笔存款的终值。）哪种方法更好？
2. 你要做一个 25 000 美元的投资，更倾向于以 6%的利率每月复利获得利息，还是以 7%的利率每年复利获得利息？(提示：只考虑一年。)
3. 琼斯可以在未来 12 年的每 6 个月结束时存入 5 000 美元，并以 8%的年利率赚取利息，每半年复利一次。投资在 12 年以后的价值是什么？如果存款是在每年初存入的，那么 12 年后的投资价值又是多少？
4. 假设你在每个季度末存入 1 250 美元，每季度复利，按 10%的年利率计息。4 年后你会有多少钱？

5. 假设你在第 1 年结束时存入 2 500 美元，第 2 年结束时不存入，第 3 年结束时存入 750 美元，第 4 年结束时存入 1 300 美元。假设这些投资将以 15%的利率年度复利，5 年后你有多少存款？
6. 假设你有机会进行一个房地产投资，预计在未来 8 年的每个月底向投资者支付 750 美元。你相信你的投资的合理回报应该是 15%的年利率，每月复利。
   a. 你应该为这项投资付多少钱？
   b. 你将在未来 8 年收到的现金总额是多少？
   c. (a) 和 (b) 之间的差距是什么？
7. 投资者正在考虑一项投资，在未来 10 年每年末将支付 2 150 美元。他预计他的投资将获得 12%的回报，每年复利。他今天应该为这笔投资支付多少钱？如果在每年初收到投资回报，他应该支付多少钱？
8. 投资者可以投资于房地产开发，并在 6 年后获得 45 000 美元的预期现金回报。基于对其他投资选择的仔细研究，他认为每季度复利、年化收益率为 9%是合理的投资收益。他今天应该付多少钱？
9. 沃尔特正在评估一项投资，在接下来的每一年结束时提供以下回报：第 1 年，12 500 美元；第 2 年，10 000 美元；第 3 年，7 500 美元；第 4 年，5 000 美元；第 5 年，2 500 美元；第 6 年，0 美元；第 7 年，12 500 美元。沃尔特认为，他每年应该在这项投资上获得 12%的年复利收益。他应该为这项投资付多少钱？如果他预计每月复利，年收益率为 9%，他应该付多少钱？
10. 约翰正在考虑购买一块地皮。他今天可以买下，预计 10 年后价格将上涨到 15 000 美元。他认为，他的投资每年应该赚取 8%的年复利投资收益。土地要价为 7 000 美元。他应该买吗？如果约翰以 7 000 美元的价格购买了该土地，并且能够在 10 年后以 15 000 美元的价格出售，那么该投资每年的内部收益率是多少？
11. 达拉斯发展公司正在考虑以 10 万美元购买一套公寓。它估计在未来 10 年每年底它将会得到 15 000 美元。在第 10 年结束时，公寓将毫无价值。如果达拉斯购买该项目，在每年复利情况下其内部收益率是多少？如果该公司坚持每年复利的投资收益率为 8%，这是一项很好的投资吗？
12. 一家公司正在考虑以 75 000 美元的价格购买一个房地产辛迪加的权益。作为回报，辛迪加承诺在未来的 25 年（300 个月）每月底支付 1 000 美元。如果购买，每月复利情况下预期的内部收益率是多少？投资总共收到多少现金？资本回报为多少？
13. 对房地产的投资将在未来 4 年每年末提供如下回报：第 1 年，5 500 美元；第 2 年，7 500 美元；第 3 年，9 500 美元；第 4 年，12 500 美元。一位投资者希望每年获得 12%的年复利投资回报。他应该为该投资付多少钱？假设投资者想要以每月复利、12%的年利率计算，他将为这项投资支付多少钱？为什么这两个数字不同？
14. 养老基金今天正在进行一项 10 万美元的投资，预计今后 5 年每月底将收到 1 600 美元。在第 5 年末，将返还 10 万美元的资本投资。这项投资每年复利情况下的内部收益率是多少？
15. 60 000 美元的贷款是从今天起 10 年后到期的。借款人希望每年底支付一笔资金到偿债基金，基金以每年 10%的利率赚取年复利。每年的付款将是什么？假设以 10%的利率每月复利，每年的支付将是什么？
16. 投资者有机会进行投资，投资将提供 12%的有效年收益率。他正在考虑另外两项同样风险的投资，分别每月和每季度进行复利。这两项投资中每一项的等效名义年利率（*ENAR*）分别是多少才能确保获得 12%的有效年收益率？
17. 一项投资每月产生现金流 1 200 美元，为期 28 个月。投资者支付 24 000 美元作为投资，合同规定投资回报必须按年复利计算。鉴于投资是在 28 个月后出售的，向投资者报告的等效年复利率是多少？这项投资的月复利率是多少？
18. 预计投资将产生以下年末现金流量：

    第 1 年：5 000 美元；

    第 2 年：1 000 美元；

第 3 年：0 美元；

第 4 年：5 000 美元；

第 5 年：6 000 美元；

第 6 年：863.65 美元。

这项投资今天要花费 13 000 美元。

a. 这项投资是否有利可图？

b. 这项投资的内部收益率（每年复利）是多少？

c. 给出每年的现金流量，说明其中多少属于 13 000 美元投资的本金回收，多少属于投资回报？证明（b）中的答案。（提示：参考表 3－12 和概念框 3.2。）

# 第 4 章　固定利率抵押贷款

本章涉及针对固定利率抵押贷款的不同定价和构建方法。在对贷款定价的过程中，我们要参考利率、费用以及进行抵押贷款时由贷款人提出并且借款人愿意接受的其他因素。作为定价过程的一部分，我们也要强调可贷资金的供给和需求、通货膨胀的作用以及这两方面对利率有何影响。关于贷款结构，我们回顾了抵押贷款偿还模式随经济环境的变化而进行的许多创新。

本章的另一个主要目标是说明当贷款协议中存在各种规定时，用来确定贷款人的收益和借款人的实际成本的技术。在进行房地产抵押贷款时，贷款人通常除了利率之外还要提出各种费用作为贷款的条件。这些费用可能包括贷款折扣、贷款发放费用、提前还款罚金或者预付利息。此外，贷款人和借款人可以就各种摊还或贷款还款的时间表达成协议，从而促成针对某一特定房地产交易的融资。因为这些规定往往会影响借贷成本，所以用来计算贷款人收益（借款人成本）的方法被着重强调。

## 4.1　抵押贷款利率的决定：概述

不断变化的经济状况已经迫使房地产金融业经历了重要的演进。这些变化的状况现在要求贷款人和借款人更好地理解用于放贷的资金来源，以及风险、经济增长和通货膨胀对抵押贷款资金的有效性和成本的影响的本质。

在考虑抵押贷款利率的决定因素时，我们还必须考虑抵押贷款资金的供给和需求。大多数抵押贷款的贷款人是中介，或者充当从存款人到借款人的资金流连接渠道的机构。借款人以抵押贷款的形式使用存款。抵押贷款市场利率的形成基础是借款人为了使用这笔资金愿意付出的补偿。从市场的需求侧看，我们可以很有把握地说，对抵押贷款的需求是一种衍生需求（derived demand），或者说是由对房地产的需求所决定的。

当向抵押贷款市场提供资金时，贷款人还要考虑回报以及涉及抵押贷款可得回报的可替代投资损失的相关风险。因此，抵押贷款市场也应该被看作一个更大的资本市场的一部分，在这个市场中，贷款人和投资者评估抵押贷款可获得的回报，所有相互竞争的投资形式，如债券、股票和其他投资选择，以及与每种形式相关的风险。如果贷款人相信，他们投资于抵押贷款（考虑成本和风险损失之后）能比投资于公司债券或商业贷款获得更大的回报，那么更多的资金将被分配给抵押贷款，反之亦然。因此，贷款人做出将资金分配给抵押贷款的决定时，也涉及可替代的贷款和投资机会的回报与风险。

### 4.1.1 实际利率：根本的考虑因素

在讨论抵押贷款市场利率时，我们应该记住，这些利率是基于多种考虑因素的。我们早些时候指出，在经济中分配给抵押贷款的资金，在一定程度上取决于所有可能形式的债务和投资机会的回报和风险。

经济中需要使用资金的投资通常存在一个共同的基本关系，那就是它们赚取的最低收益是实际利率（real rate of interest）。[①] 这是储蓄者必须赚取的最低利率，如此才能诱使他们将资源（资金）的使用从现在的消费转向未来的消费。为了说服个体进行这种转移，必须预期未来的收入将因利息收入而得到充分的增长，他们才会将当前的收入从消费转移到储蓄。如果这些储蓄所获得的预期收益足够高，足以提供足够的未来消费，那么就会出现充足的活期储蓄。

### 4.1.2 利率和通货膨胀预期

除了实际利率之外，所有投资者在投资决策时都关注的一个问题是，通货膨胀将如何影响投资回报。通货膨胀率对构建或购买固定利率长期贷款的投资者和贷款人尤为重要。因此，在决定是否做出这样的承诺时，贷款人和投资者必须确信，利率承诺足够高，以弥补在投资或贷款未偿还期间的任何预期购买力损失；否则，将获得一个不充分的实际回报。因此，在贷款和投资未偿还时期，贷款人和投资者对通货膨胀的预期是一致的，这个一致的通货膨胀预期在进行投资和贷款的时候也被纳入了利率。

为了说明名义利率（nominal interest rate），或是由借款人和贷款人同意的合同利率与实际利率之间的关系，假设构造一个 10 000 美元的贷款，名义或合同利率是 10%，一年后还本付息。年终时，贷款人将获得 1.1 万美元，或者说是 10 000 美元加上 10 000 美元乘 0.1。如果当年的通货膨胀率是 6%，那么在年底得到的 1.1 万美元的价值大约是 10 377 美元（=11 000÷1.06）。因此，虽然名义利率是 10%，但抵押贷款的实际利率略低于 4%（=377÷10 000=3.77%）。因此，我们得出的结论是，如果想要达到 4%的实际利率，贷款人需要收取大约 10%的名义利率来补偿由于通货膨胀而导致的预期物价水

---

① 如果读者可以设想一个投资组合，其中包括在经济中所有的生产活动，权重基于每一特定的活动占经济中所有生产活动总价值的比重，这样一个投资组合的当前收益率等于实际利率。这个利率也将是经济单位对于当前的收入选择储蓄而不是消费所需要的利率。

平的变化。①

总而言之，任何投资的名义利率的部分决定因素是实际利率加上预期通货膨胀（anticipated inflation）溢价。在我们的例子中，4%的实际利率加上6%的通货膨胀溢价等于10%。请注意，这种溢价是基于借贷发生时预期的通货膨胀率。通货膨胀高于或低于预期的可能性是贷款人和投资者必须考虑的众多风险之一。

我们还应该指明，名义利率通常以年利率表示。然而，根据贷款的类型，名义利率可能是按日度、月度、季度、年度或连续复利的年度利率。我们将在本章中更详细地探讨复利、应计利息和支付方式的影响。

### 4.1.3 利率和风险

除了预期的通货膨胀外，贷款人和投资者还对贷款和投资时所承担的各种风险感到担忧。贷款人和投资者关心的是，各种贷款和投资的利率及收益率是否足以补偿风险。或者说，某一特定的贷款或投资是否会提供足够的经风险调整的回报?

对于不同的投资，有许多类型的风险都可以讨论，但是它们超出了本书的范围。因此，我们将关注影响抵押贷款的风险。然而，这些风险中有许多是在其他贷款和投资中出现得更多或更少的风险。

**违约风险**

在发放抵押贷款时，贷款人最主要的担心是借款人拖欠偿还利息和本金的违约风险。这被称为违约风险（default risk），它随着贷款的性质和借款人个体的信用度而变化。发生违约的可能性意味着贷款人必须收取额外的或者更高的利率，以抵消可能的贷款损失。违约风险与借款人在借款后存在的收入下降的可能性有关，从而危及未来抵押贷款的偿还。相似地，在未来某时，房地产的价值可能会低于贷款余额，这可能导致借款人拖欠还款，并给贷款人造成损失。

**利率风险**

贷款和投资的另一个复杂性来自当今世界的不确定性：未来的储蓄供应、住房需求和未来的通货膨胀水平。因此，在某个时点上的利率只能反映市场对这些因素的一致性预期。投资者和贷款机构还承担了一种风险，即如果在一笔贷款发生后，经济状况发生剧烈变化，那么贷款利率可能是不足的。这些变化的规模可能会使贷款在发生时就必须索取更高的利率。贷款发生时所收取利率的不确定性可以被称为利率风险（interest rate risk）。

例如，在我们进行1万美元贷款的时候，预期通货膨胀率可能是6%。但如果实际通货膨胀率最终是8%，这意味着应该收取的利率是12%。在这种情况下，我们说在贷款发生时的预期通货膨胀率是6%。然而，由于2%的非预期通货膨胀（unanticipated inflation）的发生，使收取的利率太低，贷款人将损失200美元的购买力（1万美元的2%）。这并不意味着贷款人在贷款的时候没有收取“正确”的利率。当时的预期通货膨胀率为

---

① 事实上，如果需要的实际利率是4%，那么名义利率应该是（1.06×1.04）−1，或10.24%。在本文中为方便起见，我们将实际利率与预期通货膨胀溢价相加，作为名义利率的估计值。我们需要指出，预期通货膨胀率和利率的关系一直是很多研究的主题。虽然在我们的讨论中展示出一个非常简单的加法关系，在实际利率和通货膨胀率之间可能存在交互关系。两者之间的具体关系目前还不清楚。因此，学生应该从概念或概括层面来看待这个讨论。

6%，因此，为了使贷款具有竞争力，必须收取10%的利率。然而，这额外的2%是市场上的所有贷款人都未曾预料到的。非预期通货膨胀是所有贷款人的利率风险的一个主要组成部分。

在贷款发生时收取过低利率的可能性是贷款人风险的主要来源。因此，风险溢价也必须被收取或反映在市场利率中。利率风险会影响所有的贷款，特别是那些固定利率贷款，换言之，在制定贷款时，利率在很长一段时间内是固定的。出于对风险的厌恶，贷款人必须收取溢价来承担这种风险。

**提前偿付风险**

一些抵押贷款允许借款人在到期日之前提前还款而没有罚金。实际上，这让借款人可以提前还款、再融资，或者在出售房地产时付清贷款余额。如果贷款在利率下降时被提前偿还，贷款人将失去依原始合同利率获得利息收入的机会。当提前偿付贷款的资金被贷款人再投资时，获得的利率将会降低。然而，当利率上升时，贷款不太可能被提前偿付。当利率低于贷款合同利率时贷款将有被提前偿付的风险，这被称为提前偿付风险(prepayment risk)。

**其他风险**

贷款人和投资者认为，贷款或投资的类型不同，额外的风险也不同。例如，贷款和投资项目的流动性或适销性也会影响到必要的溢价规模。可以很容易地在完善的市场上出售和再出售的有价证券，它们所需的溢价会比那些更难出售的证券低。这被称为流动性风险（liquidity risk)。

立法风险（legislative risk）是另一种与抵押贷款相关的风险，也可能导致溢价。立法风险涉及市场所处的监管环境的变化，例如，影响抵押贷款税收的法规、租金管制规定、州和联邦法律中有关利率的法规等，这些都是贷款人在特定时期发放贷款后所要面对的可能情况。贷款人必须评估此类事件发生的可能性，并确定在发放贷款时对于承担这些风险的补偿。

### 4.1.4 对抵押贷款定价中重要因素的总结

现在我们可以看到，针对一个特定抵押贷款所收取的利率将取决于实际利率、预期通货膨胀、利率风险、违约风险、提前偿付风险和其他风险。这些关系可以概括为以下内容：

$$i=r+p+f$$

换言之，当定价或设定抵押贷款的利率（$i$）时，贷款人必须收取一个足够高的溢价以弥补违约和其他风险（$p$），以及一个反映预期通货膨胀率的溢价（$f$）以获得实际利率（$r$），该利率与经济中其他投资的实际收益率相比有竞争力。如果贷款人系统性地低估了以上方程中的任一部分，他们会遭受实际的经济损失。

贷款机构的定价决定变得复杂是由于抵押贷款具有长期的固定利率。例如，如果我们假设抵押贷款是一年期的，那么初始的利率应该基于贷款人对以上讨论的每一部分在未来一年里的预期。更具体地说，

$$i_t=r_1+p_1+f_1$$

初始（时间 $t$）抵押贷款利率（$i$）将基于贷款人对实际利率、通货膨胀率和贷款期间应有的风险溢价（与抵押贷款有关的风险超出实际利率所反映的风险水平）的预期。

## 4.2 了解固定利率抵押贷款期限

正如在第 2 章中所讨论的，在抵押贷款协议中有许多条款和期权非常重要。我们对固定利率抵押贷款（fixed interest rate mortgage，FRM）进行分析，从讨论一些最基本的条款开始：

- 贷款金额；
- 贷款期限；
- 利率；
- 分期付款。

贷款金额确定了借款金额和借款人在法律上需要偿还的金额。贷款期限是贷款必须被全额偿还的日期。虽然这些术语相对容易理解，但在分析和比较各种不同的贷款选择时，利率及其对分期付款的影响可能更为复杂，我们将进行进一步的讨论。

在处理固定利率贷款时，除了贷款金额和贷款期限外，贷款机构通常会引用所谓的名义年利率。具体来说，假设一笔 30 年期、6 万美元的贷款，利率是 12%。这个利率被称为名义利率，因为没有关于利息计算或支付频率的参考。在这种情况下，如果利息是按月计算的，并且按月还款，那么对 12%的名义利率的一种解释是按月复利的 12%的年利率。回顾第 3 章，另一种解释按月复利的年利率的方法是计算它的等价年利率。也就是一个按年复利的利率，等价于另一个按月复利的贷款的年利率。在我们的例子中可以这样做：

第 1 步：找到按一定的年利率（按月复利）获得利息的一定金额的终值

| 解： | 函数： |
|---|---|
| $PV=-60\ 000$ 美元 | $FV\ (PV,\ i,\ n)$ |
| $i=12\%/12=1\%$或 0.01 | |
| $n=12$ | |

解得 $FV=67\ 609.50$ 美元。

第 2 步：找到等价年利率（按年复利）

$FV=-67\ 609.50$ 美元

$n=1$

$PV=60\ 000.00$ 美元

解得 $i=12.682\ 5\%$。

在第 1 步中，使用我们在第 3 章中概述的方法，我们考虑了今天存一笔 6 万美元的存款（$PV$＝60 000.00 美元），并以 12%的名义年利率按月复利 12 个月，终值为 67 609.50 美元（$FV$＝－67 609.50 美元）。然后，我们通过将复利的周期变为 1，来解出第 2 步中的等价年利率。这就产生了 $i$＝12.682 5%。换言之，一笔以年利率 12%、按月复利计算的贷款，等价于一笔年利率为 12.682 5%、按年复利的贷款。这些利率的不同之处在于，当对贷款按月复利按月付息时，其增量价值大于每年获得现金流。① 即使在这两种情况下利率可能都为 12%，这也依然是正确的。因此，一笔年利率为 12%的按月复利的贷款的价值相当于一笔年利率为 12.682 5%的按年复利的贷款。后者可以被认为是一个有效的或等价的年利率。换言之，一笔年利率为 12.682 5%的按年复利的贷款，也等价于年利率为 12%的按月复利的贷款。

那么，为什么贷款人会使用名义利率（在我们的案例中是 12%）呢？如果利息是按月复利计算（或其他时期），为什么不使用等价年利率（在我们的案例中是 12.682 5%）？如果采用后一种方法，那么就可以达成一致，因为所有贷款的利率都可以以等价年利率为基础，而不考虑利息的计算和支付的频率（日、月、季、年）。原因部分在于银行业、金融工具的发展，进行利息计算的简单化，以及在金融相关领域工作的人们普遍的认知（理解）缺失。在接下来贯穿本书的讨论中，我们将遵循贷款机构的使用习惯，并在所有抵押贷款案例中使用名义利率。在大多数情况下，利息将按月计算，按月支付。然而，读者应该意识到，利息可以在不同的期间长度内被计算和支付。

## 4.3 计算还款额和贷款余额——固定利率贷款

### 4.3.1 应付利息和贷款偿还的重要性

当计算房地产抵押贷款的还款额（$PMT$）和未偿还贷款余额时，一个非常重要的必须理解的概念是：(1) 给定时期之后应付利息和贷款还款额之间的关系；(2) 它们之间的差异将如何影响贷款余额。比如像上面所讨论的，许多贷款需要按月付息（$i/12$），也就是说，如果固定利率抵押贷款的数额为 60 000 美元（现值），利率为 12%并且按月计息，那么在第一个月结束时计算出的应付利息应为：

60 000×(0.12/12)＝600 美元

同时我们应该指出 $i/12$ 被称为应付率（accrual rate）。在月末，借款人应付的利息总额将是 600 美元。

借款人和贷款人也有可能协商还款额（$PMT$）。这些还款额与贷款金额的比率被称作支付率（pay rate）。如果借款人和贷款人同意在每月月末支付的款项（$PMT$）等于应付利息，那么每月的支付率和应付率是相等的。② 这意味着他将支付 600 美元（$PMT$），

① 读者可能还记得我们在第 3 章中讨论了这个概念，年收益率（$APY$）。

② 我们将使用月度时期来计算应付利息和偿付金额，以此来限制可能的例子的数量。读者需要注意应付期和偿付期不必相同。

或者正好等于 600 美元的应付利息。当月应付率等于月支付率时，未偿还的贷款余额保持不变。所以，在我们的例子中，月末时贷款余额仍保持为 60 000 美元。在这一点上我们应该再次强调，在任何给定的时期内，支付率和应付率不一定相等。

## 4.3.2 贷款摊还模式

在前一节中，我们强调了抵押贷款的应付利息和还款额之间的关系。我们使用的是只付利息贷款的例子，它代表着支付率和应付率相等。在考虑其他贷款类型时，我们会发现每月的支付率和应付率通常不相等。在很多情况下，贷款人和借款人考虑不同的贷款结构，并改变支付率和应付率。在不同的情况下，贷款余额将受到影响，并根据两者的不同而有所变化。

**应付利息和还款额之间的差异**

现在我们考虑支付率，以及随之而来的月还款额（1）大于、（2）等于、（3）小于月应付利息的情况。然后，我们考虑每种情况对贷款余额的影响。在我们讨论等额偿付抵押贷款（constant payment mortgage，CPM）的时候，我们会用四个非常普遍的方式对固定利率贷款进行分类并进行举例，如表 4－1 所示。

**表 4－1**

| CPM 贷款的类型 | 支付率 | 到期贷款余额 |
|---|---|---|
| 1. 完全摊还 | 超过应付率 | 完全偿还 |
| 2. 部分摊还 | 超过应付率 | 部分偿还 |
| 3. 只付利息 | 等于应付率 | 等于贷款本金数额 |
| 4. 负摊还 | 低于应付率 | 大于贷款本金数额 |

注意第一种贷款类型，我们称作完全摊还（fully amortizing），其支付率将超过应付率。这意味着每月还款额将超过应付利息的金额并在到期日完全偿还贷款。

第二种贷款类型，即部分摊还贷款（partially amortizing loan），是指在借款人和贷款人同意的情况下，就像完全摊还贷款一样，支付率将会导致一笔超出应付利息的支付，但是不像完全摊还贷款支付的那么多。所以，到期时这笔贷款不会被完全偿还，它只会被部分偿还。

第三种贷款类型，也就是只付利息贷款（interest-only loan），有时被称作零摊还贷款（zero amortizing loan）。就像我们已经讨论过的，在这种情况下，支付率等于应付率。因此，每个月月末的贷款余额将保持与原本的贷款数额相等。全部的、初始的贷款金额将在到期时被偿付。

最后，第四种贷款类型，负摊还贷款（negative amortizing loan），代表了借款人和贷款人同意支付率低于应付率的情况。因此，还款额不等于到期的利息额，并且实际上每个月贷款余额会增加。在到期时，贷款余额将大于贷款本金额。

现在，我们将说明每种贷款类别的偿付情况。我们还应该注意到，每个贷款类别都会有固定的或水平的月还款额。我们将在本章后续讨论其他的月支付模式。

### 4.3.3 完全摊还的等额偿付抵押贷款

后萧条时代在房地产金融中最常用的贷款偿付模式，以及现在依旧广泛使用的，就是完全摊还的等额偿付抵押贷款。[摊还（amortization）的意思是随时间推移偿付贷款的过程。] CPM 贷款偿付模式被最广泛地用于单一家庭住宅的融资，并在较小程度上用于收益性房地产，比如多户家庭复合公寓和购物中心。这个支付模式简单地说就是在原始贷款金额的基础上，在给定时期按固定利率计算一个水平的或等额的月还款额。每月的还款额包括利息和一些本金的偿还。在 CPM 贷款期的期末，原始贷款金额，或者说本金（principal），会被完全偿还，或者已经完全摊还。贷款人赚得借款人按每月的贷款余额支付的固定利率的利息。

为了说明每月贷款还款额如何计算，我们回到之前的例子，以 12%的（名义）利率贷款 60 000 美元，为期 30 年。假设它在 30 年后已经被完全摊还，这个贷款的每月等额还款额是多少？基于第 3 章中折现年金的知识，这个问题只需要找出年金的现值，可以用如下公式表示：

$$PV=\sum_{t=1}^{n}\left[\frac{PMT_t}{1+\frac{i}{12}}\right]^t$$

其中，

$PV$=现值；

$PMT$=还款额；

$i$=抵押贷款固定名义利率；

$n$=贷款需要继续偿还的月数。

因为 $PMT$ 是一个常数，这个式子也等于：

$$PV=PMT\times\sum_{i=1}^{n}\frac{1}{\left(1+\frac{i}{12}\right)^t}$$

$$PMT=\frac{PV}{\sum_{i=1}^{n}\frac{1}{\left(1+\frac{i}{12}\right)^t}}$$

| 解： | 函数： |
|---|---|
| $n=30\times12=360$ | $PMT$（$n$，$i$，$PV$，$FV$） |
| $i=12\%/12=1\%$或 0.01 | |
| $PV=-60\ 000$ 美元 | |
| $FV=0$ | |
| 解得 $PMT=617.17$ 美元。 | |

在这种情况下，我们感兴趣的是 $PMT$ 的解，或者说能完全偿付贷款额（现值）并使贷款人赚取 12%的按月复利的利息的每月固定还款额（年金）。需要的还款额是

617.17 美元。

考虑表 4－2 中的完全摊还贷款模式。最初的、相对较低的本金减少，在第 6 列中，导致了在早期的每月支付中利息费用占比很高。注意在最初 6 个月（第 6 列）之后的期末贷款余额是 59 894.36 美元；因此，6 个月之后，原始余额 60 000 美元中只有 105.64 美元被摊还了。同样 6 个月期支付的利息总计 3 597.38 美元。在每月还款额中利息占比很高的解释是贷款人从每月的贷款余额中赚取了每年 12%的收益率（每月 1%）。因为贷款将在 30 年的时间里被偿还，很明显贷款余额一开始只会轻微下降并且每月的利息费用会很高。表 4－2 也表明了贷款快要到期时，贷款最初几年的应付利息模式会发生逆转。值得注意的是，在贷款的最后几个月，应付利息急剧下降，本金摊还增加。

**表 4－2　　完全摊还贷款模式**（美元）

| (1)<br>月份数 | (2)<br>期初贷款余额 | (3)<br>每月还款额 | (4)<br>利息 | (5)<br>摊还额* | (6)<br>期末贷款余额 |
|---|---|---|---|---|---|
| 1 | 60 000.00 | 617.17 | 600.00 | 17.17 | 59 982.83 |
| 2 | 59 982.83 | 617.17 | 599.83 | 17.34 | 59 965.49 |
| 3 | 59 965.49 | 617.17 | 599.65 | 17.52 | 59 947.97 |
| 4 | 59 947.97 | 617.17 | 599.48 | 17.69 | 59 930.28 |
| 5 | 59 930.28 | 617.17 | 599.30 | 17.87 | 59 912.41 |
| 6 | 59 912.41 | 617.17 | 599.12 | 18.05 | 59 894.36 |
| ⋮ | ⋮ | ⋮ | ⋮ | ⋮ | ⋮ |
| 358 | 1 815.08 | 617.17 | 18.15 | 599.02 | 1 216.06 |
| 359 | 1 216.06 | 617.17 | 12.16 | 605.01 | 611.06 |
| 360 | 611.06 | 617.17 | 6.11 | 611.06 | 0 |

* 摊还额每月以 $1+i/12$ 的倍数增长，即 17.17×1.01＝17.34，依此类推。

### 利息、本金和贷款余额的说明

图 4－1A 通过展示在 30 年贷款期间每个月的还款额中利息和本金的相对比例，显示了贷款支付模式随时间的变化。图 4－1B 展示了在相同的 30 年期间贷款余额的下降情况。很明显，作为总的每月抵押贷款还款额中的一部分，利息的相对比例最初下降得非常缓慢。注意在抵押贷款的中期，或者说 15 年后，利息在每月还款额 617.17 美元中依然占到 514.24 美元，本金是两者的差额（617.17－514.24＝102.93 美元）。此外，15 年后的贷款余额大约是 51 424 美元。

经过 15 年贷款已经偿还了 111 090.60（＝617.17×180）美元，其中大概 8 576

（=60 000−51 424）美元的贷款本金在那一时点已经被偿还。这种模式随着时间反转。注意在图 4-1A 中，25 年后，在每月还款额中利息只占到 277.45 美元，贷款余额（见图 4-1B）迅速减少到 27 745 美元。

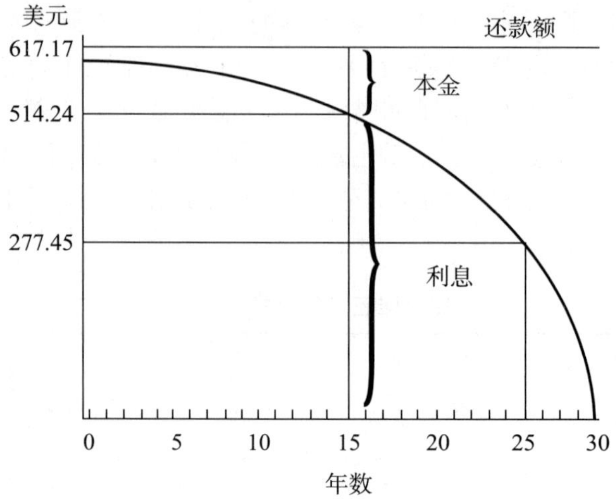

A. 月度利息和本金

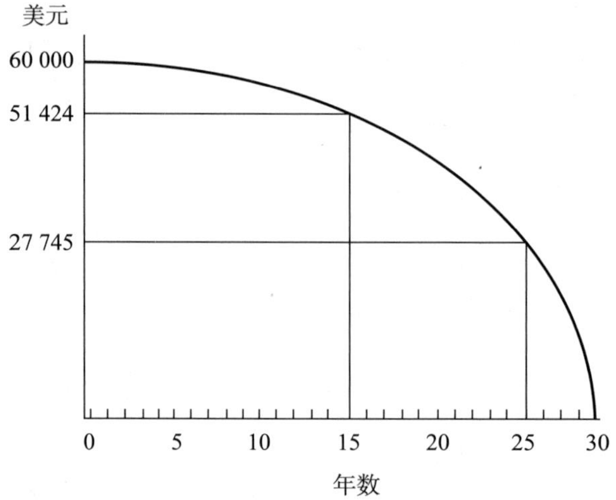

B. 未偿还贷款余额

**图 4-1　一笔完全摊还的等额偿付抵押贷款的还款额、本金、利息和贷款余额**

### 抵押贷款常数，完全摊还贷款　　　　概念框 4.1

在广泛使用金融计算器和电子表格之前，贷款计算必须手动完成。因此，一系列包含了被称作贷款常数（loan constants）的表格逐渐被发展起来。这些术语在贷款行业的词汇表中被继续使用。就像本章之前讨论的支付率一样，这些常数仅仅是不同利率和期限的月度年金的现值。它们可以被应用于任何 FRM 贷款，以确定每月的还款额。

与我们的例子相关，如果需要我们可以这样计算贷款常数：

解：

$PV$=1 美元

$n$=360

$FV$=0

$i$=12%/12=1%或 0.01

解得 $PMT$=0.012 86（或贷款常数）。

函数：

$PMT$（$PV$，$n$，$FV$，$i$）

这个常数，或者说还款额，可以被应用于 30 年（360 个月）期、利率为 12%的任何完全摊还贷款，以确定每月还款额。贷款常数一词继续被用在贷款谈判、贷款协议以及贷款人和借款人的其他讨论中。贷款常数可以乘以任何初始贷款数额，以获得在到期日前完全摊还贷款所必需的月抵押贷款还款额。

在表 4-3 中，我们提供了一个对于不同利率和贷款期限的按月偿付抵押贷款常数（或支付率）的样本。回到我们的问题，找出 30 年期、利率为 12%、金额为60 000美元的贷款的每月贷款还款额，我们找到 12%的那一列，向下找到对应 30 年的一行，那里的贷款常数是 0.010 286（四舍五入）。① 贷款常数通常会标明基于年化利率，即将月度贷款常数乘以 12。在上面的例子中，年化贷款常数为 0.010 286×12=0.123 432，或 12.34%（四舍五入）。注意这比 12%要大。区别在于贷款是如何摊还的。如果年化常数是 12%，这将是一笔只付利息的贷款。注意，年化贷款常数仍然假设每月偿付。

**表 4-3**

| | | 利率 | | | |
|---|---|---|---|---|---|
| 年数 | 月份数 | 9% | 10% | 11% | 12% |
| 5 | 60 | 0.020 758 | 0.021 247 | 0.021 742 | 0.022 244 |
| 10 | 120 | 0.012 668 | 0.013 215 | 0.013 775 | 0.014 347 |
| 15 | 180 | 0.010 143 | 0.010 746 | 0.011 366 | 0.012 002 |
| 20 | 240 | 0.008 997 | 0.009 650 | 0.010 322 | 0.011 011 |
| 25 | 300 | 0.008 392 | 0.009 087 | 0.009 801 | 0.010 532 |
| 30 | 360 | 0.008 046 | 0.008 776 | 0.009 523 | 0.010 286 |

## 到期日对月还款额的影响——完全摊还贷款

图 4-2 显示了最基本情况的抵押贷款的到期情况对月还款额的影响。该图表明，随着贷款人和借款人协商的到期期限的延长，每月的固定还款额会下降到什么水平。在我们的基本例子中，一个 6 万美元、30 年期、利率为 12%的完全摊还贷款，月还款额会从

① 由于四舍五入（到六位小数），贷款常数是 0.010 286。当我们用 60 000 美元乘以这个四舍五入后的常数时，我们得到每月 616.16 美元的还款额。更加精确的解是 617.17 美元。因此，读者应该注意到，这和我们的解决方案之间微小的差异可能发生在使用金融计算器的时候，因为计算器的解可能被四舍五入到八位或者更多位的小数。在四舍五入之前，我们已经尝试求出至少小数点后六位的解。

10 年期的 860.83 美元下降到 30 年期的 617.17 美元。这说明了到期期限的重要性，以及在贷款结构谈判时的影响。

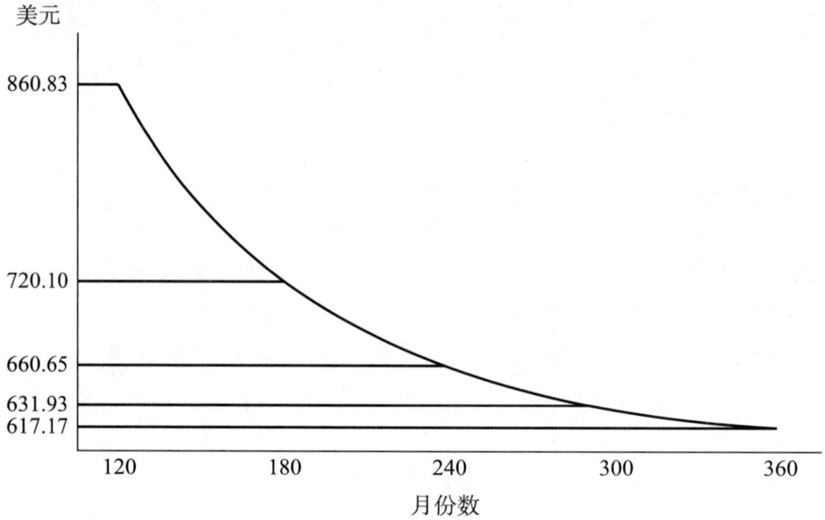


**图 4-2　贷款月还款额与到期期限的关系：完全摊还贷款**

### 4.3.4　部分摊还的等额偿付抵押贷款

在很多情况下，贷款可能被构建用以实现一个或多个目标。例如，借款人可能希望（1）一个低于完全摊还贷款所需的还款额，以及/或者（2）一个不为零的到期未偿还贷款余额。这可以在以下例子中显示：借款人和贷款人同意进行 30 年期、利率为 12%的 6 万美元的贷款，并且到期日将有 4 万美元的贷款余额［有时被称为“气球膨胀”式付款或期末整付（balloon payment）］。它将在每月偿付相等的数额。

为了解出这些还款额，我们修改了用来计算完全摊还的 CPM 的公式，如下：

$$PV=\sum_{t=1}^{n}\frac{PMT_i}{\left(1+\frac{i}{12}\right)t}+\frac{FV_n}{\left(1+\frac{i}{12}\right)^n}$$

上述等式的区别在于引入了 $FV$ 一项，它代表在时期 $n$ 或者到期日的贷款余额（也经常被称为期末整付）。

该问题的计算器解法可以按以下进行修改：

| 解： | 函数： |
|---|---|
| $n=12\times30=360$ | $PMT\ (n, i, PV, FV)$ |
| $i=12\%/12=1\%$或 0.01 | |
| $PV=-60\ 000$ 美元 | |
| $FV=40\ 000$ 美元 | |
| 解得 $PMT=605.72$ 美元。 | |

注意部分摊还贷款的还款额是 605.72 美元，低于我们算出的完全摊还贷款的还款额

617.17 美元。我们还应指出，贷款常数，或者说支付率，是 0.010 095（=605.72÷60 000）。这和如果将贷款完全摊还需要应用的贷款常数不同，也就是 0.010 286（=617.17÷60 000）。

应该注意的是，605.72 美元的还款额也与之前计算出的应付利息 600 美元有些接近。这意味着，在第一个月的月末，贷款本金摊还仅为 5.72 美元。一个更详细的时间表展示了还款额、应付利息和贷款余额之间的月度关系，显示在表 4-4 中。

**表 4-4　　部分摊还贷款模式**

| 月份数 | 期初贷款余额（美元） | 每月支付额（美元） | 利息（0.12÷12）（美元） | 摊还额（美元） | 期末贷款余额（美元） |
|---|---|---|---|---|---|
| 1 | 60 000.00 | 605.72 | 600.00 | 5.72 | 59 994.28 |
| 2 | 59 994.28 | 605.72 | 599.94 | 5.78 | 59 988.50 |
| 3 | 59 988.50 | 605.72 | 599.88 | 5.84 | 59 982.66 |
| 4 | 59 982.66 | 605.72 | 599.83 | 5.90 | 59 976.76 |
| 5 | 59 976.76 | 605.72 | 599.77 | 5.95 | 59 970.81 |
| 6 | 59 970.81 | 605.72 | 599.71 | 6.01 | 59 964.79 |
| ⋮ | ⋮ | ⋮ | ⋮ | ⋮ | ⋮ |
| 358 | 40 605.03 | 605.72 | 406.05 | 199.67 | 40 405.35 |
| 359 | 40 405.35 | 605.72 | 404.05 | 201.67 | 40 203.69 |
| 360 | 40 203.69 | 605.72 | 402.04 | 203.69 | 40 000.00 |

## 4.3.5　零摊还或只付利息的等额偿付抵押贷款

另一种固定利率和等额偿付贷款的模式经常被用于房地产抵押贷款，被称作只付利息贷款。顾名思义，等额的每月还款额将"仅限利息"。

> 解：　　　　　　　　　　　　函数：
>
> $n=360$　　　　　　　　　　$PMT$（$n$，$i$，$PV$，$FV$）
>
> $i=12\%/12=1\%$或 0.01
>
> $PV=-60\ 000$ 美元
>
> $FV=60\ 000$ 美元
>
> 解得 $PMT=600.00$ 美元。

因为贷款仅还利息，摊还额仅等于应付利息或者说 600（=12%÷12×60 000）美元。这当然说明在每月末的贷款余额还保持在 6 万美元。应付利息、还款额和贷款余额的月度情况具体展示在表 4-5 中。

表 4-5　　只付利息贷款模式

| 月份数 | 期初贷款余额（美元） | 每月支付额（美元） | 利息（0.12÷12）（美元） | 摊还额（美元） | 期末贷款余额（美元） |
|---|---|---|---|---|---|
| 1 | 60 000.00 | 600.00 | 600.00 | 0 | 60 000.00 |
| 2 | 60 000.00 | 600.00 | 600.00 | 0 | 60 000.00 |
| 3 | 60 000.00 | 600.00 | 600.00 | 0 | 60 000.00 |
| 4 | 60 000.00 | 600.00 | 600.00 | 0 | 60 000.00 |
| 5 | 60 000.00 | 600.00 | 600.00 | 0 | 60 000.00 |
| 6 | 60 000.00 | 600.00 | 600.00 | 0 | 60 000.00 |
| ⋮ | ⋮ | ⋮ | ⋮ | ⋮ | ⋮ |
| 358 | 60 000.00 | 600.00 | 600.00 | 0 | 60 000.00 |
| 359 | 60 000.00 | 600.00 | 600.00 | 0 | 60 000.00 |
| 360 | 60 000.00 | 600.00 | 600.00 | 0 | 60 000.00 |

### 4.3.6　负摊还的等额偿付抵押贷款

本章中讨论的最后一类固定利率的等额偿付贷款被称作负摊还贷款（negative amortizing loan），当：（1）借款人和贷款人同意到期时贷款余额大于初始贷款额，也就是，终值>现值，或者（2）经过谈判，偿还额比贷款带来的定期利率低时，这个模式可能出现。

为了说明第一个案例，如果借了 6 万美元，但是到期金额是 8 万美元，那么每月偿还额将会是 594.28 美元。这个结果可以在下面的计算器解法中得到。

解：

$n=360$

$i=12\%/12=1\%$或 0.01

$PV=-60\ 000$ 美元

$FV=80\ 000$ 美元

解得 $PMT=594.28$ 美元。

函数：

$PMT\ (n,\ i,\ FV,\ PV)$

我们还应该指出，支付率现在等于 0.009 905（=594.28÷60 000）。这比应付率 0.010 000（=0.12÷12）低。当用于确定月还款额的支付率低于票据规定的利率时，也被称为“应付率”，即负摊还。这是因为还款额不够大，不足以满足每月的利率需求。实际还款额和延期的只付利息偿还额的差额，会成为借款人欠贷款人的额外款项。这些款项也必须赚取利息。它们赚取利息的利率通常与票面利率相等，在本例中为每月 0.010 000（=0.12÷12）。在负摊还贷款中，每月支付模式、应付利息和贷款余额如表 4-6 所示。

表 4-6 负摊还贷款模式

| 月份数 | 期初贷款余额（美元） | 每月支付额（美元） | 利息（0.12÷12）（美元） | 摊还额（美元） | 期末贷款余额（美元） |
|---|---|---|---|---|---|
| 1 | 60 000.00 | 594.28 | 600.00 | (5.72) | 60 005.72 |
| 2 | 60 005.72 | 594.28 | 600.06 | (5.78) | 60 011.50 |
| 3 | 60 011.50 | 594.28 | 600.12 | (5.84) | 60 017.34 |
| 4 | 60 017.34 | 594.28 | 600.17 | (5.90) | 60 023.24 |
| 5 | 60 023.24 | 594.28 | 600.23 | (5.95) | 60 029.19 |
| 6 | 60 029.19 | 594.28 | 600.29 | (6.01) | 60 035.21 |
| ⋮ | ⋮ | ⋮ | ⋮ | ⋮ | ⋮ |
| 358 | 79 394.97 | 594.28 | 793.95 | (199.67) | 79 594.65 |
| 359 | 79 594.65 | 594.28 | 795.95 | (201.67) | 79 796.31 |
| 360 | 79 796.31 | 594.28 | 797.96 | (203.69) | 80 000.00 |

负摊还贷款的第二个例子是设置期望的支付模式，然后解出包含负摊还的贷款余额。例如，在上面的问题中，如果我们假设贷款是以预设月还款额 400 美元进行协商，那么可计算出在第 5 年末贷款余额为：

解：

$PV$=60 000 美元

$n$=60

$i$=12%/12

$PMT$=400 美元

解得 $FV$=76 333.93 美元。

函数：

$FV$（$PV$，$n$，$i$，$PMT$）

注意，由于每月应付额已经被设定为 400 美元，低于每月应付利息 600 美元，所以每月利息中的 200 美元没有被收取。在 60 个月期间，这个数额必须加到贷款余额中，并且获得 12%的按月复利的利息。这导致了总计 16 333.93 美元被加入了贷款余额中。注意在第 5 年末的未偿还余额现在是 76 333.93 美元。与初始贷款额 60 000 美元相比，我们可以看到负摊还已经使贷款余额增加了 16 333.93 美元。

## 4.4 总结和比较：各种摊还模式下的固定利率 CPM

到目前为止，我们已经讨论了按摊还模式分类下的四种类型的固定利率等额偿付抵押贷款。图 4-3A 显示了我们基础案例（6 万美元，利率为 12%，30 年期的贷款）中四个不同的月还款额。考虑四个案例中的每月贷款余额模式，读者应该开始考虑这些不同贷款类型中包含的权衡。更进一步地，借款人的战略和目标应该是显而易见的。在其他因素保持不变的情况下，每月还款额的范围从完全摊还时的最高值到负摊还时的最低值。① 再看图 4－3B，我们可以看到还款额最低时贷款余额最高，还款额最高时贷款余额最低。在这四种情形中，风险也有很大的不同。应该清楚，如果在每个案例中相同的房地产由相同的借款人进行融资，那么在涉及负摊还贷款的情形下，风险将是最大的。

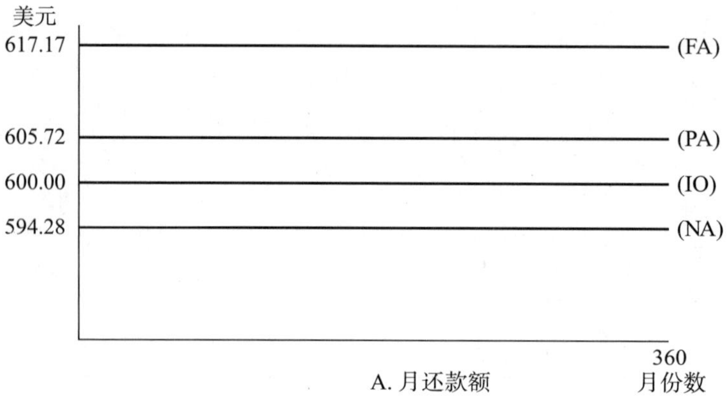


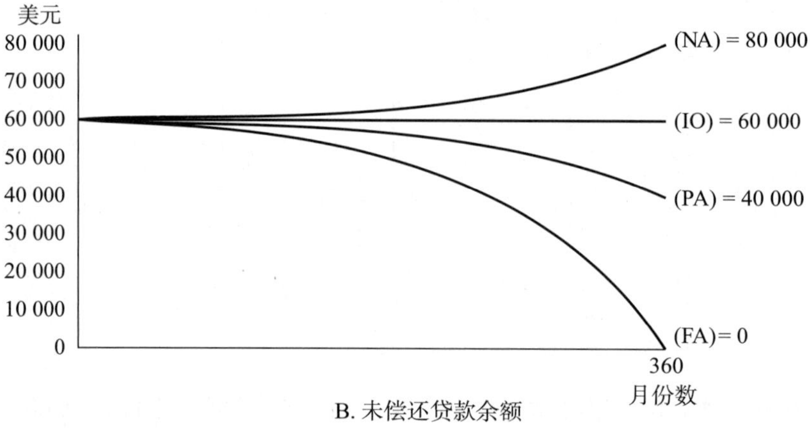


**图 4－3　基本案例：总结和比较选定的固定利率等额偿付抵押贷款模式的月还款额和贷款余额**

需要强调，我们已经有意地在整个章节中保持基本案例情况相同，来强调抵押贷款机制和贷款结构最重要的部分。在许多情况下，构建抵押贷款在房地产融资中是交易成败的关键，因此，在本章中对于这些关系的知识的讨论对读者来说是有价值的。例如，在之后的章节中，当考虑到构建合伙企业、抵押贷款支持证券和其他金融工具时，这些概念中有许多会被证明是有益的。另外一个重要的发现应该是关于在我们基

① 显然，在这之间有很多种组合。

本情形例子中的利率一直保持不变。在现实中，我们会预期贷款利率随风险的上升而上涨。最后，在构建贷款时还有其他因素会影响风险。这些因素包括不同的贷款期限以及不同的借款金额。基于选择的偿付类型和贷款摊还模式，这些因素的变化往往会增加或减少风险。

### 4.4.1 决定贷款余额

因为大多数抵押贷款都是在到期之前偿还的，抵押贷款人和房地产投资者在任何时候都必须能够确定抵押贷款余额。正如之前所指出的，尽管大多数贷款被设计为期限长达 25～30 年，抵押贷款通常是在 8～12 年被偿付。因此，在进行房地产融资时，知道在任何时候的贷款余额是多少是很重要的。找出贷款余额有很多方法。在这一小节中我们将展示几种方法。

为了说明这一方法，让我们回归到基本案例中，即 30 年期、利率为 12%的 6 万美元完全摊还贷款。10 年后，借款人决定卖掉房地产。为了这么做，现有的贷款必须还清。10 年后需要偿付给贷款人多少钱呢？我们可以如表 4-1 构建一个贷款余额表，但是，这是费时且不必要的。可以用其他方法找出贷款余额。首先，可以简单地找出在剩余 20 年里 617.17 美元还款额在 12%的固定利率下的现值，直至到期。例如：

| 解： | 函数： |
|---|---|
| $n=20\times12=240$ | $PV$（$n$，$i$，$FV$，$PMT$） |
| $i=12\%/12=1\%$或 0.01 | |
| $PMT=-617.17$ 美元 | |
| $FV=0$ | |
| 解得 $PV=56\ 051.02$ 美元。 | |

10 年后的未偿还贷款余额是 56 051.02 美元。这也指出了另一个有趣的事实。因为还款额包括利息和每月本金的减少，通过从所有剩余还款额中“去除”所有利息，只有本金能够余留下来。按年利率 12%每月复利来对 617.17 美元的月还款额进行折现是一个相当于从还款额中“去除利息”的过程。因此，在通过折现“去除利息”之后，我们确定未摊还或者说未支付的余额一定是 56 051.02 美元。

另一种利用金融计算器来寻找贷款余额的方法是计算终值（$FV$）。这可以通过输入还款额（$PMT$）、初始贷款金额（$PV$）、贷款被摊还的时期数（$n$）（比如说月数）和利率（$i$）来实现。然后终值（$FV$）会被计算出并作为未偿还的贷款余额。

| 解： | 函数： |
|---|---|
| $PV=-60\ 000$ 美元 | $FV$（$PV$，$n$，$i$，$PMT$） |
| $n=10\times12=120$ | |
| $i=12\%/12=1\%$或 0.01 | |
| $PMT=617.17$ 美元 | |
| 解得 $FV=56\ 050.24$ 美元（差异源于还款额的四舍五入取整）。 | |

另一种寻找抵押贷款生命期中任一时刻贷款余额的理论是划分每一时期 1 美元的终值的利率因素，在想要的余额所在的年份中，计算对于初始的抵押贷款，每一期每一因素下 1 美元的终值。然后从 1 中减去这一结果。这个计算结果就是贷款余额，被描述为初始金额的一个百分比。

| 解： | 函数： |
|---|---|
| 贷款余额的百分比：<br>$1-\frac{n=10\text{ 年时的 }FV}{n=30\text{ 年时的 }FV}$<br>第一步：10 年时的 $FV$<br>$n=120$，$i=12\%$，$PMT=-1$，$PV=0$<br>解得 $FV=230.038\ 69$ 美元。<br>第二步：30 年时的 $FV$<br>$n=360$，$i=12\%$，$PMT=-1$，$PV=0$<br>解得 $FV=3\ 494.964\ 1$ 美元。<br>第三步：贷款余额的百分比<br>$1-(230.038\ 69\div 3\ 494.964\ 1)=93.42\%$ | $FV$ ($PV$，$n$，$i$，$PMT$) |

这是一个更通用的公式，不管最初的贷款金额是多少或者还款额是多少都可以被使用，因为它以百分比的形式给出了一个解。在这个案例中，我们确定出初始贷款金额（6 万美元）中的大概 93.42%，或者说 56 052 美元，还没有被偿还。这个解几乎和我们折现得到的结果相同。差异来源于计算时的四舍五入。

还应该注意的是，许多金融计算器里可能有预先设定好的贷款摊还公式。找出贷款余额仅仅变成一个输入贷款信息然后敲一个摊还键的过程。

## 4.4.2 找出贷款余额——其他摊还模式

现在我们考虑对于本章讨论的另外三种 CPM 贷款类别，当贷款在 10 年后被偿付时，如何解出贷款余额。

解：

| 部分摊还： | 只付利息： | 负摊还： |
|---|---|---|
| $PV=-60\ 000$ 美元 | $PV=-60\ 000$ 美元 | $PV=-60\ 000$ 美元 |
| $i=12\%/12$ | $i=12\%/12$ | $i=12\%/12$ |
| $n=120$ | $n=120$ | $n=120$ |
| $PMT=605.72$ 美元 | $PMT=600$ 美元 | $PMT=594.28$ 美元 |
| 解得 $FV=58\ 684$ 美元。 | 解得 $FV=60\ 000$ 美元。 | 解得 $FV=61\ 316$ 美元。 |

读者需要注意，简单地用我们之前计算过的各种贷款偿付模式的还款额进行替换，并且解出 $FV$，可以得出 10 年之后适当的贷款余额。

**关于利率、贷款收益和提前还款的一点提示**

讲到这里，一些读者会很自然地想：如果贷款很早地或在到期日之前被偿还了，借款人的成本或贷款人的收益[①]会不会不同？需要强调，在到期日或者到期日前的任何时刻都应按月复利，不管贷款何时偿还。有这样的情况出现是因为每一种贷款模式的实际利率都在12%左右。因此，应计利息最终会根据所有未偿还贷款余额计算。这适用于完全摊还、部分摊还、零摊还或负摊还贷款。

然而，我们也应该强调，如果贷款人收取额外的融资费用，借款人的实际借款成本通常会大于贷款利率。贷款人的收益也将根据贷款何时偿还而有所不同。下面我们谈谈贷款费用和借款成本的问题。

### 4.4.3 贷款结算成本和有效借款成本

贷款结算成本（loan closing costs）在许多类型的房地产融资中都会出现，如住宅房地产、收益性房地产、建设和土地开发贷款等。影响借款成本的结算成本是贷款人征收的额外融资费用。这些费用构成借款人的附加成本，并且必须作为借款费用的一部分。通常，贷款人将这些附加费用称为贷款费用。

贷款费用可以分为两类：贷款发放费用和贷款折扣费用。贷款发放费用（loan origination fees）指在支付贷款人处理和承销贷款申请、准备贷款文件和分期表、获取信贷报告所发生的费用以及贷款人认为应从借款人处收回的任何其他费用。贷款人通常在达成贷款时或贷款结算时向借款人收取这些费用，而不是收取更高的利率。他们这样做是因为如果贷款在结算后不久就偿还了，那么贷款人在付款日期获得的额外利息可能不足以抵消贷款发生的固定成本。例如，假设60 000美元抵押贷款的当前利率为12%，贷款人认为将有1 000美元的费用用于贷款结算。如果贷款人选择将利率提高到12.25%以覆盖这些初始成本，则在第一年将收取额外的大约150（=60 000×0.002 5）美元。如果贷款在第一年后偿还，贷款人将无法收回初始成本中的全部1 000美元。这就是贷款人试图对初始成本进行单独“定价”的原因。

第二类贷款费用是贷款折扣费用（loan discount fees）或点数[②]（points）。这笔费用也代表额外的融资费用，但其主要目的是调整抵押贷款的收益率。在房地产贷款的情况下，贷款折扣是借款人和贷款人根据某一特定贷款额度协商的条款。然后贷款人通过收取费用对贷款进行折扣，费用将从给借款人的合同贷款中扣除。然而，借款人的付款是根据贷款合同金额的合同金额确定的。例如，假设借款人和贷款人在一笔30年期利率为12%的6万美元贷款上达成一致。贷款人实际上向借款人支付了58 200美元，包含3%（点）的贷款折扣费用，或者1 800美元。借款人需要偿还30年期、利率为12%的6万美元贷款。由于借款人实际收到58 200美元，但必须偿还60 000美元的本金同时还有利息，因此很明显，借款方的实际借款成本大于12%。

为什么存在折扣等定价方式？其中有许多原因。贷款人提供的一个理由是抵押贷款

---

① 当yield这个词被用于贷款中时，它通常是指从贷款人的角度来看，基于盈利能力的角度对贷款进行评估。并且，除了利率之外，贷款人经常收取贷款费用，并使用yield一词包含他们获取的贷款利息和费用。

② 美国国内某些地区的贷款人将贷款折扣称为“折扣点数”或仅称“点数”。在传统的抵押贷款中，通常由借款人支付费用，这增加了融资成本。在本章中，我们关注传统借贷环境，即借款人支付贷款折扣作为发放费用。

利率在上行或下行时有“黏性”。例如，假设现行利率是12%，并且在市场压力下利率开始上升。然而，将有一个或不止一个贷款人仍将12%作为贷款定价利率，而并非所有贷款人都将贷款利率提升至如12.25%。但是，作为提高利率的替代方法，这些贷款人可能向借款人收取折扣费用。这一方法也通常指借款人“买下”了利率（buying down the interest rate）。因此，借款人和贷款人可能同意12%的贷款利率同时另加点数来替代收取12.25%的利率。

收取点数的另一个原因是，很多抵押贷款由贷款人发起，他们与投资者签订合约，将贷款以一定数量或金额组合或打包卖给投资者。与投资者签订的合约可能会要求贷款在卖出时向投资者承诺一个利率，这个利率十分接近贷款人向借款人收取的费用比率。因此，为了让初始贷款人获利，贷款人会向借款人收取点数以获得向投资者交割贷款前的办理服务收益。

另一种情况也能向贷款人提供对利率下行环境中的收益进行替换的机会。在某些情况下，利率在贷款发放之前但是在贷款人和投资者就抵押贷款打包收益率达成一致后开始下行。因此，贷款在开始时利率较低，并且贷款人会收取折扣费用以补偿贷款组合或打包时贷款利率的下行。

收取贷款折扣费用的最后一个原因就是，贷款人认为通过这种方式，他们可以以其所承受的风险为基准更好地定价。例如，在本章开始时，我们提到利率的风险溢价组成，一些借款个体的风险比其他人稍高。另外，这些贷款可能需要更多时间和成本去处理和控制。因此，贷款人可能会收取折扣点数（在发放费用之外）以补偿稍高的风险。

使用贷款发放费用和折扣点数的方法在借贷市场中盛行已久。理解以下几点很重要：（1）这些费用如何影响借款成本；（2）在房地产交易融资中如何将费用计入不同贷款选择的有效借款成本。

### 贷款费用和借款成本

为了更详细地解释贷款费用及其对借款成本的影响，我们来考虑下面一个问题：一个借款人想要为某一房地产进行利率为12%、为期30年的融资。贷款人提出要收取贷款额的3%的发放费用。那么这笔贷款的实际利率成本是多少？

首先，我们来确定一下发放费用［0.03×60 000＝1 800（美元）］。其次，我们知道30年期、利率为12%的60 000美元抵押贷款的月还款额为617.17美元。现在我们能确定发放费用对利率的影响：

| | |
|---|---|
| 合约贷款额 | 60 000 |
| 减：发放费用 | 1 800 |
| 贷款人提供的净现金 | 58 200 |

需偿还的金额是基于60 000美元的合约贷款额，30年期每月偿还617.17美元。

换句话说，贷款人实际提供的金额为58 200美元，但是贷款偿还时却是基于60 000美元贷款以及按月计息的12%复利率，即每月偿还617.17美元。因此，贷款人会在实际支出58 200美元的基础上获得大于12%的收益率。

利用金融计算器，我们可以计算贷款的有效利率（effective interest rate），假设贷款直到到期才偿还，计算结果为12.41%。这一收益率明显高于抵押贷款合同中明确的

12%的名义利率。

解：

$n=30\times12=360$

$PMT=-617.17$ 美元

$PV=58\ 200$ 美元

$FV=0$

函数：

$i$（$n$，$PMT$，$PV$，$FV$）

解得：

$i$（月度）$=1.034\ 324\%$（月度利率）

$i$（年化）$=1.034\ 324\%\times12=12.41\%$（有效利率）

这个计算形成了房地产融资中广泛使用的经验法则的基础，即对于向借款人收取的每2%点数的发放费用，借款人的有效成本或贷款人的投资收益率会在合同约定利率的基础上大约增加0.25%。请注意，在我们的解答中，我们得到了12.41%的有效利率，而不精确计算的结果是12.375%。尽管在这个例子中，估算结果与计算的收益率相近，但是我们假设的是直到到期才偿还贷款。但是一般情况下，多数贷款都是“提前偿还”或离到期还有很长一段时间就偿还了。因此，这个经验法则虽然很有帮助，但一般提供的是对多数抵押贷款的有效成本（或有效收益率）十分粗略的估算。[①]

我们应当指出，在以上的例子当中，12.41%的有效利率是按月计息的年化利率，许多分析师更喜欢计算有效年利率（effective annual interest rate）（这等于按年计息的年利率）。我们可简单计算如下：

第一步：

解：

$i=12.41\%$

$PV=-60\ 000$ 美元

$n=12$

函数：

$FV$（$PV$，$i$，$n$）

解得 $FV=67\ 884.47$ 美元。

第二步：

解：

$FV=67\ 884.47$ 美元

$n=1$

$PV=60\ 000.00$ 美元

解得 $i=13.14\%$。

请注意，由于（1）月度复利和（2）折扣点数的效应，有效年利率是13.14%，而我们案例中贷款的名义利率是12%以及有效利息成本是12.41%（按月计息的年利率）。

① 如果还款时间间隔和到期时长相比十分短，或者利率水平上升，这个经验法则就会变得非常不准确。

**借贷真实要求及年利率** **概念框 4.2**

由于贷款费用带来的一些问题以及一些贷款人的潜在乱用现象（向粗心的借款人收取高额费用），国会通过了《联邦借贷真实法案》（TILA）来披露消费者购买住宅* 的贷款费用的作用。这一法律的最终结果是，贷款人必须向消费者披露贷款收取的年利率（annual percentage rate，*APR*，也叫年度百分率）。（在第 8 章里我们会更深入地讨论 *APR*。）假设贷款到期偿还，那么 *APR* 的计算一般在有效利率的计算方法中就完成了。本章例子中在结算时向借款人披露的 *APR* 应是 12.41%。那么 *APR* 的确会反映发放费用以及折扣点数，并将它们作为贷款人的额外收入或收益率，不管这些费用覆盖的是何成本（如果有的话）。贷款人收取的其他费用，作为获得贷款的条件，也会被包含在 *APR* 中** 。

* 查看联邦储备委员会 Z 条例（修订），12 C. F. R.，sec. 226。

** 一般地，向借款人披露的 *APR* 是贷款到期偿还假设下计算的有效利率。贷款人可能会将 *APR* 四舍五入到最接近的季度百分率，但是结果必须落在基于联邦指南计算的 *APR* 上下 0.125%的范围内，这是 Z 条例中披露的规则。如果读者想要知道更准确的计算方法，请查询《联邦储备委员会 Z 条例计算过程手册补充 1：计算器使用指南》（通货监理官办公室，1978 年 2 月）。

## 4.4.4 贷款费用与提前偿还：完全摊还贷款

现在需要检验贷款费用和提前偿还贷款对利率的重要影响。我们将在本节中表明，当收取贷款费用并且贷款在到期前偿付时，贷款的实际利率甚至比贷款在到期偿还时提高的还要多。

为了证明这一点，我们再次假设借款人获得了 30 年期、利率为 12%的 60 000 美元贷款，并且收取了 1 800 美元（3%）的贷款发放费用。在第 5 年末，借款人决定出售该房地产。抵押贷款包含一个到期销售条款。因此，贷款余额必须在房地产出售时偿还。那么在有贷款发放费用和提前偿还贷款的情况下，贷款的实际利率是多少？

为了确定贷款的实际利率，我们首先确定第 5 年末的未偿还贷款余额为 58 598.16 美元。为了得到贷款人的收益（借款人的成本），我们继续确定每月还款 617.17 美元和 5 年后一次性支付 58 598.16 美元的折现利率，以便两者的现值皆等于 58 200 美元，或贷款人实际支付的金额。

这展示了一个折现问题的新类型，即我们正在处理一项年金问题，其形式为连续 5 年每月还款并有贷款余额，或 5 年后获得一次性现金收入。为了确定这笔贷款的收益率，我们按如下步骤进行：

第一步：求解贷款余额

| 解： | 函数： |
| --- | --- |
| $n=25\times12=300$ | $PV(n, i, PMT, FV)$ |
| $i=12\%/12=1\%$或 0.01 | |
| $PMT=-617.17$ 美元 | |
| $FV=0$ | |

解得 $PV=58\ 598.16$ 美元（贷款余额）。

第二步：接下来求解利息支付，30 年期的贷款持有 5 年，并且以贷款发放费用折现

解：

$n=5\times12=60$

$PMT=-617.17$ 美元

$PV=58\ 200$ 美元

$FV=-58\ 598.16$ 美元

函数：

$i\ (n,\ PMT,\ FV,\ PV)$

解得 $i$(月度)$=1.069\%$。

解得 $i$(年化)$=1.069\%\times12=12.82\%$。

本书的对应网站上有一个 Excel 模板，可以用于计算该例中展示的类似收益率（www.mhhe.com/bf15e）。

这个公式仅仅告诉我们如何确定利率使月度年金 617.17 美元和第 5 年末收到的 58 598.16 美元两者的现值皆等于支付的数额 58 200 美元。从以上分析中我们可以得出结论，计算得出的实际收益率（或实际利率）大约为 12.82%，这比合同约定利率 12% 和到期付款假设下计算的收益率 12.41%都要高。之所以有这个结果，是因为 1 800 美元的发放费用是在 5 年中得到的，而不是 30 年，这相当于基于支付的 58 200 美元获取了更高的复利。因此，当收取的这一附加数额与基于月度贷款余额收取的 12%利率合在一起时，收益率就增加至 12.82%。①

### 收益率和期限之间的关系

基于之前的讨论，我们可以通过抵押贷款收益率和未偿还贷款期限之间的关系得到一些一般性结论。第一个结论是如果在贷款发放或偿还时没有贷款费用，抵押贷款的有效利率将总是等于合同约定利率。这是因为，正如我们在图 4-1 中所看到的那样，平稳支付模式可以保证基于每月未偿还贷款余额，贷款人只能收取按月计息的给定年利率。因此，未偿还的抵押贷款余额可以在任何时候偿还，贷款人的收益（借款人的成本）不会受到影响。这将等于合同约定利率。

第二个结论是，如果向借款人收取发放费用或融资费用，会有以下结论：（1）有效收益率会比合同约定利率更高。（2）在贷款周期内，偿付越快，有效收益率越高。

### Web App

有大量公司在互联网上提供关于抵押贷款利率的信息，比如 www.bankrate.com。找到对价值 200 000 美元住房的 15 年期、金额为 150 000 美元的固定利率抵押贷款报价。你找到的贷款的现行利率、折扣点数和其他贷款费用是多少？

计算贷款期限内的抵押贷款的有效成本。计算 7 年后偿清贷款的有效成本。这些利率如何和 *APR* 对比？什么因素造成了有效利率和 *APR* 的差异？

① 如果贷款在一年内偿还，收益率会更大；如果贷款在结算后立即偿还，收益率会无限大。

这些关系可以通过图 4-4 进行解释，其中两条曲线 $A$ 和 $B$ 代表在两种假设下的抵押贷款收益率。曲线 $A$ 代表当不向借款人收取融资费用时的有效收益率或成本。在我们前面的例子中，收益率保持在 12%，和不考虑贷款在何时被偿还的合同利率相同。曲线 $B$ 代表假设向借款人收取 3%的发放费用，并且贷款在到期前的不同年限被提前偿还的一系列贷款收益率。在例子中，我们注意到如果贷款在到期 1 年前提前偿还，贷款人可以获得的收益率为 15.26%，如果 30 年后到期，收益率是 12.41%。因此，我们可以得到结论，如果买方支付融资费用，贷款人的有效收益率（借款人的成本）在贷款被提前偿还的情况下可能会很高，比如，一年后偿还的收益率接近 15.26%，相比到期偿还时的收益率为 12.41%。如果借款人知道何时偿清贷款，应该采用这种计算有效借款成本的方法。该方法对于借款人对比不同条款下的可选贷款非常重要。

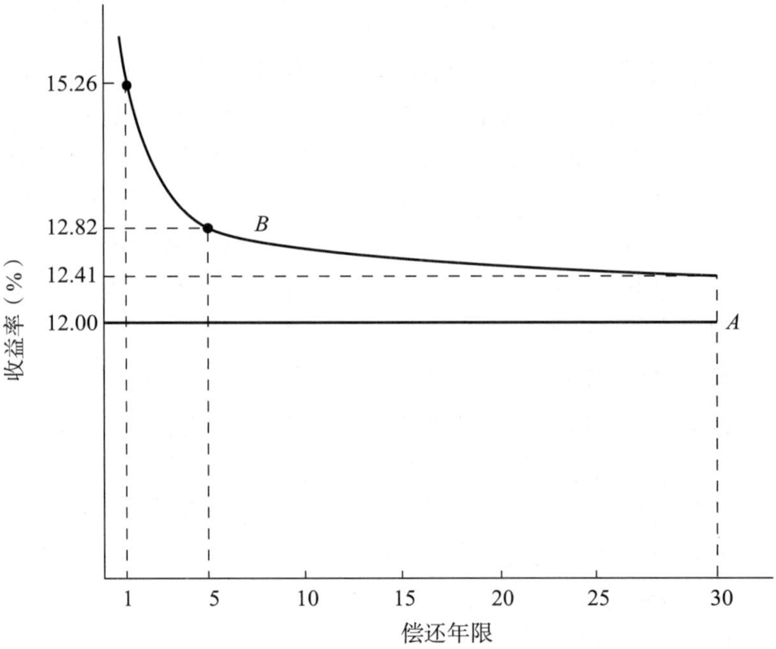


**图 4-4　不同提前偿还日期的抵押贷款收益率和融资费用**

### 提前还款惩罚

许多借款人错误地认为贷款可以在到期前的任何时间部分或全部偿还，事实并不是这样的。如果贷款条约没有提及这部分，借款人需要和贷款人协商提前偿还的权利。但是，许多抵押贷款明示：借款人如果想要提前还款，需要支付提前还款惩罚（prepayment penalty）。

提前还款惩罚的一个原因是，贷款人可能试图收回部分在交易结束时向借款人收取的贷款初始成本。因为贷款人可能会通过收取较低的初始成本来吸引借款人。提前还款惩罚的另一个原因是，贷款人已经同意将资金延长特定时间，在我们的例子中是 30 年。从贷款人的视角，提前偿付代表未预期到的资金流入，这些资金在抵押贷款利率稳定或者预期下降的情况下能否进行再投资存在不确定性。但是，如果利率长时间经历持续增长，贷款人通常欢迎提前还款，因为他们可以在更高的利率水平下将资金贷出。

提前还款惩罚的另一个原因是它们不被包含在 *APR* 的计算中。因此，它们不被包含在披露给借款人的 *APR* 中。借款人可能无法确定这些惩罚措施对借款成本的影响，因此，提前还款惩罚代表贷款人提高收益率的手段。如果贷款拖欠的时间超过了某个特定的最低年限，那么一些州已经开始禁止执行对个人提供住房融资的提前还款罚款。此外，在允许罚款的领域，如果购房者同意从同一家银行发起新的贷款，贷款人可以免除其罚款。

由于使用提前还款罚款，我们希望了解在贷款收取贷款折扣费用和提前还款惩罚时的有效抵押贷款收益率。为了说明这一点，我们考虑 3%的贷款折扣和 3%的提前还款惩罚对前文提到的 60 000 美元 30 年期贷款的、合同利率为 12%的未偿还贷款余额的影响。我们假设贷款利率是借款人的实际利率（贷款人的收益率）。为了解决收益问题，在这种情况下实际支付的抵押贷款将是 60 000 美元减去 1 800 美元的发放费用，即 58 200 美元。考虑到贷款折扣费用，我们希望找到折现率。当用于折现 617.17 美元的系列月还款额加上未偿还贷款余额 58 598.16 美元和提前还款惩罚 1 758 美元（58 598.16 美元的 3%），或共计 60 356 美元时，该折现率可使其现值与实际支付的 58 200 美元的贷款额相等。

使用金融计算器，在发放费用为 3%，第 5 年提前还款，以及有 3%的提前还款惩罚的情况下，我们发现贷款的实际收益率将增至 13.25%左右。

| 解： | 函数： |
|---|---|
| $n=5\times12=60$ | $i$（$n$，$PMT$，$FV$，$PV$） |
| $PMT=-617.17$ 美元 | |
| $PV=58\ 200$ 美元 | |
| $FV=-60\ 356$ 美元 | |
| 解得 $i$（月度）$=1.104\ 25\%$。 | |
| 解得 $i$（年化）$=(1.104\ 25\%\times12)=13.25\%$。 | |

在这种情况下，披露的 *APR* 依然为 12.375%，只反映了贷款折扣，没有反映提前还款惩罚，并且假定贷款在 30 年后偿清。这里计算出的实际收益率 13.25%与贷款合同利率 12%和 *APR* 12.375%有显著差距。

### 4.4.5 收取费用以实现收益率，或 FRM 定价

在前面的一些例子中，我们已经由一系列给定的贷款条件引入并发展了有效借款成本和收益率的概念。但是，我们应该考虑贷款人在进行贷款定价时是如何确定这些因素的。如前所述，贷款人通常有不同可选投资渠道。因此，他们需要明确在一定投资期限内不同投资渠道可以获得的收益率，并且将这些收益率和风险与抵押贷款收益率和风险进行权衡。类似地，具有相似或可比贷款条件的其他贷款人所确定的收益率，是管理者确定贷款条件时必须考虑的，其通过持续关注不同的和可比条件来确定对不同类型贷款的要价（假定已对借款人进行风险评估，且确定了信用标准）。因此，针对不同贷款价值比率（如 70%、80%贷款等）的贷款种类，对愿意承担风险的借款人来说，一系列旨在实现可竞争收益率的条件被确定。这些条件随可竞争条件的改变而被修改。

如果贷款机构的管理者根据具有相同风险的不同投资的可获得的竞争性收益率，认为对于 30 年期限、预期 10 年后提前清偿、抵押率为 80%的抵押贷款的竞争性收益率是

13%，那么他们如何为所有80%类型贷款设定条件以确保实现13%的收益率？很明显，为所有新发起贷款定价的方法之一是将合约利率定为13%。然而，管理者也可以考虑将贷款利率定为12%，并且收取贷款费用，或者收取提前还款惩罚，或者两者均收取以实现必要的收益率。贷款人为什么这么做？因为：（1）他们需要收回固定的初始成本；（2）竞争者仍然可能以12%的合同利率发放贷款。

为了说明在特定情况下如何确定所有贷款费用，我们考虑以下求解过程：

第一步：求还款额

| 解： | 函数： |
| --- | --- |
| $PV=-1$ 美元 | $PMT\ (PV,\ i,\ n,\ FV)$ |
| $i=12\%/12=1\%$或 0.01 | |
| $n=30\times12=360$ | |
| $FV=0$ | |

解得 $PMT=0.010\ 286$ 美元。

第二步：求贷款余额 $EOY_{10}$

| 解： | 函数： |
| --- | --- |
| $PV=-1$ 美元 | $FV\ (PV,\ i,\ n,\ PMT)$ |
| $n=120$ | |
| $i=12\%/12$ | |
| $PMT=0.010\ 286$ 美元 | |

解得 $FV=0.934\ 180$ 美元。

第三步：求 $PV$，$i=13\%$

| 解： | 函数： |
| --- | --- |
| $FV=0.934\ 180$ 美元 | $PV\ (FV,\ i,\ n,\ PMT)$ |
| $i=13\%/12$ | |
| $n=120$ | |
| $PMT=0.010\ 286$ 美元 | |

解得 $PV=0.945\ 3$ 美元。

计算结果 $PV=0.945\ 3$ 意味着在贷款到期时的净支付应该为贷款总额的94.53%，四舍五入为94.5%。因此，如果贷款通过提供12%的利率和5.5%的发放费用（100%－94.5%），并且贷款是在第10年末被提前清偿的（$EOY_{10}$），将会获得13%的收益率。

## 4.5 其他FRM贷款模式——还款额减少和摊还率不变

固定摊还抵押贷款（constant amortizing mortgage，CAM）表示贷款结构中需要考虑的另一种变化。要确定 CAM 的支付额，首先要计算每月支付的固定本金或摊还额，然后根据每月贷款余额计算当月应付利息，二者之和即为当月偿还总额。考虑以下 CAM 贷款的例子——一笔 60 000 美元的 30 年期贷款，其年利率为 12%（按月复利）。利息和摊还（或本金减少）需要每月支付，以保证在 30 年结束时偿清贷款。然而，摊还是通过将贷款金额（60 000 美元）除以月份数或贷款期限（360）确定的，结果是每月减少 166.67 美元的本金。利息将根据未偿还贷款余额计算，然后加上摊还以确定每月付款。表 4-7 显示了付款方式和贷款余额的说明。

表 4-7 中的计算表明第一个月的还款额 766.67 美元中包含了 166.67 美元的本金摊还，加上根据未偿还贷款余额计算的利息。月度的总还款额以固定的数额减少，也就是 1.67 美元（0.01×166.67 美元）。贷款还款额和资产负债情况如图 4-5 所示。应该牢记：尽管贷款偿还额每月递减，CAM 的收益率保持在 12%。和完全摊还、部分摊还、只付利息和负摊还贷款一样，CAM 也是固定利率贷款。它的还款额和资产负债情况与我们之前的例子只有结构上的不同。

**表 4-7　月还款额和贷款余额（固定摊还抵押贷款）**

| (1)<br>月份数 | (2)<br>期初余额<br>（美元） | (3) 利息<br>(0.12÷12)<br>（美元） | (4)<br>摊还额<br>（美元） | (3)+(4)<br>每月还款额<br>（美元） | (2)−(4)<br>期末余额<br>（美元） |
|---|---|---|---|---|---|
| 1 | 60 000.00 | 600.00 | 166.67 | 766.67 | 59 833.33 |
| 2 | 59 833.33 | 598.33 | 166.67 | 765.00 | 59 666.66 |
| 3 | 59 666.66 | 596.67 | 166.67 | 763.34 | 59 499.99 |
| 4 | 59 499.99 | 595.00 | 166.67 | 761.67 | 59 333.32 |
| 5 | 59 333.32 | 593.33 | 166.67 | 760.00 | 59 166.65 |
| 6 | 59 166.65 | 591.67 | 166.67 | 758.34 | 58 999.98 |
| ⋮ | ⋮ | ⋮ | ⋮ | ⋮ | ⋮ |
| 360 | 166.67 | 1.67 | 166.67 | 168.34 | 0 |

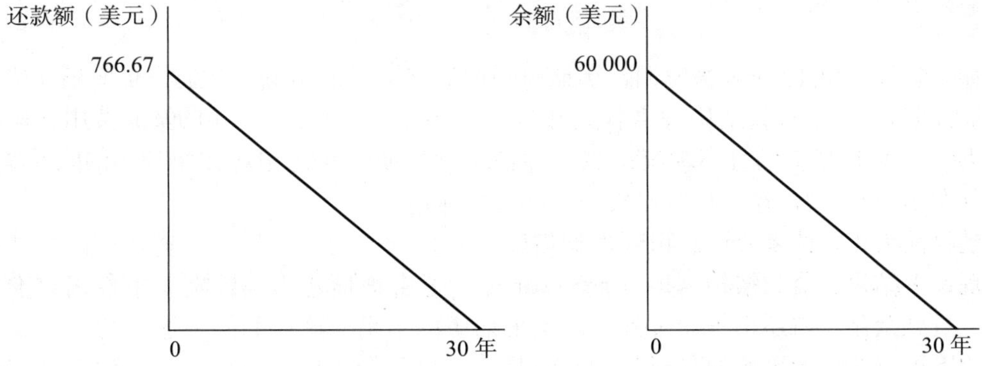


**图 4-5　减少的贷款还款额和贷款余额（固定摊还抵押贷款）**

固定摊还还款方法是非常保守的贷款结构，因为它只考虑了贷款的摊还。但是，它提出了另一种设计贷款的有价值的方法，甚至它也可以和另一种贷款分期还款方法结合。它还证明了在固定利率抵押贷款内采用不同还款额和摊还方法是可行的。

### 4.5.1 摊还规划和可赎回贷款（callable loans）

本节将涉及的贷款结构的最后一个变化是一项常用的条款，其中，如果在说明中指定了摊还时间表，则该时间表与到期日不同。例如，双方就一笔 100 000 美元完全摊还贷款基于 30 年摊还，每月还款，利率为 12%达成一致。然而，双方赞同贷款人在第 10 年末享有赎回权。在这种情况下，还款额的计算方法如下：

第一步：求还款额

| 解： | 函数： |
| --- | --- |
| $PV=-100\ 000$ 美元 | $PMT\ (i,\ n,\ PV,\ FV)$ |
| $i=12\%/12=0.01$ | |
| $n=30\times12=360$ | |
| $FV=0$ | |

解得 $PMT=1\ 028.61$ 美元。

第二步：求贷款余额

| 解： | 函数： |
| --- | --- |
| $PV=-100\ 000$ 美元 | $FV\ (PV,\ PMT,\ i,\ n)$ |
| $PMT=1\ 028.61$ 美元 | |
| $i=12\%/12=0.01$ | |
| $n=12\times10=120$ | |

解得 $FV=93\ 418.59$ 美元。

如果贷款在第 10 年末被赎回，到期金额即为期末时的余额 93 418.59 美元（读者应该能够证明）。这个贷款结构被借款人和贷款人用于以下目的：（1）保证月还款额低于 10 年期完全摊还贷款的月还款额；（2）保证贷款到期时间在相对较短的 10 年；（3）即便贷款在 10 年后被偿还，也可以实现一些贷款摊还。

到目前为止，读者应该意识到根据借款人和贷款人的不同目标，贷款可以被结构化以实现许多结果。贷款结构（loan structuring）通常被描述为调整贷款条件以校准贷款支付、贷款余额、摊还率等的过程，以实现期望的结果。这样的结果通常包括比完全摊还结构下可以获得的更低的月还款额。但是，它也可能实现其他目标，例如在到期时具有理想的贷款余额。

### 4.5.2 反向抵押贷款

反向抵押贷款[①]（reverse mortgage）是一种非常特殊的抵押贷款。这种贷款并不是一开始就支付全部的贷款额度，而是不定期支付多笔款项，直到支付额和未偿付利息达到约定的贷款数额。在房地产开发建设行业，这种支付也被称作“支取额”。近年来反向抵押贷款对于那些有房子的人群愈发重要，因为这些人在临近退休时会想办法增加退休后的收入。举个例子，假设一个家庭现在拥有一套价值 500 000 美元的房产，他们可能会愿意以这个房子做抵押来申请一笔反向抵押贷款，从而增加他们退休后的收入。一个贷款人愿意提供一笔不超过 250 000 美元的 10 年期贷款。然而，这笔钱并不是以现金的形式直接一次支付给借款人，而是在这笔贷款存续期内每月分期支付给借款人。贷款人要求贷款的名义年利率是 10%。根据以上条件，贷款人每月支付给借款人的最大数额是多少呢？求解过程如下：

| 解： | 函数： |
|---|---|
| $FV=-250\ 000$ 美元 | $PMT\ (FV,\ i,\ n,\ PV)$ |
| $i=10\%/12$ | |
| $n=120$ | |
| $PV=0$ | |
| 解得 $PMT=1\ 220.44$ 美元。 | |

在上例中，应该注意的是：借款人每月可以从贷款人处取得 1 220.44 美元作为补充收入，这将一直持续 120 个月，届时总共可领取 250 000 美元。如果房产的价值一直保持在 500 000 美元，那么业主在 10 年后会拥有 250 000 美元的权益。如果借款人不再支取额度，则贷款余额将继续以每年 10%的速度增长，直到房产被出售或者业主去世。

表 4-8 列出了本例中反向抵押贷款的支付模式和贷款余额。为了确定反向抵押贷款的贷款余额，我们逆用之前在 FRM 案例中的步骤，也就是求解终值，而不是现值。如表所示，不同于完全摊还贷款（其特征是贷款余额递减），反向抵押贷款的贷款余额随时间增长而增加。以 3 年后反向抵押贷款余额为例，求解过程如下：

| 解： | 函数： |
|---|---|
| $i=10\%/12$ | $FV\ (i,\ n,\ PV,\ PMT)$ |
| $PMT=1\ 220.44$ 美元 | |
| $n=36$ | |
| $PV=0$ | |
| 解得 $FV=50\ 992.21$ 美元。 | |

任何一年结束时的余额都可以通过改变 $n$ 的值并解出终值来决定。

---

① 也称为房屋价值转换抵押贷款（home equity conversation mortgage，HECM）。

**表 4-8　　反向抵押贷款提款和余额模式**

| 年数 | 每月提款（美元） | 年末余额（美元） |
| --- | --- | --- |
| 1 | 1 220.44 | 15 335.52 |
| 2 | 1 220.44 | 32 276.87 |
| 3 | 1 220.44 | 50 992.21 |
| 4 | 1 220.44 | 71 667.28 |
| 5 | 1 220.44 | 94 505.30 |
| 6 | 1 220.44 | 119 738.97 |
| 7 | 1 220.44 | 147 612.73 |
| 8 | 1 220.44 | 178 405.23 |
| 9 | 1 220.44 | 212 422.11 |
| 10 | 1 220.44 | 250 000.00 |

### 反向抵押贷款　　概念框 4.3

随着婴儿潮时期出生的婴儿年龄的增长，很多人产生了潜在的住房需求，反向抵押贷款，也被称为房屋价值转换抵押贷款（HECM），被开发出来。这些贷款是为帮助老年人通过借与房地产价值等值的贷款来“解锁”资产，从而增补他们的退休工资。大多数抵押贷款都是由联邦政府担保的，并且需要借款人咨询一位有执业资格的反向抵押贷款顾问。借款人应该知道以下一般的资质：

● 申请者必须年满 62 岁或以上。

● 借款人必须有房屋的所有权，并且房屋必须是借款人的主要居住地。

● 借款人一般符合以下条件：

——62 岁，50%的价值，10 年或预期寿命；

——72 岁，60%的价值，10 年或预期寿命；

——82 岁，70%的价值，10 年或预期寿命。

● 与其他抵押贷款一样，反向抵押贷款通常需要一定的预付费用，包括发放费用（点数）、抵押贷款保险、贷款服务费用、评估和其他结算成本。

● 支取资金可以一次性付清、按月支付或通过信用额度确定。这个贷款同时可以让借款人选择在需要的时候支取资金。在这期间，利息按月未偿余额的现行利率收取。

● 利率可能是固定的或浮动的（称为可调整利率抵押贷款，或 ARM）。

● 借款人必须继续维持居住，并缴纳房地产税和灾害险。

● 除非业主永久地离开，或者直到死亡，否则所有的支取资金和利息的总和不需要全部偿还。在后一种情况下，该房地产的所有权将由借款人的继承人获得。到那时房地产通常会被卖掉，贷款余额也会被偿还（就像没有反向抵押贷款的情况一样）。

● 通过反向抵押贷款获得的资金不需要交联邦所得税。

● 反向抵押贷款的应付利息在实际支付前都不可减免，除非贷款被全额偿付。

更多相关信息可参考以下网站：

www. aarp. org/money/personal/reverse _ mortgages；

www. reversemortgage. org；

www. hud. gov/buying/rvrsmort. cfm。

# 总　结

在本章中，我们讨论了对固定利率抵押贷款进行定价和构造的不同方法。我们看到，贷款的价格或利率取决于许多因素，包括会对贷款人产生影响的各种风险。在阅读后面的章节时不要忘记这些风险因素是很重要的，因为可选抵押贷款工具的设计通常是以某种方式来改变风险特征。虽然本章的焦点在于住房抵押贷款，但是这里的概念和计算对于后面章节中所讨论的商业抵押贷款同样重要。我们会发现，对于固定资产收入的投资者而言，抵押贷款的风险也是其风险和预期收益率中的一个因素。

## 关键术语

| | | | |
|---|---|---|---|
| 应付率 | 摊还 | 年利率 | 预期通货膨胀 |
| 期末整付 | 可赎回贷款 | 违约风险 | 衍生需求 |
| 有效年利率 | 有效利率 | 完全摊还贷款 | 利息 |
| 只付利息贷款 | 利率风险 | 立法风险 | 流动性风险 |
| 贷款结算成本 | 贷款常数 | 贷款折扣费用 | 贷款发放费用 |
| 贷款结构 | 负摊还贷款 | 名义利率 | 部分摊还贷款 |
| 支付率 | 点数 | 提前还款惩罚 | 提前偿付风险 |
| 本金 | 实际利率 | 反向抵押贷款 | 非预期通货膨胀 |
| 零摊还贷款 | 固定摊还抵押贷款 | 等额偿付抵押贷款 | |

## 参考网站

www. nahb. org——全国住宅建筑商协会网站，提供行业新闻、新房屋上市和重建信息。

www. bankrate. com——提供来自众多国家贷款人的抵押贷款利率信息。

www. freddiemac. com/pmms/pmms30. htm——这是一个很好的网站，在其中可以找到30年期抵押贷款的固定利率和点数。

## 问　题

1. 本章中讨论的四种CPM的主要区别是什么？对借款人的优势和对贷款人的风险分别是什么？各类贷款的共同特征是什么？
2. 定义摊还。列举本章中的五种类型。
3. 为什么CPM起始月份的每月付款中利息所占比例高于本金摊还所占的比例？
4. 什么是贷款结算成本？如何分类？
5. 如果没有贷款费用，提前清偿贷款是否影响到借款人的实际或真实利息成本？
6. 为什么贷款人要收取贷款发放费用和贷款折扣费用？
7. 《联邦真实借贷法案》和年利率（*APR*）之间有什么联系？

8. 什么是有效借款成本?
9. 抵押贷款的名义利率意味着什么?
10. 抵押贷款的应付率和支付率是什么?当两者不同时会发生什么?
11. 预期通货膨胀溢价被认为是利率的一部分。这意味着什么?
12. 琼斯先生将要做一笔 20 年期、利率为 10%的 30 000 美元贷款。如果琼斯先生在 CPM 和 CAM 之间做出选择,哪一种会使他在贷款期间支付更多的利息总额?这些抵押贷款中的一种是否会比另一种支付更高的利率?解释你的答案。
13. 什么是负摊还?
14. 什么是部分摊还?

## 习 题

1. 一位借款人获得一笔 20 年期、利率为 11%的 125 000 美元完全摊还 CPM。这笔贷款的每月还款额是多少?如果这笔贷款的期限是 30 年,那么每月还款多少?
2. 有一笔 25 年期、利率为 6%的 80 000 美元完全摊还抵押贷款,按月还款。计算:
   a. 月还款额。
   b. 第 1 个月的利息和本金还款。
   c. 25 年间的本金和利息总支出。
   d. 如果贷款在第 10 年末还清,则未偿还的贷款余额是多少?
   e. 在第 10 年偿还的每月利息和本金。
   f. 在第 50 个月利息和本金的明细分别是多少?
3. 有一笔 30 年期、利率为 6%的 100 000 美元完全摊还抵押贷款。确定下列每个期间的偿还额,如果应计利息按以下期间计:
   a. 每月。
   b. 每季度。
   c. 每年。
   d. 每周。
4. 在习题 3 中的每种情形中,在整个 30 年的抵押贷款期限内,总共付了多少利息和本金?哪一种支付模式在 30 年的贷款期限中产生了最多的利息?为什么?
5. 有一笔 20 年期、利率为 6%的 100 000 美元完全摊还抵押贷款。
   a. 计算 CPM 的每月还款额。
   b. 整个 20 年期间的还款总额是多少?在该总额中,有多少利息?
   c. 假定贷款在第 8 年末时还清。未偿余额是多少?到那时,总共产生了多少利息?
   d. 借款人现在决定在第 8 年末将贷款余额减少 5 000 美元。
      (1) 假设贷款还款额不减少,新的贷款期限是多少?
      (2) 假定贷款期限不缩短,新的还款额将是多少?
6. 10 年前签订了一笔 20 年期,利率为 6%的 75 000 美元完全摊还抵押贷款。借款人想要提前支付贷款余额 10 000 美元。
   a. 假设他可以减少每月的抵押贷款,那么新的还款额是多少?
   b. 假设贷款期限被缩短,并使用原始的月还款额,新的贷款期限是多少?
7. 有一笔利率为 6.5%的 100 000 美元完全摊还抵押贷款,如果每月还款额为 1 000 美元,贷款什么时候能还完?
8. 有一笔 25 年期的 80 000 美元完全摊还抵押贷款,每月的还款额为 900 美元。这笔贷款的利率是多少?

9. 有一笔 10 年期的 60 000 美元部分摊还抵押贷款。借款人和贷款人同意留存 20 000 美元的余额最后一次性偿还。

 a. 如果利率是 7%，10 年间的每月偿还额必须是多少？

 b. 如果借款人选择 5 年后偿还贷款而不是第 10 年末，贷款余额必须是多少？

10. 一笔 80 000 美元的只付利息抵押贷款期限是 10 年，利率是 10%。借款人和贷款人同意每月还款额将是固定的，并且不需要贷款分期偿还。

 a. 每月还款额是多少？

 b. 5 年后的贷款余额是多少？

 c. 如果贷款 5 年后还清，贷款人的收益是多少？

 d. 如果贷款在 10 年后偿还，而不是在 5 年后偿还，那么收益将是多少？

11. 一笔 90 000 美元的部分摊还抵押贷款期限为 10 年，利率为 6%。贷款人和借款人同意按月还款，并且留存 20 000 美元的余额并在第 10 年末一次性偿还。假设贷款人收取 2 个点，如果贷款在第 10 年末偿还，收益是多少？如果在 4 年后偿还，贷款余额必须是多少？如果贷款在第 4 年末偿还，贷款人的收益是多少？

12. 一笔 10 年期、利率为 8%的 50 000 美元贷款，没有任何月还款额。

 a. 在第 10 年末需要还款多少？

 b. 如果在 8 年后偿还，贷款人的收益是多少？（假设按月复利。）

 c. 如果贷款人在（b）中收取 1 个点，收益会是多少？

13. 约翰想买一套价值 105 000 美元的房地产，想要贷款 80%，即 84 000 美元。贷款人表示，可以以 8%的利率提供 30 年（360 个月）的完全摊还贷款；为获得这笔贷款，约翰必须支付一笔 3 500 美元的贷款发放费用。

 a. 贷款人实际支付的金额是多少？

 b. 假设抵押贷款在 30 年（全部期限）后付清，那么借款人的实际利率是多少？

 c. 如果约翰在 5 年后还清贷款，那么有效利率是多少？为什么它与（b）中的有效利率不同？

 d. 假定如果贷款在 8 年内偿清，贷款人还对未偿贷款余额收取 2%提前还款惩罚。如果约翰在 5 年后提前偿还贷款并支付了提前还款罚金，那么有效利率是多少？

14. 贷款人正在考虑贷款中的条款。目前的市场条件是对于 25 年的完全摊还贷款，利率为 9%。借款人里奇已经申请了 100 000 美元的贷款。贷款人认为必须进行额外的信用分析和谨慎的贷款控制，因为里奇此前从未借过这么大一笔钱。此外，贷款人预计，市场利率将很快上升，甚至可能在贷款发放之前。为了安全起见，贷款人决定将里奇的贷款承诺提高到 95 000 美元，利率为 9%，期限为 25 年；然而，贷款人想要收取贷款发放费用，以使抵押贷款的收益率达到 10%。贷款人应该收取多少发放费用？如果预期贷款将在 10 年后偿还，应收取多少发放费用？

15. 某借款人面临在两笔贷款之间做出选择。以 10%的利率，外加 6 个点的结算成本，可以获得 30 年期 75 000 美元的 A 贷款。而以 7%的利率，外加 2 个点的结算成本，可以获得 30 年期同等金额的 B 贷款。两笔贷款都是完全摊还贷款。

 a. 如果贷款在 20 年后偿还，哪笔贷款是更好的选择？

 b. 如果贷款在 5 年后偿还，哪笔贷款是更好的选择？

16. 一处现在价值 70 000 美元的房地产，进行反向年金抵押贷款，余额不超过 300 000 美元。贷款要求借款人按月还款，共 120 个月，利率为 11%。

 a. 每月还款额是多少？

 b. 第 3 年末的贷款余额是多少？

 c. 假定借款人在第一个 50 个月必须每月支取 2 000 美元。从第 51 个月到第 120 个月的剩余支取额必须确定，以使得在第 120 个月不会超过 300 000 美元的最大限额。从第 51 个月到第 120 个月借款人的支取额是多少？

17. 一位借款人和贷款人同意一笔利率为 10%，200 000 美元的贷款。摊还期为 25 年；但是，贷款人在 5 年后可以选择“赎回”贷款。如果赎回，那么在第 5 年末借款人需要支付多少钱？

18. 一笔 125 000 美元的完全摊还 CAM 的利率为 11%，期限为 20 年。

    a. 前 6 个月的还款额和余额将是多少？

    b. 对于一笔 CPM，其还款额会是多少？

    c. 如果这两笔贷款都是在第 5 年末偿还的，那么贷款人是否会在某种贷款上获得更高的利率？

19. 一笔 50 000 美元只付利息抵押贷款期限为 30 年，名义利率为 6%。每日计息，但是按月支付。

    a. 这笔贷款的每月还款额是多少？

    b. 在第 30 年末贷款余额将会是多少？

    c. 这笔贷款的等价年利率是多少？

20. 全面复习题：一笔 100 000 美元抵押贷款，利率为 12%，期限为 20 年。在这道习题中每个部分都是按月支付。

    a. 每月还款额将会是多少，如果贷款是：

       (1) 完全摊还？

       (2) 部分摊还贷款，并且在第 20 年末有一笔 50 000 美元的期末整付？

       (3) 不摊还贷款，或者说“只付利息”贷款？

       (4) 负摊还贷款，并且在第 20 年末的贷款余额将为 150 000 美元。

    b. 在 a (1) 到 a (4) 中第 5 年末的贷款余额将会是多少？

    c. 在 a (1) 到 a (4) 中，第 61 个月末的还款额中利息的部分是多少？

    d. 假设在 a (1) 到 a (4) 中借款人收取 3 个点来结算贷款。每种情况的 *APR* 是多少？

    e. 如果贷款在第 5 年末偿还，在 a (1) 至 a (4) 中每种贷款的有效利率是多少？

    f. 假定其他条件均与 a (1) 相同，除了在前 3 年 (36 个月) 中的还款额是“只付利息”的之外。如果贷款在余下的 17 年中完全摊还，从第 4 年到第 20 年的月还款额是多少？

    g. 考虑上述 a (4) 的情况，借款人和贷款人同意贷款余额 150 000 美元将在第 20 年末偿还：

       (1) 在所有还款额中总共支付了多少利息？总共支付了多少摊还额？

       (2) 在第 3 年末贷款余额是多少？

       (3) 如果贷款在第 3 年末偿还，有效利率是多少？

       (4) 如果对于这笔贷款贷款人收取 4 个点，那么如果这笔贷款在第 3 年末偿还，有效利率是多少？

21. **Excel.** 参考网站上提供的 Excel 工作簿中的“Ch4 Eff Cost”。假定另一笔可获得的贷款的利率为 11%，收取 6 个点的发放费用。与模板上的原始示例相比，该贷款的有效成本是多少？

22. **Excel.** 参考网站上提供的 Excel 工作簿中的“Ch4 GPM”。如果每年还款额增加了 5%而不是 7.5%，第 7 年末的贷款余额将会怎样变化？

# 附录 4A　通货膨胀、抵押贷款定价和支付结构

在一段时间内，完全摊还等额偿付抵押贷款一直是美国使用最广泛的抵押贷款工具。在近代特别是在 20 世纪 70 年代和 80 年代初期，通货膨胀及其对这种“标准”抵押贷款工具的影响给贷款人和借款人带来了许多问题。由于这些问题，许多不同的抵押贷款工具已被提议用来替代这种标准抵押贷款工具。在本附录中，我们将概述通货膨胀给依赖标准抵押贷款工具的借款人和贷款人带来的问题，以及对累进还款式抵押贷款进行详细描述。这种抵押贷款也是一种固定利率抵押贷款，可用于代替等额偿付抵押贷款，特别是在利率上涨期间。

## 对贷款人和借款人的影响

通货膨胀与抵押贷款之间有什么关系？这给那些希望持有固定利率等额偿付贷款的贷款人和借款人造成了怎样的困扰？这个问题的答案可以很容易说明。我们假设最初是在没有预期通货膨胀的情况下提供 60 000 美元的贷款。预计这笔贷款在 30 年间偿还。因为没有通货膨胀，通货膨胀溢价（$f$）不是必需的，因此，贷款人将获得相当于无风险利率（$r$）的回报，再加上贷款期间的风险溢价（$p$）。[①] 我们假设在这种条件下收取的利率为 4%，在贷款期间实际利率为 3%，风险溢价为 1%。假设在没有通货膨胀的环境中发放固定利率等额偿付贷款，贷款人将按照 4%和 30 年的贷款常数，每月收取约 286 美元的固定还款额。这个数额在图 4A-1 中以贷款期限内的一条直线（$RP$）表示，并且表示为了让贷款人每年获得 3%的固定实际收益加 1%的风险溢价而必需的一系列等额实际支付。

现在假设同样的贷款是在通货膨胀的环境中进行的，预计每年的通货膨胀率均为 6%。现在，抵押贷款的利率必须提高到 10%左右，贷款人才能获得相同的实际回报。这包括预计没有通货膨胀时的基本利率为 4%，加上 6%的通货膨胀溢价。[②] 使用标准抵押工具，贷款人现在必须每月收取约 527 美元（四舍五入）的还款额。图 4A-1 显示了这种新的支付模式，标记为水平线 $NP$，表示在贷款期限内收到的一系列名义还款额。因此，包含在名义支付系列中的数额将为贷款人提供 4%的基本利率，代表实际回报和风险溢价，加上通货膨胀溢价 6%。

在我们的例子中，预期的通货膨胀率为 6%，导致每月还款额从 286 美元增至 527 美元，或每月增长 241 美元，同比增加 84%。为什么这些月度固定支付有如此明显的增长？我们可以从图 4A-1 中的 $NPD$ 曲线中观察出原因。该曲线代表贷款人在 30 年贷款期间内每月收到的实际价值，是通过按通货膨胀率“折现”527 美元的名义支付

① 实际上，收取的利率将与到期前可能发生的预期还款有关。但是，这不会改变我们所说明的概念。这里选择的数字是任意的。一些研究表明，实际利率一直在 1%～3%的范围内，抵押贷款的风险溢价在 2%～3%的范围内。

② 名义利率实际上是 $(1+0.04)\times(1+0.06)-1$，即 10.24%。但是，如前所述，我们使用 10%来简化计算。

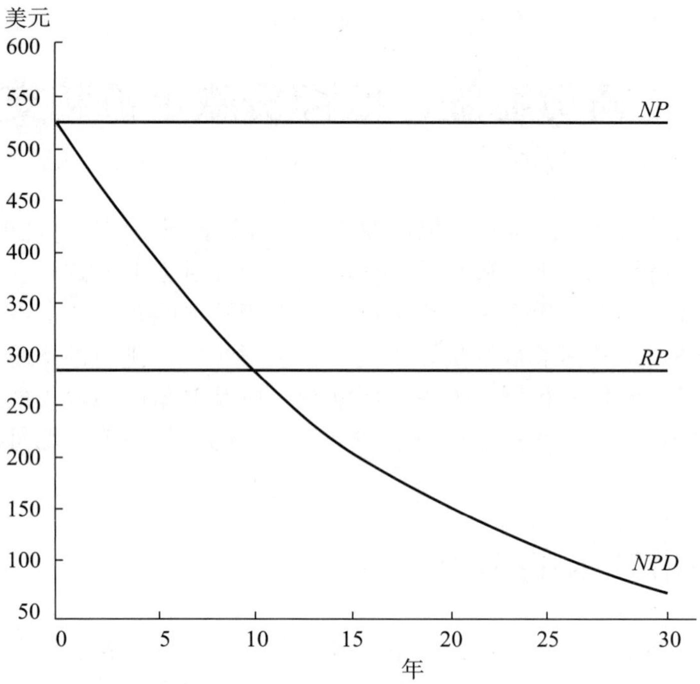


*NP*=名义还款额

*RP*=实际还款额

*NPD*=名义还款额折现值

**图 4A-1　抵押贷款还款额的实际值和名义值**

金来确定的。① *NPD* 曲线非常重要，因为贷款人认识到通货膨胀即将发生，预计随着时间的推移，由于购买力的丧失，持续收到的 527 美元的名义支付的价值将越来越低。因此，为了获得足够的 10%的利息以满足贷款期限内 4%的实际收益和风险溢价，必须在贷款期限内收集更多的“真实美元”(最终收回的抵押贷款的购买力降低了很多)。

为了说明，我们来看一下每月收取的 527 美元付款的现值或实际价值，如 *NPD* 曲线所示。在贷款期限的前 10 年，这些付款的实际价值大于贷款的 4%，但是 10 年后，这些付款的实际价值低于贷款的 4%。然而，即使两种支付流程不同，名义支付现金流的实际价值等于所需实际支付的 4%，即 $NPD=RP$。这意味着从 527 美元的月名义收入流中，贷款人最终将获得与 286 美元收入流相同的实际价值，或者在通过名义支付去除通货膨胀后获得 4%的收益。但是，为了获得相同的实际利率，支付流（*NPD*）的实际价值在最初几年必须高于 *RP*。因为它将在晚些时候低于 *RP*。这种关系被称为倾斜，即在早年加大实际支付流，以弥补后期购买力的损失。

这种倾斜效应（tilt effect）对借款人也有相当大的影响。在没有通货膨胀的情况下，借款人面临每月 286 美元的还款；但是，在有通货膨胀时每月还款 527 美元。当贷款首次发放时，两笔付款的差额约为每月 241 美元，是借款人从当前实际收入中分配的额外美元数额，以满足抵押贷款支付。

---

① 计算每月通货膨胀系数：0.06÷12=0.005，在第一个月为 527 美元$\times(1\div1.005)^1$，第二个月为 527 美元$\times(1\div1.005)^2$，直到 30 年底。

随着时间的推移，这种负担会变得缓和。例如，在第一年结束时，通过 6%的通货膨胀率折现的 527 美元付款的实际价值将为每月约 497 美元，借款人的实际收入将增加 3%，或者与实际经济增长率相同。那时，借款人将有更多的实际收入来满足实际抵押贷款的减少。尽管借款人的收入每年都以实际和名义收入双重增长，但这还不足以抵消贷款初期的倾斜效应。从图 4A－1 中我们可以看出，为什么首次购房者难以获得固定利率贷款，尤其是通货膨胀期间的固定利率贷款。随着通货膨胀率和经济增长率的提高，借款人的收入将逐渐增加或逐年增长。然而，正如预期的通货膨胀率上升一样，贷款人必须“预先”预测当前利率的全部增长情况或贷款发放时的估计值。这会导致与借款人实际收入相关的月还款额的逐渐上升。

关于倾斜效应的最后一个观察结果是，随着通货膨胀率的上升，倾斜效应增加。在图 4A－2 中，我们将通货膨胀率从前一个例子的每年 6%提高到每年 8%。每月名义还款额从每月 527 美元增加到每月 617 美元，后一数字基于抵押贷款利率上升至 12%。当通货膨胀率预计为 8%时，倾斜效应对固定贷款还款的影响与通货膨胀预期为 6%时的影响类似。当 617 美元的每月还款额用通货膨胀率 8%折现时，借款人实际支付的负担比通货膨胀率为 6%时要更高。对应于每月还款额用 8%折现的曲线表明，在贷款期限的前 10 年，利率为 12%的抵押贷款的月还款额的实际价值超过了 10%抵押贷款的实际价值，即使贷款人在两种通货膨胀情况下发放的抵押贷款都能获得 4%的实际收益。此外，如果我们再次假设，无论通货膨胀率如何，“平均”借款人的实际收入都将增加 3%，因为通货膨胀率从 6%上升到 8%，显然借款人将不得不分配更多的实际收入用于抵押贷款支付。这表明，在抵押贷款的最初几年，随着通货膨胀率的上升，对借款人的倾斜效应的负担增加。这种增加的负担是由于（1）抵押工具的性质，即等额偿付、固定利率抵押和（2）通货膨胀率。此外，倾斜效应使得借款人更难以根据其当前收入获得贷款资格并从

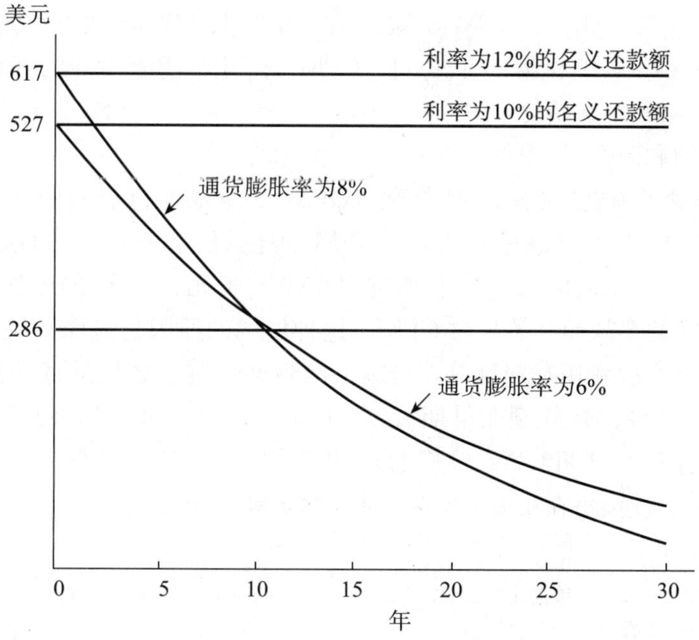


**图 4A－2　不同通货膨胀率下的实际及名义还款额的关系**

当前收入中支付款项。为了部分克服倾斜效应，贷款人设计了一种抵押贷款，该贷款保留固定利率，但包括一系列累进式支付，从而更好地匹配借款人的收入，然后随着时间的推移而增加。这类贷款被称为累进还款式抵押贷款（GPM）。

## 累进还款式抵押贷款

为了解决通货膨胀问题及其对抵押贷款利率和每月支付的影响，贷款人制定了新的抵押贷款工具，即累进还款式抵押贷款（graduated payment mortgage，GPM）。GPM 的目标是在贷款的最初几年提供一系列抵押贷款支付，比标准抵押贷款要低。由于借款人的收入预计会随着时间的推移而增加，GPM 的还款额将以预定的速度逐渐增加。因此，还款模式在一定程度上抵消了倾斜效应，减轻了家庭在通货膨胀环境下从当期收入中偿还抵押贷款所带来的负担。①

表 4A－1 举例说明了累进还款式抵押贷款的还款模式，其包含了我们前面的例子中使用的 30 年期、60 000 美元的全额摊还贷款的还款结构信息。根据不同的初始支付水平、累进速率和累进期限的差异，GPM 可以有多种计划。表 4A－1 包含了当前使用的更受欢迎的还款计划之一。该计划允许 5 年内按月支付 7.5%的累进速率。在这段时间之后，剩下的 25 年的还款水平将会降低。计算这种抵押贷款的初始还款非常复杂，我们将在本附录末尾加以说明。②

查看表 4A－1 中的信息，我们发现，对于标准的等额偿付抵押贷款（CPM），例如期限为 30 年、名义利率为 12%的 60 000 美元贷款，所需的每月固定还款额为 617.17 美元。对于具有相同金额和利率的 GPM，在每年年底以 7.5%的预定速率增加每月还款（累进）的情况下，首次还款金额约为 474.83 美元。这个初始支付每年将增加 7.5%，到第 6 年初增加到 681.67 美元，并且从那时起将持续固定到第 30 年结束。与等额偿付抵押贷款中的 617.17 美元相比，GPM 还款在第 1 年要低 142.34 美元，随着时间的推移，该差异会变小。在第 4 年和第 5 年之间，CPM 与 GPM 几乎达到了相同的还款水平。GPM 的还款额从第 6 年开始比 CPM 多出 64.50（＝681.67－617.17）美元。GPM 的还款额在贷款期限的剩余 25 年中保持在 681.67 美元的水平。

图 4A－3 提供了累进还款式抵押贷款（GPM）、等额偿付抵押贷款（CPM）和固定摊还抵押贷款（CAM）的还款模式比较。GPM 的还款额基于 7.5%的累进速率。假设所有三笔贷款都是在 30 年内以 12%的利率贷款 60 000 美元。GPM 的还款额在前 5 年低于 CPM，此后 GPM 的还款额开始超过 CPM。这种模式的原因是显而易见的。根据任一还款计划，假设没有发放费用和罚款等，贷款人的到期收益率必须是每月复利 12%的年利率。因此，由于 GPM 的还款额在早期低于 CPM，GPM 的还款额在后期必须超过 CPM 的还款额，以“弥补”早期 GPM 较低的还款额。因此，如果借款人在我们的例子中选择了 GPM，那么还款额将在第 6～30 年中超过 CPM。

---

① 联邦住房管理局（FHA）根据其第 245 节计划启动了第一个被广泛接受的累进还款式抵押贷款。有关更多详细信息，请参阅 HUD 手册。

② 虽然我们讨论的是与单一家庭贷款相关的 GPM，但这种类型的贷款也可以用于构建收益性房地产的债务融资，这些房地产的抵押贷款支付被设计成与随着时间的推移来自租金的收入增长相匹配。

表 4A-1　　　　GPM 的还款额与 CPM 的还款额的对比

（60 000 美元，30 年到期，完全摊还，不同利率水平）

| CPM 的还款额（美元） | 利率 | | | | |
|---|---|---|---|---|---|
| | 10% | 11% | 12% | 13% | 14% |
| | 526.54 | 571.39 | 617.17 | 663.72 | 710.94 |
| GPM 的还款额（每年累进速率 7.5%）（美元） | | | | | |
| 1 | 400.22 | 436.96 | 474.83 | 513.71 | 553.51 |
| 2 | 430.24 | 469.73 | 510.44 | 552.24 | 595.03 |
| 3 | 462.51 | 504.96 | 548.72 | 593.66 | 639.65 |
| 4 | 497.19 | 542.83 | 589.87 | 638.18 | 687.63 |
| 5 | 534.48 | 583.55 | 634.11 | 686.04 | 739.20 |
| 6～30 | 574.57 | 627.31 | 681.67 | 737.50 | 794.64 |

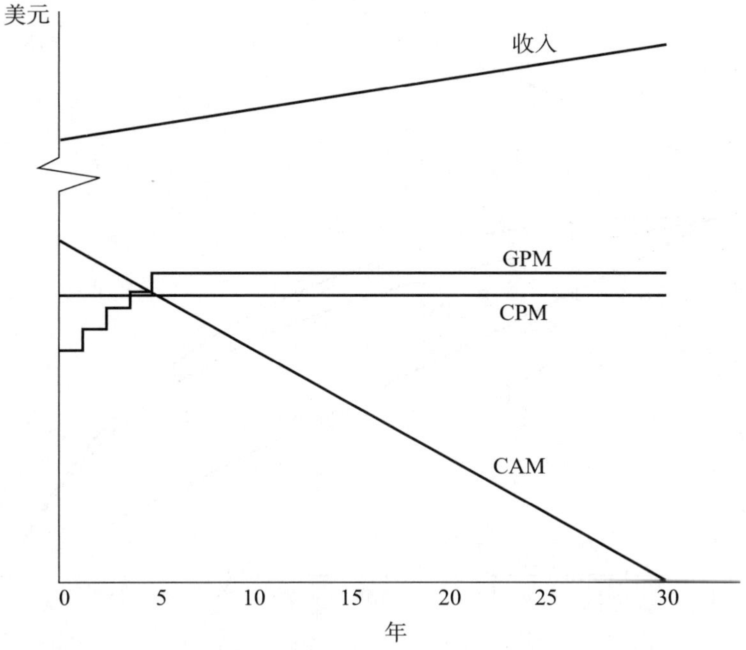


**图 4A-3　抵押贷款还款模式的对比（贷款额=60 000 美元，到期期限=30 年，利率=12%，GPM 附加 7.5%的 5 年期累进速率）**

从借款人的角度来看，GPM 计划的优势显而易见。图 4A-3 所示的 GPM 计划下的初始还款水平显著低于 CPM 计划。此外，在最初几年，GPM 的每月还款额更加贴近借款人收入的增长。因此，倾向效应的负担要求借款人在通货膨胀的环境下从当前的实际收入中分配更多用于抵押贷款还款，而 GPM 在一定程度上减轻了这一负担。根据这一分析，很容易得出结论：GPM 在抵押贷款的早期阶段显著减少了借款人的每月还款额，更符合借款人收入的增长，因此可能增加借款人对抵押贷款的需求。

当对比 CAM 时，CPM 和 GPM 明确规定初期还款额远低于 CAM 所要求的还款额。较高的通货膨胀率导致抵押贷款工具随着时间的推移而发生变化。虽然所有三种抵押贷款工具都提供相同的收益率（12%），但抵押贷款还款额显然已经发生结构化改变，以减少初始还款。预期实际收入增长和预期的通货膨胀将延续到未来，从而导致借款人收入足够高以偿还债务，同时减少初始还款以充分降低贷款发放时的还款负担。

**贷款余额：GPM**

由于 GPM 计划下的初始贷款还款额通常低于支付每月固定利息所需的金额，因此，贷款余额将在贷款的最初几年增加，贷款余额也高于标准 CPM 的贷款余额，直到到期时全额还款。图 4A－4 显示了 GPM 和 CPM 的贷款余额比较，基于前例中使用的利率为 12%、30 年期限的 60 000 美元贷款。

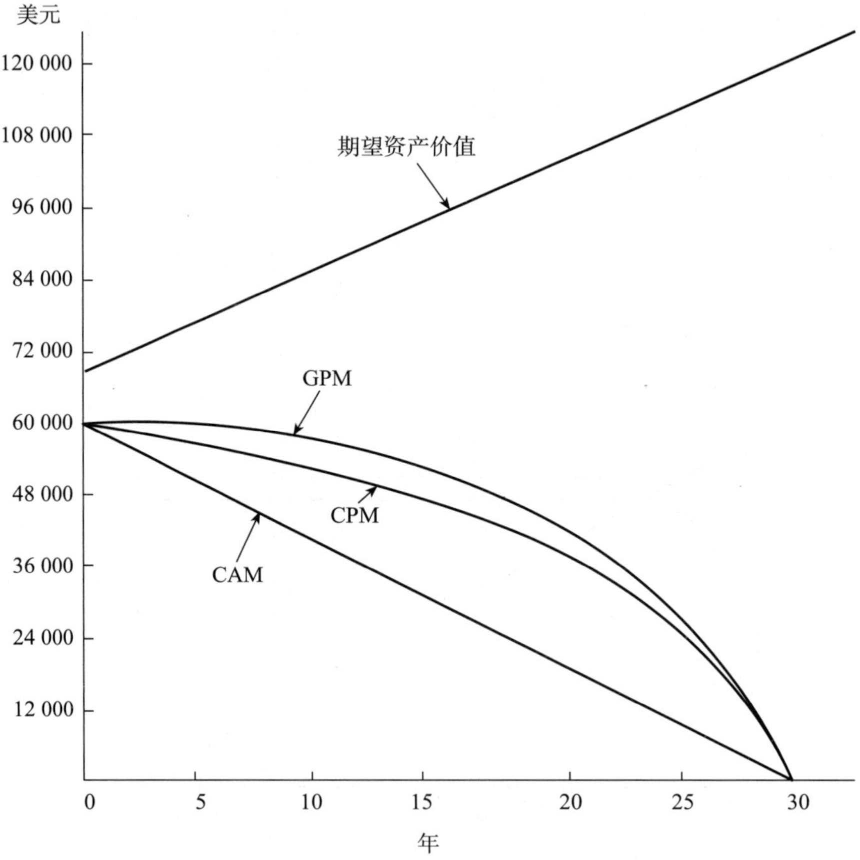


**图 4A－4　累进还款式抵押贷款、等额偿付抵押贷款的贷款余额与期望资产价值的对比**

表 4A－2 显示，GPM 的贷款余额大约在前 5 年有所增加，随后开始下降，直到第 30 年达到零。因此，如果借款人在使用 GPM 的头 4 年内出售该房地产，应该获得比原来的借款还多的收入。贷款余额在发行后的前 4 年内增加，因为 GPM 还款额低于利率为 12%时的每月利息。

因此，如果月还款额没有增加，那么就不会出现负摊还。通过我们的例子对这一点进行说明。贷款成交 1 个月后的必要利息支付为 60 000 美元×(0.12/12)，也就是 600 美元。在第 1 个月月末 GPM 的还款额仅为 474.83 美元，远低于必要利息 600 美元。这一差额（125.17 美元）必须被添加至初始贷款余额中。这一 125.17 美元就是负摊还（negative amortization)。进一步，这 125.17 美元也需要按照 12%的复利累进增长。因此，在第 1 年里，125.17 美元与支付增长率均要被纳入 60 000 美元的贷款余额中。这一计算方式等同于将 125.17 美元按照 12%的增长率进行复利累计，并将结果加入初始贷款额中，从而确定年末贷款余额。年末加入贷款余额的数额应该等于 125.17 美元以 12%月利率计算的终值，也就是：125.17×12.682 503=1 587.47（美元）。

**表 4A－2　GPM 贷款余额的确定**

**(60 000 美元，利率为 20%，30 年到期，累进速率为 7.5%)**　　单位：美元

| 年份 | 初始贷款额 | 必要月利息支付额 | GPM 年还款额 | 第 1 个月贷款摊还 | 余额变动 | 期末余额 |
|---|---|---|---|---|---|---|
| 1 | 60 000.00 | 600.00 | 474.83 | 125.17 | 1 587.47 | 61 587.47 |
| 2 | 61 587.47 | 615.87 | 510.44 | 105.43 | 1 337.12 | 62 924.59 |
| 3 | 62 924.59 | 629.25 | 548.72 | 80.53 | 1 021.32 | 63 945.91 |
| 4 | 63 945.91 | 639.46 | 589.87 | 49.59 | 628.93 | 64 574.84 |
| 5 | 64 574.84 | 645.75 | 634.11 | 11.64 | 147.62 | 64 722.46* |
| 6 | 64 722.46 | 647.22 | 681.67 | (34.45) | (436.91) | 64 285.55 |

* 最大值。在第 6 年，还款额（681.67 美元）将超过利息（647.22 美元），贷款摊还开始。

递增的 GPM 的贷款余额和负摊还的重要性可以从资产价值中体现出来（见图 4A－4），“安全边界”，也就是资产价值与贷款余额的差额十分重要。GPM 的安全边界远低于 CPM 的安全边界，这使得 GPM 的风险更大，因为我们需要更加关注房地产的未来市场价值和借款人的收入情况。例如，如果我们假设 GPM 贷款人决定在 5 年以后将房地产进行出售，那么与 CPM 相比，该贷款人将支付更少的金额。进一步，这是因为期末房地产项目出售的收入可以偿还负摊还导致的增加的贷款余额。简言之，由于申请的是 GPM，借款人就需要更多地关注房地产项目在未来的价值，因为其出售金额是贷款偿还的重要组成部分。

解：

$n=12$

$i=12\%\div 12=1\%$

$PMT=474.83$ 美元

$PV=60\ 000$ 美元

解得 $FV=61\ 587.47$ 美元（贷款余额）。

其他解：

$n=12$

$i=12\%\div 12=1\%$

$PMT=125.17$ 美元

$PV=0$

解得 $FV=1\ 587.47$ 美元（加至年度贷款余额）。

**GPM 和有效借款成本**

本附录的最后考察了 GPM 和有效利率的问题。当没有发放费用和提前还款惩罚时，GPM 的收益率与 CAM、CPM 相同，均等于特定条款中规定的合约利率，因为 GPM 与 CPM 一样都是固定利率抵押贷款，不管是否提前进行贷款清偿。但是，如果需要收取一定点数的发放费用，那么 GPM 的有效利率将高于合约利率，并且由于贷款提前清偿而进一步增加。计算收取发放费用的 GPM 收益率时，应该按照标准 GPM 收益率的计算程序进行，也就是说使 GPM 还款额的现金流等于扣除融资费用后所支付的资金的利率就是贷款的有效成本。当收取发放费用时，我们计算出的结果与针对具有相同期限和发放费用的标准抵押贷款的计算结果十分相近，我们进一步发现，不论 GPM 的贷款额或者还款增加比例是多少均是如此。以上文中讨论的 GPM 为例，假如支付 3 个点，并在贷款 5 年后进行偿还，那么有效成本为 12.78%。① GPM 和 CPM 哪种贷款会更有利于借款人呢？通常情况下，如果利率和费用相同，那么标准贷款和 GPM 的有效成本差别很小。然而，由于累进还款模式降低了倾斜效应，所以，如果可以按照与标准抵押贷款相同的利率取得 GPM，那么对于借款人将更加有利。

那么，通常情况下是否可以取得与标准抵押贷款相同利率的 GPM 呢？显然，由于贷款人承受了额外的风险——贷款余额增加，这是由于负摊还，还款额的降低使得每月获得的现金流减少——GPM 贷款人将比 CPM 贷款人要求更高的风险溢价。因此，GPM 的贷款利息通常高于 CPM 的贷款利息。这将抹杀 GPM 的贷款优势。

## GPM 拓展

正如本章之前介绍的那样，FRM 的每月偿还额和贷款余额的计算程序相对简明。然而，在设计 GPM 结构时，读者需要注意还款额递增率可能不同，相关条款、利率可能存在差异，这取决于借款人和贷款人的具体目的和贷款市场状况。

也许 GPM 中最复杂的问题是确定初始月份还款额。表 4A-1 显示了不同 GPM 的月还款额。每一组还款安排均在第 2 年以 7.5%的速度增加。然而，读者也许想知道初始还款额是如何确定的，或者更重要的是如何确定具体还款结构。比如，在我们的例子中，GPM 的贷款利率为 12%，初始还款额为 474.83 美元，这一还款额是如何计算出来的?

为了解决这个问题，我们提供了一个看起来似乎很难的解决方案。但是你会发现我们只是使用了我们之前学过的现值计算方法。需要注意的是，我们对 GPM 的还款额使用合约利率进行折现。这一理念对我们解决这个问题十分重要。接下来就是具体计算过程：

$$PV = \left[MP_1 \cdot \sum_{t=1}^{12} \frac{1}{(1+i/12)^t}\right] + \left[MP_1(1+g)^1 \cdot \sum_{t=1}^{12} \frac{1}{(1+i/12)^t} \cdot \frac{1}{(1+i/12)^{12}}\right]$$

① GPM 有效利率的计算比 CPM 的计算更加复杂。另外，对于贷款余额的计算，GPM 与 CPM 的计算方式相同，也就是说，剩余支付流将通过合约利率进行折现，进而确定贷款余额现值。然而，GPM 的贷款余额的计算可能需要考虑跨期支付金的折现。具体计算过程后文中会进行讲解。

$$+\left[MP_1(1+g)^2\cdot\sum_{t=1}^{12}\frac{1}{(1+i/12)^t}\cdot\frac{1}{(1+i/12)^{24}}\right]$$

$$+\left[MP_1(1+g)^3\cdot\sum_{t=1}^{12}\frac{1}{(1+i/12)^t}\cdot\frac{1}{(1+i/12)^{36}}\right]$$

$$+\left[MP_1(1+g)^4\cdot\sum_{t=1}^{12}\frac{1}{(1+i/12)^t}\cdot\frac{1}{(1+i/12)^{48}}\right]$$

$$+\left[MP_1(1+g)^5\cdot\sum_{t=1}^{300}\frac{1}{(1+i/12)^t}\cdot\frac{1}{(1+i/12)^{60}}\right]$$

其中，

现值＝贷款数额；

$i$＝合约利率；

$MP_1$＝第 1 年的月还款额；

$g$＝月还款额增长率。

整个计算过程看起来十分复杂。但是基于 12％的利率、30 年还款期以及 7.5％的增长率，可以知道 $MP_1$（60 000 美元）的计算相对简单。注意到计算中使用了第 3 章和第 4 章的利率折现因子，具体内容见前面章节。不同年份的月还款额会发生变化，但是在给定年份中月还款额是相同的。

我们的主要问题是解决唯一的未知变量 $MP_1$。我们知道贷款金额为 60 000 美元，月利率为 0.01（$=i/12$），以及贷款期限为 360 个月。进一步，我们知道第 2、3、4、5、6 年的 $MP$ 等于 $MP_1$ 按照 $(1+g)^1$，$(1+g)^2$，$(1+g)^3$，…的速度增长。其中 $g=0.075$。根据以上信息与表 4A－3 中的数据我们可以对 $MP_1$ 进行计算。

**表 4A－3　　解 GPM 贷款初始还款额的工作表**　　单位：美元

| (1)<br>还款期 | (2)<br>还款额 | (3)<br>还款<br>累进因子 | (4)<br>每年 12 个月月末<br>还款额现值 | (5)<br>每年末第 4 列<br>所示金额的现值 | (6)<br>(3)×(4)×(5) |
|---|---|---|---|---|---|
| $MP_1$ | $=MP_1$ (1.0) | 1.0 | 11.255 077 | — | 11.255 077 |
| $MP_2$ | $=MP_1$ (1+0.075) | 1.075 000 | 11.255 077 | 0.887 449 | 10.737 430 |
| $MP_3$ | $=MP_1$ $(1+0.075)^2$ | 1.155 625 | 11.255 077 | 0.787 566 | 10.243 594 |
| $MP_4$ | $=MP_1$ $(1+0.075)^3$ | 1.242 297 | 11.255 077 | 0.698 925 | 9.772 473 |
| $MP_5$ | $=MP_1$ $(1+0.075)^4$ | 1.335 469 | 11.255 077 | 0.620 260 | 9.323 008 |
| $MP_{6\sim30}$ | $=MP_1$ $(1+0.075)^5$ | 1.435 629 | 94.946 551 | 0.550 450 | 75.030 751 |
| | | | | 总计 | 126.362 333 |

观察表 4A－3，第 1 列给出了第 1～30 年的贷款还款额。第 2 列说明了 7.5％的年还款额增长率。换句话说，我们将计算出第 1 年的月还款额，这一金额在第 1 年的 12 个月中是不变的，然后还款额在第 2 年增加至原来的 1.075％。因此第 3 列给出了基于 $MP_1$ 的支付额增长率。

表 4A－3 中的第 4 列给出了年利率为 12％的 12 个月月末还款额的现值。我们使用

不同折现因子对六种不同年支付金额进行折现。举例来说，前 5 年中，12 个月的还款额需要使用对应的 11.255 077 进行折现。从第 6 年开始到第 30 年的 300 次还款应该用这些年份对应的折现率进行折现，也就是 94.946 551。

第 5 列给出了第 4 列中显示的每月还款额的现值（也就是用对应折现率转化至 0 时期的价值）。第 5 列十分重要，因为贷款不是一次性偿还的。对于同样的金额，第 2 年现金流的现值要高于第 1 年的现值。因此，第 5 列中的金额均要再次折现。

最后，第 6 列是第 3 列、第 4 列、第 5 列的乘积。注意到 $MP_2$、$MP_3$、$MP_4$ 等的计算是以加法形式得出的，因为我们知道每期还款额均以同样的（$1+g$）的比率增长。仔细观察等式可以发现第 4 列中的复利、第 5 列中的折现率以及（$1+g$）可以以乘法、加法等形式出现。这就是我们在表 4A－3 中所做的。因此，公式简化为：

$MP_1 \times 126.362\ 333 = 60\ 000$ 美元

$MP = 474.83$ 美元

我们知道 $MP_2$ 将会是 $MP$ 的 1.075 倍，读者可以完成接下来的计算并修正表 4A－1 中的还款额。

当还款额按照一定比率逐年增长时，这种计算方式是我们在计算房地产项目融资策略中经常会用到的。[①] 我们鼓励学生自行计算如果各期增长率发生了变化，支付方式会相应发生哪些改变。

对于 GPM 的贷款余额，一旦每期贷款支付安排确定，贷款余额可以立刻根据剩余支付额的现值计算得出——对每期还款额用相应合约利率进行折现（注意区分不同年限还款额使用的折现率不同）。对于有效利率的计算，应在贷款现值中剔除所有发放费用。然后，根据 GPM 还款安排与贷款账户余额可以计算出如表 4A－3 中第 4 列和第 5 列所示的折现率和复利。

## 关键术语

累进还款式抵押贷款　　　负摊还　　　倾斜效应

## 问　题

A－1　为什么在通货膨胀时期，等额偿付抵押贷款会迅速增加？倾斜效应发挥了怎样的作用？

A－2　随着通货膨胀的加剧，借款人因为倾斜效应而承担的负担也会加剧，这是为什么？

## 习　题

A－1　一项资产的购买价格为 70 000 美元。通过 GPM（利率为 12%，5 年后月还款增长率为 7.5%）得到期限为 30 年的贷款 63 000 美元。持有方希望在 7 年后将该房地产出售。

a. 如果初始月还款额为 498.57 美元，接下来第 2、3、4 年的还款额会是怎样的？

b. 如果贷款种类是 CPM，还款结构是怎样的？

c. 假设该 GPM 有 2 个折扣点，那么它的有效利率是多少？

A－2　Qualify 先生以 9%的利率申请了为期 25 年的 GPM，贷款额为 100 000 美元。假设从第 2 年起的 3 年还款增长率为 7.5%：

① 这一计算过程需要通过多次计算，经过多张计算表格得出。

a. 在第一个 5 年里，Qualify 先生的还款安排是怎样的？

b. 第 3 年末的贷款余额是多少？

c. 如果贷款人收取 4 个百分点作为发放费用，5 年后该贷款的有效利率是多少？

A-3 **Excel.** 在 Excel 中计算第 4 章中 GPM 的还款进度表（参考网站为 www.mhhe.com/bfl5e）。如果每年还款增长率为 5%而不是 7.5%，初始还款额会是多少？

# 第5章 可调整利率和浮动利率抵押贷款

在前一章中，我们讨论了固定利率抵押贷款（FRM）工具，特别关注了付款（还款）模式。我们了解了付款结构和分期付款利率是如何确定的。

本章讨论了贷款利率与市场利率或指数相关并可能随市场状况而变化的各种抵押贷款。当用于独户住宅融资时，这些贷款被称为可调整利率抵押贷款（adjustable rate mortgages，ARM）。当用于商业资产融资时，这些抵押贷款通常被称为浮动利率贷款(floating rate loans)。这两种类型的抵押贷款非常相似，我们不会区分它们。在我们的讨论中，我们将更频繁地使用术语 ARM。这种贷款工具与固定利率抵押贷款（FRM）不同，因为它们旨在以一种或多种方式随经济状况的变化而调整。这些抵押贷款并不是长期固定利率的抵押贷款，而是为贷款人和借款人分担利率变化的风险，即利率风险(interest rate risk）的另一种融资方式。这样就可以使贷款人更有效地匹配利息成本变化和利息收入变化，也能为借款人提供潜在的更低融资成本。

在本章中，我们从价格水平调整抵押贷款（price level adjusted mortgage，PLAM）开始进行讨论。虽然未被广泛使用，但 PLAM 说明了贷款人和借款人在财务决策中必须考虑的许多问题。我们随后讨论了 ARM 及它们是如何“定价”的问题。作为对 ARM 分析的一部分，我们通过限制（1）利率变动、（2）支付增加和（3）负摊还额，研究其对 ARM 贷款利率的影响。我们还考虑如何按照不同贷款条件对 FRM 和其他 ARM 进行定价。在本章结束时，我们考虑了共享升值抵押贷款（shared appreciation mortgage，SAM)，其还款条件部分取决于房地产价值的上升。

FRM 的贷款人和借款人面临的一个主要问题是利率在贷款发放之日固定，并一直固定，直到偿还完。因此，从发放之日起，贷款人承担了抵押贷款利率的隐含组成部分，即实际利率（$r$)、风险溢价（$p$）和对预期通货膨胀的溢价（$f$）发生重大变化的风险。如果贷款人在抵押贷款发放时低估了其中任何一部分，都将会面临经济损失。例如，假设以10%的利率发放一个30年期、60 000美元的完全摊还抵押贷款。这笔抵押贷款需要每月支付约527美元（四舍五入）。要发放这样的贷款，贷款人必须达成一致共识，认为在贷款期间10%的利率是足够高的，以补偿他们在未来预期发生的所有形式的风险。如果在那段时间内，抵押贷款利率（$i$）的一个或多个组成部分明显高于起始时的预期，贷款人将遭受损失。① 例如，如果贷款人对通货膨胀做出不准确的预测而非预期的通货膨胀出现，需要12%的利率而不是10%的利率，贷款人在30年期间的损失幅度可计算如下：

| 解： | 函数： |
| --- | --- |
| $i=12\%/12$ | $PV$（$i$, $n$, $PMT$, $FV$） |
| $n=360$ | |
| $PMT=527$ 美元 | |
| $FV=0$ | |
| 解得 $PV=51\ 190$ 美元。 | |

损失将等于60 000－51 190＝8 810（美元）。因此，在这种情况下，2%的非预期通货膨胀（unanticipated inflation）将导致8 810美元的经济损失，占贷款额的14.7%。基于这个例子，很容易看出利率风险与贷款人的潜在损失之间的关系。因为$i$的每个组成部分的预期水平均存在不确定性，额外的风险总是存在的，这也就是贷款人要求风险溢价$p$的原因之一。在$r$和$f$的未来水平的不确定性增加的情况下，$p$也将增加，反之亦然。②

应该指出的是，贷款人的损失会导致借款人的收益。当然，有人会说，如果利率下降，贷款人就会获得收益。但是，如果发生这种情况，借款人通常会尝试再融资。这种模式意味着进行固定利率贷款承担的风险可能不是“对称”的或平衡的；也就是说，贷款人在利率上升时承担损失的风险并不能被利率下降时带来的收益所抵消，因为如果利率下降，借款人通常可以提前偿付贷款。这个问题促使贷款人和借款人使用利率上下限和利率互换，“锁定”和/或禁止提前偿付贷款和/或处罚这样一些方式。这些应对方式和其他可选方式将在本书的各章中讨论。

## 5.1 价格水平调整抵押贷款

价格水平调整抵押贷款（PLAM）这个概念常常作为贷款人不确定性问题的补救措施被讨论。回顾前一章关于抵押贷款利率决定因素的讨论（其中，$r$＝预期实际利率；

---

① 贷款人可能无法准确地预测$i$在预期还款期间的各组成部分，这是由很多原因造成的。货币增长可能扩大或收缩，导致通货膨胀率的变化（$f$）。一般经济活动可能扩大（收缩），导致投资和就业的一般水平发生变化，从而影响实际利率和违约风险（$r$和$p$）。

② 读者应该意识到，由于意料之外的变化，$r$和$f$的预期水平不会总是准确的。在一段时间内，当经济状况稳定时，这些估计的不确定性可能会较小，而在其他时期，不确定性可能会更大。因此，这些估计的不确定性就是导致利率风险的原因，相应地会有更大或更小的风险溢价。

$p$=风险溢价；$f$=预期通货膨胀溢价），我们有以下等式：

$$i=r+p+f$$

我们还发现，在方程中最难预测的变量可能就是预期通货膨胀溢价（$f$）。为了降低利率风险，或通货膨胀的不确定性及其对利率的影响，有人指出，贷款利率应该反映预期实际利率加上因特定抵押贷款违约产生损失的可能情况而产生的风险溢价，也就是$r+p$。

在估计$r$和$p$的初始值后，PLAM贷款余额将按价格指数上调或下调。然后还款额将基于新的贷款余额计算，进行通货膨胀调整。这会将通货膨胀带来的市场利率变动的风险（$f$）转移给借款人，并缓解贷款人在发起贷款时预测未来利率变动的艰巨任务。贷款人仍然承担$r$或$p$任何意外变化的风险。[①]

## 5.1.1 PLAM：还款机制

PLAM贷款的一个例子是，贷款的支付是基于一个利率，该利率只考虑了到期期限内预期的$r$和$p$。PLAM根据剩余贷款期限下贷款余额经过指数调整后的数值，定期调整还款额。为了说明这个情况，假设以4%的利率或贷款人对$r+p$的估计值提供30年期、60 000美元的抵押贷款。贷款人和借款人同意对贷款余额按照消费物价指数（CPI）进行指数调整，并每年调整一次。初期每月支付将基于30年期、60 000美元贷款余额以4%的利率计算，计算结果约为286美元。一年后，按照4%的利率在30年内摊还的计划，贷款余额约为58 943美元。如果假设CPI在贷款的第1年增加了6%，那么在第1年底的贷款余额将变成58 943×1.06=62 480（美元）。这个余额将在剩余的29年内偿还。每月还款额从第2年开始将基于进行指数调整后的贷款余额62 480美元，同样在29年期内以4%的利率计算，得到每月还款额为304美元。此后每年将继续进行此过程：（1）在剩余期限以4%的利率计算贷款余额，（2）基于下一年CPI变动调整贷款余额，（3）计算剩余贷款期限的新还款额。

假设通货膨胀率在剩余贷款期限内保持为6%，图5-1显示了PLAM每年的名义还款额和贷款余额。图5-1中还包含许多值得关注的内容。请注意，图5-1A中显示的PLAM还款额与价格水平的变化大致相同，即在贷款期限内保持6%的增长。由于距到期日的剩余期限的减少（见图5-1B），贷款期内即使贷款摊还已经开始，还款额的增长仍在继续。这种还款额上升模式存在的原因在于：（1）升高的CPI对贷款余额的影响；（2）每一个接下来一年的还款额是对更短的剩余贷款期计算的。[②] 把该PLAM的月度还款额与一个30年期、固定支付10%利率的FRM相比得到的结果也很有趣。相对于PLAM的初始月还款额286美元，FRM的月还款额将约为527美元。因此，相比CPM

---

① 尽管我们将这些变量中的每一个都视为独立的和可加的，但它们可能不是独立的，并且可能相互影响。例如，风险溢价（$p$）部分取决于借款人的收入和财富将上升或下降的可能性，这可能取决于经济变化，因此取决于潜在的实际利率（$r$）。由于还款相对于收入（可能上涨或下降）增加或贷款余额超过房屋市值，收入变动将影响贷款违约的可能性。同样，我们也不能完全了解通货膨胀（$f$）与实际增长（$r$）之间的关系以及它们之间可能的相互作用。因此，读者应该意识到，我们以概念的方式处理这些影响，以说明每个成分的重要性，但我们并不意味着$i$是这样简单的。

② 读者应该意识到，在每年年底发生的调整过程可以看作是一系列新的抵押贷款发放。因此，可以根据不同的利率或期限来修改还款，而未偿还贷款余额总是代表新借入的金额。因此，借款人和贷款人可随时更改利率或变更期限，以适应或增加每月还款。

机制，在 PLAM 下可能有更多的家庭有资格购买住房。

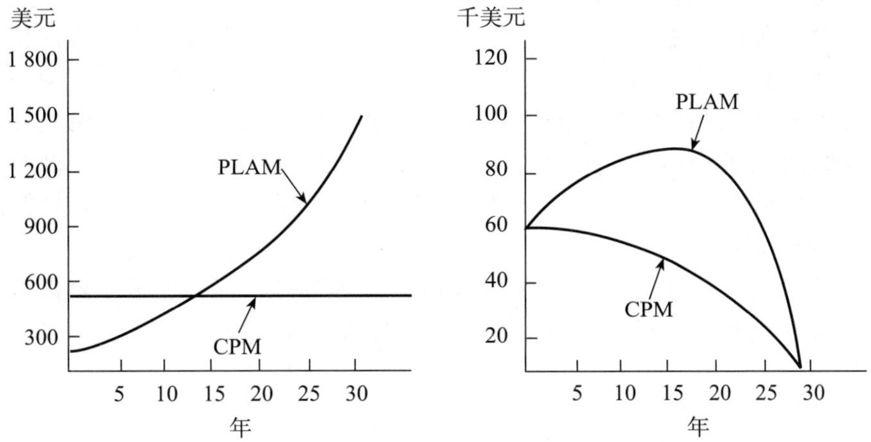


A：月还款额　　B：未偿还贷款余额

**图 5-1　还款额与贷款余额（每年通货膨胀率为 6%、利率为 4%的 60 000 美元的 PLAM 相较 30 年期、利率为 10%的 CPM）**

## 5.1.2　PLAM 存在的问题

然而，PLAM 不是没有问题。图 5-1B 显示，PLAM 的贷款余额在 15 年后增加到原来贷款额的 155%，即从 60 000 美元增加到 93 000 美元左右。住房只是组成消费物价指数的许多组成部分之一。因此，如果 CPI 中有代表性的其他商品的价格涨幅高于房价，或者房价下跌，则将贷款余额进行 CPI 指数化上调可能导致贷款余额的增加速度超过房地产价值。当这种情况发生时，借款人有动机违约。这种可能性将给贷款人带来相当大的负担，因为现在虽然不用处理通货膨胀和固定利率贷款的问题，但是他们必须为所有借款人确定适当的还款水平，预测未来房价，并确保作为抵押贷款的抵押物的房地产的价值将永远大于未偿还贷款余额。因此，在调整 PLAM 余额时，CPI 是否为一个适合使用的指标，这是值得怀疑的。

PLAM 的第二个问题与贷款还款额和借款人收入之间的关系有关。在 PLAM 机制下，在第 4 章附录中讨论的倾斜效应似乎将大大减少，因为还款额将与借款人收入更紧密地匹配。然而，这是假设 CPI（用于 PLAM 指数化调整）和借款人收入的变化是相同的。只要收入跟上 CPI 的增长，抵押贷款还款额与借款人收入之间的理想比率就很容易维持。从长远来看，这种关系可能会随着收入和贷款还款额的增加而"平衡"。"然而，如果通货膨胀大幅上升，短期内借款人的收入不太可能以同样的速度增长。"在此期间，支付负担可能会增加，还款家庭可能会发现支付抵押贷款变得更加困难。由于这种可能性，以及建立一种理想的贷款还款额与收入关系的需要，贷款人将不得不估计不同职业类别家庭的未来收入以及收入与通货膨胀的关系。刚刚讨论的贷款余额和还款额上升的问题使得估算贷款人必须收取的风险溢价（$p$）变得极其困难。

PLAM 的第三个问题是，选择用于指数化的价格水平通常以历史或事后依据来衡量。也就是说，该指数是基于上一期收集的数据，但是现在公布的数据。对于在未来进行支付的抵押贷款还款额，历史价格可能不是未来价格的准确指标。举例说明，过去一年，CPI 的变化可能已经达到 10%（目前公布）。这个数字将用于指数化未偿还的抵押贷款余额，这将决定明年的还款。如果 CPI 的增幅随后在下一年放缓至 2%，很容易看出抵押贷款的升幅（10%）会比现在的价格（2%）上升更快，或许比借款人收入增长得更快。虽然借款人的收入在上一年可能上涨了 10%，但一个时期的收入实现与下一年的高还款额之间的滞后仍然是一个问题。如果 CPI 先下降然后上涨，这个滞后问题在我们的例子中可能会变得更加扭曲。因此，许多专家认为，如果广泛采用 PLAM 计划，必须大幅缩短还款调整期之间的时间间隔。这一时间被称为调整区间（adjustment interval）。

尽管 PLAM 的实施存在实际问题，但 PLAM 的许多特征构成了了解可调整利率抵押贷款（ARM）的框架。现在我们将注意力转向 ARM，这将是本章剩余部分的重点。

## 5.2 ARM 和浮动利率贷款：概述

不同于使用价格水平的变化作为调整抵押贷款利率和还款额的机制，贷款人正在选择通过其他市场利率对贷款利率进行指数化调整的各种抵押贷款。通过选择基于利率变动的指数而不是价格指数，贷款人可以部分避免在贷款整个未偿还期间预测实际利率和风险溢价。对于 ARM，贷款人实际上构造的是在每个调整期结束时将贷款利率更新为当前利率水平的贷款。通过使用利率指数而不是基于 CPI 或任何其他价格指数的通货膨胀衡量指标，贷款人将根据未来期间 $r$、$p$ 和 $f$ 的预期未来价值获得预期收益。由于利率反映了贷款人和借款人对特定未来时期的 $r$、$p$ 和 $f$ 的期望值，所以 ARM 还款额的调整总是基于未来的期望。因此，通过将抵押贷款与利率指数挂钩，还款额将会频繁更新。因此，ARM 提供的调整对于贷款人而言比 PLAM 更及时，因为 $r$、$p$ 和 $f$ 的值会在特定的时间间隔进行修改，以反映市场对 $i$ 的每个组成部分的未来预期。例如，$f$，即预期通货膨胀率的值，是基于对未来价格的估计，而不是基于之前的例子中的 CPI 或其他价格指数等过去的观测值来确定的。类似地，$r$ 和 $p$ 的值都是市场基于目前调整日期之间的预期经济环境中的风险进行评估的。

### 5.2.1 还款基本说明

我们可以用一个简单的例子来开始说明 ARM 的机制。发行一个初始利率为 10%、额度为 60 000 美元的 ARM，期限为 30 年，其还款额将根据指数化调整后的利率在一年后重新设置。根据这些原始贷款条件，第 1 年每月支付约为 527 美元，年末余额为 59 666 美元。如果市场指数在一年内上涨，并将 ARM 的利率上调至 12%，则将根据 29 年的未偿还贷款余额确定如下：

| | |
|---|---|
| 步骤 A：确定第 1 年末的贷款余额 | 函数： |
| 解： | $FV$（$PV$，$n$，$i$，$PMT$） |
| $n$=12 | |
| $PMT$=527 美元 | |

$PV$=60 000 美元

$i$=10%/12

解得 $FV$=59 666 美元。

步骤 B：确定在 12%利率下新的还款额

解：

$n$=29×12=348

$i$=12%/12=1%

$PV$=59 666 美元

$FV$=0

解得 $PMT$=616 美元。

函数：

$PMT$（$n$，$i$，$FV$，$PV$）

因此，在第 1 年末，ARM 新的 12%的利率是对未来一年利率组成部分的最新估计，会使得还款额从每月 527 元上升至 616 美元。

从我们所举的简单的例子中，至少应该可以得到三个普遍观点：

（1）使用 ARM 并不能完全消除贷款人因利率风险而产生损失的可能性。在我们的第一个例子中，第 1 年 ARM 贷款人的收益率为 10%。如果市场利率在 ARM 发放后的第二天上涨至 12%，贷款人在第一年的剩余 12 个月期间将维持 2%的损失。显然，如果调整期间缩短到一天，这种损失将被消除，或者调整期不到一年也可以减少损失。

（2）还款调整间隔越长，贷款人的利率风险就越大。因此，贷款人对这种抵押贷款所要求的预期收益率应该更大。这个观点将在本章后面详细阐述。

（3）当贷款人承担较低的利率风险时，借款人会根据所选择的指数的性质和还款频率相应地承受更多利率风险。如果与 FRM 进行比较，那么这一点是有利的。贷款人假定其避免了未来利率变动带来的风险，ARM 的还款额将随市场状况进行自动调整。显然，在后一种情况下，借款人将承担更多的利率风险。因为借款人承担更多的风险，初始利率通常应低于 FRM。此外，由于贷款人将利率风险转移给借款人，贷款人还应该预期，在分期偿还贷款的过程中，ARM 在贷款期限内获得的收益率会更低。贷款人和借款人在针对这些贷款进行谈判时都会明确考虑到这三个因素。

### 5.2.2 ARM 的其他特性

以下包含对处理可调整利率抵押贷款时使用的一些更重要的术语的描述：

● 指数。指数（index）是借款人和贷款人达成一致的一系列参考利率（如下面所列出的其中之一），贷款人无法控制。指数实际上可能是短期的，也可能是长期的，它将被用于在重置日期重置 ARM 的利率。一些常用的指数是：

——1 年期国库券或特定期限（6 个月、10 年等）国库券指数的利率。

——（美国）联邦基金（储蓄）加权平均成本指数（COFI），由联邦住房贷款银行委员会（FHLB）编制。

——不同期限的伦敦银行同业拆借利率（LIBOR）。

● 利差。在 ARM 所选择指数基础上另加的一个固定幅度，或者价差（spread），被称为利差（margin）。

● 合成利率。基于指数的利率加上在每个重置日期确定的利差的总和被称为合成利率（composite rate）。该利率可能与起始日期的初始利率不同。

● 重置日期。调整抵押贷款的时间点称为重置日期（reset date）。这个时间段通常是6个月或1年。但是，这个时间区间可能长达3～5年，或者短于1个月或更短。

● 负摊还。在给定期间应计利息超过定期支付的情况下，差额可以以现行利率按复利计算并加入未偿还贷款余额。贷款协议允许加入未偿还贷款余额，这个被加入的金额称为负摊还（negative amortization）（见上一章对GPM的讨论）。

● 上限。在重置日期，还款额、利率、到期日延长和负摊还（或贷款余额）所允许的最大增幅被称为上限（caps）。

● 下限。还款额和利率在重置日期最大的降幅被称为下限（floors）。

● 承担能力。借款人允许随后房地产的购买人在现有条款下承担贷款的能力被称为承担能力（assumability）。

● 折扣点。与FRM一样，这些贷款的折扣点（discount points）或费用也可以用于ARM中以增加贷款人的收益。

● 提前还款权（prepayment privilege）。大多数房地产贷款的借款人有提前还款且不受处罚的特权。但是，由于提前还款是一种特权（privilege）而不是权利（right），如果贷款在某些特定的时间被提前偿还，贷款人或许可以收取罚款。

● 锁定（lockouts）。许多商业抵押贷款在特定的年份内被禁止提前偿还。在这种情况下，如果借款人想要提前还款，需要和贷款人协调提前还款费用。

● 转换期权（conversion option）。指ARM借款人将贷款转换为FRM的权利。根据协议，借款人可能在任何时候行使转换期权，或只能在特定时间以后执行。贷款人也会收取期权费。

显然，依据借款人承担风险的条件和意愿，我们可以运用上述条款的多种其他组合对借贷双方的利率风险进行分配。① 限于篇幅，我们不能对所有这些组合进行深入分析。然而，我们将提供一个框架，该框架将提供必要工具用于分析任何给定条件组合的ARM。

### 5.2.3 变体：ARM和浮动利率贷款

**3/1、5/1和7/1“混合贷款”**

另一个经常使用的ARM类别有时被称为混合ARM。这一类别会结合3年、5年或7年期FRM中的元素，之后利率会被重置，贷款会变为一个ARM。比如，3/1混合贷

---

① 在住房抵押贷款中，借款人和贷款人通常会协调三个附加条件。这些条件包括：

● 预期起始利率。预期起始利率（expected start rate）是基于挑选的指数加上贷款结束日的利差。由于贷款人的利率风险总是低于借款人，所以利率总是低于FRM的利率。

● 实际起始利率，或初始利率。实际起始利率（actual start rate）是由制定ARM贷款承诺时贷款人的竞争性市场条件决定的。当实际起始或初始利率低于预期起始利率时，有时会被称为“优惠贷款利率”。

● 优惠贷款利率。当实际起始利率与预期起始利率相比非常低时，通常表明贷款人正在积极竞争，并愿意提供较低的初始利率，即优惠利率（teaser rate），来吸引借款人。借款人必须确定的另外一个问题是，他们是否得到了真正的折扣，还是较低的利率在未来会产生将被加到贷款余额中的递延利息。利息支付根据内在指数和利差产生变化。

款将意味着前 3 年执行固定利率，之后转为可调整利率，该利率会与指数相关，并将在此后每年重置。这样一个 30 年期、初始利率为 6%的 ARM，最开始时每月还款会像 30 年期 FRM 一样进行分期付款。前 3 年的还款额将是：

| 解：第 1～3 年： | 函数： |
| --- | --- |
| $PV=-100\ 000$ 美元 | $PMT\ (PV,\ i,\ n,\ FV)$ |
| $i=6\%/12$ | |
| $n=360$ | |
| $FV=0$ | |
| 解得 $PMT=599.55$ 美元。 | |

在第 3 年底的重置日期，利率将基于借款人和贷款人约定的现行指数和利差进行重置。例如，3 年后，如果 ARM 的利率上升到 6.5%，那么其后第 1 年（第 4 年）的支付将以第 3 年底的余额为基准，即 96 084 美元。

| 解：第 4～30 年： | 函数： |
| --- | --- |
| $PV=-96\ 084$ 美元 | $PMT\ (PV,\ i,\ n,\ FV)$ |
| $i=6.5\%/12$ | |
| $n=324$ | |
| $FV=0$ | |
| 解得 $PMT=629.88$ 美元。 | |

在这个例子中，在前 3 年，还款额将与期限为 30 年、利率为 6%的 10 万美元的 FRM 相同，即 599.55 美元。第 3 年末，贷款余额为 96 084 美元，利率将重新设定为 6.5%（假设），第 4 年的还款额将为 629.88 美元。还款额将在每年的重置日期重新计算。

如上所述，一个混合贷款的变体可以由第 1～3 年单纯的利息还款、第 4 年开始根据第 3 年底的 ARM 指数计算的还款额构成。因为之前的还款只包含利息，从第 4 年开始的贷款余额将保持在 10 万美元。根据现行利率加上贷款本金在 27 年内摊还，重新计算第 4 年开始还款。然后，在剩余 27 年的每个重置日期将重新计算还款额。

**只付利息的 ARM 和浮动利率贷款**

许多浮动利率贷款被用于商业房地产的融资。只付利息的 ARM（interest-only ARM）或浮动利率贷款需要借款人每个月支付利息。例如，10 万美元的贷款，30 年后到期，初始利率为 6%，重置期为 1 年，要求支付的每月利息如下：

$$\begin{aligned}\text{每月还款额}&=\text{贷款数额}\times(\text{利率}\div12)\\&=100\ 000\times(0.06\div12)\\&=500(\text{美元})\end{aligned}$$

如果下一年年初（重置日期）指数上涨并且新利率为 8%，新的月还款额为：

$$\begin{aligned}&=100\ 000\times(0.08\div12)\\&=666.67(\text{美元})\end{aligned}$$

注意，在所有情况下，还款额是仅有利息并且不包括本金摊还的。现在，考虑在第1年末的时点，借款人在余下29年将开始摊还贷款本金余额。目前，替代“只付利息”的还款额666.67美元，新的还款额为：

| 解： | 函数： |
| --- | --- |
| $PV=-100\ 000$ 美元 | $PMT$ $(PV, n, i, FV)$ |
| $n=29\times12=348$ | |
| $i=8\%$ | |
| $FV=0$ | |
| 解得 $PMT=739.95$ 美元。 | |

第2年开始的还款额为739.95美元，其中73.27美元将用于减少本金。以8%利率对73.27美元进行复利计算，本年度的贷款摊还为912.20美元。（这可以通过 $PMT=73.27$ 美元，$n=12$，$i=8\%$，$FV=912.20$ 美元来计算）。当这个金额从100 000美元中减去时，它在第2年底产生99 087.79美元的贷款余额。应该指出的是，通过浮动利率贷款（或ARM），贷款人和借款人可以选择在指定时间内开始全额或部分摊还。例如，在第3年底，“只付利息”的每月还款必须停止，所有进一步的还款必须开始包括本金，以便在到期时全部或部分摊还贷款余额。

### ARM“优惠贷款利率”的重要性——住房贷款　　概念框5.1

如前所述，ARM的利率和每月还款额在特定时间间隔（通常为1年）内重置。另外指出，重置日的利率将以借款人选择的指数加上固定利率为依据。但是，理解优惠贷款利率是什么很重要。

ARM的初始利率在ARM开始的当天是有效的，并用于计算第1年的每月还款额。注意：在ARM贷款开始之日，如果1年期国库券利率为4%，利差为2%，则假设用于计算抵押贷款的预期初始或开始利率为6%是合乎逻辑的。然而，初始利率并不一定是6%。这是因为在起始点，贷款人可以自由地与其他贷款人竞争，为借款人提供不同的初始利率以及其他融资费用等。因此，当ARM所引用的初始利率低于现行市场指数利率加上利差时，有时将其称为“优惠贷款利率”。贷款人使用优惠价来吸引借款人并与其他贷款人竞争业务。但是，通常情况下，优惠利率只适用于从贷款起始日到第一个重置日期。在该日期后，优惠利率不再存在，利率和还款将根据现行指数加利差计算。利率和还款额将根据贷款剩余期限的指数利率加利差重新设定。

在我们的例子中，如果我们假设当ARM开始时（现行市场利率为6%），贷款人提供1.5%的优惠利率，第1年的每月还款额将是：

| 解： | 函数： |
| --- | --- |
| $PV=-100\ 000$ 美元 | $PMT$ $(PV, i, n, FV)$ |
| $i=1.5\%/12$ | |

$n=30\times12$

$FV=0$

解得 $PMT=345.12$ 美元。

这笔还款远低于贷款利率为6%的情况。例如，“只付利息”的还款额在6%的利率下将为500美元。或者，如果还款额是根据贷款原值在30年期内完全摊还，则还款额为607.32美元。

### 优惠利率和应付率

回忆以上例子，在一般利率为1年期国库券利率（4%）加上适合一般利率或预期初始利率的利差（即6%）的情况下，优惠利率设定在1.5%。贷款协议也可能规定，在第1年期间，即使可能支付的是1.5%的优惠利率，利息也将累积到6%。如果是这种情况，预期利率和应付率之间的差额将包括在含利息的贷款余额中。因此，在重置日期，有这种差异的还款额将以未偿还贷款余额为基础，加上计入了贷款余额的利息（负摊还）。

第1步

解：*EOY*（end of year）1的贷款余额　　函数：$FV(PMT, i, n, PV)$

$PMT=345.12$ 美元

$i=6\%$

$n=12$ 个月

$PV=-100\ 000$ 美元

解得 $FV=101\ 910.53$ 美元（余额）。

第2步

解：利率为6.5%重置日期的新还款额　　函数：$PMT(PV, i, n, FV)$

$PV=-101\ 910.53$ 美元

$i=6.5\%$

$n=29$ 年

$FV=0$

解得 $PMT=651.43$ 美元。

请注意，如果贷款协议明确指出，当还款额是在6%的市场利率（应付率）和1.5%的优惠利率的基础上计算的时，ARM的初始利率之间的差额计入贷款余额，那么由于负摊还的存在，重置日期的贷款余额（101 910.53美元）将大于贷款的初始金额（100 000.00美元）。（除了贷款余额之外，还可以按6%的利率计算每月利息，即500美元减去支付金额345.12美元，或每月按6%复利计算的值154.88美元。）这导致贷款余额增加1 910.53美元。如果重置日期安排在起始日期之后的两三年或更多年，则该条款可能变得更加重要。在这种情况下，贷款余额可能会由于更多的应计利息（负摊还）增加更多的数额。

### 还款冲击

在以上的例子中，我们确定当 ARM 的初始利率为 1.5%时，每月还款为 345.12 美元。如我们的例子所示，在第 2 年初，还款额可能会增加到 651.43 美元。这相当于每月还款增加了 80%以上。这种幅度的增加有时被称为还款冲击。如果在重置日期每月还款大幅增加，则可能会造成这种情况。当与 ARM 利率挂钩的指数大幅上涨时，也可能会发生这种情况。对以优惠利率发起的 ARM，还款冲击（payment shock）可能会更加严重。取决于借款人的收入水平、其他资产和重置日的资产价值，这种冲击可能导致经济困难，迫使借款人违约。因此，使用非常低的优惠利率使借款人目前能够支付每月要求的还款额，在利率重置的未来，可能产生严重的问题。

## 5.3 风险溢价、利率风险和违约风险

确定包含不同偿还特征的 ARM 的预期收益率将如何变化是非常困难的。然而，对于任何给定类型的借款人，ARM 的预期收益（成本）通常取决于前面详细描述的 ARM 规定：（1）初始利率，（2）利率指数，（3）在给定 ARM 所选择的指数基础上的利差，（4）开始时收取的发放费用，（5）付款调整频率，（6）将上限或下限纳入利率、还款额或贷款余额。贷款金额和上述六个特征将共同决定现金流出或贷款额、预期的每月还款额以及预期期间内的贷款余额，在这个基础上可以计算预期收益率（内部收益率）。除了了解上述每种关系如何影响预期收益（或借款成本）之外，其他难点还包括了解这些项的组合如何随着时间的推移而相互作用，并放大或降低贷款人的违约风险。

尽管有关贷款人将利率风险转嫁给借款人的收益已有很多说明，贷款人必须承担额外的与 ARM 相关的风险。假设允许出现负摊还，六个组成部分结合起来也会影响违约风险，比如通过妨碍借款人偿还抵押贷款的能力或通过增加贷款余额使其远高于房屋价值。虽然我们在后面的章节中更详细地讨论了用于衡量违约风险的贷款人承担标准，但我们也希望在本次讨论中强调违约风险的重要性。

考察图 5-2A 对于个人和贷款人来说是处理利率风险和违约风险之间关系的一个有用的方法。在该图中，纵轴是贷款人要求的利率风险溢价（$p$），横轴是贷款人承担的利率风险。从该图的 AB 直线我们可以看出，随着贷款人承担更多的利率风险（借款人承担的更少），贷款人将要求更高的风险溢价。因而，利率风险曲线具有正斜率。在极端情况下，如果贷款人承担了所有的利率风险（$B$ 点），就等价于采取 FRM 时所承担的利率风险。应注意到，当贷款人不承担利率风险时，借款人承担所有的利率风险。这表示为利率风险与坐标原点的交点 $A$ 点。

当借款人所承担的利率风险增加时（就像无还款额上限或利率上限的情况），贷款人所承担的违约风险增加（见图 5-2B）。违约风险在 $C$ 点最大，在该点上对 ARM 利率或还款额没有限制，这是因为借款人在如下情况面临一个更大的可能性：利率的未预期变化可能导致还款额相对于收入的显著增加（还款冲击）。因此，当借款人承担所

有利率风险时，违约的可能性更大。然而，随着贷款人承担更多的利率风险，我们应该注意到图 5－2B 中借款人的违约风险降低，这是因为当采用还款额上限或利率上限时对借款人的还款冲击被限制住了。在本质上，通过承担更多的利率风险，贷款人吸收了更多冲击，从而降低了借款人的违约风险。图 5－2B 表明，违约风险水平与贷款人所要求的随利率风险上升而增加的风险溢价负相关，然而，违约风险水平不会低于从事固定利率抵押贷款的贷款人所承担的风险（*D* 点），后者也与贷款人承担所有利率风险一致（图 5－2A 中的 *B* 点）。

总风险曲线（见图 5－2C）确定了贷款人在不同 ARM 条件下承担两种风险（利率风险和违约风险）所要求的风险溢价。贷款人承担的风险总量对应于 ARM 条件的不同组合，这些组合从借款人承担所有的利率风险（图 5－2A 中的 *A* 点）到贷款人承担所有的利率风险（图 5－2A 中的 *B* 点），包括与此相联系的给定的不同利率风险水平下贷款人所承受的违约风险大小（见图 5－2B）。因此，图 5－2C 表明，在特定利率风险和（对应不同利率风险水平的）违约风险下，贷款人应该获得的总风险溢价。

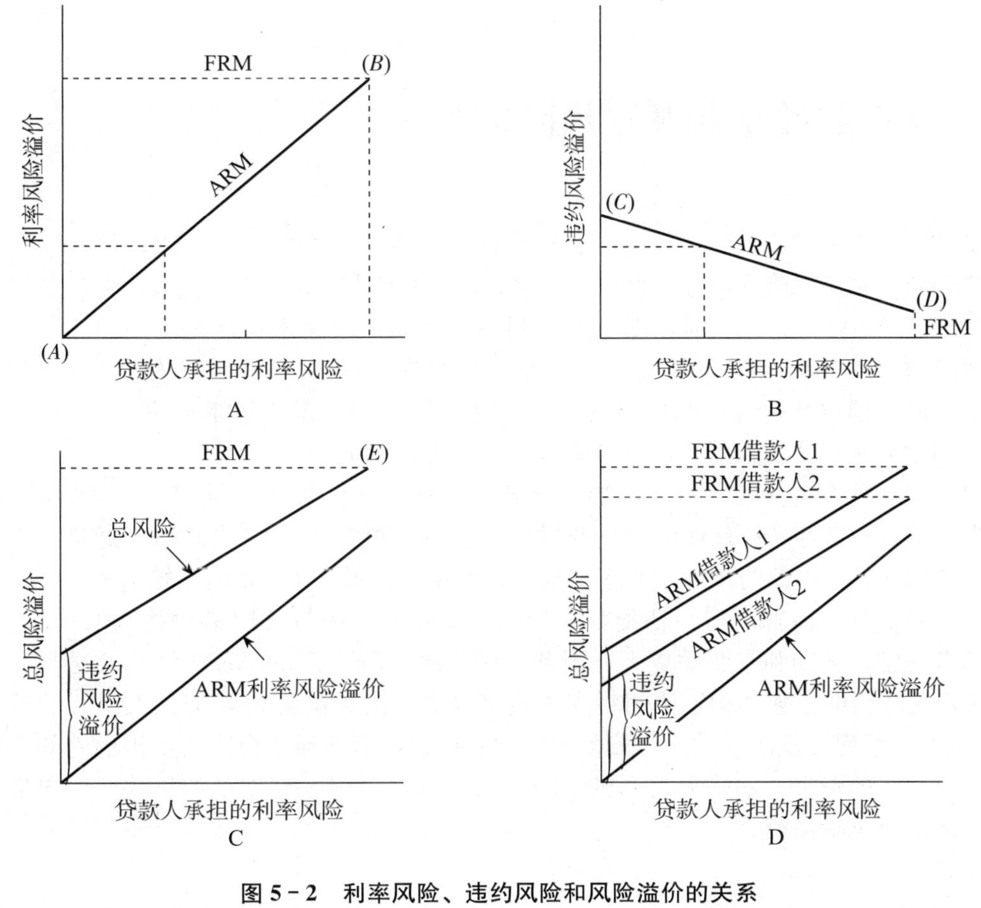


**图 5－2　利率风险、违约风险和风险溢价的关系**

图 5－2D 表明了贷款人对不同借款人所要求的总风险和风险溢价的关系。请注意，每个借款人的利率风险保持不变，然而，违约风险有所不同。因此，贷款人对 ARM 的溢价将根据每个借款人假设的违约风险以及违约风险与预期的利率风险变动的相互作用而有所不同。我们应该指出，许多其他非利率因素都可能导致违约，如失业、离婚等。我

们只关注违约风险随着利率波动而发生的变化。

但是，图 5-2 仅适用于特定的借款人。迄今为止，许多不同类型借款人的违约风险与利率风险之间的确切关系尚未得到广泛研究。因此，你不能将例子一般化到抵押贷款市场中所有的借款人和贷款人。但是，只要贷款人转移利率风险的预期收益超过潜在的违约损失，ARM 就可以向单个借款人提供。同样，只要特定的借款人愿意承担利率风险，换取对贷款人支付较低的风险溢价，ARM 对借款人也是可以接受的。

图 5-2 以图形方式描述了贷款人和借款人面临的风险-收益权衡。ARM 条件可以以许多方式进行结构化组合，以提供令两者都满意的利率风险和违约风险之间的权衡。这些条款可能包括初始利率、利差、折扣点数、所选择的指数、付款调整频率、付款上限等许多可能的组合。本章稍后将介绍 ARM 条款的各种组合。①

从上述讨论中我们可以看出，抵押贷款（借款）可以视为一个风险定价的过程，预期收益率是贷款人为借款人提供贷款的收益。用于构建 ARM 条件的组成部分（例如初始利率、指数、调整期间、上限）只是借款人和贷款人用于协调和分配利率风险以及共担违约风险的"工具"。

## 5.4 预期收益率和利率风险的关系

虽然贷款人和借款人就风险分配达成合同的流程是一个复杂的过程，但在这一过程中可能会应用利率风险和收益率的一般关系。将 ARM 与 FRM 进行比较，并与含有不同贷款条件的 ARM 进行比较时，以下关于利率风险的一般关系可能是有用的。通过关注利率风险对 ARM 收益率影响的关系，我们得到结论，ARM 只有在贷款人转移利率风险给借款人的预期收益超过违约的预期损失时才会被构建。基于以上假设，在评估 ARM 条款、利率风险和贷款人的预期收益率时，应考虑以下关系：

（1）在贷款人转移的利率风险超过借款人增加的违约风险的情况下，初始时 ARM 的预期收益率应该小于 FRM 的预期收益率。否则，借款人和贷款人都会更倾向于采用 FRM。ARM 具有更低的预期收益率，其初始利率总是低于 FRM 的初始利率。②

（2）对借款人而言，与短期指数挂钩的 ARM 通常比与长期指数挂钩的风险更高，因为前者通常比长期利率变动更大。因此，风险厌恶程度高的 ARM 借款人通常会喜欢将 ARM 与较长期指数挂钩，他们将支付更多（更高的风险溢价和贷款人得到的预期收益）。风险厌恶程度低的借款人会偏爱较短期的指数，而且预计会因为承担额外的利率风险而支付较少的资金。偏好无利率风险的借款人将选择固定利率抵押贷款，并向贷款人支付最高的总风险溢价。

---

① 如果风险可以被量化，或者切分为一些像美元这种的量化单位，合同可以明确能够分担多少风险。但是，因为风险是抽象的概念，所以这是不可能的。这就是为什么借款人和贷款人在合同中包含了各种条款，以便在任何未知的未来经济条件下分担风险。

② 虽然 ARM 的初始利率通常应低于 FRM，但短期利率高于长期利率，并且在 ARM 与短期利率挂钩的情况下，有可能 ARM 的初始利率大于 FRM 的初始利率。然而，ARM 的预期收益率应该较低，因为收益率计算到到期，其中包括预期的未来利率模式。

(3) 与上一条一致的是，对借款人来说，调整还款额的时间间隔较短的 ARM 通常比那些时间间隔较长的风险更高，因为虽然 ARM 可能与短期指数相关，但调整期间可能与指数不一致。例如，ARM 可以根据 1 年期指数的值每 3 年调整一次。调整越频繁，贷款人的利率风险越低，因为 ARM 支付将反映当前市场状况，而不考虑所选择的指数。不喜欢付款调整的借款人，将选择 FRM。

(4) 对于具有利率调整上限的 ARM，借款人的利率风险将会降低。因此，贷款人实现的预期收益率应高于不存在限制的情况。预期收益将随着限制的大小而变化。当使用下限时，因为存在对任何给定年份计算 ARM 付款利率下降的限制，借款人的风险较大。更喜欢确定性的付款和利率的借款人将选择 FRM，FRM 总是为贷款人提供最高的预期收益率。

(5) 如果由于支付上限，ARM 有负摊还，则利率变动的影响不会大幅降低借款人的利率风险或贷款人的预期收益，因为由于限制或上限而放弃的任何利息都将被推迟并成为一部分贷款余额。任何金额的负摊还也将产生复利，该利息最终由借款人支付。

## 5.5 更多复杂特征

前面我们描述了一些关于 ARM 的贷款条件、风险承担以及在 ARM 合约期内或偿还期间贷款人（借款人）应预期的收益（成本）的一般问题。但是，我们必须指出，贷款人和借款人也会对某些在贷款起始点才能知晓、会影响预期收益的贷款条件进行谈判。一旦指数、付款频率调整、付款利率和负摊还已经商定，其对贷款人和借款人的影响的程度将仅由未来的市场条件决定。然而，ARM 的初始条件、贷款额度、到期时间、初始利率、利差和折扣点数可以量化，可以在贷款时商定清楚。这些初始贷款条件将反映出：(1) 选择的指数、调整期间、任何上限或负摊还确定的贷款人所承担的利率风险的净影响；(2) 转移给特定借款人的利率风险大小对贷款人所承担的违约风险大小的净影响。表 5-1 包含了三类 ARM 和一类 FRM 所报出的假设贷款条件的总结。

**表 5-1　　假设贷款条件的对比**

| 内容 | ARM Ⅰ | ARM Ⅱ | ARM Ⅲ | FRM |
|---|---|---|---|---|
| (a) 初始利率 | 8% | 9% | 11% | 14% |
| (b) 贷款期限 | 30 | 30 | 30 | 30 |
| (c) 指数调整工具期限 | 1 年 | 1 年 | 1 年 | — |
| (d) 利差 | 2% | 2% | 2% | — |
| (e) 调整间隔或重置日期 | 1 年 | 1 年 | 1 年 | — |
| (f) 折扣点数 | 2% | 2% | 2% | 2% |
| (g) 还款上限 | 无 | 7.5% | — | — |
| (h) 利率上限 | 无 | 无 | 2%，5%* | — |
| (i) 负摊还 | — | 是 | — | — |

* 每年最多增长 2%，整个贷款期间总共增长不超过 5%。

仔细观察这些贷款，其显示出相当大的差异。我们注意到，ARM Ⅰ 的初始利率为

8%，ARM Ⅱ为 9%，ARM Ⅲ为 11%，FRM 为 14%。为什么是这样呢?

对 ARM Ⅰ的条件进行快速审查，结果显示它与 ARM Ⅱ和 ARM Ⅲ具有相同的条件（b）至（f）；然而，（g）至（i）的特征显示，其未来的还款和利率是不受限制的，因为没有支付上限或利率上限。这些条件现在可以与 ARM Ⅱ进行比较，ARM Ⅱ在加入允许负摊还条件的情况下，任何调整期间的上限为 7.5%。ARM Ⅲ的每年利率调整变动上限为 2%，整个贷款期间为 5%。当对所有三类 ARM 进行比较时，很明显，借款人在 ARM Ⅰ的条件下，相比任何其他 ARM 都要承担更高的利率风险。因此，与其他 ARM 相比，对于合格的借款人（即在所有三类 ARM 选择下具有可接受的违约风险水平的借款人），ARM Ⅰ中贷款人的预期收益率应该更低。

由于 ARM Ⅰ的预期收益率应该较低，所以初始利率一般也会低于其他 ARM 方案的初始利率。假定所有 ARM 都与相同的指数挂钩，并具有相同的利差和起始折扣点数，ARM Ⅰ实现较低预期收益率的唯一方法是降低相对于其他 ARM 的初始利率。ARM Ⅰ相比 FRM 也应该有最大的价差。FRM 中因为借款人承担所有利率风险，所以与 FRM 相比，ARM Ⅰ的贷款人应该期望获得较低的风险溢价，也就是较低的收益率（如果使用 ARM Ⅰ，则假设该借款人的违约风险是可接受的）。

使用较低的初始利率作为借款人未来接受更多利率风险和无限支付的诱因，显然只是可能用于区分 ARM Ⅰ与 ARM Ⅱ和 ARM Ⅲ以及 FRM 的众多条件项组合之一。例如，贷款人可以将 ARM Ⅰ的初始利率保持在与 ARM Ⅱ提供的初始利率相同，但降低 ARM Ⅰ的利差或收取较少的起始折扣点数，或两者兼而有之。调整其他项，如指数选择、付款调整间隔等，也可以用这三类条件实现相同的目标。

在表 5-1 中，我们注意到 ARM Ⅱ中的初始利率大于 ARM Ⅰ的初始利率。ARM Ⅱ要求的利率大于 ARM Ⅰ，因为 ARM Ⅱ具有降低借款人的还款额不确定性的还款额上限。

当 ARM Ⅲ与 ARM Ⅰ和 ARM Ⅱ进行比较时，贷款人所承担的利率风险明显较高，因为还款受限于利率上限。在这种情况下，如果市场利率上升，利率上限将限制利息支付，并且不允许贷款人收回任何失去的利息。与 ARM Ⅰ和 ARM Ⅱ相比，ARM Ⅲ规定贷款人将承担更多的利率风险。因此，它应该具有较高的初始利率。

在表 5-1 中应重点注意其他可能性。如果要改变其他条件，如指数和调整间隔，我们也预期初始贷款条件发生变化。假设在 ARMⅠ中，选择了基于具有较长期限的证券相关的指数或付款调整间隔比所示的更长，那么由于借款人的利率风险较低，我们会预期初始利率、指数或起始折扣点数均有所增加或全部上升。风险较低是因为与较长期限的证券相关的指数与基于较短期限的证券相关指数波动不同。显然，如果使用较长期的指数和付款间隔调整，其他 ARM 也会如此。事实上，如果对其他 ARM 做出这样的改变，它们将变得更像 FRM。如果在第二和第三期采用较长期指数和较低的上限，则贷款人的利率风险承受力将会更大；因此，贷款人所获得的预期收益率应在起始日期接近 FRM 的收益率。

## 5.6 ARM 还款机制

为了说明如何在表 5-1 中 ARM 的期限内确定还款调整和贷款余额，请考虑贷款金额为 60 000 美元、期限为 30 年的例子。我们假设 ARM 利率将每年调整，所以第一次调整将在第 2 年开始。贷款合成利率将由 1 年期美国国库券的指数加上 2%的利差来确定。如果我们假设（1）基于每个 ARM 发起时存在的远期利率，1 年期国库券的指数在接下来的 4 年中为 10%、13%、15%和 10%，（2）每年进行月度还款额和利率的调整，那么对于具有这些假设特征的 ARM，还款额调整、贷款余额和预期收益分别是多少？

### 5.6.1 无还款额或利率的上限或限制

需要考虑的第一种情况是 ARM Ⅰ，其中还款额是无限制的，也就是说，允许根据指数上下移动。如果实际发生了未来利率的预期分配，这种 ARM 的还款模式是什么？这种对还款或利息没有限制的情况，是直接且不难处理的。

表 5-2 的前四列包含我们的计算所需的数据。请注意，我们假设第 1 年的初始利率为 8%，但是在第 1 年之后，指数加上 2%的利差确定了还款利率。根据我们的假设，从第 2 年初至第 5 年初，用于确定还款额的利率分别为 12%、15%、17%和 12%。如前所述，与同一指数相关的 ARM 初始利率、利差以及折扣点数有所不同。这些部分通常由贷款人的竞争条件决定，并且是为贷款定价时贷款人竞争的主要变量（以及上限或其他限制）。贷款人无法控制指数，所以在为贷款定价时，必须依靠其他部分进行竞争。

**表 5-2　　　总结性数据和结论：ARM Ⅰ（无限制情况）**

| (1)<br>年份 | (2)<br>指数（%） | + | (3)<br>利差（%） | = | (4)<br>利率（%） | (5)<br>还款额<br>（美元） | (6)<br>贷款余额**<br>（美元） |
|---|---|---|---|---|---|---|---|
| 1 | | | | | 8* | 440.26 | 59 499 |
| 2 | 10 | | 2 | | 12 | 614.25 | 59 255 |
| 3 | 13 | | 2 | | 15 | 752.27 | 59 106 |
| 4 | 15 | | 2 | | 17 | 846.21 | 58 990 |
| 5 | 10 | | 2 | | 12 | 617.60 | 58 639 |

* 初始利率。

** 四舍五入取整。

表 5-2 中的还款额是基于一系列相对简单的计算。具体计算类似于在每年末开始发行一笔新的贷款，这是基于一个由指数加上利差确定的新的利率，该利率与未清偿贷款余额共同决定还款额。

（1）计算贷款余额。是基于贷款余额所在的年份适用的利率计算的。（2）计算新的还款额。是基于调整区间末任何指数变动进行计算的，在以后剩余贷款年限的每一个调整区间后重复。

第 1 步：确定第 1 年的还款额

解：　　　　函数：

$n=30\times12=360$　　　　$PMT(n, i, PV, FV)$

$i=8\%/12=0.666\ 66\%$

$PV$=60 000 美元

$FV$=0

解得 $PMT$=−440.26 美元。

第 2 步：确定第 1 年的抵押贷款余额

解：

函数：

$PV(n, i, PMT, FV)$

$n$=29×12=348

$i$=8%/12=0.666 66%

$PMT$=−440.26 美元

$FV$=0

解得 $PV$=59 499 美元。

第 3 步：确定第 2 年的还款额

解：

函数：

$PMT(n, i, PV, FV)$

$n$=29×12=348

$i$=12%/12=1%

$PV$=59 499 美元

$FV$=0

解得 $PMT$=−614.25 美元。

第 4 步：确定第 2 年的抵押贷款余额

解：

函数：

$PV(n, i, PMT, FV)$

$n$=28×12=336

$i$=12%/12=1%

$PMT$=−614.25 美元

$FV$=0

解得 $PV$=59 255 美元。

再次参考表 5-2，我们使用假设的利率模式进行计算。假设利率或还款额不存在上限或限制，我们看到每月还款额有相当大的变化。根据利率变化，在前 5 年，还款额最高上升了 39.5%，最低下降了 27%。对于强烈规避利率风险和随之变动的还款额的借款人来说，与短期金融工具挂钩的无限制 ARM 是不合适的。在表 5-2 中应该注意的最后一个部分是：不管所选的利率模式如何，贷款本金是一直在摊还的，而摊还的速度都会有差异，具体取决于每个调整期间的实际利率。

与 ARM Ⅰ相关的违约风险也在表 5-2 中清楚地反映出来。请注意，虽然初始还款水平较低，但 5 年期间的还款变动幅度较大。显然，借款人承担这一风险，贷款人必须考察借款人的未来收入或现在和未来的财富是否足以偿还每月显著变化的还款额。

## 5.6.2 还款上限和负摊还

我们现在考虑 ARM Ⅱ，贷款人和借款人达成一致：为了缓和未来的利率波动，将有一个调整间隔之间每年 7.5%的还款额增长上限。然而，在这种情况下，基于不受限制的利率变动，还款额与应付利息之差将会被加到贷款余额中。如前所述，这种类型的 ARM 包含还款上限和负摊还。

由于该 ARM 允许有还款上限和负摊还，相比无限制的情况，更多的现金流量将被推迟到未来支付。因此，贷款人的利率风险略高于 ARM Ⅰ，所以我们假定抵押贷款的初始利率为 9%，利差将维持在 2%。表 5-3 包含刚刚描述的 ARM 还款额和贷款余额的计算。如表所示，根据我们的假设，在利率模式不受限制的情况下，第 2 年的每月还款额将为 615.18 美元，比第 1 年所需 482.77 美元的还款额高出 27.4%。615.18 美元的还款额将明显高于所允许的最大增幅 7.5%；因此，还款额将限制在 518.98 美元，比 482.77 美元上涨 7.5%。但是，由于本期 ARM 需要进行负摊还，第 2 年应付利息（按 12%计算）与实际付款金额之差，将连同复利利息被加入未偿清贷款余额。

运用第 4 章中 GPM 所示的方法计算负摊还。表 5-3 包含了ARM Ⅱ的利息和摊还细目。请注意，在第 1 年，贷款利率按 9%计算，每月摊还，并且贷款余额减少。第 1 年后，必须首先根据不受限制的利率计算每月支付金额（第 3 列），以确定还款额是否会以 7.5%以上的速度增长。如果无上限的还款额增幅超过 7.5%，则还款上限（第 4 列）成立，实际支付将限制在 7.5%的增幅水平。以不受限制的利率计算的贷款余额中的每月利息为 (0.12÷12)×59 590=595.90（美元）（第 6 列）。但实际支付的金额为 518.98 美元。差额 76.92 美元（第 7 列）必须连同复利利息加到贷款余额中去。因此，第 2 年每月 76.92 美元的差额以每月 1%的复利率（第 8 列）产生利息，导致贷款余额增加 975.54 美元。[①]

**表 5-3　还款额限制的确定（负摊还：ARM Ⅱ，还款额上限为 7.5%）**　单位：美元

| (1) 每年起始 | (2) 贷款余额（取整） | (3) 无上限还款额 | (4) 7.5%还款上限下的还款额 |
|---|---|---|---|
| 1 | 60 000 | 482.77 | 482.77 |
| 2 | 59 590 | 615.18 | 518.98 |
| 3 | 60 566 | 768.91 | 557.90 |
| 4 | 63 128 | 903.79 | 599.74 |
| 5 | 66 952 | 700.96 | 644.72 |

| (5) 月度利率 | (6) 月度利息 (5)×(2) | (7) 月度摊还额 (4)−(6) | (8) 根据 (5) 计算的每月复利终值系数（年终） | (9) 每年摊还额 (7)×(8) |
|---|---|---|---|---|
| 0.09÷12 | 450.00 | 32.77 | 12.507 596 | 409.87 |
| 0.12÷12 | 595.90 | (76.92) | 12.682 503 | (975.54) |
| 0.15÷12 | 757.08 | (199.18) | 12.860 378 | (2 561.53) |
| 0.17÷12 | 894.31 | (294.57) | 12.980 582 | (3 823.69) |
| 0.12÷12 | 669.52 | (24.80) | 12.682 503 | (314.53) |

① 采用计算器，$PV=0$，$PMT=76.92$ 美元，$i=12\%/12$，$n=12$，解得 $FV=975.54$ 美元。

ARM 第 3 年的还款额是通过再次确定无上限还款额是否增加 7.5%以上来确定的。为了计算这个数值，我们得出贷款余额（包括上一年的负摊还）为 59 590＋975.54＝60 566（美元）（四舍五入取整）。在剩余期限为 336 个月、无限制利率为 15%的情况下计算无上限还款额，无上限还款额将为 768.91 美元，相比 518.98 美元增长了 48%。因此，还款额将再次按 7.5%增长，并且应付利息中不足支付的部分将以 15%的利率计算复利，作为负摊还再加到贷款余额中去。这一过程在贷款期内的每个调整期间重复。[①] 如表 5－4 所示，采用 7.5%还款额上限获得实际贷款余额。

**表 5－4　　采用每年 7.5%的利率上限时 ARM Ⅱ 的贷款余额（允许存在负摊还）**

| 年份 | 指数（%） | 利差（%） | 利率（%） | 每年起始贷款余额（美元） | 还款额（美元） | 减去：每年摊还额（美元） | 每年期末贷款余额（美元） |
|---|---|---|---|---|---|---|---|
| 1 | — | — | 9* | 60 000 | 482.77 | 409.87 | 59 590 |
| 2 | 10 | 2 | 12 | 59 590 | 518.98 | (975.54) | 60 566 |
| 3 | 13 | 2 | 15 | 60 566 | 557.90 | (2 561.53) | 63 128 |
| 4 | 15 | 2 | 17 | 63 128 | 599.74 | (3 823.69) | 66 952 |
| 5 | 10 | 2 | 12 | 66 952 | 644.72 | (314.53) | 67 267 |

* 初始利率。

关于 ARM Ⅱ 的另一个观察（见表 5－3）与 5 年期间的还款额和贷款余额的增加有关（即使利率指数从 17%显著下降到 12%）。这是因为贷款余额由于过去的负摊还而上升至第 4 年的 66 952 美元。尽管利率下降至 12%，每月利息将为 669.52 美元，相比前一年的 599.74 美元，超过最大 7.5%的增幅。因此，即使利率有所下降，还款额仍将增加 7.5%。

参考表 5－3 和表 5－4 所示的 ARM 的贷款余额，另一种方法如以下计算所示。在第 4 步中注意到，尽管第 2 年的还款额已经增加了 7.5%至 518.98 美元，但仍低于 595.90 美元的利息（累计利率为 12%÷12，故利息为 1%×59 590.08 美元）。此外，当计算中使用 12%的利率作为 $i$ 求解终值时，贷款余额增加到 60 566 美元（四舍五入取整）。与第 1 年底的贷款余额 59 590 美元相比，出现了 975 美元（四舍五入取整）的负摊还。这与第 2 年的表 5－3（第 9 列）中所示的数额相符，由每月 76.92 美元及其复利利息组成，计算复利率为 12%年利率下的月利率（即 12%÷12＝0.01）。读者应查看表 5－3 和表 5－4，并检查所涉及的步骤，以便更好地了解以下备选计算方法下得到的结果。

在表 5－3 和表 5－4 中决定 ARM 贷款余额和负摊还的可选求解方式

第 1 步：确定第 1 年的月度还款额

| 解： | 函数： |
|---|---|
| $PV$＝60 000 美元 | $PMT$（$PV$，$n$，$i$，$FV$） |

① 具有负摊还条件的 ARM 通常限制贷款期限内的贷款余额增加，因为贷款余额可能增加到超过作为贷款担保的房地产价值的水平。因此，贷款人和借款人必须同意，如果达到预先确定的最高限额，贷款人必须放弃对贷款余额的进一步积累，或那时要求增加每月还款额。

$n=30\times12=360$

$i=9\%/12=0.75\%$

$FV=0$

解得 $PMT=482.77$ 美元。

第 2 步：确定第 1 年末的贷款余额

解：　　函数：

$PV=60\,000$ 美元（根据前 1 步）　　$FV$（$PV$，$PMT$，$i$，$n$）

$PMT=482.77$ 美元（根据前 1 步）

$i=9\%/12=0.75\%$（根据前 1 步）

$n=1\times12=12$

解得 $FV=59\,590.08$ 美元。

第 3 步：确定第 2 年的月还款额

解：

$PMT=482.77\times1.075=518.98$ 美元

第 4 步：确定第 2 年末的贷款余额

解：　　函数：

$PV=59\,590.08$ 美元（由前 1 步计算的第 1 年末余额）　　$FV$（$PV$，$PMT$，$i$，$n$）

$PMT=518.98$ 美元（根据前 1 步）

$i=12\%/12=1\%$

$n=1\times12=12$

解得 $FV=60\,565.61$ 美元。

对以后的年份重复第 2～4 步。

### 5.6.3 利率上限

我们考虑使用 ARM 的最后一种情况是存在利率上限或限制的常见模式（见表 5-5）。在 ARM Ⅲ中，在任何一个调整期间（在我们的例子中为 1 年），利率的上涨幅度仅限于 2%，而在整个贷款期间为 5%。如果利率超过这些上限，还款额就受到限制。因此，利率上限也导致了还款上限，因为利率的最大上涨幅度决定了抵押贷款还款的最大增幅。这意味着如果指数加上利差超过这些上限，贷款人将失去高于上限利率的所有利息。[①] 表

① 在许多情况下，ARM 可能包括上限和下限。在我们的例子中，这将意味着允许抵押贷款利率最多下降 2%，不管指数下降多少。不过，这些下限的有效性有限，因为如果指数出现大幅下滑，且贷款协议允许提前还款，借款人可以用新抵押贷款进行再融资，利率可能低于下限允许的水平。

5-5显示了ARM Ⅲ的还款机制，其中起始利率为11%，高于ARM Ⅰ和ARM Ⅱ，因为后两者有不受限制的利率，而ARM Ⅲ有利率上限。因此，采取ARM Ⅲ的贷款人承担了更大的利率风险，因为存在超过利率上限损失利息的可能性。为了弥补这种可能性，贷款人将收取较高的初始利率，并应期望获得更高的预期收益率。

**表5-5　　总结性数据和结果：利率上限为2%和5%的ARM Ⅲ（不允许负摊还）**

| 年份 | 指数+利差（%） | 利率上限（%） | 还款额（美元） | 贷款余额（美元） |
|---|---|---|---|---|
| 1 | | 11 | 571.39 | 59 730 |
| 2 | 12 | 12 | 616.63 | 59 485 |
| 3 | 15 | 14 | 708.37 | 59 301 |
| 4 | 17 | 16 | 801.65 | 59 159 |
| 5 | 12 | 12 | 619.37 | 58 807 |

表5-5所示的还款方式是由每个调整期间结束后计算出的贷款余额确定的。然后根据剩余期限的指定利率计算还款额。计算结果表明，与ARM Ⅰ（无限制情况）相比，ARM Ⅲ的初始还款额较高，然后在剩余贷款期限内一般仍保持低于ARM Ⅰ的还款额。因此，借款人必须有更多的收入才能有获得ARM Ⅲ的资格，贷款人面临的违约风险也应该更低。两类ARM的贷款余额在第5年大致相同。由于初始利率和后来的利率都较高，ARM Ⅲ起始的支付水平高于ARM Ⅱ。然而，由于负摊还，随着时间的推移，ARM Ⅱ的贷款余额将明显高于ARM Ⅲ。

## 5.7　ARM的预期收益率：比较例子

在前面的部分，我们研究了三种通常用于房地产贷款的ARM。对于其他因素的考虑对贷款人和借款人也很重要。一个重要的问题是贷款人的收益率或借款人的成本。给定利率、还款额和贷款余额的变化情况，这些收益率（成本）将是不明显的。

### 5.7.1　计算ARM的收益率

为了比较ARM的收益率，必须通过求解内部收益率（*IRR*）或折现率来计算每个替代方案下贷款人（借款人）的收益（成本）。这个利率能够使得偿还期内所有预期还款额和贷款余额的现值均等于初始贷款额减去每个替代方案的折扣费用（或58 800美元）。为了说明，考虑在第5年偿清的无上限ARM Ⅰ的情况。使用表5-2中的数据，我们计算如表5-6所示的*IRR*（或收益率）。

**表 5-6　计算无上限 ARM 的 *IRR*（在第 5 年末还清）　单位：美元**

| (1)<br>年份 | (2)<br>月度还款额 | | (3)<br>月度年金现值系数，利率为 13%，12 个月 | | (4)<br>1 美元月度复利现值，利率为 13%，1～5 年 | | *PV** |
| --- | --- | --- | --- | --- | --- | --- | --- |
| 1 | 440.26 | × | 11.196 042 | × | — | = | 4 929.39 |
| 2 | 614.25 | × | 11.196 042 | × | 0.878 710 | = | 6 043.53 |
| 3 | 752.27 | × | 11.196 042 | × | 0.772 130 | = | 6 503.22 |
| 4 | 846.21 | × | 11.196 042 | × | 0.678 478 | = | 6 428.04 |
| 5 | 617.60 | × | 11.196 042 | × | 0.596 185 | = | 4 122.43 |
| 5 | 58 639.00 | × | — | × | 0.523 874 | = | 30 719.45 |
| | | | | | | | 58 746.06** |

* 四舍五入取整。

** 所需现值=58 800 美元：*IRR* 大约为 13%。

从表 5-6 所示的计算结果我们可以看出，预期收益率约为 13%。[①] 这意味着：即使初始利率为 8%，且 5 年期的远期利率预计在 8%～17%，预期收益率（成本）也为 13%。因此，通过计算内部收益率，我们能够得到可以在几种 ARM 之间进行比较的计算结果。

在比较考虑每类 ARM 的结果之前，我们将考察表 5-6 中使用的计算过程。基本上，我们正对一系列现金流进行折现。在这种情况下，我们需要处理五组每月一次的现金流和一个一次性的收入（贷款余额）。请注意，我们使用 13%利率下每月复利的月度年金现值系数（第 3 列），对每组现金流量进行折现。但是，这个过程使我们得到了一组 12 个月的还款额的现值，并没有考虑到第 2～5 年（第 1 年没得到）发生的现金流量。因此，知道了每组现金流量的现值并未折现到同一时点后，每个分组的现金流量必须再次以 1 美元的现值系数折现，该过程是在第 4 列进行的。然后，对一次性收到的贷款余额，即 58.639 美元进行折现。

## 5.7.2　小结：ARM、借款人、贷款人和市场行为

回顾图 5-2 中风险溢价、利率风险及违约风险之间关系的图形分析，我们现在将展示如何将 ARM Ⅰ到 ARM Ⅲ所需的风险溢价体现在图 5-3 中的总风险溢价曲线中。该图说明，在从 ARM Ⅰ到 ARM Ⅲ的条件变化中，贷款人的利率风险增加了。但是，根据图 5-2B，我们记得，随着对贷款人而言的利率风险的上升，特定借款人的违约风险会因利率风险的变动而下降。按照有利于贷款人的市场规则（转移利率风险给借款人），ARM 发起时贷款人的预期收益必须超过预期增加的违约风险。如图 5-3 中的总风险溢价情况所示，贷款人的预期收益率随着我们从 ARM Ⅰ变化到 ARM Ⅲ而逐渐增加。所有 ARM 的预期收益率都将低于 FRM 的收益率。

---

① 采用金融计算器，可以获得 13%的收益率。参见第 3 章概念框 3.2 中求解 *IRR* 的方法。我们的讨论将依赖于该结果。

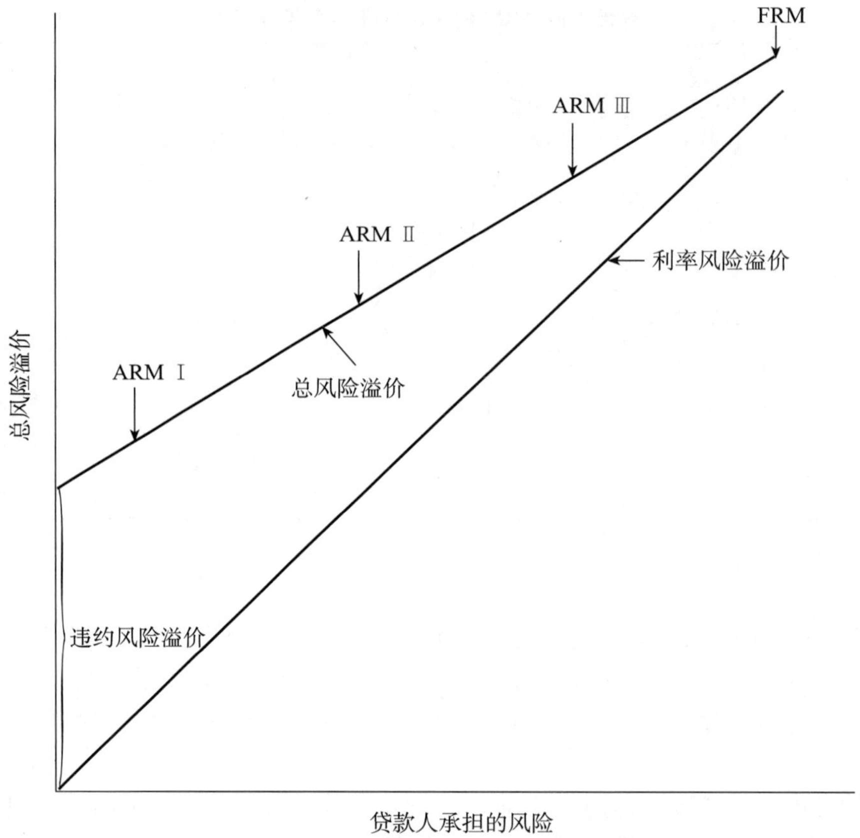


**图 5-3　基于总风险对 ARM 的排序**

我们也知道，一般来说，所有 ARM 的初始利率和预期收益率都应低于起始日的 FRM。ARM 的初始利率和预期收益率低于 FRM 或另一笔 ARM 的程度取决于还款额、上限等有关的条件。条件限制更少和向借款人转移更多的利率风险的 ARM 的初始利率通常比 FRM 低更多。支付上限和利率上调也会导致与 FRM 收益率的差距。因此，当借款人从具有不同期限和预期远期利率的特定 ARM 集合中选择时，必须在对可调整利率抵押贷款和固定利率抵押贷款进行比较之前计算预期收益率。虽然不能保证在起始时计算的预期收益将是在 ARM 期限内的资金的实际收益率或成本，但预期收益率是根据当时可获得的信息对 ARM 的成本所进行的最佳估计。

**Web App**

许多贷款人在线提供抵押贷款的利率信息。使用像 www.yahoo.com 或 www.google.com 这样的搜索引擎找到一个提供 ARM 的贷款人。可以找出关于抵押贷款如何运作的尽可能多的事情（例如，什么是初始利率？用于调整的指数是什么？指数的利差是多少？调整的频率是多少？贷款的条件有哪些？贷款是否有上限或下限？这个 ARM 的利率与固定利率抵押贷款的利率相比如何？你会选择哪一个?）

# 总　结

在本章中，我们说明了如何修改抵押贷款条件以纳入可变利率。根据经济扩张的速度和预期的通货膨胀率，需要不定期地调整可调整利率抵押贷款（ARM）的利率。在许多情况下，如果预期通货膨胀率加速而变得更加不确定，那么就会出现借款人或贷款人是否承担未来利率变动的风险的问题。在这些情况下，固定利率贷款对借款人来说变得非常昂贵，因为固定利率和抵押贷款支付额要高于借款人的收入增速。贷款支付和借款人收入之间的这种不平衡使借款人和贷款人都寻求修改贷款协议，以使房地产购买可以以与当前借款人收入水平相称的贷款支付水平进行融资。ARM 为不平衡问题提供了一个解决方案。通过各种方案，包括针对 ARM 利率选择的基准指数利率、指数波动率、调整频率、每年及整个贷款期限内利率上限以及负摊还等特点，贷款人和借款人可以协商贷款条件和支付结构，从而达成各方满意的利率风险分担协议。

## 关键术语

| | | |
|---|---|---|
| 实际起始利率 | 浮动利率贷款 | 还款冲击 |
| 下限 | 可调整利率抵押贷款 | 价格水平调整抵押贷款 |
| 调整区间 | 指数 | 重置日期 |
| 承担能力 | 利率风险 | 价差 |
| 上限 | 利差 | 优惠利率 |
| 合成利率 | 负摊还 | 非预期通货膨胀 |
| 预期起始利率 | 只付利息的 ARM | |

## 参考网站

www. hud. gov——美国住房和城市发展部。

www. va. gov——退伍军人管理局。

www. freddiemac. com——联邦住房贷款抵押公司。

www. mbaa. org——美国抵押贷款银行家协会。

www. aba. com——美国银行家协会。

www. pueblo. gsa. gov/cic _ text/housing/handbook/handbook. htm——由美国储备办公室的劳动监督机构提供。回答常见的关于可调整利率抵押贷款的问题，描述 ARM 的机制，并提供比较两种不同贷款的方法。

www. fanniemae. com/homebuyers/index. html——由房利美（Fannie Mae）提供。提供消费者获得抵押贷款、购买房地产或者进行家庭再融资的信息、工具和来源。

www. freddiemac. com/pmms/pmmsarm. htm——这是可以用于查找每月平均承诺利率和 1 年调整的抵押贷款利率点数的很好的网站。

## 问　题

1. 在前面的章节中，我们讨论了关于借款人满足抵押贷款条件的能力和具有不同还款模式的固定利率抵押贷款的演变的问题。为什么这种演变没有致力于解决贷款人所面临的问题？贷款人近年来为克服这些问题做了些什么？

2. 通货膨胀预期是如何影响抵押贷款利率的？
3. 价格水平调整抵押贷款（PLAM）是如何解决通货膨胀预期的不确定性问题的？实际应用 PLAM 存在什么问题？
4. 为什么在抵押贷款中可调整利率抵押贷款（ARM）比 PLAM 更优？
5. 列出每一笔似乎在 ARM 中可以进行商定的主要条件。运用这些条件为 ARM 定价意味着什么？
6. 利率风险和违约风险之间存在什么差异？ARM 条件中的组合如何影响到借贷双方风险的分担？
7. 如下两类 ARM 中哪一类可能定价更高，即哪一类提供较高的起始利率？ARM A 具有 3%的利差，并与 3 年期的指数相联系，还款额每 2 年调整一次；还款额调整的增加幅度不能超过上一个期间还款额的 10%；贷款期限是 30 年，且不允许存在起始贷款折扣费用和代偿债务现象。ARM B 具有 3%的利差，并与 1 年期的指数相联系，还款额每年调整一次；还款额调整的增加幅度不能超过上一个期间还款额的 10%；贷款期限是 30 年，且不允许存在起始贷款折扣费用和代偿债务现象。
8. 什么是远期利率？它们如何确定？它们与用以调整 ARM 还款的指数有什么关系？
9. 区分 ARM 的起始利率和预期收益率。二者之间有什么关系？它们通常如何反映出 ARM 条件？
10. 如果一笔 ARM 是以 8%的起始利率和 2%的利差进行定价（贷款发放时，ARM 的指数也是 8%），而一笔固定利率抵押贷款（FRM）是以 11%的固定利率还款，那么这对贷款起始时的通货膨胀率和收益率曲线上的远期利率来说隐含着什么？如果可获得的 FRM 利率为 10%，又隐含着什么？利率为 12%又意味着什么？

## 习　题

1. 一笔价格水平调整抵押贷款是依如下条件发放的：

   贷款金额＝95 000 美元；

   起始利率＝4%；

   期限＝30 年；

   折扣点数＝6%。

   在每一年年初对还款额进行调整。假设在未来的 5 年通货膨胀预期以每年 6%的增速递增：

   a. 在每年年初计算还款额。

   b. 第 5 年末贷款余额是多少？

   c. 对于这种抵押贷款，贷款人的收益率是多少？

2. 对一笔本金为 200 000 美元、30 年到期、利率为 6%、每年重置的 ARM，借款人认为第 2 年初利率会增加到 7%。

   a. 假定考虑一个完全分期贷款，第 1 年的月还款额是多少？

   b. 基于（a），第 1 年末的贷款余额是多少？

   c. 在第 2 年初的预期利率为 7%的条件下，第 2 年的月还款额是多少？

   d. 第 2 年末的贷款余额是多少？

   e. 如果只付利息，第 1 年的月还款额是多少？

3. 假设有一笔本金为 150 000 美元、30 年后到期的利率为 7%的 3/1 ARM。

   a. 假定前 3 年采用固定月度还款额并且贷款是完全摊还的。

   b. 在利率降到 6%并且贷款继续完全摊还的情况下，第 4 年初的新还款额是多少？

   c. 在（a）中如果是只付利息的情况，第 1 年的月还款额是多少？在第 4 年利率降到 6%并且贷款完全摊还的情况下还款额是多少？

4. 假设有一笔在预期起始利率是 5%、本金为 100 000 美元的 ARM。贷款第 1 年有 2%的优惠利率，随后利率会被重置。贷款完全摊还，25 年到期，并且每月还款。

a. 第 1 年的还款额是多少？

b. 假定第 2 年初的重置利率为 6%，还款额会是多少？

c. 月还款额会增加多少个百分点？

d. 如果重置日期是贷款开始后的 3 年，并且重置利率是 6%，25 年间第 4 年开始的贷款还款额是多少？

5. 30 年后到期、本金为 200 000 美元的只付利息的 ARM，起始利率为 5%并且借款人在 3 年内每月只支付利息。随后的还款额必须满足到期日贷款完全摊还。

a. 如果借款人在 3 年内，月度还款只付利息，还款额会是多少？

b. 假定第 3 年末，重置利率为 6%。借款人的还款额必须完全摊还贷款。还款额会是多少？

6. 借款人购买房地产时分析不同的 ARM。借款人预期持有房地产 5 年。贷款人首先提供了 150 000 美元、30 年完全摊还的 ARM，同时有以下条件：

初始利率＝6%；

指数＝1 年期国库券利率；

每年重置还款额；

利差＝2%；

无利率上限；

无还款上限；

不允许负摊还；

起始折扣点数＝2%。

基于估计的远期利率，与 ARM 挂钩的指数预测如下：*BOY* 2＝7%；*BOY* 3＝8.5%；*BOY* 4＝9.5%；*BOY* 5＝11%。

计算还款额、贷款余额和 5 年期间无限制 ARM 的收益率。

7. 30 年后到期、本金为 150 000 美元的 ARM 有以下条款：

初始利率＝7%；

指数＝1 年期国库券利率；

每年重置还款额；

利差＝2%；

无利率上限；

还款上限＝任何年份每年增加 5%；

折扣点数＝2%；

完全摊还，但是如果达到还款上限，允许负摊还。

基于估计的远期利率，与 ARM 挂钩的指数预测如下：*BOY* 2＝7%；*BOY* 3＝8.5%；*BOY* 4＝9.5%；*BOY* 5＝11%。

计算还款额、贷款余额和 5 年期间无限制 ARM 的收益率。

8. 假定贷款人提供 30 年后到期、本金为 150 000 美元且具有以下条件的 ARM：

初始利率＝7.5%；

指数＝1 年期国库券利率；

每年重置还款额；

利差＝2%；

利率上限＝每年 1%，还款期间最高为 3%；

折扣点数＝2%；

完全摊还，但是如果达到还款上限，允许负摊还。

基于估计的远期利率，与 ARM 挂钩的指数预测如下：*BOY* 2＝7%；*BOY* 3＝8.5%；*BOY* 4＝9.5%；*BOY* 5＝11%。

计算还款额、贷款余额和 5 年期间无限制 ARM 的收益率。

9. MakeNu 抵押贷款公司提供一种叫“稳定抵押贷款”的新抵押贷款工具。这种抵押贷款由固定利率和可调整利率组成。玛丽亚女士想为一个需要花费 100 000 美元的房地产融资，由“稳定家庭抵押贷款”（SHM）根据以下条件进行融资：

   a. SHM 需要 5%的预付定金，需要借款人支付 2%的折扣点数，并且允许贷款的 75%是固定的、25%是可调整的。固定部分的贷款 30 年后到期、年利率为 10.5%。在没有利率和还款上限的情况下，30 年的可调整部分有以下条件：

      初始利率＝9%；

      指数＝1 年期国库券利率；

      每年重置还款额；

      利差＝2%；

      无利率上限；

      无还款上限。

      对与 ARM 挂钩的美国国库券指数预测如下：*BOY* 2＝10%；*BOY* 3＝11%；*BOY* 4＝8%；*BOY* 5＝12%。

      计算玛丽亚女士总的月还款额和前 5 年年底的贷款余额。假定其 5 年后开始还款，计算贷款人的收益率。

   b. 假设初始利率为 9.5%，年利率上限为 1%，重复（a）中的计算。

10. 存在本金为 100 000 美元、30 年后到期并且起始利率为 12%的浮动利率抵押贷款。但借款人和贷款人的协商月还款额为 800 美元。

    a. 第 1 年底的贷款余额是多少？

    b. 如果第 1 年底利率升高到 13%，且保持 800 美元的还款额，第 1 年应计提的负摊还是多少？第 5 年呢？

11. **Excel.** 参考网站提供的 Excel 工作簿中的“Ch5 ARM No Caps”。假定 5 年以后指数变为 18%。无限制 ARM 的有效成本是多少？

12. **Excel.** 参考网站提供的 Excel 工作簿中的“Ch5 ARM Int Cap”。假定 5 年以后指数变为 18%。ARM 的有效成本是多少？什么上限影响了 5 年后的利率？

13. **Excel.** 参考网站提供的 Excel 工作簿中的“Ch5 ARM Pmt Cap”。ARM 的有效成本是多少？还款上限是否阻止了有效成本的增加？

# 第 6 章 抵押贷款：新概念、分析以及应用

在之前的章节中，我们已经分析了房地产金融中各种类型的抵押贷款。本章将对这些概念进行拓展，分析与抵押贷款融资相关的问题。这些问题包括，怎样比较两种贷款条件（例如贷款金额、利率）不同的贷款，怎样决定是为偿还贷款进行再融资还是提前还款，以及一个贷款假设是否合适。本书也会分析房地产的销售价格低于市场融资的效果。这是很重要的，因为通常一个人必须为可以顺利融资的房地产支付更高的价格。

## 6.1 边际借款成本

我们首先考虑怎样评价两种贷款选择，其中一个贷款方案相对于另一个可以借得更多的资金。例如，假设一个借款人打算购买价值 10 万美元的房地产，并且有两个可供选择的贷款方案。其中一个贷款人愿意提供 80%的抵押贷款，即 8 万美元，以 12%的利率出借 25 年。另一个贷款人愿意贷出 90%，即 9 万美元，以 13%的利率出借 25 年。这两种贷款均是固定利率和等额偿付抵押贷款。借款人应怎样比较可供选择的贷款方案?

为了分析这个问题，应将重点放在“边际借款成本”（marginal cost of borrowing）这个基本概念上，也可称之为“增量借款成本”（incremental cost of borrowing）。通过对之前章节内容的学习，我们了解了如何计算特定贷款的实际借款成本。但在房地产融资中，能够比较可供选择的融资方式也同样重要，通过比较，借款人可以以多种方式或在不同的贷款条件下为房地产购买进行融资。

目前的问题是，要考虑贷款金额以及利率的差异。一笔贷款既可以是贷款金额为 8 万美元、贷款期限为 25 年、贷款利率为 12%，也可以是贷款金额为 9 万美元、贷款期限

为 25 年、贷款利率为 13%。因为不存在发放费用，从第 4 章我们可以知道这两笔贷款的实际利率成本分别是 12%和 13%。但是，借款人应该计算的一项重要成本是获得增量或额外的 1 万美元的成本，这决定了他应该选哪种贷款方式。起初，你可能会认为由于 9 万美元的贷款利率是 13%，则获得额外 1 万美元的成本也是 13%。事实并非如此。仔细计算这两种贷款会发现，如果借款人想要借得额外的 1 万美元，即以 13%的利率借 9 万美元，他必须也要为开始借得的 8 万美元支付额外 1%的利息。这极大地增加了获得额外 1 万美元的成本。9 万美元的贷款还款时要支付得更多，不仅仅是因为额外多借了 1 万美元，而且因为对全部贷款金额支付了更高的利率。为了决定额外 1 万美元的成本，我们必须考虑 9 万美元的贷款比 8 万美元的贷款在偿还时要多支付多少。[①] 然后，将差额与额外借得的 1 万美元做对比。做法如表 6－1 所示。[②]

**表 6－1** 单位：美元

| | 贷款金额 | | 贷款常数 | | 每月还款额 |
|---|---|---|---|---|---|
| 贷款方案Ⅱ（利率为 13%） | 90 000 | × | 0.011 278 4 | = | 1 015.05 |
| 贷款方案Ⅰ（利率为 12%） | 80 000 | × | 0.010 532 2 | = | 842.58 |
| 差额 | 10 000 | | 差额 | | 172.47 |

通过月度复合，我们想得到能够使上述差额的现值（172.47 美元）等于 1 万美元（贷款增量）的年利率。为解出 $i$，我们发现：

解：

$n=25\times12=300$

$PV=-10\ 000$ 美元

$PMT=172.47$ 美元

$FV=0$

解得 $i$（年化）＝20.57%。

函数：

$i$（$n$，$PV$，$FV$，$PMT$）

金融计算器显示答案是 20.57%。因此，如果我们的借款人想要借额外的 1 万美元即 9 万美元贷款，成本将超过 20%，远高于 13%。这个成本被称为边际借款成本或增量借款成本。9 万美元贷款要求的 13%利率可被认为是 8 万美元贷款的 12%利率以及额外 1 万美元贷款对应的 20.57%利率的加权平均。即：

$$\frac{80\ 000}{90\ 000}\times12\%+\frac{10\ 000}{90\ 000}\times20.57\%=12.95\%\text{或}13\%\text{(四舍五入)}$$

当判断是否借额外的 1 万美元时，借款人必须考虑这一成本。如果借款人资金充足，就不必借这 1 万美元，这个利率告诉借款人没有投资于房地产的那部分资金的最低收益率应该是多少。换句话说，通过取得一笔更大的贷款（9 万美元相比 8 万美元），借款人的首付款将比贷款金额为 8 万美元时少 1 万美元。因此，除非借款人能在 1 万美元的投

① 虽然我们举的是 8 万美元和 9 万美元贷款的例子，但可将算法推广到其他有相同房地产价值百分比的贷款。

② 对单一家庭住宅来说，当贷款金额超过房地产价值的 80%时，贷款人通常会要求借款人购买私人抵押贷款保险。购买该保险的成本将影响边际借款成本，在计算中必须予以考虑。在第 8 章，我们将详细讨论私人抵押贷款保险。

资中获得至少20.57%的收益率，这1万美元未投资于房地产且承担相同的风险，否则最好是选择较小金额的8万美元贷款。

如果贷款金额为8万美元，借款人没有足够的资金支付首付款，那么则必须借9万美元，边际借款成本是获得额外1万美元的成本。有许多可供选择的途径以得到额外的1万美元。例如，如果借款人能够以低于20.57%的利率再取得1万美元的抵押贷款，这种方法要优于直接贷款9万美元。① 因此，边际成本的概念也是机会成本的概念，因为它告诉借款人对于任何额外的借款金额来说，最低收益率应该是多少，或者应该支付的最高金额是多少。

应该指出，我们得出的20.57%这个数字也代表了贷款人将额外的1万美元贷给借款人获得的回报，即借款人面对的借款成本反映贷款人的贷款收益。当然，我们计算出的数字并没有将联邦所得税考虑在内，所得税在收益与成本的决定中也十分重要（查阅本章附录）。例如，如果借款人比贷款人面对的税率高，则借款人的税后成本少于贷款人的税后收益。

### 6.1.1 提前还款

应指出，在本例中，边际借款成本取决于何时偿还贷款。例如，如果5年后即还清贷款而不是在贷款期结束后还清，边际借款成本就会从20.57%增加到20.83%。为了弄清楚这是如何计算出来的，我们将上述分析进行修改，考虑如果贷款在5年后还清，那么8万美元贷款要偿还的金额与9万美元贷款要偿还的金额有所不同。因此，考虑到两种贷款偿付的差异，我们也必须考虑在贷款偿还时贷款余额的差额。我们可以发现边际借款成本如表6-2所示。

**表6-2** 单位：美元

| | 贷款金额 | | 贷款常数 | | 每月偿还额 | 5年后贷款余额 |
|---|---|---|---|---|---|---|
| 贷款方案Ⅱ（利率为13%） | 90 000 | × | 0.011 278 4 | = | 1 015.05 | 86 639.88 |
| 贷款方案Ⅰ（利率为12%） | 80 000 | × | 0.010 532 2 | = | 842.58 | 76 522.56 |
| 差额 | 10 000 | | 差额 | | 172.47 | 10 117.32 |

为了找到答案，我们必须找到使月还款额差额（172.47美元）的现值及贷款余额的差额现值之和等于1万美元的利率。我们可以证明现在的边际借款成本是20.83%，是提前还款的结果。在下一小节中我们可以看到，当时提前还款的影响可能会更大。

解：

$n=5\times12=60$

$PV=-10\ 000$ 美元

$PMT=172.47$ 美元

$FV=10\ 117.32$

解得 $i$（月度）$=1.736\ 0\%$；

$i$（年化）$=1.736\ 0\%\times12=20.83\%$。

函数：

$i\ (n, PV, PMT, FV)$

① 第二抵押贷款的实际成本较低意味着借款人每个月支付较少的利息。但是，如果第二抵押贷款的贷款期限少于25年，则第一次贷款8万美元、第二次贷款1万美元这种贷款方式的总月度还款额要多于直接贷款9万美元的贷款方式。因此，一些贷款人可能更喜欢选择有较高实际借款成本的贷款，从而每月还款额较少。

### 6.1.2 发放费用

显然，在决定为特定项目的融资要借多少钱时，边际借款成本的概念是十分重要的。在上一小节，我们讨论的两个贷款方案非常明确；它们之间的唯一区别在于利率以及借款金额。在大多数情况下，可供选择的融资方案随借款金额的增加有不同的利率，利率也可能随贷款期限的不同而有所变化。并且，通常贷款发放费用（origination fees）也会被收取。本部分讨论的是两个贷款方案贷款费用的差异。随后，我们将考虑贷款期限的差异。

第一个例子是在对两个 25 年期的贷款方案收取贷款发放费用的情况下计算边际借款成本。例如，如果对 8 万美元的贷款收取 1 600 美元的发放费用（2%）并且对 9 万美元的贷款收取 2 700 美元的发放费用（3%），这样做会如何影响边际借款成本？这些差异可以很容易地被包含进成本计算中，具体如下。

借款金额和还款额各自的差额如表 6－3 所示。

**表 6－3** 单位：美元

| | 贷款 | － | 费用 | ＝ | 支付净额 | 贷款 | × | 贷款常数 | ＝ | 月还款额 |
|---|---|---|---|---|---|---|---|---|---|---|
| 贷款方案Ⅱ（利率为 13%） | 90 000 | － | 2 700 | ＝ | 87 300 | 90 000 | × | 0.011 278 4 | ＝ | 1 015.05 |
| 贷款方案Ⅰ（利率为 12%） | 80 000 | － | 1 600 | ＝ | 78 400 | 80 000 | × | 0.010 532 2 | ＝ | 842.58 |
| | | | 差额 | ＝ | 8 900 | | | 差额 | ＝ | 172.47 |

通过月度复合，我们想找到使月还款额差额（172.47 美元）的现值等于扣除发放费用后的贷款金额差额（8 900 美元）的年利率。使用金融计算器，我们发现正确答案是 23.18%。因此，当 9 万美元贷款比 8 万美元贷款多收取 1 100 美元费用时，边际成本增加到大约 23.2%。因此，借款人实际上只多借了 8 900 美元而不是 1 万美元。

解：

$n=25\times12=300$

$PV=-8\,900$ 美元

$PMT=172.47$ 美元

$FV=0$

解得 $i=1.931\,6\times12=23.18\%$（年化）。

函数：

$i\,(n,PV,FV,PMT)$

和之前一样，如果贷款在到期前偿还，边际借款成本将增加。例如，如果上述问题中的贷款在 5 年后偿还，边际借款成本将增加到大约 24.67%。

### 6.1.3 边际借款成本与第二抵押贷款的对比

显然，边际借款成本取决于利率随贷款价值比（loan-to-value ratio）增加而增加多少。在之前讨论过的例子中，当贷款价值比从 80%增至 90%时，利率从 12%增至 13%（1%的差额）。在不收取贷款发放费用且持有贷款至到期时，边际借款成本是 20.57%。如果贷款价值比从 80%变动到 90%导致利率的变化幅度超过 1%，边际借款成本将会增加。反之，如果差额小于1%，边际借款成本将会减少。

因为借款人可以选择到底是借90%的贷款还是借80%的贷款再加上剩下10%的第二抵押贷款，我们可以期望相同借款期限的第二抵押贷款其边际借款成本具有竞争性。在本例中，如果能以少于20.57%的边际借款成本取得25年期的第二抵押贷款，那么贷款价值比为90%的贷款就失去了竞争力；这表明，90%贷款和80%贷款之间的1%的利差太大了。贷款人将不得不调整这一差额（或第二抵押贷款的利率），从而使边际借款成本与第二抵押贷款的实际成本大致相同。

在图6-1中，我们计算了之前讨论的可供选择贷款的边际借款成本，这些贷款均假设5年后提前还款。该图表明了边际借款成本是如何受90%贷款和80%贷款之间的利差影响的。零利差意味着两种贷款的合同利率（12%）相同。1%的差额意味着合同利率要高1%（例如，90%贷款的利率是13%）。

当利差是零时，边际借款成本等于贷款实际成本。例如，当贷款人不收取贷款发放费用时，借款人的边际借款成本是12%，与80%贷款的利率相同。随着利差的增大，边际借款成本增加。每种贷款的边际借款成本增加的量大致相同。

假设第二抵押贷款的贷款金额是房屋购买价格的10%（在80%的第一抵押贷款的基础上），实际成本是20%，贷款期限为25年。将该贷款的图形添加到图6-1中。[①] 这表明，为了变得有竞争力，90%贷款的边际借款成本应高于80%贷款，定为20%。假设贷款人期望贷款平均5年后被提前偿还，并且对80%贷款收取2个点的费用，对90%贷款收取3个点的费用。这表明，利差应为0.5%或50个基点（见图6-1）。或者，如果贷款人不想对任何贷款收取费用，利差将约为90个基点。

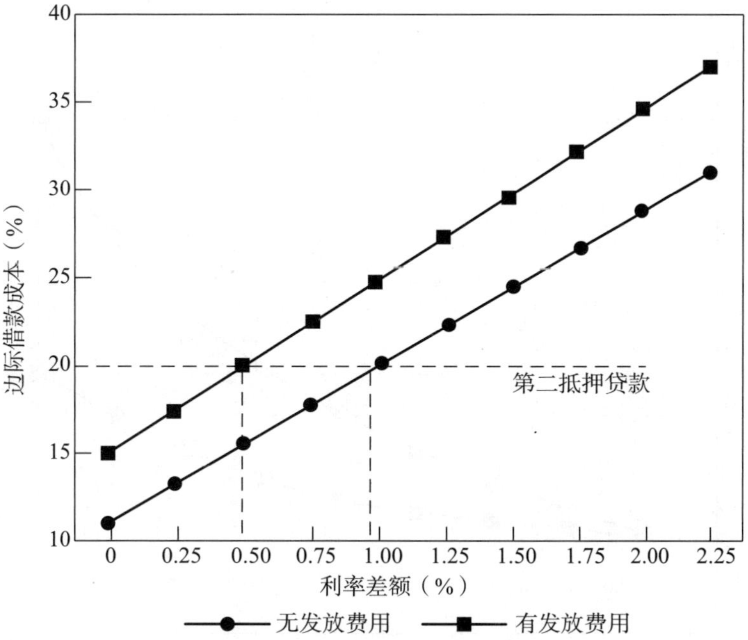


**图6-1　边际借款成本和利差**

① 为了将这个利率和边际借款成本做比较，这个利率必须是考虑到发放费用和提前还款影响的贷款实际成本。

## 6.1.4 边际成本与贷款价值比间的关系

在之前的部分，我们列举了对 90%贷款（9 万美元）利率为 13%以及 80%贷款（8 万美元）利率为 12%的边际成本的计算。

没有贷款发放费用并且持有贷款至到期时，边际成本是 20.57%。贷款金额增加的部分使贷款价值比从 80%增加到 90%，边际借款成本即为贷款人对这部分贷款要求的收益。正如之前讨论过的，这个额外的回报与 10%贷款价值比的第二抵押贷款要求的回报相比应有竞争力。边际借款成本代表贷款人贷出额外的资金所要求的边际收益，贷出额外的资金即提高贷款价值比，无论是提高第一抵押贷款还是增加第二抵押贷款的贷款价值比，情况都是如此。

在之前的例子中，我们使用了对全部贷款金额来说的利差（例如，80%贷款的利率与 90%贷款的利率做对比）来计算增加的 10%贷款的内含成本。但是，理论上额外贷款金额的边际成本必须得反映借贷均衡所需要的收益率，这个收益率与和额外贷款金额联系在一起的违约风险水平高低有关。随着贷款价值比的提高，违约风险也增大。因此，我们期望边际借款成本随贷款价值比而增加。反过来，这拉升了贷款的平均成本。图 6-2 显示了额外多借一单位所要求的利率（边际借款成本）和贷款的平均利率（有特定贷款价值比的贷款的实际利率）之间的关系。为了比较前述例子的结果，图中的计算以 25 年期贷款为基础，并且持有贷款至到期，无贷款发放费用。假设获得的贷款的贷款价值比每次均提高 10%。当贷款价值比为 10%时，平均利率与边际利率相同，因为这是第一个增量贷款。然后，边际利率随着贷款价值比的提高而增加。边际利率增加得比平均利率要快，因为平均利率是每一边际成本的加权平均边际成本。

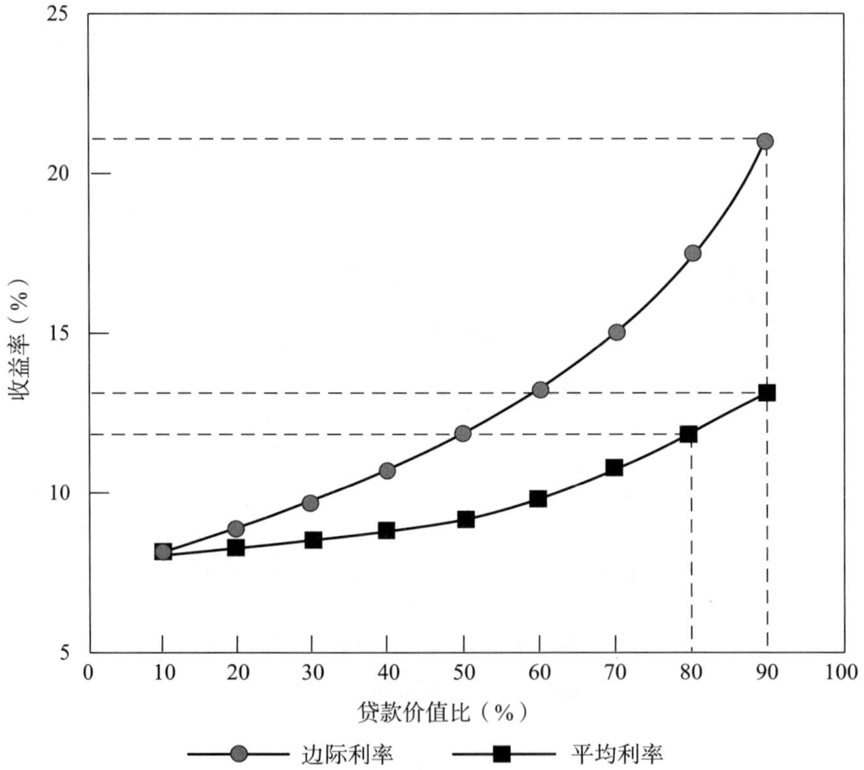


**图 6-2 贷款价值比对借款成本的影响**

我们很熟悉边际成本与平均成本之间的关系，那就是，只要边际成本大于平均成本，边际成本就会拉升平均成本。

例如，图 6－2 表明 80％贷款的平均成本是 12％。90％贷款的边际成本大约是 21％。这表明 90％贷款的平均成本可被估算为一种加权平均，如下：

$$90\%\text{贷款的平均成本}=(80/90\times12\%)+(10/90\times21\%)=13\%$$

注意，当没有贷款发放费用且持有至到期时，这个结果与之前部分相同贷款的计算结果相同。[①]

因为边际借款成本与第二抵押贷款利率相比必须有竞争力，图 6－2 所示增量借款的利率也应该与第二抵押贷款的市场利率大致相同。因为对贷款人来说以低贷款价值比放贷是缺乏效率的[②]，但是，事实上我们可能不会查看贷款价值比区间中较小值一侧的贷款报价，也就是说，借款人可能不得不为任何小于 60％贷款价值比的贷款支付相同的利率。这意味着边际成本和平均成本实际上直到贷款价值比超过 60％时才会开始增加。

**Web App**

私人抵押贷款保险是取得大于 80％贷款价值比贷款的一种方法。像美国抵押贷款保证保险公司（MGIC，www.mgic.com）这样的公司会提供此类贷款。买保险以得到额外的贷款（超过 80％）与支付更高的利率以得到更高的贷款价值比相似。浏览 MGIC 官网查阅更多关于私人抵押贷款保险以及典型成本的信息。你如何决定要求购买私人抵押贷款保险的贷款的边际成本和不要求购买保险的贷款的边际成本？

### 6.1.5 贷款期限的差异

在之前的例子中，我们考虑的可供选择的贷款都有相同的贷款期限（25 年）。如何确定贷款期限和利率均不相同的贷款的边际成本？贷款期限的不同会改变结果吗？我们对之前的例子做一些改动，假设 9 万美元的贷款有 30 年的贷款期限以及更高的利率，以此来回答以上问题。那么分析过程是怎样改变的呢？首先，我们必须计算出表 6－4 中的信息。

**表 6－4** 单位：美元

| | 贷款 | 月还款额（第 1～25 年） | 月还款额（第 26～30 年） |
|---|---|---|---|
| 贷款类型Ⅲ（13％，30 年） | 90 000 | 995.58 | 995.58 |
| 贷款类型Ⅰ（12％，25 年） | 80 000 | 842.58 | —0— |
| 差额 | 10 000 | 153.00 | 995.58 |

在这种情况下，贷款期限为 30 年、利率为 13％的 9 万美元贷款的月还款额为

① 这个公式是粗略估计，因为每笔贷款的相对权重实际上会随分期偿还时间的变化而有略微的改变。每笔贷款都是在 25 年中分期偿还的，80％贷款的贷款价值比下降得一定比 10％的贷款快得多，因为这两笔贷款的贷款价值比在到期时都会变为 0。

② 交易成本与具有高贷款价值比的贷款相同。

995.58 美元。但是，例子中的月还款额有两点不同。在前 25 年，借款人要为贷款类型Ⅲ每月多支付 153 美元。在最后 5 年，即第 26～30 年，还款额差额即为贷款类型Ⅲ全部的月还款额 995.58 美元，因为 8 万美元贷款在 25 年后就还清了。在上述推导中，第二阶段支付的 995.58 美元年金会持续 5 年，但在 25 年后才会收到，因此必须折现。我们不能直接计算出结果，因为有两个未知的因素。因此，我们必须用第 3 章概念框 3.2 中提到的办法来计算收益率（成本）。

| 解： | 函数： |
|---|---|
| 要求现金流分析：<br>$CF_0$ = −10 000 美元<br>$CF_j$ = 153.00 美元<br>$n_j$ = 300（第 1～25 年）<br>$CF_j$ = 995.58 美元<br>$n_j$ = 60（第 26～30 年）<br>解得 *IRR*(月度) = 1.571 9%，*IRR*(年化) = 18.86%。 | *IRR*（$CF_1$，$CF_2$，…，$CF_n$） |

因为想得到的现值是 1 万美元，所以结果必须要稍小于 19%。使用能够计算不均匀或有分组的现金流的 *IRR* 的计算器①，我们发现结果是 18.86%。因此，给定以下条件的额外 1 万美元借款利率从 12% 增加到 13%，贷款期限从 25 年增加到 30 年，其边际成本是 18.86%。比较该结果与第一个例子中的边际成本（20.57%），第一个例子中的两种贷款均没有贷款发放费用但贷款期限都是 25 年。在本例中边际成本较低，原因在于虽然 9 万美元贷款必须以一个更高的利率来支付，但还款期限更长，是 30 年。即使借款人为 9 万美元贷款支付更高的利率，有一个较长的摊还期（因此月还款额更低）也是有好处的。

注意，如果借款人希望在到期前还清贷款，那么在计算边际借款成本时必须考虑月还款额的差异以及贷款余额的差异。并且，如果收取贷款发放费用的话，贷款人支付的额外资金要相应地减少。

## 6.2 贷款再融资

有时，人们可能会有机会以较低的利率再融资一笔抵押贷款。做任何贷款再融资（loan refinancing）决定均需了解的基本关系至少有三个：（1）现存未偿贷款的期限，（2）新贷款的期限，（3）与还清现存贷款以及获得新贷款相关的费用（例如，提前还款惩罚或者新贷款的发放费用和手续费）。为例证，假设借款人 5 年前申请了 8 万美元利率为 15% 的 30 年抵押贷款（每月还款）。5 年后，利率下降，并且可获得一笔利率为 14% 的 25 年期新抵押贷款。现存贷款的贷款余额为 78 976.50 美元。假设现存贷款的提前还款惩罚为 2%，并且提供新贷款的贷款人要求 2 500 美元的发放费用和 25 美元的杂项手

① 不像具有固定还款额的问题，这种计算需要一个能输入随时间变化的现金流的计算器。

续费。借款人应该再融资吗？

要回答这个问题，我们必须分析再融资的成本和由于利率下降而获得的收益。再融资的成本如下：

| 再融资成本（美元）： | |
|---|---|
| 提前还款惩罚：（2%×78 976.50 美元） | 1 580 |
| 新贷款发放费用和折扣点数 | 2 500 |
| 新贷款登记费用等 | 25 |
| | 4 105 |

很明显，再融资的收益也就是由于利率降低而带来的储蓄利息。因此，如果进行再融资，新贷款的月还款额将低于现存贷款的月还款额。如下所示，每月节省的金额可能为 60.87 美元：

| 因再融资而产生的月还款节省额（美元）： | |
|---|---|
| 现存贷款（80 000 美元、利率为 15%、30 年期）的月还款额 | 1 011.56 |
| 减：新贷款（78 976.50 美元、利率为 14%、25 年期）的月还款额 | −950.69 |
| 两者月还款差额 | 60.87 |

25 年中节省的总现金是 60.87×300=18 261（美元），大于再融资成本 4 105 美元。但是，节省的 18 261 美元不会立即收到，因此我们一定会问这是否值得“投资”，即支付 4 105 美元（再融资收取的费用）以在贷款期限内每月节省 60.87 美元。4 105 美元能否被投资于一个获利更多的项目呢？一个项目的收益率为多少时获得的收益等价于将 4 105 美元用于再融资？为分析这个问题，我们需要计算每月收益为 60.87 美元时，4 105 美元投资 25 年的收益率。使用金融计算器，我们发现投资 4 105 美元以在 25 年中每月获得 60.87 美元的收益，其收益率为 17.57%。如果找不到另一个风险相同且年收益率为 17.57%的项目，就应该进行再融资。这个收益率是有吸引力的，因为它高于必须支付给新贷款的 14%的市场利率。因此，再融资可能是有利的。

解：

$PV$=4 105 美元

$n$=300

$FV$=0

$PMT$=60.87 美元

解得 $i$=17.57%。

函数：

$i$（$PV$，$n$，$FV$，$PMT$）

### 6.2.1 提前还款：贷款再融资

如果房地产没有被持有 25 年，在整个 25 年内每月节省 60.87 美元就不会发生，因此再融资不再像之前那样有吸引力。如果我们假设借款人计划在再融资之后仅再持有房地产 10 年，再融资仍然是值得的吗？注意只要进行再融资，4 105 美元的成本就不会发生改变；但是，收益将会改变。每月 60.87 美元的收益将仅在 10 年中实现。并且，因为借款人希望 10 年之后就还清再融资的贷款，则由于摊还率的不同，现存贷款和新贷款的贷款余额之间将会有差额。我们假设如果从现在开始 10 年内清偿，且这两笔贷款均没有提前还款惩罚。

| | |
|---|---|
| 贷款余额，第 15 年——现存贷款 | 72 275 美元 |
| 贷款余额，第 10 年——新贷款 | −71 386 美元 |
| 差额 | 889 美元 |

其中，现存贷款总额为 80 000 美元，利率为 15%，期限为 30 年，15 年后提前还款；新贷款总额为 78 976 美元，利率为 14%，期限为 25 年，10 年后提前还款。

上述计算比较了在取得新贷款的情况下，现存贷款和新贷款的贷款余额，表明如果进行再融资，较低贷款余额会节省 889 美元。因此，再融资活动的总收益为 10 年中每月节省 60.87 美元，再加上 10 年后的 889 美元。总收益能抵得过 4 105 美元再融资成本的支出吗？为了回答这个问题，我们计算了 4 105 美元支出的回报，如下：

解：

$n=10\times12=120$

$PV=-4\ 105$ 美元

$PMT=60.87$ 美元

$FV=889$ 美元

解得 $i=14.21\%$。

函数：

$i\ (n,\ PV,\ PMT,\ FV)$

因为贷款提前还清并且每月 60.87 美元的收益并不会在整个 25 年期中发生，收益率低于之前例子中 17.57%的收益率。在 10 年期中，再融资的收益率将是每年 14.21%。

显然，该收益率低于之前假设 25 年后还清贷款时的收益率。事实的确如此，因为 4 105 美元的再融资成本是固定的，而 60.87 美元的收益现金流从 25 年缩短到 10 年。尽管由于贷款余额的差额又节省了 889 美元，但这并不能弥补从第 10 年至第 25 年内月收益额的损失。*IRR* 与再融资后持有贷款的年数之间的关系如图 6－3 所示。

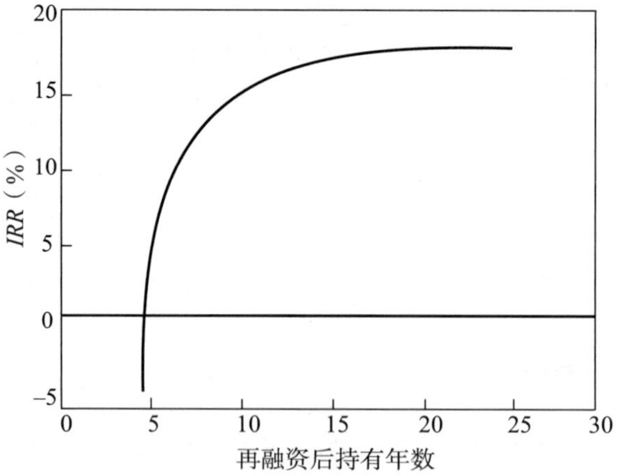


**图 6－3　再融资收益的 *IRR***

注意，如果仅再持有贷款 5 年，来自再融资的收益将是负数。之后的每一年回报都迅速增长，直到 15 年后。要分析再融资决策，我们不仅要比较成本和收益，还要比较一个人想要持有房地产的时间。①

## 6.2.2 再融资的实际成本

再融资问题也可以用以下方法来分析，即将原来讨论过的实际成本概念加以扩展。我们知道贷款点数会增加贷款的实际成本。在上述例子中，借款人要借 78 976.50 美元的新贷款但必须支付 4 105 美元的“费用”。尽管费用中也包含以前贷款的提前还款惩罚，但这些费用可被视为通过再融资取得新贷款的成本，或称为再融资的实际成本（effective cost of refinancing）。因此，借款人实际上收到 78 976.50 美元减 4 105 美元，即 74 871.50 美元。25 年期 14%利率的新贷款的月还款额应为 950.69 美元。为了得到持有贷款至到期（即持有 25 年）的实际成本，我们有如下计算：

| 解： | 函数： |
| --- | --- |
| $n=25\times12=300$ | $i$（$n$，$PV$，$PMT$，$FV$） |
| $PV=-74\ 871.50$ 美元 | |
| $PMT=950.69$ 美元 | |
| $FV=0$ | |
| 解得 $i=14.86\%$。 | |

使用金融计算器，算得利率为 14.86%。这可以被看作是通过再融资所得新贷款的实际成本。由于该成本小于原来贷款的成本（15%），再融资可能是有利的。② 因此，我们得到与计算再融资投资回报时相同的结论。

## 6.2.3 借款再融资成本

在以上的分析中，我们假设借款人不得不支付（作为一项现金支出）4 105 美元的再融资成本。但是，借款人可能在再融资上有困难，他也可以通过借款获得再融资所需资金。③ 这会如何影响我们的分析呢？

现在，借款人为支付 78 976.50 美元的贷款余额加上 4 105 美元的费用，融得一项总额为 83 081.50 美元的贷款，利率为 14%（假设利率相同），月还款额应该是 1 000.10 美元。④ 我们如何比较上述贷款和借款人在再融资时没有现金支出这两种情况？答案很简单。这些贷款的月还款额仍然比原来贷款的月还款额（1 011.56 美元）低。考虑到借款人在 300 个月中享有较低的月还款额（可少还 11.46 美元），并且没有任何现金支出，再

---

① 显然，再融资后借款人想持有房地产的时间越短，“投资”得到的回报越低。事实上，如果时间相对较短，回报可能为负。因此，如果借款人想在再融资之后不久就卖出房地产，那么判断是否进行再融资就比较困难。

② 为原来贷款支付的点数不再考虑，因为它们是“沉没成本”；也就是说，费用已经支付了并且不受再融资的影响。因此，只需比较原来贷款现在的利率和新贷款的实际成本即可。

③ 借款人可能会有足够的抵押资产净值来这样做，因为如果原来的贷款已持有了几年，贷款余额会减少，房地产的价值会增加。

④ 如果这种方法被用于分析提前还款的情况，那就要将再融资贷款的额外贷款余额考虑在内。这将会减少较低月还款额带来的收益。

融资是有利的。[①]

当然，我们也可以像之前小节那样计算再融资的实际成本。在这种情况下，贷款总额是 83 081.50 美元；但是，借款人实际只能享有 78 976.50 美元带来的好处（贷款金额小于再融资成本）。月还款额为 1 000.10 美元，并且假设持有新贷款至到期，则计算的实际成本如下：

| 解： | 函数： |
|---|---|
| $n=25\times12=300$ | $i$（$n$，$PV$，$PMT$，$FV$） |
| $PV=-78\ 976.50$ 美元 | |
| $PMT=1\ 000.10$ 美元 | |
| $FV=0$ | |
| 解得 $i=14.81\%$。 | |

计算得出的实际成本为 14.81%，事实上这与我们在之前小节中得到的相同。结果稍低的唯一原因在于我们假设新贷款的发放费用仍为 2 500 美元，即使贷款金额已增加到能覆盖全部的再融资成本。

注意，无论是计算再融资的投资回报还是再融资的实际成本，我们得到的结论都是相同的。通常有许多考虑问题的不同方法，但会得出相同的结论。用不同的方法解决问题可以提高解决各种金融问题的能力，了解不同方法也可以降低用错误的方法解决问题的可能性。

### 6.2.4 其他考虑

**每两周还款模式——利息节省和提前还款**

一般来说，当偿还抵押贷款时，大多数借款人更喜欢每月偿还。但是，一些借款人会考虑每两周还款（biweekly payments），这种偿还模式（1）在贷款期限中支付的利息额较低，（2）不久就可以还清贷款。例如，如果借款人取得一笔 80 000 美元的分期偿还贷款，贷款利率为 6%，期限是 30 年，并且在考虑是每月还款还是每两周还款，比较如下：

| 解： | |
|---|---|
| 每月还款（360 次）： | 每两周还款（每年 26 次）： |
| $PV=-80\ 000$ 美元 | $PMT=479.60$ 美元 $\div 2$ |
| $i=6\%$ | 解得 $PMT=239.80$ 美元。 |
| $n=360$ | |
| $FV=0$ | |
| 解得 $PMT=479.60$ 美元。 | |

以下计算表明了：

（1）每两周的还款额，（2）贷款期限大约为多少年，（3）整个贷款期限内节省的利

① 如果利率更高了，那么我们还需考虑额外 4 105 美元的边际成本。

息总额。

解：

每两周还款的抵押贷款偿付期：

$PV=-80\ 000$ 美元

$PMT=239.80$ 美元

$i=6\%/26$*

$FV=0$

解得：$n=637$ 次支付（四舍五入取整，约为 24.5 年）。

*年利率为 6%，每两周复利一次。

利息节省总额：

| | |
|---|---|
| 月还款总额 | 172 656 美元 |
| 每两周还款总额 | −152 752 美元 |
| 利息节省总额 | 19 904 美元 |

这些计算表明通过选择每两周还款的模式，贷款期限可以从 30 年缩短到约 24.5 年，并且利息节省总额大约为 19 904 美元。虽然借款人通过每两周还款的方式可以支付得更少，但并不意味着这种方式总是最佳选择。做出选择的一种方法是考虑是否有可供选择的投资，该投资风险相同，并且可为借款人带来利率超过 6%的回报，每两周复利一次（$i\div26$）。但是，如果没有这样的投资，借款人/投资者最好是通过降低利息成本、每两周还款 239.80 美元来“节省利息”。值得注意的是，该分析假定借款人有足够的现金流来做出任意选择，即每两周还款还是每月还款。除非借款人每两周都有足够的现金流，否则每两周还款模式是不可行的。

## 提前还款

许多借款人会问的另一个问题是：是否应该尽早还清贷款，或在到期前还清贷款？例如，我们假设借款人取得一笔 80 000 美元的贷款，贷款利率为 6%，期限是 30 年。5 年来他每月还款，但他突然得到一笔巨款（如遗产）使他可以提前还清全部的贷款余额。问题是他应该这样做吗？这个问题的具体思考过程如下：

解：

贷款余额（第 5 年末）：

$PMT=479.64$ 美元

$i=6\%$

$n=360$ 个月

$FV=0$

解得 $PV=74\ 443$ 美元。

函数：

$PV\ (PMT,\ i,\ n,\ FV)$

假设借款人可获得 74 443 美元用于提前清偿贷款，问题是应该提前清偿贷款吗？要考虑的一个问题是利息节省。节省的利息为：

| | |
|---|---|
| （1）月还款额总额 479.64 美元×300＝ | 143 892 美元 |
| （2）减贷款余额（第 5 年末） | −74 443 美元 |
| （3）提前还款节省的利息 | 69 449 美元 |

但是，与之相关的问题是在 5 年后用于清偿贷款的 74 443 美元是否可以投资到别的

项目，如果可以，收益率应为多少。通过提前还清利率为 6%的贷款，借款人实际在这笔资金上“取得”了 6%的回报。

(1) 重新投资于收益率超过 6%的项目。如果这是有可能的，借款人最好不要急于还款。如果用于提前还款的 74 443 美元可以投资别的项目，比如收益率为 7%的项目，借款人就不应该提前还款。这样，74 443 美元可以多产生 7%－6%＝1%的收益。

(2) 重新投资于收益率低于 6%的项目。在这种情况下，显然借款人最好是 5 年后提前还款。例如，如果利率降至 5%，借款人可以清偿贷款从而节省 6%。或者，借款人可以在 5%的利率水平上对贷款进行再融资。这可以带来 6%－5%＝1%的利息节省。但是，即使供选择的投资项目的收益率超过 5%时，这种方法实际上也是可取的。

## 6.3 贷款的提前清偿：来自贷款人的激励

在利率保持一段时间的增长之后，借款人的贷款利率就可能低于市场利率。而在利率下降时，即使要向贷款人支付额外的费用和罚金，借款人也会发现以较低的利率开展再融资是有好处的。这一点我们前面已经讨论过。但当利率较大幅度上升时，情况可能恰好相反。贷款人和其他放贷机构在利率上升前期可能会愿意“支付”给借款人一笔钱，从而诱使他们提前还清贷款。也就是说，贷款人可能会给予借款人一定折扣，以使他们偿还低于市场利率贷款的余额。[①] 那么折扣应为多少呢?

假设借款人现有一项 10 年前取得的贷款。贷款金额为 75 000 美元，在 15 年中以 8%的利率分期偿还。现在，贷款余额是 35 348 美元，每月还款 716.74 美元。如果现在的市场利率已增至 12%，则贷款人会希望贷款能尽早被清偿，从而可以以市场利率将资金贷给别人。但是，借款人没有提前清偿的激励，即使他有 35 348 美元的可用资金来还款。在这种情况下，银行可能会愿意给借款人一定折扣使其清偿贷款。假设贷款人给予 2 000 美元的折扣，如此，借款人只需还 33 348 美元即可。这对借款人来说有吸引力吗?

借款人获得折扣，实际上是从用于清偿贷款的资金中得到回报，即，通过向贷款人支付 33 348 美元，借款人每月可以节省 716.74 美元。要计算清偿贷款的回报，我们有：

| 解： | 函数： |
|---|---|
| $n=5\times12=60$ | $i\ (n,\ PV,\ FV,\ PMT)$ |
| $PV=-33\ 348$ 美元 | |
| $PMT=716.74$ 美元 | |
| $FV=0$ | |
| 解得 $i=10.50\%$。 | |

① 可类比公司金融中的公司以市场利率买回其债券，即“赎回”。

使用金融计算器，我们发现收益率大约是 10.5%。因此，利息节省意味着清偿贷款这项“投资”有 10.5%的收益率。[①] 对借款人来说这是否有吸引力取决于他拥有的其他投资机会。

在上述例子中，我们假设借款人有用于清偿低于市场利率的贷款的资金（33 348 美元）。考虑其他的一些可能性：一个是借款人可以以市场利率再融资一些或全部的贷款；另一个是借款人想要通过再融资增加贷款余额。在任何一种情况下，贷款人都愿意诱导借款人进行再融资，因为现存贷款的利率低于市场利率。但总而言之，分析问题采用的方法取决于借款人是支付给贷款人一定资金减少贷款余额以换取更低的还款额，还是借款人收到额外资金以换取额外的贷款支付。

## 6.4 贷款的市场价值

我们讨论过还款几年后贷款余额确定的问题。贷款的余额代表借款人必须还给贷款人以满足合同要求的金额。（提前还款惩罚包括在贷款余额之内。）贷款余额被解释为贷款的“合同”或“账面价值”。但是，如果贷款发放后利率发生了改变，贷款余额可能就不会表示贷款的“市场”价值了。

贷款的市场价值（market value of a loan）指的是新的贷款人或投资者为得到贷款的剩余还款额而愿意支付的金额。贷款的市场价值可以认为是这样一笔资金，将这笔资金贷出后剩余的还款额将会给贷款人带来与现行市场利率相等的回报。

为得到贷款的市场价值，只需计算剩余还款额在市场利率下的现值。例如，假设 5 年前取得的金额为 80 000 美元的贷款，贷款利率为 10%，贷款期限为 20 年且每月还款 772.02 美元。为了计算贷款的市场价值，我们必须找到剩余月还款额 772.02 美元按市场利率折现的现值。假设市场利率是 15%，计算过程分如下两步：

第 1 步：计算剩余月还款额的现值

| 解： | 函数： |
| --- | --- |
| $i=15\%$ | $PV\ (i,\ n,\ PMT,\ FV)$ |
| $n=180$ | |
| $PMT=772.02$ 美元 | |
| $FV=0$ | |

解得 $PV=55\ 161$ 美元。

第 2 步：计算贷款余额以决定折现率

① 上述分析并未考虑联邦所得税的影响。IRS（美国国税局）规定，当贷款人给予贷款折扣，从而借款人因此不需支付合同载明的贷款余额时，折扣表示“贷款宽恕”且被视为应税收入。因此，借款人将不得不为 2 000 美元的折扣纳税。对一个处在 40%税级的投资人来说，税额是 800 美元。因此，借款人实际收到的折扣为 2 000－800＝1 200（美元）。显然，这减少了借款人提前还款的收益。宽恕规则也可以被运用于下述情况：贷款人接受替代止赎契约，或是当贷款余额远远超过房地产价值时从借款人手中取得房地产。

解：

$PMT=772.02$ 美元

$i=10\%$

$PV=80\ 000$ 美元

$n=60$

解得 $FV=71\ 842$ 美元。

函数：

$FV$（$PMT$，$i$，$PV$，$n$）

因此，贷款的市场价值是 55 161 美元，而贷款余额为 71 842 美元。55 161 美元即为贷款人将贷款卖给其他贷款人，如投资者或二级市场收到的金额。[①] 我们可以说上述贷款被“打折”销售。本例中差额是 71 842－55 161＝16 681（美元）。也可以说，该抵押贷款以其“面值”23%的折扣被卖出。

本例中贷款的市场价值要低于合同载明的贷款余额，因为利率与 10 年前贷款发放时的利率（10%）相比有所上升。但是，借款人被要求基于 10%的利率偿还贷款，尽管市场利率已升至 15%。这就是可调整利率贷款对贷款人来说更具吸引力的一个原因（见第 5 章）。若贷款是可调整利率贷款，则未偿还贷款的市场价值不会与按市场利率计算的新贷款相差太大。事实上，如果未偿还贷款的利率在每一个还款间隔都可以调整，并且调整的额度没有限制，贷款的合同利率将始终等于市场利率。在这种情况下，贷款余额和市场价值总是相等的，因为未来还款额是基于现行利率的。

## 6.5 两笔或多笔贷款的实际成本

在许多情况下，投资者可能会考虑同时进行两笔或多笔贷款的组合（例如，第一抵押贷款和第二抵押贷款）。一种情况是，假设贷款利率十分有利。[②] 但是，买方承担抵押贷款所需的现金金额可能会比较高。在卖方已经支付了部分贷款金额的情况下，或在自卖方融资以来房地产价格已经上涨的情况下，通常会有这种情况发生。因此，买方必须利用第二抵押贷款来缩小所承担贷款中的可用金额与期望得到的贷款总额之间的差距。

假设某人购买了价值 100 000 美元的房地产，并且在 5 年前取得金额为 80 000 美元的贷款，贷款利率为 10%，贷款期限是 25 年。由于价格上涨，房地产的市场价值在过去 5 年中上涨到 115 000 美元，买方需要 39 669 美元才能承担卖方的抵押贷款，具体确定方式如下：

---

① 看一下另外一种得到相同结果的方法是有益的。假设我们要以 15%的市场利率取得一笔 71 842 美元的贷款，期限为剩下的 15 年，月还款额为 1 005.49 美元。这比合同上载明的要高 233.47 美元。如果将该差额按市场利率在 15 年中折现，我们得到的现值为 16 681 美元。从贷款余额中扣掉此现值即为贷款的市场价值。

② 取决于借款人和贷款人之间的谈判，房地产可能会按假设的价格卖出。但是，按假设价格卖出的权利可能会受到抵押贷款或不能与新买方达成一致的贷款人的阻碍。贷款行为在不同地区由于当地传统和经济环境的差异而有所不同。

| | |
|---|---|
| 购买价格 | 115 000 美元 |
| 卖方抵押贷款余额（5 年后的 80 000 美元、利率为 10%的 25 年期贷款） | 75 331 美元 |
| 为承担卖方贷款所需的现金 | 39 669 美元 |

如果买方没有 39 669 美元的现金，即使他想以代偿债务的方式承担贷款，交易可能也不会发生。对不能支付大量现金的买方，一个可能的选择是取得一笔第二抵押贷款。但是，只有当第二抵押贷款的借贷条件与要承担贷款的条件相结合，同重新争取一笔新的融资贷款相比成本一样或更少时，这种方式才是比较可取的。如果买方可以以 12%的利率获得一笔总额为 92 000 美元、期限为 20 年的新贷款（80%的价值），那么我们就必须知道怎样将一笔第二抵押贷款与承担的抵押贷款结合起来，以确定这是否要比一笔新的抵押贷款更可取。假定第二抵押贷款总额为 16 669（=92 000−75 331）美元、利率为 14%、期限为 20 年。要分析这个问题，我们先来计算一下承担的抵押贷款与第二抵押贷款的组合还款额。

| | |
|---|---|
| 月还款额，承担的贷款 | 726.96 美元 |
| 月还款额，第二抵押贷款 | 207.28 美元 |
| | 934.24 美元 |

其中，承担的贷款是基于总额为 80 000 美元的贷款，利率为 10%，期限为 25 年。第二抵押贷款是基于总额为 16 669 美元的贷款，利率为 14%，期限为 20 年。

组合的月还款额为 934.24 美元。现在我们想算出总额为 92 000 美元的组合贷款的还款额的实际成本。

| 解： | 函数： |
|---|---|
| $n=20\times 12=240$ | $i\ (n,\ PV,\ PMT,\ FV)$ |
| $PV=-92\ 000$ 美元 | |
| $PMT=934.24$ 美元 | |
| $FV=0$ | |
| 解得 $i=10.75\%$。 | |

运用金融计算器，我们得到的答案是 10.75%。这是获得 92 000 美元贷款组合（所承担贷款与第二抵押贷款的组合）的成本。因为这低于以 12%利率进行新的第一抵押贷款获得 92 000 美元的成本，所以借款人采用承担贷款和第二抵押贷款的组合时其处境仍会更好。[①] 然而，重要的是要注意到，上面的分析没有考虑到下面的事实：住宅的卖方可能提高住宅的价格以从低于市场利率的可代偿债务贷款中获益。在本章的后面，我们将

① 显然，这样高的利率能够被第二抵押贷款支付。因为 75 331 美元的承担贷款执行 10%的利率，而且它占 92 000 美元筹资额的约 82%，而金额为 16 669 美元的第二抵押贷款仅占 18%。当对各自的利率进行加权时，组合贷款所需支付的总利率受到利率为 10%的承担贷款的影响更大。作为两类贷款联合利率平均的近似值，我们得到 $0.82\times 10\%+0.18\times 14\%=10.72\%$，这与我们上面采用现值系数得到的答案大致相同。

在分析中对此加以考虑。

## 第二抵押贷款与较短期限

在大多数情况下，第二抵押贷款的期限都不会达到20年。如果可以得到利率为14%的5年期第二抵押贷款，借款人在承担现存贷款的情况下再申请第二抵押贷款会是更好的选择吗？为回答这个问题，我们必须确定现有抵押贷款（在剩余的20年执行10%的利率）和第二抵押贷款（执行14%的利率，为期5年）的组合利率成本。然后，可以将组合利率与目前可以获得的20年期的现行利率12%加以比较，以判断该房地产的筹资是否应该采用完全新的一笔抵押贷款。

为了将承担的抵押贷款与第二抵押贷款的期限联合起来，我们将月还款相加：

| | 月还款额（美元） |
|---|---|
| 承担的贷款 | 726.96 |
| 第二抵押贷款 | 387.86 |
| 总额 | 1 114.82 |

其中，承担的贷款是基于总额为80 000美元的贷款，利率为10%，期限为25年。第二抵押贷款是基于总额为16 669美元的贷款，利率为14%，期限为5年。

每月两笔还款额的总和是1 114.82美元。然而，1 114.82美元的组合还款额仅能持续5年。5年后，第二抵押贷款将被完全偿清，而只有承担的抵押贷款的月还款726.96美元能持续整个20年。

现在可以通过再次计算借款的组合成本来决定组合抵押贷款的方式是否值得采纳。这个成本是在承担的贷款月还款额与第二抵押贷款月还款额的基础上计算的，因为涉及92 000美元的投资，所以这两笔抵押贷款必须分别提交月还款额。这些成本可以简单地看作5年里第二抵押贷款387.86美元月还款额的累加，再加上承担抵押贷款726.96美元的月还款额在20年中的累加，把这两项以一定的利率进行折现，所得现值必定为92 000美元。

我们必须找出使组合抵押贷款每月还款额（分组的现金流量）的现值等于92 000美元的利率。采用金融计算器，我们得出：现存的20年期承担的抵押贷款和5年期第二抵押贷款的组合利率是10.29%。必须再次将这项组合融资与现行可得到的20年期80 000美元抵押贷款的12%的利率做比较。因为两笔被组合到一起的贷款的实际利率低于市场利率，所以这是最佳选择。还应该指出，如果承担抵押贷款和第二抵押贷款头5年的每月组合还款额是1 114.82美元，将高于采用20年期、利率为12%的92 000美元新抵押贷款的每月还款额1 013.00美元。虽然这被5年后较低的726.96美元的还款额所抵消，但借款人除了仅仅挑选具有较低的实际借款成本的贷款选择外，还必须决定哪一种贷款的每月还款模式符合他的收入状况。借款人可能愿意为具有较低月还款额的贷款（或组合贷款）支付更高的实际成本。

| 解： | 其他解： |
|---|---|
| 要求进行现金流分析： | $CF_0$＝92 000美元 |

| | |
|---|---|
| 初始现金流=−92 000 美元 | $CF_j$=1 114.82 美元 |
| 现金流 1=1 114.82 美元 | $N_j$=60 |
| 次数=60（第 1～5 年） | $CF_j$=726.96 美元 |
| 现金流 2=726.96 美元 | $N_j$=180 |
| 次数=180（第 6～20 年） | |
| 解得 *IRR* 为： | 解得 $i$（月度）=0.857 3%； |
| *IRR*（月度）=0.857 3%； | $i$（年化）=10.29%。 |
| *IRR*（年化）=10.29%。 | |

近年来，有许多新型贷款出现，它们结合了第二抵押贷款、消费贷和信用卡借款的特征。概念框 6.1 详细介绍了这些贷款。

### 房屋净值贷款和房屋净值信贷额度 概念框 6.1

房地产所有人在购买房地产一段时间，房地产升值后，会利用各种类型的第二抵押贷款来借取额外资金。通常这种贷款被分类为房屋净值贷款（home equity loan，HEL）。借款人会在为现存贷款进行再融资还是选择各种房屋净值贷款之间权衡。贷款人通常会要求借款的业主拥有约占房地产净值 20%的储蓄，以使其具备申请房屋净值贷款的资格。借款人的借款资格取决于其财务状况和信用历史。房屋净值贷款（HEL）和房屋净值信贷额度（home equity line of credit，HELOC）是现在被广泛使用的两种住房抵押贷款。

对于这两种贷款来说：

（1）结算时收到的金额并不是应税的。这些金额是债务的增加而不是像房屋出售获得收益一样属于“应税项目”。

（2）只要贷款人获得对财产的留置权，利息支付通常可以抵税。

**房屋净值贷款**

这些贷款通常在交割时向借款人提供一笔总额。除了借款人在票据上的个人责任外，贷款人还获得了对该房地产的第二抵押贷款留置权。所有者权益按照申请 HEL 时房地产的评估价值减去第一留置权所欠的任何贷款余额来衡量。例如，如果房地产目前的评估价值为 100 000 美元且其现有的第一留置权为 40 000 美元，则所有者的权益将为 60 000 美元。这 60 000 美元的股权作为房屋净值贷款的担保。实际上，由于第二留置权提供的担保不如第一留置权，因此对于贷款人来说 HEL 的投资风险更大，要求的利率也要高于第一留置权融资。房屋净值贷款的其他特征如下：

（1）利率可能是固定的或可调整的。

（2）贷款协议将规定到期日。

（3）还款通常每月支付。

（4）贷款支付可以完全摊还、部分摊还或只付利息。在选择后两种的情况下，还款将在指定的月份内支付，在这些月份里贷款必须完全摊还或到期的剩余余额必须偿还。

**房屋净值信贷额度**

不要与 HEL 混淆，HELOC 也可供借款人使用。这些贷款具有许多类似于消费信贷的特征。虽然 HELOC 也有第二留置权，但 HELOC 的许多功能使它们与 HEL 不同。例如：

（1）虽然贷款有一个特定的最高金额，但该金额不一定是一次性支付。可以根据消费者与借款人的意愿借入（提取）资金。但是，当贷款余额达到最大金额时，不能再提取。

（2）与信用卡还款一样，借款人通常会对他们选择的每月还款金额有一定的灵活性。但是，贷款人通常会要求每月还款最低额度。如果借款人选择支付低于到期月利息的款项，则贷款余额将增加（负摊还）。任何超过每月到期利息的还款都将减少贷款余额。

（3）利率通常是可调整的，与 ARM 利率一样，通常与众所周知的利率指数（例如，基础利率）挂钩。

（4）与消费者信用卡账户一样，借入的金额和每月还款额将决定贷款余额，贷款余额可能逐月增加或减少。

尽管 HELOC 类似于许多消费者信用贷款，但由于第二留置权提供了额外的安全性，HELOC 应该以低于信用卡债务的利率提供。这是因为信用卡债务通常是无抵押的，完全取决于借款人的个人信用和偿还能力。

除了利率之外，HELOC 借款人还应考虑以下问题：

（1）提前终止费。由于这些贷款更像是消费者信贷和 ARM 的组合，因此利率很可能与指数挂钩。因此，在未来某个时候，利率可能会急剧上升，借款人可能希望转向固定利率贷款。由于预计会出现这种可能性，HELOC 贷款人可能会在贷款协议中包含终止费（类似于提前还款惩罚）。

（2）不活动费。因为这笔贷款可以用作信贷额度，如果借款人不使用信贷额度，或者他们试图仅保留小额贷款余额而不终止账户以避免上一条中所述的处罚（同时将其融资转换给另一个贷款人），每月不活动费也可能包含在贷款协议中。此外，与许多信用卡贷款一样，可能会有与此类贷款相关的年度续订或管理费用。

## 6.6 低于市面利率融资对房地产价格的影响

在很多情况下，购房者可能有机会以低于市面利率的利率融资购买房地产。在前面我们已经讲过一个例子，其中房子的卖方有一个低于市面利率的抵押贷款，可以让与买方承担。房子的卖方也可能提供低于市面利率的购买房地产抵押融资方式。在这种情况下，卖方会以比现行市场利率更低的利率向买方提供部分或全部融资额。实际上，这种融资方式在信贷紧缩及高利率的时期比较常见。

很明显，低于市面利率的贷款对买方来说比较有价值。但是，因为房子的卖方也明白这种融资方式的价值，所以卖方可能会相应地提高房子的价格以反映这一价值。即在低于市场利率的融资方式下，房子的“价格”可能比较高。

现在我们考虑一下，在一处有低于市面利率融资而房价较高的房地产与另一处没有低于市面利率融资而房价较低的房地产之间进行比较，买方可能怎样进行分析选择。假定某一房地产能以 105 000 美元的价格买下，并附有一笔利率为 9%、剩余期限为 15 年、余额为 70 000 美元、月还款额为 709.99 美元的可承担的贷款。相比之下，另一处房地产价格为 100 000 美元，没有特殊的融资方式，在市场上可以获得一笔总额为 70 000 美元、利率为 11%、期限为 15 年的贷款。哪种方式更适合买方呢？请注意，我们假定这两笔贷款总额相等。在分析这个问题的时候，我们必须考虑买方是否需要多支付 5 000 美元的现金（投资的额外资产）以获得低于市面利率融资的较低支付。我们进行如表 6-5 所示的计算。

**表 6-5** 单位：美元

| | 首付款 | 月还款额 |
|---|---|---|
| 市场利率下的贷款 | 30 000 | 795.62 |
| 承担的贷款 | 35 000 | 709.99 |
| 差额 | 5 000 | 85.63 |

使用金融计算器，我们算出，若另付 5 000 美元首付款，因为贷款月还款额较低，则相当于赚取 19.41%价值。另外，如果买方决定不支付额外的 5 000 美元，他就必须找到一个具有可比风险、收益率为 19.41%、总额为 5 000 美元的投资项目。由于 19.41%的收益率要高于市面上 11%的利率，因此选择低于市面利率融资对买方来说是可取的。

解：

$n=15\times12=180$

$PV=-5\ 000$ 美元

$PMT=85.63$ 美元

$FV=0$

解得 $i$(月度)$=1.617\ 7\%$，

$i$(年化)$=19.41\%$。

函数：

$i$ ($n$, $PV$, $PMT$, $FV$)

### 假设较低的贷款余额

为了简单起见，在上面的例子中假设贷款的余额（低于市面利率）与按市场利率得到的新贷款的总额是相等的。如我们在前面所讨论的那样，因为卖方已经先支付了一部分贷款，而且房子的价格可能已经上涨，所以一笔可承担贷款的余额可能比新的以市场利率取得的贷款额要低。假定在我们的例子中可承担贷款的余额为 50 000 美元，每月需支付 507.13 美元。但是买方需要融资 70 000 美元，这笔金额通常可以在现行市场利率下借贷。这样买方可能还需要获得一笔总额为 20 000 美元、期限为 15 年、利率为 14%、月还款额为 266.35 美元的第二抵押贷款。人们是否愿意承担抵押贷款，接受第二抵押贷款并额外支付 5 000 美元来购买住房？我们来看表 6－6 中的计算。

**表 6－6** 单位：美元

| | 首付款 | 月还款额 |
|---|---|---|
| 市场利率下的贷款 | 30 000 | 795.62 |
| 承担的贷款＋第二抵押贷款 | 35 000 | 773.48* |
| | 5 000 | 22.14 |

* 其中 507.13 美元属于可承担贷款，266.35 美元属于第二抵押贷款。

现在收益率是－2.90％。显然，如果买方不为可承担抵押贷款而多支付 5 000 美元，则对他更有利。则买方可能愿意多支付多少金额呢？这将是我们在下一节要讨论的话题。

## 6.7 现金等值

在前面一节中，我们考虑了买方如何分析，是否应为具有低于市场利率的贷款支付溢价的问题。现在我们将该讨论扩展，以考虑：买方为进行低于市场利率的贷款做出多少支出时，才对以此为购买住宅筹资和以市场利率筹资这两种选择感到没有差别。

我们将采用上一节中的例子，其中的剩余期限为 15 年、利率为 9％的 70 000 美元的贷款（每月还款额为 709.99 美元）可以通过代偿债务方式承担。从前文我们知道，也可以以 100 000 美元得到不提供任何特别融资的类似住宅，并且该房地产可以以 11％的市场利率筹资。如果他选择承担那笔利率为 9％的贷款，买方支付的金额高出 100 000 美元多少时，他的处境仍与以 11％的利率为购买该房地产筹资 100 000 美元的情况相同？我们首先得出以市场利率计算的代偿债务贷款所支付的每月还款的现值。这是代偿债务贷款的市场价值或现金等值（cash equivalent value）。它代表将旧贷款向新贷款人/投资者出售的价格。

| 解： | 函数： |
|---|---|
| $n=15\times12=180$ | $PV\ (i,\ n,\ FV,\ PMT)$ |
| $i=11\%/12=0.916\ 66\%$ | |
| $PMT=709.99$ 美元 | |
| $FV=0$ | |
| 解得 $PV=62\ 466.30$ 美元。 | |

通过承担现存的贷款余额，买方将在同样支付 709.99 美元的情况下获得相当于 70 000 美元的融资额，而不是 62 446.30 美元。因此，该买方获得的净收益为 7 533.70（＝70 000－62 466.30）美元。因此，该买方可以为此住宅多付出 7 533.70 美元，即支付 107 534 美元（四舍五入取整）。

在前面的部分，我们计算出，如果为住宅额外支出 5 000 美元，或者总计支出 105 000 美元，买方的收益率将是 19.41%。可以证明：当为此住宅支出 107 534 美元时，该买方的收益率正好等于 11%，即贷款的市场利率。

基于上述分析，具有可承担贷款的住宅的价格可能最高卖到 107 534 美元。买方将支付一笔现金，等价于为此住宅支付的 100 000 美元加上为获得低于市场利率贷款收益而额外支出的融资溢价 7 534 美元。住宅的价值仍然是 100 000 美元。这被当成住宅的现金等值。它与为住宅支出的价格有区别，前者包括 7 534 美元的融资溢价（financing premium）。认识到这种溢价是重要的，因为，如果我们知道房地产的实际售价为 107 534 美元，但没有考虑到它附有低于市场利率可承担贷款这个条件，那么我们会有一种房地产的真实价值被夸大的认识。换句话说，除非以此可以得到 9%的低于市场利率的融资，买方不会同意为房地产支出 107 534 美元。

可以看到，投资于房地产的现金（净值）为 37 534（=107 534−70 000）美元。当它与 62 466 美元的贷款现金等值相加，我们得到 100 000 美元的房地产的现金等值。

## 6.8 现金等值：较低的贷款余额

在前面的部分中，我们确定了提供可承担的低于市场利率的贷款的房地产的无差异价格。其贷款余额与买方可以以市场利率得到的贷款金额相同。然而，在出现贷款承担时，贷款余额很可能显著低于通常希望得到的金额。现在我们将上一节中的例子加以修改，考虑到利率为 9%的可承担贷款的贷款余额仅仅是 50 000 美元，因而买方还必须额外通过第二抵押贷款借款 20 000 美元，以获得 70 000 美元的所需金额。我们假设，可以以 14%的利率获得 15 年期的第二抵押贷款。我们接着假设可以以 11%的利率新获得 15 年期 70 000 美元的第一抵押贷款（70%的住宅价值）。[①] 现在买方可以为住宅付出多少，从而使这两种融资方法的选择没有差别呢？

现在，我们采用 11%的市场利率，得出可承担贷款还款额（507.13 美元）与第二抵押贷款还款额（266.35 美元）之和的现值。该现值 68 052.27 美元与市场利率条件下可获得的贷款 70 000 美元之间的差异为 1 947.73 美元。那么，现在买方仅仅会为住宅额外付出 1 947.73 美元，从而得到低于市场利率的贷款。因此，住宅的售价很可能不超过 101 950 美元（近似值）。这显著低于可承担贷款余额为 70 000 美元而不是 50 000 美元时得到的 107 500 美元售价。该溢价较低的原因有二：首先，因为可承担贷款的余额较低，（从而有较低还款额）节省的金额较低。其次，因为这种贷款余额低于可以以市场利率得到的贷款余额，所以从可承担贷款的较低还款额中得到的收益降低了（因为必须以高于新第一抵押贷款的利率获得第二抵押贷款）。重要的是，要认识到进行这种分析时，必须考虑对第二抵押贷款的需要，否则就会高估从贷款承担中所

---

① 即使买方不需要第二抵押贷款，通过将该利率与现行市场可得收益率进行比较，我们也可以仅仅评价以代偿债务方式承担贷款所得到的好处。因为通常市场利率是基于 70%或更高的贷款价值比率，所以必须在分析中考虑第二抵押贷款。

获得的收益。

解：

$n=15\times12=180$

$i=11\%/12=0.916\ 66\%$

$PMT=773.48$ 美元

$FV=0$

解得 $PV=68\ 052.27$ 美元。

函数：

$PV\ (n, i, PMT, FV)$

## 6.9 现金等值：总结性评论

在前面的两节中，我们阐明如何分析低于市场利率融资对房地产售价的影响。重要的是要认识到房地产售价与任何可得到的特别融资（如低于市场利率融资）之间的关系。虽然我们已经考虑了现金等值计算的几个例子，但这只是实践中的几种可能情况。此外，至少还有三种情况可能影响这类分析。

（1）如果低于市场利率融资不允许转移给后来的买方，那么意味着以前的买方不能从低于市场利率贷款的剩余期限中获益。这显然会影响所有为房地产支付的融资溢价。

（2）即使后来的买方可以承担低于市场利率贷款，这类融资在贷款剩余期限对于后来买方的价值，取决于后来房地产出售期间的市场利率。这些利率可能高于或低于目前买方购买房地产时的通行利率。如果房地产出售时的市场利率不高于可承担贷款的合同利率，那么后来的买方将不会支付溢价。因而，后来的出售与利率处于这类时点的可能性，对承担任何贷款所获得的收益加入了不确定成分，并可能降低买方愿意为这类贷款付出的金额。

（3）即使买方打算拥有房地产的时间超出贷款期，承担贷款后利率也可能降低。因为借款人通常可以在利率下降时再融资，如果预期利率下降，低于市场利率贷款的价值会降低。实际上，如果利率下降，低于市场利率融资的价值由于这种再融资的“选择”而降低。

上面讨论的所有情况，都倾向于降低买方愿意为低于市场利率贷款所支付的溢价。因此，我们的分析很可能表明溢价的上限与低于市场利率的贷款相关。核实这类溢价价值的最佳方法，是通过观察买方（相对于不提供特别融资的房地产）为低于市场利率融资多付出多少。

## 6.10 重叠贷款

在进行一笔现行贷款的同时，可采用重叠贷款（wraparound loans）来为房地产获得额外的筹资。重叠贷款的贷款人发放贷款的面值等于现行贷款余额与额外筹资金额之和。

只要借款人为重叠贷款付款，重叠贷款的贷款人就同意为现行贷款付款。借款人可以仅仅支付重叠贷款，而不是为原先贷款付款同时还为第二抵押贷款付款。

假设名叫史密斯的房地产买方现有余额为 90 000 美元，每月还款额为 860.09 美元的贷款。该贷款的利率是 8%，剩余贷款期限为 15 年。从史密斯原来获得这笔贷款的时间算起，该房地产已经升值到 150 000 美元。史密斯目前的贷款余额是房地产现行价值的 60%。他希望额外借款 30 000 美元，这会将他的债务增加到 120 000 美元，或者说房地产价值的 80%。

假设 15 年期 80%贷款价值比的第一抵押贷款现行实际利率为 11.5%，额外的 20%房地产价值（30 000 美元）的 15 年期第二抵押贷款的现行实际利率为 15.5%。

另外的贷款人（与史密斯现存贷款的持有者并非同一人）愿意以 10%的利率发放 15 年期、120 000 美元的重叠贷款。该贷款的还款额为每月 1 289.53 美元。如果史密斯接受这笔贷款，重叠贷款的贷款人将接手支付史密斯现存贷款的还款，即史密斯将向重叠贷款的贷款人支付 1 289.53 美元，而重叠贷款的贷款人将为原先的贷款支付 860.09 美元的还款。那么，史密斯的还款额每月将增加 429.44（=1 289.53－860.09）美元。因为重叠贷款的贷款人接手了旧贷款的还款，史密斯实际上将仅仅获得 30 000 美元的现金（120 000 美元的重叠贷款减去 90 000 美元的现存贷款的余额）。

对于史密斯来说，重叠贷款是否为额外获得 30 000 美元的一种合适的选择呢？120 000 美元重叠贷款的利率 10%低于为得到全部 120 000 美元所进行的新第一抵押贷款的市场利率 11.5%。那么，重叠贷款是否比采用新的第一抵押贷款融资方式更合适？[①] 为什么重叠贷款的贷款人会以低于新第一抵押贷款的利率做出贷款？其答案在于：重叠贷款的贷款人考虑的主要是从贷出增量资金中（即额外的 30 000 美元）获得竞争性收益率。所贷出增量资金的实际成本也是借款人应该考虑的。

30 000 美元增量资金的实际成本是多少？这与我们在本章开始所讨论的对增量借款成本的确定相似。即，我们希望知道 80%重叠贷款相对于 60%现存贷款的增量资金成本。为了以重叠贷款方式得到额外的 30 000 美元，借款人必须为全部 120 000 美元支付 10%的利率，而不仅是额外的 30 000 美元。因为现存 90 000 美元贷款的利率仅仅是 8%，额外 30 000 美元的增量成本高于 10%。这个问题是：增量资金成本是否低于为 30 000 美元第二抵押贷款而支付的 15.5%的利率？

通过得出使额外付款的现值与额外获得资金相等的利率，可以确定出重叠贷款的增量借款成本。使用金融计算器，我们得到该利率为 15.46%或约为 15.5%。该利率与第二抵押贷款的利率相同，这正是我们所预期的。重叠贷款的贷款人可以对重叠贷款收取较低的利率，并仍然获得所贷增量资金的竞争性利率，这是因为现存贷款利率低于市场利率。实际上，重叠贷款 10%的利率，是现存贷款利率 8%和第二抵押贷款利率 15.5%的加权平均。[②] 如果现存贷款是以 60%贷款的市场利率进行的，那么重叠贷款的利率将必须等于 80%贷款的利率，因而重叠贷款的房地产从增量资金中获得的收益率将等于第

① 这里假设重叠贷款不要求发放费用，因此该重叠贷款的实际成本是 10%。可以将重叠贷款的成本与新的第一抵押贷款的成本做比较，因为二者的利率都反映了 120 000 美元贷款的成本。

② 加权平均值为（90 000÷120 000×8%）+（30 000÷120 000×15.5%）=9.875%，或约为 10%，这正是重叠贷款的利率。可以注意到，加权平均值低于 120 000 美元新的第一抵押贷款的 11.5%的利率，它表明现存贷款的利率低于市场利率。

二抵押贷款的利率。

解：

$n=15\times12=180$

$PV=-30\ 000$ 美元

$PMT=429.44$ 美元

$FV=0$

解得 $i=15.46\%$。

函数：

$i\ (n,\ PV,\ PMT,\ FV)$

是否存在什么理由，使得重叠贷款的贷款人愿意以比第二抵押贷款更吸引人的利率发放贷款？实际上，重叠贷款就是第二抵押贷款，因为原先的贷款仍然完整。进一步说，采用重叠贷款所增加的贷款价值比与采用第二抵押贷款的相同。然而，重叠贷款有一个优点，即重叠贷款的贷款人接手支付第一抵押贷款，因而保有了对其付款拖欠的控制；而如果发起一笔第二抵押贷款，第二抵押贷款的贷款人很有可能不知道对第一抵押贷款的拖欠，并且可能没有被包括在由此导致的止赎（进而由债权人拍卖抵押物抵偿债务）行为中。在典型的重叠贷款合同中，重叠贷款的贷款人仅仅在获得借款人的付款并且借款人同意遵循除还款外原抵押贷款所有合同条款以后，才有义务对原先的抵押贷款进行还款。重叠贷款的贷款人（可能并不希望看到房地产进入止赎阶段）将注意到借款人的任何拖欠行为。在仍然向第一留置权还款的情况下，重叠贷款的贷款人可能会向第一抵押贷款靠拢，并将第一抵押贷款的金额加到重叠贷款的余额中去，获得抵押物的所有权，或者将房地产的所有权转让。那么，重叠贷款的贷款人可能愿意获得略低于第二抵押贷款利率的增量资金收益率。

应该注意到，原先的抵押贷款可能包含阻碍以后债权的条款或转售即还条款，从而可能阻止采用重叠贷款来接触房地产的所有权或为房地产的出售融资。在缺少这些限制的情况下，原先的贷款人也可能愿意与史密斯达成一笔双方都满意的交易。例如，如果史密斯同意从该银行额外借入 30 000 美元，该贷款人可能以与重叠贷款相同的 10%的利率（而不是第一抵押贷款的 11.5%的利率）向史密斯提供一笔新的第一抵押贷款。再次强调，因为 10%的利率适用于整个 120 000 美元而不仅仅是额外的 30 000 美元，所以原先的贷款人可以从要求的增量资金中获得 15.5%的增量收益率。那么，现存的贷款人可以从新资金中获得竞争性收益率，并使现在的借款人继续作为顾客。该贷款人仍然从现存贷款中仅获得 8%的收益率，但借款人从其他贷款人那里获得第二抵押贷款或重叠贷款的情况也是这样。那么，实际上，原先的贷款人可能愿意对新的第一抵押贷款收取与重叠贷款相等的 10%的利率，并提供与重叠贷款的贷款人相同的交易。[①]

## 6.11　折扣售房贷款

我们考虑的最后一类贷款情况是折扣售房贷款（buydown loan）。采用折扣售房贷

① 通常这被称为“混合利率”，因为 10%的利率是现存贷款和增量资金贷款利率的加权平均。

款，房地产的卖方（通常是建筑商）向贷款人支付一定的金额，在特定的时期内使借款人贷款的利率打折或降低。在高利率时期，可能采取这种措施以帮助借款人符合融资资格。例如，假设现行利率为15%，而且某建筑商住宅的买方的收入仅仅符合13%的固定利率贷款的资格。让我们假定，该笔贷款金额为75 000美元，基于30年贷款期每月还款。基于15%的市场利率的每月还款将为948.33美元。基于13%利率的每月还款将仅为829.65美元。基于买方的收入，买方将会符合每月还款829.65美元的贷款的资格，而不是948.33美元。假设建筑商希望通过折扣售房使利率从15%降到13%，从而使银行发放贷款，这种贷款其前5年内的每月还款仅为829.65美元，但在剩余的贷款期将增加到948.33美元。为了实现这一目标，建筑商将必须补偿这笔还款差额（5年期间的每月118.68美元）。如果这笔差额是在贷款签约时由建筑商向贷款人支付的，所支付的金额必然是还款差额以15%市场利率折现的现值。因此，建筑商将向贷款人支付4 988.67美元以使贷款打折扣。当我们将此与从买方那里获得的付款一起计算时，贷款人将获得15%的市场收益率，并愿意给予买方贷款资格。

| 解： | 函数： |
|---|---|
| $n=5\times12=60$ | $PV$（$n$，$i$，$PMT$，$FV$） |
| $i=15\%/12=1.25\%$ | |
| $PMT=118.68$ 美元 | |
| $FV=0$ | |
| 解得 $PV=4\ 988.67$ 美元。 | |

折扣售房的优点是：当借款人的现行收入可能达不到贷款人的还款额对收入标准方面的要求时，它使借款人符合贷款资格。然而，基于我们对现金等值的讨论，应该认识到，建筑商很可能会将为折扣售房提供的付款加进住宅价格。那么，以较低的价格购买住宅同时以市场利率获得贷款时，借款人的处境可能更好。很可能可以以低于4 988.67美元的价格买到不提供折扣售房贷款的相同或相似的住宅。实际上，借款人支付了4 988.67美元的“发放费用”，从而使利率从15%降低到13%。

也应该注意到，许多折扣售房贷款执行3年或5年的累进式还款，即它们的每月还款额最初为829.65美元，每年以特定速率增加，直到在第5年达到948.33美元。

一些折扣售房贷款方案也与可调整利率抵押贷款一起使用，其中的起始利率被降低。因为ARM的起始利率一般低于FRM，所以这导致起始还款额的进一步降低，从而使更多的买方符合贷款资格。然而，这类折扣售房实践也使得一些人无法接受，因为还款可能显著增加，特别是在市场利率升高的情况下。在这些情况下，因较高的市场利率和未来还款额不能被买断，还款额会上升。

# 总　结

本章对房地产融资中借贷双方可能遇到的问题进行了讲解。在今天这个金融创新不断涌现的时代，当然也有许多其他的例子需要说明。然而，我们仅选取了一些例子，对主要概念和解决重要问题的方法进行了说明。它们可以用于人们可能希望分析的其他情况。因此，本章应该视为介绍了各种各样的工具，这些工具可以用于处理其他类型的房地产融资问题。

为了使分析尽量直截了当，并集中于我们希望介绍的关键新概念，我们在本章所有的例子中均采用了固定利率抵押贷款。然而，也可将分析应用于其他类型的抵押贷款，如 ARM、FRM 等。

## 关键术语

| | | |
|---|---|---|
| 每两周还款 | 折扣售房贷款 | 现金等值 |
| 再融资的实际成本 | 融资溢价 | 房屋净值信贷额度 |
| 增量借款成本 | 贷款再融资 | 边际借款成本 |
| 贷款的市场价值 | 发放费用 | 重叠贷款 |

## 参考网站

www. businessfinance. com/wraparound-mortgage. htm——该网站包含重叠贷款的例子。

www. fha-home-loans. com/buydown _ fha _ loan. htm——该网站提供有关联邦住房管理局（FHA）折扣售房贷款如何构建的讨论。

www. bankrate. com——提供不同种类抵押贷款的利率和条款。包括有助于选择不同类别的贷款的抵押贷款计算器。

www. mgic. com——抵押贷款保证保险公司，是私人抵押贷款保险的供应商。

www. freddiemac. com/pmms/pmms30. htm——可找到 30 年期抵押贷款的固定利率和发放费用。

www. freddiemac. com/pmms/pmmsarm. htm——可找到 1 年期可调整利率抵押贷款的月平均承诺利率和加点利率。

www. ipd. com——提供不同种类资产的客观度量和分析。

## 问　题

1. 决定再融资需要考虑的最重要的问题是什么？
2. 在利率下降后决定再融资需要考虑什么因素？
3. 为什么贷款的市场价值会不等于它的未偿还的贷款余额？
4. 为什么在有可承担贷款的情况下，借款人愿意出更高的价钱购买房地产？
5. 什么是折扣售房贷款？这种贷款中有哪些当事人介入？
6. 为什么重叠贷款的贷款人会以低于新的第一抵押贷款的利率提供重叠贷款？
7. 假设借款人不太可能违约，那么在什么情况下贷款人愿意接受借款人低于贷款余额的支付而认为贷款已偿清？
8. 在什么情况下有可承担贷款的房地产会比同等的没有可承担贷款的房地产卖价要高？
9. 额外资金的增量借款成本是什么？
10. 贷款提前偿还对借入额外资金的增量借款成本是否会有很大的影响？

## 习　题

1. 一个借款人可以以 8%的利率获得一笔 80%的贷款，并在 25 年内每月分摊偿还；他也可以以 8.5%的利率获得一笔 90%的贷款，还款期限相同。在整个贷款期限内借款人将拥有该房地产。
   a. 额外资金的增量借款成本是多少？（提示：贷款的数额不影响答案。）

b. 若 90%的贷款收取两个点数，则你的答案会有什么变化？

c. 若借款人仅计划在此住宅居住 5 年，对（b）中的情况你的答案会有什么变化？

2. 一个投资者有 60 000 美元可以投资到一个价值 280 000 美元的房地产上。他可以得到利率为 9.5%、20 年期的 220 000 美元的贷款，或者以 9%的利率获得 20 年期 180 000 美元的贷款同时以 13%的利率获得 20 年期 40 000 美元的第二抵押贷款。全部的贷款都分期偿还，要求每月还款。

   a. 假设他将在整个贷款期间持有该房地产，该借款人应做出哪一种选择？

   b. 如果借款人打算仅仅持有该房地产 5 年，答案将如何变化？

   c. 如果第二抵押贷款的期限只有 10 年，（a）和（b）中的答案将如何变化？

3. 一个投资者 5 年前获得一笔总额为 95 000 美元的完全摊还抵押贷款，利率为 11%，30 年内分期偿还。目前抵押贷款利率已经下降，一笔 25 年期的贷款利率只有 10%。该投资者初始的贷款协议中没有规定提前还款惩罚，但新的贷款将收取 3 个点数，并且其他成交费用将达到 2 000 美元。

   a. 若投资者计划在剩余贷款期限内拥有该房地产，则他应不应该再融资？假定他只借入等于初始贷款余额的金额。

   b. 若他计划仅在 5 年内拥有此房地产，（a）的答案会有什么变化？

4. 第二抵押贷款购买公司（SMPC）希望从当地的储蓄与贷款协会购买你的抵押贷款。你的抵押贷款起始余额是 140 000 美元，是在 5 年前以 10%的利率获得的 30 年期抵押贷款。

   a. 如果 SMPC 想获得 11%的收益率，它应该支付多少钱？

   b. 如果 SMPC 预期该贷款在 5 年后被提前清偿，答案将如何变化？

5. 请你从如下两所相同的住宅中做出选择：住宅 A 的价格为 150 000 美元，可以以 10.5%的利率得到 20 年期 80%的融资。住宅 B 的价格为 160 000 美元，可以以 9%的利率得到剩余期限为 20 年的 100 000 美元的可承担抵押贷款。每月还款额为 899.73 美元。可以以 13%的利率得到 20 年期 20 000 美元的第二抵押贷款。

   a. 若只从融资角度考虑，你会选择哪一所住宅？

   b. 如果住宅 B 的卖方以 9%的利率（与以代偿债务方式承担贷款的利率相同）提供 20 000 美元的第二抵押贷款，答案将如何变化？

   c. 如果住宅 B 的卖方以 9%的利率（与以代偿债务方式承担贷款的利率相同）提供 30 000 美元的第二抵押贷款——这样如果买方以代偿债务方式承担贷款，则无须做出额外的首付款——那么答案将如何变化？

6. 某投资者已拥有一处房地产 15 年，房地产的价值现在已经上升到 200 000 美元。原先抵押贷款的余额是 100 000 美元，剩余 15 年的每月还款额是 1 100 美元。该投资者希望获得 50 000 美元的额外融资。可以以 12.5%的利率获得 15 年期 150 000 美元的新第一抵押贷款，也可以以 14%的利率获得 15 年期 50 000 美元的第二抵押贷款。或者，可以以 12%的利率获得 15 年期 150 000 美元的重叠贷款。该投资者应做出哪种选择？

7. 某建筑商为其房地产提供了 100 000 美元的贷款，利率为 9%，期限为 25 年。25 年期贷款的现行利率是 9.5%。无任何特别融资房地产的正常售价是 110 000 美元。

   a. 该建筑商应以什么价格出售房地产才能获得贷款的市场利率？假设买方将贷款持有至 25 年期满。

   b. 如果该房地产在 10 年后重新被出售同时偿清贷款，（a）的答案会是什么？

8. 一待售住宅通常情况下可以获得利率为 10%、25 年期、每月还款的 80 000 美元贷款。每月的还款额将是 726.96 美元。建筑商为买方提供的抵押贷款将第 1 年的还款额降低 50%，第 2 年的还款额降低 25%。第 2 年以后，买方将必须提供每月 726.96 美元的正常还款。

   a. 为了做到上面所示的折扣售房还款额，建筑商必须向银行付款多少？

   b. 如果该住宅售价比不具折扣售房条件的类似住宅高出 5 000 美元，那么你是否建议购买该住宅？

9. 一名评估师在寻找一宗可以进行比较的房地产交易，他发现某一房地产最近刚卖出，价格为 200 000 美元。其中买方可以以 7%的利率承担卖方的抵押贷款，在出售房地产时，该抵押贷款的余额为

140 000美元，剩余期限为15年（月支付）。评估师确定，如果以同样的房地产争取一笔总额140 000美元、期限为15年的贷款，则可以得到8%的市场利率并且没有点数。

a. 假定买方预期在整个贷款期限内都可以从可承担贷款的利率节省上受益，则房子的现金等值为多少？

b. 如果买方预期在前5年里可以从可承担贷款的利率节省上受益，5年后可能将房子卖掉或再融资，那么你对（a）的答案有什么变化？

10. 借款人需要在每月还款和每两周还款之间做出选择。贷款金额为20万美元，利率为6%，为期20年。

a. 你会如何分析这些选择？

b. 如果每两周还款的利率为5.75%，你的答案会有什么变化？

# 附录 6A　税后实际利率

在前面几章我们对多种情况下的融资选择进行了评估。在所有的例子中，所做的分析都没有考虑抵押贷款利息是要扣除税款的。一个突出的问题是，对联邦所得税的考虑是否影响到我们分析的结论。为了深入认识这一问题，我们首先考虑标准固定利率抵押贷款的税后实际成本。

## 例　子

假设某借款人接受了一笔总额为 100 000 美元的贷款，利率为 10%，期限为 10 年。为了便于说明，我们规定其支付方式为年支付。贷款的年支付额可以通过如下计算得出：

解：

$PV$=100 000 美元

$i$=10%

$n$=10

$FV$=0

解得 $PMT$ =16 275。

函数：

$PMT$（$PV$，$i$，$n$，$FV$）

10 年后贷款期的贷款进度计算如表 6A－1 所示。因为不存在发放费用和提前还款惩罚，所以贷款的税前成本正好为 10%。现在我们希望看到所付利息用以抵免税收产生的影响。通过将每年的贷款利息与借款人的税率相乘，就可以计算出所付利息的税收抵免金额。例如，第 1 年所付利息为 10 000 美元。在 28%的税率水平上，这意味着：由于所付利息的税收抵免，借款人可以将税收降低 2 800 美元。

**表 6A－1**　　**贷款计划**　　单位：美元

| 年底 | 还款额 | 利息 | 本金 | 余额 |
|---|---|---|---|---|
| 1 | 16 275 | 10 000 | 6 275 | 93 725 |
| 2 | 16 275 | 9 373 | 6 902 | 86 823 |
| 3 | 16 275 | 8 682 | 7 592 | 79 231 |
| 4 | 16 275 | 7 923 | 8 351 | 70 880 |
| 5 | 16 275 | 7 088 | 9 187 | 61 693 |
| 6 | 16 275 | 6 169 | 10 105 | 51 588 |
| 7 | 16 275 | 5 159 | 11 116 | 40 472 |
| 8 | 16 275 | 4 047 | 12 227 | 28 245 |
| 9 | 16 275 | 2 825 | 13 450 | 14 795 |
| 10 | 16 275 | 1 480 | 14 795 | 0 |

将所减少的税收金额从还款额中扣除，就可以得出贷款的税后成本。表 6A－2 计算了税后成本。

**表 6A－2　　税后贷款支付成本**　　单位：美元

| 年 | 还款额 | 税后扣除价值* | 税后支付 |
|---|---|---|---|
| 1 | 16 275 | 2 800 | 13 475 |
| 2 | 16 275 | 2 624 | 13 650 |
| 3 | 16 275 | 2 431 | 13 843 |
| 4 | 16 275 | 2 218 | 14 056 |
| 5 | 16 275 | 1 985 | 14 290 |
| 6 | 16 275 | 1 727 | 14 547 |
| 7 | 16 275 | 1 444 | 14 830 |
| 8 | 16 275 | 1 133 | 15 141 |
| 9 | 16 275 | 791 | 15 484 |
| 10 | 16 275 | 414 | 15 860 |

* 利息乘以税率。

为了计算税后实际借款成本，我们需要得出使税后还款额等于起始贷款金额（100 000 美元）的那个年复利率。这个利率的计算表明，税后借款成本正好等于 7.2%。如表 6A－3 所示。

**表 6A－3　　税后支付净现值**　　单位：美元

| 年 | 税后现金流量（*ATCF*） | 现值系数（*PVIF*）* | 现值 |
|---|---|---|---|
| 0 | −100 000 | 1.000 00 | −100 000 |
| 1 | 13 475 | 0.932 84 | 12 570 |
| 2 | 13 650 | 0.870 18 | 11 878 |
| 3 | 13 843 | 0.811 74 | 11 237 |
| 4 | 14 056 | 0.757 22 | 10 644 |
| 5 | 14 290 | 0.706 36 | 10 094 |
| 6 | 14 547 | 0.658 92 | 9 585 |
| 7 | 14 830 | 0.614 66 | 9 115 |
| 8 | 15 141 | 0.573 38 | 8 682 |
| 9 | 15 484 | 0.534 87 | 8 282 |
| 10 | 15 860 | 0.498 94 | 7 913 |
| 总现值 | | | 0 |

* 现值系数的计算见表 3－5。

将表 6A－3 中的现值一列相加，得出净现值的结果为 0，这证实了税后成本为 7.2%。

既然我们已经“成功地”进行了计算，你可能急于知道，税前成本和税后成本是否在一定程度上与借款人的税率相关。在这种情况下，存在非常简单的关系：

$$\begin{aligned}\text{税后实际成本} &= \text{税前实际成本}\times(1-\text{税率})\\ &= 10\%\times(1-0.28)\\ &= 7.2\%\end{aligned}$$

我们看到税后借款成本与（1－借款人的税率）成正比，即，如果税率为28%，则（1－借款人的税率）等于72%，税后成本为税前成本的72%。（实际上，整个利息成本都可以用来抵税。）即使贷款被提前清偿，这种关系仍将成立。如果在贷款偿还时扣除点数，那么这种关系同样适用于有点数的贷款。如果在贷款偿还的当年不能扣除点数，这种关系将不再完全成立。即使这不完全成立，通常它也是很接近实际成本的。[①] 有一点也应该清楚，即借款人的税率越高，利息的税收抵免所带来的好处就越大。

## 每月还款

上面的例子假设每年支付一次，例如在年底，这与借款人获得税收抵免的时间正好重合。如果贷款是每月还款的，答案是否会显著不同？如果我们假设买方从每月利息的税收抵免中实现税收方面的好处，则答案不会改变。可以论证，如果每年仅纳税一次（在下一年的4月15日），那么就不会在贷款偿还的同时获得税收抵免。然而，利息的免税优势会在年末影响税收，可能也意味着借款人会在年中支付较少的估计税收。[②] 况且，因为借款人知道利息会降低自己年末的应税收入，所以他们可能在每月还款中预扣较少的税收。因为存在这些可能性，更现实的假设可能是：在计算融资的税后成本时，利息对税收的抵免与抵押贷款的还款发生在不同的时点。然而，即使我们不假设利息对税收的抵免发生在年底，这也不会显著影响计算出的实际利率。那么，出于实用的目的，我们可以总结出：每月的税后实际成本＝每月税前实际成本×(1－投资者税率)。

## 税后利息成本对贷款决策的影响

我们已经看到，税后实际利率与借款人的税率直接成比例。只要利息是在支付的那一年扣除税费，这种关系就存在。[③] 当这种关系存在时，对税收的考虑将不会影响到抵押贷款方案的选择，因为税收以类似的方式影响每一类贷款。那么，选择贷款时我们仍然可以比较税前有效利息成本，并确信对税收的考虑将不会影响融资决策。与此类似，我们可以计算增量借款成本、再融资的实际成本和前面章节讨论过的基于税前考虑的决策

---

① 例如，如果对收益性房地产的贷款收取发放费用，这种关系可能不完全成立。这是因为为发放费用做出税收抵免的时间可能与为发放费用付款的时间不一致。虽然发放费用是在贷款结算时支付的，它们的税收抵免必须在整个贷款期内被摊还。买方购买自住住宅时支付的发放费用通常可以用于抵扣税收，可是为住宅再融资时所支付的发放费用必须在整个贷款期内被摊还。

② IRS要求纳税人估计自己的税收，而且在许多情况下每季必须向IRS付款。

③ 像累进还款式抵押贷款这类抵押贷款的选择，由于存在负摊还，其所付利息不能在支付的那一年被全部抵扣，在本附录的后面我们将对此进行讨论。

标准。我们的意思不是暗示做出借款决策时出于税收目的的利息抵扣是一个不重要的考虑因素。显然，借款人应该将利息偿付对税收的抵扣考虑作为借款决策成本的一部分。借款人的税率越高，税后借款成本越低。在本书的后面评价融资杠杆时我们将看到，这影响到投资房地产的借款意愿。

## 负摊还贷款

我们已经看到贷款的税后实际成本＝税前实际成本×(1－投资者税率)，只要为贷款“支付”的所有利息都是在支付的那一年被用于税收抵免的，就会如此。我们所说的所支付利息是指每月还款中所支付的非本金部分。

在出现负摊还的情况下，应支付的利息会在贷款期的部分或全部时间内超过还款额。我们已经讨论过的一个例子是累进还款式抵押贷款（GPM）。现在我们将要看到，具有负摊还贷款的税后实际成本是如何计算的。让我们考虑利率为10%的100 000美元贷款，其最初5年的还款额为每年8 000美元，之后直到贷款余额被偿清的还款额均为每年12 000美元。

因为第1年的应付利息为10 000（＝100 000×0.10）美元，而还款额仅为8 000美元，负摊还将是2 000美元。一年后这将使贷款余额增加到102 000美元。因此，第2年的利息是10 200（＝102 000×0.10）美元。以这种方式继续下去，我们可以构造出表6A－4中的贷款计划。

**表6A－4** **贷款计划** 单位：美元

| 年 | 期初余额 | 还款额 | 利息 | 本金摊还 |
|---|---|---|---|---|
| 1 | 100 000 | 8 000 | 10 000 | (2 000) |
| 2 | 102 000 | 8 000 | 10 200 | (2 200) |
| 3 | 104 200 | 8 000 | 10 420 | (2 420) |
| 4 | 106 620 | 8 000 | 10 662 | (2 662) |
| 5 | 109 282 | 8 000 | 10 928 | (2 928) |
| 6 | 112 210 | 12 000 | 11 221 | 779 |
| 7 | 111 431 | 12 000 | 11 143 | 857 |
| 8 | 110 574 | 12 000 | 11 057 | 943 |
| 9 | 109 631 | 12 000 | 10 963 | 1 037 |
| 10 | 108 594 | 12 000 | 10 859 | 1 141 |
| 11 | 107 453 | 12 000 | 10 745 | 1 255 |
| 12 | 106 198 | 12 000 | 10 620 | 1 380 |
| 13 | 104 818 | 12 000 | 10 482 | 1 518 |
| 14 | 103 300 | 12 000 | 10 330 | 1 670 |
| 15 | 101 630 | 12 000 | 10 161 | 1 837 |
| 16 | 99 793 | 12 000 | 9 979 | 2 021 |
| ⋮ | ⋮ | ⋮ | ⋮ | ⋮ |

从这个表中，我们可以看到前 5 年的负摊还使贷款余额增加了。在第 6 年，当还款增加到超过应付利息时，贷款余额开始下降。然而，直到第 15 年，贷款余额才开始下降到低于 100 000 美元的起始贷款余额。

目前的问题是，每年借款人可以用于税收抵免的利息是多少？大多数借款人，至少是购买自住住宅的借款人，是以“现金基准”计算的，即他们与税收相关的收入和支出是基于实际的现金收入和支出。① 对于这些借款人，现行税收规则要求利息抵扣不超过还款金额。那么，在我们的例子中，开始 5 年每年仅仅可以抵扣 8 000 美元。从第 6 年开始，我们看到还款额超过利息。在开始的 5 年中，由于负摊还而不能被抵扣的利息会怎么样呢？答案是，借款人可以继续以每年的全部还款额进行抵扣，直到贷款余额降低到起始贷款余额，在这个例子中就是 100 000 美元。这样，借款人可以抵扣 12 000 美元的还款额直到第 14 年。在第 15 年，借款人可以抵扣 10 161 美元的利息加上将使贷款余额降低到 100 000 美元的所剩余负摊还 1 630 美元。在第 15 年以后，利息抵扣采用与 CPM 相同的方式。图 6A－1 描绘了这个例子中抵押贷款还款额、利息支付和贷款余额之间的关系。

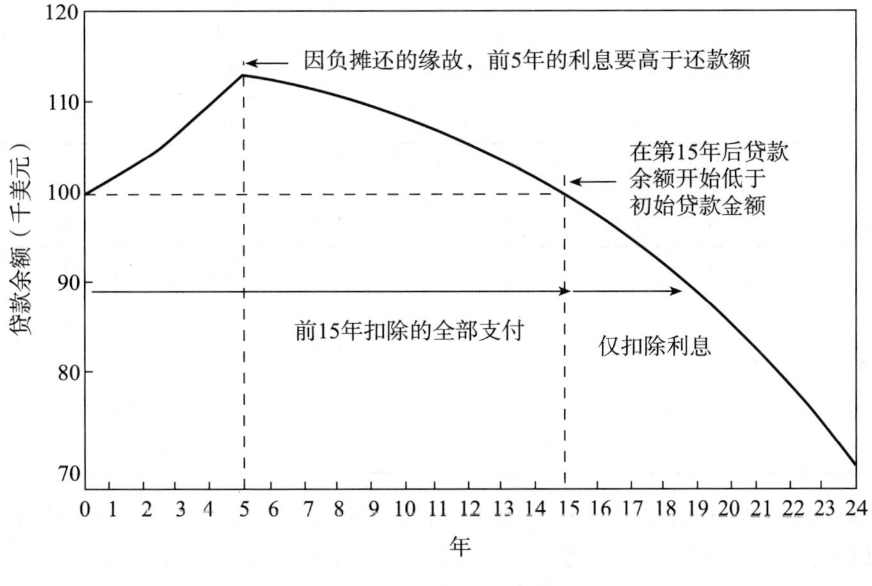


**图 6A－1　税收抵免——负摊还贷款**

## 税后实际成本

现在我们已经具有了计算税收抵免和贷款税后实际成本所需要的信息。我们可以在表 6A－5 中制作进度表。

我们可以计算整个贷款期或贷款到期前任何时候偿清贷款时的实际成本。为了说明问题，我们将计算于第 15 年末偿清贷款的情况下（这时贷款余额为 99 793 美元）的税后实际成本。我们具有如表 6A－6 所示的现金流。

① 另一种是“权责基准”，权责基准的会计体系用于确定收入和支出。

**表 6A-5** 税后支付 单位：美元

| 年 | 还款额 | 利息扣除 | 税费节省* | 税后支付 |
| --- | --- | --- | --- | --- |
| 1 | 8 000 | 8 000 | 2 240 | 5 760 |
| 2 | 8 000 | 8 000 | 2 240 | 5 760 |
| 3 | 8 000 | 8 000 | 2 240 | 5 760 |
| 4 | 8 000 | 8 000 | 2 240 | 5 760 |
| 5 | 8 000 | 8 000 | 2 240 | 5 760 |
| 6 | 12 000 | 12 000 | 3 360 | 8 640 |
| 7 | 12 000 | 12 000 | 3 360 | 8 640 |
| 8 | 12 000 | 12 000 | 3 360 | 8 640 |
| 9 | 12 000 | 12 000 | 3 360 | 8 640 |
| 10 | 12 000 | 12 000 | 3 360 | 8 640 |
| 11 | 12 000 | 12 000 | 3 360 | 8 640 |
| 12 | 12 000 | 12 000 | 3 360 | 8 640 |
| 13 | 12 000 | 12 000 | 3 360 | 8 640 |
| 14 | 12 000 | 12 000 | 3 360 | 8 640 |
| 15 | 12 000 | 11 791 | 3 302 | 8 699 |

* 税率为 28%。

**表 6A-6**

| 年 | 税后现金流（美元） |
| --- | --- |
| 0 | −100 000 |
| 1～5 | 5 760 |
| 6～14 | 8 640 |
| 15 | 108 492 |

上述现金流的 *IRR* 为 7.32%。前面我们知道税前实际成本是 10%，那么，我们可以看到税后实际成本略高于完全摊还贷款，后者的税后实际成本正好是 7.2%。负摊还抵押贷款税后实际成本较高的原因在于利息抵免税收的延迟。在贷款余额增加的期间，所抵扣的利息较所支付的少。从贷款余额开始下降直到贷款余额达到起始金额这个时期，在那些年中未被用于抵免税收的利息部分被抵扣了。

# 总　结

因为利息支付可以用于税收抵免，所以债务的税后成本降低了。只要在特定年份所支付利息的全额都可以在该年被用于税收抵免，贷款的税前成本与税后成本之间就存在非常简单的关系。税后成本等于税前成本乘以（1−借款人的税率）。即：

税后成本＝税前成本×(1－税率)

如果所支付的利息不可以全额用于抵免税收（正如负摊还抵押贷款所描绘的那样），这种情况下的税后实际成本将比完全摊还贷款的成本高。其原因在于税收抵免的获得被延迟了。然而，即使在这种情况下，税前成本与（1－借款人的税率）的乘积将提供税后借款人成本的近似计算值。

如果出于税费的考虑，对所有贷款的评估都应用相同的办法，则无须在分析中考虑税收，因为它们以相同的方式影响所有贷款，从而在最后的分析中被“冲掉”了。这样，无须明确考虑税收问题，前面章节所讨论的各种分析仍然可以适用。然而，最开始决定是否借款时，利息抵免税收的问题仍是重要的，因为采用债务融资购买房地产降低了成本。在确定是否借款投资于房地产的时候，这显得尤为重要，因为在未考虑借款之前，必须将借款的税后成本与房地产的税后收益做比较，看看借款融资购买房地产是否合适。

## 习　题

1. 可以以 10%的利率获得 15 年期每月还款的 100 000 美元贷款。
   a. 假设借款人处于 30%的税率等级而且仅仅持有贷款 3 年，贷款的税后实际利率是多少？假设利息的税收抵免与还款在同一年发生。
   b. 假设贷款人收取 5%的发放费用且其可以在还款时被用于税收抵免，计算上述贷款的税后实际成本。
   c. （a）中的税后成本与贷款的税前成本相比如何？
2. 一笔总额为 100 000 美元的抵押贷款，其第 1 年的每月起始还款额是 500 美元，利率为 9%。第 1 年以后，还款额将增到以每月恒定还款额使贷款在剩余的 24 年可以被完全摊还的金额。
   a. 计算第 1 年贷款的利息抵扣。
   b. 如果利息必须被延迟至第 2 年支付，那么利息延迟支付的金额是多少？
   c. 在第 2 年中，将会被抵扣的利息是多少？

# 第 3 部分

# 住宅房地产

# 第 7 章　独户住宅：定价、投资和税收考虑

在前面的章节中，我们介绍了房地产的资产性质、产权、一系列固定和可调整利率的抵押贷款以及贷款承保过程。在本章中，我们重点关注作为一项投资的独户住宅。我们将会分析作为租房替代选择的房地产拥有行为、住房供给和需求的特点、住房定价、对房屋所有者征收的联邦所得税以及对“困厄”房地产的投资。本章中讨论的所有话题对有前瞻性的住房投资者来说都是有必要的。

## 7.1　概　述

在美国，许多人都认为拥有一套房地产是他们的重要目标。除了能提供住处外，许多人都将房地产视为有助于个人财富积累的重要投资工具。一些人开始持有这样的观点：房屋不仅是消费品（提供住处），而且是一种投资品。随着经济的发展，许多机构涉足房屋建筑业。包括金融机构、开发商和建筑商、抵押贷款的贷款人、房地产中介、房地产保险业以及其他服务的提供商。确实，据估计，住房和与其相关的服务占到美国总产出的 15%。并且联邦所得税政策长久以来一直支持人们购房，提供抵押贷款利息的税收抵免，并且在特定情况下，豁免出售房地产所得中的资本利得。这些税收激励源于国会议员们相信房屋所有权可以激励人们有更强的社会凝聚力、更好的教育成绩以及更低的犯罪率。因此，他们一直提供特别的税收激励来鼓励人们拥有住房。接下来是对影响住房投资因素的更详细的解释。

### 7.1.1　住房价格

将住房作为投资品考虑的一个重要相关因素是价格上涨（或下跌）的速度以及是什

么驱使价格发生变化。为了开始我们的讨论，看一下影响价格上涨重要因素的表格是很有帮助的。如表 7-1 所示。这些影响因素的数据都可以从大都市统计区（MSA）获得。（可以从本章最后给出的美国人口普查局、美国劳工统计局和美国商务部经济分析局的网站上查到。）

**表 7-1　　住房需求的经济影响**

| 数值上升 | 对需求的影响方向 |
|---|---|
| (1) 人口增长 | + |
| (2) 家庭组成数 | + |
| (3) 就业人数 | + |
| (4) 家庭收入 | + |
| (5) 利率 | − |
| (6) 联邦所得税 | − |
| (7) 租房成本 | + |

表 7-1 右边一列表明了在其他因素不变的情况下，每种变量对住房需求的影响。这些影响是基于变量上升的情况考虑的。例如，人口增加、住户（或家庭）（household）增加、收入增加、就业人数增加，这些变量在单独考虑时，会对住房需求产生正向的影响。但是，利率提高会产生负向的影响。联邦所得税增加也会产生负向影响。如果租房成本相对于房屋价格上升，购房需求就会增加。显然，如果表中的任一变量向相反的方向变动，那么其对住房需求的影响将与我们刚才讨论的相反（例如，利率下降将会对住房需求产生正向影响）。

最后，在试图预测上述变量的趋势时，我们看到有两个很重要的问题：(1) 每个变量的变动受什么驱使？(2) 为什么变量的改变会随城市的变化而变化？近年来，人口增长极大地受到移民的影响。据估计，在 20 世纪 90 年代，移民占了人口增长总数的 1/3。注意到住户的增长率与人口增长相平行也是很重要的。正如已经提到的，随着年轻人离家上大学或就业，新的住户就逐渐形成。

社会趋势也倾向于增加住户的数量。这些趋势包括结婚平均年龄的延迟、离婚数量的增加以及不婚人数的增加。这些因素造成了对个人住房的大量需求。平均寿命的增长也造成了住户占有住房的时间延长。相对地，这减少了“住房交易量”或可出售给年轻住户的住房存量。

其他重要的行业数据表明：(1) 首次购房者的年龄倾向于 28～32 岁，(2) 在 40 岁时，人们倾向于卖掉他们的第一套住房而购买一套不同的住房（提升住房质量），(3) 度假房或二手房的潜在客户的年龄通常在 48～52 岁。人们在 60 岁或年纪更大时才会考虑退休住房。

### 7.1.2　收入和就业

尽管人口和家庭（或住户）的增长是住房需求的一个必要条件，就业也是影响住房负担能力的一个重要因素。最近的数据表明，在过去 10 年中美国年平均就业增长率为 1.76%。阳光地带的城市拥有最大的就业增长数量。随着更多女性加入劳动力中，雇佣人口的比例也有所增加。这些女性中有许多来自单亲家庭，单亲家庭增强了对住房的需求。尽管随后我们将在本章讨论城市的经济基础，在这里应指出工作机会的性质和企业的类型在美国的不同地区是有差异的。那些吸引企业的地区有着相对有利的条件：（1）影响家庭赚取收入以买房的能力，（2）影响房屋价格。重要的一点是，在大城市之间，工作质量和性质以及薪资水平也不尽相同。因此，尽管就业增长很重要，工作质量以及薪资水平也很重要。房价上涨和收入/就业增长之间有很强的关联。因此，将住房看作投资品时，我们必须记住：对于所考虑的城市来说，与这些趋势相关的基本研究是很重要的。

**利率**

许多因素决定了利率。比较重要的一些因素包括随经济扩张和紧缩而变化的可贷资金供求以及美联储在其货币系统管理过程中的政策。通常美联储会对利率有显著的影响，这进而会影响住房需求。由于房地产具有“高负债能力”，并且贷款覆盖了房地产价值很大的百分比，随着利率的变动，月还款额可能会有大幅升降。利率变动也会影响到房屋建筑业的许多领域。这些领域包括建筑、土地开发、融资、安全监测、评估以及其他与住房相关的服务业务。由于这些重大的影响，住房是经济的一个重要组成部分。

如表 7-1 所示，在其他条件不变的情况下，利率提高会对住房需求产生负向影响。我们直觉上会认为有这种关系的存在，因为随着利率的增加，这相当于提高了借入资本的成本，因此提高了房屋所有权的融资成本。相反，随着利率的下降，对住房需求的影响将是正向的。

尽管利率对需求的影响是相对清楚的，但由于近年来抵押贷款的多样性，影响的程度变得更加复杂。正如在第 4 章和第 5 章中所讨论的，这些选择不再局限于固定利率抵押贷款（FRM）。现在，可调整利率抵押贷款（ARM）和许多其他类型的贷款能够提供不同贷款利率、贷款摊还期以及其他特点。并且，贷款的一些其他条件，例如融资费用、提前还款选择以及贷款人严格应用承保条件，强化了抵押贷款利率的变化方向。例如，在房屋价格上涨并且/或者利率较低的时期，在承保时，贷款人可能在像信用评分这样的事情上更加灵活。这可能会扩大利率对住房需求的影响。

## 7.1.3 租房与购房的比较

在分析住房投资需求时的另一个要考虑的选择是租房。如果人们发现租房比购房更实惠，购房可能就不会是一项好的投资。接下来将讲到的就是对同一所住房而言，租房和购房相对成本的比较分析。这样做的目的是汇总所有与每种居住形式相关的现金流，然后计算如果购买房地产，用于净值投资（首付款）的资金的收益率。或者，如果选择租房，该利率就是投资者能从节省下来的“首付款”中赚取的收益率，这就使得租房成为购房的一种替代选择。

表 7-2 所总结的例子给出了租房与购房相比较的框架。

在这个例子中，租房每年花费 12 000 美元（每月 1 000 美元）。或者，可以以 150 000 美元的价格购房，首付款为 30 000 美元，以 7%的利率贷款 30 年。购房的其他费用包括维护费、保险以及房地产税。在我们的例子中，如果选择租房，则这些费用都不用支付。无论选择租房还是购房，都要支付所有的其他费用，例如公用事业费等。这些费用在比较租房与购房的选择时会相互抵消，因此在分析中不用将其包含进来。其他假设包括：(1) 联邦所得税税率为28%，(2) 费用、房租和房价每年增长2%，(3) 以5年的周期来分析，5年后房地产将被卖出（如果购买房地产）。卖出时要支付7%的处置费用。

**表7-2　　个人住宅的租房与购房比较分析**

| | | | | | |
|---|---|---|---|---|---|
| 1. 房地产信息 | | | 贷款信息 | | |
| 购买价格 | | 150 000 美元 | 贷款价值比 | | 80.00% |
| 最初的租金 | | 12 000 美元 | 贷款金额 | | 120 000 美元 |
| 租金增长率 | | 2.00% | 利率 | | 7.00% |
| 房价增长率 | | 2.00% | 贷款期限 | | 30 年 |
| 保险费 | | 500.00 美元 | 还款 | | 12 次/年 |
| 维护费 | | 500.00 美元 | 年债务支付（还款额） | | 9 580 美元 |
| 费用增长率 | | 2.00% | 年贷款常数 | | 7.98% |
| 边际税率 | | 28.00% | 净值投资/首付款 | | 30 000 美元 |
| 房地产税占房价的比率 | | 1.50% | 处置费用 | | 7.00% |
| 2. 年度贷款安排 | | | | | |
| 年末 | 0 | 1 | 2 | 3 | 4 | 5 |
| 月还款额×12（美元） | | 9 580 | 9 580 | 9 580 | 9 580 | 9 580 |
| 贷款余额（美元） | | 118 781 | 117 474 | 116 072 | 114 569 | 112 958 |
| 利息（美元/年） | | 8 361 | 8 273 | 8 179 | 8 077 | 7 969 |
| 摊还（美元/年） | | 1 219 | 1 307 | 1 402 | 1 503 | 1 612 |
| 3. 房地产数据 | | | | | | |
| 房地产价值（美元） | 150 000 | 153 000 | 156 060 | 159 181 | 166 365 | 165 612 |
| 租金（美元） | | 12 000 | 12 240 | 12 485 | 12 734 | 12 989 |

与我们的分析相关的现金流以年度为单位总结在表7-3中。注意，对于购房这一选择来说，现金流必须计算税前和税后的，因为民用住宅所有者要缴纳特殊的联邦所得税（见表7-4中关于税收条款的总结）。而租房者不适用这种条款；因此，租房者的税前和税后的现金流出是一致的（见表7-3中的C部分）。在表7-3中的A部分，我们总结了与购房相关的税前现金流出。第1年共为12 830美元。每年固定抵押贷款还款支出为9 580（=798.33×12）美元，包括在这些现金流出中。表7-3中的B部分展现的税收处置包括房地产税和抵押贷款利息中的准予扣除部分。这些扣除减少了业主的联邦所得税支出①，因此减少了与购房相关的净现金流出。这些抵扣以28%的税率减

① 这里假设业主为了纳税而逐项登记。

少了税费，即第 1 年共减少了 2 971 美元。利息的税收抵免在第 5 年降低到 7 969 美元，因为贷款利息随时间降低。

**表 7－3　　　　现金流分析——购房与租房**　　　　单位：美元

| | 第 1 年 | 第 2 年 | 第 3 年 | 第 4 年 | 第 5 年 |
|---|---|---|---|---|---|
| A. 税前现金流——业主 | | | | | |
| （1）房地产税 | 2 250 | 2 295 | 2 341 | 2 388 | 2 435 |
| （2）保险费 | 500 | 510 | 520 | 530 | 540 |
| （3）维护费 | 500 | 510 | 520 | 530 | 540 |
| （4）抵押贷款还款 | 9 580 | 9 580 | 9 580 | 9 580 | 9 580 |
| （5）税前现金流出 | 12 830 | 12 895 | 12 961 | 13 028 | 13 095 |
| B. 税收抵免——业主 | | | | | |
| （1）房地产税 | 2 250 | 2 295 | 2 341 | 2 388 | 2 435 |
| （2）利息 | 8 361 | 8 273 | 8 179 | 8 077 | 7 969 |
| （3）总抵扣 | 10 611 | 10 568 | 10 520 | 10 465 | 10 404 |
| （4）税收节省（税率为 28%） | 2 971 | 2 959 | 2 945 | 2 930 | 2 913 |
| C. 租房情况 | | | | | |
| （1）租金 | 12 000 | 12 240 | 12 485 | 12 734 | 12 989 |
| D. 净现金流——购房 | | | | | |
| （1）税前支出（A. 5） | （12 830） | （12 895） | （12 961） | （13 028） | （13 095） |
| （2）税收节省（B. 4） | 2 971 | 2 959 | 2 945 | 2 930 | 2 913 |
| （3）税后现金流 | （9 859） | （9 936） | （10 016） | （10 190） | （10 182） |
| （4）租金节省（C. 1） | 12 000 | 12 240 | 12 485 | 12 734 | 12 989 |
| （5）税后现金流——购房 | 2 141 | 2 304 | 2 469 | 2 635 | 2 807 |
| E. 税前现金流——出售（第 1～5 年） | | | | | |
| （1）房地产价值 | 153 000 | 156 060 | 159 181 | 162 365 | 165 612 |
| （2）减：处置费用 | 10 710 | 10 920 | 11 143 | 11 366 | 11 593 |
| （3）减：抵押贷款支付 | 118 781 | 117 474 | 116 072 | 114 569 | 112 958 |
| （4）出售的税前现金流 | 23 509 | 27 666 | 31 966 | 36 430 | 41 061 |
| F. 税后现金流——出售（第 1～5 年） | | | | | |
| （1）房地产价值 | 153 000 | 156 060 | 159 181 | 162 365 | 165 612 |
| （2）减：处置费用 | 10 710 | 10 920 | 11 143 | 11 366 | 11 593 |
| （3）减：税收基础 | 150 000 | 150 000 | 150 000 | 150 000 | 150 000 |
| （4）出售所得 | （7 710） | （4 860） | （1 962） | 999 | 4 019 |
| （5）减：免除 | — | — | — | 999 | 4 019 |
| （6）税收 | 0 | 0 | 0 | 0 | 0 |
| （7）税后现金流（E. 4－F. 6） | 23 509 | 27 666 | 31 966 | 36 430 | 41 061 |
| G. 如果出售房地产（30 000 美元）的税后 *IRR* | | | | | |
| （1）*ATIRR*（D. 5＋F. 7） | －14.50% | 3.57% | 9.63% | 12.34% | 13.71% |

表 7－3 的 D 部分总结了如果选择购房的净年度税后现金流出，是 12 830 美元（来自 A 部分）减 2 971 美元的税收节省（来自 B 部分），结果为 9 859 美元的净流出。如果购买房地产，这也意味着不用支付 12 000 美元的租金。为了使我们分析中的年现金流出完整，我们必须考虑如果选择购房可以节省的租金。

第 1 年的租金是 12 000 美元，当将它包含在分析中时，会产生净税后节省 2 141 美元，正如 D 部分所体现的。注意，第 2 年的节省是 2 304 美元，以后的每一年都不尽相同。这种分析必须每年都做，从而可以评价以下事项的净效应：（1）增加不可抵扣费用，如维护费和保险费，（2）增加租金，（3）增加可抵扣费用，如房地产税，（4）减少可抵扣费用，如抵押贷款支付的利息比例。

最后，我们必须考虑出售房地产的收益。在表 7－3 中的 E 部分和 F 部分，我们计算了每年的售房收益。E 部分的税前现金流为售房价格减去处置费用和抵押贷款余额。税后现金流必须包括售房所得的应税收入。后者是在售房价格的基础上减处置费用，再减去税收基础，在本例中指初始购房价格。[①] 如果售房行为发生，前 3 年的税收为 0 美元，因为房地产升值的速度不够抵消处置费用。因此，如果房地产被出售，借款人不会得到最初的购买价格，应税收入或可抵税的损失也不会产生。应注意到，从第 4 年开始，产生 999 美元的卖房收益，第 5 年为 4 019 美元。但是，因为住宅房地产的资本利得免除条款（见表 7－4），这些资本利得不应纳税。将截至销售年度的年度税后现金流和出售产生的现金流合并，并在表 7－3 的 G 部分计算了 *IRR*。注意，如果房地产在第 1 年后就出售，30 000 美元投资的税后 *IRR* 是负值。这意味着，如果房地产在购买 1 年后即出售，租房可能是更明智的选择。但是，随着年税后现金流和房地产价值的升值，从第 2 年至第 5 年购房的收益不断增加。[②] 这几年的 *IRR* 表明，为了证明租房有利，投资者用节省的 30 000 美元进行相同风险的投资，税后收益率要从 3.5%增长到 13.7%，这样租房与购房才是对等的。

**表 7－4　　对住宅房地产来说重要的税收条款总结**

Ⅰ. 个人及合格住宅的税收待遇*

A. 利息抵扣与合格住宅。“合格住宅”的利息是可以抵扣的。纳税人的合格住宅指个人住宅和一套其他住宅。在应纳税年，如果当年第二套住宅没有被出租，纳税人不必使用第二套住宅即可将其作为合格住宅。如果在一年中有部分时间被出租了，会要求有特定数量的个人使用时间（见Ⅱ.A）。三套或更多套住宅的利息不可以被抵扣，除非住宅用于商务或作为投资品不被纳税人用作私人用途。在某些条件下，可移动式住宅、船、拖车、分时度假别墅以及房地产公司的库存都可能会是合格住宅。

B. 最大利息抵扣。两种类型的抵押贷款利息是可以抵扣的。

（1）“收购债务”的利息可以抵扣，它是用于购买、建造或装修合格住宅的担保贷款。只要债务不超过住宅及装修的成本，收购债务的利息就可以被抵扣。对夫妻共同申报的，包含利息在内的最大负债额不能超过 1 000 000 美元。

---

① 如果发生装修和改造费用，这些费用应该加上初始购房价格，以作为当年售房的纳税基础。出售前的“修补”费用也应包含在内。

② 要计算第 2 年的 *IRR*，必须找到使第 1 年 2 141 美元与第 2 年 2 304 美元加上 27 666 美元的现值之和等于净值投资支出 30 000 美元的利率（折现率）。

续前表

(2)“房屋净值债务”的利息也可以被抵扣。对夫妻共同申报的，包含利息的负债可以达到 100 000 美元和房屋净值中的较小者。房屋净值债务必须用合格住宅进行担保。

C. 抵押贷款点数。点数这个术语被用来描述某些需要支付的费用，或被当作费用支付，由获得抵押贷款的借款人支付。点数也可被称作贷款发放费用、贷款收费、贷款折扣或折扣点数。如果以下所有条件均被满足，点数可以在支付的那一年得到抵扣：

(1) 贷款有合格住宅担保。

(2) 你在结束前或结束时提供的资金，加上卖方支付的点数，至少与收取的点数一样多。

(3) 贷款用于购买或建造合格住宅。

(4) 点数是抵押贷款本金的一定百分比。

(5) 抵押贷款要收取一定的点数，结算清单上清楚地记有本金金额。支付的点数从你的或卖方的资金支付上表现出来。

若上述条款未满足，点数必须在贷款的整个周期内抵扣。

D. 房地产税。房地产税是对不动产收益征收的直接税费。只有在业主支付的那一年，税收可以被抵扣。通常，预付的房地产税可以在预付当年被抵扣。

E. 资本利得免除。对 1997 年 6 月 5 日后出售的个人房地产，业主可以从收入中免除 250 000 美元的资本利得，对已婚夫妇来说，最高可免除 500 000 美元。

(1) 个人必须拥有并且在出售前 5 年的至少 2 年中将房地产用作主要住宅（这 2 年不需要连续）。

(2) 免除规定在每 2 年中只能适用于一次出售行为。

Ⅱ. 第二套住宅的税收待遇

A. 利息抵扣。适用于与个人住宅相关的全部条款。

B. 点数。为第二套住宅担保的贷款的支付点数在整个贷款期限内摊还和抵扣。

C. 第二套住宅的出售：资本利得免除。通常只有一年中大部分时间在使用的一套住宅（主要或次要）可以被视为主要住宅，能够符合免除的条件。第二套住宅没有免除的资格。

Ⅲ. 第二套或度假房的税收待遇

A. 如果房地产没有出租，并且只做私人使用，则抵扣的决定类似非主要合格住宅（见Ⅰ.A）。

B. 如果房地产购买后做私人使用，并且每年出租小于等于 14 天，则无须上报租金和费用。

C. 如果房地产既做私用又出租，所有的租金收入都必须上报，并且所有的费用都可以抵扣。私人使用不能超过 14 天，或出租天数的 10%（看哪一个时间更长）。

D. 如果房地产既做私用又出租，并且私用的天数超过了 14 天或出租天数的 10%，则全部的租金收入都要上报，可抵扣的数额限制在租金收入内。任何超过租金收入的费用都可继续用于抵消未来的收入。

* 表中内容以《国内税收法则》P163 (h) (4) 和 P1.163 - 10T 为基础。在进行投资或选择税种时，读者不应该基于这个大致讨论。这个讨论不一定完整，《国内税收法则》也经常变动。

## 其他考虑

在我们总结完与租房和购房相关的现金流之后，一些其他问题将会产生。例如，我们的例子中假设了在 5 年后出售房地产。人们必须要有住的地方，5 年后应怎样处理出售所得的收益？投资者在 5 年后会选择自有住房还是租房？5 年后所有者选择了不出售而在未来无限期持有会怎么样呢？这些问题应该怎样分析？有助于回答这些问题的一个方法是先考虑在相对短时间内出售房地产的可能性。通常，如果人们由于工作变更或调去外地可能会经常卖房，租房可能是更好的选择，除非在住宅所在区域的房地产价值和房租快速增长。在后一种情况下，当售房行为发生时，借款人很有可能抵消处置费用并且节省不断增加的房租。另外，如果房地产价值不变或下降，短期居住的话租房更有利。

或者，其他使租房优于购房的情况包括：（1）期望房租会下降，（2）不可用于税收抵免的房屋费用（维护费、保险费等）显著增加，（3）抵押贷款初始利率远高于本例中的 7%。

至于 5 年后，从表 7-3 中可明显看出购房的净收益一直在增加。虽然这一趋势能否继续无法确定，这对房价和净值投资升值重要性的研究可能是有帮助的。

如果一个人重新检查表 7-3 中的现金流分析，由于房地产升值（E.1 和 F.1）和资本利得免除（capital gains exclusion），购房优势是很明显的。

### 租房与购房决定的比较——其他问题

上述分析是对同一套住宅购买或租住的纯财务方面的分析。在上例中，显然，一般情况下购房是有利的，特别是持续拥有房地产 3 年或更长时间。一个有趣的问题是："有没有一种消除购房收益的租金水平？"即，在何种租金水平下，你会认为租房与购房是一样的？这一租金水平会使购房的税后 *IRR* 刚好能够补偿作为首付款的资本投资。我们假设这个税后 *IRR* 是 5%。这大约与贷款的税后成本相同 [7%×(1−0.28)=5%（四舍五入)]。

将第 1 年的租金节省（C 部分）改为 9 155 美元，我们重新计算表 7-3 中的净现金流，这改变了 D（4）的结果，30 000 美元净值投资的税后 *IRR* 如表 7-5 所示。

**表 7-5　　修订后的年现金流和税后 *IRR***

| 年数 | 1 | 2 | 3 | 4 | 5 |
|---|---|---|---|---|---|
| 税后 *IRR* | −23.98% | −6.19% | 0.19% | 3.27% | 5.00% |

从分析中我们可看出，显然，如果同一套住宅每年租金为 9 155 美元，则仅基于财务上的考虑，5 年内，投资者将认为购房与租房是一样的。也可以这样说，在购房与租房的财务考量上，没有哪一种选择更有利。9 155 美元的租金可以用试错或 Excel 中的"单变量求解"功能计算出来。

### 历史趋势

基于美国的历史趋势，大约 67%的住宅被购买，33%的住宅被出租。这表明购房是人们偏爱的选择并且可能是一项好的投资。但是，还有其他的问题需要考虑。出于某些原因，尽管购房能产生收益，人们还是选择租房。这些原因有：

（1）由于工作、家庭或其他原因频繁搬迁，需要保持灵活性。

（2）没有资金交首付款。

（3）居民信用情况。

（4）不想承担购房和房屋价格波动性的风险。

（5）想将维护费、保险费和管理费转移给其他人。

（6）想避免"泡沫"造成的房价波动性或损失的风险。当房屋价格相对于租金大幅上升且升值前景出现问题时，这种情况就会发生。在一些受高周期性行业雇佣量快速增加影响的房地产市场中，如果这些行业的就业收缩，那么房屋价格的波动性可能受到影响。

在某种程度上，上述所有因素对居民来说都很重要，他们可能会愿意放弃购房的收益而支付隐形溢价或者说是机会成本来维持自己租户的身份。出于这种或其他原因，有许多投资人和开发商开发、购买和管理租赁住房。我们将在后续章节讨论这种类型的房地产投资。

### 7.1.4 分析期望房屋价格

在考虑购房时，房地产市场的一些其他方面也很重要。当投资房屋时，投资者发现衡量房屋价格期望增值率（expected rate of appreciation in house prices，*EAHP*）是有用的。计算公式如下：

$$\frac{HP_1-HP_0}{HP_0}=EAHP\%$$

$HP_0$ 是第 0 年的房屋价格，$HP_1$ 是第 1 年后的期望价格。例如，如果 $HP_0=100\ 000$ 美元，$HP_1=103\ 000$ 美元，房屋价格期望增值率是 3%，如下：

$$\frac{103\ 000-100\ 000}{100\ 000}=3\%$$

为了扩展这个分析并且为投资者提供更多角度，一个行之有效的做法是考虑房屋净值期望增值率（expected appreciation rate on home equity，*EAHE*）。计算公式如下：

$$\frac{HP_1-HP_0}{HP_0(1-L/V)}=EAHE\%$$

定义 $L/V$ 为贷款价值比（loan-to-value ratio）。假设 3%的房屋价格上涨和 80%的贷款价值比，一年期的净值期望增值率为：

$$\frac{103\ 000-100\ 000}{100\ 000\times 0.2}=EAHE$$

$$\frac{3\ 000}{20\ 000}=15.0\%$$

或者，*EAHE* 可通过 3%的 *EAHP* 乘以房屋价格与净值的比例（$HP/E$），即 100%÷20%=5，来粗略计算。用这种方式，我们有：

$$EAHP(HP/E)=EAHE$$

$$3\%\times 5=15.0\%$$

这些计算表明 3%的 *EAHP* 在进行 80%贷款融资时，产生了 15%的 *EAHE*。本例可被视为是为投资者提供未实现净值收益（unrealized equity gains）估计值的一种方法。对于这种收益，所有者可通过选择以下方式将其实现：(1) 卖出住宅（尽管收益可能要被征收联邦所得税——见表 7-4）；(2) 再融资，在这种情况下可能不需要支付联邦所得税，因为再融资并不是“应税事项”。这个例子也清楚地讲解了为什么抵押贷款的融资方式对住房投资给家庭带来了强有力的金融激励，特别是那些对长期财富积累感兴趣的人。经济学家据此所做的研究也就是所谓的“财富效应”（wealth effect）。它是指消费者对包括房屋在内的财产有升值的预期，这会影响消费者在经济活动中对其他商品和服务的消费。这会伴随着由于股票、债券和房屋的升值，消费者对其未来的经济收入更有安全感而发生。当财产价格下降时，消费者的支出也会由于“逆财富效应”而下降。

### 未实现的年净值增值率

在房屋价格增值率是个常数或读者只需要粗略估计的情况下，上述计算提供了一个好的近似值。在每年的房屋价格增值率不同的情况下，或者要求计算的精确度更高时，对上述计算过程的修正如表 7－6 所示，本例中房地产价值为 100 000 美元，用 80%的贷款来融资。

**表 7－6**

| 年末 | 房屋价格（美元） | 增值率（%） | 净值（美元） | 计算 | 年度 *EAHE*（%） |
|---|---|---|---|---|---|
| 0 | 100 000 | — | 20 000 | — | — |
| 1 | 103 000 | 3 | 23 000 | 3 000÷20 000 | 15.0 |
| 2 | 105 060 | 2 | 25 060 | 2 060÷23 000 | 9.0 |
| 3 | 109 262 | 4 | 29 262 | 4 202÷25 060 | 16.8 |

解：

$n=3$

$PV=-20\ 000$ 美元

$FV=29\ 262$ 美元

$PMT=0$

解得 $i=13.55\%$。

函数

$i\ (n,\ PV,\ FV,\ PMT)$

如上例所示，3 年期平均房屋净值期望增值率等于 13.55%（年复利率）。概念框 7.1 介绍了在预测房屋价格时会经常用到的重要数据来源。

### 区域经济对房地产价值的影响

房地产金融分析中的一个重要概念是房价高度依赖于地区或地理位置。地方房地产市场的需求受行业性质、商业性质等方面的影响极大。商业活动及其发展决定一个地区的就业和收入水平，就业和收入会影响房地产的需求。总之，在做房地产分析时，必须考虑地区经济的驱动，并且要判断这些驱动因素是否为地区房地产市场的需求带来了增长或下降。为决定后者，必须建立起对某些行业（例如，计算机技术、通信技术、医疗制药以及旅游业/娱乐业）增长的未来全球前景趋势判断。

### 房屋价格和相关数据来源 　　概念框 7.1

#### 房地产统计数据

1. 全国房地产经纪商协会（NAR）：www.realtor.org

A. 房价中值。

实际上，每月出售的房地产（独户住宅、公寓、合作公寓）的价格均不相同。美国全部售价的中位数，即房价中值，会被报告出来。在多数大城市还会报告季度数据（MSA 意为“大都市统计区”，由 OMB－2004 定义）。

问题：在基于特定时段的房价中值计算增值率时，一些观察者质疑跨不同时段的房地产可比性。除了房价变化，人们认为房屋大小、地皮大小和房屋位置也会随时间变化而不同。这就使对价格变化的解释变得有争议，因此限制了增值率数据的有效性。

B. 成屋销售。

这是基于每月签订购房合同的数量统计的销售量指标。考虑到需要 2～3 个月的时间获得贷款承诺和了解所有权，这个“预出售”指标被用来作为分析房地产业的主要指标。数据仅限美国和四个主要人口普查地区可用。

C. 住房负担能力指数（HAI）。

HAI 是一个月度指标，包括（1）家庭收入中值和（2）符合条件的收入（对于一个中等价格 20%首付的房子，用于支付抵押贷款和住房费用的收入）中值。家庭收入中值与符合条件收入中值的比例就可以被计算出来，这个指标可以被用作衡量中等收入水平家庭能承担的购房程度的指标。

2. 联邦住房金融局：www. fhfa. gov

A. 只购买房价指数（house price index，HPI）。

联邦住房金融局发布只购买 HPI，是基于向所有 MSA 地区提供的对相同房地产重复提出“只购买”要求这一交易产生的价格编制的季度平均指数。将美国人口普查局提供的人口权重指数作为权重计算全国平均价格。通过关注一段时间对相同房地产的重复出售，该指数试图保持基于大小、使用年数等房地产特征的可比性。

B. 全部交易房价指数（All Transactions House Price Index，HPI）。

除了用来编制季度只购买房价指数的数据，再融资评估数据也包括在全部交易房价指数中。

问题：这两种数据均来自 FHLMC-FNMA 贷款文件。这些文件基于合格贷款，即符合相关机构承保标准的贷款。因为最大贷款限制由这些机构制定，超过最大贷款限制的抵押贷款不存在于任一数据库中。因此，只有在分析房地产市场中“合格”部分的交易时，用来编制这两种指数的房价才是有用的。

C. 标准普尔/凯斯-席勒指数（S&P/Case-Shiller Index）：www. homeprice. standardandpoors. com。

标准普尔/凯斯-席勒指数是基于在 20 个 MSA 地区重复出售相同房地产的数据编制的月房价指数。美国全国房价指数也会被计算出来。在计算价格变动时，相同房地产的销售使用同一统计方法。在销售日期之间发生装修、改建或类似事情的房地产从样本中移除。使用这种方法是为了捕捉具有相同特征的房地产的价格变动。

问题：数据是三月移动平均的，每月发布并且只对 20 个 MSA 地区可用。

为什么某些特定经济活动在一些地方比在其他地方“聚集”发生更多？这里我们不打算对这种现象提供详细的解释，因为许多区域经济学家已经写了很多这方面的文献。但是，我们相信，在思考房地产投资的相对吸引力时，对这种经济行为基础的理解是重要的。就像我们将在本章和其他章节中要强调的一样，对特定房地产的投资不能与对该地区的投资完全分离，因为房地产就建在那个地区。因此，了解某一区域的经济发展驱动力对成功的投资来说是必要的。

**类比比较优势法则**

这一概念内容非常简单，是指一些地区比其他地区在某种商品或服务上有优势，这些商品或服务的生产在某一地区更有效率，更具盈利能力。这种优势的存在可能是因为：(1) 自然优势（例如，海港、矿产、低成本能源以及沙滩）；(2) 劳动力特点，如技术高超、受过教育（例如，大学选址、技术行业的劳动力培训）；(3) 接近许多主要消费市场（例如，交通枢纽）。区域的例子包括高科技研发（加利福尼亚州、西雅图、波士顿）、油气开发（休斯敦）、通信和计算机组装（奥斯汀、圣迭戈）、医疗技术/临床（明尼苏达州、波士顿）以及娱乐产业（洛杉矶）。这些行业倾向于坐落在特定地区，因为土地、劳动力和资本可以有效结合在一起，或是位于这些地区会使行业收入提高。在房地产投资中这一概念十分有用，因为在做房地产投资机会的市场调查时，那些拥有高未来增长可能性行业的市场对房价有正向影响。

**识别区域经济的驱动产业或基础产业**

一种识别某一区域经济增长推动力的显而易见的方法是识别基础产业（base industries）或驱动产业（driver industries），即那些利润最大的企业。不幸的是，在地区层面上有关利润的数据很难搜集，因为：(1) 大部分都是私人信息；(2) 对国有企业来说，跨区域经营的业务产生的利润很难区分。因此，许多分析师都依靠美国劳工部及其在 50 个州的办事机构搜集的就业数据。使用就业数据来研究房地产市场的逻辑是，企业扩张会增加对劳动力的需求。识别出一个地区内有比较优势的行业公司数量有助于估计这些行业中员工的数量，反过来，也就能估算出需要的住宅数量。尽管就业数据通常被认为是在分析中最好用的工具，但这种方法并不理想，因为劳动力的增加并不总是与收入的增加或公司生产的商品和服务的产量增加成正比。并且，这种方法会倾向于低估一个地区非劳动密集型产业的重要性，该产业可能盈利能力很强，并且为员工支付较高的工资。

## 7.1.5 经济基础分析——区位商

在识别一个地区的驱动行业——经济基础（economic base）——这样的经济分析中，一种广为接受的方法是计算区位商（location quotients）。用下面的公式可以很简单地计算出来：

$$\frac{\left(\frac{RE_j}{RE_{TOT}}\right)}{\left(\frac{USE_j}{USE_{TOT}}\right)} > 1.0?$$

其中的术语如下：

$RE$ = 地区就业量

$USE$ = 美国就业量

$j$ = 行业分类

$TOT$ = 总数

例如，如果我们让 $j$ 代表计算机组装业，则这个比率将告诉我们计算机组装业（$j$）的区域就业量（$RE$）占该区域的总就业量（$RE_{TOT}$）的百分比是大于还是小于全国 $j$ 行业就业量占全国总就业量的百分比。如果这个比率超过1.0，则$j$行业将被认为是该地区的基础或驱动行业，因为它雇用的员工比例超过了相对于全国来说的比例。显然，如果比率小于1.0，则该行业就不是这一地区的基础产业。比率小于1.0的行业通常被称为支持产业（supporting industries），例如会计师事务所、广告公司等。这些支持产业对房地产投资来说也是非常重要的，尤其是对零售行业、人事服务以及类似的公司来说，因为它们都要租用办公场所。

美国行政管理与预算办公室处理与发布不同行业的数据分类（上文用$j$表示），美国劳工部会用到这些数据。该部门也负责搜集和分类有关全国就业人员的数据。根据想获得的数据详细度，所有就业人员数据按行业进行了分类。这些分类被称为北美行业分类体系，即NAICS。数据从300多个大都市地区搜集。

**就业乘数**

进行经济基础的这方面分析是为了确定一个地区总就业量是如何受基础产业就业量影响的。在对某地区就业分类（$j$）做出详细分析，用区位商识别出全部的基础产业，并将其就业人数加总后，其余的行业类别中的就业量也就明了了。计算总就业量与基础产业就业量之比。例如，如果一个地区的总就业量等于1 000 000人，基础产业（或区位商>1.0的行业类别）总就业人数为400 000人，支持产业就业量则为600 000人。在本例中，总就业量相对于基础产业就业量的乘数是1 000 000÷400 000=2.5。因此，如果预测基础产业就业量将增加40 000人，则总就业量将会增加40 000×2.5=100 000人，且其中的60 000个岗位将增加在支持产业中。显然，房地产投资者想知道新增加的100 000个工作岗位将需要建造多少新住宅、公寓、写字楼和仓库。对人口数据的分析会清楚地显示出期望年龄分布和家庭规模。值得注意的是，大都市地区基础产业的就业量也可能下降。在这种情况下，总就业率的下降幅度会远高于基础产业。

这种分析方法也有缺陷。并且，这种分析通常提供的是某一时点上的就业情况。为了更好地理解就业关系，应及时在不同时点进行经济基础分析，从而识别一个地区就业基础的转变和发展趋势。

## 7.2 住宅供给：概述

在试图对住宅作为投资品进行分析的同时，我们也要考虑市场的供给方。通常，住宅供给由土地、劳动力和资本（材料）的相对成本决定。投资者监测楼市活动的两个指标是房屋开工率和成屋销售量。就这些数据应该得到两种观测结果：一是新建独户住宅供给量和价格富有弹性且高度不稳定成屋的销售量；二是价格弹性与不稳定性成屋的销售量受利率的高度影响。尽管我们将利率包含进对住宅供给的讨论中，利率对市场需求方面也有重要影响，因为它会影响融资成本，支付来源主要是家庭通过就业获得的收入。

从一个更加局部的水平来看，其他影响供给成本的因素包括一些限制的存在，如分区制、建筑条例、环境因素、陆地地形上的物理差异，这些因素会随位置不同而变化。这些因素对建筑商在建造住宅时承担的成本有重大影响。人们认为这些因素造成了供给（建造新住宅）的限制，进而造成房价偏高。一些大都市地区（如旧金山、波士顿等）通过要求建筑商遵守非常严格的建筑条例、要求其留出空地、收取评估影响的费用等来限制开发密度，这些全都会影响住宅的可获得性。从长期来看，这可能会造成房屋价格升高，建筑成本高于其他大都市地区。任何房地产市场的投资者在做出购房选择时都会评估这些供给端因素。概念框 7.2 介绍了用于评估新建房屋供给、销售和存货的重要数据来源。

**独户住宅供给：数据来源** **概念框 7.2**

1. 全国住宅建筑商协会（NAHB）：www.nahb.org

A. 基于订阅的数据来源可提供以下数据：

- 房屋开工率（独户和多户住宅）；
- 新房销售量；
- 新房销售价格（平均数，中位数）。

2. 国家商务部/国家人口普查局：www.census.gov

A. 月度发布的住房统计数据包括：

- 住房建设许可；
- 房屋新开工面积；
- 正在建设中的住宅数量；
- 已完成住宅数量。

B. 住房空置率的季度调查：

- 75 个大都市地区。

评价：许多分析师对地方房地产市场的住宅供给状况进行估计时用到的数据来自：（1）施工许可证批准，（2）许可证实际奏效的数量，（3）在建住宅数量，（4）完工数量。

在将生产各个阶段的情况和新建住宅销售情况考虑在内之后，就可以估计可出售住宅存量了。从这些数据中，我们可以判断是否存在过度供给的情况、过度供给的情况会持续多久以及未来房屋价格的走势。

### 7.2.1 子市场：社区/自治市

虽然在试图辨别大都市地区的情况时以上讨论很重要，但在大都市地区的子市场/自治市挑选住宅时，许多其他问题也很重要。做这种选择时要考虑的一系列重要因素如表 7-7 所示。其中许多因素包括在进行住宅投资时必须获得的商品和服务，而且许多因素是和住房一起获得的公共物品（public goods）。这些因素多年来一直被人们研究，并且被认为是在不同子市场中推动房价上升的重要因素。

### 7.2.2 资本化效应：溢价

表 7-7 中的许多因素在解释地区间房价差异方面是很重要的。但是，很难说每种因素在多大程度上（数量上）影响房价。在城市经济学文献中有这样一个概念，即资本化效应（capitalization effect），讲的是在某个社区或自治市购买房地产时，人们获得的公共服务质量与为这些服务支付的税收（通常是房地产税及相关费用）相关。当居民认为

他们获得的服务的价值大于为其支付的税收和费用时，则可能存在净收益。这些净收益通过房价（土地价格）反映出来，或者说资本化于房价（土地价格）中，因为人们愿意为这些净收益支付更多，并且这些收益只能通过购买位于存在净收益地区的房地产来获得。例如，如果有两处其他条件均相同的房地产坐落在两个不同的社区或自治市，并且其中一处售价高于另一处，问题是，“上述影响因素中的哪些促使购房者支付更高的价格?”是来自教育质量或一些其他公共物品的净收益吗？当以这种方式看待住宅时，显然，许多公共物品的消费选择是伴随购房决定同时做出的。

**表 7-7　大都市地区不同子市场和社区的公共物品和其他影响房价的因素**

| 描述 | 测量/指标 |
|---|---|
| 1. 教育质量 | SAT 分数，上大学的高中生占比，图书馆数量 |
| 2. 犯罪率/警力/火灾 | 每 1 000 个公民中各类犯罪的数量，反应时间 |
| 3. 公园/娱乐 | 相对于人口规模，项目的质量 |
| 4. 房地产市场指标 | 上市数量，销售前的市场时间，子市场实现要价的百分比 |
| 5. 公用设施质量 | 水、电、气、下水道的成本和来源，以及与之相关的任意评估 |
| 6. 子市场的规模 | 人口，可用于未来开发的土地占比，以及以这些地区相关的分区制度 |
| 7. 卫生保健设施 | 每 1 000 个居民享有的医生和床位的数量 |
| 8. 建筑条例/分区制 | 限制，建筑质量的管理，最小批量 |
| 9. 保险率 | 地区保险费 |
| 10. 噪声等级 | 近似值，（机场、高速路等的）分贝等级 |
| 11. 环境 | 开阔空间、污染、水质、空气等 |
| 12. 交通/通路 | 到主要工作中心、机场的距离和时间 |

**Web App**

联邦住房贷款抵押公司（房地美）和联邦住房金融局会发布房价指数。这些数据分别可以在 www.freddiemac.com/finance/cmhpi 和 www.fhfa.gov/default.aspx?page=14 上获得。这些指数测量了美国房地产市场的价格通货膨胀。数值是在全国范围内计算得出的，既有针对每个州的，又有针对主要大都市地区的。

使用这些价格指数的其中之一，挑选一个大都市地区分析其房价增长率，比较过去 5 年大都市地区和该州剩余地区的房价增长率。大都市地区的房价增长得比该州其他地区更快或是更慢吗？如果我们进行本章讨论的租住与购房的对比分析，你会假设选中的大都市地区房价增长率为多少？

最后，要讨论最优城市规模（optimal size of cities）或辖区规模。这一概念与辖区（镇、城市等）规模（人口和地理区域）和提供教育、政治保护之类服务的成本经济性之间的关系有关。一些人认为，随着城市（行政定义）的规模扩大，周围附属区域增加，在提供公共服务上会节约成本。但是，当超过一定规模时会有限制（就区域和/或人口而言）：（1）相对于所提供服务的成本开始上升，（2）服务质量开始下降。因此，在规模、效率以及经营规模之间存在平衡状态的地区提供的公共服务是有经济效率的。这种效率可能反映在对提供的服务征收较低的房地产税上，这反过来被资本化于该地区的房地产价格中。

### 7.2.3 特定子市场/地区的定价属性

在某一点上，在潜在购房者评估完影响房价升值的区域因素后，他们一定会估计考虑购买的在某一位置的某房地产是否具有价格竞争力。潜在的买方想要确定他们有没有为该房地产“过度支付”。贷款人希望房地产的价格能够得到保证，因为房地产会被当作抵押贷款的担保物，在一段时间内，房价必须足够高从而可以在发生违约时偿还所欠的贷款。虽然潜在买方投资者可能会对房地产做出估值，贷款人通常会要求由独立评估师做出估值，独立评估师指的是专门做出评估并收取一定费用的人。评估师必须与参加交易的双方均无关，并且与被评估房地产无既得利益和经济利益。

评估的目的是得出房地产的市场价值（market value），通常指的是在竞争的市场环境下为该房地产支付的最有可能的价格。读者应该明白此处价值的含义与某个买方愿意为该房地产支付的价格不同。例如，一个人对房地产的某种特点的偏好可能会使他愿意为该房地产支付的价格远高于大多数潜在买方。因为贷款人更关心的是在发生违约时房地产的市场价格，评估师必须对在竞争性的市场环境下该房地产最有可能的售价做出独立的估计，在该市场中除潜在买方的其他人也可能会出价。在某种程度上，评估师给出的估值将有助于贷款人确定借款申请人提出的价格是否为“离群值”，即是否与市场上大多数买方为相似房地产支付的价格大相径庭。[尽管在评估要求上联邦住房管理局（FHA）、退伍军人管理局（VA）抵押贷款保险会有不同，但估值的大致方法是相似的。]

为得到估值结果，估值师通常会从国家、地区的当地经济状况评估入手，强调收入、人口、就业以及利率走势，上述这些构成了房地产需求的决定因素。供给由土地的相对成本以及生产要素（工资、资本）估计。房地产市场的市场均衡条件通过可用（存货）住房数量、分摊率、租赁空置以及房租走势等估计，从而测量影响估计价值的短期价格波动可能性。最后，评估师必须识别与区域相关的位置或子市场（submarket），位于该地区的房地产被看作是有竞争性的或是其他房地产的替代品。该子市场或许也会被看作一个社区，因为零售、教育、宗教以及其他设施会吸引有相同收入、品味、偏好的家庭。这一点很重要，因为正如我们将看到的，价格和其他数据将从最近在这一领域售出的房地产中获得。子市场的选择是非常重要的，因为评估师试图在分析中消除任何可能归因于学区、警察和消防部门、图书馆等的差异。这些数据将作为评估该房地产的可能出售价格的基础。

在估计某个房地产（通常被称为“标的房地产”或“目标房地产”）的价值时，评估师通常依靠三种手段：市场法、成本法和收入法。在住宅评估中，只有两种方法（成本和市场）被认为是可靠的。市场法，即销售比较法（sales comparison），指在相同子市场或在标的房地产附近选择房地产，从最近出售并且差异（例如房屋、停车场、设施的规模）最小的房地产中选择比较对象。这种方法基于在评估时，买方愿意为其他条件均相同的房地产支付相同的价格的原则。根据差异调整比较房地产的出售价格，评估师试图使最近出售的房地产与标的房地产有可比性。可比房地产调整后的价格可以用于为标的房地产定价。

成本法（cost approach）涉及估计重建该房地产的成本（扣除折旧），然后加上土地（位置）的价值从而获得房地产的价值。这种方法的原理是精明的买方不会为一套房地产支付多于其重建成本的资金。最后，收入法（income approach）是一个过程，通过计算用于出租以赚取收入的可比住宅来估计标的房地产的价值。这一过程通常涉及建立一个最近出售的此类可比住宅的售价与租金收入间的比例，然后根据与标的房地产的差异调整租金，标的房地产的可比租金就可计算出来，再根据售价与租金的比例计算出标的房地产的价值。在为业主自住的住宅定价时，这种方法并不常用。通常这种方法最不可靠，这是因为被出租的可比住宅一般很少。

在这些方法的基础上，评估师做出对价值的最后估计并将其报告给潜在购房者和贷款人。贷款人会审查报告，如果同意评估师使用的估值方法，将会在计算最大贷款金额时使用较低的估计价值或市场价值。为了解每种方法的细节，现在以一个问题为例。在例子中，我们使用联邦国民抵押贷款协会和联邦住房贷款抵押公司要求的统一的评价形式。今天大多数住房抵押贷款都使用这一标准，因为如果他们想将贷款卖给这两个组织的话，那么任何一个贷款人都会需要这些文件。[①]

**销售比较法**

正如前面所指出的，在使用该方法时，评估师通过比较与被估计房地产相似或相近房地产的售价来估计房地产的价值。因为没有两套房地产是完全一样的，评估师会根据差异调整相似的房地产［称为可比房地产（comparable properties）］的价值。这些差异是独立的，并且评估师通过自己的判断和对现在市场状况的了解来做出调整，对与标的房地产不同的可比房地产的每一主要特点做出市场价值估计。由于标的房地产的市场价值是未知的，可比房地产的价格会受到调整，直到所有的差异都被考虑在内。如果这一过程能正确进行，调整后可比房地产的价值就可以用于近似表示标的房地产的价格。在选择比较对象时，评估师一定要小心，确保可比房地产的销售是买卖双方间的公平交易。

例如，如果卖方在止赎情况下受到胁迫，或者买卖在亲戚之间进行，这样的交易就不能用作可比较的对象，因为买方可能不会为房地产支付公平的市场价格。一旦评估师认为所有的可比交易都是公平交易，他就可以开始调整可比交易了。

为了说明评估师如何针对标的房地产和可比房地产之间的差异调整可比销售，图 7 - 1 包括房地产特征描述和评估过程中使用的三种估值方法的例子。注意图 7 - 1A 包括房地产的识别属性和一般描述。图 7 - 1B 提供了根据已售可比房地产来估值的例子。评估师要对可比房地产进行的调整有：(1) 从可比房地产卖出到现在的时间，(2) 地点，(3) 景观，(4) 设计的吸引力，(5) 建筑质量，(6) 房龄，(7) 房屋状况，(8) 房间大小，(9) 室内装修质量，(10) 功能性，(11) 中央供暖与空调等主要系统的类型和情况，(12) 出售或融资的让步。

在做这些调整时，评估师在可比房地产的价值上进行加减，以反映标的房地产和可比房地产之间由不同因素造成的市场价值差异。如果标的房地产由于某种因素而优于可

① 要了解更详细的信息，请参见联邦住房贷款抵押公司关于住房抵押贷款的《承保指南》。次级抵押贷款市场上的抵押贷款出售将在以后的章节中讨论。虽然所有住宅评估用的都是上述讨论的三种方法，在 FHA 和 VA 的评估中有时也包括与住宅建设质量和状况相关的补充规范。但是这种规范太多以至于不能在这里进行讨论，以下来源可提供额外信息：对 FHA 评估政策的概述，见 HUD 手册 4150.1；VA 政策，见 VA 公告和收益通告。

比房地产，评估师就会在可比房地产价值的基础上进行上调。如果标的房地产劣于可比房地产，评估师就会在可比房地产价值的基础上进行下调。标的房地产的价值是不清楚的，因此，调整时必须针对可比房地产的价值进行调整。在所有的调整都做完后，可比房地产调整后的价值就约等于标的房地产的价值。

房地产特征和分析　　　　住宅估价制式报告表　　　　文件编号

**标的房地产**

| | | | |
|---|---|---|---|
| 房地产位置 | 自由街482号 | 住宅统计1005.00 | |
| 城市 | 美国某镇　县　州 | 邮政编码 | |
| 地段的法律描述 | | 幸福英亩农场第一区78号. | |
| 所有人/占有人 | | 约翰J .琼斯和珍J.琼斯 | 见地图33-84 |
| 售价 76 700美元 | | 销售日期 1996-03-01 | 被估价的房地产产权 |
| 卖主将支付的折扣/贷款费用 | | 无 | 不限继承地产 |
| 房地产税 | 797.00美元 | 年交税　无 | 租赁 |
| 贷款人/客户 | | XYZ联邦储蓄和借贷协会 | 公寓套间（HUD/ VA） |

| | |
|---|---|
| 贷款人全权使用 | |
| 售价 | ____美元 |
| 日期 | ____ |
| 抵押贷款额 | ____美元 |
| 抵押贷款类型 | |
| 折扣点数和其他折扣 | |
| 买方支付 | ____美元 |
| 来源 | |

**居民点**

| 位置 | 市区 | 市郊 | 乡村 | 土地现用途 | % | 改变土地用途 | 主要占有 | 独户住房 | | |
|---|---|---|---|---|---|---|---|---|---|---|
| 已建成 | 超过75% | 25%～75% | 低于25% | 单户家庭 | 80 | 不可能 | 所有人 | 价格 | | 年限 |
| 增长率 | 快 | 稳定 | 慢 | 2~4户家庭 | 10 | 有可能 | 承租人 | （千美元） | | （年） |
| 房地产价值 | 在增长 | 稳定 | 在减少 | 多户家庭 | 10 | 进行中 | 空地（0～5%） | 55 | 低 | 10 |
| 需求/供应 | 供应短缺 | 供求平衡 | 供大于求 | 商业用地 | — | 为: | 空地（大于5%） | 80 | 高 | 20 |
| 上市时间 | 少于3个月 | 3~6个月 | 超过6个月 | | | | | 主要的 | | |
| | | | | 工业用地 | — | | | 65 | | 15 |

| 居民点分析 | 好 | 平均 | 尚可 | 差 |
|---|---|---|---|---|
| 就业稳定度 | | | | |
| 就业便利度 | | | | |
| 购物便利度 | | | | |
| 入学便利度 | | | | |
| 公共交通发达 | | | | |
| 休闲设施 | | | | |
| 公用设施完备 | | | | |
| 房地产协调性 | | | | |
| 有害条件防护 | | | | |
| 警察及消防保护 | | | | |
| 房地产总体外观 | | | | |
| 对市场吸引力 | | | | |

请注意：居民点的种族或种族构成并非估价的必要因素。
备注：购物最多有2英里远，科尔雷恩城市公园在北面1英里。其他的休闲设施均为私人所有。消防保护为志愿者组织。其他各方面为平均或更好。

**地皮**

| | | | |
|---|---|---|---|
| 大小 | 60×125×72×140 | | |
| 地皮面积 | 8 745平方英尺 | 拐角地段 | 是 |
| 规划类别 | R-2（最小为7 500平方英尺） | 遵守规划划分标准 | 是 |
| 最好用途 | 现用于单户家庭住宅 | 其他用途 | |

| 设施 | 公共 | 其他 | 地皮增建 | 类型 | 公共 | 私人 |
|---|---|---|---|---|---|---|
| 电力 | | | 街道 | 碎石 | | |
| 煤气 | | | 路缘/排水沟 | 水泥 | | |
| 水 | | | 人行道 | 水泥 | | |
| 生活污水管道 | | | 路灯 | × | | |
| 排洪下水道 | | | 小巷 | | | |

| | | |
|---|---|---|
| 地形 | 水平 | |
| 大小 | 典型的居民点 | |
| 形状 | 典型的居民点 | |
| 排水系统 | 良好 | |
| 景观 | 一般水平 | |
| 车道 | | |
| 明显地役权 | | |
| FEMA洪灾危险 | 是___ | 否_×_ |
| FEMA地图/地区 | | |

评论（明显恶意地役权、侵占、特别评估，断层面积）：无

**改建**

| 总体描述 | | 外部描述 | | 地基 | | 地下室 | | 隔热 |
|---|---|---|---|---|---|---|---|---|
| 单元 | 1 | 地基 | 水泥 | 路面 | 水泥 | 面积（平方英尺） | 1 316 | 屋顶 |
| 楼层 | 1 | 外墙 | 砖 | 爬行空隙 | 无 | 完成率（%） | 0 | 天花板 |
| 类型 | 公寓 | 房顶 | 雪松木制瓦 | 地下室 | 有 | 天花板 | | 墙 |
| 设计（风格） | 平房 | 排水沟 | 铁 | 积水泵 | 无 | 墙 | | 地板 |
| 现房 | 是 | 窗子 | 木 | 潮湿 | 无 | 地面 | 水泥 | 无 |
| 规划中 | | 防暴风雨窗框 | 有 | 沉陷 | 无 | 外部入口 | 有 | 足够 |
| 建筑中 | | 纱窗 | 有 | 寄生虫侵扰 | 无 | | | 能源有效设施 |
| 房龄（年） | 10 | 工具房 | 无 | | | | | R-38天花板 |
| 实用年限 | 10～12 | | | | | | | R-19墙 |

**房间一览**

| 房间 | 门厅 | 起居室 | 餐厅 | 厨房 | 书房 | 家庭娱乐室 | 活动室 | 卧室 | 浴室 | 洗衣房 | 其他 | 面积 |
|---|---|---|---|---|---|---|---|---|---|---|---|---|
| 地下室 | | | | | | | | | | | | |
| 一层 | | | | | | | | 3 | 2 | | | |
| 二层 | | | | | | | | | | | | |

已完工面积　地面以上包含：房间：7；卧室：3；浴室：2　　毛居住面积：1 645平方英尺

**内部装修**

| 表面 | 材料/状况 | | 采暖 | | 厨房设备 | | | 阁楼 | |
|---|---|---|---|---|---|---|---|---|---|
| 地板 | 硬木/良好 | | 类型 | FWA | | 冰箱 | × | 无 | |
| 墙 | 塑料 | | 燃料 | 煤气 | | 炉灶/烤箱 | × | 楼梯 | |
| 贴料/终饰 | 木头 | | 状况 | 良好 | | 污物碾碎器 | × | 活动楼梯 | × |
| 浴室地面 | 陶瓷砖 | × | 充足 | × | | 洗碗机 | × | 天窗 | |
| 门 | | | | 制冷 | | 排气扇/烟囱 | × | 地板 | |
| | | | | 中央 | × | 压实机 | | 加热 | |
| | | | | 其他 | | 洗衣机/甩干机 | | 已完成 | |
| | | | | 状况 | × | 微波炉 | | | |
| 壁炉 | | | | 足够 | × | 对讲机 | | | |

| 改建分析 | 好 | 平均 | 尚可 | 差 |
|---|---|---|---|---|
| 建筑质量 | × | | | |
| 装修状况 | × | | | |
| 户型/布局 | | × | | |
| 壁橱储藏室 | | × | | |
| 能源效率 | × | | | |
| 水暖状况 | | × | | |
| 电力状况 | | × | | |
| 厨房设备足够和状况 | | × | | |
| 相对居民点情况 | | × | | |
| 市场需求情况 | | × | | |
| 估计剩余经济寿命 | | 45年 | | |
| 估计剩余建筑寿命 | | 60年 | | |

**汽车**

| | | | | | | | |
|---|---|---|---|---|---|---|---|
| 汽车存放 | | 车库 | | 附属 | 足够 | × | 房屋入口 |
| 汽车数量 | 1 | 车棚 | × | 独立 | 不足 | | 外部入口 |
| 状况 | | 无 | | 建于内部 | 电子门 | | 地下室入口 |

**备注**

更多特征：起居室内有一壁炉；屋后有一水泥面的露台（22×12）；后院有 4 英尺高的围栏。
折旧（物理性、功能性及外在设施的不足、某些方面需要维修和改进等）：
（天花板、地板的）附加绝缘材料和自动火警报警装置是 1979 年加装的。
与贷款贴现，利率买断和折扣等有关的一般市场条件、流行趋势以及其对标的房地产所在市场地区的影响：

Freddie Mac Form 70 10/86 12Ch. AO Forms and Worms Inc.，* 315 Whitney Ave.， New Haven，CT06511 1(800) 243-4545 Item ♯111710 Fannie Mae Form 1004 10/86

**图 7-1A　房地产特征描述**

评估部分　　　　　　　　　　　　　　　　　　住宅估价制式报告表　　　　　　　　　　　　　　　　　　文件编号

成本法

估价的目的就是根据限制条件确认和声明中定义的那样估算出市场价值
建筑草图（反映地面以上的毛居住面积）

| 大小（长宽） | | 楼层数 | = | 面积（平方英尺） |
|---|---|---|---|---|
| 42×37 | × | 1 | | 1 554 |
| 24×3.8 | × | 1 | | 91 |
| 总毛居住面积 | | | | 1 645 |

（房地美和房利美没有要求）
房地产符合适用 HUD 或 VA 的房地产标准吗？　　是　否
如果否，请解释原因：

/ 平方英尺
估计全新改建费用
居住 1 645 平方英尺 × 38.09 美元 / 平方英尺　=62 658 美元
1 316 平方英尺 × 7.89 美元 / 平方英尺　=10 383 美元
其他　=
炉灶 / 烤箱：f/h; 壁炉　=3 240 美元
特别能源效率装置 R-30 隔热层　=500 美元
门廊、露台、围栏　=1 800 美元
车库 / 车棚 200 平方英尺 ×6.50 美元 / 平方英尺　=1 300 美元
估计总费用（全新）　=79 881 美元
物理　功能　外部
减去
折旧 13 500　7 500　=21 000 美元
改建的折旧价值为　=58 881 美元
地皮改建（如车道、风景等）　=3 050 美元
估计地皮价值　=15 500 美元
（如果出租，则仅显示租赁价值）
成本法得出的价值为　=77 431 美元
建筑保证　是　否
保证计划名称
保证覆盖过期时间

下表中选取了市场上最近销售的三个最接近标的房地产的例子。表中还包括了价格的调整，以及市场对标的房地产和可比房地产之间差别的反应。如果可比房地产比标的房地产在某一主要方面有突出的优势，则要相应地标出（－）调整，以表示调低标的房地产的价值。如果可比房地产比标的房地产在某一主要方面有突出的劣势。则要相应地标出（＋）调整，以表示调高标的房地产的价值。

销售比较法

| | | | | | | | |
|---|---|---|---|---|---|---|---|
| 项目 | 标的房地产 | 可比房地产1 | | 可比房地产2 | | 可比房地产3 | |
| 地址 | 自由街482号 | 自由街478号 | | 17大街西225号 | | 16大街东110号 | |
| 与标的房地产位置的比较 | | 相邻 | | 以西2个街区 | | 以东南3个街区 | |
| 售价 | 76 700美元 | 65 000美元 | | 73 500美元 | | 67 500美元 | |
| 平均面积售价 | 46.63美元 | 46.43美元 | | 44.54美元 | | 42.19美元 | |
| 数据来源 | 销售合同 | 现所有人 | | 估价师文件 | | 销售经纪人 | |
| 价值调整 | 描述 | 描述 | ＋（－）调整 | 描述 | ＋（－）调整 | 描述 | ＋（－）调整 |
| 销售或融资折扣 | | 无 | – | 无 | – | 无 | – |
| 销售时间 | 3-1-1996 | 01–29–1996 | – | 02–14–1996 | – | 12–17– 1995 | – |
| 位置 | 一般郊区 | 类似 | | 类似 | | 类似 | |
| 地皮/视图 | 拐角地段 | 内部地段 | 1 950 | 内部地段 | 1950 | 拐角地段 | – |
| 设计和吸引力 | 一般平房 | 类似 | | 类似 | | 类似 | |
| 建筑质量 | 良好 | 良好 | | 良好 | | 良好 | |
| 房龄 | 20年 | 19年 | | 20年 | | 13年 | (3 250) |
| 状况 | 良好 | 良好 | | 良好 | | 油漆相当完整 | 950 |
| 地面以上 | 总数　卧室　浴室 | 总数　卧室　浴室 | | 总数　卧室　浴室 | | 总数　卧室　浴室 | |
| 房间数目 | 7　3　2 | 6　1　1.5 | 7 500 | 7　3　2 | | 7　3　1 | |
| 毛居住面积 | 1 645平方英尺 | 1 400平方英尺 | | 1 650平方英尺 | | 1 600平方英尺 | 2 800 |
| 地下室及地下装修部分 | 80%的地下室面积未装修 | 整个地下室装修.活动室 | (1 950) | 整个装修；活动室；1/2个浴室 | (2 800) | 50%的地下室未装修 | 3 200 |
| 功能设施 | 良好 | 良好 | – | 良好 | – | 很好 | 2 800 |
| 冷暖装置 | 中央 | 中央 | – | 无 | 2 500 | 中央 | – |
| 车库/车棚 | 停1辆车的附属车棚 | 类似 | – | 停2辆车的附属车库 | (4 000) | 停2辆车的附属车库 | (4 000) |
| 门廊、露台游泳池等 | 围栏，后院露台 | 围栏，后院遮蔽式阳台 | (1 200) | 围栏，后院露台 | – | 无围栏，后院遮蔽式阳台 | 500 |
| 特别能源效率装置 | R–38屋顶式绝缘太阳能装置 | 无太阳能装置 | 3 900 | 无太阳能装置 | 3 900 | 无隔热装置无太阳能装置 | 4 600 |
| 壁炉 | 起居室 | 类似 | – | 无壁炉 | 1 800 | 无壁炉 | 1 800 |
| 其他（如厨房用具） | 炉灶/烤箱洗碗机 | 类似 | – | 类似 | – | 无装好用具 | 500 |
| 净调整额（总计） | | | 10 200 | ＋ | 3 350 | ＋ | 8 900 |
| 得出目标房地产价值 | | | 75 200美元 | | 76 850美元 | | 76 400美元 |

销售比较法的备注：可比房地产1是最近卖出的、紧挨着标的房地产的一座较小的房子，由此得出的价值和可比房地产3一 样，都要做相当大的价值调整；而可比房地产2只要做一小部分的调整即可，因此它是最具有可比性的。

调节

销售比较法得出的价值：最大的权重被分配给其估算的价值　76 850美元
收入法得出的价值（如是申请的话）估计市场租金650美元/月 × 毛租金乘数=75 400美元
本次估价的形成"叉到"列在下面的修理、更换、审查或条件影响 根据计划和审查完工
估价备注和状况：房地产在居民点价值中是最高的，但是其估价是可以被市场接受而销售出去的。
最终调节：由于可比房地产是最近销售的，且和标的房地产基本相似，距离较近，因此销售比较法得到的价格最可信。而由于折旧情况更难以预测，因此成本法得出的价格的可信度要低一些。而收入法得出的结果可信度最低。
本次估价是基于上述要求、限制条件及偶然因素做出的，确定市场价值被表述在
FmHA. HUD/VA 指南
Freddie Mac Form 439（Rev. 7/86）与客户的文件 1995年12月1日
我（我们）估计标的房地产的市场价值在1996年3月7日将为77 000美元
我（我们）谨在此证明：根据我（我们的）信仰和知识，在此给出的数据、事实都是真实准确的；我（我们）亲自对标的房地产内外进行了考查，并对该报告中提到的所有可比房地产进行了户外考查；并且，我们过去、现在和将来与此没有任何相关的利益。
估价师　签名　审查估价师　签名　房地产考查　做过　×
姓名　（如果申请）　姓名　未做过
Fannie Mae Form

Freddie Mac Form 70 10/86 12Ch. Forms and Worms Inc.，315 Whitney Ave.，New Haven，CT 06511 1(800) 243-4545 Fannie Mae Form 1004 10/86

**图 7-1B　房地产价值**

评估师在可比房地产价值上加上或减去的数量是对造成标的房地产与可比房地产之间差异因素的市场价值的估计。例如，在处理位置上的差异时，从图 7-1B（中间部分）中我们可以看出：可比房地产 1 和 2 都"劣于"标的房地产，因为标的房地产位于拐角位置，而可比房地产不是。可比房地产 3 也位于拐角，因此没有做出调整，因为这一属性与标的房地产相同。评估师认为这一差异为标的房地产增值 1 950 美元，因此将可比

房地产的价值增加了 1 950 美元。另外，我们注意到可比房地产 2 有两个车库，但是标的房地产只有一个车库。在这种情况下，在可比房地产 2 的价值基础上向下调低，大小等于两个车库与一个车库的差别（4 000 美元）。重申一下，我们的思路是调整可比房地产的价值，直到所有的积极和消极因素均被定价，对可比房地产的价值进行加减后，得到的价格（调整后）与拥有这些特征的标的房地产的价格相似。所有可比房地产调整后的价格应该与未知的标的房地产的价值接近。

评估师如何估计这些特征的价值？评估应该基于经验、判断以及鉴于场地和其他房地产特征、对买卖双方的个体如何在不同社区对这些特征进行定价的认识来完成。换句话说，评估师在给定或移除额外一个或多个特征（车库、卧室、浴室等）时必须能够识别且为从房地产总价格中加上或减去的估计值提供合理理由。这似乎是一个艰巨的任务，但是在房地产市场上，每周会卖出数以百计的房屋，并且评估师能够得到这些销售数据。对信息进行比较和不断更新的过程使估计成为可能。应注意的是，在比较销售数据以得到房地产价值的方法下，做出的调整并不是基于装修的成本。在可比房地产和待估房地产的价值之间进行的所有调整均基于评估师认为市场价值受这些属性的影响是否存在，因为市场对这些属性的估值方式与个人可能不同。例如，给户型小、老旧、价值低廉的房屋增加游泳池的成本在出售时可能并不会被市场价格覆盖，即使现在的业主相信这一附加条件的价值至少应与它的成本相等。在这种情况下，这一附加条件的价值可能与建造游泳池的成本并不相等，因为评估师可能会认为市场中的买方可能并不会像现任业主一样愿意为该房屋的装修支付这么多。因此，游泳池被认为是房地产的过度装修（over-improvement），它的全部成本并不会反映在销售价格中。[①]

为了得到销售比较法的最终估计值，评估师会给予每一可比房地产一个定性（qualitative）的权重，权重大小取决于每处可比房地产做出调整的数量。如果可比房地产做了许多调整，给予的权重就较小，反之亦然。评估师接着评价每一可比房地产相对于它们的权重的最终估值（见图 7－1B 最底端的评论），得到最终估计值。以上例子总结在表 7－8 中。

**表 7－8** 单位：美元

| 总结 | 可比房地产 1 | 可比房地产 2 | 可比房地产 3 |
|---|---|---|---|
| 销售价格 | 65 000 | 73 500 | 67 500 |
| 净调整 | ＋10 200 | ＋3 350 | ＋8 900 |
| 可比房地产调整后的估计值 | 75 200 | 76 850 | 76 400 |

基于可比房地产的调整以及评估师对这些估计的赋权，在销售比较法下房地产的估值是 76 850 美元。

在使用销售比较法进行估值时，评估师的另一个顾虑是可比房地产的售价可能包含

① 在某些人进行他们偏好的装修或认为可以增加房地产价值的装修时，过度装修就会发生。但是，市场中的买方可能并不认同并且不会为这种装修的全部成本买单。同样地，业主也可以进行不足装修，例如，在一个面积较大的地点建造的房屋较小。在这种情况下，人们可能不愿意为房地产支付与其价值对等的价格，如果该地点与装修的关系与市场区域的其他房地产一致。如果你想继续研究这个话题，有许多教材都讲到评估的内容（见评估学会的资源）。

由卖方支付的融资收益。卖方融资（seller financing）的影响在以下情况下会出现：在可比房地产的卖方试图帮助买方使其能满足贷款申请条件并且为买方支付了贷款点数或折扣费时；或者在卖方撤销了一个低于市场利率的第二贷款时，这通常会减少借款人（买方）的月还款额和房地产融资成本。① 卖方经常通过对房地产索要更高的价格来覆盖这种融资成本。如果这样的房地产随后被评估师用作可比房地产来估计另一房地产的价值，对其价格的使用是不恰当的。对评估师来说，这种情况有些困难，因为除非他们知道这一房地产的销售情况，否则卖方是否为买方支付了一部分融资费用是不清楚的。在利率上升时期，当购房者发现贷款有困难时，卖方支付融资成本是常见的。在这种情况下，评估师在评估中使用数据前，通常会通过与交易双方之一或代理人直接对话的方式证明可比交易并不包括卖方融资。如果在交易中使用了卖方融资，评估师必须通过估算卖方融资成本并从可比价值中减去这一金额来反映其价值估算。② 在图 7－1B 的例子中，我们看到在可比房地产的销售中并没有卖方融资。

当有大量高度可比房地产出售以及可获得它们的信息时，销售比较法给出了最可靠的估值结果。在这些条件确实存在时，评估师更喜欢运用销售比较法。

### 成本法

在使用成本法时，评估师会确定装修后住宅所在的土地的价值，然后确定重新装修的成本，将二者加总。在将装修的成本与土地价值加总后，评估师应扣除自装修以来出现的贬值（或升值）的数量。如果装修刚刚完成，后者的调整通常是无关紧要的。这一过程如图 7－1B 顶端所示。

为了得到土地价值的估计值，会用到与销售比较法相似的方法。选择最近出售的可以用作比较的地址，根据位置、大小、形状和地形的不同做出调整。为了估计装修的成本，评估师通常会参考材料、劳工以及利润（经常费用）成本手册，并且与当地建筑公司核实与具体的物理和质量维度改进相关的成本。根据这些资料，估计每平方英尺的用于居住的空间、地下室、车库和二楼的建筑费用，然后估计设施（厨房、浴室等）、景观和额外改进（泳池、门廊等）的成本。

在装修不是新近做出的时，评估师可以从估计成本中扣除的减值有三种类型。第一种是房地产价值的减值，由于正常磨损产生的减值被称为物理折旧。物理折旧的例子包括可恢复物品，如旧毛毯或需粉刷的墙壁。不可恢复物品，例如地基沉降，可能会贬损房地产的外观，但对结构使用没有实质影响。第二种贬值是由于房地产的内部特征使房地产与最初建造时相比变得不那么宜居或销售，这被称为功能退化。不可恢复的功能退化包括走廊空间过多。可恢复的退化有照明设施的替换。评估师想到的第三种类型的贬值被称为外部退化。它由房地产外部的特征造成，例如改变社区内土地的用途，造成建筑在未达到使用寿命前出现结构损坏。外部因素造成折旧的例子有污染、改变土地用途或是改变土地用途的法律限制。

房地产越老旧，对评估师来说估计折旧的量越困难。在图 7－1B 的例子中，我们可

---

① “卖方融资”在住宅交易中会定期出现。这一问题在高利率时期会更严重，此时买方取得合格贷款会有困难。在这些情况下，卖方会对以低于市场利率的购买进行全部或部分融资，或以其他方式帮助买方进行融资。评估师必须意识到这一可能性并且对它们的估计值做出调整。

② 在下一章中我们将详细分析。

以看到评估师对标的房地产的估计（已使用 10 年），其中物理折旧为 13 500 美元，经济折旧是 7 500 美元，没有明显的功能退化。基于成本法估值，我们看到评估师给出的标的房地产的估计值是 77 431 美元。

当可比房地产是新近建造的并且对折旧的调整较小时，成本法估值通常能够提供最可靠的估计值。在可比房地产较少、销售比较法估值难以运用时，评估师也会考虑成本法。

### 收入法

收入法，是通过确定投资者愿意为房地产所产生的收入流支付多少来确定该房地产的市场价值。使用这种方法，评估师试图确定房地产的售价与如果出租产生的月收入现金流之间的关系。评估师通常会使用最近出售的与标的房地产相似的租赁房地产的出租价格和售价，确定售价与月租金收入的比例。这一比例被称为毛租金乘数（gross rent multiplier）。标的房地产的价值可以通过判断标的房地产租金的多少（通过观察相似的出租公寓，并调整二者之间的差异），然后乘以该比例得到估计值。

在我们的例子中，我们可以在图 7－1B 中看到评估师的估计，如果出租，标的房地产将带来每月 650 美元的收入。已知最近出售的可比房地产售价是其月租金的 116 倍，相同的关系对标的房地产的成立是符合逻辑的。因此，估计值为 75 400（＝650×116）美元。

通常收入法难以运用，因为在一个区域内可以比较的独户出租房地产的出售量非常少。因此，评估师往往依靠销售比较法和成本法来估值。但是，应注意对于一些房地产来说，例如独立产权的公寓，这类公寓常用于出租，收入法可以提供可靠的估值结果。

### 最后估值

评估师在最后做出估计时必须使销售比较法、成本法和收入法的不同估计值一致。这通过使用定性权重法来实现，与销售比较法中运用权重的方法相同。评估师基于数据可靠性和每种方法做出调整的数量为三个估计值赋予主观权重。数据越新、越完整和越可靠，做出的调整越小，权重越大。在我们的例子中，我们看到最后的估计值是 77 000 美元，正如评估师所指出的，这与销售比较法和成本法的结果非常接近。

### 房地产评估与真实售价

在前面的例子中，买卖双方间达成一致的售价与评估的价值并不完全相符。例如，买卖双方达成一致的售价为 76 700 美元（见图 7－1A），评估的价格是 77 000 美元。当为取得贷款考虑房地产价值时，贷款人通常会使用 76 700 美元，一般选择售价或评估价值两者中的较低者作为发放贷款的基础，除非有令人信服的证据来改变它。

### 随时间推移的房地产价值

贷款人遵循的一个基本规则是贷款安全，这取决于作为抵押的房地产的价值。在整个抵押期内，房地产价值不能低于未偿还贷款余额。换句话说，贷款人希望确保房地产的市场价值将总是高于贷款余额，以防借款人违约。

在考虑抵押贷款余额和随时间推移的房地产价值之间的关系时，贷款人的另一个顾虑是抵押贷款余额相对于房地产价值增加的潜在影响。在贷款余额于贷款发放后增加的情况下，这可能会出现问题。（回忆在第 4 章和第 5 章中关于负摊还抵押贷款的可能影响的讨论。）

## 7.3 投资“困厄房地产”

“困厄”用来描述各种事件或情况，这些事件或情况通常会导致本来不会出售的房地产被出售。困厄房地产（distressed properties）可能会给投资者带来以低于现在市场价格获得房地产的机会。但是，这种折扣通常源于某种原因，否则，当房地产发生损失时，业主会以市场价格出售。正如我们将要讨论的，房地产变成困厄房地产以及业主愿意打折销售是有许多原因的。在这种情况下，投资者会购买房地产并注入现金，希望能消除影响房地产所有权的法律争端或结构损坏等问题。通过对这些问题进行补救，投资者希望房地产的价值能增加到足够高，从而使他们获得满意的投资回报。

以下列出了一些影响业主的个人财务和/或法律情况，这些情况可以解释为什么房地产会出现问题。这些因素中的一个或多个可能会同时发生：

- 借款人没有能力做出抵押贷款的支付。
- 房地产的市场价值低于抵押贷款余额。
- 拖欠房地产税/房地产税留置权。
- 国税局税收优先权。
- 民事审判/破产/离婚。
- 工程/建设贷款优先权。
- 个人债务。
- 财产清算。

出现困厄房地产的一个非常普遍的原因是借款人没有能力支付抵押贷款还款额。在这种情况下，房地产的借款人（业主）可能尚未正式违约，因为贷款人可能为借款人提供了一个贷款宽限期，希望可以避免止赎程序。① 但是，如果借款人不能解决问题，贷款人可能直接从业主手中取得房地产所有权（通常被称为“替代止赎契约”）。通过这种程序，双方都可以节约时间，节约止赎的成本且避免拍卖。然而，如果贷方和借方不能就契据转让达成协议，借方可能不得不止赎。在这种情况下，房地产可能不得不被拍卖。

发生违约的另一个原因是房地产价值低于未偿还贷款余额的情况。在这种情况发生时，房地产被认为是“水下”（underwater）或“颠倒”状态。这种情况会发生是因为业主为房地产过度支付或相对于可比房地产来说进行过度装修。如果业主难以为该“低于实际价值”的房地产支付月还款额，他们就会违约。

当地经济情况恶化，例如裁员、工厂倒闭等引起的失业，可能会导致可以出售的困厄房地产的数量上涨。失业的增加会减少家庭收入，对家庭的住房需求也有负面影响。这种市场低迷可能会造成大量房地产变成困厄房地产并被出售。

还有许多事件会导致出现困厄房地产，这通常未被业主预期到。这些事件并不一定与房地产的状况相关，可能会包括未支付所得税或房地产税产生的留置权，由于起诉或

① 如果借款人的情况被认为是暂时的，贷款人也会愿意考虑重组贷款条款。这种贷款重组被称作定制。

企业倒闭产生的民事审判、破产、离婚、个人贷款或商业贷款违约，或是结算房地产的需要。业主可能会为不相关的金融或法律问题寻求金融上的解决方案，并且可能会考虑出售房地产筹集资金。

除了上述列出的原因之外，应该注意房地产并不像股票、债券等金融资产有可交易的活跃且流动性高的市场。房地产的买卖周期较长。正常情况下，住宅房地产从交易融资到结束至少需要 60～90 天。在涉及困厄房地产的情况下，可能会需要更长时间。并且，在当前的业主由于激进的贷款行为或对价格上涨的糟糕估计而支付了过高的价格，困厄房地产的买方将不得不持有房地产一直到市场环境改变时发生“重新定价”。在这些情况下，投资者将会提供融资并且承担“重新定价”风险直到市场平衡。

## 7.3.1 分析困厄房地产的融资框架

在分析困厄房地产的投资时，投资者通常会考虑如表 7－9 所示的融资框架。注意表 7－9 所示的条目分为三个阶段：（A）取得阶段，（B）持有阶段，（C）处置阶段。为得到投资利润（D），处置阶段（C）的净现金流入必须大于（A）和（B）阶段消耗的成本。查看该表时，必须考虑许多因素。最重要的是要考虑以下几个问题：（1）为什么会出现所谓的困厄房地产？（2）为什么现任业主不能补救存在的问题，并将房地产出售或出租？（3）投资者需要提供怎样的服务和投资以使房地产保值且能够出售？

**表 7－9　投资“困厄房地产”时融资考虑总结**

| | |
|---|---|
| A. 取得阶段 | B. 持有阶段 |
| 取得成本： | 临时费用： |
| 购买价格 | 改造成本 |
| 市场和法律调查成本 | 保险、房地产税等 |
| 检验成本 | 投资者融资利息 |
| 消除留置权 | 其他 |
| 其他 | 持有期总成本 |
| 总取得成本 | |
| C. 处置阶段 | D. 利润 |
| 预期售价 | C－（A＋B） |
| 减：销售费用 | |
| 出售净现金 | |

## 7.3.2 取得阶段

### 识别困厄房地产的信息来源

银行和贷款人会维护有所属房地产（real estate owned，REO）清单（lists），这份清单经过申请后可以使用。这些清单包括贷款人通过替代止赎行为和拍卖取得的房地产的信息。贷款人并不对房地产进行投资和管理，因此他们只是对尽快出售这些房地产感兴趣。REO 清单也由 FHA、VA 和 HUD 来维护。当发生止赎且与 FHA 保险、VA 担保或 HUD 提供保障的住房项目相关时，房地产通常由这些机构所有。这些房地产通常做广告出售或向公众拍卖。

许多个体业主说自己是由于融资困难而想出售房地产。他们这样做的一个原因是，如此他们才能试图避免违约以保持信誉。后者在未来可能会对这些人来说非常重要，如果他们要重新进入市场购房的话。那时他们可能得申请抵押贷款融资，并向贷款人提供信用记录。其他信息来源包括由地方房地产税务机关发布的关于拖欠税款而出售的房地产的公告。其他拍卖信息由美国税务局发布，其中包括法院命令拍卖的已被扣押的房地产以满足税收留置权。

**法律研究**

对房地产所有权记录的调查可能是投资者需要支出的最重要的活动之一。它必须在取得房地产之前进行。这是非常重要的，因为如果投资者最后决定出售困厄房地产，下一任业主可能会要求一般担保契约以取得所有权保险和进行融资。因此，投资者在取得房地产之前必须了解法律争端问题，从而估计消除留置权和其他影响所有权因素的成本。应指出在某些情况下，在购买困厄房地产时投资者并不能总是取得一般担保契约。例如，如果投资者从贷款人手中购买了一套止赎房地产，贷款人可能会仅仅愿意给投资者提供“买卖契约”。这意味着贷款人提供给投资者“照原来样子”的所有权，然后让投资者决定所有权记录是否令人满意。如果所有权记录并不令人满意，投资者将不得不花费时间和金钱来使所有权清晰。在另一些情况下，贷款人可能会愿意提供“特殊担保契约”。这意味着贷款人将担保在其持有房地产期间，房屋所有权不受留置权和其他因素的影响。但在持有期之前的时间，贷款人并未就留置权或所有权不完整做出担保。总之，除非贷款人提供给投资者的是一般担保契约，投资者将不得不花费资金与留置权所有者谈判，使其放弃留置权，从而使所有权清晰，能够在日后出售。

**拍卖程序**

了解拍卖过程是很重要的，(1) 因为在止赎和出售之间可能会有延迟，(2) 因为其他投标者可能会在拍卖中出现。由于可能的延迟，投资者必须在将资金用于广泛的法律或市场研究之前，就是否或何时将房地产出售做出判断。投资者要注意每个州有不同的拍卖程序。通常，美国的拍卖可以分成二类。例如，在遵循抵押留置权理论的州，止赎通常需要针对违约的借款人（业主）进行民事拍卖（诉讼），将会进行庭审，并且必须进行司法宣言以终止房地产所有人的权利，州长主持拍卖。在某些情况下，作为民事拍卖的一部分，借款人可能会出于许多原因要求延迟。这会延长从止赎到实际出售的时间。

在支持所谓的所有权理论抵押贷款的州中，在做出抵押贷款时，所有权归属贷款人，当贷款偿还后，所有权移交给借款人。除了拥有所有权，在借款人违约时，贷款人还有权采取某些措施。这些措施一般包括通知借款人违约，将出售房地产以抵债。但是，在这期间，借款人可能会进行拍卖以阻止贷款人出售房地产。由借款人发起的以阻止或延迟出售的拍卖显然影响到投资者及时取得房地产。某些州遵循所谓的抵押贷款改良留置权理论。在这种体系下，申请贷款时，所有权归属独立的第三方（托管人）。托管人得到一份包含指令的信托契约。如果贷款人通知托管人借款人违约，托管人即执行该指令。在这种情况下，托管人通常会通知借款人在某个日期前补交不足的金额，否则托管人将启动房地产拍卖。这一程序与上述描述的那些程序不同，因为它不要求民事拍卖或庭审。

为了延迟这一程序，借款人可以采取法律手段，要求法院命令托管人延迟房地产的出售。

总之，在这三种体系下，对借款人来说，他们有机会采取法律手段以延迟从止赎到实际出售的时间。这些手段可以是声称贷款人或托管人并没有给出违约通知的索赔，对抵押贷款协议中合同条款的质疑，由于其他针对借款人的未决诉讼的延迟，破产，等等。总之，如果拍卖中的房地产延迟出售，投资者（1）可能要在所有权调研上花费时间与金钱，（2）可能不得不等到拍卖举行，（3）在拍卖时可能并不是一个成功的竞标者。这些例子代表了与投资困厄房地产相关的成本和风险。

### 拍卖中的贷款人

当房地产在拍卖中出售时，持有合同和抵押贷款协议的贷款人将会为房地产竞标。通常，贷款人被允许投出至少与抵押贷款余额相等的数额而不需要提供额外的现金。如果贷款人的竞标价与房地产的市场价格接近，贷款人则是成功的投标者，可以将房地产增加进 REO 清单。但是，如果房地产的市场价值远大于贷款余额，投资者的出价就会高于贷款人。在后面这种情况下，贷款人必须得到偿还从而消除留置权。

在房地产价值小于贷款余额时，贷款人可以投出与房地产价值相等的价格，并起诉借款人，让其补足缺少的金额。在这种情况下，房地产成为贷款人 REO 清单的一部分，贷款人将会尽快出售房地产。总之，作为取得阶段的一部分，投资者必须做大量的法律和市场调研。他们必须在拍卖前确定房地产出售是否有延迟，他们能否成为成功的竞标者。最后，他们还必须确定他们需要用来“明晰所有权”的时间、努力、成本。否则，他们可能会投入大量时间和金钱，却没有成功获得房地产。

### 其他问题——权利公平

在拍卖投标之前，投资者必须弄清楚拍卖后前任业主的权利范围。例如，在一些州，有法定的“公平赎回权”。一般来说，这意味着即使拍卖结束，一位新的投资者取得房地产所有权，前任业主仍有可能重新取回所有权。通常，如果前任业主向其贷款人和拍卖中取得所有权的投资人支付了拖欠的贷款再加上利息和罚金就可以重新取回所有权。

在另外一些情况下，法院会授予违约的借款人这种赎回权。通常，这种授予会基于在违约前借款人拥有房地产的份额数量（例如，在一笔 30 年的抵押贷款中，借款人在第 29 年的第 11 个月违约）。显然，在这种情况下，对困厄房地产有兴趣的投资者必须考虑借款人补足缺额重新获得所有权的可能性。

### 在公共机构举行的拍卖中进行购买

在公共机构举行的拍卖中购买房地产，投资者成功竞标时，他们要确定所有权的性质。例如，在某些州，如果投资者在由拖欠房地产税引起的拍卖中取得房地产所有权，投资者可能会从县有关机构处收到“税收契约”。这种契约向业主提供了一个机会，如果以前欠钱的业主可以在规定的期限内缴纳税款，向税收契约持有人缴纳一定数量利息和罚金，他们就可以重新取得房地产所有权。即使前任业主未能补齐缺额，县税收机构也可能不会向投资者提供一般担保契约。在房地产所在的州采取适当的法律行动，以确保拥有合法和可销售的所有权，这可能是税务契约持有人的责任。

再次重申，所有权的质量对成功投资困厄房地产来说十分重要。通常，为了之后能够顺利出售房地产，投资者最后一定要取得可交易所有权。即投资者一定要能够提供一份足够合格的契约，从而使下一任购房者可以正常得到抵押贷款融资。由于贷款人通常坚持借款人要取得房地产所有权保险，所有权应无留置记录，投资者必须确定在取得阶段或在拍卖竞标前这个要求能否被满足。

**市场调研/成本**

在取得房地产之前投资者一定会进行市场调研并为此支出费用。调研的目的是确定与困厄房地产相似的可比房地产的价值，也是为了确定困厄房地产要翻新到何种程度才能与其他待售房地产相竞争，以及确定售价。在房地产价值低于其初始购买价格时，投资者必须估计价格是否会继续下跌，以及价格何时会恢复。这一调研之所以重要还因为它将有助于确定投资者在拍卖或从个人或贷款人处购买房地产时必须给出的价格。

**检验成本**

除了法律和市场调研，竞标时在取得的开始阶段还必须进行房地产检验。检验的项目经常如下：

- 土地/建筑；
- 地基；
- 排水；
- 建筑质量和建筑法规合规性；
- 环境问题：含铅油漆、石棉等。

如果发现问题，投资者必须估计补救这些问题的支出。这些成本必须在取得阶段内进行考虑，并且会影响投资者做出的投资分析。

## 7.3.3 持有阶段

根据实现投资目标所需要的条件，在持有阶段投资者通常会为各种项目做好预支，包括：

- 翻新成本；
- 利息或其他财务持有成本；
- 房地产税和保险。

在许多情况下，投资者将选择对其投资进行融资。典型的融资来源包括：

- 承担未偿还抵押债务；
- 个人贷款或信用额度；
- 个人股本或其他股本来源；
- 持有的其他房地产的第一或第二抵押贷款；
- 其他房地产的房屋净值信用额度。

在某些情况下，现有的贷款人通过拍卖或以替代止赎契约的方式收购了一处困厄房地产，可能愿意为向投资者出售房地产提供融资。如果贷款人想处置房地产或者他认为投资者进行翻新后再出售房地产可以避免损失，上述情况就会发生。

正如上文所指出的，投资者也可以申请个人贷款或是将他们拥有的其他房地产作为抵押从而获得贷款。这些贷款可以通过再融资房地产获得，也可以通过将第二留置权作为抵押获得。在某些情况下，如果投资者计划持续竞标一些房地产，贷款机构可能愿意向投资者提供信贷额度，以购买房地产并为必要的改善提供资金。参见表7-10，我们可以看到一个止赎房地产投资分析的例子。

**表 7-10　　　　例子：止赎房地产投资分析**

ABC 银行拥有一处面积为 3 000 平方英尺、有三个卧室和两个浴室的房子的所有权，该房地产坐落在四分之一英亩的土地上。银行在一次前任业主为还上贷款余额而举行的拍卖中取得该房地产，并将该房地产列入 REO 清单。该房地产的要价是 200 000 美元，并且能向购房者提供一般担保契约。GMI 夏普投资公司正在考虑购买该房地产。与取得房地产相关的成本估计以及持有该房地产一年所产生的费用如下（单位为美元）：

| | |
|---|---|
| A 阶段，取得费用： | |
| 法律顾问/研究 | 2 000 |
| 检验费用/报告 | 500 |
| 偿付现有房地产税的留置权 | 8 000 |
| 总计 | 10 500 |
| B 阶段，翻新成本： | |
| 地毯 | 6 000 |
| 干壁修复/粉刷 | 1 000 |
| 台面/橱柜 | 3 000 |
| 翻新用到的工具 | 200 |
| 房顶修理 | 8 000 |
| 管道/电力 | 3 000 |
| 房地产税（1 年）和保险 | 4 000 |
| 利息（200 000 美元个人贷款，利率为 7%） | 14 000 |
| 总计 | 39 200 |
| C 阶段，销售阶段： | |
| 中介费 | 6 000 |
| 总计 | 6 000 |

**问题**

假设 GMI 夏普投资公司以 200 000 美元获得此房地产，则应以多高价格出售才能在一年的持有期内获得 20%的收益率（年利率，月度复利）？

**现金流分析**

| A 阶段<br>取得 | | B 阶段<br>平均每月现金流出 | C 阶段<br>*EOY* 出售 | |
|---|---|---|---|---|
| 购买价格 | 200 000 | 3 267 | 售价：TBD | |
| 加：取得费用 | 10 500 | | | |
| 减：贷款 | 200 000 | | 减：销售费用 | 6 000 |
| 净值 | 10 500 | 3 267 | 贷款偿还 | 200 000 |

续前表

现值分析：

$PV$ =−10 500 美元

$PMT$ =−3 267 美元

$n$=12 个月

$i$=20%÷12

解得 $FV$=?（在出售年需要的现金流）。

**运算/解释**

1 年后的售价必须足够高，从而能够偿还 200 000 美元的贷款加上 6 000 美元的销售费用，并且有足够的现金流使投资有价值。解得 $FV$ 是 55 808 美元，即为在偿还贷款和发生销售费用（206 000 美元）后为取得 20%回报在 *EOY* 1 要实现的净现金流。

这意味着 GMI 夏普投资公司必须至少以 261 808 美元（206 000 美元+55 808 美元）出售房地产，从而偿还贷款，支付取得成本、持有成本、翻新成本、销售成本，取得 20%的 *IRR*（月度复合的年利率）。投资者必须进行谨慎的市场调研，以确定是否有在此价格范围内出售的可比房地产，或是房地产什么时候有可能在此价格范围内出售。

**止赎前投资**

有时，影响业主但与房地产或市场情况不直接相关的未预期事件可能会导致房地产变成困厄房地产。正如前文所指出的，有许多需要业主获得资金以偿还商业债权人的情况。* 相对地，这可能会导致业主出售房地产以筹集资金还清债务。有时，投资者可能会订立合同购买房地产，通过卖方在未来某个日期将所有权交出，投资者马上将所有权移交给新的购房者的方式。同时，卖方保留所有权，保持现有贷款有效。在此期间，投资者采取有效的策略出售房地产，扮演中间商的角色，在房地产出售前马上取得所有权。例如，困厄房地产的业主和投资者可能会就某一特定销售价格（“执行价格”）达成一致，通过期权合约为投资者在将来某个日期或之前提供所有权。投资者可以在合同到期之前的任何时间行使期权。卖方同意不放弃房地产，并且不签署其他与妨害所有权相关的合同。投资者希望在合同到期前找到买方，同时取得所有权，出售后马上将所有权移交给新的买方。投资者将从新的买方处收到的资金用来从同意偿还贷款的卖方处购买房地产。所有权就从上一任业主手中转移到了新的业主手中，投资人仅仅在所有权转换时短暂地持有所有权。

* 在一些州中，债务人的房地产可能会受到因生意失败或个人债务造成的破产保护。但是，这样的房地产在借款人在以其作为抵押物的贷款违约时通常不会受到保护。

## 投资困厄房地产的其他方法 　　概念框 7.3

### A. 同时完成所有权交割的期权合同

典型条款：

（1）投资者与卖方签订合同，在从签订契约起的一年内的任意时间，卖方根据投资者的选择履行契约。

（2）投资者对房地产的价值进行调查，并且相信困厄房地产可以以合适的价格出售。投资者决定留置权的程度。投资者可能要产生开支以使所有权更加清晰，例如在销售前支付过期房地产税。

（3）投资者可能同意也可能不同意在期权有效期间为卖方支付抵押贷款的月还款。投资者通常通过个人信用额度或房屋净值贷款获得中期融资。

（4）卖方同意在合同期内不放弃该房地产，不签署进一步妨碍该房地产的任何合同，或以任何方式对该房地产进行任何改造。

（5）当投资者找到新的买方时，投资者行使购买房地产的期权。卖方就可以出售房地产，根据合同（执行价格）将所有权移交给投资者。卖方用从投资者处收到的资金还清贷款负债。投资者同时出售房地产，并将所有权转移给第三方。

总结——直到新的买方出现时，投资者才会取得所有权。这通常会节省投资者的清算成本和融资费用。风险在于在期权合约有效期内可能没有找到买方。除非将期权合约延期，否则投资者会白白浪费花在研究、支付月还款等方面的资金。卖房者会受益，因为可以避免止赎，从而维护自身信用。假设投资者从新所有者那里获得的市场价格超过了期权价格，投资者可以得到最终售价与期权价格之间的差额作为投资收益。在市场价格小于期权价格时，投资者可以选择不执行期权。但是，只要市场价格超过有效期内的行权价格，投资者就可以选择执行期权以最小化损失。另一个选择这种期权方式的原因是，与直接购买房地产不同，这可以避免在短暂持有期内支付两次交易费用。投资者计划在 6 个月内卖掉房地产。在短暂的持有期内取得所有权以及发生的各种清算费用将会大大减少投资者的收益，并且抬高销售价格，可能会使交易难以进行。对投资者来说，风险在于，在取得和持有期间，如果房地产价格没有提高到足够覆盖成本以及能够取得收益的高度，之前的现金支出可能存在潜在损失。一个与之相关的问题是：为什么业主需要投资者？在许多情况下，业主可能没有足够的现金来支付每月还款额、拖欠的房地产税、解决产权清晰问题等。此外，若存在投资者，业主可以持有房地产 6 个月而不需支付抵押贷款的还款、房地产税和保险。最后，业主可能不想违约从而避免未来的信用问题。而且其他与就业、婚姻、生意破产等相关的问题可能会需要优先解决，阻止了业主投入时间和其他努力来处置房地产。在房地产市场价值超过期权价格时，投资者还必须考虑另一个风险。在这种情况下，投资者有必要执行一个令人满意的价格，以避免刺激卖方违约，从而自己直接出售房地产。

**B. 未来合同**

在某些情况下，投资者会购买房地产，但是，为了出售房地产，投资者和买方可能会为将来的契约签订合同。当买方想购买房地产，但由于信用不够难以获得融资时，这种情况将会发生。投资者可能愿意提供融资，但为了避免买方可能的违约行为造成的法律和其他成本，投资者当时并不想移交所有权。双方就特定售价（“执行价格”）达成一致，签订期权合约，投资者同意在未来的日期将所有权移交给新任业主。买方可以在合同签订到有效期结束之间的任意时间执行期权。买方同意不放弃房地产，也同意不再签订与该房地产相关的其他合同。买方必须支付月租金，租金中的部分或完全不包含在售价中。

典型条款：

（1）投资者购买房地产，取得所有权。

（2）投资者与潜在买方签订合同，在特定日期以特定价格购买房地产。投资者同意在满足合同条款后移交所有权。

（3）投资者可获得融资，并支付房地产税、风险保险费，以避免留置权和保护合同期内的房地产所有权。

（4）潜在买方向投资者支付贷款的月还款（租金）。买方试图积累更多股本或修复信用问题。

（5）随着买方最终符合融资的条件，执行购买的期权，投资者会移交所有权，从买方处得到执行价格。*

*分析中不包括所得税的影响。

### 7.3.4 处置阶段——退出策略

完成困厄房地产投资的一个明显策略是在持有阶段一结束就出售房地产。但是，如果由于市场环境或其他原因导致不能出售，投资者可以考虑将困厄房地产出租来赚取收入，或者将其作为私人住宅。

# 总　结

现在，读者应该对房屋价格的影响因素和房屋评估过程有了全面的了解。我们已经讲解了如何确定房屋价格和房屋净值期望增值率，以及对业主受到的联邦所得税待遇与租房成本进行比较的方法。我们也看到了评估师用来估计住宅房地产的市场价值的三种方法。与房地产泡沫和困厄房地产投资相关的各种问题已经讨论过了。贷款人与投资者应该熟悉这些概念、每种方法对应的假设和对价值的影响。

## 关键术语

| | | |
|---|---|---|
| 基础产业 | 资本化效应 | 资本利得免除 |
| 可比房地产 | 成本法 | 困厄房地产 |
| 驱动产业 | 经济基础 | 毛租金乘数 |
| 收入法 | 贷款价值比 | 区位商 |
| 市场价值 | 最优城市规模 | 过度装修 |
| 公共物品 | 销售比较法 | 卖方融资 |
| 子市场 | 未实现净值收益 | 财富效应 |
| 房屋净值期望增值率 | 房屋价格期望增值率 | REO（有所属房地产）清单 |

## 参考网站

www.nahb.org——全国住宅建筑商协会。

www.realtor.com——全国房地产经纪商协会。

www.freddiemac.com/finance/cmhpi——房地美传统的抵押房屋价格指数（FMHPI）。

www.bestplaces.net——统计数据，包括居住地的犯罪率。

www.ers.usda.gov/data/unemployment——美国农业部，这个链接包括美国每个县的中等家庭收入和失业数据。

www.statetaxcentral.com/——为每个州提供税收信息。

http://homes.yahoo.com/——这个网站为购房提供信息，如可比销售、房屋价值以及社区人口统计信息。

www.owners.com/partners/mortgages.aspx——该网站提供与购房和融资相关的信息及条款。

www.fairmark.com——该网站是寻找税收相关政策的有用来源。它对以节省税收为出发点的房地产分析是有帮助的。

www.fhfa.gov——联邦住房金融局。

www.census.gov——美国人口普查局，每月发布房地产统计信息。

www.bls.gov——美国劳工统计局，发布整个美国的就业信息。

www.bea.gov——美国商务部经济分析局，提供收入数据、实际 GDP 和其他经济总量。

www.homeprice.standardandpoors.com——提供标准普尔/凯斯-席勒房屋价格指数。

## 问　题

1. 为什么收入法难以用来给独户住宅估值？
2. 在评估房地产时，成本法与销售比较法的区别是什么？
3. 业主应遵循的资本利得规则是什么？
4. 列出影响住宅需求和价格增值的因素。
5. 什么是公共物品？它们如何反映在房价中？
6. 在考虑困厄房地产投资时，应该在哪两个最重要的领域进行调查？

## 习　题

1. 你正在考虑是购买还是租用一处独户住宅。每月租金为 2 000 美元，业主为维修、保险和房地产税等负责。或者，你可以以 200 000 美元的价格购买，以 6%的利率取得 80%的贷款，在 30 年中分期还款。贷款可随时提前还清，没有罚金。

   你可以进行市场调研，发现：(1) 在过去，房地产每年增值 3%；(2) 现在房地产维修和保险费是 1 500 美元，以 3%的速度上升；(3) 你面对 26%的边际税率，并计划在至少 4 年中将其作为主要住宅；(4) 出售房地产时可以适用资本利得免除；(5) 销售成本是 7%；(6) 每年的房地产税是房地产价值的 2%。

   基于以上信息作答：

   a. 为了获得税后 10%的 *IRR*，你应该购买房地产还是选择租房 4 年？

   b. 如果打算持有房地产 5 年呢？要得到税后 10%的 *IRR*，你会选择购房还是租房？

   c. 请估计，多高的房租会使你认为租房与购房无差别？假设税后 4.5%的 *IRR* 是你要求的最低房地产投资收益。

2. 现在，你正在考虑购买 300 000 美元的房地产。你计划通过 80%的贷款来融资。在接下来的 3 年，房地产价值增值率预期为 4%。

   a. 计算接下来 3 年的房屋净值年平均增值率。

   b. 如果房地产价格是 300 000 美元，预期的房地产价格增值率如下：第 1 年=0，第 2 年=2%，第 3 年=3%。(a) 中的答案将如何变化？

3. 你正在估计你想购买的一处房地产的价值。标的房地产坐落于某大都市的新街区 Rock Creek 路上。该房地产与此区域内的其他房地产相似：有三个卧室、两间卫浴、一间起居室、一间小房间、一个大厨房和一个能容纳两辆车的车库。装有空调系统的房地产面积约为 1 800 平方英尺，装修风格传统。该房地产地处内部地段，无潜在洪水问题。建筑质量为当地市场中等水平。

| | 可比房地产 1 | 可比房地产 2 | 可比房地产 3 |
|---|---|---|---|
| 地址 | 123 Clay St. | 301 Cherry Lane | 119 Avenue X |
| 售价 | 85 000 美元 | 79 000 美元 | 75 000 美元 |
| 销售时间 | 6 个月前 | 7 个月前 | 13 个月前 |
| 装修设计 | 现代 | 传统 | 传统 |

续前表

| | 可比房地产 1 | 可比房地产 2 | 可比房地产 3 |
|---|---|---|---|
| 停车 | 两车位车库 | 两车位露天车棚 | 一车位车库 |
| 地点 | 角落位置 | 内部地段 | 内部地段 |
| 排水 | 好 | 低于平均水平 | 好 |
| 卧室 | 4 | 3 | 2 |
| 卫浴 | 2 | 2 | 2 |
| 建筑质量 | 平均水平 | 平均水平 | 低于平均水平 |

你已得出与该市场区域可比房地产不同属性价值相关的一些结论。在过去的 8 个月中，房地产价值上升非常小，你认为在此期间出售的房地产不需要进行销售时间上的调整。但是，其中一处可比房地产在一年前销售，你认为它需要上调 1 500 美元。你也相信，该地区在小溪附近的房地产比其他房地产要便宜 1 200 美元，因为大雨后溪水会溢出地面。在角落位置的房地产通常会增值 1 000 美元。装修较时尚的房屋比装修传统的会贵 1 000 美元。该地区的购房者认为三居室是最理想的，因此四居室的房屋仅仅会增值 1 200 美元。但是，二居室房屋难以出售，通常会比三居室房屋便宜 2 000 美元。此地区的大多数车库均能容纳两辆车，但当房地产的车库只能放下一辆车时会便宜 800 美元。一个能容纳两辆车的露天车棚通常也会减少同样的房地产价值，即 800 美元。可比房地产 3 所示的较差建筑质量会减少 1 500 美元。

a. 你计划通过销售比较法，为标的房地产进行估值。给出你进行价值选择的具体原因。

b. 假设标的房地产所在处的土地价值为 13 000 美元。住处的空调系统每平方英尺的重建成本是 36 美元，车库的重建成本是 3 700 美元。完成成本法估值，由于房地产是新的，假设没有折旧。

4. 某一投资者正在考虑购入困厄房地产，该房地产在 Northlake 银行的 REO 清单上。该房地产售价为 200 000 美元，投资者估计自己能够以 8%的利率借得 160 000 美元。该房地产来年的相关支出如下：

单位：美元

| | |
|---|---|
| 检查费 | 500 |
| 产权调查费 | 1 000 |
| 翻新费 | 13 000 |
| 绿化费 | 800 |
| 贷款利息 | 12 800 |
| 保险 | 1 800 |
| 房地产税 | 6 000 |
| 销售费用 | 8 000 |

a. 该投资者要获得 20%的 *IRR*，一年后应卖多少钱？

b. 贷款人担心：如果房地产没有卖出，他将不得不再额外持有一年。他相信，出租该房地产可以获得每月 1 200 美元的息前净现金流。但是，在此期间，他不得不支付额外的 12 800 美元的贷款利息，之后再出售房地产。要获得 20%的 *IRR*，两年后的房屋售价应为多少？

5. 假设你可以在第一资本银行取得一笔贷款。该银行因为一位贷款客户违约而取得了一处房地产。第一资本银行将该房地产的售价定为 200 000 美元。如果你购买了该房地产，你认为：（1）你将不得不花费各项购置费用共计 10 500 美元；（2）在接下来的 12 个月里每月平均花费维修费用 2 000 美元（维修以供出售）。第一资本银行想要尽快出售该房地产，所以愿意以 8%的利率提供为期 12 个月的 180 000 美元的贷款。市场研究人员发现，维修一年后售价可为 225 000 美元。另外，彼时还需要支出 3 000 美元的销售成本。

如果你想在本项目中获得每月复利的 20%的收益率，那么这项投资可以实现吗？如果不能，那么你需要第一资本银行做出哪些让步呢？

6. **Excel.** 使用网上提供的 Excel 工作簿“Ch7 _ Rent _ vs _ Own”，在下面不同的初始假设下，比较 5 年来每一年购买和租赁的税后 *IRR*：

a. 业主的边际税率是 15%而不是 28%。

b. 房租和房地产价值在未来 5 年内不增加。

c. 贷款金额为 105 000 美元而不是 120 000 美元。

d. 第 1 年的初始租金为 15 000 美元而不是 12 000 美元。

# 第 8 章　住宅房地产承保与融资

本章旨在研究自有住宅房地产长期抵押贷款融资的操作程序。我们主要关注这一过程的两个方面：贷款的承保和结算。对于承保过程，我们主要考虑借款人和房地产的性质，以及如何制定贷款条款。我们还要考虑依据房地产价值确定贷款数额的大小，依据借款人收入确定贷款支付金额以及贷款人的违约风险承受能力。文中阐述了当某笔贷款的总体风险超过贷款人的承受能力时，为以防万一对抵押贷款进行保险或担保的问题。这种担保可由私营保险公司提供，或根据房地产和借款人的具体情况，由不同的政府机构提供。

我们把贷款的结算过程看成在借款人、贷款人、销售商及其他交易各方之间进行的必要的财务结算。经过这些过程，所有权发生了转移，贷款结算也同时完成。我们还要考虑相关的联邦法规。这些法规要求贷款人遵守某些规定：统一的利息费用披露、结算报表以及对借款人信用历史记录和其他相关信息的搜集。

## 8.1　承保违约风险

就借款人的贷款申请，从潜在获利能力和风险状况等方面对其自身及其房地产价值进行评价的过程，称为承保（underwriting)。这项工作由某些金融机构的贷款业务部门或者抵押贷款银行来完成。它们通常依据以下两方面的信息：(1) 借款人提交的贷款申请书；(2) 房地产评估报告。分析时须严格遵循该机构的放贷政策或方针。在有些情况下，贷款人还可能要求借款人购买违约保险（default insurance)，借款人购买这种保险从而在其违约时保护贷款人的利益。贷款人还可通过将贷款出售给托管投资者的方法来分散违约风险（回想第 2 章提到过的本票及抵押贷款的转让）。在这种情况下，贷款人必须考虑这类投资者同意接受此种债权的条件，否则贷款人将来将丧失出售抵押贷款的权利。贷款人要根据贷款风险分析的基本原理确定是否批准某笔贷款的申请。

在深入探讨如何确定贷款项目的放贷条件和政策之前，我们先来熟悉一下抵押贷款分析常见的一些基本的参数与概念。贷款人在考察某笔抵押贷款的风险情况时必须参考两项指标：预期的还款收入比（payment-to-income ratio）和贷款价值比（loan-to-value ratio）。还款收入比是指贷款的月摊还额与其他房地产费用之和占借款人的月收入的比率。贷款价值比是指贷款申请额与房地产估计价值的比率。

前一种比率的重要性在于借款人对其签发的本票负有偿还的责任，而且必须按照还款计划（在固定利率抵押贷款的情况下）或根据市场情况调整利率（在可调整利率抵押贷款的情况下）按期还款。显而易见，该比率越高，违约风险越大，从而贷款人要求的风险溢价也就越高。同样，借款人以其拥有的房地产作为本票的抵押物，贷款价值比越大，风险就越高。这是因为房地产的拍卖价格可能不足以偿付贷款余额、拖欠的摊还额和拍卖费用。因此，贷款人评价某笔贷款申请时，应注意如下几点：(1) 估计影响违约风险的各种不确定性因素；(2) 确定按照固定利率还是可调整利率的形式发放贷款；(3) 如果该贷款风险过大，决定应该拒绝贷款申请还是要求借款人购买违约保险或取得第三方担保。

# 8.2 抵押贷款分类

在前几章中，我们主要依据利率风险对抵押贷款进行分类并讨论，不关注它是固定利率抵押贷款还是可调整利率抵押贷款。虽然本章仍然会涉及对违约风险的基本讨论，但我们关注的首要议题是评估借款人违约风险的具体方法和程序。

回顾上一章，违约风险的定义为借款人无法按照约定偿还贷款时贷款人可能遭受的损失。无法偿还贷款的原因可能是借款人收入不足，或抵押房地产市场价值下降，或两者兼而有之。分散违约风险的方法有以下几种，它可以完全由贷款人承担，或由贷款人和托管保险人分担，或由托管保险人或担保人全额承担。为了方便讨论，我们使用以下分类：

(1) 传统抵押贷款。

(2) 有保险的传统抵押贷款。

(3) 由联邦住房管理局（FHA）担保的抵押贷款。

(4) 由退伍军人管理局（VA）担保的抵押贷款。

## 8.2.1 传统抵押贷款

传统抵押贷款（conventional mortgage loans）由借款人和贷款人之间商议决定贷款价值比、利率（或 ARM 条款）以及还款收入比。贷款价值比确定了借款人的首付款。假如借款人拖欠贷款支付，那么贷款人和借款人双方都要承受损失。违约损失包括过去所有的应付利息、房地产销售费用以及售价低于贷款价值的差额。在发生违约事件时，首先使用借款人所持有的房地产（抵押物）对贷款人的损失进行补偿，如果损失超过了借款人所有房地产的价值，那就形成了贷款人对借款人的资金索取权。有些法律还会规定将借款人的其他财产用于补偿贷款人的损失。

通常而言，贷款类型如果是传统贷款，最高贷款额为所购买房地产价格的80%。另外，房地产所处的位置——例如在拥有城市公用设施的住宅小区——也是一个重要因素，它会影响房地产的销售价格。由于贷款人必须考虑在借款人违约时出售房地产能否清偿抵押贷款，所以管理大部分储蓄机构运作的法规一般要求，对于传统抵押贷款，借款人必须承担房地产价值的至少20%（首付款）。也就是说，只有当违约损失超过房地产价值的20%时，贷款人才会遭受损失。大多数传统抵押贷款项目由联邦国民抵押贷款协会（FNMA）和联邦住房贷款抵押公司（FHLMC）监管。详见概念框8.1。

**抵押贷款二级市场以及抵押贷款企业日益加强的标准化** **概念框8.1**

除了第7章中提到的文件（表格等）的标准化，FNMA和FHLMC的影响甚至更加深远。正如在后续章节中详细介绍抵押贷款支持证券时提到的那样，这两家政府机构赞助的企业（GSE）主导了美国住房抵押贷款二级市场。

这些组织（1）从贷款人处购买抵押贷款，（2）创建大型抵押贷款池（通常为数十亿美元），然后（3）以这些贷款池为抵押物，发行抵押贷款担保证券，出售给养老基金、保险公司和海外投资者等投资者。为了以最低成本高效地完成这一证券化过程，FNMA和FHLMC提出了许多贷款人必须遵守的要求，并在抵押贷款流程中实现了相当高程度的标准化。

GSE将它们愿意购买的贷款分类为合格或不合格抵押贷款。议会规定了不同贷款类型的最大贷款限额。这些贷款也必须符合FNMA或FHLMC的承保标准。FNMA和FHLMC由于其GSE地位而主导合规贷款市场，其中包括美国财政部门可能的市场支持。由于财政部门的市场支持，FNMA和FHLMC可以以比其他实体更低的利率借款，并以比竞争对手低的成本购买合规贷款。

不合规贷款为：（1）贷款金额大于最大贷款额度的贷款，或者（2）不符合贷款合同标准的贷款。因为大额贷款金额较大，且没有政府担保的支持，FNMA和FHLMC必须与非GSE贷款人竞争，因此，大额贷款通常比合规贷款的贷款利率更高。

另外两个非常规贷款类别是次级贷款和美国土地产权协会贷款（ALTA loan）。正如本章承保部分将进一步讨论的那样，次级贷款（subprime loans）通常表明在某些方面，借款人信用不足。阿尔塔这个术语代表“a paper的另一种选择”，其中“a paper”是一种低风险的常规贷款。当ALTA贷款被承保时，贷款申请的某些方面无法验证，如自雇人员收入。然而，借款人可能有足够的资产（现金或股票等）作为支持，从而被批准贷款。美国土地产权协会贷款有时也被称为“low doc”（low documentation）贷款。

注：有关美国优先股采购协议的说明，请参见：http://www.treasury.gov/press-center/press-center/press-release/pages /hp1131.aspx。

## 8.2.2 有保险的传统抵押贷款

在许多情况下，借款人并不一定必须拥有20%的自有资本才能购置房地产。只要借款人的收入水平和房地产的地理位置较为理想，贷款人就可能同意在借款方购买抵押贷款保险的前提下向其提供房地产价值 80%以上的贷款。许多企业都提供这类保险业务，并向其收取保险费。贷款的具体金额要视保险人承担抵押贷款的风险水平而定。抵押贷款保险（mortgage insurance）是借款人向贷款人申请较大比例的贷款的重要方法，同时通过支付给保险人保险费使其负责承担违约事件发生时，传统型抵押贷款中贷款人应负担的那部分违约风险。换句话说，就是抵押贷款保险单注明的保险标的是超过房地产价值的 80%的那部分贷款金额。假设抵押贷款额为房地产价值的 95%，借款人以自有资金支付了总价值 5%的首付款。本例中贷款人只承担余额为房价 80%的违约风险，其余 15%转到了保险人身上。这类贷款的利率通常会高于传统抵押贷款，因为此时的贷款金额较后者更大（95%对 80%）。

抵押贷款保险人（mortgage insurers）通常是私人公司，它们通过为借款人高于房价 80%的那部分贷款金额提供担保并收取保险费进行经营活动。它们将保险费收集起来，保留一部分作为准备金用以支付贷款人的索赔申请。这类公司在承担相同水平的增量风险时，可收取较个体贷款人更低的费用，因为它们在全国范围内发放众多抵押贷款保险，而个体贷款人只向少数地区的个人提供贷款。因此，抵押贷款保险人能比个体贷款人更加有效地分散违约风险。如果某一特定区域出现经济衰退，个体贷款人也可能受到更大的不良影响。

因为大多数违约风险由保险机构承担，因此有保险的传统抵押贷款的最高贷款额为抵押房地产价值的 95%，有些甚至更高。但 95%是标准的抵押贷款保险的最高额度。由于这类抵押贷款的违约风险很大，并且这种风险的一部分要由保险人来承担，因而贷款人考察借款人状况的放贷标准大多要受保险人影响。贷款人必须严格遵循这些考察标准。保险费水平要根据贷款价值比超过 80%的程度来确定。

### 8.2.3 FHA 担保的抵押贷款

联邦住房管理局（FHA）也可为抵押贷款提供保险业务。与传统保险业务不同，传统保险只保护贷款人免受部分潜在的贷款损失，而 FHA 抵押贷款保险可保证贷款人完全免除违约损失。需要注意的是，FHA 并不发放贷款而仅提供保险。由于 FHA 将承担借款人的所有违约风险，因此借款人自身情况及其房地产条件必须经过严格的审核才能获得该保险。

1934 年《联邦住房法案》（Federal Housing Act）颁布，FHA 应运而生。[①] 这一机构的创建初衷是为了稳定 20 世纪 30 年代大萧条后的住宅市场。其中的一项长期政策目标就是使中低收入家庭能够购买到自己的住房。为实现这一目标，FHA 允许中低收入家庭以低于传统放贷标准的自有资本取得贷款以购买住宅。FHA 以保险项目的形式存在，收取保险费、存储准备金以支付贷款人的合理索赔。由于由 FHA 担保的抵押贷款的贷款价值比高于传统抵押贷款，并且要承担全部违约风险，因此 FHA 通常会收取比传统保险更高的保险费。毕竟传统保险业务承担的风险是固定的（比如 15%），FHA 承担的风险却有可能高于或低于这一比率。

为何 FHA 和私人抵押贷款保险需要同时存在？FHA 规定了可以担保的抵押贷款的

---

① 《国家住房法案》（National Housing Act）于 1934 年修订。

最高额度，这一额度也许无法满足有些借款人购买较高价格房地产的需求。① 因此，当要购买的房地产价值较高，同时需要支付的首付款占比较低时，借款人通常会选择传统型私人保险的抵押贷款。总之，当借款人的收入水平较高，想要以较低的自有资金购买高价值的房地产时，借款人通常会选择私人抵押贷款保险。FHA 的借款人收入水平一般较低，因而打算购置低价位的住房。正因为其收入水平的特点，贷款人通常要求为贷款进行全额保险，而借款人支付给 FHA 的保险费也较高。

FHA 向投保人提供多个险种。最常见的是第 203b 条（Section 203b），为 1～4 口之家的独立住宅提供保险。它要求贷款类型为固定利率贷款，期限为 15～30 年。其他还有：第 251 条（Section 251），它是 ARM 抵押贷款保险；第 234 条（Section 234），它为个人公寓的购买提供保险；第 245 条（Section 245），它是累进还款式抵押贷款保险。②

### 8.2.4 VA 担保的抵押贷款

当满足相应条件的退伍军人想要购买住宅房地产时，可以向美国退伍军人管理局（VA）申请贷款保险，由 VA 补偿由于退伍军人（借款人）违约造成的贷款人的相应损失。具体金额随情况而变。补偿金额随时间变化，但是通常不能超过 FNMA-FHLMC 规定的贷款限额的 25%。与 FHA 性质相同，VA 同样不直接提供贷款。与 FHA 不同的是，VA 提供担保而不是违约保险。与传统贷款保险和 FHA 模式不同的是，借款人不需要为 VA 的担保支付保险费。所有损失费用均由政府承担。

合理价值证书（certificate of reasonable value，CRV）限制了贷款金额。退伍军人可以多次申请，特定时间内的具体可申请次数取决于现有担保金额、之前的申请次数等。例如，假设现行限额是 36 000 美元，借款人欲购买的住宅的价值为 80 000 美元，VA 可以提供 40%的资金支持，也就是 32 000 美元，剩下的 4 000 美元可以供其将来使用。如果借款人满足了法定可恢复权利条件，VA 则可以一次性提供 36 000 美元的资金支持。

如果借款人将房地产出售给了另一个合格退伍军人借款人，那么原始借款人将不再享有 VA 授予的担保权。

还有许多其他因素会影响合格贷款人可以获得的贷款金额，比如夫妻双方是否都为符合条件的军人。③

## 8.3 承保过程

大多数抵押贷款（尽管类型可能不同，如传统抵押贷款、有保险的传统抵押贷款、

---

① 关于 FHA 担保的抵押贷款最高额度的讨论详见《HUD 手册 4000.2》。最高额度取决于贷款申请的区域特征，同时这一额度是不断变化的。

② FHA 担保的抵押贷款细节详见《HUD 手册 4000.2》。

③ 关于 VA 担保抵押贷款申请权的讲解详见《美国法典》第 38 篇第 3701 条。

FHA 或 VA 担保的抵押贷款）的承保程序相同。承销商先收集数据，然后确定是否扩大贷款规模。这一步骤的目标是确定贷款价值比、还款收入比、借款人资产和借款人信用记录等是否可以被贷款人或贷款人和保险公司接受。接下来，我们讨论：（1）借款人的收入的估计方式，以及对应该收入下借款人可以申请到的贷款额和其他借款义务；（2）如何通过评估确定房地产价值。

## 8.3.1 借款人收入

承保过程起初，承保人需要搜集数据分析确定是否扩大贷款规模。其中最重要的一个因素就是借款人收入。为了得到关于借款人收入的重要数据，贷款人可以（1）核实借款人工作位置，（2）核实借款人薪酬（可以通过工资支付表等方式），（3）调查该收入是否可持续。通常，如果借款人有全职工作，并且拥有定期收入，那么这笔贷款一般不会有问题。如果借款人的收入来源不唯一，那么核实借款人收入数量和可持续性的工作就会复杂一些。

其他可能的收入来源有：

- 兼职收入；
- 配偶收入；
- 租金；
- 赡养费和子女抚养补助；
- 佣金收入；
- 自营收入；
- 奖金；
- 股利或利息；
- 退休年金；
- 社会保障；
- 公共援助。

一般来说，在承保过程中，在所有类型的收入来源都被确认为属于借款人收入之前，必须满足两项要求。第一，承保人必须确认收入可持续。这通常意味着收入来源必须已经持续存在足够长的时间，承保人才能进一步判断其收入是否会持续下去。第二，收入必须是可核查的，这一点通常根据审查借款人的联邦所得税申报是否满两年予以确认。如果收入可以免税，如退休年金分配，则收入终止单或存款确认可用于核实收入状况。

除了收入金额确认外，承保过程中具体应该使用多少收入也是一个复杂的问题。例如，某特定来源的收入，其数量可能会随时间推移而变化。具有变动性的收入（例如佣金销售收入、租金或自营职业的收入），一般根据纳税申报表中的收入记录，取至少两年的平均值作为借款人收入金额，并扣除因取得收入而产生的相关费用。

如果两个借款人均被雇用，那么收入组成的确定就变得更加复杂。贷款人一般进行长期判断——要求两个借款人同时拥有长期稳定的职业，或者至少其中一人的收入足以满足每月的抵押贷款还款。当申请的贷款额或房地产价值相对于其中一个借款人的收入过高时，这个问题往往更加困难。显然，贷款人必须对未来联合收入的稳定性做出判断。一般来说，如果双方连续工作多年，未来收入很可能更加稳定。如果一方当事人意图在特定年份之后终止就业，并且该当事人目前从事较为稳定的专业工作，那么收入加总只能在两个借款人均在职期间予以考虑，还要估计当一方离职时另一借款人的收入情况。

虽然收入构成是贷款人进行风险分析的基础，但最近的联邦法规限制了贷款人可以获得有关贷款申请人背景信息的范围。联邦储备系统理事会的条例 B 提供了贷款人在收集关于潜在借款人的信息时必须遵守的准则。[①]

### 8.3.2 核实借款人资产

数据收集过程中的另一个步骤是核实借款人资产，该资产金额应至少足以完成交易。这意味着借款人资产必须足以支付结算成本和首付款。此外，贷款人通常不允许借款人将借款资金用作借款首付款。因此，借款人的存款时间的长短是贷款人判断其是否计划使用借入资金支付首付款的重要指标。赠予的款项通常可以用作各种类型的支付。但需要出具借款人和赠予人签字的证明，证明该款项不需要偿还。贷款人还要记录资金的转账过程（由赠予人的账户转至借款人的账户）。任何不会使贷款交易结束的资产都将增加借款人的信贷价值。

申请人其他类型的资产在贷款人对贷款质量进行评级时同样发挥着重要作用。如果申请人持有一定量的存款［如储蓄账户或其他财产投资、人身保险（现金价值）、证券购买等］，或者有取得上述资产的权利时，该贷款的评级将会提高。例如，一个年龄较大的申请人的期望寿命可能会小于所要求的抵押贷款期限，但如果该借款人在死亡之前有足够的人寿保险金额来偿还贷款，那么他依然可以获得这笔贷款。在大多数情况下，贷款人将要求申请人签署协议，允许其他金融机构、投资公司和信贷机构向贷款人披露申请人所持资产的性质和金额。这些信息可能包括股票、债券、储蓄账户以及账户中最近的交易活动。

### 8.3.3 信用史评价

通常，审批人也将对借款人过去的还款记录进行判断。来自中央信贷局的信贷报告记录了借款人 10 年的还款记录。贷款申请人拖延还款的记录会降低贷款过审的概率，多次不良信贷记录极可能会导致贷款申请被拒绝。但是如果贷款申请人可以提供合理且能被证实的解释（诸如离婚或收入中断），并且其财务状况已经好转，那么其贷款申请依然可能会被通过。如果借款人的财务状况好转且近年来的收入状况比较理想的话，即使存在破产记录也不会直接导致贷款申请被拒绝。对于信用评分（credit scoring）与分析的发展，见概念框 8.2。

---

① （1）不得以性别、种族、婚姻、地域、年龄等作为抵押贷款的审批标准。（2）贷款人不得质询借款人的生育意愿问题，也不能根据申请人年龄推测借款人是否会因生育而中断收入。（3）贷款人不得将借款人兼职收入做扣减评价，但可以分析其收入的可持续性。（4）贷款人可以调查赡养费、抚养费等义务，指出将如何影响申请人收入。（5）贷款人可以询问申请人依赖赡养费、抚养费来偿还贷款的能力，但是询问前应指出，如果借款人不依赖这些收入，那么就没必要透露此类信息。贷款人可以考察借款人此类收入的可持续性。（6）不得以接受社会援助为由拒绝贷款申请。（7）符合贷款审批标准的借款人，其配偶无须承担还款责任。（8）贷款人在评估申请时不得考虑申请人名下是否有电话，但是可以关注申请人的住宅电话。（9）贷款人有义务应申请人的要求告知终止或拒绝提供贷款的理由。

## 信用评分模型

概念框 8.2

信用评分模型的演变对贷款的各个领域（包括抵押贷款）产生了深远的影响。在贷款承保过程中，贷款人通常要求借款人提供信用报告。大多数信用报告包含信用评分。*信用评分是一个三位数的信用评级，代表一个统计模型对个人的财务信誉度的估计。贷款人使用借款人/申请人的信用评分作为承保过程中的重要因素之一。信用评分试图量化一个潜在借款人在指定的时间内无法偿还贷款的可能性。信用评分对（1）贷款审批和（2）贷款利率具有重大影响。信用评分最高通常为 850 分。高信用评分的贷款获得批准的可能性较高，并将比低信用评分的借款人所需支付的贷款利率更低。低于 600～700 分的分数可能导致贷款申请被拒绝，除非贷款申请人有其他引人注目的优势，例如贷款申请人拥有的可为贷款提供担保的其他资产。

虽然信用评分模型的具体形式各有不同，但一般认为模型中用于确定最终信用评分的主要变量包括以下几种（括号中为估计比重）：

A. 过往还款的准时度（35%）。

B. 信用额使用度：当前债务（信用卡余额等）与总可用信用卡限额的比率（30%）。

C. 信贷经验（15%）。

D. 使用的信用类型（10%）。

E. 最近寻求信用证和/或最近申请的信用卡账户数量（10%）。

A. 准时还款。按时还款记录对信用评分有非常积极的影响。逾期 30 天的贷款偿还记录对信用评分有负面影响。（为增加信用评分，借款人应尽力偿还多于每月信用卡的最低还款金额和分期付款贷款的金额。如果可以的话，借款人应每月偿还未偿贷款/贷款余额。）

B. 信用额使用度。大额未偿贷款占借款人信用卡上总可用额度的百分比一般会对其信用评分产生较大影响。结算周期内已使用的最大信用额度除以信用账户可用的总信用额度，可以用来衡量信用额使用度。应该意识到，当合并信用卡债务时，如果信用账户被注销，相应未结的信用余额被转移时，借款人的信用额使用度可能会增加，因为较少的账户可能导致总信用限额下降。

C. 信贷经验的长短。长期的信贷管理经验通常对借款人的信用评分有积极的影响。具有较少信贷经验的个人不会得分。这对具有长期信贷管理经验的贷款申请人较为有利。

D. 使用的信用类型。以高利率向高风险个人贷款的消费金融公司或其他实体提供的贷款会对分数产生负面影响。

E. 搜索/查询。贷款申请次数、信用卡数量较多以及信贷机构对借款人信用状况的调查往往对信用评分有负面影响。对借款人信用报告的频繁调查也可能会对分数产生不利影响。

* 大多数信用评分的基础是所谓的 FICO 分数，由 Fair Issac 公司开发，基于统计违约风险模型。三家主要信用报告机构（TransUnion、Equifax 和 Experian）使用了这些模型。然而，这三家机构的信用数据的供应商（如零售商等）并不完全相同。因此，不同信用评级机构对同一申请人的信用评分可能不同。

## 贷款承保期间贷款人策略

概念框 8.3

● 锁定期间和费用。大多数贷款人在贷款交易结束前 30 天会敲定一个确定的利率。

即使市场利率可能在实际贷款结束之前发生变化，在“锁定期”内，贷款人也依然要按照协议利率提供相应的贷款。一些贷款人可能会为此收取一定费用。这一期限也可能会延长至45天或90天，相应的费用也会有所上升。

● 私人抵押保险（PMI）。贷款金额超过所持资产80%的贷款申请通常需要这一步骤。然而，贷款超过资产价值80%的借款人可以考虑第一留置权为80%，然后增加第二留置权。如果第一留置权低于80%，那么借款人无须选择PMI。然而，第二留置权的利率通常较高，而这一较高的利率需要与PMI溢价进行比较。

● 选择取消PMI或FHA保险。通常当贷款价值比低于80%时，这些要求可能会被放弃。这将减少每月支付的月保险费。取消这项保险通常需要由评估人进行的新的评估，而这些评估人必须经过贷款人批准。

● 下调利率。人们可能将这一选择与支付更多的首付款进行比较。首付款越多，借款人则越会将贷款人采用的利率与下调利率进行比较。

● 次级贷款。在贷款申请的承保过程中发现问题（例如，信用评分较低）时，贷款人可能愿意提供次级贷款（subprime loan），这些贷款通常比其他贷款的利率更高，也可能还包括提前还款惩罚和对逾期还款的重大处罚。次级借款人可能会尝试与贷款人谈判，如果情况好转（例如借款人信用评分上升），贷款人将下调贷款利率。

### 8.3.4 住宅费用估算

用以计算贷款的还款收入比的住宅费用的确定相对而言是比较直观的。以下列示了住宅费用月还款额估算需要考虑的各类型款项：

● 申请的抵押贷款本金和利息；
● 抵押贷款保险费（如果有的话）；
● 房地产税；
● 灾害保险；
● 共同管理公寓或合作业主协会会费（如果适用）。

由于以上款项的具体金额在审批时是未知的，因此审批人需要对其进行估算。贷款人通常要求借款人按月摊还上述费用。对抵押贷款风险情况的判断取决于住房所有权成本相对于借款人收入的比率。如果该成本过高，贷款申请将被驳回。本章后面将举例详细介绍这类费用的估算及其与收入比较的分析过程。

### 8.3.5 其他债务

在大多数情况下，除申请的抵押贷款之外，借款人通常还负有其他债务，如车贷、信用卡账户贷款、其他抵押贷款或赡养费和子女抚养费。审批人会要求借款人在申请时汇报所有债务情况，并在征得该借款人的同意后，获取信用报告核实其真实债务状况。有时还需要调查借款人居住地的政府官方记录，以考证是否存在未披露的债务。贷款人还可以通过信用报告考察借款人是否有破产记录。

### 8.3.6 补偿性因素

审批人还可能在审批过程中发现一些可以提升借款人信用的有利因素。通常，拥有流动资产对借款人是有利的，因为当其收入中断时，可以利用这类资产偿还抵押贷款的月还款额。另外，如果社会对借款人的专业技能需求量很大，那么其收入有望随时间的推移而不断提高，这同样是一项有利因素。这类因素表明借款人有能力将收入的更大一部分用于支付住宅费用（即使他的住宅费用率偏高）。当然，首付款占房地产价格的比重较大也是一种有利因素。以上一种或多种情况存在时，审批人很可能会在一定程度上放宽信贷约束条件。

上述审批项目全部完成后，贷款审批人就要最终决定是否批准发放贷款了。进行这一决策的过程因借款人申请的贷款类型的不同而不同。以下对传统抵押贷款、有保险的传统抵押贷款、FHA 担保的抵押贷款和 VA 担保的抵押贷款的审批过程进行举例介绍。

## 8.4 审批过程举例

本节介绍了上述四种抵押贷款由贷款人进行承保的具体过程。如前所述，承保的目标是确定借款人的违约风险是否可以接受，贷款是否应予以批准。我们将分别考虑每种类型的抵押贷款（传统抵押贷款、有保险的传统抵押贷款、FHA 或 VA 担保的抵押贷款）。下文中，我们将研究如何确定抵押贷款的最高额度，该额度与房地产价值的关系以及该关系如何因抵押贷款类型而异。此外，我们还将介绍：（1）建议住宅费用和与借款人收入有关的其他债务情况；（2）确定适用费用与收入比的标准，这一比例是做出放贷决策的基础；（3）估价在确立贷款价值比中的作用。

为了方便讨论，我们使用表 8－1 中的示例借款人信息来说明每类抵押贷款的承保过程。承保准则的详细信息将足够我们进行讨论。

**表 8－1　　贷款审批示例：借款人与房地产特征**

| | |
|---|---|
| 借款人姓名 | 约翰·琼斯和珍妮·琼斯 |
| 收入 | 夫妻双方月薪共计 3 542 美元，年薪共计 42 500 美元 |
| 负债 | 每月支付 181 美元的分期付款债务，35 个月之后到期；每月支付 50 美元，12 个月后到期的信用卡债务 |
| 售价 | 76 700 美元 |
| 估价 | 77 000 美元 |
| 房地产税估计 | 797 美元/年 |
| 意外灾害保险支出 | 552 美元/年 |
| 目标贷款额 | 30 年期 FRM，固定还款额 |

### 8.4.1 审批标准——传统抵押贷款和有保险的传统抵押贷款

由表 8－1 可知，除校验了收入和未偿债务情况之外，贷款人还估算了估计住宅费用时会用到的房地产税和灾害（火灾、风灾等）保险金额。了解这些费用可以确定贷款申请人的月还款额占收入的比率。表 8-2 显示了贷款人进行贷款审批时的综合审批标准。搜集到用以确定月住宅费用和其他债务的资料后，贷款人将估算出所需的比率，并将其与相应的审批标准进行比较。最终参考现行利率之后，确定该笔贷款的违约风险状况是否可以接受。贷款人和保险人是根据以往经验制定出这些审批标准的。需要注意的是，这些比率只是提供一个粗略的指导方向，具体审批过程还要综合考虑其他资产或补偿性因素的具体情况。

**表 8-2　传统抵押贷款和有保险的传统抵押贷款的审批标准**

| | 传统抵押贷款 | | 有保险的传统抵押贷款 | |
|---|---|---|---|---|
| | FRM | ARM | FRM | ARM |
| 允许的最高比例（%）： | | | | |
| 贷款价值比 | 80 | 80 | 95 | 90* ～95 |
| 还款收入比 | 28 | 25** ～28 | 28 | 25** ～28 |
| 总债务收入比 | 36 | 33** ～36 | 36 | 33** ～36 |

* 传统 ARM 允许的最高贷款价值比为 90%，但有些借款人会通过支付更高利率得到额外贷款。但是由于负摊还计划，累进还款式抵押贷款（GPM）通常只允许最高贷款价值比为 90%。

** 一般来说，较高的比率是被允许的；如果常规 ARM 或 GPM 允许每月摊还额超过规定限额的最大增幅，则必须满足较低的比率才能对贷款进行保险。

由表 8-2 我们还可看出，ARM 申请的审批标准较为严格。这是因为利率升高可能会导致摊还金额或贷款余额的增加。如果贷款摊还计划中有预期负摊还，那么贷款人审批时对贷款价值比的要求通常会较低。如果贷款发起时的混合利率（现行 ARM 指标加上利差）高于最初的还款利率，贷款人便可能在确定贷款价值比时考虑计划还款额上升的情况。① 传统累进还款式抵押贷款（GPM）在贷款发放时就确定了具体偿还计划，这一类型的贷款的贷款价值比通常被限制在 90%以下。同样，对于 ARM，如果抵押贷款协议允许月摊还额超过规定的最高限额，那么最高摊还额与收入之比将被压低。例如，假设某笔 ARM 的最低年摊还率为 15%，或最低年利率为 2%，又或还款期内的总利率不得低于 5%，则审批人将降低相应的指标限制水平。后者同样适用于 GPM。

根据表 8-1 中的信息我们可以计算出与传统抵押贷款相比，有保险的传统抵押贷款的贷款比例较高（95%对 80%），并且贷款利率也较高。此外，它还要求每月支付一笔抵押贷款保险金。由表 8-3 底部的各比率的具体数据可知，两种贷款计算的相关比率都低于表 8-2 中规定的审批标准，因而借款人可以选择任何一种贷款方式。贷款人将根据

① 如果贷款发放时的复合利率高于初始利率，那么初始利率将被视为戏弄利率，因为贷款人可能使用这一利率来诱导申请人进行 ARM 申请。在很多情况下，贷款协议书会标明成交时初始利率与复合利率之间的差额会被加至贷款余额中。当发生第一次调整时，如果复合利率仍然高于初始利率，那么还款额将会增加。ARM 还款过程中的这一现象被称为还款冲击。

自有资金额（评估价的 20％或 5％）和是否愿意支付额外的利息和保险费用做出最后决定。是否支付额外的利息和保险费用的决定也取决于借款人是否持有足够的自有资金。[①]如果他的自有资金足够支付其中一笔贷款的首付款，那么他就必须判断是否可以将差额（15％）以高于额外的利息和保险费用的利率进行再投资（选择不同额度和利率的贷款的方法在第 7 章进行了详细的介绍）。

**表 8-3　借款人资格情况的计算（以传统抵押贷款和有保险的传统抵押贷款为例）**

| | 传统抵押贷款 | 有保险的传统抵押贷款 |
|---|---|---|
| 申请贷款额 | 61 360 美元 | 72 865 美元 |
| 条件 | 固定利率贷款（30 年，9.25％） | 固定利率贷款（30 年，9.5％） |
| 贷款价值比 | 80％ | 95％ |
| 借款人收入（A） | 3 542 美元 | 3 542 美元 |
| 住宅费用 | 505 美元 | 613 美元 |
| 本金和利息 | 66 美元 | 66 美元 |
| 房地产税 | 46 美元 | 46 美元 |
| 灾害保险费 | — | 21 美元 |
| 抵押保险费 | 617 美元 | 746 美元 |
| 住宅费用（B） | | |
| 加上： | | |
| 分期付款债务* | 181 美元 | 181 美元 |
| 信用卡债务 | 50 美元 | 50 美元 |
| 全部债务（C） | 848 美元 | 977 美元 |
| 住宅费用比（B/A） | 17％ | 21％ |
| 全部债务比（C/A） | 24％ | 28％ |

*通常指至少还有为期 11 个月的分期付款的债务。承保人在判断债务时，有的债务即使剩余偿还期限小于 11 个月，但要求借款人每月从收入中拿出一大部分来偿还，也要计算在内。

## 8.4.2　FHA 担保的抵押贷款审批标准

如果本例中的借款人打算申请 FHA 担保的抵押贷款，则审批程序与上述流程大致相同，但有些许区别。首先要指出的是，FHA 不像传统抵押贷款的审批流程那样，将贷款额度按照房地产评估价值的百分比（80％、95％等）进行分类，而是有一套特殊程序来确定最高贷款额度（详见表 8-4）。[②]

① 对于多种结算成本的讨论详见后文（包括贷款发放费用、评估费用、信贷报告费用以及转移费用）。

② 贷款价值比的最高限值会随时间推移而变化。

**表 8-4　　最高贷款额度和借款人资格比率的一般确定方式**

| | | |
|---|---|---|
| **1. 最高贷款额度计算**（单位：美元） | | |
| 第一次计算： | | |
| 较低价格或评估价值 | 76 700 | |
| 加：结算成本减让额* | 1 350 | |
| 取得成本 | 78 050 | |
| 第一笔 25 000 美元的 97% | | 24 250 |
| 剩余款项的 95% | | 50 397 |
| 第一次计算后的最大贷款额度 | | 74 647 |
| 第二次计算： | | |
| 较低价格或评估价格 | | 76 700 |
| 乘最大贷款价值比——价格高于 50 000 美元 | | 97.75% |
| 第二次计算后的最大贷款额度 | | 74 974 |
| 最大贷款额度——第一次或第二次计算结果中的较小者 | | 74 647 |
| 加：2.25%的融资抵押贷款保险费** | | 1 679 |
| 融资额 | | 76 326 |
| **2. 资格比率的计算** | | |
| 总收入（月）(A) | | 3 542 |
| 住宅费用 | | |
| 本金、利息与预付抵押贷款保险费用（76 326 美元，9.5%，30 年） | | 642 |
| 房地产税 | | 66 |
| 灾害保险费 | | 46 |
| 年抵押贷款保险费*** | | 31 |
| 总住宅费用 (B) | | 785 |
| 其他债务 | | |
| 分期付款债务**** | | 181 |
| 信用卡债务 | | 50 |
| 总债务 (C) | | 1 016 |

| 资格比率（%） | 申请人比率（%） | FHA 最大比率（%） |
|---|---|---|
| 住宅费用比率 B/A | 22 | 29 |
| 总债务比率 C/A | 29 | 41 |

* FHA 规定的结算成本减让额根据地区而定。

** 最高贷款额度不得超过 FHA 规定的额度，具体规定根据地区、时间不同而变化。

*** 抵押贷款保险费用由两部分构成：一是预付保险金（以融资或现金方式支付），二是年费（具体金额根据贷款价值比确定）。

**** 通常是剩余 10 次分期付款的债务，但是审批者可以根据未偿贷款总额和借款人收入情况做出相应调整。

需要强调的是，FHA 担保贷款的确定基于 FRM、GPM 和 ARM 中同样实用的量化指标。如果将来一段时间 GPM 和 ARM 的月还款额发生变化，基于当期收入计算的相关指标也会实时更新。

传统贷款的审批需要考虑其他资产、信用历史以及其他补偿因素。量化指标用于衡量借款人的收入水平。由于 FHA 担保贷款在审批时要做税收调整，因而其使用的限制比率要高于传统贷款的相应比率。我们例子中的借款申请需要符合 FHA 担保贷款的相应条件。具体审批要求见下一部分。

## 8.4.3 VA 担保的抵押贷款审批标准

退伍军人管理局（VA）衡量借款人的收入是否符合贷款要求的方法与前文讲过的几种方式有很大差别。VA 强调剩余收益（residual income）的概念，即总收入减去各项月支出，如住宅费用、税金以及工作相关的经常性费用等支出（见表 8－5）。VA 担保贷款要求剩余收益应足够维持借款人及其家庭生活所需。

需要强调几个问题：抵押贷款额等于房地产售价（76 700 美元）加借款人要求的贷款结算成本（具体见后文），为贷款额的 0.5%～3.0%。① 由于该贷款额小于等于最高贷款限额，因而它也在可担保内容之列。② 另外，VA 提供的是担保业务，所以借款人不需要每月缴纳抵押贷款保险金。根据表 8－1 中贷款申请人的信息可知，该申请人可以取得 VA 担保贷款。但是，他们也需要通过 FHA 担保贷款要求的二级审批的辅助检验。

**表 8－5　借款人的资格确定（以 VA 担保贷款为例）**　单位：美元

| | |
|---|---|
| 住宅收入情况 | |
| 总收入 | 3 542 |
| 减：联邦所得税 | 602 |
| 　州所得税 | 106 |
| 　社会保险税 | 266 |
| 　总债务(1) | 231 |
| 　养护费 | 58 |
| 　公用事业费 | 134 |
| 　本金与利息偿还额(2) | 657 |
| 　房地产税 | 66 |
| 　灾害保险费 | 46 |

① 通常情况下，VA 会允许将需要支付给 VA 的资金提供费用纳入退伍军人的贷款申请额中。然而，当其考虑到成本过高时，会考虑要求增加抵押物。

② 首付款加 VA 担保费会随时间而变化，这取决于议会法案。VA 担保贷款也是完全可以承担的，主要有如下两种承担方式：(1) 不合格承担。这种情况下的买方可能不是退伍军人或者不符合退伍军人条件；(2) 合格承担。这种情况下，买方符合退伍军人标准，并且通过了 VA 审批。VA 担保贷款申请人不一定是退伍军人，也不必为抵押贷款支付担保费用。但买方如果确实为退伍军人，则卖方可能会诱导其使用自己的担保待遇替换卖方，这样卖方的 VA 授权便得以恢复使用。

续前表

| | | |
|---|---|---|
| 与工作或照顾子女相关的费用 | | 50 |
| 剩余收入 | | 1 326 |
| 最小收入（对应有不同成员的家庭）[3]： | 1 | 424 |
| | 2 | 710 |
| | 3 | 855 |
| | 4 | 964 |
| | 5 | 999 |
| | 6 | 1 079 |
| | 7 | 1 159 |

（1）通常面向剩余还款期为 6 个月的贷款，但是审批者也可以将其认为相对于借款人的收入而言比较重要的贷款考虑在内。

（2）基于 78 138 美元的价值，利率为 9.5%，贷款期为 30 年（近似）。

（3）根据所在地区与贷款额度确定剩余收益的具体数字。本表使用的是美国中西部地区的数据，贷款额为 70 000 美元。

### 8.4.4 承保与贷款金额：小结

在讨论下一个问题（结算成本）之前，我们有必要对前面的资料进行简要总结。表 8－6 总结了一些重要的贷款审批内容。首先应该注意，虽然四种情况下的房地产评估价值相同，但是最终可授予的贷款金额却不同。这是因为进行传统抵押贷款规定的贷款价值比为 80%，而有保险的传统抵押贷款为 95%，两种类型的贷款均要求借款人支付结算成本。FHA 担保贷款的贷款额较高，因为其允许的贷款价值比较高（对贷款申请的不同部分分为 97%和 95%），并且还可就结算成本减让额进行融资。VA 担保贷款的贷款额等于房地产的实际价格和评估价值中的较低者，加上结算成本减让额。表中还有一个项目：融资额。融资额是指用以计算月利息和本金的数额。在传统抵押贷款的两种情况下，贷款额即为融资额。但是 FHA 担保抵押贷款的融资额还包括全部保险金或贷款余额的 2.25%（或额外的 1 679 美元），贷款人对它们也进行融资，并且必须作为贷款总额的本息的一部分，并每月摊还。而在 VA 担保抵押贷款情形下，融资额包括融资费用，这使得融资额大于贷款额。

**表 8－6　　审批结果小结**

| | 传统抵押贷款 | 有保险的传统抵押贷款 | FHA 担保抵押贷款 | VA 担保抵押贷款 |
|---|---|---|---|---|
| (a) 较低价格/评估价值 | 76 700 美元 | 76 700 美元 | 76 700 美元 | 76 700 美元 |
| (b) 贷款额 | 61 360 美元 | 72 865 美元 | 74 647 美元 | 76 700 美元 |
| (c) 融资额 | 61 360 美元 | 72 865 美元 | 76 326 美元 | 78 234 美元 |
| (d) 利率 | 9.25% | 9.5% | 9.5% | 9.5% |
| (e) 期限 | 30 年 | 30 年 | 30 年 | 30 年 |
| (f) 保险费 | 无 | * | ** | 无 |

*贷款成交时为贷款额的 0.8%，每年 0.35%，每月支付。

**包括两个部分：一是预付保险费（以融资或现金方式支付），二是月度保险费（具体金额根据贷款期限、贷款价值比和贷款结算日期确定）。

注意到表 8－6 中对利率和对保险费的注释。本例中，我们假设传统抵押贷款的利率为 9.25%，低于其他几种类型的抵押贷款规定的利率水平，因为此时可贷资金少于其他情况下的金额。另外还需要注意，贷款利率由双方谈判协商确定，且会随时间的推移而变化，因此本例中的传统抵押贷款和其他几种抵押贷款的利差也是变化的。另外，我们假设抵押贷款的期限为 30 年。FHA 和 VA 担保抵押贷款的期限可以是 15 年、20 年或 25 年。最后要强调的是，本例在估算住宅费用、总债务和其他费用时，对于同种费用（公用事业费、养护费、债务等）使用了相同的估算值。但是在实践中，这些估算值会因特定法规、政策、成本计算规定以及保险人和贷款人不同而产生较大差异。[①] 当然，在实际审批过程中，不同类型的抵押贷款还存在着其他一些不同的特点，这里我们只对关键问题进行分析，帮助读者更好地理解各审批程序的主要特征。

## 8.5 成交过程

在房地产购买交易中，相关参与人需要相互交换必要文件来支持买方进行贷款偿还和房地产所有权转移。这些参与人包括：(1) 房地产卖方和买方，(2) 所有相关房地产交易人员，(3) 结算代理人。如果购买了某种保险，那么结算代理人通常代表该保险公司；如果未购买保险，则结算代理人代表了贷款人。成交目的在于：(1) 完成贷款人和借款人之间的与房地产交易相关的全部结算工作，以及 (2) 完成借款人和贷款人之间的贷款协议。

结算代理人需要准备一份总结了交易相关款项的结算声明。这一声明汇总了借款人和卖方需要支付的所有款项，并列示出结算时买方需要支出的款项和卖方将会收到的金额。贷款和所有权结算会同时发生，因为新的贷款人在 (1) 卖方的贷款人已经得到偿付的同时失去留置权，(2) 买方的产权公司已经提供了产权保险（从而保证被转移给买方的所有权没有未偿留置权和/或其他缺陷）之后才能确认他获得了留置权。在这个过程之后，新的贷款人将对房地产拥有第一留置权。

### 8.5.1 费用和支出

与贷款结算相关的费用必须由买方或卖方支付，这取决于买方和卖方之间的谈判，并且在某种程度上取决于特定贷款领域的惯例。在费用结算领域没有广泛统一的惯例，并且在许多情况下，买方和卖方之间通过协商支付某些或所有费用。以下是与房地产结算相关的各种费用的确定，然后是对结算报表的阐释。

**融资成本**

这一款项覆盖了贷款担保和审批过程中贷款人提供的相关服务，通常由借款人承担。以下是借款人可能需要支付的具体项目：

(1) 贷款申请费。借款人进行贷款申请的相关费用。

---

① FHA 和 VA 担保抵押贷款的结算成本的地域差异很大，很可能随时更新。在有些情况下，评估人员会对特定房地产项目的设施和维修保养项目进行专项评估。

(2) 信用报告费。形成借款人信用状况报告需要的相关费用。

(3) 贷款发放费。贷款前期需要的相关文件等的准备费用。

(4) 借款人律师费。

(5) 贷款人进行房地产价值评估的费用(通常由借款人直接支付)。

(6) 借款人要求进行房地产调查和拍摄时发生的费用(这一费用通常由借款人支付给调研公司)。

(7) 贷款摊还计划表的相关费用。

(8) 贷款折扣点数(具体见第4章)。

(9) 预付利息。贷款成交日与利息获得日之间的应付利息。利息获得日指的是借款人与贷款人协商决定进行款项支付的时间,和贷款成交日可能不是同一天。

## 8.5.2 分摊费用、托管成本及对第三方的支付

**房地产税、分摊费用和托管账户**

通常情况下,房地产税上缴日与成交日并非同时,因此部分年应交税费一般会在买方和卖方之间进行分摊。比如,如果某地区交税日为每年的1月1日,而贷款结算日在4月1日,那么卖方应当支付1月到3月之间的税费,因为其间房地产所有权归属于卖方。通常在结算时卖方会向买方退还其将在明年1月1日承担的部分税款,这部分税款属于卖方拥有该房地产期间应承担的部分。通过这种方式,仍由卖方支付结算日之前的税款。

根据交易中的贷款价值比,贷款人可能会要求建立托管账户。托管账户不含利息,包括卖方承担的应纳税额和买方承担的税额及月抵押贷款还款额。这一账户不断积累至贷款人如期缴纳税款。除这些款项外,贷款人可能要求设立贷款“缓冲”留存金,防止借款人延期支付贷款或违约时产生对贷款人不利的影响。这一条款通常应用于贷款价值比高于80%的情况,它保证了当借款人未能支付房地产税时,不需要承担相应的税务留置权。①

**抵押贷款保险和托管账户**

抵押贷款保险可以选择一种或多种支付方式。借款人可以选择在贷款结算时一次性支付所有保险费用,或者逐期支付。后者是指在贷款结算时支付第1年的保险费用,其他费用分散支付。第2年的保险费用同样是在贷款结算时确定的。借款人需要给托管账户支付两个月的保险费用,之后逐月提前向托管账户汇入下个月的保险费用。在这种方式下,贷款人每年可以得到一年的分期付款和一年零两个月的保险费用。当借款人未能按时支付价款时,托管账户就起到了重要作用,它在一定程度上控制了贷款人可能面对的违约风险。这也是违约保险的目的所在。在大多数情况下,当贷款余额降至总贷款额的80%以下时,贷款人将不再要求缴纳保险费用。②

---

① 对于所有贷款价值比的贷款申请,贷款人均有可能要求设立托管账户,但是对于贷款价值比超过80%的贷款申请,贷款人一般一定会要求设立托管账户。

② 在以下情况发生时,贷款人很可能不再要求抵押贷款保险:(1)借款人偿还了80%的贷款金额;(2)标的资产升值使得贷款价值比超过80%;(3)经贷款协议允许,借款人可以提前偿付80%以上的贷款金额;(4)有时,抵押贷款偿还过半也可以。如果抵押贷款保险政策允许,此时贷款人将不必再要求借款人逐月支付保险费。

**意外灾害险和托管账户**

贷款人一般会要求借款人购买意外灾害险，这一款项通常会出现在抵押贷款协议中。对于超过贷款额 80%的部分，贷款人通常会要求借款人证明已经取得相关契约保证第 1 年的保险费用会顺利缴纳。同时，借款人需要设立托管账户以保证保单改变之前会缴纳下一年度的保险费用。换句话说，与房地产税和抵押贷款保险费用缴纳一样，贷款人每月收取相当于年度保费 1/12 的分期付款以及抵押贷款支付额，并将保险费用存入借款人的托管账户。在保单更新日，由贷款人向房地产保险公司支付 12 个月的应付保险费用。这种方式更好地保证了贷款人的利益。除去以上条款，贷款人还会要求借款人在贷款结算时预支付两个月的保险费用，在这种情况下，如果借款人延期支付，贷款人仍可以如期支付保险费用。

**抵押贷款取消险和托管账户**

抵押贷款取消险是一种可选保险，根据借款人的意愿确定是否选择。未偿贷款余额逐月递减，所以保险责任范围也应逐月递减。如果借款人死亡，那么保险责任范围则为全部贷款余额。保险费用与月还款额一起支付给贷款人，再由贷款人转移给保险公司。尽管抵押贷款取消险根据借款人的意愿确定，但是如果借款人的年龄是贷款人审批分析的一项重要因素，那么借款人可能需要支付这一险种才能得到相应贷款。

**所有权保险与律师的所有权建议**

所有权保险公司将收取一定费用，对房地产所有权进行信息搜集与核实，保证买方不陷入不必要的所有权纠纷。律师通常也会扮演这样的角色，提供相应服务与建议。这一费用通常在成交时支付。根据借款机构或政府部门的规定，所有权保险或律师咨询费用为必须支付的款项。

**释放费用**

释放费用是与取消未偿留置权（如卖方的抵押贷款留置权等）以及托管协商费用等相关的费用。

**律师费**

应卖方或买方的需要，相关律师费用由双方直接支付或在贷款结算时支付。

**巡查费**

卖方或买方可能会要求在成交前进行房地产巡查。佛罗里达州规定在所有权转移之前必须进行巡查。这一费用可以直接支付也可以在贷款结算时支付。

**房地产佣金**

当房地产卖方委托房地产代理人进行房地产出售时，通常需要向其支付相应的佣金费用。

## 8.5.3 法定成本

当地政府部门可能会强制要求支付某些特定成本，比如：

（1）记录费用，用于记录抵押贷款交易的费用。

（2）转移费用，政府部门通常针对房地产转移交易收取一定的税费。

### 8.5.4 《房地产交易结算和程序法案》(RESPA) 的相关要求

RESPA 是国会通过的一项法律，用来为住宅房地产买方提供标准化程序和文件。它包含了众多条款，这里只对与贷款成交直接相关的部分进行讨论。以下分为七个部分分别阐述：

（1）消费者信息。

（2）结算成本提前披露。

（3）所有权保险设置。

（4）禁止回扣和介绍费。

（5）统一结算声明。

（6）统一结算声明的提前审查。

（7）托管账户存款。

**消费者信息**

RESPA 要求贷款人在贷款审批时向贷款对象提供与房地产成交相关的信息以及 RESPA 中的相关条例。

**结算成本提前披露**

贷款人必须在贷款申请后的 3 天内向借款人发送邮件告知某一结算成本的可信估计值。贷款人必须提供基于当时已知信息得出的实际结算成本，或是根据特定地域房地产交易的过往经验估算的交易成本。

贷款人估计的费用支出主要包括：（1）产权调查，（2）产权估计和意见，（3）财产保险，（4）律师费用，（5）文件准备费用支出，（6）资产调查，（7）信用报告，（8）估值，（9）巡查，（10）公证人费用，（11）贷款成交服务费，（12）记录费和其他转移税，（13）贷款发放费用，（14）折扣点数，（15）抵押贷款保险申请费，（16）推定费用，（17）抵押贷款保险费用，（18）托管账户费用（建立托管账户的费用），（19）偿还的抵押贷款利息。

例外，如果灾害险和房地产税在信息披露前已经确定，建议贷款人揭示相应的灾害保险费和抵押贷款保险所需要的托管账户存款。在实际中，贷款申请 3 天内要获得这些信息是很难的。虽然前期披露时贷款人难以对这两类金额进行估计，但是在贷款成交结算时贷款人会向借款人收取这些款项。

提前披露的具体形式可能会随贷款人不同而不同，但是均要始终遵循法律规范。信息披露中的结算成本等款项一般用具体金额来体现。然而有时候借款人仅提供结算成本的一个大致范围。例如，结算时确定的贷款发放费用可以在 1 500～2 000 美元之间灵活调整。然而，如果贷款人要求某一方提供结算服务，那么披露的款项就不会仅仅是一个大致范围，而是一个确定数字了。另外，如果结算服务成本在成交之前发生变化，贷款人不需要重新进行信息披露。

**所有权保险设置**

根据 RESPA 的规定，卖方不得要求买方使用特定的所有权保险公司作为销售条件。本规定主要针对未开发土地上已获得非常优惠的所有权保险费率的开发商，但同时也要求开发商在开发后将所有权保险交给同一家公司。该法这一部分禁止此类要求，并确保买方有向任何保险公司投保所有权保险的自由。

**禁止回扣和介绍费**

根据 RESPA 的规定，任何人都不能因为推荐而获得回扣或介绍费。如果任何人将买方/借款人介绍给任何涉及交易的特定方（贷款人、所有权公司、律师、房地产经纪人、评估师等）并收取介绍费，那么该行为违反 RESPA 条款。RESPA 还禁止与交易完成相关的各方分摊费用，除非这些费用是为实际提供的服务支付的。由于“实际提供的服务”一词含混不清，RESPA 的后一部分可能比法案的其他规定造成了更大的混乱。然而，此举的目的是禁止任何规避报酬的行为，而这些报酬通常被称为介绍费，只是简单地分摊费用。

**统一结算声明**

在 RESPA 条款下，结算代理人在结算之前需要提供统一的结算声明。这一结算声明主要由贷款人完成，并在结算前递交给买方和卖方。如果需要，其他结算声明可以选择性提供，但是必须完成统一的结算声明。

该声明在某种意义上是统一的，即在 RESPA 所涵盖的所有贷款结算中必须使用相同的格式。该声明连同借款人在申请贷款时收到的信息手册，其中逐行界定并说明了成本，应使借款人能够更好地判断待支付的结算成本是否合理。

**统一结算声明的提前审查**

借款人有权在结算前一天审查这一声明。同时，贷款申请时没有声明的结算成本必须向借款人进行披露。这些成本包括灾害险以及托管费用等一切费用。

这些成本需要在贷款结算前全部告知借款人。此外，如有必要，在借款人完成贷款申请时对其他交割成本的善意估计需要进行修正，以反映当时的实际成本。两组费用必须记入统一披露声明，供借款人查阅。

尽管借款人有权提前了解披露信息，但在 PESPA 规定下，除非借款人提出申请，否则将视为放弃结算前信息了解权。如果贷款人没有收到请求，他们往往没有义务提供信息披露声明。

**托管账户存款**

RESPA 限制了债权人要求借款人向托管账户汇入的首笔保险金的最大数额，即 1/6 的借款年还款额。例如，如果贷款人要求借款人每年支付灾害险，那么贷款人可以要求借款人向托管账户转入的最高金额为灾害险的 1/6（两个月的保险费用）。贷款人不能针对汇入托管账户的初始保险金或月还款额向借款人支付利息。

## 8.6 结算成本举例

为了帮助读者理解结算成本是如何在买方和卖方之间分配的，我们用一个关于房地产取得的较为基础的例子进行详细解释。我们首先说明传统抵押贷款的结算成本是如何确定的。表 8-7 列示了关于结算成交的基本信息。本质上，这些成本需要呈现在结算报表中向借款人披露，具体见表 8－8。

正如表 8－7 所示，结算成本被分为四个主要部分，其中前三个部分涉及买方。这些资金是买卖双方及托管需要支付或接收的款项。第四类是卖方必须支付给托管的价款。其中大多数支付款项前文已经进行过解释，此处对其中一些计算过程进行讲解。

表 8－7 的第一部分显示，当前应税年份中的 83 天内房地产所有权归属于卖方，这段时间内的房地产税缴纳应做出相应调整。年末买方应缴纳全部税额 797 美元，其中部分价款（181.24 美元）应该由卖方在成交后向买方支付。另一部分价款 132.84 美元，即两个月的预付房地产税同样由贷款人通过托管账户支付。由于每月还款计划于 5 月 1 日开始（见表 8－7 的第二部分），7 天预付利息由贷款人支付。5 月 1 日首次定期付款中包括从 4 月 1 日至 30 日的利息；因此，3 月 25 日至 31 日（含）的利息必须在交易结算时支付。读者还应注意，灾害险的两个月分期付款由买方预付并由贷款人托管。最后，贷款人还要求在结算时提供一年期灾害险的保单凭证。表 8－8 中的统一结算报表总结了表 8－7 中显示的金额。如前所述，贷款人必须使用此声明披露大多数住宅交易的结算成本。

**表 8－7　RFSPA 成交声明**　单位：美元

| | |
|---|---|
| 买方：约翰·琼斯和简·琼斯 | |
| 　　美国任意城自由街 482 号 | |
| 卖方：拉尔夫·布朗和珀尔·布朗 | |
| 　　美国任意城天堂路 200 号 | |
| 贷款人：ABC 储蓄与贷款协会 | |
| 　　美国任意城 | |
| 结算代理人：土地所有权公司 | |
| 　　美国任意城 | |
| 贷款申请日：3 月 1 日，传统抵押贷款 | |
| 提前披露日：3 月 3 日 | |
| 借款人可能要求在 3 月 24 日提前披露成交声明书 | |
| 实际结算日：3 月 25 日 | |
| Ⅰ. 买方与卖方信息： | |
| a. 购买价格 | 76 700.00 |
| b. 定金 | 1 000.00 |
| c. 房地产应税比（买方-所有者应税额，1 月 1 日）797 美元 | |
| 卖方所欠税额（1 月 1 日—3 月 24 日），(83÷365)×797 | 181.24 |
| Ⅱ. 买方-借款人与贷款人信息： | |
| a. 贷款额（9.25%的利息，30 年期，传统抵押贷款） | 61 360.00 |
| b. 预付利息（3 月 25 日—3 月 31 日，7 天）(0.092 5÷365)×61 360×7 | 108.85 |
| c. 房地产税（第三方账户） | 132.84 |
| d. 贷款发放费用（1%） | 614.00 |

续前表

| | |
|---|---|
| e. 贷款折扣（1%） | 614.00 |
| f. 申请费 | 50.00 |
| g. 评估费 | 125.00 |
| h. 信用报告 | 45.00 |
| i. 灾害险（第三方账户） | 92.00 |
| j. 所有权保险：土地所有权公司 | 350.00 |
| k. 土地所有权公司服务费 | 75.00 |
| Ⅲ. 买方-借款人与其他参与人的交易 | |
| a. 记录费用 | 31.00 |
| b. 贷款人的所有权保险：土地所有权公司 | 100.00 |
| Ⅳ. 卖方与其他参与人的交易： | |
| a. 声明发布费用 | 5.00 |
| b. 卖方抵押贷款偿付 | 21 284.15 |
| c. 房地产中介费（6%） | 4 602.00 |

**表 8-8　结算报表**　单位：美元

| | | | |
|---|---|---|---|
| Ⅰ. 买方应付金额： | | Ⅱ. 卖方应收金额： | |
| （A）购买价格 | 76 700.00 | 销售价格 | 76 700.00 |
| 加：结算成本 | 2 337.69 | 减：房地产税分摊额 | 181.24 |
| 减：房地产税分摊额 | 181.24 | 减：对现存贷款的偿付 | 21 284.15 |
| 减：保证金 | 1 000.00 | 减：结算成本* | 4 607.00 |
| 减：抵押贷款 | 61 360.00 | 卖方应收净额 | 50 627.61 |
| 买方应付净额 | 16 496.45 | | |
| | | | |
| 买方承担的结算成本： | | *卖方承担的结算成本： | |
| 贷款发放费用 | 614.00 | 经纪人佣金 | 4 602.00 |
| 贷款折扣 | 614.00 | 记录费用 | 5.00 |
| 评估费 | 125.00 | | |
| 信用报告 | 45.00 | | |
| 抵押担保 | | | |
| 申请费 | 50.00 | | |
| 利息（7 天，15.55 美元/天） | 108.85 | | |
| 两个月额外费用——第三方托管 | 92.00 | | |
| 两个月房地产税——第三方托管 | 132.84 | | |
| 所有权保险（贷款人） | 100.00 | | |
| 记录费用 | 31.00 | | |
| 服务费 | 75.00 | | |
| 所有权保险 | 350.00 | | |
| 总计 | 2 337.69 | 总计 | 4 607.00 |

### 8.6.1 《联邦真实借贷法案》的要求

除了RESPA对结算成本提出了一定披露要求外，《联邦真实借贷法案》(FTL) 同样约束贷款人的行为。这一法案自1968年起施行，主要针对的是抵押贷款信用问题。它规定贷款人需要以一种标准化的方式向借款人披露相关财务信息，以保证借款人可以比较不同项目的借款成本。需要注意的是FTL不对抵押贷款的成本进行管控，但要求对这一金额进行统一标准的披露。FTL通常要求贷款人向购买的一至四套家庭住房的借款人披露抵押贷款合同中的相关财务信息，商业房地产购买交易则通常不包含在内。FTL要求借款人提出借款申请3天后，贷款人应告知必要信息，这一要求与RESPA中对交易成本披露时间的期限要求一致。不同的是，RESPA中揭示的交易成本包含估计成分，而FTL要求告知的成本(尤其是年利率APR) 需要严格按照FTL的规定进行精确计算。

### 8.6.2 FTL信息披露举例

表8-9列举了FTL要求必须披露的信息，通过这一表格读者可以较为清楚地认识到具体财务成本应包含在哪一信息披露项目下。

**表8-9　　FTL信息披露要求 (FRM)**

| 披露项目 | 相应描述 |
|---|---|
| 年度百分率 | 以借款人每年借款的实际成本为准。 |
| 融资费用 | 以下项目的总和：(1) 贷款期内支付的全部利息费用，(2) 贷款申请费*，(3) 必要的贷款保险，包括灾害险**，(4) 贷款发放费用，(5) 折扣点数，(6) 建立托管账户所需费用，(7) 预付抵押贷款利息，(8) 假设费用，(9) 抵押贷款摊还计划表设计费用。 |
| 融资额 | 贷款额减去上述融资费用。 |
| 总还款额 | 贷款期内借款人每月需要支付的总金额，包括利息和本金减免值以及抵押贷款保险金，但通常不包括房地产税和灾害险。 |
| 月还款额 | 借款人每月需要支付的美元金额。由于保险金不同，所以抵押贷款的月还款额也不相同，此时通常需要公布最高和最低月还款额。 |
| 支付次数 | 对于一项固定利率的连续支付抵押贷款，还款期通常为12个月。对于GPM，借款人选择的具体支付次数必须加以公示。 |
| 担保权益 | 贷款人需要对借款人的生息抵押资产的利息部分进行公示。通常，贷款人需要披露其拥有留置权的资产。 |
| 假设政策 | 贷款人需要通知借款人标的房地产交易下贷款申请是否符合条件，并告知未来政策猜想。 |
| 变动利率 | 如果贷款利率不是固定利率形式，贷款人需要予以公示。 |
| 申请费 | 贷款人需要公示留置权处理的相关法定费用。 |
| 迟延付款 | 贷款人需要说明所有迟延付款费用的存在和金额。 |

续前表

| 披露项目 | 相应描述 |
| --- | --- |
| 还款到期日 | 该时期过后，贷款人将收取逾期费。 |
| 提前还款条款 | 无论是否需要支付罚款，借款人都需要在到期前还清贷款。所有罚款部分均不需要公示。 |
| 灾害险 | 贷款人需要说明是否需要购买灾害险。 |
| 抵押贷款保险 | 贷款人要求借款人购买或由贷款人提供的保险。 |

* 如果是向所有申请人收取申请费时，而不仅仅是向获得贷款批准的申请人收费，这笔费用将不需要包含在财务费用中。

** 除非贷款人要求，否则信用人寿或残疾保险不需要与财务费用一起披露。仅当贷款人要求使用特定保险公司时，灾害险才包含在财务费用中。

### 8.6.3 FTL 对 *APR* 的规定

FTL 中最重要的部分就是关于年利率的规定，因为这一利率不仅要对借款人公布，更是贷款人宣传特定贷款项目时必须公开的内容。精确计量非常重要，因为在固定利率下，规定的 *APR* 可能不同于真实的 *APR*。本质上，*APR* 的计算过程与前面章节计算过的内部收益率的计算过程相同。

表 8－10 给出了传统抵押贷款的 *APR* 计算方式，具体分为三个步骤。第一，我们先观察（f）中显示的项目，这一金额等于抵押贷款金额 61 360 美元减去贷款发放费用 614 美元、贷款折扣费用以及预付利息 109 美元，或者净预付金额 60 023 美元。第二，我们关注（b）项中显示的买方/借款方的月还款额 504.79 美元（按照 9.25％的利率借款 61 360 美元，为期 30 年）。最后，我们计算出使还款额现值等于预付金额的折现率。具体计算过程如下：

解：

$PV=-60\ 023$ 美元

$PMT=504.79$ 美元

$n=360$

$FV=0$

解得 $i=0.791\ 827$（月度）；

$i=0.791\ 827\times 12=9.50\%$（年化）。

函数：

$i\ (PV,\ PMT,\ n,\ FV)$

有保险的传统抵押贷款 *APR* 的确定较为复杂，因为每年末支付的保险费用都是变化的。表 8－11 显示了这一贷款类型的支付模式，其中保险金额按照每年未偿贷款的一定比例进行支付。可以看出，月抵押贷款保险在第 16 年（或者说贷款余额达到初始借贷金额的 80％时）应该停止支付。通过表中列示的款项折现，并使其等于预付金额来计算出 *APR*。具体折算方法见前面章节。表 8－10 给出的本例中的 *APR* 为 10.19％（计算过程略）。

**表 8-10　　FTL 信息披露要求　　单位：美元**

| | 传统抵押贷款 | 有保险的传统抵押贷款 |
|---|---|---|
| (a) 预付款 | | |
| 贷款发放费用 | 614 | 729 |
| 折扣费用（点数） | 614 | 729 |
| 预付利息 | 109 | 133 |
| 预付抵押贷款保险 | 0 | 583 |
| 预付融资费用 | 1 337 | 2 174 |
| (b) 还款额 | | |
| 常规 | 504.79 | N/A |
| 最高 | | 633.94 |
| 最低 | | 612.69 |
| (c) 付款次数 | 360 | 360 |
| (d) 总还款额（c 乘以 b） | 181 724 | 223 919 |
| (e) 总融资费用* | 121 701 | 153 228 |
| (f) 融资金额 | | |
| (1) 第一种方式： | | |
| 初始贷款余额 | 61 360 | 72 865 |
| 减： | | |
| 预付融资费用 | (1 337) | (2 174) |
| 融资金额 | 60 023** | 70 691** |
| (2) 第二种方式： | | |
| 总付款 | 181 724 | 223 919 |
| 减： | | |
| 总融资费用 | 121 701 | 153 228 |
| 融资金额 | 60 023 | 70 691 |
| (g) *APR* | 9.5% | 10.19% |

* 这一金额包括所有利息、抵押贷款保险以及所有预付的融资费用。

** 基于融资金额计算。

**表 8-11　　抵押贷款保险费用（有保险的传统抵押贷款）**

| 年份 | 抵押贷款年初余额（美元） | 年抵押贷款保险费用（美元） | 月抵押贷款保险支付（美元） | 借款人月还款额（美元） | 贷款余额占初始贷款额的百分比（%） |
|---|---|---|---|---|---|
| 结算时 | 72 865.19 | 582.92 | 21.25 | 633.94 | 100.00 |
| 1 | 72 865.19 | 255.03 | 21.12 | 633.81 | 100.00 |
| 2 | 72 415.87 | 253.46 | 20.98 | 633.67 | 99.38 |

续前表

| 年份 | 抵押贷款年初余额（美元） | 年抵押贷款保险费用（美元） | 月抵押贷款保险支付（美元） | 借款人月还款额（美元） | 贷款余额占初始贷款额的百分比（%） |
|---|---|---|---|---|---|
| 3 | 71 921.96 | 251.73 | 20.82 | 633.51 | 98.71 |
| 4 | 71 379.03 | 249.83 | 20.64 | 633.33 | 97.96 |
| 5 | 70 782.22 | 247.74 | 20.45 | 633.14 | 97.14 |
| 6 | 70 126.17 | 245.44 | 20.24 | 632.93 | 96.24 |
| 7 | 69 405.01 | 242.92 | 20.01 | 632.70 | 95.25 |
| 8 | 68 612.28 | 240.14 | 19.76 | 632.45 | 94.16 |
| 9 | 67 740.87 | 237.09 | 19.48 | 632.17 | 92.97 |
| 10 | 66 782.98 | 233.74 | 19.17 | 631.86 | 91.65 |
| 11 | 65 730.02 | 230.06 | 18.83 | 631.52 | 90.21 |
| 12 | 64 572.55 | 226.00 | 18.46 | 631.15 | 88.62 |
| 13 | 63 300.21 | 221.55 | 18.05 | 630.74 | 86.87 |
| 14 | 61 901.59 | 216.66 | 17.61 | 630.30 | 84.95 |
| 15 | 60 364.17 | 211.27 | 17.11 | 629.80 | 82.84 |
| 16 | 58 674.15 | 205.36 | 0 | 612.69 | 80.52 |
| 17 | 56 816.41 | 0 | 0 | 612.69 | 77.97 |
| 18 | 54 774.29 | 0 | 0 | 612.69 | 75.17 |
| 19 | 52 529.50 | 0 | 0 | 612.69 | 72.09 |
| 20 | 50 061.91 | 0 | 0 | 612.69 | 68.70 |
| 21 | 47 349.43 | 0 | 0 | 612.69 | 64.98 |
| 22 | 44 367.73 | 0 | 0 | 612.69 | 60.89 |
| 23 | 41 090.11 | 0 | 0 | 612.69 | 56.39 |
| 24 | 37 487.19 | 0 | 0 | 612.69 | 51.45 |
| 25 | 33 526.70 | 0 | 0 | 612.69 | 46.01 |
| 26 | 29 173.13 | 0 | 0 | 612.69 | 40.04 |
| 27 | 24 387.48 | 0 | 0 | 612.69 | 33.47 |
| 28 | 19 126.87 | 0 | 0 | 612.69 | 26.25 |
| 29 | 13 344.15 | 0 | 0 | 612.69 | 18.31 |
| 30 | 6 987.52 | 0 | 0 | 612.69 | 9.59 |
| 31 | 0 | 0 | 0 | 0 | 0 |

### 8.6.4 ARM 与 FTL 信息披露

如果借款人申请的是可调整利率抵押贷款，那么除去表 8－9 中的款项外，贷款人还需要披露其他信息，具体见表 8-12。揭示这些信息的主要目的在于告知借款人综合利率上涨对月还款额和借款账户的影响。然而，ARM 中的 *APR* 的确定将更加困难，因为如前所述，ARM 的未来利率是不确定的。

因为未来利率走向未知，因此在确定 ARM 的名义年利率时需要将原始的保证金加上点数用作贷款剩余期限的假定利率。

下面通过一个例子进行讲解。我们首先进行如下假设：

- 传统 ARM；
- 贷款金额为 60 000 美元；
- 年利率上限为 2%；
- 抵押贷款在贷款期内的利率上限为 5%；
- 初始利率为 5%；
- 发放费率为 7%；
- 调整利差为 2%；
- 贷款期限为 30 年；
- 预付融资费用为 1 200 美元；
- 第 1 年末贷款余额为 59 498.76 美元；
- 允许负摊还。

**表 8-12　FTL 对 ARM 的附加信息披露要求**

- 目录索引
- 利率
- 初始补偿利率
- 调整期
- 每一调整期的支付上限（如果有的话）
- 贷款期内的支付上限（如果有的话）
- 贷款期内的利率上限（如果有的话）
- 每一调整期内的利率上限（如果有的话）
- 综合利率上升是否会影响支付金额以及贷款账户余额
- 举例说明综合利率上升如何影响支付金额以及贷款账户余额（取决于支付金额上限和利率上限，以及对负摊还额的限制）

以下列示了 ARM 的 *APR* 计算方式：

（A）第一年的支付情况

解：

$PV=-60\ 000$ 美元

$n=360$

$FV=0$

$i=5\%$

解得 $PMT=322.09$ 美元。

函数：

$PMT\ (PV,\ n,\ FV,\ i)$

(B) 第 2～30 年的支付情况

解： 函数：

$PV$=－59 114.78 美元 $PMT$（$PV$，$n$，$FV$，$i$）

$n$=348

$FV$=0

$i$=9%

解得 $PMT$=478.92 美元。

求解 $APR$：

解：(注意：每个 $CF$ 的值都由 12 个 $PMT$ 加总得出，共 348 个月)

$PV$=－58 800 美元（60 000 美元减折扣点数）

$CF_j$=322.09 美元

$n_j$=12

$CF_j$=478.92 美元

$n_j$=348

$FV$=0

解得 $i$=0.733 437（月度）；

$i$=0.733 437×12=8.80%（年化）。

需要强调的是这一计算 ARM 的 $APR$ 的方式几乎不能准确反映借款人计入资金的成本。显然，贷款期内指数的上升和下降都会导致前述的 $APR$ 不准确。此外，一旦交易完成，贷款人就不能再更改 $APR$。因此，借款人应当意识到将 ARM 的 $APR$ 与 FRM 或者条款完全不同的其他 ARM 做对比是不明智的。事实上，ARM 的 $APR$ 的可用之处十分有限，因为它需要假设贷款初期的综合利率在全部贷款期间内均成立。

## 关键术语

| | | |
|---|---|---|
| 传统抵押贷款 | 违约保险 | 担保 |
| 贷款价值比 | 抵押贷款保险 | 抵押贷款保险人 |
| 还款收入比 | 剩余收益 | 次级贷款 |
| 承保 | 美国土地产权协会贷款 | 合理价值证书 |
| 退伍军人管理局 | 联邦住房管理局 | FHA 担保的抵押贷款 |
| VA 担保的抵押贷款 | | |

## 参考网站

www.hud.gov——美国住房和城市发展部。

www.fha-home-loans.com——关于 FHA 贷款信息的优秀网站。

www.mortgageprofessor.com——关于抵押贷款的各种问题和答案的优秀网站。

www.freddiemac.com——联邦住房贷款抵押公司。

www. homeloans. va. gov——退伍军人管理局，包括有关 VA 担保贷款的信息。

www. fanniemae. com——联邦国民抵押贷款协会。

## 问　题

1. FTL 的立法意图是什么？该法案的具体披露要求是什么？
2. 何时将信用人寿保险的费用计入 FTL 要求披露的财务费用和 *APR* 的计算中？
3. 在确定 FTL 要求披露的年利率时，对可调整利率抵押贷款的未来综合利率做出何种假设？
4. 列出 RESPA 要求披露的结算成本项目。哪些项目可能被排除在该法案要求的披露范围之外？这些项目的披露可以采取什么形式？
5. RESPA 禁止哪些类型的费用和条件？
6. 哪些原因会导致贷款人要求借款人有第三方托管账户？

## 习　题

1. 一笔贷款的具体条款如下：
   - 固定利率，每月等额还款。成交日为 2 月 9 日。
   - 利率为 9%。在结算日预付利息。
   - 总抵押贷款额度为 70 000 美元。
   - 买方/借款人向贷款人支付 1 500 美元的贷款折扣点数。

   a. 计算 FTL 要求下的年利率。

   b. 你认为（a）中计算的年利率是否反映了贷款人在贷款期限内可能获得的回报？列出贷款人的实际回报可能与 *APR* 不同的具体原因。

2. 你是 Alpha Mortgage 的新贷款主管，贷款部门的经理刚向你提出了问题。他无法完成借款人昨天申请的可调整利率抵押贷款的年利率计算。贷款的特点是基于 10%利率的初始付款，而当前贷款的综合利率为 13%。交易的任何一方均未支付折扣点数，借款人付款与综合利率所需的利息支付之间的任何差额都将以抵消摊还的形式计入抵押余额。借款人预期的抵押贷款金额为 50 000 美元，为期 30 年，但一次性抵押贷款的保险费用为 2 400 美元，作为贷款金额的一部分，贷款总额为 67 400 美元。借款人在结算时支付 1 600 美元的预付融资费用。

   a. 确定 *APR*，假设可调整利率抵押贷款的年利率为 2%，在整个贷款周期内利率上限为 5%。

   b. *APR* 披露以何种方式帮助借款人理解此特定贷款协议的条款？可调整利率抵押贷款的 *APR* 计算有哪些问题？

3. 8 月 20 日，Cleaver 夫妇决定以 105 000 美元的价格从 Ward 夫妇手中购买房地产。8 月 30 日，Cleaver 夫妇从 OKAY 国家银行获得贷款承诺，以 10%的利率获得一笔 84 000 美元的 30 年期的贷款。贷款人告知 Cleaver 夫妇，获得贷款需要 2 100 美元的发放费用。贷款将于 9 月 22 日结算。此外，所有按比例分摊和预付的房地产税和灾害险都需要放入托管账户，但是不需要抵押贷款保险。买方还将向 Rock of Gibraltar 保险公司支付全年的灾害险保费。9 月 21 日，OKAY 国家银行应 Cleaver 夫妇检查 RESPA 要求的统一结算声明的要求，提供的预期结算成本明细如下：

   Ⅰ. 买方（借款人）与第三方之间的交易（单位：美元）

| | |
|---|---|
| a. 记录费用——抵押贷款 | 30.00 |
| b. 房地产过户税 | 225.00 |
| c. 记录费用/文件准备 | 200.00 |
| d. 灾害险，一年期保单——Rock of Gibraltar 保险公司 | 420.00 |
| e. 律师费 | 150.00 |
| f. 巡查费 | 50.00 |

| | |
|---|---|
| g. 所有产权保险费（Landco 所有权公司） | 400.00 |
| h. Landco 所有权公司——结算费 | 125.00 |
| Ⅱ. 卖方与第三方之间的交易（单位：美元） | |
| a. 声明发布费用——卖方的抵押贷款 | 5.00 |
| b. 偿付——卖方抵押贷款（国家银行） | 32 715.00 |
| c. 房地产经纪费（6%） | 6 300.00 |
| Ⅲ. 买方（借款人）和贷款人信息（单位：美元） | |
| a. 贷款总额 | 84 000.00 |
| b. 预付利息从结算日至 9 月 30 日为 9 天（定期支付将从 11 月 1 日开始）。 | 207.12 |
| c. 房地产税托管——2 个月 | 133.33 |
| d. 贷款发放费用 | 2 100.00 |
| Ⅳ. 买方和卖方信息（单位：美元） | |
| a. 购买价格 | 105 000.00 |
| b. 买方支付给卖方的押金（通过 OKAY 国家银行的托管账户支付） | 1 500.00 |
| c. 房地产税收分摊（买方将在来年 1 月 1 日支付一整年的房地产税 800 美元）。卖方在 1 月 1 日至 9 月 22 日之间（264 天）拥有房地产所有权。买方拥有房地产的时间为剩余的 101 天。因此，买方需要从卖方处取得一整年房地产税的部分税收退还。 | 221.37 |

要求：

a. 在结算时买方应付金额和卖方应收金额各为多少？

b. 在 FTL 下，按要求披露的 *APR* 是多少？

c. 借款人何时开始第一次定期支付？

# 第 4 部分

# 收益性房地产

# 第 9 章 收益性房地产：租赁、租金和市场空间

本章重点分析收益性房地产的性质。我们首先研究这一类房地产项目的主要类型以及影响其价值的经济力量。然后我们将研究供求关系，进行区位分析以及这类房地产项目的竞争性分析。我们将对房地产业主和租户之间的结构性关系进行分析。租赁情况在很大程度上影响了收益性房地产项目的潜在收益和风险水平。

## 9.1 房地产类型

我们从表 9-1 开始，它概述了用于识别和归类不同类型房地产的主要分类。房地产主要可以分为住宅和非住宅。住宅房地产主要有独户和复合式多户住宅（如公寓）两种。公寓和合作公寓均属于住宅房地产。

通常而言，住宅房地产为个人或家庭提供居住空间。尽管酒店也可以提供居住空间，但由于其为短期居住，所以我们不将其归为住宅房地产。在后文中我们会从经济学角度进一步进行区分，因为从影响供求变化的因素来说，酒店与住宅房地产也是不同的。

独户住宅通常被认为是在细分区域内开发的独立单元。其他变体还包括集群式住宅（一起分享公共绿化区）和“地界零线式”住宅（包括真正独立并很少相互联系的家庭）。它们可能被用于租赁或者业主自己居住。

**表 9-1　　　　　　　　　　　　　　　　房地产类型表**

Ⅰ. 住宅
  A. 独户住宅
    分离式住宅
    集群式住宅
    “地界零线式”住宅
  B. 多户住宅
    高层建筑
    低层建筑
    花园公寓
Ⅱ. 非住宅
  A. 写字楼
    主体多租户——（中心商务区）CBD
    单个或多租户
    郊区
    单一租户——量身建造
    联合办公室/展厅
    专业：医学用途
    专门用途
  B. 零售房地产
    地区购物中心/商场
    邻里中心
    社区中心
    沿街购物中心
    专业/生活方式购物中心
    折扣/批发商店
  C. 酒店/汽车旅馆
    商务用/会议用
    全方位服务
    旅游/度假村
      有限服务
      延期逗留
      全套房
  D. 工业房地产
    重工业
    轻工业
    办公室/仓库
    仓库：
      分销
      研究与开发（R&D）

续前表

| |
|---|
| 伸缩空间 |
| E. 娱乐房地产 |
| 乡村俱乐部 |
| 码头/度假村 |
| 体育中心 |
| F. 机构用房地产（特殊目的用途） |
| 医院/疗养院 |
| 大学 |
| 政府 |
| 其他 |
| Ⅲ. 多用途开发 |
| 以上用途的组合 |

住宅的第二大类别是多户住宅，通常以地段（城市或郊区）及建筑规模（高层、低层或花园公寓）进行区别。高层公寓通常坐落于城市中心商务区（CBD）附近，因为土地价格高于郊区。这些是收益性房地产。

非住宅房地产（nonresidential properties）一般分为六类：写字楼、零售房地产、工业房地产、酒店/汽车旅馆、娱乐房地产和机构用房地产。与其他分类相似，同一栋大楼可以同时包含办公和零售空间。实际上，同一栋建筑物可能同时包含住宅和非住宅两部分。这种房地产通常被称为多用途开发（mixed use development）。上述分类方法是为了便于将空间通过利用方式进行归类，以便分析供求关系，从而分析其投资潜力。

写字楼（office buildings）包括大城市中心商务区的多租户办公楼和单租户办公楼。后者通常是根据特定租户或目标租户的需求而建造的，其中一个例子是医院附近的医疗办公楼。

零售房地产（retail properties）包含大型区域购物中心（占地超过 100 万平方英尺）以及遍布城区的有个体租户的小商店等。如前所述，零售用空间常常与办公区域相结合，尤其是在大型城市的写字楼一楼。

酒店和汽车旅馆（hotels and motels）的规模、设施有很大的不同。汽车旅馆和较小的酒店主要是出差人员和出游家庭过夜的地方。这些房地产类型可能设施较为有限并且通常位于高速公路附近。接待停留期较长的旅客的酒店，通常提供餐饮设施、游泳池及其他设施。它们通常也在旅客游览的其他景点附近。在“度假胜地”的酒店提供的设施最齐全，这些度假村远离大城市，游客通常住几天甚至几个星期。这些度假酒店的设施十分豪华，同时有多个餐厅、游泳池，附近有高尔夫球场等。为举办商务会议而建的酒店可能位于旅游区，也可能位于大城市的中心区。参加会议的人通常希望有多种餐饮选择，能够“公务娱乐两不误”。

工业和仓库房地产（Industrial and warehouse properties）包括用于轻工业或重工业生产的房地产及附属仓库。这一类别包括专门为工业用途设计的特殊用途建筑物、批发商的分销商使用的建筑物以及仓库或陈列室、办公室的组合建筑物等，其中特殊用途建筑物很难转换为其他用途。最初被用作办公场所的旧建筑物经常被改建为仓库或轻工业生产场所。

娱乐房地产（recreational real estate）包括乡村俱乐部、游艇码头和体育场馆等。这些房地产具有专业化用途，通常带有零售店以补充休闲娱乐活动（例如高尔夫商店），可能还含有餐饮设施甚至酒店设施。

机构用房地产（institutional real estate）是由政府机构、医院或大学等特殊机构使用的房地产类别，建筑结构和其他房地产类似。例如，政府办公场所与其他办公场所相似，两者还可能位于同一大楼内。然而，诸如医院、高校等机构的建筑通常是为特定目的而设计的，且不易于改为其他用途。

## 9.2 供求分析

在前面的章节中，我们讨论了经济基本面分析在评估潜在房地产投资中的重要性。房地产市场租金取决于经济基础以及租户对空间的供求情况。在本节中，我们更紧密地关注影响空间供给和需求的市场力量，以及这些因素如何影响房地产投资。

**均衡市场租金**

在任何时点，市场中都会有已建成的存量房源。其中一部分会用于出租，剩余部分成为空置房或待出租的房源。业主可要求的租金取决于可比房地产的市场租金。不同租金水平下业主愿意提供的出租面积构成了房屋供给曲线，如图 9－1 所示。随着市场租金上升，业主会提供更多的出租面积。然而，相对于现有的房源存量，任何给定时点可租用的最大面积都是有限的。

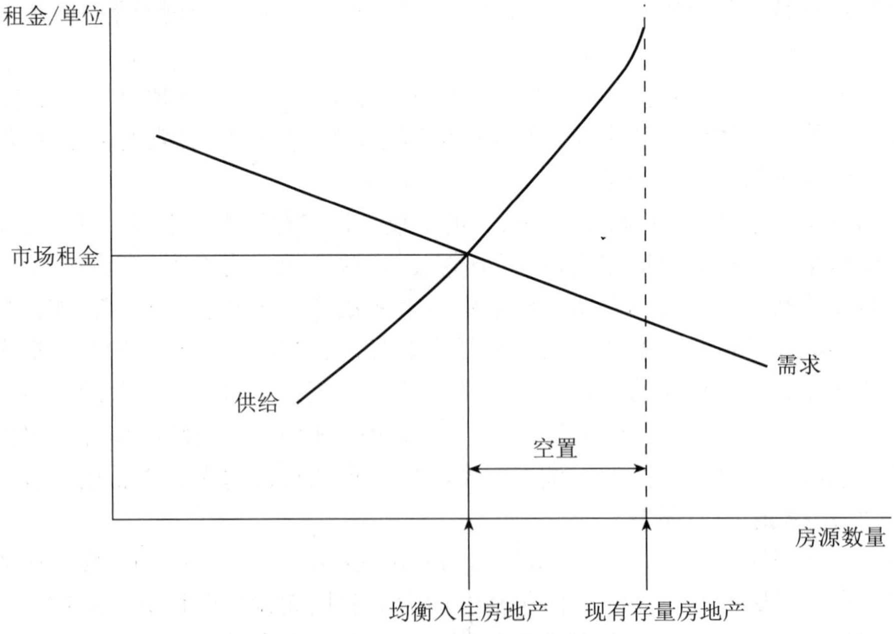


**图 9－1　租房市场均衡**

在较低的市场租金下，一些存量房源可能无法出租。业主预期未来市场租金会更高，可能故意不出租。或者，他们可能更想将这一房屋转换为其他用途，而不是在现有的用途下按市场租金租出。由于租户搬迁以及新建房屋从建成到可供租赁需要一定时间，将一直会有一定数量的房源被空置。此外，因为建造新房屋以及拆除现有房屋，存量房源量也会随时间变化。

图 9-1 也显示了租户对房源的需求。随着租金的下降，企业更愿意在营运过程中使用更多的空间，而不是劳动力和资本等其他要素。如图所示，供给和需求曲线的交点决定了均衡的市场租金以及出租面积。在特定时间点出租的总面积也包括之前已租用的面积。现有存量面积与市场租金水平下已出租面积之间的差额代表空置面积。这是一个正常的或均衡的市场空置率。

图 9-1 所示的供给曲线描述的是短期均衡，在一段时间内，现有存量面积的总供给量是固定的，不会因新建造增加或因拆迁而减少。也就是说，房屋面积的供给包括过去已建成的存量面积，这些已建成部分是基于当时租赁市场的分析施建的。增加建筑物后，市场中房屋面积的变化会导致市场租金的变化。例如，假设新的公司在某一地区成立，相关就业也在增加，因而办公空间的需求增加了。这一点可由图 9-2 中需求曲线从 $D$ 到 $D'$ 的移动显示出来。基于现有租赁面积的供给曲线，市场租金将从 $R$ 上升至 $R'$。但是，在更高市场租金水平和更低的市场空置率水平下，开发新面积的盈利性提高，因而需求的增加很可能导致新建筑面积的增加。实际开发新面积取决于开发新面积的盈利性以及开发用地的供给。随着新房屋开发和存量房源的增加，可租用面积的最大数量从 $S_{max}$ 增加到 $S'_{max}$，并且整条供给曲线从 $S$ 移动至 $S'$，如图 9-2 所示。基于新的供给曲线（建造新房屋后），均衡租金从 $R'$ 降至 $R''$。换句话说，租金不会像在没有新建面积时涨得那么高。根据新建筑所增加的面积，如果开发面积超过需求的增量，租金可能会低于需求增长之前的水平。

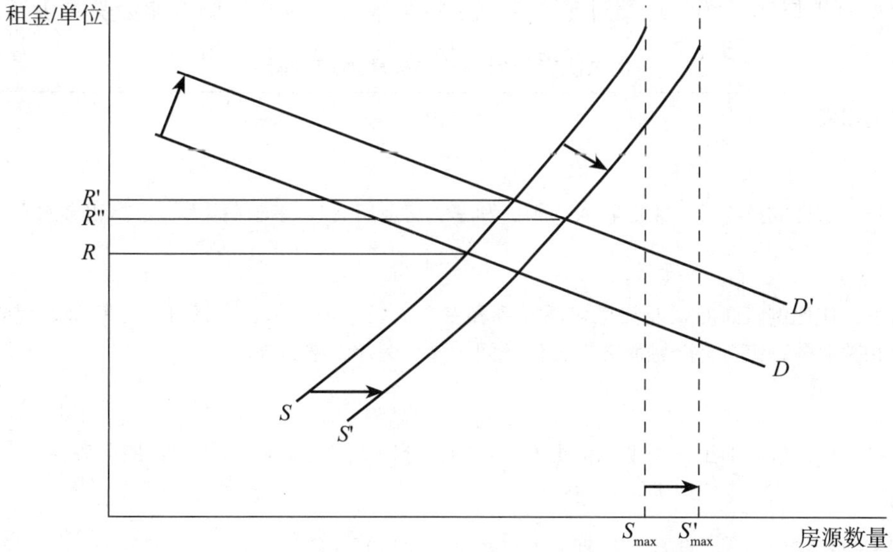


**图 9-2　供给与需求的增加**

这一分析考虑了需求的增加，随之而来的是供给的增加。需求的下降导致需求曲线反向移动以及均衡市场租金的下降。这进而导致了空置率的上升。存量房源使得高空置率会一直持续至需求上升。因为旧房屋的贬值和拆迁，现有房屋存量可能出现一定程度的下降，且这种情况在长期内存在。

**相关风险**

一般而言，租金取决于出租面积需求的变化以及我们所讨论的出租面积供给的预期变动。在房地产的整个经济寿命中，预期与非预期的市场租金变动会影响该房地产投资的收益和风险。出租面积需求的变化可能源自多个因素，这些因素会影响房地产所在地的经济基本面。出租面积供给的变化可能是因为开发商对需求的预期增长做出的反应，或者认为他们可以从现有房源中吸引足够数量的租户使其开发建设有利可图。投资者必须评估由供求变化引起的市场租金变化会如何影响潜在投资的收入以及收益波动性。即使投资于已经出租的存量房屋，当现有租约到期并且按当前市场租金重新续约时，投资收入也会受到影响。正如我们在本章后文中所讲，租赁可以把所有者/出租人的一些风险转移给租户/承租人。

## 9.2.1 本地市场的供求研究

尽管考虑抽象的供求关系是有用的，但是在投资房地产时，通常需要进行市场分析才能确定空置率、租金水平、新建项目的数量以及房屋何时能够入住。正如我们将在后文中所讲的，进行市场分析很重要，因为考虑房地产投资时要预测租金、空置率和费用损失。表 9-2 总结了进行市场调研时必须考虑的变量。这些关系一般取决于或源于当地经济所产生的就业类型以及之前章节所讨论的支持性就业水平。不过，为了区分不同房屋类型的需求，我们需要讨论得更详细。当涉及公寓和零售房地产投资时，除了预测新雇员的数量，投资者还需要考虑新增就业质量的信息，这可以从当地个人工资水平看出。此外，投资者还需要知道新增雇员的年龄、家庭规模和其他相关信息。这些信息使投资者对公寓和零售房地产类型有更好的了解。这反过来也会预示哪类细分房地产市场可能会受益于经济增长。

**表 9-2　　供求决定因素——主要房地产类型**

**影响需求的因素：**

公寓：

家庭数量、家庭成员年龄、家庭收入规模、利率、房屋所有权、支付能力、公寓租金水平、房价。

写字楼：

在办公室工作比例较高的就业类型包括服务和专业人员，如律师、会计师、工程师、保险、房地产经纪及相关业务、银行、金融服务、咨询顾问、牙科医疗、制药等。

仓库：

在仓库办公比例较高的工作类型包括批发、运输、分销、组装、制造、销售/服务等。

零售房地产：

需求因素包括家庭收入、年龄、性别、人口数量、规模和偏好。

**影响供给的因素：**

空置率、利率和融资能力、年份和当前存量房源供给组合、建设成本、土地成本。

续前表

| 房地产类型 | | 一般建造周期 |
| --- | --- | --- |
| 公寓 | 郊区带花园类型 | 6～18 个月 |
| | 城区内中高层 | 18～24 个月 |
| 写字楼 | 郊区低层 | 18～24 个月 |
| | 中高层 CBD | 24～48 个月 |
| 零售房地产 | 独栋 | 6～12 个月 |
| | 社区 | 12～24 个月 |
| | 封闭式商场 | 36～48 个月 |
| 仓库 | 郊区，单独使用 | 9～12 个月以上 |

同样，在考虑对仓库和写字楼房地产进行投资时，如果对经济增长所促进的就业的性质和种类有更深的了解，则有助于投资分析。例如，如果考虑到纽约就业的增长，大量就业有可能属于办公室工作类型。另外，如果考虑到底特律，则在工业和仓库办公类型中出现就业增长的比例更高。表 9－2 为读者提供了一些影响各种房地产类型需求的变量。

从各市场的供给角度，各类房地产开发商也仔细考虑了表 9－2 中的各项变量。但同时，它们也要权衡融资成本和在其他地区获得土地、开发承包的经济效益。表中提供了一些开发不同房地产类型所需的时间。根据这些信息，我们可以清楚地知道，任何市场中可租用的房屋供给量在短期内均趋于固定。与许多其他商品和服务不同的是，这要求交付时间适应需求的增长。此外，在完成一项投资研究时，尝试确定细分市场规模下的有效房屋供给数量也很重要。

## 9.2.2 地段与用户-租户

在简要介绍了一个确定影响城市和地区的经济驱动因素方法之后，我们现在介绍一个概念框架来确定企业是如何评估地段的。不言而喻，地段是房地产的重要属性。成功的房地产投资者和开发商也必须认识到，从用户-租户的角度来看地段也很重要。成功的房地产投资者和开发商应该了解如何利用潜在租户进行商业运营以及特定地段对于这些租户的吸引力。回想一下，房地产的许多用户是经营以赚取利润的公司。因此，这些用户做出的大多数房地产决策都是考虑到租赁用房屋在可选地段上如何产生更多利润，如通过（1）增加销售收入，（2）降低运营成本，或（3）两者的组合。表 9－3 显示了用户收益和地段之间关系的基本阐释。

如表 9－3 所示，如果我们对大城市的三个地段进行评估，显然用户 A 将在地段（1）实现更多的利润，因为收入更高而其营运费用不随地段变化。用户 A 可以在地段（1）支付更多的租金（每平方英尺），并有可能获得比地段（2）和（3）更大的利润。用户 B 在地段（3）获得的利润最高，因为其收入相对地段是不变的，但其开支在该地段将是最低的。地段（2）似乎对于用户 A 和 B 都不是最佳的，但也可能吸引与用户 A 和 B 业务不同的企业。

由于盈利性因地段而异，上述分析也意味着用户 A 和其他与用户 A 相竞争或经营所在地段显著影响销售收入的用户（例如可能是零售商店、餐馆或者特定服务提供商），往往会向地段（1）聚集，因为它们预计在该地段会有更高的利润。公司将通过竞标而竞得该地段。这个地段将呈现细分市场的特点，细分市场的特点包含向对地段敏感度高的消费者提供商品和服务。

另外，费用对地段非常敏感的用户 B 将选择地段（3），因为它倾向于降低成本而获得更高利润。用户 B 的竞争者和业务可能不同于用户 B 但具有相似运营成本结构的公司，会为地段（3）或相近地段竞标。该地段的租户可能包括占用大型仓库的批发商、分销商。此类分销商可能会向同一地区的所有客户收取相同的产品价格，但是它们的运输费用将因地段而异。在这里，它们会倾向于在该地区中选择能使运输费用最小化的地方。

**表 9－3　　不同地段下每平方英尺面积的用户收入、费用和利润之间的关系**　　单位：美元

| | 在美国大城市中的位置 | | |
|---|---|---|---|
| | （1） | （2） | （3） |
| 用户 A | | | |
| 收入 | 120 | 100 | 90 |
| 减：费用 | 80 | 80 | 80 |
| 利润 | 40 | 20 | 10 |
| 用户 B | | | |
| 收入 | 100 | 100 | 100 |
| 减：费用 | 90 | 80 | 70 |
| 利润 | 10 | 20 | 30 |

这种盈利分析过程以及不同公司在利润最大化下的地段竞争过程，在房地产市场上产生了确定且普遍的土地利用结果：

（1）公司竞争地段的过程将使盈利最大地段的租金最高，并最终实现最高的土地价值和最佳的地区开发（例如写字楼、零售、仓库、公寓或酒店）。

（2）地段往往会由用户集群主导。在给定地段，它们的收入或营运费用结构相似。

（3）最吸引用户的地段往往有更高的租金，同时展现最高的空间密度。开发商将尝试在理想地段建造高层建筑或集群建筑，以便获得最高租金（每平方英尺）。这个过程往往会吸引那些可以在相对较小空间或多层次结构中进行运营的租户，同时还能使其获得更高的收入和利润。

（4）一些地段会由最具成本敏感性的公司竞争。这些公司往往需要大量的土地和大型设施，需要以较低的租金进行更大规模的经营。

当以这种方式观察地段时，我们开始了解城市地区的土地使用模式和细分市场发展的过程和原因。这也应有助于我们理解为什么零售房地产和高层写字楼在某地区发展，而仓库（单层建筑）需要其他地区的大量土地。当然，这些土地使用模式也受到城市房地产市场的分区和历史土地利用模式的影响。然而，即使是后者的影响也会有周期性的变化。

总之，要理解的一个关键概念是，对于大多数商业用户来说，房地产是同劳动力一

起用于产出的营运投入。换句话说，商业公司在生产经营中将劳动力、原材料与某一地段的房地产相结合来提供商品和服务。例如，法律、会计和广告公司为客户提供服务，而员工和房地产是它们在特定地段提供客户服务的主要投入。零售商可能将地段范围内建筑中的大量商品和销售人员结合起来，形成一种吸引顾客的商品/服务组合。此外，它们可能需要大量的土地和仓库及相对较少的雇员来进行商品的重新分类和交付。这些例子的要点是，因为商业用户将房地产看作是影响营运费用和/或收入的投入，所以应该从不同地段的角度来看待土地与建筑空间需求、租金、雇员数量和收入之间的关系。这些资源往往是由企业合作运营从而实现利润最大化。土地使用模式遵循这种商业地段决策模式。

## 9.3 房地产业务

与普遍的看法相反，商业公司所使用的绝大多数房地产都是租赁的，因而不具有所有权。尽管大量建筑物外部都带有重要公司名称的标志，但这却是事实。[①] 为什么会出现这种情况呢？其中有很多重要的原因：

（1）大多数租户都认为租赁比购买更合算。当它们的空间需求小于在特定地段为满足它们的需要而必须购买的面积大小时，尤其如此。例如，假设用户需要 20 000 平方英尺的面积才能盈利，而且在特定地段必须有这样的空间。但是，在该地段只有 100 000 平方英尺以上的建筑物可购买。在这种情况下，用户通常会选择租用 20 000 平方英尺的建筑，而不是购买 100 000 平方英尺的建筑。若用户购买建筑，其有责任将余下的 80 000 平方英尺多余面积向其他用户出租，因此租赁通常是首选。购买一般不会是最佳选择，因为：

a. 购买这个 100 000 平方英尺的建筑需要一大笔资金。而这些资金可以用于其他商业活动。

b. 购买建筑会使企业置身于房地产行业。也就是说，该企业将不得不承担拥有房地产业务的风险，并且还要“清楚地知道”如何租赁房屋、收取租金、维护和保证额外的 80 000 平方英尺的空间不出问题。

（2）即使租户有能力购买整个 100 000 平方英尺的建筑物，也可以选择租用，因为：

a. 购买建筑会降低运营的灵活性。例如，如果企业决定离开大都市地区和/或在同一城市的不同地段进行合并或扩张，则企业可能需要出售整个房地产。这可能花费相当长的时间，同时会占用人员和资金。如果企业采用的是租借房地产方式，企业可以在租约到期时搬迁，甚至可以与业主/出租人谈判解除租约。

b. 如果企业拥有房地产，它必须经营、维护和修理设施。这些经营活动可能导致企业减少对其核心业务的关注。例如，如果一个技术咨询公司把所有工作都集中在咨询客户上，它可能会发展得更好，而不必担心拥有、运营、租赁和管理房地产的问题。运营和管理房地产的工作由专业的房地产公司来实施会更具成本效益。

---

① 这些标志通常标识大楼中的主要企业租户。在房屋租赁协议中，出租人授予承租人树立公司标志的权利。

c. 如果公司决定购买 100 000 平方英尺的建筑，作为所有者，它将必须聘请经纪人以找到其他用户或买方来使用额外的建筑空间。此外，它可能需要翻新建筑以适应新租户的要求。同样地，这意味着企业要进行和自身业务不相关的房地产业务活动。

总之，重要的一点是，历史上有很多企业远离自身核心业务转而从事房地产投资和开发的例子，最终结果有好有坏。房地产行业本身具有专业化的经济功能，这与租户进行的许多不同的商业活动运作是分离的。这些非核心房地产经营活动含有以下风险：(1) 选择“正确”的土地和开发“适量”的空间；(2) 把房屋建筑租给许多不同的租户；(3) 招聘人员、收取租金和维修设施；(4) 为投资或开发地产筹措资金；(5) 不断研究房地产市场，以决定何时出售，提高或降低租金以及翻新等。这些只是具有专业知识的房地产企业能使运营最具成本效益的一些例子。商业公司，即租户，最好只关注其核心业务（例如，律师、会计师、为客户提供服务的广告公司和零售商）。这些租户一般不如专门从事房地产业务的企业在房地产开发、投资、租赁等方面那样专业。据估计，写字楼和零售房地产的 80％以上都是以租赁形式租给用户的。在工业/仓库用建筑中，这一比例较低——37％为购买，63％为租赁。总之，读者应该知道，房地产行业涉及许多为用户提供专业服务的公司。一般来讲，用户租用建筑物比购买更具成本效益。

但是也会存在特例。如果某个租户需要为公司总部准备自用设施，或者必须有诸如高科技实验室、专用计算机安装设备，要求安全性或其他特殊性质时，企业需要购买整栋建筑。在这些特殊情况下，拥有所有权可能比租赁更受欢迎。

## 9.4 收益性房地产市场

鉴于前面的讨论，我们可以看到：(1) 寻求利润最大化的用户之间的一般关系，(2) 企业一般愿意租赁而不是购买它们在运营中所需的场所，以及 (3) 依赖于房地产行业运作的成本效益优势以及开发、拥有、租赁和维护土地、建筑物的相关风险（与租户承担这些责任相对）。从中我们可以发现巨大的房地产服务市场的存在。

当我们谈到做房地产投资时，我们必须了解这个竞争性市场是如何运作的，以及房地产业主与租户之间的关系。还有重要的一点要理解，即房地产业的所有者或投资者必须区分经营建筑物相关费用与租户业务相关费用的不同。房屋费用通常由业主分配给租户，而业主则不会支付与租户业务相关的开支。

总结下来就是，在房地产服务市场中，租户寻找可产生最高利润的地段（通过增加收入或降低成本）；房地产投资者或所有者需准备好承担为租户开发和/或租赁、运营房地产业务的风险。房地产业主提供这些服务以换取租金。但是，正如后文将会讲到的那样，租金这个术语是一个非常通用的术语，虽然很重要，但并不足以解释业主与租户之间的费用分配问题。为了估算租户的总使用成本和业主的利润，除了租金之外，房地产业主和商业用户或租户之间还有许多其他谈判领域，其中可能包括租赁协议中常涉及的双方的其他权利和义务。租赁协议的内容非常重要，因为它们会影响投资房地产的收益、法律责任以及业主与租户之间谈判的任何未来事项，这些事项最终可能影响投资价值。

## 9.5 潜在收益——房地产资产

在本节中，我们考虑四种主要房地产类型：公寓、写字楼、零售房地产以及工业用房/仓库。我们的目标是让读者熟悉每种类型的经营和租赁特点，以及如何预测相应的现金流。

“市场租金”（market rent）是指潜在租户在当前市场条件下使用（或租赁）特定类型的房地产必须支付的价格。租金取决于很多因素，包括：（1）国家经济发展前景，（2）房地产所在地的经济基础，（3）对所分析地段不同房地产类型的需求，（4）相似竞争地段的供给。

例如，写字楼的市场租金取决于在该地区开展业务的公司的数量以及新公司进入该地区的可能性、这些公司目前雇用的员工数量和近期将要雇用的数量以及企业员工工作所需的场所大小。这些因素很难估算，因为它们取决于许多不确定且复杂的因素。和过去相比，由于企业经营方式的变化，尤其是技术的进步，特定类型企业所需的员工数量和每个员工所需的空间大小在未来可能会大大不同。

同样，公寓的市场租金取决于该地区人口的统计结构和家庭收入中位数、购买公寓（租住的替代选择）的成本和可能性以及其他因素。零售房地产的市场租金也取决于人口的统计结构、家庭收入中位数及其通常在特定地区的零售企业购买商品和服务的花费占收入的百分比。房地产投资者也必须非常关心租户的信用。作为租赁程序的一部分，信用报告、银行参考资料以及供应商和客户提供的参考资料都非常重要。

房地产是具有较长经济寿命的资产。特定时点的市场租金是用户为单位面积必须支付的价格，如某建筑可租赁面积的每平方英尺租金。因为潜在用户对建筑的需求和/或房地产供给在变化，市场租金在建筑的经济寿命内可以多次改变。其中供给变动会增加或减少可供出租面积。这些变化是市场波动的来源之一，且市场波动会随着时间的推移影响房地产的租金收入。在任何时点，某一特定房地产的价值取决于该建筑物剩余经济寿命期间的预期租金收入的现值。因此，房地产投资者必须思考在房地产经济寿命中，供求变动会怎样影响市场租金。

### 9.5.1 空　置

如前所述，建筑物内的空间在特定时点不会全部被租用。这是因为在租约到期之后租户可能离开（或在租约到期前违反它们的租赁协议），也可能是某一部分从未被出租，特别是在新建的建筑中。因此，为了计算房地产收入，需要预测在项目可持续期间租户占用多少空间。即使在活跃的租赁市场中，也应该预留一定的空置空间。因为当租赁交易发生周转时，将建筑准备妥当以向新租户重新出租需要时间。因此，即使在一些大型租户占用的建筑物中也总会有一些租金损失。

预测新建筑物的空置率更为困难。尽管有些租约在建筑项目完成前就会签订，但也有可能建设完成后无法立刻将建筑全部租出。在这些情况下，必须预测剩余空间需要多长时间才能被市场“吸收”，即占用率达到正常水平需要多长时间。显然，将建筑租出所用时间越长，投资者在项目最初几年的收入就会越少。因为这影响了持有期最初几年的现金流量，因此它也会对房地产的投资价值产生重大影响。

在这时有必要进行一些补充观察。首先，在处理房地产购置及构建投资分析所用的预测报表时，必须强调的是，这样的预测应该仅包含现金流汇总。我们强调关注现金流，应该与强调按照公认会计准则（GAAP）确定会计收入的报表有所区别。虽然后者在编制年度报告、税收报表等方面很重要，但不应将其用于对房地产购置的分析。其次，“净营业收入”（net operating income，*NOI*）这个术语在房地产投资业务中被广泛使用。在本章中，我们也将重点放在经营性现金流上，也就是所有现金流入量和现金流出量之和。我们做这样的区分是因为在进行投资分析时，我们通常会从房屋售出者或其代理人那里获得详细的租金和费用信息。我们通常会对房屋进行检查，并在检查后估计租约到期时，必要的承租人改良及为新租户使用做准备所需要的支出程度，或者进行主要修缮所需要的支出程度。最后，通过每年对这种项目的现金流出进行估计，我们能够调整 *NOI*。在表 9－4 中，我们列出了有助于编制合理运营支出基准的数据来源以及发展各类房地产融资项目时可能相关的其他数据。总之，在分析财务报表时，读者应特别注意如何在现金流量表中包含对承租人改良、修缮以及置换支出的处理。在本章，我们会估计预期支出年份的现金流出，而不是使用这一项目的平均支出。

**表 9－4　　收益性房地产研究相关的数据来源**

| 房地产类型 | 数据来源 |
|---|---|
| 公寓、合作公寓 | 《收入和费用分析：公寓和合作公寓》（芝加哥：房地产管理协会，年度） |
| 写字楼 | 《写字楼经验交流报告》（华盛顿特区：国际楼宇业主及管理协会，每年） |
| 购物中心 | 《购物中心数据》（华盛顿：城市土地研究所） |
| 工业园区 | 《选址手册》（亚特兰大：康威出版公司） |

**Web App**

有很多诸如 www. reis. com 的网站可以提供全国及各地区的租房市场汇总和概览。找到你所在的或感兴趣的城市或地区的公寓、写字楼、仓库、零售房地产之一的现状报告。该地区的此类房地产概况如何？租金和空置率是怎样的？

## 9.5.2　承保租户

通常情况下，收益性房地产会向租户出租确定的一段时间。在出租期限内，租赁文件会在出租人（lessor）（业主）和承租人（lessee）（租户）之间分配权利、义务和责任。租赁（lease）条款包括旨在保护出租人和承租人双方利益的法律考虑，并规定如何支付租金和费用。

在协商建筑的使用时，业主将评估租户的财务能力。这项调查非常重要，因为租约是一项为业主生成资产、为租户生成负债的合约协议。可能在较长时期内，租户都需要支付大额租金。因此，租户现在及未来的支付能力是非常重要的。此外，为正确评估风险，业主本身必须了解租户的业务性质、在行业中的竞争地位以及行业的健康状况。通常在评估租户及租赁条款时，业主需考虑以下信息：

- 财务报表/利润表和资产负债表；
- 信用评级；
- 所有的公司/行业分析报告；
- 与银行的关系；
- 已有负债（贷款及其他租赁）。

承保租赁是风险评估的重要组成部分，它最终影响到房地产的现金流，从而影响其价值。此外，如果租户因破产及申请破产保护而发生租赁违约，可以允许租户在重组过程中继续占用建筑，同时付很少的租金或不付租金。①

## 9.6 租赁协议一般条款

如前所述，租赁协议的内容包含“出租人”一词，通常指房地产所有人/业主。因此，我们往往交替使用“出租人”和“所有人/业主”。

同样，“承租人”通常是占用和使用该空间并支付租金的一方。因此，“承租人”和“用户-租户”这两个术语可以互换。许多条款可能包含在租赁协议中，租约中经常包含的内容有：

（1）租赁协议各方，即出租人和承租人。租赁协议签订日期，房屋交付日期，出租面积和租赁期限。

（2）最低租金或基本租金以及任何用于计算、调整未来租金的方法。业主提供给租户的任何让步和折扣的描述。

（3）保证金、任何补偿金以及来自第三方或共同签字者的担保。

（4）所出租建筑在房屋交付给承租人时的状态，包括任何承租人改良。

（5）允许的房屋用途、房屋使用限制以及对未来改变房屋用途的禁止。

（6）对租户转让或转租任一租赁空间的限制。

（7）公共区域和设施的使用，如大厅、休息室和停车场。

（8）承租人对租赁空间和一般房屋的维护和修缮责任。

（9）对承租人改变或改善房屋的限制。

（10）业主未来扩大建设以及关系到受影响租户的条款。

（11）征用权和任何关于影响租户租用空间、商业运作、停车可用性等的考虑。

（12）承租人和/或出租人对特定费用的支付责任。

（13）业主和/或租户提供火灾及伤亡保险的程度。

（14）续租事项。

（15）禁止反言。

---

① 需要指出的是，从租户的角度来看，房地产业主的财务状况非常重要。如果业主遇到财务困难并进入破产状态，房地产所有权可能发生变化，经营/管理可能会影响到租户接受的服务质量。

根据面积大小、期限长短以及对业主和租户的财务影响，租赁协议可能非常复杂也可能相对简单。对于可能进行大面积租赁以及准备将员工和设备转移至租赁场所的大型企业用户而言，许多条款会在租赁协议中进行谈判。同时，租赁协议也可能相对简单，公寓租赁协议就是如此。尽管我们没有列出租赁协议中所有可能的条款，但概念框 9.1 向读者提供了上述租赁协议的更多内容细节。在添加的细节中，我们提供了一些租赁中可能有的影响未来租金现金流量、支付费用、选择的事项范围和种类以及其他影响风险和投资收益率的因素。在评估投资性房地产时，分析师必须认真审查每一份租赁协议。的确，有些人认为房地产价值的主要决定因素是房地产取得时所有有效租赁的现金流现值。在进行投资分析时，有效租赁协议可能是在近期或多年前执行的，而且每一份租赁协议都会反映协议签订时的市场状况。因此，在进行分析时，确定具有繁复或过于严格条款的租赁十分重要，因为这可能会对房地产价值产生重大影响。贷款人在评估以房地产作为担保的抵押贷款时，也会仔细考虑租赁协议中的条款。事实上，如果贷款人认为有的租赁条款不合适，他们会要求业主与租户谈判改变条款，并将此作为融资条件。

### 一般租赁条款的深入讨论 **概念框 9.1**

这个概念框的目的是扩展对租赁的讨论，以及讨论各种条款和选择如何影响投资者的风险和/或现金流。尽管下列清单并不详尽，但读者应该明白，同任何谈判中的合同一样，为满足业主和租户的需求可以增加许多条款。

（1）租赁协议各方。如果企业是租赁协议的一方，那么确保签字人是承担相应责任的公司管理者就非常重要。我们应当调查公司主体的性质及其与母公司或其他主体的关系。如果不这么做，那么当租金拖欠或租赁终止甚至发生破产时，现金流收付就可能出现延迟。如果业主未在房屋交付之前完成新房修建，那么房屋入住日期（occupancy dates）在租赁协议中就很重要。在这种情况下，租户可能想终止租赁协议。同样地，与零售租赁类似，如果租户不合理地拖延租期，业主可能希望终止租约，特别是在其他租户的零售销售似乎受到空置空间的不利影响时。在处理终止租约的权利时，可能要考虑包括没收存款和其他惩罚在内的问题。

（2）租金。正如本章要解释的内容，有很多租金拟定方法，包括定额租金、累进租金、指数挂钩型租金等。租赁协议中也可以包括有效降低租金的减免条款。例如，业主可以提供一个免租金的租期，在这个期限内租户不必交付租金。这些减免或折扣往往出现在由于市场可出租面积供给过剩而导致空置率较高时，或者由于经济增速较低而导致租赁需求疲软时。除了免除租金外，其他优惠可包括房屋交付补贴、已有租赁买断、指定免费停车等。

（3）其他保证。根据承保结果，如果有违约风险，则潜在租户可能被要求寻求第三方来保障租金支付（共同签字人）或向银行支付费用获得信用证（letter of credit, LOC）。在 LOC 中，银行保证将租金欠款支付给业主。为了减少租户支付的 LOC 年费，租赁协议中可能存在基于按时交付租金降低信用证额度的条款。

（4）房屋交付日的建筑状况可能是“现状”，或者租赁协议中可能要求在房屋交付前“清空”或修缮。在这种情况下，租赁协议中允许承租人改良（tenant improvements, TIs），包括粉刷，添加照明、地毯、墙纸等。TIs 的范围是经过协商的，以业主为租户提供的每平方英尺可用空间的预算来表示。任何超出约定预算的成本都必须由租户支付。业主提供的预算和TIs会列在其准备好的工作信函（work letter）中。另外，双方通常会协商好租赁协议到期时翻新如何处理。

（5）使用许可（allowable uses）和禁止的用途会列举在所有租赁协议中。这些规定通常禁止租户在租赁过程中进行重大调整。例如，租户可能被禁止在办公楼租用的空间中增加零售业务。

（6）转租（subletting）。如果租户需要的空间比原来租用的小，租户可以在业主同意后转租给第三方。业主一般不会对转租过于限制。尽管租户可能与业主"竞争"，但业主也在努力出租空置的建筑空间。即使允许转租，大多数业主也会要求原始承租人在剩余租赁期内对被转租房屋的租金承担责任。

（7）商业行为（business conduct）。通常所有租户都被要求遵守租赁协议中规定公共区域的规则。在商铺租赁中，这可能意味着禁止租户使用商场走廊（公共区域）进行特价销售、促销、签约等。

（8）所有者提供的服务。大多数办公楼租赁中，业主将同意提供清洁、维护和修缮等服务。在商铺租赁和仓库租赁中，租户被赋予更多自由，它们可以维护并改建以符合其运营需要。然而，业主通常会保留（1）改建，以及（2）对建筑师、承包商、原材料等选择的权利。

（9）如果业主想扩建新的租赁空间，很多租赁协议都包含非干扰条款（non disturbance clauses），要求业主不得在扩建或翻新期间干预租户的业务活动。在对租赁协议进行谈判时，租户可能要求在施工期间临时搬到其他地方，或者创建特殊便利（例如非对外入口、出口）。

（10）如果国家或者其他政府主体使用土地征用权（eminent domain）告知所有者的房地产不能使用（或者收回路权等），或者如果停车或其他影响承租人业务的因素发生，则租赁协议可以提供减少租金的条款或其他规定。同样，租约通常包括意外事件的处理规定，如火灾等会导致经营、建筑损失的事件。

（11）关于费用义务（responsibility for expenses），租赁协议之间差别很大。在某些情况下，业主同意提供并支付部分或全部的营运费用。在另一些情况下，业主不愿意承担很多费用，因为：①这些费用可能和租户业务直接相关，应该由租户支付；②存在费用可能突然上涨的风险。因此，许多业主倾向于从租户那里"收回"某些费用（和租户进行"讨论"）。

（12）许多租赁协议要求建筑物业主为公共区域（大厅、停车场等）提供综合保险。租户也必须提供其租赁范围的保险凭证。

（13）随着租赁协议终止日期的临近，租户必须向业主发送到期通知并说明续租还是终止租赁。这对租户和业主来说都是重大决定。对于租户，如果没有续租，可能会产生大量的搬迁费用。对于业主，如果不续租，则需要找到新租户来租赁建筑，谈判租金，并支付"准备"费用和租赁佣金。续租同样复杂，因为除了一般因素外，通常还需要重新谈判下一个租期的新租金。为了减少租金谈判的不确定性，许多办公楼、商铺和仓库租赁规定，至少要有两家经纪公司或调研公司（每一方选择一家）进行同类房地产市场调查。调查将在租赁协议到期日前进行，最早开始于到期日前一年，最晚为到期日前三个月。调查结果将作为谈判新租金的依据。在某些情况下，租户可能会在租赁协议中获得“最优惠待遇”条款。这使得租户有权审查业主与建筑内的其他租户签订的最新租赁协议。因此，当前租金信息和其他条款也一并提供给租户，并可能用于谈判。如果不能达成新的租赁协议，业主和租客可以同意仲裁。

(14) 禁止反言证明（estoppel certificates)。该条款允许向现有租户发放调查问卷以验证①租户有义务按租赁条款支付的租金/费用，②任何逾期款项，以及③租客因与业主意见不合而拒绝交付的租金。这一条款非常重要，因为投资者想要确定①所有租金及回收款实际上是从现有租户中收集的，②当前所有者和租户之间没有争议或诉讼等。

(15) 改变房地产所有权/破产。如果房地产被出售或业主破产，该条款可以赋予租户终止租赁的权利。

## 9.6.1 租赁与租金收入

在租赁协议中，必须支付的首次租金通常是特定数额，我们称之为最低租金（minimum rent）或基本租金（base rent)。但是，在租赁期限内，基本租金可能保持不变，也可能发生变化。

在租期内调整租金的方法有很多。调整通常取决于租赁期限、租赁面积和房地产类型（例如商铺、仓库)。下面将讨论一些调整租金的常用方法。读者还应记住，下列方法的组合也可用来调整租金。

(1) 定额租金。在某些情况下，租金在租赁期限内可以保持不变（定额)。公寓租赁通常是这种情况。定额租金也适用于租期相对较短的租赁，或租户/用户业务周转较快时的租赁。

(2) 累进租金。一些租赁协议包含累进条款。这些条款规定，在租赁期限内租金会于每期期末以一定数额增加。例如，基本租金为每平方英尺20美元，在未来5年中，每年交租日的单位面积租金将增加1美元。通常写字楼、商铺和仓库租赁会使用累进租金。

(3) 指数挂钩型租金。调整租金的另一种方法是使用特定指数作为调整基数。这种做法可被用于代替累进租金或与累进条款相结合。居民消费物价指数（CPI）通常作为该类租金的指数基础。也就是说，根据CPI的变化定期调整基本租金率，当然也可使用其他指数。例如，在纽约市我们通常使用波特工资指数来调整写字楼租金。使用CPI等价格指数来调整租金与累进租金不同，因为直到CPI调整（CPI adjustment）才知道租金如何调整。此外，指数的调整将非预期的风险移至租户承受的通货膨胀率中。因此，租户可以就指数上限进行谈判。对应于租赁协议中的指数调整，租户可以要求比定额或累进条款更低的基本租金。当指数下降（通缩）时，租赁协议也会进行调整。在这种情况下，租赁协议可能包含租金降低的最大值。指数挂钩型租金用于写字楼、商铺和仓库租赁。

(4) 基于收入/销售业绩的租金调整。在一些商铺租赁中，租金也可能完全或部分由销售表现的指标决定。例如，购物中心的一些租赁可能包含部分基于租户销售量的租金条款。这被称为比例租金租赁（percentage rent lease)。在这种情况下，租赁协议中通常规定的是基本的定额租金或累进租金。如果租户的销售量超过一定数额（通常称为“转效点”），则租户将按照超额销量（超过“转效点”部分）的百分比支付附加租金。总租金超过基本租金的部分称为超额租金（overage rent)。在租户销售收入下降时，租金可能会减至基本租金。

## 9.6.2 租赁与费用（收回）义务

业主有很多设计租赁协议以覆盖营运费用的方法。租赁协议中可以包含多种不同的租金和费用支付组合。但是，我们应记住在租赁协议签订时的竞争市场环境是以下内容的主要决定因素：(1) 租金，(2) 承担部分或全部营运费用支付风险的一方。在租赁协议中处理营运费用的一般形式如下：

(1) 毛全服务租赁。租户只支付租金，业主支付所有的营运费用。

(2) 修正全服务租赁。租户支付的租金低于全服务租赁下的应付租金。业主提供所有的服务，但会在租赁中向租户收取特定费用（如电费）。这些费用往往具有较强的可变性（如与能源相关），并且具有业主可能不愿承担的费用风险。在许多租赁协议中，这些项目的总费用通常是针对整个建筑而言的，然后以每个租户租用的面积按比例分配。

a. 直接“转移”。当一些租户因其业务性质比同一建筑内的其他租户使用更多的服务时，业主通常会试图将相关的费用直接“转移”到这些租户身上。在这种情况下，业主会提供所有服务，但是会采用分表法及其他方法以保证这些成本能根据租户的使用情况更好地分配，而不是按面积比例分摊费用。[①]

b. 非营运费用转移。在业主与租户谈判向租户按比例“转移”确定、具体的非营运费用时，租赁协议会有所修改。这些非营运费用被视为“业务成本”，但不是业主可控的。这种费用转移（expense pass through）的例子有房地产税和保险费。许多业主认为，这些费用由外部主体（如公共机构和保险公司）决定，他们无法控制。如果税收或保费突然增加，业主认为他们不可能总是通过增加租金来覆盖这些费用。在涉及长期租赁的情况下，这个问题尤其突出。因此，许多业主坚称这些费用应该“转移”给租户作为“业务成本”。

(3) 收回营运费用的租赁。在很多情况下，特别是涉及大面积租赁，业主可能不愿意提供全服务或修正全服务租赁，因为他们将继续承担经营房屋所需的大额费用的支付风险。在这些情况下，租户通常同意支付低于全服务或修正全服务租赁的租金，同时支付一系列营运费用。一般在这些租赁中，特定的营运费用被认为是“可收回”的（见概念框 9.2）。这些费用通常基于租户租用面积的百分比来加总、按比例分配以及支付。

**大型租赁用户**

通常情况下，如果个别租户租用了建筑中可租空间的大部分，那么更大比例的营运费用会与该租户的业务直接挂钩。在这些情况下，租赁协议通常假定这样的租户支付所有的营运费用，而不是确定可收回费用并对租户进行分摊计费。在很多情况下，业主提供的服务水平较低或者不提供服务（清洁等），而这些在全服务或修正全服务租赁下是提供的。例如：

(1) 单一净租赁。承租人支付租金并支付租赁中确定的所有营运费用。

(2) 双重净租赁。同单一净租赁一样，租户支付租金并直接支付所有的营运费用。此外，租户还承担房地产税、保险费用等非营运费用。

---

① 例如，如果租户 A 每周七天或晚上营业，即使是按比例分配，同一建筑内的其他租户也不会愿意承担租户 A 部分的任何营运费用。在这种情况下，业主通常会找到一种方法来将这些费用（电力、安防、采暖、通风与空调等）与该租户直接联系起来。

（3）三重净租赁。除了单一和双重净租赁中的营运费用、税费和保险费用外，租户还同意支付一定的经常性资本支出，用于租用建筑内部的维修、改建和修缮。（三重净租赁通常由占用大量仓库/工业建筑或办公楼空间的租户使用。在这种情况下，租户可能需要灵活地修改、挪动设备并重新安排建筑的内部布置，以更高效地经营业务。通常租户也愿意支付这些费用。）一般业主负责一定的建筑外部维修费用（屋顶、墙面及其他设备）。

（4）公共区域维护（common area maintenance，CAM）。如果建筑是大型房地产开发项目（例如公司园区或工业/仓库园区）的一部分，则租户可以按比例支付费用以维护园区的公共区域。这些费用可以包括路面维护、照明、美化、安防等，被称为 CAM 费用。在商铺租赁中，用于商场走廊的维修、供暖、降温以及维护停车场、提供安防等的公共区域费用都很重要。这些公共区域费用怎样在租户之间分配同样是重要的问题，并且将在本章的案例中更为细致地讨论。

**拥有、运营收益性房地产相关费用的一般分类** **概念框 9.2**

为了更好地理解在租赁中哪些费用被确定为可收回费用，查看拥有、运营房地产相关费用的更多种类会较为有效。

如表 9-5 所示，并非所有业主支付的费用都是可收回的。与市场营销、租赁、广告、优惠让步、资本支出、折旧相关的费用被认为是所有权费用，因此应由业主承担。这些费用与房地产所有权更为相关且与提供给租户的服务不是直接相关的。

**表 9-5** **租赁协议中的费用**

| 归为可收回费用的营运费用 | | 不归为可收回费用的所有权费用 |
|---|---|---|
| 清洁 | 供水/排水 | 租赁佣金 |
| 修理 | 安防 | 财产会计 |
| 维护 | 管理 | 行政管理 |
| 美化 | 房地产税 | 融资费用 |
| 电力 | 保险 | 资本支出/承租人改良 |
| 营业税金 | 折旧补贴* | |

* 这种补贴不必与 GAAP 会计准则下的折旧方法一致。它可以表示业主估计的建筑的实际经济折旧率。

在业主和租户协商好哪些是可收回费用后，租户通常也会同意在搬入后支付可收回费用的上涨部分。为了确定租户搬入时可收回费用的基准线，租赁协议通常会明确租户将支付超过费用止付（expense stop，即费用上限）的可收回费用增加部分。“上限”是根据业主在指定的基准年度内每平方英尺可出租面积（rentable area）的可收回营运费用计算的。① 承租人同意只支付每平方英尺超出上限的可收回营运费用部分。例如，在谈判租约时，如果业主在基准期间为整栋建筑的每平方英尺出租面积支付 7 美元的可收回营运费用，这 7 美元可以作为“上限”。如果费用在下一个期间增至每平方英尺 8 美元，租

① 业主和租户通常会协商是否将基准年定义为当前年、前一年或租约签署后一年。当营运费用增加时，这会很重要。本章后面会讨论如何确定可出租面积。

户将只支付超过 7 美元的可收回费用，即每平方英尺 1 美元。业主支付基准水平的费用，即 7 美元。在租期内，7 美元上限可能不变，也可以与指数挂钩。①

### 9.6.3 租赁的比较：有效租金

从上面的讨论中，我们知道许多条款可能会影响到租金的确定，以及可能包含租赁协议中的各种费用收回方案。这些条款结合起来确定了租赁期内预期的一系列租金支付以及业主/出租人与租户/承租人之间的风险程度。由于可能的租赁条款组合数量众多，现金流在不同租赁协议之间可能有很大差异，因此难以确定租赁成本，并且难以对不同租赁进行比较。因此，计算可用于比较租赁方案的单一变量或有效租金（effective rent）将会很有用。需要再次强调的是，租赁内容将根据租户/用户在挑选、比较各地段建筑时的竞争性市场环境而有所不同。谈判和租赁续约时的市场环境将决定租金、租金调整方法、租约提供的优惠让步以及业主可能转移某些营运费用和/或从租户中收回费用的程度。计算每个租赁协议谈判或续约时的有效租金有助于比较各种可能性。为了计算有效租金，我们会用到以下过程：

（1）计算预期净租金现金流的现值。净租金现金流是租金收入减去业主扣除从租户处收回的所有费用后必须支付的营运费用。注意这里关注的是房地产业主的利润。

（2）计算租期内的等额年金。等额年金与初始现金流有相等的现值。

为进一步解释，我们会计算不同租赁结构下出租人获得的有效租金。因为有租金调整，不同租赁结构下的营运费用支付义务会有很大不同，所以我们必须计算减去出租人必须支付的所有营运费用后的有效租金。也就是说，出租人必须支付的营运费用将从租金收入中扣除。承租人支付的有效租金也将采用类似程序来计算。在这种情况下，承租人支付的营运费用数额将加到每年的租金中。

5 年租赁期限的 1 万平方英尺可出租面积的有效租金将按以下五种方式计算：

（1）毛租赁。每年租金为每平方英尺 40.00 美元。出租人（所有者）将支付所有营运费用。第 1 年的费用预计为 20.00 美元，之后每年增加 1.00 美元。

（2）有费用止付的毛租赁。第 1 年的租金将为每平方英尺 38.00 美元，出租方支付的可收回营运费用已在租赁协议中确定，最高为每平方英尺 20.00 美元。承租人支付超过 20.00 美元每平方英尺的所有费用。第 1 年的费用预计为 20.00 美元，之后每年增加 1.00 美元。

（3）有累进租金的毛租赁。第 1 年的租金将为每平方英尺 35.00 美元，之后每年将增加 2.00 美元。营运费用为每平方英尺 20.00 美元，之后每年将增加 1.00 美元。

（4）有累进租金和费用止付的毛租赁。租金为每平方英尺 32.00 美元，营运费用为 20.00 美元，之后每年增加 1.00 美元。租户将支付（业主将收回）所有高于 20.00 美元营运费用上限的部分。

（5）有费用止付及 CPI 调整的毛租赁。第 1 年的租金为每平方英尺 30.00 美元，并

① 为尚未完全占用的新建或翻新建筑设立营运费用及上限会比较复杂。在这些情况下，已租用的每平方英尺营运费用可能是未知的，或者在达到正常的租用水平前都会非常高。因此，租户会坚持其营运费用是基于正常空间占用水平的一定比例（比如 95%），而不是当前的空间占用水平。

且之后每年增加 CPI 全部调整部分，同时费用上限为每平方英尺 20.00 美元。CPI 将按表 9－6 中假设场景 5 所示增加。假设营运费用为每平方英尺 4 美元，且此后每年增加 50 美分。

根据上述假设，每个租赁方案的平均租金、租金流现值和有效租金如表 9－6 所示。我们用 10%的折现率来计算现值，并将现值转化为有效租金。如下面所讨论的，折现率应反映租金流的风险。每个方案的有效租金都不相同。这是预料之中的，因为风险各有不同。

为了解释有效租金如何确定，下面计算第一个租赁方案：

步骤 1：假设合适的折现率为 10%，计算净租金的现值。

$$PV=\frac{20.00}{1.10}+\frac{19.00}{(1.10)^2}+\frac{18.00}{(1.10)^3}+\frac{17.00}{(1.10)^4}+\frac{16.00}{(1.10)^5}=68.95(\text{美元})$$

步骤 2：用同一现值计算等额年金。计算结果是有效租金。现值或有效租金均可用于比较。有效租金相当于现值的年化额且在实务中更为常用。

| 解： | 函数： |
|---|---|
| $PV=-68.95$ 美元 | $PMT$（$PV$，$i$，$n$，$FV$） |
| $i=10\%$ | |
| $n=5$ | |
| $FV=0$ | |
| 解得 $PMT=18.19$ 美元。 | |

每个租赁方案都可以这样计算，结果如表 9－6（A）和表 9－6（B）所示。

根据表 9－6（A）所示的例子，业主现在可以使用有效净租金（effective net rent）来比较租赁方案之间租金和营运费用支付的重大差异。我们应该指出，现在也可以考虑净租赁（net lease）或总营运费用转移给租户的租赁的计算结果。这可以通过观察表 9－6（A）中每一种场景的净租金组成部分来完成。因为每种情况下的净租金（net rent）等于总租金减去所有的营运费用（现在转移给租户），净租金将是对净租赁进行评估时，业主应该重视的现金流量。①

## 9.6.4 其他财务因素

除了租金和营运费用之外，还有一些其他需要考虑的财务因素，它们可以作为租赁协议的一部分进行谈判。根据租赁协议谈判时的市场竞争激烈程度，业主和潜在的承租人可能会针对以下一项或多项内容进行谈判：

优惠让步和/或承租人改良（TIs）补贴包括：搬迁补贴、免费或折扣租金、已有租赁的买断或租赁终止费，以及其他业主可能使用的向理想租户出租的吸引条件。

为了说明如何将这些考虑因素纳入有效净租金的计算中，我们回到表 9－6（A）中的第一种情况。回想一下，我们正在考虑租赁 10 000 平方英尺的空间。每平方英尺的现

① 我们应该指出，在实务中，与大面积租赁的租户谈判时通常使用净租赁。毛租赁往往在与租赁面积较小的多租户谈判中使用。所以在实务中，由于租户类型和租赁面积要求不同，通常不会比较毛租赁和净租赁。

值是 68.95 美元。当乘以 10 000 平方英尺时，总现值为 689 500 美元。我们现在考虑一个案例，业主提供租赁，其中包括以下奖励：15 000 美元搬迁补贴和 20 000 美元另外的承租人改良（TIs）。这些折让总共为 35 000 美元。这将使第一种情况下的现值降至 654 500 美元且每平方英尺租金现值降至 65.45 美元。与之前一样，解得相当于普通年金的有效租金为 17.25 美元。

**表 9-6（A）　有效租金比较——假设场景**　单位：美元

| 年 | 0 | 1 | 2 | 3 | 4 | 5 |
|---|---|---|---|---|---|---|
| 1. 毛租赁 | | | | | | |
| 租金总额 | — | 40.00 | 40.00 | 40.00 | 40.00 | 40.00 |
| 减：营运费用 | — | 20.00 | 21.00 | 22.00 | 23.00 | 24.00 |
| 加：收回费用 | — | — | — | — | — | — |
| 净租金 | | 20.00 | 19.00 | 18.00 | 17.00 | 16.00 |
| 平均净租金 | 18.00 | — | — | — | — | — |
| 现值 | 68.95 | — | — | — | — | — |
| 有效净租金 | 18.19 | — | — | — | — | — |
| 2. 有费用止付的毛租赁 | | | | | | |
| 租金总额 | — | 38.00 | 38.00 | 38.00 | 38.00 | 38.00 |
| 减：营运费用 | — | 20.00 | 21.00 | 22.00 | 23.00 | 24.00 |
| 加：收回费用 | — | — | 1.00 | 2.00 | 3.00 | 4.00 |
| 净租金 | — | 18.00 | 18.00 | 18.00 | 18.00 | 18.00 |
| 平均净租金 | 18.00 | — | — | — | — | — |
| 现值 | 68.23 | — | — | — | — | — |
| 有效净租金 | 17.99 | — | — | — | — | — |
| 3. 有累进租金的毛租赁 | | | | | | |
| 租金总额 | — | 39.00 | 41.00 | 43.00 | 45.00 | 47.00 |
| 减：营运费用 | — | 20.00 | 21.00 | 22.00 | 23.00 | 24.00 |
| 加：收回费用 | — | — | — | — | — | — |
| 净租金 | — | 19.00 | 20.00 | 21.00 | 22.00 | 23.00 |
| 平均净租金 | 21.00 | — | — | — | — | — |
| 现值 | 78.89 | — | — | — | — | — |
| 有效净租金 | 20.81 | — | — | — | — | — |
| 4. 有累进租金和费用止付的毛租赁 | | | | | | |
| 租金总额 | — | 37.00 | 39.00 | 41.00 | 43.00 | 45.00 |
| 减：营运费用 | — | 20.00 | 21.00 | 22.00 | 23.00 | 24.00 |
| 加：收回费用 | — | — | 1.00 | 2.00 | 3.00 | 4.00 |
| 净租金 | — | 17.00 | 19.00 | 21.00 | 23.00 | 25.00 |
| 平均净租金 | 21.00 | — | — | — | — | — |

续前表

| 年 | 0 | 1 | 2 | 3 | 4 | 5 |
|---|---|---|---|---|---|---|
| 现值 | 78.16 | — | — | — | — | — |
| 有效净租金 | 20.62 | — | — | — | — | — |
| 5. 有费用止付及 CPI 调整的毛租赁 | | | | | | |
| CPI | — | N/A | 5.0% | 6.0% | 6.0% | 6.0% |
| 租金总额 | — | 35.00 | 36.75 | 38.95 | 41.29 | 43.77 |
| 减：营运费用 | — | 20.00 | 21.00 | 22.00 | 23.00 | 24.00 |
| 加：收回费用 | — | — | 1.00 | 2.00 | 3.00 | 4.00 |
| 净租金 | — | 15.00 | 16.75 | 18.95 | 21.29 | 23.77 |
| 平均净租金 | 19.15 | — | — | — | — | — |
| 现值 | 71.02 | — | — | — | — | — |
| 有效净租金 | 18.73 | — | — | — | — | — |

**表 9-6（B）　　表 9-6（A）中不同租赁类型的有效租金解释**

| 租赁类型 | 有效租金（美元/平方英尺） | 解释 |
|---|---|---|
| 1. 固定租金 | 18.19 | 业主每年收到 40.00 美元/平方英尺的固定租金并支付营运费用。业主（1）放弃任何提高租金的机会，（2）必须吸收所有现在和未来增加的营运费用。 |
| 2. 有费用止付的固定租金 | 17.99 | 业主每年收到 38.00 美元/平方英尺的较低租金。然而，业主将超过 20.00 美元/平方英尺的费用上限部分转移给租户。业主放弃提高租金的机会，但把部分由营运费用增加的风险转移给租户。 |
| 3. 每年 2.00 美元的累进租金 | 20.81 | 业主收到较低的初始租金 39.00 美元/平方英尺。然而，租金将每年增加 2.00 美元/平方英尺。和情况 1 相同，业主承担未来营运费用的增长。 |
| 4. 累进租金及 20.00 美元的费用上限 | 20.62 | 业主收到较低的 37.00 美元/平方英尺的初始租金。然而，业主每年将租金提高 2.00 美元/平方英尺。业主将所有超过 20.00 美元/平方英尺的营运费用转移给租户。 |
| 5. CPI 调整的租金并含有费用止付 | 18.73 | 在这种情况下，初始租金是最低的。在未来租金随 CPI 调整的情况下，业主把未来租金上涨的风险转移给租户。因此，业主把超过 20.00 美元/平方英尺的营运费用转移给租户。 |

在某些情况下，免费租金也可以作为吸引条件。例如，在第一种情况下，如果业主

在前两年提供减至 30 美元/平方英尺的租金，我们将重新计算 5 年期以 10%折现的有效租金，得出有效净租金为 13.61 美元（见表 9－7）。

**表 9－7** 单位：美元

| 年 | 0 | 1 | 2 | 3 | 4 | 5 |
|---|---|---|---|---|---|---|
| 净租金 | | 10.00 | 9.00 | 18.00 | 17.00 | 16.00 |
| 现值 | 51.69 | | | | | |
| 有效净租金 | 13.61 | | | | | |

当除了折扣租金外还有 35 000 美元的折让时，新计算的现值应为（51.59×10 000）－35 000＝480 900 美元。这一修正的现值为 480 900÷10 000＝48.09 美元/平方英尺。这使得有效租金为 12.69 美元。

在前面的例子中，应该清楚的是，有效租金是对出租人现金流的预期现值（承租人的成本）的一种度量。但是，需要强调的是，如果没有考虑风险的差异，有效租金不可比较。当需要用单一指标比较不同租赁方案的预期回报时，有效租金是有用的。这比在租赁期内比较平均租金或租金总额更好。

# 9.7 经营性现金流的报表制作

以下是关于租赁条款与收益性房地产投资者如何制作现金流量表之间联系的一般性讨论。这些报表非常重要，因为它们是估算房地产价值和进行投资分析的基础。这些报表反映了（1）租赁条款，（2）影响租金的市场供求条件，（3）租户的信用风险，以及（4）与房地产运营有关的费用如何分配给业主和租户。如上所述，在公寓、写字楼、零售房地产和仓库中租赁条款差别很大。同时也必须体现租赁期限的差异，并将模型编制成现金流量表，以评估投资风险和投资机会的回报。

将收益性房地产投资中实现的净现金流量与表 9－8 中所示的关系结合起来思考是有益的。房地产的租金收入是基于与每个租户签订的租赁协议中确定的租金计算的。正如我们已经讨论的，租赁协议中规定的租金可能是固定的、累进的、与指数挂钩的或是基于某种程度的业务表现。此外，由于现有租赁协议是在前期签订的并用于不同到期期限，因此有些租赁可能会在房地产购买后到期或延期。所以，任何一年的租金收入都取决于之前年份实行的租赁协议以及当前正在实行的租赁协议。如表 9－8 所示，除了租金，许多房地产还产生由其他服务带来的其他收入（如公寓内的洗衣设施、办公楼顶的手机信号塔、有遮挡的停车场等）。

表 9－8 中的简易表显示了可收回费用一般也要加回到租金及其他产生房地产总现金流的收入中。正如我们已经解释过的，依据租赁条款，一些营运费用可以从租户那里收回。根据不同的租赁类型，如全服务租赁、修正全服务租赁、净租赁等，一些租户会按比例支付营运费用，而另一些租户会支付更高的基本租金但是不会承担任何营运费用。可收回费用也随不同的租赁而不同。

表 9-8　制作收益性房地产现金流预测表的一般步骤

| |
|---|
| 租赁收入 |
| 加：其他收入 |
| 　　可收回费用 |
| 减：空置和征收损失 |
| 　　优惠让步 |
| 有效总收入 |
| 减：营运费用 |
| 　　资本支出（*CAPEX*）/翻新补贴* |
| NOI（净现金流）** |

*这个项目代表与正常运作相关的维修、翻新等经常性的现金支出。这些项目可能包括提高运营效率或为新租户准备空间所需的支出。如果需要增加资本支出（如修建新屋顶、停车场等）的主要现金流出，那么这些项目应包括在补充报表中，显示仅在预期发生的年份的非经营资本支出。

**读者应该知道，在房地产投资分析中，现金流是相关的重点。尽管净营业收入（*NOI*）这一术语也会出现在接下来的章节中，但它是作为现金流计算的，而不是作为公认会计准则（GAAP）确定的利润。术语 *NOI* 与经营性现金流会交替使用。

在确定收入和费用的其他来源后，现金流入会由于房屋空置及未付租金所带来的租金损失而减少（因租户破产等）。除这些削减之外，业主可能为租户提供了优惠让步（concessions），如在特定时期内的搬入补贴或租金减免。这些是为了吸引新租户或留住正在更新租约的旧租户，扣除这些补贴后，得到的有效总收入就是业主可用于支付营运费用的现金流量。

除了营运费用外，其他现金流出项目包括为新租户提供的“准备”费用和其他支出。这些项目是可能定期发生的支出项，并取决于租赁周转率。表 9-8 中有这样的补贴（参见：*CAPEX*/翻新补贴）。如下所示，在进行投资分析时，应制定包括经营性现金流量和资本支出单独报表在内的多期财务报表。

从有效总收入中扣除营运费用和资本支出项后，得到的净值是净现金流量，即净营业收入（*NOI*）。这个概念表示正常经营周期（通常为一年）下运营房地产获得的净现金流入量。*NOI* 在房地产投资分析中是非常重要的概念。

正如我们所解释的那样，表 9-8 所示的现金流量预测报表是很基本的情况。在本章考虑的每种房地产类型中，现金流预测表的编写会因每种房地产类型下具体的重要租赁条款而受到影响。我们也应注意到，本章的解释仅限于一年期的基本预测报表。在后面的章节中我们将会看到，对长期投资进行分析时，预测报表必须每年制定。我们现在来看看写字楼、零售、工业/仓库及多户住宅房地产的租赁和现金流状况。

# 9.8　案例：写字楼房地产

## 9.8.1　办公场所的租金溢价和折价

办公场所通常会租用 3～7 年，租户通常可以选择续签以租用更长期限。写字楼的租金根据地段不同而不同。在建筑具有以下特征或建筑位于以下地段时，业主可能会收取溢价租金：

- 有地下层、转运站和电梯间；
- 为有较好视野的更高楼层；
- 位于建筑转角。

在以下情况下可能会有租金折价：

- 不与电梯间相邻的中间楼层和区域；
- 视野受阻或视野不理想的办公场所；
- 某一租户占用的不连续空间（例如，租用第二层和第六层）。

概念框 9.3 列出了写字楼租赁中的一般条款。

**确定租赁收益**

为了确定收益，可出租面积（rentable area）的每平方英尺基本租金必须乘以出租给租户的面积。虽然这似乎是一个简单的计算，但并不总是和看上去一样简单。在多租户和有公共区域的建筑中尤其如此。我们将用写字楼作为一个假设的例子，为读者提供一些如何确定出租面积的想法。然而，根据建筑所在的城市，当地的实际做法可能会影响这些计算。

**建筑计租面积**

把向单一租户-用户出租的总面积看作建筑中计租总面积是有帮助的。这通常等于所有楼层及走廊的总面积，但排除不可出租区域，通常包括外墙的厚度、通过地板的任何柱体或突出物，例如电梯、竖井或结构支撑物、机械设备间、地下室等，这些是业主需要用于维护或运营建筑的区域。可租用区域包括升降电梯、大厅或接待区、洗手间或任何可被租户及访客/客户使用的区域（后面这些区域称为公共区域）。为了说明，如果我们假设某一建筑的总面积为 250 000 平方英尺，可出租面积为 200 000 平方英尺，同时我们假设基本租金为每平方英尺 20 美元，那么总租金就等于 20 美元乘以 200 000 平方英尺，或 4 000 000 美元每年。单一租户支付的租金为每月按比例分配的数额，即除以 12。

**多租户——每层计租面积——负载因子**

在许多租户共用一栋建筑的情况下，每个租户将在一层楼中各自使用其可用面积（usable area）。例如，如果四个租户平分一层楼，并且这层楼的可出租面积共 20 000 平方英尺，每个租户分得等量的内部办公空间 4 500 平方英尺，则这一层的总可用区域为 18 000 平方英尺。但是，如果只有一个租户租用整个楼层，就会有 20 000 平方英尺的可用面积。因此，当多租户共用一层楼时，该层的总可出租面积（仅有一个租户租用这层楼时可用的空间）与可用面积的差是 2 000 平方英尺的公共区域。这个空间将被所有四个租户及其客户/访客使用。在这种情况下，业主将在四个租户之间按负载因子（load factor）分摊 2 000 平方英尺的公共区域，以确定每个租户的“计租面积”。计算公式如下：

$$\text{每个楼层的负载因子}=\frac{\text{每层可出租面积}}{\text{每层可用面积}}$$

$$1.111=\frac{20\ 000}{18\ 000}$$

因此，对于可用面积为 4 500 平方英尺的租户，该租户的计租面积计算为 4 500×

1.111=5 000 平方英尺。租户将按照 5 000 平方英尺的“计租面积”支付租金。如果这个关系存在于 10 层建筑的每个楼层中，那么建筑的负载因子应该是 200 000÷180 000=1.111。

然而，应当指出的是，面积使用情况会随承租人不同和楼层不同而变化。例如，如果单一租户占用整个楼层，那么该租户的可用面积和计租面积将是相等的，即该租户在该楼层占用的 20 000 平方英尺。

### 租赁和特定经营特征——写字楼 概念框 9.3

由于公司在业务中的使用空间和成本的重要性，业主和租户在进行租赁谈判时会考虑许多选择和其他特征。除了前面讨论的基本规定外（见概念框 9.1 和 9.2），以下是写字楼租赁中常见的一些代表性特点：

- 租户的优先购买权。根据优先购买权（right of first refusal），租户有权在房源可用时租用连续空间或任何空间。
- 租户有权向业主“放回”空间。如果租户希望减少空间需求，租户有权减少租用的空间。
- 业主出售或合并应给予租户终止租赁的权利。
- 物品的进出。业主对于物品的进出或者停车点的重大变动均需要租户的批准。
- 购买选项。如果业主想要在未来某个时间出售，租户有第一个购买房地产的权利。
- 标牌。标牌条款（signage clause）的目的是授予一个或多个租户在建筑物内部和/或外部显示名称的权利。[对于租用大量空间的租户，有时被称为主力租户（anchor tenants），标牌可以作为吸引其租用空间的诱因。] 标志的大小和设计由业主仔细控制，特别是当专门给予一个租户时。（注：其他潜在租户可能会避免租用具有竞争对手名称的写字楼的空间。可能存在“声望”问题，这取决于建筑物中的租户组合。）
- 新租赁批准。主力租户希望有权批准业主与新租户谈判的任何主要租赁协议，以保护其在建筑物上的形象/标识。
- 超载使用空间。租户必须将每平方英尺的当前和未来雇员人数保持在商定的水平上（例如，每位雇员 250 平方英尺的可出租空间）。
- 停车位。业主必须保留相对于目前建筑物中可出租的平方英尺数以及相对于将来要建造的可出租空间的规定的最小空间数量。

在许多情况下，建筑物中的其他区域可能会进一步调整每层的负载因子。例如，一座大型写字楼可能包含一个“超大型”和精致的大厅，并可能有其他公共区域（屋顶天台等）。在我们的例子中，如果我们假设 20 万平方英尺的可出租面积平均分布在 10 个楼层（方形建筑物）上，而一楼是一个大厅，面积为 1 万平方英尺的公共区域，那么业主可能试图将这个大厅分摊在大厦所有租户之中。其中一种方法就是把公共区域占地面积 1 万平方英尺÷20 万平方英尺的可出租面积，得到比率 5%。负载因子（1.111）可能会增加 5%，即 1.111×1.05=1.166 7（总负载因子）。我们租户的可出租面积将按以下公式计算：可用面积乘以总负载因子，即 4 500×1.166 7=5 250（平方英尺）。假设基本租金为 20 美元/平方英尺，则业主从租户处获得的总租金收入将是：

20×(4 500×1.166 7)=年租金

20×5 250=105 000(美元)

对于占用一个楼层的单个租户，在这个楼层上的可出租面积和可用面积是相同的，也就是 2 万平方英尺。因此，这个单一租户将按照楼面上的可出租面积支付每年的租金，同时加上建筑物中的其他公共区域的负载因子如下：

20×20 000×1.05=420 000(美元)

因此，租户在多租户写字楼内租用办公空间时，它们不但会对每平方英尺的基本租金感兴趣，也会对如何确定可出租面积感兴趣，包括将用于确定可出租面积的负载因子。将可出租面积乘以基本租金可以确定租金。在许多情况下，当租户比较建筑物可能的占用率时，它们比较总负载因子作为“效率测度因子”。高负载因子通常表示大量的公共区域，因此会降低“建筑效率”。然而，如果一个有形象意识的租户需要一个高端宽敞的空间来接待客户和大型公共区域，这种定性考虑可能会抵消低效率。还应该指出的是，无论如何计算负载因子，这在业主和租户之间都是可以协商的，就像上面讨论的佣金一样。

## 9.8.2 写字楼的预测现金流量表

在表 9-9 中，我们以韦伯斯特办公大楼的现金流量表为例，这是一个有 459 295 平方英尺可出租面积的 17 层写字楼。用于编制该表格的收入估算基于总共 65 个租约，其中包括固定租金租赁、累进租金租赁和指数化租金租赁。根据可出租面积，假设全部入住，使用加权平均法来估算出每平方英尺有 25.65 美元的租金，即来年租金收入总共 11 780 917 美元。业主还应该从一些零售服务、手机塔租金、停车和存储费中赚取其他收入。应该指出的是，在表格的收入部分，预计从租户处收回的费用等于 1 139 051 美元，已经包括在内。这个数额是通过审查 65 个租约中的每一个的费用条款来估计的。(1)“全面服务”，因此不会提供任何来自租户的营运费用收回；(2) 修正全面服务；(3) 规定税收和保险的转移；或 (4) 提供营运费用收回，如果是的话，可以设定“上限”。估计空置面积相当于总出租面积的 5%。另外，如表 9-9 所示，从收入中扣除优惠让步(给予新租户的搬家津贴和租金折扣)，所有来源的有效总收入为 12 675 727 美元。

业主支付的总费用估计为每平方英尺 13.39 美元，总共 6 149 959 美元。额外的扣除额包括 2 549 087 美元作为资本支出或提高津贴。这些后来的支出包括承租人改良成本，这些成本已经作为承租人改良/“完成”成本的一部分进行谈判，为新租户占用空间和其他支出做准备。在扣除营运费用和有效总收入的资本支出或提高津贴后，韦伯斯特办公大楼作为基准年的净营业收入（*NOI*）为 3 976 681 美元。

应该强调的是，这个预测现金流量表是为了给读者提供一个指导，说明如何为基年编制预测现金流量表。为了对这个房地产进行更全面的投资分析，必须对韦伯斯特进行多年预测。这个预测将根据所有 65 个租约进行，包括预期的租赁终止、租赁续约和租赁展期以及租赁佣金。未来租金、费用、成本转移和营运费用收回的调整也应包括在内。另外，在这样的多年预测中，预期支出的那些年份应该包括未来主要改进、修理和替换(屋顶、电梯、暖通空调等）的主要资本支出或支出，以及承租人改良。下一章将介绍更全面的多年预测。

**表 9-9　　韦伯斯特办公大楼预测现金流量表——基年估计**

| | | |
|---|---|---|
| **房地产描述** | | |
| 韦伯斯特办公大楼 | | |
| 可出租面积：459 295 平方英尺，17 层 | | 停车位：2 000 个 |
| 占用率：95% | | 场地面积：10 英亩 |
| 租户数：65 | | 电梯数：12 个 |
| 每租户可出租面积：7 000 平方英尺 | | |
| **收入**（单位：美元） | | |
| 　总租金（基于每平方英尺租金 25.65 美元×可出租面积） | | 11 780 917 |
| 加：从租户处收回的费用 | 1 139 051 | |
| 加：其他收入 | | |
| 　零售服务（大厅） | 10 000 | |
| 　手机塔租金 | 54 301 | |
| 　储存费 | 9 186 | |
| 　停车 | 381 215 | |
| 减：空置费用（总租金的 5%） | 597 898 | |
| 减：优惠让步（例如，免费租期） | 101 045 | |
| 有效总收入 | | 12 675 727 |
| 减：营运费用 | | |
| 　房地产税 | 913 997 | |
| 　租赁费用 | 982 891 | |
| 　保险费用 | 638 420 | |
| 　维护/营运费用 | 987 484 | |
| 　设施费 | 1 731 542 | |
| 　保洁清理 | 725 686 | |
| 商业及其他税项 | 169 939 | |
| 总营运费用 | 6 149 959 | |
| *CAPEX*/翻新补贴 | 2 549 087 | 8 699 046 |
| 净营业收入（*NOI*） | | 3 976 681 |

## 9.9 案例：工业和仓库房地产

写字楼租赁的许多特点适用于工业和仓库房地产。事实上，许多建筑物都包括办公空间和仓库空间的组合。但是，这些属性有一些区别。

由于建筑物的特殊用途，仓库的租赁往往是高度个性化的。租户通常更倾向于 10～20 年的长期租赁。长期租赁是首选，因为许多大型仓库用户需要安装成本高、不能轻易移动或短时间移动的设备。租约往往含有重要的转移条款，或通常为（1）单一净租赁，（2）双重净租赁，或（3）三重净租赁。具有以下特征的工业/仓库房地产，可以增加租金溢价：

- 靠近工业园区的入口。
- 靠近高速公路、州际高速公路或铁路。
- 转弯半径大，装卸码头入口。

具有以下特征的工业/仓库房地产，可能会有租金折扣：

- 入口/出口不好。
- 区域交通不畅。

当工业和仓库建筑物位于大型园区式开发项目中时，公用区域收费可能包含在租赁中。因为这是与维护、景观美化、保养、安全等相关的费用，这些服务可能在整个开发的公共区域中为所有租户提供，但不属于任何特定的建筑物。由于所有建筑物的所有租户都从这些服务中受益，所以业主可以通过 CAM（公共区域维护）费来收回这些费用。

租约可能会规定租户可以为了改善效率而进行租赁房屋的修缮。这种支出通常是租户的责任。业主通常保留批准设计和承包商进行这些改进工作的权利。租约应当规定如何改进、这样的改进是否应该取消以及为此承担费用的是哪一方。

### 工业和仓库的预测现金流量表

在表 9－10 中，我们简要说明了一个总可出租面积达 10 万平方英尺的配送仓库的预测现金流量，其中 10%是办公室和展厅。一个租户将同意支付每年（1）每平方英尺租金 6.60 美元，及（2）与维修等相关的额外营运开支/费用等于每平方英尺 1.00 美元。在这种情况下，租赁协议表明租户将支付所有的运营开支和公共服务。租户同意向业主支付每平方英尺 1 美元的额外营运费用（维护费等），由业主支付给服务供应商。从表中可以看出，一般维护、维修和其他营运费用共计 15 万美元。而租户预计要支付 10 万美元的费用，并不是所有费用都能从租户那里收回。差额为业主必须支付的净费用。然而，房地产税和保险都将收费，或“转移”给承租人，然后由业主支付。表 9－9 中显示的其他费用包括：资本支出或改进仓库占用的经常性费用。

与写字楼的情况一样（见表 9－8），这个表只用于基年。更彻底的投资分析将包括反映租赁协议收入和费用变化的多年预测报表，以及在预期的年度内任何预期的用于修理外部结构项目的资本支出，如屋顶、停车场、车道等。

**表 9-10　　Hellis 配送业务房地产预测现金流量表——基年估计**

| | | |
|---|---|---|
| **房地产描述** | | |
| Hellis 配送设施/办公室/展厅建筑 | | |
| 可出租面积：100 000 平方英尺，其中 10% 为办公室/展厅 | | |
| 租约：单一租户——5 年期——双重净租赁 | | |
| 每平方英尺租金：每月 55 美分，每年 6.6 美元 | | |
| 从租户处收回的营运费用：每平方英尺每年 1 美元 | | |
| **收入**（单位：美元） | | |
| 总租金（基于每平方英尺租金 6.6 美元乘以可出租面积） | | 660 000 |
| 加：从租户处收回的费用 | 100 000 | |
| **费用转移：** | | |
| 　房地产税 | 125 000 | |
| 　保险费用 | 50 000 | |
| 有效总收入 | | 938 000 |
| 减：营运费用 | | |
| 　养护、修复、其他费用 | 150 000 | |
| 　房地产税 | 125 000 | |
| 　保险费用 | 50 000 | |
| 总营运费用 | 325 000 | |
| *CAPEX*/翻新补贴 | 69 000 | 394 000 |
| 净营业收入（*NOI*） | | 544 000 |

# 9.10　案例：零售房地产

零售房地产的价值在很大程度上来自业主可以把房子租给能够吸引购物者的租户。零售房地产成功的关键指标包括每平方英尺可出租面积的销量和客户流量。这些因素对于零售房地产业主尝试向潜在租户出租时非常重要。在开发零售房地产时，业主通常会完成贸易区域分析。这个研究利用贸易地区潜在客户的人口、年龄和收入作为考虑商品和服务需求的指标。

零售房地产受许多变化趋势、零售新概念、潮流等的影响。除了租金和费用外，零售租赁还包含许多条款，这些条款会影响租户的经营方式。这是因为大多数零售商经营与其他零售商相似或邻近的业务。此外，一些租户可能有权批准业主与竞争零售商谈判的租约。一些租户的零售租赁也可能排除某些其他租户，这些租户可能被认为是不兼容的，或可能损害、干扰现有零售商的运营。

零售租赁的现金流量可能差别很大。除了固定、累进、指数化的基本租金外，业主和租户可以根据租户的销售量谈判租金。此外，零售租赁通常包括若干经营性开支的收回。关于零售房地产的一个非常重要的项目是与维护公共区域相关的费用或 CAM 费用（CAM charge）的收回。这些费用往往是非常显著的，对零售房地产的租户来说非常重要。虽然我们的讨论大多数适用于商场，但这里描述的许多概念也适用于其他类型的零售房地产。

## 9.10.1 零售租赁环境

### 主力租户与其他租户

在考虑大型零售房地产的投资时，了解业务的性质和各种租户的重要性是很重要的。这也是主力租户和内嵌或商店租户的一大区别。一方面，主力租户通常包括非常大的百货公司或其他零售商，其销售量非常高，并产生相当大的客户流量。在很多情况下，由于租户租用的空间非常大，因此租户可以享受很大的租金折扣，并且需要许多特殊租赁功能。另一方面，其他租户往往是较小的零售商，希望参与高水平的购物交易并产生零售额，其中高水平的购物交易一大部分由主力租户生产。通过整合主力租户和其他租户之间的基础、免费和交叉购物活动，业主希望创造一个零售环境，使每平方英尺可出租空间的所有租户都能获得高销售额。

### 租金

主力租户和其他租户之间的另一个非常重要的区别是租金的确定。一般来说，在与业主谈判时，主力租户通常比其他租户更能有效地讨价还价。在很多情况下，主力租户将支付非常低的租金，或根本不用支付租金。事实上，如果非常想获得一个特定的主力租户，那么业主可能愿意以非常有利的租金出租，并提供其他激励措施，比如贡献资金来建造和完成主力租户的租用。在某些情况下，业主可以将一部分房地产出售给主力租户，从而允许租户根据最理想的平面图和装饰图来建造、完成、运营和控制租用空间。另外，如果房地产没有出售，业主通常会与主力租户签订长期经营协议。

与主力租户的租金低廉和长期租约形成对比的是，其他租户的租金往往受当前市场状况的驱动。租金通常包括每平方英尺可出租面积的基本租金，用于相对较短的期限，例如 3～5 年（具有续租选项）。此外，与许多商业房地产的情况一样，这个基本租金在租期内可能是固定的，可能受限于具体的周期性累进，或者是经 CPI 调整的。租约通常由业主和租户在到期之前进行审查并重新谈判。

对于一些其他租户来说，零售租赁的另一个特点是将基本租金条款和所谓的比例租金条款（percentage rent clause）相结合。这样做的理由通常是，尽管人流量和销售量都很高，但其他租户认为业主要求的基本租金相对较高。在这些情况下，租户可能更愿意接受较低的基本租金。它们只有在零售房地产的业务是成功的时，才会同意支付额外的租金（称为超额租金）。额外的租金是基于零售销售水平以上的某个比例。租户可能会认为这种租金安排与业主有关每平方英尺销售额和客户流量的声称一致：如果零售环境与业主声称的一样好，那么业主应承担租户业务风险的一部分来收回总租金。

比例租金租赁的一个基本例子如下。假设有 1 000 平方英尺的可出租零售空间，业主要求每平方英尺 38 美元的基本租金。但是，业主可以提供较低的基本租金，即每平方英尺 35 美元，而不是每平方英尺 38 美元的租金，再加上总销售收入超过某个临界销售量部分产生的 8%超额租金。临界点销售水平（breakpoint sales level）和百分比租金因子可以进行谈判，并根据零售租户的类型而有所不同。例如，珠宝店的临界点销售水平相对较低，租金百分比较高，而派对用品店的临界销售量较高，租金百分比因子较低。在我们的例子中，如果临界点销售水平协商为 90 万美元，租户的销售总额为 100 万美元，那么基本租金加上超额租金将如表 9 - 11 所示。

**表 9 - 11**

| 基本租金 | 总计 | 每平方英尺租金 |
|---|---|---|
| 35×1 000 | =35 000 美元 | 35 美元 |
| 超额租金<br>(1 000 000－900 0000)×0.08 | =8 000 美元 | 8 美元 |
| 合计 | 43 000 美元 | 43 美元 |
| 每月租金 | = (43×1 000)÷12=3 583.33 美元 | |

另外，如果我们例子中的其他租户的销售量小于 90 万美元的临界销售量，那么基本租金将保持在每平方英尺 35 美元。在确定临界销售量和超额租金时，比例租金租赁还必须指定哪些收入项目将包含在总销售额中。退货、销售给员工、礼品券、网上销售和销售税的收入调整都必须说明。此外，租户可能需要准备一些文件，通常包括销售报告，基于租户记录保留的财务报表和销售税收据。业主通常也保留审计权。

## 9.10.2 CAM 费用收回

如上所述，零售租赁的另一个非常重要的组成部分是公共区域维护（CAM）的费用收回。大多数零售房地产包括大量公共区域空间，如商场人行道，停车场以及所有顾客使用的非购物空间。这个空间必须被照亮、运营、维护和修理，并且业主必须保证安全。而且，在封闭的商场中，公共区域通常需要供暖和制冷。当协商零售租赁租约时，通常会根据运营所需的具体费用来确定公共区域维护费用。在很多情况下，主力租户支付的 CAM 费用要少于其他租户支付的费用。CAM 费用通常按以下方式向其他租户收取：

$$\begin{matrix}\text{其他租户的 CAM 费用}\\ \text{(每平方英尺可出租面积)}\end{matrix}=\frac{\text{CAM 总费用}-\text{主力租户承担的 CAM 费用}}{\text{其他租户总可出租面积}}$$

CAM 费用的一般例子可能如下：(1) 一零售商场包含 200 万平方英尺的空间，其中 120 万平方英尺是可出租面积，80 万平方英尺是公共区域；(2) 本年度 CAM 总费用为 3 000 000 美元；(3) 主力租户占地 70 万平方英尺，其他租户占地 50 万平方英尺。商场的业主已与四个主力租户谈判，它们将支付每平方英尺 2 美元作为 CAM 费用。其他租户的 CAM 费用将为：

$$\frac{3\ 000\ 000-1\ 400\ 000}{500\ 000}=3.20(\text{美元/平方英尺可出租面积})$$

在与主力租户针对 CAM 费用进行谈判时，业主可能承担相当大的风险。在很多情况下，业主企图通过提供非常有利的租赁条件来吸引主力租户，包括相对较低的租金和较低的 CAM 费用。然而，为了保证这些给主力租户的有利条款，业主可能需要与其他租户进行协商以收取较高额的租金和 CAM 费用。根据已实现的零售水平，其他租户可能无法负担相对较高的租金和 CAM 费用。因此，它们可能会在第一时间搬出房子。或者业主不得不减少对其他租户的租金，以致可能无法实现预期的租金收入。

除了 CAM 费用之外，在某些情况下，零售业主可能会根据所占可出租面积的份额，直接向所有租户转移保险费用和房地产税。此外，所有租户通常都会被要求加入零售商协会，并支付各种广告和促销费用。关于零售房地产租赁和运营特征的讨论，请参阅概念框 9.4。

**零售房地产的租赁和特定经营特征** **概念框 9.4**

由于零售房地产的性质以及从高级时装到餐厅等诸多不同行业的差别，零售房地产租赁的许多特点是独一无二的。接下来是一些可能影响风险和回报的重要特征：

● 租赁终止或终止条款。由于每平方英尺的销售量和客户流量对于零售房地产的成功经营十分重要，零售商和业主可以制定终止条款（termination clause）。该条款规定租户必须在特定时间段内达到每平方英尺一定的销售水平（如两年），否则业主或租户可能会终止租约。

● 共同租赁条款。共同租赁条款（co-tenancy clause）是租户通常要求某个主力租户或其他租户持续存在，作为与业主签订租约的条件。发生这种现象的一般情况是，租户发现当某些共同租户存在于零售商场时自身的销售额会增加。此外，如果这些共同租户中的任何一方终止其租约，其他租户可以：（1）要求业主在特定时间段内找到可替代租户，（2）重新谈判租金，或（3）终止租约。

● 主力租户和贷款人批准主要租约。在零售情况下，大型主力租户通常非常关心潜在其他租户的质量、形象和知名度，它们可能会要求有权批准正在谈判的所有主要租赁租约（如 5 000 平方英尺或更多），包括（1）新的其他租户和（2）其他主力租户。贷款人可能更关心的是财务质量，它们可能会把重点放在主力租户的租金、CAM 费用上。

● 标牌。标牌条款（signage clause）赋予租户在建筑物内部和/或外部显示名称的权利或以商场的方式显示名称的权利。就零售主力租户而言，业主可能会向其提供独特的标牌作为租赁的吸引条件。通常会对其他租户标志的尺寸、颜色符合性等进行规定。

● 排他性条款。排他性条款（exclusivity clause）限制了业主将建筑物内的空间出租给现有租户竞争者的权利。一些专卖店坚持专有使用条款，禁止任何类似商店在建筑物内或附近的任何地方进行租赁以保护自身销售。

● 不稀释或半径条款。当向租户提供排他性条款时，业主可能需要一个半径条款（radius clause），也就是说，租户必须同意不在同一市场/交易区域（例如，5 英里范围内）租用任何额外的空间。

● 排他的用途。许多主力租户要求将某些用途的租户从租用空间中排除。这些租户可能包括电影院、餐馆、健身俱乐部等。主力租户可能认为顾客停车或进入它们所在的位置可能会受到这些用途的不利影响。

● 运营时间。所有租户一般都必须在每天和节假日中的特定时间进行运营。这避免了由于在零售房地产中的许多租户的运营时间不一致而可能影响客户流量的问题。

## 9.10.3 零售房地产的预测现金流量表

表 9-12 为 Shady Elm 社区购物中心的现金流量表，这个社区购物中心拥有 245 000 平方英尺的可出租面积。它包括一个 70 000 平方英尺的杂货店和一个 40 000 平方英尺的家用家具店作为主力租户和 30 个其他租户。它包括一个内部、有顶、装配有空调的商场和 80 000 平方英尺的公共区域通道。预计基本租金平均为每平方英尺 16.73 美元，中心的 6 个租户已经签署比例租金租赁协议。预计这些租赁将在基年内产生 308 700 美元的超额租金。租户需要为维持 80 000 平方英尺的商场和其他公共区域（停车场等）付出费用，费用预计为 1 139 250 美元，约合每平方英尺 4.65 美元。在考虑租金、超额租金、其他收入和 CAM 费用收回之后，Shady Elm 预计在基年内将产生总收入 5 375 300 美元。业主支付的总营运费用在表中列出，预计为 1 875 700 美元。Shady Elm 的业主预计将支付的其他项目包括为租户承担的资本支出和翻新补贴，达 315 000 美元。在包含了所有收入项目和扣除营运费用、资本支出/翻新补贴后，该中心的 *NOI*（净营业收入）估计为 2 984 600 美元。

**表 9-12　　Shady Elm 社区购物中心预测现金流量表（基年）**

| | | |
|---|---|---|
| **房地产描述** | | |
| Shady Elm 社区购物中心 | | |
| 可出租面积：245 000 平方英尺 | 主力租户：2 个，杂货店/家用家具店 | |
| 公共区域：80 000 平方英尺 | 其他/商店租户：30 个 | |
| 停车位：2 500 个 | 场地面积：19 英亩 | |
| **收入**（单位：美元） | | |
| 总租金（基于 16.73 美元/平方英尺×可出租面积） | | 4 098 850 |
| 加：超额租金（按租约规定比例计算） | 308 700 | |
| 　　CAM 和其他从租户处收回的费用 | 1 139 250 | |
| 　　其他收入（报亭、附属建筑物） | 159 250 | |
| 减：空置（5%×可出租面积×基本租金） | 330 750 | |
| 　　优惠让步 | — | |
| 有效总收入 | | 5 375 300 |
| 减：营运费用 | | |
| 　　养护/修缮费用 | 584 700 | |
| 　　租赁费用 | 340 000 | |
| 　　房地产税 | 1 050 000 | |
| 　　保险费用 | 66 000 | |
| 　　其他 | 35 000 | |
| 总营运费用 | 1 875 700 | |
| 　　*CAPEX*/翻新补贴 | 315 000 | 2 190 000 |
| 净营业收入（*NOI*） | | 2 984 600 |

为了对 Shady Elm 进行更完整的投资分析，需要对 32 个租赁协议中的租金和费用进行审查，再加上任何预计的资本支出导致的现金流出。我们将在第 10 章讨论多期预估现金流。

## 9.11 案例：公寓房地产

参照如表 9－8 所示的一般步骤，我们考虑对公寓投资的现金流进行详细的分析。出于多种原因，对公寓的投资与对写字楼、零售和仓库房地产的投资大不相同。租赁是在相对较短的时间内完成的，单元营业额可能非常重要，许多州和联邦消费者保护法律可能会发挥作用。表 9－13 显示了公寓房地产的现金流量表。

**表 9－13　Waterfall Court 公寓概况**

| | |
|---|---|
| **资产名称：**<br>Waterfall Court 公寓 | **主要设施：**<br>带自动车库门的直入车库，在某些单元存在洗衣烘干一体机（全尺寸）、游泳池、门禁和停车位（400 个，部分已用） |
| **位置：**<br>郊区，美国 | **土地面积及密度：**<br>15 英亩，每英亩 15.5 单元 |
| **改进描述：**<br>一个 232 个单元的花园公寓社区，<br>位于南北主干道上。该公寓结构良好，<br>设施水平高，包括 100%直入车库，<br>所有建筑都是带有 90%砖砌外墙的<br>两层建筑 | **单位结构：**<br>1 卧室 1 卫浴　104 户<br>2 卧室 2 卫浴　128 户<br>平均每户 1 000 平方英尺 |
| **建筑年龄：**7 年 | **平均月租金：**<br>885.65 美元/单元或 0.88 美元/平方英尺 |

| **现金流**（单位：美元） | | |
|---|---|---|
| 总潜在租金收入 | 2 465 649 | |
| 减：租赁损失* | 61 036 | |
| 总租金收入 | 2 404 613 | |
| 减：空置和征收损失 | 285 013 | |
| 　优惠让步和费用调整 | 181 739 | |
| 净租赁收入 | | 1 937 861 |
| 加：其他收入 | 111 080 | |
| 　从其他租户处收回的费用 | 200 000 | 311 080 |
| 总收入 | | 2 248 941 |
| 减：营运和租赁费用 | | 990 380 |
| 　*CAPEX*/翻新补贴 | | 246 095 |
| 净营业收入（*NOI*） | | 1 012 466 |

* 如果目前的市场租金相对于之前旧租约的租金有所下降，租赁损失可以是正的。

总潜在租金收入是根据单卧室和双卧室单元的全部占用率来计算的，平均月租金为885.65美元，未来一年总租金为2 465 649美元。“租赁损失”是在估算公寓的现金流量时出现的独特项目。这反映出多个单元的租赁可能在前期已经完成，但与目前新租赁协议的市场租金不同。61 036美元的租赁损失是按照之前租约较旧的单元数量来确定的。确定旧租约收取的租金和目前新租约收取的租金之间的差额，然后再乘以旧租约单元的数量。从这一数额中扣除空置单元租金、未付租金以及租金折扣/优惠让步产生的租金损失，得到的净租金收入为1 937 861美元。其他设施或服务（例如停车场、仓库、洗衣设施等）提供额外111 080美元的收入，还包括收回由业主提供的水热费用，所有来源的总收入为2 248 941美元。营运和租赁费用预计为990 380美元。合并所有收入和支出项目后，预计净营业收入为1 012 466美元，其中包括一笔246 095美元的用于换新的资本支出。概念框9.5详细介绍了公寓租赁合约和影响现金流的其他运营特征。

**公寓的租赁和特定经营特征** **概念框9.5**

1. 租赁

(1) 共同租赁——所有入住者共同承担重大租金责任。未经出租人同意，不得转租或者更换租户。如果更换租户可能会收取费用。

(2) 租赁终止——在未能支付租金、延迟入住、违反租赁协议、违反社区规则的情况下。在某些情况下，承租人可能因为军事责任或失业而终止租约或暂时停止支付租金。

2. 征收（租金）损失通常是由于租户未能支付租金、破产、放弃租用等。

3. 优惠让步和调整。包括免费租金、减少经济适用住房租金、企业账户折扣等。

4. 如果租约到期，租户没有腾空或续租，有些州会要求租赁自动成为“按月”续约。而其他州则可能要求租赁展期的期限等于租赁的原始期限。在某些情况下，如果租约没有明确更新，租金中可能增加额外征收的“费用”。

(1) 费用通常是收取的延迟租金。

(2) 押金：通常在签订租约时收取涉及安全、损坏、宠物等指定项目的押金，以及将收取的全部或部分金额返还给承租人的条件。

(3) 租户的搬出通知，通常在搬出日期前30天。未能提供通知将导致支付额外的费用。

(4) 额外的收入可能来自以下项目：租赁取消费、申请费、没收的押金、有线电视合同、洗衣房、自动售货机、车库租金、俱乐部租金、受损费等。

5. 收回费用。供暖/制冷、供水以及业主向租户提供的特殊服务。

6. 维修。业主负责维修电器、屋顶喷头、停车场、设备、玻璃、窗户、钥匙/锁、游泳池、暖通空调和其他用品。营业成本：所有准备支出（地毯和其他清洁、油漆、台面、瓷砖/浴缸等）、房地产维护费用、安保费用、管理费用和福利。

# 总　结

本章的目的是让读者熟悉一些有代表性的主要房地产类型的租赁条款和经营特点。从案例中我们可以看出，区域经济条件、市场供求关系、租赁条件、租户信用、投资风险、业主营运费用的收回等都是分析收益性房地产的重要考虑因素。此外，修改和编制预测现金流量表和进行竞争性市场分析，可作为分析和估算被收购房地产投资价值的基础。后面的这些话题将成为后面各章的重点。

## 关键术语

| | | |
|---|---|---|
| 使用许可 | 费用转移 | 非住宅房地产 |
| 主力租户 | 费用止付 | 入住日期 |
| 基本租金 | 超额租金 | 临界点销售水平 |
| 工业和仓库房地产 | 比例租金 | 商业行为 |
| 机构用房地产 | 比例租金条款 | CAM 费用 |
| 终止条款 | 比例租金租赁 | 公共区域维护 |
| 租赁 | 半径条款 | 共同租赁条款 |
| 承租人 | 可出租面积 | 优惠让步 |
| 出租人 | 费用义务 | CPI 调整 |
| 信用证 | 优先购买权 | 标牌条款 |
| 有效租金 | 负载因子 | 转租 |
| 土地征用权 | 市场租金 | 承租人改良 |
| 禁止反言证明 | 最低租金 | 可用面积 |
| 排他性条款 | 非干扰条款 | 工作信函 |

## 参考网站

www. bls. gov/cpi——消费物价指数网站由美国劳工部统计局主办。该网站提供有关不同指标和比率的信息以及新闻稿。

www. reis. com——该网站提供商业房地产趋势、分析、市场研究和支持房地产专业人士交易的新闻。

www. leasingprofessional. com——该网站包含有关租赁的信息来源，包括术语、租赁样本和与其他网站的链接。

www. globest. com——该网站提供每日更新的当前房地产新闻。

www. naea. co. uk/——该网站由国家房地产经纪人协会（NAEA）主办，该协会是英国领先的房地产经纪人专业团体，代表约 10 000 名会员在英国和海外从事物业服务的所有方面的利益。这些包括住宅和商业房地产的销售和出租、房地产管理、商业转让和拍卖。

www. realestate-tokyo. com——该网站是东京的住宅和商业房地产的良好来源，还提供东京地区的公寓和房屋出租、房地产出售、办公室出租信息以及关于日本和房地产市场的一般情况。

www. ipd. com——该网站提供各种性质的客观测量和分析。运营此网站的公司不投资于市场，也不提供任何直接投资建议，因此往往是没有偏见的。

www.snl.com/sectors/real-estate——该网站提供230多个REIT、REOCS和房屋建筑商的基本财务数据。它提供了详细的描述性数据、成本和业绩数据以及属性映射。它也是分析师报告、FFO估计、专有AFFO和NAV一致性估计的很好的来源。

## 问　题

1. 租赁合约是如何将营运费用上升的风险从出租人处转移给承租人的？
2. 基本租金与有效租金有什么区别？
3. 可用空间与可出租空间的含义是什么？
4. 什么是CAM费用？
5. 什么是传递费用、可收回费用和公共区域费用？举个例子。
6. 什么是不可撤销条款？为什么使用这类条款？
7. 什么是“租赁损失”？解释一下。
8. 业主在经营和维护公共场所时会支付哪些费用？分别举出写字楼、零售和仓库房地产的例子。

## 习　题

1. 一建筑物业主正在评估5年内下列写字楼租用空间的选择方案：
   - 累进净租赁。租金第1年为每平方英尺15美元，每年每平方英尺租金增加1.50美元，直到租期结束。所有营运费用将由租户支付。
   - 随CPI调整的净租赁。第1年的租金是每平方英尺16美元。第1年以后，租金会随着CPI涨幅的增大而增加。CPI预计每年上涨3%。
   - 毛租赁。租金总共为每年每平方英尺30美元，出租人负责支付所有营运费用。第1年的费用估计为9美元，此后每年增加1美元。
   - 附有费用止付和CPI调整的毛租赁。租金第1年为22美元，第1年以后随CPI涨幅的增大而增加，费用上限为每平方英尺9美元。CPI和营运费用的变化假设与上述相同。

   a. 使用10%的折现率计算每个方案的业主获得的有效租金（扣除费用后）。

   b. 如何根据对业主的风险来给这些方案排序？

   c. 根据对（a）和（b）的回答，你会如何比较这四个选择方案？
2. 作为Everything.Com的首席财务官，你正在为美国中心城的25名员工购买5 000平方英尺的可用办公空间。一个租赁经纪人在向你介绍Apex Atrium——一栋10层的多租户办公大楼。该建筑总面积达30万平方英尺。其中内部空间共有45 000平方英尺不可出租。不可出租空间由地下室、电梯空间、其他设备和结构区域组成。另外30 000平方英尺的公共区域是所有租户可以使用的大堂区域。你要寻找的可用面积为5 000平方英尺的办公室位于七层，该楼层的可出租面积为28 000平方英尺，其中由其他租户租用的总面积为20 000平方英尺。租赁经纪人表示，基本租金将是每平方英尺可出租面积30美元。

   a. 如果全部租给一个租户，计算建筑物中的总可出租面积。

   b. 计算针对七层的负载因子和公共区域。

   c. 如果Everything.Com选择租用该空间，计算可出租面积，包括七层公共区域的负载因子以及将为来年支付的每平方英尺总租金。

   d. 调整（b），假设业主调整建筑物中其他公共区域的负载因子。

   e. 假设经调整的负载因子适用于建筑物大堂和七层的公用区域的可用面积，计算每平方英尺的总租金。
3. ATRIUM大厦的业主正与ACME公司谈判一个2万平方英尺的5年租约。ACME希望从现在开始，基本租金为每年每平方英尺20美元，之后每年增加1美元。

a. 根据上述租赁条款，ATRIUM 现金流的现值是多少？（假设折现率为 10%。）

b. ATRIUM 的业主认为，（a）中 20 美元/平方英尺的基本租金太低，想要将这一数额提高到 24 美元，之后累进相同值。但是，现在 ATRIUM 将向 ACME 提供 5 万美元的搬迁津贴和 10 万美元的承租人改良费用（TIs）。ATRIUM 的这个方案的现值是多少？

c. ACME 通知 ATRIUM，它愿意考虑的基本租金为 23 美元/平方英尺，年度升幅为 1 美元。不过，根据这项建议，ACME 将要求 ATRIUM 买断其在其他建筑物的剩余一年时间内的现有租赁合约。这个租约的面积是 2 万平方英尺，租金为 15 美元/平方英尺。如果 ATRIUM 购买 ACME 的旧租约，ACME 将不需要搬迁津贴和 TIs。这个方案的现值是多少？与（b）中的方案相比如何？

4. 购物中心零售租赁的 CAM 费用计算在内。零售商场占地总面积达 280 万平方英尺，其中 80 万平方英尺已租给主力租户，租户已同意每平方英尺支付 2 美元的 CAM 费用。其他租户占地 130 万平方英尺，其余为公用区域，业主认为每平方英尺每年需要 8 美元去维护和经营。如果业主要收回全部的 CAM 费用，那么其他租户每平方英尺将需要支付多少 CAM 费用呢？

5. 一个 10 000 平方英尺可租用空间的零售租约正在进行谈判，为期 5 年。

● 方案 A 要求来年的基本租金为每平方英尺 25 美元，此后每年增加 1 美元。未来一年的 CAM 费用预计为 3 美元，在此后的每年年底将增加 6%。

● 方案 B 要求较低的基本租金每平方英尺 23 美元，同样每年增加租金和 CAM 费用，但是租户必须根据比例租赁条款支付超额租金。该条款规定，租户必须支付总销售额超过每年 90 万美元临界点销售水平部分的 8%。业主认为，租户第 1 年的总销售额将达到 85 万美元，此后应以每年 10%的速度增长。

a. 如果业主认为这个房地产投资应该每年赚取 12%的收益率，哪个方案最适合零售中心的业主？

b. 如果销售额预计每年增加 20%呢？

6. 要求为有 200 个单元的 Autumn Season 郊区花园公寓制定来年的现金流量表。这个社区有 40 个工作室和 80 个一居室、80 个两居室公寓，目前每月租金分别为 550 美元、600 美元和 800 美元。租户通常租期为 12 个月。预计未来 6 个月将保持目前的租金水平不变。在此之后，每类公寓的每月租金应每单元增加 10 美元，并在该年余下时间保持在这样的水平。在 3 个月前 10 个工作室以 500 美元的价格被租用，两个月前 20 个单元的一居室以价格 580 美元被租用，上个月 10 个两居室单元以 805 美元的价格被租用。其他单元都是最近以当前的租金出租。所有以前租赁的单元都是 12 个月租约。当这些租赁期满后，预计所有租赁都将在市场租金水平上再次延期 12 个月。目前，有 4 个工作室、6 个一居室和 6 个两居室单元空置。这个空置模式在今年剩下的时间应该保持不变。

Autumn Season 预计，在接下来一年，它将从洗衣设施、独家有线电视合同授予、停车以及净存款、滞纳金等来源赚取其他收入 20 万美元。Autumn Season 预计明年每个占用单元的总营业额和营运费用为每月 400 美元。另外，它预计将为每个单元提供每月 100 美元的供暖和集中制冷费用。在下一年，预计还需要 10 万美元的经常性费用、预备（准备）费用（地毯、油漆、石膏板修理等），另外需要 25 万美元作为对包括停车场维修在内的非经常项目的补贴。Apartment Locator Services 是一家为 Autumn Season 提供营销服务和新租户的公司，总共将收取 10 000 美元的费用。

a. 编制来年的经营性现金流量（*NOI*）表。

b. 增加（a）中关于非经常项目和租赁佣金的预期支出。下一年的净现金流量会怎样？

7. 请为 Summer Place Mall 的即将到来的（基准）年度编制预测现金流量表。下面列出了提供给你的信息。

**房地产信息：**

| | |
|---|---|
| SUMMER PLACE MALL | |
| 年限 | 10 年 |
| 可出租面积（RA） | 400 000 平方英尺 |

| | |
|---|---|
| 公共区域（CA） | 160 000 平方英尺 |
| 租户数目 | 40 个 |
| **财务信息：** | |
| 平均基本租金 | 20 美元/平方英尺 |
| 超额租金（5 个租户） | 8 美元/平方英尺，50 000 平方英尺 |
| 可从租户处收回的 CAM 费用 | 5 美元/平方英尺 |
| 平均租赁期限 | 3.5 年 |
| 空置费用 | 总租赁收入的 10% |
| **营运费用：** | |
| 维护/修理 | 1 200 000 美元 |
| 管理/行政/租赁费用 | 230 000 美元 |
| 房地产税 | 1 715 000 美元 |
| 保险 | 105 000 美元 |
| 其他 | |
| **其他信息：** | |
| 经常性资本支出/翻新补贴 | 160 000 美元 |

a. 根据以上数据，编制一个基年的预测现金流量表，计算 Summer Place Mall 的净营业收入（*NOI*）。

b. 如果打算做 Summer Place Mall 未来的项目，请列出至少 5 个将考虑的主要因素。

8. 请为 Betts Distribution Center（一家基于互联网的订单履行、分销、办公室、仓库房地产公司）编制现金流量表。除了可回收的营运费用外，对新租户还将收取包括保险费和房地产税的费用，然后由业主支付。下面为给出的信息。

| | |
|---|---|
| **房地产信息：** | |
| BETTS DISTRIBUTION CENTRE | |
| 年限 | 8 年 |
| 可出租面积 | 200 000 平方英尺 |
| 单个租户 | 10 年租赁期 |
| **财务信息：** | |
| 租金 | 7 美元/平方英尺（7 年期限） |
| 租户的可收回费用 | 1.5 美元/平方英尺，固定 |
| 营运费用 | 700 000 美元 |
| 房地产税 | 50 000 美元 |
| 保险 | 15 000 美元 |
| **其他现金支出：** | |
| 津贴： | |
| 经常性资本支出/翻新补贴 | 60 000 美元 |

a. 为 Betts 的房地产编制一个基准年份的预测现金流量表，计算净营业收入（*NOI*）。

b. 如果打算做 Betts 未来的项目，请列出至少五个将考虑的主要因素。

9. 请为 West Office Plaza 编制预测现金流量表。下面列出了提供给你的信息。

| | |
|---|---|
| **房地产信息：** | |
| WEST OFFICE PLAZA | |
| 可出租面积 | 300 000 平方英尺 |
| 年限 | 8 年 |
| 楼层 | 15 |
| 租户数目 | 40 个 |
| **财务信息：** | |
| 基本平均租金 | 20 美元/平方英尺 |
| 其他/停车/存储收入 | 1.50 美元/平方英尺 |
| 租户可收回费用 | 2.50 美元/平方英尺 |
| 目前空置率 | 5% |
| **费用：** | |
| 管理/行政/安全/所有权费用 | 695 000 美元 |
| 房地产税 | 675 000 美元 |
| 保险 | 430 000 美元 |
| 一般营运/租赁/营销费用 | 667 000 美元 |
| 公用事业 | 1 159 100 美元 |
| 保洁/清洁 | 489 000 美元 |
| 营业税 | 110 000 美元 |
| **其他：** | |
| 经常性资本支出/翻新补贴 | 700 000 美元 |

a. 编制一个基准年份的预测现金流量表，计算 West Office Plaza 的净营业收入（*NOI*）。

b. 如果打算做 West Office Plaza 未来的项目，请列出至少五个将考虑的主要因素。

10. **Excel.** 请参阅本章 9.6.4 节中的“有效租金”示例，复制网站上提供的 Excel 工作簿“Ch9 Eff. Rent”。

a. 假设 CPI 预计从第 2 年开始将增长 4%，并保持在每年 4%，而不是原来的第 2 年增长 2%、第 3 年增长 3%、第 4 年增长 4%和第 5 年增长 5%。租金将会受到什么影响？这些租约的新有效租金是多少？

b. 假设除了（a）中的变化外，费用每年增加 1 美元，而不是 0.50 美元。租金将会受到什么影响？这些租约的新有效租金是多少？

# 第 10 章　收益性房地产的估值：评估和资本市场

## 10.1 概　述

第 9 章介绍了房地产市场的情况，讨论了空间、租赁、租金和费用收回的供求关系，也介绍了影响房地产的使用者和地理位置的概念如何相互作用，从而影响收益性房地产的价值。房地产的价值还取决于投资成本和资本的可得性。在本章，我们将关注估计房地产市场价值的多种方法。

## 10.2 估值基础

当投资收益性房地产时，市场价值是一个关键的考虑因素。房地产的市场价值是在一个具备公平交易所需要的一切条件的开放的竞争性市场中，某处房地产最有可能的价格，假设买卖双方谨慎聪明地做出选择，并且价格不受任何一方感情冲动的影响。该定义的含义是在具体时间，在下列条件下所有权由卖方转让给买方：

（1）买卖双方的交易动机是明确的；

（2）买卖双方是消息灵通的、考虑周全的，而且都以自身效用最大化为出发点；

（3）开放市场中允许在合适的时间披露信息；

（4）交易将以现金的方式或等同的财务安排完成；

（5）价格是出于对所售房地产的正常考虑，不受特殊金融活动或与交易参与者相关的优惠活动影响。

某处房地产的市场价值是做出贷款决定的基础，因为房地产可作为该贷款部分或全部的抵押物。当做出投资决定时，投资者不会想要支付高于房地产市价的钱，类似地，贷款人不会贷出超过房地产价值的款项，因为如果房地产由于止赎而被卖出，它的卖价很可能会低于其市价。在房地产融资中，当贷款人考虑是否发放抵押贷款时，房地产的估值报告是其要求的文件之一。由于借款人和贷款人（投资者）要在决策中使用估值，他们应该熟悉估值的方法。在对已获得的房地产进行估值时，有许多其他情况需要掌握，比如保险目标估价、房地产税评估、投资者的投资收益报告等。这些材料应该每年或更频繁地更新，不管该房地产是否被售出。本章的目的就是解释估值流程和估值中常用的三种方法。

## 10.3 估值流程和方法

估值是指对房地产价值的估计。在进行估值时，评估师会使用一套系统的方法，这被称为“估值流程”（appraisal process）。第一，他们确认所涉及房地产的自然情况及合法身份。第二，他们明确所需估值的房地产权利。比如，所需估值的房地产权利包括房地产的永久所有权，或其他非绝对所有权的东西，比如租赁房地产。第三，评估师详细说明该估值的目的。除了为进行借贷和投资决策而估计市场价值外，估值还可被用于房地产的依法征用、没收、保险损失、房地产税评估。第四，评估师详细说明估值的有效期。由于市场环境会随时间而改变，估值必须确定一个明确的期限。第五，评估师必须搜集并分析市场数据。第六，评估师应该运用合适的技术得到估值。该流程是本章的重点内容（见图 10－1）。

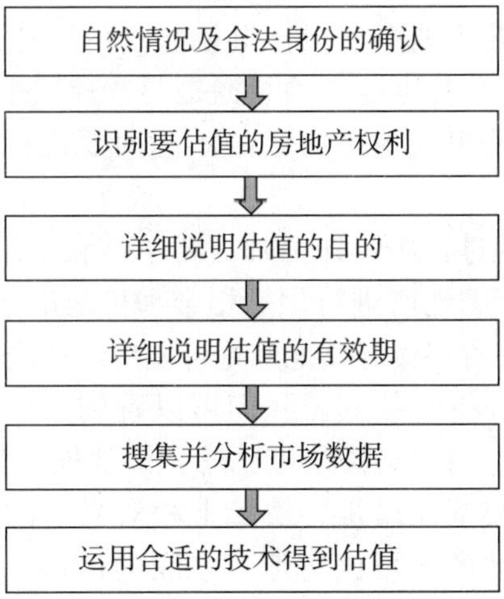


**图 10－1　估值流程**

在估值流程中，必须搜集和分析大量市场数据。在进行估值时，分析者需搜集、汇总、说明相当大数量的市场数据，包括：租金、成本、空置率、供求因素、支出和其他对房地产价值有重要影响的数据。在本书中，我们的目的并不是要说明如何进行市场研究和如何为估值收集数据。在房地产融资中，借款人、贷款人和投资者使用估值报告去做贷款和投资决策是很普遍的。然而，使用者必须理解评估师在估值时所用的方法。通过理解这些方法，使用者可以更好地确定估值是否使用了合适的市场数据，是否使用了合适的估值技术。

我们也不能过分强调估值的作用，因为估值只是贷款和投资的一个基础。贷款人利用估价可以避免对房地产超额贷款；投资者利用估价可以避免在房地产投资时过多支付价款现象的发生。贷款人想要确定的是，对于任何确定的房地产，在整个贷款偿还期间，该房地产的原始价值和随时间推移而变化了的价值都应该超出未偿还的贷款余额。

收益性房地产估值有三种方法：销售比较法、收入法和成本法，其中至少有两种是常用的。我们在本章会简要介绍每种方法的要点，以深入剖析收益性房地产估值的流程。

## 10.4　销售比较法

销售比较法（sales comparison approach）是基于与被评估房地产具有高度可比性的房地产近期销售情况所得数据的一种估价方法。这种方法也被称为市场估价法。这些销售一定是“类似”的交易，或者是在不相关的个人之间进行的公平交易。它们代表的是不包含特殊情况（如止赎、涉及公共部门的销售等）的正常市场交易。总之，在评估房地产的市场价值时，日常交易价格是很重要的基准，因为它们表明投资者为获得房地产需要支付多少金额。

被评估的房地产和类似的最近销售房地产之间或多或少都有大小、规模、地理位置、房龄和结构质量的差异，所以就要做一些调整来弥补这些差异。很明显，当我们选择使用销售比较法时，两者差异越多，则比较得出的结果就越不可靠。销售比较法的基本原理就是：投资者绝不会为一处房地产支付比近期售出的可比房地产（comparable properties）价格更高的费用。选择有关房地产的数据是要选择用来从所有重要角度进行比较的那些数据，最好是不需要因楼房或地段特征的不同而要进行太大调整的数据。这是成功运用销售比较法的关键。

在发展销售比较法估值的过程中，评估师需要总结和使用市场区域分析中的可比房地产销售交易数据，来对被估值房地产进行预期租金和价值的估计。表 10－1 的例子说明的是一些可以用来将假设的小型写字楼与其他三处可比房地产进行销售比较所需的数据。

基于表 10－1 市场区域分析的数据，我们可以看到被估值的目标房地产（又称标的房地产）和三处近期出售的小型写字楼是可比的。该数据的详细分析表明了总建筑面积、地理位置、公摊面积、结构类型及质量、房龄上相对微小的偏差。使用销售比较法进行估值的步骤就是调整待估房地产与可比房地产之间的这些差异。这个调整的过程可以通过以下两种方法中的任何一种来完成：一是调整每处可比房地产每平方英尺的价格以适应目标房地产的市场价值；二是将可比房地产总租金收入和销售价格间的关系做适当调整后应用于目标房地产。表 10－2 说明的就是如何调整每平方英尺的价格。在两种方法中，评估师先对市场如何就不同房地产特性的差异进行定价做了全面分析，进而判断如何对市场价值进行调整。

表 10-1　　市场地区分析及销售数据（销售比较法，假设的写字楼）

| 项目 | 目标房地产 | 可比房地产 | | |
|---|---|---|---|---|
| | | 1 | 2 | 3 |
| 销售日期 | — | 最近 | 1 年前 | 2 年前 |
| 价格（美元） | — | 355 000 | 375 000 | 413 300 |
| 年度总租金（美元） | — | 58 000 | 61 000 | 69 000 |
| 面积（平方英尺） | 13 300 | 14 500 | 13 750 | 15 390 |
| 每平方英尺价格（美元）* | — | 24.48 | 27.27 | 26.86 |
| 每平方英尺租金（美元）* | — | 4.00 | 4.44 | 4.48 |
| 与标的房地产的距离**（英里） | — | 2 | 2.5 | 3.5 |
| 屋体正面宽度（英里） | 300 | 240 | 310 | 350 |
| 楼层数目 | 2 | 2 | 2 | 2 |
| 电梯数量 | 1 | 1 | 1 | 1 |
| 房龄 | 新 | 3 年 | 4 年 | 6 年 |
| 外表 | 砖 | 砖 | 灰泥 | 砖 |
| 建筑*** | 中等 | 中等 | 中等 | 中等 |
| 景观*** | 中等 | 中等 | 中等 | 中等 |

* 总平方英尺面积（约数）。

** 在本例中，目标房地产被认为是建在最好的地段，偏僻地段不予考虑。

*** 质量。

表 10-2　　对目标房地产的可比房地产所做的调整

| 项目 | 可比房地产 | | |
|---|---|---|---|
| | 1 | 2 | 3 |
| 销售价格（美元） | 355 000 | 375 000 | 413 300 |
| 面积（平方英尺） | 14 500 | 13 750 | 15 390 |
| 每平方英尺销售价格（美元） | 24.48 | 27.27 | 26.86 |
| 调整： | | | |
| 销售日期 | — | +4% | +7% |
| 面积 | −5% | −4% | −12% |
| 地点 | +7% | +12% | +15% |
| 屋体正面宽度 | +10% | −14% | −15% |
| 房龄 | +8% | +10% | +15% |
| 净差异 | +20% | +8% | +10% |
| 调整后价格（美元） | 426 000 | 405 000 | 454 630 |
| 调整后每平方英尺价格（美元） | 29.38 | 29.45 | 29.54 |
| 目标房地产每平方英尺估计价格（美元） | =29.50 | | |
| 所得出的市场价值（美元）<br>29.50 美元×13 300 平方英尺 | =392 350 | | |

基于每平方英尺面积所做的这些调整就是调整被评估房地产与最近售出的可比房地产之间存在的较大的物理上和位置上的差异。每平方英尺成本的调整要与被评估房地产联系起来。也就是说，尽管你想把可比房地产与目标房地产等同起来，但是我们必须对可比数据进行调整。可比房地产所拥有的与目标房地产相关的主动特征需要进行被动的

调整；反之，被动特征需要进行主动的调整。评估师在做这些调整时，必须以对目前市场价值的了解为基础，同时也要知道可比房地产的各种特征是如何影响目标房地产的价值的。在对房龄、屋体正面宽度、可出租面积等差异进行调整时，评估师必须估计这些特征的价值及它们会对房地产价值产生的影响。这样做是因为房地产买方需要知道所购房地产的所有相关特征以及这些特征是如何相互作用的。所以，评估师应当考虑到相关特征的增加或减少对房地产总价值的影响。这是一个主观的过程。它需要基于近期可比房地产经验所做的证明而进行。否则的话就会出现很多严重的错误。

在上述例子中，每一可比房地产的价格除以建筑面积以调整房地产面积之间的差异。这个调整是在我们假设一栋办公楼的价格直接与它的建筑面积有关的情况下进行的。在这种情况下，每平方英尺的价格就被看作是一个比较单位（unit of comparison）。

## 10.5 收入法

收入法（income approach）估值是基于房地产价值与它产生现金流量的能力有关这一原则来进行的。当用这种方法估值时，评估师需要考虑很多影响现金流的市场因素，也需要从类似于待估房地产的可比房地产销售中提取数据。在本节中，将讨论三种较常使用的方法。其中两种是总收入乘数法和直接资本化法，这两种方法在很大程度上依赖于与可比房地产销售有关的当前市场交易。这几种方法在很多方面和之前章节中讨论的销售比较法有相似之处。这些方法的关键是要在市场交易中确定与可比房地产销售价格一致的市场价值，但并不是通过直接增加和减少可比房地产的价格对价值上的差异进行优先调整。这两种方法趋向于优先考虑与可比房地产销售价格有关的收益产生方面，然后通过调整来减少物理和位置上的差异。

第三种收入法是现值折现法，该方法在对未来收入创造和预期投资回报的预测方面与其他两种方法有很大不同。它的观点是让一个投资者运用一种方法把他在做投资决定时所需要的很多相同的步骤和资料结合起来。下面是对这三种方法的分别论述。

### 10.5.1 总收入乘数法

收入法中运用到的一种方法是产生总收入乘数（gross income multipliers，*GIM*）。它体现了总收入和所有可比房地产售价之间有联系。该技术同样需要对目标房地产的总收入做出预测。总收入乘数的定义为：

$$GIM=\frac{\text{销售价格}}{\text{总收入}}$$

或解释为销售价格和总收入的比率。该因子可应用于表 10-1 写字楼的可比房地产分析。在这种情况下，总收入被看作是一个比较的单位。从表 10-3 可以看出，*GIM* 的取值范围为 5.99～6.15，表明可比房地产售价为当期总收入的 5.99～6.15 倍。如果目标房地产是可比的，它的售价与总收入的关系应满足同一要求。

为给目标房地产估值，评估师必须基于表 10-3 中的可比房地产市场数据对总收入做估计。对于可比房地产来说，总收入应该是房地产卖出时的年度收入。（对买方来说，就是第 1 年的年收入。）同样地，目标房地产的总收入是自房地产估价完成之后第 1 年经营所得的收益。

当估计 *GIM* 时，一些评估师使用潜在总收入（potential gross income）（假设所有的空间都被卖出的情况）。另外一些评估师会使用有效总收入（effective gross income），这是基于实际售出空间（潜在总收入除去闲置空间）。如果评估师对可比房地产和目标房地产使用同样的指标，结果应该是相近的。如果可比房地产的空置率存在显著差异，则使用有效总收入会更合理。当然，差异显著也可能表明房地产的可比性不高，可能处在不同的市场区域。

该技术依赖于总收入，因此一个额外的关键假设是对所有房地产，营运费用与总收入的比率相同。在很多情况下，尤其是对更小更旧的房地产做估值时，营运费用信息可能不可得。如果因为某些原因，该假设不成立，则不能使用该技术。

使用该技术时，需要保证租赁合同的显著变化是不会发生的。例如，如果由于租约在不久的将来到期而预计可比较的租金大幅增加，则必须考虑并调整。除了物理属性、位置和租赁的可比性之外，还假设可比对象之间不存在营运费用的重大差异。如果存在实质性差异，则不应依赖此技术。

**表 10-3　　*GIM* 的计算（可比房地产）**

| 项目 | 目标房地产 | 可比房地产 | | |
|---|---|---|---|---|
| | | 1 | 2 | 3 |
| 销售价格（美元） | ? | 355 000 | 375 000 | 413 300 |
| 当前总收入（美元） | 36 600 | 58 000 | 61 000 | 69 000 |
| *GIM* | ? | 6.12× | 6.15× | 5.99× |

从表 10-3 展示的 *GIM* 的取值范围可以看出，评估师必须为目标房地产选择合理的 *GIM*，可以通过观察可比房地产 *GIM* 的取值范围而定。评估师不能简单计算表中的 *GIM* 的平均值，一般会赋予某一可比房地产以一定的权重，部分应用于目标房地产。比如，评估师可能会选择给予第一处可比房地产最大的权重，因为其交易日期最新，评估师可能会相信相比第二和第三处可比房地产，目标房地产和第一处可比房地产的 *GIM* 最为接近。评估师的经验和判断在这个流程中相当重要。假设评估师将 6 倍 *GIM* 作为目标房地产合理的 *GIM*，其预测价值为 59 185 美元×6 倍或 355 110 美元。

## 10.5.2　直接资本化法

### 资本化率

假设可比房地产之间的营运费用存在差异，分析的重点应从总收入乘数转向净营业收入（*NOI*）。分析中要用到额外的信息，表 10-4 总结了普通收入和成本项的定义。目标房地产的净营业收入生产能力和三处可比房地产的市场交易数据是我们所用的数据。

如表 10-4 所示，三处可比房地产的售价、租金、营运费率已从参与销售的交易员处获得。（数据获取已征得买卖双方的同意。）在每种情况下，*NOI* 可通过从租金中减去营运费用计算得到。读者应注意表 10-5 关于租金、收入和费用的所有定义。确定 *NOI* 之后，按交易价格划分，得到三处房地产的资本化率（capitalization rate 或 cap rate，用 *R* 表示）。该方法被称为直接资本化法（direct capitalization method）。三处房地产的资本

化率或 $R$ 取值为 0.094～0.099。

目标房地产的 $NOI$ 为 36.6 万美元，我们用以下公式计算其价值：

$$价值=\frac{NOI}{R}$$

将目标房地产的 $NOI$ 值代入，除以基于可比房地产销售数据估计的 $R$，我们得到了所评估的写字楼的估计价值。问题是该从哪些可比房地产销售中选择什么样的 $R$？我们是应该对三个 $R$ 求平均值，还是对其中一个赋予更大的权重？

最好的办法是再次仔细地筛选表 10-4 中的数据，选择和目标房地产最接近的可比房地产，在此基础上决定 $R$。三处房地产的资本化率取值为（0.094，0.099）。假设可比房地产 2 最接近，一个稍高的资本化率 0.095 被选中了。我们的目标房地产的价值估计为：

$$目标房地产价值=\frac{366\ 000}{0.095}=3\ 852\ 631(美元)$$

或者约为 3 853 000 美元。

**表 10-4　　收入、成本、价格的关系**

| | 目标房地产 | 可比房地产 | | |
|---|---|---|---|---|
| | | 1 | 2 | 3 |
| 价格（美元） | ? | 3 078 000 | 3 764 000 | 4 112 000 |
| 有效总收入（美元） | 600 000 | 503 000 | 610 000 | 690 000 |
| 营运费率（%） | 39 | 40 | 42 | 41 |
| $NOI$（美元） | 366 000 | 301 600 | 353 800 | 407 100 |
| $NOI$÷价格=$R$ | ? | 0.098 | 0.094 | 0.099 |

公共收入和费用项的定义：

全部占用下的租金收入。基于在市场租金标价下的租借条款加上闲置空间，预计从现有租户处得到的收益的估计。

＋其他收入。包括停车费、洗衣费、有线电视费、申请费、存款净额等。

＝潜在总收入（*PGI*）。与业主相关的所有资源和活动可能产生的总现金流。

－空置和欠租损失。空置空间和未付租金的估计租金损失，其他来源的损失。

＝有效总收入（*EGI*）。排除空置和欠租损失之外的所有收入。

－房地产税。基于县或其他评估实体的估值所征收的税收。

－保险。业主一般会为房地产损失和个人伤害购买保险（房屋、停车场等）。

－公用事业支出。水电等花费，应根据租期由业主部分或全部支付。

－修缮维护支出。未来 3 年或更短使用周期内需更换的循环物品的预期现金支出。

－工资。待工的现场修缮房屋的雇员。

－管理费用。私人花费和其他活动（offsite activity）的支出。拥有许多房地产的房地产公司会分配一定的成本（如人力、工资、会计），以支付其个体房地产的营运费用。

－管理和租赁佣金。现场监督、租赁、收回资金、支付费用等的雇员。可能被业主所雇，或者是被业主所雇的专门进行房地产管理、租赁的；赚取费用和佣金的外包公司的雇员。

－*CAPEX*/翻新补贴。承租人改良的预期成本和资本项目替换的预期支出，虽然会持续发生，但比进行整个房屋整修更有用。

＝净营业收入（*NOI*）。以上各项汇总所得出的净营业收入的年度评估。

## 拓展——应用和局限性

本质上，该方法使用当期可比房地产销售的收入和费用数据作为市场基准。这只能保证，如果目标房地产的售价为 385.3 万美元，该售价看上去比较合理，或者和近期被售可比房地产的价格在一个水平上。在这种情况下，房地产买方不应该期望支付低于 385.3 万美元，卖方不应该期望得到更高的价格。然而，要强调的是该方法没有保证购买的房地产会是好的投资品，只能确定这是一个竞争性市场的价格，如果该方法应用正确，相对于其他投资者为类似房地产支付的来说，买方可能不会为房地产多付或少付。房地产是否是一个好的投资品的问题，取决于租金、收入和房地产价值的预期增长。这些方面没有被特意考虑到总收入乘数法中，因此房地产的投资预期难以下结论。必须通过估计房地产的预期市场经济基础，如租约、租金、费用、大整修等来决定。当我们在下一章进行投资分析时，会考虑这些因素。

**表 10-5　　预测现金流量表——目标房地产　　单位：美元**

| | | |
|---|---|---|
| 租金收入 | | 615 000 |
| 加：其他收入 | 20 000 | |
| 潜在总收入 | | 635 000 |
| 减：空置和欠租损失（5%） | 35 000 | |
| 有效总收入 | | 600 000 |
| 减：营运费用 | | |
| 　房地产税 | | 40 000 |
| 　保险 | 15 000 | |
| 　公用设施 | 30 000 | |
| 　维修/保养 | 20 000 | |
| 　管理费用 | 20 000 | |
| 　经营与租赁费用 | 30 000 | |
| 　工资 | 20 000 | |
| 总营运费用 | 175 000 | |
| *CAPEX*/翻新补贴* | 59 000 | 234 000 |
| 净营业收入（*NOI*） | | 366 000 |

* 读者应该意识到，事实上，在决定 *NOI* 时，对于一些费用的处理有很大的不一致性。租赁佣金、承租人改良补贴、主要资本支出会有更短的有效年限（3～5 年）。相比房地产整修的经济年限（50 年及以上）而言，这些项目在数量上很重要，且每年都有变化。不一致将取决于这些项目是否包含在 *NOI* 的决定中。处理的选择对房地产价值的估计有重要影响，因为 *NOI* 被影响了。因此，在为房地产估值时，读者总是仔细审查目标房地产和所有可比房地产的这些项目是如何处理的。在我们的案例中，决定 *NOI* 时，我们纳入了这些项目。租赁佣金，基于租赁年限和周转率，包含在 3 万美元管理和租赁佣金里。我们将承租人改良支出（基于过期率和承租周转率）和预期资本费用包含在 *CAPEX*/翻新补贴 5.9 万美元中。具体的讨论，请参见概念框 10.1。

### 租赁佣金补贴、承租人改良、资本项目

概念框 10.1

当定义名义现金流时，确定的现金开支必须反映与房地产常规营业周期* 不一样的地方。即使这些支出不是营运费用，它们也应该包括在现金流估算中。

**租赁佣金**

当承租人空出房屋、租期结束时，业主开始找经纪人进行销售，提供看房安排，辨明潜在的承租人。为经纪服务支付的佣金估计每年都在变化，这取决于租赁周转率(tenant turnover)。对于周转率和相关花费应该每年都进行估算。

**承租人改良**

业主通常会和承租人就入住准备成本协商出一个补贴。通常承租人在入住前会搭建小卧室、隔墙、地毯等。一般地，业主会针对承租人改良成本协商出某一特定的补贴。与租赁佣金的情况一样，承租人改良成本也很重要，而且根据租赁周转率和更新率，每年都会变化。在一些情况下，当存在承租人更新租约时，对所租空间的更新整修也应该协商出一个补贴数额来。

**资本支出补贴**

该项包括某些经常更换的设备，如热水器、厨房案台、电气照明器材等的支出。非经常性的主要支出包括天花板、空调系统、停车场等方面的支出。

* 收益性房地产的营业周期通常为 1 年。在此期间，会收到租金，同时每月支付营运费用，尽管一些费用比如保险费、房地产税、维修费等并非月付而是一年一付的。

## 资本化率——需要注意的问题

以上对直接资本化法的讨论考虑到了可比房地产价值、*NOI* 和资本化率之间的关系，这是非常重要的。但需要强调的是，使用直接资本化法，被选作可比对象的房地产必须真正具有可比性或竞争性。可比性意味着在质量、结构、大小、房龄、功能、地理位置和运营有效性方面非常类似。它也意味着房地产在租赁期限、租赁选择（lease options)、出租自动扶梯（rent escalators）和许多其他租赁属性如地役权、所有权限制(title restriction）等方面具有可比性。尽管这些属性对许多房地产投资来说是类似的，但它们对其他投资则不一定适用。在这里我们可以举一个例子来说明：两处同期售出的写字楼，地理位置和功能可比，其中一处被 4 个租户以许多租赁条件长期承租，另一处被 30 个小型租户以许多不同的租赁特质短期承租。两者售出时的 *NOI* 可能相似，但由于其租赁风险不同，两者的价格和资本化率应该是不一样的。这也意味着如果某一投资者选择用这两处房地产的销售数据为其将要购买的房地产定价和确定资本化率，就要做出很多调整以反映两者在租赁、地理位置及其他属性上的差异。做这些调整一般来说不总是那么简单。因此，确定正确的资本化率是困难的，不正确的资本化率会导致严重的定价错误。

另一个需要警告的地方是非营业性质的建筑设备的必要替换产生的非经常性支出的处理，其他项如承租人改良和佣金也应该考虑到。当基于可比房地产的 *NOI* 进行估值时，读者应该决定是否、如何处理承租人改良和资本需求。在这个问题上，行业惯例是变化的。许多评估师对这些项的支出取年度均值，将这些支出当作年度费用在 *NOI* 中减去，以做调整。

在房地产高度可比的情况下，只要分析所有房地产使用的方法一致，该做法就不会严重影响估值。然而，当使用的房地产在预期非经常性支出等重要方面不一致时，读者必须为这些项做出调整。如果难以做出合适的调整，说明房地产实际上可比性不高。因此，应谨慎对待该方法的结果。

什么时候适合使用直接资本化法？资本化率是房地产行业中被广泛使用的重要市场基准。然而，需要再次强调在一年的 *NOI* 基础上估计房地产价值，应用可比房地产销售数据产生的资本化率被证明是有问题的。

### 10.5.3 现值折现法

收入法中的最后一种方法，即现值折现法（discounted present value method），是基于“投资者不会支付比房地产所有未来 *NOI* 的折现价值多的金额”的原则之上。确定能在长期经济使用年限内产生收入的房地产的价值，需要很多假设、对现金流折现技术的深入了解和使长期经济生活现价容易得到的近似值。当运用近似值时，理解现值折现法的假设也很有必要。因此，许多房地产估值专业人员，在可能的情况下，更喜欢使用直接资本化法或销售比较法。然而，在有必要的时候，专业人员也会使用现值折现法。为阐明该方法，我们以某一住宅为例进行说明。对 *NOI* 的预测是针对一期来说的，我们可以预测该期中影响租金的市场供求条件的重要变化。总之，我们已了解了该期的承租人、租赁条款、市场供求条件，想要预测和分析一段时期内的现金流。

**预测 *NOI***

基于对市场供求、租赁条款、收入支出的了解，我们使假想的山庄住宅小区的预测变得复杂。我们相信 10 年期的预测是合理的，表 10-6 展示了结果。我们相信由于山庄在地理位置和设计方面都相对较新颖、有特色，近期售出的可比房地产很少，因此，之前的销售比较法不能提供对价值的可靠估计。在我们的预测中，我们相信山庄的空置率比其他公寓的平均水平要低。而且，前 8 年的现金流会以高于平均水平 3%～5%的速度增长，这与其他公寓投资机会的预期增长率并不一致。在第 9 年及之后，*NOI* 会稳定在 2%的长期增长率。我们也相信该增长率最终会和长期供求条件及其他房地产项目达成一致。基于我们对现金流的预测和对市场条件的了解，我们总结出其他房地产并不像在销售比较法中所期望的那样具有很高的可比性。

**表 10-6　　假想山庄 10 年 *NOI* 预测**

| 年数 | *NOI*（美元） | 增长率（%） | 年数 | *NOI*（美元） | 增长率（%） |
|---|---|---|---|---|---|
| 1 | 338 800 | — | 6 | 416 127 | 3 |
| 2 | 355 740 | 5 | 7 | 428 611 | 3 |
| 3 | 373 527 | 5 | 8 | 441 469 | 3 |
| 4 | 388 468 | 4 | 9 | 450 299 | 2 |
| 5 | 404 007 | 4 | 10 | 459 304 | 2 |

**预期未来资本整修**

在假想山庄的案例中，我们假设在预测期内，不存在任何非经常性的资本支出。

### 选择折现率（*r*）

在估计了预期 *NOI* 之后，现值折现法的第三步是选择投资期内的折现率（discount rate）或要求的内部收益率（required internal rate of return）。折现率应该是与竞争性投资和其他资本市场基准相比，投资房地产基于其风险的要求收益。比如，如果房地产投资分析年限是 10 年，选择的折现率应该比 10 年期美国国债利率、10 年期商业抵押贷款利率、公司债券的权重利率或评估房地产的承租人的借款利率①都要高。业主的风险溢价、与营业或处置相关的风险也应该被包含进来，以达到合理的折现率。图 10－2 给出了不同资产种类下与风险相关的预期收益的讨论。对于收益性房地产，图中表示预期收益应该比国债、商业抵押贷款、公司债券的期望收益高，比高风险的普通股期望收益低。然而应该强调的是，概念化刻画了所有收益性房地产作为一个部门的平均收益。个体房地产的风险可能高于也可能低于平均房地产的风险，因此，个体房地产的期望收益可能比平均值高，也可能更低。在我们的案例中，在考虑了其他竞争性房地产之后，我们选择 12%作为内部收益率（如果我们投资山庄期望得到的收益率）。

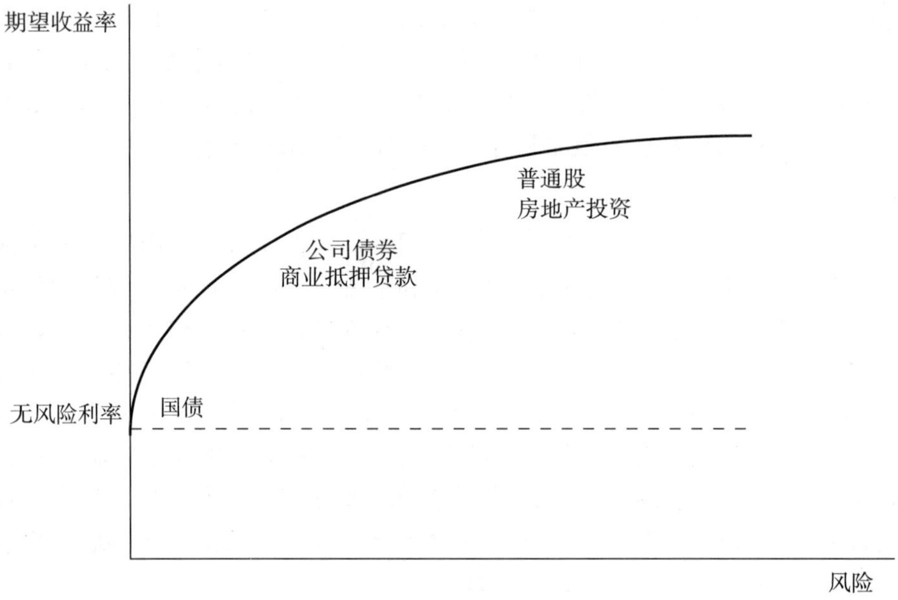


**图 10－2　投资类型的风险与收益平衡**

到现在，我们已经完成了估值四步的前三步：

（1）预测 *NOI*；

（2）选择要分析的相关时期或投资的持有期（holding period）；

（3）确定在第二步中所选择时期内的折现率或所要求的内部收益率。

第四步，我们要用 10 年期内的期望 *NOI* 估计现值。我们将用复归价值（reversion

---

① 当房地产被租出后，如果承租人选择银行贷款进行房地产的建设或融资，在某种程度上，代替了因贷款产生的租赁责任。因此，除了信贷风险，房地产投资者将风险的增加与运营房地产联系起来，他们应获得比承租人抵押贷款利率高的收益率。如果房地产投资者不能赚得比该利率多，那么投资者转为贷款人，为承租人提供贷款，能赚得更多。

value，REV）或转售价格表示现金流。表 10－6 对现金流的估计表明，NOI 将从第 9 年后保持稳定，每年超过 2%。房地产价值或 REV 将在第 9 年末得到。正如你将看到的，这将需要从第 10 年开始的对现金流的预测，以及从该时点到房地产经济使用年限结束的长期增长假设。为了得到 REV 的估计，我们做出以下主要假设：

（1）市场对公寓的需求增长与美国经济增长有稳定长期的关系。

（2）第 10 年及以后公寓供求的决定性因素不存在重要或结构性的改变。

如果上述假设不成立，必须进行第 10 年之后的年度 NOI 预测，直到进入稳定期。

**使用近似法估计复归价值**

读者可能想知道第 9 年末如何估计 REV，尤其是对类似于假想山庄这样的房地产来说，一个新建的公寓社区有很长的经济使用年限，可能是 50 年甚至更久。下面是常用的三种方法。

（1）在要求收益率（$r$）和长期现金流预期增长率（$g$）的基础上估计终期资本化率，从而估计 REV。显然，第 10 年到第 50 年每年预测现金流是不实际的。我们使用终期资本化率（terminal cap rate，$R_T$）来估计未来的现金流现值。该方法只能用于对现金流模式和与预期收益率的关系假设非常严格的情况：

第一种情况：$R_T=r-g$，NOI 长期平均增长率（$g$）是正数；

第二种情况：$R_T=r$，NOI 长期平均增长率（$g$）是水平的或零；

第三种情况：$R_T=r+g$，NOI 长期平均增长率（$g$）是负数或下降的。

在持有期之后，基于为剩余经济年限选择的长期方案，为估计 REV，必须先估计长期现金流预期增长率（$g$）。在案例中，我们估计从第 10 年到最后一年的增长率，NOI 将会以每年平均 2%的速度增长。假想山庄第 9 年末的复归价值，基于 10 年的预测期，可表示成：

$$REV_9=NOI_{10}/(r-g)$$

这意味着 $REV_9$ 等于第 10 年的 NOI（表 10－6 中的 $NOI_{10}$ 为 459 304 美元）除以 12%的折现率与现金流长期预期增长率 2%之差。第 9 期的（$r-g$）按照行业惯例作为终期资本化率 $R_T$：

$$REV_9=NOI_{10}/R_T \qquad R_T=(r-g)=0.10$$
$$REV_9=459\ 304/(0.12-0.02)$$
$$REV_9=459\ 304/0.10$$
$$REV_9=4\ 593\ 040(\text{美元})$$

既然我们估计出 $REV_9$，我们现在估计从第 1 年起整个经济使用年限的房地产价值，如表 10－7 所示。

总的来说，房地产预期现金流的现值（PV）为：

$$PV=PVNOI+PVREV$$
$$PV=2\ 073\ 475+1\ 656\ 296$$
$$PV=3\ 729\ 771(\text{美元})$$

上述计算得出了现值，即今天的房地产价值，假想山庄为 3 729 771 美元。如果某一投资者按此价格购买房地产，持有 9 年，然后以 4 593 040 美元的价格售出，他将在初始投资 3 729 771 美元的基础上获得 12%的内部收益率。我们再次指出：使用终期资本化率（0.1），产生 4 593 040 美元的 $REV_9$，该结果在很大程度上依赖于第 10 年到第 50 年的 *NOI* 每年增长 2%，且按 12%的折现率折现。

**表 10－7　　假想山庄现值计算的最后结果**　　单位：美元

| 年终 | (a)<br>*NOI* | (b)<br>*PVNOI*（12%） | (c)<br>*REV* | (d)<br>*PVREV*（12%） | (e)<br>(b+d)<br>总现值 |
|---|---|---|---|---|---|
| 1 | 338 800 | 302 500 | | | 302 500 |
| 2 | 355 740 | 283 594 | | | 283 594 |
| 3 | 373 527 | 265 869 | | | 265 869 |
| 4 | 388 468 | 246 878 | | | 246 878 |
| 5 | 404 007 | 229 244 | | | 229 244 |
| 6 | 416 127 | 210 823 | | | 210 823 |
| 7 | 428 611 | 193 882 | | | 193 882 |
| 8 | 441 469 | 178 302 | | | 178 302 |
| 9 | 450 299 | 162 382 | 4 593 040* | 1 656 296 | 1 818 676** |
| *PVNOI* 之和（2 073 475）＋*PVREV*（1 656 296） | | | | | ＝3 729 771 |

* 第 9 年的 *NOI*＝450 299×1.02＝459 304（美元），459 304÷0.10＝4 593 040（美元）。

** 第 9 年，在 12%的折现率下，450 299 美元的 *NOI* 和 4 593 040 美元的 *REV* 的现值之和为 1 818 676 美元。

（2）用时间更早的可比房地产的终期资本化率估计 *REV*。第二种方法基于“随着时间的推移，房龄和折旧增加，收入产出减少，因此，更旧的房地产的 *NOI* 预期增长率应该低于新房的 *NOI* 增长率”。这也意味着控制其他变量，当与新房比较时，10 年房龄的房地产（高资本化率）的售价会低于新房（低资本化率）。一个评估师可以通过比较新旧房地产的资本化率来核对结果。控制其他变量，资本化率的差异可以反映出经济折现的差别，未来会产生更低的租金和收入。

再次回到假想山庄的案例，当我们估计了现金流，我们意识到由于某些特殊属性，前 8 年假想山庄的预期增长率比其他房地产会显著高一些。在此之后，*NOI* 增长率会长期稳定于 2%。换句话说，当估计 *NOI* 时，我们意识到假想山庄不可能永远保持高于竞争对手平均水平的增长率。原因是：（1）越来越多的竞争性房地产出现，供给增加，降低山庄赚取租金溢价的能力；（2）假想山庄的房龄会增加，其功能和流行度会逐渐过时。因此，其独特性会消失。考虑到该可能性，评估师会直接基于目前 10 年房龄房地产的销售数据调整资本化率，代表 10 年后假想山庄在公寓市场上的竞争力。在表 10－8 中，我们展示了和假想山庄可比性很高的三处房地产的销售数据，我们可从售价和 *NOI* 中计算资本化率，可将其作为假想山庄终期资本化率的一个可能值。

**表 10-8　　比假想山庄房龄长 10 年的可比房地产的销售**

| | 可比房地产 1 | 可比房地产 2 | 可比房地产 3 |
|---|---|---|---|
| 现行 $NOI$（美元） | 400 000 | 425 000 | 450 000 |
| 现行售价（美元） | 4 000 000 | 4 100 000 | 4 300 000 |
| 现行资本化率（$R$） | 0.100 | 0.104 | 0.105 |

基于此信息，当期资本化率范围是（0.10，0.105）。如果评估师在看完所有旧房地产的销售数据后选择 0.102 5 作为终期资本化率，那么复归价值可估计为：

$$NOI_{10}/\text{终期资本化率}=REV$$

$$459\ 304/0.102\ 5=4\ 481\ 014(\text{美元})$$

使用旧房地产的可比销售的资本化率，估计假想山庄第 10 年的复归价值为 4 481 014 美元。我们发现 $REV$ 的折现价值为 1 615 899 美元。我们可以计算所有现金流的现值：

$$PV_0=PVNOI+PVREV_n$$

$$PV_0=2\ 073\ 475+4\ 481\ 014\times\left(\frac{1}{1+0.12}\right)^9$$

$$PV_0=2\ 073\ 475+1\ 615\ 899$$

$$PV_0=3\ 689\ 374(\text{美元})$$

使用该方法估计假想山庄的终值，我们估计出房地产的现值是 3 689 374 美元。

显然，做出的主要假设是“现在影响旧房地产价格的条件和 9 年后的影响假想山庄的条件整体上是一样的”。如果是这样，假想山庄的终期资本化率和现在旧房地产的资本化率是一样的，否则可比房地产在过去就被售出了。然而做这样的假设是非常有问题的，需要遵循一个主要的原则，即控制其他变量，随着房龄的增长，房地产失去了创造收入的能力，终期资本化率应比初始资本化率（“going-in” cap rate）要高。（初始资本化率可定义成第 1 年的 $NOI$ 与现值的比率。）在上述案例中，初始资本化率是 $\frac{338\ 800}{3\ 689\ 374}=9.18\%$，低于 10.25%的终期资本化率。对房地产 10 年后显著高或低的终期资本化率的猜想表明：（1）一种总体、外部的经济影响或事件将发生（如通货膨胀、利率变化、风险溢价等），因此影响房价；（2）一个更具体的事件将影响目标房地产的价值（如目标房地产所在的子市场发生大量失业）。在这些情况下，评估师应该证明并考虑这些变化。显然，依靠该方法去估值的投资者应仔细考虑这些假设。

尽管上述讨论对你理解终期资本化率有所帮助，但该方法仅仅在其他因素不影响房价时起作用，如投资者的利率预期、经济增长等不会改变。如果在进行房地产估值的时候，投资者的利率预期、经济增长、租金、风险等发生了改变，则这些变化必须被包含在分析中。因此，当结合这些经济变化时，终期资本化率会低于或高于最近被出售的旧房地产的资本化率。我们将在之后讨论这些改变的影响。

（3）基于房地产价值的预期变化，估计转售价格。替代品有时被用于使用终期资本化率估计房地产的转售价格，房地产价值每年以某一特定的复利率变化。例如，我们估计房地产长期价值及其净营业收入以每年 2%的比率增长，我们可以基于以下信息估计房地产价值。从表 10-6 和表 10-7 可知，期望收益率为 12%，第 9 年的 $NOI$ 的现值是

2 073 475 美元。使用一个更直接的方法去确定 $REV$，我们将数据进行代数处理，得到房地产现值：

$$PV_0 = PVNOI + PVREV_n$$
$$PV_0 = 2\ 073\ 475 + REV_n$$

使用该方法估值，我们必须同时估计 $PV_0$ 和 $REV_n$，因此，房地产现值 $PV_0$ 和房地产未来价值 $REV_n$ 都是未知的。然而，基于该方法，我们估计不管现在房地产价值为多少，在未来 9 年内都会以每年 2%的比率增长，因此 $REV_n = PV_0(1+g)^n$。换句话说，除了使用终期资本化率，第 9 年末的 $REV$ 是现值 $PV_0$ 以一个预期增值率 $g$ 进行复利得出的值。显然，我们已经估计出长期增长率为 2%，使用 2%作为增长率：

$$REV_n = PV_0(1+g)^n$$
$$REV_9 = PV_0(1+0.02)^9$$
$$REV_9 = PV_0 \times 1.195\ 093$$

简单来说，第 $n$ 期的 $REV$ 是房地产现值每年以长期增长率 2%复利得出。然而，由于我们不知道今天的房地产价值，我们也就不知道 9 年后的 $REV$。然而，如果我们假设 $PV$ 按每年 2%增长，9 年后的房价将是现值的 1.195 093 倍。使用 12%作为折现率，我们可得：

$$PV_0 = PVNOI + PVREV_n$$
$$PV_0 = 2\ 073\ 475 + PV_0(1+g)^n\left(\frac{1}{1+0.12}\right)^n$$
$$PV_0 = 2\ 073\ 475 + PV_0 \times 1.02^9 \times \left(\frac{1}{1+0.12}\right)^9$$
$$PV_0 = 2\ 073\ 475 + PV \times 1.195\ 093 \times \left(\frac{1}{1+0.12}\right)^9$$
$$PV_0 = 2\ 073\ 475 + PV \times 1.195\ 093 \times 0.360\ 610$$
$$PV_0 = 2\ 073\ 475 + PV \times 0.430\ 962$$
$$0.569\ 038 \times PV_0 = 2\ 073\ 475$$
$$PV_0 = 3\ 643\ 825 (\text{美元})$$

该计算提供了现值或估计的房地产价值为 3 643 825 美元。同样，我们预测 $REV$ 和现值相等，即 9 年后 $REV$ 等于现值以 2%增长，或 $3\ 643\ 825 \times 1.02^9 = 4\ 354\ 708$（美元）。我们可证：

$$PV_0 = PVNOI + PVREV_n$$
$$PV = 2\ 073\ 475 + 4\ 354\ 708 \times \frac{1}{(1+0.12)^9}$$
$$PV = 3\ 643\ 826 (\text{美元})$$

总的来说，如果我们相信（1）我们可以从表 10－7 中得出第 1 年至第 9 年假想山庄的 $NOI$，（2）第 9 年末的售价 $REV$ 等于现值以 2%的增长率增长，（3）预期收益率是 12%，那么现值是 3 643 826 美元。

**REV 和现值估计的一致性**

我们已经提供了三种估计假想山庄 $REV$ 的方法，总结如表 10－9 所示。

**表 10-9** 单位：美元

| 估计 *REV* 的方法 | 估计的第 9 年末 *REV* | *REV* 的现值 |
|---|---|---|
| 在要求收益率（$r$）和长期现金流预期增长率（$g$）的基础上估计终期资本化率 | 4 593 040 | 3 729 771 |
| 用从时间更早的可比房地产中得到的终期资本化率 | 4 481 014 | 3 689 374 |
| 基于房地产价值的预期变化 | 4 354 708 | 3 643 826 |

总之，我们用来估计 *REV* 和现值的三种方法比较显示在表 10-9 中。显然，读者要意识到分析中存在许多假设。然而，使用现值折现法估计房地产价值时，这些方法都提供了可能有效的概念框架和具体技术。正如我们所展示的，不同的估计应尝试确定是否收敛于房地产价值，否则评估师需要再次检查假设和所使用方法的逻辑是否一致。

## 10.6 土地价值："最佳用途"分析

在本节，我们提出问题：什么决定土地价值？什么引起地价的涨跌？背后存在一个框架可以帮助我们更好地理解土地市场和供求、空置率、租金之间的关系。为解释这一问题，我们考虑一栋新的写字楼，它所在地区预期未来每年能产生 50 万美元的 *NOI*。房屋使用年限为 75 年，*NOI* 每年预期增长率为 3%，投资者预期 *IRR* 为 13%。我们对房地产价值的估计为：

$$PV=\frac{NOI_1}{r-g} \text{ 或 } \frac{NOI_1}{R}$$

$$PV=\frac{500\ 000}{0.13-0.03} \text{ 或 } \frac{500\ 000}{0.10}$$

$$PV=5\ 000\ 000(\text{美元})$$

在我们的例子中，一栋写字楼可在第 1 年创造 50 万美元的收益，之后每年增长 3%。投资者对类似的写字楼期望能得到 13% 的回报，可比写字楼以资本化率 10% 交易，产生 500 万美元的现值。现在考虑一栋需花费 400 万美元成本的新建筑，地价会是 5 000 000－4 000 000＝1 000 000（美元）。该概念是，剩余土地价值（residual land value）是剩下的价值，或者在特定地点上的房地产总价值与建设成本之间的差额。

### 10.6.1 地价的波动性

现在介绍地价波动性的起因是有用的。许多读者可能会将某地区地价的突然上涨、然后下降、可能再次上涨的现象归因于时代。一种猜测是投资者投机引起了价格波动。既然它是不断发生的情况，很可能是某地区的一种基础情况发生了变化，或预期会发生，因此，现值方程中的某一变量改变了。为了进行解释，我们转向之前的写字楼案例和两个可选择的预期 *NOI* 情况。

写字楼预期 *NOI* 是 50 万美元，土地价值是 100 万美元。假设由于未预测到的需求，我们的初始租金估计和 *NOI* 增加 10%，为 55 万美元。控制其他变量，总房地产价值上涨到 550 万美元。然而，房屋建设成本短期内不受影响，仍为 400 万美元，因此地价为 150 万美元。地价增长了 50%，而预期 *NOI* 只增长了 10%。相反，如果初始 *NOI* 被高估，下降到 45 万美元，价值会降到 450 万美元，地价会下降 50%。类似地，如果除了初始 *NOI* 的差异，现值方程中其他改变的发生（如增长率 $g$ 上升或下降）对地价的影响会更显著。预期 *NOI* 和/或预期 $r$ 和/或 $g$ 的改变都是地价波动的基础原因。

## 10.6.2 "最佳用途"分析——空置地盘

另一种土地剩余价值的估计方法是划分土地上已建房地产的类型。我们在案例中使用写字楼，然而，该片土地是否更适合建零售房地产、仓库、公寓住宅项目？答案在于哪种用途能提供最高的综合土地价值。该种分析方法也被称为土地最佳用途（highest and best use）。例如，在表 10-10 中，我们提供建在 Albert 土地上的各种用途的房地产 *NOI* 的估计。我们假设已经进行了市场研究，租金和费用已经被估计，且投资者的收益率与表 10-10 中的可能用途对应的风险一致。建设成本包括劳动力、原材料、建筑、工程费用和其他开发成本，也包括开发商的利润。

表 10-10 中的结果表明公寓住宅项目可能是 Albert 土地的最佳用途。该用途预期产生 450 万美元的总房地产价值和 150 万美元的土地价值。尽管零售商常常会建造更高的 750 万美元的总房地产价值，但其建设成本也更高。开发零售项目，得到要求收益，开发商为土地支付不超过 75 万美元。总之，土地预期用途及其未来收入会影响其价值。开发商和投资者预想哪种用途会带来最高的房地产价值，土地竞标及预期竞标价会最终影响土地价值。土地价值由其最佳用途决定，最佳用途导致最高的剩余土地价值。

**表 10-10　　Albert 土地最佳用途分析**

| 用途 | (1)<br>第 1 年 *NOI*<br>（美元） | (2)<br>$(r-g)$ | (3)<br>$R$ | (1÷3=4)<br>暗含房地产价值<br>（美元） | (5)<br>建设成本<br>（美元） | (4) － (5)<br>暗含土地价值<br>（美元） |
|---|---|---|---|---|---|---|
| 写字楼 | 500 000 | 0.13－0.03 | 0.10 | 5 000 000 | 4 000 000 | 1 000 000 |
| 零售 | 600 000 | 0.13－0.05 | 0.08 | 7 500 000 | 6 750 000 | 750 000 |
| 公寓 | 405 000 | 0.12－0.03 | 0.09 | 4 500 000 | 3 000 000 | 1 500 000 |
| 仓库 | 400 000 | 0.10－0.02 | 0.08 | 5 000 000 | 4 000 000 | 1 000 000 |

## 10.6.3 "最佳用途"分析——已建房地产

上一小节，我们得出公寓住宅是空置地盘的最佳用途。在我们的例子中，公寓能产生 150 万美元的剩余土地价值。这是开发商能为空置土地支付的最高价格。但如果地盘不是空置的，而是有已建房地产呢？例如，假设地盘上已经有一个旧仓库，每年能产生 19.2 万美元的 *NOI*。随着时间的推移，*NOI* 每年仅增长 1%，投资者目前要求 13%的收益率。基于此信息，旧仓库（土地和建筑物）的价值是$\frac{192\ 000}{0.13-0.01}=1\ 600\ 000$（美元）。

应该将旧仓库拆掉，重建住宅吗？在此案例中，答案是不应该。投资者会愿意为旧仓库支付 160 万美元，而住宅开发商仅能为土地提供 150 万美元。因此，住宅开发商在出价上不具优势，现有建筑物能为土地增值 10 万美元，如果被拆除，土地被空置，这 10 万美元就得不到了。

然而，现在假设每年 *NOI* 不是 19.2 万美元，而是 16.8 万美元。我们计算出旧仓库（土地和建筑物）的价值是$\frac{168\ 000}{0.13-0.01}=1\ 400\ 000$（美元），低于土地闲置重新被开发的价值。住宅开发商可以支付比投资者多的价格。另外的考虑是拆除成本。既然土地不是完全空置的，那么开发商需要支付一些成本以拆除现有仓库。只要这些成本低于 10 万美元，仓库就还是应该被拆除。例如，假设拆除成本是 5 万美元，住宅开发商需要为该土地支付 150－5＝145（万美元），仍然高于保留仓库需要支付的 140 万美元。

最佳用途是一个很重要的概念，因为它是决定土地价值及土地是否被最大化利用的基础。它也提供了现有建筑物是保留还是拆除的指导建议。

## 10.7 抵押贷款-权益资本化

在我们的讨论中，价值通过 *NOI* 折现和房地产转售价格得到。所选折现率是自由明确的折现率，意味着它不考虑房地产是否融资，比如说负债和权益有多少。实际上，我们将可得的房地产整体收入折现，假设投资者已经支付了全部购买价。我们没有考虑融资的可能性，收入如何在债权人（抵押贷款贷款人）和权益投资者（或称股权投资者）之间分配。当考虑融资时，房地产定价的折现率应该受到债务的影响，折现率必须反映预期权益投资收益率。我们将看到在第 13 章中反映的与融资杠杆相关联的风险。我们现在讨论的是如何通过明确考虑抵押贷款的贷款人和权益投资者来估计房地产价值，也就是抵押贷款-权益资本化（mortgage-equity capitalization）。

这种估计价值的方法是基于总房地产价值（property value，*PV*）等于预期抵押贷款融资（*M*）和权益投资（*E*）的现值，即：

$$PV=M+E$$

假设某一小型收益性房地产第 1 年的 *NOI* 预期是 5 万美元，债务偿还能力比率（*DCR*）是 1.2，利率是 11%，按月偿还将持续 20 年以上。在第 11 章，收益性房地产的融资一般都给予目标首年债务偿还能力比率。在我们的例子中，*NOI* 自首年后每年增长 3%，投资者预期持有房地产 5 年。基于第 6 年的 *NOI* 和 11%的终期资本化率估计转售价格。投资者对这类房地产要求 12%的年收益率。12%的折现率和 11%的终期资本化率反映出 5 年后（房地产的剩余经济年限）平均年度收入复合增长率为每年 1%，低于前 5 年 3%的增长率。我们也讨论到，增长率和资本化率随着时间的推移而变化。

首先，我们决定了每年债务支付（debt service，*DS*）为：

$$DS=NO_1/DCR$$

$$DS=\frac{50\ 000}{1.20}=41\ 667(\text{美元})$$

进而可以计算出每月还款额为$\frac{41\ 667}{12}=3\ 472.22$（美元）。融资额可通过在 20 年期限内按 11%的利率将每月还款额折现计算出来。融资额可看成抵押贷款（$M$）按现有市场上 11%的抵押贷款利率计算的价值。

我们现在可以计算 5 年持有期的现金流，如表 10－11 所示。

**表 10－11** 单位：美元

| 营业年数 | 1 | 2 | 3 | 4 | 5 | 6 |
|---|---|---|---|---|---|---|
| *NOI* | 50 000 | 51 500 | 53 045 | 54 636 | 56 275 | 57 964 |
| *DS* | 41 667 | 41 667 | 41 667 | 41 667 | 41 667 | N/A* |
| 现金流量 | 8 333 | 9 833 | 11 378 | 12 969 | 14 608 | |
| 再销售： | | | | | | |
| 第 5 年再销售价格 | | | | | 526 945 | |
| 减去抵押贷款余额 | | | | | 305 495 | |
| 现金流量 | | | | | 221 450 | |
| 总现金流量 | 8 333 | 9 833 | 11 378 | 12 969 | 236 058 | |

* 所显示的是持有期间在第 5 年末再销售价格的估计。

该案例中现金流的现值以 12%的折现率计算是 165 566 美元，这表示权益投资者在房地产上的权益的价值（$E$）。房地产总价值（$PV$）可通过抵押贷款和权益的价值之和计算出来。

$$PV=M+E$$
$$PV=336\ 394+165\ 566$$
$$PV=501\ 960(\text{美元})$$

该价值反映出资本化率约为 10%（$=50\ 000/501\ 960$），低于估计转售价值的 11%。正如之前所强调的一样，资本化率随着房地产被出售后，收入如何变化的假设而变化。

我们还可以基于该权益价值计算出前 5 年的股利率。（股利率等于权益投资者第 1 年的现金流除以初始权益投资值。）股利率等于 $8\ 333/165\ 566=5\%$。预测的贷款价值比为 $336\ 394/501\ 960=67\%$。

我们必须强调，权益投资者需要以投资收益率 $k$ 进行折现，该收益率不同于折现 *NOI* 所用的 $r$，因为投资者愿意投资到项目的权益等于权益投资，而不是总投资的现金回报的折现价值。当试图估计 $E$ 时，必须考虑 $k$ 的取值，或者整个投资区间内，投资者预期权益实现的税前内部收益率（*BTIRR*）。在之前的案例中，没有考虑杠杆。因此，折现率 $r$ 反映了总投资或全现金基础的期望收益率，因为投资者没有使用债务融资。由于这个原因，我们预期 $k$ 高于 $r$，因为当杠杆被使用后，权益投资者的风险增加。

如前所述，确定抵押贷款利率和其他抵押贷款条款，以及贷款人愿意为某一特定房地产提供贷款的价值百分比，是相对简单的。然而，估计投资者期望在一段持有期内获得的内部权益收益率（$k$）要复杂得多。我们通常不知道可比房地产被购入时，投资者估计的现金流是多少。此外，基于历史数据的 $k$ 值可能并不能代表未来的趋势。然而，在

估计 $k$ 时可以遵循一些一般的指导原则。

（1）对权益投资者的风险溢价高于抵押贷款的贷款人的溢价。权益风险更大，是因为权益投资者比贷款人承担更大的风险，因为在权益投资者得到税前现金流之前，债务支付就必须从 *NOI* 中支付出去。因为房地产作为贷款的抵押物，贷款人对房地产销售有优先求偿权，因此在权益投资者得到销售的现金流之前，要先支付抵押贷款余额。因此，权益投资者处于余值地位，也就是说，在权益投资者得到回报之前，必须先满足贷款人的债权。

（2）权益投资者要求的收益率 $k$ 比整体房地产收益率 $r$ 要高，因为融资杠杆伴随着风险。

（3）当估计特定项目的要求权益投资收益率时，其他投资品如企业债或股权的收益可作为估值的参考。当然，必须对估值房地产和其他市场平均收益的差异做出调整。

## 10.8　销售比较法和收入法的协调

基于以上讨论，显然销售比较法和收入法在应用上都各有优缺点。因此，如果可能的话，使用两种方法对房地产进行估值是比较好的。因为在估值分析中，对照市场数据总是有利的。当使用销售比较法时，资本化率反映投资者现在会为可比房地产付多少钱。现期任何待售房地产的售价均应该与已售高度类似的房地产的价格一致。不管现价估计基于何种现金流、持有期、折现率和复归价值，这一点都不会变。因此，直接资本化法，即使已经对不同房地产属性做出了调整，仍然不能提供很高的建议价值。由于这些原因，使用两种方法的谨慎的分析是有用的。

## 10.9　变化的市场环境、资本化率和房地产价值的关系探究

到目前为止，我们已经通过案例解释了估值方法。进行房地产估值和投资的投资者总是试图解释变化的市场环境及这些变化对资本化率和房地产价值的影响。换句话说，正如分析师追踪房地产销售情况一样，投资者总是观察交易中的资本化率（*NOI*/*V*）是否变化。这意味着什么？是什么导致了资本化率的升降？在本节，我们介绍了市场环境的具体变化，并试图解释这些变化对房地产价值和资本化率的影响。

**情况 1：供求对初始资本化率变化的影响**

为了解释短期供求过剩或真正的市场力量对现期及预期资本化率的影响，我们考虑一个与基础案例相关的情况。表 10－12 总结了这些案例。在基础案例中，我们假设市场供求现在处于均衡，长期租金和 *NOI* 预期增长率为 3%，投资者预期收益率 $r$ 为 12%。为了简化讨论和解释，我们假设 *NOI* 和现金流在各种情况下都是一样的。第 1 年的 *NOI* 为 10 万美元，每年增长率为 3%，第 5 年末，*REV*（等于第 6 年的 *NOI* 除以 $r-g$）为

115 927/(0.12－0.03)＝1 288 082（美元）。因为分析的期限较短，我们没有考虑经济贬值对终期资本化率的影响。然而，如果分析期限变长，或者分析师相信经济贬值会发生，那就必须考虑该影响。在表 10－12B 中，基本情况假设现值为 1 111 111 美元，初始资本化率（*R*）为 0.09。该结果与市场均衡的情况是一致的。而且，投资者没有理由相信在可预期的未来会出现市场失衡。他们相信未来 *NOI* 的实际增长率为每年 3%，房地产投资者能持续拿到 12%的收益率。我们现在考虑供求过剩导致市场状况的非预期变化对资本化率的影响。

**表 10－12　　情况 1：短期内供求、投资者收益率和初始资本化率的关系**

| 表 A：市场说明 | | 年 | | | | | |
|---|---|---|---|---|---|---|---|
| | | 1 | 2 | 3 | 4 | 5 | 6 |
| 基本情况：市场处于均衡， | *NOI* | 100 000 | 103 000 | 106 090 | 109 273 | 112 551 | 115 927 |
| $g$＝3% | *REV* | | | | | 1 288 082 | |
| 案例 A： | *NOI* | 100 000 | 100 000 | 100 000 | 103 000 | 106 090 | 109 273 |
| 供给过剩 | *REV* | | | | | 1 214 141 | |
| 案例 B： | *NOI* | 100 000 | 105 000 | 110 250 | 115 762 | 119 235 | 122 812 |
| 需求过剩 | *REV* | | | | | 1 364 578 | |

| 表 B：预计结果 | | | 评论 |
|---|---|---|---|
| 基本情况： | *NOI* | 100 000 | 市场供求平衡，*NOI* 长期增长率为 3%，投资者预期收益率为 12%。 |
| | *PV*（12%） | 1 111 111 | |
| | 资本化率（*R*） | 0.090 | |
| 案例 A： | *NOI* | 100 000 | 供给过剩预计持续 3 年。租金保持不变，然后从第 4 年起长期增长率为 3%。所以房地产价值会降低，资本化率相应地会提高。 |
| | *PV*（12%） | 1 054 776 | |
| | 资本化率（*R*） | 0.095 | |
| 案例 B： | *NOI* | 100 000 | 需求过剩导致了 4 年内的 *NOI* 增长率为 5%。然后租金在第 5 年开始回到 3%的长期增长率。所以房地产价值预计会增加，资本化率相应地会降低。 |
| | *PV*（12%） | 1 166 989 | |
| | 资本化率（*R*） | 0.086 | |

注：本表及后面两个表中的 *NOI*、*REV*、*PV* 的单位均为美元。

在案例 A 中，我们展示了短期情况非预期变化的影响。我们预期有持续 3 年的供给过剩，租金不变。3 年内 *NOI* 保持在 10 万美元。需求上涨，*NOI* 从第 4 年起每年保持 3%的长期增长。该假设产生了表 10－12B 中案例 A 的预期结果。在 3 年供给过剩情况下（其他情况不变），现值下降至 1 054 776 美元，资本化率 *R* 上升至 0.095。显然，*R* 大于基础情况的 0.09。总的来说，供给过剩导致资本化率上升。因此，市场状况下房地产价值下降。

在案例 B 中，我们展示了短期情况自第 4 年起非预期需求过剩的影响，供给调整，长期增长率为 3%。这种情况可能产生于市场就业率的突然增长，需求上升。在该情况下，现值上升至 1 166 989 美元，资本化率 *R* 下降至 0.086。因此，过度需求导致资本化率下降，房地产价值上升。

该案例的目的是说明市场状况的变化对房地产价值和资本化率的影响。控制其他变量不变，供给过剩导致现值下降，资本化率上升。投资者以更低的租金折现，因此供给过剩引致未来现金流，只愿意以低价、高资本化率购买房地产。相反，供给过剩导致高现值和低资本化率。投资者的现值高于正常现金流，因此房地产价值上升，资本化率下降。

**情况 2：资本市场状况的变化对初始资本化率的影响**

在之前的章节中，我们说明了实际市场的影响，即空置可用空间的供求如何影响房地产价值和资本化率。现在我们使用同样的基础情况，说明资本或金融市场的变化产生的影响，主要是利率的变化对房地产价值和资本化率的影响。参见表 10－13 中的案例 C，我们考虑长期利率的非预期增长的影响，会导致预期收益率从 12%增长至 13%，当然这是在控制其他因素不变的情况下。这意味着未来租金、*NOI* 等都不受影响。利率增长的影响结果在表 10－13B 中给出，现值降低至 100 万美元，资本化率上升至 0.10。

**表 10－13　　情况 2：利率变化、投资者收益率和初始资本化率的关系**

| 表 A：市场说明 | | 年 | | | | | |
|---|---|---|---|---|---|---|---|
| | | 1 | 2 | 3 | 4 | 5 | 6 |
| 基本情况： | *NOI* | 100 000 | 103 000 | 106 090 | 109 273 | 112 551 | 115 927 |
| | *REV* | | | | | 1 288 082 | |
| 案例 C： | *NOI* | 100 000 | 103 000 | 106 090 | 109 273 | 112 551 | 115 927 |
| 利率上升，$r$=13% | *REV* | | | | | 1 159 274 | |
| 案例 D： | *NOI* | 100 000 | 103 000 | 106 090 | 109 273 | 112 551 | 115 927 |
| 利率下降，$r$=11% | *REV* | | | | | 1 449 093 | |

| 表 B：预计结果 | | | 评论 |
|---|---|---|---|
| 基本情况： | *NOI* | 100 000 | 市场供求平衡，*NOI* 长期增长率为 3%，投资者预计收益率为 12%。 |
| | *PV*（12%） | 1 111 111 | |
| | 资本化率（*R*） | 0.09 | |
| 案例 C： | *NOI* | 100 000 | 与基本情况相关，房地产价值降低，因为折现率增至 13%，资本化率增加 |
| | *PV*（13%） | 1 000 000 | |
| | 资本化率（*R*） | 0.10 | |
| 案例 D： | *NOI* | 100 000 | 与基本情况相关，房地产价值增加，因为折现率增至 11%，资本化率降低 |
| | *PV*（11%） | 1 250 000 | |
| | 资本化率（*R*） | 0.08 | |

在案例 D 中，我们考虑利率的下降，收益率从基础情况的 12%下降至 11%。保持其他变量不变，房地产价值上升至 125 万美元，*NOI* 保持不变，投资者预期收益率下降至 11%。资本化率也下降至 0.09。

总的来说，保持其他情况不变，利率上升导致收益率 $r$ 上升，资本化率上升，从而导致低房地产价值。反之，如果利率下降，收益率下降，房地产价值上升，资本化率下降。

### 情况 3：资本市场状况的变化和供求对初始资本化率的混合影响

在表 10－14 中，我们考虑了利率的非预期增长，加上实际市场的变化，如短期供过于求或供不应求。基本情况展示了实体和金融市场都是均衡状态。然而，在案例 E 中，由于长期利率按照 1%增长，投资者预期收益率达 13%。当结合供给过剩和利率上升两种情况时，现值更低。由于开发商供大于求，投资者要求更高的投资收益率。导致不变的租金和 *NOI* 被更高的折现率折现。在案例 F 中，需求过剩和利率上升导致现值较小，成本下降，资本化率上升，因为需求过剩产生了较高的租金和 *NOI*。然而，由于高利率，高现金流被更高的折现率折现。

表 10－14 的案例 G 和案例 H 展示了供求过剩和利率下降的影响。需求过剩和利率下降（案例 H）产生了更大的影响和更低的资本化率。案例 G 资本化率的下降不是那么剧烈，然而，因为较低的租金，案例 G 中供给过剩产生的现值低于案例 H。

**表 10－14　情况 3：供求过剩条件、利率、投资者收益率和初始资本化率之间的关系**

| 表 A：市场说明 | | 年 | | | | | |
|---|---|---|---|---|---|---|---|
| | | 1 | 2 | 3 | 4 | 5 | 6 |
| 基本情况： | *NOI* | 100 000 | 103 000 | 106 090 | 109 273 | 112 551 | 115 927 |
| | *REV* | | | | | 1 288 082 | |
| 案例 E： | *NOI* | 100 000 | 100 000 | 100 000 | 103 000 | 106 090 | 109 273 |
| 供给过剩，收益率 13% | *REV* | | | | | 1 092 727 | |
| 案例 F： | *NOI* | 100 000 | 105 000 | 110 250 | 115 762 | 119 235 | 122 812 |
| 需求过剩，收益率 13% | *REV* | | | | | 1 228 120 | |
| 案例 G： | *NOI* | 100 000 | 100 000 | 100 000 | 103 000 | 106 090 | 109 273 |
| 供给过剩，收益率 11% | *REV* | | | | | 1 365 909 | |
| 案例 H： | *NOI* | 100 000 | 105 000 | 110 250 | 115 762 | 119 235 | 122 812 |
| 需求过剩，收益率 11% | *REV* | | | | | 1 535 150 | |

| 表 B：预计结果 | | | 评论 |
|---|---|---|---|
| 基本情况： | *NOI* | 100 000 | 市场供求平衡，*NOI* 长期增长率 $g=3\%$，预计收益率为 13% |
| | *PV*（12%） | 1 111 111 | |
| | 资本化率（*R*） | 0.09 | |
| 案例 E： | *NOI* | 100 000 | 供给过剩和利率上升导致房地产价值降低，资本化率提高 |
| | *PV*（13%） | 949 957 | |
| | 资本化率（*R*） | 0.105 | |
| 案例 F： | *NOI* | 100 000 | 尽管需求过剩存在，当与利率上升结合时，房地产的价值也增加，但不如基本情况中增加得多 |
| | *PV*（13%） | 1 049 424 | |
| | 资本化率（*R*） | 0.095 | |
| 案例 G： | *NOI* | 100 000 | 利率降低对房地产价值有积极影响，但是这个影响在某种程度上由于市场供给过剩而抵消。结果是房地产价值逐渐增加，资本化率逐渐降低 |
| | *PV*（11%） | 1 185 780 | |
| | 资本化率（*R*） | 0.084 | |
| 案例 H： | *NOI* | 100 000 | 利率降低和需求过剩的结合造成了对房地产价值最积极的影响和资本化率明显的降低 |
| | *PV*（11%） | 1 313 977 | |
| | 资本化率（*R*） | 0.076 | |

## 10.10 资本化率和市场条件总结

我们对上述讨论总结如下。

一是以下几点可以造成市场资本化率的降低（房地产价值上升）：

（1）房地产的需求出现非预期增长；

（2）利率出现非预期下降；

（3）（1）和（2）。

二是以下几点可以造成市场资本化率的上升（房地产价值下降）：

（1）房地产的供给出现非预期增长；

（2）利率出现非预期上升；

（3）（1）和（2）。

当然，资本化率的变化有许多其他影响因素，可能包括目标房地产的风险、邻近房地产特质的变化等。

## 10.11 注意：实际市场力量和利率对房地产价值的影响

上述说明都是在对供求过剩的时间和期限、利率变化的区间和期限做出严格假设的前提下做出的。这些案例被用来说明市场条件的变化对房地产价值和资本化率的影响。实际上，很难对这些关系进行预测，正如房地产价值的数值变化也很难预测。实际市场和利率的结合也要纳入考虑。我们没有考虑这些市场情况之间的交互效应。例如，利率变化的影响会持续较长时间，从而影响供求长期增长率和超过 3 年的 *NOI* 模式。我们相信理解这些关系是有用的。

实际上，投资者必须知道怎么把这些关系放入预测中。当对特定房地产进行估值时，投资者必须考虑：

（1）现期市场供求状况和这种状况将持续多长时间。

（2）这些条件对租金和 *NOI* 的影响。

（3）未来的利率走势可能受到如全球经济增长和通货膨胀压力等更具全球性的非房地产因素的影响。

（4）在待估值房地产下实施的租赁合同内容，以及（1）、（2）和（3）中的条件是否会对租金、费用和承租人违约率产生重大影响。

## 10.12 租赁继承房地产的估值

本章之前的案例预测被估值房地产会在近期被租赁出去。在这些案例中，这些被估值房地产被称为自由继承房地产（fee simple estates）。然而，在很多情况下对于待售房地产，现有的租约低于（高于）市场租金。这些待售房地产被称为租赁继承房地产（leased fee estates）。类似地，当对房地产进行估值并从最近销售的房地产中选择可比房地产时，我们发现许多房地产仍然有未到期的租约。当这些房地产被纳入估值范围，考虑未到期租约是否现时有效及其内容是很重要的。在估值时，如果未考虑到这些因素，会造成严重的估计偏差。

例如，我们假设房地产 A 未来 5 年每年能产生 400 000 美元的净租金。在第 5 年期末，租约到期，租金将以市场利率水平每年协商。同样地，房地产 B 可预测每年产生 500 000 美元的净租金，且租金每年增长 3%，因为它没有现存的租约，所以每年可以赚取市场租金（见表 10 - 15）。

**表 10 - 15**

| *PV* | 5 年现金流（美元） | | | | | |
|---|---|---|---|---|---|---|
| | (1) | (2) | (3) | (4) | (5) | $REV_5$ |
| 房地产 A=4 461 296 美元 | 400 000 | 400 000 | 400 000 | 400 000 | 400 000 | 5 627 540 |
| 房地产 B=4 908 366 美元 | 500 000 | 515 000 | 530 450 | 546 364 | 562 754 | 5 627 540 |

我们还认为第 5 年末的复归价值在两个案例中一样，因为房地产 A 租约到期，当年年末及每年末，租金会调整到市场水平，使得和房地产 B 自第 6 年起的复归价值一致。因此，自第 5 年起，两种情况的现金流相同，产生相同的 *REV*。我们预测两处房地产预期收益率都为 13%。然而，两种情况的现价和营运费用资本化率差异较大。在折现后，房地产 A 的价值为 446 万美元，房地产 B 的价值为 491 万美元，差别为 45 万美元。房地产 A 的营运费用资本化率为 0.09，房地产 B 为 0.102。值得注意的一点是，待售房地产 C 和 A、B 高度可比，但房地产 A 和 B 可得租约信息较少，使用不同资本化率可以产生差异较大的估测价值。房地产 C 的 *NOI* 是 4.5 万美元，选择不同的资本化率，估测房价范围可能是从 4 411 765（=450 000/0.102）美元到 5 000 000（=450 000/0.09）美元，与 588 235 美元存在较大差异。因此，除了房地产的物理特性、地理位置外，可比房地产的租约内容和待售房地产的租约相似也是选择可比房地产的重要考虑因素。

## 10.13 成本法

用成本法（cost approach）来评估房地产的原理就在于任何见多识广的房地产买方均不会付出高于该房地产土地获取成本加建设成本的价格。对于新建房地产，成本法包括确定房地产建设成本和土地市场价值。对于已建成房地产，评估师首先估测其重置成本，然后减去有形损耗（physical deterioration）、功能过时（functional obsolescence）或外观陈旧（external obsolescence）等损失的评估值，即为该房地产的估值。这一方法在程序上与第 7 章住宅房地产融资使用的成本法相同。然而，收益性房地产的结构设计、设备更换及地理位置等因素，导致其评估过程更为复杂。因此，成本法的应用可能会非常困难，特别是当目标房地产不是新建房地产的时候。

评估价值可综合运用其他方法和成本法。估计方法的选择取决于：（1）目标房地产的建成年代；（2）其功能及设计结构是否高度专业化；（3）成本法所需数据的可得性。一般地，如果该房地产项目处于准备阶段，评估师可从建造计划或施工设计图纸取得相关成本数据。Marshall and Swift 公司和全美评估公司的 Boeckh 分部均提供成本估测业务。

如果项目处于准备阶段，所需材料和设备的规格会被具体地陈述出来，通常可以计算出一个相对准确的估测成本。表 10－16 是一栋处于准备阶段的办公仓储两用综合大楼的固定成本与可变成本的明细分类。该成本分类方式基于各种分包商的投标要价，对新的非技术性的建筑非常常见。

除了表 10－16 所示的固定成本外，还有两种额外的类别。一种属于可变成本，包括服务费用估计额与项目设计开发阶段必要的无形成本；另一种是土地成本，通过与近期土地交易进行比较得到。用来比较的房地产必须是目标房地产的可比房地产。

**表 10－16　成本分类——办公仓储两用综合大楼（共 73 500 平方英尺，办公面积为 8 000 平方英尺，仓储面积为 65 500 平方英尺，土地共 3 英亩，预期经济年限为 50 年）**

| 明细 | 成本（美元） | |
|---|---|---|
| | **硬成本** | |
| 挖掘——重新填设 | 31 500 | |
| 地基 | 47 250 | |
| 构架（钢） | 160 500 | |
| 波纹钢制外墙 | 267 750 | |
| 砖制房屋正面——加装玻璃 | 51 000 | |
| 混凝土底板 | 61 000 | |
| 办公室地板 | 17 500 | |
| 屋顶架构 | 115 040 | |
| 办公室内部装修 | 57 400 | |
| 灯具和电路 | 83 400 | |
| 铅锤测量 | 114 500 | |
| 供热系统 | 157 500 | |
| 内部起重和比例测量 | 139 060 | |
| 加载船坞、铁路延伸 | 96 000 | |
| 停车场、街道、沟渠 | 176 000 | |
| 小计 | 1 575 000 | 21.43 美元/平方英尺 |
| | **软成本** | |
| 建筑人员、代理人、会计 | 200 000 | |
| 建筑利息 | 125 000 | |
| 建筑商利润 | 250 000 | |
| 小计 | 575 000 | |
| 土地成本（比较） | 350 000 | |
| 成本法得出的价值 | 2 500 000 | 34.00 美元/平方英尺 |

如果该目标项目包括部分整修旧有房地产，表 10－16 的成本明细将更加复杂，因为评估师必须对其有形及无形损耗进行估计。一般来说，用成本法评估整修房地产工程，先确定其重置成本，然后扣除由以下因素造成的折旧：（1）有形损耗；（2）由可减少运营成本的设计或技术进步造成的功能或结构过时；（3）外观陈旧，如由交通拥挤、噪声、污染等引起的房地产外观变化。这三种折旧额很难确定，许多情况下需要精通这类问题的专业评估师来确定。对于工业房地产、公用建筑等具有特殊用途的房地产及买卖频繁的房地产的折旧扣除额就更难确定了。

为了说明如何进行物质、功能和经济上的折旧调整，现以一栋已建成 15 年的办公仓储两用综合大楼为例。这一整修工程，如果是刚建成的，并用表 10－16 所示方法计算，成本价格应为 175 万美元。然而，由于该建筑物已建成 15 年了，必须将这一价格根据必要的维修、技术设计变化及折旧情况加以调整，如表 10－17 所示。

**表 10－17　　对于修整房地产折旧和过时的估计　　单位：美元**

| | |
|---|---|
| 重置成本估计 | 1 750 000 |
| 1. 建筑本身的损坏 | |
| （1）可维修类 | |
| 外部完善 | 25 500 |
| 地板铺设 | 5 200 |
| 照明设置 | 17 000 |
| 总计 | 47 700 |
| （2）非维修类 | |
| 15 年除以 50 年（经济寿命） | 30% |
| 2. 功能上的过时 | |
| 样式过时 | |
| 增加营运费用（每年） | 15 600 |
| 3. 外部退化 | |
| 每年租金损失* | 4 000 |
| 比较后的地点价值 | 200 000 |

* 归因于建筑本身的部分。

用成本法对已建成房地产进行评估，首先应确定其当前的重置成本（replacement cost），然后扣除以下成本：（1）各种应对折旧的整修或保养费用；（2）由于设计或布局效率的改变而导致的不可修复（或无法治愈）的因素所带来的经济损失，这些因素可能会降低新建建筑的营运成本。

在本例中，评估师估计该房地产买方需支付 4.77 万美元进行整修活动，如更新设备、保养等。然而，由于该房地产已建成 15 年，而其经济年限为 50 年，评估师预估不可修复的折旧占现期总重建成本的 30%，基于建成年份与经济期限之比（15/50）。在 50 年期间，该房地产每年均匀折旧，年折旧率为 2%（=100%/50），因为已经过了 15 年，该房地产现在的折旧率应为 30%。有形损耗的估测并不总是基于这些简单的假设。许多建筑的损耗速度不同。在这种情况下，评估师应考虑房地产的有效房龄（effective age），而不是实际房龄。

在功能过时方面，评估师认为已建成房地产比同样的全新房地产的营运费用高 1.56 万美元。形成这一情况的原因可能是：已建成房地产没有吊顶天花板，柱等的设计影响交通或仓储，或传统传输系统的结构过时。每年增长 1.56 万美元的额外费用表示由于功能不足导致的人力及设备成本。预测营运费用在今后 35 年内每年增长 1.56 万美元，它可以被视作一笔折扣年金。假设业主在其他投资项目上每年的收益率为 10%，则功能过时引起的整修使得整体营运费用现值为 150 449 美元。假设业主可投资一个风险相似的房地产项目，收益率也为 10%。该点在之前讨论的收入法中已被详细讨论。

最后，评估师认为外观陈旧的折旧值每年为 4 000 美元。这一费用的形成是由于各种环境变化，如污染、噪声、邻区变化及其他引起低租金（高费用）的外观因素。测定该折旧值时，需要对不存在这些外观陈旧因素的可比房地产进行比较研究。由于土地价值与建筑物的价值分开计算，土地价值的经济性陈旧已被纳入考虑之中，因此调整建筑物价值中的区位折旧因素时，估测的租金损失指标是总租金损失中建筑物应分摊的部分。例如，评估时预测某处房地产因受区位因素的影响，每年少收 5 000 美元租金。然而，假设建筑物与土地单独租赁，则评估师可能会预测建筑物的租金损失为 4 000 美元，土地的租金损失为 1 000 美元。建筑物租金损失被资本化后，可冲销建筑物的价值。租金损失 4 000 美元按 10%折现后的现值为 38 577 美元。在实际评估中，这一过程困难得多。评估师需要花很多精力去确定总租金损失额与应分配到建筑物上的份额。

表 10－18 是已建成房地产重置成本的调整过程。注意，可修复性折旧应在不可修复性折旧之前从重置成本中扣除，也就是说，即使调整了可修复性折旧因素，功能过时或外观陈旧引起的生产率降低仍然存在。因此对不可修复性折旧的调整，是建立在可修复性因素已得到调整的基础上的。

**表 10－18　　重置成本估算值的调整**　　单位：美元

| | |
|---|---|
| 重置成本的现行价格 | 1 750 000 |
| 减：可维修类建筑损坏成本 | 47 700 |
| 　小计 | 1 702 300 |
| 　非维修类建筑损坏成本，30% | 510 690 |
| 　功能过时（无法改变的） | |
| 　　15 600 美元（*PV*，10%，35 年） | |
| 　　15 600 美元（9.644 159） | 150 449 |
| 　经济地点过时 | |
| 　　4 000 美元（*PV*，10%，35 年） | |
| 　　4 000 美元（9.644 159） | 38 577 |
| 加：地点价值（通过比较得出） | 200 000 |
| 通过成本法计算的价值 | 1 202 584 |
| 或者（四舍五入取整） | 1 200 000 |

总之，成本法适用于较新的、未出现复杂折旧问题的建筑物。然而，当需要对折旧进行调整，或者难以得到可比土地交易数据时，成本法就不是很适用了。这经常发生于较旧的、经过整修的房地产估值中。当市场上交易实例较少、数据匮乏时，成本法可能是评估已建成房地产的唯一方法。

## 10.14 估值案例——Oakwood 公寓

Oakwood 公寓是一个豪华公寓综合体，一个签约购买房地产并需要融资的投资者正在对其进行评估。银行职员已对房地产价值进行评估，但希望得到独立评估师使用收入法得到的结果。

银行提供了如表 10－19 所示的房地产信息，评估师确定了现期所有者预期的每单位租金，表 10－20 进行了可比房地产的分析。

**表 10－19　　房地产信息——Oakwood 公寓**

| | |
|---|---|
| 房地产名称：Oakwood 公寓 | 主要设施：直通车库，带自动车库门开启装置。游泳池和温泉水疗，健身中心，商务中心，慢跑道，装有门禁的大门，200 个停车位。 |
| 位置：美国郊区 | 占地面积：4.75 英亩 |
| 基本描述：95 户的南北朝向豪华花园公寓社区。该房地产是新建的，具有很完善的设施，包括直达车库。所有建筑物都是双层结构，有 90%的砖外墙。 | 户型：95 户两居室<br>1 100 平方英尺，有两间卧室和两个浴室 |
| 贷款人：美国银行 | 房龄：3 年 |
| 租金和收入增长率：3% | 每月平均租金：1 250.00 美元加上每年每户 120 美元的其他收入 |

**表 10－20　　Oakwood 公寓及可比房地产**

| | Oakwood 公寓 | 可比房地产 | | |
|---|---|---|---|---|
| | | (1) | (2) | (3) |
| 每英亩户数 | 20 | 20.0 | 21.0 | 25.0 |
| 户型比例： | | | | |
| 1 卧室/1 浴室 | 0 | 10% | 10% | 60% |
| 2 卧室/2 浴室 | 100% | 85% | 80% | 40% |
| 3 卧室/2 浴室 | 0 | 5% | 10% | 0 |
| 每户停车位 | 2.10 | 2.00 | 1.95 | 1.50 |
| 房龄 | 3 年 | 3 年 | 3 年 | 5 年 |
| 设施状况 | 完善 | 完善 | 良好 | 良好 |
| 每户月均租金 | 1 250 美元 | 1 150 美元 | 1 100 美元 | 950 美元 |
| 每户价格 | — | 110 000 美元 | 100 000 美元 | 90 000 美元 |
| 总租金乘数 | — | 95.65 | 90.91 | 94.74 |

Oakwood公寓包含两居室住房，竞争性分析表明Oakwood公寓和可比房地产1和2很类似，即使它们还有一居室和三居室住房。两居室住房的所有者每月平均租金更高。可比房地产3的一居室更多，停车面积最小。Oakwood公寓的平均租金和可比房地产很类似。除了租金，其他现金流产生于洗衣设施。可比房地产2每套公寓价值10万美元，可比房地产1更接近Oakwood公寓，每套公寓价值11万美元。尽管评估师用的不是正常销量比较法，他认为每套公寓价值11万美元的价格表明Oakwood公寓的价值为11×95=1 045（万美元）。三者的总租金乘数分别为95、95、91，平均值为93.8。使用该乘数计算出Oakwood公寓价值为93.8×1 250×95=11 139.000（美元）（四舍五入取整）。

评估师确定了现期每英亩房间数（通常以区域规划区分）已达到最大接受值。如果区域规划变化，允许每英亩开发20套或更多的房子，则这一规定非常重要。每套房子平均停车位2.10或总共400个，和竞争对手相比很合理。评估师已经确定便利设施和租金率相关，竞争对手提供了健身娱乐设施、数字电视、卫星设施、高速网络、洗衣机及烘干机等。

现场费用包括现场建造和维修工作人员的工资。公寓投资者必须考虑的一个营业风险是相对较短的租赁期限、潜在租户周转和空置导致的停工期。大都市的经验表明每年某处给定房地产有60%的公寓被转手。进行现金流规划时，分析师会考虑转手引起的空置所导致的收益的损失，还需结合房地产为新承租人改良和维修所花费的费用。对于Oakwood公寓，这些项目都包含在翻新和维修费用中。对租约、租户关系、租金收回的监督管理费，支付工资、保险、房地产税和其他必要服务的办公费用也都进行了估计，这些项目在支付记录和/或经纪人或供应商处都被验证了。

空置率预期为潜在收入的5%，租户违约产生的信用损失为潜在收入的额外1%。目标房地产的折现率为11%，假设5年后该房地产被售出。预测转售价格将基于第6年之后的*NOI*，使用9%的终期资本化率。该比率反映第5年后增长预期下降了。房地产被售出时销售成本是销售价格的5%。

租金预期每年按3%的通货膨胀率增长。每年洗衣设施将产生每套房额外的120美元的收益。收入每年增长3%。

对比许多其他类型房地产，公寓房地产的租户通常租房期限为6～12个月，需要为其自身公用设施、保险等付费，这使得支付这些费用的投资者负担减轻。然而，公共设施成本还是需要所有者承担。

下一年的费用项目如表10-21表示。

**表10-21** 费用项目 单位：美元

| | |
|---|---|
| 房地产税 | 87 000 |
| 办公费用（会计行政） | 20 000 |
| 保险 | 每户150 |
| 维修和保养 | 每户550 |
| 广告费 | 8 000 |
| 公用设施 | 45 000 |
| 杂项费用 | 15 000 |

费用每年以通货膨胀率 3%增长。

除了以上费用外，房地产管理公司需要花费有效总收入（租金减去空置和信贷损失）的 12%去寻找租户、签订租约、处理租户关系和支付维修翻新费用。

基于这些假设，Oakwood 公寓的现金流如表 10－22 所示。

**表 10－22　　Oakwood 公寓净营业收入　　单位：美元**

| 年 | 1 | 2 | 3 | 4 | 5 | 6 |
|---|---|---|---|---|---|---|
| 收入： | | | | | | |
| 租赁存续期的市场租金 | 1 425 000 | 1 467 750 | 1 511 783 | 1 557 136 | 1 603 850 | 1 651 966 |
| 其他收入（包括洗衣收入） | 11 400 | 11 742 | 12 094 | 12 457 | 12 831 | 13 216 |
| 潜在总收入（*PGI*） | 1 436 400 | 1 479 492 | 1 523 877 | 1 569 593 | 1 616 681 | 1 665 181 |
| 减：闲置亏损 | 71 250 | 73 388 | 75 589 | 77 857 | 80 193 | 82 598 |
| 减：收款亏损 | 14 250 | 14 678 | 15 118 | 15 571 | 16 039 | 16 520 |
| 有效总收入（*EGI*） | 1 350 900 | 1 391 427 | 1 433 170 | 1 476 165 | 1 520 450 | 1 566 063 |
| | 85 500 | 88 065 | 90 707 | 93 428 | 96 231 | 99 118 |
| 费用： | | | | | | |
| 房地产税 | 87 000 | 89 610 | 92 298 | 95 067 | 97 919 | 100 857 |
| 办公费用 | 20 000 | 20 600 | 21 218 | 21 855 | 22 510 | 23 185 |
| 保险 | 14 250 | 14 678 | 15 118 | 15 571 | 16 039 | 16 520 |
| 维修和保养 | 52 250 | 53 818 | 55 432 | 57 095 | 58 808 | 60 572 |
| 广告 | 8 000 | 8 240 | 8 487 | 8 742 | 9 004 | 9 274 |
| 管理费用 | 162 108 | 166 971 | 171 980 | 177 140 | 182 454 | 187 928 |
| 公共设施 | 45 000 | 46 350 | 47 741 | 49 173 | 50 648 | 52 167 |
| 杂项费用 | 15 000 | 15 450 | 15 914 | 16 391 | 16 883 | 17 389 |
| 总费用 | 403 608 | 415 716 | 428 188 | 441 033 | 454 264 | 467 892 |
| 净营业收入（*NOI*） | 947 292 | 975 711 | 1 004 982 | 1 035 132 | 1 066 185 | 1 098 171 |

我们预测了 6 年的 *NOI*，因为第 6 年需要预测转售价格。表 10－23 展示了使用 9%的终期资本化率和减去 5%的销售成本的销售价格计算得到的转售价格。

**表 10－23　　Oakwood 公寓转售收入　　单位：美元**

| | |
|---|---|
| 转售收入 | 12 201 901 |
| 销售成本 | 610 095 |
| 净转售收入 | 11 591 806 |

表 10－24 展示了 5 年持有期 *NOI* 的现值和转售价格的现值。现值的计算基于 11%的折现率。总价值为 10 573 934 美元，或四舍五入为 10 574 000 美元，比重置成本 1 000

万美元多一点，而且处于使用可比房地产的每套房价格和总租金乘数计算出的价格区间 1 045 万～1 113.9 万美元之内。

**表 10 - 24　　转售收入及 *NOI* 现值　　单位：美元**

| | |
|---|---|
| *NOI* 现值 | 3 694 762 |
| 销售成本现值 | 6 879 172 |
| 净现值 | 10 573 934 |

使用收入法，评估师计算出 Oakwood 公寓的价值为 1 057.4 万美元。①

## REIWise 处理

REIWise 是一个用于投资分析和收益性房地产如公寓、写字楼、购物中心和工业房地产估值的云软件。我们将在本章展示如何复制 Oakwood 公寓案例，在第 11 章我们将展示如何复制写字楼案例。

使用本教材的学生，在注册课程的情况下可免费订阅 REIWise。该软件可在电脑、iPad 等移动设备上使用。你仅仅需要网络连接即可。请查看 www.REIWise.com/edu，获得相关信息。本章附录将展示如何使用 REIWise 分析 Oakwood 公寓案例。

图 10 - 3 展示了 Oakwood 公寓计划现金流的 REIWise 分析界面。*NOI* 和我们之前计划的相同。

图 10 - 4 展示了该公寓在 5 年持有期内售出的预期价值。结果表明房地产在持有期每一可能售出年份的情况，我们关注第 5 年。5 年持有期的结果和我们之前计算的相同。

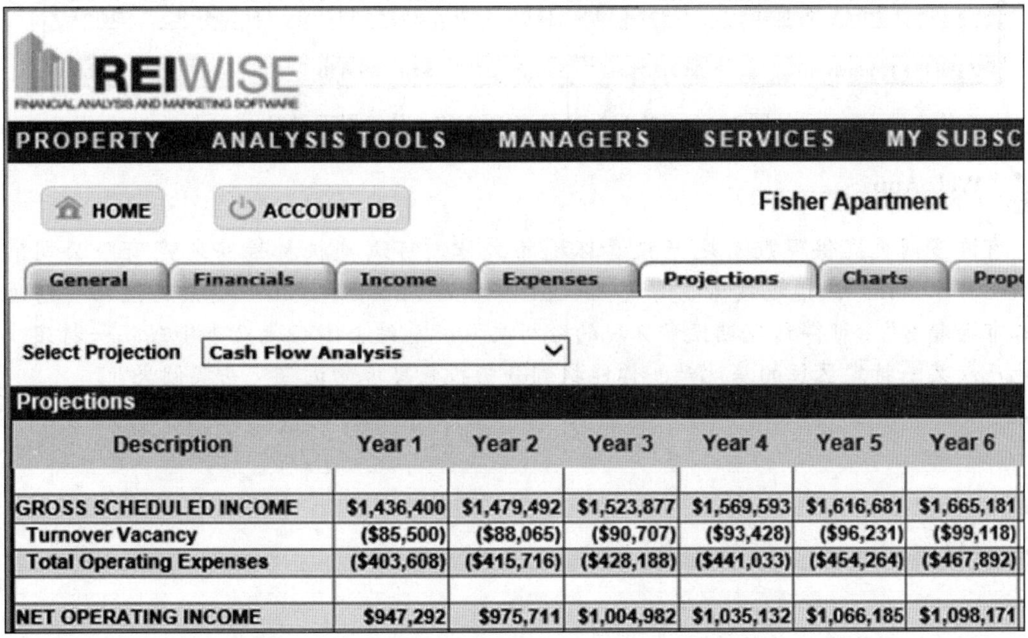


**图 10 - 3　Oakwood 公寓 REIWise 分析界面（1）**

① 四舍五入的数值传达了这样一个事实，即在评估过程中，在给出假设情况下不可能实现高度精确的结果。

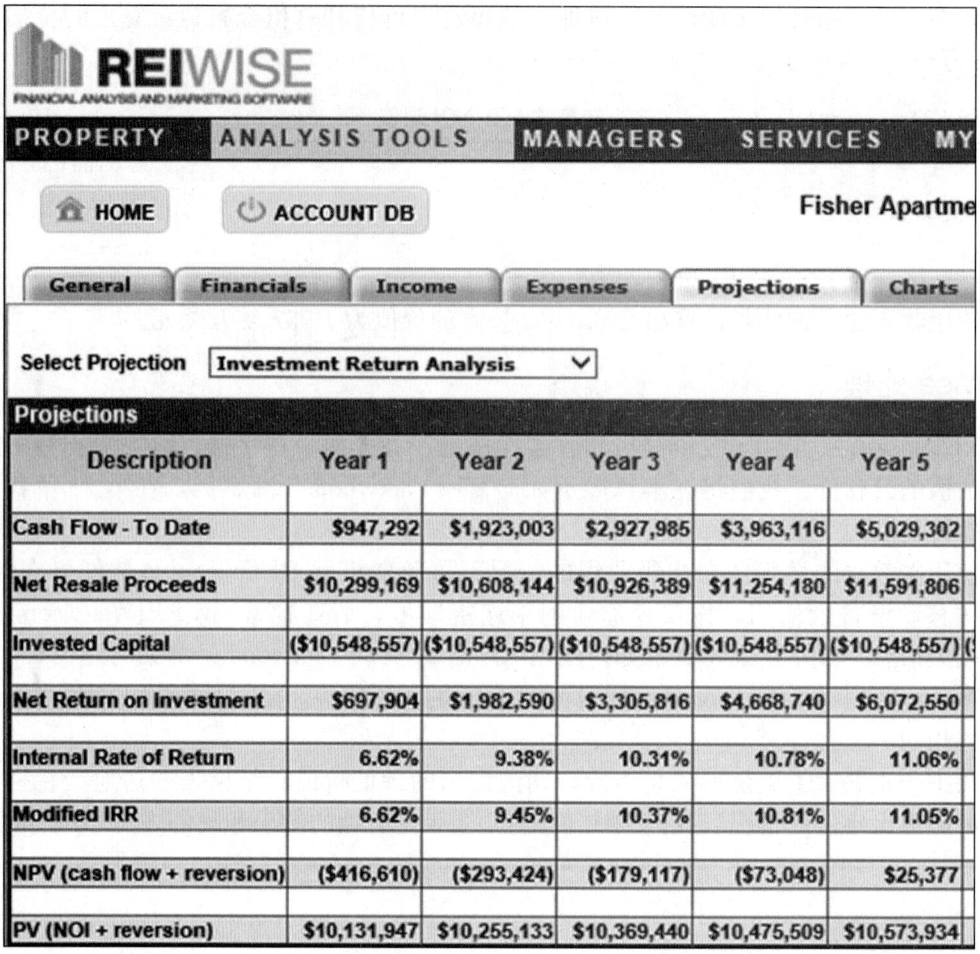


| Description | Year 1 | Year 2 | Year 3 | Year 4 | Year 5 |
|---|---|---|---|---|---|
| Cash Flow - To Date | $947,292 | $1,923,003 | $2,927,985 | $3,963,116 | $5,029,302 |
| Net Resale Proceeds | $10,299,169 | $10,608,144 | $10,926,389 | $11,254,180 | $11,591,806 |
| Invested Capital | ($10,548,557) | ($10,548,557) | ($10,548,557) | ($10,548,557) | ($10,548,557) |
| Net Return on Investment | $697,904 | $1,982,590 | $3,305,816 | $4,668,740 | $6,072,550 |
| Internal Rate of Return | 6.62% | 9.38% | 10.31% | 10.78% | 11.06% |
| Modified IRR | 6.62% | 9.45% | 10.37% | 10.81% | 11.05% |
| NPV (cash flow + reversion) | ($416,610) | ($293,424) | ($179,117) | ($73,048) | $25,377 |
| PV (NOI + reversion) | $10,131,947 | $10,255,133 | $10,369,440 | $10,475,509 | $10,573,934 |

**图 10-4　Oakwood 公寓 REIWise 分析界面（2）**

**Web App**

有许多网页提供现期房地产投资环境的文章。可浏览机构性房地产有限公司官网（www.irei.com）或通过搜索引擎如 Google（www.google.com）搜索关键词“房地产资本市场趋势”，可得到现期投资环境的分析文章。总结全国房地产市场或某一特定类型房地产或某一特定区位的房地产。你能找到分析投资环境的近期交易实例吗？

# 总　结

本章介绍了房地产估值常用的三种方法及可与其结合使用的方法。每种方法均可用于估值，但在具体评估过程中，应选择可使手头的数据资料得到最大限度利用的方法，即由资料的可得性及质量决定选择哪种评估方法。如果资料充足，不论用何种方法，评估出来的结果在理论上都应是相同的。即使资料不足，各种方法下的评估结果也应相近，这也是评估报告中通常有两种以上评估结果的原因。虽然这样可以验证结果的正确性，但最终还是取决于报告的使用者对各种假设、技术及方法的诠释、理解、分析。评估结果仅仅是基于评估时点下市场条件及可得信息的市场价值估计。实际经济条件的变化有很大的不确定性，评估结果的使用应考虑到这种不确定性的存在。贷款人和投资者需熟悉评估方法与评估过程。评估只是对贷款人或投资者合理投资分析的补充，而不是替代品。

## 关键术语

估值流程
资本化率
可比房地产
成本法
直接资本化法
折现率
现值折现法
有效房龄
有效总收入
外观陈旧
自由继承房地产
功能过时
初始资本化率
总收入乘数
最佳用途
持有期
收入法
租赁继承房地产
抵押贷款-权益资本化
净营业收入
有形损耗
潜在总收入
重置成本
要求的内部收益率
剩余土地价值
复归价值
销量比较法
终期资本化率
比较单位

## 参考网站

www.appraisalinstitute.org——提供评估培训、产品、新闻、会议信息的评估机构。

www.naifa.com/consumerassistance——国家独立房地产评估师协会，包括对估值流程的讨论。

http://nreionline.com——国家房地产投资，提供现在的趋势信息。

www.irei.com——机构性房地产有限公司，提供现期新闻及搜索界面，可找到一些投资公司提供的研究报告。

www.buildings.com——建筑物杂志官网，可找到很好的分析建筑物及影响房地产价值的趋势的文章。

www.crea.ca——加拿大房地产协会官网，提供加拿大不同城市及省份的平均房价，以及加拿大房地产市场的近期新闻。

www.cbre.com/global/research——提供美国写字楼和工业房屋空置率的报告。深入研究报告部分提供形成美国、加拿大工业、写字楼和零售房地产市场的条件和因素相关信息。全球市场报告提供商业房地产趋势相关信息，包括亚太、欧洲、北美、拉美和加勒比海地区主要写字楼房地产收益率及租金，写字楼、工业和零售部门的可得性和空置率。

www.realestate-tokyo.com——提供东京住宅和商业房地产信息，也提供东京公寓和住房的租赁及购买、写字楼租赁等日本生活及房地产市场的信息。

www.naea.co.uk——国家房地产经纪人协会官网，是英国房地产经纪人领先的专业机构，掌握超1万名提供英国及海外房地产服务的经纪人的投资方向，包括住宅及商业销售、租赁、房地产管理、商业转让和拍卖。

www.epra.com——欧洲公共房地产协会官网，荷兰法律下的非营利性组织，提供欧洲房地产市场发展季度报以及不同维度的房地产研究报告。

www.demographia.com——提供世界不同市场的相关人口信息，最突出的特点是它提供国际房屋可得性排名、不同维度的调查、不同经济报告和不同的趋势，也提供房地产市场的规则和政策。

www.fedstats.gov——由联邦政府财政支持的网站，提供美国各州人口信息，也提供美国超过100

个联邦经纪公司的信息。

www.city-data.com——该网站提供美国各城市非常实用和有趣的信息，有许多独有的城市照片、地图、卫星图、居民数据（种族、收入、血统、教育、就业等）、地理信息、州信息、犯罪数据、住房、商业、名人出生地、政治贡献、城市政府就业、天气、医院、学校、图书馆、房屋、机场、电视台及广播台、邮政编码、行政区号、用户提供的信息、同类城市及与平均水平的对比，总的来说，是非常适合做房地产分析的网站。

## 问 题

1. 成本法的经济原理是什么？在什么情况下成本法的结果最可靠？
2. 销售比较法所依据的经济原理是什么？使用这种方法时哪些信息是必要的？可比房地产是指什么？
3. 什么是资本化率？评估时计算资本化率的方法是什么？
4. 如果投资者根据预期的未来收益购置房地产，则不使用收入或再销售价格，而是基于现期资本化率评估房地产所遵循的原则是什么？
5. 折现率与资本化率的关系是什么？什么导致了两者的差异？
6. 比较单位是指什么？它有何重要性？
7. 评估师在工作过程中为何经常同时使用三种评估方法？
8. 评估房地产时，什么情况下应直接将融资因素考虑进去？
9. 折旧对于成本法有何意义？
10. 什么情况下终期资本化率低于营运费用资本化率？什么情况下高于营运费用资本化率？
11. 风险价值调整对营运费用资本化率的影响是什么？如果需求同时发生非预期上涨，影响是什么？房地产价值怎么变？
12. 使用由历史房地产交易信息得到的营运费用资本化率估计现期销售房地产会存在什么潜在问题？
13. 当估计销售年的复归价值时，为何终期资本化率被应用于持有期之后年份的 *NOI*？
14. 资本化率和内部收益率一样吗？一般来说谁更大？为什么？
15. 讨论估计复归价值时，使用终期资本化率和房地产价值增长率有什么差异？

## 习 题

1. Zenith 投资公司考虑购买一栋写字楼。通过市场分析，预测基于现期市场供求关系、租金及营运费用，对年 *NOI* 的预测如下：

| 年 | *NOI*（美元） |
|---|---|
| 1 | 1 000 000 |
| 2 | 1 000 000 |
| 3 | 1 000 000 |
| 4 | 1 200 000 |
| 5 | 1 250 000 |
| 6 | 1 300 000 |
| 7 | 1 339 000 |
| 8 | 1 379 170 |

市场目前处于供过于求的状态，预期未来 3 年内现金流保持稳定，为 100 万美元。在第 4、5、6

年内，市场预期租金会更高。自第 7 年起，*NOI* 反映一个稳定平衡的市场，每年增长率为 3%。Zenith 认为投资者投资该类产品能得到 12%的收益率。

a. 假设投资将在第 1～8 年间产生 *NOI*，预期持有 7 年，然后售出，当期房地产价值为多少？（提示：首先预测第 7 年末的复归价值，预期内部收益率为 12%，第 8 年及之后的增长率稳定在 3%。）

b. 第 7 年末的终期资本化率是多少？

c. 基于第 1 年 *NOI* 的营运费用资本化率是多少？

d. 如何解释营运费用和终期资本化率的差异？

2. Ace 投资公司考虑购买 Arms 公寓项目。下一年的 *NOI* 和现金流预期达到 200 万美元，基于 Ace 经济预测，市场供求及空置率水平达到均衡。*NOI* 每年增长 4%。Ace 认为该投资收益率至少为 13%。

a. 考虑上述事实，现期房地产估计价值是多少？

b. 根据近期被售 Arms 公寓的可比房地产计算的营运费用资本化率是什么？

c. 若（a）中预期收益率变为 12%，则现期房价是多少？

d. 对于可比销售价格，投资者应该关注什么？（a）和（c）价值的差异可由哪些市场因素解释？

3. Acme 投资者考虑购买未开发的 Baker Tract 的土地，目前为农业用地。如果购买成功，Acme 必须决定怎么将其用于商业用途，如何开发。基于市场研究，Acme 对写字楼和零售这两种用途做了预测，结果如下：

| | 写字楼 | 零售 |
|---|---|---|
| 可出租面积 | 100 000 平方英尺 | 80 000 平方英尺 |
| 每平方英尺租金 | 24.00 美元 | 30.00 美元 |
| 营运费率 | 40% | 50% |
| *NOI* 平均年增长率 | 3% | 3% |
| 要求的收益率（*r*） | 13% | 14% |
| 每平方英尺总建设成本 | 100 美元 | 100 美元 |

哪种是该地块的最佳用途？

4. Ajax 投资公司在考虑购买可发展成 A 级办公项目的土地。目前 Ajax 认为该地块可用于 30 万平方英尺可租赁项目，每平方英尺平均租金为 20 美元，营运费用占总规模的 40%。租金每年以 3%增长，Ajax 可得到预期 12%的收益率。建设成本为每平方英尺 100 美元。

a. 预期房地产价值和土地价值是多少？

b. 如果租金增长率为 4%，房价和地价为多少？和（a）相比，地价变化率是多少？

c. 假设由于供过于求，租金增长率为 1%，地价是多少？和（a）相比，地价变化率是多少？

d. 如果土地所有者要价 1 200 万美元，该项目是否可行？

e. 如果土地要价为 1 200 万美元，基于（a），以下项目如何变化才能使得该项目可行（每次仅考虑一个变量，控制其他变量不变。）

（1）投资预期收益（*r*）。

（2）现金流预期增长率（*g*）。

（3）建设成本。

（4）租金。

5. Armor 投资公司考虑获取某一严重折旧的房地产，其占地 10 英亩。预期租赁该房地产作为设备仓储地，下一年现金流达 10 万美元。然而，因为折旧在增加，Armor 预期现金流每年以 4%下降。Armor 预期得到 13%的内部收益率。

a. 房地产的价值是多少？

b. 假设 5 年后，该房地产被拆除，土地重新开发为零售房地产。后者每年产生 20 万美元的 *NOI*，且以 3%的增长率每年增长，建设成本为 100 万美元。投资者现期内部收益率为 10%，如何影响房地产的价值？

6. Athena 投资公司考虑购买一处写字楼房地产。研究市场及现期租赁情况后，Athena 认为下一年 *NOI* 为 10 万美元。未来现金流每年增长 7 000 美元。计划至少持有 10 年。对目前比目标房地产房龄高 10 年的可比房地产销售情况进行调查后，Athena 决定资本化率为 0.1。Athena 认为可以至少获得 12%的内部收益率。

   a. 写字楼房地产的价值是多少？（假设终期资本化率为 0.1。）

   b. 房地产的现期资本化率是多少？

   c. 如何解释（b）中资本化率和（a）中 0.1 的终期资本化率的差别？

   d. 当使用现期可比房地产销售情况预测终期资本化率时，需要做出哪些假设？

7. 某投资者考虑购买 5 年房龄的某郊区写字楼。该房地产经济年限为 50 年，建造价值比为 80%。基于目前的成本预测，该建筑物的重置成本为 500 万美元。在未来 50 年内仍产生折旧，预期其他经济成本如下：

| | |
|---|---|
| 可修复实体性贬值 | 300 000 美元修理费 |
| 功能退化（可修复） | 200 000 美元修理费 |
| 功能退化（不可修复） | 25 000 美元/年的租金损失 |

   由该地区可比房地产销售情况可得土地价值为 100 万美元，该投资者认为每年递延支出的成本率为 12%，房地产的价值是多少？

8. ABC 住宅投资有限公司考虑购买宾夕法尼亚匹兹堡的包含 120 套公寓的综合大楼。市场研究表明每套房每月平均租金为 600 美元。最近 6 个月，位于同一区域的两栋高度可比的综合大楼被售出。Oaks，包含 140 套房，售价为 900 万美元，每套房每月平均租金为 550 美元。Palms，包含 90 套房，售价为 660 万美元，每套房每月平均租金为 650 美元。卧室数目及房地产面积和目标房地产很类似，每年空置率为 10%，所有租金均除去承租人支付的公用设施费用。

   a. 评估师如何估值？

   b. 房地产估值还需要什么其他信息？

9. 某一小型收益性房地产第 1 年的 *NOI* 为 15 万美元。基于 1.2 倍债务偿还能力比率的融资利率为 10%，20 年内每月分期偿还。*NOI* 每年增长率为 3%，投资者预期持有该房地产 5 年。第 6 年转售价格基于 9%的终期资本化率。投资者要求 12%的权益收益率。

   a. 房地产权益收益的现值是多少？

   b. 房地产（抵押和权益收益）的总现值是多少？

   c. 基于（b），隐含总资本化率是多少？

10. Sammie 俱乐部准备购买某一大型中西部城市北部 32 万平方英尺的分销机构。目标机构目前每平方英尺租金为 4 美元。距目标机构两公里之外的两处高度可比房地产被售出。其中一处面积为 35 万平方英尺，每年每平方英尺租金为 3.9 美元，另外一处占地 30 万平方英尺，每年每平方英尺租金为 4.1 美元。市场数据表明现期空置率和营运费用占总收入的 50%，第一处房地产售价 940 万美元，第二处售价 790 万美元。

    a. 使用直接资本化法估测的目标分销机构的价值是多少？

    b. 在终期资本化率确定之前，还需要什么额外信息？

11. 根据表 10-10 的最佳用途分析，假设仓库收入每年增长 3%而不是 2%，最佳用途是否变化？如果有，新的用途和价值是什么？

12. 你是 Perception Partners 的分析师，需对玫瑰庄园公寓进行预测。该项目 5 年前建成，坐落在郊区，有 250 套房。要价为 2 700 万美元，6 个月内玫瑰庄园 1 公里之外的可比房地产销售数据可得。Perception 认为每年综合内部收益率为 8%，Perception Partmers 计划持有 5 年，然后售出，预测租金每年增长 3%。目前，Perception Partners 认为第 5 年末销售价格的资本化率比现期高 0.005。房地产交易要求全部使用现金。

| | 玫瑰庄园 | 可比房地产 1 | 可比房地产 2 | 可比房地产 3 |
|---|---|---|---|---|
| 房龄（年） | 5 | 6 | 7 | 10 |
| 面积（英亩） | 14 | 10 | 8.75 | 12.5 |
| 公寓数量 | 250 | 200 | 175 | 250 |
| 每英亩公寓数量 | 17.9 | 20.0 | 20.0 | 20.0 |
| 价格（美元） | | 20 000 000 | 16 625 000 | 21 000 000 |
| 卧室/卫生间布局： | 租金（美元）/公寓数量/平方英尺 | 租金（美元）/公寓数量/平方英尺 | 租金（美元）/公寓数量/平方英尺 | 租金（美元）/公寓数量/平方英尺 |
| 1/1 | 830/75/780 | 820/60/770 | 791/53/740 | 775/75/750 |
| 1/1.5 | 850/50/810 | 835/40/800 | 810/35/780 | 795/50/775 |
| 2/2 | 1 040/100/960 | 1 030/80/950 | 1 000/70/920 | 970/110/900 |
| 3/2 | 1 270/25/1 180 | 1 250/20/1 170 | 1 200/18/1 130 | 1 170/15/1 100 |
| 加权平均值 | 962/×/898 | 950/×/888 | 925/×/864 | 888.5/×/842 |
| 可出租面积（平方英尺） | 224 500 | 177 600 | 150 130 | 210 500 |
| 空置率 | 5% | 5% | 5% | 5% |
| 营运费用比率 | 40% | 40% | 40% | 45% |
| 总租金（美元） | 2 886 000 | 2 280 000 | 1 928 076 | 2 665 500 |
| 总收入乘数 | | 8.77 | 8.62 | 7.88 |
| 净收入 | 1 645 000 | 1 300 000 | 1 099 000 | 1 393 000 |
| 资本化率 | | 0.0650 | 0.0661 | 0.0663 |
| 加权平均值 | | | | |
| 每套房月租金（美元） | 962 | 950 | 918 | 889 |
| 平方英尺租金（美元） | 12.855 | 12.838 | 12.843 | 12.663 |
| 每套房价格（美元） | | 100 000 | 95 000 | 84 000 |
| 每平方英尺价格（美元） | | 112.61 | 110.74 | 99.76 |
| 质量 | 完美 | 很好 | 一般 | 一般 |
| 位置 | 完美 | 合意 | 合意 | 稍微不合意 |
| 每套房停车位数量 | 2.00 | 1.75 | 1.60 | 1.50 |
| 安全门 | 有 | 有 | 有 | 无 |
| 洗衣机/烘干机 | 有 | 有 | 有 | 并非 1/1 |
| A/C | 有 | 有 | 有 | 有 |

续前表

| | 玫瑰庄园 | 可比房地产 1 | 可比房地产 2 | 可比房地产 3 |
|---|---|---|---|---|
| 内置家具 | 有 | 有 | 有 | 有 |
| 有棚停车场 | 有 | 有 | 无 | 无 |
| 免费有线电视 | 无 | 无 | 有 | 有 |
| 壁炉 | 无 | 无 | 有 | 无 |
| 健身房 | 无 | 无 | 无 | 有 |
| 游泳池/烧烤架 | 有 | 有 | 有 | 有 |

a. 分析玫瑰庄园及三处可比房地产。基于该分析，你认为玫瑰庄园现期资本化率比可比房地产的资本化率高还是低？

b. 如果玫瑰庄园要价为 2 700 万美元，资本化率是多少？和可比房地产相比呢？

c. 如果玫瑰庄园要价为 2 700 万美元，5 年持有期 8%的收益率是否能达到？

13. 某投资者考虑购买小型写字楼，*NOI* 如下：第 1 年为 20 万美元，第 2 年为 21 万美元，第 3 年为 22 万美元，第 4 年为 23 万美元，第 5 年为 24 万美元。房地产第 5 年被售出，投资者认为房地产价值在 5 年持有期内以每年 3%增值。投资者计划全现金交易，预期每年内部收益率为 10%。

a. 第 5 年末的房地产价值是多少？

b. 房地产现值是多少？

c. 如果现值未知，第 5 年末的价值如何估计？

d. 基于（b），如果房地产的重置成本为 230 万美元，地价是多少？

14. **Excel.** 参考网站上第 10 章的 Excel 工作簿“Ch10 _ Mort Eq Cap”，其中复制了表 10 - 11 中的案例。

a. 假设某一积极贷款人允许债务偿还能力比率为 1。保持贷款利率和税前权益折现率不变，借款规模和房地产价值有何影响？

b. （a）中贷款利率和权益折现率不变的假设是否合理？如果不合理，分别如何变化？为什么？

15. **Excel.** 参考网站上第 10 章的 Excel 工作簿“Ch10 _ H & BU”，其中复制了最佳用途的案例。

a. 假设写字楼建设成本为 350 万美元，零售房地产建设成本为 650 万美元，公寓为 250 万美元，仓库为 350 万美元。建设成本对最佳用途和地价有何影响？

b. 使用（a）中的建设成本，假设办公收入每年增加 4%，而不是 3%，这对最佳用途和地价有何影响？

16. **Excel.** 利用计算机分析 Oakwood 公寓项目，也可以使用 Excel 工作簿“Ch10 _ Apartment”。假设投资者要求 9%的收益率，而不是 11%，终期资本化率为 8%，而不是 9%。

a. 使用 Excel，查看结果如何变化。

b. 使用 ARGUS，查看结果如何变化。

# 附录 10A　REIWise 公寓分析的投入与产出

在本章中，我们使用 REIWise 得到的样本结果与我们对 Oakwood 公寓讨论的结果是一致的。

图 10A-1 是 Oakwood 公寓总数据，包括购买价格和转售信息。本例中土地价值等于购买价格，不考虑折旧，因为我们做的是税前分析。价值的一个重要的部分属于建筑，我们没有将其排除在分析之外。转售价格将基于持有年（新买方的第 1 年）后每年 *NOI* 的营运费用资本化率。折现率将用于计算每套房地产的价值。

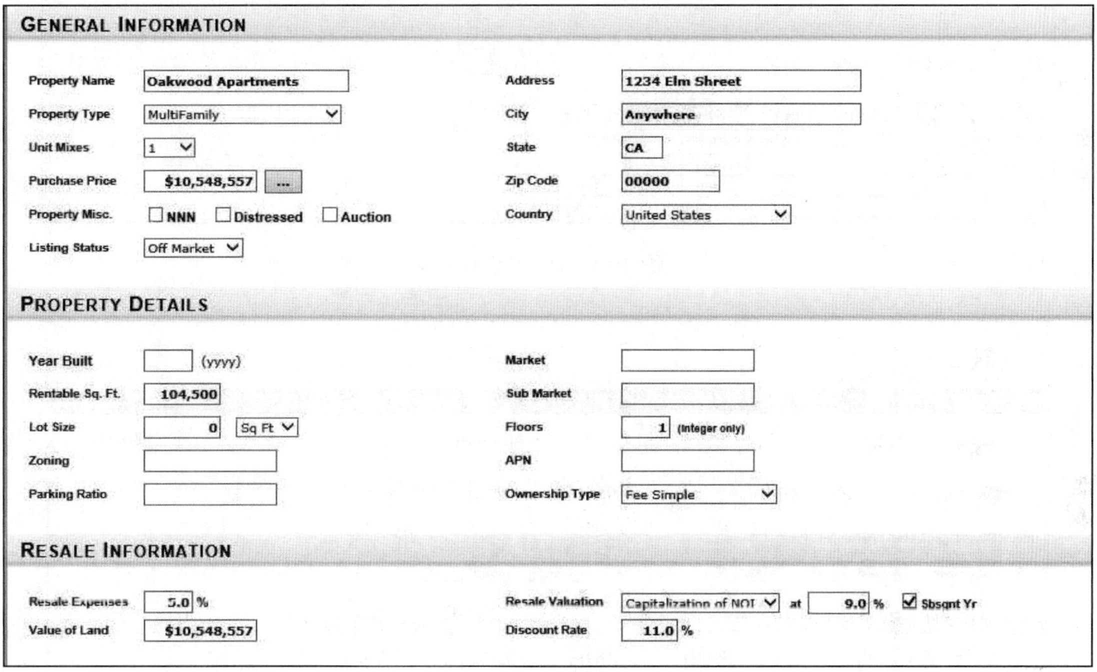

GENERAL INFORMATION

Property Name: Oakwood Apartments
Address: 1234 Elm Shreet
Property Type: MultiFamily
City: Anywhere
Unit Mixes: 1
State: CA
Purchase Price: $10,548,557 ...
Zip Code: 00000
Property Misc.: NNN Distressed Auction
Country: United States
Listing Status: Off Market

PROPERTY DETAILS

Year Built: (yyyy)
Market:
Rentable Sq. Ft.: 104,500
Sub Market:
Lot Size: 0 Sq Ft
Floors: 1 (Integer only)
Zoning:
APN:
Parking Ratio:
Ownership Type: Fee Simple

RESALE INFORMATION

Resale Expenses: 5.0 %
Resale Valuation: Capitalization of NOI at 9.0 % Sbsqnt Yr
Value of Land: $10,548,557
Discount Rate: 11.0 %

**图 10A-1　总体投入**

图 10A-2 展示了租金收入。Oakwood 公寓仅有一种租赁方式，在其他情况下，可能有一种以上的不同租赁信息和空置率，也有杂项收入，如本例中的洗衣收入。

图 10A-3 展示了费用，包括作为总营业收入一部分的房地产管理。重置准备金津贴不包括在内，承租人支付的费用都是不可收回的。在下一章写字楼的实例中，存在费用补偿（expense reimbursements）的情况。

图 10A-4 展示了持有期每年的 *NOI*，图 10A-5 包含基于潜在持有期销售数据的价值，我们关注持有期前 5 年的情况。

图 10A-6 展示了 REIWise 自动生成的被评估师放进报告的表格，该案例指的是总收入和费用。即使房地产在 5 年内被售出，REIWise 也会自动生成 20 年的数据。

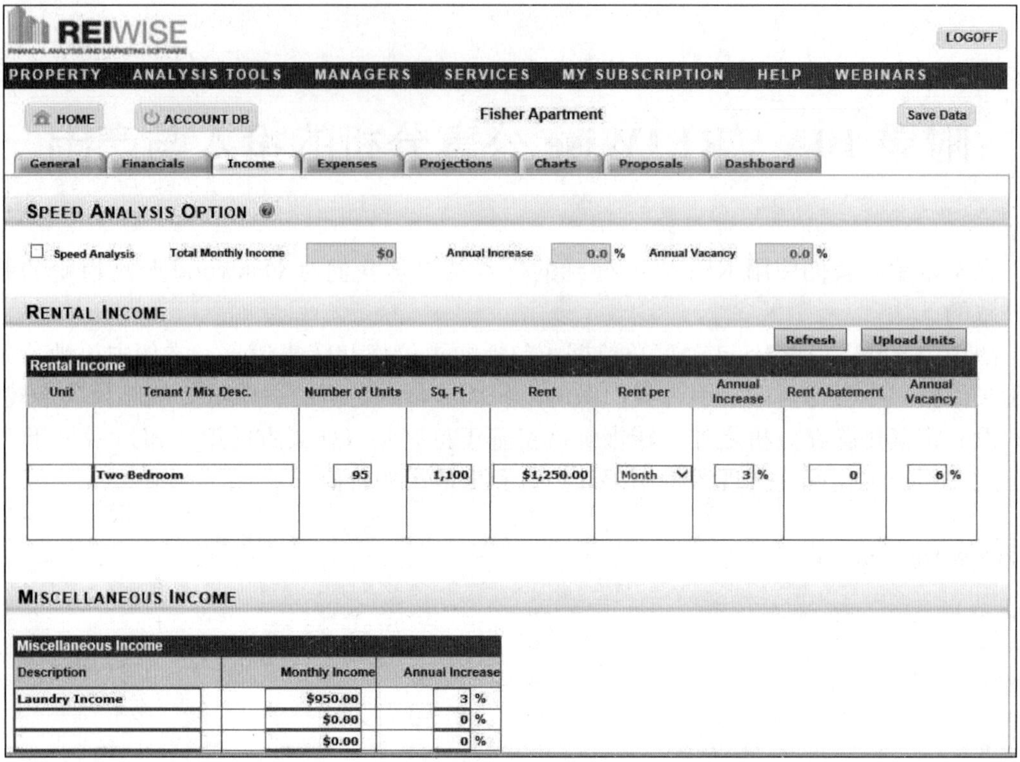


图 10A－2　租金收入

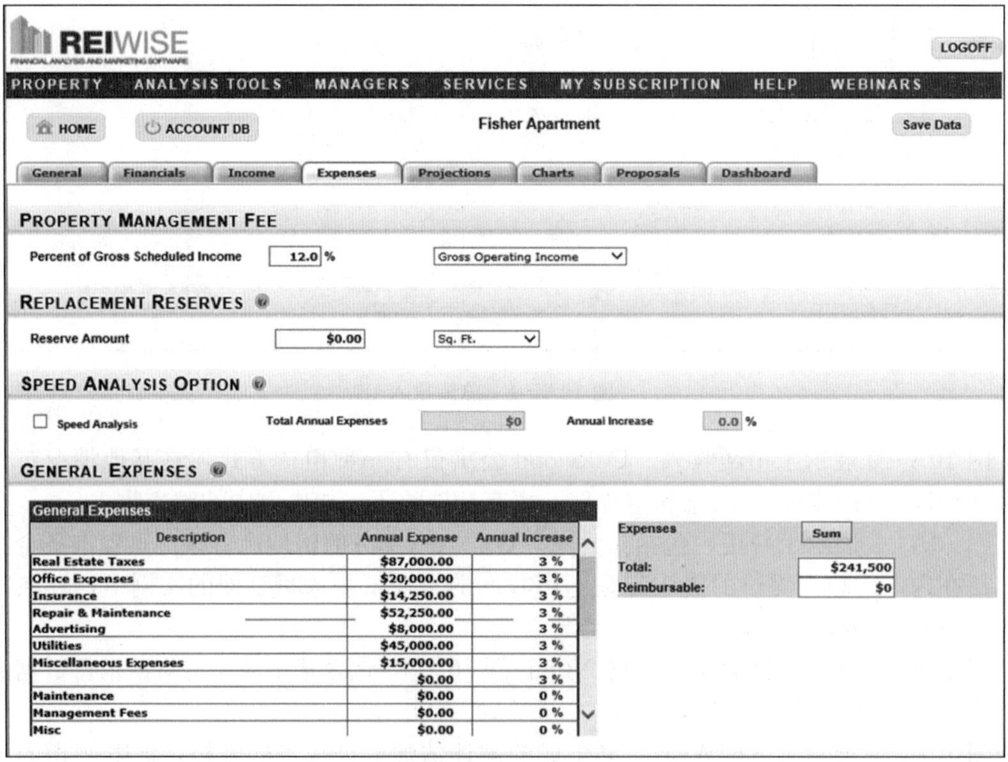


图 10A－3　费用

REIWISE

FINANCIAL ANALYSIS AND MARKETING SOFTWARE

PROPERTY | ANALYSIS TOOLS | MANAGERS | SERVICES | MY SUBSC

HOME | ACCOUNT DB

Fisher Apartment

General | Financials | Income | Expenses | Projections | Charts | Prop

Select Projection: Cash Flow Analysis

Projections

| Description | Year 1 | Year 2 | Year 3 | Year 4 | Year 5 | Year 6 |
|---|---|---|---|---|---|---|
| GROSS SCHEDULED INCOME | $1,436,400 | $1,479,492 | $1,523,877 | $1,569,593 | $1,616,681 | $1,665,181 |
| Turnover Vacancy | ($85,500) | ($88,065) | ($90,707) | ($93,428) | ($96,231) | ($99,118) |
| Total Operating Expenses | ($403,608) | ($415,716) | ($428,188) | ($441,033) | ($454,264) | ($467,892) |
| NET OPERATING INCOME | $947,292 | $975,711 | $1,004,982 | $1,035,132 | $1,066,185 | $1,098,171 |

图 10A－4　预期 *NOI*

REIWISE

FINANCIAL ANALYSIS AND MARKETING SOFTWARE

PROPERTY | ANALYSIS TOOLS | MANAGERS | SERVICES | MY

HOME | ACCOUNT DB

Fisher Apartme

General | Financials | Income | Expenses | Projections | Charts

Select Projection: Investment Return Analysis

Projections

| Description | Year 1 | Year 2 | Year 3 | Year 4 | Year 5 |
|---|---|---|---|---|---|
| Cash Flow - To Date | $947,292 | $1,923,003 | $2,927,985 | $3,963,116 | $5,029,302 |
| Net Resale Proceeds | $10,299,169 | $10,608,144 | $10,926,389 | $11,254,180 | $11,591,806 |
| Invested Capital | ($10,548,557) | ($10,548,557) | ($10,548,557) | ($10,548,557) | ($10,548,557) |
| Net Return on Investment | $697,904 | $1,982,590 | $3,305,816 | $4,668,740 | $6,072,550 |
| Internal Rate of Return | 6.62% | 9.38% | 10.31% | 10.78% | 11.06% |
| Modified IRR | 6.62% | 9.45% | 10.37% | 10.81% | 11.05% |
| NPV (cash flow + reversion) | ($416,610) | ($293,424) | ($179,117) | ($73,048) | $25,377 |
| PV (NOI + reversion) | $10,131,947 | $10,255,133 | $10,369,440 | $10,475,509 | $10,573,934 |

图 10A－5　预期回报和现值

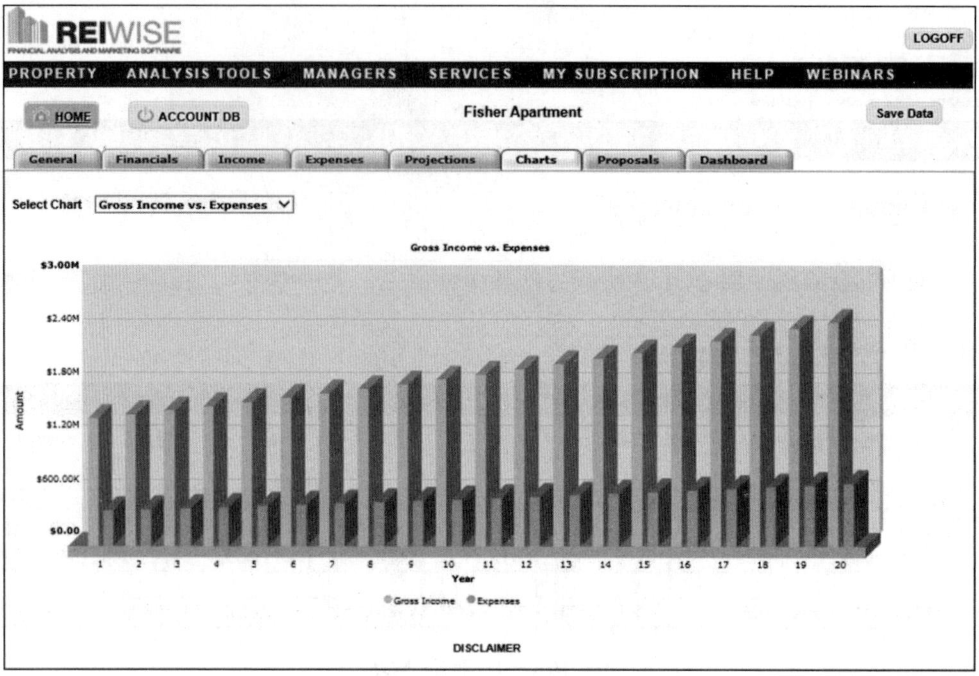


图 10A-6　总收入和费用

# 第 11 章 收益性房地产的投资分析和税收

在购置收益性房地产时，投资者必须考虑许多变量，包括市场因素、占用率、税收影响、风险水平、债务融资额及衡量投资回报时使用的正确程序等。因为这些因素会影响作为抵押贷款担保的房地产的价值和可销售性，所以贷款人也关注这些相同的问题。此外，贷款人还会关注他们提供融资的房地产能否产生足够的现金流以保证贷款的偿还。本章将为之后各章中提出的其他问题提供一个分析框架。

## 11.1 投资的动机

我们已经知道存在许多不同类型的收益性房地产。我们现在考虑为什么投资者和贷款人选择投资一处或多处房地产。我们首先考虑权益投资者。术语“权益”（equity）指的是一名“所有者”或购置房地产的人投资的资金。这种特殊形式的所有权可以是第 2 章谈到的永久产权房地产中的任何一种。也就是说，权益资金可以投资于自由继承房地产、租赁继承房地产、租赁产权房地产等。我们将资产同债务进行比较，债务是由贷款人提供并以房地产作为贷款担保的，这在第 2 章中已经讨论过。

是什么动机促使投资者对收益性房地产进行投资呢？首先，投资者预期房地产的市场需求空间十分充足，在收取租金和支付营运费用之后能产生净收入，这部分收入构成了投资者回报的一部分（不考虑税金和融资费用）。

其次，投资者预期在持有这些房地产一段时间后再将其出售（关于一项房地产应该持有多长时间的问题将在第 14 章进行讨论）。投资者通常预计价格会在持有期内上涨，特别是在通货膨胀环境中。因此，任何价格上涨都会提高投资者的回报。

投资房地产的第三个理由是为了使投资多样化。对于多样化，我们是指大多数投资者都希望持有不同类型的投资，如股票、债券、货币市场基金及房地产。

投资房地产的最后一个理由是，投资房地产可能会带来税收优惠，这对一部分投资者而言可能尤为重要，因为在房地产上投资能享受有利的税收优惠，所以投资者在许多年内从房地产投资上得到的回报仅需缴纳很少或无须缴纳税款。尽管在近几年来，许多此类税收优惠已经不复存在，但是了解有关房地产的税收法律仍然很重要。投资者必须了解此类法律的变动及这些变动对租金和房地产价值产生的影响。随着税收法律的变化，投资者做出的关于购买房地产的价格、应进行融资的数额及何时出售房地产的决定都会受到影响。

**投资收益性房地产的动机**

（1）收益率。

（2）价格增值。

（3）投资多样化。

（4）税收优惠。

# 11.2 房地产市场特征和投资策略

根据前几章中经济基础分析和当地供求分析的讨论，在估算未来现金流量时，预期市场形势很重要。例如，如果某类特定房地产的供求失衡，且预计这种形势将会持续下去，那么在预测现金流量时应该将其对空置率和租金的影响纳入考虑范围。如果做得好，那么对价值和投资回报的估算将反映出这些预测。下面的描述是关于：（1）房地产市场的周期性特征；（2）广泛应用于投资领域所有部分的不同投资方式（股票、债券、房地产等）。读者可能会发现，确认这些“投资方式”的描述通常和对市场形势的一些主要预测相关。我们不提倡任何一种或联合的投资方式。但是投资专业人士在分类或描述投资市场形势时，经常会用到这些术语和说明，读者应该明白它们的意思。

## 11.2.1 房地产周期

现在来讨论房地产周期（real estate cycle）的特征，并以之作为我们将要讨论的更为具体的投资方式和投资策略的背景材料，这可能会很有用处。有关房地产行业中的一些基本事实包括：（1）从房地产的数量和面积来讲，它是一个巨大的市场；（2）它是一个高度竞争的市场；（3）它是一个高度细分的市场，也就是说，没有一个所有者或开发商控制着美国主要城市房地产市场的重要份额。

事实上，当本地房地产业主和投资者意识到空置率正在下降且租金上涨时，通常意味着可出租空间的数量也在下降。因此，更多的发展可能是可行的。因此，开发商开始针对特定地点进行最高和最佳用途研究，并分析市场，以确定开发新的空间并出租是否有利可图。由于许多竞争性的开发商可能同时意识到这种机会，它们可能都会立即开始获得融资并开发，以满足需求。尽管可能确实需要额外的空间，但由于每个开发商都急于在竞争对手之前向市场提供额外的空间，因此存在过度开发的可能性。

没有办法确切地确定应该开发多少空间，因为需求的深度和范围很难预测。因此，房地产行业有时被认为容易出现“过度开发”的周期性循环。由于行业的高度竞争性及其难以预测需求，有时会无意中产生过剩供给，从而提高空置率，降低租金，并导致房地产价值波动。

图 11－1 描述了房地产市场模式的周期性特征，该图显示了所有房地产类型相对于每一类房地产的“正常”占用率的假定周期。对于每一类房地产来说，所有高于正常占用率水平的点都表示此类房地产处于高占用率和租金上涨的状态。在这种状态下可以进行进一步的开发。所有低于正常水平的点都表示房地产处于低占用率和潜在租金下降的状态，在这种状态下就不宜进行开发。[①] 为了说明问题，根据图 11－1 所示的模式，公寓房地产在经历了过度供给或需求不足的时期后，正处于周期的复苏阶段。图中显示，预计随着占用率得到改善并且需求相对于供给出现增长，这类房地产将继续复苏。

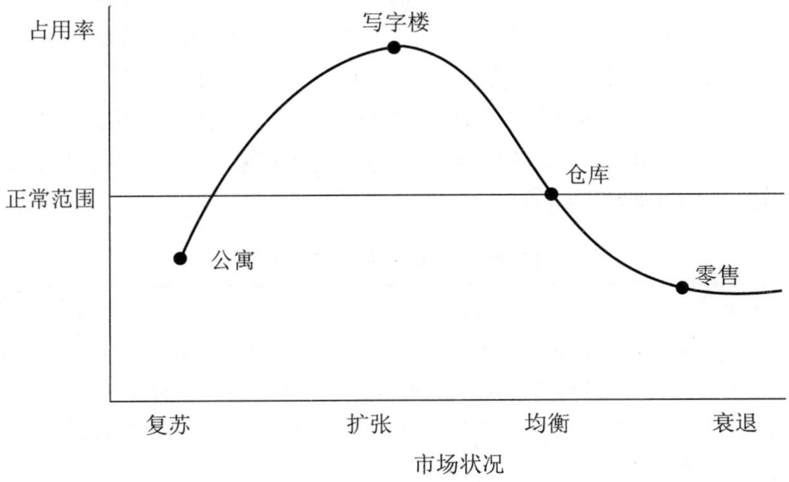


**图 11－1　房地产周期**

另一方面，图中显示写字楼房地产则由于需求过剩或可出租面积短缺而处于一个高占用率的状态。预计这种市场不平衡将会导致占用率上升及租金上涨。因此，预计这部分房地产市场将会经历进一步的开发。仓库房地产看上去处于一个供求平衡的市场状态。预计在占用率或租金方面不会有实质性的变化，因此预计不太可能进行新的开发。而零售房地产由于可出租面积过剩或需求短缺正处于周期中占用率下降的阶段。图中还显示，预计零售房地产的占用率将会进一步下滑。

总之，图 11－1 意在为每一类房地产在一个时间点提供一个供求平衡状况的框架。根据这种周期的当前阶段，尽管公寓房地产市场正处于复苏时期，但考虑投资该类房地产的投资者应该在现金流量预测中预期将有一个空置率上升和租金疲软的时期。写字楼房地产投资者预期将享受到一个低空置率和高租金的阶段。但是，这些投资者也应该预测到，市场上将会出现更多的写字楼房地产开发，因此激烈的竞争最终将会导致租金、占用率和现金流量返回到正常水平。仓库房地产投资者不应期望占用率和租金会有实质

① 从这幅图中应该能够推知，图中所示的正常占用率水平对每一类房地产来说都是相同的。这是一种概念上的演示，并且意在描述一般的市场形势。

性的变化。此外，零售房地产投资者应该预测到市场形势将会继续恶化，现金流量将持续下滑并最终出现转折。与图 11－1 中的周期相关的各个时间阶段很难预测。它可能只存在很短的时间，并且必须根据下列情况不断重新评估：(1) 正在完工的新的建设工程；(2) 市场对空间的需求出乎意料地大幅上升。尽管图 11－1 的说明非常直观，但它的确可以作为投资者理解不同房地产类型供求平衡本质的起点，并且应该有助于读者理解下面的一般策略。

## 11.2.2 投资策略

迄今为止，我们已经讨论了房地产定价和投资的问题，并强调了投资者应该谨慎地在预期市场供给、需求和资本市场状况下对未来现金流量进行预测。这部分内容包括对房地产投资者和投资经理人使用的一些投资策略或方式的一个总结。选择这些投资方式的目的在于实现更好的投资业绩。请将这些投资方式与房地产周期的讨论联系起来，并对每一种方法做一个评述。表 11－1 是对房地产市场周期和投资策略的一个概述。显然，其中许多策略是相互重合的，并可能包含一个或多个策略的组合。例如，投资者可以将一个部门投资策略同该部门的时机投资策略结合在一起。然而，熟悉这些策略可能有助于理解许多在描述房地产市场当前状况时使用的行业术语，以及寻求房地产投资的投资者的动机。

**表 11－1　　房地产投资者使用的投资方式**

A. 核心房地产投资

此种投资方式的目标是获得现有的、发展成熟的、风险较低的、其中至少 80%租赁给信誉良好承租人的房地产。建立大的投资组合时，也将这些房地产作为基础。目标是实现相对稳定的现金流，其收益与可比房地产有竞争力。预期不会发生大型的房地产营业或维修改良的变化。

B. 次核心房地产投资

这一策略将核心投资与通过释放计划或进行一些有限的、具体的资本改良对房地产管理进行小的改变的策略相结合。后一种变化往往非常具体，目标是提高租金，并在统一子市场中超越竞争对手。

C. 房地产部门投资 (sector investing)

此种投资方式基于的原理是，投资者相信在长期内，根据人口统计学和经济调查，一种房地产类型的表现将会胜过其他房地产部门的表现。例如，如果调查显示写字楼房地产部门的前景很好，而且此部门在长期内的表现将会优于零售、公寓和仓库房地产部门，那么投资者可能会将写字楼房地产部门作为一个优先投资的部门，专门在这个部门投资。在选定部门后，就要在特定地点和城市购买特定的房地产。(此种方式类似于只投资于计算机行业、能源和健康管理公司等特定行业股票的共同基金。)

D. 逆向投资 (contrarian investing)

此种投资方式的前提是一些重要的经济、技术或其他事件使得某类房地产的投资前景黯淡或在投资者中失宠。逆向投资者认为，投资者对负面消息容易过度反应，并会超卖利差房地产。例如，投资者认为电子商务的发展对零售房地产有很大的负面影响，其他投资者可能会认为对海外制造业的资源输出会减少对美国当地工业仓库房地产的需求。如果大多数投资者相信这些房地产表现不佳并出售，逆向投资者可能会等到该类房地产价格很低时去购买它们，期望在其他投资者意识到该类房地产部门被超卖后，价格会回升。

E. 市场时机（market timing）投资

此种投资方式的前提是相信在了解每种房地产类型在房地产周期中所处的阶段及未来的经济形势后，一些投资者有能力预测何时购买或抛售房地产。例如，在图 11－1 中，如果投资者认为占用率和租金将会有明显改善，公寓房地产市场已经明显通过了周期的底部，处于复苏阶段，那么公寓房地产就可能成为“市场实际投资者”的投资对象。相似地，如果预计由于供给过剩而使某一特定市场的零售房地产部门进一步下滑，那么市场实际投资者可能会“抓住时机或等待”，在空间供给过剩将要结束时进入市场，然后购买房地产，期望随着市场价格周期的回升而从中获利（注意，此种策略同逆向投资不同，逆向投资者容易对诸如电子商务等外部事件做出反应，而市场时机投资者在对房地产市场进行评估时，倾向于强调目前的供求关系或周期形势）。许多市场时机投资者还认为，在某种具体房地产和市场达到顶点时将它们售出，并在不同的市场购买另一种不同类型的房地产，这种时机的变化有时被称作房地产部门的循环策略。

F. 增长投资（growth investing）

此种投资方式通过调查会发现市场中哪些房地产很可能会实现大幅或高于平均水平的价值增值。对这些房地产投资的投资者认为，经济形势有利于特定增长市场对特定类型房地产的需求。此种投资方式在很大程度上依赖市场调查的结果以及理解经济环境、技术的变化及其对所有房地产部门产生影响的能力。例如，预计电子商务和技术的发展可能会对一些处于战略地理位置的仓库房地产有利，增长投资者会寻找这些战略位置，投资仓库房地产，推动价格上升，使房地产价值产生超常增值，期望有更多的投资者会发现这个市场和这些房地产。因为这些市场的扩张与收缩同推动空间需求的行业息息相关，所以此种策略的投资者要承担比平均水平更大的风险。

G. 价值投资（value investing）

此种投资方式基于一种“可靠真实”的业绩调查方法，旨在发现那些一直被投资者“忽视”的房地产。根据仔细的调查，价值投资者试图找到能够产生高于预期的更大收益并增值的房地产。例如，投资者可能喜欢投资位于中央商务区并长期向大型公司客户出售的写字楼。在这种情况下，由于承租人是一些有着良好信誉历史的大型公司客户，因此租金收入会更有保障。而且因为许多租赁合同可能很快到期，这会有利于出租人提高租金。在执行这些策略是，投资者把主要注意力集中在一些被其他投资者忽视，因而似乎价值被低估的房地产。

H. 房地产规模策略

此种投资方式基于投资者或业主偏爱一种房地产类型中的一个分部门，他们认为能够更好地了解承租人-用户的运作，能够更好地理解此分部门中对空间的需求。所以，这些房地产业主会倾向于专注于一种房地产部门，认为这样在出租和管理此类房地产时会更有利于节约成本。例如，投资者/业主可能会选择只投资居住区或社区规模的零售购物中心，而不投资更大规模的地区购物商场。或者投资者喜欢投资郊区的小规模、低层写字楼而不是位于城市中心的高层建筑。他们认为对这些房地产的分部门及其承租人的更好了解，会比他们投资更大规模、更复杂的房地产产生更多的利益。

I. 承租人战略

此种投资方式基于把房地产租给多个、一个或少数用户的偏好。一方面，在前一种情况下，由于业主能够根据市场水平更频繁地调整组合，所以他们可能倾向于承担较高的承租人周转率的风险。另一方面，许多投资者倾向于将房地产租给一个承租人。因为承租人更换的频率较低而且承租人的信誉良好，这类房地产的风险会低一些。尽管它们通常不能提供频繁调整租金的机会，但是投资者可能更喜欢这类房地产。

续前表

J. 套利投资

此种投资方式基于投资者发现买方愿意为不同市场上相同房地产支付价格的差异的能力。例如，使用此种方式的投资者直接从私人交易市场购买房地产，然后通过创建一个公开交易的证券，如房地产投资信托（REIT）来获取回报并向公众发行股票。在这种情况下，当房地产投资信托股票的总市场价值超过个别房地产的购置费用加上发行股票的费用时，正向套利回报就实现了。该投资方式还可能通过购买一个房地产投资信托的全部份额而由私人持有，然后向私人投资者以高于 REIT 的份额价格出售房地产来实现。

K. 周转投资/特殊形势投资

此种投资方式通常基于那些看到机遇的投资者的以下信念：他们认为通过改变或修改现有房地产的用途，可以获得成功的投资。例如，投资者可能会：

（1）购买大量表现不佳或管理不善的房地产，经过一段时期的大范围出租、集中改进修理和加强房地产管理后，这些房地产可以一次性卖掉，使所有房地产出售的总收入超过最初投入的总成本。

（2）购买在业务中含有大量房地产的“房地产丰富”的公司。这些公司可能没有意识到它们房地产的市场价值并没有真实地反映在其业务经营的价值中。在这种情况下，投资者可能会意识到商业价值和房地产价值是分离的。所以通过购买这些公司然后再将其房地产出售，就可以获得回报，并可以出租维持经营所必需的空间。如果成功的话，在进行分离后，房地产的价值和商业价值会比原先结合在一起的资产的价值更大。

L. 机会投资

此种投资方式指获取出现经济困难的投资者的房地产或需要整修、更新、变更定位的房地产。该投资计划的成功一般依赖于：

（1）以折扣价购置房地产的能力。

（2）对投资机会和如何进行更新、整修或变更定位（从写字楼转到零售）的管理方面的理解。该类投资成功与否还依赖于退出机制如：

a. 变更用途房地产的市场接受度。

b. 买方融资购买这类房地产的能力。

M. “绩优”或“蓝筹”房地产投资

此种投资方式基于“蓝筹”房地产投资方式进行投资，也就是说，只有收益非常明显、地理位置相当好的房地产（绩优房地产）才是标的物。和之前的价值投资策略类似，绩优房地产的投资者相信有独特历史、建筑或地理位置属性的房地产，如帝国大厦、洛克菲勒中心、泛美金字塔、美国购物中心、水门大厦，在长期被证明是出色的投资品。

N. 拓展——“价值增值”

此种投资方式指投资土地、房屋设计和稳定租赁项目。采用该类风险策略的投资者认为在建造、设计、租赁等过程中能创造更多的价值，比投资现有房地产能够得到更多回报。

## 11.3 市场分析

投资者和评估师进行市场分析（market analysis），评估某类投资房地产的供求。对房地产的需求来自意图发展事业的潜在承租人，供给来自已经购买过或建造过房地产并有意愿将其出租的投资者，通常指在第 9 章讨论过的空间市场。

在第 9 章，我们讨论了对不同类型房地产空间需求的不同驱动因素。为了说明市场分析，我们将考虑某个假想市中的办公空间市场。办公空间的主要推动力来自公司的就业情况，如金融、保险、房地产和其他服务行业（律师、会计师、工程师等）。美国联邦劳动数据可用于观测办公室部门就业的历史趋势。

表 11-2 显示了假想市过去 20 年办公室部门的历史就业，包括现在年份（0），我们假设今年刚刚结束。我们可以看到最后一行的就业增长率因经济周期，随时间而变化。就业增长率在早期较大，后期放缓，由于经济衰退而数年为负。尽管当期的就业增长率有下降的趋势，目前仍然在增长。

**表 11-2　　办公室部门就业历史情况**

| 年末 | 年初办公室雇员数 | 办公室雇员数量变化 | 年末办公室雇员数 | 就业率变动（%） |
|---|---|---|---|---|
| −19 | 22 800 | 1 000 | 23 800 | 4.39 |
| −18 | 23 800 | 1 200 | 25 000 | 5.04 |
| −17 | 25 000 | 1 400 | 26 400 | 5.60 |
| −16 | 26 400 | 600 | 27 000 | 2.27 |
| −15 | 27 000 | 408 | 27 408 | 1.51 |
| −14 | 27 408 | 208 | 27 616 | 0.76 |
| −13 | 27 616 | 0 | 27 616 | 0 |
| −12 | 27 616 | −216 | 27 401 | −0.78 |
| −11 | 27 401 | −435 | 26 966 | −1.59 |
| −10 | 26 966 | −222 | 26 744 | −0.82 |
| −9 | 26 744 | 0 | 26 744 | 0 |
| −8 | 26 744 | 500 | 27 244 | 1.87 |
| −7 | 27 244 | 700 | 27 944 | 2.57 |
| −6 | 27 944 | 1 000 | 28 944 | 3.58 |
| −5 | 28 944 | 1 100 | 30 044 | 3.80 |
| −4 | 30 044 | 1 250 | 31 294 | 4.16 |
| −3 | 31 294 | 816 | 32 110 | 2.61 |
| −2 | 32 110 | 600 | 32 710 | 1.87 |
| −1 | 32 710 | 560 | 33 270 | 1.71 |
| 0 | 33 270 | 306 | 33 576 | 0.92 |

图 11-2 是历史就业增长率的变化图。当就业增长率增加时，对办公空间的需求上涨，反之则下降。商业中一般使用每雇员占用面积（space per employee）（平方英尺），比如每雇员占用的历史平均办公面积是 250 平方英尺。[①] 因此，对每个额外的雇员，将需

① 假设随着电子或通信科技的发展，每个雇员实际需要的物理空间减少，该平均值会下降。承租人现在可能更多依赖于数据中心、数据云或其他基数，会减少平均每雇员占用面积。由于这些技术，更加偏远地区的房地产需求上升。这些房地产租金都较低，使用者成本较小。

要增加250平方英尺的办公空间。每雇员占用面积可能会随着房地产是位于城市还是郊区而变化。

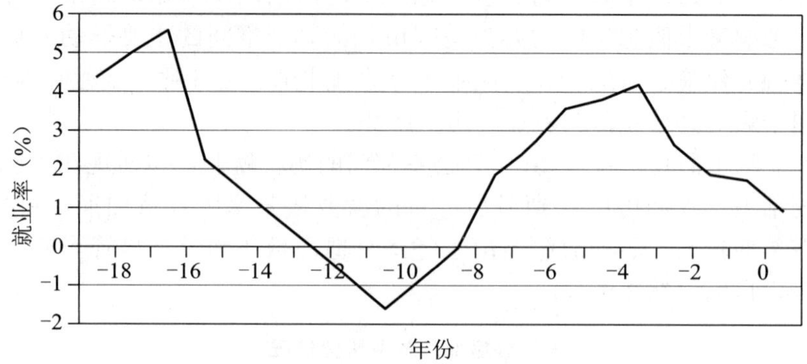


**图 11-2　历史就业增长率**

表11-3显示了假想市的办公面积历史数据。美国大城市的数据通常可在业主及经纪商协会（BOMA）或一些大型房地产经纪公司的网站上得到。

**表 11-3　办公占用面积情况**　单位：平方英尺

| 年末 | 年初办公占用面积 | 吸收面积 | 年末办公占用面积 |
|---|---|---|---|
| —19 | 5 700 000 | 250 000 | 5 950 000 |
| —18 | 5 950 000 | 300 000 | 6 250 000 |
| —17 | 6 250 000 | 350 000 | 6 600 000 |
| —16 | 6 600 000 | 150 000 | 6 750 000 |
| —15 | 6 750 000 | —35 000 | 6 715 000 |
| —14 | 6 715 000 | —87 041 | 6 627 959 |
| —13 | 6 627 959 | —138 082 | 6 489 877 |
| —12 | 6 489 877 | —132 849 | 6 357 027 |
| —11 | 6 357 027 | —154 802 | 6 202 225 |
| —10 | 6 202 225 | —184 831 | 6 017 394 |
| —9 | 6 017 394 | 0 | 6 017 394 |
| —8 | 6 017 394 | 248 720 | 6 266 114 |
| —7 | 6 266 114 | 300 720 | 6 566 834 |
| —6 | 6 566 834 | 235 000 | 6 801 834 |
| —5 | 6 801 834 | 408 720 | 7 210 554 |
| —4 | 7 210 554 | 300 000 | 7 510 554 |
| —3 | 7 510 554 | 356 470 | 7 867 024 |
| —2 | 7 867 024 | 310 552 | 8 177 575 |
| —1 | 8 177 575 | 140 000 | 8 317 575 |
| 0 | 8 317 575 | —91 352 | 8 226 224 |

“吸收面积”指承租人在一年内租用的面积，即市场吸收的面积。在某些年份，吸收值可能是负的，表示年末被占用的面积少于年初，经常发生于经济周期的收缩阶段，当公司减少雇员人数时。

如果我们按年末雇员数划分年末占用的面积总数，我们可以得到每年每雇员历史占用面积，见表 11 - 4。

从表 11 - 4 我们可以看到每雇员占用面积随经济周期变化。当经济衰退，公司为节省租金，降低营业成本而减少每雇员占用面积。当经济回暖，公司会增加雇员数，并为每个雇员提供更多的占用面积，这可能是为了和其他雇主竞争、增加电脑和设备的结果，这对后文预测未来所需办公面积是很重要的。

“净吸收面积”有时指吸收值少于市场新建面积的差值，有关分析见下文。

**表 11 - 4　　每雇员占用面积**

| 年末 | 年末办公占用面积（平方英尺） | 年末办公室雇员数 | 年末每雇员占用面积（平方英尺） |
|---|---|---|---|
| −19 | 5 950 000 | 23 800 | 250 |
| −18 | 6 250 000 | 25 000 | 250 |
| −17 | 6 600 000 | 26 400 | 250 |
| −16 | 6 750 000 | 27 000 | 250 |
| −15 | 6 715 000 | 27 408 | 245 |
| −14 | 6 627 959 | 27 616 | 240 |
| −13 | 6 489 877 | 27 616 | 235 |
| −12 | 6 357 027 | 27 401 | 232 |
| −11 | 6 202 225 | 26 966 | 230 |
| −10 | 6 017 394 | 26 744 | 225 |
| −9 | 6 017 394 | 26 744 | 225 |
| −8 | 6 266 114 | 27 244 | 230 |
| −7 | 6 566 834 | 27 944 | 235 |
| −6 | 6 801 834 | 28 944 | 235 |
| −5 | 7 210 554 | 30 044 | 240 |
| −4 | 7 510 554 | 31 294 | 240 |
| −3 | 7 867 024 | 32 110 | 245 |
| −2 | 8 177 575 | 32 710 | 250 |
| −1 | 8 317 575 | 33 270 | 250 |
| 0 | 8 226 224 | 33 576 | 245 |

## 11.3.1　供给面积

我们现在考虑市场上可用的办公面积供给。表 11 - 5 显示了市场可得的办公面积的历史信息，包括新建增加的面积和废弃建筑损坏拆除的面积。

由此，我们知道了每年占用的面积或需求（见表11－4）和现在存量或供给的面积（见表11－5）。使用这两个数据，我们可以计算出市场上空置的面积和空置率（见表11－6）。

**表11－5** **办公供给面积** 单位：平方英尺

| 年末 | 年初办公供给面积 | 新建 | 拆除 | 年末办公供给面积 |
|---|---|---|---|---|
| －19 | 6 500 000 | 400 000 | 0 | 6 900 000 |
| －18 | 6 900 000 | 300 000 | 0 | 7 200 000 |
| －17 | 7 200 000 | 100 000 | 0 | 7 300 000 |
| －16 | 7 300 000 | 50 000 | 0 | 7 350 000 |
| －15 | 7 350 000 | 0 | 0 | 7 350 000 |
| －14 | 7 350 000 | 0 | 0 | 7 350 000 |
| －13 | 7 350 000 | 25 000 | 20 000 | 7 355 000 |
| －12 | 7 355 000 | 75 000 | 0 | 7 430 000 |
| －11 | 7 430 000 | 50 000 | 0 | 7 480 000 |
| －10 | 7 480 000 | 50 000 | 0 | 7 530 000 |
| －9 | 7 530 000 | 100 000 | 0 | 7 630 000 |
| －8 | 7 630 000 | 200 000 | 0 | 7 830 000 |
| －7 | 7 830 000 | 300 000 | 0 | 8 130 000 |
| －6 | 8 130 000 | 400 000 | 50 000 | 8 480 000 |
| －5 | 8 480 000 | 300 000 | 0 | 8 780 000 |
| －4 | 8 780 000 | 250 000 | 0 | 9 030 000 |
| －3 | 9 030 000 | 100 000 | 0 | 9 130 000 |
| －2 | 9 130 000 | 100 000 | 0 | 9 230 000 |
| －1 | 9 230 000 | 50 000 | 0 | 9 280 000 |
| 0 | 9 280 000 | 0 | 0 | 9 280 000 |

**表11－6** **历史占用率和空置率**

| 年末 | 年末办公占用面积（平方英尺） | 年末办公供给面积（平方英尺） | 年末占用率（%） | 年末空置率（%） |
|---|---|---|---|---|
| －19 | 5 950 000 | 6 900 000 | 86.23 | 13.77 |
| －18 | 6 250 000 | 7 200 000 | 86.81 | 13.19 |
| －17 | 6 600 000 | 7 300 000 | 90.41 | 9.59 |
| －16 | 6 750 000 | 7 350 000 | 91.84 | 8.16 |
| －15 | 6 715 000 | 7 350 000 | 91.36 | 8.64 |
| －14 | 6 627 959 | 7 350 000 | 90.18 | 9.82 |
| －13 | 6 489 877 | 7 355 000 | 88.24 | 11.76 |
| －12 | 6 357 027 | 7 430 000 | 85.56 | 14.44 |
| －11 | 6 202 225 | 7 480 000 | 82.92 | 17.08 |
| －10 | 6 017 394 | 7 530 000 | 79.91 | 20.09 |

续前表

| 年末 | 年末办公占用面积（平方英尺） | 年末办公供给面积（平方英尺） | 年末占用率（%） | 年末空置率（%） |
|---|---|---|---|---|
| −9 | 6 017 394 | 7 630 000 | 78.86 | 21.14 |
| −8 | 6 266 114 | 7 830 000 | 80.03 | 19.97 |
| −7 | 6 566 834 | 8 130 000 | 80.77 | 19.23 |
| −6 | 6 801 834 | 8 480 000 | 80.21 | 19.79 |
| −5 | 7 210 554 | 8 780 000 | 82.12 | 17.88 |
| −4 | 7 510 554 | 9 030 000 | 83.17 | 16.83 |
| −3 | 7 867 024 | 9 130 000 | 86.17 | 13.83 |
| −2 | 8 177 575 | 9 230 000 | 88.60 | 11.40 |
| −1 | 8 317 575 | 9 280 000 | 89.63 | 10.37 |
| 0 | 8 226 224 | 9 280 000 | 88.64 | 11.36 |

## 11.3.2 市场租金

现在我们知道了供给、需求和占用率（空置率）如何随着时间推移而变化，可以将这些变化与同一时期的出租率联系起来。表 11－7 展示了市场租金趋势和占用率。我们可以看到出租率及租金增长率和占用率高度相关。图 11－3 用图形展示了随时间变化的占用率、租金增长率和过去 20 年的平均占用率。我们可以看到当占用率超过平均水平时，出租率升高，当占用率低于平均水平时，出租率降低，甚至为负。这是本章开篇所讨论的房地产周期的实例。不同的房地产类型和不同的市场在给定的时间节点处于不同的阶段。因此，分析往往基于某一房地产类型和给定的市场或子市场（如芝加哥郊区写字楼）。

**表 11－7　　市场租金趋势和占用率**

| 年末 | 年末占用率（%） | 租金（美元） | 租金增长率（%） |
|---|---|---|---|
| 19 | 86.23 | 4.76 | — |
| −18 | 86.81 | 5.38 | 13.12 |
| −17 | 90.41 | 6.31 | 17.16 |
| −16 | 91.84 | 7.70 | 22.10 |
| −15 | 91.36 | 9.44 | 22.55 |
| −14 | 90.18 | 10.74 | 13.82 |
| −13 | 88.24 | 12.07 | 12.31 |
| −12 | 85.56 | 13.02 | 7.87 |
| −11 | 82.92 | 12.84 | −1.37 |
| −10 | 79.91 | 12.43 | −3.15 |
| −9 | 78.86 | 11.29 | −9.20 |
| −8 | 80.03 | 10.33 | −8.50 |

续前表

| 年末 | 年末占用率（%） | 租金（美元） | 租金增长率（%） |
|---|---|---|---|
| −7 | 80.77 | 9.72 | −5.92 |
| −6 | 80.21 | 9.48 | −2.46 |
| −5 | 82.12 | 9.22 | −2.70 |
| −4 | 83.17 | 9.03 | −2.09 |
| −3 | 86.17 | 9.33 | 3.28 |
| −2 | 88.60 | 10.40 | 11.51 |
| −1 | 89.63 | 11.86 | 14.00 |
| 0 | 88.64 | 13.33 | 12.45 |

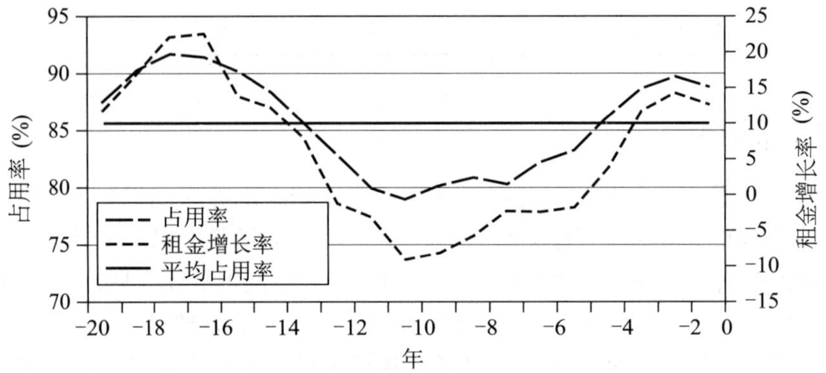


**图 11－3　历史市场租金增长率和占用率**

## 11.3.3　预测供给、需求、市场租金和占用

到目前为止，我们已经考虑了历史关系。当然，我们真正感兴趣的是市场未来的供求关系，及其如何影响市场租金和空置率。

我们之前讨论了租金增长和占用率的高度相关性。占用率依赖于就业情况对办公面积的需求和现有建筑面积的供给。尽管市场预测非常具有挑战性，我们必须预测在可预见的未来预期就业增长引致的需求和预期市场新增面积引致的供给。我们还需要考虑是否每雇员占用面积的变化是相似的。

为了更好地分析，许多经济咨询公司提供城市层面的就业增长率和其他经济数据的估算（如 www.economy.com）。了解某类房地产处于市场周期的哪个阶段也可能有所帮助（如现期占用率与平均水平的比较）。

在表 11－8 中我们展示了办公室就业人数和每雇员占用面积的预测，表 11－9 展示了预期新增供给、基于就业估算和每雇员占用面积估算的占用率。新增供给的预测通过与当地开发商的访谈得知，了解到发行的建造许可条例及最近新增建筑数。该预测仅用于佐证我们的分析。如表 11－8 所示，就业每年都在增加，前 3 年增长率很低，说明未来 10 年的就业增长也不会很多，因此办公面积需求的增长较小。

**表 11-8　　预测就业人数和每雇员占用面积**

| 年 | 年初雇员人数 | 雇员人数变化 | 年末雇员人数 | 就业率变动（%） | 年末平均每雇员占用面积（平方英尺） |
|---|---|---|---|---|---|
| 1 | 33 576 | 100 | 33 676 | 0.30 | 245 |
| 2 | 33 676 | 500 | 34 176 | 1.48 | 240 |
| 3 | 34 176 | 1 000 | 35 176 | 2.93 | 235 |
| 4 | 35 176 | 500 | 35 676 | 1.42 | 240 |
| 5 | 35 676 | 400 | 36 076 | 1.12 | 245 |
| 6 | 36 076 | 300 | 36 376 | 0.83 | 245 |
| 7 | 36 376 | 200 | 36 576 | 0.55 | 245 |
| 8 | 36 576 | 200 | 36 776 | 0.55 | 250 |
| 9 | 36 776 | 100 | 36 876 | 0.27 | 250 |
| 10 | 36 876 | 100 | 36 976 | 0.27 | 250 |

**表 11-9　　预测供给、吸收面积、占用率**

| 年 | 年初办公供给面积（平方英尺） | 新建办公面积（平方英尺） | 年末办公供给面积（平方英尺） | 年初办公占用面积（平方英尺） | 吸收面积（平方英尺） | 年末办公占用面积（平方英尺） | 年末占用率（%） |
|---|---|---|---|---|---|---|---|
| 1 | 9 280 000 | 0 | 9 280 000 | 8 226 224 | 24 500 | 8 250 724 | 88.91 |
| 2 | 9 280 000 | 0 | 9 280 000 | 8 250 724 | −48 382 | 8 202 342 | 88.39 |
| 3 | 9 280 000 | 50 000 | 9 330 000 | 8 202 342 | 64 118 | 8 266 460 | 88.60 |
| 4 | 9 330 000 | 400 000 | 9 730 000 | 8 266 460 | 295 882 | 8 562 342 | 88.00 |
| 5 | 9 730 000 | 500 000 | 10 230 000 | 8 562 342 | 276 382 | 8 838 724 | 86.40 |
| 6 | 10 230 000 | 400 000 | 10 630 000 | 8 838 724 | 73 500 | 8 912 224 | 83.84 |
| 7 | 10 630 000 | 200 000 | 10 830 000 | 8 912 224 | 49 000 | 8 961 224 | 82.74 |
| 8 | 10 830 000 | 200 000 | 11 030 000 | 8 961 224 | 232 882 | 9 194 106 | 83.36 |
| 9 | 11 030 000 | 200 000 | 11 230 000 | 9 194 106 | 25 000 | 9 219 106 | 82.09 |
| 10 | 11 230 000 | 200 000 | 11 430 000 | 9 219 106 | 25 000 | 9 244 106 | 80.88 |

我们使用租金增长率和占用率的历史关系，结合对占用率的预测，来估计租金增长率。在图 11-4 中，我们使用 Excel 绘制了租金增长率与占用率。我们增加了趋势线及等式，同样的趋势线可从租金增长率对占用率之差回归得到。基于此分析，我们得到租金增长率＝2.271 8×占用率－1.883 1。因此，如果占用率上涨 100 个基点，那么租金增长率可能会增加 227 个基点。此示例仅用于说明估算租金增长的一种可能方式。预测是一门科学，也是一门艺术。无法确定未来的事实是在选择适当的折现率来评估房地产时必须考虑的风险因素之一。

使用上述方法，我们可预测租金增长率（见表 11-10）。尽管不完全精确，但能提供一些指导，如未来 10 年平均租金增长率为每年 5.5%。尽管我们可以简单认为未来 10 年按此增长率变化，但我们忽视了预计前 5 年的租金增长将高于后 5 年。同样，我们对市场中的占用率（或空置率）有一些了解，并可以将其作为我们可能开发的新项目或租赁时可能发生的空置率的基础。在下一节，我们将用此分析讨论写字楼实例的现金流。

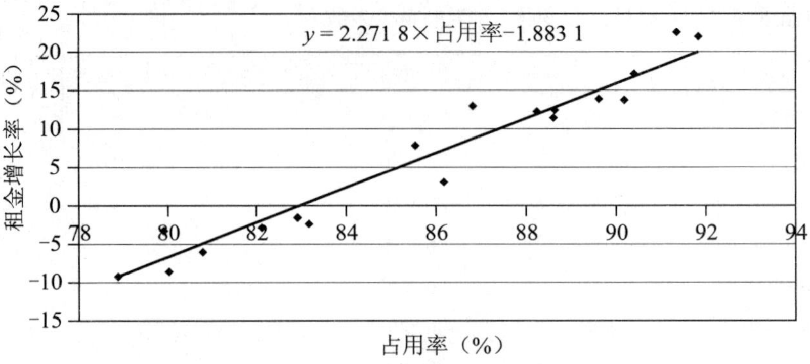


**图 11-4　租金增长率与占用率**

**表 11-10　　　　预测租金**

| 年 | 年末占用率（%） | 预测租金增长率（%） | 租金（美元） |
| --- | --- | --- | --- |
| 1 | 88.91 | 13.67 | 15.16 |
| 2 | 88.39 | 12.49 | 17.05 |
| 3 | 88.60 | 12.97 | 19.26 |
| 4 | 88.00 | 11.61 | 21.50 |
| 5 | 86.40 | 7.97 | 23.21 |
| 6 | 83.84 | 2.16 | 23.71 |
| 7 | 82.74 | −0.33 | 23.63 |
| 8 | 83.36 | 1.06 | 23.88 |
| 9 | 82.09 | −1.81 | 23.45 |
| 10 | 80.88 | −4.58 | 22.38 |

## 11.4　进行投资：预测现金流

现在我们将更仔细地研究投资者和贷款人在考虑投资收益性房地产时，是如何预测预期现金流的，我们将讨论确定某种特定房地产是否具有吸引力时采用的不同投资绩效衡量手段。

## 11.5　写字楼实例

为了说明如何进行收入预测，我们考虑一位投资者可能以 850 万美元的价格购买一栋写字楼。纪念塔写字楼于 2 年前完工。当时银行作为第一个承租人签订了一个为期 5 年的租赁合同，一家律师事务所一年前签订了一份为期 5 年的租约，一家抵押贷款经纪公司刚刚签署了剩余空间的 5 年租约。租赁信息摘要如表 11－11 所示。

**表 11－11　　租赁信息摘要——纪念塔写字楼**

| 承租人 | 面积（平方英尺） | 租金（美元/平方英尺） | 基本租金（美元） | 剩余租约年限 |
|---|---|---|---|---|
| 银行 | 70 000 | 14.00 | 980 000 | 3 |
| 律师事务所 | 10 000 | 14.50 | 145 000 | 4 |
| 抵押贷款经纪公司 | 16 000 | 15.00 | 240 000 | 5 |
| 总计 | 96 000 | | 1 365 000 | |

下面是其他假定：

- 可出租面积：96 000 平方英尺。
- 管理费用占租金与费用补偿总和的比例：5%。
- 当前市场租金：15 美元/平方英尺。
- 市场租金已在之前章节中进行了预测，结果如表 11－12 所示。

**表 11－12**

| 年 | 1 | 2 | 3 | 4 | 5 | 6 |
|---|---|---|---|---|---|---|
| 市场租金预测（美元/平方英尺） | 15.00 | 15.50 | 16.00 | 16.75 | 17.50 | 18.00 |

表 11－12 中是各年预测的租金，从第 4 年租约开始时，市场租金为每平方英尺 16.75 美元。建筑物不同区域的市场租金是不同的，视野较好的区域租金也较高。在本例中，我们假设所有区域的租金都相同。对租赁续约的现有承租人所收租金不同于对新承租人所收租金，现有承租人可能不会要求房地产业主支付整修费用，同时支付给经纪人的手续费较少。另外，业主找到一个新的承租人需要时间，这样就导致了一些空置，因此，对现有承租人的租金低于对新承租人所收租金。在本例中，我们假设所有类型的承租人的租金都相同，如果现有承租人不续约，将会产生一定的空置。

## 11.5.1　基本租金

从表 11－13 中我们可看出基本租金（base rent）总额是 136.5 万美元，2 年前银行的基本租金 14 美元/平方英尺少于现在的市场租金 15 美元/平方英尺，1 年前律师事务所的基本租金 14.5 美元/平方英尺也少于现在的市场租金。在过去两年中，市场租金有所增长。之前讨论过基于分离市场分析预测的市场租金。假设租约按时更新。

**表 11－13**　　单位：美元

| 年 | 1 | 2 | 3 | 4 | 5 | 6 |
|---|---|---|---|---|---|---|
| 银行 | 980 000 | 980 000 | 980 000 | 1 172 500 | 1 172 500 | 1 172 500 |
| 律师事务所 | 145 000 | 145 000 | 145 000 | 145 000 | 175 000 | 175 000 |
| 经纪公司 | 240 000 | 240 000 | 240 000 | 240 000 | 240 000 | 288 000 |
| 总基本租金 | 1 365 000 | 1 365 000 | 1 365 000 | 1 557 500 | 1 587 500 | 1 635 500 |

## 11.5.2 市场租金

本案例中市场租金第1年是每平方英尺15美元，这也是租约签订当年的基本租金。根据之前讨论的个别市场分析，市场租金每年都会增加。租约也将随着市场租金的更新而更新。

续签租约时，租户似乎会面临更高的租金，因为新租约是以市场价格为基础的，而市场价格在租期内预计会上升。然而，我们将在下一节看到，在续签租约时，承租人必须补偿给业主的费用可能也会减少。

初始基本租金是98万美元，预测保持不变直到第3年租约到期。第4年基本租金预测为117.25万美元，市场租金预测为每平方英尺16.75美元。

## 11.5.3 费用止付

写字楼租赁合同一般包含一个保护业主的条款，当一个或多个与承租人相关的额外费用或意外之外的通货膨胀引起营运费用的增长超出租赁合同签订当年的费用时，基于该条款，业主可以不承担多出的增长部分。在我们的例子中，该写字楼的每份租赁合同都有一个费用止付（expense stop）条款。我们在第9章已经简单讨论过，这些费用止付规定了房地产所有者（业主）必须支付的营运费用上限，任何超过此上限的营运费用均必须由承租人承担。费用止付数额的确定通常基于：（1）承租人的比例份额（全部租用面积的百分比）；（2）费用止付条款中包括的出租人和承租人同意的费用项目；（3）租赁合同签订时营运费用的实际数额。

对于某一处新开发的房地产，承租人和房地产所有者通常会磋商止付的数额。对于比较旧的房地产，房地产所有者通常向预期承租人提供一些营运费用清单，止付数额将会基于承租人按比例分担的清单上列出的实际营运费用。

在写字楼案例中，出租人和承租人同意费用止付包括所有的营运费用，但是房地产所有者将会产生一些不应由承租人负担的房地产管理费用。除了租赁合同中规定的基本租金以外，所有超出费用止付的数额均必须由承租人支付。例如，如果租赁合同中规定的费用止付数额为每平方英尺4美元，目前的费用是每平方英尺4.45美元，那么承租人必须向房地产所有者支付每平方英尺45美分作为费用补偿。使用费用止付的目的显然是为了保证房地产所有者在接下来几年的净收入应该至少与初始年的净收入持平。在包括固定基本租金（不含消费物价指数调整）的租赁合同中，使用费用止付条款尤其重要。如果不使用费用止付条款，那么在租期内营运费用可能会上升并导致净收入减少。转移给承租人的特殊费用是可以进行磋商的，并会根据市场形势的变化有所不同。在我们的例子中，我们已经假定，除管理费用外的所有的费用都将转移给承租人。承租人一般不愿意所有这些费用都转移给自己，因为承租人认为它们应由建筑物的所有者负责，任何试图将这些费用转移给承租人的行为都被视为是过分的。

本案例均未使用第9章所提到的CPI调整。CPI调整在高通货膨胀时期使用得更普遍，通常结合费用转移。尽管费用转移保护所有者免受通货膨胀引起的费用增加，但它仍然服务于稳定*NOI*。因此，所有者的费用负担份额将保持稳定，但如果租金也保持稳定，*NOI*将在通货膨胀的环境下保持平缓，直到租约在市场租金升高时发生更新。CPI调整基于过去年份CPI的上升而调高租金，引起*NOI*的增加。当结合费用止付时，租金的调整通常占租金增长的50%，例如，因通货膨胀对费用的影响而造成的 *NOI* 的减少已经计入费用转移。

假定现有租赁合同中的费用止付如表 11-14 所示。

**表 11-14**

| 租约 | 费用止付（美元/平方英尺） |
|---|---|
| 银行 | 4.00 |
| 律师事务所 | 4.25 |
| 经纪公司 | 4.45 |

表 11-15 A 显示了写字楼目前的费用和费用的预期年增长。

**表 11-15　　营运费用摘要——纪念塔写字楼**

| A：营运费用 | | | | | | |
|---|---|---|---|---|---|---|
| | 美元 | 美元/平方英尺 | | | | |
| 房地产税 | 148 800 | 1.55 | 每年增长 2.00% | | | |
| 保险 | 14 400 | 0.15 | 每年增长 4.00% | | | |
| 公共设施 | 120 000 | 1.25 | 每年增长 5.00% | | | |
| 保洁 | 76 800 | 0.80 | 每年增长 3.00% | | | |
| 维修 | 67 200 | 0.70 | 每年增长 3.00% | | | |
| 小计 | 427 200 | 4.45 | 未含管理费用 | | | |
| **B：每年可收回费用（美元）** | | | | | | |
| 年 | 1 | 2 | 3 | 4 | 5 | 6 |
| 房地产税 | 148 800 | 151 776 | 154 812 | 157 908 | 161 066 | 164 287 |
| 保险 | 14 400 | 14 976 | 15 575 | 16 198 | 16 846 | 17 520 |
| 公共设施 | 120 000 | 126 000 | 132 300 | 138 915 | 145 861 | 153 154 |
| 保洁 | 76 800 | 79 104 | 81 477 | 83 921 | 86 439 | 89 032 |
| 维修 | 67 200 | 69 216 | 71 292 | 73 431 | 75 634 | 77 903 |
| 小计 | 427 200 | 441 072 | 455 456 | 470 373 | 485 846 | 501 896 |
| 每平方英尺 | 4.45 | 4.59 | 4.74 | 4.90 | 5.06 | 5.23 |
| **C：项目收回费用（美元）** | | | | | | |
| 年 | 1 | 2 | 3 | 4 | 5 | 6 |
| 银行 | 31 500 | 41 615 | 52 103 | 0 | 11 282 | 22 985 |
| 律师事务所 | 2 000 | 3 445 | 4 943 | 6 497 | 0 | 1 672 |
| 经纪公司 | 0 | 2 312 | 4 709 | 7 196 | 9 774 | 0 |
| 总计 | 33 500 | 47 372 | 61 756 | 13 693 | 21 056 | 24 657 |

从表 11-5 A 中我们可以看到，受到费用止付限制的预期总营运费用为 427 200 美

元，或每平方英尺可出租面积为 4.45 美元。表 11－15 B 显示了每项费用的预计增长值。未来的增长率取决于如何估计每项费用的预期变化。在我们的例子中，公共设施（供暖和空调）费用增长预计比其他项目要高。我们假定房地产税保持 2 年不变，但在房地产价值重新评估后会有所增长。我们预测评估后的房地产税会再保持 4 年不变。

表 11－15 C 使用了有关费用预测值和费用止付中的信息来预测费用补偿。注意，在第 1 年，前 4 名承租人会向房地产所有者支付费用补偿，因为每平方英尺 4.45 美元的实际费用超过了租赁合同中每平方英尺 4 美元的费用止付。还应注意，在已更新的租约中没有费用补偿，因为更新的租约中的费用止付是基于当时的实际费用制定的。

### 11.5.4 净营业收入

根据表 11－15 中显示的租赁信息和费用信息，我们可以预测写字楼的净营业收入（*NOI*）。表 11－16 是对未来 6 年净营业收入的预测。之前我们假定管理费用为基本租金加上费用补偿的 5％。注意到管理费用已经考虑了费用转移。之前提到，任何房屋空置引起的损失都需要在计算管理费用前减去，因此管理费用基于有效总收入（effective gross income，*EGI*），但在该案例中，管理费用未减去房屋空置引起的损失。房屋空置可能是管理缺失的结果，因此，根据实际收入对经理进行补偿可能是有意义的。另一方面，房屋空置可能源于市场环境，此时经理无法控制，或经理需要很努力才能吸引到承租人。

**表 11－16** **预期净营业收入** 单位：美元

| 年 | 1 | 2 | 3 | 4 | 5 | 6 |
|---|---|---|---|---|---|---|
| 基本收入 | 1 365 000 | 1 365 000 | 1 365 000 | 1 557 500 | 1 587 500 | 1 635 500 |
| 加上补偿 | 33 500 | 47 372 | 61 756 | 13 693 | 21 056 | 24 657 |
| 总潜在收入 | 1 398 500 | 1 412 372 | 1 426 756 | 1 571 193 | 1 608 556 | 1 660 157 |
| 减去空置 | 0 | 0 | 0 | 78 560 | 80 428 | 83 008 |
| 有效总收入 | 1 398 500 | 1 412 372 | 1 426 756 | 1 492 633 | 1 528 128 | 1 577 149 |
| 减去营运费用： | | | | | | |
| 可补偿费用 | 427 200 | 441 072 | 455 456 | 470 373 | 485 846 | 501 896 |
| 非补偿费用 | 69 925 | 70 619 | 71 338 | 78 560 | 80 428 | 83 008 |
| *NOI* | 901 375 | 900 681 | 899 962 | 943 700 | 961 855 | 992 245 |

管理费用在本案例中未被补偿。管理费用可能由业主承担，或支付给一家房地产管理公司，任何情况下都不会被转移给承租人，因此业主有动力去控制管理费用。我们在本例中的预测从第 4 年即最初的租赁合同更新时开始，房屋空置的损失占基本租金的 5％。

### 11.5.5 替换物品和资本改良的预期支出

我们在第 9 章中已讨论过，评估师还应该考虑房地产在正常的经营周期中发生的损耗物品的替换费用。这些项目的费用可以归入营运费用。如果要进行主要的、非经常性的资本改良，如更换房顶、建造车库等，那么这些主要项目的开支应该从产生该费用的那 1 年的净营业收入中额外扣除。

在我们的例子中，纪念塔写字楼在表 11 - 16 中的 6 年净营业收入预测期间不会需要大规模的基建开支。当租约更新时，也不会有额外的承租人改良（TIs）或租赁任务。如果现有的承租人没有续租，可能需要为新承租人重新配置空间，也可能需要向经纪人支付佣金以寻找新承租人。但在该案例中，我们假设这些成本均不存在。

图 11 - 5 显示了 REIWise 输出的 *NOI*，REIWise 是使用本教材的学生可以利用的以云计算为基础的 DCF 软件。注意输出结果和我们之前讨论的相同。查看本书前言关于如何得到 REIWise 的信息。本章附录将提供如何使用 REIWise 复制写字楼投资分析的额外信息。

Select Projection　Annual Property Operating Data

Projections

| Description | Year 1 | Year 2 | Year 3 | Year 4 | Year 5 | Year 6 |
|---|---|---|---|---|---|---|
| Rental Income | $1,365,000 | $1,365,000 | $1,365,000 | $1,557,500 | $1,587,500 | $1,635,500 |
| Expense Reimbursements | $33,500 | $47,372 | $61,756 | $13,693 | $21,056 | $24,657 |
| GROSS SCHEDULED INCOME | $1,398,500 | $1,412,372 | $1,426,756 | $1,571,193 | $1,608,556 | $1,660,157 |
| General Vacancy | $0 | $0 | $0 | ($78,560) | ($80,428) | ($83,008) |
| GROSS OPERATING INCOME | $1,398,500 | $1,412,372 | $1,426,756 | $1,492,633 | $1,528,128 | $1,577,149 |
| Expenses | | | | | | |
| Property Management Fee | ($69,925) | ($70,619) | ($71,338) | ($78,560) | ($80,428) | ($83,008) |
| Property Tax | ($148,800) | ($151,776) | ($154,812) | ($157,908) | ($161,066) | ($164,287) |
| Insurance | ($14,400) | ($14,976) | ($15,575) | ($16,198) | ($16,846) | ($17,520) |
| Utilities | ($120,000) | ($126,000) | ($132,300) | ($138,915) | ($145,861) | ($153,154) |
| Janitorial | ($76,800) | ($79,104) | ($81,477) | ($83,921) | ($86,439) | ($89,032) |
| Maintenance | ($67,200) | ($69,216) | ($71,292) | ($73,431) | ($75,634) | ($77,903) |
| TOTAL OPERATING EXPENSES | ($497,125) | ($511,691) | ($526,794) | ($548,933) | ($566,274) | ($584,904) |
| NET OPERATING INCOME | $901,375 | $900,681 | $899,962 | $943,700 | $961,855 | $992,245 |

**图 11 - 5　纪念塔写字楼的 REIWise 数据报告**

## 11.5.6　预测售价

为了计算投资持有期的投资表现，我们必须预测房地产售价。首先，我们需要选择一个评估房地产的持有期。我们现在选择 5 年。当预测售价时，投资者通常使用 2 个方法。第 1 个是预测该地区平均房地产价值增长多少，有时和预测通货膨胀率联系在一起，尽管有些区域的写字楼的表现可能优于或劣于目前经济背景下的整体通货膨胀率。

该方法估计转售价格有两个问题。首先，它基于的售价在我们完成分析后，往往不是房地产的真正价值。其次，它假设转售价格依赖于历史价值（买价）如何随着时间的推移而变化，而不是考虑未来的情况。下面讨论的预测转售价格的方法解决了这两个问题。

第 2 个方法是使用之前所讨论的终期资本化率。初始资本化率是第 1 年 *NOI* 与买价之比。对写字楼案例来说，基于买价的上限率是 10.6%。[①] 该比率展示了房地产买价和买方持有期第 1 年预期得到的 *NOI* 之间的关系。该投资者可能会发现写字楼通常会被其他投资者以类似的比率购得。

当预测未来的售价时，投资者通常会在现有的（初始）资本化率上加上一个小的溢价，来反映任何贬值、过时和未来房地产出售时收入的不确定性。然而，正如在第 9 章所讨论的，我们已经考虑了其他因素，如在出售时，利率是否比预测的高或低，或者在出售的年份，收入和房地产价值的预期增长是否会变化。所有这些因素影响了出售时可比房地产的资本化率，当利用终期资本化率预测转售价格时一定要考虑到。

因为在本案例中，我们只考虑了 5 年的持有期，房地产不会显著折旧，我们假设经济条件（利率、房地产增值率等）在 5 年内保持稳定。[②] 因此，我们假设终期资本化率和初始资本化率一样，都是 10.6%。第 6 年 992 245 美元的 *NOI* 和 9.6%的资本化率，预期会产生 9 360 805 美元的转售价格。[③]

显然，分析师必须对转售价格的合理估值做出一些判断。我们只是简单地介绍了一些投资者可能会考虑的因素。没有哪一种精确的方法可以固化地使用，对数值估计进行四舍五入也很常见，以表达估计的主观性质。

## 11.6 投资分析介绍

一般来说，当我们提到房地产投资分析（investment analysis）时，我们是指分析某一特定的房地产，以评估其投资潜力。这种分析也应该有助于回答其他一些重要的问题。例如，是否应该购买这些房地产，应该持有房地产多长时间，应该如何进行融资，税收对投资的影响是什么，投资的风险有多大。

在以后的几章中，我们将提供一些分析工具来回答这些问题。但是现在我们可以开始回答的第一个问题是：是否应该以 850 万美元的价格购买房地产？为了说明如何处理这个问题，我们继续使用前面的写字楼案例进行说明。

### 11.6.1 内部收益率

在之前对纪念塔写字楼的讨论中，我们计算了房地产的净营业收入（*NOI*）和预期的转售价格。这些数据连同买价可用于计算房地产的内部收益率（internal rate of return，*IRR*）。

表 11－17 显示了计算 *IRR* 的现金流。*IRR* 是使得预计现金流的现值等于初始投资的比率。在该案例中，*IRR* 是 12.38%。这是整个房地产的收益率，没有考虑借贷的影响，因此也是无杠杆的 *IRR*。融资将会在本章的下一节进行讨论。

---

① 在之前的章节中有时作为资本化率，因此它是购买时的比率。

② 这表明 6 年期内写字楼市场不会发生显著变化，*NOI* 与房地产价值之间的关系不会改变。如果写字楼市场的供求影响了市场租金率或投资者要求的收益率变化，资本化率会发生改变。

③ 当资本化率被用于预测转售价格时，它通常指的是终期资本化率。

**表 11-17　　计算 *IRR*　　单位：美元**

| 年 | 0 | 1 | 2 | 3 | 4 | 5 |
|---|---|---|---|---|---|---|
| 购买价格 | (8 500 000) | | | | | |
| 净营业收入（*NOI*） | | 901 375 | 900 681 | 899 962 | 943 700 | 961 855 |
| 销售收入 | | | | | | 9 360 805 |
| 现金流 | (8 500 000) | 901 375 | 900 681 | 899 962 | 943 700 | 10 322 659 |
| *IRR* | 12.38% | | | | | |

### 11.6.2 现　值

纪念塔写字楼（上述计算）的内部收益率为 12.38%。假设投资者要求 14%的收益率，他愿意支付多少钱？为了回答这个问题，我们以 14%的折现率对现金流（*NOI* 和售价）进行折现。买价不包含在现金流中，因为我们计算的是投资者愿意支付多少。使用金融计算器或电子表格，读者可以看到当折现率为 14%时，现金流的现值是 8 011 000 美元（四舍五入到千美元）。买价是 8 500 000 美元的房地产的净现值（*NPV*），即－489 000（＝8 011 000－8 500 000）美元。

## 11.7　债务融资介绍

在很多时候，投资者会使用自己的钱（权益）和一部分贷款（债务）来购买房地产。在第 12 章中，我们将会讨论为什么权益投资者和贷款人都经常愿意使用权益和债务来购买房地产所有权。现在我们主要讨论债务的使用是如何影响房地产投资者期望获得的现金流量的。

为了便于说明，我们再次使用纪念塔写字楼的例子。我们假定投资者能够得到一笔利率为 10%、在 20 年内按月分期偿清的贷款。贷款的数额占房地产售价的 70%，即 0.7×8 500 000＝5 950 000（美元）。月还款额为 57 418.79 美元或每年 689 025 美元。传统的投资分析根据月还款额（假定这是贷款的还款方式）计算贷款还款额，但是所有财务预测的现金流量均是按年总结的。

表 11-18 显示的是房地产在前 5 年的贷款计划摘要。从这一点开始，假定该房地产会在 5 年后被出售，制订 5 年的预测计划。多预测 1 年 *NOI* 的原因，将在我们讨论 5 年持有期结束后预测房地产销售价格时变得很清楚。

**表 11-18　　贷款信息摘要　　单位：美元**

| | 1 | 2 | 3 | 4 | 5 |
|---|---|---|---|---|---|
| 还款额 | 689 025 | 689 025 | 689 025 | 689 025 | 689 025 |
| 抵押贷款余额 | 5 851 543 | 5 742 776 | 5 622 620 | 5 489 883 | 5 343 245 |
| 利息 | 590 569 | 580 259 | 568 869 | 556 288 | 542 388 |
| 本金 | 98 457 | 108 767 | 120 156 | 132 738 | 146 637 |

表 11-19 显示了包含财务费用时计算出来的权益投资者的现金流量。从净营业收入中扣除债务支付便得到来自经营税前现金流量（$BTCF_O$）。经营税前现金流量也指权益股利，因为它代表投资者每年实际将获得的现金流量，这与普通股的股利相似。

**表 11-19** **税前现金流预测** 单位：美元

| | 1 | 2 | 3 | 4 | 5 |
|---|---|---|---|---|---|
| 净营业收入（*NOI*） | 901 375 | 900 681 | 899 962 | 943 700 | 961 855 |
| 减去债务支付（*DS*） | 689 025 | 689 025 | 689 025 | 689 025 | 689 025 |
| 税前现金流 | 221 350 | 211 656 | 210 937 | 254 675 | 272 829 |

## 11.7.1 使用比率衡量投资业绩

### 权益股利率

权益股利率（equity dividend rate）是通过用第 1 年的税前现金流量（*BTCF*）除以初始的权益投资计算得来的。投资者在该项目上的初始权益等于购买价格减去借贷金额，因此这个资产为 8 500 000－5 950 000＝2 550 000（美元），因而权益股利率为 212 350/2 550 000＝8.33%。这是对当前资产回报的一个粗略衡量标准。注意，它不是投资收益率，因为它不考虑经营或出售房地产获得的未来现金流量。权益投资者区分权益股利率和投资收益率或内部收益率是很重要的，我们在本章后面的部分将对此进行讨论。

### 债务偿还能力比率

为了获得对房地产的融资，贷款人必须确信这是一项好的投资。很显然，贷款人的一个考虑是在贷款期间将获得的收益率，这取决于如收取的利率、点数等因素，我们在前几章中已经讨论过这一点。但是收益率仅是贷款人的一个考虑，贷款人还将评估贷款的风险。一个普遍用于表示贷款风险大小的方法是，预测来自房地产的 *NOI* 超出抵押贷款还款额的程度。贷款人希望有足够的缓冲资金，一旦 *NOI* 低于预期（如因为意外的空置），借款人仍不必动用个人的资金来支付抵押贷款。

一个常用的衡量这种风险的标准是债务偿还能力比率（debt coverage ratio，*DCR*）。债务偿还能力比率是 *NOI* 与抵押贷款还款额之间的比率。如果预期 *NOI* 在整个期间将会发生变化，那么投资者通常使用第 1 年的 *NOI* 进行计算。对于写字楼的例子来说，预期第 1 年的 *NOI* 为 901 375 美元，抵押贷款还款额（债务支付）为 689 025 美元，由这两个数字可得到债务偿还能力比率为 1.31。贷款人通常希望债务偿还能力比率至少为 1.2，这样 *NOI* 在不足以支付抵押贷款之前有 20%的下降空间。

我们可以看到，该预测中第 1 年的债务偿还能力比率大约为 1.3，已经达到了贷款人对债务偿还能力比率的最低要求。

## 11.7.2 销售税前现金流

当房地产被出售后，就只能使用销售收入来偿还抵押贷款余额。还款额便产生了来自销售的税前现金流量（$BTCF_S$）。第 5 年以后的抵押贷款余额为 5 343 245 美元，将之从售价 9 360 805 美元中扣除，得到税前现金流量为 4 017 559 美元。我们可以把这个过程概括在表 11-20 中。

表 11-20 第 5 年的销售现金流估计 单位：美元

| | |
|---|---|
| 销售价格 | 9 360 805 |
| 抵押贷款余额 | −5 343 245 |
| $BTCF_S$ | 4 017 559 |

**权益投资者的内部收益率**

回想一下，通过从买价 8 500 000 美元中减去贷款额 5 950 000 美元，我们可以得到初始权益投资额为 2 550 000 美元。我们也已经计算出权益投资者的税前现金流。表 11-21 列出了现金流。

通过该过程得到的内部收益率为 17.11%，因为是税前值，因此我们称之为税前内部收益率（*BTIRR*）。这是投资者预期在投资期间可从资产中获得的税前收益。这考虑了贷款对投资者收益的影响。

表 11-21 税前现金流摘要——纪念塔写字楼 单位：美元

| 年 | 0 | 1 | 2 | 3 | 4 | 5 |
|---|---|---|---|---|---|---|
| 税前现金流 | (2 550 000) | 212 350 | 212 656 | 210 937 | 254 675 | 4 290 389 |

这个收益率足够大了吗？答案取决于投资者能够从可比投资中获得的收益率的大小，例如，类似写字楼或其他具有相似风险特征的房地产投资。我们已经讨论过将资本化率和每平方英尺的价格同可比房地产进行对比。相似地，我们也可以问，如果我们以其他投资者支付的价格购买其他房地产，那么我们预期会得到什么样的收益率？这可能会让我们对其他投资者希望得到的收益率有一些认识。当然，我们必须自己来预测自身的净营业收入和转售价格，除非其他投资者告诉我们他们是怎么想的。我们也会利用其他待售房地产的要价来做类似的预测和计算内部收益率。也就是说，我们获得的回报应该至少同我们能从其他有相似风险特征的待售房地产中获取的回报一样多。

另一个检验税前内部收益率合理性的办法是，将它同任何可得的、用于购买房地产的抵押贷款融资的实际利息成本进行比较。一般来说，因为投资者面临的风险要比贷款人大，所以我们预测房地产的回报会大于房地产的实际融资成本。贷款人承担的风险比较低，这是因为如果出现违约的情况，贷款人会首先主张权利，从房地产的出售中获取收入和收益。例如，我们应该预计到写字楼的内部收益率（税前内部收益率为 17.11%）可能大于抵押贷款的利率 10%；否则，投资者都会选择向房地产贷款而不是进行投资。我们稍后将在本章中讨论衡量和评估投资者风险的方法，然后在第 13 章中说明债务是如何影响权益投资者的风险及回报的。

## 11.7.3 投资分析计算总结

表 11-22 是对写字楼投资分析计算的总结。表 11-22 中的业绩衡量尺度应该全部可以同其他投资选择进行比较。对比结果将会显示出购买写字楼是否为一项好的投资。但是，由于我们还未考虑联邦所得税可能对结果产生的影响，因此这些衡量尺度还不足以让我们做出是否进行这项投资的决定。我们还需要了解更多的有关这项投资的风险情

况，以便有理由确信我们可将表 11-22 中的业绩衡量尺度同可比风险的投资选择进行比较，我们将在下一节讨论这些问题。我们还需要知道我们应该借入的资金的数额，以及是否有其他更好的对房地产融资的方法。第 12 章将介绍融资的内容。房地产贷款的获取还取决于独立评估师的评估价值，该数额可能高于或低于投资者愿意支付的数额。如果对房地产的评估价值过低，那么我们将很难获得预测中假定的债务融资数额。

**表 11-22　　纪念塔写字楼投资分析摘要**

| | |
|---|---|
| 资本化率 | 10.60% |
| 房地产的 *IRR*（无杠杆的） | 12.38% |
| 资产的 *IRR*（*BTIRR*） | 17.11% |

显然，我们现在只是刚刚进入可能购买写字楼所要求的深入分析阶段。现实中的投资者是否会考虑所有这些问题，将取决于他们的经验和技术水平。我们的目标是讨论所有在确保做出明智的投资决定时应该考虑的问题。

**在现金流预测中估价方式的滥用**　　**概念框 11.1**

在对收益性房地产以估价方式进行现金流量预测时，评估师所做的假定必须具有现实性。下面是弗农·马丁在《房地产评论》的一篇文章中提出以估价方式进行现金流预测时几种常见的滥用：

（1）混淆租金收入和费用之间的增长率；

（2）未能考虑租金折让和实际租金；

（3）缺乏对签订长期租赁合同的房地产进行逐份租赁合同的分析；

（4）预测费用补偿收入的增长率将与带有费用止付总租赁合同的房地产其他费用的增长率具有相同的数字；

（5）对空置和欠租损失的预测没有与市场形势同步；

（6）忽略了非经营性费用的支出，如承租人改良和租赁佣金；

（7）使用低于初始资本化率的终期资本化率，终期资本化率应该和房龄及剩余经济年限联系起来；

（8）低估销售费用；

（9）使用不合理的内部收益率（折现率）；

（10）未能识别维持房地产所进行的翻新的资本支出。

## 11.8　收益性房地产的税收

在本章的前面部分，我们介绍了收益性房地产的投资分析。我们计算了投资业绩的衡量尺度，如内部收益率或净现值等，但这些计算都未考虑联邦所得税对投资和融资决策的影响，所以我们一直将此分析称为税前分析。现在我们扩大投资分析的范围，把联邦所得税也纳入分析之内，这种分析被称为税后分析。

我们讨论税收的唯一目的是全面认识税收对收益性房地产的税后收益率有何影响。税法经常会发生变化，其中的许多复杂情况都超出了本章讨论的范围，但是相对于其他投资，认识税法对投资决定的影响以及税法变化可能对房地产期望值的影响意义更为重大。

本章不涉及个人持有的私人住宅房地产。私人住宅的税收适用特别的规定。例如，私人住宅不能进行纳税目的的折旧。我们还认为持有此类房地产的目的不是向别人转售。通过普通商业途径向他人转售持有房地产的个人被称为经纪人（dealers），而不能被称为投资者。具有经纪人身份的个人或公司的例子有：开发土地、向他人转售的开发商；以转售为目的的建筑商或其他不以投资为目的、而是为了立即转售的房地产持有人。经纪人持有的转售房地产不能进行税收目的的折旧（在本章后面的部分我们将讨论折旧方面的规定）。

我们在本章中只考虑"为交易或经营而持有"的房地产。大多数收益性房地产投资都可归入此类。所有者购置房地产的目的是通过经营、改建或其他手段在交易或经营中获得收益。尽管他们必须积极地从事房地产管理，以其他形式占有或经营租赁型房地产的个人也在此类。合伙企业、公司或信托的投资人也可能持有用于交易或经营的房地产。[①]

以交易或经营为目的的收益性业主从租金中获得收益，并可以扣除在诸如维护、修理及公共事业房地产经营中发生的费用。他们还可以扣除房地产税、购买房地产的抵押贷款利息及在房地产经营中获得贷款的利息。此外，他们也可以扣除折旧部分，而且在房地产被出售后，还适用一些资本利得和损失的规定（以后将进行讨论）。

## 11.9 房地产经营的应税收入

我们已经用了很长的篇幅来讨论如何计算收益性房地产的净营业收入（*NOI*）。要记住净营业收入的计算是围绕扣除与经营某一房地产相关的费用进行的，如房地产税、保险费、维护费、管理费及公共事业费等，然后从净营业收入中扣除抵押贷款支付便得到经营房地产所得的税前现金流量（$BTCF_O$）。我们现在可以看出，经营收益性房地产所得的应税收入（taxable income）同税前现金流量是不同的，这主要有两个原因[②]：第一，只有贷款支付的利息部分而不是全部贷款支付可以在纳税时从净营业收入中扣除；第二，税法允许业主从净营业收入中扣除折旧提存（depreciation allowance）部分。因此，经营收益性房地产所得应税收入可以表示为：

应税收入＝净营业收入－利息－折旧提存

① 在交易或经营中用于创造收益的房地产被归类为 IRC 第 1231 条资产。由企业购买的资本设备（例如机械），如果企业在创造收益中使用这些设备，那么这类资产也被划入第 1231 条资产。

② 在后面的几章中我们将说明其他方面的区别。

在某一特定纳税年度可以扣除的利息数额相当于当年向贷款人支付的利息总额。我们在前面几章中已经详细讨论了贷款支付分为本金和利息两部分的情况，但我们还未说明纳税时如何计算折旧提存部分。[①] 我们将在下一节中讨论这个问题。

## 11.9.1 折旧提存

建筑等物理资产在一个时期内会产生物理折旧，假定其他情况不变，这将会降低它们的经济价值。因为建筑最终必须被替换掉，以及税法允许因改造而产生的收入在纳税之前可用于收回改造投资，所以投资者可以在决定应税收入前，从收回资本的净营业收入中扣除这部分。否则，净营业收入和应税收入会被高估一部分，即因经济折旧导致价值每年降低的部分。所以从理论上讲，投资者的应税收入应扣除这部分经济折旧提存。这是税收折旧的理论基础。

但是，由于通货膨胀、供求变化以及其他经济因素也会影响房地产的价值，所以很难确定哪部分价值的变化是由物理折旧导致的。此外，从历史上看，我们的税收制度提供的折旧提存一直高于房地产经济价值的实际折旧。我们明白，税收折旧提存高于实际经济贬值的部分就是投资人所得的税收利益。表 11－23 总结了近年来实施的各种税法对计算折旧提存方法的规定。

**表 11－23　　房地产的折旧规定***

| 年份 | 折旧周期 | 使用方法 |
|---|---|---|
| 1969—1980 | 使用期限为 30～40 年 | 加速或直线法** |
| 1981—1983 | 15 年 | 基于直线法的 175％的 ACRS*** |
| 1984—1985 | 18 年 | 基于直线法的 175％的 ACRS*** |
| 1986 | 19 年 | 基于直线法的 175％的 ACRS*** |
| 1987—1992 | 27.5 年住宅 | 直线法 |
| | 31.5 年非住宅 | 直线法 |
| 1993—1997 | 27.5 年住宅 | 直线法 |
| | 39 年非住宅 | 直线法 |

* 一些房地产投资还包括个人财产，如家具和固定资产。个人财产可以在比房地产更短的时间内折旧（例如，根据现行税法，为 8 年）。

** 投资者通常选择加速折旧法，其范围为直线折旧的 125％～200％，具体取决于该房地产是住宅还是非住宅，是新的还是现有的。

*** 由于严重的“重新获取”规则影响了投资者对非住宅房地产使用加速折旧法，大多数投资者在此期间对非住宅房地产使用直线折旧法。

从表中我们可以清楚地看到，折旧提存税收政策的变化很大。这是因为，以前国会为了刺激房地产投资，制定了超出实际经济折旧的折旧提存政策，认为这个政策会加快投资建设，并为经济提供更多的可租用空间。不幸的是，这也可能是造成 20 世纪 80 年代早期过度建设的一个重要原因。从表中我们可以看到，1981—1996 年间的折旧提存年限，在 1986 年通过的《税收改革法案》（TRA）中被延长了。延长房地产折旧年限是

① 此时你可以回顾第 6 章的附录。

1986 年《税收改革法案》的几个重要特征之一，它降低了房地产以前享受的税收优惠待遇。在本章后面的部分我们会介绍折旧是房地产投资者获得的税收利益的来源之一。

**应计折旧基数**

房地产改建可以折旧的数额取决于该资产的应计折旧基数（depreciable basis）。房地产投资基数一般等于改建的成本（通过继承或赠予方式获得的房地产除外）。成本一般包括改建的购买价格加上所有为投入使用而产生的安装成本，在持有期间对房地产进行固定改建的成本也包括在此基数内。只有改建可以进行折旧，而土地成本则不能。在本章，我们的重点放在现有房地产的税收待遇方面（对将要开发和建造的房地产的区别在下一章中进行讨论）。

## 11.9.2 贷款点数

为了获得购买、再融资或经营收益性房地产的贷款而支付的点数必须在借贷期内按比例扣除。例如，假定投资者获得了一笔 800 000 美元的贷款用于购买一栋写字楼。此贷款将在 25 年的期限内分期偿还，但有一笔期限为 10 年的期末整付，将在第 10 年结束时到期。假定向贷款支付 2 个点数或 16 000 美元，出于纳税的考虑，这 16 000 美元必须在 10 年内分期偿还，即每年 1 600 美元。如果投资者在点数分期清偿前（在本例中为 10 年）将房地产出售，那么贷款余额会在出售房地产的那一年被支出。所以在上面的例子中，如果房地产被出售并且贷款在 5 年后清偿，则可能有 8 000 美元的支出。

## 11.9.3 纳税义务和税后现金流

在计算了应税收入后，我们就可以计算经营房地产时产生的纳税义务。计算纳税义务时，以投资人的边际税率乘应税收入。边际税率（marginal tax rate）来自正在考虑投资的额外收入将要纳税的比率。一般来说，我们可以将它看作投资人的税率等级。与某一特定税率等级相对应的税率是适用于一个特定等级的额外或边际收入。在做投资决定时，我们想了解增加特定投资所得的额外收入对投资人的纳税有何影响。所以我们想了解何种边际税率适用于这种投资。例如，假定适用表 11 - 24 的税率的投资者已经拥有应税收入 100 000 美元，再假定一项房地产投资会产生 10 000 美元的应税收入。根据此表，此额外收入的 10 000 美元的税率为 25%，纳税额为 2 500 美元。

**表 11 - 24　　一名已婚纳税人联合申报的 2014 年边际普通所得税税率**

| 应税收入（美元） | 边际税率（%） |
|---|---|
| 0～18 150 | 10 |
| 18 151～73 800 | 15 |
| 73 801～148 850 | 25 |
| 148 851～226 850 | 28 |
| 226 851～405 100 | 33 |
| 405 101～457 600 | 35 |
| 超过 457 600 | 39.6 |

## 11.10 应计折旧房地产出售所得应税收入

为了证实房地产出售后会否产生应税资本利得（capital gain）或资本损失，我们必须确定总出售价格。总出售价格等于所有现金、其他作为出售房地产付款的财产加上所有由买方承担的债务的总和，然后减去所有销售费用（例如法律费、登记费和中介费等）得到净出售收益。要确定是获益还是损失，从净出售收益中扣除房地产的调整基数。房地产的调整基数等于其原始基数（土地和改建的成本、购买价格和安装费用）加上所有在占有期间进行的资本改良、变更和增加的成本，减去最新累计折旧。净出售收益超出调整基数则说明产生应税收入，而产生赤字则说明导致了应税损失。

在为交易和经营目的而持有的应计折旧房地产中，因出售而得到的净收入被看作是长期资本利得。长期资本利得的税率通常低于普通收益的税率。例如，即使投资者所处的税率级别比普通收益更高，1993 年的《税收改革法案》仍将最大资本利得税税率定为 28%。1997 年因房地产价值增长产生的收益部分的资本利得税税率降至 20%，因持有期折旧产生的收益部分的税率则降至 25%。目前由房地产价值增加引起的所得税税率是 15%，由折旧产生的收益的税率则是 25%。

## 11.11 税后投资分析

我们现在考虑联邦所得税对本章前面所提到的写字楼投资分析案例的影响。作为我们讨论的一个起点，表 11-25 概括了写字楼税前现金流量的计算。

**表 11-25　　预测税前营业和销售现金流**　　单位：美元

| | 年 | | | | |
|---|---|---|---|---|---|
| | 1 | 2 | 3 | 4 | 5 |
| 运营现金流 | | | | | |
| 净营业收入（*NOI*） | 901 375 | 900 681 | 899 962 | 943 700 | 961 855 |
| 减去：债务支付（*DS*） | 689 025 | 689 025 | 689 025 | 689 025 | 689 025 |
| 税前现金流 | 212 350 | 211 656 | 159 894 | 183 920 | 190 856 |
| 第 5 年销售现金流 | | | | | |
| 销售价格 | | | | | 9 360 805 |
| 减去：抵押贷款余额 | | | | | 5 343 245 |
| 税前现金流（$BTCF_S$） | | | | | 4 017 559 |

### 11.11.1 税后经营性现金流

我们已经估算了投资的税前现金流，现在必须确定投资者的应税收入的增长或减少。因为作为投资的结果，税金要么增长要么降低，而税前现金流中必须加入此增长或扣除降低部分，以决定税后现金流。为此我们必须考虑每年从经营中产生多少应税收入，然后考虑出售房地产那一年的税金。表 11－26 展示了应税收入和营业房地产的税后现金流的计算。从表 11－26 中我们可以看到从净营业收入中扣除利息和折旧便得到应税收入。注意，只有利息可以扣除，而不是全部贷款支付款。在我们的例子中，利息是基于一项 20 年分期偿还、利率为 10%、按月支付、总额为 5 950 000 美元的贷款。表 11－27 根据本章前面的表格重新制订了贷款计划的摘要。

**表 11－26　应税收入和税后经营性现金流**　单位：美元

| | 年末 | | | | |
|---|---|---|---|---|---|
| | 1 | 2 | 3 | 4 | 5 |
| 应税收入： | | | | | |
| 净营业收入 | 901 375 | 900 681 | 899 962 | 943 700 | 961 855 |
| 减去：利息 | 590 569 | 580 259 | 568 869 | 556 288 | 542 388 |
| 折旧 | 177 537 | 185 256 | 185 256 | 185 256 | 185 256 |
| 应税收入（或损失） | 133 269 | 135 166 | 145 836 | 202 156 | 234 210 |
| 税收（储蓄），税率为 35% | 46 644 | 47 308 | 51 043 | 70 755 | 81 974 |
| 税后现金流 | | | | | |
| 税前现金流 | 212 350 | 211 656 | 210 937 | 254 675 | 272 829 |
| 减去：税收 | 46 644 | 47 308 | 51 043 | 70 755 | 81 974 |
| 税后现金流 | 165 705 | 164 348 | 159 894 | 183 920 | 190 856 |

**表 11－27　贷款摘要信息**　单位：美元

| | 年末 | | | | |
|---|---|---|---|---|---|
| | 1 | 2 | 3 | 4 | 5 |
| 还款额 | 689 025 | 689 025 | 689 025 | 689 025 | 689 025 |
| 抵押贷款余额 | 5 851 543 | 5 742 776 | 5 622 620 | 5 489 883 | 5 343 245 |
| 利率 | 590 569 | 580 259 | 568 869 | 556 288 | 542 388 |
| 本金 | 98 457 | 108 767 | 120 156 | 132 738 | 146 637 |

**折旧**

应税收入也受到折旧提存的影响。在本章前面我们已经讨论过，住宅房地产的折旧年限为 27.5 年，而非住宅房地产的折旧年限为 39 年。两者都必须以直线折旧法为基础。[①] 此

① 在混合用途的房地产中（可用于居住和非居住两种目的），如果其中一种房地产用途产生 80%的收入，那么总改建的折旧年限可能在与此用途相应的纳税年限内进行折旧。

外，应该记住，只有改建部分可以折旧，而土地不可以折旧。所以我们需要知道写字楼购买价格 8 500 000 美元中哪一部分代表建筑物的改建。在我们的例子中，我们假定土地成本要求占购买价格的 15%，或 1 275 000 美元，其余的 7 225 000 美元为改建成本。改建成本除以 39 得到年折旧扣除额为 185 256 美元。基于 IRS“月中”公约，第 1 年有 11.5 个月①，所以，折旧需乘上 11.5/12 得到第 1 个月的折旧额是 177 537 美元。

应该记住，折旧提存代表的是资本回收，并不代表投资者的实际现金流出量（发生在购置房地产时）。这个扣除额仅影响应税收入，而不会影响经营性现金流量。在我们的例子中，第 1 年的应税收入为 133 269 美元。假定投资人所处的税率等级为 35%，则因房地产占有而产生的纳税义务为 46 644（=0.35×133 269）美元。从税前现金流量中扣除此金额，便得到第 1 年的税后现金流为 165 705 美元。

注意，在此例中每年的应税收入均为正值。如果应税收入为负值（例如税收损失），那么必须基于投资者在利用损失抵消其他应税收入方面的能力做出额外的承担。我们会在本章后面部分讨论负应税收入。

### 11.11.2 销售税后现金流

表 11-28 说明了出售房地产对投资人应税收入的影响，在确定投资者从房地产出售中所得的资本利得时，我们应该牢记投资者会先将此房地产折旧 5 年，因此投资者房地产的成本基数会降低。在我们的例子中，第 1 年折旧是 177 537 美元，随后 4 年的折旧都是 185 256 美元，合计总折旧额（累计折旧）为 918 563 美元。从房地产原始成本基数（土地和改建成本）中扣除累计折旧，得到调整基数为 7 581 437 美元（调整基数有时指房地产的账面价值）。调整基数（7 581 437 美元）和出售价格（9 360 805 美元）之差便是资本利得，为 1 779 368 美元。此前我们已经讨论过，因价格增值（出售价格减去原始成本基数）而得到的这个收益部分的最大资本利得税税率为 15%，因持有期间折旧而获得的收益部分（累计折旧）的最大税率为 25%。所以本例中的资本利得税可以按表 11-29 所示进行计算。

**表 11-28　　第 5 年销售税后现金流量　　单位：美元**

| | | | |
|---|---|---|---|
| 销售价格 | | | 9 360 805 |
| 减去抵押贷款余额 | | | 5 343 245 |
| 税前现金流（$BTCF_S$） | | | 4 017 559 |
| 销售年度的税收 | | | |
| 销售价格 | | 9 360 805 | |
| 原始成本基数 | 8 500 000 | | |
| 累计折旧 | 918 563 | | |
| 调整后的基数 | | 7 581 437 | |
| 资本利得 | | 1 779 368 | |
| 税收 | | | 358 761 |
| 税后的销售现金流量（$ATCF_S$） | | | 3 658 798 |

① IRS 公布了纳税人计算折旧扣除额时必须使用的表格，这些表格假定投资者在月中购买房地产，而且他们根据购买房地产当年的实际月份分派第 1 年的折旧，我们只是简单地通过改建成本除以 39 年来计算。

**表 11-29** 单位：美元

| | |
|---|---|
| 价格折旧 | 860 000 |
| 累计折旧 | 918 563 |
| 总和 | 1 779 368 |
| 基于价格折旧的税收 | 860 805×0.15=129 121 |
| 基于累计折旧的税收 | 918 563×0.25=229 641 |
| 总资本利得税收 | 358 761 |

从税前现金流中扣除税额得到销售所得的税后现金流（after-tax cash flow）为 3 658 798 美元。

**税后内部收益率**

利用表 11-26 和表 11-28 中的信息，我们现在可以计算税后内部收益率（after-tax *IRR*）。表 11-30 总结了税前现金流量和税后现金流量，并对两者进行了比较。同我们预测的一样，税后内部收益率 13.38%低于税前内部收益率 17.11%。但是，虽然投资者的税率为 35%，但税后内部收益率并不比税前内部收益率低 35%而是低大约 22%（1−13.38/17.11=21.80%）。

**表 11-30** **现金流总结**

| | 年末 | | | | | |
|---|---|---|---|---|---|---|
| | | 1 | 2 | 3 | 4 | 5 |
| 税前现金流（美元） | (2 550 000) | 212 350 | 211 656 | 210 937 | 254 675 | 4 290 389 |
| 税后现金流（美元） | (2 550 000) | 165 705 | 164 348 | 159 894 | 183 920 | 3 849 654 |
| 税前 *IRR*（*BTIRR*） | 17.11% | | | | | |
| 税后 *IRR*（*ATIRR*） | 13.38% | | | | | |

## 11.11.3 有效税率

在前面我们曾指出，虽然投资者的边际税率为 35%，但是税后内部收益率比税前内部收益率低 22%。在这种情况下，我们会说这项投资收益的有效税率（effective tax rate）为 22%。为什么投资的有效税率低于边际税率呢？其中的原因是，即使房地产的价值并没有真正地降低，投资者每年也可以从应税收入中扣除折旧提存。事实上，在本例中，房地产的价值反而增长了。虽然每年的折旧提存也会降低房地产的调整基数，并最终会导致房地产出售当年资本利得税的增加，货币的时间价值使得每年较低的所得税对投资者有利。此外，回想一下，由于升值而产生的资本利得的税率仅为 15%，而折旧提存部分的税率为 25%。所以，投资者能够递延税款，直到房地产出售并将一些普通收益转化（通过折旧扣除）为资本利得，这样投资者就可获得一个较低的税率。

图 11-6 显示了 REIWise 的输出结果。假设房地产在持有 1 年、2 年、5 年后被售出。我们可以看到第 5 年的 *IRR*，本章附录展示了更多 REIWise 的输出结果。

Select Projection　Investment Return Analysis

Projections

| Description | Year 1 | Year 2 | Year 3 | Year 4 | Year 5 | |
|---|---|---|---|---|---|---|
| Cash Flow - To Date | $165,699 | $330,044 | $489,935 | $673,853 | $864,706 | |
| Net Resale Proceeds | $2,601,823 | $2,659,189 | $3,082,782 | $3,314,787 | $3,658,810 | |
| Invested Capital | ($2,550,000) | ($2,550,000) | ($2,550,000) | ($2,550,000) | ($2,550,000) | ($ |
| Net Return on Investment | $217,522 | $439,233 | $1,022,717 | $1,438,640 | $1,973,516 | |
| Internal Rate of Return | 8.53% | 8.53% | 12.57% | 12.78% | 13.38% | |

**图 11-6　REIWise 转售分析**

# 11.12　消极损失说明

从 1986 年的《税收改革法案》开始，来自包括房地产在内的所有来源的收益和损失被归入以下三大类：

(1) 消极收益或损失（passive income or loss）：指投资者没有实质参与房地产经营或管理的收益或损失。实质参与的定义为“正常、持续并实质参与经营”。对租赁房地产的投资被看作是消极的活动。因此，即使投资者实质参与了房地产的经营，从此类活动中所得的收益和遭受的损失也被归为消极收益或损失。合伙企业中的有限责任合伙人获得的收益（或损失）也被看作是消极的。

(2) 积极收益或损失（active income or loss）：包括工资、薪金、服务费以及投资者从实质参与的交易或经营中所得的收益。但是，即使纳税人实质上参与了，来自租赁行为的收益或损失也不能被认为是积极收益。因此，来自租赁型房屋、写字楼、购物中心以及以其他纳税人为业主的房地产业务的收益不能被归为积极收益（或损失）。此类收益或损失被归为消极收益或损失。但是，旅馆、其他暂住性住所或私人疗养院不是租赁行为，如果房地产业主实质参与了经营，那么他们获得的就是积极收益。

(3) 证券投资收益或损失（portfolio income or loss）：来自股票、债券和某些房地产类型的利息和股利收益被归为资产。本章前面已经说过，多数房地产投资属于持有目的为交易或经营的房地产，而不是固定资产。来自房地产活动的证券投资收益的例子有：来自房地产投资信托（REIT）股份的股利，来自长期土地租赁契约的收益，或来自投资者没有实质参与经营的、房地产净租赁契约的收益。

这些收益分类非常重要，因为一般来说，消极损失不能用来补偿另一类收益（在下一节中将讨论一些特殊的情况）。这个规定被称为消极活动损失限制（PAL）规定。在 1986 年的《税收改革法案》之前，许多投资者购买由有限责任合伙企业（在这种企业中，个人投资者没有实质参与）持有的、用于交易或经营的房地产。这些投资通常产生（可能仍在产生）税收损失，投资者用以抵消其他应税收入。消极活动损失限制使投资者无法用消极损失抵消应税收入。现在必须使用房地产投资和其他被动活动产生的消极损失来抵消纳税年度的消极收益。任何剩余或未使用的消极损失均必须“暂停”并结转以抵消未来年度所获得的任何消极收益。

当出售产生消极收益的投资并获得资本利得时，所有未使用或延缓的亏损均：(1) 必须首先用来补偿从出售投资中获得的资本利得；(2) 然后必须用来补偿当年其他消极活动产生的其他消极收益；以及 (3) 可以用来补偿任何收益，包括当年的积极收益和证券投资收益。根据未使用亏损的范围，它们可以作为资本损失进入下一年，而不受消极损失规定的限制。对属于 IRC 第 1231 条的房地产，所有剩余亏损均可以作为普通亏损扣除。

当诸如房地产等消极业务的出售产生了资本损失，而且前一年的未用、延缓亏损也有剩余时，这些未使用的消极损失可以用来补偿所有类型的收益（消极、积极或证券投资）。在资本损失部分中，可以有 3 000 美元用来补偿当年所有类型的收益。剩余部分必须作为资本损失进入下一纳税年度，而不再受消极损失规定的限制；而且剩余部分和所有其他未使用的消极损失可以作为第 1231 条的损失从普通收益中扣除。

## 消极活动损失限制规定的例外

消极活动损失限制规定的一个例外包括在 1986 年的《税收改革法案》内，它适用于个人租赁房地产所有者（不是有限责任合伙人）。允许这些投资者通过个人积极参与的租赁房地产活动，将高达 25 000 美元的消极活动损失（在此类损失超过被动活动收入的范围内）抵消积极收益。积极参与的限制性没有前面提到的实质参与标准的限制高，而且要求的个人参与程度相对较低。总之，个人必须在活动中占有 10%或更多的权益，而且必须参与诸如选择承租人及确定租金价格等管理决定，或者必须安排为他人提供服务(例如，全日制管理房地产的房地产管理人)。

《税收改革法案》逐步淘汰了这款适用于个人的特殊规定，而代之以 100 000～150 000 美元之间的调整总收益规定。当个人纳税年度的调整总收益超过 100 000 美元时，就从 25 000 美元的亏损减免中扣除超出部分的 50%。因此，调整总收益为 120 000 美元的投资人只能使用最多 15 000 美元的消极损失来抵消积极收益。调整总收益超过 150 000 美元的投资人将不会有亏损减免。

1993 年的《税收改革法案》引入的另一个有关消极活动损失限制规定的例外，让“实质参与房地产商业”的房地产经纪人、销售助理以及其他房地产专业人员松了一口气。[①] 这些个人可以无限制地扣除房地产亏损，只要 (1) 当年他们进行的所有个人服务有一半以上是为了他们实质参与的房地产交易或经营；(2) 他们每年在这些房地产活动中的服务超过 750 小时。

---

① 实质参与一般指纳税人正常、连续、实质参与了房地产的经营。有限责任合伙人（将在第 18 章中进行讨论）没有实质参与是因为积极的参与可能会导致他们丧失有限责任的地位。

**Web App**

《商业投资房地产》杂志的网站是注册商业投资经理人协会（CCIM）网站的一部分。它可以在 www.ciremagazine.com/search.php 上用关键词搜索文章。找到关于商业房地产投资的最新投资，提供该文章的摘要总结，解释它如何与本章的内容相关。

# 总　结

本章介绍了在收益性房地产分析中很重要的一些概念和技巧。我们讨论了预测投资者现金流量的方法和使用不同的投资业绩衡量尺度评估现金流量的方法。在本章讨论的业绩衡量尺度（*IRR*、*NPV*、*DCR* 等）在以后各章中都会用到。

虽然本章的方法提供了一个很好的投资项目初期分析，如写字楼实例展示的那样，但是许多问题还有待进一步研究。例如，税收会如何影响房地产的业绩？有其他更好的融资方法吗？本书余下的章节将会说明这些问题并将回答其他一些问题。

本章介绍的另一项内容是影响房地产投资决定的主要税收因素。这包括确定合适的边际税率、房地产折旧规定、房地产经营的应税收入计算及资本利得的计算。这些税收方面的因素是我们在后面的章节进行的许多分析的一部分。在几种情况下，我们将会应用本章介绍的一些税收规定，以判断它们对投资的影响。我们将会考虑下列问题：何时是卖掉一处房地产的最佳时间？修缮一座建筑是否有利可图？如有限责任合伙企业和开发项目的税收制度等其他的税收因素将在以下几章中进行介绍。但记住，税法可能会修改，这将对收益性房地产的应税收入和纳税产生实质性的影响。所以，本章不能代替关于目前和未来的税法可能对某一特定投资人产生什么影响的全面分析。但是，虽然没有考虑在某个特定时间生效的具体的税法规定，但本章指出了投资人应考虑的一些一般性问题。

## 关键术语

积极收益
套利投资
逆向投资
应计折旧基数
有效税率
权益股利率
内部收益率
市场分析
消极收益
部门投资
周转投资
税后现金流
基本租金
经纪人
折旧提存
权益
费用止付
投资分析
市场时机
证券投资收益
每雇员占用面积
价值投资
税后内部收益率
资本利得
债务偿还能力比率
有效总收入
权益股利
增长投资
边际税率
净营业收入
房地产周期
应税收入

## 参考网站

www.ncreif.com——美国房地产投资受托人理事会（NCREIF）是一个对行业拥有共同兴趣的房地产专家的组织。该网站提供房地产相关的标准、指数、会员和资源信息。

www.reiac.org——这是房地产投资咨询协会的网站，目的是在非营性组织的架构下，为进行商业房地产交易的人提供意见、观点和经验的分享。

www.gecapitalrealestate.com——这是GE房地产公司的网站，提供广泛的房地产金融产品的信息。

www.irs.gov——该网站对搜索收益性房地产的税收信息会有所帮助，在网站主页上有一个搜索入口。

www.ciremagazine.com——这是为《商业投资房地产》杂志的注册商业投资经理人设置的网站，其中有很多与商业性房地产投资相关的文章。

www.fiabci.com——该网站可提供不同国家的法律、专业标准、税收、许可证的比较，同样提供不用国家商业租赁合同的不同要求的比较。

www.china-window.com/china_market/china_real_estate/index.shtml——该网站提供中国房地产市场的信息，还提供中国房地产市场法律和规章的有效信息，可联系不同的政府代理处。

www.city-data.com——该网站提供所有美国城市非常具体和有趣的信息。可以看到独一无二的上万张城市照片，十万多张地图、卫星图像和居住者信息（种族、收入、家族、教育、就业等）、地理信息、城市情况、犯罪数据、住房、商业、名人的出生地点、政治贡献、城市政府就业、天气、医院、学校、图书馆、住宅、飞机场、广播台、电视台、邮政编码、地区代码、使用者注册信息、相似城市列表和比较。总之，它是一个进行房地产分析的非常好的网站。

## 问　题

1. 投资收益性房地产的主要收益是什么？
2. 什么因素会影响房地产的净营业收入预测？
3. 什么因素会使房地产在持有期内升值？
4. 从出租人的角度，你如何看待租赁合同中的费用止付和CPI调整对租赁风险的影响？
5. 为什么投资人在购买一处受租赁合同支配的房地产时应该关心市场租金？
6. 权益表示什么？
7. 整体比率和权益股利率的相似点和不同点是什么？
8. 债务偿还能力比率的重要性是什么？
9. 税盾指什么？
10. 出售房地产所得收益如何纳税？
11. 有效税率是什么意思？它可以衡量什么？
12. 相对于其他投资，你认为房地产的价值是否受税收影响？
13. 消极活动损失限制（PAL）规定对房地产投资人的重要性是什么？

## 习　题

1. 一栋写字楼有三个可出租楼层，每层只有1个承租人。第一层的可出租面积为20 000平方英尺，它目前的租金为每平方英尺15美元，租赁合同还有3年到期。租赁合同中的费用止付为每平方英尺4美元。第二层的可出租面积为15 000平方英尺，租金为每平方英尺15.50美元，租赁合同4年后到期，它在租赁合同内的费用止付为每平方英尺4.50美元。第三层的可出租面积为15 000平方英尺，并以每平方英尺17美元的当前市值租金签订了一份租用期为5年的新租赁合同。费用止付为每平方英尺5美元，这一数值正是预测的明年每平方英尺的费用（不包括管理费用）。预计管理费用为有效总收入的 5%，而且不包括在费用止付之内。每份租赁合同还都包括一个消费物价指数调整，以规定基本租金以消费物价指数的增长率一半的速度增长。预计消费物价指数每年增长 3%。预计明年的营运费用包括：

单位：美元

| | |
|---|---|
| 房地产税 | 100 000 |
| 保险费 | 10 000 |
| 水电费 | 75 000 |
| 保洁 | 25 000 |
| 修缮 | 40 000 |
| 总和 | 250 000 |

预计所有的费用每年将增长 3%，预计租赁合同展期使用的市场租金每年也会增长 3%。当一份租赁合同进行展期时，它的费用止付将等于租赁合同第 1 年中每平方英尺的营运费用。在第一份租赁合同到期后，在寻找新的承租人所需的时间内，预计空置率占后 2 年（第 4 年、第 5 年）有效总收入（*EGI*）的 10%。

a. 预测未来 5 年的有效总收入。

b. 预测未来 5 年的费用补偿。

c. 预测未来 5 年的净营业收入。

d. 在 5 年内净营业收入增长（平均复利率）了多少？

e. 假定购买房地产的价格为 500 万美元，那么总资本化率（初始资本化率）是多少？

2. 你是大学咨询有限公司（University Consultants，Ltd.）的一名雇员，负责下面的任务。你需要提交一份关于向一名潜在投资人出售一处新的小型住宅收益性房地产的分析。房地产的要价是 1 250 000 美元，预计第 1 年的租金为 200 000 美元，并预计今后会以每年 3%的速度增长。预计空置和欠租损失占租金的 10%。预计营运费用占有效总收入的 35%。可以获得占房地产价格 60%、利率为 11%、偿还期限为 30 年的贷款。预计房地产每年会升值 3%，并计划持有 5 年后出售。

a. 预计投资人资本投资的税前内部收益率（*BTIRR*）为多少？

b. 第 1 年的债务偿还能力比率为多少？

c. 最终资本化率是多少？

d. 使用的折现率为 14%时，净现值是多少？这表示什么？

e. 使用的折现率为 14%时，利润指数是多少？这表示什么？

3. （习题 2 的延伸）你还是大学咨询有限公司的一名雇员。投资人告诉你，她还想了解税收因素对你的分析的影响。你确定这个建筑代表 90%的价值而且会在 39 年内折旧（每年 1/39）。潜在投资人指出，她所处的税率等级为 36%，而且有足够的来自其他活动的消极收益，这样的话，该业务活动产生的所有消极损失都将不会受到消极活动损失限制规定的制约。价格升值部分的资本利得的税率为 20%；折旧提存部分的资本利得的税率为 25%。

a. 投资人对资产投资的预期税后内部收益率（*ATIRR*）为多少？它同前面计算的税前内部收益率（*BTIRR*）如何进行比较？

b. 有效税率和税前等值收益率是多少？

c. 你如何评估这项投资的税收收益？

d. 假定投资人不能扣除任何消极损失（所有消极损失被延缓），直到房地产出售 5 年后才可以扣除，请重新计算（a）中的税后内部收益率。

4. **Excel.** 考虑纪念塔写字楼案例，假设资本利得税税率低于 5%，这会如何影响投资者的税后内部收益率？

5. 小城市目前拥有 100 万平方英尺的办公空间，其中 900 000 平方英尺被 3 000 名员工所占据，他们主要参与专业服务，比如金融、保险和房地产。小城市的经济近年来一直相对强劲，但是就业增长预计将在未来几年内稍低，包括在未来 3 年内每年只增加 100 名员工的增长预测。每名员工的占用空间预计保持不变。然而，一栋新的 50 000 平方英尺的办公大楼在经济衰退前已经开工，并且预计会在今年年底（从现在起一年后）投入使用。在那之后相当长的一段时间里，没有更多空间可以被利用。

   a. 小城市中办公空间现在的占用率是多少？

   b. 在接下来的 3 年里，每年会有多少办公空间被吸收？

   c. 在接下来的 3 年里，每年年末的占用率是多少？

   d. 基于以上分析，你认为在未来 3 年中办公租金率更可能上升还是下降？

# 附录 11A 都市区市场预测方法

## 基本概念和数据来源

在第 9 章和第 10 章中，我们讨论了租赁和现金流的重要性。在本章中，我们以办公空间为例说明了如何估计租户所需的空间。在本附录中，我们详细说明了对经济基础十分重要的行业、企业和租户的类型，以及租户在当地市场所需的空间。我们对影响经济基础的经济驱动因素提供了一个基本的讨论，这反过来影响租金。这些分析适用于每个主要类型的空间：写字楼、仓库、零售和多户住宅。

## 写字楼市场

正如本章中所讨论的，对办公空间的需求是一种衍生需求。当进行租赁决策时，使用者（租户）考虑他们需要多少空间用于经营，反之又会受到其产品和服务对客户的销量的影响。因此，随着对客户的销量的增长和减少，租户可能需要更多或更少的空间用于经营。因此，对写字楼和仓库空间的需求来自租户产品和服务的销售。

当预测对空间的需求时，获得所有在给定市场上做生意的公司的收入和销售数据是理想的。但不幸的是，这些数据在区域和本地都不可得。因此，在考虑投资和预测现金流时，需要构造一个被认为与办公空间需求高度相关的，并被用作需求的指示符的代理变量。

正如本章之前所讨论的，最常用于办公室属性的代理变量是办公室职员。办公室职员的数据不是作为特定的数据序列收集的。它们必须由美国劳工部（http://www.dol.gov/）收集的工资就业数据以及其他数据汇编而成。非农业就业数据，由 NAICS，或北美工业分类系统（http://www.census.gov/eos/www/naics/）收集和分类的，被用于建立对办公室职员的估计。如表 11A-1 所示，这些数据文件按主要行业类别分类，然后细分为子类别。[①]美国所有大都会地区的数据都是可获得的。

**表 11A-1　　NAICS 就业分类**

| 就业分类（1 级） | 就业分类（2 级） |
|---|---|
| (1) 资源、采矿和建筑 | * 自然资源和采矿<br>* 建筑 |
| (2) 制造业 | * 非耐用品<br>* 耐用品 |

① 美国和主要大都市地区的数据都是可获得的。进一步细分（3 级）也是可获得的。此外，收入/工资数据可以按职业类别获得。但是，这些数据的发布滞后相当长的时间。

续前表

| 就业分类（1级） | 就业分类（2级） |
|---|---|
| （3）贸易、运输和公用事业 | * 批发贸易<br>* 零售业<br>* 运输和公用事业 |
| （4）信息 | * 出版业（国际除外）<br>* 电影和录音<br>* 广播（互联网除外）<br>* 电信<br>* ISPS、搜索门户和数据处理<br>* 其他信息服务 |
| （5）金融活动 | * 金融和保险<br>* 房地产、租赁 |
| （6）专业和商业服务 | * 专业和技术服务<br>* 行政服务和垃圾服务 |
| （7）教育和卫生服务 | * 教育<br>* 医疗保健和社会援助 |
| （8）休闲和款待 | * 艺术、休闲和娱乐<br>* 住宿和食品服务 |
| （9）其他服务（公共管理除外） | * 维修和保养<br>* 私人和洗衣服务<br>* 会员协会和组织 |
| （10）政府 | * 联邦政府 |

当预测办公空间的需求时，重要的是要意识到一些行业相比于其他行业往往有更大比例的员工集中在写字楼。例如，调查显示在金融、保险、房地产、法律和会计行业，超过80%的员工使用办公空间。其他一些重要的行业领域包括那些聘用建筑师、说客、顾问、工程师和广告主管的行业。与此相反，制造业中有较少的员工使用办公空间。因此，在金融服务就业集中的城市（比如，纽约）对办公空间的需求会比制造业就业更多的城市（比如底特律）更大。

有许多技术可以用来预测一个给定市场的办公空间需求。一种非常基本的方法从预测美国经济中总就业（$TE$）开始（参见美国劳工部的非农业就业数据，www.dol.gov）。我们从$TE_{US}$的历史数据开始。之后我们建立它和美国的总产出，或者说实际国内生产总值（$RGDP$）的联系［参见美国经济分析局（www.bea.gov）和美国商务部（www.commerce.gov)］。目的是确定美国经济中用于生产$RGDP$，即商品和服务总产出所需的美国总就业量。结果方程是：

**第1步：$TE_{US}=f(RGDP_{US})$。**

这个记法仅仅表示美国总就业（$TE_{US}$）是美国实际国内生产总值（$RGDP_{US}$）的函

数。为了简化，我们假设这是一个线性方程，可以用一条简单的直线方程表示，截距为 $\alpha$，斜率为 $\beta$。[①] 为了决定这个方程是什么，我们使用这个简单线性回归。也就是将 $TE_{US}$ 与$RGDP_{US}$进行回归并获得这个等式：

$$\widehat{TE}_{US}=\alpha+\beta(RGDP_{US})$$

接下来我们使用 $RGDP_{US}$的估计量[②]来预测。上式中的符号∧只是意味着我们根据一种统计的关系来估计美国的 $TE$。

在第 2 步中，基于这些 NAICS 代码的工资雇佣情况，我们为 $OE_{HC}$（在假想市的办公室就业数据）编制了历史数据，我们相信这些代码与办公室就业情况（$OE$）有最大的对应关系。

然后，我们将 $OE_{HC}$与 $TE_{US}$进行回归。基于在需要的预测期间对 $TE_{US}$ 的预测情况，结果方程可以用来预测在假想市的办公室就业情况：

**第 2 步：$\boldsymbol{OE_{HC}=\alpha+\beta(TE_{US})}$。**

在第 3 步中，我们考虑在假想市中 $OE_{HC}$与办公空间（$OS_{HC}$）现有总存量的历史比率。[③] 这可以从每年的办公空间总量和假想市的总体办公室就业情况计算而得，或者说 $OS_{HC}\div OE_{HC}$。这个结果是每个办公室职员的办公空间的历史比率，或者说 $HOSPOE_{HC}$。如第 2 步所示，如果$\widehat{OE}_{HC}$基于它与美国总就业量增加的关系，在未来时期会增加，则假想市的这个比率现在可以被用于确定空间的额外需要量。这表明在假想市中 $HOSPOE$ 过去的历史比率，如第 3 步中所解释的，预示着未来的关系。

在我们的假想市的案例中，在下一时期每名办公室职员需要的办公空间将是：

$$\widehat{OE}_{HC}\times HOSPOE_{HC}=\text{在假想市中所需的未来办公空间总量}$$

分析师接下来可以进行一个调查来确定假想市的在建办公空间的实际量，以及在预测期中的计划完工量。[④] 通过比较在建空间量与预测需求量可以判断新的供给比预测需求量更多还是更少。基于此，可以推断出在假想市的写字楼市场中可能的空置率和租用率情况。

## 相关的考虑

除了这种可用来预测假想市中办公空间的总需求的非常基本的方法之外，还有一些分析人员必须考虑的与数据使用相关的额外问题：（1）应该在过去多长时间内收集数据？（2）数据应该按季度还是年度统计？（3）应该考虑季节因素吗？（4）在未来时期中假想市的空间需求和美国总就业的关系还是一样的吗？（5）未来应该预测多远？（6）在需求和建设新增空间的时间之间是否有超前性或滞后性？（7）电子创新（计算机、手机、短信、电话会议等）带来的效率是否可能改变未来办公空间与办公室就业

---

① 当从统计中估计出方程时，通常使用希腊字母。

② 对 $RGDP$ 未来增长的估计通常可以从主要大学的研究中心或私人经济预测公司获得。提到的公司包括 Economy. com 和 Haver Analytics。

③ 在大多数大都市中，通常可以从主要办公室经理人处获得有关办公空间的年储量数据。

④ 预测可能针对不同时间区间。预测期间通常可能是 1 年、2 年或 3 年。预测期间通常根据估计的建筑完成时间选取。

情况之间的关系？

相比于次级市场或较小的地区，在假想市中的估计更难预测。与就业变量不同，衡量交通差别的数据——公共交通的使用、停车、靠近机场以及交通枢纽等全部可能影响对办公空间的需求——可能没有被系统地收集。对这些影响因素的数据输入通常是通过不时地进行调查来处理的。这些影响是很重要的，我们在做研究时应该将其看作“环境”或重要的“背景”。

# 仓库/配送市场

考虑使用 NAICS 代码来确定与办公室就业情况密切相关的工业部门的就业情况，这种方法的另一种应用是经常被用来估计对仓库/配送空间的需求。在一个给定的市场中，一个被认为与可能租赁大量仓库的公司的销售和产出高度相关的代理变量通常从工资就业数据和 NAICS 分类中构建。通常更直接地关注与仓库相关的就业的工业部门包括进出口、批发零售、运输和制造业以及研究和开发活动。这些行业的就业往往与包括配送、装配、订单履行以及海运业务的扩张或收缩同步。与办公室就业（$OE$）的案例相同，与这些活动密切相关的数据系列可以从 NAICS 代码中进行构造。与仓库相关的就业（$WE$）可以用美国所有主要的大都会地区的工资就业数据来确定。对仓库空间的期望需求可以按照在写字楼市场的讨论中使用的步骤来确定，这些步骤与 $RGDP_{US}$ 和 $TE_{US}$ 有关，即用 $WE_{HC}$ 替换 $OE_{HC}$。基于对 $WE_{HC}$ 的预测变化，仓库空间的需求可能基于仓库空间和每个仓库的职工数（$WE$）的历史比率（通过经纪人调查获得）。给定 $\widehat{WE}$ 的期望变化，然后将对空间的需求与实际在建的仓库空间进行比较，以判断在假想市中，仓库的空置率和租金是会增加还是会减少。

## 相关的考虑

关于预测办公空间的许多问题都与仓库市场有关。其他的主要考虑因素包括外包（海外）制造业的趋势，进出口活动，能源消耗成本，铁路、航空、卡车和其他可选（组合）模式下货物或库存运输的成本，以及研究和开发活动。反映这些影响的数据活动和趋势是很重要的，如果可能的话，应在预测中加入这些因素。

## 多维分析——写字楼/仓库市场的独特地域特征

在上述假想市的规划中，我们基本上断言，城市的办公和仓库空间的需求是由美国的总就业增长推动的。简而言之，我们正在建立一个系统的关系，即假想市过去的就业增长和它与美国就业增长之间的关系。我们还假设，在预测期间，假想市与美国之间的模式将继续存在。

在某些情况下，分析师可以通过为分析添加一个或多个变量来改进本地或区域市场的预测。这些变量必须（1）足够重要以区分一个本地市场（假想市）与美国总就业，以及（2）事实上提高了预测的准确性。[①] 有一个例子可以用在得克萨斯州的休斯敦，那里

① 关于预测的准确性，参照基本统计学教科书的显著性检验、“拟合优度”及其他论述。

的能源工业就是当地就业的主要驱动力。因此，除了 $TE_{US}$ 之外，我们使用了另一个变量，$WTI$（西得克萨斯州中质原油的价格）来代表对当地办公空间的额外驱动因素。当预测在休斯敦的办公室就业（$OE_H$）时，因为休斯敦是能源生产、分布、精炼等的一个主要中心，我们可以考虑：

$$OE_H = f(TE_{US} WTI)$$

换言之，休斯敦的办公室就业（$OE_H$）与美国的总就业（$TE_{US}$）以及西得克萨斯州中质原油的价格（$WTI$）（或者一些其他能源价格的代理变量）相关。（参见美国能源信息管理局，www. eia. doe. gov。）对这些关系进行回归，我们有：

$$\widehat{OE}_H = \alpha + \beta_1(TE_{US}) + \beta_2(WTI)$$

如果这种对能源价格的观察是准确的，那么我们对休斯敦办公室就业的预测可能会比如果不包括 $WTI$ 在内的预测更准确。类似的应用可以在纽约这样的大都会进行，在这些地方，美元与其他货币之间的汇率（一个反映国际化资金流动程度的代理变量）被认为是一个重要的解释变量，而不是 $WTI$。

但是，通过包含附加变量来预测也不是没有问题的。这是因为在试图预测未来的 $OE$ 时，除了 $TE_{US}$ 之外，这些变量的值（$WTI$、汇率等）也必须被预测。尽管如此，这些附加变量强化了这样一种观点，即许多地方市场的就业不仅受到美国经济增长的驱动，还受到城市经济基础的独特特征的影响。如果这些因素与美国总就业的驱动因素完全不同，在大都会地区的预测中包括额外变量可能是有必要的。

# 零售市场

尽管对零售空间的需求也是一种衍生需求，与写字楼和仓库部门的讨论相比，驱动因素大不相同。一般来说，收入、消费和/或人口增长往往是零售购物空间需求最主要的驱动因素。

## 人口增长

当考虑当地市场对零售空间的需求时，许多分析师仔细考虑过的一个比率是人均零售空间。这一比率可以被解释为在当地市场分析的每个人的零售空间的量。在最基本的分析水平上，这个指标表明所有人都是直接消费（或间接地为未成年儿童、受养人等消费）。因此，人口增长是零售商业机构所需空间的一个极其重要的驱动力。有一个方法可以用来预测假想市的总零售空间的预期量：

第 1 步：进行一项调查以构建假想市中的总零售空间。①

第 2 步：计算年化的比率：

$$TRS_{HC} \div POP_{HC} = \text{历史人均零售空间}(HTRSPC_{HC})$$

第 3 步：构建 $POP_{HC}$ 和 $POP_{US}$ 的统计关系：

① 总零售空间的数据通常可以从当地经纪人、地产经理等处获得。人口数据可以从美国人口普查局获得。

$$POP_{HC}=f(POP_{US})$$

随后，给定 $POP_{US}$ 的预期增长，我们可以得到预期 $\widehat{POP}_{HC}$ 如下：

$$\widehat{POP}_{HC}=\alpha+\beta(\widehat{POP}_{US})$$

然后，采用第 2 步中计算的历史比率 $HTRSPC_{HC}$，我们乘上假想市的人口增长，获得估计的总零售空间。

$$HTRSPC_{HC}\times\widehat{POP}_{HC}=\widehat{TRS}_{HC}$$

我们随后将 $\widehat{TRS}_{HC}$ 和实际的总零售空间加上假想市在建的空间进行比较，决定空间和租金（现金流）在预测时期增加或者减少的可能性。

## 多维分析——零售市场的独特地域特征

根据市场分析，简化的采用人口的分析方法可以通过加入当地收入变化、年龄结构、移民和其他零售购物的重要特征进行分析。

**收入变量**

关于零售资产分析的非常重要的收入概念有：

（1）个人收入。个人收入包括来自家庭工资薪酬的收入、额外福利、自主创业的盈利、租金、专利、版权、矿区土地使用费、利息、分红和其他来源。美国城市的大多数个人收入的数据是可得的［参考经济分析局（www.bea.gov）和美国商务部（www.commerce.gov)］。

（2）个人收入分布的变化。一个地区集中于小部分人收入的增加暗示了对奢侈品和特定零售品需求的增加。

（3）收入的年龄结构。分析个人收入时还需要考虑年龄层。比如，更高收入、更大龄的家庭相比更低收入、更低龄的家庭对当地零售市场会有显著的不同的影响。

**销售者消费变量**

除了人口统计学和收入外，消费者支出也和零售分析密切相关。根据美国商务部，消费者支出通常有三种分类方式。

（1）个人消费支出（*PCE*)。这是测度口径最大的消费支出，它包括了消费者对所有商品服务的支出，包含了耐用品和非耐用品（公共物品、汽车、器械、石油、食物、医药、教育等）。

（2）零售销售额。这个分类更具体，其包括了所有消费者在零售商店的商品和服务的支出。这个概念比 *PCE* 更窄，因为 *PCE* 还包括了公共物品、交通和其他不包含在零售商店中的服务。重要城市关于这个概念的数据也是可以获得的。人口统计学对消费者支出的零售部分的分类是重要的。例如，高龄居民更集中还是年轻人更集中会影响到购物方式。具体而言，考虑佛罗里达的棕榈海滩（更高龄）对比得克萨斯的达拉斯（更年轻）。

（3）一般商品、服装和附属品、家具和其他零售品销售额（*GAFO*)。这个概念包含的零售额主要来自购物中心中的零售商店（特别是服装店等）或“独立存在的商店”。因为这个零售活动和在商场以及类似的零售商店中的活动的相关性更高，和投资者对零售资产的投资密切相关。

**子市场分析——零售贸易领域**

考虑城市的零售需求，包括对特定地点（子市场）的分析，零售分析严重依赖于交易范围分析。这个分析通常应用于一两个路径。在第一种应用下，发展者或投资者可能对特定地区或资产感兴趣，并且想要评估它的潜在零售需求。在这种情况下，他们根据附近地区或问题资产的人口、收入、年龄、性别和家庭受教育程度收集评估数据。① 这些信息帮助分析师评估商店（杂货店、银行、五金店等）的近似零售来最大化价值。

第二个是零售商的应用。这个应用通常包含数据挖掘。数据挖掘包括分析零售商建立成功运营地点的贡献。在这些成功的地点和相关贸易区的经济学/人口统计学特征随后被用于定位未来运营的潜在区域和资产（房地产）。

# 多户住宅市场

多户住宅的需求通常和一些重要的影响因素相关。开始预测的一个非常重要的推动力是 20～34 岁年龄段的家庭数量。调查发现，在所有年龄段中，20～34 岁年龄段的家庭有最大的租房比重。随着家庭的平均年龄超过 34 岁，租房者的比重下降。这是因为年龄大的家庭倾向于拥有自己的住房而不是租住。在对多户住宅单元（$MFHU_{HC}$）预测的开始，我们首先获得多户住宅单元的历史数据和假想市 20～34 岁年龄段群体的家庭数。我们构建方程的关系如下：

$$MFHU_{HC}=f(AGE_{HC})$$

我们随后估计基本统计关系如下：

$$MF\widehat{H}U_{HC}=\alpha+\beta_1(AGE_{HC})$$

美国所有城市区域的 *AGE* 的未来数值均可以从美国人口普查局的网站（www.census.gov）中获得。

## 多维分析——多户住宅需求的其他驱动力

多户住宅需求的其他重要驱动力包括：

（1）收入。由于本地市场的平均家庭收入上升，如果保持不变，对租赁房屋的需求往往低于自有住房。这是因为收入较高的家庭倾向于拥有住房而不是租住。

（2）独户住宅价格（或负担能力）。随着独户住宅价格的上涨，其他住房价格不变，住房拥有率下降，多户住宅需求趋于增加。

（3）利率。随着利率的上升，较少的家庭有资格获得抵押贷款，因此家庭倾向于租赁而不是购买。

最重要的是，以上讨论说明在假想市多户住宅（*MFHU*）的需求和 20～34 岁年龄段的家庭数量（美国人口普查局，www.census.gov）、平均个人收入（*PI*）（美国商务

---

① 通常会对半径 1、3、5 公里区域内的情况做这种分析。

部，www. commerce. gov)、独户住宅的承担能力（全国房地产经纪人协会，www. realtor. org）和利率（联邦储备理事会，www. federalreserve. com）有关。历史数据可以从前面提到的来源（网站链接）中获得。

预测 $MFHU_{HC}$ 后，分析实际总多户住宅数加上假想市的在建住宅数是否高于或者低于预测数。可以做出对空置和租金（现金流）影响的评价。

### 其他考虑和影响

除了预测多户住宅需求的非常基础和普遍的方法外，一些分析师还会考虑与这一房地产部门有关的其他趋势。这些包括：

**市场部分**

- 年龄限制住房（老年人）；
- 辅助生活社区；
- 退休住房；
- 休闲中心（高尔夫、健康）；
- 市区（改建、阁楼等）；
- 郊区（花园式）。

**人口统计学修正**

- 农村向城市迁移；
- 移民；
- 结婚；
- 离婚率。

## 供给考虑：全为收益性房地产类型

迄今为止，我们已经说明了一些预测四类主要房地产的需求的普遍方法。在考虑影响现有空间供给以及写字楼、仓库、零售和多户住宅的开发商新空间的建设的驱动因素时，预测变得更加复杂，同时也不太可靠。一般而言，每类房地产的供给都受到许多相同因素的驱动。这些包括建筑成本（*ConCost*）（即土地、劳动力和材料的价格）、建设贷款的利率（$i$）和现有的空置（*VAC*）。鉴于这些因素，供给（$S$）的一般方程可以表达为：

$$S=f(ConCost，i，VAC)$$

一般来说，当空置率下降时，开发商预计租金会上涨。然后，他们将建设成本和利息成本相对于预期租金进行权衡，以确定建造更多空间是否有利可图。然而，空间供给的增加并不是连续的。这意味着项目的规模（如 1 000 套公寓或 100 万平方英尺空间）往往是“不稳定的”，并且在收购、融资、建造和租赁所需的时间上存在很大差异。在一个多阶段、多周期的过程中，大量的空间被建造，使预测变得复杂。出于这个原因，投资者和开发商通常（1）通过对每类房地产的占用空间租金和在建单位的实际市场调查作为统计估算的补充，并（2）持续监控建筑许可、分区、听证会等。其他可能因市场区域不同而影响供给的问题包括：

- 建筑规范；
- 分区限制；
- 影响费用；
- 检查；
- 历史意义；
- 环境影响；
- 基础设施的充足性；
- 地形。

# 附录 11B　REIWise 写字楼实例

REIWise 是一个基于云的 DCF 程序，针对解决像本章讨论的建筑的投资分析和价值评估问题。尽管这种分析可以在 Excel 模板中完成，但是针对不同方式、不同开始和结束日期、不同开支转移条件等问题调整 Excel 模板是一件非常复杂的事情。当在课程中使用本教材时，可以在网站 www. REIWise. com/edu 上注册获得用户名和密码。

在本附录中，我们将展示如何在 REIWise 中复制本章的写字楼投资分析案例，然后说明一些其他可以完成的分析，比如解决在前一章中提到的给定折现率的收益性房地产的价值评估。

图 11B－1 展示了第 22 章的纪念塔写字楼案例的基本输入。大多数是能自我解释的。本案例中有 3 个租户，但是我们多保留 3 个租户。如果有需要的话，使用者很容易通过改变输入来增加租户的数量。

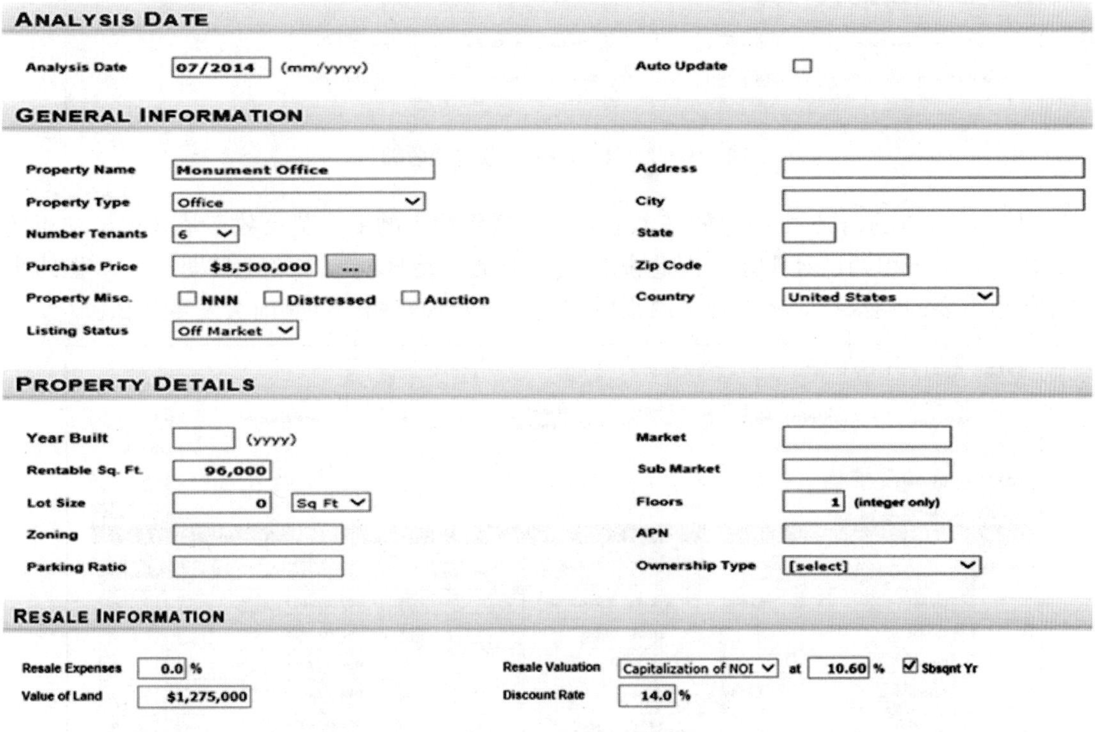


**图 11B－1　REIWise 基本输入**

我们指定分析日 2014 年 7 月为起始日。这一点很重要，因为每一个租约都要输入起始日。资产种类（写字楼）的输入也很重要，因为它决定了其他分析的输入。例如，公寓的输入是基于单元种类而不是租约。折现率将被用于基于 *NOI* 现值和预计的再销售（在考虑融资和联邦税收以前）来评估房地产价值。注意到估计再销售价格的终期资本化率是用于随后年份的，也就是说，是我们讨论的经典完成方式的持有期的后一年。

图 11B－2 展示了对任何资本储备、融资和税收信息的额外输入。本案例中没有创建资本储备账户。如在贷款细节的月度支付计算中提到的有一笔贷款。投资者普通收入和资本利得的税收是不同的。下拉列表的选项中有一个选择，决定像本章中讨论的是否将消极损失准则应用于本资产。州的税收收入也可以标出，尽管本例中没有。

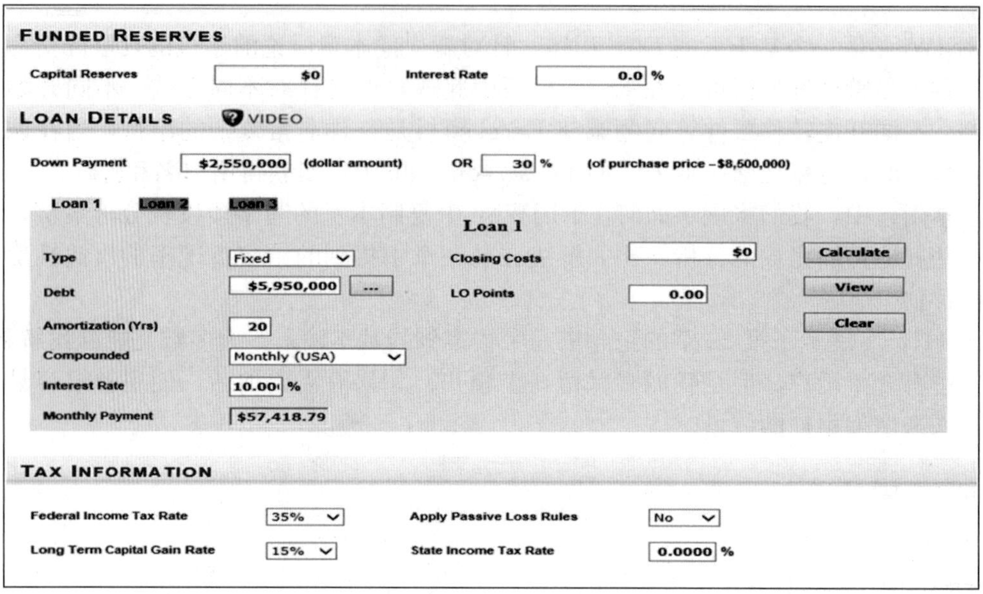


**图 11B－2　REIWise 贷款和税收输入**

图 11B－3 显示了 3 个租户的基本输入，包括租约中的平方英尺数、基本租金和租赁开始日期。由于租约已经生效，因此没有规定租赁开始日期。在终止日期对 3 个租约来说什么是重要的呢？我们将看到费用止付的输入以及现有租约终止时会发生什么。

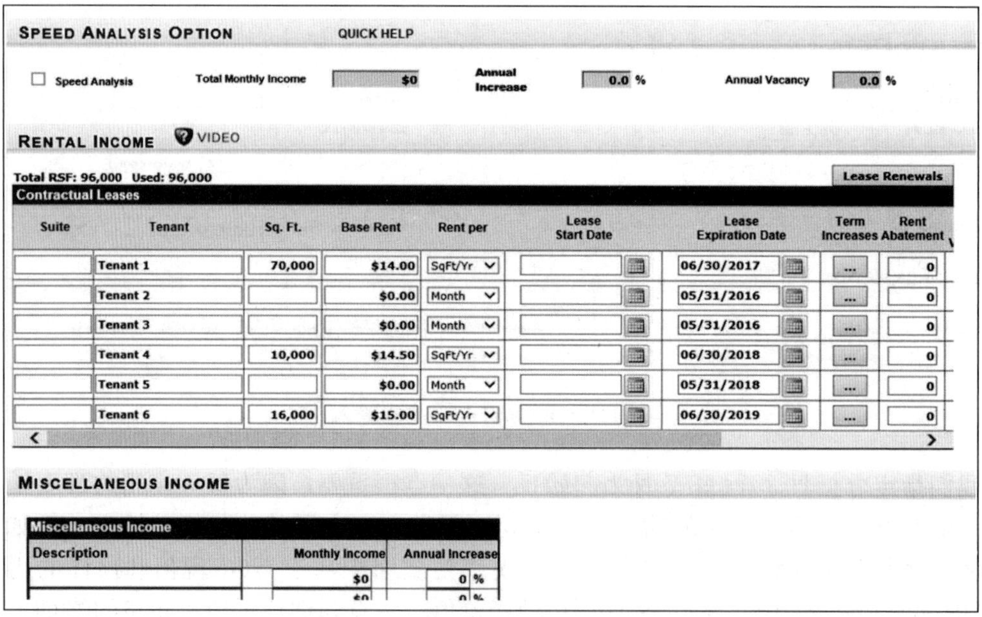


**图 11B－3　REIWise 租赁和其他收入**

最上面的速度分析是在不需要更详细的租赁分析的情况下输入数据的另一种方式。这些输入应该是不言自明的。

图 11B－4 显示了银行额外的租赁信息。如果现有租约在剩余的 3 年到期，则将由新的租约取代，为期 5 年。新租约开始时，现有租约的合约租金将会增加 2.75 美元，使之达到我们在第 4 年预计的市场租金。回想一下，基本租金是每平方英尺 14 美元，第 4 年的市场租金预计为 16.75 美元。2.75 美元的增加也将适用于后续租约，但超出了我们的分析持有期。

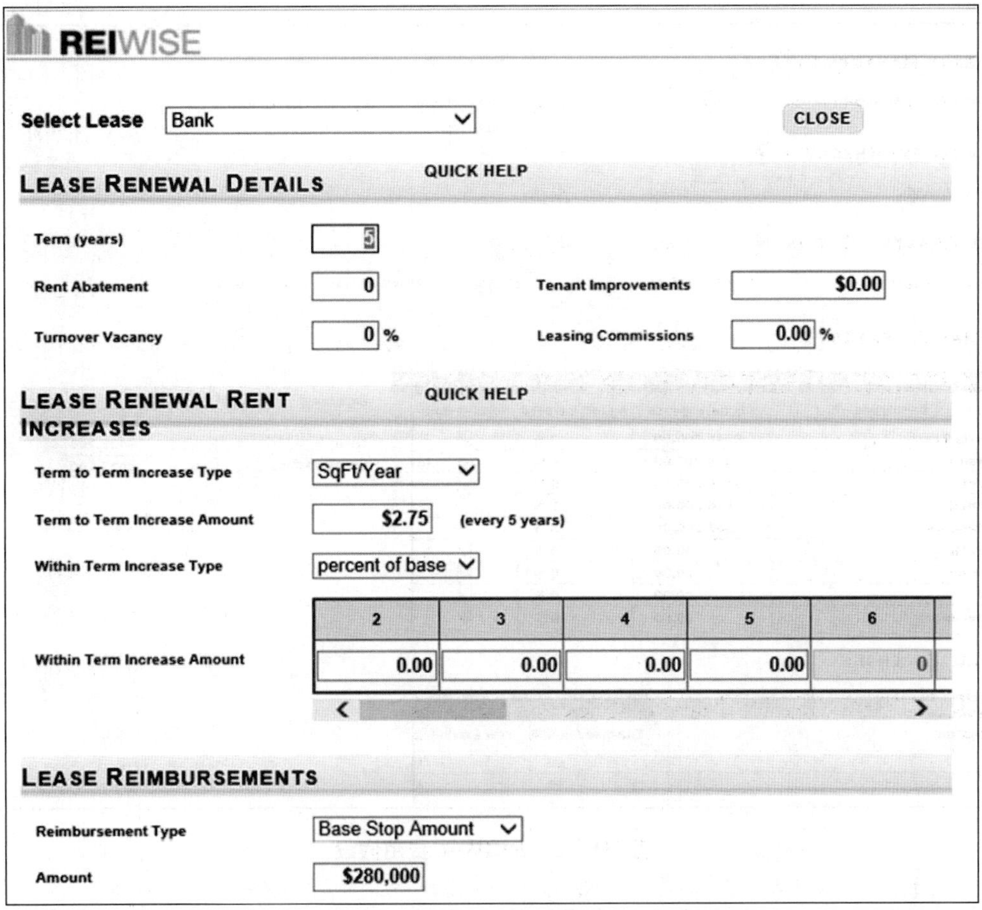


**图 11B－4　REIWise 租赁续约和租赁补偿**

我们可以使用这个输入来指定当前租赁期间现有租赁的任何增加的租金。例如，租赁可以有一个租赁步骤，要求租约的第 3 年后增加租金。因为这是自 2 年前开始的，将其设为当前年份（我们分析的第 1 年）。但在这个例子中，没有在租期内会增加租金的租金步骤或 CPI 调整。

银行租赁确实有一个费用转移条款来转移任何租赁终止产生的额外费用，将每平方英尺 4 美元乘以 70 000 平方英尺，可得到 280 000 美元的终止费用。如果可补偿费用（本例中指除管理费用外的所有费用）超过每平方英尺 4.00 美元，那么超出部分将转移给该租户。

其他两个租约（未显示）的输入数据与该银行的输入数据相同，而两个租约结束时的市场租金增加为每个租约 3.00 美元。保险公司的基本租金从 14.50 美元上涨到 18.50 美元，经纪公司在第 6 年从 15.00 美元上涨到 18.00 美元。我们只有一个 5 年的持有期，但是回想一下，第 6 年是用来估计具有终期资本化率的转售价格的。

图 11B－5 显示了营运费用的假设，包括更换寿命较长的设施（如更换屋顶）的任何储备津贴。关于费用如何运作有不同的选择。对于这个例子，管理费用是基本租金的一个百分比加上任何可补偿的费用。下拉菜单中的另一个选项（未显示）是根据有效总收入（*EGI*）的百分比收取的管理费用。

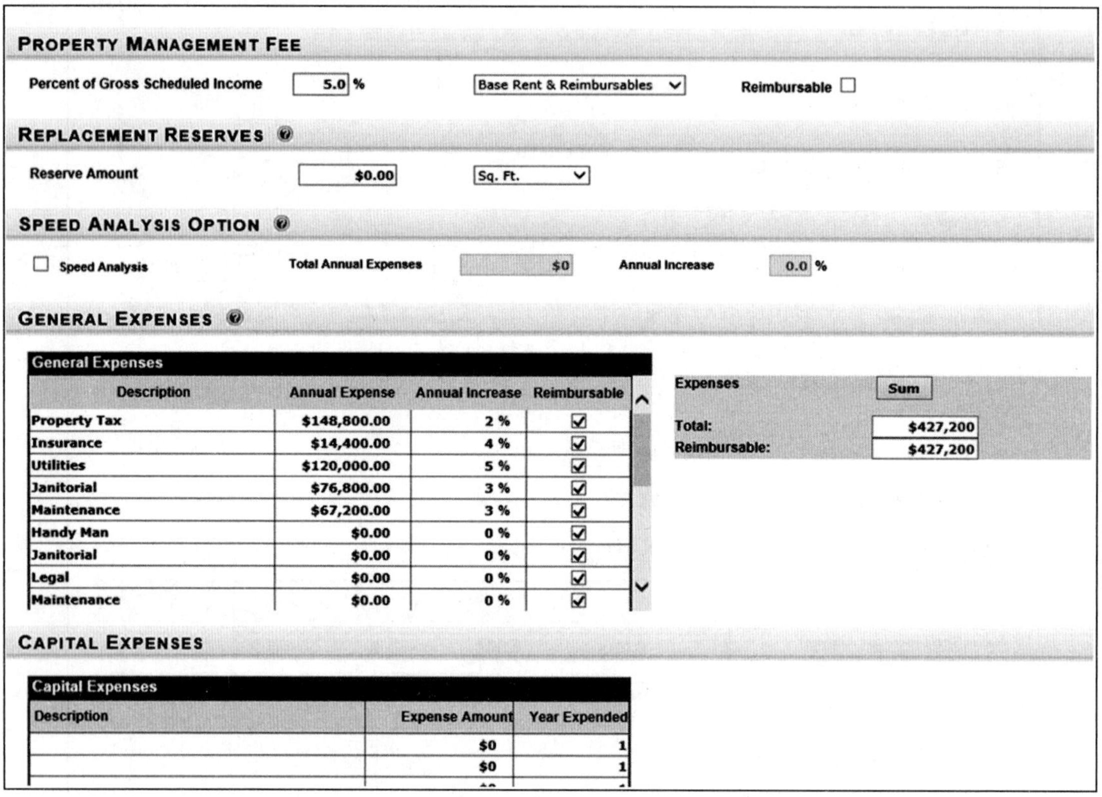


**图 11B－5　REIWise 费用假设**

在这个例子中没有置换津贴。请注意输入费用的表格分析选项。在这种情况下，我们需要详细说明每个支出的细节，比如增长率。我们也可以指定每项支出是否可以偿还。在这种情况下，所有费用（管理费用除外）都可以补偿。

最后的输入可以指定一个特定的年份，在这个特定的年份会发生资本支出，例如重新设计一个车道。这可以用已经指定的任何准备金替代或补充。在这个例子中，我们没有预期在预计持有期间的资本支出。

图 11B－6 允许输入整体空置率。这是适用于指定年份的最低空置率，允许出现意外的空置。例如，在我们的分析中，我们假设租户会续租。但是，如果它们不这样做，会有一些空置，直到找到新租户。单个租赁输入允许我们指定由于更新租约而产生的预期的空置。但是，我们选择了另外一种方法来解释这个可能出现的空置，当第一次租赁预期是以续租或新租户为基础时，从第 4 年开始将有 5％的空置率。以后几年也一样。

REIWISE

GLOBAL VACANCY　　QUICK HELP

| Year 1 | Year 2 | Year 3 | Year 4 | Remaining Years | |
|---|---|---|---|---|---|
| 0.000 % | 0.000 % | 0.000 % | 5.000 % | 5.000 % | OK / CANCEL |

**表 11B-6　REIWise 空置率假设**

图 11B-7 显示了第 1～6 年的预计 *NOI*。虽然我们的持有期是 5 年，但是需要 6 年的 *NOI* 来估算转售价格。实际上，REIWise 自动做了 20 年的预测，但我们只对前 6 年的预测感兴趣。

Select Projection　Annual Property Operating Data

Projections

| Description | Year 1 | Year 2 | Year 3 | Year 4 | Year 5 | Year 6 |
|---|---|---|---|---|---|---|
| Rental Income | $1,365,000 | $1,365,000 | $1,365,000 | $1,557,500 | $1,587,500 | $1,635,500 |
| Expense Reimbursements | $33,500 | $47,372 | $61,756 | $13,693 | $21,056 | $24,657 |
| | | | | | | |
| GROSS SCHEDULED INCOME | $1,398,500 | $1,412,372 | $1,426,756 | $1,571,193 | $1,608,556 | $1,660,157 |
| General Vacancy | $0 | $0 | $0 | ($78,560) | ($80,428) | ($83,008) |
| | | | | | | |
| GROSS OPERATING INCOME | $1,398,500 | $1,412,372 | $1,426,756 | $1,492,633 | $1,528,128 | $1,577,149 |
| | | | | | | |
| Expenses | | | | | | |
| Property Management Fee | ($69,925) | ($70,619) | ($71,338) | ($78,560) | ($80,428) | ($83,008) |
| Property Tax | ($148,800) | ($151,776) | ($154,812) | ($157,908) | ($161,066) | ($164,287) |
| Insurance | ($14,400) | ($14,976) | ($15,575) | ($16,198) | ($16,846) | ($17,520) |
| Utilities | ($120,000) | ($126,000) | ($132,300) | ($138,915) | ($145,861) | ($153,154) |
| Janitorial | ($76,800) | ($79,104) | ($81,477) | ($83,921) | ($86,439) | ($89,032) |
| Maintenance | ($67,200) | ($69,216) | ($71,292) | ($73,431) | ($75,634) | ($77,903) |
| | | | | | | |
| TOTAL OPERATING EXPENSES | ($497,125) | ($511,691) | ($526,794) | ($548,933) | ($566,274) | ($584,904) |
| | | | | | | |
| NET OPERATING INCOME | $901,375 | $900,681 | $899,962 | $943,700 | $961,855 | $992,245 |

**表 11B-7　REIWise *NOI* 估算**

图 11B-7 显示了第 5 年潜在持有期转售的估算，我们仅对第 5 年的数据感兴趣，内部收益率为 13.38%，和第 5 年持有期税后有杠杆的 *IRR* 一样。

图 11B-8 中有一列展示了考虑融资和联邦所得税前的 *NOI* 和复归价值的现值，基于 14%的折现率。第 5 年的 8 011 186 美元是投资者如果希望实现 14%的内部收益率需

要为房地产支付的数额，这将低于购买价格，因为实际 *IRR* 13.38%低于 14%。

Select Projection: Investment Return Analysis

**Projections**

| Description | Year 1 | Year 2 | Year 3 | Year 4 | Year 5 |
|---|---|---|---|---|---|
| Cash Flow - To Date | $165,699 | $330,044 | $489,935 | $673,853 | $864,706 |
| Net Resale Proceeds | $2,601,823 | $2,659,189 | $3,082,782 | $3,314,787 | $3,658,810 |
| Invested Capital | ($2,550,000) | ($2,550,000) | ($2,550,000) | ($2,550,000) | ($2,550,000) |
| Net Return on Investment | $217,522 | $439,233 | $1,022,717 | $1,438,640 | $1,973,516 |
| Internal Rate of Return | 8.53% | 8.53% | 12.57% | 12.78% | 13.38% |
| Modified IRR | 8.53% | 8.69% | 12.65% | 12.88% | 13.44% |
| PV (NOI + reversion) | $8,244,184 | $8,016,665 | $8,100,331 | $8,022,517 | $8,011,186 |

**图 11B-8　REIWise 投资摘要**

图 11B-9 显示了每年税后销售现金流的计算细节，在本例中，我们关注 5 年持有期的结果，图 11B-8 中的转售现金流（净转售收益）即从本表中得出。

Select Projection: Resale Analysis

**Projections**

| Description | Year 1 | Year 2 | Year 3 | Year 4 | Year 5 | Year 6 |
|---|---|---|---|---|---|---|
| Projected Property Value | $8,496,994 | $8,490,209 | $8,902,831 | $9,074,102 | $9,360,805 | $9,345,095 |
| Resale Expenses | $0 | $0 | $0 | $0 | $0 | $0 |
| Proceeds b/f Debt Payoff | $8,496,994 | $8,490,209 | $8,902,831 | $9,074,102 | $9,360,805 | $9,345,095 |
| Basis at Acquisition | $8,500,000 | $8,500,000 | $8,500,000 | $8,500,000 | $8,500,000 | $8,500,000 |
| Depreciation | ($177,518) | ($362,767) | ($548,016) | ($733,265) | ($918,514) | ($1,103,763) |
| Adjusted Tax Basis | $8,322,482 | $8,137,233 | $7,951,984 | $7,766,735 | $7,581,486 | $7,396,237 |
| Resale Tax Gain (Loss) | $174,513 | $352,977 | $950,847 | $1,307,367 | $1,779,319 | $1,948,858 |
| Resale Tax Benefit (Cost) | ($43,628) | ($88,244) | ($197,429) | ($269,432) | ($358,749) | ($402,705) |
| Loan Principal Balance | ($5,851,543) | ($5,742,776) | ($5,622,620) | ($5,489,883) | ($5,343,245) | ($5,181,253) |
| Net Resale Proceeds | $2,601,823 | $2,659,189 | $3,082,782 | $3,314,787 | $3,658,810 | $3,761,137 |

**图 11B-9　REIWise 转售价格预测**

最后，REIWise 为分析师提供了一系列额外透视图，如图 1B-10 到图 1B-12 所示。

我们鼓励读者注册 REIWise，你会发现它非常容易上手，可作为电子表格的补充，而且有助于理解市场上的其他 DCF 项目，因为概念基本是一致的。REIWise 对租赁 DCF 项目的初始展示非常方便，只要有网络，许多移动设备如 iPad 都可以使用。

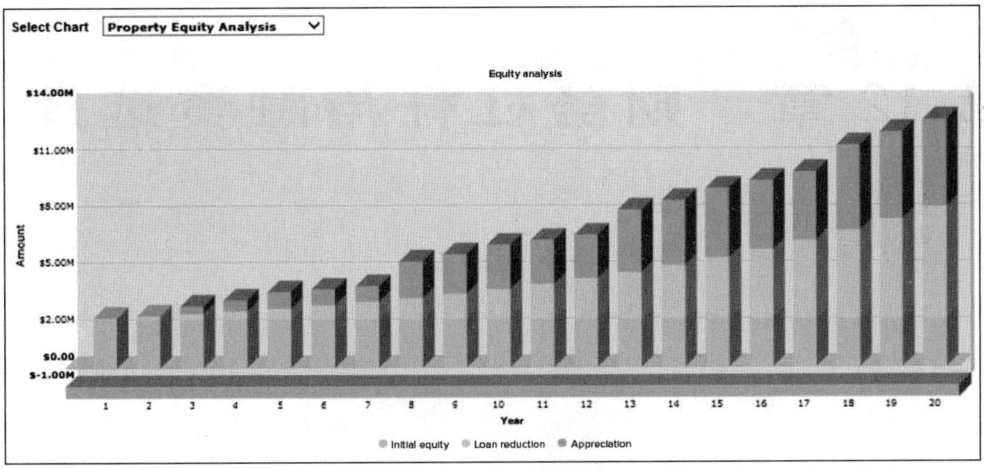


图 11B－10　REIWise 权益图

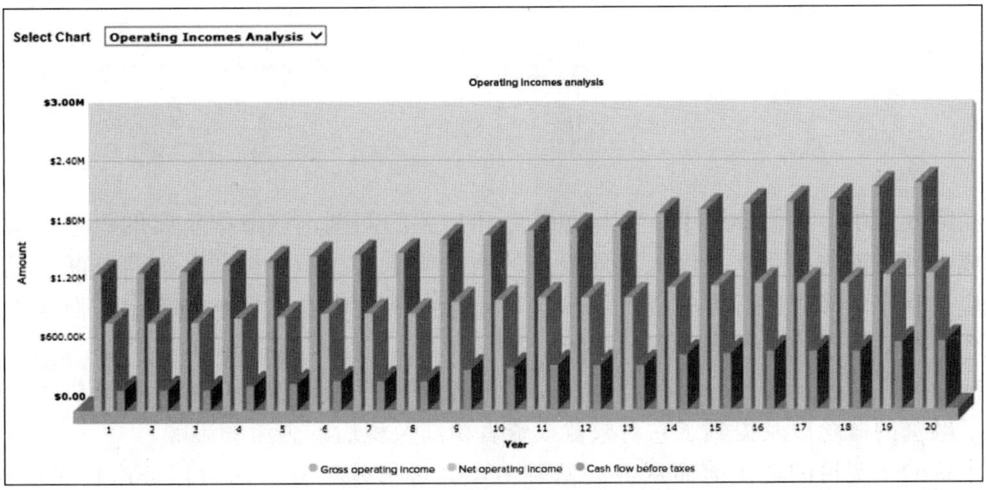


图 11B－11　REIWise 收入和现金流量图

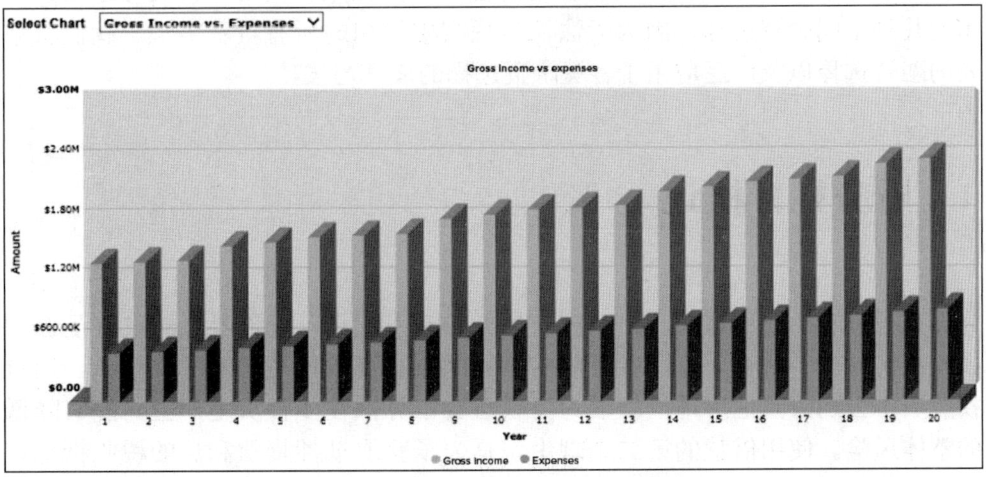


图 11B－12　REIWise 收入和费用图

# 第 12 章　财务杠杆与融资选择

在第 6 章中，我们介绍了一些与融资选择相关的问题，该章中重要的概念包括实际借款成本（税前与税后）及借入额外资金的增量成本。我们也探讨了如何判断一笔贷款是否应在利率下降时进行再融资。尽管这种讨论主要集中在住宅房地产上，但是上述所有概念同样适用于收益性房地产的分析。

前面的三章已经涉及分析收益性房地产的投资回报与风险的内容。在分析中，我们引入了融资的概念以及提到了它对权益投资者税前及税后现金流的影响。

本章的主要目的是在前面章节的基础上，通过另外三种方法对债务进行扩展讨论。首先，我们考虑融资水平如何影响投资者的税前与税后内部收益率（*IRR*）。其次，我们考虑当投资者寻求融资时，贷款人会使用的重要承保程序。最后，我们考虑收益性房地产使用的几种不同融资选择。因为无法探讨现实中使用的所有贷款类型，我们将集中讨论主要的融资选择以及广泛应用于各类融资选择的概念与技巧。

## 12.1　财务杠杆概述

为什么投资者会使用借款？一个显而易见的理由就是，投资者可能没有足够的权益资本去购买房地产。另外，投资者可能有足够的权益资本但是仍然选择借款，用自身剩余的权益资本去购买其他房地产。因为将权益资本分散在多种房地产上，能够降低投资组合的整体风险。使用借款的第二个理由，是为了获取抵押贷款利息的税收抵免，这给予了投资者更多的税收优惠。使用借款的第三个理由通常是，获取与财务杠杆相联系的潜在回报。财务杠杆（financial leverage）被定义为，投资者的贷款利率低于房地产总投资的预期收益率时可能带来的利益。如果房地产投资总的收益率高于借款的利率，那么权益收益率就会增大。

为了分析财务杠杆如何影响投资者的收益率，我们考虑投资于一个小型的商业房地产，假设条件如表 12－1 所示。

**表 12－1**

| | |
|---|---|
| 购买价格 | |
| 建筑物价值 | 85 000 美元 |
| 土地价值 | 15 000 美元 |
| 总价值 | 100 000 美元 |
| 贷款假定 | |
| 贷款数额 | 80 000 美元 |
| 利率 | 10.00% |
| 条件 | 只付利息 |
| 收益假定 | |
| 净营业收入 | 12 000 美元（每年） |
| 所得税税率* | 28.00% |
| 折旧期 | 31.5 年（直线折旧法）** |
| 转售价格 | 100 000 美元 |
| 持有期 | 5 年 |

* 只用于说明本例。税率会随时变化。

** 第 10 章中提到，1993 年《税收改革法案》规定：住宅房地产的折旧期为 27.5 年；非住宅房地产的折旧期为 39 年。这些数值会随时变化，但为了便于说明，我们在本例中使用的折旧期为 31.5 年。

在上述假设下，我们获得了对现金流的估计，如表 12－2 所示。

**表 12－2　　商业房地产的现金流估计　　单位：美元**

| | 年 | | | | |
|---|---|---|---|---|---|
| | 1 | 2 | 3 | 4 | 5 |
| 1. 税前现金流量： | | | | | |
| 净营业收入（*NOI*） | 12 000 | 12 000 | 12 000 | 12 000 | 12 000 |
| 减去债务支付（*DS*） | 8 000 | 8 000 | 8 000 | 8 000 | 8 000 |
| 税前现金流量 | 4 000 | 4 000 | 4 000 | 4 000 | 4 000 |
| 2. 应税收入或损失： | | | | | |
| 净营业收入（*NOI*） | 12 000 | 12 000 | 12 000 | 12 000 | 12 000 |
| 减去利息 | 8 000 | 8 000 | 8 000 | 8 000 | 8 000 |
| 折旧 | 2 698 | 2 698 | 2 698 | 2 698 | 2 698 |
| 应税收入（损失） | 1 302 | 1 302 | 1 302 | 1 302 | 1 302 |
| 税额 | 364 | 364 | 364 | 364 | 364 |

续前表

| | | | | | |
|---|---|---|---|---|---|
| 3. 税后现金流量： | | | | | |
| 税前现金流量（*BTCF*） | 4 000 | 4 000 | 4 000 | 4 000 | 4 000 |
| 减去税额 | 364 | 364 | 364 | 364 | 364 |
| 税后现金流量（*ATCF*） | 3 636 | 3 636 | 3 636 | 3 636 | 3 636 |

第 5 年销售现金流量预测

| | | | |
|---|---|---|---|
| 销售价格 | | | 100 000 |
| 减去抵押贷款余额 | | | 80 000 |
| 销售税前现金流量（$BTCF_S$） | | | 20 000 |
| 销售年税额 | | | |
| 销售价格 | | 100 000 | |
| 原始成本基数 | 100 000 | | |
| 减去累计折旧 | 13 492 | | |
| 调整基数 | | 86 508 | |
| 资本利得 | | 13 492 | |
| 销售税额 | | | 3 778 |
| 销售税后现金流量（$ATCF_S$） | | | 16 222 |

表 12-3 展示了现金流汇总，以及针对表 12-2 中各项现金流的 *IRR* 计算方法。从表 12-3 中我们可以看到，在贷款占 80%时，税前内部收益率（*BTIRR*）为 20%，税后内部收益率（*ATIRR*）是 15.40%。我们现在考虑借款的变化会对这些回报有什么影响。表 12-4 和表 12-5 展示了本例假定不使用借款情况下的现金流及收益率的计算。

**表 12-3　　　　现金流摘要和内部收益率**

| | 年末 | | | | | |
|---|---|---|---|---|---|---|
| | 0 | 1 | 2 | 3 | 4 | 5 |
| 税前现金流量（美元） | −20 000 | 4 000 | 4 000 | 4 000 | 4 000 | 24 000 |
| 税后现金流量（美元） | −20 000 | 3 636 | 3 636 | 3 636 | 3 636 | 19 858 |
| 税前内部收益率 *IRR*（*BTIRR*）=20.00% | | | | | | |
| 税后内部收益率 *IRR*（*ATIRR*）=15.40% | | | | | | |

**表 12-4** **现金流量预测（无贷款）** 单位：美元

| | 经营性现金流量预测 | | | | |
|---|---|---|---|---|---|
| | 年 | | | | |
| | 1 | 2 | 3 | 4 | 5 |
| 1. 税前现金流量： | | | | | |
| 净营业收入（*NOI*） | 12 000 | 12 000 | 12 000 | 12 000 | 12 000 |
| 减债务支付（*DS*） | 0 | 0 | 0 | 0 | 0 |
| 税前现金流量 | 12 000 | 12 000 | 12 000 | 12 000 | 12 000 |
| 2. 应税收入或损失： | | | | | |
| 净营业收入（*NOI*） | 12 000 | 12 000 | 12 000 | 12 000 | 12 000 |
| 减利息 | 0 | 0 | 0 | 0 | 0 |
| 折旧 | 2 698 | 2 698 | 2 698 | 2 698 | 2 698 |
| 应税收入（损失） | 9 302 | 9 302 | 9 302 | 9 302 | 9 302 |
| 税额 | 2 604 | 2 604 | 2 604 | 2 604 | 2 604 |
| 3. 税后现金流量： | | | | | |
| 税前现金流量（*BTCF*） | 12 000 | 12 000 | 12 000 | 12 000 | 12 000 |
| 减税额 | 2 604 | 2 604 | 2 604 | 2 604 | 2 604 |
| 税后现金流量（*ATCF*） | 9 396 | 9 396 | 9 396 | 9 396 | 9 396 |
| | 第 5 年销售现金流量预测 | | | | |
| 销售价格 | | | | | 100 000 |
| 减低押贷款余额 | | | | | 0 |
| 销售税前现金流量（$BTCF_S$） | | | | | 100 000 |
| 销售年税额 | | | | | |
| 销售价格 | | | | 100 000 | |
| 原始成本基数 | | | 100 000 | | |
| 减累计折旧 | | | 13 492 | | |
| 调整基数 | | | | 86 508 | |
| 资本利得 | | | | 13 492 | |
| 销售税额 | | | | | 3 778 |
| 销售税后现金流量（$ATCF_s$） | | | | | 96 222 |

**表 12-5** **现金流量摘要和收益率（无贷款）**

| | 年末 | | | | | |
|---|---|---|---|---|---|---|
| | 0 | 1 | 2 | 3 | 4 | 5 |
| 税前现金流量（美元） | −100 000 | 12 000 | 12 000 | 12 000 | 12 000 | 112 000 |
| 税后现金流量（美元） | −100 000 | 9 396 | 9 396 | 9 396 | 9 396 | 105 618 |
| 税前内部收益率（*BTIRR*）=12.00% | | | | | | |
| 税后内部收益率（*ATIRR*）=8.76% | | | | | | |

从表 12-5 中我们看到，税前内部收益率和税后内部收益率均出现下降。那么，使用借款时的收益率均高于不使用借款时的收益率。当出现这种情况时，我们认为投资有积极（有利）的财务杠杆［positive（favorable）financial leverage］。我们现在更仔细地考虑产生积

极的财务杠杆的条件。为此，我们首先来看税前基础上产生积极的财务杠杆的条件（对税前内部收益率的影响）。然后，我们来探讨税后基础上的关系（对税后内部收益率的影响）。

### 12.1.1 积极的财务杠杆的条件——税前

在以上例子中，如果不采用借款，税前内部收益率是12%。我们将这称为无杠杆税前内部收益率，因为它同不使用借款时的收益率相等。当贷款价值比为80%时，税前内部收益率上升至20%。为什么会出现这种上升呢？原因在于，无杠杆内部收益率比贷款的利率高。[①] 贷款的利率是10%，低于12%的无杠杆税前内部收益率。我们可以说，投资（税前）的收益率高于必须向贷款支付的利率。这种差别（12%与10%）意味着存在增加权益税前内部收益率的积极杠杆。

假设给定房地产的收益率以及抵押贷款利率[②]，这种关系可以在一个固定的权益收益率计算公式中反映出来：

$$BTIRR_E = BTIRR_P + (BTIRR_P - BTIRR_D)\left(\frac{D}{E}\right)$$

其中，

$BTIRR_E$＝权益的税前内部收益率；

$BTIRR_P$＝房地产总投资的税前内部收益率（债务和权益）；

$BTIRR_D$＝债务的税前内部收益率（考虑点数的贷款实际成本）；

$\frac{D}{E}$＝债务权益比。

用我们例子中的数字，可得

$$\begin{aligned} BTIRR_E &= 12.00\% + (12.00\% - 10.00) \times (80\% \div 20\%) \\ &= 20.00\% \end{aligned}$$

这个公式表明，当 $BTIRR_P$ 比 $BTIRR_D$ 高时，$BTIRR_E$ 会高于 $BTIRR_P$。这种情形就被称为有利的或积极的杠杆。当杠杆效应是积极的时，债务规模越大，权益投资者的回报越高。从这个结果中许多投资者推断，他们应该尽可能多地借债。（我们之后会发现，当考虑风险时，这个结论并非有效。）表12-6阐述了我们所举例子中不同贷款价值比对内部收益率的影响。

虽然图12-1中的关系相对比较直观，但实际操作中的贷款额度是有限制的。有哪些限制呢？第一，贷款额过高，则债务偿还能力比率可能会超出贷款人的承受能力，我们在第11章中已讨论过这一点。因为债务增加时，净营业收入不会改变，而同净营业收入相关的债务支付将会增加。第二，贷款人的风险会随着贷款价值比的增长和债务偿还能力比率的下降而增加，结果是增量借款的利率也会提高。事实上，在某些时刻，$BTIRR_P$ 可能不再高于 $BTIRR_D$（杠杆不再是积极的）。第三，对于权益投资者来说，增量借款会带来额外的风险。我们稍后会更加详细地讨论杠杆对风险的影响。但是我们现

---

① 更准确地讲，无杠杆内部收益高于贷款的实际成本。贷款实际成本反映了点数、提前还款和对借款人产生影响的其他因素。

② 这是债务与权益的比率随着时间变化时的一个近似值。

在可以指出，从增加回报或损失的角度来看，杠杆在这两方面都会起作用。也就是说，如果贷款提供消极（不利）的财务杠杆［negative（unfavorable）financial leverage］，或 $ATIRR_D > BTIRR_P$，那么增量借款便会增大投资在房地产上的权益损失。我们此前已经看到，要想获得积极的财务杠杆，$BTIRR_P$ 必须超过 $BTIRR_D$。我们假定利率为 14%，而不是 10%。因为无杠杆的 $BTIRR_E$（12%）低于负债成本 14%，所以这将会导致消极的财务杠杆。图 12－2 说明了不同的贷款价值比率会对税前和税后内部收益率产生的影响。注意，当 $BTIRR_P$ 小于 $BTIRR_D$ 时，$BTIRR_E$ 同样小于 $BTIRR_D$，而且随着借款数额（负债对权益的比率）的增长会进一步下降。我们将在下一节更加全面地解释这个关系。

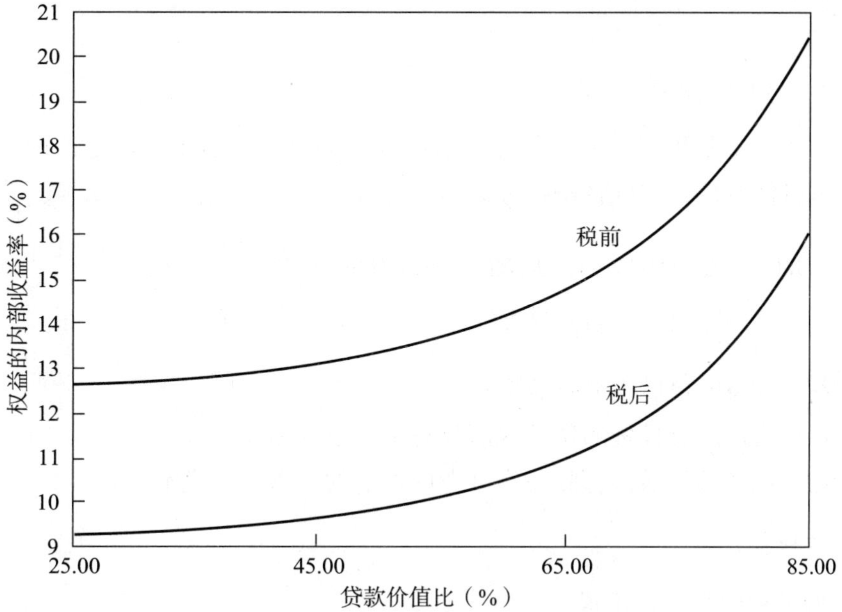


**图 12－1　税前和税后积极的财务杠杆**

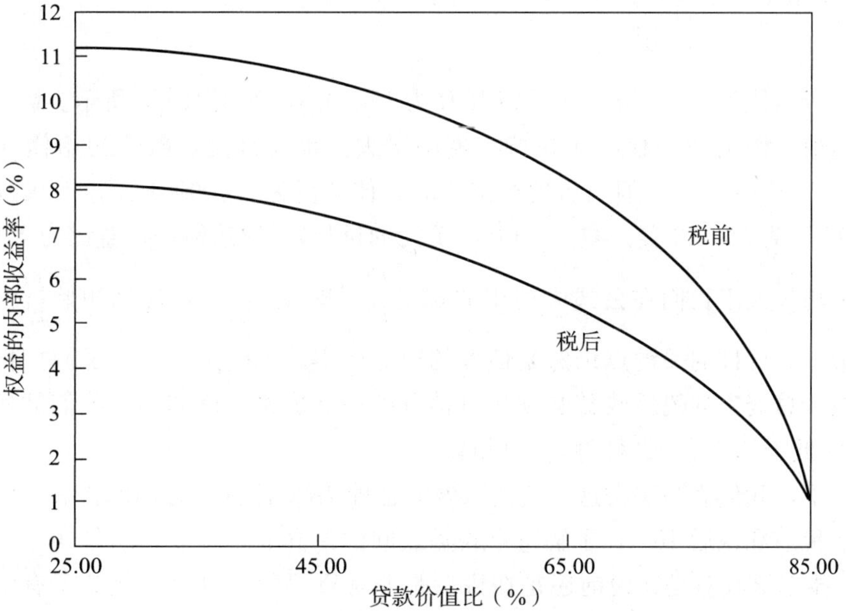


**图 12－2　税前和税后消极的财务杠杆**

## 12.1.2 积极的财务杠杆的条件——税后

看一下表 12-3 和表 12-5 中的税后内部收益率（$ATIRR$），我们看到 $ATIRR_P$ 为 8.76%，$ATIRR_E$ 为 15.40%。因此，投资者在税后基础上具有有利或积极的杠杆作用。也就是说，如果我们可以按照例子中假设的 10%的利率借款，预期的税后 $IRR$ 会更高。如果无杠杆 $ATIRR$（8.76%）低于债务成本（10%），杠杆为什么是有利的呢？原因是利息可以抵税，因此，我们必须考虑债务的税后成本。由于此示例中没有涉及点数，因此债务的税后成本等于税前成本乘以（$1-t$），其中 $t$ 是税率。因此，债务的税后成本是：

$$0.10\times(1-0.28)=7.2\%$$

在上一节中，我们展示了一个估算权益收益率的公式，给出了房地产收益率和抵押贷款利率。可以修改该公式以将税收考虑如下：

$$ATIRR_E=ATIRR_P+(ATIRR_P-ATIRR_D)\left(\frac{D}{E}\right)$$

其中，

$ATIRR_E$＝权益的税后内部收益率；

$ATIRR_P$＝房地产总投资的税后内部收益率（债务和权益）；

$ATIRR_D$＝债务的税后内部收益率（考虑点数的贷款实际成本）；

$\frac{D}{E}$＝债务权益比。

用我们例子中的数字，可得

$$\begin{aligned}ATIRR_E&=8.76\%+(8.76\%-7.2\%)\times(80\%\div20\%)\\&=15.00\%\end{aligned}$$

因此，近似值为 15%，而实际 $ATIRR$ 为 15.40%，如表 12-3 所示。该公式得到的是一个近似值，因为债务权益比在持有期间增大。也就是说，虽然初始债务权益比为 4.0（＝80 000÷20 000），但当房地产出售时，债务仍为 80 000 美元，但权益为 16 222 美元（$ATCF_S$ 为 96 222 美元减去 80 000 美元的贷款），导致债务权益比为 4.93。因此，持有期的平均$\frac{D}{E}$大于我们在公式中使用的初始$\frac{D}{E}$，即 4。但是，使用初始$\frac{D}{E}$仍然是一个很好的近似值。杠杆的关键点仍然是债务的税后成本。也就是说，为了使杠杆在税后是有利的，投资总资本的税后收益必须超过债务的税后成本。例如，在我们的例子中，如果 $ATIRR_P$ 低于 7.2%，杠杆将是不利的。

总结一下，我们为写字楼这一实例所做的各种 $IRR$ 计算是有用的。表 12-6 显示了有无贷款的税前和税后 $IRR$，了解每个收益之间的差异非常重要。当使用术语收益（或 $IRR$）时，指定该收益是在税前还是在税后是非常重要的，以及它是基于有贷款（杠杆收益）或是没有贷款（非杠杆收益）。

表 12-6 内部收益率衡量尺度摘要

| | $BTIRR_E$ | $ATIRR_E$ |
|---|---|---|
| 无贷款* | 12.00% | 8.76% |
| 80%贷款 | 20.00% | 15.40% |

* 没有贷款时 $IRR_E = IRR_P$。

**浮动利率贷款和互换** **概念框 12.1**

我们在表 12-6 中的示例假设抵押贷款是以固定利率进行的。如第 5 章所述，有许多交易由可调整利率贷款提供资金。这些贷款通常是在为商业房地产融资时提供的。但是，如果借款人不想要可调整利率，可以使用利率互换（interest rate swaps）来达到固定利率的等值。愿意只提供浮动利率贷款的银行通常愿意为借款人执行互换交易，但需要付费。利率互换市场非常庞大，涉及许多参与者。

在我们的例子中，借款人寻求将固定利率互换为可调整利率，与寻求以可调整利率交换固定利率的交易对手进行交换。通常，借款人选择名义金额（在我们的示例中为 80 000 美元）并向银行支付费用加上具有类似信用评级的交易对手愿意与借款人执行交换的差价（价格）。该金额在某种意义上是名义上的，它仅用于计算基于此金额的利息。*

此交易被称为"互换"，因为从本质上讲，交易的双方都会付款。固定利率抵押贷款的借款人支付浮动利率，浮动利率的交易对手支付固定利率。实际上，双方交换的只是利差。此交易通常被称为普通利率互换（plain vanilla swap），因为它是最常见的互换交易类型。我们还应该指出，互换的每一方都有可能违约或破产。任何一方或双方都可以通过购买信用违约互换或"保险"来防止交易对手违约。

除利率互换外，用于其他国家房地产开发的外汇互换和其他更复杂的交易可能会在互换市场中执行。最后，除互换外，其他替代方案可用于对冲浮动利率贷款，例如购买和出售利率期货和/或期货期权。然而，后一种策略通常涉及美国政府证券，其风险与商业房地产风险并不直接相关。因此，这些交易提供的对冲效率通常低于互换交易。

* 我们的示例中的交易金额可能会大于或小于 80 000 美元。如果利率较低，则说明借款人对冲不足，并承担一定的风险；如果利率较高，则借款人可能对冲过度，并且如果利率上升，可能会期望获利。

## 12.2 保本利率

在前面的讨论中，我们看到房地产税后内部收益率和税后负债成本之间的关系决定着杠杆是有利的还是不利的。有时，我们需要确定在杠杆作用变得不利之前，可能达到的最大贷款利率是多少。这一利率指的是保本利率（break-even interest rate），它代表杠杆呈现中性时的利率（杠杆既不是有利的，也不是不利的）。根据前面给出的税后杠杆等式，我们发现中性杠杆可以表示为：

$$ATIRR_D = ATIRR_P$$

根据这个关系，我们可以得到导致税后负债成本同房地产总投资的税后内部收益率相等的利率。总之，根据第 6 章中所讲的税后负债成本，其税后内部收益率可以预测为：

$$ATIRR_D = BTIRR_D(1-t)$$

解以上方程得到税前负债成本：

$$BTIRR_D = \frac{ATIRR_D}{1-t}$$

因为杠杆的保本点产生于 $ATIRR_D = ATIRR_P$ 时，在上述方程中我们可以用 $ATIRR_P$ 代替 $ATIRR_D$ 以获得保本利率：

$$BTIRR_D = \frac{ATIRR_P}{1-t}$$

在我们的例子中，保本利率（$BEIR$）是：

$$\frac{8.76\%}{1-0.28} = 12.17\%$$

这意味着，不论借款金额或期望的杠杆程度有多大，可支付于债务且不减少权益回报的最大利率为 12.17%。为了进一步说明这个概念，注意到，当利率超过 12.17%时，权益投资者的税后 $IRR(ATIRR_E)$ 就会低于总投资的税后 $IRR(ATIRR_P)$ ——8.76%。相反，对于比盈亏平衡点低的利率而言，权益投资者的税后 $IRR$ 会高于总房地产投资的税后 $IRR$。

这意味着如果不考虑借款数额或要求的杠杆级别，那么能保证债务偿还且不会降低权益收益率的最大利率为 12.17%。为了进一步说明这个概念，表 12-7 展示了在三种不同的贷款价值比下，利率在 10%～16%间变动时相应的税后内部收益率。注意，在利率高于保本利率时，权益投资者的税后内部收益率低于总投资的税后内部收益率 8.76%。反过来，当利率低于保本利率时，权益投资者的税后内部收益率高于房地产总投资的税后内部收益率。

**表 12-7　　利率对权益税后内部收益率的影响**

| 利率（%） | $ATIRR_E$（%）贷款价值比 | | |
|---|---|---|---|
| | 60% | 70% | 80% |
| 10.00 | 10.83 | 11.86 | 13.73 |
| 10.50 | 10.36 | 11.16 | 12.61 |
| 11.00 | 9.89 | 10.45 | 11.48 |
| 11.50 | 9.41 | 9.73 | 10.32 |
| 12.00 | 8.92 | 9.01 | 9.16 |
| 12.50 | 8.44 | 8.27 | 7.98 |
| 13.00 | 7.95 | 7.53 | 6.78 |

续前表

| 利率（%） | 贷款价值比 $ATIRR_E$（%） | | |
|---|---|---|---|
| | 60% | 70% | 80% |
| 13.50 | 7.45 | 6.79 | 5.57 |
| 14.00 | 6.95 | 6.03 | 4.34 |
| 14.50 | 6.45 | 5.27 | 3.10 |
| 15.00 | 5.95 | 4.50 | 1.85 |
| 15.50 | 5.44 | 3.73 | 0.58 |
| 16.00 | 4.92 | 2.94 | −0.70 |

图 12-3 将表 12-7 中的信息绘制为曲线，展示了保本利率。再次注意到，保本利率保持在 12.7%，不论借款数额如何变动（即为房地产价值的 60%、70%或 80%）。

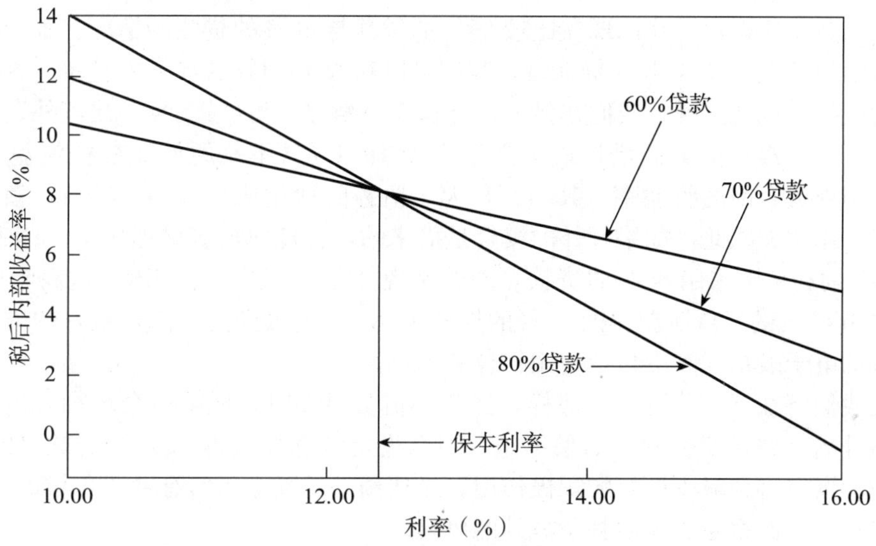


**图 12-3　税后内部收益率与利率**

如果投资者借入资金的实际利率恰好等于保本利率，那么杠杆将会是中性的。也就是说，杠杆既非有利也非不利。但是，在这种情况下，房地产总投资的税后内部收益率会等于债务税后内部收益率（根据定义），这表示权益税后内部收益率等于债务税后内部收益率。也就是说，在同一投资项目中的投资者和贷款人获取了相同的税后收益率。但是权益投资者以保本利率取得贷款时将得不到风险溢价。权益投资者通常会要求得到风险溢价，因为他们要承担房地产业绩变化的风险。我们将在后面“风险与杠杆”一节中更加详细地讨论这种情况。

### 杠杆与增量借款成本

正如本章前面所提到的，随着债务的增加，贷款人可以收取较高的利率以获得额外的融资。在第 6 章我们讨论了增量借款成本（incremental cost of debt）的概念，它包括确定额外债务的实际融资成本（例如，获取 90%的贷款而不是 80%的贷款）。

在本章列举的例子中，在10%的利率水平下可获得90%的贷款。因为这个利率比12%的无杠杆收益率低，此时杠杆是积极的，能产生15.40%的杠杆收益率。

现在假设，在利率是10.25%而不是10%的情况下，相应地，投资者可以获得85%的贷款作为原先80%的贷款的替代。投资者需要获取这种额外融资吗？

首先，需要注意的是，10.25%的利率仍然低于12%的无杠杆收益率。因此，对于所有借入资金来说仍然存在有利的杠杆。在有利的杠杆的促成上，从85%的贷款中获得的额外资金与80%的贷款二者是否存在对立？或者说，这些额外资金是否会使杠杆的积极效应不如80%的贷款的情形？

为了对此有所了解，我们首先计算85%的贷款的增量成本。这是一笔只付利息贷款，所以增量成本的计算相当简单。85%的贷款的利息是0.102 5×85 000＝8 712.50（美元）。80%的贷款的利息是0.1×80 000＝8 000（美元）。因此，为了借入额外的5 000美元，我们需要支付额外的712.5美元。由于是一次性还款贷款，我们可以简单地用712.5美元除以5 000美元，得到14.25%的增量成本。因此，额外资金的成本为14.25%。但是我们将这一成本与何比较？

重要的是要认识到，我们现在比较85%的贷款与80%的贷款的情况。如上所述，在我们分析的例子中，在80%的贷款时，我们可以获取15.4%的杠杆收益率。这是应用额外杠杆的回报。也就是说，我们在借入额外资金前赚了15.4%。为了在额外资金上获得有利杠杆，这一额外资金的增量成本必须小于15.4%（不是原始非杠杆收益率12%）。由于借入额外资金前的收益率（15.4%）大于债务的增量成本（14.25%），额外资金有积极的杠杆作用。因此，如果额外的资金是借来的，杠杆回报应增加更多。读者应验证，在10.25%的利率下采用85%的贷款，能够实现21.92%的杠杆*IRR*。这高于原来10%利率下采用80%的贷款所获得的20%的杠杆*IRR*。（要做到这一点，最好的方法是使用书中提供的电子表格，其中包括使用杠杆的示例。）

正如我们将在下一节讨论的那样，当我们借贷更多时，风险也会增加。但至少我们知道，额外的杠杆是积极的。如果不是，那么投资者选择获得80%的贷款可能会更好，因为额外的资金将会减少杠杆的积极作用。虽然额外的资金仍然有助于积极的杠杆作用，但问题是额外的回报是否足以补偿额外的风险。

## 12.3 风险与杠杆

我们已经看到，良好的财务杠杆可以增加$BTIRR_E$和$ATIRR_E$。我们还看到，增加债务的数额扩大了杠杆作用，难怪许多人认为他们应该尽可能多地借款。以下讨论的要点是强调，使用财务杠杆有一种隐性成本。这种代价以更高风险的形式呈现。为了说明，请考虑以下投资机会：项目费用总额（土地、修缮等）为100万美元。在我们的初始示例中，投资者不使用债务为项目融资。项目的三种可能情形如下：

- 悲观情形——第1年的*NOI*为10万美元，在5年的持续期内每年减少2%，该房地产在5年后将以90万美元的价格出售。
- 最有可能情形——在5年的持续期内每年的*NOI*均为10万美元，房地产在5年后将以 110 万美元的价格出售。

● 乐观情形——第 1 年的 *NOI* 为 12 万美元，在 5 年的持续期内每年增加 5%，该房地产在 5 年后将以 130 万美元的价格出售。

投资者认为出现悲观情形的概率为 20%，出现最有可能情形的概率为 50%，出现乐观情形的概率为 30%。

利用前述信息，我们能够计算出每种情形下的 $BTIRR_P$（计算过程在此不呈现），包括估计的 $BTIRR_P$、期望 $BTIRR_P$、$BTIRR_P$ 的方差以及 $BTIRR_P$ 的标准差。结果如表 12-8 所示。

**表 12-8　　未使用财务杠杆的情况**

| | (1)<br>估计的 $BTIRR_P$<br>(%) | (2)<br>期望 $BTIRR_P^*$<br>(%) | (3)<br>(1)-(2)偏差<br>(%) | (4)<br>偏差平方 | (5)<br>概率 | (6)<br>(4)×(5) |
|---|---|---|---|---|---|---|
| 悲观情形 | 7.93 | 13.06 | -5.13 | 26.31 | 0.20 | 5.26 |
| 最有可能情形 | 12.56 | 13.06 | -0.50 | 0.25 | 0.50 | 0.12 |
| 乐观情形 | 17.31 | 13.06 | 4.25 | 18.07 | 0.30 | 5.42 |
| | | | | | | 方差 10.81 |
| | | | | | | 标准差 $=\sqrt{10.81}=3.29$ |

* 7.93%×0.2+12.56%×0.5+17.31%×0.3=13.06%。

我们现在假设同样的投资以在 10%的利率水平下，借入 15 年期 90 万美元贷款的形式获得。那么此时 $BTIRR_E$ 的期望值与标准差会是多少？结果如表 12-9 所示。

**表 12-9　　使用财务杠杆的情况**

| | (1)<br>估计的 $BTIRR_P$<br>(%) | (2)<br>期望 $BTIRR_P^*$<br>(%) | (3)<br>(1)-(2)偏差<br>(%) | (4)<br>偏差平方 | (5)<br>概率 | (6)<br>(4)×(5) |
|---|---|---|---|---|---|---|
| 悲观情形 | -5.09 | 26.49 | -31.58 | 997.36 | 0.20 | 199.47 |
| 最有可能情形 | 25.99 | 26.49 | -0.50 | 0.25 | 0.50 | 0.13 |
| 乐观情形 | 48.38 | 26.49 | 21.89 | 479.13 | 0.30 | 143.74 |
| | | | | | | 方差 343.34 |
| | | | | | | 标准差 $=\sqrt{343.34}=18.53$ |

* -5.09%×0.2+25.99%×0.5+48.38%×0.3=26.49%。

注意到，最有可能情形和乐观情形的预期内部收益率在使用贷款时比不使用贷款时要高，这说明这些方案可以提供有利的杠杆。但在悲观情形下，预期内部收益率要低一些，这说明如果这种情况出现，杠杆将会很不利。但是看一下望期 $BTIRR_E$ 的范围，有贷款时的 $BTIRR_E$ 高于无贷款时的 $BTIRR_E$，人们可能认为贷款仍然可行。但是应该注意，在有杠杆情况下标准差要比无杠杆情况下高得多，二者分别为 18.53 和 3.29。在使用杠杆时的风险更高（不管杠杆是有利的还是不利的都一样），所以不能仅通过考虑 $BTIRR_P$ 和 $BTIRR_E$ 就决定是否采用杠杆。投资者必须清楚，更高的杠杆预期回报是否同它更高的风险相匹配。

另外，投资者需要考虑是否有不用承担更高风险就可以获得更高的回报的其他方法，例如，投资于另一种不同的房地产或房地产相同但采用不同的融资方式。财务杠杆对风险的影响将在下一章中进行深入讨论。

## 12.4 收益性房地产承保贷款

第 8 章已经讨论了住宅房地产的承保和贷款。但是，在评估商业或多户住宅房地产投资者的贷款申请时，贷款人还必须考虑许多其他问题。我们在下面的说明中将把重点放在关注的主要领域。

### 12.4.1 市场研究和估价

当申请债务融资时，贷款人一般要求贷款申请书中附带一项市场研究。在研究中要包括经济基础分析（见第 7 章）和房地产所在城市或地区的就业增长分析，还应包括一项说明空置率和竞争性房地产的租金、新建筑以及预期承租人需求的次级市场分析。总之，必须让贷款人相信出租率和租金足以支付抵押贷款的还款额。

除了一项关于更高价值房地产的市场分析，贷款申请还必须附有对被融资房地产所做的估价。这个估价通常由第三方（即非贷款人或借款人）使用一种或多种销售比较法、收入法或成本法来完成。对于每种方法，贷款人都会仔细审查，并可能会更改一些他认为过激或同其市场评估不一致的假定，并会为借款目标确定一个房地产价值。因为贷款需要使用房地产作为抵押，所以贷款人必须确定在投资者不履行债务及必须出售房地产时，房地产的价值是否足以支付抵押贷款。

### 12.4.2 借款人财务状况

除了房地产提供的抵押贷款担保之外，除非事先声明，否则借款人/投资者将在合同中以个人义务的形式向贷款提供额外担保。因此，贷款人会要求一组个人财务表，或者当借款人是公司时要求一组公司的财务报表。如果房地产的回报不足以偿还债务，那么贷款人将考虑借款人的支付能力。但是在许多情况下，贷款人和借款人会同意在合同中包括一项无追索权条款（nonrecourse clause）。该条款将借款人从个人义务中解脱出来，使房地产成为唯一的抵押贷款担保。但作为同意无追索权条款的一个交换条件，贷款人通常会要求一项附加费用及（或）更高的利率。从借款人的角度来看，无追索权条款被视为“看跌期权”（put option）。如果出现拖欠贷款的情况，而且房地产的价值低于未偿还贷款余额，那么投资者可能将房地产担保交给贷款人。当贷款结算后，借款人/投资者将会失去所有现有的房地产，以及向无追索权贷款支付的费用。这些数额可以看作是投资者期权的成本。

在出现不履行债务的情况时，假定贷款无法通过执行协议进行重组，那么借款人将会把房地产的契约交给贷款人。有时这被称为替代止赎契约，虽然根据房地产所在州的不同，有的贷款人可能必须通过法律程序来保证所有权的转移，而且贷款人可以将所有权卖给和转让给另一个投资者。

### 12.4.3 贷款价值比

多数贷款人通常要求申请贷款的数额不得超过房地产价值的75%～80%。因此，如果借款人不履行偿还借款的义务，那么从开始贷款结算之日起，在贷款人的未偿还贷款余额受到危害之前，作为贷款抵押担保的房地产价值必须降低20%～25%。因此，贷款人一般认为贷款价值比（loan-to-value ratio）的这个范围在承保过程中十分重要。

### 12.4.4 债务偿还能力比率

贷款人普遍使用的另一个用于降低不履行债务风险的承保标准是债务偿还能力比率（debt coverage ratio，*DCR*）。这个比率用来衡量预计房地产的净营业收入（*NOI*）超出抵押贷款支付的程度。贷款人希望有足够的缓冲资金，这样如果净营业收入低于预期的净营业收入（例如，由于意料之外的空置或租金下降），那么借款人仍能够在不使用个人资金的情况下就可以偿还抵押贷款。

债务偿还能力比率是净营业收入同抵押贷款支付之间的比率。例如，在表12-2中，第1年的预期净营业收入为12 000美元，只付利息抵押贷款的支付（债务支付）为8 000美元，由这个数据得出的债务偿还能力比率为1.50。贷款人一般希望债务偿还能力比率不低于1.20。这样，在抵押贷款支付受到损害之前，营业收入最多可能下降20%。这个20%的缓冲资金对于多数贷款人来说很可能就已经足够了。在表12-2的情况中，缓冲比率为50%，远远高于20%。因此，该房地产很容易就能达到贷款人所要求的债务偿还能力比率。但是，关于投资者利益的另一个问题是：要把贷款价值比降至1.20，债务支付的最高额为多少？答案可以通过以下方法得到：

$$\frac{NOI}{\text{要求的}\,DCR\,\text{目标}}=\text{最大债务支付}$$

$$\frac{12\,000}{1.2}=10\,000(\text{美元})$$

这个计算结果表示，在保持债务偿还能力比率为1.20时，债务支付最高总共可以为10 000美元。最高贷款数额取决于贷款人为贷款价值比高于80%的贷款所设定的利率。例如，如果贷款人要求贷款价值比高于80%的贷款的利率为11%，那么在保持债务偿还能力比率为1.20的同时，最高贷款数额将取决于利率为11%时的债务支付额。可以这样计算：

$$\frac{\text{最高债务支付}}{\text{抵押贷款常数}}=\text{最高贷款数额}$$

$$\frac{10\,000}{0.11}=90\,909(\text{美元})$$

但这将使贷款在房地产价值中所占的比例达到90%以上，远高于一般标准的75%～80%的贷款价值比。在本例中，虽然利率为11%、总额为90 909美元的贷款可以达到

1.20 的债务偿还能力比率的要求，但贷款人也不太可能同意发放这样的贷款，因为它远高于 80%的贷款价值比。而且，获得这样一个高杠杆贷款的借款人的资金增量成本也会很高。可以使用下面的方法计算这个成本的近似值：

$$\frac{90\ 909\times0.11-80\ 000\times0.10}{90\ 909-80\ 000}=18.3\%(\text{增量成本})$$

显然，获取 90 909 美元的增量成本非常高。而且，它只能使权益税后内部收益率稍微地增长到 21%，但使投资者的风险显著提高。回想以前的杠杆公式：

$$BTIRR_P+(BTIRR_P-BTIRR_D)\left(\frac{D}{E}\right)=BTIRR_E$$

$$12\%+(12\%-10\%)\times0.9=BTIRR_E$$

$$21\%=BTIRR_E$$

与之相比，贷款价值比为 80%的贷款的权益税后内部收益率为 20%。因此，如果使用这个贷款价值比为 90%的高杠杆贷款，那么投资者只能得到 1%的额外回报，却要承担 10%的额外权益带来的风险。

总之，当贷款人为贷款承保时，他们会使用基准或规定债务偿还能力比率和贷款价值比目标来评估风险。他们力图在违约风险中维持一种平衡。这些风险包括：（1）房地产价值相对于贷款数额突然下降；（2）债务偿还能力比率大幅下降。虽然这些方面可能会根据申请时的市场形势而变化，但在考虑不同杠杆数额时，上面的例子应该能够说明贷款人和借款人所做的权衡。

## 12.5 其他贷款术语和抵押贷款条款

除了与贷款价值比和债务偿还能力比率相关的承保考虑以外，贷款人可能还会坚持将许多其他要求作为贷款的条件。其中的许多一般要求我们在第 2 章中已经讨论过。例如，贷款人会要求借款人维护房地产并为其投保，以及支付房地产税，而且未经贷款人的同意，不能向第三方出售承担贷款的房地产。

在进行商业贷款时，贷款人还会要求借款人告知所有可能会影响房地产价值的实质变化。下面列出了一些可能包括在抵押贷款合同中的条款（covenants）：

（1）贷款人必须批准所有主要的、面积超出一定范围的新租约（例如，5 000 平方英尺）；

（2）贷款人必须批准对现有租约的所有修改；

（3）贷款人必须批准所有对结构和（或）场地所做的修改和附加建筑；

（4）借款人必须定期提供最新的房地产经营情况和（或）现金流量表；

（5）借款人必须提供一个年度房地产估价；

（6）借款人必须通知贷款人所有的承租人或外界实体向其提起的法律诉讼、违反规定行为（例如环保、建筑法）、国家征用行动、借款人提出的保险索赔等；

（7）借款人必须通知贷款人所有用来纠正房地产的结构性缺陷或其他缺陷的主要资本支出；

(8) 贷款人将有权参观和检查房地产。

列出上述条款的目的在于说明而不是全面分析贷款人可能要求的一些通知、批准等事项。贷款人的目标是保证在贷款结算以后：(1) 房地产的价值（抵押贷款的担保）不会出现实质性的恶化；(2) 房地产的回报能力不会出现实质性的恶化（在无追索权贷款的情况下，贷款人还会要求借款人定期提供其个人财务报表）。如果借款人没有达到这些要求或履行条件，贷款人一般会通知借款人其已经违约。除非违约行为得到纠正，否则贷款人会要求提前偿还贷款并提起止赎的诉讼程序。

**锁定期和提前还款惩罚**

最后，还有两个应进行讨论的领域是“休业条款”和提前还款惩罚问题。锁定条款（lockout clause）禁止借款人在某个时期内（通常是7～10年）提前还款。使用这个条款的原因是，如果借款人出售房地产或希望在锁定期内进行再融资，那么贷款人资金的回收将比预期的要早，并且会面临可能必须将这些资金以比该贷款更低的利率重新贷出的问题。相似地，如果贷款的偿还期为15年，那么贷款人可能在提供借款人提前还款期权的同时，希望防止借款人在锁定期之后贷款到期之前提前还款。为了达到这个目的，贷款人会收取一项罚金，这通常称作回报维持费用（yield maintenance fee，*YMF*）。下面将会解释一种用于计算回报维持费用的方法。假定有一笔总额为10 000 000美元、利率为8%、偿还期为15年、锁定期为10年的只付利息贷款。在贷款结算时，无风险利率（10年期国债）为6%。因此，贷款同国债的利差为2%（=8%－6%）。

我们假定在第11年结束后，借款人考虑提前偿还贷款。但是在提前还款时，4年期国债的无风险利率已经降到5%。因此假定贷款人和借款人已达成协议，在提前还款时，贷款人在剩余4年内的利率仍不低于8%（这是术语“回报维持”得名的原因）；借款人必须向贷款人支付潜在最低再贷款利率（等于现行无风险利率5%加上利差2%，即7%）与8%原始利率之间的差额。因此，在第11年结束（132个月）提前偿还贷款时，要计算和支付的回报维持费用（*YMF*）为：

| 解： | 函数： |
|---|---|
| $n$=48个月 | $PV$（$n$，$i$，$PMT$） |
| $i$=（8%－7%)/12 | |
| $PMT$=8 333美元 | |
| 解得$PV$=341 336美元。 | |

这意味着借款人为了在锁定期之后提前偿还贷款（出售房地产、再融资等），必须向贷款人支付341 336美元。在这种情况下，如果贷款人收取341 336美元的此项费用，再加上10 000 000美元的贷款余额，并发放一笔新的利率为7%（同现行无风险利率5%的利差为2%）、总额为10 000 000美元的4年期贷款，那么贷款人赚取的回报同利率为8%、偿还期为15年的贷款一样。虽然原始贷款在15年内一直处于未偿还状态，但结果将会相同。[①]

---

① 显然，贷款人在提前还款后发放新贷款时可能无法保持这个2%的利差。因此当计算*YMF*时，贷款人和借款人可能必须对加到贷款剩余期的无风险利率上的利差进行协商。

## 12.6 固定利率贷款结构的选择

收益性房地产贷款可以通过多种方式构建，以满足借款人和贷款人的需要。贷款人一般希望贷款结构能够使房地产产生足够的回报来支付每年的抵押贷款支付。通常可以通过规定一个最低债务偿还能力比率，如 1.20，来达到这个目的。同时，借款人一般希望贷款价值比相对高一些。[①]

在投资持有期内，收益性房地产的回报可能会有实质性的增长，原因有以下几个：第一，在通货膨胀环境下，回报可能会增长，特别是当达成的租约允许逐年提高租金时[②]；第二，新建成建筑的回报可能会增长几年，因为新面积的租出需要一定的时间；第三，回报可能会增长，因为在购买房地产时含有低于市面水平的租约。如果这些租约在投资持有期内到期，那么投资者可能会预测，在这些租约以更高的市场价格续签时回报会出现增长。

如果预计房地产回报在未来会出现增长，那么构建一种传统（固定利率、等额支付）抵押贷款，并且使贷款价值比较高、债务偿还能力比率在贷款偿还期的前几年高于最低要求，会比较困难。这是因为，房地产的现值包括较高的预期未来回报的增长，而债务偿还能力比率依据的是当前回报。未来回报和当前回报的差异在通货膨胀环境下会产生很大的影响，因为固定利率抵押贷款包括一项抵销预期通货膨胀的溢价，我们在第 4 章已讨论过这一点。因为传统抵押贷款的支付是平均的，所以预期通货膨胀会使贷款在第 1 年的还款额高于平均数。这些较高的初始还款额会导致抵押贷款的平均还款额和房地产回报不相匹配，而房地产回报预计将会逐年增长以抵销通货膨胀的影响。不相匹配程度在投资持有期的第 1 年最高，并会造成一个较低、通常是不可接受的债务偿还能力比率。

因为有这些问题，所以在构建抵押贷款时，初始还款额可能必须定得低一些，但贷款人在未来可以得到额外的补偿以保证一个具有竞争力的收益率。这些补偿可以通过不同的方式获得。例如，抵押贷款支付可以随时间而增长（如同累进还款式抵押贷款），或者贷款人可以获得一部分房地产出售回报（如同共享增值抵押贷款）。

有时贷款人可以选择以特定的执行价格购买房地产，如果房地产的价值高于贷款人购买的执行价格，那么贷款人就可以赚取更高的收益率。[③]

下文将把重点放在贷款结构选择上。我们将会检验这些结构如何影响贷款的支付方式，以及贷款结构对贷款人和借款人双方的风险和预期收益率的影响。

---

① 虽然财务风险随着贷款价值比的增长而提高，但投资者经常愿意承担这个额外的风险，或者因为他们的投资资金有限，希望最小化他们的权益投资；或者因为作为投资策略的一部分，他们期望获得更高的预期收益率。

② 例如，像在第 11 章讨论过的那样，写字楼租约可能包括随 CPI 调整和/或费用止付的内容。

③ 期权执行价格是贷款人必须向房地产支付的价格。它一般高于贷款时房地产的价值，但低于期权执行时的房地产价值。

## 12.7 参与贷款

我们从对权益参与贷款（equity participation loans）的介绍来开始我们的融资选择讨论。权益参与贷款也被称为参与或权益酬金。事实上，术语权益参与有名称误用之嫌，因为贷款人实际上并没有获得房地产上的所有者权益。确切地说，贷款人以降低贷款利率作为交换条件，通过某种方式参与了房地产的回报和现金流量。所以贷款人的收益率部分地取决于房地产的业绩。

参与的方法有很多种。比如，贷款人可以按一定百分比收取以下收入中的一种：(1) 潜在总收入，(2) 净营业收入（*NOI*），(3) 正常偿债后的现金流量（参与前的）。此外，参与还可以在房地产出售时实现，贷款人基于总销售收入或房地产持有期内升值总额获得其中的一部分。

贷款人在新建房地产的现金流参与方面，往往要等到那些预先商定的租赁合约实行之后开始。比如，规定当 *NOI* 超过 10 万美元时，贷款人按一定百分比参与。对于存量房地产，通常会有一个盈亏平衡点以至参与一般要在第 1 年之后开始。例如，第 1 年的预期 *NOI* 是 10 万美元，因为只有在 *NOI* 超过这一数字时，贷款人才能开始参与，这可能在第 2 年才出现。

作为权益参与的交换条件，贷款人接受了较低的贷款利率——具体多低要看参与的份额。权益参与的具体安排具有很强的可商讨性，没有固定模式限制。

### 12.7.1 贷款人的动机

为何贷款人愿意接受参与贷款呢？正如我们要讨论的，贷款人会希望构建参与贷款，以使其收益率（包括预期参与）至少可以同固定利率贷款（无参与）的收益率相同。贷款人选择接受较低利率的参与贷款或要求一个风险溢价，取决于其对参与贷款相对于固定利率贷款的风险情况的判断。明显地，参与贷款具有不确定性，因为其部分收入取决于房地产的经营情况。然而与此同时，贷款人并不参与任何经营上的损失，仍然可以获得最低利率水平的还款利息（除非借款人违约）。此外，由于 *NOI* 和再销售价格水平通常因通货膨胀而升高，参与贷款有助于抵御未预期到的通货膨胀对回报的侵蚀。因此，在一定程度上，参与贷款形式保障了贷款人的“实际”收益率。

### 12.7.2 投资者的动机

为何投资者会接受参与贷款呢？如前所述，参与贷款一般规定，贷款人的参与行为要基于某特定盈亏平衡点以上的收入或现金流量。因此，参与条件可能一年或几年之内都难以达到。在这期间，借款人的偿债额少于直线还款（固定利率）时的偿债额。较低的初始还款额对于投资者来说是相当有利的，因为在持有期的开始几年内 *NOI* 可能会很低，尤其是那些尚未全部租赁出去的新建项目。如此，在初始的几年中，投资者通过参与实现的现金流量会高于直线还款方式下可能实现的现金流量，同时也会提高债务偿还能力比率。也就是说，在参与贷款的情况下，投资者能够更好地完成初始几年的偿债。

至此，你也许会怀疑，是否出现过投资者在使用了几年低利率贷款之后（贷款人此时未满足参与的条件），待贷款人将要参与时将房地产卖掉的情况？以上情况通过参与贷款合同内部规定的锁定期（lockout period）得以避免。在这一期间内，房地产在没有给予贷款人以提前还款赔偿的情况下，不能被出售或进行再融资。

### 12.7.3　参与贷款的案例

为了举例说明参与贷款，我们假设某投资者打算购买一公寓楼项目，预计第 1 年的 *NOI* 为 100 000 美元，之后每年增长 3%，该房地产可以以 100 万美元的价格出售。这个价格中包含了 900 000 美元的建筑物价值，折旧期为 27.5 年。该房地产的价值预计在 5 年的持有期内每年上涨 3%。

贷款人可提供如下形式的贷款：

- 传统贷款，固定利率为 10%，总额为 700 000 美元，按月还款，期限为 15 年。
- 参与贷款，利率为 8%，总额为 700 000 美元，按月还款，期限为 15 年；当 *NOI* 值超过 100 000 美元后，可按 50%进行参与，同时按房地产出售时回报（＝销售价格－原始成本）的 45%进行参与。

我们可以看出，两笔贷款的总额相同。这一点非常重要，否则财务杠杆作用会造成风险上的差异。这样，我们希望集中分析贷款方式的差异，而忽视前面已经探讨的贷款数额问题。

表 12－10 展示了传统贷款的估计现金流量情况。注意到，第 1 年的债务偿还能力比率（*DCR*）只有 1.11。这对许多贷款人来说都低至难以接受。前面曾提到，贷款人通常要求 *DCR* 不低于 1.2。当然，这一问题可以通过减少贷款数额来缓解。但我们会发现，参与贷款方案能够更好地缓解 *DCR* 过低的问题。

**表 12－10**　　**传统贷款**　　单位：美元

| | 经营性现金流量预测<br>年 | | | | |
| --- | --- | --- | --- | --- | --- |
| | 1 | 2 | 3 | 4 | 5 |
| 1. 税前现金流量： | | | | | |
| 净营业收入（*NOI*） | 100 000 | 103 000 | 106 090 | 109 273 | 112 551 |
| 减债务支付（*DS*） | 90 267 | 90 267 | 90 267 | 90 267 | 90 267 |
| 参与前现金流量 | 9 733 | 12 733 | 15 823 | 19 006 | 22 284 |
| 参与 | 0 | 0 | 0 | 0 | 0 |
| 税前现金流量 | 9 733 | 12 733 | 15 823 | 19 006 | 22 284 |
| 2. 应税收入或损失 | | | | | |
| 净营业收入（*NOI*） | 100 000 | 103 000 | 106 090 | 109 273 | 112 551 |
| 减利息 | 69 045 | 66 823 | 64 368 | 61 656 | 58 660 |
| 参与 | 0 | 0 | 0 | 0 | 0 |
| 折旧 | 32 727 | 32 727 | 32 727 | 32 727 | 32 727 |
| 应税收入（损失） | −1 772 | 3 450 | 8 995 | 14 890 | 21 164 |

续前表

| | | | | | |
|---|---|---|---|---|---|
| 税额 | −496 | 966 | 2 519 | 4 169 | 5 926 |
| 3. 税后现金流量 | | | | | |
| 税前现金流量（*BTCF*） | 9 733 | 12 733 | 15 823 | 19 006 | 22 284 |
| 减税额* | −496 | 966 | 2 519 | 4 169 | 5 926 |
| 税后现金流量（*ATCF*） | 10 229 | 11 767 | 13 305 | 14 837 | 16 358 |

第 5 年销售现金流量

| | | | |
|---|---|---|---|
| 销售价格 | | | 1 159 274 |
| 减抵押贷款余额 | | | 569 216 |
| 销售税前现金流量（$BTCF_S$） | | | 590 058 |
| 销售年税额 | | | |
| 销售价格 | | 1 159 274 | |
| 原始成本基数 | 1 000 000 | | |
| 累计折旧 | 163 636 | | |
| 调整基数 | | 836 364 | |
| 资本利得 | | 322 910 | |
| 销售税额 | | | 90 415 |
| 销售税后现金流量（$ATCF_S$） | | | 499 643 |

现金流量摘要

| | 年末 | | | | | |
|---|---|---|---|---|---|---|
| | 0 | 1 | 2 | 3 | 4 | 5 |
| 税前现金流量 | −300 000 | 9 733 | 12 733 | 15 823 | 19 006 | 612 342 |
| 税后现金流量 | −300 000 | 10 229 | 11 767 | 13 305 | 14 837 | 516 001 |
| 税前内部收益率＝18.37% | | | | | | |
| 税后内部收益率＝14.30% | | | | | | |

* 假定投资者不受消极行为损失的限制。

表 12－11 展示了参与贷款的估计现金流量情况。现金流量情况因参与性质不同而有显著差别。注意到，最初几年的应付款（偿债额与应付参与额之和）较低。这是因为参与贷款的利率较低，并且参与行为直到第 2 年才实行。此外，贷款人从参与部分获得的利益直到房地产出售时才实现。

**表 12－11　　参与贷款　　单位：美元**

| | 经营性现金流量预测 | | | | |
|---|---|---|---|---|---|
| | 年 | | | | |
| | 1 | 2 | 3 | 4 | 5 |
| 1. 税前现金流量： | | | | | |
| 净营业收入（*NOI*） | 100 000 | 103 000 | 106 090 | 109 273 | 112 551 |
| 减债务支付（*DS*） | 80 275 | 80 275 | 80 275 | 80 275 | 80 275 |
| 参与前现金流量 | 19 725 | 22 725 | 25 815 | 28 998 | 32 276 |

续前表

| | 经营性现金流量预测<br>年 | | | | |
|---|---|---|---|---|---|
| | 1 | 2 | 3 | 4 | 5 |
| 参与 | 0 | 1 500 | 3 045 | 4 636 | 6 275 |
| 税前现金流量 | 19 725 | 21 225 | 22 770 | 24 362 | 26 001 |
| 2. 应税收入或损失： | | | | | |
| 净营业收入（*NOI*） | 100 000 | 103 000 | 106 090 | 109 273 | 112 551 |
| 减利息 | 55 090 | 53 000 | 50 736 | 48 284 | 45 629 |
| 参与 | 0 | 1 500 | 3 045 | 4 636 | 6 275 |
| 折旧 | 32 727 | 32 727 | 32 727 | 32 727 | 32 727 |
| 应税收入（损失） | 12 183 | 15 773 | 19 582 | 23 625 | 27 919 |
| 税额 | 3 411 | 4 417 | 5 483 | 6 615 | 7 817 |
| 3. 税后现金流量 | | | | | |
| 税前现金流量（*BTCF*） | 19 725 | 21 225 | 22 770 | 24 362 | 26 001 |
| 减税额 | 3 411 | 4 417 | 5 483 | 6 615 | 7 817 |
| 税后现金流量（*ATCF*） | 16 314 | 16 809 | 17 287 | 17 747 | 18 183 |

| 第 5 年销售现金流量 | | | |
|---|---|---|---|
| 销售价格 | | | 1 159 274 |
| 减抵押贷款余额 | | | 551 364 |
| 参与前现金流量 | | | 607 910 |
| 减参与的销售所得 | | | 71 673 |
| 销售税前现金流量（$BTCF_S$） | | | 536 237 |
| 销售年税额 | | 1 159 274 | |
| 销售价格 | | 71 673 | |
| 原始成本基数 | 1 000 000 | | |
| 累计折旧 | 163 636 | | |
| 调整基数 | | 836 364 | |
| 资本利得 | | 251 237 | |
| 销售税额 | | | 70 346 |
| 销售税后现金流量（$ATCF_S$） | | | 465 891 |

| | 现金流量摘要：投资者<br>年末 | | | | | |
|---|---|---|---|---|---|---|
| | 0 | 1 | 2 | 3 | 4 | 5 |
| 税前现金流量 | −300 000 | 19 725 | 21 225 | 22 770 | 24 362 | 562 238 |
| 税后现金流量 | −300 000 | 16 314 | 16 809 | 17 287 | 17 747 | 484 074 |
| 税前内部收益率＝18.36％ | | | | | | |
| 税后内部收益率＝14.07％ | | | | | | |

续前表

| 现金流量摘要：贷款人 | | | | | | | |
|---|---|---|---|---|---|---|---|
| | 月 | | | | | | |
| | 0 | 1～12 | 13～24 | 25～36 | 37～48 | 49～60 | 60 |
| 贷款数额 | −700 000 | | | | | | |
| 债务支付 | | 6 690 | 6 690 | 6 690 | 6 690 | 6 690 | |
| 参与 | | 0 | 125 | 254 | 386 | 523 | 71 673 |
| 贷款余额 | | | | | | | 551 364 |
| 总计 | −700 000 | 6 690 | 6 815 | 6 944 | 7 076 | 7 213 | 623 037 |
| 贷款人内部收益率为 10.17% | | | | | | | |

除了还款方式上的差异外，在上述参与贷款的规定条件的作用下，传统贷款与参与贷款的税前 *IRR*（$BTIRR_E$）都相同。

为了成功吸引贷款人，参与贷款的预期收益率，也就是贷款的实际有效成本，必须比传统贷款更有吸引力。在此例中，贷款人的 *IRR*（考虑到偿债额与应付参与额）为 10.17%。[①] 这个 *IRR* 近似于传统贷款 10%的 *IRR*（即贷款的利率，因为此贷款不含手续费）。

虽然在两种方案下，贷款人的 *IRR* 相同，但参与贷款第 1 年的 *DCR* 为 1.25，而传统贷款为 1.11。考虑到贷款人通常要求 *DCR* 在 1.2 以上，因此还是参与贷款比较容易接受。投资者也比较倾向于这种贷款，因为它的偿债方式（正常的抵押贷款还款和参与方式）适合 *NOI* 的变化情况。在通货膨胀情况下，名义 *NOI* 比实际 *NOI* 增长得快。在第 4 章中我们研究过通货膨胀情况下实行传统贷款存在的问题。参与贷款可以缓解其中的倾斜效应，因为它允许名义债务支付低于传统贷款所要求的最低额，然后随着 *NOI* 的名义增长而增长。

由于贷款人的部分回报取决于房地产的回报情况，因此参与部分也叫或有利息。或有利息与房地产的经营业绩及其收入能力息息相关，因此可以享受税收抵免（如表 12－11 所示）。参与贷款的特点之一就是全部参与额都可以享受税收抵免，而对于传统贷款，只有利息部分才有这一优待。然而，由于最初几年的参与额很低，因此传统贷款利息的税收抵免额的现值要大于参与贷款的利息和参与额的税收抵免额的现值。这也就是在二者几乎相等的情况下参与贷款较低的原因。表 12－12 总结了二者的 *IRR*，并列出了双方的 *DCR* 值（根据第 1 年的现金流量计算）。

**表 12－12　　　　贷款人和投资者回报总结**

| | 税前内部收益率 | 税后内部收益率 | 债务偿还能力比率 | 贷款人内部收益率 |
|---|---|---|---|---|
| 传统贷款 | 18.37% | 14.30% | 1.11 | 10.00% |
| 参与贷款 | 18.36% | 14.07% | 1.25 | 10.17% |

由以上的分析可知，参与贷款是一种可行的替代传统贷款的方式。利用这种贷款，贷款人可以实现几乎同样的 *IRR*，而同时又取得了较高的 *DCR*。

① 该内部收益率是通过计算利率得出的，利率等于贷款额（70 万美元）与每年支付的还本付息（80 275 美元）的现值，加上每年支付的参与额，再加上贷款余额和在持有期结束时支付的参与额。由于参与，每年的现金流都会有所不同。我们计算出的答案（10.17%）是基于每月偿还债务和参与债务的假设。

对于投资者来说，预期的 *BTIRR* 也相近，只是 *ATIRR* 稍低一些。此外，借款人还免去了因 *DCR* 过低而得不到贷款的麻烦。

## 12.8　土地售后回租

前面我们分析了为取得房地产而进行融资的各种方式。其中，我们假设土地与建筑物用同一笔贷款融资。实际上，投资者可以只为建筑物融资（即只以建筑物作为贷款的抵押物），而为土地另外申请一笔贷款或者以土地租赁的方式为其融资。也就是说，投资者拥有建筑物，但该建筑物所在的土地是从另外一位投资者那里租赁来的。如果投资者原本拥有这块土地，他可以将它卖掉，同时约定从买方那里将其租赁回来使用，这就叫作土地售后回租（sale-leaseback of the land）。无论哪一种方法，投资者实际上都是在为土地融资。

我们仍以上一节中的案例来说明土地售后回租方法的使用。现假设该土地的售价为 100 000 美元，回租后的年租金为 7 800 美元，期限为 25 年。为该建筑物融资 630 000 美元（建筑物价值的 70%），利率为 10%，期限为 15 年。因此，投资者的权益额等于销售价格（100 万美元）减去土地价格（10 万美元），再减去建筑物的贷款额（63 万美元），即 27 万美元。表 12－13 列出了本例的现金流量表。注意这里的再销售价格变低了，因为此时只有建筑物使用了融资手段。①

售后回租是一种很富吸引力的融资形式，原因有以下几点：第一，它实际上是一种可以 100%地为土地融资的方法。例如，为整个房地产（土地和建筑物）所取得的 70%的融资，其为土地融资的比例也是 70%。而用回租的方法，就可以为 100%的土地价值取得贷款。另外，这时投资者支付的是土地租金，而不是抵押贷款摊还额。需要注意，投资者可能在租赁期满后失去对建筑的所有权，除非他拥有在租赁期满时将土地重新购买回来的期权。任何此类期权都需基于行权时刻土地的市场价值。没有这种期权，当土地被租赁时，建筑物的升值可能会减少，因为最终建筑会重新归属于土地所有者。

**表 12－13**　　**土地的售后回租**　　单位：美元

| | 经营性现金流量预测<br>年 | | | | |
|---|---|---|---|---|---|
| | 1 | 2 | 3 | 4 | 5 |
| 1. 税前现金流量： | | | | | |
| 净营业收入（*NOI*） | 100 000 | 103 000 | 106 090 | 109 273 | 112 551 |

① 我们仍然假设建筑物的价值以每年 3%的速度增长，很显然，建筑物价值的增长率有可能比土地价值的低，使得整个房地产 3%的价值增长率等于建筑物和土地的价值增长率的加权平均数。用 3%的建筑物价值增长率，我们可以计算出其销售价格为 $900\ 000 \times 1.03^5 = 1\ 043\ 347$（美元）。前面已提及，建筑升值率可能会减少，因为在租赁期满时，建筑将重新归属于土地所有者。在此例中，租赁期满的情况在未来的 45 年后发生，所以我们没有降低升值的数额。

续前表

| | | | | | |
|---|---|---|---|---|---|
| 减债务支付（*DS*） | 81 240 | 81 240 | 81 240 | 81 240 | 81 240 |
| 减土地租金 | 7 800 | 7 800 | 7 800 | 7 800 | 7 800 |
| 税前现金流量 | 10 960 | 13 960 | 17 050 | 20 233 | 23 511 |
| 2. 应税收入或损失 | | | | | |
| 净营业收入（*NOI*） | 100 000 | 103 000 | 106 090 | 109 273 | 112 551 |
| 减利息 | 62 140 | 60 140 | 57 931 | 55 490 | 52 794 |
| 土地租金 | 7 800 | 7 800 | 7 800 | 7 800 | 7 800 |
| 折旧 | 32 727 | 32 727 | 32 727 | 32 727 | 32 727 |
| 应税收入（损失） | −2 668 | 2 332 | 7 632 | 13 255 | 19 230 |
| 税额 | −747 | 653 | 2 137 | 3 711 | 5 384 |
| 3. 税后现金流量 | | | | | |
| 税前现金流量（*BTCF*） | 10 960 | 13 960 | 17 050 | 20 233 | 23 511 |
| 减税额 | −747 | 653 | 2 137 | 3 711 | 5 384 |
| 税后现金流量（*ATCF*） | 11 707 | 13 307 | 14 913 | 16 521 | 18 126 |

**第 5 年销售现金流量预测**

| | | | |
|---|---|---|---|
| 销售价格 | | | 1 043 347 |
| 减抵押贷款余额 | | | 512 295 |
| 销售税前现金流量（$BTCF_S$） | | | 531 052 |
| 销售年税额 | | | |
| 销售价格 | | 1 043 347 | |
| 原始成本基数 | 900 000 | | |
| 累计折旧 | 163 636 | | |
| 调整基数 | | 736 364 | |
| 资本利得 | | 306 983 | |
| 销售税额 | | | 85 955 |
| 销售税后现金流量（$ATCF_S$） | | | 445 097 |

**现金流量摘要**

| | 年末 | | | | | |
|---|---|---|---|---|---|---|
| | 0 | 1 | 2 | 3 | 4 | 5 |
| 税前现金流量 | −270 000 | 10 960 | 13 960 | 17 050 | 20 233 | 554 563 |
| 税后现金流量 | −270 000 | 11 707 | 13 307 | 14 913 | 16 521 | 463 223 |

税前内部收益率＝19.16％

税后内部收益率＝14.98％

回租的第二个好处是租赁支付额可以减免课税。而对于抵押贷款来说，则只有利息部分才可以享受税额的减免。

第三，虽然对建筑物可以计提折旧，但对土地却不可以。因此，无论拥有土地与否，投资者所计提的折旧值都是一样的。由于前面我们讲过，利用土地售后回租时所需的权益额较少，因而这种方法可以用较低的权益投资实现等额的折旧。

第四，投资者还拥有在租赁期满时将土地重新购买回来的期权。这就使得投资者有机会重新取得对土地的所有权。

回租是不是理想的融资方式取决于取得资金的“成本”。其中最明显的成本就是租赁支付额。另一种成本就是由持有期土地价值升值所带来的“机会成本”，即进行土地售后回租的同时，投资者放弃了在持有期末随建筑一同出售土地的机会。

### 回租的实际成本

回租的实际成本（即购买土地的投资者的税前收益率）的计算过程与其他融资方式的计算过程类似。但是，这里我们还要考虑销售土地收入的机会成本。

以回租方式出售土地时，建筑物的投资者收入了 100 000 美元。在 5 年的持有期内，该投资者共付出租金 7 800 美元：第 5 年末投资者要比没有采用回租时少收 115 927 美元（见表 12－13）。也就是说，若不使用回租，整个房地产可以以 1 159 274 美元出售（见表 12－11）。而在回租的情况下，持有期末建筑物本身售价为 1 043 347 美元，二者的差额为 115 927 美元。现求取实际成本如下：

| 解： | 函数： |
|---|---|
| $n=5\times12$ 或 60 个月 | $i$ ($n$, $PV$, $PMT$, $FV$) |
| $PV$=100 000 美元 | |
| $PMT$=7 800 美元/12 | |
| $FV$=115 927 美元 | |
| 解得 $i$=10.25%。 | |

求得的收益率为 10.25%。因此，土地售后回租的实际成本（即土地的买方-出租人的收益率）为 10.25%，这比传统贷款方式的收益率高 0.25 个百分点。同时，建筑物投资者的权益收益率要比使用直线贷款时的收益率高。此外，建筑物的贷款人仍可以得到与为整个房地产（土地和建筑物）提供直线贷款时相等的 10%的收益率；而如果土地租赁合约可以附属于建筑物贷款，建筑物贷款人的风险就可以进一步降低。

## 12.9 只付利息贷款

有的收益性房地产贷款可能在一段时间（比如 3～5 年）内不摊还本金，这时的月还款只包含利息费用，人们通常称之为只付利息贷款（interest-only loan）。由于不摊还本金，该贷款的余额不随时间推移而改变。等只付利息期结束后，贷款本金要么在剩余的期限内均摊，要么到期一次偿还，这叫作期末整付（balloon payment）。收益性房地产的贷款人把这类贷款叫作一次还本贷款（bullet loans），因为它们的期限较短并且几乎不需要摊还本金。由于不摊还本金，期末整付指的是到期偿还贷款的余额。到期时这些贷款大多需要根据当时的评估价值重新融资。

为了举例说明只付利息贷款的情况，我们仍然利用前两个例子中的基本假设（即700 000美元的贷款，利率为10%），但投资者在贷款前5年内只支付利息，到第5年末房地产出售时进行期末整付。

表12-14为本例的税后现金流量情况，与传统贷款（见表12-10）相比，*ATIRR*稍有提高（由14.30%上升至14.94%）。形成这一结果的原因是，各经营年内的现金流量增加折成现值足以抵消销售房地产时因要支付高额贷款余额而造成的较低的现金流量。只付利息贷款的另一个好处是其债务偿还能力比率（1.43）要较传统贷款的（1.11）高。贷款人的收益率仍为10%，因为本例中贷款人依然以这一利率向贷款的未偿余额收取利息。当然，如果他认为5年内都不摊还本金的风险比较大，贷款人还可以将利率提高一些。

**表12-14　　只付利息贷款　　单位：美元**

| | 经营性现金流量预测<br>年 | | | | |
|---|---|---|---|---|---|
| | 1 | 2 | 3 | 4 | 5 |
| 1. 税前现金流量： | | | | | |
| 净营业收入（*NOI*） | 100 000 | 103 000 | 106 090 | 109 273 | 112 551 |
| 减债务支付（*DS*） | 70 000 | 70 000 | 70 000 | 70 000 | 70 000 |
| 税前现金流量 | 30 000 | 33 000 | 36 090 | 39 273 | 42 551 |
| 2. 应税收入或损失 | | | | | |
| 净营业收入（*NOI*） | 100 000 | 103 000 | 106 090 | 109 273 | 112 551 |
| 减利息 | 70 000 | 70 000 | 70 000 | 70 000 | 70 000 |
| 折旧 | 32 727 | 32 727 | 32 727 | 32 727 | 32 727 |
| 应税收入（损失） | −2 727 | 273 | 3 363 | 6 546 | 9 824 |
| 税额 | −764 | 76 | 942 | 1 833 | 2 751 |
| 3. 税后现金流量 | | | | | |
| 税前现金流量（*BTCF*） | 30 000 | 33 000 | 36 090 | 39 273 | 42 551 |
| 减税额 | −764 | 76 | 942 | 1 833 | 2 751 |
| 税后现金流量（*ATCF*） | 30 764 | 32 924 | 35 148 | 37 440 | 39 800 |

| 第5年销售现金流量预测 | | |
|---|---|---|
| 销售价格 | | 1 159 274 |
| 减抵押贷款余额 | | 700 000 |
| 销售税前现金流量（$BTCF_S$） | | 459 274 |
| 销售价格 | 1 159 274 | |

续前表

| 第 5 年销售现金流量预测 | | | |
|---|---|---|---|
| 原始成本基数 | 1 000 000 | | |
| 累计折旧 | 163 636 | | |
| 调整基数 | | 836 364 | |
| 资本利得 | | | 322 910 |
| 销售税额 | | | 90 415 |
| 销售税后现金流量（$ATCF_S$） | | | 368 859 |

| 现金流量摘要<br>年末 | 0 | 1 | 2 | 3 | 4 | 5 |
|---|---|---|---|---|---|---|
| 税前现金流量 | －300 000 | 30 000 | 33 000 | 36 090 | 39 273 | 501 825 |
| 税后现金流量 | －300 000 | 30 764 | 32 924 | 35 148 | 37 440 | 408 659 |
| 税前内部收益率＝18.98％ | | | | | | |
| 税后内部收益率＝14.94％ | | | | | | |

# 12.10 应计贷款

前面我们分析了只付利息贷款的情况。其中月还款额只包括利息额而不含摊还的本金。有时候，一定时期内的贷款月还款额比月利息额还要低。这种贷款应用于收益性房地产时，被称为应计贷款（accrual loans），它的摊还额为负值。这一贷款类似于我们在第 4 章中讲述的累进还款式抵押贷款。

这里，用于计算贷款还款额的利率叫作支付率（pay rate），它不同于计算应计利息的应付率（accrual rate）。计算月还款额时用的是支付率，但它并不是贷款常数。应付率是借款人依法应付的贷款利率。如果支付率低于应付率，则贷款的摊还额就是负值。举例说明，现假设某贷款的支付率为 8％，应付率为 10％。为了进一步缩减各期还款额，摊还期限按 30 年算，但实际贷款期限为 15 年，摊还余额进行期末整付清偿，其他条件与前例相同。表 12－15 列出了这一贷款的现金流量情况：此时的年偿债额（月还款额的 12 倍）为 61 636 美元，而如果按传统贷款则应为 90 267 美元（年贷款常数为 8.81％）。贷款人的收益率仍为 10％，因为利息按应付率计算。贷款人若认为负摊还贷款风险较大，可以比照传统贷款的利率提高应付率。在负摊还贷款的情况下，较低的年偿债额使得债务偿还能力比率（1.62）较传统贷款（1.11）有很大提高，而且第 5 年的贷款余额达到了 753 972 美元（这里，8％的支付率与 10％的应付率之下的月还款额之间的差额必须按 10％计算复利，结果加入贷款余额）。

**表 12-15　　负摊还贷款　　单位：美元**

| | 经营性现金流量预测 年 | | | | |
|---|---|---|---|---|---|
| | 1 | 2 | 3 | 4 | 5 |
| 1. 税前现金流量： | | | | | |
| 净营业收入（*NOI*） | 100 000 | 103 000 | 106 090 | 109 273 | 112 551 |
| 减债务支付（*DS*） | 61 636 | 61 636 | 61 636 | 61 636 | 61 636 |
| 税前现金流量 | 38 364 | 41 364 | 44 454 | 47 637 | 50 915 |
| 2. 应税收入或损失： | | | | | |
| 净营业收入（*NOI*） | 100 000 | 103 000 | 106 090 | 109 273 | 112 551 |
| 减利息* | 70 394 | 71 311 | 72 324 | 73 444 | 74 680 |
| 折旧 | 32 727 | 32 727 | 32 727 | 32 727 | 32 727 |
| 应税收入（损失） | −3 121 | −1 038 | 1 039 | 3 102 | 5 144 |
| 税额 | −874 | −291 | 291 | 869 | 1 440 |
| 3. 税后现金流量 | | | | | |
| 税前现金流量（*BTCF*） | 38 364 | 41 364 | 44 454 | 47 637 | 50 915 |
| 减税额 | −874 | −291 | 291 | 869 | 1 440 |
| 税后现金流量（*ATCF*） | 39 238 | 41 655 | 44 163 | 46 768 | 49 475 |
| **第 5 年销售现金流量预测** | | | | | |
| 销售价格 | | | | | 1 159 274 |
| 减抵押贷款余额 | | | | | 753 972 |
| 销售税前现金流量（$BTCF_S$） | | | | | 405 302 |
| 　销售价格 | | | | 1 159 274 | |
| 　原始成本基数 | | 1 000 000 | | | |
| 　累计折旧 | | 163 636 | | | |
| 　调整基数 | | | | 836 364 | |
| 　资本利得 | | | | 322 910 | |
| 　销售税额 | | | | | 90 415 |
| 　销售税后现金流量（$ATCF_S$） | | | | | 314 887 |

| | 现金流量摘要 年末 | | | | | |
|---|---|---|---|---|---|---|
| | 0 | 1 | 2 | 3 | 4 | 5 |
| 税前现金流量 | 300 000 | 38 364 | 41 364 | 44 454 | 47 637 | 456 217 |
| 税后现金流量 | −300 000 | 39 238 | 41 655 | 44 163 | 46 768 | 364 362 |
| 税前内部收益率＝19.27％ | | | | | | |
| 税后内部收益率＝15.25％ | | | | | | |

* 表中假定利息可以因税收目的按应计金额扣除。

在许多情况下，贷款支付额只按支付率计算利息，不加本金摊还额。但不管摊还本金与否，只要支付率低于应付率，贷款的各期支付额通常就要少于按未偿贷款余额和应付率计算的利息额。这一缺额即负摊还（negative amortization），使得贷款余额增加。贷款人可以要求在某特定时期之后偿还贷款，或者从某一时点起开始摊还贷款。这类要求可以有许多种方式。通常，负摊还贷款的期限在 7～10 年之间，贷款余额（包括累计利息）可以在到期时偿还；如果贷款期限较长，如 10～15 年，则可以规定在某特定年数之后提高支付率，这时，该利率的制定应保证贷款余额能在剩余贷款期限内均摊完。还有一些贷款协议规定支付率在一定年数里逐年递增。例如，第 1 年的支付率为 8%，之后一直到第 10 年为止，该比率每年递增 0.5%，此后支付率保持在 12.5%不变，直到贷款被摊还完毕。

### 根据债务偿还能力比率设定还款计划

利用负摊还方式进行贷款的主要动机之一就是在不减少贷款量的前提下提高债务偿还能力比率。由前文内容可知，贷款人通常要求贷款的 *DCR* 要在某一最低水平之上。在上例中，传统贷款的 *DCR* 为 1.11。假定贷款人要求最低 *DCR* 为 1.25。

而负摊还贷款的 *DCR* 就高于这一水平。抵押贷款还款计划还可以通过计算使第 1 年的 *DCR* 为某特定数值的抵押贷款偿还额来确定。这里，只需用 *NOI* 除以特定的 *DCR* 即可。例如，使第 1 年 *DCR* 等于 1.25 的抵押贷款还款额为 80 000 美元（100 000 美元÷1.25）。

这一结果高于上面我们谈到的负摊还贷款的还款额，但低于传统贷款的各期偿还额。这时的定期还款额不是负摊还贷款下的还款额，因为其数值大于应付利息额。然而，此时的贷款摊还期限不足以摊还完全部贷款。要想做到这一点，摊还期限应在 30 年以上。因此，贷款人很可能要求在第 30 年（或在这之前的某个时期）以期末整付方式偿还全部贷款余额，或者提高各年（或在一定年数之后提高）各期还款额。一种可行的办法是重新计算各年的还款额以使 *DCR* 保持恒定。例如，上面贷款第 2 年的还款额可以是 82 400（＝103 000÷1.25）美元，之后每年重新计算还款额，直到贷款余额能够在期限内摊还完为止。从那时起，还款额将保持不变。

## 12.11 可转换抵押贷款

可转换抵押贷款（convertible mortgage）给予贷款人在一段时间之后购买房地产的全部或部分权益的期权。这一期权使贷款人可以将抵押贷款转换为股东权益。贷款人可以把可转换抵押贷款看作是一种抵押贷款和购买期权（或者说是在到期日之前以预先商定的价格取得全部或部分股东权益的权利）的组合形式。

举例说明，假设上例中的房地产可以取得 70 万美元的可转换抵押贷款。其中，贷款人可以在第 5 年取得 65%的股权。[①] 贷款将在 30 年内按月偿还。假设贷款利率为 8.5%。

---

① 一般地，国税局要求融资当日的贷款价值比必须高于转换率。国税局认为如果转换率高，则贷款人的期权处于必定盈利的状态。因为虽然期权不能即时执行，但贷款人可以在生效日之前将其卖掉或让渡给别人。

这种贷款与传统贷款在利率上的差别（10%－8.5%＝1.5%）表示贷款人为取得该期权而付出的“价格”。①

表 12－16 显示的是投资者的现金流量情况，其中假设贷款人在第 5 年末行使了购买 65%的房地产权益的期权。我们做这样的假设是因为房地产销售价格的 65%（753 528 美元）高于第 5 年末的抵押贷款余额（668 432 美元），即行使该期权可以使贷款人盈利。为了与前面的例子做对比，我们继续假设投资者将卖掉其剩下的 35%的房地产权益。

**表 12－16** **可转换抵押贷款** 单位：美元

| | 经营性现金流量预测<br>年 | | | | |
|---|---|---|---|---|---|
| | 1 | 2 | 3 | 4 | 5 |
| 1. 税前现金流量： | | | | | |
| 净营业收入（*NOI*） | 100 000 | 103 000 | 106 090 | 109 273 | 112 551 |
| 减债务支付（*DS*） | 64 589 | 64 589 | 64 589 | 64 589 | 64 589 |
| 税前现金流量 | 35 411 | 38 411 | 41 501 | 44 684 | 47 962 |
| 2. 应税收入或损失： | | | | | |
| 净营业收入（*NOI*） | 100 000 | 103 000 | 106 090 | 109 273 | 112 551 |
| 减利息 | 59 297 | 58 829 | 58 320 | 57 766 | 57 163 |
| 折旧 | 32 727 | 32 727 | 32 727 | 32 727 | 32 727 |
| 应税收入（损失） | 7 976 | 11 443 | 15 043 | 18 779 | 22 661 |
| 税额 | 2 233 | 3 204 | 4 212 | 5 258 | 6 345 |
| 3. 税后现金流量 | | | | | |
| 税前现金流量（*BTCF*） | 35 411 | 38 411 | 41 501 | 44 684 | 47 962 |
| 减税额 | 2 233 | 3 204 | 4 212 | 5 258 | 6 345 |
| 税后现金流量（*ATCF*） | 33 178 | 35 207 | 37 289 | 39 426 | 41 617 |
| 第 5 年销售现金流量预测 | | | | | |
| 以贷款余额交换房地产 65%的权益* | | | | | 000 000 |
| 出售房地产剩余 35%权益 | | | | | 405 746 |
| 销售税前现金流量（$BTCF_S$） | | | | | 405 746 |
| 销售价格 | | | | 1 159 274 | |
| 原始成本基数 | | | 1 000 000 | | |
| 累计折旧 | | | 163 636 | | |
| 调整基数 | | | | 836 364 | |
| 资本利得 | | | | 322 910 | |
| 销售税额 | | | | | 90 415 |
| 销售税后现金流量（$ATCF_S$） | | | | | 315 331 |

① 即贷款人以接受较低利率的方式取得该期权，而省去了款项支付的麻烦。

续前表

| | 现金流量摘要预测<br>年底 | | | | | |
|---|---|---|---|---|---|---|
| | 0 | 1 | 2 | 3 | 4 | 5 |
| 税前现金流量 | 300 000 | 35 411 | 38 411 | 41 501 | 44 684 | 453 708 |
| 税后现金流量 | −300 000 | 33 178 | 35 207 | 37 289 | 39 426 | 356 948 |
| 税前内部收益率=18.40% | | | | | | |
| 税后内部收益率=13.06% | | | | | | |

* 贷款人以贷款余额换得65%的房地产权益。投资者的净现金流量为零。

## 贷款人在可转换抵押贷款上的回报

贷款人在可转换抵押贷款上的回报取决于抵押贷款的利率和由抵押贷款转换为权益过程中的回报，如果不行使期权，则贷款人的收益率就是贷款的利率。只要借款人不违约，利率就是贷款人收益率的最低水平。[①] 在下面的例子中，贷款人的收益率高于8.5%，因为他在行使期权时还获得了一部分回报。

因此，抵押贷款人每月收到5 382.39美元的抵押贷款还款额。此外，他在第5年末取得的65%的房地产权益价值为753 528美元。

贷款人的实际收益率计算如下：

解：

$n$=5×12或60个月

$PV$=700 000美元

$PMT$=64 589美元/12

$FV$=753 528美元

解得$i$=10.40%。

函数：
$i$（$n$，$PV$，$PMT$，$FV$）

使用金融计算器可很快得到结果为10.40%。这就是贷款人在可转换抵押贷款上的税前收益率。[②] 它同时也是借款人取得可转换抵押贷款的税前实际成本。

# 12.12　融资方式比较

表12-17总结了前面我们涉及的各种融资方式下的例子中的抵押贷款实施情况。其中，应计贷款给投资者带来的税前和税后收益率最高。此外，它的债务偿还能力比率也

① 当然，如果该贷款收取手续费，收益率就会更高。

② 应该注意到，借款人可因抵押贷款余额转换为股东权益而获得税收上的回报。贷款人在计算税后收益率时要将这一点考虑进去。

最高。因此，对于投资者来说，它最具吸引力。然而，这一结果是基于贷款人将以相同的利率（10%）提供传统贷款这一假设的。虽然在负摊还贷款的情况下，债务偿还能力比率较高，贷款余额却随时间的推移不断增加，这也就同时降低了房地产权益的地位而增加了违约的风险，因此，我们认为贷款人很可能因此而提高该贷款的利率。

**表 12－17　　融资方式比较**

| | $BTIRR_E$ (%) | $ATIRR_E$ (%) | $DCR$ | $IRR_D$ * (%) |
|---|---|---|---|---|
| 传统贷款 | 18.37 | 14.30 | 1.11 | 10.00 |
| 参与贷款 | 18.36 | 14.07 | 1.25 | 10.17 |
| 土地售后回租 | 19.16 | 14.98 | 1.12** | 10.25*** |
| 只付利息贷款 | 18.98 | 14.94 | 1.43 | 10.00 |
| 应计贷款 | 19.27 | 15.25 | 1.62 | 10.00 |
| 可转换贷款 | 18.40 | 13.06 | 1.55 | 10.40 |

* 基于债务支付和参与支付的月现金流量。

** 包括土地租金和债务支付。如果不包括租金，则债务偿还能力比率为 1.23。

*** 这是提供售后回租的土地买方的收益率。对建筑物贷款的收益率（$IRR_D$）为 10%。

基于上述讨论，不难发现，只付利息贷款对于投资者的收益率较负摊还贷款低，同时又高于传统贷款的收益率。它的各期偿还额介于负摊还贷款和传统贷款之间。考虑到违约风险问题，贷款人有可能把利率水平定得稍高于传统贷款，但不会达到负摊还贷款那么高的利率水平。

虽然售后回租的实际借款成本比传统贷款稍高（10.25%比 10.00%），但是土地售后回租投资者的税前和税后回报是投资选择中的第二高。但是注意，租赁土地而不占有土地时需要的资金较少（30 000 美元），因为土地租约事实上是一笔 100%的土地贷款。

所以，土地融资数额占土地价值的比例从 70%（在传统贷款时的比例）提高到了 100%。这提高了财务杠杆的数额和财务风险。所以，投资者应该预测使用土地售后回租获得的收益率会比传统贷款稍高。

使用土地售后回租方式的投资者的收益率较高的另一个原因是，土地租约的支付款低于土地贷款的债务支付。而且，借款人的售后回租成本的主要部分来自放弃的机会成本或土地价值的增值，但是这个机会成本要直到房地产出售后才会产生。

售后回租的债务偿还能力比率为 1.12，与传统贷款的大致相同。为了保持同其他例子的一致性，我们将土地租约支付款加入抵押贷款支付中来计算这个比率。我们将抵押贷款同土地租约支付结合在一起，这是因为土地租约支付能够替换抵押贷款的支付。

参与贷款允许贷款人分享房地产所有的净营业收入以及价值增值部分。因此，如果使用这个类型贷款的房地产业绩很好，则贷款人会获得额外的回报。从这个角度来讲，它同可转换抵押贷款相似；也就是说，它的收入和价值增长了。虽然参与贷款不允许贷款人获得房地产权益，但贷款人的部分利息要视房地产的业绩而定。在这两种情况下，贷款人都会接受一个较低的合同利率，作为一项具有优势“行为”的交换条件。在上面的例子中，可转换抵押贷款为贷款人带来了高于参与贷款的收益率，并为投资者带来较低的税后收益率。同时，贷款人会认为可转换抵押贷款的风险高于参与贷款。这是因为参与贷款支付产生得较快，在第 2 年净营业收入增长时就需要支付，而来自可转换贷款的回报直到第 5 年才会产生。

如果我们假定前面讨论的所有抵押贷款对借款人都是不可追索的①，在很多情况都是这样，那么贷款人通过违约起诉取得房地产的风险性就大大降低了。而实际上，如果房地产价值降低到低于抵押贷款余额的程度，借款人拥有将该房地产“塞”给抵押贷款的贷款人的期权。所以说，可转换抵押贷款使贷款人承受着因拥有房地产权益而带来的风险既可能增大，又可能减小（在某种程度上，参与贷款也是如此）。因此，各贷款的预期回报要与其各自承担的风险水平相当。

以上我们一一分析了各种融资方式的具体情况。而实际应用时，几种不同的融资方式常常结合起来使用。例如，可转换抵押贷款也可以包括在经营期间参与 *NOI* 的贷款以及只付利息或负摊还贷款的特点。

上面提供了分析各种融资方式下的风险与回报的权衡问题的思路：这些方式使投资者和贷款人按照双方都可以接受的风险和回报水平构建融资计划。各方的回报一定要与其承担的风险相当。在很大程度上，构建贷款计划就是确定风险在借、贷双方如何分配的问题。在一些贷款结构下，不同的纳税地位可以使借、贷双方都获得回报。例如，贷款人可能享受着比投资者低的边际税率，因此与房地产的所有者权益相关的可免税折旧对投资者要比对贷款人更有价值。因此，在税前现金流量相同的条件下，参与贷款与可转换抵押贷款相比，投资者会更青睐于前者，因为前者为其保留了全部的所有者权益。而贷款人可能会希望最终拥有该房地产。使用可转换抵押贷款的方式，投资者将享受可免税折旧的全部回报，直到抵押贷款转换为权益为止。作为承担购买权益期权的风险以及允许投资者享受税收回报的交换条件，贷款人会要求一个比传统贷款高的收益率。因此，通过将交易结构调整到最佳状态，当事人双方就都可以获得回报了。

**Web App**

GE 房地产公司网站（www.gecapitalrealestate.com）提供了多样的金融产品，包括高杠杆贷款和参与贷款。访问该网站，其中提供了一些当前商业房地产融资的可行方式。

## 12.13 其他融资方式

使用第二抵押贷款来获得额外融资的替代选择是使用所谓的夹层贷款（mezzanine loan）。夹层贷款弥补了房地产抵押贷款和权益投资之间的缺口。它与第二抵押贷款不同，因为它不作为房地产抵押担保。相反，它是由投资者在房地产中的权益担保的。这

① 回忆一下，这意味着在违约情况下借款人不对其负有个人责任。

意味着，在夹层贷款违约的情况下，并不是按照正常的止赎程序，夹层贷款的贷款人将通过赋予了他们对房地产的权益的法律程序来解决。

夹层贷款人通常与第一抵押贷款人达成关联债权协议，有权在发生违约时接管第一抵押贷款。第一抵押贷款人愿意签订本协议，因为这使他们寻求到为第一抵押贷款付款的一方。这也可能导致夹层贷款人实现对财产的更快速的控制，因为公司或合伙企业的股权是个人资产，可以通过一个法律程序扣押而不像违约贷款的抵押赎回那样需要太多时间。

另一种融资方式是，除了正常股权或普通股以外，发行优先股（preferred equity）。优先股是一种股权，但它有类似的债务特征，因为优先股投资者对来自房地产的现金流有求偿权，且该求偿权优先于普通股投资者。例如，优先股投资者可以获得8%的优先股投资收益率，这意味着他们在普通股投资者收到任何现金之前可以获得8%的投资收益率。这种回报可能是累积的，这意味着如果优先股投资者在某一年没有得到8%的回报，任何差额将延续到以后的年份，并且必须在普通股持有者收到任何现金分配之前支付。在支付优先股回报后，剩余的现金流往往在优先股投资者和普通股投资者之间分配。优先股持有人还可以在普通股投资者收到出售的任何现金之前，获得优先股的转售收益。这可以采取优先股内部收益率的形式，意味着优先股投资者从出售中获得足够的现金流量，在任何现金流入普通股投资者之前达到规定的内部收益率。优先股的内部收益率将基于分配给优先股投资者的所有现金流，包括出售之前从房地产经营中所获得的现金流。

在现金流分配之后，优先股投资者首先获得了现金流，因此在整个持有期内优先股投资者基于其初始投资实现了特定的内部收益率。

优先股权益对本章先前提到的参与贷款有一定的限制。尽管它被认为是一种权益的形式，但在一般股权投资者看来，它是财务杠杆的另一个来源。

# 总　结

本章举例说明了财务杠杆的概念，并讨论了在税前以及税后基础上的积极的财务杠杆作用的条件。我们还解释了利用财务杠杆提高权益收益率并不是没有风险的。也就是说，提高贷款水平同时增大了投资的风险，我们通过举例说明增加债务额将加大收益率的不确定性，这一情况证明了这一点。因此，投资者使用财务杠杆时必须考虑自己将承受的额外风险是否与更高的预期收益相称（假设为积极的财务杠杆）。

财务杠杆与融资金额对应。本章还讨论了几种其他融资方式，包括不同类型的参与贷款和土地售后回租。我们还考虑了这些替代方式对投资者现金流量、收益率和债务偿还能力比率的影响，并计算了每种方式的有效成本。这些计算用于确定哪种融资方式最合适（债务结构）。

在这里讨论所有可能的融资方式是不可能的。但是，本章中讨论的概念将有助于分析在实践中遇到的任何替代方式。

## 关键术语

| | | |
|---|---|---|
| 应计贷款 | 应付率 | 期末整付 |
| 保本利率 | 一次还本贷款 | 可转换抵押贷款 |
| 条款 | 债务偿还能力比率 | 权益参与贷款 |
| 财务杠杆 | 增量借款成本 | 只付利息贷款 |
| 利率互换 | 贷款价值比 | 锁定条款 |
| 锁定期 | 夹层贷款 | 负摊还 |
| 消极（不利）的财务杠杆 | 无追索权条款 | 支付率 |
| 积极（有利）的财务杠杆 | 优先股 | 看跌期权 |
| 土地售后回租 | 回报维持费用 | |

## 参考网站

www.century21.com/buyingadvice/buying101/mortgageoptions/otherconsid.jsp——该网站中有一些与融资替代方式相关的文章，以及一些概念，例如负摊还。

www.gecapitalrealestate.com——该网站提供了多样的金融产品，包括高杠杆贷款和参与贷款。

## 问　题

1. 什么是财务杠杆？为什么一年期的投资收益率不足以判断财务杠杆是正还是负？
2. 财务杠杆中的保本利率是指什么？你在为某房地产提供融资时，是否希望投资者按照保本利率支付款项？为什么？
3. 什么是积极和消极的财务杠杆？回报或损失的数额是如何随着杠杆程度的提高而放大的？税前杠杆作用与税后杠杆作用有何区别？
4. 财务杠杆是如何提高贷款的风险水平的？
5. 参与贷款是指什么？贷款人所参与的是哪一部分？贷款人为什么会愿意发放参与贷款？投资者为什么会愿意申请参与贷款？
6. 售后回租是什么意思？建筑物投资者为什么会愿意进行土地的售后回租？在售后回租安排下购买土地的一方有何回报？
7. 投资者为什么可能喜欢较低利率的参与贷款？
8. 贷款人为什么可能喜欢较低利率的参与贷款？
9. 你认为参与将如何影响贷款的风险水平？
10. 土地售后回租的动机是什么？
11. 应该根据什么标准在两种融资方式之间进行选择？
12. 用以确定低于市场利率的贷款是如何影响价值的传统的现金等值法是指什么？
13. 投资者是如何确定低于市场利率贷款对价值的影响程度的？

## 习　题

1. 某投资者打算以 200 万美元购买一个新的公寓房地产。但是他面临着进行 70%还是 80%贷款的抉择。70%贷款的利率为 10%，期限为 25 年。而 80%贷款的利率为 11%，期限为 25 年。

   预计第 1 年的 *NOI* 为 19 万美元，并以每年 3%的速度逐年上升，该房地产的价值也以该速度增长。该建筑物和改良工程占整个房地产价值的 80%，折旧期限为 27.5 年。该项目将在 5 年后出售。该投资者的税率为 36%。

   a. 各种融资方式下的 *BTIRR* 和 *ATIRR* 各是多少（假设抵押贷款按年还款）？

b. 该项目的保本利率（*BEIR*）是多少？

c. 80%贷款的增量（边际）成本是多少？这意味着什么？

d. 两种贷款均能实现积极的财务杠杆作用吗？你推荐使用哪一种？

2. 有一组考虑购置某购物中心的投资者向你咨询。他们希望为价款的75%取得融资。目前可以获得一笔贷款的条件如下：利率为10%，期限为25年，按月还款。该贷款还要求40%的权益参与权；此外，还规定了“锁定”条款，以防止借款人在5年内提前还款。

该房地产的预期价格为500万美元。预计第1年的*NOI*为47.5万美元（包括了溢价），且在今后5年内以每年3%的速度递增。第5年末该房地产的预期价值为600万美元。其改良工程占总价值的80%，折旧期为39年。该投资者所处的税级为28%，预计持有期为5年。

a. 计算5年后的*BTIRR*和*ATIRR*（考虑权益参与）。

b. 该项目的*BEIR*将是多少？该权益参与融资的预期成本是多少？

c. 该建议贷款是否具有积极的杠杆作用？

3. 某开发商打算为某价值150万美元的项目取得70%的贷款，利率为8%，期限为25年。预计该项目第1年的*NOI*为12万美元，且*NOI*与该项目的价值一样以3%的速度逐年递增。贷款人要求初始*DCR*为1.20。

a. 该贷款人能够为该开发商提供贷款吗？以5年的现金流量表详细说明原因。该开发商的股本税前收益率是多少（*BTIRR*）？

b. 基于（a）中的预测，若第1年的*DCR*为1.15，贷款人可能提供的最大贷款数额为多少？贷款价值比是多少？

c. 假设抵押贷款利率突然由8%升至10%。*NOI*与项目价值的年增长率也变为5%了。如果期望的*DCR*为1.20，则该贷款人仍然愿意发放这笔传统贷款吗？以现金流量表做说明。

4. 王牌开发公司（Ace Development Company）计划向第一国民银行（First National Bank）借款。王牌开发公司想购买一个价格为250万美元的房地产。该房地产第1年的净营业收入预计为200 000美元。贷款人只同意向房地产提供贷款价值比最大为80%的贷款，并要求第1年的债务偿还能力比率至少为1.25。所有贷款将按月支付，但是连续5年将在每年的开始时增加10%。贷款的合同利率为12%。贷款人同意贷款采用负摊还方式，但是在5年后贷款会到期。

a. 第5年结束时的期末整付为多少？

b. 如果房地产价值不变，那么5年后的贷款价值比将是多少？

5. 一名机构贷款人愿意向一处办公建筑提供100万美元的贷款，（应计）利率为10%，使用8%的支付率计算还款额，贷款期限为30年。5年后，将对还款额进行调整，以便在剩余的25年内分期偿还贷款。

a. 初始还款额为多少？

b. 在第1年会产生多少利息？

c. 5年后贷款余额为多少？

d. 从第6年开始，月还款额为多少？

6. 某一房地产第1年预计会产生100 000美元的净营业收入，此后净营业收入预计每年会增长3%。房地产目前的估计价值为100万美元，而且贷款人愿意提供利率为8%、数额为900 000美元的参与贷款。贷款将在20年内使用月支付分期偿还。除了正式的抵押贷款支付以外，贷款人每年还会获得净营业收入超出100 000美元以后那部分的50%，直到贷款偿清时为止。贷款人还将获得房地产价值增值部分的50%。贷款包含一项实质性的提前还款惩罚（在第5年以前）。贷款余额在第10年到期（如果房地产没被出售，那么参与将依据房地产的估计价值）。假定评估师会通过用第11年的净营业收入除以资本化率10%的方法来估算房地产在第10年的价值。

假定贷款将持有10年，请计算参与贷款的实际成本（注意，这也是贷款人的预期收益率）。

7. 参考习题6。假定另一个选择是可转换抵押贷款（不是参与贷款），贷款人可以在第10年结束时将抵押贷款余额转换为60%的权益。也就是说，贷款人将拥有房地产的60%，而没有收到抵押贷款的偿还款。贷款数额为900 000美元，合同利率为9%，并且在20年内分期偿还。如果第10年房地产价值低于贷款余额，那么借款人将会违约。

a. 如果房地产在第10年以同前例一样的价格出售，那么贷款人的内部收益率为多少?

b. 如果10年后房地产仅售得100万美元，那么贷款人的内部收益率为多少?

c. 如果10年后房地产以500 000美元的价格出售，那么贷款人的内部收益率为多少?

8. 借款人和贷款人协商一项数额为20 000 000美元、利率为9%的15年期只付利息贷款，其中包括一个10年的锁定期。如果贷款人选择在第10年结束后的任何时间偿还贷款，那么将会被要求缴纳一项回报维持费用（*YMF*）。回报维持费用将这样计算：选择一种期限等于贷款剩余月数的国债，并在其利率上加150个基点（1.50%）的利差，以确定贷款人的再投资利率。罚金等于原贷款利率和贷款人的再投资利率之间差额的现值。

a. 如果2年期国债的利率为6%，贷款在第13年结束时提前偿还，那么回报维持费用为多少?如果2年期国债的利率为8%呢?

9. **Excel.** 参考本章中参与贷款的案例。如果参与改为净营业收入超过100 000美元后那部分的25%以及房地产出售时回报的75%。

a. 投资者的税前税后内部收益率分别为多少?

b. 贷款人的内部收益率是多少?

# 第 13 章 风险分析

## 13.1 概 述

在前面的章节中，我们已经讨论了如何计算内部收益率（*IRR*）、净现值（*NPV*）和其他投资绩效计量值。由于存在风险程度的差异，在可选投资方案间做 *IRR* 或 *NPV* 的比较来筛选方案通常是不可能的。只有当我们假设与所分析的不同投资方案相关的风险相同时，这类比较才是可行的。因为通常风险不同，在这里我们提供一些评价风险的方法，以使我们对可选投资方案做出更全面的比较。我们将对风险的来源和可选投资方案的风险之间可能存在的差别进行简要的讨论。

### 13.1.1 投资收益率的比较

在开始我们的讨论之前，我们将简要地探讨投资者在比较特定房地产投资的投资回报与其他房地产投资和其他一般投资回报时应该考虑的因素。

投资者在对收益性房地产进行合理的细节分析，并逐步得出投资收益率的衡量标准以后，必须确定该投资项目是否将提供充足的或具有竞争力的收益率。这个问题的答案将取决于：（1）可选房地产投资的性质；（2）投资者可进行的其他投资；（3）这些可选投资项目各自的预期收益率；（4）被考虑的投资项目与投资者可获得的那些其他可选投资项目之间风险上的差别。

在图 13－1 中，我们已经构建了不同类型可选投资的风险与收益率之间的假想关系：图中的纵轴表示预期收益率①，而横轴表示每一种投资存在风险的程度。可以注意到，我

① 为了具有最大可比性，应该计算的是税后收益率，我们在本章的后面讨论这一问题。

们涉及的是整类资产的平均风险。每一类资产内显然存在显著的风险差异。例如，通常所说的债券，一些债券的风险高于其他债券。另外，一些资产种类内部存在的风险差异低于其他种类（例如，短期国债被认为是风险最低的）。某个种类中的某些资产可能比具有较高风险的资产种类中的一些资产的风险更高。例如，尽管从整体来看，股票比债券风险更高，但一些债券的风险高于一些股票。

图 13－1 中所表示的风险，仅仅在投资种类中以相对值的形式被考虑，即随着向坐标轴右端的移动，投资被认为是风险更大了，向左端移动则风险更小。因而，具有较高风险的投资应为投资者产生较高的收益率，反之亦然。

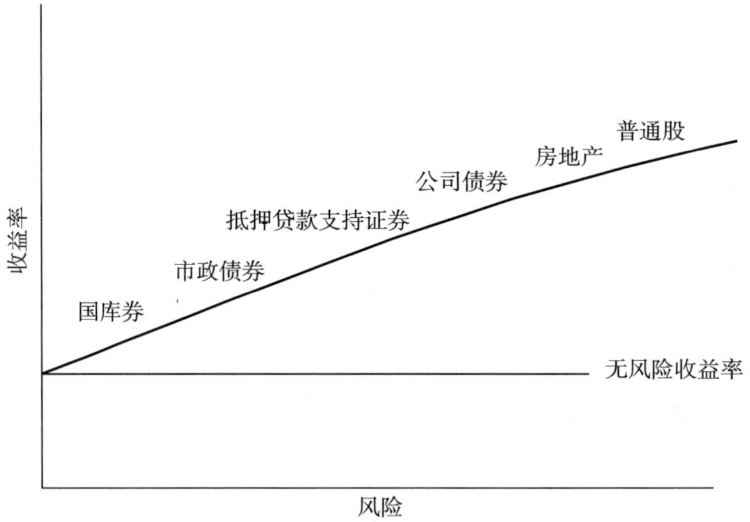


**图 13－1　风险与收益率（不同投资选择）**

可以注意到，基于图 13－1 所示的风险-收益率“等级”，具有最低收益率的美国国库券也具有最低的风险。[①] 随着沿图中的风险-收益率线向外移动，我们看到房地产投资提供了相当高的预期税前收益率，但其风险也大大高于美国国库券投资。

## 13.1.2　风险的种类

房地产投资所特有的、使其风险高于政府证券投资的投资特征是什么？与此相似，使房地产投资区别于其他可选投资（例如，图 13－1 中所表明的普通股、公司债券和市政债券）的风险特征是什么？为了回答这一问题，我们必须考虑不同种类投资间风险差别的来源。在讨论了这个问题之后，我们对从可选投资中做出决策时必须考虑的主要投资风险特征进行简要总结。

### 经营风险

房地产投资者从事租赁空间业务。因为经济活动的波动影响到房地产产生的收入的可变性，从而会产生经营风险（business risk）并遭受损失。经济条件的变化对一些房地产的影响经常比对其他房地产的影响更大，这取决于房地产的种类、地理位置和现有的租约。

① 通常认为短期国库券风险最低，可是它们也要承受一些利率风险和通货膨胀风险。

因为需求的变化、人口的变化以及其他原因，国家的许多地区和城市内的区域在经济增长率方面存在差异。比其他房地产受到的影响程度大的那些房地产将面临较高的风险。拥有多元化租户组合的房地产可能不会受到经营风险的影响。与此相似，租约为业主提供保护以防止意外的费用变动（例如租赁中的费用止付）的房地产会具有较低的风险。

### 财务风险

采用债务融资扩大了经营风险（被称为财务杠杆作用）。随着债务占房地产投资中金额的增加，财务风险（financial risk）增大。财务风险的程度也取决于债务的成本和结构。例如，给予贷款人分享房地产增值机会以换取较低的每月还款额的参与贷款，可能具有较低的财务风险。第 12 章对财务杠杆作用和包括参与贷款在内的不同种类贷款提供了进一步的讨论。

### 流动性风险

当具有众多买卖双方进行频繁交易的连续性市场不存在时，会出现这种风险。一项投资越难以变现，卖方必须向买方做出的价格方面让步的风险越大（如果卖方必须迅速处理掉资产）。房地产项目具有相对较高的流动性风险（liquidity risk），出售收益性房地产可能需要 6 个月到 1 年甚至更长的时间，特别是处于房地产投资资产需求疲软的时期，例如 20 世纪 90 年代初的形势。用于特殊目的的房地产相对于容易改成其他用途的房地产，势必具有更高的流动性风险。

### 通货膨胀风险

如果来自投资的收入的增长不足以抵消通货膨胀的影响，意外的通货膨胀会降低投资者的收益率，从而降低房地产投资的价值，一些投资项目比其他项目更容易受到通货膨胀的有利或不利影响。尽管存在通货膨胀风险（inflation risk），从历史上看，房地产投资在通货膨胀期间处于有利位置。这可能归功于使用允许净营业收入（*NOI*）随未预料到的通货膨胀的变化而调整的租约。进一步来说，房地产的重置成本倾向于随通货膨胀而增加。然而，当处于高空置时期，对房屋空间面积的需求疲软而且新的建设项目不具可行性时，来自房地产的收入并不会随未预料到的通货膨胀而增加。

### 管理风险

大多数房地产投资项目都需要管理层维持租赁和维护空间，以使投资的房地产得以保值，投资者可以获得的收益率取决于管理的能力。管理风险（management risk）是基于适应竞争条件的管理能力和管理创新的能力，以及经营业务活动的效率。一些房地产要求的管理技能高于其他类型资产。例如，地区性的商场需要不断地进行商场营销和空间面积的出租，以保持一个可行的租户组合，才能将顾客吸引到该商业区。

### 利率风险

利率的变化将影响到所有证券和投资的价格。然而，基于相对期限（短期投资相对于长期投资），一些投资资产的价格受影响的程度更高，因此增加了潜在的损失或收益，这就是利率风险（interest rate risk）。房地产是高杠杆的，因此，其权益投资者所获得的收益率可能会受到利率变化的影响。即使现有的投资者持有固定利率抵押贷款或不持有抵押贷款，利率水平的提高也可能降低以后买方愿意支付的价格。进一步来说，投资者对房地产要求的收益率倾向于随经济中总体利率水平而变动。

**法律风险**

房地产受到许多法律的约束，这些法规包括税法、租金控制法规、城市区划法规以及政府颁布的其他法规。法律风险（legislative risk）来源于如下因素：法规的改变会对投资的盈利能力造成不利的影响；某些州与地方政府比其他地方具有更多的法规限制，特别是对于新开发的区域。

**环境风险**

房地产的价值通常受到环境的影响，或者受到对现有环境潜在危害性的影响。例如，过去常用石棉作为建筑物保温材料，但是建筑物中的石棉目前被认为是一种潜在的健康危害源。某一房地产也可能受到在房址或其附近散落的或曾被掩埋的有毒废物的污染。环境风险（environmental risk）可以导致比其他风险更高的损失，因为投资者可能要承担大大超过房地产价值的清理费用。

归根结底，某特定房地产项目的潜在投资者必须估计和计算该项目的预期收益率，并将此收益率与其他特定的房地产投资及所有其他投资的收益率做出比较。在所有此类比较中，还必须仔细考虑风险差异相对于风险溢价或预期回报的差异，然后投资者必须做出最后的判断——某投资项目是否合适。

### 13.1.3 房地产投资风险分析中的尽职调查

尽职调查（due diligence）这一术语用于房地产投资领域，它用来描述投资人在考虑购买房地产时应该进行的调查。[①] 尽管所有投资者都应遵循这个过程，但是当一家公司代表其他投资人进行投资时这一点尤其重要。从本质上讲，尽职调查是一个信息发现的过程，评估投资风险是否适合给定的一组投资目标。表 13－1 列出了应进行调查的领域以及对每一领域的重要性的评论。在多数情况下，一名未来投资人应坚持，在尽职调查过程中发现的任何风险必须作为一个销售条件由目前的房地产所有者进行补救。

**表 13－1　　尽职调查样本**

| 调查领域 | 评　论 |
| --- | --- |
| 1. 租金账分析 | 通过调查，确定房地产业主提供的租金信息和承租人的付款历史记录是否准确，并寻找承租人和出租人之间是否存在可能导致未来发生冲突的异议（例如，扣留租金）。承租人的信誉和租金拖欠以及破产等方面的调查也很重要。 |
| 2. 租赁协议调查<br>展期期权<br>扩张期权<br>优先购买权<br>准许使用<br>限制性使用<br>承租人改良<br>佣金<br>停车区<br>签署期限 | 通过调查，确定租赁合同内容以及承租人拥有的期权、责任和费用的计算。这可能会影响与租金、费用和扩张等相关的未来扩张约定。还有当前业主就停车区、未来改良、佣金支付、转租权利、安装招牌等方面向承租人所做的承诺。明确并调查对现有租赁合同的任何修改。 |

① 这一术语也可用于描述应该在公司合并、合伙企业组成等情况中进行的调查。

续前表

| 调查领域 | 评　论 |
| --- | --- |
| 3. 服务和维修协议审查环境、保安、垃圾清除、电梯、安全、建筑系统、占用证书、机械、消防检查等 | 通过调查，确定建筑设备发生问题的概率和范围，以及业主采用的补救、修复、替换措施。这一领域中存在的一些长期性问题预示着未来将产生的主要开支，并带来增加保险范围的问题等。还应对所有设备的保修证书进行调查。 |
| 4. 未决或潜在问题的审查 | 通过调查，确定是否存在对房地产可能有影响的没收诉讼、税收诉讼、规章诉讼、政府诉讼或私人法律诉讼。 |
| 5. 调查所有权、契约文件以确定：<br>地役权的性质和范围<br>契约限制<br>所有权性质<br>留置权的存在<br>·融资留置权<br>·建设者留置权<br>·税收留置权<br>·判断留置权 | 通过调查，发现授予其他当事人、可能使当事人从房地产价值中受益或减损的地役权。还应该发现因未支付的税款、供应商和承包商之间在付款方面的争议以及不利于当前房地产业主的民事判决而可能产生的任何留置权。 |
| 6. 房地产调查<br>边界线<br>建筑、设施以及其他改建的位置 | 通过重点调查，确定实际改建的位置是否正确，或是否超越了法定边界或场所限制，这包括通行权、距离要求等。还应该涉及的问题包括：所有相关的道路、车道、人行道、路口、设施线、小溪、河流和排水沟的位置；所有的距离线和所有与房地产相邻、相连、相通的道路、街道和高速公路的位置。 |
| 7. 遵守政府规定<br>遵守当前的规划法令、准许使用或免受限制的条款包括：<br>·停车率<br>·距离线<br>·高度限制<br>·密度限制<br>（1）单元数目<br>（2）房屋面积比率<br>·环境规定：有毒废物、空气质量 | 调查以确定当前和预期使用的房地产是否符合规划法令。此外，调查以确定目前是否适用免受限制的条款。环境方面关注的问题可能有几个，包括有毒废物、是否会破坏湿地、树木和濒临灭绝的物种等；房地产是否位于指定的特殊水灾危险区域或百年泛洪区。这项调查通常由环境工程公司执行并要求提供一份意见书。 |
| 8. 物理检查<br>修理、维护和保修证书方面的管理文件 | 通过调查，确定设施的物理状况以及是否存在缺陷，如果存在缺陷，是否由保修支付所需修理费用。应拟定报告，确定是否存在“已建”计划和规范，评估建筑系统、结构、设施、地基、墙壁的状况以及公用设施的可用性。应该注意：是否有通信设备的存在，与“已建”计划和规范的差别以及缺陷的存在。在调查中还应注意建筑是否符合《美国残疾人法案》的规定。 |
| 9. 税收事务<br>房地产税<br>·评估价值<br>·专门评估<br>·付款记录 | 通过调查，确定所有的税收支付和评估是否为最新的。还应该注意是否存在专门的地方税收区别等。 |
| 10. 保险政策<br>11. 工程研究<br>12. 市场研究<br>13. 动产清单 | 这些调查应该包括保险索赔记录和当前房地产业主被拒绝的保险。投资人有权询问当前房地产业主委托进行的所有报告，如市场研究、工程研究等可能同交易有关的报告。为了避免纠纷，投资人可以要求一份可能与房地产一同转让的动产清单。 |

### 13.1.4 敏感性分析

我们已经讨论了评估不同的投资可选方案时必须考虑的各种风险。不幸的是，衡量投资的风险不是一件容易的事。我们将了解到，衡量风险的方法有多种，具体取决于分析师尝试量化风险的程度和方式。

与其他房地产相比，一些房地产对市场条件的意外变化更敏感。例如，非预期的通货膨胀对房地产净营业收入的影响受租赁条款的影响，如费用止付和 CPI 调整。位于可用于新开发的土地有限的地区的房地产对因为过度建造而导致空置率上升的风险可能不太敏感。

分析风险的最直接方法之一是对房地产做敏感性分析（sensitivity analysis）或假设分析。这涉及改变一个或多个存在不确定性的关键假设，以确定该房地产的投资业绩对该假设的变化有多敏感。通常在敏感性分析中检查的假设包括预期市场租金率、空置率、营运费用和预期转售价格。

敏感性分析的起点是"基本状况"，即需要分析的一组假设，这将为敏感性分析提供一个参照框架。这一系列假设通常代表分析者对最有可能情形的最佳估计。①

基本情况假设明确后，分析师首先利用基本假设计算内部收益率、净营业收入及其他投资业绩衡量尺度。然后，分析师一次改变一个或多个假设，并判断这些变化对结果的影响程度。改变假设的一般方式为：(1) 一次改变一个假设；(2) 确定几个场景中的某个特定场景内的多个假设的变化。

**一次改变一个假设**

这种方法的优点在于避免使分析师受到某个特定假定的影响。例如，在写字楼例子中，我们在一组可以看作是基本情况的特定假定下估算出的内部收益率为 20.08%，其中包括一项对房地产 5 年后转售价格为 9 700 000 美元的预测。但如果售价高于或低于这个价格又会如何呢？售价的变化对内部收益率有何影响？表 13－2 列出了可能存在的不同转售价格的内部收益率，显示了内部收益率对转售价格变化反应的敏感性。图 13－2 是对这些结果的图解。

**表 13－2　　敏感性分析**

| 转售价格（美元） | 每年变化*（%） | 税前内部收益率（*BTIRR*）（%） |
|---|---|---|
| 7 300 000 | 3.00 | 6.69 |
| 7 900 000 | 1.45 | 10.74 |
| 8 500 000 | 0.00 | 14.23 |
| 9 100 000 | 1.37 | 17.32 |
| 9 700 000 | 2.68 | 20.08 |
| 10 300 000 | 3.92 | 22.60 |
| 10 900 000 | 5.10 | 24.91 |
| 11 500 000 | 6.23 | 27.05 |
| 12 100 000 | 7.32 | 29.05 |

* 复合年变化率按购买价格 850 万美元计算。

① 在统计学意义上，"最有可能情形"将是具有最高发生概率的那一种。我们将在后面更详细地考虑概率。

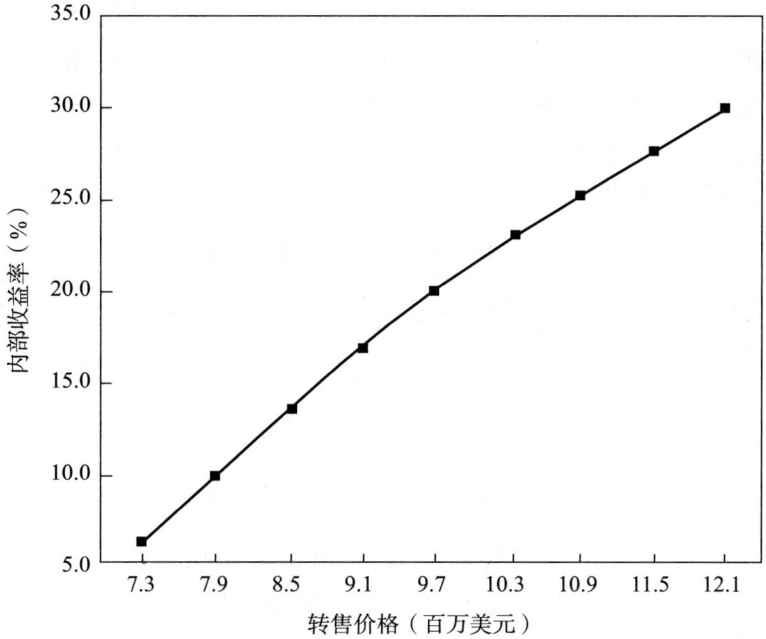


**图 13-2　纪念塔写字楼 *IRR* 对转售价格的敏感性**

**场景**

相对于每次改变单一变量的另一种选择是确定多种方案。基础状况假设可以被视为最有可能发生的情形，与此相似，我们可以设想出比较悲观的情形，其中假设反映比最有可能发生情形更差的情形。例如，空置率可能更高，这反过来可能意味着未来的市场租金较低且转售价格较低。情景分析允许分析师了解负面或最差情形假设的组合会影响多少投资业绩。同样，可以确定一系列乐观的假设，以表明如果一切顺利，投资将会有多好。我们将在本章后面说明场景的使用。

## 13.1.5　*IRR* 的分解

我们已经对房地产项目权益投资内部收益率的运用给予相当大的关注。虽然这种收益率计量方法有助于投资者确定是否应在某个项目中进行投资，但它也有助于“分解”收益率以获得对有关收益率成分的相对权重的一些认识和对有关最大部分回报获取时间的一些认识。

为了说明 *IRR* 分解（partitioning the *IRR*）意味着什么，前文提及房地产权益投资的内部收益率由两种来源的现金流量组成：（1）经营性现金流量；（2）所投资房地产出售的现金流量。

在表 13-3 中，我们介绍了写字楼例子中经营性现金流（$BTCF_O$）和房地产出售的现金流量（$BTCF_S$）中权益投资 5 年持有期的内部收益率为 20.08%。然而，因为上面提及的两种现金流量来源共同构成了 20.08%的内部收益率，我们无法知道每一个组成占总收益率的比例。对每一个组成的分解分析，对关注子项目经营性现金流量和房地产出售收入二者各自实现回报所占比例的投资者来说，将是有用的。

为了考虑这些问题，一种简单的做法是以略有不同的方式（如表 13-3 所示）重新

考虑 $BTCF_O$ 和 $BTCF_S$ 的现值。我们应该注意到，投资者预期从项目中获得的所有现金流量组成被折现，来得到 20.08%的内部收益率，然后，将 $BTCF_O$ 和 $BTCF_S$ 的现值相加得出 255 万美元的总现值。现在可以从总现值中求出 $BTCF_O$ 的现值和 $BTCF_S$ 的现值所占比例，而这些比例分别表示由现金流量构成的内部收益率部分（30%）和由来源于 5 年后升值与出售的现金流量构成的内部收益率部分（70%）。

**表 13-3　　分解内部收益率——纪念塔写字楼**

| $BTCF_O$ 的现值： | 现金流量（美元） | 现值系数 | 现值（美元） |
|---|---|---|---|
| 第 1 年 | 233 725 | 0.832 778 | 194 641 |
| 第 2 年 | 259 542 | 0.693 519 | 179 998 |
| 第 3 年 | 285 121 | 0.577 548 | 164 671 |
| 第 4 年 | 286 054 | 0.480 969 | 137 583 |
| 第 5 年 | 319 925 | 0.400 541 | 128 143 |
| 总计 | | | 805 035 |
| $BTCF_S$ 的现值： | | | |
| 第 5 年 | 4 356 755 | 0.400 541 | 1 745 057 |
| $BTCF_O$ 的现值 | | | 805 035 |
| $BTCF_S$ 的现值 | | | 1 745 057 |
| 总现值 | | | 2 550 093 |
| 比率： | | | |
| $BTCF_S$ 现值/总现值＝31.6% | | | |
| $BTCF_S$ 现值/总现值＝68.4% | | | |

为什么说内部收益率的分解是重要的呢？因为它有助于投资者确定有多少回报是依赖于每年的经营性现金流，以及有多少依赖于出售的预计现金流量。通常投资营运期将发生的计划现金流量确定性较高，特别是当它们部分取决于现存租约时。出售价格取决于持有期后将发生的预期现金流量。这样看来，内部收益率中由未来预期增值所构成的比例越大，投资者面临的风险越大。例如，写字楼的 20.08%的投资收益率，其中 30%由每年的 $BTCF_O$ 构成，70%由 $BTCF_S$ 构成。第二个项目可能也需要 255 万美元的投资并且也为投资者提供相同的 20.08%的 *IRR*。然而，在分解 *IRR* 时，我们会发现收益率的比例有很大不同——假设 3%来源于 $BTCF_O$，97%来源于 $BTCF_S$。因而，即使两项投资都具有 20.08%的 *IRR*，但在第二种情况下更大比例的回报依赖于房地产价值未来的增值。[①] 在出现这种结果的情况下，投资者可能希望更仔细地比较投资项目之间的风险差异，因为即使两个项目预计产生相同的 *IRR*，二者之间存在显著风险差异的可能性也很大。

---

① 应注意到，可能出现 *BTCF* 为负值同时 *IRR* 仍为正值的情况。因而，重要的是除了考虑 *IRR* 外还要考虑经营性现金流。

## 13.1.6 回报和风险的变化

本章所讨论的许多风险来源，例如经营风险、财务风险等，使房地产投资回报的波动性增加，从而影响到这类投资的收益率。一般来说，收益率的波动性越大，项目的风险越大。例如，考虑我们已经分析过的写字楼。假设我们正在考虑对额外两项房地产——旅馆和公寓进行投资。

为了说明问题，表 13 - 4 中包含了在两种不同的经济状况下对三类房地产 5 年投资期内部收益率的估计。实际上，表 13 - 4 给出了所有三项投资在三种不同的经济状况下，投资期内可能产生的 *IRR* 的估计值。[①] 即投资者在关于经济条件的两种假设下，对两种投资可选方案估计的租金和支出。而且，在给定每项投资适当的债务效应（有可能的话连同税赋效应）的情况下，将预测现金流量以及投资期结束时房地产价值的估计值。

计算出每一种情形下的 *IRR* 以后，投资者可以估计每一种经济状况发生的概率，它们影响到每一可选项目的收入产生潜力。将所估计的 *IRR* 乘以特定经济状况发生的概率，我们即可得出每一项投资的预期收益率。

根据表 13 - 4 中的结果，我们看到：旅馆产生的最高预期收益率为 20%，与此相比，写字楼的预期收益率为 18.52%，公寓为 15%。这是否意味着应该选择旅馆而不是写字楼和公寓？并非必然如此。现在，读者应该回顾本章中对风险特征的讨论，以及每一类投资可能如何受到这些因素的影响。提供高预期收益率的房地产，相对于具有较低回报的投资，也可能风险更高。

**表 13 - 4　　回报和风险（写字楼、公寓和旅馆）(%)**

| | 写字楼 | | | | |
|---|---|---|---|---|---|
| | 收益率（*R*） | 概率（*P*） | *R*×*P* | *R*−预期收益率 | *P*×(*R*−预期收益率) |
| 悲观的情形 | 6.17 | 25.00 | 1.54 | −12.35 | 0.381 2 |
| 最有可能的情形 | 19.64 | 50.00 | 9.82 | 1.12 | 0.006 2 |
| 乐观的情形 | 28.64 | 25.00 | 7.16 | 10.12 | 0.255 9 |
| Σ预期收益率 | | | 18.52 | 方差 | 0.643 4 |
| | | | | 标准差 | 8.02 |
| | 公寓 | | | | |
| | 收益率（*R*） | 概率（*P*） | *R*×*P* | *R*−预期收益率 | *P*×(*R*−预期收益率) |
| 悲观的情形 | 10.00 | 25.00 | 2.50 | −5.00 | 0.062 5 |
| 最有可能的情形 | 15.00 | 50.00 | 7.50 | 0 | 0 |
| 乐观的情形 | 20.00 | 25.00 | 5.00 | 5.00 | 0.062 5 |
| Σ预期收益率 | | | 15.00 | 方差 | 0.125 0 |
| | | | | 标准差 | 3.54 |

① 表 13 - 4 中的信息可以用于选择写字楼的收益率。悲观的情形假设建筑物的售价为 730 万美元，而乐观的情形假设售价为 1 210 万美元。

续前表

| | 旅馆 | | | | |
|---|---|---|---|---|---|
| | 收益率（$R$） | 概率（$P$） | $R\times P$ | $R-$预期收益率 | $P\times(R-$预期收益率） |
| 悲观的情形 | 5.00 | 25.00 | 1.25 | −15.00 | 0.562 5 |
| 最有可能的情形 | 20.00 | 50.00 | 10.00 | 0 | 0 |
| 乐观的情形 | 35.00 | 25.00 | 8.75 | 15.00 | 0.562 5 |
| ∑预期收益率 | | | 15.00 | 方差 | 1.125 0 |
| | | | | 标准差 | 10.61 |

| 总　结 | | |
|---|---|---|
| 房地产 | 预期收益率 | 风险 |
| 写字楼 | 18.52 | 8.02 |
| 公寓 | 15.00 | 3.54 |
| 旅馆 | 20.00 | 10.61 |

在比较投资的风险和回报时，分析师可以使用一些技术来补充我们之前讨论的定性分析。我们现在转向更量化地讨论预测风险的处理。

在试图处理某项投资特定的所有风险的过程中，一些研究者和市场分析者认为，这些风险（例如，经营风险、财务风险和本章讨论的其他风险）的组合会引起项目收益率变化。在我们前面的例子中，旅馆项目的风险高于写字楼或公寓的风险；而且事实上，如果仔细考察每一经济状况下的 *IRR* 估计值，将旅馆房地产与其他房地产做比较，就会发现 *IRR* 处于一个相当大的区间。事实上，如果我们用图形表示可能存在的经济自然状态出现的概率与每一种经济自然状态下预期 *IRR* 之间的关系，我们会有诸如图 13－3 所示的模式。在该图中，我们根据经济状况绘制了经济状况的概率和每项投资的预期内部收益率。我们已经将图中每一个概率点之间的曲线进行了“平滑”，以表示在这些特定的估计值之间哪一个 *IRR* 是最有可能出现的。需要从图中抓住的关键概念是，虽然旅馆的预期收益率高于写字楼的预期收益率，但旅馆预期收益率的区间远远宽于写字楼预期收益率的区间。写字楼的收益范围相对于旅馆的收益范围较窄，表明写字楼的预期收益变动性低于旅馆。许多分析师认为收益率的低变动性与低风险有关，反之亦然。因此，通过使用方差的统计度量，投资者可以了解投资风险的程度。

### 方差和风险的计量

计算收益率的统计方差是一个非常简单的过程，就像表 13－4 所显示的对三项资产的计算那样。旅馆平均收益率的标准差是 10.61%，它高于写字楼（仅为 8.02%），也高于公寓（其标准差为 3.54%）。这种离中趋势的计量值告诉我们，与旅馆房地产或写字楼相比，公寓的实际收益率很可能更接近其 15%的预期收益率。因为旅馆的标准差是 10.61%，所以与写字楼或公寓相比，旅馆接近其 20%的预期收益率的可能性较小。因而，如果收益率的变化是关于风险的一个好指标，那么旅馆显然是这三项投资中风险最大的一项。

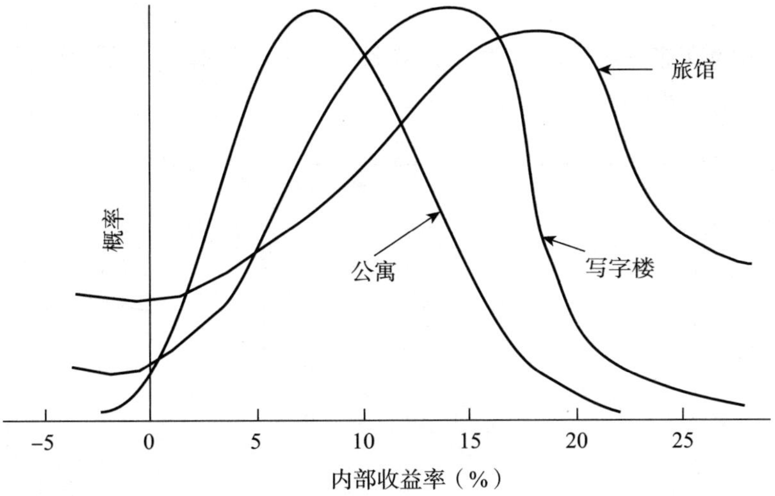


**图 13-3　内部收益率的概率分布（写字楼、公寓和旅馆）**

如果所考虑的两项投资的 *IRR* 概率呈正态分布，每一项投资收益率的标准差也给我们以有价值的信息。标准差给予我们一个特定的区间，即我们可以预计每一项投资的实际收益率偏离其预期收益率的区间。例如，对于旅馆，我们可以预期，其实际收益率在 68%的时间内处于其 20%预期收益率的±1 个标准差范围内。这意味着我们可以预期旅馆的收益率在 68%的时间内处于 9.39%～30.61%。我们同样可以预期，大约在 95.5%的时间内其实际收益率处于其预期收益率的±2 个标准差范围内，以及大约在 99.7%的时间内其实际收益率处于其预期收益率的±3 个标准差范围内。与此相对照，公寓的实际收益率处于预期收益率±1 个标准差的范围将窄得多，或者说，约在 68%的时间内处于 18.54%（＝15%＋3.54%）与 11.46%（＝15%－3.54%）之间，如此等等。

**风险和回报**

这些统计计量值，除了在作为风险代表的离中趋势和方差方面给予投资者以更加数量化的视角外，也可以在得出每单位预期收益率风险的过程中联系到 *IRR*。对于投资项目是这样做的，将 *IRR* 的标准差除 *IRR* 的预期平均值。对于写字楼这项房地产，该计算值为 8.02÷18.52＝0.433；对于旅馆房地产为 10.61÷20.0＝0.530 5；对于公寓房地产为 3.54÷15＝0.236。该统计指标被称为变异系数，是相对变异的计量值，它计量的是每单位预期收益率的风险。对于旅馆的例子，它的变异系数高于写字楼。公寓例子中的变异系数最低。这意味着公寓的每单位预期收益率的风险低于写字楼和旅馆。这种比较不是必然意味着投资者会决定不接受可以换取额外收益率的额外风险，它取决于投资者对待风险的态度。所有的投资者都被假设为风险规避者，这意味着他们要求较高的预期收益率作为其所承担额外风险的补偿。然而，我们不能说特定投资者的收益率应该是多少。如果我们已经分析的房地产各自的收益率是基于各自房地产的市场价格，那么风险和回报之间的权衡反映了市场中风险的价格，这隐含着投资者会基于上述房地产的风险和回报特征购买每一类房地产。

在图 13-4 中，我们绘出了这三类房地产中与每一类的预期收益率及风险（标准差）

的对应情况。该图与图 13-1 相似，后者表明所有房地产的风险与回报的权衡。事实上，图 13-4 所代表的这部分曲线可以被认为是图 13-1 中的曲线（在这里将房地产作为一类资产处理）中的一小块。

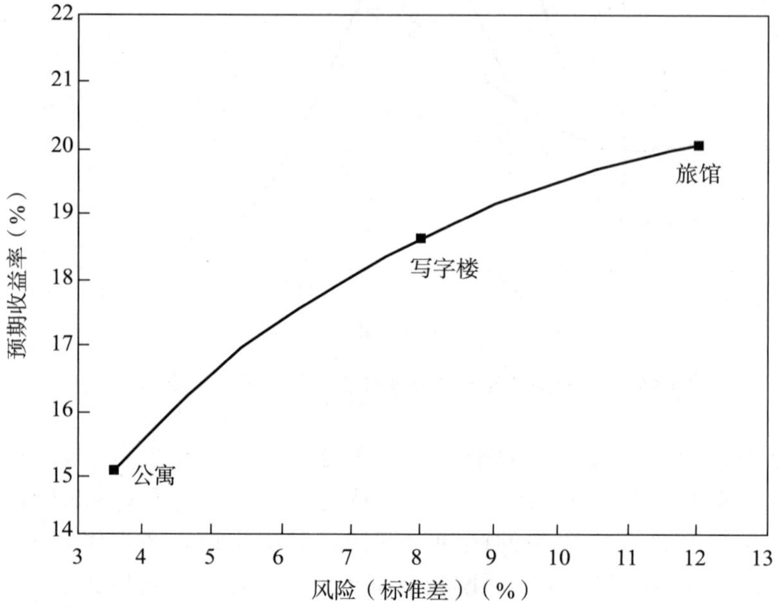


**图 13-4　风险与回报**

### 投资组合考虑

我们还未考虑将投资合并为一个投资组合来降低风险（方差）的可能性。通过制定一个对不同房地产进行投资的投资组合，并且包括股票和债券，投资人可以通过多样化的投资极大地降低风险。例如，给旅馆带来悲观前景的经济事件不一定对公寓或写字楼有影响，反之亦然，因为这三类房地产的回报之间可能并没有密切的联系。在这三类房地产之间进行多样化投资，而不是只选择其中的一种，可以降低投资组合的整体风险。因为当合并在一起时，高回报同低回报之间经常相互抵消，这使投资组合的预期平均收益率的波动减小，所以多样化投资能降低投资组合中所有投资的整体收益率的方差。在图 13-4 中，投资组合的预期收益率和方差将位于图中曲线的左侧，换句话说，它比有同一预期收益率的房地产的风险低。

## 13.2　零售案例分析——Westgate 购物中心

Westgate 购物中心是一个占地 100 000 平方英尺的社区型带状购物中心。一位投资者正在考虑购买这处房地产。他将持有该房地产 5 年，之后将其卖出，基于 10.5%的终期资本化率，该收益率与第 6 年末净营业收入相对应。销售成本是销售价格的 3%。他希望在 5 年期间能获得 11%的（税前无杠杆）收益率。

未来5年的通货膨胀率预期为每年3%。一般来说，同类购物中心的空置率约为5%，信贷损失额外为1%。虽然预期没有任何现有租户在租约结束前会离开，但事前假定的5%的“一般”空置率则允许了在租约到期前有租户离开的情况发生。

购物中心的开支预计如下：

- 房地产税第1年为40 000美元——每年增加2.5%。
- 保险费为每平方英尺0.18美元——每年增加3%。
- 公共区域维护费用[①]为每平方英尺0.75美元——每年增加3%。

现在有三个租户。

第一个租户是一家药店，承租面积为25 000平方英尺。其尚有5年租约，基本租金为每平方英尺12美元，其需按净额支付房地产税、保险以及公共区域维护的费用收回(expense recoveries)。当租约到期时，预计以当时市场租金再次出租。当前市场租金为每平方英尺12美元，预计每年增长3%直到租约期满。新的租约预计为5年期，不含费用收回。

第二个租户是一家食品店，承租面积为60 000平方英尺。其尚有13年租约，基本租金为每平方英尺8.5美元，其需按净额支付房地产税、保险以及公共区域维护的费用收回。当租约到期时，预计以当时市场租金再次出租。当前市场租金为每平方英尺9美元，预计每年增长3%直到租约期满。新的租约预计为10年期，不含费用收回。

第三个租户是一家餐厅，承租面积为5 000平方英尺。其尚有3年租约，基本租金为每平方英尺15美元，其需按净额支付房地产税、保险以及公共区域维护的费用收回。承租人还需根据其销售总额支付百分比租金（percentage rent）。当销售额超过了每平方英尺225美元的临界点（breakpoint）销售量时，需支付销售收入5%的超额(overage）租金。当前销售额为每平方英尺250美元。当租约到期时，预计以当时市场租金再次出租。成排区域当前的市场租金为每平方英尺16美元，预计每年增长3%直到租约期满。新的租约预计为3年期，不含费用收回。成排区域的承租人预期获得承租人改良[②]，当前为每平方英尺5美元但预计每年增长3%。租赁佣金将是租赁的基本租金的4%。[③]

购物中心内仍有10 000平方英尺的空置成排空间。预计该区域将租给另外两个租户。第一份租约预计该年立即签订，第二份则推迟到下一年。每一份均为期3年。当前成排空间的市场租金为每平方英尺16美元。租赁成本为收取租金的5%。对于新租户的承租人改良费用预计为每平方英尺10美元，租户需按净额支付房地产税、保险以及公共区域维护的费用收回。我们认为当这些租约在3年后续期时，它们将成为成排区域的典型租约。表13-5归纳了主要租户的假设。

---

① 这些费用被用来维护公共区域，例如走道和停车场。

② 当把空间租给新租户时通常需要进行内部装修以迎合租户需求。通常业主会设置一个装修费用的标准，若租户超过了这部分的补贴，则要么租金上涨，要么租户向建筑所有者直接支付超额租金。

③ 一般地，当把空间租给新租户时需要向外部经纪人或所有人单位的租赁代理商支付佣金。实际佣金如何计算及支付方式有多种。一种典型的方法就是用第1年租金乘以租赁佣金百分比乘以租赁期限。

**表 13-5　　Westgate 购物中心：主要承租人假设**

| 输入 | 租户 1 | 租户 2 | 租户 3 |
|---|---|---|---|
| 名称 | 药店 | 食品店 | 餐厅 |
| 租户规模（平方英尺） | 25 000 | 60 000 | 5 000 |
| 租金（美元/平方英尺） | 12.00 | 8.50 | 15.00 |
| 原租赁期限（年） | 10 | 15 | 3 |
| 市场租金（美元/平方英尺） | 12.00 | 9.00 | 16.00 |
| 市场租金上涨（%） | 3.00 | 3.00 | 3.00 |
| 销售额（美元/平方英尺） | | | 250.00 |
| 销售额年度变动（%） | | | 3.00 |
| 临界点（美元/平方英尺） | | | 225.00 |
| 超额租金（%） | | | 5.00 |
| 租赁续约期（年） | 5 | 10 | 3 |
| 租赁续约承租人改良（美元/平方英尺） | 0 | 0 | 5.00 |
| 租赁续约佣金（%） | 0 | 0 | 4.00 |
| 租户通货膨胀调整（%） | 0 | 0 | 3.00 |

表 13-6 展示了预计的经营性现金流。现有租约的租金收入以及续租的市场租金都根据每一个租户分别估计。总收入中也包含了费用收回以及餐厅的超额租金。空置区域租金收入同样包含在内。

表 13-7 展示了转售的估计现金流。表 13-8 展示了 10.48%的无杠杆内部收益率。

将 10.48%的内部收益率作为折现率，我们能够像表 13-9 所示分解 *IRR*。在此表的基础上，我们看到约 38%的 *IRR* 来自经营性现金流，62%来自转售现金流。

**表 13-6　　Westgate 购物中心——估计的经营性现金流　　单位：美元**

| 年 | 1 | 2 | 3 | 4 | 5 | 6 |
|---|---|---|---|---|---|---|
| 租赁收入 | | | | | | |
| 药店租金 | 300 000 | 300 000 | 300 000 | 300 000 | 300 000 | 0 |
| 药店市场租金* | 0 | 0 | 0 | 0 | 0 | 347 782 |
| 药店费用收回 | 33 250 | 34 198 | 35 172 | 36 175 | 37 206 | 0 |
| 食品店租金 | 510 000 | 510 000 | 510 000 | 510 000 | 510 000 | 510 000 |
| 食品店市场租金 | 0 | 0 | 0 | 0 | 0 | 0 |
| 食品店费用收回 | 79 800 | 82 074 | 84 413 | 86 820 | 89 295 | 91 841 |
| 餐厅租金 | 75 000 | 75 000 | 0 | 0 | 0 | 0 |
| 餐厅市场租金 | 0 | 0 | 84 872 | 87 418 | 90 041 | 92 742 |
| 餐厅费用收回 | 6 650 | 6 840 | 0 | 0 | 0 | 0 |

续前表

| 年 | 1 | 2 | 3 | 4 | 5 | 6 |
|---|---|---|---|---|---|---|
| 餐厅超额租金 | 6 250 | 8 125 | 0 | 0 | 0 | 0 |
| 空置区域 1 租金 | 80 000 | 80 000 | 80 000 | 0 | 0 | 0 |
| 空置区域 1 续租租金 | 0 | 0 | 0 | 87 418 | 90 041 | 92 742 |
| 空置区域 1 费用收回 | 6 650 | 6 840 | 7 034 | 0 | 0 | 0 |
| 空置区域 2 租金 | 80 000 | 80 000 | 80 000 | 80 000 | 0 | 0 |
| 空置区域 2 续租租金 | 0 | 0 | 0 | 0 | 90 041 | 92 742 |
| 空置区域 2 费用收回 | 0 | 6 840 | 7 034 | 7 235 | 0 | 0 |
| 总收入 | 1 177 600 | 1 189 915 | 1 188 526 | 1 195 066 | 1 206 623 | 1 227 849 |
| 空置区域闲置 | 80 000 | 0 | 0 | 0 | 0 | 0 |
| 总空置 | 58 880 | 59 496 | 59 426 | 59 753 | 60 331 | 61 392 |
| 有效总收入 | 1 038 720 | 1 130 419 | 1 129 100 | 1 135 312 | 1 146 292 | 1 166 457 |
| 管理费用 | 62 323 | 67 825 | 67 746 | 68 119 | 68 778 | 69 987 |
| 房地产税 | 40 000 | 41 000 | 42 025 | 43 076 | 44 153 | 45 256 |
| 保险费 | 18 000 | 18 540 | 19 096 | 19 669 | 20 259 | 20 867 |
| CAM | 75 000 | 77 250 | 79 568 | 81 955 | 84 413 | 86 946 |
| 总费用 | 195 323 | 204 615 | 208 435 | 212 818 | 217 602 | 223 056 |
| 净营业收入 | 843 397 | 925 804 | 920 665 | 922 494 | 928 690 | 943 401 |
| 空置区域 TIs | 50 000 | 50 000 | 0 | 0 | 0 | |
| 成排区域 TIs | 0 | 0 | 26 523 | 27 318 | 28 138 | |
| 总 TIs | 50 000 | 50 000 | 26 523 | 27 318 | 28 138 | |
| 空置区域 | | | | | | |
| 租赁佣金 | 12 000 | 12 000 | 0 | 0 | 0 | |
| 成排区域 | | | | | | |
| 租赁佣金 | 0 | 0 | 10 185 | 10 490 | 10 805 | |
| 总租赁佣金 | 12 000 | 12 000 | 10 185 | 10 490 | 10 805 | |
| 经营性现金流 | 781 397 | 863 804 | 883 958 | 884 686 | 889 747 | |

* 此处市场租金来自续租。

**表 13－7　　Westgate 购物中心——转售现金流　　单位：美元**

| | |
|---|---|
| 转售价格 | 8 984 768 |
| 销售成本 | 269 543 |
| 净转售收入 | 8 715 225 |

表 13-8 **Westgate 购物中心——*IRR* 计算**

| 年 | 0 | 1 | 2 | 3 | 4 | 5 |
|---|---|---|---|---|---|---|
| 总现金流 | | | | | | |
| 现金流（美元） | (8 500 000) | 781 397 | 863 804 | 883 958 | 884 686 | 9 604 972 |
| *IRR* | 10.48% | | | | | |

表 13-9 **Westgate 购物中心——*IRR* 分解**

| | | |
|---|---|---|
| 使用 *IRR* 作为折现率 | | |
| 经营性现金流现值（*PV*） | 3 204 921 美元 | 37.70% |
| 转售现金流现值 | 5 295 079 美元 | 62.30% |
| 总现值（*PV*） | 8 500 000 美元 | 100.00% |

### Westgate 购物中心场景分析

投资者想要知道在如下悲观情形下，投资收益率会是多少：

- 对现有租户来说市场租金在租赁续约期中不增长。
- 餐厅的销售额不增长。
- 总体空置率为 10%而不是 5%，以应对有租户违约的可能情况。

我们注意到，这样会导致一个更低的转售价格，因为第 6 年的资本化的 *NOI* 更低了。

表 13-10 展示了该结果。内部收益率从 10.48%跌至 7.33%。

## 13.3 租赁展期风险

在前面章节以及本章 Westgate 购物中心的例子中，我们对当前租约到期后现有租户及新租户支付的费用分别进行了假定。为了简化，我们假设在租赁续约时会发生的事情是确定的。

在实践中，现有租户是否会选择续租具有不确定性。一些也许会续租，一些也许会退出，差异非常显著。如果现有租户选择续租，那么就不会因租户退出而产生新的空置，所有者就不需要支付任何整修费用让租户续租（因为区域的配置已经满足了租户的需求）。同时，如果需要向经纪人支付租赁佣金，这也通常比另寻新租户要支付的费用低。另外，为了避免这些额外的成本和空置，所有者会愿意给予折扣，以低于市场租金的价格来吸引现有租户选择续租。

如果现有租户不打算续租，在找到新租户之前往往会产生数月的空置。另外，新的租户很可能会要求将承租人改良费用写入合约，并且还需向经纪人支付佣金。

**表 13-10　　Westgate 购物中心——悲观情形　　单位：美元**

| 年 | 1 | 2 | 3 | 4 | 5 | 6 |
| --- | --- | --- | --- | --- | --- | --- |
| 租赁收入 | | | | | | |
| 药店租金 | 300 000 | 300 000 | 300 000 | 300 000 | 300 000 | 0 |
| 药店市场租金* | 0 | 0 | 0 | 0 | 0 | 300 000 |
| 药店费用收回 | 33 250 | 34 198 | 35 172 | 36 175 | 37 206 | 0 |
| 食品店租金 | 510 000 | 510 000 | 510 000 | 510 000 | 510 000 | 510 000 |
| 食品店市场租金 | 0 | 0 | 0 | 0 | 0 | 0 |
| 食品店费用收回 | 79 800 | 82 074 | 84 413 | 86 820 | 89 295 | 91 841 |
| 餐厅租金 | 75 000 | 75 000 | 0 | 0 | 0 | 0 |
| 餐厅市场租金 | 0 | 0 | 80 000 | 80 000 | 80 000 | 80 000 |
| 餐厅费用收回 | 6 650 | 6 840 | 0 | 0 | 0 | 0 |
| 餐厅超额租金 | 6 250 | 6 250 | 0 | 0 | 0 | 0 |
| 空置区域 1 租金 | 80 000 | 80 000 | 80 000 | 0 | 0 | 0 |
| 空置区域 1 续租租金 | 0 | 0 | 0 | 80 000 | 80 000 | 80 000 |
| 空置区域 1 费用收回 | 6 650 | 6 840 | 7 034 | 0 | 0 | 0 |
| 空置区域 2 租金 | 80 000 | 80 000 | 80 000 | 80 000 | 0 | 0 |
| 空置区域 2 续租租金 | 0 | 0 | 0 | 0 | 80 000 | 80 000 |
| 空置区域 2 费用收回 | 0 | 6 840 | 7 034 | 7 235 | 0 | 0 |
| 总收入 | 1 177 600 | 1 188 040 | 1 183 654 | 1 180 229 | 1 176 501 | 1 141 841 |
| 空置区域闲置 | 80 000 | 0 | 0 | 0 | 0 | 0 |
| 总空置 | 117 760 | 118 804 | 118 365 | 118 023 | 117 650 | 114 184 |
| 有效总收入 | 979 840 | 1 069 236 | 1 065 289 | 1 062 206 | 1 058 851 | 1 027 657 |
| 管理费用 | 58 790 | 64 154 | 63 917 | 63 732 | 63 531 | 61 659 |
| 房地产税 | 40 000 | 41 000 | 42 025 | 43 076 | 44 153 | 45 256 |
| 保险费 | 18 000 | 18 540 | 19 096 | 19 669 | 20 259 | 20 867 |
| CAM | 75 000 | 77 250 | 79 568 | 81 955 | 84 413 | 86 946 |
| 总费用 | 191 790 | 200 944 | 204 606 | 208 432 | 212 356 | 214 728 |
| 净营业收入 | 788 050 | 868 292 | 860 683 | 853 775 | 846 495 | 812 929 |
| 空置区域 TIs | 50 000 | 50 000 | 0 | 0 | 0 | |
| 成排区域 TIs | 0 | 0 | 26 523 | 27 318 | 28 138 | |
| 总 TIs | 50 000 | 50 000 | 26 523 | 27 318 | 28 138 | |
| 空置区域 | | | | | | |
| 租赁佣金 | 12 000 | 12 000 | 0 | 0 | 0 | |

续前表

| 年 | 1 | 2 | 3 | 4 | 5 | 6 |
|---|---|---|---|---|---|---|
| 成排区域 | | | | | | |
| 租赁佣金 | 0 | 0 | 9 600 | 9 600 | 9 600 | |
| 总租赁佣金 | 12 000 | 12 000 | 9 600 | 9 600 | 9 600 | |
| 经营性现金流 | 726 050 | 806 292 | 824 560 | 816 857 | 808 757 | |
| 转售现金流 | | | | | | |
| 转售额 | | | | | 7 742 180 | |
| 销售成本 | | | | | 232 265 | |
| 净转售额 | | | | | 7 509 915 | |
| 年 | 0 | 1 | 2 | 3 | 4 | 5 |
| 总现金流 | | | | | | |
| 现金流 | (8 500 000) | 726 050 | 806 292 | 824 560 | 816 857 | 8 318 672 |
| 内部收益率（*IRR*） | 7.33% | | | | | |

当我们通过预测现金流对投资的折现现金流进行分析时，如第 11 章中所讨论的，或是对收益性房地产进行估值时，如第 10 章中所讨论的，需要对现存租约到期后发生的事做出假设。因为我们并不知道现存租户是否会续租，因此，在实际操作中我们需要对租约到期时的续租概率（renewal probability）做出假设。例如，如果续租的概率为 60%，这就意味着有 60%的可能性现存租户会选择续租，有 40%的可能性需要另寻新租户。

## 13.4　考虑续租概率的市场租赁假设

由于大多数租户的租约会在折现现金流分析中使用的持有期内到期，因此必须如上所述进行某些租赁预测。通常，这是通过为建筑物中各种类型的空间选择一系列市场基础预测来处理的。这些预测被称为市场租赁假设（market leasing assumptions）。预测可能与前几章提到的一样简单，也就是说，有 100%的续租概率。

在更复杂的分析中，市场租赁预测通常包括新租户不同的市场租金与续租概率，以反映现存租户将签订新租约的可能性，若现存租户不续租将会产生的找到新租户前的空置月数、新租约与续租的租赁佣金以及新租约与续租的承租人改良费用。可能有适用于整个房地产的单一市场租赁假设，或针对租赁群组的不同的市场租赁假设，甚至有特定于每个单独的租赁的假设。

单一市场租赁假设适用于一个简单的写字楼案例，其中所有的租户空间都是相似的。然而，在更复杂的零售房地产案例中，可能需要多重的市场租赁假设。例如，一个社区型购物中心可能需要独立的市场租赁假设以分别对应大租户空间、中等规模租户空间以及小租户空间。每个租约单独的市场租赁假设并不常见，尽管一个特定的租赁可以有自己的市场租赁假设，如果分析师认为它是独特的，或者分析师对于续租可能性以及租约到期后的空置期有更好的估计方法。

### 13.4.1 市场租金

当续租概率小于100%以及对续租和新租户的市场租金存在差异时，隐含租金就是这二者的加权平均值。例如，假设续租概率为60%，对新租户的市场租金为18美元，对续租者的市场租金为17美元，当租约到期时的新的隐含市场租金为：

0.60×17+0.40×18=17.40(美元)

### 13.4.2 空置月数

通常当租约到期并且未续租时，建筑所有者在寻找到新租户之前会经历一段建筑空置期。这常被称为更替空缺（turnover vacancy）。当续租概率为100%时，预期的空置月数（months vacant）即为0。当续租概率小于100%时，隐含的空置月数为（1－续租概率）乘以空置月数。例如，如果续租概率为60%，若租户不续租导致的空置月数为10，则

10×(1－0.60)=4个月空置

数字通常四舍五入为最接近的整数。

### 13.4.3 租赁佣金

如前所述，续租者的租赁佣金率可能会低于新租户。当续租概率小于100%以及对续租和新租户的租赁佣金存在差异时，隐含的租赁佣金率就是按租期复合的上述二者租赁佣金的加权平均。例如，假设续租概率为60%，对新租户的租赁佣金为5%，对续租者的租赁佣金为3%，则隐含的租赁佣金率为：

0.60×3%+0.40×5%=3.80%

### 13.4.4 承租人改良

如前所述，承租人改良率对新租户和续租租户来说可能不同。当续租概率小于100%以及对续租者和新租户的承租人改良费用存在差异时，隐含的承租人改良费用就是按租期复合的上述二者的加权平均。例如，假设续租概率为60%，对新租户的承租人改良费用为20美元，对续租者的承租人改良费用为5美元，可得：

0.60×5+0.40×20=11.00(美元)

## 13.5 工业案例分析——Worthington配给中心

现在分析的Worthington配给中心为占地140 000平方英尺的建筑。假设该房地产5

年后基于9.75%的终期资本化率卖出，该收益率与第6年末净营业收入相对应。销售成本是转售价格的5%。未来5年的通货膨胀率预计为每年3%。现在建筑内共有三个租户。

一家供电公司正租赁50 000平方英尺的空间。其尚有3年租期，每年的租金为每平方英尺12美元，不含费用收回。它已做出预测，在租约到期时会选择以市场租金续租。

第二个租户为牌业制造公司，正租赁42 500平方英尺的空间。其尚有2年租期，每年支付租金为每平方英尺6.5美元，不含费用收回。这一租户预计会在租约到期后产生空置。

第三个租户为电脑销售公司，正租赁47 500平方英尺的空间。其尚有4年租期，每年的租金为每平方英尺5.75美元，不含费用收回。该租户在租约到期后选择续租或离开尚未确定，续租概率估计为70%。

当前的市场租金对新租户来说为每平方英尺7美元，对续租者来说是每平方英尺6.5美元。在上述情形下均没有费用收回。从现在开始直至租约到期，市场租金预计以3%的速度增长。通常对新签订租约（包括新租户和续租者）的租赁期限为5年。承租人改良费用对新租户来说为5美元，对续租者而言是2美元。

新租户与续租者均需向房地产经纪人支付3%的租赁佣金。若租户没有选择续租，在找到新租户支付租金前预计会有6个月的空置期。

和房地产经营相关的费用与资本支出预测如下所示：

- 房地产税第1年为23 000美元，逐年增长2.5%。
- 保险第1年为每平方英尺0.15美元，逐年增长4%。
- 公共区域维护费用为每平方英尺0.20美元，逐年增长3%。
- 支付给房地产经纪人的管理费用为有效总收入的5%。
- 第1年屋顶修理费用为45 000美元。

若采用10.5%的无杠杆税后折现率，房地产的价值是多少？

表13－11总结了一些上文概述的关键假设。注意到，假定租户1确定续租，租户2确定离开，租户3有基于市场租赁假设的续租概率。

**表13－11　Worthington配给中心——关键假设**

| | |
|---|---|
| 建筑名称 | Worthington配给中心 |
| 地址 | |
| 城市 | 任意 |
| 国家 | 美国 |
| 建筑规模（平方英尺） | 140 000 |
| 分析起始日期 | 2000年6月1日 |
| 持有期（年） | 5 |
| 折现率 | 10.50% |
| 终期资本化率 | 9.75% |
| 销售成本 | 3.00% |

续前表

| 输入 | 租户 1 | 租户 2 | 租户 3 |
| --- | --- | --- | --- |
| 名称 | 供电公司 | 牌业制造公司 | 电脑销售公司 |
| 承租面积（平方英尺） | 50 000 | 42 500 | 47 500 |
| 租金（美元/平方英尺） | 6.00 | 6.50 | 5.75 |
| 租赁期限（年） | 3 | 2 | 4 |
| 到期时 | 续租 | 空置 | 市场 |

表 13－12 总结了空置月数、市场租金、租赁佣金、承租人改良费用的计算，基于续租概率对新租户和续租假设进行加权考虑。注意到，加权数为分析中第 1 年的情况，在通货膨胀假设下，数值会随时间变化。

表 13－13 展示了 Worthington 配给中心的现金流预测。现有租约的租金收入以及续租期间的市场租金的估计都根据每一个租户分别估计。更替空缺是由租户 2 确定离开以及租户 3 放弃续租的 30%可能性导致的。

注意，在计算现金流时，与屋顶修理相关的承租人改良费用、租赁佣金以及资本成本都需从净营业收入（*NOI*）中扣除。

最后，表 13－14 展示了转售现金流以及房地产价值的计算。转售是基于终期资本化率和第 6 年的净营业收入。销售成本扣除后得到的净转售额为 8 863 598 美元。房地产的价值为将年度现金流的现值与转售现值加总，为 7 629 201 美元。

**表 13－12　　Worthington 配给中心——市场租赁假设**

| | 租赁期限 | 续租概率（%） | 空置月数 | 市场租金（美元/平方英尺） | 租赁佣金（%） | 承租人改良费用（美元/平方英尺） |
| --- | --- | --- | --- | --- | --- | --- |
| 新租户 | 5 年 | 70.0 | 10 | 7.00 | 3.00 | 5.00 |
| 续租 | | | 0 | 6.50 | 1.00 | 2.00 |
| 加权 | | | 3 | 6.65 | 1.60 | 2.90 |

**表 13－13　　Worthington 配给中心估计现金流**　　单位：美元

| | 年 | | | | | |
| --- | --- | --- | --- | --- | --- | --- |
| | 1 | 2 | 3 | 4 | 5 | 6 |
| 收入： | | | | | | |
| 供电公司租金 | 300 000 | 300 000 | 300 000 | 0 | 0 | 0 |
| 供电公司市场租金 | 0 | 0 | 0 | 355 136 | 355 136 | 355 136 |
| 牌业制造公司租金 | 276 250 | 276 250 | 0 | 0 | 0 | 0 |
| 牌业制造公司市场租金 | 0 | 0 | 315 618 | 315 618 | 315 618 | 315 618 |
| 电脑销售公司租金 | 273 125 | 273 125 | 273 125 | 273 125 | 0 | 0 |
| 电脑销售公司市场租金 | 0 | 0 | 0 | 0 | 355 520 | 355 520 |
| 总收入 | 849 375 | 849 375 | 888 743 | 943 879 | 1 026 274 | 1 026 274 |
| 更替空缺 | 0 | 0 | 263 015 | 0 | 88 880 | 0 |

续前表

| | 年 | | | | | |
|---|---|---|---|---|---|---|
| | 1 | 2 | 3 | 4 | 5 | 6 |
| 有效总收入 | 849 375 | 849 375 | 625 728 | 943 879 | 937 394 | 1 026 274 |
| 费用： | | | | | | |
| 管理费用 | 42 469 | 42 469 | 31 286 | 47 194 | 46 870 | 51 314 |
| 房地产税 | 23 000 | 23 575 | 24 164 | 24 768 | 25 388 | 26 022 |
| 保险费 | 21 000 | 21 840 | 22 714 | 23 622 | 24 567 | 25 550 |
| CAM | 28 000 | 28 840 | 29 705 | 30 596 | 31 514 | 32 460 |
| 总费用 | 114 469 | 116 724 | 107 870 | 126 181 | 128 339 | 135 345 |
| 现金流： | | | | | | |
| 净营业收入 | 734 906 | 732 651 | 517 858 | 817 698 | 809 055 | 890 929 |
| 承租人改良 | 0 | 0 | 225 441 | 109 273 | 155 039 | |
| 租赁佣金 | 0 | 0 | 47 343 | 17 757 | 28 442 | |
| 总 TI 和 LC | 0 | 0 | 272 784 | 127 030 | 183 480 | |
| 资本成本 | 45 000 | 0 | 0 | 0 | 0 | |
| 现金流 | 689 906 | 732 651 | 245 074 | 690 669 | 625 575 | |
| 现值系数 | 0.904 98 | 0.818 98 | 0.741 16 | 0.670 73 | 0.607 00 | |
| 现金流现值 | 624 350 | 600 030 | 181 640 | 463 256 | 379 724 | |

**表 13-14　Worthington 配给中心——转售与估计价值**　单位：美元

| 转售计算： | | 价值 | |
|---|---|---|---|
| 转售额 | 9 137 730 | 转售现值 | 5 380 203 |
| 销售成本 | 274 132 | 转售现金流现值 | 2 248 999 |
| 净转售额 | 8 863 598 | 价值 | 7 629 201 |
| 现值系数 | 0.607 00 | | |
| 转售现值 | 5 380 203 | | |

# 13.6　风险与杠杆

如前所述，“财务风险”是一种由于财务杠杆使用而产生的风险。财务杠杆的使用让权益投资者的收益率的不确定性增加。这可以通过例子来展示杠杆如何影响预期收益率及其标准差。

假设一房地产以 100 000 美元购置，其初始 *NOI* 为 9 000 美元。5 年后售出，基于 10.5%的终期资本化率，该收益率与第 6 年末净营业收入相对应。投资的三种可能情形如表 13-15 所示。

**表 13-15**

| 情形 | 净营业收入增长率（%） | 概率（%） |
|---|---|---|
| 悲观 | −3.00 | 30 |
| 最有可能 | 0 | 50 |
| 乐观 | 3.00 | 20 |

每种情形下的无杠杆内部收益率（*IRR*）在表 13-16 中展示。收益率在 4.33%～10.21%间变动。表 13-17 展示了预期收益率为 6.98%，其标准差为 2.06%。

现在假设投资者在购置房地产进行融资时，以 6%的利率使用了 70%的 25 年期借款（70 000 美元），为简单起见，假设为年度摊还。杠杆收益率的计算在表 13-18 中展示。

收益率在−0.45%～18.59%间变动。在悲观情形下，无杠杆收益率为 4.33%。对于 6%利率下的贷款，在该情形下为消极的杠杆。（在之前章节中讨论到，当无杠杆收益率低于债务成本时，杠杆效应是不利的。）因此，在该情形下，杠杆收益率低于无杠杆收益率。

在最有可能情形下，无杠杆收益率是 7.27%。因此，杠杆效应为正，该情形下的杠杆收益率为 10.22%。

**表 13-16　　三种情形下的无杠杆收益率　　单位：美元**

| | | | | 悲观情形 | | | |
|---|---|---|---|---|---|---|---|
| 年 | 0 | 1 | 2 | 3 | 4 | 5 | 6 |
| 购买 | −100 000 | | | | | | |
| 净营业收入 | | 9 000 | 8 730 | 8 468 | 8 124 | 7 968 | 7 729 |
| 转售 | | | | | | 77 286 | |
| 总现金流 | −100 000 | 9 000 | 8 730 | 8 468 | 8 124 | 85 254 | |
| 内部收益率 | 4.33% | | | | | | |
| | | | | **最有可能情形** | | | |
| 年 | 0 | 1 | 2 | 3 | 4 | 5 | 6 |
| 购买 | −100 000 | | | | | | |
| 净营业收入 | | 9 000 | 9 000 | 9 000 | 9 000 | 9 000 | 9 000 |
| 转售 | | | | | | 90 000 | |
| 总现金流 | −100 000 | 9 000 | 9 000 | 9 000 | 9 000 | 99 000 | |
| 内部收益率 | 7.27% | | | | | | |
| | | | | **乐观情形** | | | |
| 年 | 0 | 1 | 2 | 3 | 4 | 5 | 6 |
| 购买 | −100 000 | | | | | | |
| 净营业收入 | | 9 000 | 9 270 | 9 548 | 9 835 | 10 130 | 10 433 |
| 转售 | | | | | | 104 335 | |
| 总现金流 | −100 000 | 9 000 | 9 270 | 9 548 | 9 835 | 114 464 | |
| 内部收益率 | 10.21% | | | | | | |

表 13-17　　无杠杆回报的预期收益率与标准差

| 情形 | 收益率（*R*）（%） | 概率（*P*）（%） | 收益率×概率（%） | 实际收益率－预期收益率（%） | 概率×(实际收益率－预期收益率)$^2$（%） |
|---|---|---|---|---|---|
| 悲观 | 4.33 | 30 | 1.30 | −2.64 | 0.021 0 |
| 最有可能 | 7.27 | 50 | 3.64 | 0.29 | 0.000 4 |
| 乐观 | 10.21 | 20 | 2.04 | 3.23 | 0.020 9 |
| | | 预期收益率 | 6.98% | | |
| | | 方差 | 0.04% | | |
| | | 标准差 | 2.06% | | |

对于乐观情形，无杠杆收益率为 10.21%。在这种情形下，杠杆的积极效应更明显，此时杠杆收益率为 18.59%。

我们也能计算出杠杆的预期收益率和标准差，如表 13-19 所示。

杠杆的预期收益率为 8.69%，高于无杠杆收益率。这是因为无杠杆的预期收益率 6.98%超过了 6%的利息成本。非常重要的一点是，第 12 章中所讨论的杠杆关系对预期收益率同样适用。这说明，当无杠杆的预期收益率超过债务的成本时，杠杆的预期效应将是积极的。

表 13-18　　每种情形下的杠杆回报　　单位：美元

| | | | | 悲观情形 | | | |
|---|---|---|---|---|---|---|---|
| 年 | 0 | 1 | 2 | 3 | 4 | 5 | 6 |
| 购买 | −100 000 | | | | | | |
| 贷款 | 70 000 | | | | | | |
| 净营业收入 | | 9 000 | 8 730 | 8 468 | 8 214 | 7 968 | 7 729 |
| 还款 | | −5 476 | −5 476 | −5 476 | −5 476 | −5 476 | |
| 转售 | | | | | | 77 286 | |
| 贷款余额 | | | | | | −62 808 | |
| 总现金流 | −30 000 | 3 524 | 3 254 | 2 992 | 2 738 | 16 970 | |
| 内部收益率 | −0.45% | | | | | | |
| | | | | 最有可能情形 | | | |
| 年 | 0 | 1 | 2 | 3 | 4 | 5 | 6 |
| 购买 | −100 000 | | | | | | |
| 贷款 | 70 000 | | | | | | |
| 净营业收入 | | 9 000 | 9 000 | 9 000 | 9 000 | 9 000 | 9 000 |
| 还款 | | −5 476 | −5 476 | −5 476 | −5 476 | −5 476 | |
| 转售 | | | | | | 90 000 | |
| 贷款余额 | | | | | | −62 808 | |
| 总现金流 | −30 000 | 3 524 | 3 524 | 3 524 | 3 524 | 30 716 | |
| 内部收益率 | 10.22% | | | | | | |

续前表

| | 乐观情形 | | | | | | |
|---|---|---|---|---|---|---|---|
| 年 | 0 | 1 | 2 | 3 | 4 | 5 | 6 |
| 购买 | −100 000 | | | | | | |
| 贷款 | 70 000 | | | | | | |
| 净营业收入 | | 9 000 | 9 270 | 9 548 | 9 835 | 10 130 | 10 433 |
| 还款 | | −5 476 | −5 476 | −5 476 | −5 476 | −5 476 | |
| 转售 | | | | | | 104 335 | |
| 贷款余额 | | | | | | −62 808 | |
| 总现金流 | −30 000 | 3 524 | 3 794 | 4 072 | 4 359 | 46 181 | |
| 内部收益率 | 18.59% | | | | | | |

**表 13－19　　杠杆回报的预期收益率与标准差**

| 情形 | 收益率（$R$）（%） | 概率（$P$）（%） | 收益率×概率（%） | 实际收益率－预期收益率（%） | 概率×(实际收益率－预期收益率)$^2$（%） |
|---|---|---|---|---|---|
| 悲观 | −0.45 | 30 | −0.13 | −9.14 | 0.25 |
| 最有可能 | 10.22 | 50 | 5.11 | 1.53 | 0.01 |
| 乐观 | 18.59 | 20 | 3.72 | 9.90 | 0.20 |
| | | 预期收益率 | 8.69 | | |
| | | 方差 | 0.46 | | |
| | | 标准差 | 6.77 | | |

同样注意到表 13－19 中杠杆收益率的标准差（6.77%）高于无杠杆收益率的标准差（2.06%）。这是因为，当使用杠杆时，回报的变动性随之增加。在悲观情形下的回报变得更低，在乐观情形下的回报变得更高。

重要的一点是，无论杠杆是积极的还是消极的，杠杆回报的风险和标准差均大于无杠杆回报。即，即使从回报上来看杠杆是消极的，此时杠杆回报的标准差依旧高于无杠杆回报。

## 13.7　投资决策的“实物期权”方法

在本章前面部分，我们讨论了如何基于不同结果的概率分布来计算投资的“期望价值”和“期望回报”。这考虑到了在做出投资决策时对未来事件发生的不确定性。当我们必须决定当下是否以特定价格购买一项资产时，这种方法经被用于评估投资的期望回报，因为该项投资在未来的表现是不确定的。

然而，在通常情况下，我们不必完全承诺在一个时间点投资我们所有的资本。例如，有一个开发项目，我们今天可以购买土地，但等待一段时间后再决定是否开始建造一座建筑物。市场可能不会这样，立即开工是可行的，但开发商可能认为，市场将在下一年或之后有改进的大好机会，使得这种方式也是可行的。与此相反，市场可能没有改善，建筑也不应该建造。然而，开发商可能想继续购买土地，这样，如果市场好转，它就有能力建设该建筑。这块土地今天可能出售，开发商可能担心如果它不购买，另一个开发商会选择购买该土地。

在这样的情况下，已购买土地但可以等待决定是否开始建设的开发商可以说在土地方面有“实物期权”（real option）。这种期权是指在未来开发一座建筑物。开发商不一定要选择开发建设这栋大楼，土地可以空置（也许是租给农民，以便产生一些收入）。因此，开发商能够基于未来的经济条件选择是否开发建设土地。

必须注意的是，我们不是在谈论开发商在一段时间后从土地出售者处获得购买土地的期权。这通常也是一种处理不确定性的方法，即是否应该对建筑进行开发建设，特别是当开发商可能需要获得分区变更或开发许可，而它能否得到开发许可也是不确定的时。

该策略涉及开发商使用期权以应对风险。但需要注意的是，即使在从出售者处购买土地时没有使用期权，这也仍然给予了开发商关于是否开发建设土地的期权。这被称为“实物期权”。

在购买土地时，认识到期权存在的重要原因在于，这会影响我们对土地支付意愿的分析。为了说明这一点，我们将使用一个例子。我们先忽视拥有土地的期权方面，然后我们将返回到考虑期权的重要性。

考虑如下假设：

- 如果那时租金水平使施工可行，开发商计划在一年内开始建设一座建筑物。
- 该建筑的建设成本为 80 万美元。
- 在建设的第 1 年后，*NOI* 将为 13 万美元的概率为 50%，*NOI* 将达到 7 万美元的概率为 50%。
- 在任何一种情况下，预计 *NOI* 将在第 1 年后每年增加 2%。

如果开发商想要 12%的回报，开发商愿意为土地支付多少钱?

### 13.7.1 传统的土地估值方法

注意到，这与第 10 章讨论的最佳用途分析类似。在该章中，我们首先基于 *NOI* 得出土地价值，然后减去建筑物的建设成本，得到土地的剩余价值。这一过程适用于该章的几个可能用途分析，以确定最佳用途，最大限度地发挥土地价值。

但是在第 9 章，我们假设每一种潜在用途的 *NOI* 都是确定的，或者说是真正的“期望的” *NOI*，尽管我们没有明确地考虑不同场景下 *NOI* 的概率分布。

在此案例下，预期的 *NOI* 如下所示：

$$\text{预期的 } NOI = 0.50 \times 130\ 000 + 0.50 \times 70\ 000 = 100\ 000(\text{美元})$$

资本化率为 10%（12%的折现率减去 *NOI* 的 2%的增长率），因此，该房地产在建造之后的价值为 $\frac{100\ 000}{0.10} = 1\ 000\ 000$（美元）。减去 800 000 美元的建设成本后，第 1 年初（在建造完成之后）的价值为 200 000 美元。因为建造工程一年内并未开始，因此我们需要在此基础上以 12%的折现率额外往前折现一年，该方法下土地现在的价值为$\frac{200\ 000}{1.12}$=178 571（美元）。

假设这种用途使土地的价值最高，满足最佳用途，我们可以预期开发商愿意为土地支付 178 571 美元。

## 13.7.2 实物期权的土地估值方法

我们在上述方法中没有考虑到的是，开发商不需要当下立即做出该建筑一年内是否进行建设开发的决定。开发商可以购买土地（因此它与土地捆绑），但要等待至年末，在进行决策之前才能知道那时的 *NOI*。

如果在年末 *NOI* 为 130 000 美元，建筑价值为$\frac{130\ 000}{0.10}$=1 300 000（美元），远远超过建设成本 800 000 美元，使土地价值为 500 000 美元。但如果年末 *NOI* 为 70 000 美元，建筑价值仅为 700 000 美元，低于建设成本 800 000 美元，那么开发建设是不可行的。此时土地价值为 0 美元，假设没有例如农耕的临时用途。

因此，开发商实际是在考虑如下情况。有 50%的可能 *NOI* 为 130 000 美元，它会选择进行开发建设，建筑价值为 1 300 000 美元。同样也有 50%的可能土地一年后一文不值。但是土地一年之后不会有负的价值！开发商只会选择让其空置。事实上，它仍然拥有在未来某个时点在土地上建设开发的期权，但为了简化，我们假设土地价值为 0 美元。这些情形如图 13－5 所示。

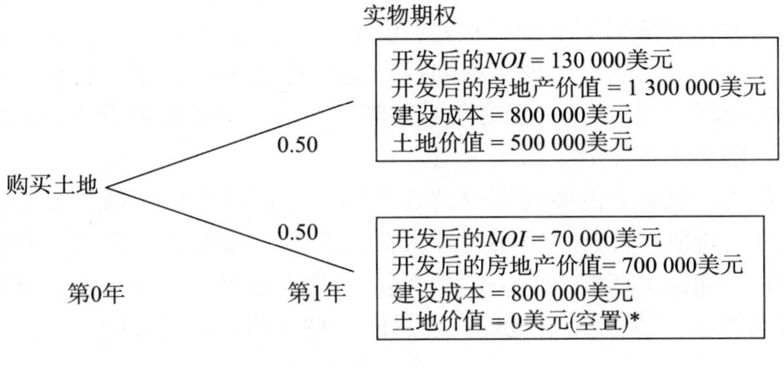


**图 13－5**

* 土地价值是房地产价值减建设成本的结果或零，取这两个数值之间的较高者。

基于上述与一年后土地可能的价值相关的情形及概率分布，一年后的土地价值为：

土地价值＝0.50×500 000＋0.50×0＝250 000(美元)

将该值以 12%的折现率向前折现一年至当下，我们得到：

250 000/1.12＝223 214(美元)

注意到，上述方法得到的土地价值比先前讨论的传统估值法所得价值 178 571 美元更高。差额为 223 214－178 571＝44 643（美元）。该差额代表着等待决定是否进行开发建设的期权的价值。它是空置土地所有权所固有的期权的价值，土地买方有选择在未来开发建设土地的期权。

**Web App**

环境风险对于房地产投资者来说非常重要，因为减轻此类风险的相关成本非常显著。访问本章中推荐的“参考网站”，例如 www. environmental-center. com，或使用搜索引擎搜索“环境风险”。选择一类环境风险，总结风险的本质以及为什么对于房地产投资者来说这是一个关注点。

### 13.7.3 实物期权扩展与策略

上述例子旨在简化说明房地产投资中考虑期权的重要性。在上例中，在期权存在的情况下土地价值更高。最有可能购买土地并决定该处最佳用途的开发商，是充分认识到期权价值的人。

在许多情况下，房地产投资中隐含着期权。一些补充例子如下所示：

● 购买初始使用之外的多余土地是未来开发的一种期权。例如，购物中心的开发商可以购买更多的土地，而不仅仅是购物中心（包括停车场）所需的土地。这块土地可能在未来被开发为零售项目，甚至是公寓或办公区域。

● 一个开发项目可以有不同的开发阶段。例如，一个场地可能允许三座不同的公寓或公寓大楼，但最初只能建造一座。这样，开发商便可以在决定兴建额外建筑之前，先看看第一座建筑的租金或售价。同样地，一个土地开发项目（在第 17 章中详细讨论）可以有不同的开发阶段，道路、下水道等首先只在一个阶段投入使用，然后只有在第一阶段的地块销售足够好的情况下才会投入更多资金。

● 有能力翻新建筑物也是一种实物期权。这座建筑不必整修，它也可以“原样”使用。因此，业主/投资者在投入资金之前可以观望，看看市场是否会支持翻新。在当前条件下（改造前）购买建筑类似于购买土地。

这些只是房地产投资中的实物期权的几个例子。这些期权可以显著影响投资者如何看待房地产投资的价值。此外，精明的开发商通常可以通过创建开发策略的方式创建期权。项目应为开发商提供期权，以决定是否在未来的时间点上注入额外资金（例如上文讨论的阶段性示例），以最大限度地提高项目的预期价值并降低风险。

## 总　结

本章探讨了进行投资分析时考虑风险的重要性。若风险程度不同，替代投资的收益率不能直接进行比较。我们介绍了投资者可以用于衡量房地产投资风险的几种方法，包括敏感性分析、场景分析、*IRR* 分解以及运用概率分布来计算预期收益率及其标准差。

我们通过分析杠杆如何影响预期收益率及其标准差，能够更细致地探讨在风险方面的杠杆效应（在前面章节中有所介绍）。我们发现无论杠杆是积极的还是消极的，标准差均随杠杆的使用而增大。

在两个案例分析（工业房地产和购物中心）中我们引入了风险分析，并且提供了特定房地产类型的现金流估计方法。先前的章节介绍了公寓和写字楼投资。

续租概率可被用来探讨如何解决租约到期时租户是否会选择续租的不确定性问题。我们关注在续租时这是如何影响承租人改良、租赁佣金以及空置率的。

最后，实物期权这一概念的引入提供了研究房地产投资价值的方法，投资者在初始投资之后有决定是否追加资金投资的期权。我们发现，拥有延迟或放弃追加额外投资的期权将会增加投资的价值。这可以由空置土地的使用来解释，购买土地后给予了所有者选择开发或者不开发土地的权利。

虽然这是本书中唯一正式探讨风险的一章，但是本章汇总的概念以及方法都需要牢记于心，以用于本书其他部分的分析。

## 关键术语

临界点
环境风险
利率风险
管理风险
超额
实物期权
敏感性分析
经营风险
财务风险
法律风险
市场租赁假设
*IRR* 分解
续租概率
更替空缺
尽职调查
通货膨胀风险
流动性风险
空置月数
百分比租金
场景

## 参考网站

www.ecologeris.com——该网站是一个加拿大的环境风险相关数据库。

## 问　题

1. *IRR* 分解是什么含义？为什么该过程有意义？
2. 什么是风险溢价？为什么在抵押贷款利率和房地产投资的权益收益率间存在这种溢价？
3. 当分析房地产时，需要考虑哪些种类的风险？
4. 经营风险和财务风险之间有什么区别？
5. 为什么将方差（标准差）作为风险的度量？这种度量方式的优缺点是什么？
6. “实物期权”是什么意思？
7. 零售区域的“超额租金”是什么意思？
8. 场景分析和敏感性分析有什么不同？

## 习　题

1. 两种投资有以下预期收益率：

| 投资 A | | | | | |
|---|---|---|---|---|---|
| 年 | 1 | 2 | 3 | 4 | 4（出售） |
| *BTCF*（美元） | 5 000 | 10 000 | 12 000 | 15 000 | 120 000 |
| 投资 B | | | | | |
| 年 | 1 | 2 | 3 | 4 | 4（出售） |
| *BTCF*（美元） | 2 000 | 4 000 | 1 000 | 5 000 | 180 000 |

投资 A 需要的支出为 110 000 美元，投资 B 的支出为 120 000 美元。

a. 每一种投资方式的 $BTIRR$ 为多少？

b. 如果基于 $BTCF_O$ 和 $BTC_S$ 分解 $BTIRR$，各部分的比例为多少？

c. 这些比例意味着什么？

2. Mike Riskless 正在考虑两个项目。他估计了三种情形下的 *IRR* 以及各种情形发生的概率。

| 经济状态 | 概率 | 投资Ⅰ的预期 *BTIRR* | 投资Ⅱ的预期 *BTIRR* |
|---|---|---|---|
| 乐观情形 | 0.20 | 0.15 | 0.20 |
| 最有可能情形 | 0.60 | 0.10 | 0.15 |
| 悲观情形 | 0.20 | 0.05 | 0.05 |
| | 1.00 | | |

Mike 认为投资Ⅱ的回报相对于投资Ⅰ更为诱人；然而他认为投资Ⅱ的风险高于投资Ⅰ。他希望能够综合考虑风险和回报来比较两种投资。你的建议是什么？

3. 一名投资者设想了一个项目可能出现的三种情形：

- 悲观情形——第 1 年的 *NOI* 为 200 000 美元，在 5 年的持有期内每年下降 2%。该房地产在第 5 年以 180 万美元售出。
- 最有可能情形——在未来 5 年持有期中，*NOI* 为 200 000 美元。房地产最终以 200 万美元售出。
- 乐观情形——第 1 年的 *NOI* 为 200 000 美元，在 5 年的持有期内每年上升 3%。该房地产在第 5 年以 220 万美元售出。

该房地产的报价为 200 万美元。投资者认为悲观情形出现的概率为 30%，最有可能情形出现的概率为 40%，乐观情形出现的概率为 30%。

a. 计算每种情形下的 *IRR*。

b. 计算预期 *IRR*。

c. 计算 *IRR* 的方差和标准差。

d. 与一个预期收益率为 12%、标准差为 4%的项目相比，该项目是否更好？

4. 运用习题 3 中同样的信息。现在假定数额为 150 万美元的贷款，利率为 10%，期限为 15 年。

a. 计算权益的预期 *IRR* 及其标准差。

b. 对比（a）的结果与习题 3 的结论。贷款风险是否增加了？请解释。

5. 一个开发商计划在一年内开始一座建筑的建设，假设在该时点租金水平使开发可行。在该时点，建设成本为 1 000 000 美元。建设开始后的第 1 年间，有 60%的可能 *NOI* 为 150 000 美元，有 40%的可能 *NOI* 为 75 000 美元。在任一种情况下，*NOI* 均预计在第 1 年后每年增长 2%。如果开发商想要的收益率为 12%，它愿意为土地支付多少钱？

# 第 14 章　收益性房地产的处置与翻新

我们在之前的章节中介绍了收益性房地产，并重点关注了房地产投资收益的度量，以及财务杠杆、联邦所得税及其他因素对投资收益的影响程度。投资收益总是基于该房地产的预计持有期计算。在本章中，我们进一步观察投资者选择特定资产持有期的影响因素。同时我们也会考虑如翻新或再融资等其他处置方式。

## 14.1　处置决定

投资者基于在某一预计持有期内的可以得到的期望收益进行房地产投资。这就是说，在购买房地产时，投资者基于自身预期，对房地产未来表现进行多种方式的度量判断。然而在进行投资后，许多因素的改变都可能对房地产的实际价值产生影响。这些因素也可能同时影响着投资者对于这一房地产是否可以继续满足投资需求的判断。比如，市场租金可能不如预期中上升得快，这会导致投资者现金流减少。同时，税法也有可能改变。正如我们在第 11 章中所看到的，税法经常被修订，这会对房地产市场中潜在新投资者和现有投资者造成不同的影响。因此，投资者应当定期评估，判断是否应当处置（disposition）所持房地产，即卖掉它。

即使投资者对于房地产未来价值的判断是准确的，其他因素也会使投资者决定在持有一段时间后出售所持房地产。其中一个重要因素就是财务杠杆可能带来的潜在收益，我们在之前的几章中对此进行过讨论。假设房地产抵押贷款具有正的摊还，未偿还的抵押贷款余额每年下降，投资者的权益比重上升。这使得投资者未来出售房地产时可以得到更多的回报，这样看来权益累积（equity buildup）似乎是吸引人的。但这同时意味着投资者有更多的资金被捆绑在所投房地产上，无论这种上升是否在预期之内。

权益累积代表了如果投资者卖掉房地产能够得到的、可以投资于其他资产的资金。这是没有出售所持房地产的机会成本。如果房地产被出售，投资者可能收到的收益可以被认为是为了多持有该房地产一段时间而进行的投资金额。但除非进行再融资，否则经营房地产仍需要大笔权益资本。另外，尽管贷款年还款额没有变，但是偿还金额中的利息部分逐年减少，从而使得税收扣除部分减少。因此，投资者可以从财务杠杆中得到的收益在逐年降低。

## 房地产处置的决定原则

接下来，我们将要考虑投资者决定处置还是持有某房地产的影响因素。这一分析基于边际收益原则，投资者在面对上述决策时会利用这一原则。

为了阐述这一选择标准，我们假设投资者在 5 年前投资了价值为 20 万美元的小型零售房地产 Apex 中心，该中心已建成 15 年。其中 75%为抵押贷款融资，为期 25 年，利率为 11%。初始投资中有 80%（16 万美元）用于购买建筑，20%投于土地。投资者对建筑投资部分按直线折旧法进行折旧。我们假设建筑资产尚有 19 年存续期，该投资者在过去 5 年中的边际税率为 50%。[①] 表 14 - 1 表明了该投资在过去 5 年中的运营成果。

**表 14 - 1　　Apex 中心历史运营成果　　单位：美元**

| | 年 | | | | |
|---|---|---|---|---|---|
| | 1 | 2 | 3 | 4 | 5 |
| A. 税前现金流 | | | | | |
| 租金收入 | 39 000 | 40 560 | 42 182 | 43 870 | 45 624 |
| 减营运费用 | 19 500 | 20 280 | 21 091 | 21 935 | 22 812 |
| 净营业收入 | 19 500 | 20 280 | 21 091 | 21 935 | 22 812 |
| 减债务支付（*DS*） | 17 642 | 17 642 | 17 642 | 17 642 | 17 642 |
| 税前现金流 | 1 858 | 2 638 | 3 449 | 4 293 | 5 170 |
| B. 应税收入或损失 | | | | | |
| 净营业收入 | 19 500 | 20 280 | 21 091 | 21 935 | 22 812 |
| 减利息 | 16 441 | 16 302 | 16 146 | 15 973 | 15 780 |
| 折旧 | 8 421 | 8 421 | 8 421 | 8 421 | 8 421 |
| 应税收入（损失） | −5 362 | −4 443 | −3 476 | −2 460 | −1 389 |
| 税收 | −2 681 | −2 221 | −1 738 | −1 230 | −695 |
| C. 税后现金流 | | | | | |
| 税前现金流 | 1 858 | 2 638 | 3 449 | 4 293 | 5 170 |
| 减去税收 | −2 681 | −2 221 | −1 738 | −1 230 | −695 |
| 税后现金流 | 4 539 | 4 859 | 5 187 | 5 523 | 5 865 |

① 税法条例会经常改变，本例的目的在于揭示税法及其他影响因素的改变如何影响房地产处置决定，而不在于阐述某一税收制度。第 11 章介绍了本书本次修订时的税法现状。

我们假设现在 Apex 中心可以以 25 万美元的价格卖掉，销售成本为售价的 6%。表 14-2 给出了现在卖出房地产的现金流状况。我们假设卖出房地产所得被征收的最高税率为 28%，这是投资者现在出售房地产所要交纳的部分。由于税法的改变，这一税率可能与投资者在购买房地产时所预期的不同。

根据表 14-2 中的数据，我们可以计算如果现在出售该房地产，投资者在过去 5 年中所实现的收益率。表 14-3 给出了现金流汇总。

**表 14-2　今日出售可得现金流估计**　单位：美元

| | | | |
|---|---|---|---|
| 售价 | | | 250 000 |
| 减销售成本（6%） | | | 15 000 |
| 减抵押贷款余额 | | | 142 432 |
| 税前现金流（*BTCF*） | | | 92 568 |
| 销售年税费 | | | |
| 售价 | | 250 000 | |
| 减销售费用 | | 15 000 | |
| 原始成本基数 | 200 000 | | |
| 减累计折旧 | 42 105 | | |
| 调整基数 | | 157 895 | |
| 资本利得税（28%） | | 77 105 | |
| 销售税费 | | | 21 589 |
| 销售后税后现金流（$ATCF_s$） | | | 70 979 |

**表 14-3　今日出售现金流分析**

| | 年末 | | | | | |
|---|---|---|---|---|---|---|
| | 0 | 1 | 2 | 3 | 4 | 5 |
| 税前现金流（美元） | −50 000 | 1 858 | 2 638 | 3 449 | 4 293 | 97 738 |
| 税后现金流（美元） | −50 000 | 4 539 | 4 859 | 5 187 | 5 523 | 76 843 |
| 税前 *IRR*=18.26% | | | | | | |
| 税后 *IRR*=14.83% | | | | | | |

我们看到，如果此时房地产被卖出，该投资所得到的税前内部收益率（*BTIRR*）为 18.26%，税后内部收益率（*ATIRR*）为 14.83%。但这些数字真的有助于我们决定是否出售房地产吗？例如，假设投资者原本所期望的税后收益率为 16%，但现在发现出售房地产所得收益率仅为 14.83%。这是否意味着房地产应当被处置？这很难说。我们只能说该房地产的运营情况没有原本期望的好。因为它在将来也许会成为一项成功的投资。

如果上面计算出的历史收益率可以表明该房地产的未来价值，那么它应当反映在现期出售价格中，该价格决定于一个典型买方所期望的房地产未来的价值。然而，未来的价值与历史收益率未必相关。

## 14.2　持有期内部收益率与房地产出售

如果我们要判断投资者是否应该保留房地产，我们应该估算该房地产的未来价值。投资者面临的主要问题是是否应该出售 Apex 中心并将出售所得进行其他投资。假设投资者认为可以准确预测未来 5 年的房地产价值，表 14-4 显示了未来 6～10 年的税后现金流（*ATCF*）。投资者相信未来 5 年中，租金收入和费用不会保持 4%的增长速度，而是会以 3%的速度增长。表 14-4 显示，基于原始资本和初始折旧计算方法，每年的折旧金额仍然是 8 421 美元。尽管我们在之前假设，本例中一个新的投资者将会面临一种新的资产折旧方式，但在税法变化之前已经持有资产的人通常不需要更改他们的折旧计算方法。假定在接下来的 5 年中，投资者面临的税率为 28%。注意，分期付款和利息费用的计算仍然基于初始融资额。

**表 14-4**　**Apex 中心预计未来运营成果（如果未出售）**　单位：美元

| | 年（购买后） | | | | |
|---|---|---|---|---|---|
| | 6 | 7 | 8 | 9 | 10 |
| A. 税前现金流 | | | | | |
| 租金 | 47 450 | 48 872 | 50 340 | 51 850 | 53 404 |
| 减费用 | 23 725 | 24 436 | 25 170 | 25 925 | 26 702 |
| 净营业收入 | 23 725 | 24 436 | 25 170 | 25 925 | 26 702 |
| 减债务支付 | 17 642 | 17 642 | 17 642 | 17 642 | 17 642 |
| 税前现金流 | 6 083 | 6 794 | 7 528 | 8 283 | 9 060 |
| B. 应税收入或损失 | | | | | |
| 净营业收入 | 23 725 | 24 436 | 25 170 | 25 925 | 26 702 |
| 减利息 | 15 565 | 15 325 | 15 056 | 14 757 | 14 423 |
| 折旧 | 8 421 | 8 421 | 8 421 | 8 421 | 8 421 |
| 应税收入（损失） | −261 | 691 | 1 692 | 2 746 | 3 858 |
| 税收 | −73 | 193 | 474 | 769 | 1 080 |
| C. 税后现金流 | | | | | |
| 税前现金流 | 6 083 | 6 794 | 7 528 | 8 283 | 9 060 |
| 减税收 | −73 | 193 | 474 | 769 | 1 080 |
| 税后现金流 | 6 156 | 6 601 | 7 054 | 7 514 | 7 980 |

如果预测期被认为是 5 年（自购买之日起 10 年），投资者还必须计算 *ATCF*。按照每年 3%的价格增长率，业主估计届时 Apex 中心的价值将增加到 289 819 美元。表 14-5 计算了 *ATCF* 的估计值。请注意，抵押贷款余额和调整基数是基于 10 年的总期限，即从收购之日起的时间。

要全面分析某一房地产是否应当进行处置还要进行以下调查：（1）出售所得资金可以进行哪些其他投资；（2）出售所持房地产并购入新房地产后需要缴纳的税额。显然，如果投资者决定售出房地产，进行其他投资，那么这项投资的收益率一定要足够补偿投资者放弃的原有投资回报。问题是，新投资的税后内部收益率（*ATIRR*）至少为多少，投资者才应该出售 Apex。

如果出售 Apex 中心并进行其他投资，则该投资者在将出售所得用于其他投资之前，必须支付资本利得税以及销售费用（如果有的话）。因此，在决定出售某房地产并进行其他投资时，我们首先应当计算我们可以用于再投资的资金有多少。此时预计 Apex 中心可以以 25 万美元出售。而投资者需要考虑在支付完贷款额、税收以及销售费用以外还有多少资金可以用于再投资。正如之前做过的那样，我们计算一下现在出售房地产可以得到的税后现金流，并以此计算它的收益率。从表 14 - 2 中我们可以看出如果现在卖出房地产，在扣除贷款余额和资本利得税后，投资者所能得到的净现金流为 70 979 美元。因此，投资者可用于再投资的资金即为 70 979 美元，那么投资者此时会卖掉该房地产吗？注意到预期未来 5 年里资本所得税的税率仍为 28%。出售所得的计算总是基于房地产出售时所实施的税法。比如在我们的例子中，尽管购买房地产时所适用的资本利得扣除率为 60%，但由于该房地产出售时实施了新的税法，故 60%的资本利得扣除就失效了。但另一方面，最大边际税率由 50%降低到了 28%。

房地产所有者现在考虑的问题是，这 70 979 美元的资金进行再投资的收益率（*ATIRR*）是否可以高于继续持有 Apex 中心的收益率。换句话说，我们想知道持有与 Apex 中心风险相同的其他资产，其最低税后内部收益率为多少时，投资者对两种投资决策感到无差别。

这一答案比较明显，我们知道出售房地产后可用于再投资的资金为 70 979 美元。同时我们知道，房地产出售意味着投资者放弃了未来 5 年的现金流（如表 14 - 2 所示）以及 5 年后处置房地产所得的 99 222 美元的税后现金流（如表 14 - 5 所示）。因此，70 979 美元的资金必须获得一个足够高的税后内部收益率（*ATIRR*）来补偿由于出售房地产所损失的现金流收益。资金流动摘要以及收益率的计算如表 14 - 6 所示。

**表 14 - 5　　现金流计算**　　单位：美元

| | | | |
|---|---|---|---|
| 售价 | | | 289 819 |
| 贷款余额 | | | 129 348 |
| 6%的销售费用 | | | 17 389 |
| 税前现金流 | | | 143 081 |
| 销售年份税收 | | | |
| 售价 | | 289 819 | |
| 销售费用 | | 17 389 | |
| 原始成本基数 | 200 000 | | |
| 减累计折旧 | 84 211 | | |
| 调整基数 | | 115 789 | |
| 总应税收入 | | 156 640 | |
| 资本利得税 | | | 43 859 |
| 销售税后现金流 | | | 99 222 |

因此，投资者出售 Apex 中心所得资金进行再投资的税后内部收益率应当高于 15.60%。这笔资金必须用于进行同风险的其他投资，以证明出售 Apex 中心的决定是正确的。在这种情况下，如果其他投资选择与持有 Apex 中心的风险相同，且投资者预计其他投资所得的权益税后内部收益率（$ATIRR_E$）会高于 15.60%，那么出售 Apex 中心并进行起再投资的决定就是合理的。而如果其他投资所得的权益税后内部收益率（$ATIRR_E$）低于 15.60%，那么投资者就应当继续持有 Apex 中心。

**表 14-6　　现金流摘要**

| | 年 | | | | | |
|---|---|---|---|---|---|---|
| | 5 | 6 | 7 | 8 | 9 | 10 |
| 税后现金流（美元） | −70 979 | 6 156 | 6 601 | 7 054 | 7 514 | 107 202 |
| 内部收益率=15.60% | | | | | | |

# 14.3　新投资者的收益

尽管现有投资者与新投资者对于同一房地产未来租金收入和费用支出的预期相同，但他们持有该房地产的原因却不同。为了分析这一差异，我们假定现有一新的投资者以现值投资该房地产。回想一下，Apex 中心现在的价值是 25 万美元，5 年前获得抵押贷款 15 万美元，利息为 11%，期限是 25 年。为了降低财务杠杆对我们对两种投资者的分析的影响，我们假定新的投资者承担了原来的抵押贷款，且不进行其他新融资。因此，新投资者的权益投资为 25 万美元的购买价格减去 142 432 美元或 107 568 美元的抵押贷款账户余额。于是，对新投资者而言，唯一的改变就是税法。假设在第 5 年，建筑物价值仍为总价值的 80%，投资者需要按照 25 万美元或者 20 万美元的 80%对资产进行折旧，而现在的业主是基于 16 万美元的基础资产进行折旧。其次，新投资者必须按照购买时施行的税法对资产进行折旧。我们假设新投资者对资产的折旧年限为 31.5 年，长于现在的业主仍可采用的 19 年期的折旧年限。总的来说，新的投资者面临一个更高的折旧基数和一个更长的折旧年限。注意到，本例虽然假设相比于现在的业主而言，新投资者拥有更长的折旧年限，但反之也是可能的。再一次，正如在第 11 章中所提过的，折旧年限经常根据国会决策相应延长或缩短。

表 14-7 显示了预计未来现金流和预期税后内部收益率。我们可以看出新投资者将会获得 9.1%的预期税后内部收益率。尽管这对于新投资者而言可能是一种较有竞争性的收益率（考虑到机会成本），但它仍旧低于现有投资者持有该资产时可以获得的 15.6%的收益率。这主要由于原有投资者可以按照原来的税法对资产进行折旧。从而我们看出，税法的改变会影响两种投资者持有相同资产可得的相对收益率。如果税法不再像 1986 年那样有利，则原有投资者可以从中受益，反之受益的将是新投资者。因此，税法会影响房地产的转手和出售。由于税法经常改变，而它的改变会影响原有投资者和新投资者的相对收益与回报机会，因此考虑上述因素十分重要。

表 14-7　　新投资者的预计　　单位：美元

| | 经营房地产的预期税后现金流 | | | | |
|---|---|---|---|---|---|
| | 年 | | | | |
| | 6 | 7 | 8 | 9 | 10 |
| 租金 | 47 449 | 48 873 | 50 339 | 51 849 | 53 405 |
| 减去费用 | 23 725 | 24 436 | 25 170 | 25 925 | 26 702 |
| 净营业收入 | 23 725 | 24 436 | 25 170 | 25 925 | 26 702 |
| 减去债务支付 | 17 642 | 17 642 | 17 642 | 17 642 | 17 642 |
| 税前现金流 | 6 083 | 6 794 | 7 528 | 8 283 | 9 060 |
| 净营业收入 | 23 725 | 24 436 | 25 170 | 25 925 | 26 702 |
| 减去利息 | 15 565 | 15 325 | 15 065 | 14 757 | 14 423 |
| 折旧 | 6 349 | 6 349 | 6 349 | 6 349 | 6 349 |
| 应税收入 | 1 811 | 2 763 | 3 764 | 4 818 | 5 930 |
| 税收 | 507 | 774 | 1 054 | 1 349 | 1 660 |
| 税前现金流 | 6 083 | 6 794 | 7 528 | 8 283 | 9 060 |
| 税收 | 507 | 774 | 1 054 | 1 349 | 1 660 |
| 税后现金流 | 5 576 | 6 021 | 6 474 | 6 934 | 7 400 |

| 多持有 5 年的税后现金流计算 | | | |
|---|---|---|---|
| 售价 | | | 289 819 |
| 减去抵押贷款余额 | | | 129 348 |
| 减去 6%的销售费用 | | | 17 389 |
| 税前现金流 | | | 143 081 |
| 销售年份税收 | | | |
| 售价 | | 289 819 | |
| 减去销售费用 | | 17 389 | |
| 原始成本基数 | 250 000 | | |
| 减去累计折旧 | 31 746 | | |
| 调整基数 | | 218 254 | |
| 总应税收入 | | 54 176 | |
| 资本利得税，税率为 28% | | | 15 169 |
| 销售税后现金流 | | | 127 912 |

| | 现金流总结 | | | | | |
|---|---|---|---|---|---|---|
| | 5 | 6 | 7 | 8 | 9 | 10 |
| 税后现金流 | −107 568 | 5 576 | 6 021 | 6 474 | 6 934 | 135 312 |
| $ATIRR_E$=9.10% | | | | | | |

## 边际收益率

之前我们计算过，相对于继续持有房地产 5 年而言，出售该房地产可得的 $ATIRR$ 为 15.6%（运用表 14-4 和表 14-5 中的现金流数据计算可得）。我们之所以选择 5 年，是因为我们假设出售该房地产的所得资金进行某一相似投资，且持有期同样为 5 年，并以此对其估值。我们做一下轻微变动。假设仅持有新房地产一年，其投资收益率的计算方式与前面相同，但只是计算未来一年里现金流运营情况以及销售的税后现金流（$ATCF_S$）。我们将这一年的 $ATIRR_E$ 视为边际收益率（marginal rate of return）。比如，在我们考虑是否出售房地产的那一年，我们可以自问："多持有该房地产一年的边际收益率是多少？"假设没有出售该房地产，我们可以在年末考虑："若再多持有一年该房地产，可得的边际收益率是多少？"我们可以这样考虑直到最终出售或翻新该房地产。

为了说明边际收益率的计算，我们假定在接下来的 10 年里，$NOI$ 每年实际增长率为 3%（和之前的预计一样）。我们假设转售价格（resale price）同样以 3%的速度增长。表 14-8 显示了接下来 10 年里经营房地产的预期税后现金流（$ATCF_O$）。该表也显示了在这 10 年间，每年末出售房地产时预计可得的税后现金流（$ATCF_S$）。

**表 14-8　　接下来 10 年预计的 $ATCF_O$ 和 $ATCF_S$**　　单位：美元

| | 经营活动产生的税后现金流计算 年（购买后） | | | | | | | | | |
|---|---|---|---|---|---|---|---|---|---|---|
| | 6 | 7 | 8 | 9 | 10 | 11 | 12 | 13 | 14 | 15 |
| 租金 | 47 450 | 48 872 | 50 340 | 51 850 | 53 404 | 55 006 | 56 658 | 58 356 | 60 108 | 61 910 |
| 减去费用 | 23 725 | 24 436 | 25 170 | 25 925 | 26 702 | 27 503 | 28 329 | 29 178 | 30 054 | 30 955 |
| 净营业收入 | 23 725 | 24 436 | 25 170 | 25 925 | 26 702 | 27 503 | 28 329 | 29 178 | 30 054 | 30 955 |
| 债务支付 | 17 642 | 17 642 | 17 642 | 17 642 | 17 642 | 17 642 | 17 642 | 17 642 | 17 642 | 17 642 |
| 税前现金流 | 6 083 | 6 794 | 7 528 | 8 283 | 9 060 | 9 861 | 10 687 | 11 536 | 12 412 | 13 313 |
| 净营业收入 | 23 725 | 24 436 | 25 170 | 25 925 | 26 702 | 27 503 | 28 329 | 29 178 | 30 054 | 30 955 |
| 减去利息 | 15 565 | 15 325 | 15 056 | 14 757 | 14 423 | 14 051 | 13 635 | 13 172 | 12 654 | 12 077 |
| 折旧 | 8 421 | 8 421 | 8 421 | 8 421 | 8 421 | 8 421 | 8 421 | 8 421 | 8 421 | 8 421 |
| 应税收入 | −261 | 691 | 1 692 | 2 746 | 3 858 | 5 032 | 6 272 | 7 586 | 8 978 | 10 457 |
| 税收 | −73 | 193 | 474 | 769 | 1 080 | 1 409 | 1 756 | 2 124 | 2 514 | 2 928 |
| 税前现金流 | 6 083 | 6 794 | 7 528 | 8 283 | 9 060 | 9 861 | 10 687 | 11 536 | 12 412 | 13 313 |
| 税收 | −73 | 193 | 474 | 769 | 1 080 | 1 409 | 1 756 | 2 124 | 2 514 | 2 928 |
| 税后现金流 | 6 156 | 6 601 | 7 054 | 7 514 | 7 980 | 8 453 | 8 930 | 9 412 | 9 898 | 10 385 |
| | 销售所得税后现金流的计算 | | | | | | | | | |
| 售价 | 257 500 | 265 225 | 273 182 | 281 377 | 289 819 | 298 513 | 307 468 | 316 693 | 326 193 | 335 979 |
| 抵押贷款余额 | 140 355 | 138 037 | 135 452 | 132 567 | 129 348 | 125 757 | 121 750 | 117 280 | 112 292 | 106 727 |

续前表

| | | | | | | | | | | |
|---|---|---|---|---|---|---|---|---|---|---|
| 销售费用 | 15 450 | 15 914 | 16 391 | 16 883 | 17 389 | 17 911 | 18 448 | 19 002 | 19 572 | 20 159 |
| 税前现金流 | 101 695 | 111 274 | 121 339 | 131 928 | 143 081 | 154 845 | 167 270 | 180 411 | 194 330 | 209 093 |
| 原始成本基数 | 200 000 | 200 000 | 200 000 | 200 000 | 200 000 | 200 000 | 200 000 | 200 000 | 200 000 | 200 000 |
| 累计折旧 | 50 526 | 58 947 | 67 368 | 75 789 | 84 211 | 92 632 | 101 053 | 109 474 | 117 895 | 126 316 |
| 调整基数 | 149 474 | 141 053 | 132 632 | 124 211 | 115 789 | 107 368 | 98 947 | 90 526 | 82 105 | 73 684 |
| 售价 | 257 500 | 265 225 | 273 182 | 281 377 | 289 819 | 298 513 | 307 468 | 316 693 | 326 193 | 335 979 |
| 销售费用 | 15 450 | 15 914 | 16 391 | 16 883 | 17 389 | 17 911 | 18 448 | 19 002 | 19 572 | 20 159 |
| 调整基数 | 149 474 | 141 053 | 132 632 | 124 211 | 115 789 | 107 368 | 98 947 | 90 526 | 82 105 | 73 684 |
| 总应税收入 | 92 576 | 108 259 | 124 159 | 140 284 | 156 640 | 173 234 | 190 073 | 207 165 | 224 516 | 242 136 |
| 税前现金流 | 101 695 | 111 274 | 121 339 | 131 928 | 143 081 | 154 845 | 167 270 | 180 411 | 194 330 | 209 093 |
| 资本利得税 | 25 921 | 30 312 | 34 765 | 39 280 | 43 859 | 48 505 | 53 220 | 58 006 | 62 865 | 67 798 |
| 税后现金流 | 75 774 | 80 962 | 86 575 | 92 648 | 99 222 | 106 340 | 114 050 | 122 405 | 131 465 | 141 295 |

我们可以用表 14－8 中的数据计算出接下来 10 年里每年的边际收益率（*MRR*）。每年边际收益率的计算，要考虑多经营该房地产一年后可得的税后现金流（$ATCF_O$）以及在该年末时出售房地产所得。而接受上述现金流（即多持有一年）的成本则为当年出售房地产可得的税后现金流（$ATCF_S$）。鉴于我们考虑的期限为一年，因此，边际收益率的计算可以简化为：

$$MRR=\frac{ATCF_S(t+1\text{ 年})+ATCF_O(t+1\text{ 年})-ATCF_S(t\text{ 年})}{ATCF_S(t\text{ 年})}$$

表 14－9 显示了第 6～15 年间的 *MRR*，图 14－1 则画出了这些 *MRR*。我们可以看到在第 10 年之前 *MRR* 呈上升趋势，在第 10 年之后 *MRR* 开始下降。另外，由于折旧扣除额不变而租金持续上涨，在税收方面的收益逐年减少。在第 10 年之后，权益累积越来越明显。那么投资者应当持有房地产多久呢？答案是：当持有房地产的边际收益率降低至出售房地产所得的资金进行其他投资可得的收益率时，应当出售该房地产。比如，假设投资者认为在投资于（同等风险下的）其他资产时，可以得到 15.5%的收益率。这意味着投资者应该在第 14 年卖出房地产，因为 *MRR* 在第 14 年之后就跌至 15.5%以下了。

**表 14－9　　第 6～15 年的边际收益率**

| 年 | 边际收益率（%） |
|---|---|
| 6 | 15.43 |
| 7 | 15.56 |
| 8 | 15.65 |
| 9 | 15.69 |
| 10 | 15.71 |

续前表

| 年 | 边际收益率（%） |
|---|---|
| 11 | 15.69 |
| 12 | 15.65 |
| 13 | 15.58 |
| 14 | 15.49 |
| 15 | 15.38 |

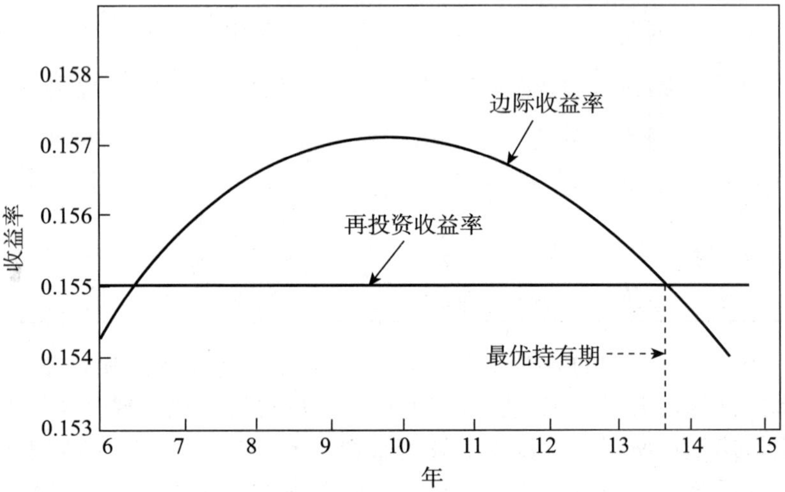


**图 14-1　持有期分析**

上述分析假定再投资收益率（reinvestment rate）在第 6～15 年里始终是一个常数。但这种假设不是必要的。比如，由于平均利率水平或其他投资收益的提高，再投资收益率可能会随时间推移而上升。正如图 14-2 所示，这种变化会十分显著地影响最优持有期的选择。因为再投资收益率的上升，本例中最优持有期（optimal holding period）将会变成 11 年。

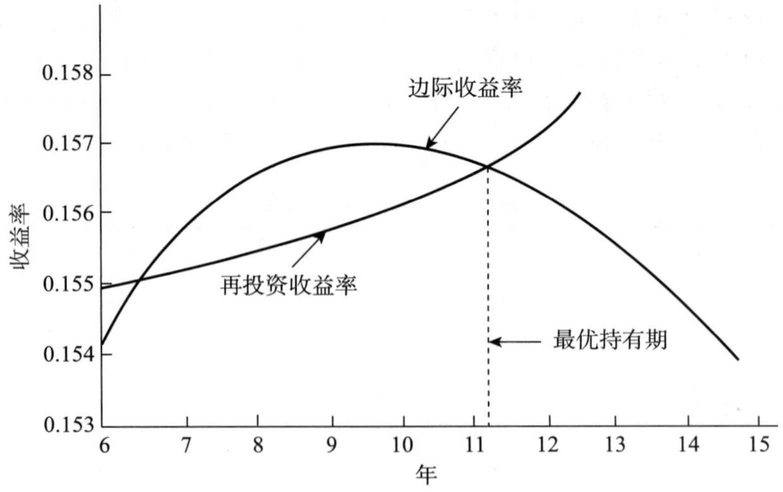


**图 14-2　持有期分析**

## 14.4 再融资作为处置的另一种选择

由前文可知，投资者在持有某房地产多年以后，由于房地产价值的上升以及贷款偿还会形成权益累积。因此，与初始购置房地产时相比，贷款余额占房地产现值的比率要低于购买房地产时的贷款价值比。在这种情况下，投资者的财务杠杆的效率降低了，也许会考虑为所持房地产进行再融资。再融资的目的就是增加投资者的财务杠杆。因为以一个较高的贷款价值比进行再融资会为投资者提供额外的可投资资金，这在某种程度上而言是出售房地产以外的另一种选择。

如果投资者的权益由于房地产价值和现有贷款偿还额的增加而增加，那么该投资者可以以一定比例的房地产现值（current value）作为基础获得一笔新的贷款融资。房地产现值的确定通常基于对房地产价值的评估。当然，在申请新的贷款时可能会产生新的房地产评估费以及其他费用。再融资不需要纳税，但是房地产销售需要纳税。

投资者应如何判断是否应当进行再融资呢？为了回答这一问题，我们必须先判断再融资获得资金时投资者需要付出的成本。这是下一部分的主题。

### 14.4.1 再融资的增量成本

在第 6 章中，我们讨论了当借款人在两个不同的借款额之间做出选择时，增量借款成本的重要性。贷款数额越大，借款利率越高，追加贷款的增量成本甚至比新贷款的成本还要高。因为更高的贷款利率是基于全部贷款额，而非仅仅是追加贷款部分。

这同样适用于对再融资的分析。通过再融资，我们可以得到额外的资金。如果新贷款的利率高于原贷款的利率，那么额外资金的增量成本将高于新贷款的利率。为了证明这一结论，我们回到本章开始介绍的 Apex 中心的例子中。现在，我们假设 Apex 中心可以进行再融资的融资额为房地产现值的 75%，也就是 25 万美元的 75%，即 187 500 美元。假设这部分贷款的利率为 12%，年限为 25 年。我们可以计算出再融资的增量成本，结果如表 14-10 所示。

**表 14-10** 单位：美元

| | 贷款额 | 月还款额 | 5 年后余额 |
|---|---|---|---|
| 新贷款 | 187 500 | 1 975 | 179 350 |
| 原贷款 | 142 432 | 1 470 | 129 348 |
| 差额 | 45 068 | 505 | 50 002 |

新贷款额 187 500 美元与现存贷款余额 142 432 美元的差额代表了再融资得到的 45 068 美元。增量成本取决于进行再融资增加的月还款额（505 美元）和 5 年以后贷款余额增加额（50 002 美元）。我们可以解出利率为 14.93%。我们称其为再融资的增量成本（incremental cost of refinance）。如果投资者将对 Apex 中心再融资所得资金投资于其他项目，可以取得高于 14.93%的税前收益率，那么说明进行再融资是合理的。否则，

我们将无法通过融资方式构造一个有利的财务杠杆。

## 14.4.2 再融资的杠杆回报以及多持有资产 5 年

另一种分析上述问题的方式为计算出再融资后继续持有该房地产 5 年后投资者可以获得的收益率。我们之前已经计算出倘若继续持有该房地产 5 年，税后内部收益率为 15.60%。我们刚刚也计算出追加融资的税前增量成本为 14.93%。我们之前假设税率为 28%，那么税后成本为 10.75% [=14.93%×(1−28%)]。因此，追加融资提供了一个有利的财务杠杆。读者也许想要回忆一下第 12 章中我们讨论过的财务杠杆和增量借款成本。我们可以看出，如果借入新的资金之前的收益率高于该笔资金的增量成本，那么借入额外资金使得财务杠杆更加有利。这一概念同样适用于再融资的情况。

我们之前计算过额外持有房地产 5 年时的收益率，现在我们以同样的方式计算再融资后额外持有 5 年该房地产时的收益率。回忆一下我们在之前的章节中计算收益率时，用于分析的“初始投资”为出售房地产的税后可得的总资金。这一初始投资有时被称为投资基数（investment base）。

在再融资的例子中，投资基数为假设出售房地产后可得的税后现金流，减去再融资可得的追加资金。它隐含等同于再融资后立刻投资于房地产中的资金额。如果再融资后立刻出售房地产，该投资者将得到这笔资金。而选择不出售则等同于将这笔资金投资于该房地产中。Apex 中心的投资基数的计算过程如表 14 - 11 所示。

**表 14 - 11　　Apex 中心的投资基数的计算过程**　　单位：美元

| | |
|---|---|
| 现在售价 | 250 000 |
| 减去 6%的销售费用 | 15 000 |
| 减去再融资前的抵押贷款余额 | 142 432 |
| 减去再融资得到的额外资金 | 45 068 |
| 减去现在出售的资本利得 | 21 589 |
| 投资基数 | 25 911 |

假设房地产进行再融资，则未来 5 年的现金流如表 14 - 12 所示。

**表 14 - 12**　　单位：美元

| | 年 | | | | |
|---|---|---|---|---|---|
| | 6 | 7 | 8 | 9 | 10 |
| 租金 | 47 449 | 48 873 | 50 339 | 51 849 | 53 405 |
| 减去营运费用 | 23 725 | 24 436 | 25 170 | 25 925 | 26 702 |
| 净营业收入 | 23 725 | 24 436 | 25 170 | 25 925 | 26 702 |
| 减去债务支付 | 23 698 | 23 698 | 23 698 | 23 698 | 23 698 |
| 税前现金流 | 27 | 739 | 1 472 | 2 227 | 3 005 |
| 净营业收入 | 23 725 | 24 436 | 25 170 | 25 925 | 26 702 |
| 减去：利息 | 22 432 | 22 271 | 22 090 | 21 887 | 21 657 |

续前表

| | 年 | | | | |
|---|---|---|---|---|---|
| | 6 | 7 | 8 | 9 | 10 |
| 折旧 | 8 421 | 8 421 | 8 421 | 8 421 | 8 421 |
| 应税收入（损失） | (7 128) | (6 256) | (5 342) | (4 383) | (3 376) |
| 税收 | (1 996) | (1 752) | (1 496) | (1 227) | (945) |
| 税前现金流 | 27 | 739 | 1 472 | 2 227 | 3 005 |
| 减去税收 | (1 996) | (1 752) | (1 496) | (1 227) | (945) |
| 税后现金流 | 2 023 | 2 491 | 2 968 | 3 454 | 3 950 |

再过 5 年之后，房地产卖出时的现金流如表 14 - 13 所示。

**表 14 - 13** 单位：美元

| | | | |
|---|---|---|---|
| 售价 | | | 289 819 |
| 销售费用 | | | 17 389 |
| 抵押贷款余额 | | | 179 350 |
| 税前现金流 | | | 93 080 |
| 售价 | | 289 819 | |
| 销售费用 | | 17 389 | |
| 原始成本基数 | 200 000 | | |
| 累计折旧 | 84 211 | 115 789 | |
| 调整基数 | | 156 640 | |
| 资本利得 | | | 43 859 |
| 销售税后现金流 | | | 49 221 |

现在我们可以计算再融资并继续持有该房地产另外 5 年的收益率，过程如表 14 - 14 所示。

**表 14 - 14** 单位：美元

| | 年 | | | | | |
|---|---|---|---|---|---|---|
| | 5 | 6 | 7 | 8 | 9 | 10 |
| 税前现金流 | (25 911) | 27 | 739 | 1 472 | 2 227 | 96 085 |
| 税后现金流 | (25 911) | 2 023 | 2 491 | 2 968 | 3 454 | 53 171 |
| 税前内部收益率＝31.88％ | | | | | | |
| 税后内部收益率＝22.31％ | | | | | | |

我们可以看出无论是税后还是税前的内部收益率都有显著提升。这符合我们的预期，之前我们比较过再融资之前的收益率和再融资所得资金的增量成本。这两种方式都说明

了进行再融资是明智的。

### 14.4.3 以一个更低的利率进行再融资

在之前的例子中，我们假设投资者需要以一个更高的利率进行再融资。我们可以使用同样的方法分析追加贷款的利率较低的情况。在这种情况下，再融资获得的资金的增量成本更低。为了说明这一问题，我们假设对 Apex 中心进行再融资的贷款利率为 10.5%，贷款期限为 25 年。再融资的增量成本的计算如表 14-15 所示。

**表 14-15** 单位：美元

| | 当前贷款余额 | 月还款额 | 5 年后贷款余额 |
|---|---|---|---|
| 新贷款 | 187 500 | 1 770 | 177 321 |
| 原贷款 | 142 432 | 1 470 | 129 348 |
| 差额 | 45 068 | 300 | 47 973 |

本例中再融资的增量成本为 9.01%。因此，只要投资者将通过对 Apex 中心进行再融资所得的资金投资于收益率高于 9.01%的项目中，就可以得到一个对自己更加有利的财务杠杆。

**多样化收益**

正如我们之前所指出的，我们可以通过对所持有的房地产进行再融资从而获得一笔资金，因为相对于起初购买时的价值而言，房地产在不断升值，并且贷款余额随着摊还不断减少。对房地产进行再融资得到的资金可被视为可以再投资于其他房地产的权益资本。因此，再融资使得投资者增加持有的房地产数量。进一步来说，通过持有两种以上的房地产（尤其是不同地点、不同种类的房地产），投资者可以进行分散化投资。例如，假设投资者拥有一处价值 100 万美元的房地产，他的贷款余额为 50 万美元。因此，他的权益资本为 50 万美元。按 75%的比例进行再融资时，该投资者可以获得 25 万美元的资金用于投资第二个项目。假设在第二个项目中，投资者可以得到的贷款额为项目价值的 75%，那么该投资者可以投资另一个价值 100 万美元的项目。注意到在投资者同样拥有 50 万美元权益资本的情况下，现在他可以用同样的资本得到总价值为 200 万美元的两个项目。同时，该投资者也承担了 100 万美元的负债。再一次，正如之前所强调的那样，如果说再融资策略有利可图，那么这一负债的有效成本一定要小于融资的无杠杆收益率。

## 14.5 其他处置决策——投资组合平衡

迄今为止，我们已经分析了一处独立的房地产是否应该被出售，取决于持有该房地产的投资收益率与如果持有其他房地产的收益率的对比。而拥有一组房地产投资组合的投资者，则应考虑不同房地产（如商场、写字楼、厂房、公寓等）的资产性质和地理位置，分析某房地产出售将对资产组合的整体性质带来的影响。

我们将在第 22 章中看到，人们通常为了创造多样化的收益同时减小组合风险来构建相应投资组合。因此，如果某房地产的出售将使得组合中剩余部分的多样化程度降低，那么这一出售决定将改变剩余组合的风险大小。仅通过计算本章前半部分所说明的持有房地产的增量成本并不能捕捉到这一变化。在第22章中我们将深度分析投资组合，但是现在我们必须意识到一位拥有一个房地产投资组合的投资者在做出决定时也许会进行策略性考虑，包括出售某房地产会给投资组合的风险带来的影响。比如，从两项收益率相等的投资中择一出售时，投资者也许会倾向于选择对组合投资多样化的贡献较小的那一项进行出售。同样地，投资者也许出售持有的某房地产，并用某一收益率相等但是有助于分散化所持有的投资组合的房地产对其进行替换，因为这一替换将降低投资组合的风险。例如，一位投资者持有的投资组合中写字楼过多，相比之下商场过少，那么该投资者有可能想要减少写字楼房地产的持有量，增加商场房地产的持有量，从而使得投资组合更加平衡。

尽管增加不同类型、不同位置的房地产投资有利于增加投资收益的多样化，我们同时也应该考虑其他影响因素。比如，当投资者没有该类型房地产的经营经验或由于地理位置原因难以有效管理时，投资者将不愿意投资该难以经营的房地产。即使投资者可以雇用房地产经理来处理日常运营问题，投资者还是需要进行更多的监督并进行长期决策（比如，是否进行装修），这些决策可能需要投资者对所持有的房地产的性质和地理位置有一个很好的了解，而不能完全依赖于房地产经理的经验。因此，在做出房地产购置与处置决定时，投资者必须实现投资组合多样化和有效经营之间的平衡。另外，投资者可能发现投资组合中某房地产可能比其他房地产更加难以经营或者不能很好地融合于投资组合的整体布局。这样的房地产也许会被出售或者被其他更加符合投资者资产组合策略的项目所取代。

## 14.6 房地产处置的税收递延策略

在这一节，我们比较投资者在出售房地产时考虑的两种税收递延策略。投资者也许会选择在未来支付那些由《国内税收法典》（Internal Revenue Code，IRC）判定为可以延期支付的款项，而不是在出售房地产的当年就一次付清所有资本利得税。在一种情况下，投资者选择在收购房地产后，定期向卖方支付款项。出售合约规定房地产买方可以在一定时间内分期向卖方支付款项（或分期付款），而不是在房地产交易当期一次性付清。IRC称这种交易方式为分期付款销售（installment sale）。

另一种选择被称为同类互换（like kind exchange）或者无税互换（tax-free exchange）。当投资者想要在某一特定时间内出售一处房地产然后购入另一处房地产时，通常会使用这种资产处置方式。投资者在被置换掉的房地产中所持有的权益部分被转换成为新购入的房地产的权益部分，从而投资者不需要在出售房地产当年上缴资本利得税。当新购入的房地产最终被出售时，投资者才需要上缴递延的税款。[①] 在这一例子中需要注意，同类互换指的是实物资产与实物资产之间的转换。房地产的性质不必相同（比如，公寓房地产可以与写字楼房地产、土地或者其他类型的房地产进行交换）。在这一交易背后的

---

① 也就是说，除非执行另一种同类互换。

税收理念是：由于投资者在交易后仍然持有房地产，而房地产法定持有人的变化不构成一项应税事宜（taxable event）。这是因为投资者本应该继续持有被置换掉的房地产。因此，出售一处房地产并购入另一处相似的房地产等同于一项等价投资（equivalent investment）。

分期付款销售和同类互换交易都是延迟缴税甚至减少资本利得税总量的方式，否则投资者将需要上缴由于出售房地产而需要缴纳的全部税款。事实上，无论是分期付款销售还是同类互换交易，其主要目标都是构造一种销售方式使其税后现金流的现值高于直接出售房地产可得的税后现金流的现值。

### 14.6.1 分期付款销售

当使用分期付款销售时，房地产已经被出售。然而，房地产卖方在接下来的应税年份中定期收到房地产买方的支付款项，而非在房地产出售当时就一次性结清所有款项。根据 IRC 第 453（1）条［IRC Section 453(1)］，总的来说，分期付款销售一词意味着成交后卖方至少分为两次收到款项。①

分期付款销售也被看作是卖方为买方提供资金并收取一定利息。在这种交易方式下，卖方在出售当年需要支付一定税款，而在接下来的应税年份中不需要纳税。该规定仅适用拥有 IRC 第 1231 条规定的用于交易的资产和第 1221 条规定的资产的投资者②，不适用于存货资产。③

**基本案例**

我们考虑一下这个例子：一位投资者打算以 100 万美元出售一栋写字楼，他现在以该房地产作为抵押，负担有 60 万美元的抵押贷款。他已经持有该房地产 5 年，且每年采用直线折旧法对其进行折旧，所以房地产价值调整后的基数为 70 万美元。他在两种选择中进行权衡。方案 A，他可以以 100 万美元卖掉该写字楼，还清 60 万美元的抵押贷款，从而在出售房地产当年他可以得到 40 万美元的收入。同时，在当年他需要就自己得到的 30 万美元的资本利得缴纳资本利得税。方案 B，该投资者同样以 100 万美元卖掉该写字楼，但是在该方案中，房地产买方需要承担卖方 60 万美元的贷款，他选择在现期支付给卖方 2.5 万美元，并在将来 5 年中每年支付剩下的 7.5 万美元。尽管房地产卖方最终仍然得到了总量为 40 万美元的收入，但是由于方案 B 选择分期付款，《国内税收法典》允许 30 万美元的资本利得（售价 100 万美元减去调整后的基数 70 万美元）递延纳税。在这种情况下，当房地产买方支付 2.5 万美元的首付款时，卖方需要支付并计算出应缴税款。该投资者面临的问题是，接受分期付款并在未来 5 年的付款期限内逐年缴纳税款的现值，与一次性直接出售房地产的净税后现金流现值相比，哪一个更大呢？为了回答这一问题，我们现在考虑一下，分期付款销售合约与《国内税收法典》的要求。

---

① 需要强调的是，分期付款销售必须伴随着房地产出售或所有权转移。当所有权在未来才发生转移时，分期付款销售的条件就不能被满足。这种销售方式对应的纳税方式不同，这里不做讨论。

② IRC 第 1231 条的相关资产为交易中需要折旧的资产，如设备、运输工具等。通常而言，如果第 1231 条相关资产已经持有了规定的一段时间，则可以按资本利得处理，而损失是可以进行税收抵免的普通损失。第 1221 条的相关资产一般不是经营性资产，如股票、债券投资等。读者可以自行查找相关条例。

③ 这意味着开发商和建造者通常不可以使用分期付款销售，因为他们进行开发的土地通常被视为存货。因此，无论何时收到销售价款，在应纳税年都应将销售情况报告出来。

## 利润比率的重要性

分期付款销售在本质上而言是一种卖方融资（seller financing）。卖方出售房地产，但不要求买方在交易时一次性付清所有款项。部分或全部的销售收入来自逐年分期付款。除了分期付款，买方通常要对未结余额支付一定利息。利息收入被视为正常收入。分期付款确定后，资本利得随之确定。

由于分期付款的特殊纳税方式，IRC 对税务处理与识别中出现的一些重要问题做出了明确规定。其中有两个重要术语：利润比率（profit ratio）和合同价格（contract price）。如果该交易满足分期付款要求，应税部分的资本利得等于分期付款支付额[①]乘以利润比率。

利润比率等于总利润（gross profit）除以合同价格。为了简化分期付款销售报告，IRC 将合同价格定义为售价减去所有抵押贷款、负债以及房地产买方需要承担的其他负责项。合同价格通常情况下也等同于房地产卖方在贷款期间最终收到的本金支付额。总利润等于房地产卖方在出售房地产的年份中报告的总收益（售价减销售成本，再减调整基数）。

利润比率＝总利润/合同价格

利润比率永远小于 1，使用上述例子中用到的信息，分期付款方案的利润比率计算如表 14－16 所示。

**表 14－16** 单位：美元

| | |
|---|---|
| 售价 | 1 000 000 |
| －调整基数 | 700 000 |
| 总利润 | 300 000 |
| 售价 | 1 000 000 |
| －卖方抵押贷款余额 | 600 000 |
| 合同价格 | 400 000 |

利润比率＝300 000÷400 000＝75％

当我们考察利润比率时，考虑一下如果房地产用现金进行交易时会发生什么是很重要的。在这种情况下，房地产卖方本应该报告所得为 30 万美元，在还清 60 万美元的抵押贷款余额后，该房地产卖方本应接受的现金流为 40 万美元（税前）。从而，IRC 规定的利润比率为 75％。

假设该投资者选择接受分期付款，而不是在出售时得到全部 40 万美元现金，那么 30 万美元将被视为基于 40 万美元分期付款支付额的收益。我们所说的“分期付款”是指用于支付给房地产卖方的款项。我们认为这些款项属于“本金偿付”。由于房地产卖方提供了一定的“卖方融资”，他通常会收取一定的利息。75％的利润比率意味着每 1 美元分期付款（本金）支付额中将实现 75 美分的收益。

① 分期付款支付额的计算先于所有利息费用的支付。这如同本金支付。

需要注意的是，如果在分期付款支付年限内，纳税人每年所需要支付的边际税率都相同，那么一次性现金交易方式结算与分期付款方式结算时应缴纳的税款相等。两种交易方式需要报告的收益是一样的。然而，当涉及货币的时间价值这一概念时延期支付税款对纳税人而言也许是有利的。如果未来边际税率降低或发生资本损失以抵销可报告利润，纳税人同样可以由此获益。

上例中讲解的分期付款销售假设房地产买方同意承担卖方 60 万美元的贷款。卖方接受买方在本期支付 2.5 万美元，并在未来 5 年逐年付清剩下的 37.5 万美元。因此，买方除了获得 60 万美元债务之外，实际上还得到卖方融资的 37.5 万美元（见表 14-17）。

**表 14-17** 单位：美元

| | |
|---|---|
| 结算时向卖方付款 | 25 000 |
| 分期付款总额 | 375 000 |
| 买方承担的债务 | 600 000 |
| 房地产售价 | 1 000 000 |

如上所述，如果卖方在出售时已收到全部 40 万美元的权益，则立即确认 30 万美元的收益。然而，在分期付款的情况下，由于卖方在出售当年只收到 25 000 美元的收入，因此只能确认 75%的收益，即 18 750 美元。剩余收益将随着时间的推移予以确认，因为分期付款是在 375 000 美元的基础上做出的。

由于卖方融资 375 000 美元，卖方通常会收取贷款的未偿还余额的利息，直到贷款被偿还。[①] 在我们的例子中，我们假设卖方对于未偿还余额收取 10%的利息并且将这个利息添加到每年的分期付款中。在分期付款与现金出售之间进行比较时，将分期付款考虑在内是很重要的，因为分期付款的利息是两种销售类型的主要区别之一。此外，这笔利息收入将作为普通收入纳税。

### 税后销售收入与分期付款中的未来税后现金流

继续我们的例子，我们现在比较卖方在分期付款销售中随时间推移而收到的税后现金流量与卖方从现金出售中获得的金额之间的差额。现金出售后的现金流量计算如表 14-18 所示。

**表 14-18** **卖方税后现金流：销售年份** 单位：美元

| | |
|---|---|
| 售价 | 1 000 000 |
| 一抵押贷款余额 | 600 000 |
| 一税收 | 45 000* |
| 销售收入 | 355 000 |

* 300 000 美元的 15%。对于现金出售，总共 300 000 美元立即以 15%的资本利得税税率纳税。

我们现在考虑分期付款销售的税后现金流量。根据房地产销售结束后的税后收入计

① 事实上，如果不收取利息，国税局可能会“计算”一次利息，并要求卖方就这笔利息支付所得税。这是为了防止卖方抬高房地产的销售价格而不是为了收取利息。如果卖方这样做了，更高的销售价格（实际上是预付利息）将导致更高的资本利得税，而不会按利息征收所得税。因此，卖方将普通收入转换为具有较低税率的资本利得。

算（见表 14－19）。

表 14－19

| | |
|---|---|
| 收到的本金支付（美元） | 25 000 |
| ×利润比率 | 0.75 |
| 报告期收益（美元） | 18 750 |
| ×税率 | 0.15 |
| 纳税义务（美元） | 2 813 |
| 税后现金流（美元） | 22 188 |

同样，在未来 5 年的每一年分期付款时，都必须计算纳税义务和税后现金流量。回想一下，卖方会在卖方融资中收取 375 000 美元的 10%的利息收入。这个利息会像普通收入那样纳税，并且我们假定税率为 30%。5 年所有的税后现金流列示在表 14－20 中。

表 14－20 还显示了税后现金流量的现值是用 7%的折现率计算的。选择这个比率是因为 10%的利息是对卖方融资收取的（这相当于卖方在没有出售的情况下保留在房地产中的权益），其中边际税率为 30%，所以我们假设适当的税后折现率为 10%×(1－0.30)＝7%。该现值可以与全部现金销售的现值进行比较，所有年内销售收入均要纳税。我们以前计算的数额为 35.5 万美元。

我们现在看到，在这种情况下，分期付款 362 592 美元的现值大于现金出售 355 000 美元的现值。由于后者是立即收到的，所以不会折现。因此，分析表明，投资者分期付款销售更好。读者应该认识到结果可能差别很大。此外，分期付款数额还取决于利率、投资者的普通税率和资本利得税税率、分期付款的金额、支付的年限等。是采用分期付款销售还是现金销售更多取决于特定投资者的情况以及分期付款销售的结构。

表 14－20　　分期付款销售中的税后现金流

| | 年 | | | | | | |
|---|---|---|---|---|---|---|---|
| | 0 | 1 | 2 | 3 | 4 | 5 | 总计 |
| A. 分期付款的资本利得税 | 25 000 | 75 000 | 75 000 | 75 000 | 75 000 | 75 000 | 400 000 |
| ×利润比率 | 75% | 75% | 75% | 75% | 75% | 75% | |
| ＝报告期收益 | 18 750 | 56 250 | 56 250 | 56 250 | 56 250 | 56 250 | 300 000 |
| ×资本利得税税率 | 15% | 15% | 15% | 15% | 15% | 15% | |
| ＝资本利得税 | 2 813 | 8 438 | 8 438 | 8 438 | 8 438 | 8 438 | 45 000 |
| B. 卖方融资的利息与税收 | | | | | | | |
| 年初余额 | 400 000 | 375 000 | 300 000 | 225 000 | 150 000 | 75 000 | |
| 分期付款 | 25 000 | 75 000 | 75 000 | 75 000 | 75 000 | 75 000 | 400 000 |
| 年末余额 | 375 000 | 300 000 | 225 000 | 150 000 | 75 000 | 0 | |
| 利息（10%） | | 37 500 | 30 000 | 22 500 | 15 000 | 7 500 | 112 500 |
| ×正常收入的税率 | | 30% | 30% | 30% | 30% | 30% | |
| 正常收入税 | | 11 250 | 9 000 | 6 750 | 4 500 | 2 250 | 33 750 |

续前表

| | 年 | | | | | | |
|---|---|---|---|---|---|---|---|
| | 0 | 1 | 2 | 3 | 4 | 5 | 总计 |
| C. 税后现金流 | | | | | | | |
| 分期付款 | 25 000 | 75 000 | 75 000 | 75 000 | 75 000 | 75 000 | 400 000 |
| 减去正常收入税 | 0 | 11 250 | 9 000 | 6 750 | 4 500 | 2 250 | |
| 减去资本利得税 | 2 813 | 8 438 | 8 438 | 8 438 | 8 438 | 8 438 | |
| 税后现金流 | 2 188 | 92 813 | 87 563 | 82 313 | 77 063 | 71 813 | |
| 折现率 | 7.00% | | | | | | |
| 现值 | 362 592 | | | | | | |

注：表中各款项的单位均为美元。

## 14.6.2 延税互换交易

推迟确认房地产出售时资本利得的另一种策略是使用延税互换（tax-deferred exchange)。有时候我们称之为无税或 1031 互换，即参考适用 IRC 第 1031 条。如果投资者愿意在一定时间内更换房地产，他可以根据 IRC 第 1031 条选择使用税收待遇。在销售年度中应报告的收益未报告，因此当时不支付税款。在互换中推迟的收益是根据所购买房地产的最终处置情况进行报告的。

除了推迟资本利得外，互换可以与其他投资策略一起使用，以便：

● 调整投资者房地产的地理位置。

● 将一处房地产互换为具有不同现金流量特征的房地产（例如，较高的占用率）。

● 将单一房地产互换为多处房地产，以便拥有更多元化的投资组合。

● 将一处房地产换成管理密集程度较低的另一房地产（例如，将公寓换成净租赁的医疗办公大楼）。

**IRC 第 1031 条**

由下文我们可以看出，投资者在评估是否使用第 1031 条互换策略时必须做出某些基本考虑。其中一些考虑因素包括：

● 购买的房地产是否可以确定并且互换交易能否在 IRC 规定的时限内完成。

● 在互换中被购买的房地产数量是否可限制在最多三个，或如果超过三个，则所购买的房地产总价值是否可以限制在正在互换的房地产的公平市场价值的 200%内。

● 所互换房地产的当前权益是否大于或小于所获得房地产的权益。这种关系可能倾向于减少或消除从互换中得到的税收优惠。

● 是否有任何非实物财产（个人财产）可能包含在互换中。在这种情况下，“非同类财产”被认为是个人财产［被称为价值补偿金（boot)］，并且需要征税。

以下是关于 IRC 中的同类互换的非常明确的讨论。

根据 IRC 第 1031 条（IRC Section 1031）的规定，在贸易、商业活动或投资中为生产性使用而持有的房地产所互换的收益或损失不得确认，如果此类房地产仅与同类房地产互换，即为贸易、商业活动或投资中为生产性使用而持有的房地产。应该强调的是，只有第1231条和第1221条规定的房地产才能成交；互换的其他房地产不具备资格。交易者必须放弃合格房地产的权益，只能在合格房地产上获得同等权益。同样，在互换中收到的房地产必须由第1231条或第1221条规定的互换者持有。任何作为第1231条或第1221条房地产持有的实物房地产都可以与第1231条或第1221条房地产的几乎任何其他类型的房地产互换。例如，这允许多租户零售中心互换单一用户大型零售房地产，投资用地互换公寓楼，零售中心互换写字楼，或者一个多租户办公大楼互换单一租户办公楼。[①] 合伙企业可以将其拥有的合格房地产互换为其他符合资格的房地产，并实现第1031条中承诺的延期纳税。然而，根据第1031条的规定，合伙人不能在延税基础上交换其他合伙人的利益。投资者拥有的合伙权益是个人房地产。合伙人拥有的是实物房地产。

**必须建立确定的时间框架**

IRC第1031（a）条要求在45天内确认房地产，并在所有权转让后的180天内完成互换。

180天内未能购买的房地产为非同类房地产，纳税人必须购置替换房地产的180天需进一步分为两个时间段。该条款告诉我们，纳税人有45天的时间可以确定在互换中获得的房地产。

**平衡权益**

要成功完成一个延税互换，实际上投资者必须放弃房地产权益和购买房地产权益。在平衡权益的概念下，如果放弃的权益等于获得的权益，那么权益是“平衡的”，互换是完全延期纳税的。例如，如果投资者有一个全款（免税并明确）的50万美元的房地产并用其互换一处价值50万美元的无贷款购买的房地产，可以很清楚地看到，投资者放弃了和购买的房地产等同的房地产权益，并且不会收到非同类房地产。这将符合仅以房地产权益互换房地产权益的要求。

**斯塔克哲学** **概念框14.1**

在20世纪70年代后期，俄勒冈州的一位名叫斯塔克（Starker）的纳税人通过挑战互换必须同时进行的要求，改变了延税互换的方式。

斯塔克在西北部拥有木材公司想要的数千英亩林地。他想将土地换成其他房地产，但他面临的问题是寻找替代房地产，以便他可以完成互换。斯塔克无法做到这一点，但又希望与木材公司完成交易，双方同意让斯塔克将他的土地以固定价格转让给木材公司。木材公司随后同意花费相同数额的现金为斯塔克购买他确认的房地产。在接下来的几个纳税年度中，木材公司购买了斯塔克确认的房地产，然后将房子交给他，完成了互换。

根据美国国税局的规定，这个计划中存在的问题是，斯塔克在他放弃林地的那一年可能不会提交他的纳税申报表，因为如果他进行了互换或出售，他并不知道结果。只有

① 但是，一个限制是美国国内的房地产和美国以外的房地产不被视为同类房地产。因此，为符合第1031条的规定，要么互换所涉及的房地产都必须位于美国境内，要么所互换的房地产都必须位于美国境外。

在完成收购所有置换房地产后，他才提交纳税申报表。美国国税局对此计划提出质疑，称他没有资格根据第1031条进行互换处理，因为他没有完成同时互换。

斯塔克最终在他的挑战中胜出，因此IRC第1031条被修改为在符合条件的延税互换中允许非同时资产互换。这是一个重要的变化，因为它为考虑互换的投资者提供了更多的灵活性。

斯塔克获得成功的一点是他从未接受过或控制过任何非同类财产。他没有收到交易中的现金，因为木材公司一直持有现金。除了告诉木材公司何时支付他想要购买的房地产外，他无法控制现金。因为他放弃了对自己房地产的契约，收到了替代房地产的契约，并且从未拿过现金的合同收据，他完全可以满足仅互换合格房地产的要求。

**修改时间框架**

由于斯塔克案和类似案件的结果，国会已经修改了IRC第1031条，而美国国税局已经颁布了相关法规，为纳税人和房地产经纪人提供指导，以便成功完成非同时延税交易。纳税人在出售待互换的房地产后，必须在180天内获得所购房地产的所有权。

**反向斯塔克策略**

投资者常常面临的一个问题是，IRC第1031条要求在45天内确定要购买的房地产，但是用45天的时间来确定他们想通过互换获得的房地产并不够。此外，投资者不愿签署一份导致这种限制截止时间的销售协议。因此，投资者可能先确定他们想要获得的房地产，然后将其现有房地产售出。

一种被称为“反向斯塔克”的策略发生在房地产所有者首先获得置换房地产，再出售原始房地产并声明已完成延税互换时。如果该互换顺利完成，则符合第1031条的时间要求；如果在出售原始房地产之前，替代房地产由投资者拥有，则45天和180天的期限要求能被满足。

当计划利用分期付款销售，特别是反向斯塔克策略时，纳税人应该咨询税务律师或有经验的税务专家。

**安全港规则**

在互换期间，纳税人不能收到视为非同类的财产。收到非同类财产被视为现金处理，将不符合延税互换的条件。

因此，对投资者而言，收到非同类财产并不认为是有益的。这些规定为纳税人提供了几条被命名为安全港规则的指导方针：

● 合格托管账户，指在合格托管账户中，托管持有人不是纳税人或非合格者［如该条款的（k）节所定义］，托管协议明确限制纳税人的收取、质押、借款或以其他方式获得托管账户现金或现金等价物利益的权利。

● 合格信托，指在信托中受托人不是纳税人或非合格者，信托协议明确限制纳税人收取、质押、借款或以其他方式获得受托人持有的现金或现金等价物利益的权利。

● 投资者经常使用合格经纪人作为中介以促进互换。这是现在完成互换的最常用方式。为了收取费用，经纪人通过在购买投资者放弃的房地产上与投资者达成一致来促进延税互换，同时购买投资者确定的替代房地产，然后将该房地产转让给投资者。

不必实际转换替换房地产所有权。房地产的转让可以通过直接契约从之前的所有者转移给现在的所有者，而不是通过经纪人。通过经纪人进行交易需要四个契约而不是两个。如果允许直接购买，它需要两倍的文件税和登记费。它也减少了可能的环境责任。

但在很多延税互换交易中，价值一般不会相等。当互换的房地产价值高于或低于所购房地产的价值时，就会发生这种情况。在被购房地产价值较高时，互换房地产所获得的收益将被推迟获得，以减少被购房地产的价值。然后在土地和装修之间进行分配，以建立用于互换的可折旧价值基数。在这种情况下，当被购房地产最终被出售时，由于其替代价值基数较低，因此出售收益通常会更大。在被购房地产的价值低于互换房地产价值的情况下，价值差异是不同财产（包括个人房地产、现金等）的结果，这种不同财产必须被视为互换年份的收益。然后根据获得房地产的价值确定被购房地产的替代基础。最后，许多交易可能还包括由交易某方或双方承担的抵押贷款债务。如果所承担的债务数额有所不同，可能会出现一些债务减免，从而使一方受益。在发生这种情况时，交易年份可能必须确认收益。以下是选择的交易示例，以便帮助读者更好地理解延税交易的概念。

**确认收益**

在通常情况下，如果投资者出售房地产以获取收益，则必须在销售年度确认该收益，并且必须支付相应的资本利得税。但是，如果投资者出售商业性或投资性房地产以获得现金，并且收到的所有现金都用于购买另一房地产，则投资者可能不必确认所有出售收益。IRC 第 1031 条允许投资者将权益从一处房地产转移到另一房地产，从而将部分或全部收益推迟到未来的时期。任何未被确认的收益都是无法识别的收益。

例如，如果投资者以 400 000 美元的价格出售了一处房地产，并且调整基数为 160 000 美元，那么投资者在现金出售该房地产时将确认 240 000 美元的收益（见表 14－21）。

**表 14－21**

| | |
|---|---|
| 售价 | 400 000 |
| 一调整基数 | 160 000 |
| 确认收益 | 240 000 |
| 售价 | 400 000 |
| 一抵押贷款余额 | 0 |
| 权益 | 400 000 |

**替代基数。**根据 IRC 第 1031 条，在价值互换中被推迟的资本会发生什么？房地产处置时确认的收益成为所购房地产的调整基数。在延税交易中获得的房地产调整基数被称为替代基数（substitute basis）。

运用前面的例子，假设在交易结构中所有的实现收益都可以推迟确认。因此，在交易时未确认的收益在当时没有纳税。这一未确认的收益降低了交易所获房地产的价值基数（见表 14－22）。

**表 14-22** 单位：美元

| | |
|---|---|
| 售价 | 400 000 |
| 一调整基数 | 160 000 |
| 确认收益 | 240 000 |
| 房地产市场价值 | 500 000 |
| 一未确认收益 | 240 000 |
| 替代基数 | 260 000 |

这种调整对价值基数的最终影响是产生所获房地产的 240 000 美元的收益。例如，如果新房地产第二天以 500 000 美元的价格出售，则会确认 240 000 美元的收益。

**替代基数分配。**上述替代基数将在土地和装修改进之间进行分配以减少折旧。在上面的例子中，如果所出售房地产是生地，而所购房地产是一小型公寓，具有 25%的土地和 75%的装修改进，195 000 美元（260 000 美元的 75%）将用于税收目的的折旧。

**非同类财产（价值补偿金）。**在很多情况下，所获财产可能不完全类似。非同类财产是指不属于房地产的财产。IRC 第 1031 条要求交易必须完全适用于同类财产。如果交易涉及非同类财产，则会导致应税事件。

当投资者在交易时收到非同类财产时，收益将被确认，因为投资者没有用同类财产进行互换。非同类财产可能是各种类型的，有时候统称为价值补偿金（boot）。例如，如果投资者将未开发的土地互换成酒店房地产，则后者可能包含家具和其他个人财产（与房地产不同）。在这种情况下，应称被购酒店包含价值补偿金。

**现金。**在非同类财产的互换中收到的现金必须确认为收益。例如假设投资者基于表 14-23 中的事实互换财产。

**表 14-23** 单位：美元

| | |
|---|---|
| 所售房地产的市场价值 | 400 000 |
| 一抵押贷款余额 | 200 000 |
| 放弃权益 | 200 000 |
| 所购房地产的市场价值 | 300 000 |
| 一抵押贷款余额 | 200 000 |
| 获得权益 | 100 000 |
| ＋获得现金 | 100 000 |
| 总获得权益 | 200 000 |

请注意，在这次交易中，投资者购买的房地产少了 10 万美元的权益价值，获得了 10 万美元现金。因此，投资者收到 10 万美元的非同类财产来平衡价值。这 10 万美元是价值补偿金，这意味着在出售时必须确认 10 万美元的收益。如果原有房地产的实现收益为 30 万美元，那么在互换时将确认 10 万美元的收益，而 20 万美元将被延期纳税。

**抵押贷款减免。**如果投资者对置换房地产的欠款低于出售房地产，则投资者获得抵押贷款减免。因此，作为交易的一部分，当投资者的债务减少时，仅以权益换取权益的要求尚未得到满足。例如，假设我们有如表 14－24 的交易。

**表 14－24** 单位：美元

| | |
|---|---|
| 所售房地产的市场价值 | 400 000 |
| 一放弃的抵押贷款 | 200 000 |
| 放弃的权益 | 200 000 |
| 所购房地产的市场价值 | 300 000 |
| 一获得的抵押贷款余额 | 100 000 |
| 获得权益 | 200 000 |

尽管所售房地产权益等于所购房地产权益，但投资者已经收到抵押贷款减免，因为他在交易之后比交易前少了 10 万美元抵押贷款。10 万美元的交易将确认为收益，即使没有收到现金。虽然被购房地产具有同样的权益，但它的价值减少了 10 万美元，相当于投资者卖掉了原来的 10 万美元初始房地产，因此需要征税。

交易中还能产生其他类型的非同类财产。读者在进行交易前应咨询税务律师或会计师。

**无法确认的收益**

一旦计算确认收益并确定收到非同类财产（价值补偿金）的金额（如果有的话），即可计算未确认收益的金额。即为

未确认收益＝实现收益－价值补偿金

例如，如果一个投资者以 70 万美元的价格出售房地产，将实现 25 万美元的收益。在互换交易中，投资者将所有房地产权益互换并获得 10 万美元现金。15 万美元的收益将被延期确认，并获得 10 万美元的收益（相当于所收到的非同类财产金额或价值补偿金）（见表 14－25）。

**表 14－25** 单位：美元

| | |
|---|---|
| 实现收益 | 250 000 |
| 一收到的非同类财产金额 | 100 000 |
| 未确认收益 | 150 000 |

交易的目标是获得一个未确认收益，这些收益可以递延到未来的纳税处置中。

**交易经济学**

正如我们所讨论的，交易的主要好处是推迟资本利得税。问题是纳税人能否进行交易以获得第二处房地产，或是通过直接出售购买第二处房地产。在比较这两种方案时需要考虑几个因素。首先，通过交易获得的第二处房地产的替代基数将被折旧。替代基数被递延收益的金额降低，因此，由于第二处房地产的基数较低，因此每年折旧较少。其次，因为互换房地产的收益已被推迟，出售第二处房地产后将会有较大的资本利得。递延收益将与出售互换所获房地产的额外资本利得一起确认。因此，问题在于交易时支付的较低资本利得税是否由交易后每年减少折旧税收优惠的现值以及出售第二处房地产时

支付的较高资本利得税抵消。

为了说明，请考虑以下示例。投资者想出售房地产，已经确定了购买的房地产，并且必须决定是否进行互换。

该房地产今天可以以 100 万美元的价格出售。有 60 万美元的调整基数，如果卖出会带来 40 万美元的收益。假设 15%的资本利得税税率适用于收益，如果今天出售，资本利得税为 6 万美元（见表 14－26）。

**表 14－26** 单位：美元

| | |
|---|---|
| 售价 | 1 000 000 |
| 调整基数 | 600 000 |
| 收益 | 400 000 |
| 资本利得税税率 | 15% |
| 税收 | 60 000 |

在交易中，交易所获房地产的基数降低了递延收益的金额。这个较低基数被折旧。在我们的例子中，这意味着通过交易每年折旧降低 10 000（＝400 000/40）美元。如果我们假设投资者的普通所得税税率为 30%，他将每年从折旧中扣除税收抵免 3 000（＝10 000×30%）美元。

当第二处房地产被出售时，延期收益 400 000 美元将被确认。但是，由于互换使得第二处房地产每年折旧较少，因此获得的房地产基数低于不是在互换中获得的情况。在这种情况下，折旧在 10 年内每年降低 10 000 美元，共计 10 万美元。这抵消了互换与不互换时资本利得的差异。资本利得的差异总结如表 14－27 所示。

**表 14－27** 单位：美元

| | |
|---|---|
| 第一处房地产出售的递延收益 | 400 000 |
| 减：第二处房地产在没有互换的情况下被购的额外累计折旧 | 100 000 |
| ＝互换与不互换销售的资本利得净额 | 300 000 |
| ×资本利得税税率 | 15% |
| 互换中额外的资本利得税 | 45 000 |

现在我们可以计算并比较互换与直接出售的经济利益。

在零年（互换时间），我们通过互换节省了 60 000 美元的税收。但是每年因减少折旧而带来的税收抵免为 3 000（＝10 000×0.30）美元。由于更大的资本利得，在第二处房地产出售时增加了 45 000 美元的税收。因此，有：

$PV$＝60 000 美元
$PMT$＝－3 000 美元
$FV$＝－45 000 美元
$n$＝10 年

解得 $i$＝2.80%。

2.80%代表什么？实际上，这是通过递延纳税向政府“借入”60 000 美元的成本。

这个成本越低，交易对投资者来说越经济。只要在第二处房地产被出售前，投资者每年可以赚取超过 2.80%的利息，交易就是可取的。

当然，这些结果依赖于假设，如投资者的一般收入、资本利得税税率以及资产增值税率在第二处房地产出售时是否会有所不同。所以结果可能会随着这些假设的变化而有所不同。例如，如果投资者预期在第二处房地产出售时资本利得税税率较低，交易的成本将更低。

最后，应该指出的是，我们并没有考虑交易所获得的房地产的 *NOI* 和转售价格，也没有考虑它的融资方式，这些是没有必要的。因为无论第二处房地产是否在交易中获得，*NOI* 和转售价格都是相同的。应该将重点适当放在两种选择之间税收处理的差异上。

## 14.7 作为处置替代方案的翻新

投资者可能会考虑翻新（renovation）房地产，而不是出售一处房地产来购买另一处房地产。例如，根据当地市场和房地产所在地区的经济趋势，投资者可能会考虑通过扩大房地产或通过重大资本改良来提高房地产质量并降低营运成本。或者，投资者可考虑将改良措施转化为适应不同的经济用途，例如将小型多户住宅转换为城市附近的小型专业办公楼（假设分区允许进行这种转换）。

我们在这里解决的问题是如何正确分析这种选择。为了说明，重新考虑翻新我们在本章第一部分中分析的同一房地产。Apex 中心现在已有 20 年的历史，由 5 年前购买它的投资者所有，成本为 20 万美元。它在 5 年前获得了利率为 11%、150 000 美元的 25 年期贷款。我们知道，如果没有重新装修，该房地产今天可以以 25 万美元的价格出售（见表 14－2）。我们也知道如果房地产再持有 5 年并且没有经过翻新将会有什么收益（见表 14－4 和表 14－5）。现在我们将看到如何评估与增加投资翻新房地产有关的回报。

业主预计装修费用为 20 万美元。我们最初认为，由于该项目涉及风险，银行将只同意为目前的贷款余额（142 432 美元）再加上装修费用 200 000 美元的 75%提供贷款，总贷款为 292 432 美元。① 新的抵押贷款将为期 15 年，利率为 11%。②

如果税率为 28%的所有者承担翻新项目并希望对投资方案进行税后分析，则必须确定所有者不得不投资于该房地产的额外权益。这将等于翻新成本减去额外融资（包括翻新融资加上对该房地产其余部分的任何现有融资）。在这种情况下，贷款人只能提供额外的资金来覆盖 75%的装修费用。然而，在翻新项目中，评估翻新后整个房地产的价值，然后借入该价值的一定百分比的情况也很常见。这种方法可以让投资者从房地产中获得一些权益。

① 贷款人通常会根据目前的市场价值而不是现有的贷款余额进行贷款，贷款余额取决于贷款最初制定时的市场价值和装修成本。这在以下部分考虑。

② 另一种选择是第二笔抵押贷款为 5 万美元。此处提供的过程仍适用于该问题。

在这种情况下，装修费用为 20 万美元，额外融资达到装修费用的 75%，即 15 万美元。因此，额外的权益投资是 20－15＝5（万美元）。投资者可以获得什么作为额外的 5 万美元投资回报呢？一般来说，翻新可以带来很多好处，包括增加租金、降低空置率、减少营运费用以及增加未来房地产价值。

鉴于翻新和再融资的估计成本，投资者面临的关键因素是租金、开支、房地产价值和预期持有期的估计。显然，计划翻新的结果取决于这样的估算，这需要仔细地进行市场分析和规划，正如我们之前所讨论的。假设实施了这样一个计划，翻新 Apex 中心的所有者和投资者的 5 年预测如表 14 - 28 所示。

根据表 14 - 28，我们应该注意到，根据翻新计划，第 1 年的 *NOI* 估计会从没有翻新的 23 725 美元（见图 14 - 4）增加到现在的 45 000 美元。改造后，*NOI* 预计将以每年 4%的速度增长，而不是 3%。债务是基于 15 年的新增 292 432 美元、利率为 11%的抵押贷款。折旧费用 14 770 美元是通过首次计算翻新支出的折旧来计算的，折旧基数增加了 20 万美元。根据当时有效的税法，我们认为装修价值超过 31.5 年。因此，装修每年导致 200 000÷31.5＝6 349（美元）的折旧。现有建筑物的折旧（原始折旧基数）不受装修影响。这个折旧仍然是每年 8 421 美元。将原来的折旧加入翻新造成的 6 349 美元折旧中，导致总折旧为 14 770 美元。

预计 5 年的投资期限已被选定用于分析。为了估算转售价格，投资者在现在 6 年内将 10%的最终资本化率用于估计 *NOI*。这种方法是基于这样的假设，即装修效益将在未来的 *NOI* 中反映出来，而 5 年后购买该房地产的新投资者将从第 11 年开始，以 *NOI* 为基础计算购买价格。

现在我们有兴趣确定翻新后税后现金流量增加了多少。也就是说，翻新后的税后现金流量与翻新前的税后现金流量相比要大多少？（如果有的话。）假设不进行翻新的税后现金流量与我们在假设没有出售时分析 Apex 中心时的表 14 - 4 和表 14 - 5 中所确定的相同。表 14 - 29 总结了翻新和未翻新的税后现金流。

从表 14 - 29 中我们可以看出，如果房地产进行翻新，前两年的税后现金流量实际上略微减少。但是之后，税后现金流越来越高。房地产翻新后，销售税后现金流量更高。使用增量现金流量，我们可以计算出额外权益投资的内部收益率为 17.58%。这种内部收益率意味着投资者将获得 17.58%的额外 5 万美元用于翻新房地产。这是否为一项好的投资取决于 50 000 美元在可比风险的不同投资中所能获得的收益率。

**表 14 - 28　　Apex 中心翻新后的预测**　　单位：美元

| | 经营性税后现金流量计算<br>年 | | | | | |
|---|---|---|---|---|---|---|
| | 6 | 7 | 8 | 9 | 10 | 11 |
| 净营业收入（*NOI*） | 45 000 | 46 800 | 48 672 | 50 619 | 52 644 | 54 749* |
| 减去债务支付 | 39 885 | 39 885 | 39 885 | 39 885 | 39 885 | |
| 税前现金流 | 5 115 | 6 915 | 8 787 | 10 734 | 12 758 | |
| 净营业收入（*NOI*） | 45 000 | 46 800 | 48 672 | 50 619 | 52 644 | |
| 减去利息 | 31 766 | 30 827 | 29 779 | 28 609 | 27 304 | |

续前表

| | | | | | | |
|---|---|---|---|---|---|---|
| 折旧 | 14 770 | 14 770 | 14 770 | 14 770 | 14 770 | |
| 应税收入 | −1 537 | 1 203 | 4 123 | 7 240 | 10 569 | |
| 税收 | −430 | 337 | 1 155 | 2 027 | 2 959 | |
| 税前现金流 | 5 115 | 6 915 | 8 787 | 10 734 | 12 758 | |
| 税收 | −430 | 337 | 1 155 | 2 027 | 2 959 | |
| 税后现金流 | 5 545 | 6 578 | 7 632 | 8 707 | 9 749 | |
| | | | 翻新后的税后现金流 | | | |
| 售价 | | | | | | 547 494 |
| 减去 6%的销售费用 | | | | | | 32 850 |
| 减去抵押贷款余额 | | | | | | 241 290 |
| 税前现金流 | | | | | | 273 354 |
| 销售年份的税收 | | | | | | |
| 售价 | | | | 547 494 | | |
| 减去销售费用 | | | | 32 850 | | |
| 原始成本基数 | | | 400 000 | | | |
| 累计折旧 | | | 115 957 | | | |
| 调整基数 | | | | 284 043 | | |
| 资本利得 | | | | 230 601 | | |
| 资本利得税（28%） | | | | | | 64 568 |
| 税后现金流 | | | | | | 208 786 |

＊第 11 年的预计净营业收入用于估计第 10 年末的销售价格。

**表 14 - 29　　增量分析——翻新与未翻新**　　单位：美元

| | 年 | | | | | |
|---|---|---|---|---|---|---|
| | 5 | 6 | 7 | 8 | 9 | 10 |
| 翻新的税后现金流 | | 5 545 | 6 578 | 7 632 | 8 707 | 218 585 |
| 未翻新的税后现金流 | | 6 156 | 6 601 | 7 054 | 7 514 | 107 202 |
| 增量现金流 | −50 000 | −611 | −23 | 578 | 1 193 | 111 382 |
| 增量现金流的内部收益率 | =17.58% | | | | | |

认识到我们计算的 17.58%的回报并不是 Apex 中心全部投资的回报这一点很重要。它并没有告诉我们翻新前 Apex 中心是否为有价值的投资。这是本章第一节分析的目的。我们现在假设投资者已经拥有 Apex 中心，并想知道是否有一项额外投资来翻新房地产是一种可行的策略。

## 14.8 翻新和再融资

前面的例子假设如果房地产进行了翻新，额外的融资将等于该房地产现有的贷款余额（在翻新之前）加上75%的翻新费用。当房地产重新装修时，投资者经常利用这个机会为整个房地产进行再融资。例如，Apex中心的现有贷款余额仅为该房地产当前价值的57%（=142 432÷250 000）。因此，投资者可以借到超过翻新需求的资金，特别是如果投资者计划获得整个房地产的新贷款而不是第二笔抵押贷款以支付翻新费用。

投资者可以借入的资金总额通常是在装修完成后房地产的估计价值的百分比。这个价值将以评估为基础。如果我们假设翻新的价值等于翻新的成本，那么这个价值就等于现在的价值25万美元加上翻新成本20万美元，即45万美元。如果投资者可以借到这个价值的75%，那么可以获得337 500美元的贷款。由于现有贷款余额为142 432美元，净额外贷款收益为195 068美元，因此，投资者将不得不进行4 932美元的权益投资来翻新房地产。显然，这是一个高度杠杆化的情况，增长率和收益率应该更高。表14-30显示了Apex中心的现金流量，假设以11%的利率和15年的贷款期限获得337 500美元的贷款。

表14-31显示了增量分析的结果。如上所述，必须投资4 932美元才能完成翻新。但是，由于新贷款金额远高于现有贷款，所以额外付款会导致每一年的负增量现金流量，直到房地产被出售。由于翻新所带来的更高价值，当房地产被出售时会产生大量额外现金流，导致投资者的税后内部收益率增长了37.47%。因此，额外的融资（杠杆）大大增加了翻新房地产带来的增量回报。然而，正如我们所知，由于额外的债务，风险也更大。投资者必须考虑额外收益是否与额外风险相匹配。实际上，一些额外的债务是为了恢复75%的贷款价值比。因此，虽然翻新成本高度杠杆化，但该房地产的财务杠杆情况不变。投资者必须考虑所有这些因素才能做出明智的投资决策。

**表14-30　　再融资下的翻新税后现金流**　　单位：美元

| | 经营性税后现金流计算<br>年 | | | | | |
|---|---|---|---|---|---|---|
| | 6 | 7 | 8 | 9 | 10 | 11 |
| 净营业收入（*NOI*） | 45 000 | 46 800 | 48 672 | 50 619 | 52 644 | 54 749* |
| 减去债务支付 | 46 032 | 46 032 | 46 032 | 46 032 | 46 032 | |
| 税前现金流 | −1 032 | 768 | 2 640 | 4 587 | 6 612 | |
| 净营业收入（*NOI*） | 45 000 | 46 800 | 48 672 | 50 619 | 52 644 | |
| 减去利息 | 36 662 | 35 578 | 34 368 | 33 018 | 31 512 | |
| 折旧 | 14 770 | 14 770 | 14 770 | 14 770 | 14 770 | |
| 应税收入 | −6 432 | 3 548 | −466 | 2 831 | 6 361 | |
| 税收 | −1 801 | −993 | −131 | 793 | 1 781 | |

续前表

| | | | | | |
|---|---|---|---|---|---|
| 税前现金流 | −1 032 | 768 | 2 640 | 4 587 | 6 612 |
| 税收 | −1 801 | −993 | −131 | 793 | 1 781 |
| 税后现金流 | 769 | 1 761 | 2 770 | 3 794 | 4 831 |

| 第 10 年翻新的税后现金流计算 | | | |
|---|---|---|---|
| 售价 | | | 547 494 |
| 减去销售费用（6%） | | | 32 850 |
| 减去抵押贷款余额 | | | 278 477 |
| 税前现金流 | | | 236 168 |
| 销售年份的税收 | | | |
| 售价 | | 547 494 | |
| 减去销售费用 | | 32 850 | |
| 原始成本基数 | 400 000 | | |
| 累计折旧 | 115 957 | | |
| 调整基数 | | 284 043 | |
| 资本利得 | | 230 601 | |
| 资本利得税（28%） | | | 64 568 |
| 税后现金流 | | | 171 599 |

* 第 11 年的预计净营业收入用于估计第 10 年末的销售价格。

**表 14-31　　再融资假设下的增量分析**　　单位：美元

| | 年 | | | | | |
|---|---|---|---|---|---|---|
| | 5 | 6 | 7 | 8 | 9 | 10 |
| 翻新的税后现金流 | | 769 | 1 761 | 2 770 | 3 794 | 176 430 |
| 未翻新的税后现金流 | | 6 156 | 6 601 | 7 054 | 7 514 | 107 202 |
| 增量现金流 | −4 932 | −5 387 | −4 840 | −4 283 | −3 720 | 69 227 |
| 增量现金流的内部收益率 | =37.47% | | | | | |

## 14.9　修复投资的税收抵免

投资税收抵免可用于年内（或支出发生时）某些修复支出。投资税收抵免减少了投资者的纳税义务（例如，1 美元的税收抵免通常会减少 1 美元的税收）。因此，1 美元的税收抵免通常比 1 美元的额外扣除（例如折旧）对投资者更有价值，因为额外的抵扣减少了应税收入，而这些应税收入将按照投资者的边际税率征税。对于 28%税级的投资者来说，1 美元的减税只能减少 28 美分的税收。但是，1 美元的税收抵免则减少了 1 美元的税收。

总之，修复的税收抵免情况如表 14 - 32 所示。

**表 14 - 32**

| 分类 | 抵免 |
|---|---|
| 1936 年之前投入使用的建筑 | 10% |
| 认证的历史建筑 | 20% |

从房地产投入使用的那一年起——当房地产开放给租户们居住时，投资者可以获得税收抵免。该房地产的可折旧基数是扣除了当年的全部抵免后的金额。例如，假设一位投资者花了 50 000 美元来修复一栋被认证的有历史意义的建筑，并且满足了修复投资税收抵免（rehabilitation investment tax credit）的必要条件。税收抵免额将为 10 000 美元。因此可折旧基数将为 40 000（=50 000−10 000）美元。

被认证的历史建筑没有年限要求，但是它必须位于一个已注册的历史街区中，并且必须经过内务部长的批准。修复也必须是“实质性的”，也就是说，修复的数额超过了修复前房地产的调整基数或超过 5 000 美元。（注意这一要求有利于长期持有该房地产并有较低的调整基数的投资者。）此外，经修复后，至少 75%的现有外墙必须被保留（50%仍然作为外墙使用）。并且，至少 75%的建筑内部结构框架必须被保留。

如果一位投资者接受了一项修复投资税收抵免，并在被修复建筑投入服务后的前 5 年内处置了房地产，部分抵免要再次征收。再征收的数额作为原始税收抵免的百分比列示在表 14 - 33 中。

**表 14 - 33**

| 处置年份 | 再次征收百分比（%） |
|---|---|
| 投入服务后一整年 | 100 |
| 第二年 | 80 |
| 第三年 | 60 |
| 第四年 | 40 |
| 第五年 | 20 |

## 低收入住宅

1986 年通过的《税收改革法案》引入了一项新的低收入住宅税收抵免（low-income housing tax credit）政策，该法案允许提供低收入住宅租赁资产的所有者申请税收抵免。这项抵免按年度申请，期限为 10 年。新建和翻新项目的年抵免率最高可达 9%，现有住宅的购置成本的抵免率最高可达 4%。为了取得资格，建设或翻新费用必须超过每低收入单元 2 000 美元。至于获得税收抵免的属性，要么（1）项目中至少 20%的住宅单位必须由收入占当地中等收入水平 50%或更低的个体获得，要么（2）项目中至少 40%的住宅单位必须由收入占当地中等收入水平 60%或更低的个体获得。项目的折旧基数不减去该低收入税收抵免的数额。

**Web App**

除了在本章中讨论的联邦税收抵免之外，在大多数州中还有其他税收抵免，以及其他可用于特定类型的资产翻新的经济激励措施。选择一个州，研究和总结这个州的税收抵免或其他可用的经济激励措施。概括激励措施的性质，以及你认为它可能会如何鼓励资产的翻新。

# 总　结

本章的主要目的是回答以下两个问题：（1）应该何时出售房地产？（2）一处房地产应该翻新吗？我们看到一旦一处房地产被购买，与持有该房地产相关的收益可能与原始估计的收益有很大不同。边际收益率的概念有助于评估一处房地产是否应该出售，还是应该继续持有一段时间。边际收益率考虑的是投资者持有房地产在未来能得到的收益，与出售房地产在今天所得到的收益之间的对比。

在分析房地产处置时，应考虑替代性税收策略。允许推迟征收资本利得税的两个重要策略是分期付款销售和同类互换。房地产可以以直接（或全部现金）出售或分期付款销售的方式出售，在后一方式下，卖方将在未来几年获得销售价格的一部分。同类互换过程允许用一处房地产交换另一处房地产，而不需要在出售时确认任何收益。虽然有时这被称为无税互换，但实际上通常在销售时就报告的收益，在处置年度却没有报告，因此在那个时候没有纳税。确切地说，同类互换所递延的收益是在应税房地产进行纳税处理时报告的。

为了确定是否应该翻新一处房地产，我们考虑翻新与不翻新的相关增量收益。这种方法适用于投资者已经拥有该房地产的情形，问题是是否有必要进行一项额外投资来翻新房地产。如果投资者还没有拥有该房地产，我们必须采取不同的方法。在这种情况下，投资者想要知道与购买和翻新该房地产相关的总收益率。投资者也想知道购买但不翻新该房地产的收益率，因为购买但不翻新仍然可能是有意义的。

基于上述讨论，很明显，当分析一项投资时，我们采取的方法取决于我们试图去解答的特定问题。做出糟糕的投资决策往往是由于分析师没有回答正确的问题。

## 关键术语

| | | |
|---|---|---|
| 价值补偿金 | 合同价格 | 处置 |
| 权益累积 | 分期付款销售 | IRC 第 453（1）条 |

| | | |
|---|---|---|
| IRC 第 1031 条 | 同类互换 | 低收入住宅税收抵免 |
| 边际收益率 | 最优持有期 | 利润比率 |
| 修复投资税收抵免 | 再投资收益率 | 翻新 |
| 替换基数 | 延税互换 | 无税互换 |

## 参考网站

www.globest.com——该网站提供每日更新的当前房地产新闻。许多文章会涉及房地产的处置和更新。

www.eda.gov——经济发展署（EDA）为基础设施开发、地方能力建设以及商业发展提供贷款。这是了解经济发展相关资源的很好的网站。

## 问　题

1. 当一位投资者试图决定是否处置他已经持有几年的房地产时，应该考虑哪些因素？
2. 为什么房地产的实际持有期会与购买房地产时的预期持有期不同？
3. 什么是边际收益率？如何计算？
4. 什么因素导致边际收益率随时间推移而改变？如何利用边际收益率来决定何时出售房地产？
5. 为什么新投资者与持有房地产的现存投资者相比，权益税后内部收益率（$ATIRR_E$）可能不同？
6. 在决定是否翻新一处房地产时应该考虑哪些因素？
7. 再融资为何经常与翻新同时发生？
8. 再融资为何可以作为对房地产销售的替代方案？
9. 税法的变动如何刺激投资者将房地产出售给其他投资者？
10. 税收因素在销售房地产的决策中占有怎样的重要地位？
11. 税收考虑在翻新决策中是否重要？
12. 翻新的收益和成本是什么？
13. 你认为翻新比新投资风险更高还是更低？
14. 再融资的增量成本是什么意思？
15. 总体而言，什么样的税收因素会刺激收益性房地产修复的发生？
16. 为什么投资者会考虑进行互换或分期付款销售？

## 习　题

1. 一处房地产目前售价为 200 万美元。它负有的贷款余额为 100 万美元，如果出售，投资者将承担 25 万美元的资本利得税。投资者认为如果现在将其出售，过去 5 年他的权益内部收益率为 15%。如果不出售，该房地产在下一年中可以产生 5 万美元的税后现金流。本年末，该房地产的价值有望升至 210 万美元，贷款余额减至 90 万美元，并且应交的资本利得税将增至 255 000 美元。
   a. 继续持有该房地产一年的边际收益率是多少？
   b. 你会给投资者怎样的建议？
2. 参见习题 1。这位投资者认为如果对该房地产进行翻新而不出售，那么第 2 年的税后现金流将增至 6 万美元，并且该房地产将在一年以后以 240 万美元的价格售出。翻新成本为 25 万美元。投资者无法借取任何资金用于翻新。
   a. 投资者用于翻新房地产的额外投资资金的收益率是多少？
   b. 你对房地产是否应该被翻新有什么建议？
3. Lonnie Carson 于 2 年前购置了 Royal Oaks 公寓楼。Carson 现在有机会购买更大的名为 Royal Palms 的公寓项目，但 Carson 认为只有将前者卖掉才能筹到足够的资本金来购买 Royal Palms。Carson 2 年前为 Royal Oaks 支付了 200 万美元，其中土地大约占 200 000 美元。最近的评估结果显示，该房地产目前的价值约为 220 万美元。2 年前购买时，Carson 为其价值的 70%取得了抵押贷款，利率为 10%，为期 25 年（按月还款）。该房地产按 27.5 年用直线法进行折旧（简化为每年 1/27.5）。下一年的有效总收入预计为 350 000 美元，营运费用大约占有效总收入的 40%。Carson 预期有效总收入将以每年 3%的速度递增。房地产的价值也将以相同的每年 3%的速度增加。Carson 目前处于 36%的税级，并将保持在该水平上。由于 Carson 还有其他房地产现在会产生应税收入，他不希望 Royal Oaks 产生的税收损失会受到消极活动损失的限制。如果他出售 Royal Oaks，销售费用会是售价的 6%。

a. 如果 Royal Oaks 今天（刚好在他购买的 2 年后）出售，Carson 会获得多少税后现金流（$ATCF_S$）？

b. 如果 Carson 今天不出售 Royal Oaks，那么未来 5 年的预期税后现金流（$ATCF_O$）是怎样的？

c. 如果 Carson 从今天起的 5 年后出售 Royal Oaks，他将获得怎样的税后现金流（$ATCF_S$）？

d. 利用从（a）到（c）的结果，找出如果 Carson 额外持有 Royal Oaks 5 年与今天出售它的预期权益税后收益率（$ATIRR_E$）的对比。

e. 如果 Carson 额外持有 Royal Oaks 1 年（明年出售与今年出售相比），边际收益率（*MRR*）是多少？

f. 你为什么认为（e）中的 *MRR* 比（d）中算出的高？

g. 你能想到 Carson 购买 Royal Palms 并仍然保留 Royal Oaks 的其他策略吗？

h. 你对 Carson 有什么建议？

i. （计算机用户选答）未来 10 年每年的 *MRR* 是多少？这个计算是如何被用来确定应该何时出售 Royal Oaks 的？

4. Richard Rambo 目前拥有 Marine Tower 办公大楼，房龄为 20 年，并正在考虑重新装修。他在 2 年前以 80 万美元的价格购买了这处房地产，并以 10%的利率贷款 20 年（按月支付），获得了 75%的贷款。在 80 万美元中，评估师指出这块土地价值 20 万美元，建筑价值 60 万美元。Rambo 在 39 年中一直使用直线折旧法（简化为每年 1/39）。在当前时点，Marine Tower 的 *NOI* 为 9 万美元，而 *NOI* 和房地产价值预计每年增加 2%。该房地产的当前市场价值为 82 万美元。Rambo 估计如果 Marine Tower 的装修成本为 20 万美元，由于租金上涨和费用降低，*NOI* 在下一年会提高 20%（108 000 美元）。他还预计随着翻修工程的进行，*NOI* 的年增长率会是 3%而不是 2%。此外，Rambo 认为 5 年之后，一个新的投资者会购买 Marine Tower，以 6 年后的资本化率预计 *NOI*，10%的资本化率为价格基础。销售成本将是售价的 6%。Rambo 位于 28%的税级，预计将继续处于这一税级。他也不希望受到任何消极活动损失限制。如果 Rambo 进行翻修，他认为他可以获得一个新的 11%利率、20 年贷款期限（按月支付）的贷款。

a. 假设 Rambo 进行了翻修，他将能够获得一笔新的贷款，等于现有贷款的余额加上 75%的翻修费用。进行翻修与不进行翻修相比增量收益（$ATIRR_E$）是多少？假设持有期为 5 年。

b. 重复（a），但假设 Rambo 能够获得一笔新贷款，等于房地产现有价值（820 000 美元）加上翻修费用（200 000 美元）总和的 75%。（这是假设翻修后资产价值增加值至少为翻修成本。）

c. 解释（a）和（b）中计算出的回报的差异。是否存在与每个融资选择相关的风险差异？

d. 你会给 Rambo 什么建议？

5. **Excel.** 参考网站上提供的 Excel 工作簿中的“Ch14 Renovation”。使用这个工作簿可以计算出 Apex 中心被翻新后的增量收益，如本章所示。假设翻新后的 *NOI* 是 42 000 美元而不是 45 000 美元。这将如何影响税后增量收益？

6. **Excel.** 参考网站上提供的 Excel 工作簿中的“Ch14 MRR”。假设 *NOI* 和房地产价值增长率都是 5%而不是 3%，这将如何改变 1～10 年的边际收益率？第 1 年的 *MRR* 会增加还是减少？随着时间的变化它减少得更快还是更慢？

7. 一位投资者正在考虑以 200 万美元的价格出售一处调整基数为 150 万美元的房地产。该房地产的贷款余额为 175 万美元。他正在分析不同的处置策略。所有的资本利得都将被征收 20%的税（无论是从折旧中拿回还是价格增值），而普通收入将被征收 35%的税。

a. 假设房地产分期付款销售，买方承担贷款，在出售时支付 5 万美元，然后在接下来的 4 年每年支付 5 万美元的分期付款。卖方对未付余额将收取 10%的利息。这比现金销售更好吗？

b. 现在假设投资者正在考虑进行递延纳税交易，而不是分期付款销售。他将以 400 万美元购买第二处房地产，并承担 375 万美元的贷款。他认为，土地价值将是购买价格的 20%，建筑价值大约为其 80%。如果进行交易，他计划在 5 年后出售第二处房地产。折旧期为 30 年。这种转换策略是否比只是将房产出售换取现金然后再购买第二处房地产更好？

# 第 15 章 公司房地产融资

在前面分析收益性房地产的章节中，我们主要研究的是业主或投资者将空间租赁给租户使用的情况。这类租户通常是将租赁来的空间作为营业场所使用。例如，一个典型租户可能会将写字楼的部分或全部空间供其雇员使用。因此，该公司虽然有权使用空间，但没有对它的实际所有权。本章将从一个新的角度来审视房地产，我们将关注点从房地产的投资者转向将房地产作为经营场所使用的公司。由于许多"企业使用者"[①] 都是公司，因而与它们有关的房地产均被称为公司房地产（corporate real estate)。然而，本章将对房地产全部类型的使用者展开研究，而不仅限于公司。即使这类企业的主营业务并非房地产投资，但由于房地产的使用通常是企业经营的重要组成部分（用作办公空间、仓库、生产车间等)，因而它必须做有关房地产的使用的决策。除使用之外，企业还可能基于以下原因选择持有房地产[②]：

- 获得所有权，不必为企业生产经营活动特意租赁。
- 将房地产投资作为主营业务之外的多种经营内容之一。
- 保留（而非出售）以前企业经营过程中使用过的房地产。
- 为未来业务扩展或变更经营地点而购买房地产。

由于以上原因，公司是美国商业房地产的重要使用者，75%的商业房地产是由公司所有者控制着的。此外，《财富》杂志排行榜的前 500 家大公司总资产的账面价值中，房地产占了三分之一。如此大量的公司财富都集中在房地产上，这使我们很有必要去深入

---

① 本章的理论基础见 William B. Brueggeman，Jeffrey D. Fisher，and David M. Porter，"Rethinking Corporate Real Estate." *Journal of Applied Corporate Finance*，1991（published by Continental Bank，Chicago )。

② 我们这里所说的对房地产的"拥有"指的是自由继承房地产，公司还可能因为房地产以低于市场价格水平的方式出租而享有一定租赁收益。

探讨一下房地产经营者和使用者应该如何正确选择房地产投资和融资决策。

公司用户持有房地产获得的收益有些与投资人可以实现的收益相同。比如，持有房地产的公司可以省去租赁使用空间而需要支付的租金，这就相当于房地产业主赚取了租赁收入。通过对房地产计提折旧，公司还可以在税收方面获得收益。此外，房地产所有权还使公司拥有了在未来某个时点将其售出的权利。彼时，如果公司仍需使用该房地产，可将其从买方手中回租过来。当公司的主营业务不是房地产投资时，就必须在此基础上考虑其他一些因素，如将资本投资于房地产项目上的机会成本、房地产所有权对公司财务报表状况的影响及公司有效使用空间的能力等。这都是本章将要讨论的一些问题。接下来，我们来研究公司用户应该如何分析是应该租赁还是持有营业所需空间。

## 15.1 租赁还是持有分析

公司既可以租赁，也可以持有其经营活动所需的空间。公司可以通过进行租赁还是持有分析（lease-versus-own analysis）来决定哪种选择更优。一方面，如果某公司选择持有房地产，那么它实际上是在进行房地产投资。企业在购置此类资产时，可以在权益资本之外，将已购置的房地产作为抵押物取得抵押贷款而融资；或者只使用权益资本去购买房地产。另外，根据公司经营已有的融资财务状况，还可以使用由无担保的公司债务和出售股票或未分配利润取得的权益组成的组合投资于目标房地产。

另一方面，如果公司选择使用租赁的房地产，那么它就不必动用权益资本，可以将这一部分资金用于其他投资。这些投资是否优于房地产投资，要取决于它们相对于房地产投资的税后收益率及风险情况。

### 15.1.1 租赁还是持有案例分析

为了说明企业在经营过程中的租赁还是持有决策，我们考虑以下例子。假设 XYZ 公司打算在一个新的市场领域开展经营活动，该活动将为其带来每年 150 万美元的收益。销售成本预计为销售额的 50%，企业间接成本为 20 万美元（不包含营业空间使用或购置费用）。无论是租入还是购买，均需支付 130 万美元作为创建新办公室所用的办公用品、预付金等其他开支。[①]

XYZ 公司可以以 180 万美元的价格购置一个小型写字楼作为办公室，其中土地价值为 22.5 万美元（12.5%），建筑价值为 157.5 万美元，折旧期限为 31.5 年。[②] XYZ 公司的税级为 30%。XYZ 公司还可以以 18 万美元的价格租入该房地产 15 年。XYZ 公司需要支付该房地产的全部营运费用（绝对净租金），该部分资金预计为租金的 50%。预计未来 15 年中，XYZ 公司的房地产价值将升值，并将在第 15 年底达到 300 万美元。[③] XYZ 公司

---

① 其他开支包括销售培训、职位调整等方面的费用。

② 折旧期限取决于购买房地产时施行的税法政策。

③ 即使公司仍需使用该房地产，它也可以在租期结束后出售房地产并以租赁方式租回使用。后续章节将对售后回租进行讲解。公司还可以卖出该房地产并通过租赁或持有方式重新安置。

还可以决定：如果它购置了该房地产，它可以基于该房地产申请只付利息贷款 1 369 000 美元（占购买价格的 76%），利率为 10%，10 年后到期时期末整付。[①]

## 15.1.2 租赁房地产现金流

表 15-1 显示了公司租赁房地产作为办公场所所需支付的税后现金流的计算过程。回忆创建办公场所的预付资金为 130 万美元，每年税后现金收益为 19.6 万美元。我们假设租赁期结束后公司经营相应结束，置办的相关设备没有剩余价值。税后资本成本假设为 12.5%，或者说如果 XYZ 公司决定租赁房地产，节省资金部分的税后再投资收益为 130 万美元。这一税后收益率是 XYZ 公司在考虑是否投入 130 万美元时，可以将其与其他具有同等风险的投资方式产生的收益进行对比的收益率。假设 XYZ 公司决定增设办公区，接下来的问题就是公司应该租用还是购买相应房地产。解决办法之一是计算比较购买和租用房地产各自产生的税后现金流和税后收益率。

**表 15-1　　税后现金流：租赁写字楼**　　单位：美元

| 经营性现金流 | | |
|---|---|---|
| | | 租赁 |
| 销售额 | | 1 500 000 |
| 主营业务成本 | | 750 000 |
| 总收入 | | 750 000 |
| 减营运费用： | | |
| 业务 | | 200 000 |
| 房地产* | | 90 000 |
| 减：租赁支付额 | | 180 000 |
| 应税收入 | | 280 000 |
| 税收 | | 84 000 |
| 税后收入 | | 196 000 |
| 税后现金流 | | 196 000 |
| 税后现金流总结 | | |
| | 支出 | 现金流 |
| 年 | 0 | 1～15 |
| | −1 300 000 | 196 000 |
| *IRR* | 12.50% | |

## 15.1.3 购买房地产的现金流

表 15-2 显示了假设购买该写字楼的税后现金流。最初 173.1 万美元的现金支出包括

① 为了说明，我们假设贷款金额等于租金支付额（每年 180 000 美元）按照 10%的折现率进行折现后的现值。

投资于该写字楼的43.1万美元的权益投资和130万美元的预付金。在前15年内，各年的税后现金流量为241 170美元。此时的税后内部收益率（*IRR*）为12.95%，高于表15-1中租赁房地产可得的税后收益。值得注意的是，这里所说的税后内部收益率是开设办公区的投资（130万美元）和持有该建筑而进行的额外投资（43.1万美元）二者之和可得到的总税后收益率。也就是说，是两个投资决策组合的收益率：(1) 开设办公区；(2) 持有写字楼。虽然持有该建筑的收益率高于租赁的情况，但其负担的风险也可能升高，这要看持有房地产的风险状况。① 为进一步分析风险状况，我们将房地产投资的税后收益率分离出来。

**表15-2　税后现金流：购置房地产**　单位：美元

| | | |
|---|---|---|
| **营业年度** | | |
| 销售额 | | 1 500 000 |
| 主营业务成本 | | 750 000 |
| 总收入 | | 750 000 |
| 减营运费用： | | |
| 业务 | | 200 000 |
| 建筑物或房地产 | | 90 000 |
| 减：利息 | | 136 900 |
| 折旧 | | 50 000 |
| 应税收入 | | 273 100 |
| 减：税收 | | 81 930 |
| 税后收入 | | 191 170 |
| 加：折旧 | | 50 000 |
| 现金流 | | 241 170 |
| **租赁期末出售房地产** | | |
| 复归价值 | | 3 000 000 |
| 抵押贷款余额 | | −1 369 000 |
| 复归价值 | 3 000 000 | |
| 基数 | −1 050 000 | |
| 收益 | 1 950 000 | |
| 税收 | | −585 000 |
| 现金流 | | 1 046 000 |

*IRR*计算的总结

| | 支出 | 现金流 | 复归价值 |
|---|---|---|---|
| 年 | 0 | 1～15 | 15 |
| 现金流 | −1 731 000 | 241 170 | 1 046 000 |
| *IRR* | 12.95% | | |

① 通常根据租赁该写字楼的税后现金流状况决定是否进行租赁，即决策的关键在于市场成本。它将购置该房地产的收益和将之作为办公区域的收益区别开来。

### 15.1.4 租赁还是持有房地产现金流对比

以上我们对两种相互关联的经营决策进行了分析。第一种是公司是否应该投资购买公司经营所需的空间，另一种就是如何取得空间使用权。在分析过程中，我们分别计算了两种不同支付方式下的收益率。假设两种方案的收益率都可以被该公司接受，那么它就应该使用该房地产开展经营。然而，目前我们并不清楚两种投资方案下的风险和收益是否相同。[①]

然而，与租赁不同的是，购买一处房地产将涉及额外的权益投资。为了进一步分析购买（而不是租赁）房地产决策的收益情况，我们需要对比租赁和持有两个方案的现金流差额。表 15－3 列示了两种决策的税后现金流及差额。

表 15－3 分别给出了持有与租赁两种决策的现金流情况。431 000 美元的初始支出仅代表对房地产的权益投资。在前 15 年中，持有方案的税后现金流为 241 170 美元，而租赁方案的税后现金流为 196 000 美元，差额为 45 170 美元。如果该公司选择持有方案，则可于第 15 年末出售该房地产并得到 1 046 000 美元的现金流。租赁还是持有决策不影响企业的销售额和营运费用，因此租赁还是持有房地产的决策最终取决于两个方案本身的现金流量。也就是说，无论哪个方案都不会影响企业的经营状况。表 15－3 最后一列为二者的现金流差额情况。[②] 持有方案下 XYZ 公司每年税后可节省 45 170 美元，此外，还可以在第 15 年末获得 1 046 000 美元的房地产销售收入。

**表 15－3　　租赁还是持有分析　　单位：美元**

| | 持有 | 租赁 | 差额（持有一租赁） |
|---|---|---|---|
| 销售额 | 1 500 000 | 1 500 000 | 0 |
| 主营业务成本 | 750 000 | 750 000 | 0 |
| 总收入 | 750 000 | 750 000 | 0 |
| 营运费用： | | | |
| 业务 | 200 000 | 200 000 | 0 |
| 房地产 | 90 000 | 90 000 | 0 |
| 租金支付 | 0 | 180 000 | −180 000 |
| 利息 | 136 900 | 0 | 136 900 |
| 折旧 | 50 000 | 0 | 50 000 |
| 应税收入 | 273 100 | 280 000 | 6 900 |
| 税收 | 81 930 | 84 000 | 2 070 |
| 税后收入 | 191 170 | 196 000 | 4 830 |
| 加：折旧 | 50 000 | 0 | 50 000 |
| 税后现金流 | 241 170 | 196 000 | 45 170 |

① 实践中，可租赁面积未必可出售，因此租赁面积未必等于出售面积。这将使得有同等面积的地块的潜在出售能力不同。为了简化，我们忽略这一潜在差别。

② 如果选择租赁而非持有，公司将需要额外支付 45 170 美元。

续前表

| 销售现金流 | | | |
|---|---|---|---|
| 复归价值/持有 | | 3 000 000 | |
| 抵押贷款余额 | | −1 369 000 | |
| 复归价值 | 3 000 000 | | |
| 基数 | −1 050 000 | | |
| 收益 | 1 950 000 | | |
| 税收 | | −585 000 | |
| 税后现金流 | | 1 046 000 | |
| **税后现金流总结** | | | |
| | 支出 | 现金流 | 复归价值 |
| 年 | 0 | 1～15 | 15 |
| 持有-租赁 | −431 000 | 45 170 | 1 046 000 |
| *IRR* | 13.79% | | |

## 15.1.5 租赁还是持有房地产的收益

回忆之前假设持有房地产的权益投资为 43.1 万美元。以此为基础，考虑到每年 45 170 美元的增量现金流量和第 15 年 104.6 万美元的收入，其税后 *IRR* 为 13.79%。该房地产的权益投资的机会成本和风险情况与上述收益率对比情况决定了公司是否对该房地产进行投资。如果 XYZ 公司认为 13.79%的收益率不足以抵偿由持有房地产带来的风险，那么它就会选择租赁方式。反之，就会决定购置并持有该房地产。

## 15.1.6 房地产剩余价值的重要性

租赁与持有常被看作是两种互相替代的融资方式，这是因为我们之前讲过，租金的支付就相当于债务的摊还。但是，由上面的例子我们知道，与租金支付责任类似的债务偿还责任并不包括购买价格中代表对剩余价值权利的投资部分。因此，租赁房地产与租赁设备不同，我们通常认为设备的剩余价值是零。

一般来说，租赁与持有房地产或设备的不同之处在于，房地产的剩余价值可能较大。业主对其剩余价值享有权利并承担着该剩余价值可能不同于房地产购买时付出成本的风险。因此，除在租赁期间使用房地产之外，房地产业主还对该房地产的剩余价值进行了投资。这意味着决定持有还是租赁房地产不单单是在两种融资方案之间进行选择的问题，更要考虑租赁期结束时对房地产剩余价值的权利。虽然它们都是在租赁期间内为使用房地产而融资①，但是选择租赁的公司不享有对房地产的剩余价值的权利。② 如果房地产在

① 本例假设贷款种类为无追索权的贷款。那么租赁与持有方案最大的不同之处在于租赁期末如果房地产价值超过贷款余额，是否继续持有该房地产。

② 同样可以通过建立房地产剩余价值索取权的方式进行租赁。比如，"权益型租赁"给予租户持有房地产的权利——租户在租赁期结束后有权购买该房地产。

租赁期间能够保值或升值，那么它的剩余价值将非常可观。但公司租赁使用的设备的剩余价值非常少，因此通常被忽略不计。

房地产的剩余价值要受租赁期间房地产的供求状况影响，所以它通常比契约租赁付款更具不确定性。因此，用于评价购置方案的增量现金流量所要求的收益率（折现率）应高于公司财务的税后成本，尽管该收益可能没有必要像普通的公司投资的资本成本一样高。①

### 剩余价值估测

剩余价值（residual value）——租赁期末的土地和装修的复归价值——是持有与租赁决策内容的重要组成部分，也是公司经营者经常感到迷惑的问题。有些分析人员认为房地产的剩余价值应等于其账面价值或原始购置成本减去租赁期末的会计折旧额。另一种意见则走向了另一个极端——认为剩余价值应为零。因为设施的需求是一直存在的，所以剩余销售价格定会被再投资于租赁或新的设施。

由于房地产的价值的折旧速度一般不会像会计折旧的速度那么快，因此极少会有租赁期满时剩余价值为零的情况。因此没有剩余价值的假设会相对高估租赁方案的收益率。同样地，不现实地假设升值率的做法也是错误的，它会偏向持有方案。正确的方法是现实且合理地估测房地产的剩余价值以及该估算结果的不确定程度。估测时要以房地产的市场价值（见第 14 章）为依据，而不是公司对房地产的投资价值。

实际上公司决定购置房地产就是选择承担可能与其经营业绩毫无关系的剩余价值风险。房地产与其他公司资产的不同之处在于，租赁期末其剩余价值既可能低于又可能高于房地产的初始投资成本。在中、长租赁期内，地区、国家甚至国际性的经济变动都可能使公司房地产的市场价值发生重大变化。持有房地产就必须承担房地产剩余价值发生不可预见的变动的风险。

部分分析人士认为，房地产的剩余价值无关紧要，因为公司将在持续发展的立场上使用房地产。也就是说，公司对设施的需求将持续存在，因此，剩余价值的销售收入一定会被再次投资于新设备中。但是这种观点忽略了一个问题：公司持有房地产时保留有租赁期末对房地产价值的所有权。而租赁期满时，所有者不一定会继续使用原房地产。如果能够找到更理想的使用空间，公司有权搬离。② 如果公司决定留在原处，那么就要决定是继续持有，还是将该房地产出售之后再回租使用。③

无论公司未来做何决策，其最初购置而非租赁的决定意味着公司之所以选择购置某处房地产，是因为它对其租赁期末的市场价值做了预测：如果房地产价值上升，则公司的该资产较购置时的价值有了上升。如果下降，则该资产发生了贬值。无论何种情况，公司的资产负债表上都存在一项租赁房地产时不会发生的资产；如果市场上房地产的资本化率水平相当稳定，则房地产的市场价值与租金水平的变动的联系将十分紧密。因此，通过购置房地产，公司实际上是投资于一项收益率与公司租赁房地产的成本变化情况相关的资产。前面曾指出，它不一定与公司主营业务的收益情况有关联。如果市场价值和

---

① 企业资金的使用成本通常为企业权益成本与负债成本的加权平均成本。由于权益成本比负债成本更高，所以最后的加权成本通常高于负债成本。

② 如果空间的最佳使用效益发生变化，公司可以重新进行选择。

③ 后文对售后回租模式进行了更加详细的阐述。

租金水平升高，则无论租赁还是购买，使用空间的机会成本都将变大。区别在于，通过持有房地产，公司的该资产产生了价值增值，从而获得了剩余价值上的收益。前面讲过，公司可以通过售后回租或重新安置来实现这一收益。①

另一方面，如果公司选择租赁房地产，它仍要面临租赁成本上涨的问题。当然，如果租金水平下降，公司就可以以较低的成本租赁该房地产，但这时持有房地产就会使公司遭受一定的损失了。

关键问题在于，公司持有房地产就是进行一笔收益率取决于当地房地产价值变动情况的投资。在进行持有与租赁决策时，公司必须考虑这笔投资的风险和预期收益率水平与公司总体的投融资策略的适应情况。

### 15.1.7 投资者的角度

在以上分析中，我们研究了持有与租赁房地产的增量现金流的情况。公司持有房地产的收益率（以及租赁成本）为 13.79%。如果公司决定租赁该房地产，我们假设存在一位投资者，他愿意持有该空间并将其租赁给公司使用，那么这位投资者预期的收益率是多少呢？当然，这要取决于投资者如何融资及其所处税级。为便于比较，假设该投资者所处税级与该公司相同，且选择的融资方式也相同。表 15-4 为在租赁期内经营房地产和租赁期末再销售房地产的税后现金流量状况。

投资者获得的收益率正好等于该公司实现的收益率。这并不奇怪，因为我们已经强调过，持有和租赁房地产的区别就在于对房地产的投资。

**表 15-4　投资分析**　单位：美元

| | | |
|---|---|---|
| 出租收入 | | 180 000 |
| 营运费用 | | 0 |
| 净营业收入 | | 180 000 |
| 减去：折旧 | | 50 000 |
| 减去：利息 | | 136 900 |
| 应税收入 | | −6 900 |
| 税收 | | −2 070 |
| 净营业收入 | | 180 000 |
| 减去：债务支付 | | 136 900 |
| 减去：税收 | | −2 070 |
| 税后现金流 | | 45 170 |
| 租赁期末的销售 | | |
| 复归价值 | | 3 000 000 |
| 抵押贷款余额 | | −1 369 000 |
| 复归价值 | 3 000 000 | |

① 如果租赁支出随房地产价值一起上升，那么公司同样会因为继续持有而非出售或售后回租而获益。这并不等同于在其他地块也是如此。

续前表

| | | | |
|---|---|---|---|
| 基数 | | −1 050 000 | |
| 收益 | | 1 950 000 | |
| 税收 | | | −585 000 |
| 现金流 | | | 1 046 000 |

总结

| | 支出 | 税后现金流 | 复归价值 |
|---|---|---|---|
| 年 | 0 | 1～15 | 15 |
| 现金流 | −431 000 | 45 170 | 1 046 000 |
| *IRR* | 13.79% | | |

## 15.1.8 融资中应注意的一个问题

在上述租赁还是持有决策的分析中，我们假设公司已经取得了一笔房地产抵押贷款。除了抵押贷款之外，公司还可以利用无担保的公司债务。这里，以房地产抵押贷款代替无担保公司债务是基于公司希望保持总债务中各项目的恒定比例（如房地产抵押贷款、公司债券等）的假设。公司可能会发现，房地产抵押贷款的利率低于新取得的无担保公司债务的利率。这是因为抵押贷款的利率反映的是房地产方面的风险，而无担保公司债务的利率则反映公司业绩方面的风险。

信用级别较高的公司则可能以低于抵押贷款的成本取得无担保公司债务，这是因为抵押贷款（尤其是对借款人无追索权的那种）的利率反映着房地产项目无法实现足以偿还债务的现金流的违约风险，而不是借款人本身的违约风险。因此，对于无追索权的融资，抵押贷款的利率包含着贷款人要求的风险溢价，因为借款人可能因房地产价值低于贷款余额或其现金流不足以偿还债务而选择违约。在这种情况下，公认基于公司资产的债务的风险小于房地产债务风险，因此这时的无担保公司债务的利率会低于只以房地产作为抵押物的抵押贷款的利率。

相反，如果公司资产的风险高于房地产，那么要取得无担保公司债务就必须付出比以房地产作抵押的抵押贷款高的代价。

如果公司以低于房地产抵押贷款的利率取得无担保公司债务，那么在表 15－2 和表 15－3 的分析中我们可以降低利率水平。此外，分析人员有时会在融资方式不明确的情况下计算持有方案（见表 15－3）的增量现金流。这种分析方式类似于利用考虑融资因素之前（即假设无财务杠杆）的现金流，计算持有房地产的收益的方法（见表 15－4）。这时购买房地产的收益率必须与公司的加权平均资本成本（公司债务成本或权益成本的平均数）做比较。这一方法不同于在计算现金流时考虑融资情况的做法，而设法使债务融资成本在购买房地产所需求的收益率中得以体现。[①] 正如本章的附录所示，该方法的运用并不影响对房地产投资收益率的结论：分析人员常认为，对于租赁与持有决策，（不明确考虑融资时）两个方案的增量现金流收益率应直接与公司债务资本成本进行比较，而不是与债

① 公司理财中经常出现这种方式。本章附录中对加权平均资本成本的使用进行了讨论。

务和权益的加权平均资本成本比较。这一结论是基于租赁责任（基于租赁付款的现值）在数额上等于债务融资，而且不存在用于持有房地产的额外权益投资的假设。这一假设适用于设备租赁，设备的剩余价值较少。然而如本例所示，即使我们可以得到等于应付租金现值的资金，由于房地产剩余价值的预期现值的作用，我们还需要一笔额外的权益投资。

### 15.1.9 租赁还是持有决策的影响因素

以上例子分析了影响公司决策的重要金融因素。但是还有其他问题需要考虑，其中有些问题可能不够明显，但是它们同样影响公司的最终决策。

**空间要求**

当公司所需空间的规模要求远低于可能取得的、相对而言最理想的开发项目时，选择租赁则较为明智。而现实中，这种情况下的公司通常也正是这样做的，从而将房地产风险转移到了开发商（及其投资伙伴）那里。即使在某公司是该房地产的最大租户时，对它来说，租赁方案也可能是最理想的。比如，像 IBM 之类的大公司可以允许开发商在融资时利用自身良好的公司形象及商誉，作为与开发商协商租赁优惠的条件（或分享开发商利润）。

**对空间的时间要求**

当房地产的预期寿命短于公司的计划使用时间时，公司通常应选择租赁方式，这样可以避免资产在销售时不能立即变现的风险，且租赁也可以获得改变这类资产的用途的相对优势。

**承担的风险**

我们已经讨论过，房地产的剩余价值受当地房地产价值的影响。进行租赁还是持有决策分析时，应仔细考虑影响公司的价值和当地房地产市场的因素之间的关系。这样做的目的是确定当地房地产市场上是否存在比自己风险承受能力更高的其他房地产投资者。例如，养老基金通常持有各种类型（办公室、仓库等）和位于不同地理区域的未引入财务杠杆的房地产投资组合。这类基金（包括 REIT）的分散风险的能力只有特大型的公司才能与之匹敌。当某房地产投资将占用大笔公司资本时，如果存在优于自身抗风险能力的其他投资者，最好选择租赁方案。基于风险承担能力不同，经营多样化、规模较大的公司比业务领域高度集中的小公司更有可能持有房地产。

**管理技能**

持有和管理房地产通常不是一个公司的主营业务，因此公司可能在持有房地产时，因缺乏这方面的专业管理经验和技能而使自己处于被动状态。这时管理者通常意识不到使用房地产所付出的真实成本，造成房地产使用方式上的浪费。所以当公司相对于开发商和其他投资者在管理和销售房地产方面不具有优势时，最好还是选择租赁使用房地产。

**维护**

公司持有的房地产一般都对维护水平十分敏感。除非有可强制执行的维护方面的合同条款做保障①，否则，对于维护敏感度高的建筑征收的租金可能会多一些。这是因为租户对租用空间可能很少进行维护（尤其是租赁期限较短时），出租人所承担的这部分风险

① 由于疏于监督、责任推卸、设计不合理等原因，难以确定究竟是租户还是持有人的责任，因此，有效的合同条款难以确定。

应当得到补偿。因此，除非公司使用者有办法说服出租人对房屋的维护既符合租户的利益，也符合业主的最大利益（可能租赁期较长会好一些），否则该公司使用者会发现还是购买房地产较合算。

**特殊用途建筑**

如果公司已经“习惯”了对某种建筑的使用，尤其当公司的经营业务很特殊而且竞争对手较少时，它就很可能购买该建筑。说到“习惯化”了的公司房地产，我们通常以那些专门为高科技、R&D经营设计装备的建筑物为例（对于大规模仓储用房，公司则大多会选择租赁使用）。① 很明显，使公司选择持有方案的最主要原因在于重新安装特定用途的固定装置和机械的成本。对于许多单一租户、特殊用途建筑（special purpose buildings）来说，其目前的价值远高于其他任何一种用途下的价值。在这种情况下，出租人相当于有效持有了一种价值几乎完全取决于公司的经营业绩的公司证券。这时，在负担这种公司特有的风险方面，和房地产投资者相比，公司使用者就颇具优势了。

**税收因素**

税收因素在租赁还是持有决策分析中占有重要地位。但与1986年之前的税法相比，公司或个人（以合伙经营或机构为媒介）是否为在税收方面处于有利地位的房地产所有者的情况越来越不明了了。

在进行租赁还是持有决策时，公司通常这样考虑税收方面的因素：如果出租人比承租人所处的税级高，则租赁时就将房地产的“所有权”交给在折旧时避税收益最大的一方。1981—1986年，税法中有两项条款旨在鼓励处于高税级的个人拥有房地产：（1）房地产的折旧年限非常短，使得折旧的赋税优惠极高；（2）富有的个人的边际税率（50%）高于公司的最高边际税率（46%），而且许多公司还利用其他避税手段，将其边际税率成功地控制在法定税率46%以下。上述两个条件，再加上合伙企业具有将经营损失直接“传递”给投资者以避免对公司利润的二次课税的能力，促使处于高税级的个人合伙购买房地产，再将其租赁给公司使用。公司基于税收因素将房地产出售给个人，以及市场明显不愿在股票价值上反映公司房地产的价值的现象，都是这个时期内大量的房地产销售和售后回租交易发生的原因。

1986年颁布的《税收改革法案》在几个方面大大降低了个人将房地产租赁给公司的动机。首先，它延长了税收折旧年限从而降低了避税收益。其次，公司的最高边际税率（34%）稍高于富有的个人的边际税率（31%）。最后，个人受到了“被动”损失方面的限制，因而约束了他们利用房地产方面的会计损失抵消其他方面的收入的能力。这些税收法规的变动为合伙企业、公司和作为房地产所有者的养老基金之类的免税实体提供了公平的竞争环境。② 基于上述原因，现在税收已不是公司进行租赁还是持有决策的决定性因素了。

**资本市场的可得性**

房地产属于资本高度集中的资产。持有房地产的成本是获得债务和权益资本的成本

① 使用目的与维护方式紧密相关。比如，投入研发的设施具有专向使用性，便于监督管理和维修责任的划分。在这种情况下，持有人通常会设计细致的合同条款来对这些设施践行维修保护。

② 实际上，有研究人员指出，为了应对特定的税收政策，公司（而非合伙企业）才是房地产持有者的最佳选择。详见 Jeffrey D. Fisher and George Lentz, “Tax Reform and Organizational Forms for Holding Investment Real Estate: Corporations vs. Partnerships,” *The American Real Estate and Urban Economics Association Journal* 17, no. 3, 1989。

的函数。如前所述，与持有并将房地产租赁给公司的个人或机构投资者相比，处于高信用评级的公司可以以较低的成本获得无担保公司债务和权益资本。这有利于持有方案的实施，因为这时的租金收入必须足以补偿房地产所有人取得资本的成本。相反，如果公司的资本成本高于潜在出租人的资本成本，那么选择租赁就比较合理了。

在为房地产取得抵押贷款融资时，如果利率是根据房地产而非借款人的风险水平确定的，那么公司和投资者面临的利率水平是相同的。但如果该贷款对借款人是有追索权的，那么公司和投资者面临的抵押贷款利率可能就不同了。

### 控制权

公司可能会基于前面未介绍过的财务原因，希望通过购买实现对房地产的控制。例如，公司在某地点经营时树立了良好的商誉，而商誉通常很难转移到其他地点。如果该房地产是由公司租赁使用的，那么出租人可能会收取高于现行市场租金水平的租金，以此方式榨取公司的“特殊”价值。因此，只有拥有了该房地产，才能确保公司以合理的成本维持公司的商誉。

### 对财务报表的影响

租赁还是持有的决策将直接影响公司的财务报表状况，从而可能影响投资者和贷款人对公司价值的看法，并最终决定公司的资本成本。这类财务方面的因素在很大程度上左右着决策结果。事实上，由于房地产的特殊性质，与其他投资者相比，公司在购置房地产方面通常处于劣势。

由表 15 - 3 我们可以看出，与租赁方案相比较，尽管持有方案的现金流收益高出 45 170 美元，但是在前 15 年中各年的税后收入只比后者高出 4 830 美元。会计报表只反映收入情况这一点给投资者带来了潜在问题，因为他们通常只会注意公司的“每股收益”，而忽略了现金流量。另外，案例中持有方案的收益大部分来自租赁期末房地产的剩余价值。这种未实现的潜在收益不会在公司的利润表中反映出来。另一个潜在问题是，公司的资产负债表体现的是房地产的账面价值。由于账面价值是以成本为基础的，它等于房地产购置成本减去累计折旧值。这就使得投资者可能不知道公司持有的房地产的实际市场价值，或者至少很难确定这一价值。因此，许多分析人士认为公司的股票价格可能没有反映出该公司持有房地产的潜在升值收益。[①]

事实上，除非定期对房地产进行估价，否则即使是公司的管理者也可能无法意识到公司持有的房地产的市场价值已高于其账面价值了。因此，他们可能会因没有正确认识房地产的真实价值而不能有效利用该空间。其他投资者可能会洞察到该房地产的实际价值以及它未得到有效利用的事实，从而采取措施接管该房地产。此后，新的所有者会卖掉房地产，并将经营活动转移到别处。

当以现行市价取得了抵押贷款的房地产在公司资产负债表中体现的是账面价值时，资产负债表就发生了“失真”的现象。在这种情况下，融资比例（贷款市场价值比）低于贷款账面价值比。因此，抵押贷款会提高公司的总负债率（根据资产的账面价值计算）。这样一来，公司表面的财务杠杆效果要高于其实际水平，从而使股东误认为公司的

---

① 投资者或许知道房地产价值通常高于其账面价值。但是由于公司房地产项目实际市场价值的具体细节无从得知，因此他们一般只能假设某些房地产项目存在一定垄断性溢价。

风险水平较高。不少人认为这种“失真”在一定程度上解释了因意识到该差异而试图接管该公司的投资者所支付的高于现行股票价格的溢价。

### 表外融资

由于房地产所有权通常会对公司的财务报表产生不良影响，因此公司会尽可能避免在财务报表中显示房地产。它们通过表外融资（off-balance-sheet financing）来实现这一点。在符合一定条件的前提下，租赁用房地产可以不反映在资产负债表上。如果作为经营性租赁（operating lease）入账，租赁合同就不会影响公司的资产负债表。而对于资本租赁（capital lease），就必须将它按各期租金的现值同时计入长期资本和长期负债两个科目中。[①] 这样做明显会提高公司的负债资产比率。因此，许多公司都喜欢按经营性租赁处理自己租赁的房地产。按照财务会计标准委员会（FASR）制定的行为规范规定[②]，满足以下四个条件之一的租赁必须作为资本租赁处理：(1) 租赁期超过资产寿命年限的75%，(2) 租赁期结束后资产所有权转移至承租人，(3) 承租人有以较低价格购买资产的权利并倾向于使用这一权利[③]，(4) 合同租金现值超过资产市价的90%。

曾经有很多公司通过未合并的附属子公司对房地产进行购买，但只列示权益持有收益而不将购买价格和负债纳入表中。如果房地产与公司核心业务无关，公司可以通过未合并的附属子公司实现对房地产的购买和持有，而不将其纳入合并的资产负债表中。后来FASB法规严格禁止了这一行为。公司若想通过上述方式取得房地产，前提是该公司对附属子公司的控股必须少于50%，也就是说，公司要放弃对子公司的控制权。

### “隐藏价值”问题

一些公司房地产的升值给管理层带来了一个严峻的问题。许多观察人士声称：(1) 由于会计惯例要求公司以“较低的成本或市场价值”为基础持有房地产资产，而且 (2) 许多房地产对公布的收益贡献很小，因此公司房地产的价值对投资者“隐藏”起来，从而没有完全反映在股价中。这就是隐藏价值（hidden value）的问题。如果房地产价值没有反映在股价中，公司管理层就容易受到“掠夺者”的侵害，这些人能够以低价收购股份，然后再出售被低估的资产。

公司的房地产价值被低估，促使管理人员仔细盘点房地产资产，并评估其替代用途。在某些情况下，这一过程导致了房地产的直接出售，并伴随着大量的重新安置，在其他情况下导致了售后回租，还有一些情况下导致了各种资产支持的再融资策略，旨在捕捉隐藏价值。与此同时，一些公司正试图通过使用权益租赁和合资企业来降低占用成本以及未来潜在的隐藏价值问题。这种方法允许公司参与房地产项目的增值，同时避免与房地产的主要资本承诺相关的成本。

房地产交易可能会带来一些使企业股价被低估的问题。第一，让外部投资者了解房地产的实际价值就需要付出一定成本，尤其是在 (1) 管理层不了解资产价值和 (2) 虽了解资产价值但却未能和投资者良好沟通的情况下。

第二，投资者可能会错误判断房地产的未来预期价值，尤其当他们意识到公司管理

---

① 这也是我们在租赁-持有案例中假设贷款金额等于租赁支出的现值的理由。FASB指导意见要求折现率根据租户条件相应确定。之前我们假设折现率是抵押贷款利率。同一家公司的出租和抵押贷款风险可以视为近似。

② FASB, *Statement of Financial Accounting Standards No. 13*, par 7.

③ 这一权利是指租户可以以低于市场公允价值的价格购买资产。

层没有出售或开发房地产的意图时。比如，如果公司持有的未开发土地价格大幅上涨而管理层未能做出决策获得这一收益，那么投资者可能会赋予这一资产一个较低的期望价值。毕竟，投资者并没有实现隐藏价值的实际控制权。

第三，在经营房地产时，如果管理者坚持目前的使用状态，而实际上该房地产存在着更有价值、边际利用率更高的使用用途，那么该公司的股价将会大跌。这同样是由于经营方没有向市场发出任何它将销售或改变资产用途的信号。

在为房地产（即使是收益性房地产）定价时还存在着另一个潜在的问题。会计折旧额一般高于实际的自然折旧额。因此，房地产公司公布的收益情况通常不能充分反映经营现金流的实际数额。因此，如果市场根据利润表做出反应，就会低估房地产价值，从而可能使公司面临收购者的收购行动。但如果市场仔细分析收益，洞察现金流状况，则可以避免会计惯例导致的房地产低定价的问题。

另外，如前所述，20 世纪 80 年代初收购活动的大量涌现的主要动因在于：收购者吞并资产储备不足的公司之后，可以提高取得的房地产价值至其实际水平，并在会计处理时以较短的期限将其价值进行折旧（依据 1981 年颁布的《经济复苏税收法案》)，而 1986 年的《税收改革法案》已消除了该动因。

总之，除了市场无效率之外，信息和管理方面的问题都可能造成股价与房地产表面价值之间的不一致。首先，对于房地产资产比较分散的大型企业而言，投资者用于考察其资产价值的成本会很高；其次，即使市场知道这类资产的实际价值，但由于它不清楚经营者是否以及何时采取措施实现这些价值，也会导致投资者对公司资产估计价值的准确性大打折扣。

## 15.2 房地产在公司重组中的作用

20 世纪 80 年代，政府为刺激经济发展，在许多领域大规模放松管制。同时，国际竞争日趋激烈、股东的能动性大大增强等因素，迫使美国所有公司不得不重新审视自己各方面的经营活动，以寻求提高股东价值（以及防御入侵者）的途径。在经营方迫切寻求高效率的大潮的推动下，产生了盛况空前的企业合并和接管、剥夺财产、让产易股、购买产权等资本重组活动。而房地产通常是这类重组活动关注的焦点。

随着重组活动的发展，公司管理者开始对传统观念产生了怀疑：公司在持有房地产方面真的具有相对优势吗？要知道，公司的房地产是公司经营资产的一部分，同时更是区域房地产市场的一部分。所以除非某公司是当地一个小型经济体的主导力量，否则决定其房地产的市场价值的因素注定与推动公司经营业务价值变化的因素存在很大差异。与专注于运营的公司管理层相比，房地产开发商和投资者则更关注房地产价值的变动情况和其中可供利用的有利机会。

**售后回租和公司房地产** **概念框 15.1**

许多在零售业占有重要地位的公司用户选择将售后回租作为其主要业务运营中不可

或缺的、经常性的一部分。使用这种方法的公司包括 Walgreens、CVS、Mattress Firm、Dollar Tree、Dollar General、Lone Star Steakhouse 和 Tractor Supply 等。

这些公司使用售后回租有几个原因。它们可以：

(1) 对零售店的位置、规模和设计实施重大控制。

(2) 从出售这些房地产资产中获得现金流，从而将资金重新配置到其他用途，而不是将公司资本“捆绑”在房地产资产中。

(3) 在执行长期租赁时，利用其公司信用评级的优势，为购买这些房地产的投资者提供更安全的租金。

这一选择也可作为使用公司债券融资的替代方案。使用债券融资可能需要将所有房地产进行交叉抵押，以作为债券发行的担保。当一个或多个零售房地产被用作债券的担保时，一个或多个零售房地产的经济失败可能会产生显著的负面影响。在售后回租安排下，负面事件将导致租赁终止，并仅对受售后回租影响的个别房地产进行财务结算。

## 15.3 售后回租

已在一段时间内持有某房地产的公司还须考虑这样一个问题：继续持有该房地产，还是卖掉该房地产再将其从新业主那里租赁回来？当公司打算销售房地产，但重新安置成本又太高时，售后回租（sale-leaseback）就成为十分理想的选择。例如，时代公司就曾于 1988 年将其洛克菲勒总部的 45%的权益卖给了洛克菲勒集团，之后又与其签订了长期租赁合同。

公司为什么会从售后回租中受益呢？在这种情况下，它可以通过销售房地产获得现金收入。假设它因需要继续使用而租回该房地产，并支付租金。同时该公司还失去了从房地产账面价值中提存折旧的机会。然而，这一做法可以将与房地产剩余价值相关的风险消除。

前面介绍租赁还是持有决策时我们指出，公司能否从继续持有房地产中受益是决定其是否实施售后回租策略的关键因素。事实上，这一策略的分析与租赁还是持有决策分析大致相同，其主要区别在于：由于公司已经拥有该房地产，因而它必须将销售房地产实现的税后现金流（而不是购置价格）作为它如果继续持有房地产所必须投入的资金。

如果须缴纳资本利得税，则销售房地产的税后现金流将少于购置成本。因此，房地产剩余资金（假设公司不进行售后回租）的收益率可能比公司对尚未持有的房地产进行持有还是租赁决策时计算出的收益率高。

为了演示一下公司应如何进行售后回租决策，现将前面购买与租赁决策分析时使用的例子扩展一下。假设 5 年前，公司购买了该房地产，现在经营者开始考虑售后回租问题。目前，该房地产可以以 200 万美元售出，或可以以年租金 200 000 美元、期限为 15 年的方式租回。表 15－5 为 5 年前以 180 万美元购入该房地产，并于今天售出假设的现金流计算结果。由于房地产已在过去的 5 年中计提折旧，因此公司须缴纳资本利得税

135 000 美元，从而得到销售后的税后现金流共计 1 865 000 美元，如果在今后的 15 年中租赁使用该房地产，公司每年的税后现金流为 155 000 美元。此外，假设 15 年租赁期满时房地产价值为 300 万美元。

由表 15－5 我们可知，持有方案的 *IRR* 为 14.10%。注意，这里的持有指的是继续持有。此外，该 *IRR* 可以被看作是售后回租的融资成本，也就是说，通过售后回租获得的 496 000 美元的收益。继续持有的收益比租赁决策的收益稍高一些。为什么呢？一个原因是销售房地产时需要纳税，这样就相对增加了继续持有的收益。[①] 另一个是租赁费用也因过去 5 年里市场租金水平的上升而增加了。这就使得继续持有节省了大笔租金支出。

售后回租还会影响公司的财务报表。前面讲过，销售房地产要交纳资本利得税。但同时，它又可以增加公司收入（销售收入），增加的收入又可以提高公司的每股收益水平。如果经营者想提高每股收益，就可以通过房地产售后回租实现。在这种情况下，售后回租方案就不一定是符合公司利益的最佳决策了。同其他资产销售一样，售后回租消除了潜在入侵者利用房地产进行融资的可能性。因此，经营者既可以将销售收入再投资于主营业务或分发给股东，又可以防止外界投资者企图通过销售或再融资收购公司的行动。

售后回租，就像任何资产出售一样，消除了潜在买方利用房地产作为融资手段的选择。如果管理层能够将出售的利润再投资于其基本业务或将现金返还给股东，则外部投资者通过出售房地产或为房地产再融资而从收购中获利的机会将被消除。另外，如果回租期限较短，那么公司就可以享有重新安置的选择权。但是，如果租赁期较长，这一所有权的转移活动可能不能实现经济收益，因为销售的资本流入会被随时间推移而不断增长的租金水平抵消。此外，销售引致的纳税责任，还可能实际上降低股东价值。

但如果公司可以规避资本利得税[②]，而机构或外国投资者与公司投资者相比更愿意接受较低的收益（经过风险、融资方案修正的），公司股东就可以从售后回租中受益。这时，公司的销售收入将大于租赁时的现金流和失去的所有权提供的纳税节约额的现值之和。

售后回租的另一个潜在益处在于它作为“信号”的作用。如果投资者不能或不愿确认房地产价值，那么售后回租行为无疑可以向市场证明它的价值。而同样重要的是，售后回租（尤其在它与股票回购结合进行时）可以向投资者表明公司经营者对股东价值的重视程度。对于成熟投资机会十分有限的行业的公司而言，回租和随之而来的向股东分配的大笔现金，实际上就是通过将过剩资本归还给投资者的方式增加股东价值。[③]

售后回租还有一个优点，就是可以为公司的扩展活动提供资金或为现存的高成本债务再融资。例如，Fred Meyer 公司最近通过售后回租 35 家商店和一个批发中心筹集了 4 亿美元的资金。租赁方式为固定租金的净租赁，期限为 20 年，并且是属于可以享受资产负债表外会计处理的一般性业务租赁。该公司的这一举措不但有效地实现了房地产资产

---

① 另一种选择是继续持有，这种情况下企业将节省税后现金流 15 500 美元。

② 当然，售后回租方案也可以被公司用来实现资产的销售收益，抵消结转损失。

③ 这正是 Michael Jensen 所提出的“自由现金流的代理成本”概念的实例。对于这一概念的非技术性解释与其在企业再造过程中的作用的讨论详见 Michael Jensen，“The Takeover Controversy：Analysis and Evidence，” *Midland Corporate Finance Journal* 4. no.2（Summer 1986）。

的全部市场价值，利用销售收入缓解了一部分高成本债务，而且以长期租赁的方式确保了对这些资产的控制权。

**表 15－5　　售后回租**

| | | | |
|---|---|---|---|
| 原始价格（5 年前） | | | |
| 土地 | 225 000 | 12.5% | |
| 建筑 | 1 575 000 | 87.50% | |
| 总计 | 1 800 000 | 100.00% | |
| 折旧 | 31.5 年 | | |
| 税率 | 30.00% | | |
| 出售日税后现金流 | | | |
| 复归价值 | | 2 000 000 | |
| 抵押贷款余额 | | －1 369 000 | |
| 复归价值 | 2 000 000 | | |
| 基数 | －1 550 000 | | |
| 收益 | 450 000 | | |
| 税收 | | －135 000 | |
| 现金流 | | 496 000 | |
| 租金支付 | | 200 000 | （15 年净租赁） |
| 营运费用 | | 50.00% | 租赁付款 |

| | 持有 | 租赁 | 差额（持有－租赁） |
|---|---|---|---|
| 销售 | 1 500 000 | 1 500 000 | 0 |
| 销售成本 | 750 000 | 750 000 | 0 |
| 总收入 | 750 000 | 750 000 | 0 |
| 营运费用 | | | |
| 业务 | 200 000 | 200 000 | 0 |
| 房地产 | 100 000 | 100 000 | 0 |
| 租金支付 | 0 | 200 000 | －200 000 |
| 利息 | －136 900 | 0 | －136 900 |
| 折旧 | －50 000 | 0 | －50 000 |
| 应税收入 | 263 100 | 250 000 | 13 100 |
| 税收 | 78 930 | 75 000 | 3 930 |
| 税后收入 | 184 170 | 175 000 | 9 170 |
| 加折旧 | 50 000 | 0 | 50 000 |
| 减本金 | 0 | 0 | 0 |

续前表

| | | | |
|---|---|---|---|
| 现金流 | 234 170 | 175 000 | 59 170 |
| 复归价值 | | | 3 000 000 |
| 抵押贷款余额 | | | −1 359 000 |
| 复归价值 | | 3 000 000 | |
| 基数（20 年后） | | −800 000 | |
| 收益 | | 2 200 000 | |
| 税收 | | | −660 000 |
| 现金流 | | | 971 000 |
| 年 | 0 | 1～15 | 15 |
| 持有一租赁 | −496 000 | 59 170 | 971 000 |
| *IRR* | 14.10% | | |

注：表中各项价值及现金流的单位均为美元。

**Web App**

近年来，一种被称为“合成租赁”（synthetic lease）的表外融资方式成为企业在租赁房地产上构建租赁结构的一种方式。许多科技公司通过这些类型的租赁融资建设或购买其公司总部。使用搜索引擎查找使用此方法的公司或讨论这些租约如何运作的网站。这种租赁结构的主要优点和缺点是什么？它们还在使用吗？

## 15.4 再融资

上节讲过，公司采用售后回租方式的原因之一在于筹集资金。另外，公司还可以利用抵押贷款为房地产进行再融资，特别是在已采用过无担保公司债务的情况下。如前所述，抵押贷款可以代替公司债务，因为它提高了公司资产负债表中的负债率。因此，决策时经营者必须考虑抵押贷款和无担保公司债务二者的成本孰低的问题。此外，第 12 章讲过，公司还可以利用混合抵押贷款进行再融资。

## 15.5 投资房地产以实现分散化

公司可以把房地产作为分散经营的手段，因此，许多公司都拥有大于自身经营使用量的房地产资产。例如，某公司可以决定开发或购置一栋大于自己所需空间的写字楼，剩余部分作为公司的投资项目。[①]

公司还可以拥有曾用以经营公司主营业务，但现在已不需要的空间。这一过剩空间也是一种投资。在上述两种情况下，关键问题都在于该公司是否具备拥有和管理房地产投资的专业素质和能力，以及公司的股票价值能否充分反映该房地产的投资价值。也就是说，投资者是否认为该房地产如果由房地产投资信托或有限合伙企业拥有会实现更大价值。我们将在以后章节中深入讨论这些投资工具。这里想要说明的是公司必须确定持有房地产是否对其股东利益最有利。有时股东会更愿意让公司只持有与其主营业务有关的房地产。

# 总　结

本章重点讲述了对公司主营业务使用的房地产的租赁还是持有的决策，这一决策过程类似于前面章节详细论述过的纯粹房地产投资的决策过程。二者的主要区别在于房地产所有权或售后回租行为对公司财务报表的影响。某特定公司应租赁还是持有房地产，取决于与其他投资者或投资工具相比，持有房地产是否具有相对优势。

CFO 越来越重视公司房地产及其对年终利润和股价的重要作用。公共设施部经理需要充分考虑各项因素，判断对房地产应当采取购买还是其他方式。公司更有可能接受包含各种租赁形式和合资所有制的方案，因为持有产权对于维持房地产的经营控制不是必要的。

## 关键术语

| | | |
|---|---|---|
| 资本租赁 | 公司房地产 | 隐藏价值 |
| 租赁还是持有分析 | 表外融资 | 经营性租赁 |
| 剩余价值 | 售后回租 | 特殊用途建筑 |

## 参考网站

www. reis. com——该网站提供房地产专业趋势分析、市场调查和新闻消息等。

www. corenetglobal. org——企业房地产网站与国际企业房地产协会（CoreNet Global）是为世界范围内的公司提供管理战略的先驱者。

www. naiop. org——国家工业和办公房地产协会是为相关商业房地产市场参与者（如开发商、所有者、投资人以及资产管理者）建立的组织。

www. equiscorp. com——UGL Equis 是一家专注于企业房地产管理的国际机构。

## 问　题

1. 公司选择持有房地产策略的主要原因是什么？
2. 什么因素会使得租赁比持有更加有利？

---

① 如果公司需要扩张，那么获得所有权是有益的，因为实际上当另一个租户的租约到期时，公司对自己所拥有的建筑物里的空间的使用享有第一选择权。

3. 为什么公司为购置房地产申请抵押贷款的成本要高于无担保公司债务？
4. 为什么房地产剩余价值相关现金流风险与公司核心业务相关现金流风险不同？什么因素会使得这两种风险相关？
5. 在租赁还是持有决策中，为什么购买房地产并将其出租给公司的投资者所实现的投资收益率与公司增量投资收益率不同？
6. 为什么公司持有而非租赁决定会对公司财务状况产生不利影响？
7. 为什么股东通常无法意识到公司房地产的价值？
8. 售后回租决策分析与租赁还是持有决策分析有何不同之处？
9. 为什么售后回租这种融资方式的成本实质上就等于继续持有的收益？
10. 为什么说公司以房地产投资作为非核心业务不再有比较优势？
11. 为什么房地产经常会成为公司重组中的关键因素之一？
12. 再融资为什么可以作为售后回租的替代方案？
13. 在典型的租赁期间，什么因素可以导致房地产的最佳用途的改变？
14. 为什么公司经常对所持有的房地产进行评估？
15. 什么因素常会影响房地产租赁的价值？

## 习 题

1. ABC 公司正在考虑在某新市场区域内开设一个办公区域，以使其年销售额增加 250 万美元。主营业务成本预计会占销售额的 40%，公司的管理费用将增加 30 万美元，其中不包括购买或租赁写字楼的费用。在考虑购买还是租赁办公空间之前，预计该公司投资于办公设备、办公用具以及其他与开设新办公空间相关的最高费用将为 250 万美元。

   某小型写字楼可以以 390 万美元的价格被该公司独家买断用于办公，其中的 60 万美元代表着土地价值，330 万美元为建筑物价值。该建筑物的折旧年限为 39 年。该公司处于 30%的税级。某投资者愿意将该建筑物买下并出租给该公司使用。每年的租金为 45 万美元，期限为 15 年，由该公司负责支付一切房地产营运费用（绝对净租赁）。房地产的营运费用约为租金的 50%。预计第 15 年末该房地产将增值为 490 万美元。如果购买该房地产，可以取得 273 万美元的只付利息抵押贷款，贷款利率为 10%，于第 15 年末进行期末整付。

   a. 假设该建筑物被租赁并使用，开设该办公空间的收益率将为多少？
   b. 假设该建筑物被购买并使用，开设该办公空间的收益率将是多少？
   c. 持有与租赁方案下的增量现金流收益率是多少？
   d. 在进行租赁还是持有的决策之前，公司常会考虑哪些其他因素？
2. 参见习题 1。假设 5 年前该公司决定购买而非租赁该房地产。假设现在是 5 年之后，管理方考虑售后回租使用该房地产。其目前价值为 424 万美元，每年的租金为 45 万美元，期限为 15 年。5 年前的购买价格为 180 万美元。假设其 15 年后的价值为 570 万美元。
   a. 该公司通过售后回租活动可以获得多少收入？
   b. 利用售后回租的方式进行融资的成本是多少？
   c. 继续持有该房地产的收益率是多少？
   d. 一般来说，公司在进行售后回租决策时应考虑的其他因素以及可供选择的其他方案是什么？
3. 参见习题 1。ABC 公司意识到选择租赁还是持有方案对于以上许多假设条件都很敏感。管理者希望了解持有和租赁的增量现金流量的收益率是怎样受各种假设条件的影响的（本题适于使用电子表格来计算）。
   a. 处于零税级的公司的收益率将受到怎样的影响？
   b. 如果该房地产的价值不发生增值，即保持恒定，那么该收益率将受到怎样的影响？

c. 如果贷款利率是 8%（而非 10%），那么收益率将会受到怎样的影响？

4. **Excel.** 参见网上工作簿“Ch15 Lease _ Own”。下述因素如何影响租赁还是持有决策的 *IRR* 和 *ATCF*？

   a. 可以按照 175 000 美元的价格而非 200 000 美元的价格进行租赁。

   b. 可以按照 8%而非 10%的利率进行贷款。

# 附录 15A　房地产资产定价与资本预算分析：综述

## 概　述

正如我们从第 10 章开始讨论的，收益性房地产通常是从权益投资者的角度进行定价的。也就是说，在明确假定了旨在为房地产融资的抵押贷款的成本和条件的情况下，我们将权益投资者可以获得的现金流（税前和税后）进行折现。我们利用某个税后折现率对税后现金流进行折现。在分析税后数据时，权益投资者的税后现金流的计算反映了利息的税收抵免情况。投资者愿意投入的权益额反映着权益头寸的价值。抵押贷款人为房地产发放的贷款额代表着抵押债权头寸的价值。房地产的总价值则是抵押债权和权益价值之和。

不同的是，公司金融教材中所介绍的传统的资本预算法则认为，扣除融资成本之前的项目所产生的税后现金流应该用考虑了债务和权益的税后加权平均资本成本进行折现。债务利息的税收抵免是以以下两种方法的任意一种来处理的：(1) 计算加权平均资本成本时使用债务的税后成本；(2) 将由对债务的利息扣减所带来的避税额加回到项目所产生的税后现金流中去，在后一种情况下，税前债务成本被用于计算加权平均资本成本。对于以上两种方法，权益的税后成本都被包括在加权平均资本成本之中。

本章附录介绍了上述三种方法在同一例子中的正确应用。

## 抵押贷款-权益法

正如我们在第 10 章所看到的，房地产交易中的抵押贷款-权益分析指的是通过分析融资方式确定收益性房地产的价值。为了简化，在本章附录中我们假设所有现金流是平稳永续的，贷款为只付利息贷款（无本金摊还），并且没有计提折旧。[①] 通常而言，我们可以通过抵押贷款-权益法确定房地产的价值：

$$V=\frac{(NOI-r_dD)(1-t)}{R_e}+D$$

其中，

$V$＝房地产估算价值

$D$＝负债量

$NOI$＝净营业收入

$t$＝税率

$r_d$＝债务成本(税前)

$R_e$＝权益成本(税后)

---

① 假设现金流并非常数，有限期持有房地产后将其出售以及折旧补贴的存在均不会改变附录中的任何结论。

## 例　子

假设 $NOI$ 为每年 115 000 美元。贷款额（$D$）为 80 万美元，利率为 10%。投资者的税率为 20%，投资者要求的税后收益率为 14%。

套用之前的公式我们可以计算得到：

$$V=\frac{(115\ 000-80\ 000\times 10\%)(1-20\%)}{14\%}+800\ 000$$

$$V=200\ 000+800\ 000$$

$$V=1\ 000\ 000(\text{美元})$$

# 加权平均资本成本——替代方法 1

使用加权平均资本成本并假定另一个房地产价值相等的项目中债务比例相同。加权平均资本成本的计算公式如下：

$$R_a=D/V\times r_d\times(1-t)+E/V\times R_e$$

其中，

$R_a$＝加权平均资本成本

$E$＝权益额

$D/V$＝债务比例

$E/V$＝权益比例

房地产的价值计算如下：

$$V=\frac{NOI(1-t)}{R_a}$$

考虑之前的例子，我们可以得到：

$$V=\frac{115\ 000\times(1-20\%)}{80\%\times 10\%\times(1-20\%)+20\%\times 14\%}$$

$$V=\frac{92\ 000}{9.2\%}$$

$$V=1\ 000\ 000(\text{美元})$$

显然，结果与前面的答案相同。

# 加权平均资本成本——替代方法 2

另一种为房地产估价的方法是对项目可获得的税后现金流进行调整，以获得与债务相关的税收抵免。这一税收抵免额等于年利息（$r_d\times D$）乘以税率（$t$）。用以上符号表示，该税收抵免为 $r_d\times D\times t$。用税收抵免对现金流进行调整时，权益成本 $r_e$ 是用负债的税前成本（$r_d$）而不是税后成本来计算的。在这种情况下，价值的计算公式为：

$$V=\frac{NOI(1-t)+r_d\times D\times t}{D/V\times r_d+E/V\times r_e}$$

注意，上式中的分子不是权益投资者的现金流。它代表着房地产所实现的现金流加上与负债相关的额外税收收益的调整额。

对于上面的例题，我们有：

$$V=\frac{115\ 000\times(1-20\%)+10\%\times 80\ 000\times 20\%}{80\%\times 10\%+20\%\times 14\%}$$

$$V=\frac{108\ 000}{10.8\%}$$

$$V=1\ 000\ 000(\text{美元})$$

这里，我们又一次得到了同样的答案。

# 总　结

抵押贷款-权益法与评估房地产所使用的传统的资本预算程序是一致的。使用抵押贷款-权益法对支付了利息后的现金流进行折现时，使用的是权益的税后成本，而不是加权平均资本成本。而在进行传统的加权平均资本成本的计算时，用于折现税前现金流的是负债和权益的税后成本。后者的替代做法是通过将与负债相关联的税收抵免额加回到房地产的税后现金流对其进行调整和修正。这时，计算加权平均资本成本时必须使用负债的税前成本。但无论使用哪一种方法，其估价结果都与抵押贷款-权益法的计算结果相等。

在以上分析中，为了计算简便，我们假设现金流都是永续年金，而债务都是不进行摊还的。这种方法意味着负债与权益的比例保持不变。分析家辩称，公司经常在资本结构中设置目标负债比例，通过改变负债和权益的数量来实现这一目标。因此，用融资时的负债或权益的数额去为该项目进行估价也许并不妥当。但是，抵押贷款通常是需要摊还的，而且还有特定的房地产作为抵押物。再融资成本昂贵，因此，每年的负债比例难以保持不变。正如本附录所指出的，如果对融资条件的假设是一致的，抵押贷款-权益法的估价结果与传统的资本预算方法的计算结果是完全相同的。然而，由于房地产要作为债务的抵押物，并且再融资成本较高，因而使用立即考虑融资问题的抵押贷款-权益法进行评估较为合适。

第 5 部分

# 房地产开发融资

# 第 16 章　项目开发融资

## 16.1　概　述

本章介绍了收益性房地产（如综合性公寓、写字楼、仓库以及购物中心等）项目开发的融资问题。这类房地产项目的开发商面临着不断变化的国家和地区经济环境、来自其他开发商的竞争压力以及租户易变的地域偏好等问题，所有这些因素都可能影响项目开发和运营的长期盈利水平，进而影响开发商购置土地、建造建筑、向租户出租并获得足够收入以负担营运费用的能力。

## 16.2　概述：规划与审批过程

虽然这不是一本关于土地规划的教科书，但在投资项目开发时，理解某些概念和“艺术术语”是很重要的。我们所说的“项目开发”指的是，以建造建筑、出租、管理并最终实现出售为目的，融资购买土地的行为。作为土地购置融资和评估项目开发性质、程度的一部分，我们需要了解一些相关的监管规定和程序，因为它们也许会影响（1）开发项目的申请成本和可申请规模，（2）投资者购置土地需要支付的价款，（3）项目出售时的可得价款。为了使读者更好地明白项目开发的基本用词，我们提供了概念框 16.1，其中列示了初期项目开发估值会涉及的一些重要术语，后文对这些术语和其他术语进行了进一步讲解。

### 审批

在审批过程中，首先应该对房地产所处地点、方位以及未来初步建设规划进行粗略描述并提出相应申请。这一申请将由公共机构进行核查，以确定是否符合当前的区域划分。如果相符，则应批准相应申请，进而在遵从建筑规范和接受机构监管的基础上开始着手开发工作。如果申请被拒绝，申请人则需要出具相关证明或者修改初始申请再由城市规划部门重新核查。如果再次被拒绝，那么申请人有权参与有区域规划相关的小组委员会在场的听证会。城市规划部门会根据具体申请向小组委员会就与会人员进行推荐。需要强调的是，这一过程中的每一步都需要规划部门和申请人就拟开发区域的问题进行一系列沟通协商。修改工作往往由申请人来完成。然而在很多情况下，这一过程会失败，而开发商往往会提出一系列上诉和/或重新申请。如果申请再一次被驳回，那么申请人将有权参与市议会的听证会，市议会将对以下事项进行投票：(1) 批准申请，(2) 驳回申请并发回给城市规划部门，(3) 附带偏见的驳回（意味着不允许开发商再次提交这一特定申请）。

### 项目开发初步清单 概念框 16.1

此清单中的事项通常指的是开发人员在评估开发某项目时首次核查的事项。

(1) 每个区划分类下的允许用途。

(2) 每个区划分类下的最小批量。

(3) 最大容积率 (FAR)。

(4) 建筑体积/密度限制。

(5) 建筑退让线/建筑红线。

(6) 建筑物高度限制。

(7) 建筑占地面积/外围结构。

(8) 停车位配建率。

(9) 流通量/道路宽度/其他安全要求。

(10) 入口/出口要求。

**项目开发重要条款**

**建筑退让线/建筑红线**——要求建筑物与道路用地线或其他地标相隔指定的距离。这是为了确保与相邻建筑物的一致性，以及为行人和驾驶员提供清晰的能见度。

**道路用地线**——指定用于公共街道或小巷的区域，专门用于交通、公共使用、公共设施等。公共实体拥有该区域，而公众有权使用它。因此，一般不允许在道路用地线的基础上进行任何修改。

**与建筑相关的术语：**

占地面积——包括楼板、墙或建筑物外部的周长内的空间或区域。它是主要建筑板面或地基的形状或轮廓，而建筑就将在该区域内建造。

外围结构——结构的总外围，包括占地面积和外部露台、商业区、景观园林等。

门面——建筑物外部，通常是建筑物的主要入口；为了保护历史上重要的建筑，或由于建筑结构独特等原因，对门面的建造可能需要批准。

建筑体积——建筑所占的三维空间，其高度、宽度、占地面积和结构/立面/形状的数量相对于它所在的土地面积，决定了土地利用强度。然后由规划人员对该区域内的其他建筑物进行评估，以评估整个区域产生交通拥堵、噪声等问题的可能性。

建筑规范——在辖区内进行建筑改造所需参考的规章和方法。在签发入住证（CO）之前，要通过检查来强制遵守这些规范。

许可证——由规划管理人员签署，授权建筑物的建造、修复、装修、修理等，并承认其符合适用的区划条例的要求。

**容积率（FAR）**——城市规划人员用来控制地理区域内所需使用规模的重要工具之一。它通常用建筑总面积除以土地总面积来计算。例如，1 英亩（43 560 平方公里）的土地，容积率为 3∶1，那么该建筑的总建筑面积可以达到 130 680（=3×43 560）平方英尺。显然，一个地区的容积率越大，该地区可以建设的总建筑面积就越大，反之亦然。

**高度限制**——用来限制将要建造的建筑物的垂直高度。通常由区划条例进行约束；然而，这也受到联邦航空局（FAA）飞机进场/着陆要求和 FCC 通信塔规定的约束。郊区通常比中央商务区（CBD）受到的限制更少，而中央商务区通常允许有更高的建筑高度和更大的容积率。

**允许用途**——区划分类下允许开展的使用活动，如花店、旅行社、保险代理等。通常基于 SIC 代码分类。

**影响费**——由公共实体收取，以支付预期因项目开发而增加的公共部门开支，例如增加的交通管制、运输、排水等方面的费用。

**激励式区划**——城市规划人员用这一类型的区划，在实现社区目标的同时促进私营部门的发展。例如，如果一个开发项目包括多户住宅或公园，公共部门会额外放宽开发商在容积率、高度、密度等方面的要求。

**涵盖式区划**——属于区划条例的一部分，该部分规定必须包括某一特定类型的开发项目才能取得某地块的开发许可证。例如，为了获得许可证，必须将低收入群体住房列入多户住宅开发项目。

**最小批量**——根据每个区划分类设定的最小地块面积。例如，轻工业（通常没有最低标准）、中型工业（5 英亩）、重工业（10 英亩）、独户住宅（每地块 1/4 英亩）和多户住宅（每英亩 20 个单位，即 240 个单位需要 12 英亩）。这被用来确保大规模项目开发时建筑之间保持一定距离。

**停车位配建率**——总建筑面积中每平方英尺的停车位数或者每个居住单位的停车位数（例如，每 1 000 平方英尺有一个停车位或每居住单位有 1.5 个停车位）。不同的比例可能适用于不同类型的停车场，如地下停车场、高架停车场、地面停车场和与其他建筑共用的停车场（昼夜模式）。

**场地规划**——根据建筑、交通、停车场、缓冲区、主要景观、道路用地线和建筑红线的相对位置，按比例绘制的设计布局。

**立面图/效果图**——可能首先是概念图或初步草图，然后继续改进，最后得到待建场地改造（如建筑物等）的最终图纸。通常与场地规划一起作为演示材料的一部分，用于申请许可证、区域划分和项目融资。

**交通流量**——每小时通过一个特定地点的车流量。可以对其进行研究，以确定目前的交通量和可能由开发引起的交通增加量。本研究可能会作为申请许可证、重新分区或评估公共实体影响费的一部分。

**侵占**——建造的建筑延伸越过了邻近建筑的所有权边界。

**房地产税减免**——城市规划人员用一定年限的税收抵免来吸引对特定地点的开发活动。例如，如果在公共会展中心、体育设施等附近建造酒店，可以减免房地产税。

**税收增额融资（TIF）**——为发展基础设施和改善其他公共设施进行融资，通常需要借助成功的私人开发活动。融资的基础是未来因开发活动导致土地价值提升时所产生的房地产税收，以此来偿还债务。

**特别销售税区域**——对该地区的零售活动征收特别税，用于资助该地区的公共设施、街道建设等，或用于支付为在该地区建造设施而发行的公债利息。

**土地价值比率**——用土地价值除以工程项目完成时预计的项目总值（包括土地）来计算。可以作为一个基准来评估土地收购价格占项目总价值的比率是否与市场上其他项目的比率相当。

**缓冲带/护堤**——建设景观/斜坡，用于屏蔽或阻挡邻近房屋可能与本建筑用途不同和/或不符合使用规定的通道、景观或噪声。

**密度转让或开发权转让（TDR）**——在某些司法管辖区内，允许其中一位业主将其房地产的全部或部分开发权出售或转让给另一位业主，包括在现行区划下容许的建筑高度、密度、容积率。这使得收购方实体在其开发过程中达到的建筑高度和/或密度比在其他可能情况下更大。

**混合用途开发**——通常是指一个项目由办公、零售和/或酒店组合构成，还可以包括娱乐、体育设施等。

**反向征收**——如果一个项目开发可能影响附近/毗邻土地的使用价值，而受影响土地没有被该项目正式征用，则土地所有者有权向政府要求补偿。例如，在一个地区修建机场、大坝、发电站等或多或少会对该地区的土地价值产生影响，但这可能需要也可能不需要征用整个地区。

**累进区划**——这一区划规定在许多司法管辖区都有使用，指的是自动允许开展低于现行区划容许的最高密度的开发活动。例如，最为密集、嘈杂的土地用途通常是重工业分区。在累进区划制下，一个重工业分区内的土地所有者可以在重工业分类范围内开发密度较低的建筑，如配送中心、仓库等。再例如，允许在多户住宅区划分类（高密度）内建造独户住宅（低密度）。然而，在仅容许低密度开发的区划分类中，不允许有高密度开发活动（例如，在被划为独户住宅的区域内不能进行多户住宅开发）。

**堆垛规划**——一种按楼层划分的模板或布局，用于绘制图表以展示建筑物每层可出租的面积，并跟踪目前已出租给租户的空间位置和面积。

**流通量**——道路宽度的最小尺寸，需要满足安全、消防、安保要求。

**入口/出口**——进出场地的入口/出口数量，以及场外改进的资本要求。

## 16.3 收益性房地产开发

正如概述中所介绍的那样，可以开发的收益性房地产有很多种类型，而每种收益性房地产都有自己的特性。市场需求的差异会影响每种收益性房地产的经济可行性。然而，不同类型的房地产开发中也存在一些通用的概念。

图 16－1 简化描述了典型的项目开发过程。一般除管理阶段之外，几乎所有类型的项目开发都遵循这一过程。一般情况下，开发商（1）取得土地，（2）开发土地并进行建筑改进，（3）最终修整并为租户提供居住使用的空间，（4）完成项目后进行房地产管理，（5）可能最终出售该项目。在完成项目开发后，开发商应该在何时出售项目取决于其采取的经营策略。只要项目的市场价值大于其购置土地的价格和完工所需的开发成本之和，该项目就是经济可行的。这也就是人们常说开发商“创造价值”的原因。也就是说，通过将土地和建筑装修结合起来，从各种角度来看，只要支付租金的租户给予了其较高的价值评估，开发商就创造了超过各个组成部分的成本费用之和的价值。

开发商的经营策略通常分为三种。首先，许多开发企业在项目建成并交付使用之后在相当长的时间内继续持有和管理它们。除了项目开发外，这些开发商还将租赁和管理视为其业务不可分割的一部分。其次，有的开发商希望房屋租赁结束或达到正常的出租率水平时就将项目售出。它们通常将项目卖给如保险公司以及其他投资实体这样的机构投资者，或者将全部或部分房地产卖给由有限合伙企业构成的辛迪加。在这类情况下，尽管项目已被出售，但开发商可以继续对其进行管理。最后，还有一部分开发商，尤其是那些将土地开发和商业房地产（如商业园区和工业园区等）开发相结合的开发商，它们通常根据总体规划设计进行土地开发和建造供出租的房屋。然而，它们也可以应单个租户的要求为其量体建造（build to suit）。

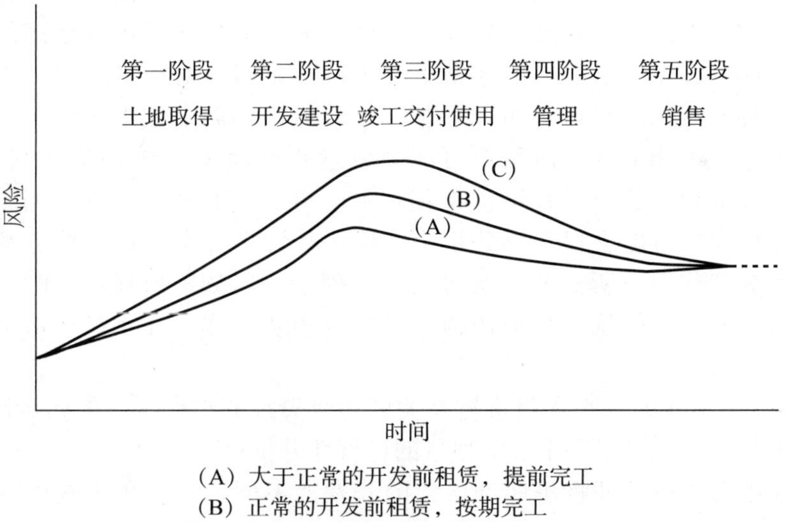


（A）大于正常的开发前租赁，提前完工
（B）正常的开发前租赁，按期完工
（C）低于正常的开发前租赁，延期完工

**图 16－1　房地产各开发阶段和风险水平**

重点是许多开发商实际上专门从事如图 16－1 所示的开发过程中的一个或几个阶段的工作。那些计划在租赁结束后立即出售的开发商，非常依赖外部承包商、建造商、房地产经纪人、租赁中介机构和房地产物业管理商去完成第二至第五阶段的工作。而对于那些规模巨大、在许多区域市场中都有业务的综合一体化开发企业可能会发现，由它们自己完成图中所示的绝大多数开发工作是有利可图的，只在可能节约成本的情况下才会选择引入外来企业。然而，对于这两种类型的企业来说，在它们开发的各个阶段都可能做出意想不到的出售决定。大多数开发商在任何时候都不会拒绝考虑一个合理的收购建议。

## 16.3.1 市场风险和项目可行性

图 16-1 同时也展现了如情形（B）所示的一个“正常”市场中存在的典型风险状况，或者说在这样的市场中，市场租金水平足够使得项目开发成为一个合理的选择。从获得土地时风险就随之产生，之后风险会伴随着建设过程稳定增长，直到租赁完成收回预期的现金流为止。在租赁完成后，租户会陆续入住，房地产管理工作就开始了。此时，由于租户受到长短不一的租约约束，项目风险开始下降。如果房地产开发正常，那么此时就进入了第四阶段，我们可以称其为成熟的房地产（seasoned property）。情形（A）所示的市场风险水平较低，在这种情况下市场对空间的需求持续增长，竣工前租赁或预租的实现率高于“正常”水平，因而预计现金流入数量也随之增加。这种可预见的现金流入增长说明此类正在开发的房地产的市场需求大于预期水平，因此大大降低了项目风险。显然，如果市场需求和预期收益下降，或者租赁阶段所需时间延长，那么如情形（C）所示，项目风险将急剧上升。诸如建设延期、原料价格上升、利率提高等因素，均会导致项目风险发生改变。

虽然区域经济发展状况和就业情况并非本书研究的重点，但需要明确的是，它们会影响正在开发的空间类型（如写字楼、零售店、仓库）的市场需求，因此，这些因素对项目风险而言是非常关键的。这些因素可能会体现在当前的市场指标中，如空置率、租金水平或开发前的租户预租程度等。很好地了解所在城市或地区的潜在经济环境，对评估房地产开发项目的可行性是十分关键的，因为对租赁空间的需求不仅是在开发期间，而且在竣工后很长时间内都非常重要。市场需求在很多情况下都可能出现萎缩，市场租金也可能下降，而租户可能会发现更经济实惠的租赁空间。简单来说，已经完成开发并被租赁的项目并不意味着它不会再受到竞争的威胁。当新建项目向市场开放后，已建项目可能会损失部分租户。确实，许多开发商都不愿意承担这种长期的市场风险和为留住租户所需的大量房地产管理投入。如前所述，此时它们往往更希望把项目出售给愿意专门从事房地产物业管理及租赁工作，并承担相应风险的机构投资者或其他投资者。

为了说明关于如何对一个项目进行有关成功或失败的市场测试的初步研究，我们提供了概念框 16.2，它展现了一个公寓项目的可行性分析过程。

和那些在租赁结束后即将房地产出售的开发商不同，一些更大规模或跨区域经营的开发商或许会愿意在不同的地区承担房地产管理工作。它们把这种风险看作一种投资组合，其中来自不同地区长期经济波动的风险能够实现充分多元化，从而在整体资产持有的基础上实现足够的经风险调整后的收益。这些企业还可以通过在开发完成后继续履行租赁和房地产管理职能获得其他好处。其中一个好处就是，可以从提供房地产管理服务的现有租户那里获得未来开发的机会。这些机会可能体现在：（1）扩建现有租户设施；（2）现有租户因在其他城市拓展业务，从而需要新的办公空间；（3）其他不同类型的产品开发（例如，为一个满意的租户开发一栋办公楼，该租户目前在其他地方租赁仓库）。

## 初步可行性分析——公寓项目开发　　概念框 16.2

Ⅰ. 物理可行性

(1) 目标：提供初步开发方案分析，决定在现有监管要求和租金水平下能否在特定地块开展建设活动，以证明获取土地的合理性。

(2) 位置：10 英亩或 435 600 平方英尺。

(3) 要价：2 800 000 美元。

(4) 基本项目描述/区划：

a. 建筑红线要求：15%。

b. 流通量要求：15%。

c. 每英亩最大单元数：24（以一居室、二居室和三居室公寓的单元组合为基础；加权平均后每单元面积为 900 平方英尺）。

d. 停车位配建要求：每单元 1.5 个空间，每个空间 400 平方英尺。

e. 开放区域、护道、景观等支持区域：每 240 单元需占地 1 英亩。

f. 最高建筑高度：2 层。

(5) 物理可行性（单位：平方英尺）：

| | |
|---|---|
| a. 总面积 | 435 600 |
| 减去：建筑退让面积 | 65 340 |
| 道路宽度 | 65 340 |
| 开放区域/支持区域/其他区域 | 43 560 |
| b. 建筑开发可行区域面积 | 261 360 |
| 减去：停车区域：240 单元×1.5 倍空间×400 平方英尺 | 144 000 |
| c. 净可开发区域面积 | 117 360 |
| d. 要求建筑总占地面积：(240 单元×900 平方英尺)/2 层 | 108 000 |
| 可开发区域面积和区划要求的差额面积： | 9 360 |

结论：该地块在遵守区划要求的基础上可进行一个 240 单元的公寓开发项目。

Ⅱ. 经济可行性

| | |
|---|---|
| (1) 每单元建设成本：80 000 美元×240 单元 | 19 200 000 |
| (2) 土地要价 | 2 800 000 |
| 总项目成本 | 22 000 000* |
| (3) 稳定出租后总收入： | |
| 租金：1.10 美元/平方英尺×900 平方英尺×240 单元×12 个月 | 2 851 200 |
| 减去：平均空置率（5%） | 142 560 |
| 营运费用（35%） | 997 920 |
| 净营业收入 | 1 710 720 |
| (4) 总成本收益率（1 710 720 美元÷22 000 000 美元） | 7.78% |
| (5) 基于 *NOI* 的价值估算： | |
| a. 资本化率=0.078 | 22 000 000 |
| b. 资本化率=0.08 | 21 384 000 |
| c. 资本化率=0.07 | 24 439 000 |

Ⅲ. 结论

如果投资者/开发商能够接受0.078的收益率（资本化率），那么这个项目就是可行的。如果投资者采用0.08的资本化率，那么这个项目就不可行了，因为此时计算得到的投资价值（21 384 000美元）不能覆盖全部成本（22 000 000美元）。如果资本化率为0.07，那么该项目将产生一个可观的收益2 439 000（=24 439 000−22 000 000）美元。

* 包括所有基础设施（道路、排水、公共设施、下水道）、土地和建设成本。

## 16.3.2 项目风险

总体市场需求和租赁活动并非开发商在项目开发中应该考虑的唯一风险来源。显然，项目开发所处的地理位置也是一个很重要的因素，因为与城区其他地点的空间距离将直接影响租户的经营成本和其所出售商品或提供服务的市场需求情况。因此，对租户来说，空间距离或者说地理位置越好的房地产，其价值越高。当开发商在某一特定市场中选择开发地点时，土地的购置成本是决定建筑工程的质量和成本的重要因素。一般来说，随着某个地段土地价格的上涨，建筑工程的质量和开发成本投入也会相应提高。此外，随着土地价格的上涨，该地区的开发也会越来越密集。这些基本的经济关系部分地解释了为什么城市的某些特定区域，如市中心，往往被用于密集地开发高层写字楼，而郊区的建筑分布则稀疏得多（例如，仓库多位于土地成本低的郊区或农村）。

建筑的成本和质量还会因以下因素而异：结构设计、内部布局设计、内部装饰质量、所处地段建筑物密集程度和交通便利条件、生活便利设施（如餐饮、健身、商品零售等）、景观、停车位配建情况和流通量、公共场地数量、电梯、暖气、空调质量（HVAC）和外部装饰（如花岗岩、骨料、木材等）。由于难以确定作为开发内容的服务应该以怎样的质量和数量进行组合或“包装”才能满足市场的需求，因此这些因素都将成为项目风险的潜在来源。

并不是所有新项目最初都是作为豪华的“A级”空间进行建造，这类空间通常是由高质量的内部、外部和机械部分组成。事实上，许多致力于拓展设施的大型全国性企业都会制定有关不同类型雇员所需空间质量的政策。一方面，它们会为一些与主要客户接触的员工（如营销人员）提供相对高质量的空间；另一方面，它们可能认为不需要为从事辅助业务（如会计、计算机等）的员工提供如此高成本的空间。事实上，如果大部分拓展空间都用于辅助服务，那么企业租户不仅会寻找装修和施工质量都一般的设施，而且可能更倾向于选择郊区的地理位置。靠近居民区以使得员工能就近居住对公司而言可能是一个非常重要的考虑因素，因为辅助服务通常不涉及与客户的联系。另外，一座租给那些经常与客户面对面接触的租户（如律师事务所、高级时装零售店）的建筑物，通常需要装修成本非常高的设施。

重点在于，投资者需要仔细考虑一个特定市场内最终用户（租户）的需求特点来对整体空间的需求状况进行估计。这种空间需求反过来又取决于当地市场的就业类型和租户将从事的业务功能性质。只有充分了解当地经济状况和就业类型，开发商才能对市场预期需求做出较为准确的估计，并提供正确的空间质量和数量组合来满足市场需求。

## 16.4 项目开发融资概述

在图 16-1 中所示的第一阶段，开发商可能会在取得购买土地的期权之后（将在第 17 章讨论）采用权益或权益与债务融资相结合的方式购置土地。开发商可以提供权益资本，也可以与土地所有者或其他投资者组成合伙企业。如果开发商希望在取得土地后立刻进行项目开发，它或许可以通过协商取得建设费用的贷款，通过上述来源中的一种或几种提出自己的资产要求。通常，用于建造楼房和其他装修的贷款被称为收购与开发贷款（acquisition and development loan，ADL）或者建设贷款（construction loan）。这种类型的贷款通常由商业银行、抵押贷款银行或储蓄与贷款机构提供。贷款金额通常是基于：(1) 预计建成时的评估价值；(2) 建造硬成本（hard costs）（比如，场地装修所需的材料费用和劳务费用等）；(3) 软成本（soft costs），如租赁成本、规划成本和管理成本。有时还包括在租赁期间为满足租户要求而进行的内部改造成本。如果开发商在无负债状态下拥有土地，也可能会以土地价值为担保，获得额外的资金支持。贷款人更倾向于提供与装修费用相关的贷款。如果可能的话，其不愿意为需要大量软成本或场外装修的项目提供资金，因为一旦项目开发遇到财务困难，这些贷款可能无法收回。然而，在一个快速扩张的市场中，贷款机构之间的竞争可能会带来更灵活的贷款政策。此外，在大多数情况下，当寻求过渡期融资时，开发商个人要对借款票据承担法律责任。在工程竣工、房地产项目开始租赁后，贷款人可以全部或部分解除法律责任。此时，本票对于借款人或开发商都不存在追索权了。

项目开发融资主要有三种贷款结构。[①] 通常而言，具体选择什么样的结构取决于开发商在建设和租赁完成后希望如何处理这些房地产。在大多数情况下，开发商会从以下三种方式中选择一种：

(1) 在房地产建成和租赁完成后出售给那些想要拥有房地产但是不愿意承担开发和最初租赁风险的人。在这种情况下，开发商的房地产出售价格和建设成本之差就是开发商的收益。此时，开发商一般会考虑短期融资结构。

(2) 开发商仍保留所有权，希望能继续管理、运作和租赁该房地产，以此作为自己经营的一部分。许多开发商会与租户保持长期联系，如果未来有必要进行扩建，它们可能有机会开发并出租给租户。在这种情况下，开发商将寻求更长期的融资结构。这可能由两种贷款组成，一部分是长期贷款，一部分是建设贷款。

(3) 开发商可能会考虑竣工后出售房地产或进行再融资。这是一个综合了上述两种融资方式的选择。在这种情况下，开发商可以选择寻求短期建设融资，然后通过期权或合约方式延长融资期限至完工后的一到两年。这为开发商提供了建设期后额外的资产准备出售时间，以及向贷款人提供经营中的实际财务数据的时间。而后者也许会带来以更诱人的利率进行再融资的机会，因为此时这一项目对贷款人来说风险更小。这种贷款的贷款期限大多介于 5 年和 7 年之间，通常被称为微长期贷款（mini-perm

---

① 贷款结构种类众多，本章仅对其中最经常使用的三种形式进行阐述。

loans)。然而，这一策略的不足之处在于，它的贷款利率可能高于建设开始时的水平，开发商将被迫支付比在开发开始时就预先取得一笔长期贷款更高的利率。采取这一策略的开发商需要进行调查，通过相应的利率互换或对冲应对可能发生的利率上升情况。在租赁期结束后，如果出租率达到了正常水平，开发商将通过出售房地产或者长期抵押贷款取得资金偿还过渡期贷款。长期贷款通常由人寿保险公司、养老基金和部分大型商业银行提供。

如果开发商希望长期拥有房地产所有权，它们可以在签订建设贷款协议前先签订一个长期债务融资协议。即使项目竣工后，开发商想要出售房地产或者进行再融资（假设租赁市场允许的话），过渡期贷款的贷款人（简称过渡期贷款人）也会要求开发商首先提供长期贷款承诺，或者提供能够证明其会在过渡期贷款到期前将房地产出售给一个确定购买方的协议。如果预期当地市场需求不足，那么就可能出现这类贷款需求，但在完全出租的情况下出售一个项目的可能性还是比较大的。如果当地市场中存在太多投机性/无限制建设贷款（speculative/open-ended construction lending），可能造成大量的过度建设和过度供给现象，这又将引起房地产出租率和租金水平的下降。然后房地产价值可能会下降，进而导致止赎。① 在这种情况下，建设贷款的贷款人可能希望获得更多保证，即保证贷款能够通过出售房地产或从另一家贷款机构获得长期贷款得到偿还。

## 16.5　项目开发融资中贷款人的要求

由于融资在多数情况下都要涉及建设贷款和长期贷款这两种贷款的贷款人，收益性房地产的开发融资过程会更为复杂。因此，开发商必须同时满足这两种贷款的发放标准。尽管这两种标准中的许多内容都相同，但它们也各有独特之处。更复杂的是，与长期贷款的贷款人（简称长期贷款人）达成的协议的性质会影响与建设贷款的贷款人（简称建设贷款人）之间达成的协议的性质。当长期贷款人考虑制定替代放款承诺时，他实际上是取代了建设贷款人，将其从为开发商提供进一步资金的义务中解脱出来。替代放款承诺会给开发商带来一个大难题，因为如果该协议要求的条件（如租赁要求、租赁许可等）过于苛刻，那么开发商很难找到愿意接受这些条件的建设贷款人。在这种情形下，开发商的融资选择就会减少，并可能导致相当长时间的开发进程拖延。表 16-1 会帮助读者进一步了解获得项目融资的程序以及两类贷款人通常要求提交的相关证明文件的性质。②

---

① 很多人认为资金可得性决定了开发商的房地产开发行为。他们认为当开发商取得资金支持后，通常不会充分考虑当地市场状况而盲目进行建筑活动。因为开发商通常非常乐观，它们相信不管竞争程度和本地市场条件如何，自己的开发项目总会获得成功。

② 表 16-1 中列示的信息并非获取贷款所需要的文件或要求的完整清单。关于建设贷款中法律因素的详细讲解，请参见 Richard Harris，*Construction and Development Financing*（New York：Warren，Gorham，and Lamont，1982）。

**表 16-1　　项目开发贷款的一般提交申请和结算要求**

A. 一揽子贷款申请的一般要求

1. 项目信息。

a. 项目描述——对建设地点的法律描述、测绘情况、地皮相关图片、建筑物与停车场地的透视图、开发策略与时间安排。

b. 建设地点和流通量规划、任何地役权的确认、公用设施的可获得性、相邻土地的用途描述、土壤检测情况。

c. 建筑物装修计划、生活便利设施的详细清单。

d. 明确建造商、总承包商、主要分承包商身份；各方的支持性财务数据和历史施工业绩、在各方之间实施的任何协议的复印件、建设和开发程序的描述。

2. 市场和财务数据。

a. 借款人及其他主要项目赞助人的完整财务报表、过去的开发经验、所有以往项目的贷款人清单。

b. 预编营业报表；详细列出向承租人提出的租赁条款，包括基本租金、租金定期调整、费用止付、续租期权、公共区域费用分摊、超额租金（零售业租赁）、装修补贴和其他承诺。

c. 详细的成本细目分类，包括：

● 任何土地购置成本；

● 任何必要的土地开发成本；

● 任何必要的拆除成本；

● 有关挖方、放坡、地基、砖石、钢筋混凝土、清水墙、抹灰、空调设施、管道、电路、电梯和其他机械项目，以及任何特殊装修和固定装置等的直接或硬成本细目分类；

● 间接或软成本细目分类，包括建筑设计和工程费用、法律费用、房地产税、建设时期的利息、开发费用、保险费和担保费、预留应变储备基金、预期获得长期贷款的费用。

d. 详细注明一切租赁条件的、任何已签署的租赁承诺或承租意向书。

e. 市场研究和评估结果，包括所有可比对象情况以及由其他竞争者收取的独立的租金计划表。

f. 贷款申请条件、期限、预期的利率、摊还期限、预期的参与期权。

g. 开发商和/或其他赞助商提供的资产（现金和/或土地）；预期的支取/偿还融资。

3. 政府和管制信息。

a. 城市区域规划方面的有关声明。

b. 从价税、支付方法、再评估日期。

c. 所有必需的许可证、批准分区规划变更许可的证明文件等（参见表 17-2 中的清单）。

4. 法律文件。

a. 申请贷款的法律实体（公司、合伙企业协议的证明）。

b. 关于土地成本的陈述或购买土地的合同证明。

c. 有关土地契约方面限制的详细情况（见表 17-2 中的有关介绍）。

d. 附属协议（见表 17-2）。

e. 不可抗力条款（超过开发商所能控制范围的事件，如天灾等）。

B. 获得一揽子过渡期贷款所需的补充信息（如果两种贷款都需要的话）

1. 一份来自长期贷款人的贷款承诺或备用承诺的复印件；有关提前还款、要求偿清和参与的期权，以及有关利率、期限、费用的详细情况；承诺生效前开发商所必须满足的附带条件的详细情况（本章解释了这些附带条件）。

2. 详细的建筑结构规划和规定。

3. 详细的成本细目分类。

4. 所有与 A 部分中所列要求相关的数据资料，并适时进行更新。

假设在审核了 A 和 B 中的所有相关资料之后，过渡期贷款人做出了贷款承诺；并且开发商继续按步骤进行项目开发，下一步就是过渡期贷款的结算阶段了。

C. 过渡期贷款人的结算要求

1. 项目信息：最终图纸、成本估计情况、建设地点规划等。

2. 市场和财务信息：关于自申请之日起借款人的财务状况没有发生不利变化的声明。

3. 政府和管制信息：所有必要的许可证、任何区划变更的许可通知书等（见表 17-2 中的清单）。

4. 法律文件。

a. 表明长期贷款人已考察并认同了 A 部分中的所有内容和所有 B 部分中已更新的信息的文件。

b. 所有和总承包商、建造商、规划人员、分承包商签订的协议相关的文件；有关担保和把所有合同有条件地转让给过渡期贷款人的证明文件；所有承包商对过渡期贷款人履行的协议；房地产税保险合同的证明等（见表 17-2 中关于在土地融资中结算阶段要求的清单 B）。

c. 将作为过渡期贷款担保品的一切私人财产清单目录（对于购物中心和酒店项目尤其重要）。

d. 任何长期贷款人正在执行的租约和许可。

e. 土地租约的复印件和出租人/所有人出具的目前支付状况证明的复印件。

f. 过渡期贷款人有时会坚持写明在违约时所有租约、租金和其他一切收入的分配和借款人做出的贷款偿还担保（由个人负责）。在审核了上述项目之后，过渡期贷款人将向借款人提供一份贷款协议，详细列明贷款条件，其中包括：贷款额度、利率、期限、费用、提前还款期权以及任何的参与。然而，长期贷款人可能会要求与过渡期贷款人达成某种协议，包括一个买卖协议或三方买卖协议（在本章中讨论）。

D. 长期贷款人的结算要求

如果开发商已经完成项目建造并且在长期贷款承诺到期之前满足了长期贷款承诺中包含的所有附带条件（包括相关的租赁要求），那么这些结算要求是必要的。

1. 市场和财务数据。

a. 对借款人的财务状况没有重大实质性变化的声明。

b. 一份经证实的承租人清单、现行租约、证实目前所收取租金的不可更改的证明、所欠数额以及任何因装修成本协议的支付问题而与开发商产生的争议。

2. 项目信息。

a. 项目价值的最终评估结果。

b. 建设现场的最终勘测结果。

3. 政府和管制信息。

a. 有关房地产税收规定的最新消息。

b. 由建筑检查人员出具的占有证明。

c. 其他许可要求（防火、安全、健康状况等）。

4. 法律文件。

a. 建设抵押贷款的发放（如果转让给长期贷款人的话）。

b. 建造商出具的对于详细勘察和最终规划的完工证明等。

c. 所有伤亡和风险保险单的签字转让，这些保单表明长期贷款人将成为新的损失受益者。

d. 最新的所有权保险单据。

e. 有关土地租金状况的最新证明（如果相关的话）。

f. 一个免除借款人个人法律责任的免责协议（如果适用的话）。

g. 普通分承包商解除抵押留置权的证明和对于未偿还款项和拟议处置的核实。

## 16.5.1 申请贷款所提交的相关信息概述

虽然表 16－1 中 A 部分列示的很多条目都是无须解释的，但是提供给长期贷款人的初始申请主要是说明在特定地块上可以开发的项目内容。也就是说，它将提供一个关于该项目规模、设计和成本的详细说明。这份申请也将提供一个详细的市场和竞争分析，列明将进行项目开发的队伍以及一切项目开发所需的与城市区域规划相关的官方许可证明。该申请还附有详细的预估营业报表以及一系列借款人或借款实体的财务报表。正如之前所述，如果长期贷款人向开发商表示愿意提供贷款，那么他会向后者要求提供更加详细的资料，并要求后者对预计经营中通过市场分析得出的种种假设提出相应的支持证据以及提供所需的其他相关数据。只要开发商提供的资料能使贷款人满意，那么贷款人通常会签订一个提供融资的意向书，而开发商则可以进行进一步的成本细目分类、设计草图、规划等工作。在开发商花更多资金进行更详的细规划之前，这一融资意向书是十分必要的，但这个详细规划必须在长期贷款人发出承诺之前完成。过渡期贷款人将负责监督建设进展和规划细节的执行情况，因此他们当然会要求更加详细的规划资料。用于分析市场和财务数据的方法将在本章之后的一个案例中提及。

表 16－1 中 A 部分的信息只列示了开发商初次与长期贷款人接触时需要提供的部分相关信息。因为在大多数情况下，那时开发商的开发概念和策略还没有全部完成。需要注意的是，提交的申请资料应该包括尽可能多的信息；然而，两类贷款人都可能会对提交的信息提出具体疑问，需要开发商继续提供相关支持资料。因此，长期贷款和过渡期贷款的取得是一个在各方之间长期持续的过程，需要相关各方经过多次审核才能签订最终的书面贷款承诺。

**长期或替代放款承诺**

假定过渡期贷款和长期贷款都需要的话，长期贷款人会做出一份书面承诺，并详细列明开发商在长期贷款承诺具有法律约束力之前必须满足的附带条件（将在下文详细讨论）。如果开发商满足了这些附带条件，那么长期贷款人就会向其提供用以偿还建设贷款所需要的资金。如果替代放款承诺中的任何一个条件没有被满足，那么贷款人便不再有义务提供长期贷款。此时，开发商就必须寻找另外的长期贷款机会，否则建设贷款人可能不得不继续为已完工的项目提供资金，或在过渡期贷款到期时，开发商可能面临过渡期贷款人发起的止赎程序。因此，替代放款承诺的目的就在于在开发商和长期贷款人之间建立一个有法律约束力的协议，根据这个协议，长期贷款人愿意在项目竣工、达到令人满意的租赁水平以及满足其他附带条件后，按合同约定给房地产提供一笔长期贷款。

**备用承诺**

在下列情况下，可以从一个“备用”贷款人处获得备用承诺（standby commitments）：（1）开发商不能或不愿意支付费用争取一笔长期贷款承诺；（2）因为借款人希望在建设进行中、租赁开始前，从别处以更优越的借贷条件获得一份长期贷款承诺；（3）开发商计划在项目竣工和租赁完毕后将其出售，因此认为不需要取得长期贷款。与长期贷款一样，备用承诺资金也用于支付建设贷款。虽然备用承诺和长期替代放款承诺要求的附加条件和其他协议内容大体相同，但它和长期替代放款协议的区别在于不论是借款人（开发商）还是备用承诺贷款人都不希望使用备用承诺。但是，因为开发商希望马上开工，而过渡期贷款人想要一个替代放款承诺作为保证，所以在过渡期贷款人的坚持下，开发商就不得不寻找一份备用承诺。如果开发商不出售项目或项目竣工时仍未取得一个长期替代放款承诺，那么备用承诺将生效，而长期贷款将由做出该承诺的贷款人来提供。

虽然提供备用承诺的长期贷款人会收取一定承诺费用，且在法律上负有到期提供抵押贷款资金的责任，但许多银行仍然不愿意向仅持有备用承诺的借款人发放建设贷款。这是因为备用承诺在制定时就不太希望被使用。在许多情况下，当借款人决定使用该承诺时，备用贷款人在或有事项的问题上会非常灵活。例如，备用贷款人会寻找开发商对承诺中附带条件的“技术性违约”（如施工规划上出现的微小改动，未经备用贷款人同意替换并使用了建筑材料等）。这样一来，过渡期贷款人就面临着如下问题：什么时候开发商与长期贷款提供方希望某一承诺成为长期的？什么时候其希望这个承诺是备用性质的？协议中可能不会明确说明它到底是替代放款承诺还是备用承诺。对开发商提供的长期贷款协议进行仔细分析是非常重要的，因为如果市场条件发生变化，那么开发商和过渡期贷款人会认为备用承诺人有法律义务来提供资金；而后者却可能退缩回避，因为他预期开发商可以出售该项目或可以找到条件更好的长期贷款，而不需要他发放备用贷款。

## 16.5.2 贷款承诺中的或有事项

当开发商在实际开发和取得建设贷款之前就得到了一笔长期贷款承诺时，长期贷款人通常会在承诺协议中加上或有事项（contingencies）。在过渡期贷款或微长期贷款将被使用的情况下，同样的或有事项中的许多条件必须被满足，贷款人才愿意免除开发商所担负的个人责任，从而使这些条款对借款人没有追索权。如前文所述，如果开发商不能满足这些或有事项的要求，长期贷款人便可以拒绝发放贷款。在长期贷款人制定的替代放款承诺中的或有事项通常包含以下内容：

- 允许开发商取得一份建设贷款承诺的最长时限。
- 项目建设阶段的完工期限。
- 为使长期贷款承诺生效的最低租赁要求和所有主要租赁协议的核准。
- 在未达到租赁要求的情况下，规定缺口融资的条款。
- 长期贷款承诺的终止日期和展期的相关规定。
- 长期贷款人对施工设计变更和建筑材料替换的批准权。

实际上，这些或有事项必须在贷款人做出长期贷款承诺前经过协商确定。当拟议项目寻求融资时，这些或有事项十分重要，因为它们保证了如果开发商履行了条款要求的义务，那么长期贷款人就应当发放长期贷款。

而对长期贷款人而言，这些或有事项同样必不可少，因为这些条款要求开发商在项目开发期间和长期贷款承诺终止前承担必要的责任。例如，在前面所列项目中的前两项要求借款人在一定期限内找到愿意为建设和开发成本提供资金的过渡期贷款人，并要求项目必须在某一具体日期前完成。长期贷款人必须依赖当地贷款人（如银行）来提供建设或过渡期贷款资金，并监督工程建造的质量。这是因为大型长期贷款人通常是人寿保险公司、养老基金之类的机构，而它们不太可能位于开发项目所在的城市。完工期限这一或有事项可以激励开发商尽可能高效地施工以完成建设并开展招租工作，否则将面临失去贷款承诺的可能。

至于租赁要求，这一或有事项可以帮助贷款人确保当地经济形势处于良好状态，而当地经济形势是用来判断项目评估价值和可行性是否合理的依据。通过此类条款，长期贷款人可以将部分项目风险转移给过渡期贷款人，而过渡期贷款人往往更熟悉当地市场状况，而且专门在这个市场中开展建设贷款的发放业务。这样过渡期贷款人就必须仔细研究当地的市场状况，因为如果项目在贷款承诺终止前达不到规定的租赁水平，那么租赁或有事项将不能实现。这意味着长期贷款人不必履行提供资金的承诺。除非长期贷款人同意修改长期贷款承诺条款，否则承诺的终止将迫使建设贷款人提供比原来预计期限更长的过渡期贷款，甚至有可能成为长期贷款人。

在很多情况下，长期贷款人可能会同意在租赁水平未达到要求时，根据终止日实现的租赁水平按一定比例发放贷款，之后随着租赁水平的提高，一步步实现贷款的全额发放。

如果建设贷款人不接受按比例发放贷款的替代放款条件，那么开发商就不得不寻找一个第三方贷款人作为备用并提供一个缺口融资（gap financing）承诺。这一承诺规定，长期贷款人提供的部分资金（因为在长期贷款的计划结算日之前开发商没有达到要求的租赁水平）和用于偿还建设贷款的资金之间的差额由缺口融资贷款人负责提供。缺口融资贷款人通常在抵押物留置权中处于第二位，并能要求比过渡期贷款利率和长期贷款利率都高的利率，并且还可以获得一笔不可退还的缺口融资承诺费用。这样一来，缺口融资贷款人和长期贷款人双方提供的资金共同偿还了过渡期贷款。随着项目逐渐完成租赁，长期贷款人逐步提供了全额资金，开发商就可以利用这部分资金去偿还缺口融资贷款了。[①] 在项目成本超过了建设贷款和长期贷款承诺资金数量的情况下，或长期贷款承诺额少于建设贷款额时，开发商也会使用缺口融资。在任何一种情况下，缺口融资贷款人会对项目进行深入分析，只有确定该项目的风险水平可以接受，缺口融资贷款人才会接受抵押物的第二留置权。

前面所列的最后一项或有事项，即任何施工和设计方面的变动均需要经过长期贷款人同意，可以保证开发商将不折不扣地根据协议完成项目——不会为了降低成本而在施工时替换标准的材料和走捷径从而造成项目质量的下降。显然，项目质量将直接影响项目租赁，并因此影响到长期贷款抵押物的价值。因此建设贷款人通常会要求有权核准所有材料的替换和设计的更改。

### 16.5.3 建设贷款或过渡期贷款

如前所述，在开发商和贷款人对收益性房地产的建设贷款进行商讨之前，开发商很可能已经取得了一份长期贷款承诺或备用贷款承诺。开发商会提供有关拟议项目的信息，以支持其获得过渡期贷款。这些信息与用来申请长期贷款（如表 16 - 1 中 A 部分所示）的内容大致相同。长期贷款人通常不愿提供过渡期贷款，因为建设贷款人对当地市场状况非常熟悉，而且可以监督工程的建设进度，并根据项目完成阶段发放贷款。向开发活动提供贷款需要对建造方法和材料有相当的了解，而建设贷款人往往能够以更低的成本做到这一点。不过，鉴于长期贷款人要求开发商满足或有事项，建设贷款人必须非常仔

① 在一些情况下，随着长期贷款到期日的临近，建设贷款人可能会同意缺口融资贷款人为没有达到租赁要求的开发商提供资金支持。建设贷款人这样做是为了保证长期贷款承诺的有效性，特别是当借款人无法找到第三方缺口融资贷款人时。

细地评估长期贷款承诺申请中提供的信息。如果建设贷款人承诺为建设项目提供资金，而开发商又无法满足替代放款条件导致长期贷款无法发放，那么建设贷款人将被迫为项目提供长期贷款或在项目完工时要求开发商偿还建设贷款，但这可能会导致开发商破产。

有时候开发商会放弃选择建设贷款和长期贷款，而是从过渡期贷款人处寻求一笔单一贷款来为建设和租赁完成后的一两年运作提供资金支持。这一替代了同时获得建设贷款和长期贷款两种贷款的选择就是所谓的微长期贷款。[①] 在20世纪80年代的美国开发狂潮中，众多贷款人为了争夺更大的建设贷款市场份额而展开疯狂竞争，这一类型的贷款开始被广泛应用。使用这种方式的开发商期望在贷款期满时或在这之前能够出售项目或以更优越的条件获得再融资。这些贷款人大多为储蓄与贷款协会和商业银行，它们将这些贷款作为“一站式服务”，使得开发商在没有获得长期贷款的情况下继续开发。

## 16.5.4 建设贷款的支付方式

一般来说，建设贷款以未来预售所得抵押或以无限制抵押作为担保。建设贷款人通常要求拥有这块土地以及地上所有建筑工程的第一留置权。建设贷款人遵循一条基本规则，即绝不发放超过作为贷款担保的房地产经济价值的贷款。换句话说，建设贷款人绝不希望开发商通过支取超过当前建设装修成本的资金来“赶进度”。

最常用的支付商业开发资金的方式是逐月支取法（monthly draw method）。这种方法广泛应用于需要大量数额贷款的大规模项目建设。开发者每月都会根据前一个月完成的工作量申请支取款项。如果一个建造商或工程师向贷款人证实这一工作量已经完成，那么贷款人就会发放这笔资金。而且贷款的担保价值会随着资金的支付同时增长。

在某些情况下，如果贷款人借助了一个所有权保险公司，那么开发商会将发票交给所有权保险公司。所有权保险公司就能及时地更新每一笔支取款之间的所有权摘要，然后依据发票批准付款。随着资金的发放，承包商和分承包商会签署一份协议，表明它们迄今完成的工作已获支付。[②] 这通常可避免其提起建设者留置权的诉讼。[③]

## 16.5.5 利率和费用

与许多商业贷款一样，建设贷款的利率通常也建立在短期利率的基础上，而短期利率可能会在不同时期因当前的借贷条件而发生显著变化。大多数贷款人，特别是商业银行，通常在建设贷款上会依赖一个浮动利率体系。浮动利率通常基于银行的优惠贷款利率或向银行信誉最好的客户收取的商业贷款短期利率。但是，有些短期贷款利率也有可能基于国库券利率或伦敦银行同业拆借利率（LIBOR）。贷款人通常会在提供承诺的过程中评估建设贷款的风险，贷款利率反映了与贷款挂钩的短期利率以及在此基础上增加的溢价。例如，建设贷款的利率可能被定价为“基本利率以上两点”。这意味着如果贷款在结算时与10%的优惠利率挂钩，则建设贷款的利率将为12%。因为建设贷款的利率实际上是“浮动利率”，所以开发商支付的实际利息可能和最初预算或包含在贷款请求中的金

---

① 在协商申请微长期贷款时，虽然贷款在用来为一个项目融资时的许多文件和其他要求中冗余部分已经被去掉了，但本章中提到的大多数材料都是相关的。

② 对于一个需要很长时间才能完成并涉及许多供应商和承包商的大规模项目，所有权公司会经常发放资金，并确认自前一次发放至今没有对留置权提出的诉讼要求。

③ 在建设过程中产生的留置权可能会在开发商结算长期贷款或出售已完成项目时带来麻烦。

额大不相同。换句话说，开发商可能会在开发期间承担利率风险。建设贷款人也可能会收取贷款承诺费用。

### 16.5.6 关于过渡期贷款申请的补充信息

表16－1的B部分总结了过渡期贷款申请所需的一些补充信息，这些信息通常补充和更新了提供给长期贷款人的资料。假设开发商提供给长期贷款人的初步数据令人满意并且已获得一份长期替代放款承诺，那么开发商将提供这些补充信息。建设贷款人要求的大部分信息取决于长期贷款承诺中包含的条款和条件。因此，过渡期贷款人必须审查长期贷款或替代放款承诺、最终开发规划和A部分贷款申请中每个组成部分的最新信息。更进一步说，过渡期贷款人通常希望在结算建设贷款之前保证长期贷款人已经核查了所有这些最新信息。

### 16.5.7 结算过渡期贷款的要求

尽管本章的重点在于融资，但是表16－1中的C部分仍列出了开发商结算过渡期贷款的一般要求。总的来说，如果过渡期贷款人已经明确表示为建设贷款融资的意向，那么贷款人就会发出一份承诺函，其中包含了所有贷款结算所必需的要求和文件。

**转让承诺书**

如果开发商在为一个项目融资时取得了两份贷款承诺，那么开发商就同时与两个贷款人建立了合法债务关系，但是两个贷款人之间则不存在合法债务关系。要建立这样一种债务关系，建设贷款人可以要求借款人将其获得的替代放款承诺从长期贷款人那里转让给自己，这样当项目如期完工且满足所有或有事项时，建设贷款人就可以绕过开发商，直接从长期贷款人那里获得抵押资金。同样地，如果开发商与长期贷款人之间产生了分歧，建设贷款人通过获得的转让承诺可以直接强制长期贷款人执行承诺。承诺的转让也限制了开发商在建设过程中终止现有长期贷款承诺转让而寻求其他长期贷款的能力。

**三方买卖协议**

除了转让替代放款承诺之外，开发商、建设贷款人和长期贷款人还可以签订一个更加正式的协议，其中：（1）长期贷款承诺的贷款人同意在项目完工当天且满足所有或有事项的前提下，直接向建设贷款人购买全部建设贷款；并且（2）两个贷款人对于各自承担的任务和职责取得共识。这一正式协议被称为三方买卖协议（triparty buy-sell agreement），其内容超越了转让替代放款承诺的范围，规定了长期贷款人将（1）通知建设贷款人替代放款承诺已经完全生效；（2）表明在建设贷款结算之前是否所有必要的计划和文件都已被审核和批准；（3）如果开发商违背了贷款承诺，长期贷款人将通知建设贷款人这一情况并告知纠正这一问题所需的时间。

这种协议的目的是要建立借款人、长期贷款人和建设贷款人三者之间的法律责任，从而使两个贷款人都能更好地了解开发商的工程进度与结算长期贷款时的潜在问题。同时，通过这种方式，长期贷款人也能对以约定的利率和其他条款发放长期贷款拥有更多信心。否则，当长期贷款人做出替代放款承诺时，仍然存在这样的问题：开发商是否有强制性义务去结算长期贷款？实际上，如果开发商能够得到另一笔条件更加优越的贷款，它可能会选择放弃承诺费用并与新贷款人进行结算。在这种情况下，由于新贷款也可以被用于偿还建设贷款，因此最初的贷款人可能不会反对这一交易。但是，通过签订一个三方买卖协议，建设贷款人不会同意接受来自任何渠道的非最初长期贷款人提供的资金。

### 16.5.8 长期贷款的结算

在项目完工和租赁阶段结束后，如果项目满足了替代放款承诺中列示的所有或有事项，那么长期贷款就可以进行结算，而建设贷款就被“取出”或者用来自长期贷款人的资金偿还了。从这时起，借款人开始收取租金并逐月偿还抵押贷款。表 16－1 中的 D 部分列出了长期贷款结算的一般要求。需要注意的是，即使长期贷款人已经做出了替代放款承诺或长期贷款承诺，这一承诺还是需要到贷款准备结算时或项目竣工后才能得以生效履行。因此，长期贷款人将对施工项目进行评估，确认是否所有建设施工和建筑材料、租赁等方面的实际情况都与最初取得长期融资承诺时开发商的保证相同。进一步说，长期贷款人将确定在长期贷款结算时是否所有的或有事项都得到了满足。

近期，房地产融资领域出现了一种趋势：在所有或有事项都已满足、长期贷款已经结算、项目已进入正常经营状态后，限制借款人的债务。这可以通过在长期抵押贷款合同中加入一项免责或无追索权条款（exculpation or nonrecourse clause）来实现。实质上，这一条款是通过限制借款人在不履行责任的情况下，贷款人对房地产出售收入的主张权来限制借款人的赔偿责任的。由于这样做部分或全部地解除了开发商的个人责任，因此它可能削弱了贷款人在违约或止赎时弥补损失的能力。开发商和贷款人应该就这一点进行认真协商。从贷款人的角度来看，债务限制会使贷款人在提供资金时将更多的重点放在对房地产质量的考察上，因为房地产产生的收入必须用于支付贷款，而当房地产发生财务问题时，其价值必须足够高才能保证偿还贷款余额。

如果长期贷款合同中没有包括免责条款，长期贷款人会希望仔细确认自承诺生效日起借款人的财务状况没有发生实质性的变化。没有人愿意为一个濒临破产的开发商提供贷款。而这种“实质性变化”的确认本身也是一个棘手的问题，因为过渡期贷款人和长期贷款人双方对用于确定什么是实质性变化的标准可能不同，长期贷款人可能会因此拒绝结算贷款。在某些情况下，考虑到将来可能会产生的问题，过渡期贷款人或长期贷款人会在一开始时就要求开发商出具信用证明或通过第三方担保等信用改善措施提升其信用水平。

## 16.6 项目开发举例

### 16.6.1 项目描述和项目成本

下面将介绍一个开发高档购物中心的项目案例——罗林梅多斯中心（Rolling Meadows Center）项目。该购物中心坐落于一个收入水平较高的居民区中，由南福克开发有限公司（Southfork Development Co.）承建。南福克公司计划进行开发，然后拥有并经营罗林梅多斯中心很长一段时间。它计划同时使用过渡期贷款和长期贷款两种融资方式，并与西塔德（Citadel）人寿保险公司进行接触并申请了长期贷款融资。如果南福克公司计划在建设完成和租赁完毕后出售该购物中心，那么它可以寻求一笔微长期贷款。在任何一种情况下，大部分融资分析和接下来的或有事项都是适用的。表 16－2 列示了该项目的用地面积、容积率、停车位配建情况以及预期建设贷款和长期贷款融资额的细目分类。此外，它还包含了建筑覆盖率、停车场以及开放区域的百分比分类情况。贷款人需要通过了解这些数据来明确该地块的项目建设密度和停泊场所是否满足条件。贷款人会特别注意建设项目的区域规划与内部交通流通量的优化。西塔德人寿保险公司将从历史项目的融资资料和行业统计数据中得到这个项目的可比数据。①

**表 16－2　　罗林梅多斯中心的项目情况描述**

| | |
|---|---|
| A. 地块及拟建改良工程 | |
| 地块面积 | 9.5 英亩 |
| 总建筑面积（*GBA*） | 120 000 平方英尺 |
| 总可出租面积（*GLA*） | 110 000 平方英尺 |
| 可出租面积百分比 | 91.67% |
| 容积率（开发区域） | 3.45 |
| 停车位指标 | 5 个/1 000 平方英尺（*GLA*） |
| 停车位 | 550 个 |
| B. 开发期 | 12 个月 |
| C. 场地规划 | |
| 建筑覆盖度 | 29% |
| 街头停车区 | 45% |
| 开放区域/景观 | 26% |
| 总计 | 100% |
| D. 贷款信息 | |
| 建设贷款 | |
| 贷款期限 | 12 个月 |
| 前 4 个月的建设贷款支取百分比 | 75% |
| 后几个月的建设贷款支取百分比 | 25% |
| 利率 | 12% |
| 建设贷款费用 | 2% |
| 长期贷款 | |
| 债务摊还期 | 25 年 |
| 贷款期限 | 10 年 |
| 利率 | 12% |
| 长期贷款费用 | 3% |
| E. 竣工后的预期持有期 | 5 年 |

① 一个很重要的数据来源是城市土地协会的《购物中心的美元和美分》。

表 16-3 将土地开发成本分解为土地购置成本、非土地成本、硬成本和软成本，并分别列示了各项成本在总成本中所占的比重以及每平方英尺总建筑面积的成本。

**表 16-3　　罗林梅多斯中心的成本信息总结表**

| | | 成本（美元） | 占总成本的比重（%） | 每平方英尺总建筑面积的成本（美元） |
|---|---|---|---|---|
| A. 土地与场地装修： | | | | |
| 土地取得与结算成本 | | 2 500 000 | 20.9 | 20.83 |
| 场地内/外装修成本： | | | | |
| 场外装修 | 250 000 | | | |
| 场内装修： | | | | |
| 挖土方与放坡 | 50 000 | | | |
| 污水排放/供水 | 150 000 | | | |
| 铺筑 | 200 000 | | | |
| 路石/人行道 | 100 000 | | | |
| 景观 | 100 000 | | | |
| 场内外总成本 | | 850 000 | 7.1 | 7.08 |
| B. 建设成本： | | | | |
| 硬成本： | | | | |
| 壳体结构 | 3 925 000 | | | |
| 暖通空调（HVAC） | 528 500 | | | |
| 电气设备 | 613 000 | | | |
| 卫生设备 | 221 580 | | | |
| 项目管理费用 | 300 250 | | | |
| 表面装修 | 1 400 600 | | | |
| 制图 | 66 570 | | | |
| 总硬成本 | | 7 055 500 | 58.9 | 58.80 |
| 软成本： | | | | |
| 建筑工程 | 147 000 | | | |
| 手续费与许可证费 | 24 300 | | | |
| 法律费用 | 26 900 | | | |
| 建设贷款利息 | 692 416 | | | |
| 建设贷款费用 | 180 028 | | | |
| 长期贷款费用 | 270 042 | | | |
| 租赁费用 | 45 300 | | | |

续前表

| | | 成本（美元） | 占总成本的比重（%） | 每平方英尺总建筑面积的成本（美元） |
|---|---|---|---|---|
| 直接管理费 | 160 000 | | | |
| 间接管理费 | 30 800 | | | |
| 总软成本 | | 1 576 787 | 13.2 | 13.14 |
| 项目总成本 | | 11 982 287 | 100.0 | 99.85 |
| 建设贷款要求： | | | | |
| 场内外装修成本 | | 850 000 | | |
| 总硬建设成本 | | 7 055 500 | | |
| 软成本 | | 403 500 | | |
| 需融资的总成本 | | 8 309 000 | | |
| 利息预测 | | 692 416 | | |
| 总贷款金额 | | 9 001 416 | | |
| 权益需求 | | 2 980 871 | | |
| 项目总成本 | | 11 982 287 | | |

贷款人根据购物中心的类型（如沿公路商业区购物中心、居民区购物中心、专卖店、地区商业区等），希望了解开发成本细目与最近在附近可比区域开发的区购物中心的成本细目是否相符。土地成本过高或相对于土地成本而言过低的硬成本，可能意味着在现行租金水平和施工质量不变的情况下，开发有足够零售空间的购物中心的总成本可能很难收回。类似地，公共区域（总建筑面积中除可租赁区域之外的部分）太大或太小都可能影响租赁建筑空间的能力，进而对盈利情况产生不利影响。正确的场地改建、密度、停车场、交通情况和规划设计是项目成功的关键。

很多时候，贷款人不会为土地购置成本或占评估价值一定比例的基础贷款提供资金支持。也就是说，贷款人往往更倾向于为建筑装修的成本提供贷款，并且希望开发商将土地作为资产的一部分。进一步说，贷款人通常要求得到对土地和所有利用建设贷款开展的装修工程的第一留置权。这是因为如果对项目价值的评估出现了错误，单纯以此为基础确定的贷款很可能会导致贷款人发放的贷款金额超过房地产的市场价值。例如，如果贷款人同意提供占项目价值80%的贷款，但评估价值（必须了解的是，评估价值是在项目的规划和设计阶段计算的）被过高估计，达到实际价值的130%，那么发放的贷款的金额将是实际价值的104%（=130%×80%）。进一步说，如果对未来的租赁水平过于乐观而导致对项目价值的过高估计，那么将导致开发商难以偿还抵押贷款。这显然会给寻找长期贷款人以解除建设贷款的开发商和过渡期贷款人带来麻烦。如前所述，替代放款承诺对租赁水平和租金水平有一定要求，而且它可能会要求项目的最终评估价值超出长期贷款金额一定比例。如果这些条件中的任何一条没有达到，过渡期贷款人和开发商都难以将替代放款承诺付诸实施。

我们并不是说贷款人从不在贷款申请阶段考虑评估价值。大部分贷款人都认为，申请的贷款额必须在评估价值中占据一定合理的比例。合理的比例通常意味着，如果项目的贷款价值比是80%，则贷款人会认为他预计需要的建筑装修成本和其他他愿意资助的开发成本之和应该也在80%的范围内。反过来说，资助的百分比意味着不在贷款范围内的土地成本以及其他成本占项目总价值的比例应该在20%的范围内。也就是说，贷款人希望开发商提供20%的权益资本。例如，如果装修成本估计占总价值的90%，而贷款人仍然只愿支付占总价值80%的资金，在这种情况下，并不是所有的装修都能得到资助。在这个例子中，考虑贷款-评估价值关系的另一种选择方式是，贷款人会更愿意提供所有装修成本和项目总价值的80%这两者中数额较低的贷款。

很多贷款人都不会为场外装修工程的贷款申请提供资金。因为该装修工程所在土地的所有权可能在别人手中。即使开发商拥有该土地的所有权，建设贷款人也很难在场外进行装修改建的土地上获得令人满意的留置权抵押。能否获得对场外装修成本的贷款，取决于贷款人对于项目完工时的估值将超出贷款总额多少的判断。

如果硬成本已经记录下来并且与项目开发的总体质量相当，那么大多数贷款人会为所有硬成本提供贷款支持。但不同的贷款人对于是否愿意资助软成本项目的意见难以达成一致，他们也许不愿意为与土地购置相关的费用、融资费用、规划和设计费用、许可费用和/或开发商要求作为项目成本一部分的任何营运费用提供资金。这是因为这些费用是服务费用或无形费用，如果房地产必须拍卖或出售来偿还建设贷款，这部分费用在违约或破产的情况下是难以收回的。硬成本是指有形的装修费用（例如，砖瓦和灰泥），被认为比起无形费用能得到更好的保障，虽然后者是十分必要的。但在大多数情况下，贷款请求中也包括了对建筑利息的估计。

### 建设贷款的申请

表16-3也包括了一个贷款申请的细目。注意，这一特定的贷款申请不含土地成本。此外，它没有要求对软成本进行融资。不过，南福克公司为一些场外装修工程申请了贷款融资。贷款总申请额为9 001 416美元，大约是项目总评估成本11 982 287美元的75%。此外，可以注意到表16-3的贷款申请中包含了建设期间的利息费用。这一情况在建设贷款中十分常见，因为在项目开发期间，项目本身不会产生任何租金或现金流入。因此，开发商通常被允许将利息作为额外的建设成本提出贷款申请。建设期间的利息费用是通过计算贷款人在12个月内为建设成本提供资金的每月支取额的利率来估计的。具体见表16-4。

**表16-4　　罗林梅多斯中心的贷款偿还计划表**　　单位：美元

| 月末 | 贷款支取 | | | 偿还 | | |
|---|---|---|---|---|---|---|
| | (a)<br>项目成本 | (b)<br>建设贷款利息 | (c)<br>贷款余额 | (d)<br>利息 | (e)<br>本金减少额 | (f)<br>期末贷款余额 |
| 0 | 0 | 0 | 0 | 0 | 0 | 0 |
| 1 | 1 557 938 | 0 | 1 557 938 | 0 | 0 | 1 557 938 |
| 2 | 1 557 938 | 15 579 | 3 131 454 | 15 579 | 0 | 3 131 454 |
| 3 | 1 557 938 | 31 315 | 4 720 706 | 31 315 | 0 | 4 720 706 |

续前表

| 月末 | 贷款支取 | | | 偿还 | | |
|---|---|---|---|---|---|---|
| | (a)<br>项目成本 | (b)<br>建设贷款利息 | (c)<br>贷款余额 | (d)<br>利息 | (e)<br>本金减少额 | (f)<br>期末贷款余额 |
| 4 | 1 557 938 | 47 207 | 6 325 851 | 47 207 | 0 | 6 325 851 |
| 5 | 259 656 | 63 259 | 6 648 766 | 63 259 | 0 | 6 648 766 |
| 6 | 259 656 | 66 488 | 6 974 910 | 66 488 | 0 | 6 974 910 |
| 7 | 259 656 | 69 749 | 7 304 315 | 69 749 | 0 | 7 304 315 |
| 8 | 259 656 | 73 043 | 7 637 014 | 73 043 | 0 | 7 637 014 |
| 9 | 259 656 | 76 370 | 7 973 041 | 76 370 | 0 | 7 973 041 |
| 10 | 259 656 | 79 730 | 8 312 427 | 79 730 | 0 | 8 312 427 |
| 11 | 259 656 | 83 124 | 8 655 208 | 83 124 | 0 | 8 655 208 |
| 12 | 259 656 | 86 552 | 9 001 416 | 86 552 | 9 001 416 | 0 |
| 总计 | 8 309 000 | 692 416 | | | | |

注意，在表 16－4 中的（a）列，可以通过确定直接成本（8 309 000 美元）的预期每月支取额来计算得出支取率。同时应注意到，估算的利息为 692 416 美元。这些利息是对显示在（c）列中的贷款余额以 12%除以 12 个月，即每月 1%的利率，计算得来的。利息支取额是基于每月未偿还贷款余额进行计算的，并作为建设成本支取额的一部分在每月末被支用。开发商每月向银行支付现金利息［（d）列］。然而，由于用于利息支付的资金也是借来的，因此这部分也将成贷款余额的一部分。同时，由于开发商每月偿还的只是贷款利息部分，因此不存在本金减少的情况。简言之，这个还款模式和前面章节中提到的只付利息贷款十分相似。读者可能记得，这些贷款并不要求贷款本金的摊还，因为偿还的仅仅是利息部分。我们还应当注意到（d）列中的利息支付正好完全由（b）列中的利息支取额弥补了。因此，最终结果就好像是，直到项目建设完成，在所有的贷款余额被清偿之前没有进行任何的贷款偿还行为。这和负摊还贷款很相似，其中贷款余额随着每月利息数额的累计而增加。

总的来说，表 16－4 显示了贷款余额将随着项目成本支取额和利息的不断积累而逐月增加。在 12 个月的期限结束时，最终的总余额 9 001 416 美元将和建设贷款总额相等。这一笔资金将由长期贷款人提供，从而使建设贷款人被取代。在大多数情况下，长期贷款承诺与过渡期贷款承诺的金额是相等的。

尽管开发商可能会非常仔细地估计成本，但由于工作的进度存在不确定性且利率可能会变化，实际的开发成本和利息会与估计金额有出入。因此，实际的利息支取模式很可能会偏离估计的模式。但一旦达到了 9 001 416 美元的贷款总额，建设贷款人就不会被要求提供更多的资金，而且长期贷款人也不会被要求提供比承诺金额更多的资金。如果开发商不愿意承担难以预料的利率变动风险和利息成本可能超支的风险，它可以通过购买利率互换来消除或至少降低这一风险。

如果开发商不愿意为消除利率风险而承担额外的成本，那么它就必须筹集到额外的资金（也许通过吸引更多的合伙人参与开发）或者寻找一个缺口融资贷款人或权益合伙人。如果因为原材料和劳动力成本超支、预期外利率变动①、一个由于市场疲软导致的比预想时间更长的出租期等情况导致实际成本高于估计成本，并且如果开发商未能找到其他权益来源（通过合伙形式或类似的安排）或一笔缺口融资，再如果过渡期贷款人又拒绝进行额外出资，那么开发商就将面临止赎。

贷款人和开发商通常也会用类似表 16－4 这样的贷款支取、偿还和利息支付表来作为财务控制的工具。它们可能用这一进度表与工程师们完成的实地勘察相结合，以确定每月末完成的实际工程总进度与未偿还的贷款余额能否相当。如果贷款人认为支取的贷款资金超过了实际施工的进度，那么在与多出金额部分相对应的建设工作完成前贷款人将不会允许贷款的进一步发放。注意，由于建设贷款人收取了 2%的贷款发放费用，因此与用来计算贷款利息的 12%的利率相比，贷款将产生大约 15.5%的收益率。该收益率是通过找到使得从第 1 个月到第 12 个月每月现金流出加上第 12 个月一次性付清现金流出的现值等于贷款结算时过渡期贷款人收取的贷款费用（180 028 美元）的折现率来计算得到的。

最后关于支取计划表的解释涉及贷款人对扣留金（holdbacks）的使用。通常而言，当项目开发商与不同的建筑承包商签订工程合同时，在全部工程合格完成前，开发商会把应付给承包商的每个阶段报酬扣留一定的比例（10%）。扣留金可以使开发商得到保证，确保工程已经按照规划和要求完成。当开发商对完成的工程满意时，就会把最后一笔扣留金支付给承包商。很多贷款人都了解扣留金的做法，因而他们会相应地扣留开发商申请的全部贷款中的一定比例（10%）。贷款人的扣留金是为了防止开发商支取款项的速度快于其必须向承包商支付价款的速度。表 16－4 中把扣留金考虑在内。然而，读者应该认识到实际中存在这一惯例，并且如果应用的话，在支取计划表中应该把扣留金考虑在内。

### 长期贷款的申请

在项目完工时，假定建设贷款中的所有条件和长期贷款融资承诺中所列的全部或有事项都得到了满足，那么西塔德人寿保险公司将会用长期贷款（permanent financing）替换原建设贷款。值得注意的是，如表 16－5 所示的长期贷款条款在项目施工开始前就已确定下来了。任何超过 9 001 416 美元的额外开发支出均应由开发商南福克公司承担。通过收取 3%的贷款发放费用，西塔德人寿保险公司会向南福克公司提供一笔期限为 10 年的抵押贷款。该抵押贷款是按 25 年期限分期摊还，利率为 12%，每月还款额为 94 805 美元。

**表 16－5　　长期贷款条件汇总**

| | |
|---|---|
| 贷款总额 | 9 001 416 美元 |
| 债务摊还期 | 25 年 |
| 贷款期限 | 10 年 |
| 利率 | 12.00% |

① 在使用浮动利率时，有些开发商会通过远期利率协议进行利率风险规避。

续前表

| | |
|---|---|
| 债务支付/月 | 94 805 美元 |
| 债务支付/年 | 1 137 661 美元 |
| 长期贷款费（3%） | 270 042 美元 |
| 长期贷款人的收益率 | 12.55% |

## 16.6.2 市场数据和租户组合

表 16－6 列示了罗林梅多斯中心预期的租户组合和租户可能占用空间的情况。对于一个居民区购物中心而言，多数贷款人可能希望能在开发前与至少一个食品连锁店和/或一般商店签订租赁协议。显然，如果开发前达成的租赁协议是有利的，那么开发商的贷款申请更容易成功。表中的其他数据是基于美国的平均经验数据和当地市场调研获得的平均值。应该强调的是，任何两个项目的租户组合都不必具备完全的可比性。然而过去的经验表明，某些类型的租户是不可能同时处于一个购物中心的（如汽车零部件店和珠宝店），而其他租户类型就可以相互兼容（如珠宝店和皮货店）。如果提交的申请报告表明对租户组合缺乏了解，则会显示出开发商的经验不足。进一步讲，租户的细目分类应该贴近现实——如果开发商预测有过多的"高端"零售商店（这些商店通常支付高额的租金），这就表明开发商过于乐观了。

除了表 16－6 中展示的数据外，开发商还必须提交关于该购物中心预期服务的贸易区域的更详细资料、其他购物中心的竞争分析以及能够证明另外一家购物中心的加入不会导致市场上零售业供大于求的证据。有关人口增长速度、年龄结构、居民家庭状况、收入水平、消费习惯等（未展示的）贸易区域额外信息也能够支持贷款的申请。这些数据的重要性再三强调都不过分。

**表 16－6　　购物中心市场调研数据（租户信息）**

| 分类 | 门店数量 | 租户占比*（%） | 可出租面积（*GLA*）（平方英尺） | *GLA* 占比（%） | 全国平均值（%） | 地区平均值（%） |
|---|---|---|---|---|---|---|
| 普通零售 | 1 | 3.57 | 4 950 | 4.50 | 5.60 | 5.20 |
| 食品 | 2 | 7.14 | 37 400 | 34.00 | 30.80 | 36.00 |
| 食品服务 | 1 | 3.57 | 8 800 | 8.00 | 8.80 | 7.00 |
| 服装 | 3 | 10.71 | 7 700 | 7.00 | 5.00 | 6.00 |
| 鞋 | 1 | 3.57 | 1 155 | 1.05 | 1.30 | 0.70 |
| 家具 | 1 | 3.57 | 1 100 | 1.00 | 2.60 | 2.30 |
| 家居用品 | 1 | 3.57 | 990 | 0.90 | 2.40 | 1.00 |
| 建筑材料 | 1 | 3.57 | 1 320 | 1.20 | 3.40 | 2.00 |
| 汽车 | 0 | 0 | 0 | 0 | 1.70 | 1.50 |
| 玩具 | 1 | 3.57 | 2 035 | 1.85 | 2.70 | 2.50 |
| 礼品 | 2 | 7.14 | 2 860 | 2.60 | 2.50 | 2.30 |

续前表

| 分类 | 门店数量 | 租户占比*（%） | 可出租面积（*GLA*）（平方英尺） | *GLA* 占比（%） | 全国平均值（%） | 地区平均值（%） |
|---|---|---|---|---|---|---|
| 珠宝与化妆品 | 1 | 3.57 | 1 650 | 1.50 | 0.70 | 2.00 |
| 酒 | 1 | 3.57 | 1 430 | 1.30 | 1.50 | 1.50 |
| 药品 | 1 | 3.57 | 9 900 | 9.00 | 8.50 | 8.00 |
| 其他零售 | 6 | 21.46 | 12 100 | 11.00 | 4.40 | 6.00 |
| 个人服务 | 2 | 7.14 | 8 910 | 8.10 | 6.50 | 7.00 |
| 娱乐 | 1 | 3.57 | 2 200 | 2.00 | 3.50 | 3.00 |
| 金融 | 1 | 3.57 | 3 300 | 3.00 | 4.10 | 3.00 |
| 办公 | 1 | 3.57 | 2 200 | 2.00 | 4.00 | 3.00 |
| 共计 | 28 | 100.00 | 110 000 | 100.00 | 100.00 | 100.00 |

* 四舍五入。

### 16.6.3 预计建设成本和现金流预测

向长期贷款人提交的资料中还应包括预计（估算）建设成本和净营业收入情况。表 16－7 列出了在建设期内由购置土地、场地装修、硬成本和软成本等带来的年支出估计值。开发期两年内的总贷款支取额是建立在总额 9 001 416 美元的贷款申请（包括利率）的基础上的，正是为此才需要寻找融资。注意，在贷款结算时，开发商需要从内部渠道获得 2 950 071 美元，用于缴纳购置土地和获得贷款的费用，另外还需要 30 800 美元来支付间接营运费用，两项加起来总共需要 2 980 871 美元。西塔德人寿保险公司将对南福克公司的财务报表（未展示）进行审查，以判断其是否有能力从内部渠道提供这笔资金。

**表 16－7　　预计现金流量表——建设期**　　单位：美元

| | 每年支取额 | | |
|---|---|---|---|
| | (0) | (1) | 总计 |
| 土地购置和结算成本 | 2 500 000 | | 2 500 000 |
| 场地装修（场内/场外） | | 850 000 | 850 000 |
| 硬成本 | | 7 055 500 | 7 055 500 |
| 软成本 | | 434 300 | 434 300 |
| 　长期贷款费 | 270 042 | | 270 042 |
| 　建设贷款费 | 180 028 | | 180 028 |
| 　建设贷款利息 | | 692 416 | 692 416 |
| 总建设期现金流出 | 2 950 071 | 9 032 216 | 11 982 287 |
| 减：总支出 | 0 | 9 001 416 | 9 001 416 |
| 所需权益总额 | 2 950 071 | 30 800 | 2 980 871 |

表 16－8 详细展示了罗林梅多斯中心的经营状况预测表。租赁或营销的努力应该使得其在第 2 年实现 70％的出租率，并在后续年份中达到 95％的出租率。南福克公司评估每平方英尺可出租面积的基本租金为 15 美元，并且随着消费物价指数的调整，相应地以平均每年 6％的速度上涨（租期预计为 1 至 5 年不等）。超额租金条款还规定租户每月将总销售额超过基本销售额以外部分的 5％支付给出租方。① 在零售业务中，租金通常可分为两部分：一部分是每平方英尺的最低租金，另一部分是百分比租金（percentage rent）。开发商通常收取百分比租金，这是租户的销售量在超过预定的分界点之后对租户销售额收取的一定百分比。只要租户的销售额低于分界点，房地产所有人就只收取最低租金；当租户销售收入超过了分界点，则租户将针对超出部分按一定比例比缴纳百分比租金，并与最低租金相加，从而增加了总租金数额。这样，如果该购物中心经营效果理想，所有人就可从租户创造的增长收益中获得分成。表 16－8 展示了罗林梅多斯中心所有租户的预计百分比租金。

**表 16－8　　　　预计现金流量表——经营期**

| 现金流（年末） | (2) | (3) | (4) | (5) | (6) |
|---|---|---|---|---|---|
| 收入（美元）： | | | | | |
| 最低租金 | 1 650 000 | 1 749 000 | 1 853 940 | 1 965 176 | 2 083 087 |
| 超额租金（总销售额的 5％） | 30 000 | 124 800 | 129 792 | 134 984 | 140 383 |
| 承租人补偿 | | | | | |
| 房地产税 | 137 500 | 143 000 | 148 720 | 154 669 | 160 856 |
| 公共区域维护 | 385 000 | 400 400 | 416 416 | 433 073 | 450 396 |
| 公共设施 | 367 500 | 382 200 | 397 488 | 413 388 | 429 923 |
| 保险费 | 33 000 | 34 320 | 35 693 | 37 121 | 38 605 |
| 潜在总收入 | 2 603 000 | 2 833 720 | 2 982 049 | 3 138 410 | 3 303 249 |
| 减去：空置补贴 | 780 900 | 141 686 | 149 102 | 156 920 | 165 162 |
| 预期总收入 | 1 822 100 | 2 692 034 | 2 832 947 | 2 981 490 | 3 138 087 |
| 费用（美元）： | | | | | |
| 管理费和租赁费 | 104 500 | 93 690 | 99 187 | 105 008 | 111 174 |
| 一般行政费 | 77 000 | 80 080 | 83 283 | 86 615 | 90 079 |
| 房地产税 | 137 500 | 143 000 | 148 720 | 154 669 | 160 856 |
| 公共区域维护 | 385 000 | 400 400 | 416 416 | 433 073 | 450 396 |
| 公用事业费 | 300 300 | 312 312 | 324 804 | 337 797 | 351 309 |
| 保险费 | 33 000 | 34 320 | 35 693 | 37 121 | 38 605 |
| 其他 | 27 500 | 28 600 | 29 744 | 30 934 | 32 171 |

① 在零售房地产租赁中经常会出现超额租金的情况。分界点通常等于承租人的基本租金数额（每平方英尺租金乘以可出租面积）除以所有人和承租人协商的百分比租金的结果。详见城市土地协会出版的 *Shopping Center Development Handbook Series*（Washington，DC）。

续前表

| 现金流（年末） | (2) | (3) | (4) | (5) | (6) |
|---|---|---|---|---|---|
| 费用总计 | 1 064 800 | 1 092 402 | 1 137 847 | 1 185 215 | 1 234 589 |
| 净营业收入 | 757 300 | 1 599 632 | 1 695 099 | 1 796 275 | 1 903 498 |
| 减去：债务支付 | 1 137 661 | 1 137 661 | 1 137 661 | 1 137 661 | 1 137 661 |
| 税前现金流 | −380 361 | 461 971 | 557 438 | 658 614 | 765 837 |
| 比率： | | | | | |
| 营运费用比率 | | 40.58% | 40.16% | 39.75% | 39.34% |
| 债务偿还能力比率 | | 1.41 | 1.49 | 1.58 | 1.67 |
| 无负担收益率 | | 13.35% | 14.15% | 14.99% | 15.89% |
| 权益收益率 | | 15.50% | 18.70% | 22.09% | 25.69% |
| 空置和欠租损失 | | 5.00% | 5.00% | 5.00% | 5.00% |
| 盈亏平衡占有率 | | 78.70% | 76.31% | 74.01% | 71.82% |

表 16-8 也包含了承租人补偿。这部分价款建立在业主与租户协商的基础上，代表了由租户负责支付的超过费用止付的营运费用（详见第 11 章关于写字楼建设中费用止付的讨论）。因此，基本租金、百分比租金以及由租户承担的超过预定费用止付的那部分共同构成了罗林梅多斯中心业主的总收入。

营运费用也列在表 16-8 中。这些费用是经营罗林梅多斯中心必须支付的实际费用。它们从租金、超额租金和承租人补偿中扣除。所有的租赁费用都是由租户承担的，保险和房地产税将直接转嫁给租户。租户还将支付公共区域维护费用（停车场、中心的流通空间等）和公用设施费用。公用事业费中还将增加额外的保险费，以备更换暖通空调设备。租户将向南福克公司支付这些费用作为补偿。反过来，南福克公司管理层将向第三方支付到期的任何费用。南福克公司还将自行承担房地产管理、租赁佣金以及无法向租户收回的综合行政费用。这些金额将从租金、超额租金和承租人补偿中扣除。预计将在第 2 年末签署足够数量的租约，以确保终止长期贷款。

特别注意表 16-8 底部的比率。这些比率是从预计“正常”运行的第 3 年的数据开始计算的，用于评估房地产的表现。长期贷款人将审查这些比率和其他比率，以确定它们是否处于可接受的范围内。我们必须再次强调，支持租金和超额租金的市场数据、来自可比购物中心管理部门的运营成本估算证据、租赁水平的合理预计以及零售市场租户愿意接受的租赁条款等，都对承销过程至关重要。

营运费用比率等于年度总营运费用除以有效总收入（*EGI*）。这个数字表示罗林梅多斯中心有效总收入的 40.58%要用于支付营运费用。相比之下，罗林梅多斯中心的债务偿还能力比率，即年净经营收入除以年偿债额为 1.41。这一比率说明该项目有能力偿还贷款。在总投资上获得的现金收益率应为正，且应大于抵押贷款利率。① 这个无负担收益率是用净经营收入除以项目总支出得到的。权益收益率是第二种衡量现金收益水平的指

① 预计项目总成本为 11 982 287 美元。将净营业收入除以总成本，即可得到 13.35%的总投资收益率。

标，它是通过将税前现金流收入除以总权益投入额计算得出的。这些收益率不包括房地产升值的因素。最后，盈亏平衡占有率接近一个项目的债务偿还和营运费用支付所需达到的最低入住水平。这一比率是用年度债务偿还额与营运费用之和除以潜在总收入计算得到的。显然，如果占有率可以达到95%，罗林梅多斯中心便可以轻松地偿还债务并支付营运费用。

假设长期贷款人做出了替代放款承诺，开发商将把贷款的实际承诺额纳入预计报表中，进而寻找建设贷款人提供资金支持。① 在此期间，为了获得过渡期贷款融资，开发商将对市场预测数据和开发成本进行更新完善，并提供更为详细的建设规划。但是在获得长期贷款融资后，所有关于项目设计、开发成本、开发前租赁协议等方面的变动，都需要向长期和过渡期贷款人提交审查。

## 16.7 其他问题——可行性、盈利性与风险水平

过渡期贷款人和长期贷款人的分析工作大多集中在预测报表和贷款申请文件中包含的市场数据上。这是因为，贷款人主要关心的是市场状况、租金水平和项目偿还贷款及支付相关费用的能力。南福克公司同样关注这些问题，然而它也有兴趣知道，作为一项投资而言，该项目税前和税后的经营业绩如何。同样，从风险评估的角度出发，它还需要了解预计报表中提供的估算结果对分析中不同假设的敏感程度。接下来介绍的是用于评估项目经营绩效的分析工具。在开发期间，随着市场数据、建设成本、利率等发生变化，可以在任何时候使用这些工具。它们还可用于在购置土地前确定应该为土地支付的最高价格。为了说明这些方法，我们将使用现有的预计数据并在敏感性分析中做出一些改变。

### 16.7.1 税前和税后盈利性

为了对罗林梅多斯中心的税前和税后盈利性进行评估，必须对项目经营期长度和房地产升值率做出更多的假设。我们假设项目完工5年后可以被成功出售。

根据表16-7和表16-8中的信息，表16-9总结了对项目开发期和经营期内的税前现金流（before-tax cash flow，*BTCF*）的估算。税前净现值（*NPV*）的估算考虑了所有现金流出，包括：贷款结算时的资产要求（购置土地和贷款费用）、在开发期内未获得融资的费用（间接营运费用）所需要的现金资产以及在第2年或租赁期间需要的现金。正的现金流入来自第3～6年的经营收入以及第6年出售房地产带来的现金流（所有数据都进行了四舍五入）。

当罗林梅多斯中心重新评估投资计划并决定不再拥有和经营这一房地产，而是出售给莫尼共同房地产顾问公司（Mony Mutual Reality Advisors）时，有关税前现金流的估算在表16-10中得以展示。莫尼共同房地产顾问公司是一家代表养老基金出资人购买项

---

① 实际的替代放款承诺中的附带条款可能会影响到这里提供的预计报表结果。现在制定的所有报表都是向长期贷款人提供的贷款申请的一部分。如果贷款人决定提供的资金额少于申请的总贷款额，或者坚持设立一个更高的租赁比率，那么这些变化就必须包括在这些情况向过渡期贷款人提供的信息中。

目并对项目进行管理的公司。可以看到，在南福克公司支付了出售费用并向西塔德人寿保险公司还清了抵押贷款后，它的税前现金流为 7 104 106 美元。假设未来 5 年内项目每年升值 6%，基于项目初始的总成本 11 982 287 美元（见表 16-7），可以计算得到项目的售价为 16 035 003 美元。

**表 16-9　　罗林梅多斯中心的盈利性分析**　　单位：美元

| | 税前现金流 | | | | | | |
|---|---|---|---|---|---|---|---|
| | 年 | | | | | | |
| | 0 | 1 | 2 | 3 | 4 | 5 | 6 |
| 权益 | −2 950 071 | −30 800 | | | | | |
| 税前现金流——经营 | | | −380 361 | 461 971 | 557 438 | 658 614 | 765 837 |
| 税前现金流——销售 | | | | | | | 7 104 160 |
| 税前现金流总计 | −2 950 071 | −30 800 | −380 361 | 461 971 | 557 438 | 658 614 | 7 869 997 |
| 税前内部收益率 | 21.33% | | | | | | |
| 税前净现值（21%） | 38 884 | | | | | | |
| | 应税收入 | | | | | | |
| | 年 | | | | | | |
| | 0 | 1 | 2 | 3 | 4 | 5 | 6 |
| 净营业收入 | | | 757 300 | 1 599 632 | 1 695 099 | 1 796 275 | 1 903 498 |
| 减： | | | | | | | |
| 利息 | | | 1 076 900 | 1 069 194 | 1 060 511 | 1 050 726 | 1 039 701 |
| 折旧： | | | | | | | |
| 资本改良 | | | 256 769 | 256 769 | 256 769 | 256 769 | 256 769 |
| 承租人改良 | | | 256 769 | 183 406 | 131 005 | 93 575 | 77 979 |
| 摊销： | | | | | | | |
| 租赁佣金 | | | 9 060 | 9 060 | 9 060 | 9 060 | 9 060 |
| 建设贷款费用 | | 180 028 | | | | | |
| 长期贷款费用 | | | 27 004 | 27 004 | 27 004 | 27 004 | 27 004 |
| 应税收入 | | −180 028 | −869 202 | 54 199 | 210 750 | 359 141 | 492 985 |
| 税收（税率为 28%） | | −50 408 | −243 377 | 15 176 | 59 010 | 100 559 | 138 036 |
| *BTCF* | −2 950 071 | −30 800 | −380 361 | 461 971 | 557 438 | 658 614 | 7 869 997 |
| 减：普通税收 | 0 | −50 408 | −243 377 | 15 176 | 59 010 | 100 559 | 138 036 |
| 资本利得税 | | | | | | | 1 713 304 |
| *ATCF* | −2 950 071 | 19 608 | −136 984 | 446 795 | 498 428 | 558 055 | 6 018 657 |
| *ATIRR* | 17.79% | | | | | | |
| *ATNPV*（17%） | 96 077 | | | | | | |

从表 16－9 中我们可以根据第 1～6 年的所有预期税前现金流和所要求的 21%的税前利率进行贴现，估算出项目的税前净现值。这样就得到了正的净现值 38 884 美元。这个要求的 21%的收益率代表了超过抵押贷款利率 9%的风险溢价。鉴于罗林梅多斯中心项目的风险状况，南福克公司认为在收回所有项目费用后，这个收益率是比较令人满意的权益收益率。

表 16－9 还展示了南福克公司的税后内部收益率。为了得到开发期和经营期每年的税后净现金流，我们还需要其他信息以将所得税纳入考虑。

**表 16－10　　罗林梅多斯中心的销售情况**　　单位：美元

| | |
|---|---|
| | 税前现金流 |
| 销售价格 | 16 035 003 |
| 减： | |
| 销售费用 | 320 700 |
| 抵押贷款余额 | 8 610 143 |
| 销售税前现金流 | 7 104 160 |
| | 销售年所得 |
| 销售价格 | 16 035 003 |
| 减： | |
| 销售费用 | 320 700 |
| 调整基数 | 9 595 358 |
| 总销售收入 | 6 118 945 |
| | 税后现金流 |
| 销售税前现金流 | 7 104 160 |
| 减：所得税（税率为 28%） | 1 713 304 |
| 销售税后现金流 | 5 390 856 |

表 16－11 展示了我们评估应税收入所需要的不同项目费用的折旧和摊销的相关信息。其中 A 部分包括了一系列必须被折旧且作为改良工程的一部分被资本化的费用。由 B 部分我们可以看到，在总折旧费用中，有 90%是资本改良，因此可以按照直线折旧法在 31.5 年的时间内进行折旧。① 南福克公司预计这些支出中有 10%是承租人改良。承租人改良应该归为动产而不是房地产，因此这种类型的改良费用可以使用双倍余额递减折旧法在 7 年的折旧期内进行折旧。② C 部分展示了可以进行摊销的项目软成本。因为我们假定使用了两种贷款来对项目进行融资，因此需要根据不同贷款的相应期限分别摊销支付贷款费用。③ 最后，我们把租赁佣金进行了资本化，并在项目的平均租赁期内将其摊销。

---

① 折旧方法详见第 11 章。本例中使用的 31.5 年的折旧期仅为举例说明，而非根据税法而定。

② 双倍余额递减折旧法详见会计类书籍中的介绍，可以转换为直线折旧法，后文中有进一步介绍。

③ 假设长期贷款费用在贷款承诺取得时进行支付。但要在贷款成交 3 年后才开始对这一费用进行摊销。

要计算税后内部收益率，我们还需要知道出售当年的税后现金流。根据表 16－10，出售当年的税款（1 713 304 美元）等于预计净出售价格减去调整基数后乘以 28%的税率。正如第 11 章中我们讲过的那样，资本利得的税率可能比普通收入的税率低。但在本例中，我们假设普通收入和资本利得的税率相同。调整基数等于土地购置和所有的改良成本（11 982 287 美元）减去 7 年内折旧与摊销的总额。[①] 调整基数，即在计算收益所得税之前通过出售资产收回的成本，等于 9 595 358 美元。这样我们可以估算出税后现金流为 5 390 856 美元。

**表 16－11　罗林梅多斯中心的折旧和摊销　单位：美元**

| | | | |
|---|---|---|---|
| A. 折旧费用 | | | |
| 场地装修（场内/场外） | | 850 000 | |
| 硬成本 | | 7 055 500 | |
| 软成本 | | | |
| 建筑工程 | 147 000 | | |
| 准入费 | 24 300 | | |
| 法律费 | 26 900 | | |
| 建设利息 | 692 416 | | |
| 直接管理费 | 160 000 | | |
| 间接管理费 | 30 800 | | |
| 总软成本 | | 1 081 416 | |
| 总折旧成本 | | 8 986 916 | |
| | | | 折旧期 |
| B. 折旧日程 | | | |
| 资本改良（总体的 90%） | | 8 088 225 | 31.5 年 |
| 承租人改良（总体的 10%） | | 898 692 | 7 年 |
| | | 8 986 916 | |
| | | | 摊还期 |
| C. 摊销日程 | | | |
| 建设期贷款费用 | | 180 028 | 1 年 |
| 长期贷款费用 | | 270 042 | 10 年 |
| 租赁佣金 | | 45 300 | 5 年 |
| 总折旧/摊销费用 | | 9 482 287 | |
| 加：土地 | | 2 500 000 | |
| 总项目成本 | | 11 982 287 | |

① 在 1986 年《税收改革法案》颁布之前，资本利得税和普通收入税是不同的。建设贷款利息、资本利得税以及其他费用的税收处理方式是十分不同的。因此，改良工程的利息、税收、费用等被资本化处理，销售期的未摊销余额通常要么被作为普通费用支出进行抵扣，要么被转移增加至非折旧项目中。我们在开发项目分析中应当尤其注意房地产税的变化，因为对各种成本项目的税收处理方式会经常发生变化。

续前表

| 项目 | 6 年末调整基数 总成本 | 减：累计折旧/摊销 | 调整基数 |
|---|---|---|---|
| 土地 | 2 500 000 | 0 | 2 500 000 |
| 资本改良 | 8 088 225 | 1 283 845 | 6 804 379 |
| 承租人改良 | 898 692 | 742 734 | 155 958 |
| 长期贷款费用 | 270 042 | 135 021 | 135 021 |
| 租赁佣金 | 45 300 | 45 300 | 0 |
| 建设贷款费用 | 180 028 | 180 028 | 0 |
| 总计 | 11 982 287 | 2 386 928 | 9 595 358 |

通过将贷款结算时的资金要求定为等于每一年度和销售年度的税后现金流，并计算出使得税后净现值等于零的利率，从而可以得到表 16－9 中所示的税后内部收益率。注意，尽管第 1 年的税前现金流为负，但是由于贷款费用有税收抵免作用，当年的税后现金流仍然为正。这些税收抵免导致了净亏损，或者是对南福克公司当年获得的任何其他收益的抵销。因此，它们具有减少纳税额、节省现金流和冲抵税前现金流的作用。我们假定税率为 28%[①]，由此计算出税款和税后现金流，并用税后现金流来确定税后内部收益率。罗林梅多斯中心的税后内部收益率为 17.79%。注意，此处的税后内部收益率并不等于表 16－9 中的税前内部收益率与 1 减去税率的乘积，即 21.33%×(1－0.28)＝15.36%，这是因为承租人改良费用的摊销率高于房地产在 31.5 年内的直线折旧率。使用 17%的税后贴现率，我们可以计算得到税后净现值为 96 077 美元。

## 16.7.2 敏感性分析、风险与可行性分析

根据前文的分析我们可以得出结论：如果南福克公司可以接受 21%的税前权益收益率，并认为这个收益率足以进行罗林梅多斯中心项目的开发，那么它会得到一个正的净现值。这意味着考虑了预计的建设成本、市场租金、各种费用和房地产价值升值率后，证明 2 500 000 美元的土地购置价格是合理的。这时我们可以思考一个有趣的问题：假设每平方英尺市场租金变成 12 美元而非 15 美元，在其他假设（空间大小、建设成本、利率、升值率和营运费用等）都不变的情况下，该项目是否仍然可行？或者说是否仍然可以抵偿全部成本并给开发商带来有竞争力的资本收益率？

我们可以通过图 16－2 对这一问题进行研究。该图展示了税前净现值（纵轴）和每平方英尺可出租面积的市场租金（横轴）之间的关系。注意，在我们的分析中，假设每平方英尺平均租金为 15 美元，税前净现值稍高于零（折现率保持 21%不变）。而如果其他假设不变，每平方英尺的平均租金变为 12 美元，那么很显然，净现值就变为了负值。此时，南福克公司将不会对该开发项目感兴趣。如果开发商已取得两份贷款承诺，项目继续施工，而在租赁阶段市场租金由每平方英尺 15 美元降到了 12 美元，那么这个分析

① 我们假设南福克公司是一家独资企业或是以普通税率课税的合伙企业。我们还假设南福克公司的所有人还有其他被动收入，这些被动收入可用来抵销这个项目产生的消极损失（关于消极收入的讨论请参阅第 11 章）。

更为关键的一面就变得清楚了。这时，南福克公司可能面临一个负的净现值，且需要对开发承担义务。如果这时它无法提供更多的资本或找到新的投资者来为其提供资金支持，那么它将无法承担项目的开支和债务偿付。此时，过渡期贷款人可能面临这样的局面：因为开发商无法满足租赁条件，长期贷款人可能会拒绝履行替代放款承诺。过渡期贷款人就不得不就过渡期贷款的条件与开发商进行协商（有时称为私下债务谈判），或者可能止赎。由此我们可以看到市场条件的变化是怎样影响项目风险的。

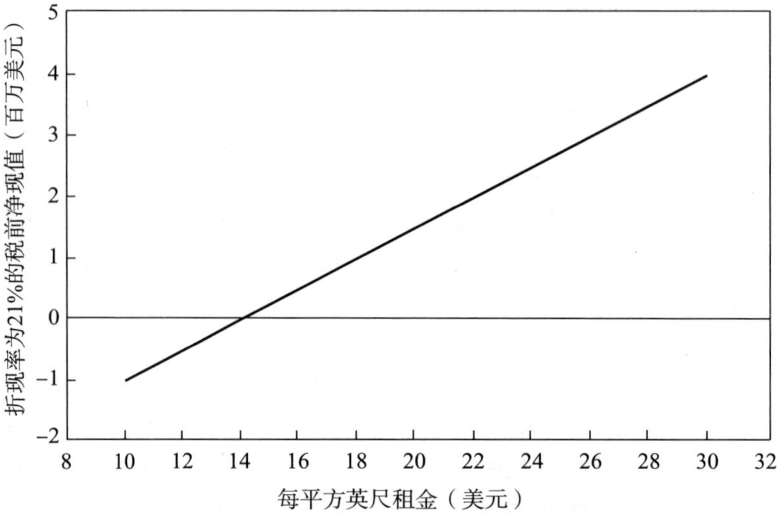


**图 16-2　罗林梅多斯中心的税前净现值和租金**

**Web App**

建设贷款可从包括大多数商业银行在内的各种各样的贷款机构处获得。有许多为开展建设贷款业务的贷款人提供信息的网站。使用搜索引擎找到一个有当前建设贷款利率相关信息的网站。总结当前的利率是什么样的，以及获取尽可能多的关于贷款结构的信息。

我们还需要考虑一个重要问题（见图 16-3），即税前净现值（纵轴）与土地成本（横轴）的关系。我们之前假设土地购置价格为 2 500 000 美元，则可以得到一个稍大于零的净现值。现在我们假设，如果南福克公司对形势过于乐观，出资 3 000 000 美元购买该土地，那么由示意图我们可以看到，净现值将是负的（同样假设折现率为 21%而其他条件保持不变）。如果能以低于 2 500 000 美元的价格购买土地，那么净现值将更加有利。由此，我们可以看到敏感性分析的价值。[①] 这种方法也被称为可行性分析（feasibility analysis），它可以确定在现行市场租金、土地价格以及建设和融资费用的条件下，一个项目是否具有商业上的可行性。

① 可以改变其他变量（比如建设费用、利息费用、经营费用等）来进行同样的分析，以评估其对税前净现值的可能影响。

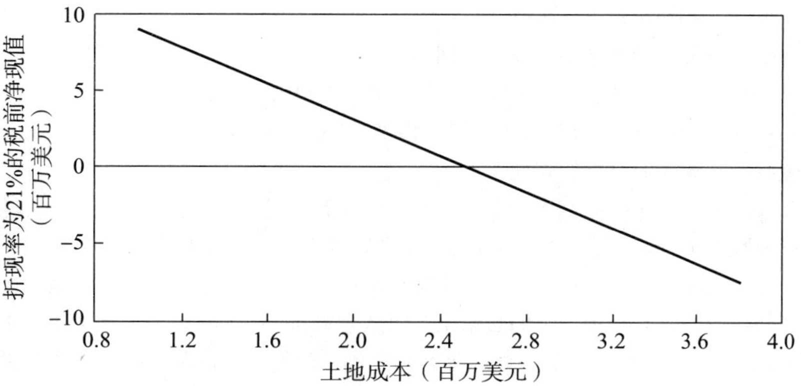


**图 16-3　罗林梅多斯中心的税前净现值和土地成本**

# 总　结

本章讲述了开发收益性房地产的融资问题。收益性房地产包括公寓、写字楼、仓库以及购物中心等。除了我们在前几章讨论过的现有项目上的风险以外，项目开发中还要承担很多其他风险。我们看到，这类项目的开发商面临着不断变化的国家和地区经济环境、来自其他开发项目的竞争压力以及租户易变的地域偏好等问题，这些都将影响收益性房地产的开发和经营效益。所有这些因素综合起来，将影响开发商购置土地、建造建筑、向租户出租并获得足够收入来支付营运费用和建设贷款以及长期抵押贷款的能力。本章阐述了建设贷款的技术性细节，这与我们之前深入讨论过的长期贷款有所不同，因为建设贷款在整个建设期内还涉及了款项支取的问题。在下一章我们将对土地开发项目展开进一步讨论，将本章讲述的概念延伸到土地开发项目的开发和融资活动中去。

## 关键术语

| | | |
|---|---|---|
| 量体建造 | 建设贷款 | 或有事项 |
| 可行性分析 | 缺口融资 | 硬成本 |
| 扣留金 | 微长期贷款 | 逐月支取法 |
| 百分比租金 | 长期融资 | 成熟的房地产 |
| 软成本 | 备用承诺 | 三方买卖协议 |
| 免责（无追索权）条款 | 收购与开发贷款 | 投机性/无限制建设贷款 |

## 参考网站

www. uli. org——城市土地研究所的使命是在土地利用方面提供负责任的指引，以改善整个环境。该网站还提供关于当前行业内金融趋势的近期杂志。

www. bizloan. org——该网站提供关于项目开发使用的不同类型贷款的信息，包括术语表。

www. census. gov——美国人口普查局网站。

www. icsc. org——国际购物中心协会网站。

www. economy. com——一家经济数据提供商。

www. bls. gov——美国劳工部网站。

www. bea. gov——美国商务部经济发展局网站。

www. claritas. com——该网站提供人口统计和详细的人口普查数据。

www. axiometrics. com——一家为公寓领域提供基础房地产研究的公司，重点关注公开交易的房地产投资信托基金所持有的投资组合的表现。

www. econdata. net——该网站有大约 1 000 个社会经济数据源的链接，按主题和提供者进行排列，指向网络上最早的数据集合，以及它自己列出的 10 个查找区域经济数据的最佳站点。

www. economy. com/freelunch——免费经济数据的最佳来源。用户可以方便快捷地绘制和下载经济数据。穆迪经济网在亚洲、欧洲和美国的数据服务团队会更新 FreeLunch. com 的经济数据。

http：//finance. yahoo. com——雅虎财经为客户提供最新的财经资讯。该网站还提供共同基金、账单支付、银行、贷款、保险、退休计划和税收方面的信息。

## 问　题

1. 项目开发的风险来源有哪些？
2. 开发商遵循的开发策略有哪些？为什么开发商要遵循这些策略？
3. 怎样鉴别市场中不同的开发项目？
4. 描述一个典型房地产开发项目的建设和经营融资的全过程。说明寻找为项目开发提供资金的贷款人的程序，并说明为什么要遵循这样的模式。
5. 在长期贷款或替代放款承诺中通常能看到哪些或有事项？为什么使用这些条件？如果开发商没有满足这些条件会有什么后果？
6. 什么是备用承诺？什么时候、为什么使用这一承诺？
7. 什么是微长期贷款？什么时候、为什么使用这种贷款？
8. 第三方贷款人有时会为项目开发提供缺口融资。为什么要使用这一贷款方式？它是如何运作的？
9. 人们认为预售协议等同于替代放款承诺。如果开发商计划使用这种协议代替替代放款承诺，那么建设贷款人会关心什么问题？
10. 为什么长期贷款人通常不会向开发商提供建设贷款？建设贷款人会向开发商提供长期贷款吗？
11. 对建设贷款人的替代放款承诺转让与三方买卖协议有什么区别？如果在项目融资过程中不使用任何一种方法，那么各个贷款人之间的关系又是怎样的？
12. 使用收入法评估价值时建设贷款人最关心的问题是什么？为什么他们更愿意尽可能地使用成本估价法？在后一种情况下，如果开发商在对项目开发前已经拥有该土地 5 年，那么成本估价法仍然更为有效吗？为什么？
13. 在零售业租赁中超额租金是什么意思？如何计算？
14. 什么是敏感性分析？在房地产开发中应该如何使用这种分析方法？
15. 人们常说土地代表着“剩余”价值。这意味着不同地区的改良成本通常差别不大，但租金水平却可能差距很大。因此，土地价值反映了不同地区租金的变化（升或降）。你是否同意这种说法？
16. 为什么会有扣留金的惯例？它会涉及哪些当事人？它是怎么影响建设贷款的？

## 习　题

1. 复习概念框 16.2，开发商不会满足于 7.8%的成本投资收益率，因为犯错的边际成本太高。如果建设成本高于预期或者租金水平低于预期，那么项目就很可能难以实施。
   a. 预计项目的土地面积为 9 360 平方英尺，超过了区划要求，如果开发商打算每英亩增加 25 个单元，总共增加 250 个单元。这会如何影响项目的可行性？这一论证中应包含什么？为什么监管部门会关注建筑密度的增加？如果不关注，为什么？

b. 与（a）相反，假设开发商打算以每单元 83 000 美元的成本建造包括 240 个单元的豪华公寓综合建筑，那么每平方英尺的租金要多少才能保证 8%的总成本收益率呢？开发商需要考虑哪些风险因素？

2. Kuehner 开发公司的首席执行官刚与其市场部员工召开完会议。会上他得到一份关于一个拟议的新购物中心 Parker Road 广场的最新市场调研报告。调查表明，应该进行为期 1 年的项目建设，为期 5 年的经营活动，并在经营的第 5 年末出售该房地产。

Ⅰ. 建设阶段：

市场部的工作人员为该项目选定了一块面积为 12 英亩的土地，他们认为可以以 2 250 000 美元购得该土地。初始调查报告显示，该购物中心可支持 36.35%的容积率和 92.11%的可出租比率［也就是说，总建筑面积（*GBA*）为 190 000 平方英尺，而可出租面积（*GLA*）为 175 000 平方英尺］。

Kuehner 公司建设部主任向首席执行官保证，建设过程中的硬成本将保持在每平方英尺（*GLA*）54 美元，软成本（不包括利息和所有贷款费用）将保持在每平方英尺（*GBA*）4.50 美元。该部门决定以 750 000 美元的价格将所有土地改良工程项目转包出去。Shawmut 银行同意为该项目提供过渡期贷款。该银行将以 13%的年利率和两个百分点的贷款承诺费用为所有建设成本和改良工程提供融资。建设部估计，60%的总直接成本将在建设期前 6 个月内平均用完。Kuehner 公司打算向 Acme 保险公司申请利率为 12%、期限为 20 年的长期贷款融资，加上 2.5%的预付贷款费用和 10 年的要求还清贷款期。Kuehner 公司计划按月支付贷款。

a. Parker Road 广场的项目总成本是多少？（不包括贷款承诺费用和利息支付）总直接成本又是多少？

b. Parker Road 广场项目的利息支出是多少？Kuehner 公司总共需要借入多少资金（包括利息支出）？建设贷款人的收益率是多少？

c. 在建设阶段，每年的项目总成本是多少？每年必须投入多少权益资本？（Kuehner 公司将用权益资金支付贷款承诺费用。）

Ⅱ. 经营与最终出售阶段：

Kuehner 公司预计可使用如下方式对 Parker Road 广场进行出租：基本租金为每平方英尺（*GLA*）18.50 美元，对于超过每平方英尺（*GLA*）200 美元的销售收入收取 3%的超额租金。该公司预计，租金在租赁期间每年将增长 5%，承租人补偿金为每平方英尺（*GLA*）8 美元，且将以与租金增长同样的速度递增。Kuehner 公司计划在第 1 个经营年度中出租该购物中心的 70%。此后，每年的空置率平均约为 5%。空置损失应计算到全部总潜在收入中，这其中包括最低租金、百分比租金和承租人补偿金。经营第 1 年的销售额预计为每平方英尺（*GLA*）210 美元，每年以 6%的速度增长。第 1 年的营运费用为每平方英尺（*GLA*）14 美元，将以与租金的增长相同的速度递增。Kuehner 还将从全部总收入中额外支取 5%作为每年的管理费用。最终的出售价格预计为 18 400 000 美元，还将损失 2%的出售费用。下面两个进度表提供了该项目在此阶段的必要信息：（1）5 年经营期内 Parker Road 广场的总潜在收入；（2）该项目的摊销和折旧计划表。

d. 如果对 Parker Road 广场经营 5 年，Kuehner 公司可获得的税前和税后现金流为多少？（假设普通收入和资本利得的边际税率均为 28%。）5 年后出售该房地产时，公司可以得到的税前和税后现金流各是多少？

e. 假设公司要求的税前收益率为 16%，那么公司是否应该开发该项目？通过税前净现值和税后净现值数据证明你的观点。

**预计经营表——Parker Road 广场**　　单位：美元

| 现金流（年末） | 2 | 3 | 4 | 5 | 6 |
|---|---|---|---|---|---|
| 收入 | | | | | |
| 最低租金 | 3 237 500 | 3 399 375 | 3 569 344 | 3 747 811 | 3 935 201 |

续前表

| | | | | | |
|---|---|---|---|---|---|
| 超额租金（总销售的百分比） | 52 500 | 118 650 | 188 769 | 263 095 | 341 881 |
| 承租人补偿 | 1 400 000 | 1 470 000 | 1 543 500 | 1 620 675 | 1 701 709 |
| 潜在总收入 | 4 690 000 | 4 988 025 | 5 301 613 | 5 631 581 | 5 978 791 |

| 项目 | 摊还期限 |
|---|---|
| 建设贷款费用 | 1 年 |
| 长期贷款费用 | 10 年 |
| | 折旧期限 |
| 资本改良（占全部的 90%） | 31.5 年直线折旧法 |
| 承租人改良（占全部的 10%） | 7 年双倍余额递减法 |

3. 假设你是 Spain 房地产开发公司的财务顾问，得到了一份关于拟议中的 Timbercreek 写字楼项目的建设和市场调查报告，但还没做出最后决定。公司经理想知道，他应该花多少钱购置土地，并在该项目的生命周期内实现 16%的投资收益率。

   战略性报告认为，应该有 1 年的建设期和 5 年的经营期，之后出售该房地产。市场部人员认为 1.3 英亩的土地就足够了，因为初始的调查报告表明该土地可以建造的总可出租面积（*GLA*）为 26 520 平方英尺。总建筑面积（*GBA*）为 31 200 平方英尺，可出租比率达到 85%。市场部人员还保证，租赁价格可达每平方英尺 19 美元。建设部主管认为，总直接成本（不含利息和所有贷款费用）为 2 400 000 美元。

   该项目的建设贷款由第一大街银行提供。该银行将为该项目的全部建设成本、土地改建以及利息费用提供贷款支持，贷款年利率为 13%，再加上 1.5 个点的贷款发放费用。建设部门预计，直接成本的贷款将从结算后的第 1 个月开始、平均分 6 次支取。第 1 年末将从诚信公司获得长期贷款，贷款利率为 11.5%，预付贷款费用为 4%。该贷款的贷款期限为 5 年，并将在 25 年内分期付清。上述两笔贷款均不包括融资费用。Spain 公司将使用权益资本购置土地。

   Spain 公司预计，承租人补偿将为每平方英尺 3.25 美元，且在经营期第 1 年将达到 75%的出租率。此后，每年的空置率约为 5%。在租赁期内，租金、承租人补偿和营运费用预计将以每年 3%的速度增长。营运费用为每平方英尺 9.50 美元。我们将该项目第 6 年（经营期第 5 年）的净经营收入按照 9.5%的比率资本化，从而得到最终出售价格。该项目的出售费用为 4%。Spain 公司担心可能无法在支付了土地价款的同时实现 16%的税前权益收益率（记住，土地购置费用需要由公司权益资本进行支付）。

   为考察该项目的可行性：

   a. 估算建设贷款的支取进度表、利息支出和改良工程所需的贷款总额。计算项目总成本（包含各种费用）减去融资数额和改良工程所需的资本投入额的结果。

   b. 估算经营和出售过程中的现金流。

   c. 通过对（b）中的资本现金流入和流出进行贴现，计算项目净现值是正还是负。

   d. 这个例子中净现值是指什么？如果该土地的价格为 195 000 美元，那么该项目具有可行性吗？

4. **Excel.** 请参考网站上提供的 Excel 工作簿中的“Ch16 Const”。

   a. 如果在前 4 个月必须支取 90%的贷款额，在后 8 个月必须支取 10%的贷款额，那么贷款人和投资者可以得到的税后内部收益率是多少？

   b. 假设在前 4 个月支取 60%，在后 8 个月支取 40%，再次回答上面的问题。

# 第 17 章 土地开发项目融资

正如上一章所言，无论是对于贷款人还是投资者，房地产开发都是一个难以分析的复杂过程。本章将要讨论的是土地开发（land development）方面的问题，涉及土地购置，以进行设施的建造和地面部分的改建，然后将完工后的项目部分或全部销售给项目开发商；或者在住宅建设的情况下，销售给住房建筑商。我们在上一章介绍过，项目开发涉及对某一特定场地的收购，然后建造写字楼、购物中心或其他类型的房地产。本章将要说明的主要是土地的开发和融资活动。房地产开发中的许多因素都共存于这两种开发模式中，本章将不再赘述。通过阅读这两章的内容，你将对开发过程中的投资、融资活动有较为全面的了解。

在本章中，我们将深入研究土地开发的整体流程以及如何判定土地开发项目的可行性。我们将讨论如何构建开发贷款、如何确定支付和偿还条款以及如何进行盈利预测。在土地开发项目中制定贷款协议、确定还款计划和预估利息都是非常烦琐且复杂的过程。

## 17.1 土地开发项目的特点

在概括土地开发过程时，不妨把土地开发商看作一个带有一般开发概念的个体。然而，在实施开发前，必须有证据表明该项目是可行的，或者最终产品（独户住宅、写字楼、仓库等）的市场接受度可能很高。即使土地开发商可能是也可能不是最终产品的开发商，这一步也非常重要。换句话说，在土地开发阶段，开发商就必须预测和了解最终产品的需求度（该产品也可能是混合用途的土地开发，例如，这些开发的土地既可以出售给独户住宅建筑商，也可以出售给公寓开发商，和/或购物中心开发商）。最终产品的需求度显然影响了土地开发中对每个地点、地段或地块的需求。土地购置决定同时还要基于计划开发的未整修土地是否拥有足够大的可用面积以允许实施开发计划。虽然开发计划可能会由于总体开发理念的不同而有所不同，但所有的计划都包括对即将购置的土地进行细分或再划分。

在住宅土地开发过程中，通常要找到专门从事在郊区边缘地区认购毛地（未开发过的土地）和开发的公司。这些公司开发的土地主要供建造独户住宅或多户住宅使用，包括独户家庭单元、多户住宅公寓和住宅群等。根据对最终产品销售用途的市场再划分，土地开发商会购置土地，开发土地功能和交通线路，然后建造街道、路灯和其他地下设施（公用设施、排水系统、下水道等）。接下来，土地开发商会将开发后的土地细分为若干单块场地，销售给建筑商和项目开发商。如果邻近高速公路，那么土地开发商也可能自己保留部分土地以供将来出售。

需要强调的是，土地开发商和建筑商或项目开发商可能是也可能不是同一主体。土地开发商可能具备也可能不具备建造建筑和/或项目开发的经验和技能。由于其中具体技术和市场风险不同，这些职能也是不同的。然而，少数几家大公司可能同时涉足这两个领域。例如，当正在为低价住房开发住宅用地时，土地开发商可能还在从事一些“成片”的住宅建设。另外，当土地变得更加昂贵时，土地开发商通常会把土地卖给定制房屋的建筑商，很少或根本不再参与房屋建设。

在商务园区和工业园区项目开发中，土地开发商（前面章节已讨论过）可能会将购置的土地销售给项目开发商，但它们通常也会保留部分土地用于自己的项目开发。例如，一个主要的单个租户也许想要商务园区内一座建造好的建筑，此时，该园区的开发商就会为其量体建造（build to suit）一座合适的建筑并签订长期租约。另外，开发商也可以选择在一块土地上建造一座建筑，然后以全包（turnkey basis）方式出售给租户。在商业和工业园区的开发中，土地开发商也可以用投机的方式进行一些建筑改造以吸引其他租户入驻。然而，只要其他项目开发商遵守所要求的开发规定，那么土地开发商很乐意将园区内的土地出售给这些项目开发商。这些开发规定通常包括所建造建筑的质量、维护和景观等。这些规定通常会在商业园区业主协会运作的协议中被具体列为其中的条款或规定为契约限制。

关于土地开发的另一发现是，这也是一个高度细化、本地化而且竞争激烈的行业。许多土地开发公司通常存在于一个特定的城市市场中。它们进入市场，通过接触土地所有者或土地经纪人并获取可供销售的土地信息，从而购置毛地。然后，这些土地开发商委托专门顾问进行市场研究，评估可能开发的最终产品的市场需求以及每种产品的售价范围。接下来，开发商会完成初步的土地开发规划，估算开发成本，并分析能否从土地购买与开发中盈利。这一过程通常被称为可行性研究（feasibility study）。需要强调的是，在很多情况下，开发商是一个土地开发过程的促进者，而不是承担开发过程中所有必需职能的公司。因此，完成一项土地开发项目所必需的很多工作都是交由咨询公司（土地规划师、土木工程师以及景观设计师）和承包商（道路和公用设施建筑公司）来完成的。在这种情况下，开发商拥有土地，筹集必要资金，提出总体开发规划，但可能不会聘用任何人员来直接参与建设或设计方面的工作。开发商还需要同政府部门的人员进行联系，来获取各种各样必要的项目许可证书，并在必要的时候更改城市区域规划，最后把各块土地销售给项目开发商和/或建筑商。

## 17.2 土地开发过程——概述

表 17-1 概述了土地开发过程的各阶段需要进行的活动。一般来说，整个开发过程在土地经纪人代表待售土地所有者与开发商进行接洽时就开始了。在这个时候（第1阶段），开发商会对地块情况、市场行情、可能如何开发一块土地以及需要多少成本展开初步的调查研究。如果开发商确信交易有利可图，它们通常会与土地所有者就期权合约（option agreement）进行谈判。这个期权通常指开发商享有在未来某日按照约定价格购买该地块的权利（而没有义务）。开发商通常要向土地所有者支付期权费用。如果开发商行使该期权购买了土地，那么通常会从土地购买价格中扣除期权价款；如果到期时开发商决定不购买该土地，那么土地所有者可以扣留开发商所支付的期权价款。

**表 17-1 土地开发过程**

| 第 1 阶段<br>通过土地经纪人初步接触 | 第 2 阶段<br>选择阶段 | 第 3 阶段<br>开发阶段 | 第 4 阶段<br>销售阶段 |
|---|---|---|---|
| ·实地考察 | ·地质工程研究 | ·购买土地 | ·实施市场销售计划 |
| ·初步市场调查 | ·可行性研究，估价和设计策略 | ·结算土地开发贷款 | ·与建筑商进一步协调 |
| | | ·开始建设工程 | |
| ·初步成本估算 | ·与合同方竞价和/或谈判 | ·执行财务控制 | ·与建筑商一起实施设计控制 |
| | ·提交规划书申请公共部门批准，提交融资计划 | ·与承包商、咨询人员、公共部门协调 | ·实施设施管理和/或开始建立业主协会 |

### 17.2.1 土地的购置——利用期权合约

由于在做出最终的土地购买决策之前一般都要花一定的时间完成各种各样的准备工作，开发商通常会就一份期权合约进行协商。表 17-1 中的第 2 阶段罗列了部分需要完成的工作。一方面，由于开发商最终购买土地的决定取决于从准备工作中获得的信息，这种决定显然不可能立即做出。因此，开发商更愿意以期权的方式，用最低的成本，获得可以保证这些工作顺利完成的最长准备时间。进一步说，开发商在开展是否购买土地相关的研究工作时需要支付相应费用，因此其希望能保证在这个阶段土地不会被卖给别人。另一方面，如果土地所有者希望尽快卖掉土地，那么他们会争取一个价格尽可能高而期限尽可能短的期权。期权合约为开发商提供了开展研究工作的时间，同时也限制了土地所有者在合约到期日之前出售土地。[①] 所以，在该阶段，土地所有者不能确保开发商能践行购买约定，他也可能放弃出售土地的机会。期权期限可以很短（如对于小型住宅土地的开发，1 个月就足够了），也可能长达 3 年或者更久（如区域性购物中心的开发）。[②]

考虑到开发商以一定的成本获得了有适当时间限制的期权，那么有些重要的工作就必须在期权到期之前完成，因为那时开发商就必须做出是否购买的最后决定了。开发商必须事先仔细研究该土地，测定需要对多大的地表面积进行挖掘和整修工作以及需要耗费多少成本。这类决策需要根据地形、排水特征、土壤条件和地表下岩层特点等方面的因素进行判断。需要进行市场调查以估算市场对特定规模的土地组合的需求（概念框 17.1 给出了一个初步可行性研究的例子）。在竞争地区，进入市场的土地供应状况也要列入考虑范围。必须估算项目竣工后的价值，以确定该项目能否盈利，也就是说，该项目的市场价值能否大于土地成本与所有建设成本、利息和销售费用之和。建设成本需要依据承包商、工程公司和土地规划商的投标价格进行估算。此类估算必须建立在预期的土地开发规划基础上，这一规划可能会经反复修订，从而（1）符合满足市场需求的总体发展理念；（2）获得各个公共部门（市政部门、规划委员会、市议会等）的批准。然后所有工作的成果都必须进行整理并用于提交贷款申请。如果没有贷款人——负责提供购买土地和建设工程所需的大部分资金——的批准，那么项目就不可能继续下去（概念框 17.2 提供了有关土地用途规划的基本信息，以及与公共部门沟通时使用的一些术语和概念）。

到此，表 17－1 中第 2 阶段所描述过程的一个方面应该已经比较清楚了。开发商完成所有这些工作所需要的反应时间是非常关键的，这通常还要求其他相关公司也按照开发商的时间表做出承诺。如果开发商不能及时获得公共部门的许可或不能及时找到愿意出资的贷款人，那么开发商就可能损失期权费和第 2 阶段涉及的所有准备活动费用。如果期权到期时尚不能确定能否获得官方许可和贷款承诺，那么开发商通常会与土地所有者协商延期事宜。如果协商失败，开发商可能不得不向合伙人募集资金以购买土地，同时期望能在期权到期和购置土地后尽快取得许可和贷款。显而易见，这种行为的风险很大，因为土地已经购得，而融资和许可可能要耽搁很长时间才能获得。在这一期间，市场状况和成本也可能发生变动，从而增加了土地开发的风险。

---

① 由于期权合约中应该包括所有出售条款，因此很多情况下人们会使用土地购买合约而不是期权合约。合约生效日期就是期权的到期日期。土地购买合约中所有的条款、条件、附带责任等，都应该在合约执行前由双方协商确定。这种操作方法能够避免买卖双方使用期权合约可能造成的合约上的模糊性。

② 带有转让条款的期权在土地投机交易中也经常使用。在这种情况下，有远见的购买者从土地所有者处获得一个期权，但他并不打算真正购买（虽然他可能不会向土地所有者提及这点）。期权所有者希望在期权到期前找到另一个愿意以高于期权执行价的价格购买土地的买方。如果成功的话，他将从中获益。如果找不到合适的买方，那么他将损失期权费。这种做法被称为撤销合约（flipping a contract）。有时，拥有较长期限期权的开发商会获得预期外的收益。这种收益通常是发生在开发商做出可行性分析后发现土地已经升值的时候。此时，其可能会在期权到期前联系一个土地经纪人或亲自找到买方，或者与土地所有者协商延长期权期限。某些时候，土地所有者在将期权出售给开发商后，得到了一份出价更高的合约。在这种情况下，如果新买方希望在期权到期之前完成交易，土地所有者可以尝试从开发商手中回购期权，并希望新的买方和开发商不直接见面商谈。

**初步可行性研究——土地开发** **概念框 17.1**

Ⅰ. 土地自然特征

1. 目标：提供初步开发规划和财务分析，以确定一个大型住宅用地开发项目是否可以在遵守监管要求的基础上进行并能以足够高的市价出售，从而证明建设成本和土地购置成本是合理的。

2. 土地：20 英亩（871 200 平方英尺）

3. 要价：1 000 000 美元

4. 项目描述：非线性、曲线布局的独户住宅。

a. 区划下的最高密度和/或使用限制权：必须平均每英亩 4 个地块，开发的最小地块面积为 6 000 平方英尺；没有最大地块面积的限制。

b. 交通要求：道路/路权占土地面积的 15%。

c. 开放空间和/或空地：土地面积的 10%。保留池塘以使地表水流出。

d. 净开发面积：土地面积的 75%，即 653 400 平方英尺。

e. 建议地块组合/数量：80 块。

f. 按地段类型划分的建筑面积（包括所有的建筑红线）：类型一为 32 单位标准内装地块，每单位 6 000 平方英尺；类型二为 32 单位高级内装地块，每单位 8 000 平方英尺；类型三为 6 单位角落地块，每单位 12 837 平方英尺。

Ⅱ. 经济可行性

1. 基于市场调研的价格：

| | |
|---|---|
| 标准内装：100 000 美元 32 单位地块 | 3 200 000 美元 |
| 高级内装：120 000 美元 32 单位地块 | 3 840 000 美元 |
| 角落：130 000 美元 16 单位地块 | 2 080 000 美元 |
| 总销售收入 | 9 120 000 美元 |
| 2. 减：单位地块平均开发成本（包括所有的流通系统——道路、排水沟、下水道、公用设施）：70 025 美元 80 单位地块 | 5 602 000 美元 |
| 3. 减：土地要价 | 1 000 000 美元 |
| 4. 潜在总收入： | 2 518 000 美元 |
| 5. 减：管理、法律、销售、广告等费用（总收入的 12.5%） | 1 140 000 美元 |
| 6. 潜在净收益 | 1 378 000 美元 |

7. 总收入利润率：1 378 000/9 120 000＝15%

总成本利润率*：1 378 000/7 742 000＝18%（四舍五入）

8. 结论：项目似乎是可行的；然而，收入预测不包括融资、施工进度拖延以及土地开发完工的预计时间和出售率。

* 开发费用 5 602 000 美元 ＋土地费用 1 000 000 美元＋其他费用 1 140 000 美元＝7 742 000 美元。

### 17.2.2 融资与开发

假设土地开发商已经成功地完成了第 2 阶段的所有工作，接下来在第 3 阶段中就必须进行土地的购置和融资、公用设施建设、地面改良工程。如前所述，开发商通常作为推进者，从贷款人那里获得资金后，负责协调、控制和支付土地开发建设的费用。在为土地购置和开发进行融资时，开发商有许多种可供选择的方式，这里我们仅讨论其中最为常见的三种：

（1）开发商可以用现金购买土地。然后申请一笔贷款用于支付建设成本和利息费用。

（2）开发商可以通过只缴付首付款的方式购买土地。土地卖方通过从开发商处收回买价抵押贷款的方式对土地售价的全部或一部分提供融资。然后开发商将获得一笔只用于建设活动的贷款。土地卖方（抵押权人）同意将购房抵押贷款所代表的留置权从属于开发贷款，然后开发商在出售土地和偿还了开发贷款后对卖方的抵押贷款进行偿付。

（3）开发商通过支付首付款并获得一笔基于土地和改良工程评估价值一定百分比的贷款来购买土地。这些贷款资金用于付款给土地卖方和支付建设费用。

开发商采取何种购买方式要视土地市场行情及土地的购买价格而定。如果可开发土地的市场需求旺盛，那么卖方可能会要求现金，并且可能不愿接受“有条件”的或收回买价抵押贷款的方式出售土地。但此时，贷款人往往更愿意为改良工程费用和一部分土地购买价款提供资金。在市场需求不那么强烈时，土地卖方更愿意为部分土地售价提供融资，而鉴于市场中存在更多的不确定性因素，贷款人则会变得更加谨慎。①

无论采取怎样的融资方式购买土地，贷款人通常向开发商提供“分期付款”的贷款以进行土地改建，一般是按月支取，根据经过贷款人审核的工程完工进度进行发放。开发商通常采用开放式抵押作为贷款担保。这种贷款通常采用浮动利率。也就是说，贷款人一般会以高出基本贷款利率2%～3%的利率发放贷款。因此开发商承担了开发期间的利率变动风险。如前所述，为工程建设提供资金的贷款人将坚持要求获得对被开发土地的第一留置权和在各工程完工、资金已支付完毕后对它们的第一留置权。

土地开发贷款的偿还最终依赖于将开发好的土地细分出售给建筑商或其他开发商之后实现的销售收入。由于这种依赖关系，贷款人通常认为此类贷款的风险较高，因此他们必须准确地评估项目的风险和出售地块的速度，以确定这些贷款能否得到偿还。贷款人会仔细分析各种财务报表、评估报告和市场调研结果。此外，随着开发的不断进行，贷款人还必须每月定期检查开发工程的进展情况，确定相应的工作如实完成后再决定按照贷款承诺进行下一期资金的发放。

前面讲过，开发商最后要从每块土地的销售中获得资金，每获得一块土地的收入，都要将其中的一部分拿来偿还用于建设和/或购置土地的贷款。开发商与贷款人通常会共同商讨开发项目中各类地块售出后偿还的金额，这叫作豁免进度表（release schedule）。当开发商出售了一块土地并向一名或多名贷款人偿还一定数额的贷款时，开发商就获得了一个豁免证明。在证明中，贷款人放弃对被销售地块的所有留置权。然后完整的产权便由开发商转让给该地块的买方。贷款人利用这些豁免条款来监控开发贷款，以确保销售地块的收入能即时用于偿还贷款。在这期间，开发商还必须应对成本超计划支出、市

---

① 很难判断贷款人愿意给开发商提供的资金数额。如果开发商没有土地所有权但是正处于土地购置与开发过程中，同时贷款人相信土地价值将不会下降，那么贷款人很可能愿意为土地购置与开发提供资金。更进一步，如果开发商自有资本充足且个人对贷款负责的话，考虑到贷款背后的额外担保，贷款人可能更愿意预支贷款资金以获得土地。

场需求变化以及市场供给状况变化等风险。这些风险可能导致工程延期和运营成本（贷款利息、税收等）的上升。

在第 4 阶段，即最后一个阶段，为面向建筑商或项目开发商的宣传、促销和销售阶段。一般情况下，开发商会利用各种媒体（报纸、出版物等）向建筑商和开发商投放广告。这些建筑商和开发商会基于被开发土地的性质（住宅用地、办公园区等）建造建筑。

**房地产开发项目中使用的重要术语** **概念框 17.2**

**简介：土地区划与用途**

许多社区都采用由城市规划部门制订的土地使用计划（land use plan），这个计划考虑了社区所有部门的意见，包括居民、企业、非营利机构等。该计划大致确定了所有土地用途。这些土地用途通常包括工业、住宅、商业（零售、办公）和公共用地（公园、公共建筑）。然后将每个一般土地用途类别划分为更具体的分类。例如，住宅区划通常被细分为独户住宅（R-1）和具有特殊用途（生活辅助疗养等）的多户住宅(R-2)。在这些区划中，还可以再进一步细分（例如，R-2 多户住宅可以是高层建筑、带花园的无电梯公寓或中层建筑）。其中还包括有关楼层数量、电梯、每英亩最大公寓单元数、停车位配建比例（或每单元停车位数量）、地下/车库停车限额等要求。这些分类为土地使用规划提供了设计、规模、密度和交通流量方面的参考，并指定了个人居住的位置，以及寻求就业和业务活动、教育、公共和卫生服务的地方。每个一般土地用途分类（办公、零售、工业等）都详细列出了类似的子类别。这个一般土地使用规划通常每 5～10 年通过与社区各部门协商更新一次。

**土地开发中的重要术语**

在购买供开发用的土地时，各种“专业术语”和概念都很重要，必须理解透彻。这些术语被开发商、政府官员、建筑贷款机构和其他机构用来描述将要进行的开发类型。其中很多术语是非常基本的，用于确定诸如考虑了街道、公用设施、建筑红线等因素后一个地点可以开发多少块建筑用地这样的问题。必须要理解这些术语，因为它们可能会影响土地的价值。许多开发模式的组合也被认为是投资者能确定获得最有利结果的方式。为此，我们编制了一份非常基本的术语和定义清单，如下所示：

**平面图**——描绘一个开发项目中所有单个区域或地块以及街道位置的地图。它通常从一个草图发展成一个初步的概念图，然后发展成一个最终的或者说获批准的平面图。

**集合**——收购许多单块的土地并意图合并成一个单一的开发区域。

**密度**——是指在考虑了所需土地面积、建筑红线、流通量需求和湿地保护区/地役权（如果适用的话）后，在一片开发土地上单个可开发地点或者说用于开发的地块的数量。

**产出率**——通常是指拟开发的地块面积占土地总面积的百分比（平方英尺）。

**网格和矩形住宅开发**——通常是土地开发中最具成本-效益的土地开发方法，其中街道、道路等均匀布置成直线或网格状。这种方式的地面和基础设施成本通常低于曲线开发。然而，网格模式的交通被认为不如曲线模式的安全，并且也不像曲线模式那样美观。

**集群开发**——只要提供了足够的绿地或开放区域，就可以在一片土地上进行不均衡的开发。在开发时，整个项目中所有开发地块的每英亩平均密度必须符合区划要求。

**流通量施工要求**——道路宽度、路缘-切口-转弯半径、入口和出口、载荷/压力规格等都会由土地所在的管辖区规定。这些要求对于适应一般交通流量、消防和应急车辆的通行是必要的。在街道、道路等（从开发商到公共部门的道路维护转移等）投入使用之前必须满足施工规范要求。

**建成投用**——在土地开发中街道、道路、公园等的所有权从私人开发商转移给公共实体。在这一点上，排水系统、下水道、道路等的维修是市政的责任。为实现这些服务，政府会征收新开发项目的房地产税。

**排斥式区划**——由司法管辖区采用的条例导致某些结构/活动被明确排除在某一地区或土地开发之外。例如，排除独户住宅区的移动房屋。在某些情况下，排斥式区划可能是非法的。例如，如果要求的最小地块面积被认为大得不合理，以至于将低收入或少数族裔家庭排除在外时，这种类型的区划可能违反了歧视法，并被认为含有隐性歧视和排斥。

**包容式区划**——要求将“预留空间”用于低收入住房、零售用途、公共用途等，以此作为大型项目获得区划批准的条件。

**消极影响**——由于计划进行的土地开发会带来的消极影响，对其的许可会被否决。消极影响可能包括对其他房屋建筑有影响的排水不畅或污水排放不足等。

**可建造面积**——从给定土地总面积中除去所有区划要求、斜坡、湿地等面积之后，剩余可进行房屋建造的面积。

## 17.3 土地开发融资中贷款人的要求

尽管本章的重点在于土地开发项目的财务分析和可行性研究，但了解其中的融资过程和借贷双方的关系仍是很有必要的。总体上了解一下与开发过程相关的文件要求也可以帮助读者理解项目融资和开发过程中所产生的债务性质和业绩要求。表 17-2 简要列举了向贷款人提交的土地开发贷款申请的典型要求；申请被批准后贷款结算时的要求；结算完成后的最终承诺和融资附带条款。注意，这里展示的只是大概内容，每一个土地开发项目都还有各自不同的特殊要求。此外，在为项目寻求融资和结算贷款的过程中，贷款人还要提出一些其他问题，并要求开发商在申请期间提供额外的文件和证明资料（表 17-2 的部分内容是关于第 16 章所涉及的开发项目的土地组成部分的。为了免于重复而未在表 16-2 中列出）。

表 17-2 中列出的相关材料主要有：（1）第三方（如承包商和建筑商）的执行能力；（2）公共部门出具的官方证明，确认拟开发土地的用途和密度符合城市区划和土地上公用设施的承受能力（贷款人不能仅依赖开发商提供此类信息，还必须有市政有关部门或县级地方机构提供的明确许可进行开发的证明）；（3）第三方承诺承担不可预见风险（如 B 类第 4 部分中列举的项目）的证明。如果开发商未取得以上任何一种书面证明，那么很显然这是对贷款人发出的一个信号，它表明还需要更多实际信息来支

持贷款申请。

表 17-2　　　　贷款申请和开发的一般要求——土地开发和成交

**A. 贷款申请应提交内容的一般要求——土地开发**

1. 项目信息。

(1) 项目描述——有关土地使用规划、天线架设、土壤测试报告、平面图、交通情况、生活福利设施、效果图、环境影响报告等的一切详细情况。

(2) 有关所有权边界线、地役权、公用设施界限的考察和法律描述。

(3) 建设工程的初步规划方案和规定。

(4) 项目成本明细。

(5) 可证明建筑师、设计师和总分包商身份的文件，包括银行证明和/或其他支持性材料，表明其具备完成项目的能力。

2. 市场和财务数据。

(1) 所申请贷款的条款：贷款金额、利率、到期日、拟议的豁免进度表（本章后面的内容将有所涉及）。

(2) 借款人的财务状况（包括银行证明）与开发背景。

(3) 可行性研究，包括市场比较、估价、预测经营报表（本章后面的内容将有所涉及）、销售价格预算表。

(4) 预计贷款结算日期。

3. 政府和管制信息。

(1) 城市区划状况：目前的区划状况以及开发前任何区划变更信息的披露。

(2) 从价税：任何纳税方式即将发生的变动、必要的重新估价以及目前的缴税状况。

4. 法律文件。

(1) 法律文件包括法人执照、合伙企业协议（在有关申请贷款实体以及贷款责任的承担人方面不能有任何模糊之处）。

(2) 土地成本状况证明和所有权证明（产权契据）或由期权或购买协议证明的即将获得的所有权。

(3) 有关土地使用方面的任何契约限制或限制性条款的详细情况。

(4) 从属协议：在使用卖方融资或债务融资的方式来购置土地的情况下，应该有证据表明这些当事人愿意使自己的留置权效力从属于提供开发贷款的贷款人；如果土地抵押贷款将从被申请的开发贷款预付款中偿还，那么应该规定具体的数额，并且所获得的任何豁免性质都应该披露。

**B. 贷款结算的一般要求——土地开发**

1. 项目信息：土地场地规划，包括平面图、效果图、交通情况、公用设施界限和景观等的情况。

2. 市场和财务数据：有关自首次提交贷款申请之日起借款人的财务状况没有发生不利变化的报告。

3. 政府和管制信息。

(1) 来自相关政府机构和管辖部门的所有许可证书的复印件，包括建筑许可证，区划变更同意书，有关卫生、用水、排水以及环境影响的报告，等等。

(2) 公用设施的可用性：相关市政或县级部门出具的信函，说明该场地可使用的公用设施的范围；必须详细说明任何不在场地规划内的公用设施延展，以及必须披露延展成本。

4. 法律文件。

(1) 与总承包商和所有分包商签订的合同条款的详细内容，包括合同规格。

(2) 承包商业绩和还款担保的证明。

(3) 与总承包商、建筑师以及设计师签订的协议，同意在开发商违约的情况下为贷款人完成项目的有关工作。

续前表

(4) 所有意外事故、不可预测危险以及其他保险单的证据，并指定贷款人为损失受益人。

(5) 一切有关开发商应承担的债务和劳工补偿额的相关证明。

(6) 所有权保险契约。

**C. 最终承诺及协议**

1. 贷款承诺与条款：贷款人批准贷款的要求，计算扣留金要求的方法、提前还款权利和任何延期协议。

2. 证明贷款人债权以及留置权地位的信用票据、抵押契据或信托契据。

3. 借款人对贷款偿还所做的个人担保。

4. 有条件的转让协议，涵盖所有与建筑师、设计师和总承包商的合同，内容是在借款人违约时将这些合同有条件地转让给贷款人。

## 17.3.1 详细的成本明细表

开发商通常必须提交和改建工程相关的详细成本估算和建设规划。贷款方一般会核对成本明细表是否准确地符合建设规划和规定。随着开发工作的进展以及贷款人拨付贷款，贷款人通常要求逐月核对成本支出情况。

## 17.3.2 统包与分包

贷款人通常希望开发商和分包商按照固定价格签订合同，以防止因原材料或劳动力价格的上涨而导致成本超支。

### 工料支付债券和完工担保债券

许多贷款人会要求分包商购买工料支付债券和完工担保债券（completion bonds）。前者可以向贷款人提供保证，在承包商违约时，任何未支付的劳动力和原材料账单均将由担保债券公司来支付。后者向贷款人提供保证：当承包商在建设期间违约时，由担保债券公司提供完工所需的资金。

### 所有权保险

作为取得开发贷款的一个条件，开发商通常必须购买所有权保险，以确保开始动工建设后，不存在任何优于贷款人留置权的留置权。

### 扣留金

上一章曾讲到，土地开发贷款也可以在应支付给开发商的每一笔款项中规定一定比例的扣留金（holdback）。这种情况通常在开发商和/或总承包商雇用了一些分包商并且根据分包合同在应付款中扣留一部分资金时出现。开发商这样做是为了保证分包商在取得最后款项之前能圆满完成所有工作。因此，贷款人会扣留应付给开发商的款项以使得在此期间开发商手中不会有多余资金可用。

### 延期协议

因为开发出现问题或销售速度减慢可能会导致贷款无法按期偿还，因此贷款人通常会要求在贷款合同中规定延期协议（extension agreement）条款。该条款规定了延期偿付贷款时需要额外支付费用。这种安排可以看作是缺口融资或额外临时性融资。如果需要延期，贷款人通常会在未偿贷款余额的利息之外收取延期费。实际上，这些金额可能从未收回过，因为一旦开发项目遇到严重问题，贷款人可能不得不止赎，并取得开发项目的所有权。

## 17.4 住宅土地开发示例

我们以一个中等规模的住宅土地开发项目为例，来说明许多可能的土地开发方案之一。其中的许多基本概念和分析框架同样适用于商业园区、写字楼和工业、仓库、集散中心的开发。现以面积为 50 英亩的格雷森（Grayson）土地为例，通过一名土地经纪人，这块土地引起了兰科（Landco）开发公司的注意。根据该经纪人提供的对该地块的描述，兰科对该地块的了解以及从土地所有人处获得的信息都在表 17－3 中进行展现。

由表 17－3 可知，该地块是位于中央商务区以北 15 英里的郊区边缘的一块农田，且临近高速公路。目前的土地所有者最近刚对该土地重新进行了区域规划，以开发独户住宅单元。该土地上大部分地表面积都可以进行开发，但其中 5 英亩由小河与漫滩区组成。按照当前区划规定，平均最大开发密度为在每 7 500 平方英尺的可开发面积（总土地面积减去滩涂面积，再减去诸如道路、小巷等交通面积）上建造一栋独户住宅。该土地地形看上去较好，对土地开发建设基本不存在阻碍。经纪人表示，土地所有者愿以 2 000 000 美元的价格出售该土地，并可以向开发商无偿提供 30 天的购买期权。30 天后，开发商还可以以土地价格的 1%即 20 000 美元的价格再获得一份期限为 5 个月的购买期权。如果购买者最终行使该期权购买土地，期权价格可从土地价款中扣除。[①]

由于业主愿意提供 30 天的对土地的“免费观察期”，兰科决定花费一些精力确定该项目是否可行以及 2 000 000 美元的土地价格是否合理。为了完成这些任务，兰科需要做一份初步开发规划，并进行市场调研以评估目前和近期对住宅用地的需求和供给的竞争形势。如果来自土地规划和市场调研的结果较为理想，那么就可以收集整理信息用以准备申请贷款承诺和获得官方许可。

**表 17－3　　格雷森土地的有关资料**

| |
|---|
| 土地面积：50 英亩。 |
| 要价：每英亩 40 000 美元，共计 2 000 000 美元。 |
| 购买期权：30 天“免费观察期”，之后的 5 个月费用为 20 000 美元。 |
| 当前区划情况：最大平均开发密度为在每 7 500 平方英尺的可开发面积上建设一栋独户住宅。 |
| 法律地位：无转让限制或地役权，无其他障碍存在。 |
| 地块特征：河流和漫滩区占 5 英亩。地形坡度平缓，适当绿化。一条小溪流经东北端，漫滩区处于通往堤岸边缘的沟道内。土壤稳固，渗滤正常。 |
| 公用设施情况：水、下水道、电力和煤气等所有公用设施都具有充足供应能力且均已到达此地区 |

① 在很多时候，买方可以使用信用证来代替现金支付给卖方期权价款。如果卖方可以接受这种做法，那么对于买方来说在期权有效期内可以更有效地利用资金获得收益。

续前表

周边情况：正面朝向 1 500 英尺远的高速公路（66 号联邦高速公路），1 英里以西为 166 号州际公路，15 英里以北是中央商务区（CBD）。

当前用途：郊区边缘地带的农田。

## 17.4.1 市场条件和场地规划

如前所述，本例重点在于说明可以用来评估住宅土地开发的经济可行性的方法。对于开发此类项目的估算主要是以市场和成本信息为基础的。尽管这里我们不深入探讨如何进行市场研究和成本估算，但这并不意味着在决定是否进行土地开发项目时这些因素不重要。事实上，这些研究是非常重要的，读者可以查阅其他的信息来源来进一步了解这个过程。①

表 17-4 简要总结了应该作为市场和工程研究的目标的重要事项。这些研究工作必须在期权有效期间，也就是购置土地和申请融资之前开展。此外，在承诺购买土地之前，除了评估建筑商对地块的需求程度以外，开发商还必须清楚地了解拟议的开发项目情况以及那些在互相竞争的开发项目中拥有购房期权的买方会如何看待该项目。

**表 17-4 格雷森项目市场数据与开发策略一览表**

| | |
|---|---|
| A. 市场条件 | 根据对该地区正在进行的三个土地开发项目进行调查，建筑用地的市场接纳程度似乎很好。对建筑商的调查显示，其强烈希望购买土地以备未来进行开发。在竞争性开发项目中，平均地块面积约为 8 700 平方英尺 |
| B. 地块组合与开发策略 | 兰科计划利用河流区域来改善项目竞争力，通过改变交通模式在河流两侧容纳更大的区块面积。作为缓冲，这些密集型住宅单元将被安置在高速公路附近。这可能需要进行大量绿化建设。在可能的情况下，将在内部开发充分利用的死胡同。该项目的地块面积为 5 000～20 000 平方英尺，平均地块面积为 8 712 平方英尺 |
| C. 契约限制 | 私人契约限制将用于确保在每个区块上建造的独户住宅单元最小面积为 2 000 平方公里。有关建筑红线、外部装修材料（砖木比例，房顶材料）、景观、围栏和未来增建方面的限制在开发完工后将继续适用，从而确保邻近区域的质量 |
| D. 可开发区域 | 50 英亩减去 5 英亩的河流和漫滩区，再减去 20%的交通面积（包括巷道以及生活福利设施）后，可得 36 英亩的净面积。地块产出率为地表每英亩 3.6 个单元。建筑红线、地界线、巷道宽度以及公用设施地役权均符合城市管理要求 |
| E. 生活福利设施 | 1 个俱乐部、2 个游泳池、8 个网球场。房屋业主协会需在开发完成和出售后对其进行管理 |

① 更多实例请参阅 John M. Clapp, *Handbook for Real Estate Market Analysis* (Englewood Cliffs, NJ: Prentice Hall, 1987)。

续前表

| | |
|---|---|
| F. 土地改良建设 | 人行道、马路两侧路石、供水管道、下水道和所有的连接处都要按照现行的城市和郡县标准建造 |
| G. 开发限制 | 区划规定允许的最大开发密度为平均每 7 500 平方英尺可开发区域安置 1 个单元 |

很显然，兰科的计划是开发密集型的住宅用地和标准化的大型河流地块。该项目还包括社区设施（游泳池、网球场）。这片土地中有 5 英亩是不可开发的，因为它们位于漫滩上。鉴于其他竞争性土地开发项目没有这类损失，兰科可能因此在竞争上处于劣势，除非（1）该面积的损失可以通过较低的购买价格进行补偿（在其他条件相当的情况下），或（2）兰科可以将河流区开发为积极的、具有补充性的特色景点。如果能开发邻近河流的地段，那么它们可以收取溢价。这可以完全或部分地弥补在漫滩区不可开发所带来的损失。无论如何，开发商在决定开发项目是否具有经济可行性时，必须审慎考虑其相对于可比土地的可开发面积大小以及它们各自的价格。在兰科的案例中，关键问题在于，相对于竞争性住宅用地的市场价值，所有者对格雷森的要价（2 000 000 美元）加上开发成本是否过高。

在投资和融资土地开发项目时，土地规划中有一点需要考虑：可供开发的土地面积占整个土地面积的百分比。比如，本例中土地总面积为 50 英亩，而实际可供开发面积等于总面积扣除漫滩面积以及交通面积，这样可得 [(50－5)×(1－0.20)]/50＝72%，也就是说，在 50 英亩的总面积中有 36 英亩的净开发面积。在这种情况下，地块产出率为 180/50，或 1 英亩 3.6 个单元。即每一区块土地的平均可开发面积为 8 712 平方英尺（＝36 英亩×43 560 平方英尺/英亩÷180 个地块）。

了解这些比例关系的价值在于可以与同类竞争性开发项目进行比较分析。若可开发土地和地块产出率有巨大差异，则表明开发项目可能采用了一个密度相对较低的住宅模式，或者该土地由于土壤、地形或其他特征使其一部分未能充分开发。这些比率还给我们提供了与竞争性项目住宅密度进行比较的基础。例如，如果兰科估算的总地块产出率和净地块产出率高于（或低于）其他竞争性项目的对应指标，那么与竞争性开发项目相比，兰科可能充分（或未充分）开发该土地。对市场数据和竞争程度进行更为具体的分析还能揭示造成这种状况的原因。

例如，开发商如果以相较竞争性土地更高的价格购入某块土地，那么就必须通过更高的建筑密度来收回较高的土地成本（较高的净区块收益）。但这种策略未必能成功，因为这取决于建筑商（及最终的购房者）愿意为这种更高密度的住宅用地或者说更小地块支付的价格。所以不能假设开发商总是力求使每英亩土地的净地块产出率最高。这样做似乎可以更为“有效”地利用土地，并可以向开发商提供更多的区块，但市场需求可能证明，住房购买者倾向于选择更大的地块面积、更宽阔的街道和小巷以及较低的开发密度。尽管较低的密度可能会导致较高的价格，但如果家庭的收入和偏好都支持这一开发模式，那么盲目继续进行高密度开发就是一种错误的选择。另外，如果这块土地靠近中心商务区，那么对于那些更喜欢靠近市中心的较小区块面积的家庭来说，高密度开发方案则是可取的。因此，关于地块产出率的计算只能作为一种工具来研究为什么在可比开发项目中存在产出差异。使用它们可以帮助开发商更好地了解哪些细分市场更受欢迎。不能机械地以“最大”或“最小”作为评判好坏的标准。

公共部门也会以每英亩地块产出率来判断开发项目是否遵守城市规划的有关规定。如表 17－4 所示，我们可以看到，区划规定了本项目可开发区域中允许的最大开发密度为平均每 7 500 平方英尺一个区块。兰科规划的项目最大平均密度为每单元 8 712 平方英尺，这很容易满足区划限制。注意，开发商并不总是按照区划法规所允许的最大开发密度进行设计。在任何情况下，市场需求和家庭偏好都决定着应该开发项目的密度。如前所述，住宅购买者也许愿意为了较低的居住密度而支付较高的价格，因为这相应地增加了私人空间并减少了交通堵塞。此时，开发商如果试图增加密度，可能会承担过多的风险，即使目前的区划规定允许它们这样做而且可能带来更低的平均区块售价。

为了考虑兰科面临的一些市场状况，请参考表 17－5 中提供的竞争性市场分析总结。例如，相对于格雷森项目而言，项目 A 具有相同的净开发密度，但缺少生活福利设施和河流区，且其标准地块的平均要价比较低。项目 B 的开发面积要大于格雷森，净开发密度较低，平均区块面积较大，交通流通要求更大（由于丘陵地形的存在），同时拥有略微更好的生活福利设施以及特别的峭壁景观。该项目的地块定价在各个类别中是最高的。项目 C 的面积最大且不具有特殊的地形特征，相比格雷森项目，它的开发密度更大且生活福利设施更多。经过这种竞争性分析，兰科相信格雷森项目的价格结果是合理的（所有其他的重要因素，如学校、商店、教堂等，被认为是相同的）。

由以上分析可以看出，对市场需求进行估算与为最终产品定价是非常重要的工作。当竞争性项目比较相似时，它们的定价也随之趋近，因为每个项目所提供的特色服务也是相同的。另外，如果项目之间的差异性越大，它们的价格差距也就相应越大。在这些情况下，价格的制定就要以各开发项目相对特性的市场受欢迎程度为依据。在这些例子中，定价风险将变得较大。根据这些地块的估算市场价格，假定所有区块是完全开发的且马上即可售出，那么格雷森土地的初步市场估算价值为 6 840 000 美元。

**表 17－5　　格雷森项目的市场竞争性分析**

| | 格雷森 | A | B | C |
|---|---|---|---|---|
| 总面积（英亩） | 50 | 40 | 70 | 100 |
| 地块数量 | 180 | 160 | 210 | 420 |
| 密度 | | | | |
| 可开发区域占比 | 72% | 80% | 75% | 80% |
| 地块产出率 | 3.6 | 4.0 | 3.0 | 4.2 |
| 范围（平方英尺/地块） | 5～20 000 | 5～10 000 | 5～25 000 | 5～22 000 |
| 地块平均面积（平方英尺） | 8 712 | 8 712 | 10 890 | 8 300 |
| 交通面积占比（%） | 20 | 20 | 25 | 20 |
| 生活福利设施 | | | | |
| 游泳池 | 2 | — | 2 | 2 |
| 网球场 | 8 | — | 10 | 12 |

续前表

| | | | | |
|---|---|---|---|---|
| 健身房 | — | — | 1 | 2 |
| 俱乐部 | — | — | — | 1 |
| 其他 | 河流 | — | 峭壁 | — |
| 价格（美元） | | | | |
| 密集型 | 19 000 | — | 36 000 | 19 000 |
| 标准型 | 45 600 | 40 000 | 48 000 | 40 000 |
| 河流区/峭壁区 | 47 500 | — | 60 000 | — |

| | 地块数量 | 价格（美元） | 总计（美元） | 总计比例（%） |
|---|---|---|---|---|
| 密集型 | 54 | 19 000 | 1 026 000 | 15.0 |
| 标准型 | 90 | 45 600 | 4 104 000 | 60.0 |
| 河流区 | 36 | 47 500 | 1 710 000 | 25.0 |
| 项目总价值 | | | 6 840 000 | 100.0 |
| 建设期 | 6 个月 | | | |
| 核准期 | 6 个月 | | | |
| 可能的融资条件 | 土地取得成本为 1 000 000 美元，改良成本为 100%（需要经过批准和可行性分析）。改良工程竣工后开始支取贷款，按月付息。 | | | |
| 利率 | 12%，即 10%的基础利息加 2%。贷款结算时需要支付 3 个点数。 | | | |

## 17.4.2 开发成本和利息估算

兰科委托一家工程公司，罗伯特集团，根据兰科已经提供的预期土地开发规划估算直接开发成本。表 17－6 提供了一些成本估算。这些成本被分为土地的购置和开发成本（包括软成本和硬成本）以及营运费用。

**土地购置与开发成本**

在获取用于开发的土地时，必须对包括购置和开发成本（acquisition and development costs）在内的许多直接成本进行估算。土地购置仅是这些成本中的一部分。开发商还需要估算硬成本和软成本，其中硬成本包括进行土地准备和公用设施安装的费用，软成本包括土地工程费用、公共部门批准费用、建设贷款利息和贷款费用等。贷款人未必会为所有软成本提供资金支持。但是根据兰科的借贷能力，在为土地购置与开发成本筹集到资金后，利息费用将成为格雷森项目中不可忽视的成本，因为该项目将持续几年时间才能竣工。

**营运费用**

表 17－6 列出的其他项目是开发商在进行项目开发和准备出售地块时将产生的销售费用、税收、法律费用和其他费用。

表 17-6　　格雷森项目成本预算表　　单位：美元

| | | |
|---|---|---|
| A. 土地购置与开发成本 | | |
| 地块购置与结算成本 | | |
| 50 英亩×48 000 美元/英亩 | | 2 400 00 |
| 开发成本 | | |
| 硬成本 | | |
| 平整/清理场地费 | 390 000 | |
| 路面铺筑费 | 540 000 | |
| 雨水排水管安装费 | 70 000 | |
| 污水排水管安装费 | 125 000 | |
| 供水费 | 125 000 | |
| 电力费 | 120 000 | |
| 景观费 | 90 000 | |
| 其他 | 90 000 | |
| 娱乐设施（游泳池、浴场、网球场等） | 390 000 | |
| 小计——硬成本 | | 1 940 000 |
| 软成本 | | |
| 工程费用 | 110 000 | |
| 直接管理费用——兰科 | 80 000 | |
| 公部门许可及管道费用等 | 90 000 | |
| 各种直接成本 | 80 000 | |
| 法律与会计费用 | 100 000 | |
| 或有费用 | 240 000 | |
| 建设期利息 | 451 052 | |
| 建设贷款费用（3%） | 122 732 | |
| 小计——软成本 | | 1 273 783 |
| 总计：土地、硬成本和软成本 | | 5 613 783 |
| B. 营运费用 | | |
| 销售手续费（5%） | 342 000 | |
| 房地产税 | 87 500 | |
| 管理费用 | 210 000 | |
| 营销成本 | 100 000 | |
| 总营运费用 | | 739 500 |
| 项目总成本 | | 6 353 283 |

兰科就 50 英亩的格雷森土地向米德市（Mid City）储蓄协会提出了贷款申请。后者已对此地进行了考察，认为该项目可行。米德市储蓄协会同意为 1 000 000 美元的土地购置费用、全部硬成本、700 000 美元的软成本以及项目的利息费用提供贷款。利率为银行优惠利率加上 2%。对于格雷森项目来说，未付贷款余额的利率将为 12%，按月偿还。

兰科认为开发期间利率应保持不变。[①] 如上一章的开发项目中所介绍的，即使开发商在大部分开发工程完工和地块出售给建筑商之间将不会获得任何收入，但是为利息费用融资作为土地开发贷款的一部分仍然是很常见的做法。只要贷款人确信通过开发在土地上创造的增加值超过了土地成本和改良成本之和，且超过的数额大于贷款将发生的利息费用，那么发放包括利息在内的贷款就是可行的。

### 贷款支取与收入估算

估算利息数额在某种程度上是比较复杂的，因为（1）贷款将是逐期或分阶段支取的，而且只有当资金被支取（draws）时才开始计算利息；（2）每种类型的地块销售收入不同；（3）贷款的偿还率要视各地块的实际出售情况而定；（4）如前所述，贷款通常采用浮动利率，因此通常是变动的。表 17－7 至表 17－12 列出了利息估算的具体步骤。表 17－7 包括了贷款申请的细目，表 17－8 包括了兰科预计的直接开发成本的支取比率和支取计划表。回顾表 17－5 可以发现，尽管密集型地块占待开发土地的 30%，但这些地块所产生的收入只占总收入的 15%。密集型地块产生的收入较少是因为单个地块较小，因此开发这种土地的平均成本比较低（表中未显示）。标准型地块约占总土地的 50%，并且贡献了总收入的 60%。然而，只占总土地面积 20%的河流地块的收入却达到总收入的 25%。后者的面积较大，且需要的开发成本也高于平均开发成本。

由以上情况可以推断，开发的标准型地块或河流地块越多，这个项目可能会越有利可图，不过这也会降低总开发密度。然而，对这些土地的市场需求可能不足以支持这类土地的大量销售。重要的是，对不同类型的住宅用地的相对需求将决定地块的结构配置和使项目价值最大化的价格。例如，河流地块的开发成本是最高的，因此其定价也就最高。密集型地块模式可能是唯一一种适合所有需要进行改良的地块的类型。换言之，对各种类型地块进行一定的组合，对于保持合理的总开发密度、利用河流两岸的地块溢价以及使项目价值最大化都是必要的。

**表 17－7　　即将融资项目的成本估算　　单位：美元**

| | | |
|---|---|---|
| 融资的土地成本 | | 1 000 000 |
| 开发硬成本总额 | | 1 940 000 |
| 融资的建设软成本 | | |
| 　工程费用 | 110 000 | |
| 　直接管理费用——兰科 | 80 000 | |
| 　公共部门许可及管道费用 | 90 000 | |
| 　各种直接成本 | 80 000 | |
| 　法律和会计成本 | 100 000 | |
| 　或有费用 | 240 000 | |
| 　建设软成本总额 | | 700 000 |
| 即将融资的直接成本总额 | | 3 640 000 |

① 可以通过利率掉期交易降低利率风险。

续前表

| | |
|---|---|
| 利息估算额（见表 17－15 中的计算值） | 448 109 |
| 贷款总额 | 4 088 109 |
| 所需权益额 | |
| 项目总成本 | 6 353 283 |
| －贷款总额 | 4 088 109 |
| 权益 | 2 265 174 |

**表 17－8　　开发成本月现金支取额估算计划表**

| 月份 | 金额（美元） | 比率（%） |
|---|---|---|
| 结算* | 1 019 200 | 28.00 |
| 1 | 655 200 | 18.00 |
| 2 | 655 200 | 18.00 |
| 3 | 655 200 | 18.00 |
| 4 | 218 400 | 6.00 |
| 5 | 218 400 | 6.00 |
| 6 | 218 400 | 6.00 |
| 总计 | 3 640 000 | 100.00 |

* 1 000 000 美元的土地成本和 19 200 美元额外支取的直接成本都是融资需要取得的款项。

## 销售和提前偿付率

表 17－9 提供了一个关于三种类型的地块的预计销售情况以及用于格雷森项目的直接开发成本资金如何支取的估算计划表。兰科根据从竞争性项目市场调研中获得的信息和最近在类似项目上的经验，得出了销售预测。这一销售预测是十分必要的，因为贷款人将从地块销售后实现的收入中得到偿付。

**表 17－9　　贷款结算后的月支取额估算计划表**

| 月份 | 密集型* | 标准型† | 河流区‡ | 累计销售单位 | 累计销售额（美元） | 月销售收入（美元） | 月收入率（占总额之比）（%） |
|---|---|---|---|---|---|---|---|
| 结算 | 0 | 0 | 0 | 0 | 0 | 0 | 0 |
| 1～3 | 0 | 0 | 0 | 0 | 0 | 0 | 0 |
| 4～6 | 2 | 2 | 0 | 12 | 387 600 | 129 200 | 1.888 889 |
| 7～12 | 4 | 3 | 1 | 60 | 1 949 400 | 260 300 | 3.805 556 |
| 13～18 | 3 | 6 | 3 | 132 | 4 788 000 | 473 100 | 6.916 667 |
| 19～24 | 1 | 5 | 2 | 180 | 6 840 000 | 342 000 | 5.000 000 |
| 总计 | 54 | 90 | 36 | 180 | 6 840 000 | — | 100.000 000 |

* 每地块 19 000 美元。

† 每地块 45 600 美元。

‡ 每地块 47 500 美元。

表 17－10 显示了每月的建设支取额和销售收入，包含了每种地块的每月金额总价值和现值。我们可以利用这些数据计算在每一地块的销售收入中应支付给贷款人的比例，以便在最后一次地块出售时贷款能全部得以偿还（在后文中我们将讨论加快还款进度，使得贷款在最后的地块出售之前全部还清）。从本质上说，贷款人通常将会做的就是匹配贷款偿还金额与每笔销售产生的收入。然后，随着地块的出售，贷款人会解除保持在那块土地上作为一部分贷款担保的留置权，因而为开发商将土地出售给建筑商扫清障碍。为了获得这样的解除，借款人支付给贷款人的款项被称为豁免价格（release price）。

**表 17－10　　月建设支取额与销售收入小结**　　单位：美元

| 月份 | 支取额 | 销售收入（地块销售） |
|---|---|---|
| 结算 | 1 019 200 | 0 |
| 1 | 655 200 | 0 |
| 2 | 655 200 | 0 |
| 3 | 655 200 | 0 |
| 4 | 218 400 | 129 200 |
| 5 | 218 400 | 129 200 |
| 6 | 218 400 | 129 200 |
| 7 | | 260 300 |
| 8 | | 260 300 |
| 9 | | 260 300 |
| 10 | | 260 300 |
| 11 | | 260 300 |
| 12 | | 260 300 |
| 13 | | 473 100 |
| 14 | | 473 100 |
| 15 | | 473 100 |
| 16 | | 473 100 |
| 17 | | 473 100 |
| 18 | | 473 100 |
| 19 | | 342 000 |
| 20 | | 342 000 |
| 21 | | 342 000 |
| 22 | | 342 000 |
| 23 | | 342 000 |
| 24 | | 342 000 |
| 总计 | 3 640 000 | 6 840 000 |
| 现值（折现率为 12%） | 3 569 554 | 5 880 209 |

回顾本书的前几章，我们可以知道借款人从贷款中得到的金额（初始贷款金额）等于以贷款利率折现后未来支付金额的现值。从中可以归纳出，借款人随时间推移所取得的金额（例如贷款支取）必须与未来支付金额的现值相等。但表 17－10 中显示二者的现值并不相等，这是因为表格中的销售收入包含了必须偿还贷款的金额以及开发商用于支付费用和提供权益投资收益的金额。因此，如果我们算出贷款支取额现值与销售收入现值的比率，那么可以得出每一笔销售收入中需要用来偿还贷款的百分比。运用表中的现值进行计算：

收入中支付给贷款人的比率＝3 569 554/5 880 209＝60.704 5%

这意味着，如果要保证在最后一块土地出售时彻底还清贷款，那么无论一块土地何时卖出，贷款人都应当得到销售收入的 60.704 5%。这也可以用来确定表 17－11 中的每种地块出售后应偿还的贷款金额。

**表 17－11　　地块出售后应偿还的贷款金额**

| 地块种类 | 售价（美元） | 占比 | 豁免价格（美元） |
|---|---|---|---|
| 密集型 | 19 000 | 0.607 045 | 11 534 |
| 标准型 | 45 600 | 0.607 045 | 27 681 |
| 河流区 | 47 500 | 0.607 045 | 28 835 |

贷款人通常会按照从每一块土地的销售中取得固定金额来签订合同，而不是按每块土地销售收入的百分比来接受支付。这是因为贷款人不想考虑开发商是否会为了促销而对某一地块进行折价销售。更重要的是，贷款人不想等到最后一块土地出售后才得到全部偿付款项。贷款人不想承担销售速度下降或某些地块销售困难而带来的还款延迟风险。因此，与贷款人协商的实际豁免金额通常会高于上面列出的豁免价格。然而，在考虑这一点之前，我们将要说明的是，上述计算的豁免价格确实能够保证在最后一块土地出售时还清贷款。

表 17－12 展示了在上述计算所得豁免价格基础上得到的贷款偿还进度表，注意（b）列中显示的前 1～3 个月的利息支取模式是根据利率（为 12%）除以 12 个月得出的，或者说等于上个月末贷款余额的 1%。同时还要注意，由于贷款利息是借来的，因此它也被累计在贷款余额中。① 同时，月底贷款余额会一直增加，直到每月有足够的土地出售以使本金的支付超过利息的支取（第 7 个月）。然而，每月的利息支付额依然按照上月的贷款余额进行计算。②

① 这类似于负摊还抵押贷款。

② 通过表 17－12 我们可知道，开发商通常以现金形式收到利息支取［见(b)列］，然后开发商同时将支付相同数值的利息［(c)列］。注意，如果贷款人只允许支取直接成本［(a)列］，计算基于这部分贷款的利息［(b)列］，把这一部分加入贷款余额中（不是实际支付现金额），随着本金偿付的发生相应减少贷款余额［(d)列］，并且不要求开发商进行现金利息支付［(e)列］，那么贷款余额数并不会变化。如果遵循这种模式，那么期末贷款余额可能是相同的，而且贷款人不会发放现金利息支取，开发商也不会进行现金利息支付。在这种操作模式下，利息额只是被累计至贷款余额中。

表 17-12　　假定贷款支付与地块销售成比例的还贷计划表　　单位：美元

| 月份 | 支取 | | | 偿还 | | | |
|---|---|---|---|---|---|---|---|
| | (a)<br>支取额 | (b)<br>利息 | (c)<br>总支取额 | (d)<br>本金支付 | (e)<br>利息 | (f)<br>总支付额 | (g)<br>账户余额 |
| 结算 0 | 1 019 200 | 0 | 1 019 200 | 0 | 0 | 0 | 1 019 200 |
| 1 | 655 200 | 10 192 | 665 392 | 0 | 10 192 | 10 192 | 1 684 592 |
| 2 | 655 200 | 16 846 | 672 046 | 0 | 16 846 | 16 846 | 2 356 638 |
| 3 | 655 200 | 23 566 | 678 766 | 0 | 23 566 | 23 566 | 3 035 404 |
| 4 | 218 400 | 30 354 | 248 754 | 78 430 | 30 354 | 108 784 | 3 205 728 |
| 5 | 218 400 | 32 057 | 250 457 | 78 430 | 32 057 | 110 488 | 3 377 755 |
| 6 | 218 400 | 33 778 | 252 178 | 78 430 | 33 778 | 112 208 | 3 551 502 |
| 7 | 0 | 35 515 | 35 515 | 158 014 | 35 515 | 193 529 | 3 429 003 |
| 8 | 0 | 34 290 | 34 290 | 158 014 | 34 290 | 192 304 | 3 305 279 |
| 9 | 0 | 33 053 | 33 053 | 158 014 | 33 053 | 191 067 | 3 180 318 |
| 10 | 0 | 31 803 | 31 803 | 158 014 | 31 803 | 189 817 | 3 054 108 |
| 11 | 0 | 30 541 | 30 541 | 158 014 | 30 541 | 188 555 | 2 926 635 |
| 12 | 0 | 29 266 | 29 266 | 158 014 | 29 266 | 187 280 | 2 797 887 |
| 13 | 0 | 27 979 | 27 979 | 287 193 | 27 979 | 315 172 | 2 538 673 |
| 14 | 0 | 25 387 | 25 387 | 287 193 | 25 387 | 312 580 | 2 276 866 |
| 15 | 0 | 22 769 | 22 769 | 287 193 | 22 769 | 309 962 | 2 012 442 |
| 16 | 0 | 20 124 | 20 124 | 287 193 | 20 124 | 307 318 | 1 745 373 |
| 17 | 0 | 17 454 | 17 454 | 287 193 | 17 454 | 304 647 | 1 475 633 |
| 18 | 0 | 14 756 | 14 756 | 287 193 | 14 756 | 301 950 | 1 203 196 |
| 19 | 0 | 12 032 | 12 032 | 207 610 | 12 032 | 219 642 | 1 007 619 |
| 20 | 0 | 10 076 | 10 076 | 207 610 | 10 076 | 217 686 | 810 085 |
| 21 | 0 | 8 101 | 8 101 | 207 610 | 8 101 | 215 710 | 610 577 |
| 22 | 0 | 6 106 | 6 106 | 207 610 | 6 106 | 213 715 | 409 073 |
| 23 | 0 | 4 091 | 4 091 | 207 610 | 4 091 | 211 700 | 205 554 |
| 24 | 0 | 2 056 | 2 056 | 207 610 | 2 056 | 209 665 | 0 |
| 总计 | 3 640 000 | 512 191 | 4 152 191 | 4 152 191 | 512 191 | 4 664 383 | |

在表 17-12 中，偿付本金额是根据预期地块销售情况和上述豁免价格计算得出的。例如在第 4 个月，售出两块密集型土地得到 11 534 美元，售出两块标准型土地得到 27 681 美元，共计 78 430 美元。请注意，第 24 个月的最终贷款余额恰好为零。这说明在最后一块土地售出后贷款已偿清。

**豁免进度表**

在贷款尚未偿清的未来，大多数贷款人认为贷款应在借款人售出所有开发地块之前偿清。他们不愿承担项目后期可能出现的销售速度放慢的风险。在很多土地开发中，优质地块总是早早售出，而随着时间的推移，剩余条件不太好的地块可能仍然无法售出。由于某些土地的销售可能非常困难，贷款人希望能够确保由开发商来承担这种额外风险。因此，贷款人将尽力争取更快的还贷速度，从而确保在 180 块土地全部售出之前收回贷款。

要求加快还贷速度的另一个原因是，由于米德市会在前 6 个月内将大部分“前期”资金投入到项目开发中，贷款人希望得到保证，随着销售收入的实现贷款能被优先偿付。另外，由于开发商将在每笔交易中实现一定的超额利润，因此贷款人就有一些空间来协商一份满意的豁免进度表，同时仍能保证开发商有合理的现金流入。

许多土地开发贷款都设有提前偿付率，以保证在实现 80%或 90%的总项目收入时收回全部贷款。根据贷款人希望贷款以多快的速度进行偿还、开发商必须从每块土地的销售中保留多少现金以支付贷款中没有得到融资的费用以及贷款市场的条件，具体的进度表通过协商来确定。

表 17－13 展示了，假设贷款人希望在实现 83.33%的总项目收入或者 570 万美元时贷款全部偿清的情况下，估算得出的建设贷款还款持续时间。这意味着贷款人希望还款的进度为每月销售收入的 120%（=100%/83.33%）。如表 17－9 所示，如果借款人和贷款人双方均同意贷款偿付期为项目的整个期间（24 个月），那么在项目收入为 100%时，贷款偿还进度也达到了 100%。与之相比，若将偿付速度加快 16.67%，也就意味着每实现 1 美元销售收入，开发商就将支付贷款在项目整个周期内偿还情况下偿付数额的 120%。在我们的例子中，基于表 17－9 中显示的累计销售收入，在第 21 个月将实现 80%的项目收入。因此，贷款人希望借款人在那时偿清。

**表 17－13　　确定建设贷款偿还的持续时间**

| 月份 | 密集型 | 标准型 | 河流区 | 月份 | |
|---|---|---|---|---|---|
| | | | | 累计销售额（美元） | 销售收入（美元） |
| 4—6 | 6 | 6 | 0 | 387 600 | 129 200 |
| 7—12 | 24 | 18 | 6 | 1 949 400 | 260 300 |
| 13—18 | 18 | 36 | 18 | 4 788 000 | 473 100 |
| 19 | 1 | 5 | 2 | 5 130 000 | 342 000 |
| 20 | 1 | 5 | 2 | 5 472 000 | 342 000 |
| 21 | 1 | 5 | 2 | 5 814 000 | 342 000←本月偿还 |

## 17.4.3　估算所售土地的豁免价格

我们已经指出，贷款人通常会要求贷款的偿还速度快于估算的收入实现速度。实际上在本例中，贷款人期望的贷款偿付率为销售收入的 120%。然而，如前所述，当贷款人和开发商协商土地开发贷款时，他们也经常会为开发项目中的每块土地确定豁免价格。当每块土地成功售出，豁免价款被支付给贷款人之后，贷款人解除他所享有的该地块的留置权，从而保证购买者可以获得没有任何负担的完整所有权。表 17－14 显示了本例中三种类型地块豁免价格的计算。①

**表 17－14　　每种豁免价格的计算**

| 地块类型 | 加速前的豁免价格（美元） | 加速因子 | 加速后的豁免价格（美元） |
|---|---|---|---|
| 密集型 | 11 534 | 1.2 | 13 840 |
| 标准型 | 27 681 | 1.2 | 33 217 |
| 河流区 | 28 835 | 1.2 | 34 602 |

## 17.4.4　贷款申请和偿还计划

表 17－15 显示了根据新的豁免价格修改后的贷款偿还计划表。注意，正如表 17－13 中所预测的那样，现在贷款会在第 21 个月偿清。② 该表显示，累计利息总额为 448 109 美元。开发商在申请贷款时需要把这部分价款包括进去。如果销售速率降低，那么贷款余额可能会迅速增加，因为实际利息的支取额将会以快于估算的支取速度而增加。如果这种情况发生了，那么 448 109 美元的利息准备金将被消耗殆尽。另外，当贷款余额数达到 4 088 109 美元时，贷款人将可能不再允许进一步的支取。开发商则不得不寻找其他资金来源来支付利息。因此，这就是造成贷款申请额占项目总价值的比例（4 088 109/6 840 000＝60％）较低的原因之一。实际上，大多数贷款人倾向于将贷款价值比控制在 70％以下，这样如果项目出现违约，他们才能有更好的机会收回全部贷款余额。

**表 17－15　　兰科开发商的加速还贷表**　　单位：美元

| 月份 | 支取 | | | 支付 | | | |
|---|---|---|---|---|---|---|---|
| | (a)<br>支取额 | (b)<br>利息 | (c)<br>总支取额 | (d)<br>本金支付 | (e)<br>利息 | (f)<br>总支付额 | (g)<br>账户余额 |
| 结算 0 | 1 019 200 | 0 | 1 019 200 | 0 | 0 | 0 | 1 019 200 |
| 1 | 655 200 | 10 192 | 665 392 | 0 | 10 192 | 10 192 | 1 684 592 |
| 2 | 655 200 | 16 846 | 672 046 | 0 | 16 846 | 16 846 | 2 356 638 |
| 3 | 655 200 | 23 566 | 678 766 | 0 | 23 566 | 23 566 | 3 035 404 |
| 4 | 218 400 | 30 354 | 248 754 | 94 116 | 30 354 | 124 470 | 3 190 042 |
| 5 | 218 400 | 31 900 | 250 300 | 94 116 | 31 900 | 126 017 | 3 346 226 |
| 6 | 218 400 | 33 462 | 251 862 | 94 116 | 33 462 | 127 579 | 3 503 972 |
| 7 | 0 | 35 040 | 35 040 | 189 617 | 35 040 | 224 656 | 3 349 395 |
| 8 | 0 | 33 494 | 33 494 | 189 617 | 33 494 | 223 111 | 3 193 272 |

① 加速豁免价格还有其他计算方式。本书之前的版本中使用了稍有不同的计算方式。在这一版本中，我们简化了计算程序，但计算结果相同。无论采取何种方式，其目的都是得到贷款人和开发商都可以接受的拟议中豁免价格。

② 读者应该记住，表 17－13 中提供的方法只是一种估计，用来确定何时偿付贷款，从而确定要支付多少豁免价格。而如果按如表 17－15 那样更详尽的预测进行计算的话，贷款被清偿的实际月份可能存在微小差异。表 17－15 实际计算的是每个月偿付的利息、贷款余额等。

续前表

| 月份 | 支取 | | | 支付 | | | |
|---|---|---|---|---|---|---|---|
| | (a)<br>支取额 | (b)<br>利息 | (c)<br>总支取额 | (d)<br>本金支付 | (e)<br>利息 | (f)<br>总支付额 | (g)<br>账户余额 |
| 9 | 0 | 31 933 | 31 933 | 189 617 | 31 933 | 221 549 | 3 035 588 |
| 10 | 0 | 30 356 | 30 356 | 189 617 | 30 356 | 219 973 | 2 876 327 |
| 11 | 0 | 28 763 | 28 763 | 189 617 | 28 763 | 218 380 | 2 715 474 |
| 12 | 0 | 27 155 | 27 155 | 189 617 | 27 155 | 216 771 | 2 553 012 |
| 13 | 0 | 25 530 | 25 530 | 344 632 | 25 530 | 370 162 | 2 233 910 |
| 14 | 0 | 22 339 | 22 339 | 344 632 | 22 339 | 366 971 | 1 911 617 |
| 15 | 0 | 19 116 | 19 116 | 344 632 | 19 116 | 363 748 | 1 586 102 |
| 16 | 0 | 15 861 | 15 861 | 344 632 | 15 861 | 360 493 | 1 257 331 |
| 17 | 0 | 12 573 | 12 573 | 344 632 | 12 573 | 357 205 | 925 272 |
| 18 | 0 | 9 253 | 9 253 | 344 632 | 9 253 | 353 885 | 589 893 |
| 19 | 0 | 5 899 | 5 899 | 249 131 | 5 899 | 255 030 | 346 660 |
| 20 | 0 | 3 467 | 3 467 | 249 131 | 3 467 | 252 598 | 100 996 |
| 21 | 0 | 1 010 | 1 010 | 102 005 | 1 010 | 103 015 | 0 |
| 22 | 0 | 0 | 0 | 0 | 0 | 0 | |
| 23 | 0 | 0 | 0 | 0 | 0 | 0 | |
| 24 | 0 | 0 | 0 | 0 | 0 | 0 | |
| 总计 | 3 640 000 | 448 109 | 4 088 109 | 4 982 630 | 448 109 | 5 430 739 | |

## 17.5 项目的可行性和盈利性

从开发商的角度看来，格雷森项目的经济可行性建立在以下基础之上：土地开发后的市场价值是否超过了土地购置成本、直接开发成本、利息费用以及没有包括在米德市提供的贷款之中的任何其他成本之和。表 17－6 列出了之前所讨论的总成本，其中包括贷款结算成本和其他不能从格雷森项目贷款中获得资金但兰科必须支付的成本。贷款费用和利息计入 4 088 109 美元的总贷款额中。现在我们可以对将要发生的项目成本和来自土地销售的收入是如何产生的进行更加详细的预测。

为了调查开发商是否有能力在贷款被清偿前持续运营该项目，以及确定该项目对于开发商来说在追求和满足预期投资回报方面是否可行，贷款人必须分析由开发商提供的现金流量进度表。该表应该不仅包括直接成本费用，而且包括每日格雷森项目运营所必要的额外营运费用。这样，贷款人可以更好地预测开发商的现金状况、分析贷款违约风险以及确定项目的盈利能力。表 17－16 列出了在整个项目运作期内兰科所有的现金流入和现金流出的季度总结。现金流入的估算是基于各类地块的售价加上贷款支取额和开发商就土地收购价格及贷款结算成本所需缴付的权益来进行的。现金流出包括从每月支取进度表（见表 17－15）中支取的直接开发成本。贷款的偿还安排则依照还款计划表（见表 17－15）进行。其他营运费用，包括管理费用、销售费用以及房地产税，均体现在表 17－16 中。

在项目进行的前两个季度中，开发商的现金流量将呈现负值。把这两个季度的负现金流入相加得到 1 648 893 美元，该值可能就是开发商因该项目所需要的总资产。根据上面列出的还款计划表，开发商将保留在第 21 个月至第 24 个月所有来自销售收入的现金流入。虽然一部分现金流将从早期的销售收入中保留，但显然开发商将在后面的季度收到最大的现金流量。

从开发期初到第 21 个月，有关开发商是否有能力解决营运费用和其他没有包括在米德市贷款申请中的必要现金流出，会始终受到质疑。贷款给开发商的金额仅包括部分土地成本、直接成本和利息方面的支出。诸如管理费用和贷款费用等其他一些债务必须在开发过程中支付。再如销售佣金、房地产税以及综合行政费用都无法作为开发贷款的一部分获得融资，也必须由开发商从每笔销售收入中保留现金进行支付。

表 17－16 可以帮助我们更好地了解兰科在整个项目期间解决现金需求的能力。在结算时和第一季度，兰科的现金流量将为负值。但从第二季度到第八季度，现金流量将为正值。正是在此期间，有关成本、销售、利率以及偿付条件的估算对兰科和米德市双方来说都至关重要。如果开发所需的时间超过了最初的估算时间，如果实际开发成本超过了估算成本，或者销售情况不如预期，那么在这几个月里兰科的现金流量状况将会发生巨大的变化。同样地，如果米德市要求的豁免进度表的贷款还款额过高，那么兰科来自销售收入的现金流量就会减少，这可能会危及兰科开展项目和偿还贷款的能力。基于这个原因，米德市必须考虑兰科自身的财务状况，以避免在任何这些不利因素出现的情况下受到影响。显然，如果兰科的现金状况出现问题，则兰科将不得不从其自有资金中提供运营资金以成功完成项目的出售，通过这种方式分担部分风险。为了分析兰科提供运营资金的能力，如有必要，米德市将全面审查该公司的利润表和资产负债表，并可能要求兰科在作为贷款担保的土地之外提供额外的贷款担保或保证。

最后，以表 17－16 提供的数据为参考可以看到，直到项目的后几个季度，兰科的现金流量才显著得以实现。这样的进度安排始终与项目期间承担风险的模式是一致的。由于贷款人投入了前期资本，他希望在项目成熟时能获得从销售收入中得到优先偿还的保证。这样，兰科就必须等到贷款人的优先受偿权得到满足后才能实现收益。然而，从开发商兰科的角度来看，随着实际开发的进行，项目的价值得到了增加，其在项目中的权益也会随之增加。因此，兰科的大部分收益往往产生于项目的后期阶段。

**表 17－16　　开发商的现金流量表　　单位：美元**

| 季度 | 结算 | (1) | (2) | (3) | (4) | (5) | (6) | (7) | (8) |
|---|---|---|---|---|---|---|---|---|---|
| 流入量 | | | | | | | | | |
| 销售额 | | 0 | 387 600 | 780 900 | 780 900 | 1 419 300 | 1 419 300 | 1 026 000 | 1 026 000 |
| 贷款支取额 | 1 019 200 | 1 965 600 | 655 200 | 0 | 0 | 0 | 0 | 0 | 0 |

续前表

| 季度 | 结算 | (1) | (2) | (3) | (4) | (5) | (6) | (7) | (8) |
|---|---|---|---|---|---|---|---|---|---|
| 利息支取 | ____ | 50 604 | 95 717 | 100 466 | 86 274 | 66 985 | 37 687 | 10 375 | 0 |
| 总流入 | 1 019 200 | 2 016 204 | 1 138 517 | 881 366 | 867 174 | 1 486 285 | 1 456 987 | 1 036 375 | 1 026 000 |
| 流出量 | | | | | | | | | |
| 土地购买 | 2 400 000 | | | | | | | | |
| 成交成本 | 100 000 | | | | | | | | |
| 贷款费用 | 122 643 | | | | | | | | |
| 本金 | | 0 | 282 349 | 568 850 | 568 850 | 1 033 896 | 1 033 896 | 600 268 | 0 |
| 直接成本 | 19 200 | 1 965 600 | 655 200 | 0 | 0 | 0 | 0 | 0 | 0 |
| 利息费用 | | 50 604 | 95 717 | 100 466 | 86 274 | 66 985 | 37 687 | 10 375 | 0 |
| 管理费用 | | 26 250 | 26 250 | 26 250 | 26 250 | 26 250 | 26 250 | 26 250 | 26 250 |
| 房地产税 | | | | | 43 750 | | | | 43 750 |
| 销售费用 | ____ | 0 | 19 380 | 39 045 | 39 045 | 70 965 | 70 965 | 51 300 | 51 300 |
| 总流出 | 2 641 843 | 2 042 454 | 1 078 896 | 734 611 | 764 169 | 1 198 096 | 1 168 798 | 688 193 | 121 300 |
| 净现金流量 | (1 622 643) | (26 250) | 59 621 | 146 755 | 103 005 | 288 189 | 288 189 | 348 182 | 904 700 |

开发商 *IRR*=16.64%（季度现金流的 *IRR* 数据乘以 4）

*NPV*（折现率为 15.00%）=40 056 美元

### 17.5.1 项目的内部收益率和净现值

到目前为止，我们已经对格雷森项目的经济可行性进行了粗略估算。此前我们估算过，如果项目开发工作已完成并出售了所有土地，那么项目的市场价值为 6 840 000 美元，而估算的成本为 6 353 283 美元。由此可知，总收入和总成本之间存在一个毛利。尽管存在毛利，但是与项目开发与销售有关的现金流入和流出并不会立刻发生。因此，必须考虑到货币的时间价值。在格雷森项目中，我们估算在贷款利率 12%上有一个至少 3%的风险溢价，或者说 15%，可能正是此时兰科愿意接受的权益投资税前收益率。[①] 将这一利率运用到表 17-16 中的季度净现金流量中，就可以得到净现值为 40 056 美元。这一数字表明该土地开发项目在经济上是可行的，并且可以满足兰科所要求的收益率。[②] 用另一种方法来表述，根据在我们的分析中使用的假定，兰科在为该土地支付 240 万美元的成本后仍然可以得到正的净现值。最后，再次使用表 17-16 中的现金流量，我们可以发现项目的内部收益率（*IRR*）为 16.64%。正如所预期的那样，由于净现值为正，项目

① 15%的年化利率，按季度复利计算可得，是用于进行折现的利率。这个折现率表示兰科作为一家开发公司或持续经营的公司必须取得的收益率和与该项目相关的所有直接或间接费用净值。它也代表兰科所有者或股东的收益率。

② 因为预算显示项目净现值为正，这说明兰科可以支付略高于 240 万美元的价款且仍能取得所要求的收益。但是，如果土地出售方愿意以 240 万美元的价格成交，那么兰科将得到更多收益（假设所有预测均实现）。买卖双方之间对于土地价格的定价之所以会出现差额是因为双方对未来开发收入的预期不同，或由于双方拥有的信息（例如市场知识）不同。你现在应该看到，本章中展示的图表可以用电子表格链接起来，并且可以通过计算机执行各种“假设”场景或模拟分析。

的内部收益率超过了兰科要求的内部收益率 15%。

**Web App**

《今日土地可持续发展》(www.sldtonline.com)是一个在线出版物,致力于向包括开发商、规划师、勘测师、土木工程师、景观设计师和建筑师在内的土地开发专业人员传递新闻和观点,使他们在当今的动态环境中能够取得成功。去这个网站找一篇与土地开发相关的文章。写一篇文章的摘要。

### 17.5.2 企业利润

在前面的章节中,我们注意到正如兰科所预测的那样,格雷森项目产生的收入将支付所有成本,并且当用所要求的收益率(在本例中假设税前收益率为 15%)对发生的现金流量进行折现时,会得到一个大约 40 000 美元的正净现值。当做出这一估算时,所有与开发成本有关的费用,尤其是兰科的所有员工、行政人员和其他主管所支出的一般营业费用,都应在表 17-6 中有所体现。我们进行分析的目的在于对净现金流量做出估算,用以评估兰科在格雷森项目上投资的 2 262 231 美元能否实现 15%的税前收益率。这个要求的收益率应该看作兰科必须获得的最低收益率,利用这个最低收益率可以判断把资金分配给该项目是否合理。

一些房地产界的专业人员在预测净现金流量时,还会将开发商利润或企业利润(entrepreneurial profit),比如 10%或 15%,作为额外的开发成本列入进去。然后对净现金流量以权益所要求的收益率进行折现。做这项处理时,需要注意避免对利润进行"双重"计算。因为可能已经包括了开发商的利润,同时又根据包括了开发风险溢价所要求的收益率进行折现,这样其实对利润进行了重复计算。我们已经在预测中明确地包括了与土地、劳动力和资本相关的所有成本,并且没有将作为开发额外成本的价格提高或开发商估算利润包括在内。因此,该项目 16.64%的预测收益率包括了对兰科开发该项目的企业能力的报酬。

### 17.5.3 敏感性分析

以上分析表明,由于兰科估算出的净现值为正,所以 2 400 000 美元的土地价格是合理的。事实上,这个分析还表明,根据用来对该项目进行预测的假定,兰科实际上可以支付略高的价格且仍然能获得所要求的 15%的收益率。但兰科还应该进行敏感性分析,以确定在购买土地前这一收益率对市场价格降低、开发时间延迟、成本超支、利率升高等问题的反应敏感程度。我们已在上一章对这个分析进行了讨论,该方法适用于土地开发,也同样适用于房地产项目开发。

## 总　结

本章主要论述了土地的开发,涉及了购置土地,以便在土地上进行设施建造和场地装修，然后将部分或全部已开发土地转售给项目开发商，或者在住房建设情况下，转售给住房建筑商。我们对土地开发的讨论还扩展了前一章中介绍的许多概念。这些概念涉及为项目开发进行融资。学习了这两章之后，读者应该可以很好地了解整个开发过程，包括建设和土地开发贷款的机制。

## 关键术语

| | | |
|---|---|---|
| 购置和开发成本 | 量体建造 | 完工担保债券 |
| 支取 | 企业利润 | 延期协议 |
| 可行性研究 | 扣留金 | 土地开发 |
| 豁免价格 | 豁免进度表 | 期权合约 |
| 全包 | | |

## 参考网站

www. uli. org——城市土地研究所的使命是在土地利用方面提供负责任的领导，以改善整个环境。该网站还提供关于当前行业内金融趋势的问题。

www. bizloan. org——该网站提供关于项目开发使用的不同类型贷款的信息，包括术语表。

www. census. gov——美国人口普查局网站。

www. icsc. org——国际购物中心协会网站。

www. economy. com——一家经济数据提供商。

www. bls. gov——美国劳工部网站。

www. bea. gov——美国商务部经济发展局网站。

www. claritas. com——该网站提供人口统计和详细的人口普查数据。

www. axiometrics. com——一家为公寓领域提供基础房地产研究的公司，重点关注公开交易的房地产投资信托基金所持有的投资组合的表现。

www. demographia. com——在该网站上可以找到有关全世界不同市场的人口统计信息。其主要特点是提供了国际住房负担能力排名、各类调查、各类经济报告以及与房地产相关的各类趋势信息。它也是一个很好的查询房地产相关法规和政策的网站。

www. fedstats. gov——这是由联邦政府赞助的网站，可以用来查找美国不同州的相关人口统计信息，是通向美国 100 多个联邦机构统计数据的门户网站。

## 问　题

1. 土地开发过程如何实现专业化？这一过程与前面章节介绍的项目开发有什么不同？
2. 什么是期权协议？怎样将其运用于土地购置过程中？使用这些期权时开发商应当注意哪些方面？土地期权中可能包括哪些附带条款？
3. 开发商在购买土地时应当考虑哪些自然因素？在确定应该支付的价格时应当如何把这些因素考虑进来？
4. 在土地开发项目中，为什么贷款人要求贷款偿还率高于销售收入的速度？什么是豁免价格？
5. 分别从开发商和贷款人的角度来看，双方各自有什么特有风险？

## 习　题

1. 参考概念框 17.1。一项修正后的市场研究显示：标准内装地块单价预计为 103 000 美元，高级内装地块单价预计为 118 000 美元，角落地块单价预计为 125 000 美元；平均每个地块的开发成本变为

71 000 美元；管理费用仍然为总收入的 12.5%。

a. 是否还能维持总成本基数上 18%的收益率？

b. 假设开发商要求在总成本基数上实现 21%的收益率，那么支付的土地价格应该是多少？

2. Treetop 联合集团（TAG）正在为 147 块住宅土地的购置和开发进行融资。购买该土地将耗资 150 万美元，TAG 估算直接开发成本另需 2 700 000 美元。城市联邦银行将为其提供一笔利率为 11%、另需 3%贷款发放费用的贷款，为 40%的土地购置成本、100%的直接开发成本和利息提供资金。

TAG 计划开发两种类型的地块：标准型和豪华型。其中标准型地块占总土地面积的 87%。此外，TAG 为标准型地块定价 36 000 美元，而豪华型定价高于前者 2 000 美元。估算项目总收入为 5 412 000 美元。在为土地支付了 60%的首付款和 50 000 美元的贷款结算成本后，剩下的开发成本将按前 3 个月每月 600 000 美元、后 3 个月每月 300 000 美元的额度进行支取。预计地块销售将从结算后的第 4 个月开始。TAG 预计在第 1 年剩下的时间里，每个月可出售 3 个标准型地块和 4 个豪华型地块，并且在第 2 年每个月可出售 5 个标准型地块和 2 个豪华型地块。

该公司与银行协商制订了偿还计划，其中贷款将按照比销售收入速度高 20%的比率进行偿还。这就是说，在实现大约 83.33%的全部销售收入时，每个地块的贷款和利息便可偿还完毕。需要考虑的其他成本包括销售费用（按季度支付，为该季度地块销售收入的 5%）、每季度 7 500 美元的综合行政费用和每年末 19 000 美元的房地产税。

a. 每种类型地块的豁免价格各是多少？

b. 估算 TAG 包含利息在内的总贷款金额。

c. 基于（b）的结果和贷款支取模式编制一个偿还进度表，说明 TAG 何时将偿清所有贷款。项目贷款的现金支付总额是多少？

d. 开发项目总成本应该是多少？其中多大比例可以获得融资？

e. 如果 TAG 所要求的税前收益率为 15%，那么该项目的净现值和内部收益率各是多少？（提示：以季度为基础进行对整个项目期间的现金流量分析。）

3. Lee 房地产开发公司发现一块土地，预计可以进行 75 套住宅建设。该公司认为可以按照 225 000 美元的价格购买该土地，外加 775 000 美元的直接开发成本。得克萨斯州拉斯特国民银行愿意为 100%的改建费用和利息费用发放贷款。该笔贷款的利率为 13%，另加 3%的贷款发放费用。Lee 公司认为在把土地分为豪华型和标准型两类地块的情况下开发销售的速度将更快，其中标准型地块占总面积的 57%。

Lee 公司的营销人员估计豪华型地块的售价将为 24 000 美元，标准型地块的售价将为 13 500 美元。该公司估算直接成本的支取将被分为四等份，其中第一次支取发生在贷款结算时。其他先期费用包括贷款结算费用 10 000 美元和 3%的贷款发放费用（未包含在贷款额中）。销售主管预计，有望在第 4 个月开始销售活动，在 3 个月内每月可销售 5 个标准型地块和 4 个豪华型地块。接下来的 6 个月中每月可出售 7 个标准型地块和 1 个豪华型地块。得克萨斯州拉斯特国民银行希望能提前得到贷款，并且希望该公司同意签订一个每个地块的豁免价格，这将使贷款偿还速度高出预期销售收入速度 25%。需要考虑的其他相关成本还包括：销售费用（按季度支付，为该季度地块销售价格的 5%）、每季度 11 000 美元的综合行政费用以及 7 000 美元的房地产税。后面这些成本项目无法从贷款中获得资金。

a. 编制 Lee 公司的月度销售总额计划表。该公司的总收入将是多少？该公司需要几个月才能偿清贷款？

b. 从贷款中可以获得多少资金来支付利息？每种类型地块的豁免价格是多少？估算贷款偿还进度表。Lee 公司需要支付给得克萨斯州拉斯特国民银行的现金总额是多少？

c. Lee 公司的必要收益率是多少？如果 Lee 公司所要求的权益收益率为 18%，该公司是否应该进行该项目？（提示：以季度为基础进行对整个项目期间的现金流量分析。）该项目的内部收益率是多少？

4. **Excel**。参考习题 3 和网站提供的 Excel 工作簿中的“Ch17 Land Dev”。改变其中的假设来解答习题 3，并回答下列问题：

a. 根据以下不同贷款偿还速率情况下的贷款偿还进度表，确定豁免价格：贷款偿还速率分别高于取得销售收入速度的 0、10%和 30%。（注：最初问题假定偿还速度高 25%。）

b. 按加速还款率为 0 时，贷款正好在最后一个地块出售时完全偿清，编制一份贷款偿还进度表。

c. 计算在（a）中各个速率情况下贷款人的内部收益率（贷款实际成本）。

# 第 6 部分

# 房地产融资与投资工具选择

# 第 18 章 结构化房地产投资：组织形式和合资企业[①]

## 18.1 概 述

在第 1 章中，我们讨论了所有权可以从卖方转移到买方的方式以及确保有效的方式。随后的许多章节都讨论了与房地产所有权有关的风险和回报。但是到目前为止，我们还没有讨论具体可以用什么法定形式来获得房地产。法定所有权是指经政府和法院认可，具有法定权利的法人。

所有法定所有权实体必须采用以下形式之一：独资企业、合伙企业、有限责任公司（LLC）或公司。在本节中，我们将讨论每个法律实体，重点介绍如何将每个法律实体用于房地产投资。

### 18.1.1 独资企业

独资企业（solo proprietorship，又称“个人独资企业”）是由一人组成的所有权实体，不需要任何手续或成本来建立独资企业。它是在一个人开始做生意时创建的。经营活动的收入、支出、利润和损失都在个人报税表上报告，由于没有其他人涉及业务，所以不存在管理冲突。

独资经营者具有无限责任。个人可能损失的不仅仅是自己的股权投资，因为法院可以追查个人资产以做出判决。独资经营者也可能难以筹集资金或获得投资资金。

---

① 笔者感谢保诚房地产投资公司研究部主任梁友国（音译）在撰写本章时给予的帮助。

独资经营可用于房地产投资，因为个人可以在不需要组建和维护公司的情况下进行投资。也可能有税收优势，因为收入和损失流向投资者的个人所得税项目（例如，投资者可以使用任何损失抵消其他应纳税所得额）。然而，独资企业可能并不是理想的房地产所有权形式，尤其是在投资变得更加复杂的情况下，这是由于相关的个人责任，难以筹集资金以及不能在多种房地产之间进行多样化投资。

### 18.1.2 合伙企业

合伙企业提供了一个以上的人共享一个或多个房地产所有权的法律机制。两种主要的合伙关系是普通合伙企业和有限合伙企业。

**普通合伙企业**

普通合伙企业（general partnership）是由不止一个人组成的所有权实体。除非合伙协议另有规定，否则每个成员均为普通合伙人，并有分担管理责任的平等权利。普通合伙人可以是自然人或其他商业实体。需要管理一般的伙伴关系，但不需要手续或成本来建立普通合伙企业。这是当两个或两个以上的人作为一家企业的共同所有者来盈利时创建的默认合伙形式。潜在的合作伙伴在进行任何商业活动之前均应咨询律师，以决定需要何种形式的所有权实体，避免在他们可能倾向于形成一种不同类型的所有权工具时无意地建立普通合伙企业。如果需要一家普通合伙企业，律师可以帮助起草一份合伙协议，这个合伙协议可以解决利润分享、管理责任和合伙终止等问题。

普通合伙企业是税收转嫁的实体。合伙企业向美国国税局报告合伙企业的收入情况，但不纳税。合伙企业提交的纳税申报表仅具有报告功能。所有来自经营的收入、利润和损失都在个人合伙人的报税表上报告。

普通合伙企业的一个显著缺点是，每个合伙人对于合伙企业的任何法律或财务责任都承担无限责任。每个合伙人都是合伙企业的代理人，所以如果一个合伙人经营业务，所有其他合伙人都必须为其与第三方的交易负责。此外，每个合伙人都应对全部合伙债务承担责任，无论每个人在合伙企业中投入的金额如何。

房地产所有权以合伙企业的名义持有。每个合伙人都持有合伙企业的股份，但不拥有房地产本身的份额。如果某一合伙人在离婚、死亡或遭遇财务困难的情况下需要流动资金，这可能成为一个问题。此外，由于普通合伙企业的所有者权益被视为个人财产，因此不符合 IRC 第 1031 条的互换条件（如第 14 章所述）。

除非合伙协议另有约定，否则普通合伙企业的生命有限，并随其中一位合伙人的死亡、残疾或退出而终止。如果需要的话，合伙协议可以指定合伙结束的日期。投资者应该确定合伙企业的寿命足够长，足以完成投资周期，比如在处置之前翻新和租赁房地产。

普通合伙关系通常由合资企业和其他战略联盟公司所采用，因为这些公司已经享有有限责任公司（LLC）、有限责任合伙企业（LLP）或公司（下文讨论）的有限责任。通过选择实体增加另一层次的有限责任不会给这些公司带来更多的保护，因此它们选择建立普通合伙关系，因为其易于管理且成本低廉。

然而，一般不建议寻求形成一个商业实体投资房地产的个人群体建立普通合伙企业，主要是由于每个合伙人的无限责任。

**有限合伙企业**

有限合伙企业（limited partnership，LP）是由至少一个普通合伙人和一个或多个有限合伙人组成的法定所有权实体。各州通常对有限合伙企业进行规范，合伙企业必须注册为有限合伙企业，以避免无意间建立普通合伙企业。LP 将有一份合伙协议，该协议规定每个合伙人的责任，以及他们如何分享合伙企业的利润。创建 LP 的注册费和律师费可能是昂贵的，在组建时应予以考虑。

LP 的一个主要特点是其有两个不同类型的合伙人。LP 中的普通合伙人负责合伙企业的所有业务管理，与普通合伙企业的合伙人基本上具有相同的法律地位，因为他们承担无限的法律和财务责任。普通合伙人决定是否和何时出售房地产、再融资贷款等。相对地，有限合伙人是不参与日常管理的被动合伙人，责任有限。类似公司股东这样的有限合伙人所承担的责任仅以其投资的资金为限，对普通合伙人的行为不承担法律责任。有限合伙人的投资是被动行为，因此受到第 11 章讨论的消极损失限制规定的影响。普通合伙人和有限合伙人之间可能存在利益冲突，因为诸如什么时候出售房地产的决定可以带来不同的税收后果，有限合伙人在这个决定中没有发言权。

LP 是转嫁税收的实体，与普通合伙企业一样，LP 提交纳税申报表，但所有运营的收入、利润和损失都在个人合伙人的纳税申报表上报告。任何现金分配在被分发给合伙人时均不需要缴税。

像普通合伙企业一样，房地产的所有权以 LP 的名义持有。每个合伙人都拥有合伙企业的权益，但不包括房地产本身。如果某一合伙人在离婚、死亡或遭遇财务困难的情况下需要流动资金，这又可能成为一个问题。合伙企业的权益通常按合伙人在基础财产中的比例折扣出售。由于合伙企业的所有者权益是个人财产，因此不符合 IRC 第 1031 条的互换条件。

LP 有有限的生命，不同于公司。合伙协议必须规定合伙结束的日期。投资者应该确定合伙企业的寿命足够长，足以完成投资周期，比如完成一个开发项目，完成出租和出售。

LP 可以通过拥有一个或多个普通合伙人来有效地进行房地产投资管理，而大部分权益资本来自被动投资者，这些投资者具有有限合伙人的有限责任。在组建任何类型的所有权实体之前都应该咨询律师，但是，有限责任的适用范围已经扩大到了这样一个地步：即使是 LP 中的普通合伙人，也可以通过成立有限责任合伙企业或有限责任公司来代替 LP 而免于承担某些责任。

LP 的经济性将在本章后面进行更详细的讨论，因为它们经常用于合资企业，并且可以按不同比例向不同的合伙人分配现金流和税收优惠，以满足相关各方的需求。

### 有限责任合伙企业

有限责任合伙企业（limited liability partnership，LLP）是由州监管的合法所有制企业。它由任意数量的有限合伙人组成。有限责任合伙企业通常被专业机构如律师事务所或建筑师事务所所使用，而在某些州，如加利福尼亚州和纽约州，只有专业机构才可以组建 LLP。像其他合伙企业一样，LLP 的主要文件是合伙协议。注册费和律师费可能非常昂贵，在组建时应予以考虑。

与普通合伙企业一样，LLP 的每个合伙人都负责合伙企业的业务管理。有限责任的范围在各州之间可能有所不同，但通常每个合伙人承担的责任仅限于其自己的投资，不对其他合伙人的行为承担责任。

与我们讨论过的其他类型的合伙关系一样，这种合伙企业提交的纳税申报表仅具有报告功能。所有来自经营的收入、利润和损失都在个人合伙人的纳税申报表上报告。任何现金被分配给合伙人时均不需要缴税。即使合伙人的责任有限，消极损失规则也不适用，因为每个合伙人都有管理权。

像所有合伙企业一样，房地产所有权以有限责任合伙企业的名义持有。每个合伙人都对合伙企业拥有权益，但不对房地产本身拥有权益。与普通合伙企业和有限合伙企业形式一样，如果某一合伙人在离婚、死亡或遭遇财务困难的情况下需要流动资金，这可能成为一个问题。此外，由于合伙企业的所有者权益被视为个人财产，因此不符合 IRC 第 1031 条的互换条件。

与典型的普通合伙或有限合伙企业不同，LLP 通常没有明确的存续期。合伙人的死亡或残疾不会终止合伙关系，所以在这方面更像是公司。由于每个合伙人的有限责任，LLP 可以成为房地产投资者的有效所有权实体。

### 18.1.3 有限责任公司

有限责任公司（limited liability company，LLC）是一种相对较新的法定所有权形式。1988 年，美国国税局正式批准了有限责任公司的结构，现在每个州都已经批准立法，使 LLC 的组建和运营成为可能。LLC 几乎可以提供有限责任合伙企业的所有优势，特别是在合伙人的有限责任方面。它还拥有额外的管理灵活性，允许一些成员成为被动投资者。然而，如果州法律对 LLP 提供的有限责任比 LLC 更有限，或者现有的普通合伙企业正在寻求改变实体的地位，那么 LLP 可能优于 LLC。从普通合伙企业到 LLP 的转换，比转为 LLC 更容易，成本更低；在一些州，从普通合伙企业转为 LLC 是应税事件，而转为 LLP 则不是应税事件。另一个考虑因素是有些州对 LLC 有强制性的保险要求，这可能进一步增加维护 LLC 的成本。

在一些州，一个人可以注册为有限责任公司，而在其他州至少需要两个成员。有限责任公司的成员人数没有限制。为了注册为有限责任公司，公司必须向州提交组织章程。一个概述成员之间的关系和责任的操作协议，是有限责任公司的基本要求。设立有限责任公司的注册费用和律师费用可能很高。有限责任公司往往被错误地称为有限责任企业而不是有限责任公司。涵盖有限责任公司的法律因州而异。这可能会影响在某个州成立的有限责任公司在另一个尚未注册的州开展业务的能力。此外，由于有限责任公司是最近的创新，与有限责任公司有关的法律相对来说有待完善。

有两种类型的有限责任公司可供使用：（1）成员管理和（2）经理管理。在成员和经理共同管理的有限责任公司中，包括管理合伙人在内的所有成员都享有有限责任。成员管理的有限责任公司的功能与有限责任合伙企业非常相似，因为所有成员在业务运营和管理决策方面拥有同等的权利。所有成员都有权签署支票、签订合同或以其他方式对有限责任公司进行法律约束。

在经理管理的有限责任公司中，建立了一个类似于公司的双层体系。管理者被指定对有限责任公司的业务运作进行管理，而成员则像股东一样拥有所有权而没有管理责任。经理可以是有限责任公司的成员，也可能是外部经理。经营协议规定了经理的责任和义务，包括投票程序。经理管理的有限责任公司的成员可以是日常参与者，但他们在管理决策中没有发言权。贷款人有可能成为有限责任公司的成员以换取更有利的融资条件，从而使贷款人在没有承担管理责任的情况下获得有限责任公司运营方面的发言权。

有限责任公司可以选择作为合伙企业纳税，从而享受转嫁税收的好处。应税收入或损失通过个人投资者缴纳，有限责任公司仅提供信息性纳税申报表。有限责任公司也具有相当大的结构灵活性。有限责任公司允许不同类别的投资者之间有不同比例的利益分配。对公司董事会、年度会议或其他方面没有要求。然而，有些州可能要求有限责任公司的特许经营权或缴纳资本利得税，这实质上是有限责任和增加灵活性的费用。

与合伙企业一样，房地产的所有权以有限责任公司的名义持有。每个成员都拥有有限责任公司的权益，但不拥有房地产本身的权益。如果需要流动资金，这可能成为一个问题。此外，由于有限责任公司的所有者权益被视为个人财产，因此不符合 IRC 第 1031 条的互换条件。

避税的灵活性、有限责任和管理结构的灵活性使得有限责任公司成为越来越普遍的所有权主体选择，特别是在商业投资房地产的所有权方面。随着有限责任公司管理灵活性的发展和提高，它普遍取代了有限责任合伙企业作为寻求有限责任和转嫁税负的首选工具。然而，当现有的一般或有限合伙企业试图改变形式以获得更多有限责任时，组建有限责任合伙企业而不是有限责任公司可能更有意义，因为在一些州，从合伙企业改为有限责任公司是应税事件，而改为有限责任合伙企业不是应税事件。

### 18.1.4 公　司

最后我们将要讨论的所有权结构是公司。有两种类型的公司可以用于房地产：C 公司和 S 公司。

**C 公司**

C 公司（C corporation）是由一个或多个股东拥有并由董事管理的合法和应税实体。股东可以是自然人或其他商业实体。C 公司的地位是由各州授予的。公司向州政府提交公司章程和细则，章程规定了公司的运作规则。C 公司的组建和运营可能是昂贵的，因为需要组织费用和其他大量的前期成本。其他运营成本包括向州和联邦政府提交季度和年度报告的成本。

C 公司为股东提供有限责任，股东所承担的责任仅限于其权益投资。股东对公司的债务不负责任。C 公司的另一个主要优势是它们能够获得资金。如果一家公司的股票流动性很强，则其比房地产本身更具活力，特别是在公开交易的 C 公司中。一家公司也可以享有生命的连续性，因为公司不会因任何股东、董事或管理者的死亡而终止。

C 公司的一个缺点是它能不转嫁税负。C 公司根据其收入纳税，股东随后对所收到的任何股利纳税。同样，C 公司也不能将损失转嫁给个人股东。但是，C 公司可以有自己的收入。C 公司的所有者权益被视为个人财产，因此不符合第 1031 条互换的延期税收优惠。由于存在双重征税和亏损无法传递给投资者的问题，C 公司通常不被商业房地产集团用作投资所有权结构。

**S 公司**

S 公司（S corporation）是一个法人实体，可以由一个或一组投资者拥有。公司在成立时必须选择成为S公司，并且必须：

- 不超过100个股东；
- 没有公司作为股东（股东必须是个人）；
- 没有非居民外国投资者；
- 发行的股票不超过一种类型。

如果这些要求得到满足，S公司可以选择作为合伙企业纳税，从而避免双重征税，并允许经营收入、利得和损失被传递给个人投资者。但是，如果一个或多个要求不符合，S公司的不可撤销实体地位可能受到威胁。S公司的地位是由各州授予的。像C公司一样，S公司必须向州政府提交公司章程和细则。S公司的成立可能会很昂贵，因为组织费用和其他前期成本可能很大。由于必须保留详细的记录，包括对每个股东的资本账户进行会计处理，运营成本也可能很大。

S公司为股东提供有限责任，股东所承担的责任仅限于其权益投资。股东对公司的债务不负责任。S公司一般也有很好的资金渠道，因为S公司的股票的流动性较好（由于S公司的严格的操作要求，其股票的流动性不如C公司的股票）。S公司的所有者权益被视为个人财产，因此不符合第1031条互换的延期税收优惠。生命的延续也适用于S公司，因为它的生命不会因任何股东、董事或管理者的死亡而结束。

S公司可以成为房地产投资的一个不错的选择，特别是其能够转嫁税负。当公司提供足够的服务时，S公司可以用于投资租赁房地产的所有权。但是，如果租赁房地产的管理属于消极性质，如净租赁一样，S公司有可能要缴纳联邦所得税。如果连续3年消极收益超过其总收入的25%，该公司可能会被终止。

## 18.2 合资企业

合资企业（joint ventures，JV）至少由两方组成，目的是实现具体的投资目标。与其他许多商业协议不同，当目标达成后，合资企业通常会被终止。尽管可能的房地产投资目标的范围非常广泛，但是合资企业通常围绕以下一个或多个属性形成：

（1）风险分担。由于投资的规模、地点、资金需求和/或期限等因素，单个投资者可能不愿意进行房地产投资。但是，通过分担风险，两个或更多方可能愿意承担风险。

（2）将专业知识与资本相结合。合资企业经常作为从一个或多个来源合并权益资本的一种方式，也是一种将具有不同专业知识的各方带到合资企业的手段。例如，具有开发专业知识和/或管理房地产投资运营能力的一个合伙人与愿意投资的其他合伙人一起加入该合资企业。合资企业也可能涉及购买现有的房地产并运营。在这种情况下，其中一方可能负责收购、租赁和管理，其他方可能提供资金。在本章的大部分讨论中，我们将把开发者/运营者称为负责开发/运营房地产的合伙人。我们把贡献大部分资本的一方称为投资合伙人或者货币合伙人。

（3）投机性的目标。这可能涉及收购一大片尚未开发的土地，预期这些土地在许多年内都不会准备好进行开发。事实上，土地的使用、改进等的确切方案可能是不确定的。这样的投资可能不会吸引单个投资者，而多个投资者可能会感兴趣。

### 18.2.1 组织形式

合资企业的参与者可以包括个人投资者、合伙企业、公司或信托的任何组合。但是，合资企业本身并不是一种合法的组织形式。为了规定出资、权利、义务、利益分享等，必须建立合资协议或商业实体。用于容纳这些不同投资者群体的组织形式的选择可以是合伙企业、公司或信托。在本章中，我们将重点关注合伙企业，这些合伙企业常常是房地产合资企业的首选工具。

### 18.2.2 利润分享

因为合资企业各方可能有不同的贡献，而且可能有不同的比例，所以合伙企业的结构必须为各方提供经济激励。投资者税收状况的差异也可能影响合资企业的结构。

合资企业可以采取多种不同的合伙形式。最常见的是有限合伙企业。与所有合伙企业一样，必须至少有一个普通合伙人和任何数量的有限合伙人。一般来说，在房地产业中，有限合伙人是提供大部分权益资本的投资者，而普通合伙人则通常负责管理合伙企业资产，可能只贡献相对较小的所需权益资本。有限合伙人在合资企业管理方面一般受到很大的限制，其个人责任是有限的，因此是有限合伙人。这将在本章后面进行更详细的讨论。在决定如何组建合资企业时，潜在投资者通常会考虑以下因素：

- 将来各方将有多少初始资本？如果将来需要，各方将如何提供额外的资本？
- 各方将如何分享经营房地产产生的年度现金流量？
- 双方如何分享出售房地产所得的现金流量？
- 一些当事人会得到优先的回报吗？优先回报是从年度现金流量还是从销售中支付？
- 应税收入（或亏损）和资本利得（或亏损）是否按照经营性现金流量分配的相同比例分摊？①
- 谁可以控制房地产的运作和涉及资本改良、批准租户的租赁、融资和可能的房地产再融资以及何时出售的决定？

## 18.3 初始资本贡献

如上所述，合资企业往往是有动力的，因为其中一方可以提供资金，另一方可以提供专业知识。投资合伙人可能是一个富有的个人投资者，也可能是专业投资经理，他们从想要投资于房地产却没有专业知识的投资者那里筹集资金。货币合伙人通常对投资多样化更感兴趣，通常不具备开发或管理房地产的意愿和专业知识。②

例如，初始资本贡献（initial capital contribution）可以分配如下：货币合伙人可以

---

① 我们会看到，“特殊分配”会导致合伙人应税收入（或损失）以及资本利得（或损失）不同于其所收到现金流量的比例。

② 货币合伙人的例子可以包括养老基金和高资产值的个人，他们可以获得资金，但在采购、谈判和房地产管理方面的经验有限。

为风险投资提供所需资本金的90%～95%，开发商/经理可以提供剩余的5%～10%。即使一个合伙人可以提供专业运营知识，他通常也会提供一些资金，以便与投资合伙人达成财务利益的一致性。对于开发商/运营商以及货币合伙人的回报通常在某种程度上是“一致的”，因为这两者在合资企业中都有一些投资风险。由于开发商/运营商正在提供日常的运营专业知识，其往往会获得初期投资一定比例的现金流量。这通常为开发商/运营商提供促进投资成功的动力。需要指出的是，正在推进项目的开发商/经理可能会接触很多合作伙伴，试图找到一些感兴趣的人。因此，权益出资、费用和利润分享之间的关系将在权益资本市场上被竞争性地推动。

## 18.4　经营性现金流量的分配

经营房地产获得的现金流量（*NOI* 减债务）进行分配的一种方式是与资本投资成比例分配。例如，如果开发商提供10%的所需权益资本，他将获得10%的现金流量。这被称为现金流量的非累积同权益分配（noncumulative pari passu distribution）。然而，货币合伙人和经营合伙人更为普遍的是不按比例分配现金流量和房地产增值［一个常见的例子是投资合伙人接受现金流量的优先分配（preferred distribution），而经营合伙人获得更多份额的房地产增值］。例如，投资合伙人可能获得以8%的初始投资收益率计算的优先回报（preferred return）。因此，如果他们投资100万美元的权益资本，由于房地产产生现金流量，他们将获得第一笔8万美元（100万美元的8%）。在向投资合伙人进行资本分配之后，开发商/经营者在获得足够的分配资金时也可以获得相当于初始投资8%的现金。只要资金充足，任何剩余的现金流量都可以按照初始贡献的比例分配，或根据其他一些商定的百分比分配。例如，剩余的现金流可以平分（各获得50%）。在这种情况下，开发商/运营商可能只投入了5%的资本，但在初始分配后将获得剩余50%的现金流量，作为运营绩效的激励（promote）。

8%的优先收益（在本例中使用的）可以是累积或非累积的。累积分配（cumulative distribution）意味着如果任何一年的资金总额不足以给予投资合伙人优先收益，那么今年的责任将延续到下一年。在这些情况下，在接下来的几年里，投资者将收到前几年应该支付的资金，然后开发商/运营商开始从现有业务中收取剩余现金。所有累积的优先收益的拖欠还可能有利息地转入下一个经营期。

除了以上述方式之一获得净现金流的份额之外，运营或开发合伙人还可以收取提供这些服务的费用。例如，向监督项目开发的一方支付费用（例如，开发费可能是硬成本和软成本的4%）。[①] 管理费也可以用来监督项目运营后的日常管理（例如，管理费可能是有效总收入的3.5%）。[②] 这些费用反映了所执行服务的费用，与投入资本的数额无关。事实上，如果这些工作是由合资企业外包的，这些费用一般都要支付给第三方。

---

① 正如第16章和第17章所讨论的，硬成本通常由材料和劳动力的成本构成，而软成本包括建筑师、工程师、评估师、律师等的费用。

② 回想一下，有效总收入被定义为租金收入减去空置和欠租损失。

## 18.5 销售现金流量的分配

直到房地产实际出售时，才能确定一个投资是否成功。到时候可以评估营运和销售现金流量是否足以为每一方提供足够的回报。当然，市场租金、房地产每年所得收入以及房地产中期评估等因素可能会为投资是否可能取得成功提供一些指引，但直到房地产被实际售出，可用于最终分配的现金才得以确定。[①]

销售现金流量的最终分配通常在偿还全部债务后进行。一般来说，在偿还债务之后通常会进行分配，使得各方首先获得等于其初始资本投资的金额。任何剩余的售后现金流量通常按预定的比例分配。其中也可能存在 *IRR* 优先（*IRR* preference），这意味着一个或多个投资者必须在其他人分享销售现金流量之前获得足够高的现金流量，从而在整个投资期内实现特定内部收益率。在这些情况下，投资者通常会在每一方获得与初始投资相等的资本后，获得 *IRR* 优先。如果在合伙人收到 *IRR* 优先之后仍有额外的现金流量，则可能会按照某个预定的比例（例如，各获得 50%）分配。

*IRR* 优先分布的细微变化被称为 *IRR* 回顾（*IRR* lookback）。在这种情况下，每一方收到与其初始投资相等的资金后，剩余的任何现金流量将按预定的比例分配，例如双方各获得 50%。但是，这种分配可能受到一个或多个合伙人必须获得特定内部收益率（如 12%）的约束。如果在 50%的分配中没有达到这个目标，分配给所有合伙人的现金，必须先给获得 *IRR* 回顾的合伙人。*IRR* 回顾与 *IRR* 优先之间的区别将在下面介绍。

**举例**

投资者资本公司（Investor Capital Inc.，ICI）已经决定与房地产开发公司（Property Developers Inc.，PDI）建立合资企业，开发和经营写字楼。该项目将需要 5 000 万美元的初始权益投资，ICI 投资 4 500 万美元，PDI 投资其余 500 万美元。

为简单起见，我们假设各方投资资本，然后参与运营，预计年末现金流如表 18－1 所示。

**表 18－1** 单位：美元

| 时间 | 经营性现金流 | 销售现金流 |
|---|---|---|
| 成立 | (50 000 000) | |
| 第 1 年 | 1 000 000 | |
| 第 2 年 | 2 000 000 | |
| 第 3 年 | 5 000 000 | |
| 第 4 年 | 6 000 000 | |
| 第 5 年 | 6 500 000 | 75 000 000 |

① 再融资也可以提供现金流，直到房地产被出售，特别是如果价值适当上升，再融资时可以借到更多的资金。

进一步假定该房地产将在第5年末出售，出售所得净收益为7 500万美元，将分配给投资者。

合资企业的合伙协议规定ICI将获得4 500万美元权益投资的5%的非累积优先收益。这意味着任何亏损都不会延续到下一年。但是，这种分配必须在PDI从运营中收到任何现金之前支付。在ICI收到其优先收益之后，PDI将获得500万美元权益投资的5%的非累积收益。任何剩余的现金流量将平分给两方。[①] 这些年度收益是通过将5%的利率乘以初始权益投资来计算的。

当房地产被出售时，销售所得将首先用于为ICI提供相当于初始权益投资的资本回收。接下来，PDI将获得相当于其初始权益投资的金额。ICI将获得足以赚取12%的权益投资内部收益率的金额。所有剩余的现金收益将五五分成。

使用上述假设，我们总结了合资企业可用的总现金流。这些在表18-2中显示。

**表18-2　由合资企业产生的总现金流**　单位：美元

| 年 | 初始权益投资 | 经营性现金流 | 销售现金流 | 合资企业所获总现金流* |
|---|---|---|---|---|
| 0 | −50 000 000 | | | −50 000 000 |
| 1 | | 1 000 000 | | 1 000 000 |
| 2 | | 2 000 000 | | 2 000 000 |
| 3 | | 5 000 000 | | 5 000 000 |
| 4 | | 6 000 000 | | 6 000 000 |
| 5 | | 6 500 000 | 75 000 000 | 81 500 000 |

*如果独立个体拥有整个投资则内部收益率为14.81%。

## 18.6　每个运营年度的现金流分配摘要

如表18-3所示，ICI的收益必须首先计算，以反映5%的优先收益，这是在PDI收到任何现金之前分配的。由于该房地产在前两年的租赁阶段，现金流量不足以提供ICI 5%的优先收益，因此，ICI将获得全部现金流，PDI将在第1年和第2年期间不会收到任何现金流。在第3年，经营性现金流总额增加至5 000 000美元。因此，ICI将获得4 500万美元的5%，即225万美元的投资收益，PDI也将获得5%的收益，投资额为500万美元，即25万美元。剩下的现金流，即250万美元，然后分给每一方50%，即125万美元。[②]

---

① 可以说，房地产开发公司正在获得40%的“激励”，因为它只投资了10%的资本，但获得了剩余现金流量的50%，多出了40%。

② 应该注意的是，如果ICI有权获得“累积优先收益”，那么在第3年将获得375万美元。这将包括第1年的125万美元的拖欠款和第2年的25万美元加上第3年的225万美元。此外，合资协议也可添加：拖欠的所有金额每年增加（复利）5%或其他特定的利息。

表 18-3　经营性现金流分配摘要　单位：美元

A. ICI

| 年 | 最初 5%的分配 | 在最初分配给 ICI 和 PDI 之后可获得现金流的 50% | 经营性现金流的总分配 |
|---|---|---|---|
| 1 | 1 000 000 | — | 1 000 000 |
| 2 | 2 000 000 | — | 2 000 000 |
| 3 | 2 250 000 | 1 250 000 | 3 500 000 |
| 4 | 2 250 000 | 1 750 000 | 4 000 000 |
| 5 | 2 250 000 | 2 000 000 | 4 250 000 |

B. PDI

| 年 | 最初 5%的分配 | 在最初分配给 ICI 和 PDI 之后可获得现金流的 50% | 经营性现金流的总分配 |
|---|---|---|---|
| 1 | — | — | — |
| 2 | — | — | — |
| 3 | 250 000 | 1 250 000 | 1 500 000 |
| 4 | 250 000 | 1 750 000 | 2 000 000 |
| 5 | 250 000 | 2 000 000 | 2 250 000 |

C. 对账（ICI 和 PDI）

| 年 | 可用于分配的现金流 | 分配给 ICI 的现金流 | 分配给 PDI 的现金流 |
|---|---|---|---|
| 1 | 1 000 000 | 1 000 000 | — |
| 2 | 2 000 000 | 2 000 000 | — |
| 3 | 5 000 000 | 3 500 000 | 1 500 000 |
| 4 | 6 000 000 | 4 000 000 | 2 000 000 |
| 5 | 6 500 000 | 4 250 000 | 2 250 000 |

## 18.7　销售现金流量

接下来，我们计算出售时各方获得的现金流量。首先，每一方都必须能够获得初始投资的回报，而 ICI 则对资本投入具有优先求偿权。在这种情况下，双方有足够的资金来获得初始投资。其次，我们确定 ICI 应该获得多少现金流以获得 12%的优先内部收益率。如表 18-4 所示，现金流量 16 801 668 美元是通过将内部收益率 12%复利到等于最初投资加上 4 500 万美元的收益时计算出来的。这就是 ICI 在剩余现金流量之前所获得的销售现金流量。

**表 18-4　　ICI 的 *IRR* 优先的计算**

| 年 | 经营性现金流的 ICI 占比 | 销售过程中 ICI 的最初投资所得 | 销售的额外现金流为达到 12%的 *IRR* 优先 | 分配给 ICI 的总现金流收入 |
|---|---|---|---|---|
| 0 | | | | −45 000 000 |
| 1 | 1 000 000 | | | 1 000 000 |
| 2 | 2 000 000 | | | 2 000 000 |
| 3 | 3 500 000 | | | 3 500 000 |
| 4 | 4 000 000 | | | 4 000 000 |
| 5 | 4 250 000 | 45 000 000 | 16 801 668 | 66 051 668 |
| | | | | *IRR*=12% |

说明：表中数据除 *IRR* 外，单位均为美元。

在解决了 ICI 的 *IRR* 优先所需的分配金额后（见表 18-4），我们现在确定在 ICI 达到 12%的 *IRR* 优先后仍有多少现金流量需要分配（见表 18-5）。

**表 18-5**　　单位：美元

| | |
|---|---|
| 销售总现金流 | 75 000 000 |
| ICI 资本回报 | −45 000 000 |
| PDI 资本回报 | −5 000 000 |
| ICI 的 *IRR* 优先 | −16 801 668 |
| 剩余资金平均分配 | 8 198 332（即双方各 4 099 166 美元） |

每个主体将获得剩余资金 8 198 332 美元的一半，即 4 099 166 美元。

## 18.8　每个合伙人的内部收益率

在所有现金流量被分配之后，我们可以计算每个合伙人的内部收益率。这在表 18-6 中显示。我们看到 ICI 将获得 13.22%的内部收益率，PDI 将实现 26.64%的内部收益率。请注意，ICI 的内部收益率高于其 12%的 *IRR* 优先，因为根据最终销售现金流量剩余分配获得额外 50%的现金流量分配。由于 PDI 的“激励”，内部收益率将达到 26.64%。（回想一下，PDI 只投资了初始权益资本的 10%，但是在所有优先支付给 ICI 之后，从运营和销售中获得了 50%的现金流。）

**表 18-6　　合伙企业到期时每个合伙人的 *IRR***

| 年 | ICI | PDI |
|---|---|---|
| 0 | −45 000 000 | −5 000 000 |
| 1 | 1 000 000 | 0 |
| 2 | 2 000 000 | 0 |

续前表

| 年 | ICI | PDI |
|---|---|---|
| 3 | 3 500 000 | 1 500 000 |
| 4 | 4 000 000 | 2 000 000 |
| 5 | 70 150 834* | 11 349 166** |
| *IRR* | 13.22% | 26.64% |

说明：表中数据除 *IRR* 外，单位均为美元。

* 第 5 年的经营性现金流=4 250 000+45 000 000+16 801 668+4 099 166。

** 第 5 年的经营性现金流=2 250 000+5 000 000+4 099 166。

应该强调的是，即使 ICI 获得了优先收益，由于剩余资金平均分配，PDI 仍然有动力使投资成功。这个例子也说明了 PDI 和 ICI 之间的关系。因为 PDI 负责发展和经营房地产，所以它有动力使投资尽可能成功。在我们的例子中，PDI 在最初的 10%的权益贡献中获得超过 26%的收益。作为货币合伙人和被动投资者的 ICI 获得的收益较低，这与较低的风险敞口一致。

## 18.9 优先 *IRR* 的变动——*IRR* 回顾

如前所述，处理投资者（通常是权益合伙人，在本例中即为 ICI）优先的另一种方式是提供 *IRR* 回顾，而不是 *IRR* 优先。回想一下，*IRR* 优先需要在出售当年向 ICI 分配现金流，使其足以实现 12%的内部收益率。剩下的所有金额双方五五分成（见表 18-7）。

在 *IRR* 回顾中，销售年度的现金流量被分割时，ICI 收到的金额只能达到 12%的内部收益率。所有的超额现金流量都分配给 PDI。在上面的例子中，这意味着 ICI 的额外现金流量将被限制在 66 051 493 美元，这将为 ICI 提供 12%的内部收益率。PDI 将收到所有剩余现金流量，超过 66 051 493 美元或 15 448 507 美元。分配给 PDI 的现金流的增加产生了 32.94%的内部收益率，高于根据 ICI 的 *IRR* 优先计算的 26.64%的内部收益率。尽管 *IRR* 优先给投资者带来的回报至少等于或大于 *IRR* 回顾的收益率，但是 ICI 可能偏好 *IRR* 回顾而不是 *IRR* 优先是有原因的。当销售年度的现金流量可能低于预期时，ICI 可能会选择在销售年度参与现金流量来降低风险，在 PDI 收到任何现金流量之前收回资本并获得更安全、更具体的回报。显然，在这种情况下，PDI 将会承担更多的风险，但其回报也可能更高（表 18-7 中为 32.94%，表 18-6 中为 26.64%）。但是，应该强调的是，如果销售年度的现金收入低于合资企业开始投入的 4 500 万美元的权益资本，ICI 将收到所有可用的销售收入，而 PDI 将不会收到任何现金。

**表 18-7　合伙企业结束时分配 ICI 12%的 *IRR* 回顾后的投资回报**

| 年 | ICI | PDI |
|---|---|---|
| 0 | −45 000 000 | −5 000 000 |
| 1 | 1 000 000 | 0 |

续前表

| 年 | ICI | PDI |
|---|---|---|
| 2 | 2 000 000 | 0 |
| 3 | 3 500 000 | 1 500 000 |
| 4 | 4 000 000 | 2 000 000 |
| 5 | 66 051 493 | 15 448 507 |
| *IRR* | 12.00% | 32.94% |

说明：表中数据除 *IRR* 外，单位均为美元。

**"资本筹集"和"瀑布流"** **概念框 18.1**

近年来，用来为商业房地产的收购或开发提供资金的债务和权益的组合被称为"资本筹集"（capital stack）。资本筹集中的债务和权益提供者的现金流分配被称为"瀑布流"（waterfall），这也意味着如何在债务和权益的提供者之间分配优先权。* 各种组合的清单如表 18－8 所示。

**表 18－8**

| 债务与权益结构（又名"资本筹集"） | 现金流分配给债务和权益提供者（又名"瀑布流"） |
|---|---|
| 可能的类型： | |
| **债务：** | **利息分配：** |
| 第一抵押 | 固定的、浮动的、只付利息、权责发生制等 |
| 第二抵押/夹层贷款 | 从属于第一抵押 |
| 参与抵押贷款 | 或有现金流量 |
| 可转换抵押贷款 | 或有房地产价值 |
| **股权：** | **剩余分配：** |
| 有限合伙人 | 优先 |
| | 回顾 |
| 普通合伙人 | 激励 |
| | 剩余 |

* 这些术语在描述抵押贷款支持证券池中不同投资者的分配级别时被广泛使用。（将在第 19 章和第 20 章讨论。）这些术语在描述现金流按照投资协议中所述的特定优先级分配给债务人和/或权益投资者的情况下已经被普遍化。

# 18.10 辛迪加

房地产辛迪加（syndication），一般指任何将财务资源与房地产专业人士的专业知识相结合，以实现房地产项目的共同目的的投资者。辛迪加本身不是一个组织形式。它可以采取任何合法的商业形式，如公司、有限合伙企业或普通合伙企业。

辛迪加可以收购、开发、管理、经营或销售房地产。辛迪加可以被看作是一种融资形式，为小额投资者提供投资风险资本或者其他超过其本身财务和管理能力的投资机会。辛迪加的参与者的收益来源主要是他们提供的服务和在辛迪加资产中可能的保留权益从而收取的费用。许多辛迪加公司从事收购、经营以及销售房地产项目的生意。为了收购房地产，它们引入了其他投资者的资金，这些资金构成了房地产所需要的权益资本基础；辛迪加公司通常较少投入自己的资本，而是更多地以代理人的身份，通过收购、管理和销售投资者拥有的来赚取费用。

需要额外的权益资本来运行项目的开发商通常会通过辛迪加筹集资金，可以是直接筹资或利用专门在辛迪加中出售股份来筹资的公司。辛迪加可以在该项目的开发、建设期间参与，或者在房地产建设完成并租赁之后参与。在后一种情况下，辛迪加为开发商提供了一种从项目中撤走自己的权益资本的方法，尤其是当项目完工或租赁完毕时的价值高于其建设成本的时候。开发商通常也会收到一笔开发费用。这一策略允许开发商专注于开发项目，赚取开发费，在项目中保有一定所有权，然后继续进行下一个开发项目。

当一个或少量房地产项目组成辛迪加时，投资者通常会采取有限合伙企业的形式。如果项目规模较小，需要有限的投资者数量，合作资金通常会通过所谓的非公开发行（private offering）来筹集。在向投资者提供合伙企业权益时，辛迪加企业必须遵守相应的规定。

在其他情况下，一个辛迪加组织者可能需要为收购很多房地产而筹集大量资金。在筹资时，对于将要收购的房地产可能确定也可能尚未确定。如果没有确定，该发行被称作盲池（blind pool）。一个盲池可以允许辛迪加组织者自行决定购买哪些房地产，同时将决策情况以计划书的形式向投资者加以汇报。美国的许多州都允许投资者购买辛迪加的所有者权益，这种辛迪加形式叫作公开辛迪加（public syndicate）。许多州和联邦法律都对公开辛迪加有许多规定，本章以后的内容将有所涉及。

本章的主要目的是让学生熟悉了解和评价房地产辛迪加投资的基本方法。这方面的知识对潜在投资者和开发商是很重要的。投资者必须懂得如何评价投资于房地产辛迪加相对于其他形式的投资的收益率及风险水平。开发商必须比较辛迪加融资和其他融资的成本，以确定最有利的筹资方式。

在本章我们主要讨论以有限合伙企业的形式，通过非公开的方式，收购一处房地产。重点在于理解以合伙人之一的身份持有房地产所有权与直接持有房地产之间的区别，正如我们在前面的章节所讨论的。

## 18.11 非公开和公开辛迪加中有限合伙企业的使用

有限合伙企业是为房地产经营活动筹集权益资本的方法之一。它将股份公司的有限责任的特点与普通合伙企业的优势（如可将收入和现金流量向合伙人做特别分配）结合了起来。投资者，即有限合伙人（limited partner）的责任仅限于他已投入和承诺投入企业的资本额。此外，管理公司业务的责任由普通合伙人（general partner）来承担，他们通常拥有相当丰富的经营房地产业务的知识和经验，具有房地产经营管理的专业水平。

1986 年颁布的《税收改革法案》取消了原本给予有限合伙企业的诸多税收方面的优惠政策。例如，有限合伙企业投资的纳税损失受消极活动损失限制规定的管辖（见第 11 章）。这些税收政策上的变化导致有限合伙企业的使用率大大降低。然而，通晓这一辛迪加形式的情况还是非常有必要的，这是因为大量房地产有限合伙企业依然存在。而且 20 世纪 90 年代开始大批涌现的房地产投资信托组织（REIT）是以有限合伙企业下的普通合伙人的身份存在的。这一组织形式允许辛迪加（包括 1986 年的《税收改革法案》颁布前成立的）中的有限合伙人以其权益交换 REIT 中的新型合伙企业权益，而且这一行为是免税的。我们将在第 21 章中详细介绍房地产投资信托的情况。这里旨在说明有限合伙企业在房地产金融中仍然占有很重要的地位。

## 18.12 非公开辛迪加问题说明

当以辛迪加的形式与其他投资者合作时，各参与方，无论是投资者还是贷款人，都有必要清楚企业的运作框架。下面的案例，是对为收购和经营 Plaza 写字楼而组成房地产非公开辛迪加的分析。在这一辛迪加中，Dallac 投资公司网罗了 35 个个人投资者，并同意担任这一有限合伙企业中普通合伙人的角色。① Dallac 努力为收购该写字楼筹集足够的权益资本，并决定采用有限合伙企业的组织形式，因为这样可以将合伙人的法律责任限制在其同意投入的资本额之内。

表 18 - 9 总结了将要进行的经营活动的相关成本以及财务数据。Dallac 已取得了购买该房地产的期权以及 Prudent Life 保险公司提供无追索权贷款的承诺。该贷款要求未来任何时候更换普通合伙人都要首先征得贷款人的同意。

**表 18 - 9　　Plaza 写字楼的取得成本及财务汇总**

| | | |
|---|---|---|
| 成本分解 | | |
| 　土地 | 525 000 | |
| 　改良 | 3 475 000 | 资本化 |
| 　基点 | 60 000 | 在贷款期限内摊销 |
| 小计 | 4 060 000 | |
| 组织费 | 20 000 | 5 年摊销 |
| 辛迪加费用 | 100 000 | 资本化非折旧 |
| 总需求资金 | 4 180 000 | |
| 贷款金额 | 3 000 000 | 总资金的 71.77% |
| 　利率 | 12% | |
| 　期限 | 25 年 | |
| 　基点 | 60 000 | 每月还款 |
| 　年债务支付 | 379 161 | |

说明：表中财务数据单位为美元。

---

① 为清楚起见，我们将 35 个有限合伙人视为一个单一实体。正如我们将在本章中所讨论的，当有超过 35 个投资者成为合伙人时，通常被视作公开发行。

### 18.12.1 财务考虑——合伙协议

表 18－10 总结了在这个例子中合伙协议的财务方面，以及对一般和有限合伙人的权益要求。合伙协议规定一般和有限合伙人之间的商业关系，一般比较长且包含很多内容。合伙协议至少应该说明权益资本的最初贡献方式和比例，以及如果未来出现现金短缺或者改进需要大量的维修时，是否将进行分摊。在这个案例中，Dallac 已经同意作为普通合伙人贡献所需权益的 5％，35 个有限合伙人投资 95％。① 没有对有限合伙人未来评估的条款。因为有限合伙人不承担未来的资本投入，Dallac 将不得不解决如果房地产产生负的税前现金流的情况。Dallac 保证弥补负的税前现金流（然后可能会为这样做收取费用），筹集足够多的初始权益资本来覆盖未来的负现金流，安排额外借款，或者保留通过允许额外合伙人的进入来筹集新资金的权利。

**表 18－10　　合伙企业事实及 Plaza 写字楼辛迪加的权益要求**　　单位：美元

a. 组织成立：第 1 年 12 月
b. 合伙人的数量：1 个普通合伙人和 35 个有限合伙人
c. 权益资本比例：普通合伙人 5％，有限合伙人 95％
d. 现金估计：无
e. 经营期现金分配：普通合伙人 5％，有限合伙人 95％
f. 经营产生的应税收入或损失：普通合伙人 5％，有限合伙人 95％
g. 销售产生的利得或损失的分配：普通合伙人 10％，有限合伙人 90％
h. 销售现金分配：依赖于资本账户平衡（资本账户会在接下来的讨论中讲解）

| | |
|---|---|
| 最初权益需求 | |
| 土地与改良 | 4 000 000 |
| 抵押贷款基点 | 60 000 |
| 组织费 | 20 000 |
| 辛迪加费 | 100 000 |
| 总现金需求 | 4 180 000 |
| 减去抵押贷款融资 | 3 000 000 |
| 等于权益需求 | 1 180 000 |
| 普通合伙人（5％） | 59 000 |
| 有限合伙人（95％） | 1 121 000 |

合伙协议还应详细说明如何分配房地产的营业收入或亏损以及销售房地产的资本利得或损失。在我们的例子中，经营产生的利润、亏损和现金流量的 5％分配给普通合伙人（Dallac），其余 95％分配给有限合伙人。而房地产销售收入（或损失）的 10％分给普通合伙人，90％分给有限合伙人。前面提到过，合伙经营的一大特点就是，各种收入、损失（包括转售的收入和损失）和现金不必按同一比例分配。这种特殊分配（special allocation）增加了在普通合伙人和有限合伙人之间分配房地产投资收益的灵活性。我们将会发现，这些分配方式影响着各合伙人的收益率，因此是分析合伙辛迪加时应重点考虑

① 在这种情况下，我们假设每个有限合伙人的投资比例相等。但是在实践中，合伙人可以投资不同比例的权益。另外，在很多辛迪加企业中，普通合伙人可能只投资了像 1％那么少的资金，或者根本不投入资金。

的一个问题。

当使用特殊分配方式给不同的合伙人按不同比例分配收入和现金流时，知道如何基于房地产的销售收入确定应当分配给各个合伙人的金额变得非常重要。在进行这一最后的现金分配时，必须考虑以下因素，即最初的权益资本投入情况、房地产经营时期的现金流量分配情况以及房地产经营和销售时的收入（或亏损）的分配情况。所有这些都在合伙人的资本账户（capital account）中有所体现。资本账户的性质及重要性将在本章后面的内容中详细地讨论。这里我们所要指出的是，合伙协议中明确规定，房地产销售的现金流的分配要基于当时的资本账户余额。

## 18.12.2 经营计划

表 18－11 总结了 Dallac 的经营计划。辛迪加提供的所有计划必须做得十分小心谨慎，因为对相关的重要投资风险的任何错误表述或遗漏，都可能导致合伙人提出解除合伙关系的法律诉讼，或造成投资者的损失，或由有关政府机构出面干涉。[①] 鉴于政府机构的详细审查和有限合伙人进行法律诉讼的可能性，许多普通合伙人——辛迪加的组织者，只对未来结果做十分概括性的计划，或只对将要投资的项目提供一个基本描述，同时附以普通合伙人和其他合伙人的一些商业背景的信息。

**表 18－11　　Plaza 的经营和纳税情况预测**

| | |
|---|---|
| 潜在总收入（第 2 年） | 750 000 美元 |
| 空置与欠租损失 | 潜在总收入的 5% |
| 营运费用（第 2 年） | 有效总收入的 35% |
| 折旧方法 | 直线法，31.5 年 |
| 贷款摊销基点 | 25 年 60 000 美元或者每年 2 400 美元 |
| 组织费的摊销 | 5 年 20 000 美元或者每年 4 000 美元 |
| 预计收入增长 | 每年 3% |
| 5 年后的预计转售价格 | 5 000 000 美元 |
| 有限合伙人的税率 | 28% |
| 普通合伙人的税率 | 28% |

除了对租金收入、营运费用、管理费用等项目做出预测之外，Dallac 还展示了将要使用的折旧方法，以及贷款费用和组织费用的分摊期限，还有缴纳政府所得税时何时可以扣除辛迪加费用。发生辛迪加费用的当年不能扣除，其必须被资本化并根据税法的规定在一定时期内进行摊销。这类费用对于投资者很重要，因为支付发生时就出现了现金流需要；然而，它们对税收的影响通常发生于摊销期内或当被合理扣除的时候。

## 18.12.3 税前现金流量

分析合伙企业应着重预测的一个方面就是现金流量表。除了有限合伙人在 12 月（即

① 在公开发行的情况下，大多数州都要求向美国证券交易委员会提交招股说明书，这样的预测在得到批准前会经过仔细审查。州际发行必须提交美国证券交易委员会并经过类似的审查。州和联邦机构对证券发行的审查并不能说明对这项投资的经济价值的认可或不认可，只说明发行基本符合披露以及其他注册或豁免的要求。

第1年末）投入的1 121 000美元的投资之外，表18－12还总结了预计经营Plaza时的税前现金流入量，或者说资金短缺量。

税前现金流量表的另一个重要的方面是解决给合伙人的现金分配。在第2年，预计总计会有83 964美元现金用于分配。在这个总量中，79 766美元会被分配给有限合伙人。这代表了大约7%的权益股利率。

**表18－12　　Plaza写字楼税前现金流量的预测**

| | 年 | | | | |
|---|---|---|---|---|---|
| | (2) | (3) | (4) | (5) | (6) |
| 潜在总收入 | 750 000 | 772 500 | 795 675 | 819 545 | 844 132 |
| 减去空置与欠租 | 37 500 | 38 625 | 39 784 | 40 977 | 42 207 |
| 有效总收入 | 712 500 | 733 875 | 755 891 | 778 568 | 801 925 |
| 减去营运费用 | 249 375 | 256 856 | 264 562 | 272 499 | 280 674 |
| 净经营性收入 | 463 125 | 477 019 | 491 329 | 506 069 | 521 251 |
| 减去债务支付 | 379 161 | 379 161 | 379 161 | 379 161 | 379 161 |
| 税前现金流量 | 83 964 | 97 858 | 112 169 | 126 909 | 142 091 |
| 分配： | | | | | |
| 普通合伙人 | 5% | | | | |
| 有限合伙人 | 95% | | | | |
| 税前现金流量分配： | | | | | |
| 普通合伙人 | 4 198 | 4 893 | 5 608 | 6 345 | 7 105 |
| 有限合伙人 | 79 766 | 92 965 | 106 560 | 120 563 | 134 986 |

说明：表中数据，除税率外，单位均为美元。

## 18.12.4　净收益或损失的计算

为了展示表18－11中税收对预测的影响，我们在表18－13中为在Plaza写字楼的辛迪加合伙投资构建了应税收入（或损失）的报表。表中显示，有限合伙人在12月底进行一笔1 121 000美元（对所有合伙人的总额）的投资，在第2年将要报告一笔12 502美元的应税损失。辛迪加的损失是消极损失，正如在第11章中讨论过的，并且服从消极活动损失限制规定。在这个案例中，我们假设35个有限合伙人每人都从其他投资中有充足的消极活动收入（例如，其他房地产合伙投资产生的应税收入）从而在第2年要使用损失的份额（11 877美元÷35）。在第3年初，投资者必须报告应税收入，应税收入必须服从那时的原始税率。

**表18－13　　Plaza写字楼辛迪加收益（损失）预测表**

| | 年 | | | | |
|---|---|---|---|---|---|
| | (2) | (3) | (4) | (5) | (6) |
| 净经营性收入 | 463 125 | 477 019 | 491 329 | 506 069 | 521 251 |
| 减去 | | | | | |
| 利息 | 358 910 | 356 342 | 353 448 | 350 187 | 346 512 |

续前表

| | 年 | | | | |
|---|---|---|---|---|---|
| | (2) | (3) | (4) | (5) | (6) |
| 折旧 | 110 317 | 110 317 | 110 317 | 110 317 | 110 317 |
| 摊销 | | | | | |
| 组织费 | 4 000 | 4 000 | 4 000 | 4 000 | 4 000 |
| 贷款费 | 2 400 | 2 400 | 2 400 | 2 400 | 50 400 |
| 应税收入 | −12 502 | 3 960 | 21 164 | 39 165 | 10 022 |
| 分配 | | | | | |
| 普通合伙人的税率 | 5% | | | | |
| 有限合伙人的税率 | 95% | | | | |
| 分配： | | | | | |
| 普通合伙人 | −625 | 198 | 1 058 | 1 958 | 501 |
| 有限合伙人 | −11 877 | 3 761 | 20 106 | 37 207 | 9 521 |

说明：表中数据，除税率外，单位均为美元。

### 18.12.5 计算销售的资本利得

辛迪加投资出售房地产的资本利得和由此产生的税收的计算方法与个人持有并出售房地产的计算方法相同。表 18-14 显示了资本利得的计算以及根据合伙协议将其分配给普通合伙人和有限合伙人的情况，该协议规定 10%的收益分配给普通合伙人，90%的收益分配给有限合伙人。

**表 18-14　　资本利得的计算及对合伙人的分配**　　单位：美元

| 第 6 年翻新后的资本利得计算 | | |
|---|---|---|
| 售价 | | 5 000 000 |
| 销售费用 | | 250 000 |
| 原始成本基数 | 4 100 000 | |
| 减去累计折旧 | 551 587 | |
| 调整基数 | | 3 548 413 |
| 总应税收入 | | 1 201 587 |
| **利得分配** | | |
| 普通合伙人（10%） | | 120 159 |
| 有限合伙人（90%） | | 1 081 428 |

## 18.13 资本账户

资本账户反映合伙人对合伙企业资产的所有权情况。资本账户的贷方总结了合伙人投入企业的现金资本和分配给每个合伙人的收益。账户的借方记录分配给合伙人的现金，加上分配给合伙人的各种损失。

表 18－15 展示了包括初始权益投资、所有经营房地产的收入分配、经营房地产的现金收入和销售房地产的收益分配后的合伙人的资本账户余额。因此，资本账户余额包括了除销售房地产的现金收入以外的所有内容，因为根据协议规定，房地产销售的现金收入的分配方式要根据资本账户的结余情况来确定。

**表 18－15　　销售现金流分配前的资本账户**　　单位：美元

| | 年末 | | | | | |
|---|---|---|---|---|---|---|
| | 1 | 2 | 3 | 4 | 5 | 6 |
| | 有限合伙人 | | | | | |
| 权益 | 1 121 000 | | | | | |
| 加收入 | 0 | 0 | 3 761 | 20 106 | 37 207 | 9 521 |
| 减损失 | 0 | －11 877 | 0 | 0 | 0 | 0 |
| 加销售利得 | 0 | | | | | 1 081 428 |
| 减现金分配 | 0 | －79 766 | －92 965 | －106 560 | －120 563 | －134 986 |
| 年度总计 | 1 121 000 | －91 643 | －89 204 | －86 455 | －83 357 | 955 963 |
| 余额 | 1 121 000 | 1 029 357 | 940 153 | 853 698 | 770 341 | 1 726 304 |
| | 普通合伙人 | | | | | |
| 权益 | 59 000 | | | | | |
| 加收入 | 0 | 0 | 198 | 1 058 | 1 958 | 501 |
| 减损失 | 0 | －625 | 0 | 0 | 0 | 0 |
| 加销售利得 | | | | | | 120 159 |
| 减现金分配 | 0 | －4 198 | －4 893 | －5 608 | －6 345 | －7 105 |
| 年度总计 | 59 000 | －4 823 | －4 695 | －4 550 | －4 387 | 113 555 |
| 余额 | 59 000 | 54 177 | 49 482 | 44 932 | 40 545 | 154 100 |

第 1 年末有限合伙人的资本账户余额为 1 121 000 美元，而普通合伙人为 59 000 美元。这代表着初始权益投入情况。在第 2 年，该余额因受到分摊的损失和分配的现金的影响而减少了。当然，有可分配的现金收入的同时又存在着应分摊的损失，因为该损失是由非现金扣除额造成的（折旧和摊销），如第 11 章所述。从第 3 年开始，收入分配使资本账户余额增加，但分配的现金会使余额减少。最后，在第 6 年，资本账户因分配给各合伙人的销售收入而增加。从会计意义上说，第 6 年的余额显示了在那时各合伙人投资的权益情况。这一点非常重要，因为房地产销售的现金收入要以这些资本账户余额为分配的依据。我们将在以后深入讨论资本账户的重要性。

## 18.13.1　资产销售的现金分配

表 18－16 是房地产销售的现金分配的细目表。正如协议中所规定的，偿付了销售费

用和未偿抵押贷款余额之后，有限合伙人和普通合伙人将收到和他们资本账户余额相等的销售现金分配。现金分配之后所有合伙人的资本账户余额应正好为零，因为此前的各种收入、现金流以及损失的分配已在合伙人的资本账户中有所体现（见表 18－15）。

**表 18－16　　销售中的现金分配——第 6 年**　　单位：美元

| | |
|---|---|
| 售价 | 5 000 000 |
| 减去销售费用 | 250 000 |
| 减去抵押贷款余额 | 2 869 596 |
| 税前现金流 | 1 880 404 |
| 分配（依赖于资本账户余额）： | |
| 普通合伙人 | 154 100 |
| 有限合伙人 | 1 726 304 |
| 余额（应为零） | 0 |

## 18.13.2　税后现金流和权益资本的 *ATIRR* 的计算

根据前面的分析和假设的 28%的边际税率，可以计算出房地产经营和复归产生的税后现金流以及投资的 *ATIRR*。这些计算显示在表 18－17 中，其中初始权益资本投资在第 1 年是现金流出，税前现金流加上税收节省额（或者说应交税款的减少）共同构成了现金流入。经营和复归产生的税后现金流导致有限合伙人的 *ATIRR* 为 13.15%，普通合伙人为 22.24%。普通合伙人的较高收益率是由于额外的收益分配，也就是说，他在销售房地产时获得了额外的现金流。普通合伙人获得了销售收入的 10%；而由于他只投入了全部权益资本的 5%，因此，经营过程中他只分得各种收入和现金流量的 5%。如果只分给普通合伙人 5%的销售收入，则有限合伙人与普通合伙人的 *ATIRR* 就相等了。这个收益率应为 13.68%，当然，要使他们的 *ATIRR* 相等，还需要有限合伙人与普通合伙人处于同一税级。

我们通过对 Dallac 的分析，可以获得对有限合伙这一投资方式的总体概念。我们需要强调的是，Dallac 案例只代表构建投资的一种可能方式。事实上，许多人认为房地产辛迪加融资和合伙企业是联邦税法中最为复杂的领域，因为各合伙人之间的设定方式具有很大的不确定性。因此，除了本书提供的信息外，还需要对法律和联邦税收进行大量的研究，以获得这方面的专业知识。

然而，在评估此类投资时，你可以记住一些基础的概括。一种概括的说法是，辛迪加与其他所有投资一样，受到同样的经济影响，即风险和回报相同。任何房地产投资都只能产生这么多的收入，不论它是不是辛迪加形式。当在有限合伙企业下组建辛迪加时，经营活动和最终出售房地产所产生的现金流与税收在不同的各方中进行分配。辛迪加的发起者在很多时候会成为普通合伙人，仅向有限合伙人提供在当前竞争条件下促使他们投资该项目所需的东西。这样的回报必须与投资者可获得的来自可比辛迪加投资或者其他投资机会的风险和回报相匹配。因此，用于建立权益分配评估、现金流分配等的比率应该以这样的方式构建——给定合理的收入和房地产价值，投资者将获得一个有竞争力的回报，正如本节所描述的方法所估测出的。

**表 18-17　　税后现金流和 *ATIRR* 的计算　　单位：美元**

| | 年末 | | | | | |
|---|---|---|---|---|---|---|
| | 1 | 2 | 3 | 4 | 5 | 6 |
| | | | 有限合伙人 | | | |
| 经营： | | | | | | |
| 税前现金流 | −59 000 | 4 198 | 4 893 | 5 608 | 6 345 | 7 105 |
| 应税收入 | 0 | −625 | 198 | 1 058 | 1 958 | 501 |
| 税收（28%） | 0 | −175 | 55 | 296 | 548 | 140 |
| 税后现金流 | −59 000 | 4 373 | 4 838 | 5 312 | 5 797 | 6 965 |
| 复归： | | | | | | |
| 税前现金流 | | | | | | 154 100 |
| 资本利得 | | | | | | 120 159 |
| 税收（28%） | | | | | | 33 644 |
| 税后现金流 | | | | | | 120 456 |
| 总税后现金流 | −59 000 | 4 373 | 4 838 | 5 312 | 5 797 | 127 421 |
| *ATIRR*＝22.24% | | | | | | |
| | | | 普通合伙人 | | | |
| 经营： | | | | | | |
| 税前现金流 | −1 121 000 | 79 766 | 92 965 | 106 560 | 120 563 | 134 986 |
| 应税收入 | | −11 877 | 3 761 | 20 106 | 37 207 | 9 521 |
| 税收（28%） | 0 | −3 326 | 1 053 | 5 630 | 10 418 | 2 666 |
| 税后现金流 | −1 121 000 | 83 092 | 91 912 | 100 930 | 110 145 | 132 320 |
| 复归： | | | | | | |
| 税前现金流 | | | | | | 1 726 304 |
| 资本利得 | | | | | | 1 081 428 |
| 税收（28%） | | | | | | 302 800 |
| 税后现金流 | | | | | | 1 423 504 |
| 总税后现金流 | −1 121 000 | 83 092 | 91 912 | 100 931 | 110 145 | 1 555 824 |
| *ATIRR*＝13.15% | | | | | | |

投资者应该有能力比较竞争性辛迪加提供的条款，考虑其风险和权益投资需求，并判断预期回报是否足够。但是，请记住，普通合伙人也必须获得一个具有竞争力的回报，以实现辛迪加的经济功能。从本质上来说，辛迪加在投资过程中的角色更像是一个代理人，在拥有辛迪加所有权期间寻找可供收购或开发的房地产，找到权益投资者，运营和管理资产，并最终把它们处理掉。因为辛迪加组织者提供了这些服务，他们也必须得到合理的补偿。因此，他们尝试对所有服务收取费用，比如找到可收购的房地产、租用设

施、促进合伙企业权益的出售以及对合伙企业投资的管理与核算。投资者除了支付组织合伙企业的法律和会计成本之外，还要支付这些费用。

一方面，在比较可选辛迪加时，有限合伙人必须考虑辛迪加费用和合伙企业费用的合理性，加上普通合伙人在现金流中的份额以及房地产价值的增值。有限合伙人最关心的是，普通合伙人是否“刻意安排出”过多的费用并过多地参与未来现金流的分配，因为这会使得投资回报对有限合伙人没有吸引力。另一方面，普通合伙人必须保证其在促进投资过程中承担的风险和付出的时间能得到合理的收益。另外，如果辛迪加组织者试图从费用中获得所有补偿，而在项目中没有承担一些权益资本风险，有限合伙人可能会看到辛迪加组织者——普通合伙人实际上在项目中没有股份，对投资的长期表现并不关心。如果普通合伙人在投资中经营和管理的专业知识是辛迪加中对有限合伙人有吸引力的部分，那么如果普通合伙人在收益中占有一定份额而不是只收取费用，有限合伙人可能会更满意。很显然，必须考虑补偿的很多方面，合伙人必须找到某种平衡。尽管支付给普通合伙人的费用可能最终降低有限合伙人的收益率，但这些费用代表了将一定风险和责任转移给普通合伙人的成本。因此，有限合伙人不应该期望获得与他自己承担这些风险和成本时一样高的回报。

## 18.14 合伙企业分配及其实质性经济影响

合伙企业，无论是有限合伙企业还是少数人参与的普通合伙企业，其优点之一是能够按照不同的比例将利润和损失分配给不同的合伙人，而不按照其出资分配。然而，利润分配必须遵循一定的指导方针，以确保这些分配的利润不会被禁止。辛迪加通常会尽快地将最大的税收损失分配给那些为合伙企业贡献资本的个人（通常是有限合伙人）。实际上，正是这些投资者购买了这些税收损失。用于加速把损失分配给有限合伙人的方式多种多样，比如对特定项目（如折旧扣除等）进行不成比例的分配。[①] 合伙人在收入、利润、损失、扣除额或贷款等方面应分得的份额，通常是由合伙协议确定的。但是，要得到国税局的合法肯定，该分配必须产生所谓的实质性经济影响（substantial economic effect）。如果合伙协议中的分配缺少实质性经济影响，国税局就要根据合伙人的“合伙企业权益”重新分配。[②]

在确定分配是否对合伙人产生实质性经济影响时，法院长期以来一直在查究分配是否通过合理的调整在合伙人的资本账户中反映出来。对特殊分配进行规定的新拟议法规中采纳了这一观点，并为适当维护合伙人的资本账户提供了相应法规。[③] 正如我们所见，资本账户用于会计目的，反映了合伙人对合伙企业的经济贡献。总体而言，新拟议的法规提出如果（1）对合伙人的任何分配行为都反映在资本账户中，清算收入（销售房地产的现

① 对于更广泛的讨论，请参照 Richard B. Peiser, “Partnership Allocations in Real Estate Joint Ventures,” *Real Estate Review* 13, no. 3, Fall 1983, pp. 46－54。

② 合伙人的“合伙企业权益”取决于所有的事实和情况，包括合伙人的初始投资，利润、损失和现金流的利息，清算时的资本分配等。

③ 财政部条例第 1.704－1 条。

金流）的分配根据资本账户的情况，且（2）分配收入后，合伙人对该合伙关系负责（无论是合伙协议还是州法律都规定了这一点），恢复其资本账户中的赤字（通过将现金支付给资本账户余额为正的合伙人），那么分配就具有实质性经济影响，并得到国税局的认可。

## 18.15 资本账户和利得收回

假设A与B合伙经营，其中A为有限合伙人，出资100 000美元，而B为普通合伙人，没有现金投入。该合伙企业取得了400 000美元的无追索权的抵押贷款（利率为10%），以500 000美元买下了AB公寓楼。假设AB公寓第1年的经营结果如表18-18所示。

**表18-18** 单位：美元

| | |
|---|---|
| 总收入 | 70 000 |
| 减：空置和欠租损失 | －4 000 |
| 有效总收入 | 66 000 |
| 减：营运费用 | －21 000 |
| 净营业收入 | 45 000 |
| 减：债务支付（只还利息） | －40 000 |
| 税前现金流量 | 5 000 |

设第1年的折旧是50 000美元，则应税收入如表18-19所示。

**表18-19** 单位：美元

| | |
|---|---|
| 净营业收入 | 45 000 |
| 减：折旧 | 50 000 |
| 减：利息成本 | 40 000 |
| 应税收入 | －45 000 |

现在假设合伙协议规定经营活动中所有应税收入、损失和现金流量的90%分配给A，其余10%分配给B。则第1年末A和B的资本账户情况如表18-20所示。

**表18-20** 单位：美元

| 经营一年后的资本账户 | | |
|---|---|---|
| | A的资本账户 | B的资本账户 |
| 初始权益投入 | 100 000 | 0 |
| 减：损失分配额 | －40 500 | －4 500 |
| 减：现金流量分配额 | －4 500 | －500 |
| 余额 | 55 000 | －5 000 |

假设AB公寓在持有一年后以550 000美元的价格卖掉，且没有销售费用，则应税利得情况如表18－21所示。

**表18－21** 单位：美元

| | | |
|---|---|---|
| 销售价格 | | 550 000 |
| 购买价格 | 500 000 | |
| 计提折旧额 | 50 000 | |
| 调整税基 | | 450 000 |
| 利得 | | 100 000 |

销售中的现金收入情况如表18－22所示。

**表18－22** 单位：美元

| | |
|---|---|
| 销售价格 | 550 000 |
| 减：抵押贷款余额 | 400 000 |
| 现金流量 | 150 000 |

现假设再销售时，应税利得或损失在A和B之间平分，其中现金收入要首先分给A，其额度应等于A的初始投资额减去此前的一切现金分配额之差。余下的现金收入将在A和B之间平均分配。表18－23显示了此举对A和B的资本账户的影响。注意到两个账户的净余额为零（只要收入、现金等项目计算正确，这个结果永远正确），而A的账户余额为负，B的账户余额为正。正如前面所提到的，要使分配具有实质性经济影响，要分配的清算收益必须能反映合伙人的资本账户之间的差异。当A的账户为负，而B的账户为正时，说明A以B的利益为代价收回了自己的投资。如果不强制A恢复资本账户中的亏空情况（通过支付给B 17 500美元的现金），他就没有承担与其折旧扣减份额相当的经济负担，也就是说，该分配就不具有实质性经济影响。因此，要使分配行为被承认，就必须在平分剩余现金收入之前，将这个案例中合伙人的资本账户调平。下面讨论两种可以采用的调平账户的方法。

第一种办法是调整分配给各合伙人的现金。即在分给A的剩余销售现金收入中扣除17 750美元，而给B的增加17 750美元。这样账户就调平了。第二种办法是以销售收益的名义将额外的17 750美元计入A账户的贷方，同时相应减少B的收益额。这样，通过分配给A更多的收益额，使其账户在分得现金后余额为零。

表18－24为利用第二种方法，或称利得收回（gain charge-back）法，进行合法有效的合伙企业利益分配的情况，以及它对A、B的资本账户的影响。

**表18－23** **销售建筑物后的资本账户** 单位：美元

| | A的资本账户 | B的资本账户 |
|---|---|---|
| 销售前余额 | 55 000 | －5 000 |
| 原始权益资本的收益 | | |
| 减：之前现金分配 | －95 000 | |

续前表

| | A 的资本账户 | B 的资本账户 |
|---|---|---|
| 50%的利得 | 50 000 | 50 000 |
| 50%剩余现金收益 | −27 250 | −27 250 |
| 期末余额 | −17 750 | 17 750 |

**表 18－24　　销售建筑物后使用利得收回法的资本账户**　　单位：美元

| | A 的资本账户 | B 的资本账户 |
|---|---|---|
| 销售前余额 | 55 000 | −5 000 |
| 原始权益资本的收益 | | |
| 减：之前现金分配 | −95 500 | |
| 利得收回 | 35 500 | |
| 50%的剩余利得 | 32 250 | 32 250 |
| 50%的剩余现金收益 | −27 250 | −27 250 |
| 期末余额 | 0 | 0 |

仔细研究以上例子就会发现，销售房地产之后双方合伙人的资本账户余额都为零的要求，是国税局为了确保按比例分配更多税务损失的合伙人，在出售房地产时分配更多应税利得或者获得更少现金的办法。否则，合伙企业就会以这样一种方式被构建：处于高税级的合伙人分担了大部分的损失，而处于低税级的合伙人却分得了大部分的收益！此外，处于高税级的合伙人倒可能希望通过放弃一些现金流以换取较多的损失而不是得到收益。最终资本账户最可能的情况是，处于高税级的合伙人的账户余额为负值，而处于低税级的合伙人的账户余额为正值。虽然合伙人各方会对这一结局感到满意，政府却会因此损失财政收入。所以说，正如我们所强调的，合伙协议必须使各合伙人的资本账户的最后余额均为零，以免受到国税局的调查。

回想在 Plaza 写字楼案例中，收益首先分配到资本账户，然后最后的现金流量分配要根据资本账户余额的情况。这一方法确保了各种分配之后双方的资本账户的余额为零。合伙协议还可以通过其他的安排方式来实现资本账户余额为零。例如，先按一个特定百分比分配销售房地产的现金收入给每个合伙人——普通合伙人为 10%，有限合伙人为 90%。之后，为了确保资本账户的余额为零，收益的分配可以基于资本账户余额。（在这个案例中，分配现金之后资本账户可能会为负值，对合伙人的收益分配会抵消这一负值。）关键是如果没有一些确保在进行所有分配之后资本账户余额为零的规定，就无法分配所有收入和现金流。

## 18.16　有限合伙企业在非公开和公开辛迪加中的使用

有限合伙企业是被广泛使用在房地产经营中的筹集权益资本的办法。它们将股份公司的有限责任的特点与普通合伙企业的优势结合起来，比如有能力将收入和现金流量向合伙人做特别分配。一个投资者的责任（有限合伙人）仅限于原始投入加上所有未贡献但承诺未来投入企业的资本额。此外，管理公司业务的责任由普通合伙人来承担，他们通常在房地产方面有着丰富的知识和经验，因此可以为合伙企业提供专业的管理。

在建立有限合伙企业时要特别注意，合同条款上要将其定义为一家合伙企业，而不要让国税局误以为是一个“协会”。协会的纳税方式与公司相同。对待公司的六条标准是：

（1）商业协会；

（2）以从事商业活动并分取收益为目的；

（3）存在期具有连续性；

（4）管理集中化；

（5）承担有限责任；

（6）自由转移权益。

从税务的角度来说，公司的法人特征必须多于非法人特征。标准（1）、（2）在公司和合伙企业中很常见。因此，如果没有（3）～（6）项标准中的2项，商业公司一般将被视为合伙企业。

大多数有限合伙企业像股份公司一样也是实行集中化管理的。因而，二者的差别主要表现在标准（3）、（5）和（6）上。根据《统一合伙企业法案》，美国大多数州的法规都以该法规为蓝本，普通合伙人有权在任何时候解散合伙企业，因此，合伙企业的存续期不具备连续性。另外，合伙协议中也可以规定合伙关系的终止时间。有限责任的准则是基于一个合伙人是具有无限责任普通合伙人的事实。最终，通过征得普通合伙人或其他有限合伙人的同意来影响所有权的改变，通过这样限制所有权的无条件变更。这一限制被财政部规定视作对权益转移的法律限制。通过适当地组合这些条款，可以获得合伙企业的税收待遇。

### 18.16.1 公司普通合伙人的作用

有限合伙企业的唯一合伙人通常是一家公司。这种安排的优势在于，对通过公司参与有限合伙企业的项目的建造者-发起人的个人责任进行了限制。一家合伙企业的普通合伙人也可以提供更好的管理连续性。为了避免“假”公司作为唯一的企业普通合伙人，美国国税局遵循内部准则［被称作安全港规则（safe harbor rules）］，规定一定的所有权和最低资本要求。有限合伙人不能单独地或总共地拥有超过20%的企业股票。企业普通合伙人的净资产要求取决于合伙人总共贡献的资本。如果投入资本少于250万美元，企业普通合伙人必须有不少于合伙企业资本总额15%的净资产，但是不超过250 000美元。当投入资本达到或超过250万美元，企业普通合伙人必须一直维持至少占合伙企业资本10%的净资产。

### 18.16.2 非公开和公开辛迪加对比

辛迪加的一个很重要的分类是非公开辛迪加和公开辛迪加。许多非公开发行是根据1933年《证券法》的法规D进行的，以免除该法的注册要求。美国证券交易委员会1982年提出法规D以简化和扩大联邦证券的注册豁免。它从《证券法》中免除了辛迪加的注册要求，但不是免除其全面披露和反欺诈条款。但是这个豁免是很重要的——除了最大的辛迪加以外，它消除了所有辛迪加的注册成本，因此在特定条件下的注册豁免促进了中小规模辛迪加的发行。遵守该法规本身并不能使辛迪加不受联邦证券法的约束，但是，在许多州也有类似的豁免条例。尽管法规 D 编纂并扩大了之前的豁免条款，它也定义了重要的概念，包括合格投资者（accredited investor），这将在接下来的章节中讨论。任何依照规定进行发行的参与者都应当阅读和理解法规，以确保严格遵守其规定。

## 18.16.3 合格投资者——法规 D

如果证券只出售给合格投资者，那么无须向投资者提供根据法规 D 的规定获得豁免的其他信息。购买证券的合格投资者不计入法规 D 所规定的、获得豁免权所要求的，潜在买方的最大数量。并且，合格投资者不需要符合在金融和商业活动中“熟练和经验”的要求，可以适用于法规 D 中在私下配置豁免权规则时的其他投资者。一般用于描述合格投资者的法规包括以下条件：

- 任何被交易证券的发行公司的董事、执行经理或普通合伙人，或者该发行者的普通合伙人的董事、执行经理或普通合伙人；
- 任何购买该证券的价值在 150 000 美元以上的个人，而且在交易期间该买方购买证券的总价值不超过其净资产总值的 20%；
- 任何个人的净资产总值或与其配偶的共同净资产在购买证券时超过 100 万美元的自然人；
- 任何最近两年中每年的个人收入在 200 000 美元以上，且合理预计其当年收入也会超过 200 000 美元的自然人。

非公开发行证券通常限制在 35 个或更少的投资者。而公开发行的特点是，严格遵守联邦以及州证券管理部门各项有关公开发行证券的规定。为了取得向公众出售股票的资格，需要准备大量的报告、宣传册、招股说明书等。在证券交易委员会进行注册的最低成本约为 50 000 美元，对于那些将在多个州发行的大辛迪加，该费用可高达 300 000～500 000 美元。鉴于在州和联邦法律下注册公开辛迪加费用的高昂程度，对需要筹集大额资金的大型交易采用公开辛迪加方式是有道理的。

公开辛迪加的参与证明每份售价低至 500、1 000 或 5 000 美元。非公开辛迪加的相应证明的最低价格也是它的 10 倍。最近，公开辛迪加还要进一步降低其最低投资限额，以吸引“个人退休账户”（Individual Retirement Account）和 Keogh（自营退休计划）的资金。其结果是，辛迪加成员可能会由成千上万的小投资者组成，而不是少数具有实质性手段和冒险能力的参与者。个人投资者现在有机会投资于优质房地产，而在通常情况下，这是除富人和机构投资者以外的人无法企及的。

**警告**

在一个大型公开辛迪加中，普通合伙人承担的风险很小。他们可以预先通过另一个商业实体购买到房地产，然后再转售给辛迪加赚取利润。利用他们自己拥有的其他公司，他们可以从证券销售和管理服务等中获得可观的收入。作为普通合伙人，所有契约中没有规定分给有限合伙人的收入和资本利得都归于他们。这些活动可能被完全披露给潜在投资者，也可能没有被完全披露给潜在投资者。普通合伙人的角色一直是州和联邦政府证券销售监管机构日益关切的问题。

## 众筹：在投资者中募集资金的新选择　　概念框 18.2

正如在本章中所述，通过出售股份的方式筹集权益资本来建立或扩大业务受到 1933 年《证券法》和 1934 年《证券交易法》的监管。这需要向美国证券交易委员会（SEC）注册，除非这一发行是非公开的，并且符合法规 D 或是不太常用的法规 A 的豁免条件。

在《证券交易法》的非公开发行豁免规定下，只要发行对象是"合格投资者"，法规 D 一直被视为一个"安全港"。各州不得预先阻止联邦规定的注册豁免。回想一下，合格投资者是指那些在过去两年中收入超过 20 万美元（如果加上配偶的收入，则为 30 万美元）的投资者，或者是那些资产净值（不包括其住所）超过 100 万美元的投资者。非公开配售是指不向公众提供，但只提供给事先与发行人建立了关系但没有注册的人。这意味着不能向投资者做广告。法规 D 确实允许有少量（最多 35 人）的非合格投资者，只要他们是成熟的投资者，并将发行风险充分披露给他们。但是最多也只能有 500 个投资者，包括合格投资者和非合格投资者。

根据"蓝天法"（"blue sky laws"），法规 A 允许合格投资者和非合格投资者购买高达 500 万美元的在一个州或多个州注册的企业的股份。法规 A 在房地产方面经常被引用的一个例子是华盛顿特区 H 街一处房地产的筹资再开发。[①] 这是一笔小交易，所有的资金都是在当地筹集的，因此不需要在多个州注册，但它预示着房地产权益融资方式的改变即将来临，该公司已经成为美国通过互联网发行融资的领导者。尽管法规 A 不要求在联邦一级进行注册，但 SEC 仍可以向发行方提出其必须解决的意见，这可能会使发行耗时且烦琐。由于在法规 A 下可以筹集到的资金相对较少，加之有些烦琐的政府规定，法规 A 在投资中的用处有限。

从《创业企业融资法案》（Jumpstart Our Business Startups Act，简写为 JOBS Act）于 2012 年 4 月通过后，这种情况发生了改变。（表 18－25 概述了新法规下的选择。）该立法要求迅速起草实施条例，但这一过程一直拖到 2013 年 9 月，第Ⅱ章才针对法规 D（506C）投资出台，然后又过了 18 个月，第Ⅳ章才针对新的"法规 A＋"投资发布。现在看来，第Ⅲ章众筹章程草案要到 2016 年才能正式生效。（在新规下，"众筹"一词更广泛地用于指通过互联网向投资者筹集资金，但真正的众筹章程仍处于草案阶段，如下文所示。）

这些规定反映了 SEC 试图在政策和政治之间达成的微妙平衡。1933 年和 1934 年法案的出台是为了保护消费者免受 1929 年股市崩盘造成的动荡以及缺乏透明度、公然欺诈和失实陈述的影响。基本原则是，披露信息的要求将在很大程度上保护投资者，但经验丰富的投资者需要的保护比不成熟的投资者要少，而且这些保护措施的实施属于联邦层面，而非州层面。

**表 18－25　　新规下的投资选择**

| 投资者资格 | | 最大投资 | 最大资本筹集 | 身份证明 | 二级市场 |
|---|---|---|---|---|---|
| 合格投资者 | 第Ⅱ章，法规 D（506c） | 无限制 | 没有，但是仅有 2 000 个投资者 | 通过发行者或者平台证明投资者身份 | 否，但是市场正在发展 |

① http://www.citylab.com/work/2012/11/real-estate-deal-could-change-future-everything/3897/。

续前表

| 投资者资格 | | 最大投资 | 最大资本筹集 | 身份证明 | 二级市场 |
|---|---|---|---|---|---|
| 非合格投资者 | 第Ⅳ章，法规 A+ | 无限制 | 与非合格投资者一样 | 无 | 是 |
| | 第Ⅲ章众筹章程草案 | 收入超过10万美元的10% | 低于1 000 000美元 | 平台操作者检验 | 仅适用于非合格投资者 |
| | 第Ⅳ章，法律 A+第1级 | 无限制 | 12个月2 000万美元；不限制投资者数量 | 不要求检查 | 是 |
| | 第Ⅳ章，法律 A+第2级 | 不超过收入的10%或者财富的10% | 12个月5 000万美元；不限制投资者数量 | 不要求检查 | 是 |
| | 第Ⅲ章众筹章程草案 | 如果收入少于10万美元，则上限为收入的5%且介于2 000美元和10万美元之间；如果收入大于10万美元，上限为10% | 12个月100万美元 | 平台操作者检验 | 除了合格投资者外，有12个月的禁售期 |

表18－25提供了从合格投资者和非合格投资者处筹资的选择的简化摘要。法规A+的完整内容可以在以下网址查阅：http://www.sec.gov/rules/final/2015/33－9741.pdf。法规D的内容请参见：https://www.sec.gov/info/smallbus/secg/general-solicitation-small-entity-compliance-guide.htm。

一个重要的变化是，企业可以利用现代技术，例如，在互联网上做广告，并试图接触到合格投资者，这些投资者现在有几种投资途径。发行人必须合理谨慎地核实投资者的资格。

非合格投资者现在有了一些新的选择，他们将有机会对小型初创公司进行适度的投资，而这些公司之前是被禁止投资的。这些规定对投资者可投放的资金、可募集的资金总额、股票的流动性、销售机制和补偿方案、披露和报告要求等都有不同的限制。更详细的总结可以在以下网址中找到：http://www.duanemorris.com/alerts/SEC_adopts_regulation_a_plus_rules_5513.html。请注意，法规D现在允许最多有2 000个投资者，而不是500个。

根据新的法规A+（第2级）的规定，可以筹集的资本上限从之前的500万美元提高到5 000万美元。证券可以公开发行和出售，州法规不能通过提供进一步的限制而凌驾于联邦法规之上。同样要注意的是，向合格投资者或非合格投资者出售的条件也是相同的。因此，实际上，在新的法规A+下并没有对合格投资者的要求。这些变化可能会导致新法规A+下的新股发行数量较之前大幅增加。

当法规D、法规A+或新的第Ⅲ章规定的众筹机会可用时，合格投资者可以购买其股份。按照法规D发行最重要的变化是找到投资的能力和验证其状态的要求。法规A+有着巨大的变化，它介于法规D和预期的真正的众筹以及更传统的公开发行之间。可以从以下网址获得精彩的总结：http://www.flastergreenberg.com/media/article/454_A_Regulation_A_Plus_Primer_final.pdf。

证券发行者在与投资界的联系、销售人员是谁、他们的报酬如何以及要求何种披露和报告方式等方面受到限制。部分原因来自新法规出台之前的政治背景，当时法规A类交易的规模较小，但由不愿放弃权力的国家证券监管机构管理；部分原因在于，财力有限的投资者需要特殊保护。真正的众筹法规尚未出台，但它们将要求经纪自营商出售证券，或使用一个尚未成立的主体——互联网"融资平台"。SEC估计，100万美元的融资成本为76 660～151 660美元，即使是非常小的融资规模，也可能至少需要39 000美元。① 该法规草案可在以下网址查阅：https://www.sec.gov/rules/proposed/2013/33-9470.pdf。一个更详细的总结可以在以下网址获取：http://www.whiteandwilliams.com/resources-alerts-Jumpstart-or-False-Start-SEC-Proposes-New-Rules-to-Implement-Crowdfunding-Provisions-of-the-JOBSAct.html。

值得一提的是，超过20个州已经在本州范围内制定了自己的众筹规则，对于那些寻求融资的人来说，这既增加了众筹的可能性，也增加了在监管方面的不确定性。

除了监管结构之外，还有一个问题是，这些新机制将如何在房地产投资领域发挥作用。投资者已经有了广泛的选择。投资很可能有各种各样的风险和回报预期。投资的时间跨度从几个月到7至10年不等。投资规模可以低至1 000美元，也可高达5万美元或更多。保荐人或发行者可能在寻找一种全权益投资、全债务结构，或介于两者之间的混合，并可能提议进行一种从头开始的开发，一种在电视上非常流行的"翻修转售"（fix and flip）的房屋交易，或者是一种稳定的收购和运营交易。房地产类型范围包括酒店、零售商场、写字楼、工业用房和公寓。

在所有这些新规定下，预计筹集的资金将出现巨大增长，因为对许多投资者来说，在以前的规定下，投资房地产变得越来越容易。新规定允许发起人和投资者利用互联网所提供的透明度和效率来促进资金从投资者流向投资项目。像WealthForge（www.wealthforge.com）这样的公司已经出现，通过为众筹网站提供后台基础设施，使得发起人更容易利用互联网从合格投资者那里筹集资金。它们的解决方案是通过合格投资者审查流程引导潜在投资者，通过投资流程跟踪他们的进展，并处理最终进行投资的投资者的付款。这使得没有监管专业知识的个别公司可以通过开发一个可以放在任何网站上的"投资"按钮来"众筹"。因此，一个交易的发起人可以建立一个房地产网站，添加WealthForge的投资按钮，然后引导潜在的投资者进入这个网站。除了在传统的众筹网站上寻找机会外，这为投资者提供了另一种选择。

下面列出了一些最成功的房地产投资平台。

Prodigy Network

www.prodigynetwork.com

RealtyShares

---

① http：//venturebeat.com/2014/01/02/it-might-cost-you-39k-to-crowdfund-100k-under-the-secs-new-rules/。

www. realtyshares. com

Realty Mogul
www. realtymogul. com

Patch of Land
https://patchofland. com

Fundrise
https://fundrise. com

CrowdStreet
www. crowdstreet. com

## 18.17 辛迪加的管理条例

有限合伙企业的巨大灵活性导致了滥用。1980 年，北美证券管理协会（NASAA）采取了一项旨在给房地产有限合伙企业的证券发行确立标准的政策或指导方针。凡该政策实施范围内的州注册机构，一般都不批准不符合指导方针标准的申请者。除加利福尼亚州（该州有更为严格的相应法规）之外，所有的州都在 NASAA 管辖范围之内，但并不是所有的州都采纳 NASAA 的政策。尽管如此，还是有很多州都遵从这一规定；同时该政策原本只准备应用于公开辛迪加，然而，许多证券机构的主管人还将它应用在对申请注册豁免权的审批上。该政策在辛迪加投资规则、对发起人和管理者的补偿以及投资者适合标准等方面都有相应的规定。这些都是联邦和州管理机构最关心的方面。

### 18.17.1 投资目标和政策

辛迪加在寻求投资目标及为实现这类目标而采取的策略上有着很大的差别。如果目标辛迪加投资者处于低税级而追求流动的收入（如个人退休账户和抚恤金投资者），辛迪加就要取得能产生最大现金流量的房地产。有的此类房地产可以完全用现金购买。另外一些投资者可能不需要流动性收入而追求能提供最大未来资本利得可能性的房地产（如处于城市发展规划内的毛地）。还有的投资者可能强调利用高折旧率和抵押贷款利息扣减来增加避税的投资。因而，辛迪加的目标投资者将决定辛迪加的投资目标及政策。

直到 20 世纪 60 年代末之前，辛迪加通常募集资金来为可识别的地块进行融资，它们的相关情况在招股说明书中有详细的陈述，投资者可在投入资金之前仔细研究。这类辛迪加被称作“指定房地产”辛迪加。另外还有一类辛迪加，在确认它们最终拥有的部分或全部房地产之前，先筹集资金。因而它们被称为盲池辛迪加。由于没有房地产的有关描述与相关经济或财务上的数据供投资者参考，因此这类辛迪加纯属投机性筹资。对于这样一个盲池辛迪加，必要的投资标准（如房地产的类型与地理位置）以及保荐人的背景、经历和以往的业绩，是需要在招股说明书中披露的，因为盲池辛迪加投资本质上是对辛迪加组织者的以往记录与信誉的投资。这类证券的投资者应慎重考虑招股说明书中有关投资目标的陈述，以及辛迪加组织者的背景和记录等情况。辛迪加投资目标通常围绕以下部分属性列表而变化：

- 完全可确认的房地产；
- 盲池投资；
- 杠杆的运用；
- 房地产销售前的预计持有期；
- 允许的土地开发投资；
- 与开发商或其他投资者合资；
- 收购止赎房地产用于转售。

### 18.17.2 发起人和管理者的报酬

辛迪加投资者非常关心的一个方面是发起和管理费用。要把这些费用控制在合理水平之内是很困难的，因为支付报酬的方式有很多。辛迪加组织者通常为所提供的各种服务收取费用，如为资产组合收购房地产、对其进行管理、为投资者提供最小现金流担保、销售房地产以及安排再融资等。很显然，前端费用会减少投资于实际房地产的可用资金量。此外，销售房地产的收入还要有一部分用来交纳“结账”费用。

管理费用的计算基于总资产、净资产、总租金收入、净租金收入和现金流。每种方法都会根据辛迪加经营的财富计算出特定的结果。不幸的是，估测费用时经常采用没有根据的潜在假设。错误的预测歪曲了适当的报酬决定和确定这一决定的正确方法。在所有情况下，应将当事人各方的利益矛盾，以及各种应对发起合伙人、普通合伙人、承销人和各相关机构做出的直接或间接报酬披露出来。这个披露应描述支付的时间和报酬的金额，并且应该详细说明获得各项费用提供的相关服务。

正如我们刚刚指出的，辛迪加组织者和其他辛迪加发起人收取的费用千差万别。由于前端费用会减少投资的可用资金量，因而投资者应当格外注意那些20%左右的股本都用来支付各项费用的交易。常见的前端费用包括7%～10%支付给证券销售委员会的从事销售辛迪加份额的经纪人的费用、1%～3%的法律和会计费用和5%～15%的组织和融资费用。

### 18.17.3 投资者适合标准

将有限合伙企业的权益作为投资的一个明显的缺陷就是它缺乏流动性和变现性。资本权益的可转让性受到诸多限制，新合伙人必须征得各现有合伙人的同意才能取得和享有合伙人出售的全部权益。此外，州法令对潜在投资者的财务责任要求也使得开发交易这类权益的二级市场变得更加困难。甚至在有限合伙企业中发放有限合伙收益权证的问题都很复杂，因为销售权益的有限合伙人变成了一个证券发行人，要受到另外的注册法规的制约。有限合伙企业投资的这种低流动性和低变现性增加了它们的投资风险。

辛迪加的另一个缺陷是许多辛迪加投资几乎只对处于高税级的投资者有吸引力。除了避税之外其他方面的收益可以说是微不足道的。如果低收入的投资者取得了这样的辛迪加权益，那么他那微薄的经济能力几乎得不到任何升值。为此，北美证券管理协会的指导方针所推荐的投资者最低适用性标准包括年毛收入 30 000 美元且资产净值（不包括住房、家具和汽车）至少为 30 000 美元，或者资产净值至少为 75 000 美元。对以避税为主要目的发行的证券可能需要更高标准的投资者，比如处于最高联邦收入税级等条件；高风险的证券可能对收入和资产净值的标准更高。无论如何，招股说明书应该清楚地说明投资者在传统意义上的预期回报以及潜在的税收节省。

## 18.18　联邦和州政府证券管理机构

联邦和州政府的证券法律和法规对任何房地产辛迪加都适用。1933 年的《证券法》和 1934 年的《证券交易法》中的公开披露条款规定，未能披露有关公共问题的完整信息的当事人和专业律师都将为自身的行为承担民事责任和刑事欺诈责任。大多数州法律要求证券销售从业人员在当地辖区进行注册。这类法律通常都超出了联邦政府的有关规定，允许州委员会根据实际情况取消某证券发行的资格，并且确定关于这一问题的特定事实需要的披露程度。发行人对该问题的忽视可能允许投资者撤销整个交易并要求收回投资。除了这些法律之外，还有《防止欺诈法》来处理证券注册相关的欺诈行为。尽管联邦或州法律和法规因为每个问题的特点适用程度各有不同，但充分且积极地遵守法规会为辛迪加企业和投资者带来最好的结果。

## 总　结

大型房地产投资通常需要多个投资者汇集他们的资金，以获得足够的资本来购买这一资产。不同的投资者可能会带来不同的资金数量和专业知识。因此，纳入考虑的所有权协议必须是结构化的。本章讨论了投资者可以共同获得或开发房地产的多种途径。我们讨论了这些合资企业的经济状况，以及可以使用的合法所有权形式，例如普通合伙企业、有限合伙企业和公司。

尽管本章的重点是有限合伙企业，但同样的概念适用于更简单的合伙关系，比如一个没有有限合伙人的普通合伙企业。最终，正如本章中所指出的，大多数在最近 10 年成立的 REIT 都是这样的结构——REIT 是在一个有限合伙企业中拥有房地产的普通合伙人。有限合伙人是用在辛迪加中的合伙企业权益换取 REIT 拥有的有限合伙企业中的合伙企业权益的投资者。这将在第 21 章中进一步讨论。

### 关键术语

| | | |
|---|---|---|
| 合格投资者 | 盲池 | 资本账户 |
| 资本筹集 | C 公司 | 累积分配 |
| 利得收回 | 普通合伙人 | 普通合伙企业 |
| 初始资本贡献 | *IRR* 回顾 | *IRR* 优先 |
| 合资企业 | 有限责任公司 | 有限责任合伙企业 |

| | | |
|---|---|---|
| 有限合伙人 | 有限合伙企业 | 非累积同权益分配 |
| 优先分配 | 优先回报 | 私募 |
| 非公开辛迪加 | 激励 | 公开辛迪加 |
| 安全港规则 | S公司 | 独资企业 |
| 特殊分配 | 实质性经济影响 | 瀑布流 |
| 辛迪加 | | |

## 参考网站

www.sppre.com——一家全国性的咨询、发展、管理以及房地产资产管理公司。它唯一的目的就是协助政府、大学和学区办公室构建和实施公开的/非公开的房地产合伙企业，并优化它们未充分利用的房地产的价值。

## 问　题

1. *IRR* 优先和 *IRR* 回顾的区别是什么？
2. 对于房地产辛迪加，有限合伙企业的优势是什么？
3. 普通合伙人-辛迪加组织者怎样构建合伙企业来给有限合伙人提供激励？
4. 为什么美国国税局关心房地产中的合伙协议是怎样构建的？
5. 合伙企业的纳税方式和公司的纳税方式的主要区别是什么？
6. 特殊分配是什么？
7. 什么导致了普通合伙人的税后内部收益率与有限合伙人的不同？
8. 资本账户的重要性是什么？什么导致资本账户余额每年变化？
9. 在一个合伙企业中，普通合伙人和有限合伙人的投资伴随的风险有哪些不同？
10. 补偿普通合伙人的方式有哪些？
11. 你认为联邦所得税政策对在房地产合伙企业中投资的意愿有怎样的影响？
12. 一个房地产辛迪加的投资者应该对普通合伙人有哪些顾虑？
13. 区分公开和非公开辛迪加。什么是合格投资者？为什么使用这种区别？
14. 在辛迪加中普通合伙人通常是怎样得到补偿的？投资者在进行辛迪加投资时，应该考虑的最主要的问题是什么？
15. 组织一个房地产风险项目时，作为公司和普通合伙人的主要区别是什么？有限合伙企业是如何具有这两者的共同特征的？

## 习　题

1. ABC 基金已决定与 Newtown 开发公司组建一家合资企业，以开发和运营一栋写字楼。该写字楼需要 1 亿美元的初始投资来涵盖所有开发成本（硬成本和软成本）。合资企业不会有债务融资。每一方在第 1 年初投资其资金，运营现金流预测如下：

单位：美元

| | |
|---|---|
| 第 1 年 | 2 000 000 |
| 第 2 年 | 4 000 000 |
| 第 3 年 | 9 000 000 |
| 第 4 年 | 12 000 000 |
| 第 5 年 | 14 000 000 |

预计该房地产会在第 5 年末以 1.5 亿美元出售。

ABC 基金将投资 4 500 万美元，Newtown 开发公司将投资开发成本需要的剩余的 5 500 万美元。5 000 万美元的开发成本已经包含了给 Newtown 开发公司的开发费用，上述每年的现金流预测是付给 Newtown 开发公司的净资产管理费用。

ABC 基金将获得 5%的营运收益，不是累计值。这就是说，任何差额都不会结转到下一年，而是在 Newtown 开发公司从营运中获得现金之前被支付。在 ABC 基金获得它的优先回报之后，Newtown 开发公司将获得 5%的营运收益，基于它的资本贡献，这也是非累计值。任何剩余的营运现金都被双方平分。

当房地产出售时，出售所得按以下方式分配：

首先，偿还 ABC 基金的初始资本投资。

然后，偿还 Newtown 开发公司的初始资本投资。

接下来，基于 ABC 基金的投资向其支付 11%的 *IRR* 优先。

之后，将所有收益平分。

利用上面的假设来计算各方将收到的现金流，以及它的预期内部收益率。

2. 风险投资有限公司已经成立了一个非公开房地产辛迪加来收购和运营写字楼。企业将作为普通合伙人，并将有 35 个有限合伙人。将要承担的风险和相关的成本及其财务数据总结如下：

| | |
|---|---|
| **成本明细** | |
| 土地 | 1 000 000 美元 |
| 改良成本 | 9 000 000 美元（资本化） |
| 点费 | 100 000 美元（在贷款期内摊销） |
| 小计 | 10 100 000 美元 |
| 管理费用 | 100 000 美元（在 5 年内摊销） |
| 辛迪加费用 | 100 000 美元（资本化） |
| 所需资金总额 | 10 300 000 美元 |
| **融资** | |
| 贷款额 | 8 000 000 美元 |
| 利率 | 11% |
| 期限 | 25 年（每月还款） |
| 点费 | 100 000 美元 |
| **合伙企业的内容及权益要求** | |
| 组织时间：第 1 年 12 月 | |
| 合伙人数量：1 个普通合伙人，25 个有限合伙人 | |
| 权益资本贡献比例：普通合伙人 10%，有限合伙人 90% | |
| 现金评估：无 | |
| 营运现金分配：普通合伙人 10%，有限合伙人 90% | |
| 经营产生的应税收入或损失：普通合伙人 10%，有限合伙人 90% | |
| 销售收益或损失分配：普通合伙人 15%，有限合伙人 85% | |

续前表

| | |
|---|---|
| 销售现金分配：基于资本账户 | |
| **营运及税务预测** | |
| 潜在总收入（第 2 年） | 1 750 000 美元 |
| 空置及欠租损失 | 潜在总收入的 10% |
| 营运费用（第 2 年） | 有效总收入的 15% |
| 折旧方法 | 直线折旧法，31.5 年 |
| 预期收入增长 | 每年 3% |
| 预期 5 年后出售价格 | 13 500 000 美元 |
| 有限合伙人税率 | 28% |
| 普通合伙人税率 | 28% |
| 销售费用 | 5% |

a. 确定一个有限合伙人的估计收益（$ATIRR_E$）。（提示：将所有 35 个有限合伙人看作一个投资者。）
b. 确定普通合伙人的估计收益（$ATIRR_E$）。
c. 为什么普通合伙人和有限合伙人的收益不同？

3. A 和 B 成立了一家合伙企业，其中 A 为有限合伙人，贡献了 500 000 美元，B 为普通合伙人，没有贡献现金。合伙企业获得了一笔 200 万美元无追索权的贷款，并以 250 万美元收购了 AB 公寓。假设 AB 公寓第 1 年的运营结果如下：

单位：美元

| | |
|---|---|
| 净营业收入 | 25 000 |
| 减：债务支付（仅利息） | −200 000 |
| 税前现金流 | 50 000 |

假设第 1 年的折旧是 250 000 美元。

合伙协议规定所有应税收入或损失以及经营性现金流的 90%分配给 A，10%分配给 B。在转售中，应税收入或损失在 A 和 B 之间平分，现金首先分配给 A，数额等于他的初始投资减去之前已经收到的现金分配，之后再在 A 和 B 之间平分。

a. 一年后 A 和 B 的资本账户余额是多少？
b. 假设 AB 公寓在第 1 年后按 300 万美元出售，没有销售费用，销售可得的现金（税前）是多少？
c. 在房地产出售中，分配给 A 和 B 的现金是多少？
d. 在房地产出售中，分配给 A 和 B 的资本利得是多少？
e. 计算销售后 A 和 B 的资本账户余额。

4. **Excel.** 参考网站上提供的 Excel 工作簿中的“Ch18 Partner”。假设有限合伙人和普通合伙人之间的权益资本贡献、收入、收益分配分别为有限合伙人占 99%，普通合伙人占 1%。这将如何改变每个合伙人的预期收益？

# 第 19 章 抵押贷款二级市场：转手证券

## 19.1 概 述

我们将以简要回顾二级市场的发展来开始这一章的学习。近些年来，二级市场以及其主要参与机构受到了极大的关注，因此我们介绍一下抵押贷款支持证券的演化类型，并提供一个分析投资抵押贷款支持证券特点的框架。虽然与抵押相关的资产池有许多，但是我们这里限定为住房抵押贷款资产池。在本章的最后，我们将会为两种抵押贷款相关证券定价，并提供区分这些重要证券类型特性的评估。下一章将会在本章的基础上深入分析抵押贷款担保债券（collateralized mortgage obligations，CMO）和其他衍生证券，同时也会介绍商业抵押贷款支持证券。

## 19.2 抵押贷款二级市场的演进

众所周知，抵押贷款二级市场（secondary mortgage market）的演进受到以下因素的影响：

（1）专门的抵押证券发行者，比如抵押贷款银行，需要一个市场，在这个市场中它们既能够卖掉抵押贷款又能够创造新的贷款来补充资金。

（2）还需要一种市场机制来促进资金在不同地域的流动。这个市场将使位于对房屋抵押贷款的需求远远超过存款供给的区域的银行能够通过将抵押贷款证券卖到储蓄过剩地区的金融中介手中来融资。

(3) 从20世纪60年代末开始，为了应对存款类金融机构放松管制的趋势，证券化出现了许多创新。由于这一趋势，储户不再局限于传统的储蓄方式，如储蓄账户和定期存单。此外，随着给予个人退休账户（individual retirement accounts，IRAs）优惠税收待遇的立法的通过，以及美国人口老龄化增加了流向养老金账户的资金，投资基金的市场变得更加广阔。因此，在专门承销和向公众及机构投资者出售证券的机构的帮助下，抵押贷款机构面临着以不同方式吸引公众储蓄，以补充新的抵押贷款资金的挑战。联邦政府长期以来致力于鼓励人们拥有住房，并为一个强有力的住房融资体系提供支持。

### 抵押贷款的早期买方

抵押贷款的二级市场至少可以追溯到20世纪50年代中期以前，那时候至少存在储蓄银行等主流的抵押贷款的贷款人。大型寿险公司和有富余资金的东部储蓄银行则作为投资者，从那些有大量房屋贷款地区的抵押贷款公司或者储蓄银行手中购买抵押资产，而这又反过来补充了放款银行的贷放资金，为战后房地产市场的繁荣起到了重要的促进作用。

在抵押贷款二级市场形成初期，联邦住房管理局（Federal Housing Administration，FHA）和美国退伍军人管理局（Veterans Administration，VA）分别提供了违约保险计划和贷款担保计划，因而有力地促进了其发展。这些计划的一个结果是建立了针对借款人资格、评估和建筑规范的最低承保标准体系。抵押贷款公司遵循了联邦住房管理局和美国退伍军人管理局所要求的统一管理标准，这既顺应了政府一系列机构的要求，也提升了服务的效率。鉴于（1）违约保险和贷款担保，（2）标准化的贷款承销、处理、利息支付，（3）风险和所有权保险，投资者可以大量投资抵押贷款，却只要承担极小的本金和利息偿付风险。服务商有偿解决诸如违约、付款逾期等问题，使得抵押贷款投资和债券或固定收益投资并无差异。通过销售抵押贷款回流资金，抵押贷款的放款人又可以创造出新的贷款来。

## 19.3 1954年之后的二级市场

1954年，国会重新组建了联邦国民抵押贷款协会（Federal National Mortgage Association，FNMA），通常我们称之为“房利美”（Fannie Mae）。它负有三个任务：（1）加强联邦保险抵押债券二级市场的运作；（2）处置先前发行的直接贷款以及由于违约收回的房地产和其他抵押物；（3）管理包括补贴抵押贷款计划在内的一些特殊救助计划。而且上述三个任务相互独立实施、执行。

在现如今以及之前的一些时期，联邦住房管理局和美国退伍军人管理局提供的违约保险计划和贷款担保计划的利率受那些机构管理。国会想要建立一个管控这些担保计划利率的系统，使其能够被未来的业务所接受，而不是放任不管。房利美的角色就是在利率上涨时期购买抵押贷款使得发行人能够回流资金。而当利率下降时，房利美就能够出售债券获取收益，并将收益用来偿还之前为获得抵押贷款而发行的债务。因此，房利美能够为抵押贷款市场提供流动性，而且作为抵押贷款发行人（如联邦住房管理局和美国退伍军人管理局）和投资者之间的中介，它还能够估计出利率风险。不深究的话，经过利率的周期循环，房利美还能够赚到抵押贷款利息和债券利息之间的差价。[①]

### 房利美的角色正在发生变化

市场利率的上升和抵押贷款利率的滞后带来的价差越来越大，这对于房利美来说也越来越难以维持，而且这些后果也使得国会重新审视房利美，并在 1954 年通过《授权法案》终止其运行。《授权法案》中的附属条款规定政府在二级市场的作用应逐渐由私人集团取代，还包括了房利美转为私人集团的所有程序。由于是转化，不是新建另一家公司，房利美的经验就能够在过渡期发挥作用，并最终转为私人所有。

《授权法案》还规定了可以发行优先股和普通股来筹集资本，其中优先股发行给财政部。然后，为了扩充营运资本和股权多样化，抵押贷款的卖方有义务购买房利美有限售条件的股票。除此之外，房利美还可以通过发行票据和债务工具来筹集额外的营运资本。《授权法案》还规定，财政部最高可以购买 22.5 亿美元房利美的票据以提供流动性和资金支持，但是房利美是否有能力发行这么多负债却是个问题。如今，即使没有财政部的担保，房利美也可以以更低的利率借款。

在 2008 年，受到次贷危机的影响，房利美举步维艰，从而被美国联邦住房金融局（Federal Housing Finance Agency，FHFA）接管，置于联邦监管之下。同时，财政部同意提供 1 000 亿美元补充资本以供房利美继续为房屋抵押贷款市场提供流动性。由于持续的经济不确定性，房利美不得不做出改变。

## 19.4 政府国民抵押贷款协会

政府国民抵押贷款协会（Government National Mortgage Association，GNMA）最初作为 1968 年《住宅及城市发展法》的一部分，主要执行三个职能：(1) 管理和清算之前房利美购买的抵押贷款——对房利美分拆时获得的投资组合的清算通过定期的本金偿还和出售实现。(2) 为某些联邦补助住房计划提供特殊救助。政府国民抵押贷款协会，也被称为“吉利美”（Ginnie Mae），有权为联邦住房管理局的多种计划提供担保，并为传统市场不能提供贷款的地区提供住房贷款。(3) 为联邦住房管理局和美国退伍军人管理局抵押贷款资产池的本金和利息的及时偿付提供担保。而吉利美履行这些职能所需的资金来源于财政部和公共借款。

### 抵押贷款支持证券和吉利美支付保证

正如我们现在所了解的，1968 年吉利美推出的抵押贷款担保计划是抵押贷款二级市

---

① 显然，这种策略的风险在于，在利率上升和下降期间用于筹集资金的债券和票据的净成本可能超过投资组合中持有的抵押贷款的净利息收入。如果在几个周期内，抵押贷款的净买入超过净卖出，就可能出现这种情况。

场发展过程中最重要的条款之一。吉利美被授权及时偿付以抵押贷款资产池支持或担保的证券的本金和利息，而这些抵押贷款则由联邦住房管理局、农场主住房管理局（Farmers Home Administration，FmHA）或者美国退伍军人管理局担保。在此之前，当房屋借款人违约时，即使是以联邦住房管理局担保发行的每月还本付息债券，投资者也要过一段时间才能收到付款。而当违约发生时，服务机构必须就任何欠款加上从联邦住房管理局汇回的贷款余额和美国退伍军人管理局提供的担保提出索赔。但是，这些欠款的偿付不仅耗时还很费力。

抵押贷款支持证券的投资者不喜欢这种漫长的等待，因为这不仅会导致不稳定的现金流而且会降低收益率。通过向投资者保证及时还本付息，吉利美本质上是保证每月偿还本金和利息。同时，当抵押贷款应该提前偿付或者借款人违约时，吉利美也保证偿付剩余的贷款余额。这就缓解了投资者管理资金以及延期收到资金的问题了。当然，投资者获得这个保证需要向吉利美支付一些费用以便其有充足资金运营下去。

正是由于吉利美的这一担保计划，抵押贷款二级市场获得爆炸式发展。这种担保使联邦住房管理局和美国退伍军人管理局抵押贷款的发行人能够将抵押贷款合并或打包，并发行证券，即所谓的转手证券。这些证券以抵押贷款为抵押，基于这样一种理念：投资者购买抵押贷款资产池中不可分割的担保权益，该证券将从借款人那里获得的利息和本金转移给投资者。这些证券将由投资银行公司承保，并出售给在这一创新之前无法触及这一领域的市场上的投资者。发行人通过销售转手证券获得的资金将被用于创建新的抵押贷款。

投资者非常热衷于购买这些证券，因为这些证券具有 FHA 保险或由 VA 担保，违约风险很低。投资者认为这些资产池支持的证券像政府证券一样几乎没有风险。而且加上吉利美担保及时偿付本息，这些证券的偿还特征和债券有些相似，但又有所不同，具体表现在这些证券的未偿还本金可以随时偿付，比如当借款人违约、再融资或是偿付贷款余额时。①

## 19.5　联邦住房贷款抵押公司

在 20 世纪 70 年代，在房利美和吉利美的管理下，以联邦住房管理局和美国退伍军人管理局（FHA-VA）担保的抵押贷款资产池发行的抵押贷款支持证券运行良好。那时候 FHA-VA 担保的抵押贷款占住房贷款的比例为 21%，而储蓄机构发放的贷款占比却高达 79%，但是储蓄机构发放的贷款却没有二级交易市场。从另一个角度看，储蓄机构创造了所有传统贷款的 58%，而抵押贷款公司只创造了 80%的 FHA-VA 担保的抵押贷款。因此，为了保证资金能够顺利向证券发行人回流，这部分传统贷款的证券化至关重要。

利率间歇性波动时期，尤其是 20 世纪 60 年代中后期对储蓄机构产生了很大的困扰。② 这限制了资金流向传统的抵押贷款市场，同时也推动了国会在 1970 年《紧急住房

① 如果房地产被出售而贷款不是由买方承担，或者在发生危险（火灾等）的情况下，如果危险保险的收益被用于偿还抵押贷款而不是重建改善，也可以进行偿还。

② 在利率管制时，小额投资者会将资金存放在储蓄机构，从而储蓄机构就能够发放和持有贷款。但当投资者不仅能够直接在证券市场上投资，而且能够在储蓄机构外开立个人退休账户时，储蓄机构就不得不争夺存款了。

融资法》第Ⅲ条下设立联邦住房贷款抵押公司（Federal Home Loan Mortgage Corporation，FHLMC），也被称为“房地美”（Freddie Mac）。其设立的目的就是为传统抵押贷款提供二级市场和流动性。

最初，房地美有权购买有优先留置权和固定利率的住房抵押贷款。同时，法案也允许房利美购买传统抵押贷款，房地美购买 FHA-VA 抵押贷款。这就使得两家公司会在抵押贷款市场上相互竞争。但是，房地美的主要业务是在传统抵押贷款市场，而房利美的主要业务是在 FHA-VA 抵押贷款市场。

在 2008 年次贷危机中，出于对房地美清偿能力的顾虑，联邦政府下属的美国联邦住房金融局像接管房利美一样将其接管。而且基于经济的持续不确定，房地美在未来不得不面临更多的改变。

## 19.6 抵押贷款二级市场的运行

要了解抵押贷款二级市场是如何运作的，首先要明白，这个市场的主要功能是提供一种机制，以补充抵押贷款发行机构所使用的资金。这反过来又使它们能够在利率上升和下降期间维持新的抵押贷款发放。它们可能通过直接向房利美、房地美或其他私人实体出售抵押贷款来实现这一目标。或者，它们可以形成抵押贷款资产池，发行各种证券，从而吸引投资者的资金，这些投资者可能不会直接投资于抵押贷款。因此，就像任何为做生意而筹集资金的公司一样，在当今市场上，抵押贷款发行机构的首要目标是通过进入更广泛的投资者市场来补充资金。

### 19.6.1 直接销售计划

如图 9－1 所示，抵押贷款发行人通过直接销售的方法来回流资金。正如先前所述，在 20 世纪 50 年代中期以前，二级市场被创造 FHA-VA 抵押贷款的公司和储蓄机构用来将抵押贷款销售给寿险公司和东部的大型储蓄机构，而这些公司和机构的资金来源于保单费以及储蓄存款。然而，这个时期以后，房利美逐渐掌控了 FHA-VA 抵押贷款市场。直至 1970 年，房地美设立，市场上才增加了一个新的市场，即传统抵押贷款市场。

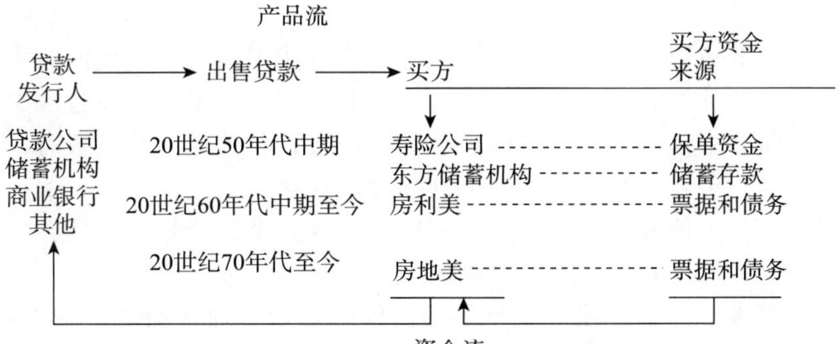


**图 19－1 资金流动分析（直接销售计划）**

房利美的承诺计划分为两部分：强制性的和可选择性的。在强制性承诺计划下，房利美有义务在约定时间以一定的价格购买一定数量的抵押贷款。同时，抵押贷款的发行人有义务将抵押贷款出售给房利美，而且还得支付一定的费用。在可选择性承诺计划下，抵押贷款发行人也需要支付一定费用给房利美，从而能够将贷款出售给房利美（这个费用高于强制性承诺下的费用）。因此，在强制性承诺计划下，当利率上升时，贷款发行人会获益，反之则受损。在可选择性承诺计划下，由于贷款发行人获得的是出售的权利而不是义务，从而在利率上升时可以将贷款卖给房利美；在利率下降时，则可以以更高的价格卖给其他机构或是与房利美讨价还价。正是由于这种计划，抵押贷款发行人将风险转移给了房利美。而且这个计划进展得非常成功，因此房地美在1970年也推出了一个类似的计划。

### 19.6.2 抵押贷款相关证券池的发展

抵押贷款除了可以直接销售给投资者外，大型贷款发行人发现还可以将抵押贷款汇聚成资产池，从而销售以其为基础的各种各样的证券。在投资银行的帮助下，贷款发行人可以发行更小面值的证券让更多投资者来购买。小型贷款发行人则可以继续将贷款出售给房利美和房地美，然后这两家公司再来发行证券。正是由于抵押贷款的证券化，以前储蓄机构发行贷款、持有贷款以及贷款公司发行贷款、将贷款出售给寿险公司和大型储蓄机构的模式才发生了明显的改变。正如我们所见，贷款发行人已经不再愿意承担贷款的利率风险了，而是将贷款证券化并出售给愿意承担风险的各类投资者，从而转移风险并回流资金。

近年来，抵押贷款支持证券的数量和类型还在不断增加，这是抵押贷款发行人、投资银行家、3家联邦机构（房利美、房地美、吉利美）持续创新和开拓投资者市场的结果。在本章以及下一章，我们将会深入探讨主要的抵押贷款支持证券：

（1）抵押贷款支持债券（mortgage-backed bond，MBB）；

（2）抵押贷款转手证券（mortgage pass-through security，MPT）；

（3）抵押贷款转付债券（mortgage pay-through bond，MPTB）；

（4）抵押贷款担保债券（collateralized mortgage obligation，CMO）。

## 19.7 抵押贷款支持债券

如贷款公司、商业银行和储蓄机构等私人机构所使用的抵押贷款证券化的一个方法是发行抵押贷款支持债券（mortgage-backed bond，MBB）。发行人通过汇聚住房抵押贷款或是商业抵押贷款形成资产池，然后以该资产池发行相关债券给投资者。虽然发行人拥有贷款的所有权，但是这些贷款作为抵押物存放在第三方信托机构。信托机构将代表债券持有人行事，保证债券发行的条款得到履行。这些抵押贷款支持债券如公司债券一样，通常以固定利率付息并有确定的到期日。

为了保证投资者能够获得足额本息偿还，债券发行人通常会对贷款进行超额抵押，即以较多的抵押贷款来发行较少的债券。从以前来看，贷款的数额会超过抵押债券面值（例如，为面值的125%～240%）。现在也是如此，因为借款人违约或拖欠时有发生。在这种情况下，超额抵押就能够保证利息顺利支付了。而且，超额抵押可以让多余的贷款来替代那些提前偿还的贷款。超额抵押的另一个原因是信托机构会对抵押贷款采取盯市制度，这样就能够保证抵押贷款维持在事先约定的水平上（比如125%或是240%）。如果抵押贷款余额跌破了事先约定的水平或者是由于抵押贷款大量违约以及提前偿付导致贷款减少，发行人就必须向资产池补充同质的贷款，否则信托机构就会按照信托契约出售所有的抵押贷款来保护债券投资者的利益。

这些抵押贷款支持债券和其他与抵押贷款相关的证券一样，都是由独立的债券评级机构评级[①]，然后由投资银行组成的承销团承销。[②] 而投资评级主要取决于：(1) 资产池中抵押贷款的质量，这主要取决于抵押贷款的类型、贷款价值比、是否有违约担保以及是全部担保还是部分担保；(2) 抵押贷款证券地域多元化程度；(3) 抵押贷款的利率；(4) 抵押贷款提前偿还的可能性；(5) 超额抵押的程度；(6) 商用贷款情况下的评估值和债务偿还能力比率。

显然，由FHA-VA贷款和有担保的普通贷款构成的资产池的违约率会大大低于那些由没有担保的贷款构成的资产池。但是在某些情况下，债券发行人会采取第三方额外增信的方式来保证债券持有人不会遭受违约损失。这类增信方式包括银行基于发行人的信用状况和存款余额发行的信用证，以及一些保险机构或者是与可信赖的第三方签订的付费协议。当采用增信方式后，投资者也要评估第三方执行保证的能力以及信用证的条款和条件。而增信的质量通常也会影响超额抵押或是债券的票面利率。

总而言之，资产池中抵押贷款的质量和种类是决定债券利息支付以及本金偿付的现金流是否充足的主要因素。这些因素也会影响发行人履行发行承诺的能力和投资者面对的风险。投资者面对的风险又会决定其所要求的收益率，从而影响发行人的债券定价。接下来，我们就讨论一下债券发行定价。

## 19.7.1 抵押贷款支持债券的定价

为了更好地讨论债券发行人如何与承销商协商债券的定价，我们假设抵押贷款支持债券的发行总额为2亿美元，资产池中的抵押贷款总额为3亿美元，面值为10 000美元，期限为10年。而且该债券基于超额抵押和发行人的信誉给予了8%的票面利率并按年付息。[③] 我们还假设债券获得了Aaa或AAA的评级。[④] 我们应该用投资者要求的市场收益率将债券未来的利息和本金折算成现值，用来求取发行日的债券价格。这里的市场收益率与债券相对于其他证券的风险以及市场上可比证券的收益率有关。

在我们所举的例子中，债券的价格是将10年期每年的800美元利息以及10年后10 000美元的本金进行折现求取的。假设发行人和承销机构都同意以9%作为投资者要求的收益率，则债券价格就可以表示如下：

| 解： | 函数： |
| --- | --- |
| $i=9\%$ | $PV(i,\ n,\ PMT,\ FV)$ |

---

① 这些评级机构包括穆迪、标准普尔等机构。

② 抵押贷款相关的重要承销商主要包括雷曼兄弟、摩根士丹利和高盛。

③ 大多数债券都按半年付息一次，我们这里只是为了简化分析。

④ 这是最高的评级。关于评级的解释可以从穆迪或者标准普尔公司那里获得。

$n=10$

$PMT=800$ 美元

$FV=10\ 000$ 美元

解得 $PV=9\ 358$ 美元。

因此，债券价格会比面值少 642 美元或者说是面值的 93.58%，如此才能使到期收益率达到 9%。[1] 然后，扣掉承销费用，发行人能够从承销商手中获得 187 160 000 美元。[2] 如果收益率为 7%，债券的现值就为 10 702 美元，也就是债券溢价 702 美元，从而发行人能够获得 214 400 000 美元。因此，我们可以看出发行价格与票面利率和要求的收益率息息相关。当市场利率超过债券票面利率时，债券就会折价，反之亦然。图 19－2 描述了票面利率为 8%的抵押贷款支持债券的价格和市场收益率的反向关系。

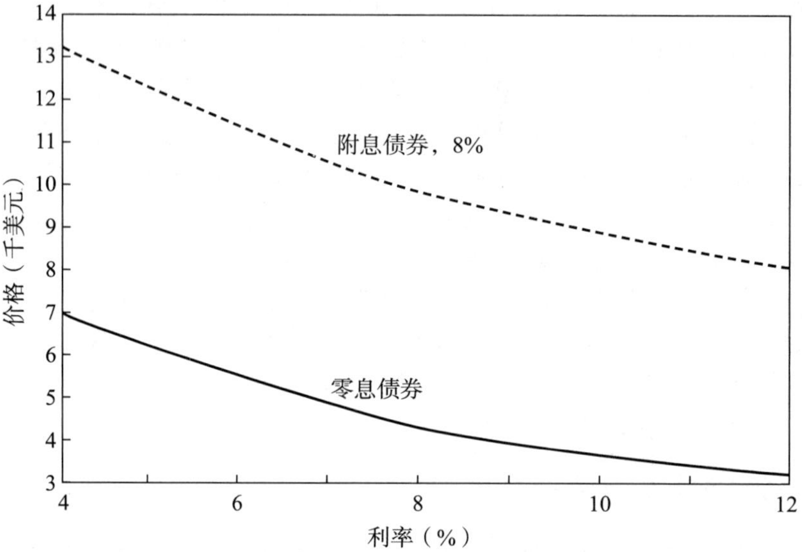


**图 19－2　票面利率为 8%的债券价格和市场收益率之间的关系**

## 19.7.2　后续价格

债券发行后会进行交易，虽然交易的价格不影响发行人收到的金额，但是这对于投资者和发行人再次发行却至关重要。例如，我们假设发行 2 年后市场收益率再次为 9%，那么债券价格将为：

| 解： | 函数： |
|---|---|
| $i=9\%$ | $PV(i,\ n,\ PMT,\ FV)$ |
| $n=8$ | |
| $PMT=800$ 美元 | |

① 到期收益率是债券投资者所使用的一个术语，与内部收益率一致。

② 我们假设承销商以约定的价格全额包销，然后于其他承销商组成承销团，一起承担转卖债券给公众和机构投资者的风险。

$FV$=10 000 美元

解得 $PV$=9 447 美元。

我们看到债券价格是面值的 94.47%。现在的折现值低于刚发行时的折现值，这是因为债券的剩余期限只有 8 年了。如果债券发行 2 年后要求的收益率为 7%，则债券价格就为 10 597 美元，或者说面值的 105.97%。因此 10 年期和 8 年期债券的折价和溢价程度有所不同。但是，当要求的收益率和票面利率同为 8%时，债券的价格将与剩余期限无关，与面值相等。有兴趣的读者可以证明一下。

### 零息抵押贷款支持债券

有时，抵押贷款支持债券没有票息，即不会支付任何利息。这类债券的利息将会一直累积直至到期日归还本金。为了更好地说明，我们假设前面例子中的债券的票面利率为 0，但是利息会以 8%的速度累积直至到期日。在到期日时，债券将会以面值 10 000 美元偿还。假设投资者在债券发行日要求的收益率是 8%，则债券的价格可以计算如下：

| 解： | 函数： |
|---|---|
| $i$=8% | $PV(i, n, PMT, FV)$ |
| $n$=10 | |
| $PMT$=0 美元 | |
| $FV$=10 000 美元 | |
| 解得 $PV$=4 632 美元。 | |

因此，我们可以知道债券价格为 4 632 美元或者说面值的 46.32%。如果发行日投资者要求的收益率是 7.5%的话，则债券价格将为 4 852 美元，即面值的 48.52%。从图 19－2 显示的 10 年期零息债券的发行价和收益率的关系中，我们可以看出零息债券比附息债券有着更高的价格敏感性。比如，在 4%要求收益率的情况下，票面利率为 8%的债券的价格为面值的 130%，而零息债券的价格为面值的 68%。之所以会这样，是因为零息债券的现金流都在到期日收回。因此，零息债券的现值会比那些在持有期内就有现金流收回的债券的利率敏感性更高。

### 抵押贷款按市值计价

就如之前所提到的，履行监督债券条款执行功能的受托人需要定期查看抵押贷款的市值是否高于约定的超额抵押水平。受托人用于确认抵押贷款市值的方法十分复杂，因为（1）抵押贷款的利率多种多样；（2）贷款的本金需要摊还；（3）许多贷款可能会提前偿还；（4）有些借款人可能违约。而且，最后两个因素很明显会导致资产池中的贷款数量减少。

为了估计资产池中抵押贷款的价值（即抵押贷款按市值计价），受托人首先要做的就是确认贷款的数量和未偿还余额，以此对资产池中的贷款进行估值。其次，要估计每类贷款存续期内投资者要求的收益率（不是贷款的到期时间，因为大多数家庭在出售房地产、再融资、违约时，贷款都会被提前偿还）。① 因此，若考虑提前偿还，抵押贷款的定价就更复杂了。此外，其他定价技术对于评估抵押贷款转手证券的价格来说也很重要。

---

① 其他的本金偿还方式包括偿债基金偿还、提前赎回条款等。如果想更深入了解，可以看一些关于投资的基础性资料。

## 19.8 抵押贷款转手证券

1968 年，吉利美推行了抵押贷款担保计划，此计划致力于创造出一种能够与企业和政府债券相竞争的抵押贷款投资工具。正如前面所提到的，此类证券需要解决的最重要的问题就是安全性。因为抵押贷款是由不同收入和特征的借款人的贷款构成，所以与抵押贷款相关的投资工具必须简单易懂，能够与其他证券相比较。

我们知道贷款有违约风险和利率风险。虽然固定利率抵押贷款证券也像公司债券和政府债券一样有违约风险和利率风险，但是这些风险可以通过联邦住房管理局和美国退伍军人管理局的担保规避掉。投资者关心的另一个问题是抵押贷款相关证券现金流的可预测性。一些替代性的投资工具比如不可赎回的债券就有可预测的利息偿付计划。而抵押贷款相关证券却会因为贷款人的违约而延期付款。为了解决这个问题，吉利美保证对投资者及时全额偿付本金和利息。有了吉利美担保的债券就相当于有了美国政府在背后支持，因为吉利美可以无限制地向财政部借款。也因为如此，吉利美所担保的债券在二级市场上有充足的流动性。

在抵押贷款支持证券出现之前，发行人只能将所有贷款的所有权连同风险一并出售。而当抵押贷款支持证券发行后，很多问题就自然被化解了。抵押贷款转手证券（mortgage pass-through securities，MPT）由贷款发行人（如抵押公司、储蓄机构）发行，代表资产池中的抵押贷款不可分割的所有权利益。整个资产池的最小规模通常是 1 亿美元，但是由于超额抵押，它们可能实际上包括了 10 亿美元甚至更多的抵押贷款。这些抵押贷款由受托人代表投资者持有，以便投资者收到回报，但是在管理方面还是由贷款人或者批准的服务商管理。资产池产生的现金流由本金和利息构成，这些现金流扣除服务费和担保费后就能够分配给投资者了。正是由于这些现金流是由服务商转手给投资者的，所以证券才被称为转手证券。

图 19－3 显示了抵押贷款转手证券的创造和出售流程。通常来说，贷款人发放贷款，并将贷款汇聚成资产池，或是将其出售给房利美或者房地美。如果由发起人将贷款汇聚成资产池，则发起人会在承销商的帮助下发行证券。这些证券将会出售给共同基金、拥有个人退休账户的个人、信托、养老金管理机构、寿险公司、储蓄机构以及有冗余资金地区的商业银行。这种贷款证券化使得小额投资者能够通过投资共同基金或者直接购买来获得吉利美的转手证券，从而贷款人能够直接接触到这些小额投资人。[①]

### 19.8.1 抵押贷款资产池的重要特征

表 19－1 提供了一些重要类型的转手证券的信息。虽然转手证券有相同的结构，但是我们还是应该知道其中的一些重要区别。这些区别不仅对于发行人汇聚资产池来说很重要，对于投资者比较抵押贷款转手证券、政府债券、公司债券和其他一些附息债券的投资机会也很重要。

---

① 除了图 19－3 展示的转手证券的相关过程外，还有其他一些最近产生的证券，比如参与证单、“互换”计划等。

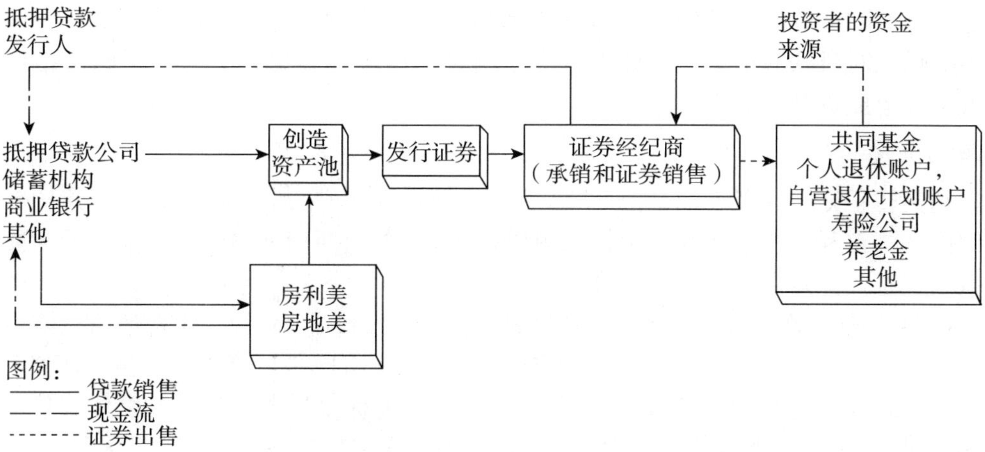


**图 19-3 抵押贷款转手证券：发行程序和现金流**

**表 19-1 抵押贷款转手证券的重要特征**

| | | | |
|---|---|---|---|
| 发行人 | 抵押贷款公司、储蓄机构、其他：吉利美转手证券 | 房地美：参与证单 | 房利美：抵押贷款支持证券 |
| 违约担保人 | 联邦住房管理局、美国退伍军人管理局、美国农场主住房管理局 | 私人担保机构、联邦住房管理局、美国退伍军人管理局 | 联邦住房管理局、美国退伍军人管理局、私人担保机构 |
| 资产池中的抵押贷款类型 | FRM，GPM，MH，ARM | FRM，GPM，ARM，MF，次级贷款 | FRM，GPM，ARM，MF，次级贷款 |
| 抵押贷款利率是否可变 | 是 | 是 | 是 |
| 是否包括分期偿还贷款 | 是 | 是 | 是 |
| 还款担保的性质 | 及时偿付本息，提前还款 | 及时偿付本息，最后还款 | 及时偿付本息，提前还款 |
| 担保人 | 吉利美和政府信用 | 房地美 | 房利美 |

并非所有抵押贷款支持证券都很类似，要明白这一点只需要重点关注一下表 19-1 中抵押贷款支持证券的市值是如何受市场利率影响的。抵押贷款支持证券的市值取决于抵押贷款的特征，市场利率的变化会影响投资者的行为，从而影响他们对于住房的需求、就业机会等。在这些影响下，投资者可能会选择再融资或者提前偿付贷款。比如，当经济形势变化时，他们会出售现有的房子去购买一个新的，或者是去别的地方找份工作，如此一来就会提前还款。因此，在估计证券价值时，这些因素对于投资者判断现金流何时收回非常重要。

### 证券发行人和担保人

表 19-1 列出的第一种证券是吉利美转手证券，通常由抵押贷款公司、储蓄机构、商业银行和其他一些机构发行，而且这些证券由联邦住房管理局和美国退伍军人管理局担保。其他两种证券是参与证单和抵押贷款支持证券，分别由房地美和房利美发行。如

前所述，后两种证券的抵押资产由房地美和房利美从贷款人处购买而得，从而房地美和房利美提供及时付款的担保。因此在这类情况中，房地美和房利美充当了购买抵押贷款和汇聚贷款形成资产池的中介。

**违约保险**

吉利美转手证券的资产池是由 FHA-VA 抵押贷款构成的，这些贷款都有违约保险或者违约保证。吉利美这个计划一开始就只以 FHA-VA 抵押贷款构建资产池，因为要为普通贷款寻找私人保险很难。即使是在私人保险可获得的今天，转手证券的发行人也不会将 FHA-VA 贷款和普通贷款放在一个资产池中，因为 FHA-VA 贷款比普通贷款有着更高的违约覆盖率。如表 19-1 所示，吉利美转手证券仅以 FHA-VA 贷款为支持，而房利美和房地美转手证券则或以 FHA-VA 贷款为支持或以传统贷款为支持。如果以传统贷款为支持，则房利美和房地美都要求该贷款不仅贷款价值比要超过 80%，还要有私人保险。

**支付模式和抵押贷款的安全性**

正如表 19-1 所示，转手证券的发行可能以很多种类的贷款为支持，这些贷款的安全性各不相同，例如可调节支付模式的贷款，其包括可调整利率抵押贷款（adjustable rate mortgage，ARM），累进还款式抵押贷款（graduated payment mortgage，GPM），以独户住宅、公寓、移动住房为基础的贷款以及次级抵押贷款。但是，大多数用于创造转手证券的抵押贷款都是以独户住宅为抵押、利率固定的贷款。

不要将 FHA-VA 贷款和普通贷款混在一起的原则也可以从支付模式、贷款安全性特征以及贷款到期时间来考虑。也就是说，资产池可以根据支付模式、到期时间和贷款的安全性来划分。之所以能够这样划分是因为投资者想要在一定程度上估计他们能够在何时从转手证券上收到现金流。如果一个资产池包括了多种支付模式不一样的贷款，那么投资者估计他们收到的现金流就非常困难。举例来说，固定利率贷款的支付模式和可调整利率贷款以及次级抵押贷款的支付模式大相径庭。而正如我们所知，贷款的提前偿付对抵押贷款支持证券的收益率影响也很大。因此，应该将同类的贷款尽可能放在一起，如此投资者才便于评估贷款的提前偿付模式。

**票面利率、利率、资产池中“成熟贷款”的数量**

由房利美和房地美担保的转手证券所依赖的资产池可以由不同利率的贷款构成，这样做能够快速汇聚起大规模的资产池。这种模式也被其他证券发行人沿用，他们认为大规模资产池的保险费用很低，而且这种效用超过了不同贷款现金流偿付模式不同的影响（即规模效应）。

在房地美的转手证券发行计划中，同一资产池中的抵押贷款利率波动范围可达 200 个基点。同样，房利美在 1981 年也允许第一抵押贷款的利率波动可达 200 个基点。而吉利美则提供了两种资产池，一种资产池只包含相同利率的贷款，而另一种则允许贷款利率在 100 个基点范围内波动。不过，担保人会不时调整这些基点的波动范围。[①]

资产池的贷款利率对于投资者来说十分重要，因为投资者购买证券的票面利率通常基于资产池中贷款的最低利率扣减服务费和担保费。如果两种抵押贷款证券的票面利率相同，那么包含多种贷款利率类型的资产池流向投资者的现金流会比单一利率资

---

① 吉利美第一转手证券计划要求所有资产池中的贷款利率都一样。

产池的更稳定。这是因为包含多种贷款利率的资产池中贷款提前偿付的可能性更小。也就是说，当利率下降时，包含同一利率的资产池中贷款可能全部提前偿付，从而会有更大的波动性。

影响到现金流数量和时间的另一个因素是资产池中贷款的到期时间和“成熟贷款”数量的多少。这里的“成熟”是指那些在放入资产池前，贷款已经存续的时间。假设没有提前偿付的话，转手证券的到期时间就和资产池中剩余到期时间最长的债券相同。表 19-1 中的担保人对资产池中“成熟贷款”的数量都有限制。大多数吉利美担保发行的证券要求发行时资产池中的贷款已经存续的年限不超过一年，房利美和房地美则允许更多的“成熟贷款”放入资产池中。之所以这么关注“成熟贷款”是因为贷款已经存续的期限越久，贷款人就越可能出售房屋、更换工作地点，从而提前偿还的可能性就越大。

从另一个方面来说，贷款早期的违约风险通常最大。因此，“成熟贷款”减少了因为违约而提前偿还的可能性。但不管怎么说，“成熟贷款”越多，现金流波动越大，投资者就越难评估证券的价值，从而反过来影响投资者对于证券的估价。

### 抵押贷款的数量和地域分布

资产池中贷款的数量和地域分布也会影响现金流的可预测性和现金流的波动性。

这两个因素对于估计转手证券的收益率来说至关重要，因为它们影响着本金的偿付。通常来说，资产池的金额越大，其所包含的贷款也会越多；在其他条件相同的情况下，资产池中贷款数量越多，每月现金流越容易估计。这就是说，单个贷款、少数贷款违约或者提前偿付不会对证券未来现金流产生重大影响。大多数资产池的最小规模是 1 亿美元，假设每笔贷款的平均规模是 100 000 美元，则资产池中有 1 000 笔这样的贷款。如此，小部分贷款变动对于整个资产池的现金流也不会造成大的影响。

地域分布也很重要，这是因为其会影响提前偿付率和违约率。有些地区更受经济下行的影响，这样就会导致失业率攀升，从而违约率更高。一些地区的借款人由于年龄、家庭状况会有更高的流动性，从而有更高的提前偿付率。如果资产池中贷款的地域分布广泛，那么投资者就可以免受现金流不稳定的影响。

### 借款人特征和贷款提前偿付

表 19-1 所展示的资产池的所有特征中，最重要的莫过于其借款人的特征。这些借款人是社会经济的成员，他们获得贷款并且是还款现金流的最终来源。这些借款人的特征非常重要，因为（1）当借款人的收入、家庭规模、偏好改变时，他们就会调整房屋消费，从而提前偿还现有的房屋贷款；（2）当利率下降时，住户会像其他经济实体一样重新贷款来偿还之前的贷款，当利率上升时，其会推迟购买房屋；（3）住户会因为事业、离婚或者其他原因而违约，即使有违约保险，这些贷款余额也会因为违约而提前偿付。因此，借款人这些特征的改变会影响贷款的预期现金流和到期时间。事实上，正是由于借款人的特征，贷款的到期时间才会非常不确定，从而影响贷款的预期收益。而且，投资者也很难获得有关的可信赖信息，因此，虽然借款人特征对现金流的影响非常大，但是抵押贷款转手证券的投资者对于资产池中借款人的特征也知之甚少。

### 烦恼电话

如果资产池的提前偿付率达到了一定的规模，比如说最初资产池规模的 10%，那么服务商就会打电话提醒剩余证券的所有者。这个电话被称为烦恼电话或者清除买权电话。而且，当服务成本相当于服务收入变大时，这类电话也会派上用场。

### 19.8.2 抵押贷款转手证券：一种通常的定价方法

正如我们所知，抵押贷款转手证券的影响因素有很多。我们可以将这些影响因素概括如下：

(1) 利率风险——证券的市场价值会由于非预期的利率上升而下降。对于包含固定利率贷款的资产池来说，这类风险是严重的。

(2) 违约风险——由于借款人违约而导致的损失。从独户住宅贷款违约损失的可能性来考虑，由联邦住房管理局担保的最小，由美国退伍军人管理局担保的次之，由私人公司担保的最大。这种风险对于可调整利率贷款和其他一些贷款来说也产生了非常大的影响。

(3) 本息延期偿付的风险——这类风险的大小可以从保证人的财力估计出来，因为保证人履行及时偿付保证的能力与其财务能力是相当的。吉利美获得了美国政府的全权支持，房利美和房地美也是如此。

(4) 提前偿付风险——非预期的提前偿付导致的利率损失。通常来说，大多数抵押贷款都会被提前偿付，因此转手证券的投资者必须通过提前偿付率来估计贷款的预期现金流。

对于包含固定利率贷款的资产池来说，其现金流会受以下因素的影响：

a. 资产池中抵押贷款的数量。

b. 抵押贷款的利率分布。

c. 资产池中“成熟贷款”的数量。

d. 借款人的地域分布。

e. 借款人的特征。

f. 非预期事件（例如洪水、地震）。

虽然上述风险对于证券发行人和投资者非常重要，但是由于投资者众多和贷款特征的复杂性，投资者可获知的贷款的信息十分有限。在下面的章节中，我们将会讨论能够获得的贷款的相关信息。

**转手证券利率、收益率以及服务费**

转手证券利率是发行人向投资者承诺的票面利率。当证券以面值发行时，票面利率就等于到期收益率或者内部收益率。

证券的票面利率会低于资产池中最低的贷款利率，其中的差值就是服务费。例如，GNMA Ⅰ证券的资产池中所有的贷款利率都相同，其服务费率为0.5%，也就是说，证券的票面利率比贷款利率低0.5%。服务费由担保费和贷款服务费构成，以资产池中未偿付本金为基础计算。以上述的吉利美证券为例，其中未偿付贷款余额的0.06%作为担保费用，剩余的0.44%作为服务商的服务费。对于包含众多贷款利率的资产池来说（比如GNMA Ⅱ证券），证券的利率就会低于其中最低的贷款利率了。

**加权平均票面利率**

加权平均票面利率（weighted average coupon，WAC）是对资产池中贷款利率平均性的衡量，是由资产池中贷款利率加权计算而来，权重为证券发行日单个贷款余额占总余额的比重。只有资产池中有不同利率的贷款时，该加权平均票面利率的计算才有意义。在大多数情况下，服务费和担保费可以作为加权平均利率和转手证券票面利率的差值。

**资产池的规定到期时间**

假设没有提前偿付，资产池的规定到期时间就是最长贷款的到期时间。例如，资产池中有 75%的贷款 15 年后到期，25%的贷款 20 年后到期，那么该资产池的到期时间就是 20 年后。通常，吉利美将资产池中的各种贷款期限限定在很小的范围内，而房利美和房地美的要求则更为宽松。

**加权平均到期时间**

由于资产池中贷款的到期时间会影响提前偿付率，从而影响证券的收益率，因此，经济学家便提出了加权平均到期时间（weighted average maturity）的概念。加权平均到期时间是在证券发行日由各种贷款的剩余到期时间加权计算得出，权重为各贷款本金余额占资产池中总贷款本金余额的比例。

**服务商延迟付款**

延迟付款是指借款人偿付贷款和服务商将款项支付给证券投资者之间存在时滞。这个时滞有可能有 14～55 天之久。与其他证券无异，现金流支付的时间非常重要，因为延迟付款就会降低投资者的收益率。

**资产池因子**

资产池因子（pool factor）是用资产池中剩余贷款本金除以资产池中原始的本金余额计算得出的。资产池中的本金余额会由于贷款本金的偿还和提前偿付而每月都发生变化。通常该资产池因子一开始时是 1，之后便逐渐减小。（如果资产池中贷款允许负摊还，那么这个因子就会大于 1。）资产池因子作为判断现存资产池中本金余额之用，例如，如果资产池最初的规模是 50 000 美元，现在的资产池因子是 0.905 0，那么现存的资产池贷款本金余额就是 50 000×0.905 0=45 250（美元）。在证券发行后的交易中，该因子极其重要，因为投资者会通过该值考虑证券值多少钱。举例来说，如果资产池因子变小了，那么资产池中贷款本金余额也相应减少，从而提前偿付的可能性就会增加。

## 19.8.3 抵押贷款转手证券的支付机制

当给抵押贷款转手证券定价时，表 19 - 2 所示的现金流模式就非常重要了。表中假设资产池中的贷款的利率固定，为 10%，初始余额为 1 000 000 美元；转手证券的票面利率为 9.5%。而两者之间 0.5%的差值就是服务费。为了简化分析，我们假设所有贷款的期限都为 10 年，贷款现金流每年变动一次。①

证券持有人获得的现金流（g 列）是以贷款的本息偿付（b 列）② 为基础计算而来的，而贷款本息偿付可以 1 000 000 美元的 10 年期初始贷款余额和 10%的利率为基础计算得出。0.5%的服务费的计算基础是前一期的贷款本金余额，之后便从偿付的贷款本金

① 对于大多数转手证券来说，每月向投资者偿付一次。

② 由于资产池中所有贷款的利率都是 10%，期限都是 10 年，因此 b 列中按年计算出来的还款金额也都一样。

和利息中扣除，剩余的现金流便给予证券投资者（f 列）。虽然资产池产生的现金流（d 列）每年都一样，但是由于服务费的存在，投资者每年收到的现金流却会发生变化。[①] 如果没有贷款提前偿付（c 列），也就是说，所有贷款只在到期时才偿还，那么只有到 10 年后整个资产池的贷款余额才会为 0。

**表 19-2　抵押贷款转手证券的现金流**

**（固定还款额，固定利率，期限为 10 年，贷款利率=10%，提前偿付率=0，票面利率=9.5%）**

单位：美元

| 期末 | (a)<br>资产池余额 | (b)<br>本息偿还 | (c)<br>提前偿付本金 | (d)<br>偿还总额*<br>(b) + (c) | (e)<br>担保费和服务费**（0.5%） | (f)<br>投资者获得的总现金流<br>(d) − (e) | (g)<br>个人投资者获得的现金流<br>(f) ÷40 |
|---|---|---|---|---|---|---|---|
| 0 | 1 000 000 | | | | | | (25 000) |
| 1 | 937 255 | 162 745 | 0 | 162 745 | 5 000 | 157 745 | 3 944 |
| 2 | 868 235 | 162 745 | 0 | 162 745 | 4 686 | 158 059 | 3 951 |
| 3 | 792 313 | 162 745 | 0 | 162 745 | 4 341 | 158 404 | 3 960 |
| 4 | 708 799 | 162 745 | 0 | 162 745 | 3 962 | 158 784 | 3 970 |
| 5 | 616 933 | 162 745 | 0 | 162 745 | 3 544 | 159 201 | 3 980 |
| 6 | 515 881 | 162 745 | 0 | 162 745 | 3 085 | 159 661 | 3 992 |
| 7 | 404 724 | 162 745 | 0 | 162 745 | 2 579 | 160 166 | 4 004 |
| 8 | 282 451 | 162 745 | 0 | 162 745 | 2 024 | 160 722 | 4 018 |
| 9 | 147 950 | 162 745 | 0 | 162 745 | 1 412 | 161 333 | 4 033 |
| 10 | 0 | 162 745 | 0 | 162 745 | 740 | 162 006 | 4 050 |

A.

要求的收益率为 9.50%时，发行人的现金流　=1 000 000

要求的收益率为 9.50%时，个人投资者的现金流　=25 000

B.

要求的收益率为 8.50%时，发行人的现金流　=1 045 219

要求的收益率为 8.50%时，个人投资者的现金流　=26 130

C.

要求的收益率为 10.50%时，发行人的现金流　=957 754

要求的收益率为 10.50%时，个人投资者的现金流　=23 944

* 按年计算偿还金额。

** 以前期贷款本金余额为基础。

证券发行人在发行时能够收到多少钱取决于当时市场上投资者要求的收益率。以上述讨论的例子来说，如果市场收益率和证券的票面利率相同，都是 9.5%的话，那么发

① 提前偿付（c 列）也会导致投资者每年收到的现金流发生变化。

行人就能够收到 1 000 000 美元。这是基于表中未来现金流按照 9.5%的折现率计算出来的，在这种情况下，证券将会以面值出售。

但是，投资者要求的收益率（市场利率）与票面利率相等的情况很少出现。而且市场利率处于不断变动之中，因此，始于之前某个时间并存入资产池的抵押贷款的利率恰好等于证券发行时投资者要求的收益率的情况纯属偶然。由于在证券发行时，我们就知道流入资产池的现金流来自借款人的还款，并将被转手交给证券投资者，因而证券的价格就等于将投资者收到的现金流以市场利率折现的价值。这个市场利率取决于真实利率、通货膨胀预期、各种风险溢价以及可替代投资的收益率。同时，资产池中抵押贷款的存续期限对于投资者的出价也起非常重要的作用。

为了更好地说明折现率对证券价格的影响，若将投资者收到的现金流（g 列）以 8.5%的利率折现，那么证券将以 26 130 美元出售（如 B 部分所示）。如果以 10.5%折现，那么证券就会以 23 944 美元出售（如 C 部分所示）。以上结果都是在假设证券的存续期限和资产池贷款的存续期限相同，而且资产池贷款没有提前偿付即按照 10 年期来偿付而计算出来的。

图 19 - 4 展示了利率的升降对证券价格的影响，方便我们了解证券价格的利率敏感性。（记住：我们假设本金是按照 10 年期来偿还的。）如图所示，如果利率超过 9.5%，证券将折价出售；如果利率低于 9.5%，证券将溢价出售；只有当利率等于 9.5%时，证券才会以面值出售。

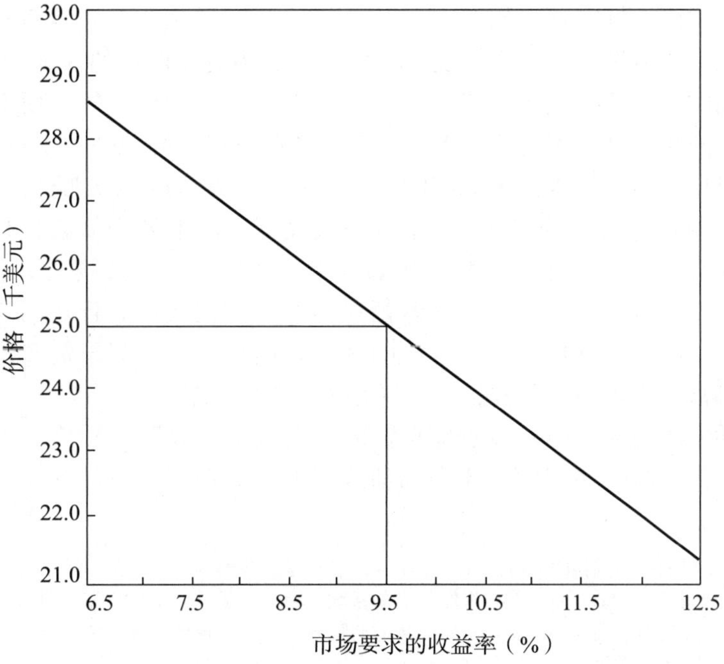


**图 19 - 4　证券价格与市场要求的收益率之间的关系（假设提前偿付率＝0）**

## 19.8.4　提前偿付模式和证券定价

大多数借款人必须在任何时候提前偿还贷款的选择是影响证券定价和抵押贷款支持

证券市场的一个特殊因素。① 这个因素之所以重要，是因为投资者将转手证券同公司债券、政府债券以及州政府发行的债券进行比较时，很难预测其存续时间。例如，当公司债券发行时，赎回条款中便明确指出公司在何种价格时可以赎回发行在外的债券。公司通常会在利率下降时行使这种权利，以便以更低的利率再融资。②

与赎回条款类似的是，债券发行人会在合约中规定某些特定的债券在发行某段时间后会被赎回而不管赎回时的利率情况。这种赎回不是一个权利，只是合约中的规定罢了。③ 但是，美国国债通常有固定期限，不会提前赎回，即会一直存续到到期日。④

对于本金的偿还，其他固定利率债券容易预测，而对转手证券来说更为困难，因此将转手证券的收益率与其他债券比较时，投资者必须考虑由贷款偿还的不确定性带来的风险。

### 19.8.5 提前偿还假设

随着贷款在外的时间越来越长，借款人就越有可能提前偿付，而偿付的资金就会被当作收益转手给证券投资者。当利率上升时，转移给投资者的贷款本金可能为 0；当利率下降时，就会有更多的贷款本金转移给投资者。在利率下降的期间，很多房屋业主会选择再融资，从而贷款被偿还，本金就会转手给投资者。

在发行债券时，发行人通常会明确规定票面利率（像前面例子中的 9.5%）和发行价格（发行价格有可能高于或者低于面值）。这样规定是因为投资者在债券发行时要求的收益率可能不同于债券的票面利率。即使假设没有提前偿付，债券的价格也会因为投资要求的收益率不同而大幅变化（如图 19－4 所示）。而且，因为投资者意识到贷款提前偿付的可能性很大，所以发行人在债券发行定价时需要将贷款偿付的模式考虑在内。所以，提供一个更准确的现金流（因此，投资者收益）估计是十分必要的，而不是认为投资者都按照事先规定的还款计划来还款，考虑提前还款可以更准确地估计出资产池的现金流。

在为证券定价时，发行人关于提前偿还假设使用的方法有如下四种：

（1）平均到期时间。举例来说，这个方法假设资产池中的贷款本金原本偿付时间为 10 年，但是实际情况是在一定时间后，比如 5 年，贷款本金就会被偿清。因此，在计算收益率或为证券定价时，发行人假设贷款偿付会在 5 年完成，而且在第 5 年时，贷款本金将会以期末整付的方式支付。这种方法的优点是简单，因为假设资产池中所有抵押贷款的提前偿付率都一样，而且这样还可以同普通债券相比较。

但是，这种方法的缺点明显多于优点。因为大量实例表明“平均 5 年期”的方式不足以充分解决贷款提前偿还问题，还会高估或者低估收益率。正如前面所述，贷款偿还

---

① 还有其他因素影响抵押贷款的提前偿付。FHA-VA 贷款是发放给住房买方的。当他们出售住房时，并不一定会偿付贷款。对于普通抵押贷款，由于有出售即付清的条款，因而当借款人出售房屋时更有可能偿还贷款。更久远一些的固定利率贷款可能有提前偿还的惩罚条款，从而劝阻借款人不要提前还款。传统贷款最近也在使用这个方法，但是可调利率贷款却不包含这样的惩罚条款。

② 通常合约规定当公司行使赎回权利时，都会给投资者一定的溢价补偿。公司之所以会支付溢价，是因为：（1）当利率下降时，债券的价值会增加，而赎回债券会从投资者手中剥夺这种价值增加；（2）对于计划持有至到期的投资者来说，债券赎回无疑影响了他们的现金流的稳定性，使得他们以更低的利率进行再投资。

③ 这类条款等同于一种明确的本金偿付方式，而偿付资金来源于偿债基金。偿债基金通常用于（1）按照计划以平价或者溢价赎回债券；（2）随机以平价或溢价赎回部分债券；（3）进入债券市场以市值回购债券。

④ 有限种类的美国国债会在到期前的特定时间被赎回。

是包括利率变动、业主特征在内的多种因素共同作用的结果，因此，仅用一个平均年限无法充分反映这些因素。

（2）固定的提前偿付率。这种方法假设每年有固定比率的贷款将会提前偿付。固定偿付率假设（constant prepayment assumption）的优点是易懂且计算方便。但是，经验数据表明贷款在早期更容易由于违约而提前偿付，因此固定的提前偿付率低估了早期的提前偿付，高估了后期的提前偿付。虽然这个方法优于"平均到期时间"方法，但也没有充分反映资产池的特征。

（3）FHA 贷款提前偿付经验。以 FHA 收集的几十年贷款提前偿付的数据作为指导，我们就能够对贷款提前偿付做出更为准确的假设。FHA 建立了一个关于贷款到期时间的数据库，并把它作为保险计划的一部分。这个数据库包含了大量各个保单年度内偿清的贷款的信息，比如贷款是由于违约还是正常偿付而清偿等。很多人声称可以基于 FHA 的经验数据来做出提前偿付的假设，比如投资者认为的贷款会减缓或加速偿还，那么利率就可以认为是比 FHA 的经验数据少 100%或多 100%，而且投资者也会得知这个利率的变化。

然而，FHA 经验数据并不是没有缺陷。由于提前偿付的具体原因很难确定，所以将历史数据应用于提前偿付假设就会遇到问题。而且数据经验会不会重复也没有保证，况且 FHA 也没有收集关于每一个贷款提前偿付的具体原因。

（4）PSA 提前偿付模型。PSA 提前偿付模型（PSA prepayment model）是由公共证券协会（PSA）开发，用来简化 FHA 经验模型的。虽然它和 FHA 模型有相同的缺陷，但还是被大多数抵押贷款支持证券发行者当作提前偿付假设的行业标准。简言之，这个模型基于每月的提前偿付率，这个比率会随着资产池中贷款寿命的变化而变化。如今，标准的 PSA 偿付率曲线第一个月的偿付率为 0.2%，随后每月增加 0.2%直至第 30 个月为止。此后，对于剩余到期时间来说，偿付率会假设为每月 0.5%或者每年 6%。由此看出，这种方法结合了 FHA 经验模型和固定偿付率方法。

由于投资者和证券发行人都明白收益率会受到贷款提前偿付率的影响，从而 PSA 假设就被广泛用于将价格和收益率的信息传递给投资者。而且为了将收益率敏感性的信息提供给投资者，证券发行人会在公开说明书中列示很多不同提前偿付率下的证券收益率。

## 19.9 提前偿付的影响

为了更好地说明提前偿付对流向证券投资者的现金流的影响，我们在表 19-3 中列示了还款计划表。每年的提前偿还额为上一年末资产池余额的 10%。表 19-3 和表 19-2 中的 g 列可以相互比较一下，两者的区别在于表 19-2 假设提前偿付率为 0。除了这个区别外，两者中的 g 列的现金流现值都为 1 000 000 美元或者从每个投资者角度来看为 25 000 美元。之所以会这样，是因为利息无论何时都是以未偿付余额的 9.5%来计算，虽然 10%的提前偿付率会导致资产池早期会有更多的现金流入。因此，虽然投资者会更快收到本金，但是利息还是以未偿付余额的 9.5%来计算，从而无论是表 19-2 还是表 19-3，两者中的 g 列以 9.5%的利率折现的现值都为 25 000 美元。

**表 19-3　　抵押贷款转手证券的现金流**

**(固定还款额，固定利率，期限为 10 年，贷款利率=10%，提前偿付率=10%，票面利率=9.5%)**

单位：美元

| 期末 | (a)<br>资产池余额 | (b)<br>本息偿还 | (c)<br>提前偿付本金 | (d)<br>偿还总额*<br>(b) + (c) | (e)<br>担保费和服务费** (0.5%) | (f)<br>投资者获得的总现金流<br>(d) − (e) | (g)<br>个人投资者获得的现金流<br>(f) ÷40 |
|---|---|---|---|---|---|---|---|
| 0 | 1 000 000 | | | | | | (25 000) |
| 1 | 837 255 | 162 745 | 100 000 | 262 745 | 5 000 | 257 745 | 6 444 |
| 2 | 691 873 | 145 381 | 83 725 | 229 107 | 4 186 | 224 921 | 5 623 |
| 3 | 562 186 | 129 688 | 69 187 | 198 875 | 3 459 | 195 415 | 4 885 |
| 4 | 446 710 | 115 476 | 56 219 | 171 695 | 2 811 | 168 884 | 4 222 |
| 5 | 344 142 | 102 568 | 44 671 | 147 239 | 2 234 | 145 005 | 3 625 |
| 6 | 253 358 | 90 784 | 34 414 | 125 198 | 1 721 | 123 477 | 3 087 |
| 7 | 173 431 | 79 927 | 25 336 | 105 263 | 1 267 | 103 996 | 2 600 |
| 8 | 103 692 | 69 739 | 17 343 | 87 082 | 867 | 86 215 | 2 155 |
| 9 | 43 946 | 59 746 | 10 369 | 70 115 | 518 | 69 597 | 1 740 |
| 10 | 0 | 48 340 | 0 | 48 340 | 220 | 48 120 | 1 203 |

A.

要求的收益率为 9.50%时，发行人的现金流 =1 000 000

要求的收益率为 9.50%时，个人投资者的现金流 =25 000

B.

要求的收益率为 8.50%时，发行人的现金流 =1 033 908

要求的收益率为 8.50%时，个人投资者的现金流 =25 848

C.

要求的收益率为 10.50%时，发行人的现金流 =967 970

要求的收益率为 10.50%时，个人投资者的现金流 =24 199

* 按年计算偿还金额。

** 以前期贷款本金余额为基础。

图 19-5 描绘了提前偿付率分别为 0、10%和 50%时资产池的现金流。显而易见，基于提前偿付率的现金流波动很大。而且正如之前所述，不管提前偿付率是多少，只要投资者要求的收益率等于证券的票面利率，那么证券就会以面值 25 000 美元出售。

## 19.9.1　证券价格和预期收益率

正如之前所说的那样，当发行人为抵押贷款转手证券定价时，他们必须对投资者期望的收益率进行评估，而且该收益率与证券的票面利率不同。然后，该评估主要由以下部分构成：(1) 估计投资者要求的相对于同一到期日的国债收益率的溢价程度；(2) 考

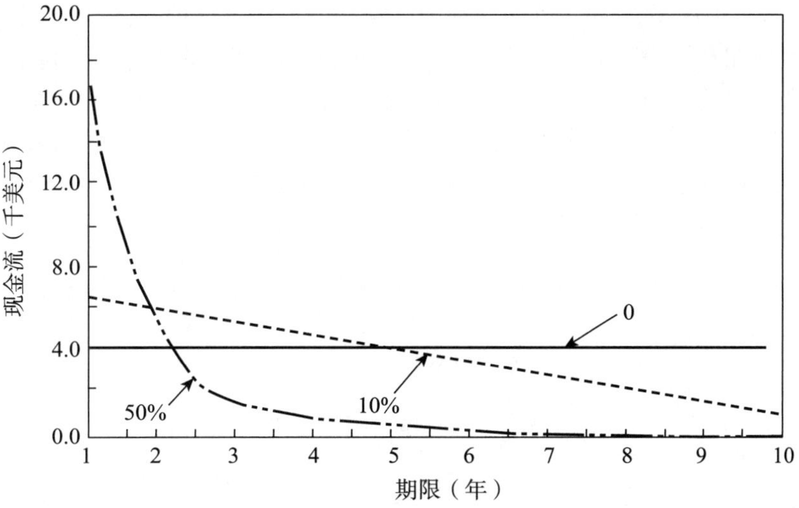


**图 19-5　不同提前偿付率下流向转手证券投资者的现金流**

虑现在市场上交易的转手证券的收益率。这两方面评估起来都很困难，前者是因为转手证券提前偿付率的不确定性，后者是因为其他转手证券资产池的特征并不一定与要发行证券的资产池特征相同。但是不管怎样，在发行时总得给证券定价。

接下来我们举个例子来讨论一下。在考虑了现在的市场情况以及假设提前偿付率为10%后，发行人认为能够以 8.5%的收益率成功地将证券销售出去。在这种情况下，证券的价格就是将表 19-3 中 g 列的现金流以 8.5%折现的现值，即为 25 848 美元（如表 19-3 的 B 部分）。此外，发行人还会将收益率对提前偿付率波动性的信息告知投资者，即证券价格为25 848 美元固定不变，然后求取在不同提前偿付率下的内部收益率。较高（低）的提前偿付率通常会导致更低（高）的内部收益率。在这个例子中，由于票面利率高于要求的收益率，所以投资者愿意支付 848 美元的溢价。但是由于资产池中的贷款的提前偿付速度会快于预期，从而投资者无法长期受益于这个高利率。因此，证券溢价不仅要反映票面利率和要求的收益率之差，还要反映预期的贷款提前偿付率。如果债券的提前偿付率为 10%不变，但是收益率为 10.5%，那么证券就会以 24 199 美元折价出售（如表 19-3 中的 C 部分）。在这种情况下，由于利率上升，借款人就不会急于提前偿付贷款了，而提前偿付率的下降以及票面利率同收益率的比较也都反映在证券折价之中了。

## 19.9.2　市场利率和抵押贷款转手证券的定价行为

为了更好地理解利率变动和提前偿付率之间的关系，图 19-6 描述了票面利率为9.5%的转手证券在市场利率下降到 7.5%时，其价格将会上升。而且，如果假设提前偿付率为 0，转手证券价格会从 25 000 美元上升至 27 500 美元。但是，如果市场利率下降伴随着更高的提前偿付率，证券将不会上升至仅在市场利率下降时那么高的价格。简单比较一下收益率低于 9.5%情况下的提前偿付率为 0 和提前偿付率为 50%的证券的价格也可以得出上述结论。注意一下，如果提前偿付率增加到 50%，即使市场利率下降到7.5%，证券价格也仅仅会比 25 000 美元高一点。另外，当市场利率比票面利率更高时，转手证券的价格将会下降，而且该下降幅度比提前偿付率带来的幅度更大。通过比较市场利率高于 9.5%情况下提前偿付率分别为 0 和 50%的证券的价格便可以得出这个结论。因此，证券价格和利率呈负相关关系。同时，证券价格对利率上升比对利率下降更敏感，因为利率上升时提前偿付率会下降，而利率下降时正好相反。这种非对称性影响了投资的久期和凸性。凸性（convexity）是指久期对利率变动的敏感性。举例来说就是，因为利率上升会导致提前偿付率下降，从而久期就会增加，转手证券就会呈现出负凸性的特征。这种对证券溢价的限制也被称为价格压力（price compression）。

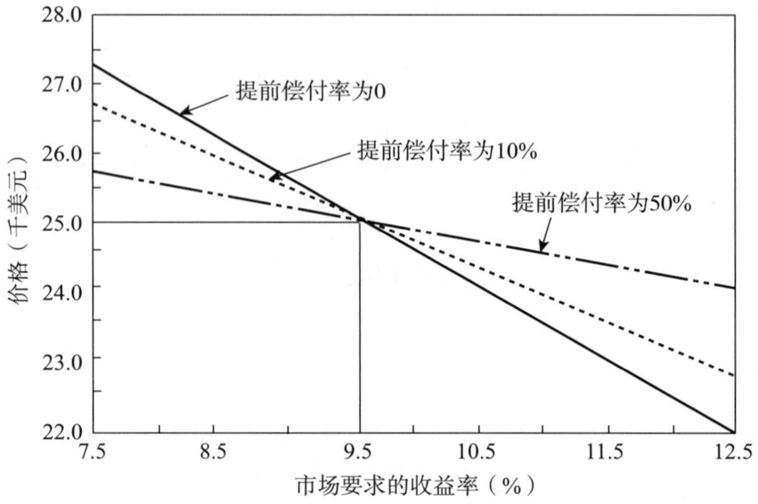


**图 19-6 不同要求的收益率和提前偿付率下抵押贷款转手证券的价格**

当利率下降、提前偿付加速时，投资者收到的现金流再投资出去的利率就会更低。这种情况也是投资者在投资抵押贷款支持证券时最为担心的。而且由于上述原因以及一些其他因素，抵押贷款担保债券（CMO）才开始出现，这将会在下一章中详细介绍。

### 19.9.3 抵押贷款支持证券和抵押贷款转手证券的一个注解

我们先前提到过受托人需要定期将抵押贷款按市值计价以确保抵押贷款的超额抵押符合要求。这种方法应用在抵押贷款转手证券的定价上就是受托人要评估出资产池中抵押贷款的市场价值。而且，证券发行人在发行抵押贷款支持证券时将依靠这个超额抵押来抵御提前偿付风险。换句话说，当贷款被提前偿还时，就需要其他的贷款置换进入资产池。就抵押贷款转手证券来说，证券持有人要承受提前偿付风险，因为所有的提前偿付款都转手给了他们。这就意味着：（1）由于抵押贷款支持证券的发行人承担了提前偿付风险，故该类证券的收益率要低于抵押贷款转手证券；（2）在市场利率变化时，抵押贷款支持证券的市场价格不会反映提前偿付率的改变。而如图 19-6 所示，抵押贷款转手证券却不是如此。如果除偿付率外上述两种证券的其他条件都一样，那么抵押贷款支持证券的价格变化将会如图 19-6 中那条提前偿付率为 0 的曲线一样。

## 关键术语

| | | |
|---|---|---|
| 固定偿付率假设 | 凸性 | 联邦住房贷款抵押公司 |
| 联邦国民抵押贷款协会 | 政府国民抵押贷款协会 | 抵押贷款支持债券 |

| | | |
|---|---|---|
| 抵押贷款转手证券 | 资产池因子 | 价格压力 |
| PSA 提前偿付模型 | 抵押贷款二级市场 | 加权平均票面利率 |
| 加权平均到期时间 | | |

## 参考网站

www. fanniemae. com——房利美提供了一些有关业主的信息。

www. ginniemae. gov——吉利美隶属于美国住房和城市发展部，其目的是确保贷款资金在全美的供应，尤其是资金不足的一些乡村和城市。此外，吉利美还为抵押贷款支持证券提供担保。

www. hud. gov——美国住房和城市发展部。

www. fha. gov——联邦住房管理局。

www. freddiemac. com——房地美。

www. va. gov——美国退伍军人管理局。从 www. homeloans. va. gov/上可以查看美国退伍军人管理局担保的贷款。

## 问　题

1. 什么是抵押贷款二级市场？列出其重要的三个原因。
2. 在 1954 年法案下，房利美的 3 个主要职能是什么？它现在的主要功能是什么？
3. 列出房利美资助二级抵押贷款的两种方法。
4. 吉利美何时成立的？它最初的功能是什么？现在的功能是什么？
5. 为什么房地美的成立如此重要？
6. 什么是抵押贷款相关证券？抵押贷款相关证券和公司债券的异同点有哪些？
7. 列出抵押贷款相关证券的主要类型。它们的区别有哪些？
8. 抵押贷款在二级市场上的卖出方式有许多。选择两种方式，比较它们销售路径的长短、交易的容易程度以及从最大化资金流入考虑的效率。
9. 可选择性承诺计划的作用是什么？
10. 什么是抵押贷款互换凭证？
11. 列出抵押贷款资产池的 5 种主要特征，并说明每一种的重要性。
12. 通常来说，市场利率的下降会导致抵押贷款转手证券价格的上升还是下降？如果证券以折价发行，上升或下降的程度会更大吗？提前偿付加速的可能性会增大吗？举一个例子。

## 习　题

1. 有两种 25 年期的抵押贷款支持债券，第一种债券面值为 10 000 美元，票面利率为 10.5%，按年付息；第二种债券是零息债券，承诺 25 年后偿还面值 10 000 美元，票面利率为 10%。发行时，投资者对两种债券要求的收益率都为 12%。
   a. 每种债券发行时的价格是多少？
   b. 假设两种债券票面利率都为 10.5%，半年付息一次。每种债券发行时的价格是多少？
   c. 在（a）的条件下，如果市场利率在最后 5 年的时候降到 9.5%，试问每种债券的价值是多少（分别用面值的百分比和实际值表示。）
2. Green S&L 汇聚 75 笔 10 年期的抵押贷款形成资产池，每个资产池的平均余额为 10 万美元。每笔贷款的利率都为 12%。（为了简化，假设每笔贷款每年按照 12%来支付利息。）Green 现在想要把资产池卖给房利美。
   a. 假设每年的提前偿付率为 10%（为简化起见，假设第一次提前偿付在第 1 年末发生，而每一年的提前还款额基于前一年末的资产池余额计算），那么市场利率在 11%、12%、9%的情况下 Green

分别能收到多少钱？

b. 假设在（a）的条件下已经过了 5 年。资产池因子是什么？如果市场利率为 12%，Green 现在可以收到多少钱？

c. 与（a）不同，Green 想要自己发行 100 份抵押贷款转手证券。票面利率为 11.5%，服务费和担保费率为 0.5%。现在的市场利率为 10.5%。Green 通过出售抵押贷款转手证券将会收到多少钱？假设在提前偿付率与（a）相同的情况下，每个购买人将要为抵押贷款转手证券支付多少钱？

d. 假设在（c）的条件下发行证券后的第 1 年末，市场利率下降到 9%，而且提前偿付率上升至每年 20%。试问抵押贷款转手证券现在值多少钱？

3. **Excel.** 查看 www.mhhe.com/bf15e 中的 Excel 工作簿"Ch19 MPS"。

a. 找出要求收益率为 7.5%时，流向发行人和个人投资者的现金流。

b. 找出要求收益率为 11.5%时，流向发行人和个人投资者的现金流。

# 第 20 章 抵押贷款二级市场：抵押贷款担保债券和其他衍生证券

## 20.1 概 述

在本章中，我们将延续上一章继续探讨抵押贷款二级市场。在本章中，我们将着重于另外两种抵押贷款资产化证券。第一种是抵押贷款转付债券（mortgage pay-through bond，MPTB），其同时具有抵押贷款支持债券（MBB）和抵押贷款转手证券（MPT）的特征。第二种是抵押贷款担保债券（CMO），它是由房地美于 1983 年创建的，之后在 1987 年被房利美采用。这些证券是抵押贷款支持债券和抵押贷款转手证券大获成功后自然发展的结果。我们之前提到抵押贷款转手证券解决了投资者直接购买抵押贷款的风险，但是还留有提前偿付和再投资等风险。不过，抵押贷款担保债券和其他一些衍生证券（简称衍生品）的出现将为投资者规避贷款这些。

## 20.2 抵押贷款转付债券

抵押贷款转付债券可以视作一种混合证券，或者说它同时包含了抵押贷款转手证券和抵押贷款支持债券的特征。抵押贷款转付债券以抵押贷款资产池为支持，同抵押贷款转手证券一样，它将以固定票息计算的现金流转手给债券投资者，正常的本金偿付和提前偿付也会转手给投资者，但不同的是它是一种债券，对抵押贷款资产池没有所有权。

与抵押贷款支持债券类似，它也相当于发行人的债务，发行人拥有抵押贷款资产池的所有权。但是，它同时与抵押贷款转手证券类似，支付给债券持有人的现金流是资产池中的贷款收到的正常分期付款和提前偿付的本息和。因此，抵押贷款转付债券可以视作拥有抵押贷款转手证券的本金和提前偿付转移特征的抵押贷款支持债券。

大多数转付债券都是以住房贷款为基础的，并且同抵押贷款支持债券类似，一般会通过以下方式进行超额抵押：(1) 资产池中的抵押贷款多于证券发行总额；(2) 以美国国债或者其他机构债券作为额外的抵押物。额外抵押物产生的现金将被用来确保投资者能够足额收到利息。此外，抵押贷款转付债券同抵押贷款支持债券一样，可以附息发行或者零息发行。

抵押贷款转付债券的评级取决于 (1) 资产池中的贷款的风险水平；(2) 超额抵押的程度；(3) 超额抵押中政府相关证券的性质。资产池产生现金流的能力、发行人面临的从收到资产池中的贷款的本息偿付和支付给债券投资者现金流两者之间的再投资周期、组成超额抵押的证券种类以及承诺的利息偿付都很重要，而且都将与提前偿付风险联系起来评估。由于本金的正常还款额和提前还款额将转手给投资者，因此市值对于抵押贷款转付债券来说就不如抵押贷款支持债券那么重要了。因此，不需要对抵押贷款转付债券采取逐日计算市值的方法，在超额抵押充足时也不需要重新增加抵押物。转付债券的发行人为了提高信用评级可以采取的增信方式包括信用证、第三方担保或者保险。如果没有这些增信，那么发行人的信用就显得格外重要了，因为在违约率高企和提前偿付率攀升的情况下，投资者唯一能够考量的就是债券发行人了。①

抵押贷款转付债券的现金流模式同第 19 章中抵押贷款支持债券和抵押贷款转手证券的现金流模式相似，因而我们在此便不详细解释了。不过与抵押贷款支持债券相比，抵押贷款转付债券的提前偿付风险由投资者而不是发行人承担。因而在抵押贷款转付债券定价时，转手证券的提前偿付模式和再投资利率对其也非常重要。正是由于这种提前偿付现金流的不稳定性，另一种债券便产生了。这种债券就是抵押贷款担保债券，它比抵押贷款转手证券和抵押贷款转付债券提供给投资者更多关于提前偿付风险的保护，我们将在下一节介绍。

## 20.3 抵押贷款担保债券

为了弄清楚抵押贷款担保债券（collateralized mortgage obligation，CMO）如何帮助投资者缓解再投资和贷款提前偿付风险，我们就必须首先明白抵押贷款担保债券和抵押贷款转手证券以及抵押贷款转付债券的区别。抵押贷款担保债券是以抵押贷款资产池作为抵押而发行的债务工具。而在转手证券中，投资者个人拥有资产池的个人权益。相比之下，抵押贷款担保债券发行人保留了资产池的所有权，不过，抵押贷款担保债券同抵押贷款转手证券以及抵押贷款转付债券相同的地方在于，本金摊还和提前偿付款都会转手给债券投资者。这就意味着投资者还是需要承担提前偿付风险，但是抵押贷款担保债

① 同其他抵押贷款支持证券一样，违约风险也可以通过使用 FHA-VA 贷款或者是私人机构的担保贷款来降低。

券中的各方承担这种风险的大小却不同。另一个相同的地方在于三种债券发行额低于资产池中余额的部分都构成了发行人的权益。

抵押贷款担保债券同其他债权最大的不同之处在于其基于同一资产池发行了多种不同等级的债券，例如，不同等级的债券的到期时间可能不同，分为3、5、7年等。这样投资者就可以选择满足其投资需要的不同到期时间的债券了。通过这种方式，发行人有效地创造了不同到期日的不同等级的债券，而且投资者获得的现金流模式与资产池产生的现金流大不相同。

抵押贷款担保债券和抵押贷款转手证券有一些根本性差异。在基本的发行程序不做改变的情况下，为了减少提前偿付风险（以及同时产生的再投资风险），需要设立一个实体来代替投资者承担这种风险，实现手段是发行人保留对资产池的所有权并且对以资产池为背景发行的各个等级的证券按优先顺序来支付本息。这种优先顺序是通过发行不同类别的抵押贷款担保债券来实现的，这些抵押贷款担保债券被称为具有不同到期日的等级或份额（tranche）。基于这种优先化，部分抵押贷款担保债券投资者的现金流模式像传统债券投资一样，而另外一部分投资者则同意延期收取抵押贷款担保债券投资的现金流。这种现金流分配方式将会吸引之前抵押贷款转手证券的投资者，这类投资者愿意承担一定的提前偿付风险，但是要求获得比抵押贷款支持债券更高的收益率。从上面论述来看，抵押贷款担保债券也可以被看成是分成多种等级的抵押贷款转付债券。

自从1983年创立以来，抵押贷款担保债券已经发展成为十分复杂的投资工具了。虽然抵押贷款担保债券在早期广泛采取连续偿付结构（如表20－1所示），而且尝试了许多方法来刺激投资者的兴趣，但是高需求以及特殊投资者的需要导致了更多种类的抵押贷款担保债券被创造出来。通过轻微调整本金偿付方式或者票息计算方式，投资银行家创造出了大量独一无二的衍生投资者工具，而且这些工具已经占领了现在的抵押贷款担保债券市场。①

## 20.3.1 CMO 简介

表20－1描述了一个非常简化的抵押贷款担保债券包含的条款。如表中资产这一列所示，债券的抵押物为10年期利率固定为10%的、由FHA担保的、由VA担保的抑或是传统的贷款。和转手证券一样，支持资产池中的抵押贷款的房地产的种类相似，还款模式也比较相似。当然也有可能以吉利美担保的贷款或者是转手证券为基础发行的抵押贷款担保债券。② 之所以能够以转手证券为基础，是因为它最终代表了其背后的抵押贷款。

表中的负债列有3个等级的证券，它们有不同的到期日和票息。抵押贷款担保债券的发行总额为7 200万美元，但是资产池中的贷款却有7 500万美元。300万美元的差额相当于发行人的权益出资，作为超额抵押之用。在我们解释抵押贷款担保债券的结构时，超额抵押的必要性就会很明显。我们从例子中还可以观察到除了Z等级证券外，其他等级证券的收益率都低于抵押贷款所能收到的11%的收益率。而正是抵押贷款收到11%的

① 这里的衍生是指任何一项基于基础工具价值的投资，比如基于股票、指数或者是证券资产池。例如，如果一个投资者购买了标普500指数的看涨期权，那么这个期权就被认为是衍生工具，因为其价值决定于标普500指数的变动。很多衍生投资都是在抵押贷款资产池现金流变动基础上创造出来的，我们会在之后的章节中讨论。

② 抵押贷款担保债券可以以前面章节提到的多种抵押贷款（比如可调整利率贷款）为基础发行。

收益率（或者说基于总贷款 7 500 万美元计算出的 825 万美元的收益）超过所有债券 10.14%加权票息（或者说基于总债券发行额 7 200 万美元计算出来的 7 297 500 美元）的差额构成发行人 956 400 美元的利润以及发行人超额抵押（或者股权风险投资）的报酬。此外，发行人还可以通过增信、管理资产池来收取费用。

**表 20-1　　按顺序偿付份额的抵押贷款担保债券的发行相关内容**

| 资产： | （美元） | 负债： | 预估的到期时间（年） | 票面利率（%） | 发行总额（美元） | 权重 | 加权平均票面利率（%） |
|---|---|---|---|---|---|---|---|
| 抵押贷款 | 75 000 000 | A 等级证券 | 2～5 | 9.25 | 27 000 000 | 0.375 | 3.47 |
| 11 年的利息 | | B 等级证券 | 4～7 | 10.00 | 15 000 000 | 0.208 | 2.08 |
| 10 年到期时间 | | Z 等级证券 | 6～10 | 11.00 | 30 000 000 | 0.417 | 4.58 |
| | | 债券总额 | | | 72 000 000 | 1.000 | 10.14 |
| | | 权益： | | | 3 000 000 | | |
| 总资产： | 75 000 000 | 总负债和权益净值 | | | 75 000 000 | | |

主要投资人：

A 等级证券：储蓄机构，商业银行，货币市场基金，公司

B 等级证券：保险公司，养老金，信托，国际投资者

Z 等级证券：养老金，信托，国际投资者和对冲基金

为了达到表 20-1 所示的到期日模式，所有等级的证券都不可能同时获得利息偿付，而是采用一种“顺序偿付份额”模式。比如，现在支付 A 等级证券和 B 等级证券的利息，等到其他等级证券的本金已经偿还了再来偿付 Z 等级证券的利息，而这些应计利息会累积到投资余额中。为了确保 A 等级证券到期时间相对较短，原先分配给 Z 等级证券的利息都会首先偿付给 A 等级证券的投资者。而且整个资产池的贷款本金摊还和提前偿付额都会首先分配给 A 等级证券。因此，2 700 万美元的 A 等级抵押贷款担保债券的投资者就既可以获得以未偿付余额和 9.25%的票面利率计算的利息，又可以获得全额本金偿付。随着资产池中所有本金的偿付以及目前应计利息在 Z 等级证券投资余额中的累积，A 等级证券的投资余额会逐渐减少。至于声称中所说的 A 等级证券的到期时间为 2～5 年是指：(1) 在资产池没有提前偿付的情况下，A 等级证券的投资者能够收回本金的最长时间为 5 年；(2) 他们能够收回投资的估计最短时间为 2 年，当然这个估计时间可能会变化，取决于实际的提前偿付率。

等偿付完 A 等级证券的利息，再偿付 B 等级证券的利息。也只有当 A 等级证券的本金得到了清偿，B 等级证券的本金才能得以偿付，依此类推。不过，在偿付 A 和 B 等级证券时，Z 等级证券的投资者是没有收到利息或本金偿付的。这些投资者购买的 3 000 万美元债券的利息是按 11%的票面利率复利计算的，然后累加到初始投资中。直至 A 和 B 等级证券的本息完全清偿后，Z 等级证券的投资者才会收到利息和本金偿付。

300 万美元超额抵押的存在有以下几个原因。首先，大多数抵押贷款担保债券的

偿付周期是一个季度或半年，但是抵押贷款却是按月还款的。由于在支付给投资者款项前有一定的间隔期，发行人就会拿这些还款的资金去投资，同时约定最低的投资收益率，因此发行人面对的不仅是提前偿付风险，还有市场利率下降带来的再投资风险。当市场利率真的下降时，抵押贷款就会加速提前偿付，从而要比预期更快地偿还抵押贷款担保债券。而且在利率下降的情况下，发行人获得的投资收益率很可能低于之前约定的，在这种情况下，抵押贷款担保债券的投资者的任何现金缺口都将从额外的300万美元的贷款抵押物中得到支付。因此，就像抵押贷款支持债券和抵押贷款转付债券一样，过度抵押的程度是投资者在评估抵押贷款担保债券投资时必须考虑的一个重要因素。显然，超额抵押越多，承诺的票面利息和中期现金流利息就越有可能得到支付。然而，较低的风险也意味着，承诺给短期债券份额的票面利率和再投资利率可能也会更低。

对于这些证券，另一个重要的考虑是抵押贷款担保债券的发行人是否需要承担超过300万美元权益资本的责任。抵押贷款担保债券通常由公司发行，是一种对发行人有追索权或无追索权的债务工具。因此，就像发行公司债券一样，如果发行人破产而没有履行承诺，债务超过300万美元，抵押贷款担保债券持有人对发行人的资产就有追索权。

## 20.3.2 CMO的机制

表20－2给出了抵押贷款担保债券现金流模式的一些思路，其中的现金流数据可以根据表20－1中的数据计算出来。为简化起见，我们假设贷款人每年年末还款，因此我们就不用考虑收到的还款现金流和支付给投资者的现金流的时间间隔以及其间的投资问题了。我们假设提前偿付率为0，表20－2中给出了还款现金流的来源和组成。表20－3提供了不同等级证券的现金流细目。基于提前偿付率为0的假设，A等级证券的投资者将会收到：(1) 2 700万美元按9.25%的利率计算的利息，即2 497 500美元；(2) 所有流向资产池的本金偿付4 485 107美元（如表20－2中的第3列）；以及(3) 原本打算支付给Z等级证券投资者的3 300 000美元的利息。因此，第1年末流向A等级证券投资者的现金流总额为10 282 607美元（如表20－3所示）。这种现金流偿付模式会一直持续到第4年，即A等级证券的本息偿付完的那一年。请再次注意，Z等级证券投资者目前没有收到现金支付，因为该类投资的利息是累积的。

**表20－2　　流向抵押贷款担保债券资产池的年度现金流（提前偿付率＝0）**　　单位：美元

| 年 | (1)<br>总抵押贷款资产池：10年期，11%固定利率 | (2)<br>流向资产池的本息偿付 | (3)<br>提前偿付外的本金摊还 | (4)<br>利息 | (5)<br>应付给投资者的金额 |
|---|---|---|---|---|---|
| 0 | 75 000 000 | | | | 72 000 000 |
| 1 | 70 514 893 | 12 735 107 | 4 485 107 | 8 250 000 | 67 514 893 |
| 2 | 65 536 424 | 12 735 107 | 4 978 469 | 7 756 638 | 62 536 424 |
| 3 | 60 010 324 | 12 735 107 | 5 526 100 | 7 209 007 | 57 010 324 |
| 4 | 53 876 352 | 12 735 107 | 6 133 971 | 6 601 136 | 50 876 352 |

续前表

| 年 | (1)<br>总抵押贷款资产池：10年期，11%固定利率 | (2)<br>流向资产池的本息偿付 | (3)<br>提前偿付外的本金摊还 | (4)<br>利息 | (5)<br>应付给投资者的金额 |
|---|---|---|---|---|---|
| 5 | 47 067 644 | 12 735 107 | 6 808 708 | 5 926 399 | 44 067 644 |
| 6 | 39 509 978 | 12 735 107 | 7 557 666 | 5 177 441 | 36 509 978 |
| 7 | 31 120 968 | 12 735 107 | 8 389 009 | 4 346 098 | 28 120 968 |
| 8 | 21 809 168 | 12 735 107 | 9 311 801 | 3 423 307 | 18 809 168 |
| 9 | 11 473 069 | 12 735 107 | 10 336 099 | 2 399 008 | 8 473 069 |
| 10 | 0 | 12 735 107 | 11 473 069 | 1 262 038 | 0 |

表20-3也对B和Z等级证券的投资者的现金流进行了同样的分解。注意B等级证券在1～3年内收到利息偿付，但必须在A等级证券的本金偿付完后才会收到。他们收到的现金流来自当前的利息及资产池中分期偿还的本金，以及Z等级证券累积的应付利息。注意，如果我们假设没有提前偿付，那么基于基础抵押贷款池的正常摊还，B等级证券的到期期限为5年。而且Z等级证券的票息也要累积到第5年，在此之后Z等级证券的投资者才能收到现金流。

**表20-3　　A、B、Z等级证券投资者获得的现金流（提前偿付率=0）**　　单位：美元

| A等级（票面利率=9.25%；投资额=27 000 000美元） | | | | |
|---|---|---|---|---|
| 年 | 期末投资者持有的债券余额 | 来源于资产池的本金及Z等级的利息 | 票息 | 总支付额 |
| 0 | 27 000 000 | | | |
| 1 | 19 214 893 | 7 785 107 | 2 497 500 | 10 282 607 |
| 2 | 10 573 424 | 8 641 469 | 1 777 378 | 10 418 846 |
| 3 | 981 394 | 9 592 030 | 978 042 | 10 570 072 |
| 4 | 0 | 981 394 | 90 779 | 1 072 173 |
| 5 | 0 | 0 | 0 | 0 |
| 6 | 0 | 0 | 0 | 0 |
| 7 | 0 | 0 | 0 | 0 |
| 8 | 0 | 0 | 0 | 0 |
| 9 | 0 | 0 | 0 | 0 |
| 10 | 0 | 0 | 0 | 0 |
| B等级（票面利率=10.00%；投资额=15 000 000美元） | | | | |
| 年 | 期末投资者持有的债券余额 | 来源于资产池的本金及Z等级的利息 | 票息 | 总支付额 |
| 0 | 15 000 000 | | | |
| 1 | 15 000 000 | 0 | 1 500 000 | 1 500 000 |

续前表

| | | | | |
|---|---|---|---|---|
| 2 | 15 000 000 | 0 | 1 500 000 | 1 500 000 |
| 3 | 15 000 000 | 0 | 1 500 000 | 1 500 000 |
| 4 | 5 334 240 | 9 665 760 | 1 500 000 | 11 165 760 |
| 5 | 0 | 5 334 240 | 533 424 | 5 867 664 |
| 6 | 0 | 0 | 0 | 0 |
| 7 | 0 | 0 | 0 | 0 |
| 8 | 0 | 0 | 0 | 0 |
| 9 | 0 | 0 | 0 | 0 |
| 10 | 0 | 0 | 0 | 0 |

Z 等级（票面利率=11.00%；投资额=30 000 000 美元）

| 年 | 期末投资者持有的债券余额 | 利息 | 应付利息 | 本金摊还 | 总支付额 |
|---|---|---|---|---|---|
| 0 | 30 000 000 | | | | |
| 1 | 33 300 000 | 3 300 000 | 3 300 000 | | |
| 2 | 36 963 000 | 3 663 000 | 3 663 000 | | |
| 3 | 41 028 930 | 4 065 930 | 4 065 930 | | |
| 4 | 45 542 112 | 4 513 182 | 4 513 182 | | |
| 5 | 44 067 644 | 5 009 632 | | 1 474 468 | 6 484 101 |
| 6 | 36 509 978 | 4 847 441 | | 7 557 666 | 12 405 107 |
| 7 | 28 120 968 | 4 016 098 | | 8 389 009 | 12 405 107 |
| 8 | 18 809 168 | 3 093 307 | | 9 311 801 | 12 405 107 |
| 9 | 8 473 069 | 2 069 008 | | 10 336 099 | 12 405 107 |
| 10 | 0 | 932 038 | | 8 473 069 | 9 405 107 |

表 20-4 详细描述了流向抵押贷款担保债券中剩余份额或权益的现金流。在之前的例子中我们说过抵押贷款担保债券发行人超额抵押了 300 万美元，这相当于抵押贷款担保债券发行中的权益投资，因此，在支付给所有人后，发行人有权保留剩余现金流。因为这部分现金流等于流向资产池的所有现金流减去抵押贷款担保债券支付给各等级证券的现金流，所以发行人的剩余权益可以获得的现金流取决于贷款的利息以及支付给 A、B、Z 等级证券的利息。在我们的例子中，发行人每年都会收到剩余现金流，即使在 Z 等级证券未收到任何现金流的情况下。[①]最初流向权益投资的剩余现金流为 952 500 美元，包含了发行人的服务费，因为我们假定发行人承担了资产池的服务职能。虽然相对于 7 500 万美元的债券发行总额这一金额显得微不足道，但这却是非常重要的。比如，若有

① 有些抵押贷款担保债券可能要求先留存这部分现金流，等到所有等级证券的现金流均偿付完后再发放给发行人。因此，在这种情况下发行人的内部收益率就会更低。

10 万美元贷款提前还款，那么就会大大减少资产池的利息流入，而且未预期的贷款提前偿还产生的现金流必须要再投资出去以弥补利息损失以及支付一部分给 A 等级证券的投资者。在这种情况下，这 952 500 美元就可以用于补充利息损失了。

**表 20 - 4　　剩余现金流（提前偿付率＝0）**　　单位：美元

| 剩余权益部分（3 000 000 美元投资） | | | |
|---|---|---|---|
| 年 | 流向资产池的总现金流 | 支付给 A、B 和 Z 等级证券的总额 | 支付给权益部分的剩余现金流 |
| 0 | | | (3 000 000) |
| 1 | 12 735 107 | 11 782 607 | 952 500 |
| 2 | 12 735 107 | 11 918 846 | 816 261 |
| 3 | 12 735 107 | 12 070 072 | 665 035 |
| 4 | 12 735 107 | 12 237 933 | 497 174 |
| 5 | 12 735 107 | 12 351 765 | 383 342 |
| 6 | 12 735 107 | 12 405 107 | 330 000 |
| 7 | 12 735 107 | 12 405 107 | 330 000 |
| 8 | 12 735 107 | 12 405 107 | 330 000 |
| 9 | 12 735 107 | 12 405 107 | 330 000 |
| 10 | 12 735 107 | 9 405 107 | 3 330 000 |
| 剩余权益 *IRR*＝20.19％ | | | |

未预期到的提前偿付以及利率下降（也有可能引发更多的提前偿付）时的再投资问题使得 300 万美元的超额抵押非常有必要。而且，我们假设构成资产池的贷款都是 FHA - VA 贷款以及一些传统的固定利率贷款。总而言之，我们假设违约损失的保险非常充足。如果没有充足的保证（比如，抵押贷款担保债券是基于商业抵押贷款或第二抵押贷款而发行的），投资者就会顾忌违约损失。因而在担保不充分时，我们就可以预见会有：(1) 大额度的超额抵押；(2) 发行人从第三方购买违约保险；(3) 被称为灾难电话 (calamity call) 的条款，该条款允许发行人在利率急速走低、提前偿付加速或者是再投资利率低于承诺收益率时赎回所有债券。不过，若是现金流如表 20 - 4 所示，那么发行人就能够基于 300 万美元的权益投资收到 20.19％的内部收益率。而且这个收益率超过了三个等级证券的收益率，虽然它们能够优先获得现金流。

### 抵押贷款担保债券的现金流以及提前偿付假设

由于每个资产池中的贷款都会存在或多或少的提前偿付问题，因此每个等级证券的预期到期日都会影响发行人的收益率。为了阐述这个影响，我们假设提前偿付率为 10％，而不是先前的 0。

表 20 - 5 列出了资产池流向每个等级证券的现金流。要注意到资产池除了包含正常的贷款摊还额之外，假定的每年 10％的提前偿付额也会流入资产池。如表 20 - 6 所示，A 等级证券的投资者收到了规定的 2 497 500 美元的票息，外加 Z 等级证券的 3 300 000 美元的部分票息以及第 1 年流入资产池的摊还额 4 485 107 美元和提前偿付的 7 500 000

美元，这些金额加总为 17 782 607 美元。基于这种加速的现金流偿付模式，用 2 年时间就能够清偿完 A 等级的投资者。如果没有提前偿付，就会用 4 年完成。因此，A 等级证券有时被称作“快速偿付等级证券”。在第 3 年，B 等级证券的投资者不仅会像之前一样获得票息，还会获得 Z 等级证券的累积票息以及所有流向资产池的贷款本金偿付。因此，B 等级证券总共花 3 年时间就能偿付完。如果没有提前偿付，则需要花 5 年时间。

**表 20-5　　抵押贷款担保债券资产池的年度现金流（提前偿付率＝10%）**　　单位：美元

| 年 | (1) 抵押贷款资产池：10 年期固定利率为 11% | (2) 流向资产池的本息 | (3) 提前还款额 (10%)* | (4) 除提前偿付外的总摊还额 | (5) 利息 | (6) 证券投资者获得的金额 | (7) 可用于分配的总额 (2)＋(3) |
|---|---|---|---|---|---|---|---|
| 0 | 75 000 000 | | | | | 72 000 000 | |
| 1 | 63 014 893 | 12 735 107 | 7 500 000 | 4 485 107 | 8 250 000 | 60 014 893 | 20 235 107 |
| 2 | 52 264 447 | 11 380 595 | 6 301 489 | 4 448 956 | 6 931 638 | 49 264 447 | 17 682 084 |
| 3 | 42 631 009 | 10 156 083 | 5 226 445 | 4 406 993 | 5 749 089 | 39 631 009 | 15 382 527 |
| 4 | 34 010 368 | 9 046 951 | 4 263 101 | 4 357 540 | 4 689 411 | 31 010 368 | 13 310 052 |
| 5 | 26 311 218 | 8 039 254 | 3 401 037 | 4 298 113 | 3 741 141 | 23 311 218 | 11 440 291 |
| 6 | 19 455 296 | 7 119 034 | 2 631 122 | 4 224 800 | 2 894 234 | 16 455 296 | 9 750 156 |
| 7 | 13 378 894 | 6 270 955 | 1 945 530 | 4 130 872 | 2 140 083 | 10 378 894 | 8 216 484 |
| 8 | 8 037 865 | 5 474 818 | 1 337 889 | 4 003 140 | 1 471 678 | 5 037 865 | 6 812 708 |
| 9 | 3 424 664 | 4 693 580 | 803 786 | 3 809 415 | 884 165 | 424 664 | 5 497 366 |
| 10 | 0 | 3 801 377 | 0 | 3 424 664 | 376 713 | 0 | 3 801 377 |

* 基于上年末的资产池余额。

之前我们提到过，只有在 A 等级和 B 等级的证券都提前偿付完之后，Z 等级证券的投资者才能收到利息或本金。如表 20-6 所示，Z 等级证券的利息会以 3 000 万美元为基数，按 11%的利率复利累加。在第 3 年，Z 等级证券投资者会收到部分支付，但不足以弥补未偿付的利息。在第 4 年，另外两种等级证券被偿付完后，所有流向资产池的贷款偿付才会支付给 Z 等级证券的投资者。因此，在我们这种假设下，需要 10 年时间才能偿付完 Z 等级证券投资者。

最后，偿付完所有等级证券投资者后的剩余现金流归发行人所有，这是对发行人投资权益（即超额抵押）和为证券发行提供服务的报酬。表 20-7 也列出了剩余现金流，剩余现金流是基于 10%的提前偿付率计算的，如果提前偿付率发生变化，它也会相应变化。假设发行人在 10 年间收到的剩余现金流等于初始发行时的权益投资 300 万美元，从表中我们可以计算出发行人投资权益的内部收益率为 17.25%，这个收益率超过了 A、B、Z 等级证券投资者的收益率。而且，在权益投资减少的情况下（比如使用金融杠杆），收益率还会继续提高。①

① 读者可能会认为抵押贷款担保债券的杠杆使用类似于用负债来购买产生现金流的资产。而且，发行人和不同等级证券投资者承担的风险会随超额抵押数量的改变而改变。

表 20-6　　A、B、Z 等级证券投资者收到的现金流（提前偿付率=10%）　　单位：美元

| A 等级（票面利率=9.25%；投资额=27 000 000 美元） | | | | |
|---|---|---|---|---|
| 年 | 期末投资者持有的证券余额 | 来源于资产池的本金及 Z 等级的利息 | 票息 | 总支付额 |
| 0 | 27 000 000 | | | |
| 1 | 11 714 893 | 15 285 107 | 2 497 500 | 17 782 607 |
| 2 | 0 | 11 714 893 | 1 083 628 | 12 798 521 |
| 3 | 0 | 0 | 0 | 0 |
| 4 | 0 | 0 | 0 | 0 |
| 5 | 0 | 0 | 0 | 0 |
| 6 | 0 | 0 | 0 | 0 |
| 7 | 0 | 0 | 0 | 0 |
| 8 | 0 | 0 | 0 | 0 |
| 9 | 0 | 0 | 0 | 0 |
| 10 | 0 | 0 | 0 | 0 |

| B 等级（票面利率=10.00%；投资额=15 000 000 美元） | | | | |
|---|---|---|---|---|
| 年 | 期末投资者持有的债券余额 | 来源于资产池的本金及 Z 等级的利息 | 票息 | 总支付额 |
| 0 | 15 000 000 | | | |
| 1 | 15 000 000 | 0 | 1 500 000 | 1 500 000 |
| 2 | 12 301 447 | 2 698 553 | 1 500 000 | 4 198 553 |
| 3 | 0 | 12 301 447 | 1 230 145 | 13 531 592 |
| 4 | 0 | 0 | 0 | 0 |
| 5 | 0 | 0 | 0 | 0 |
| 6 | 0 | 0 | 0 | 0 |
| 7 | 0 | 0 | 0 | 0 |
| 8 | 0 | 0 | 0 | 0 |
| 9 | 0 | 0 | 0 | 0 |
| 10 | 0 | 0 | 0 | 0 |

| Z 等级（票面利率=11.00%；投资额=30 000 000 美元） | | | | | |
|---|---|---|---|---|---|
| 年 | 期末投资者持有的债券余额 | 利息 | 应计利息 | 本金摊还 | 总支付额 |
| 0 | 30 000 000 | | | | |
| 1 | 33 300 000 | 3 300 000 | 3 300 000 | | |
| 2 | 36 963 000 | 3 663 000 | 3 663 000 | | |

续前表

| | | | | | |
|---|---|---|---|---|---|
| 3 | 39 631 009 | 4 065 930 | 2 668 009 | | 1 397 921 |
| 4 | 31 010 368 | 4 359 411 | | 8 620 641 | 12 980 052 |
| 5 | 23 311 218 | 3 411 141 | | 7 699 150 | 11 110 291 |
| 6 | 16 455 296 | 2 564 234 | | 6 855 922 | 9 420 156 |
| 7 | 10 378 894 | 1 810 083 | | 6 076 402 | 7 886 484 |
| 8 | 5 037 865 | 1 141 678 | | 5 341 029 | 6 482 708 |
| 9 | 424 664 | 554 165 | | 4 613 201 | 5 167 366 |
| 10 | 0 | 46 713 | | 424 664 | 471 377 |

同时，注意到权益投资的内部收益率会从提前偿付率较慢时的 20.19%（见表 20－4）下降到提前偿付率较快时的 17.25%（见表 20－7）。这是因为如果提前偿付加速，流入资产池的利息就会减少，从而资产池的现金流入和现金流出之差就会降低。

**表 20－7　　剩余现金流（提前偿付率＝10%）**　　单位：美元

| 剩余权益部分（3 000 000 美元投资） | | | |
|---|---|---|---|
| 年 | 流向资产池的总现金流 | 支付给 A、B 和 Z 等级的总额 | 支付给权益部分的剩余现金流 |
| 0 | | | (3 000 000) |
| 1 | 20 235 107 | 19 282 607 | 952 500 |
| 2 | 17 682 084 | 16 997 073 | 685 011 |
| 3 | 15 382 527 | 14 929 513 | 453 014 |
| 4 | 13 310 052 | 12 980 052 | 330 000 |
| 5 | 11 440 291 | 11 110 291 | 330 000 |
| 6 | 9 750 156 | 9 420 156 | 330 000 |
| 7 | 8 216 484 | 7 886 484 | 330 000 |
| 8 | 6 812 708 | 6 482 708 | 330 000 |
| 9 | 5 497 366 | 5 167 366 | 330 000 |
| 10 | 3 801 377 | 471 377 | 3 330 000 |
| 权益投资的 *IRR*＝17.25% | | | |

### 20.3.3　CMO 的定价和预期到期时间

图 20－1 进一步解释了不同提前偿付率下流向不同等级证券的现金流模式的差异。图 20－1 的上半部分描述了提前偿付率为 0 时，流向每个等级证券的预期现金流；而下半部分则列出了差异非常大的不同等级证券的现金流偿付模式。这种差异的原因正是发行人发行抵押贷款担保债券的目的，因为发行人想要满足不同细分市场的投资者，这些投资者要求证券到期时间的确定性高于抵押贷款转手证券但低于抵押贷款支持债券。不过，如前所述，CMO 没有完全消除提前偿付风险。当贷款利率大幅下降时，这些 CMO

所能提供的提前偿付保护只会比转手证券稍微好一点。为了阐释提前偿付率显著差异造成的现金流和证券到期时间的不同，我们在图 20－2 中假设提前偿付率为 10%。

之所以 CMO 比转手证券的现金流和到期时间更好预测，是因为 CMO 采取了优先分配现金流的方式。而回想一下第 19 章的转手证券，其承诺投资者的偿付期限在 10 年以上，而且现金流随着提前偿付率的不同有非常大的差异。

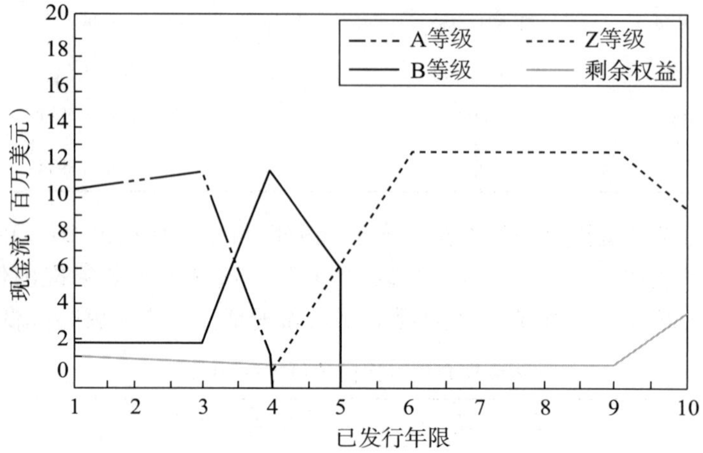


单位：美元

| 年 | A 等级的现金流 | B 等级的现金流 | Z 等级的现金流 | 剩余权益的现金流 |
|---|---|---|---|---|
| 1 | 10 282 607 | 1 500 000 | 0 | 952 500 |
| 2 | 10 418 846 | 1 500 000 | 0 | 816 261 |
| 3 | 10 570 072 | 1 500 000 | 0 | 665 035 |
| 4 | 1 072 173 | 11 165 760 | 0 | 497 174 |
| 5 | 0 | 5 867 664 | 6 484 101 | 383 342 |
| 6 | 0 | 0 | 12 405 107 | 330 000 |
| 7 | 0 | 0 | 12 405 107 | 330 000 |
| 8 | 0 | 0 | 12 405 107 | 330 000 |
| 9 | 0 | 0 | 12 405 107 | 330 000 |
| 10 | 0 | 0 | 9 405 107 | 3 330 000 |

**图 20－1　抵押贷款担保债券不同等级以及剩余权益的现金流（提前偿付率＝0）**

而当 CMO 是以 FHA、VA 或者传统担保贷款为资产池时，它提供的收益率要高于相同到期时间的国债，这是因为 CMO 的现金流存在不确定性。[①] 如果投资者预期利率不会大幅下降，那么原本投资于转手证券的投资者将会被图 20－2 的现金流模式吸引，尤其是 A 等级证券的现金流模式，因为 A 等级证券在同美国国债的竞争中可能会吸引很多货币市场基金。B 等级证券则会更多地吸引保险公司和养老基金。Z 等级证券将会吸引长期共同基金或者对冲型共同基金。因此，和抵押贷款转手证券相比，抵押贷款担保债

① 由于投资者投资 CMO 与其到期时间有关，因而 CMO 的到期时间必须与替代投资的到期时间相比较。

券现金流优先级处理的方式使得其满足了更多投资者对于到期时间的需求。[1]

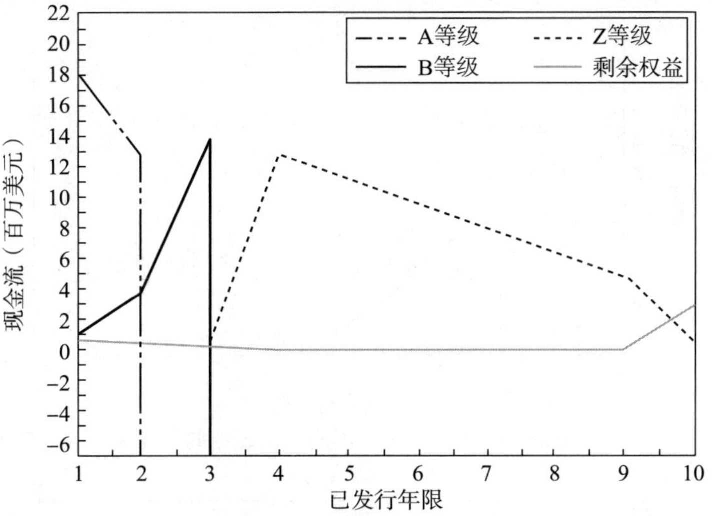


单位：美元

| 年 | A 等级的现金流 | B 等级的现金流 | Z 等级的现金流 | 剩余权益的现金流 |
|---|---|---|---|---|
| 1 | 17 782 607 | 1 500 000 | 0 | 952 500 |
| 2 | 12 798 521 | 4 198 553 | 0 | 685 011 |
| 3 | 0 | 13 531 592 | 1 397 921 | 453 014 |
| 4 | 0 | 0 | 12 980 052 | 330 000 |
| 5 | 0 | 0 | 11 110 291 | 330 000 |
| 6 | 0 | 0 | 9 420 156 | 330 000 |
| 7 | 0 | 0 | 7 886 484 | 330 000 |
| 8 | 0 | 0 | 6 482 708 | 330 000 |
| 9 | 0 | 0 | 5 167 366 | 330 000 |
| 10 | 0 | 0 | 471 377 | 3 330 000 |

**图 20－2　抵押贷款担保债券不同等级以及剩余权益的现金流（提前偿付率＝10%）**

图 20－3 展示了提前偿付率为 0 和 10%假设下不同等级证券下的未偿付余额，这样我们就可以更好地了解预期到期时间对提前偿付率的敏感性。正如我们所设想的那样，在图 20－3（1）中 A 等级证券的余额马上就偿付了，随之便是 B 等级证券。不过，Z 等级证券的余额在早期会随着利息的累积而迅猛增加，之后才慢慢减少。在提前偿付率大幅增加的时候，如图 20－3（2）所示，所有等级证券的还款额都会大量减少，而且都会在 10 年时间内偿付完。

① 投资者可能会认为抵押贷款担保债券和税收豁免系列债券很相似，后者由州和地方政府经常发行。由于附加顺序偿付的偿债基金条款要求在特定时间段内偿付特定数量的债券，因而这种不同偿付时间的模式吸引了很多投资者投资以用来和其负债的久期相匹配。抵押贷款担保债券正是复制了这种债券的模式，但是 Z 等级证券和权益投资的使用确实是革命性的创新。

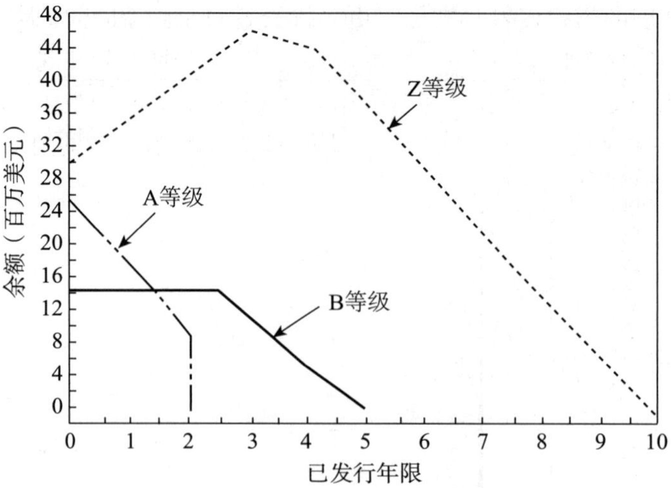


（1）提前偿付率为 0 时，不同等级证券的年度余额

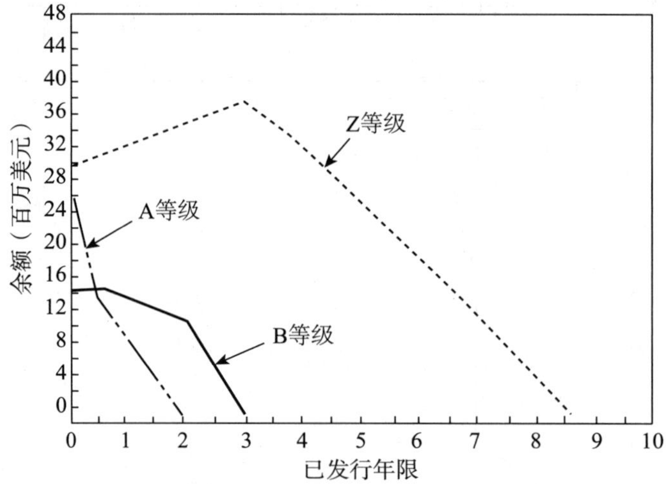


（2）提前偿付率为 10%时，不同等级证券的年度余额

**图 20-3　不同提前偿付率下 CMO 不同等级证券的到期时间**

### 20.3.4　CMO 定价行为和提前偿付率

同抵押贷款转手证券一样，抵押贷款担保债券的价格也会随着利率和提前偿付率的变化而变化，提前偿付率为 0 的 PSA 证券的这种关系如图 20-4 所示。A 等级和 B 等级证券的一个重要特征就是随着利率的变化，它们价格的变化幅度很小，这是因为现金流优先偿付对价格有一种“润滑”作用。不过，对于 Z 等级证券价格和剩余权益的现值来说，它们的波动性会明显大于 A 等级和 B 等级证券，这是市场分割（即选择不同的投资者）作用的结果。

如图 20-4（2）所示，即使当提前偿付率大幅提高时，价格变动的范围也很狭小，通过比较图中上下两部分我们也可以明显得出这个结论。不过，应当记住：当提前偿付率大幅提高时，CMO 的预期到期时间是会急剧缩短的（如图 20-3 所示）。因此，CMO 通过到期时间的设计平衡了 A、B、Z 等级证券以及剩余权益的价格。不过，相比于抵押贷款转手证券，CMO 为投资者提供了更多的提前偿付和价格保护。当提前偿付率提高时，抵押贷款转手证券的投资者早期收到的现金流会增加，但是到期时间却没有明显减少（虽然后来收到的现金流会减少）。因此，将CMO的到期时间和现金流偿付结构化对于那些偏好到期时间短以及厌恶抵押贷款转手证券的投资者很有吸引力。此外，久期经常用于衡量各等级证券的价格、收益率以及到期时间关系，这将在本章的附录中详细讨论。

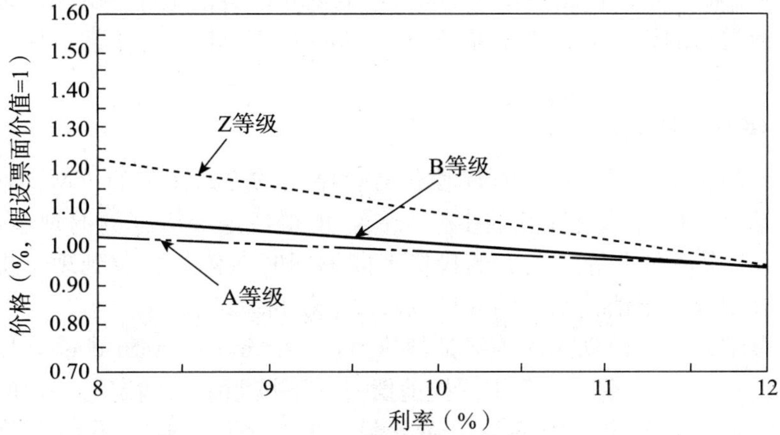


| A等级 | | B等级 | | Z等级 | |
|---|---|---|---|---|---|
| 利率（%） | 价格（美元） | 利率（%） | 价格（美元） | 利率（%） | 价格（美元） |
| 8.25 | 27 503 902 | 9.0 | 15 520 627 | 10.0 | 15 000 000 |
| 9.25 | 27 000 000 | 10.0 | 15 000 000 | 11.0 | 30 000 000 |
| 10.25 | 26 511 478 | 11.0 | 14 502 977 | 12.0 | 28 087 320 |

（1）提前偿付率为0时的价格

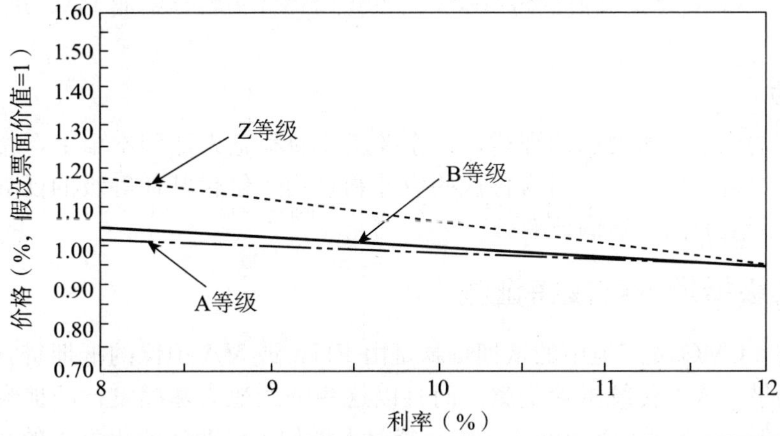


| A等级 | | B等级 | | Z等级 | |
|---|---|---|---|---|---|
| 利率（%） | 价格（美元） | 利率（%） | 价格（美元） | 利率（%） | 价格（美元） |
| 8.25 | 27 349 396 | 9.0 | 15 358 856 | 10.0 | 31 576 326 |
| 9.25 | 27 000 000 | 10.0 | 15 000 000 | 11.0 | 30 000 000 |
| 10.25 | 26 658 723 | 11.0 | 14 653 174 | 12.0 | 28 521 768 |

（2）提前偿付率为10%时的价格

**图20-4　利率以及提前偿付率变动时CMO价格的变化**

## 20.3.5 CMO 等级划分的变动

虽然先前的讨论对于掌握 CMO 的机制非常有帮助，但是上述例子中的 CMO 初级结构只反映了如今整个 CMO 市场的一小部分。在今天的市场上，有多达 20 种不同的 CMO 份额可以用来从一个单独的抵押贷款资产池创立许多衍生证券类型。以下将要讨论的是精选的其他类型的证券，因为它们在多类别的 CMO 市场上非常重要，所以值得我们进一步讨论。

**本金提前偿付率的变动**

除了像之前的例子中展示的用顺序偿付等级结构的方式来发行 CMO 外，发行人还可以采用偿债基金结构来补充证券的本金余额，使得特定等级证券的现金流更加确定。在这种方式下，2 个或多个等级证券的投资者能够同时在偿付日收到现金支付。每个等级收到多少现金则取决于偿债基金的安排以及提前偿付率的大小。

在偿债基金结构下，计划摊还等级证券（planned amortization class，PAC）提供的现金流最为确定。PAC 是在一系列不同提前偿付率下按照事前约定的一段时间来收取固定的现金支付，而不是从资产池的提前还款额中进行分配。这一系列提前偿付被称为 PAC 带，PAC 带包含一个最高偿付率和一个最低偿付率。而 PAC 规定的提前偿付率则在最高和最低偿付率之间保持不变。目标摊还等级证券（target amortization class，TAC）相当于单一目标偿付率，这个偿付率也被称为 TAC 的定价速度。对于上述两种组合，任何超过偿债基金规定的提前偿付都会被用于偿付非 PAC 和非 TAC 部分的证券，这些证券可以被称为伴随或辅助等级证券，因为它们与 PAC 和 TAC 关联发行，并且吸收提前偿付的波动性，从而消除了提前还款额的波动。因此，在发行证券时，PAC 和 TAC 的投资者不需要承担提前偿付风险，这些风险已经被转移给非 PAC 和非 TAC 的投资者了。

**票息变动**

正如前面的例子中所说明的那样，Z 等级证券的利息累加到本金上，相当于按照票面利率进行再投资。而且正是因为将这些应计利息用于偿付其他等级的证券，发行人才能够发行平均到期时间更短的证券。

## 20.3.6 次级抵押贷款支持证券

通常来讲，CMO 资产池中的抵押贷款是由 FHA 或 VA 担保的抵押贷款或者是发放给信誉良好的借款人的传统抵押贷款。而且以这些资产池为基础发行的证券还有吉利美的违约保护。但是，在 21 世纪的头 5 年，贷款人增加了对非优质借款人的贷款，这些非优质借款人也就是我们所说的次级借款人，他们信用评分低而且能否偿付房贷还是个未知数。不过，由于抵押贷款利率像第 5 章所述的那样可调整而且很优惠，因而很多次级借款人过分自信，认为他们自身有偿还能力。但是当利率上升时，这些原本可以偿付贷款的人也会变得无法偿付。如果房价没有下降，这些人还可以通过再融资或者利用房屋的权益来偿付贷款，但当房价由升转跌时，违约率就会飙升。

这些由次级抵押贷款支持的证券不受吉利美的保护，因而投资者暴露在违约风险之下。当借款人开始违约时，等级较低的证券就会变得一文不值。更糟的是，这些次级

CMO 还被用于抵押从而创造出另一种叫作担保债务凭证（collateralized debt obligation，CDO）的证券（在本章后半部分会谈到）。因此，证券投资者蒙受了大量损失，这其中也包括一些银行，因而对银行体系也造成了很大的冲击。

回顾过去，这些以次级抵押贷款作为支持的证券的风险似乎没有被投资者和评级机构充分认识。也许是因为投资者认为这些次级抵押贷款的借款人分布在全国各地，而地区分布的多样性可以降低违约风险。但是，当房价下跌是一个全国性的趋势时，所有次级抵押贷款就不得不受到影响了。

虽然证券分级还是有效的，但是在未来贷款人会更加注重借款人的类型，投资者对次级抵押贷款支持证券也会更加谨慎，评级机构在给予次级抵押贷款支持证券高评级时也会更加苛刻。

## 20.4 衍生证券

浮动利率等级的证券对于那些希望将资产和负债相匹配的投资者非常有吸引力。这类浮动等级（floater tranche）证券的票息率根据某一基准利率会定期调整。比如，浮动等级证券的票息率规定要比约定的基准利率高 75 个基点，那么当这个基准利率从 7%下降到 6.75%时，证券的票息率在调息日就会从 7.75%调整到 7.5%。这个基准利率可以是伦敦银行同业拆借利率（LIBOR[①]）、第 11 区基金成本（11th district cost of funds，COF）、1 年期国库券利率以及大额存单（CD）利率。而这些证券的利率调整期在 1 至 6 个月不等。

这些浮动等级证券的支付额变动非常大，因此，为了抵消这种变动，在同一个 CMO 中还会包含逆浮动等级证券。这些逆浮动等级证券（inverse floater tranche）会根据基准利率做反向调整。发行人通过将证券分为权重相等的浮动等级和逆浮动等级，从而能够使整个证券的加权票面利率保持稳定而不随基准利率波动。

逆浮动利率结构如下所述：我们假设某个等级证券再被细分为若干个 1 000 万美元的小额部分，每个小额部分被称为浮动（F）等级和逆浮动（IF）等级。我们假设浮动等级证券的票面利率锚定的基准利率是 LIBOR，那么当 LIBOR 上涨时，浮动等级证券的票息率就会增加，而逆浮动等级证券的票息率就会下降。在发行日当天 LIBOR 为 6%，因此每个等级证券的利息分配如实例 1 所示。

**实例 1**

当发行日 LIBOR＝6%时，分配给浮动等级和逆浮动等级的利息：

浮动等级＝10 000 000×0.06＝600 000（美元）

逆浮动等级＝10 000 000×0.06＝600 000（美元）

利息支付＝1 200 000（美元）

---

① 伦敦银行同业拆借利率是一个非常重要的存款利率，每天由在欧洲货币市场经营的银行报价得出。这个利率在全球被广泛作为金融资产定价的基准利率。

发行日之后，如果LIBOR增加了1%，则投资者收到的利息如实例2所示。

**实例2**

浮动等级=10 000 000×0.07=700 000（美元）
逆浮动等级=10 000 000×0.05=500 000（美元）
利息支付=1 200 000（美元）

注意到在实例2中浮动等级和逆浮动等级投资者收到的利息有所变化，浮动等级投资者收到700 000美元，比实例1多100 000美元；逆浮动等级投资者则少收100 000美元，但是利息支付总额却保持不变。而且，如果LIBOR从6%上升至12%，那么浮动等级投资者将会收取全部的1 200 000美元利息，而逆浮动等级投资者则一无所有。由于逆浮动等级证券的票息不能为负，因此投资者在发行日就应明白浮动等级证券的最高票息率就为12%。不过，根据发行时浮动等级和逆浮动等级的需求，浮动等级证券的最高票息率可以设置为12%以下的任意水平。相反，如果LIBOR下降2%，逆浮动等级投资者收到的票息率就为8%，而浮动等级投资者收到的票息率则为4%，而且两个等级投资者收取的利息总额还为1 200 000美元。也必须为逆浮动等级投资者设定最低限额或下限。在这种情况下，下限刚好比基准利率LIBOR下降6%。因此，浮动/逆浮动等级证券结构设置的基本目的就是当LIBOR上升时，浮动等级投资者多收票息、逆浮动等级投资者则少收同等金额的票息，反之亦然。

基于上述内容，我们可以很清楚地知道发行人会如何调整证券结构来迎合投资者的需要。可以通过将浮动等级投资者和逆浮动等级投资者所获得的相对收益进行比例调节（scaling）来实现，比如，如果浮动等级证券占总证券的60%，而逆浮动等级证券只占总证券的40%，那么浮动等级的规模就是逆浮动等级的规模的1.5倍。在这种情况下发行时的利息分配如下所示：

浮动等级（60%）=12 000 000×0.06=720 000（美元）
逆浮动等级（40%）=8 000 000×0.06=480 000（美元）
利息支付=1 200 000（美元）

注意到虽然浮动等级相对于逆浮动等级的规模发生了变化，但是利息支付总额还是1 200 000美元。如果LIBOR上升1%至7%，我们则会得到：

浮动等级（60%）=12 000 000×0.07=840 000（美元）
逆浮动等级（40%）=8 000 000×0.045=360 000（美元）
利息支付=1 200 000（美元）

浮动等级投资者的收益直接与LIBOR相关，LIBOR上涨1%，浮动等级的票息率也上涨1%，因此浮动等级投资者收到的票息就为840 000美元。不过，由于两种等级证券票息总和必须等于1 200 000美元，所以每当LIBOR上涨1%时，逆浮动等级证券的票息率就要下降1.5倍的1%，即票息率为4.5%。也就是说，LIBOR每变动$a$%，逆浮动等级证券的票息率就要反向变动1.5倍的$a$%。需要说明的是，LIBOR的变动幅度有一个最大的限制，在这里就是4%，即LIBOR最高只能是10%。当LIBOR为10%时，浮动等级投资者会收到1 200 000美元，而逆浮动等级的票息收入将会为0。逆浮动等级投资者最多也只能获得 1 200 000 美元，获得的最高票息率就为 1 200 000 美元/8 000 000 美元=15%。

如果 LIBOR 下跌 4 个百分点至 2%，我们就能得到：

浮动等级（60%）=12 000 000×0.02=240 000（美元）
逆浮动等级（40%）=8 000 000×0.12=960 000（美元）
利息支付=1 200 000（美元）

在该例中，LIBOR 下跌 4 个百分点至 2%，那么逆浮动等级证券的票息率就会增加 4%的 1.5 倍即 6%。增加了 6%后，逆浮动等级证券的票息率就为 12%，从而逆浮动等级证券的投资者将会收到全部利息支付 960 000 美元。很明显，随着 LIBOR 下降了 4 个百分点，应付给逆浮动等级投资者的全部利息将比发行时确定分配的数额增长 100%。

在上述简单的例子中，我们可以明确浮动等级相对于逆浮动等级的规模，以及 LIBOR 上升和下降的极限。同时，浮动等级相对于逆浮动等级规模的比率越高，逆浮动等级证券的“杠杆率”也越大。从上述的例子中我们可以知道，当使用“杠杆”时，浮动等级投资者和逆浮动等级投资者收益的波动性都会变大。因此，在实际操作中，浮动等级相对于逆浮动等级的比率取决于投资者对波动率和收益率的接受程度。而承销商和发行人也必须确定最适合营销的比率。

为什么投资者会首先购买浮动等级或者逆浮动等级的证券呢？这是因为投资者相信利率会上涨或者下跌，抑或是他们拥有需要在未来偿付利息的负债（偿还这些债务的利率是基于支付当天的市场利率）。投资者也会购买这类衍生证券来保护其他抵押贷款组合的收益。比如，投资者现在拥有固定利率的债券，其市价为 1 000 000 美元，将在 6 个月后到期，而且企业已经将这些债券作为贷款的抵押。抵押物的价值必须时刻维持在 1 000 000 美元，因此当利率上升时，债券的价值就会下跌，随之投资者就需要额外补充抵押物。与其购买更多的债券去补充抵押（然后在 6 个月后不论盈亏都卖掉）①，投资者会选择更为廉价的方法，即购买浮动等级的 CMO，该 CMO 与投资者借款的到期时间相同。

由于票息的不确定性，浮动等级和逆浮动等级证券价格的波动也很剧烈。事实上，相对于基础资产（例如，抵押贷款），衍生证券一般来说具有更大的价格不稳定性。因此，想要获得潜在的高收益就要承担更大的投资风险。

### 20.4.1 收益的增加

相对于对冲风险而言，投资者可能也想通过购买浮动等级证券和逆浮动等级证券来提高收益率。比如，如果投资者购买了低风险的资产组合（例如，国库券），利率下跌虽然不会对组合的价值造成很大的影响，但是收到的短期收益却会以更低的

---

① 很显然，有很多种方法可以用来规避这种风险。投资者可以卖掉一个基于国库券的远期合约来对冲抵押资产的损失风险。同样，也可以购买一个基于利率期货的看跌期权，这种方法对于不关心投资期是否收到现金流的投资者比较合适。在购买浮动等级 CMO 或逆浮动等级 CMO 后，对投资者非常重要的一点是其在收到票息的同时，由于抵押贷款价值上升或下降带来的 CMO 价格变动的风险也被对冲掉了。

利率进行再投资。为了抵消基础资产组合由于利率下跌带来的收益损失，投资者就会购买逆浮动等级证券来获得更多的利息。当然，如果利率上升，投资者就要蒙受更多的损失。

超级浮动等级证券则综合了普通浮动等级证券的特征以及逆浮动等级证券的比例调节因子，因而该类证券的票息率与其联系指数同方向变动，但有着比其联系指数更大的不稳定性。

### 20.4.2 IO 和 PO 剥离证券

只付本金类（PO）证券是一种票息率为零的证券，其“只付本金”的效果类似于零息债券。其付款模式是在最初的几年内往往很慢，随着本金的摊还和提前还款额的增加而相应增加。如果一个 CMO 组合中包含 PAC（或 TAC）和 PO 证券，那么其中的 PO 证券就常被称作超级 PO 证券，因为 PAC 所带来的提前偿付风险导致伴随的 PO 证券的不稳定性程度非常高，远超过了普通 PO 证券。

只付利息类（IO）证券的设计意图是将利息分配给该类证券的投资者，其额度在最初的几年通常是很高的，随着本金的摊还和提前偿付率的提高而逐渐降低。它们一般是同 PO 证券同时发行的，因而也被称作“剥离”抵押贷款支持证券。这类衍生证券近年来变得越来越有影响力。现以简化的例题举例介绍 IO 和 PO 剥离证券。

表 20－8 显示，这两种类型的证券是通过将一个抵押贷款组合的本金和利息“剥离”而形成的，只付利息剥离证券（IO strips）和只付本金剥离证券（PO strips）因此得名。如果组合中的抵押贷款均没有发生提前还款的情况，且各剥离证券的投资者所要求的收益率为 11%（恰好等于组合中抵押贷款的利率），那么 IO 剥离证券的现值就等于 461 248 美元，而 PO 剥离证券的现值等于 538 752 美元。很明显，当投资者要求的折现率为 11%时，二者的现值之和应正好等于 1 000 000 美元。但在实际运作过程中，这种情况几乎是不可能发生的。

然而，投资 IO 和 PO 剥离证券时，应该特别注意与提前还款相关的风险情况。前面的论述多次提到，如果发行后出现了利率大幅下跌的情况，那么组合中的抵押贷款发生提前还款的可能性就大大地提高了。这时候，PO 剥离证券的持有人将会收到比预期更快的还款。这种预期之外的现金流量增加速度的提高，再加上利率的下降，将会抬高 PO 剥离证券的价格。相反，提前还款的增加使组合规模不断缩小，从而将减少 IO 剥离证券持有人所实现的现金流量，原因就在于他们只收取组合的利息；抵押贷款偿还完毕后，利息的流入也将停止。在极端情况下，当全部抵押贷款都被提前偿还完毕时，IO 证券的价值将降低至零。假设每年的提前偿付率由 0 增加至 20%，就得到了表 20－8（1）中所示的现金流模式。IO 的投资者收到的现金流量将大大减少，仍依据 11%的折现率折现，其现值将由表 20－8（1）中的 461 248 美元降为表 20－8（2）中的 276 200 美元，减少了 184 048 美元，大约是原价值的 40%。另一方面，随着提前还款的增加 [见表 20－8（2）中的 PO 提前还款额]，PO 证券则较快地收到了更多的现金流量。以 11%的折现率折现，其现值比表 20－8（1）中所示增加了 34%（正常摊还额 222 403 美元＋提前还款额 501 397 美元＝723 806 美元）。

表 20-8　　用以创建 IO/PO 剥离证券的组合划分　　单位：美元

组合特征：1 000 000 美元抵押贷款，年利率为 11%，10 年期

（1）提前偿付率为 0 时 IO 和 PO 剥离证券投资者的现金流

| 年 | 期初余额 | 利息 IO/剥离 | 本金 PO/剥离 | PO 提前还款额 | 期末余额 |
|---|---|---|---|---|---|
| 1 | 1 000 000 | 110 000 | 59 801 | 0 | 940 199 |
| 2 | 940 199 | 103 422 | 66 380 | 0 | 873 819 |
| 3 | 873 819 | 96 120 | 73 681 | 0 | 800 138 |
| 4 | 800 138 | 88 015 | 81 786 | 0 | 718 351 |
| 5 | 718 351 | 79 019 | 90 783 | 0 | 627 569 |
| 6 | 627 569 | 69 033 | 100 769 | 0 | 526 800 |
| 7 | 526 800 | 57 948 | 111 853 | 0 | 414 946 |
| 8 | 414 946 | 45 644 | 124 157 | 0 | 290 789 |
| 9 | 290 789 | 31 987 | 137 815 | 0 | 152 974 |
| 10 | 152 974 | 16 827 | 152 974 | 0 | 0 |
| | | | 1 000 000 | 0 | |
| *PV*（折现率为 11%）= | | 461 248 | 538 752 | | |

（2）提前偿付率为 20%时 IO 和 PO 剥离证券投资者的现金流

| 年 | 期初余额 | 利息 IO/剥离 | 本金 PO/剥离 | PO 提前还款额 | 期末余额 |
|---|---|---|---|---|---|
| 1 | 1 000 000 | 110 000 | 59 801 | 200 000 | 740 199 |
| 2 | 740 199 | 81 422 | 52 259 | 148 040 | 539 900 |
| 3 | 539 900 | 59 389 | 45 525 | 107 980 | 386 395 |
| 4 | 386 395 | 42 503 | 39 495 | 77 279 | 269 620 |
| 5 | 269 620 | 29 658 | 34 074 | 53 924 | 181 623 |
| 6 | 181 623 | 19 978 | 29 163 | 36 325 | 116 135 |
| 7 | 116 135 | 12 775 | 24 658 | 23 227 | 68 249 |
| 8 | 68 249 | 7 507 | 20 421 | 13 650 | 34 178 |
| 9 | 34 178 | 3 760 | 16 198 | 6 836 | 11 144 |
| 10 | 11 144 | 1 226 | 11 144 | 0 | 0 |
| | | | 332 738 | 667 261 | |
| *PV*（折现率为 11%）= | | 276 200 | 222 403 | 501 397 | |

如图 20-5 所示，我们可以看到提前偿付和利率变化双重作用于 IO 和 PO 剥离证券。当提前偿付率变为 20%时，一个正常摊还的 IO 证券的价格就会大幅下跌。但是，PO 证券的价格却会增加，这是因为会更快收到现金流偿付。

以上的对比为我们揭示了 IO 和 PO 剥离证券的价格动向的潜在不稳定性。另外，这

也意味着，在实际运作过程中，投资者考虑IO和PO证券时，必须对抵押贷款利率（或升或降）以及抵押贷款组合的偿还速度（或快或慢）的未来可能变动方向形成自己的理性预期。除了投资方面的考虑外，同前面介绍的浮动等级和逆浮动等级证券一样，这类衍生投资工具也可以用来套期保值，以防范利率意外变化所带来的损失。

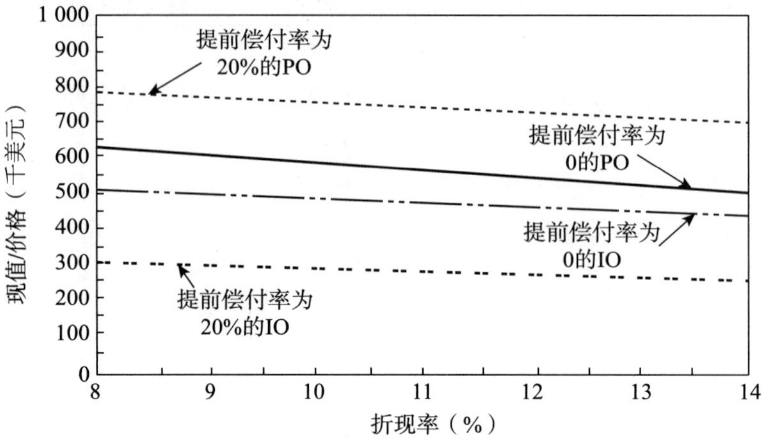


（1）

| 折现率（%） | 提前偿付率＝0 PO的现值（美元） | 提前偿付率＝20% IO的现值（美元） | 提前偿付率＝0 PO的现值（美元） | 提前偿付率＝20% PO的现值（美元） |
|---|---|---|---|---|
| 8 | 511 | 297 | 628 | 784 |
| 9 | 494 | 290 | 596 | 763 |
| 10 | 477 | 283 | 566 | 743 |
| 11 | 461 | 276 | 539 | 724 |
| 12 | 446 | 270 | 513 | 706 |
| 13 | 432 | 264 | 489 | 688 |
| 14 | 419 | 258 | 467 | 671 |

（2）

**图20－5　不同折现率下IO和PO证券价格的变化：提前偿付率分别为0和20%**

## 20.4.3　凸　性

另一种描述图20－5中现值模式的方法是说，图中PO剥离证券的曲线呈现出比IO曲线更大的凸性（convexity）。这一点可以通过观察提前偿付率为0时各现值的情况看出。注意，当提前偿付率为0时，对应于同一折现率区间的PO曲线的斜率比IO曲线的要大。这也就是说，在本例中，相对于市场利率（折现率）的变化，PO的价格敏感性要比IO高得多。换句话说，就是PO具有较高的价格凸性。然而，当提前偿付率增至20%时，由于抵押贷款偿还速度的增加，PO的价格上升，而IO的价格下降了。在这种情况下，估算各种折现率下的IO的价格时，就必须考虑提前偿付率，这时的IO的价格相对于提前偿付率和利率的变动将呈现出更高的敏感性。

## 20.5 住房抵押贷款相关证券：小结

接下来我们就已经涉及的四种证券类型的主要特点做简要的总结。表 20－9 总结了抵押贷款支持证券（MBS）业务中的一些关键术语及其定义。表 20－10 则分类列举了这类证券的一些较为重要的特点，以期帮助读者了解与各类证券相关的现金流和风险类型。

除抵押贷款转手证券（MPT）之外（它代表着对抵押贷款组合的一份不可再分的所有者权益），本章所讨论的所有证券均代表着一种负债。MPT 可以被看作是以证券化的形式出售给投资者之后，被置于信托之中的一种独立的投资工具。由于支持此类证券发行的资产池通常是由 FHA、VA 或传统担保的抵押贷款组成，而且及时付款担保通常由发行方或吉利美提供，因此 MPT 可以被看作一种独立的投资工具，也就是说，不需要对其进行超额担保或增信。投资的成功完全取决于组合中的抵押贷款所产生的收益，投资者的投资回报情况取决于抵押贷款组合的摊还情况和提前还款水平。但是，由于其本金的传递性质，投资者必须承担全部提前还款风险和再投资风险，因为他们并不能确切地知道各期的现金流水平，以及自己拥有的证券究竟会在何时到期。

**表 20－9　CMO 和衍生证券市场常用术语**

**CMO**

抵押贷款担保债券（CMO），是一种由抵押贷款或抵押贷款支持证券支持的债券（或债务）。其抵押贷款组合产生的现金流量有特殊的分配方式，以期向 MPT 和 CMO 的投资者提供更多种可选择的现金流量和期限风险模式。

**缩期风险**

在抵押贷款市场的利率下降时，房屋所有人常倾向于加速还款，从而进行再融资。缩期风险在以下两个方面影响着 MBS 的价格：(1) 由于存在提前还款风险，MBS 的价格就不能像其他期限限制相当的不可随时支取的证券（如国库券）的价格上涨得那么多；(2) MBS 的投资者收到提前偿还的本金之后，就不得不将这些资金以现行的低市场利率重新投资出去。以上两点被统称为缩期风险。

**凸性**

对应于市场利率（投资者的折现率）的变化，某种投资工具的价格的变化率。

**衍生证券**

衍生证券的价值派生于其他证券、指数或金融债权。由于抵押贷款支持证券（MBS，如 MPT 和 CMO）的价值是以抵押贷款组合为基础的，因而它们被称为“衍生证券”。此外，还有其他种类的衍生证券，如期权、掉期等。

**期限**

当利率的下降（或上升）导致提前偿付率上升（或下降）时，MBS 的预期期限也将随着摊还所实现的现金流量的变化而缩短（或拉长）。这时候，此类投资工具的现值自然会发生变化，其到期日也会改变。期限是测度现金流量收入的时间加权模式的一种方式，同时也是帮助投资者根据现金流量收入的权重及实现时间来排列现值的一种工具。

续前表

**延期风险**

延期风险的概念和紧缩风险正好相反。它是指利率上升时投资者所面临的风险。上升的利率在以下两个方面影响着 MBS 投资者：(1) 同其他具有固定收入的证券一样，MBS 的价格将下降，但是由于随着利率的上扬，提前还款的速度将放缓，从而使投资者实现的现金流量减少、预期的期限延长。这就使 MBS 的价格不会像其他相当的不可随时支取的证券（如国库券）的价格下跌得那样多。(2) 提前偿付率下降，将使投资者丧失按现行的高利率进行再投资的机会。这两者，即 MBS 价格的下降和较低的再投资收益率，被统称为延期风险。

**IO/PO 剥离证券**

当同一个抵押贷款组合被用于发行两种证券时，就形成了 IO/PO 剥离证券。IO 剥离证券的投资者只收取抵押贷款组合的利息支付部分，而 PO 剥离证券的投资者收取本金支付部分。利率的降低会导致 PO 剥离证券的价格上升，这是因为较低的利率会使得借款人重新融资，因此 PO 证券投资者获得的现金流偿付就会加速。利率上升将会有益于 IO 剥离证券的投资者，因为业主更愿意持有手头的贷款而不是再融资。因此，IO 剥离证券的投资者会比预期收取更长时间的利息偿付，从而也增加了收到的现金流。

**伦敦银行同业拆借利率**

伦敦银行同业拆借利率是被广泛作为定价基准的利率，它是由欧洲货币市场上的银行基于同业借款报价得出的借款利率。

**提前偿付风险**

由于业主可以选择提前偿还贷款，因而 MBS 的投资者在投资时需要分析贷款的提前偿付情况。由于提前偿付率会影响现金流的时间（比如投资者的回报），因而非常重要。

**等级**

等级是 CMO 证券中的不同债券分类，是根据收到现金流的优先性或者其他方式划分的。这个词来源于法语单词“trancher”，意为划分。

**表 20 - 10　　抵押贷款相关证券的重要特点总结**

| | MBB | MPT | MPTB | CMO |
|---|---|---|---|---|
| (1) 获得的证券权益类型 | 负债 | 权益 | 负债 | 负债 |
| (2) 证券类别的数量 | 一种 | 一种 | 一种 | 多种 |
| (3) 本金的转移 | 无 | 直接 | 直接 | 优先 |
| (4) 担负提前偿付风险的一方 | 发行人 | 投资者 | 投资者 | 投资者 |
| (5) 超额担保 | 是 | 否 | 是 | 是 |
| (6) 超额担保是否采取盯市制度 | 是 | — | 否 | 否 |
| (7) 是否增信 | 是 | 否 | 是 | 否 |
| (8) 是否已知到期时间 | 是 | 否 | 否 | 否 |
| (9) 赎回条款 | 可能有 | 清理收兑 | 可能有 | 灾难和损害 |
| (10) 是否进行表外融资 | 否 | 是 | 否 | 是 |

表 20 - 10 中所示的负债型证券可以根据以下特点进行区分：(1) 提前还款风险的承

担者；（2）超额担保的程度和类型，或增信手段的使用。抵押贷款支持债券（MBB）的发行人承担全部的提前还款风险，因此，该类证券的超额担保和增信的程度应该是最高的。相反地，如果投资者承担提前还款风险——或者说，如果被转手的本金直接流向投资者——那么超额担保和增信的需要就会有所减轻（假设其他条件不变）。例如，随着提前还款速度的增加，抵押贷款转付债券（MPTB）和CMO的期限相应地缩短了；而无论基础组合的提前还款速度如何，MBB的期限总是保持恒定的，因此，由于在后一种情况下对提前还款发生的可能性的预期，发行人不得不比其他两种负债型证券的发行人提供更多的抵押物。这就意味着，在评价各类证券时，必须考虑超额担保和增信手段的使用以及投资者承担提前还款风险的程度。

最后从发行人的角度，MBB和MPTB可以被看作是一种债务融资方式。尽管证券化了的抵押贷款由托管人来保管，但它们在发行人的资产负债表中仍体现为资产项目，同时MBB体现为负债项目。这一点对于CMO同样适用，除非发行人将其剩余权益出售给了第三方——这时发行人将不再保留其所有者权益，并不必再将抵押贷款组合作为自己的资产和将CMO作为自己的负债了。除了发行CMO之外，发行人还可以通过设立房地产抵押贷款投资渠道（REMIC）来实现表外融资。在应用这种工具时，发行人将抵押贷款组合出售给投资者，该交易完全是以表外融资的形式进行的。发行人只能在抵押贷款被证券化并出售时确认其销售的收益或损失。

## 20.6　住房抵押贷款相关证券：结束语

由上述我们所讨论的内容可以看出，根据投资者对特定投资期限的强烈偏好，我们可以对市场进行细分。之所以存在这种偏好，是因为投资经理需要与负债到期日相吻合的附带利息的资产项目（如养老基金资产的到期日就需要与每年随着许多受益人退休而到期的负债相匹配）。

最后，由于投资者在MBB、MPT、MPTB和CMO之间进行选择时可能会遇到各种不同的现金流模式，因此这里还需要就现金流的收入和收益率的测算等相关问题加以说明。例如，对于MBB投资者可在固定的期限内收取等额的利息，并在到期日一次收回全部本金；MPT则因提前还款问题的存在而拥有较为多变的现金流；而CMO的Z等级证券则只在接近到期日时才能实现现金流。假设各种类型的证券提供同一收益率[①]，那么投资者将对它们等同视之吗？或者，如果将三种投资置于同一组合之中，其收入款项被用于偿付在各种特定时间到期的债务，那么我们该如何处理现金流入的到期期限与债务到期率之间的关系？本章附录介绍了一种将现金流收益率与到期日结合起来进行测算的方法——存续期间法，该方法对于处理上述问题很有帮助。

---

① 通常，即使这三种证券是由同一抵押贷款组合所支持的，它们的收益率也不会相同。这是因为MBB的提前偿付风险是由发行人承担的，因而其投资者所实现的收益率应低于MPT的投资者的收益率。对于本章所介绍的Z等级证券，其收益率比MPT的还要高，因为不仅其提前偿付风险是由投资者来承担的，而且它的利息要被不断累加，直至还款期末才支付给投资者。

# 20.7 商业抵押贷款支持证券

本章及前面几章主要介绍了由住房抵押贷款组合支持的抵押贷款相关证券。实质上，发行商业抵押贷款支持证券时所采用的方法和模式也与其大体相同。但前者在抵押贷款担保品的性质、收益能力和相关的风险水平等方面与住房抵押贷款支持证券有诸多本质上的区别。本节将对此类问题进行详细说明。

同住房抵押贷款支持证券相似，大多数商业抵押贷款支持证券（commercial mortgage-backed security，CMBS）是以抵押贷款支持债券、转手证券或担保债券的形式发行的。住房抵押贷款支持证券与商业抵押贷款支持证券之间的最基本的区别就在于违约风险（default risk）导致损失的可能性。回忆一下，对于大多数的住房抵押贷款支持证券，其组合中的抵押贷款通常是由 FHA、VA 担保或由私营机构提供抵押贷款保险的。绝大多数情况下都有美国政府的分支机构（GNMA）或中介公司（FNMA、FHLMC）保证及时足额地还本付息。尽管一些私营实体也发行了许多无政府担保的抵押贷款支持债券和转付债券，但是由政府支持的证券还是占绝大多数。

与住房抵押贷款支持证券不同的是，商业抵押贷款支持证券是由有收益的房地产作为抵押贷款的抵押物的。此类房地产的租户所签订的租赁合同为抵押贷款提供了还款来源。因而，在评价商业抵押贷款支持证券的风险水平时必须考虑抵押房地产的质量、所处的位置以及租户的信用情况等因素。很明显，如果发生了租户违约，或者抵押房地产所在区域的房地产市场因建设膨胀而导致租金水平下降的情况，那么用以偿还抵押贷款的收入的实现将会受到影响。此外，由于此类永久性抵押贷款是无追索权的，因而一旦发生了违约，贷款人只能用出售抵押房地产的收入来弥补损失的贷款。CMBS 具有以下几个特征（见表 20-11）：首先，组合中的商业抵押贷款资产的还款期限一般都比较短（5～15 年），而且大多是只付利息的。这意味着，如同公司或政府债券，流入组合的款项只由利息组成，借款人在贷款到期时一次性地偿还全部本金。其次，CMBS 中的 CMO 通常有两个主要的等级——优先级和次级。它们常各被称为“A 等级”和“B 等级”。这两类证券的区别主要在于对流入组合的款项的要求权的优先性，即优先级（senior tranche）拥有最高优先权，而次级（subordinated tranche）次之。如前所述，对优先级和次级进行支付之后所剩下的现金流将被分配给剩余或权益等级的股东。在表 20-11 所举的例子中，有 30%的证券是次级证券，这就意味着资产池价值损失了 30%之后，优先级才会产生损失。

**表 20-11　　商业抵押贷款支持证券发行简例　　单位：美元**

| | | | | |
|---|---|---|---|---|
| 组合特性：10 000 000 美元抵押贷款，利率为 10%，期限为 5 年 | | | | |
| 资产 | | 负债 | | |
| 商业抵押贷款 | 10 000 000 | 优先级证券：A 等级债券 | 票息率为 8% | 6 000 000 |
| | | 次级证券：B 等级债券 | 票息率为 10% | 3 000 000 |

续前表

| | | | |
|---|---|---|---|
| | | 总计 | 9 000 000 |
| | | 净值（剩余） | 1 000 000 |
| 总计 | 10 000 000 | 总计 | 10 000 000 |

另一个重要特点在于此类证券的本金的偿还方式。住房抵押贷款被认为远在到期日之前就会得到偿还，因为在更换工作、再融资或其他情况下，房屋所有者会卖掉原有住房以偿还贷款，并购买新住房，而商业抵押贷款则不然。由于它们具有锁定（lockouts）条件（即在一段时间内禁止提前偿付）或只付利息的特点，因而CMBS-CMO的投资者关注的焦点就集中在抵押贷款到期时，借款人能否偿还全部本金这一点上了。

商业抵押贷款到期时通常需要进行一笔期末整付，因而必须为作为抵押物的房地产进行再融资。再融资的资金来源可以是原来的贷款人，只要他同意在贷款到期时提供再融资（亦称“滚动融资”）。这时，再融资得到的款项被用于偿还组合中的现存贷款，从而使偿还的本金流向CMBS组合中的商业投资者。这一过程类似于企业为到期债务进行调换的情况。在这种情况下，企业通常是通过发行新债券的方式来偿还到期债务。CMBS的再融资风险对于商业房地产贷款来说是相当大的，因为到了再融资的时候，房地产市场可能正处于疲软时期，或存在利率居高不下等一系列棘手的问题。因此，原来的贷款人可能不会为此类贷款提供再融资，或以减少贷款额度为前提。这样一来，借款人可能就无法足额偿还贷款，或者只能为贷款余额的一部分筹集到再融资的资金。这些都是摆在那些等待到期得到偿还的商业抵押贷款支持证券的持有人面前的严峻问题。由于组合中的大多数商业抵押贷款对于借款人和贷款人（发行人）都是不具有追索权的，因而一旦此类事件发生，CMO的投资者就只能坐等负责经营投资组合的托管人进行止赎、协商推迟贷款偿还时间等一系列工作。这种借款人在贷款到期时无法再融资的风险被称为延期风险（extension risk）。如果借款人违约，最终导致了止赎的发生，那么抵押房地产将被拍卖，其收入用于偿还贷款余额。若该房地产的价值低于贷款余额，就会导致资金不足。这时，一部分CMO投资者将不能在到期时收回全部本金，形成了损失。因此，相当多的投资者关注的焦点就是借款人违约的可能性问题，它将直接导致抵押贷款到期时的全部或部分现金流损失。

表20－12列示了表20－11中介绍的CMBS的现金流的分配及与之相关的潜在风险情况。在表20－12（1）中，只含有利息的现金流入首先被分配给优先级，其利率为8%，占发行总量的60%。次级随之按10%的利率收取利息，它占发行总量的30%。剩下的全部归剩余等级，其总量为1 000 000美元，占发行量的10%。如果没有发生违约，各级别的投资者按约定分别实现自己的现金流，至第5年末抵押贷款到期时借款人偿还贷款余额，投资者可收回其全部投资。

**表20－12　　CMBS持有人的现金流**

| （1）无违约或抵押贷款提前偿付 | | | | |
|---|---|---|---|---|
| 年末 | 资产池现金流入 | 优先级 | 次级 | 剩余 |
| 1 | 1 000 000 | 480 000 | 300 000 | 220 000 |
| 2 | 1 000 000 | 480 000 | 300 000 | 220 000 |

续前表

| | | | | |
|---|---|---|---|---|
| 3 | 1 000 000 | 480 000 | 300 000 | 220 000 |
| 4 | 1 000 000 | 480 000 | 300 000 | 220 000 |
| 5 | 11 000 000 | 6 480 000 | 3 300 000 | 1 220 000 |
| | *IRR*= | 8% | 10% | 22% |

(2) 违约发生在抵押贷款到期时，且房地产的销售额仅为未偿贷款余额的 80%

| 年末 | 资产池现金流入 | 优先级 | 次级 | 剩余 |
|---|---|---|---|---|
| 1 | 1 000 000 | 480 000 | 300 000 | 220 000 |
| 2 | 1 000 000 | 480 000 | 300 000 | 220 000 |
| 3 | 1 000 000 | 480 000 | 300 000 | 220 000 |
| 4 | 1 000 000 | 480 000 | 300 000 | 220 000 |
| 5 | 9 000 000 | 6 480 000 | 2 520 000 | 0 |
| | *IRR*= | 8% | 5.33% | −4.92% |

说明：除 *IRR* 外，表中数据单位均为美元。

假设抵押贷款到期时发生了违约并止赎，而销售房地产的收入只是第 5 年末全部贷款余额的 80%，表 20-12 (2) 显示了有关的现金流情况。可以看到，第 5 年末流入组合的现金流总额为 9 000 000 美元，即 1 000 000 美元的利息收入与到期收回的本金数额的 80% (8 000 000 美元）之和。这里，优先级可以收到其全部利息额（480 000 美元）和 6 000 000 美元的全部初始投资。而次级的投资者就只能收到 300 000 美元的利息和 2 220 000 美元的贷款偿还额。这表明违约的发生给次级投资者带来了 780 000 美元的损失。剩余投资者则损失了其全部初始投资（1 000 000 美元）。根据这一分配情况，可以计算出优先级投资者的 *IRR* 仍保持在 8%；而次级投资者 *IRR* 则由 10%降为 5.33%。剩余等级未能收回其投资，使 *IRR* 由预期的 22%降为−4.92%。

表 20-12 为我们揭示了 CMBS 的基本发行机制。由于存在潜在的违约损失，剩余投资者显然承担着最大的风险，而次级投资者次之。基于此，次级常被债券投资者称为第一损失头寸（first loss position)。很显然，各证券登记的投资规模以及它们在面临违约时分配现金的优先性共同构成了投资者评价 CMBS 时必须考虑的关键因素。

基于违约风险的重要性，多数用于组建抵押贷款组合的抵押贷款都来源于保险公司和曾经发放商业（和多租户）房地产贷款的商业银行。这些贷款通常都是优质的，并且具有多年的偿还记录。这些都是对潜在投资者十分有用的信息。在利率下降的时期，此类贷款的市场价值升高，许多贷款人都想将它们卖掉。然而，由于对应于这些单笔贷款（数额较大，而贷款条款并非标准化格式）的二级市场还很不成熟，因而很难找到合适的买方。由此可见，通过将这些抵押贷款置于同一组合之中，并以该组合为基础发行有价证券的方式，贷款人就可以以较小的面额发行证券，出售给较多的投资者，从而将抵押贷款转换为现金，实现利率下降的收益。贷款人将抵押贷款证券化的动机还包括转换以前发放的贷款从而获得更多的营运资金。

因此，发行证券的商业抵押贷款资产池的范围，可以从以一个非常广泛的混合使用的、多租户的房地产为担保的抵押贷款一直到由一个贷款人对一组小规模的收益性房地产发放的抵押贷款。然而，一般来说，证券是基于由贷款人所拥有的抵押贷款资产池而发行的。而且，作为抵押贷款的抵押物的房地产一般来说都属于同一类型（例如，都是写字楼或者都是零售房地产），而且在地理位置上是分散化的。

### 20.7.1 对 CMBS 进行信用评级

商业抵押贷款支持的绝大多数证券上市发行是由独立的信用评级公司来评定级别的。然而，由于资产池里抵押贷款的性质不同，用于评级的标准与那些用来给住房抵押贷款资产池评级的标准有着极大的不同。如果证券评级是基于发行人的信用状况，而不包含来自第三方的担保或保险，则资产池里每种抵押房地产预期赚得的现金流量通常会受到最糟糕情况下的租金、空置津贴、营运费用等因素的影响，并且要对房地产偿债能力做出判断。当只有一种或几种抵押贷款构成基金时，这一点尤为重要。当资产池里有几种抵押贷款时，更多的重点将放在贷款人过去的承保记录上。换句话说，在以前贷款发放中（与抵押贷款资产池无关）由于违约导致的损失要认真考虑在内。为了提供关于最糟糕情形的方案，具体的地方市场区域的数据要被用作现金流量预测的输入信息。一般来说，评级机构将只给予优先级或 A 等级一个投资等级评级（例如 AAA、AA 或者 A）。次级将有更低的等级（BBB 到 B）或者保持“未评级”状态。这意味着，它们没有达到投资级，因此不能被许多养老基金和信托基金购买。图 20－6 说明了不同次级债可能得到的评级。该图还显示了每种证券的贷款价值比（loan-to-value，LTV）和债务偿还能力比率（debt service coverage ratio，DSCR）。

| 评级 | 次级率* | DSCR | LTV | 价格 |
|---|---|---|---|---|
| AAA | 30% | 2.00 | 52.50% | 102 |
| AA | 24% | 1.84 | 57.00% | 101 |
| A | 18% | 1.71 | 61.50% | 100 |
| BBB | 11% | 1.57 | 66.75% | 98 |
| BB | 6% | 1.49 | 70.50% | 75 |
| B | 3% | 1.44 | 72.75% | 65 |
| NR | 0% | 1.40 | 75.00% | 35 |

溢价 → 折价

**图 20－6 CMBS 一般债券风险考虑**

资料来源：图形来自 Josh Marston，Mass Financial Services，由 Charter Research 提供。

* 当我们假定基础贷款的贷款价值比是 75%时，次级率等于 1－(LTV/75%)；例如，就 AA 级证券而言，次级率等于 1－(57%/75%)＝24%。这衡量了在下一个最高评级的类别遭受损失之前的损失率。因此，AA 级证券投资人在贷款价值亏损达到 24%之前不会遭受损失。

为了使 CMBS 上市发行成功，发行人可能不得不进行增信，以把违约风险降低至可以接受的水平。这些增信方法可能包括以下支持类型的一种或多种：

（1）发行人的第三方担保。这些担保可能包括：①及时付款担保。②在资产池现金流短缺损害到允诺的票息支付的情况下，给证券持有人的付款担保。③给证券持有人的偿还本金担保。这种担保可能会受到一定的限制，在超过具体限制的情况下，可能由带有第三方担保的发行人部分地对超出限额的损失提供担保。在任何情况下，投资者必须考虑发行人或第三方实施担保的能力。

（2）履约保证和信用证。由银行和保险公司收费提供，可用于保证利息和本金的支付。在这种情况下，第三方担保人承担违约风险。此类担保可配合第三方担保来使用。其担保金额也各有不同。

（3）预先付款协议。这是一种由发行人做出的及时还款保证，仅限于发生违约之后的一定数额的款项的支付。

（4）贷款替换和回购协议。一些 CMBS 在发行协议中规定发行人可以用质量较好的抵押贷款去替换组合中的不良贷款；或者发行人可以将组合中业绩不佳的抵押贷款购回。

（5）租金的分配条款。此条款规定房地产所有人可允许将租金直接支付给贷款人，由后者将这些款项转付给证券持有人（而不是按照首先支付给房地产经营人或所有人，然后转给贷款人的顺序）。这样一来，就可以免去当房地产所有人或经营人面临破产威胁的时候，证券持有人无法实现自己的现金流量的可能性。

（6）超额担保。如前所述，超额担保就是指贷款人提供的抵押贷款组合的价值超过了发行证券的面值总额。这样做可以使流入组合的现金流大于应付给投资者的票息额。违约所造成的损失只有在超过了超额担保的那部分款项时，才能使投资者遭受损失。商业支持证券所需的超额担保程度通常是根据投资者预期的某种债务偿还能力比率（即对应于应付利息额，可产生足够收入所需的抵押贷款的数量）来确定的。

（7）交叉担保和交叉违约条款。发行证券时，贷款人为组合中的全部抵押贷款提供一种一揽子抵押或交叉担保协议。这种协议适用于贷款人向同一位开发商或投资者发放贷款的情况。这种交叉担保协议规定，组合中的全部单笔贷款的抵押房地产将为一揽子抵押的所有债务做担保。因此，根据协议，在某一笔抵押贷款发生违约的情况下，贷款人可以让全部抵押贷款加速还款。这就意味着组合中任何一笔抵押贷款的违约损失均可由这些房地产抵押物来弥补，后者可能已升值并成为一揽子抵押的一部分。此外，通过作为抵押物的升值房地产的加速还款，所有人（借款人）还可以找到其他方法（如第二留置权、辛迪加等）来筹集自有资本并偿还所拖欠的贷款，而不必失去全部房地产。① 因此，一揽子抵押或交叉担保协议对抵押贷款支持证券的持有人是有益的。

这一市场发展的最大障碍可能是抵押贷款到期时涉及的再融资风险。对于有着频繁的买卖交易的住房市场，再融资的机会很多，这是因为：（1）住户经常出售旧住房和购买新住房；（2）FHA 或私人保险可以将违约风险降低到最小程度，但在商业抵押贷款市场上就完全不同了。因此，若某商业抵押贷款到期时未能获得再融资的机会，抵押贷款组合的投资者将不得不延长原来的到期时间以融资。

在第三方出具信用证或其他本息偿还担保的情况下，违约风险就由发行人转移到第三方担保人，从而使第三方的履约能力比基础组合中的抵押贷款更重要。因此，证券持有人更加关心保险人或担保人的资信状况。

## 20.7.2 担保债务凭证

近几年引入的担保债务凭证（collateralized debt obligation，CDO）为抵押物提供了

---

① 当开发商以以前开发的房地产作为抵押物为新的开发项目融资（这样做是为了减少新开发项目中的现金股本）时，贷款人常会要求使用交叉担保条款。另外，由于大多数永久性抵押贷款都是无追索权的，贷款人因此常坚持要求这种额外担保，从而在发生违约时可依靠这些房地产担保品来收回贷款。

更多的灵活性，比如由贷款支持的债券也可以充当抵押物。商业抵押贷款支持证券使用商业贷款作为抵押。CDO的抵押物则范围更广，包括房地产投资信托（REIT）发行的负债以及其他一些被认为风险过高而不适合充当CMBS抵押物的债券。由于CDO包含了高风险的负债，因而为喜欢投资于高风险负债的投资者提供了一种选择。基于这些资产池，CDO可以发行不同等级的证券，就像之前所述的CMBS一样（比如A等级、B等级等），有着类似的本金偿还和优先级结构。

风险较高的第二抵押贷款有时也包括在CDO中，但通过创建和出售第一抵押贷款的次级部分来包括次级债的做法更为常见。抵押贷款的次级部分是通过要求其承担整个抵押贷款的第一损失头寸来构建的。例如，第一抵押贷款的持有者可能会划分出所谓的A本票（A note）和B本票（B note），两者都由第一抵押贷款担保。B本票从属于A本票，这意味着B本票要吸收在向A本票分配损失之前的任何损失。风险较高的B本票通常被放在CDO中，而由相同抵押贷款担保的A本票将被包括在风险较低的CMBS中作为抵押资产。

CDO的抵押资产还包括低等级的CMBS。如先前所述，CMBS包含两种等级的证券，A等级证券和B等级证券。B等级证券并非直接出售给投资者，而是销售给CDO的发行人，后者将其与其他抵押贷款一同作为CDO的抵押资产。

CDO包含的另一种抵押资产是夹层贷款（mezzanine loan）。夹层贷款是房地产的第一抵押贷款和权益投资之间的桥梁。它类似于第二抵押贷款，但不依靠贷款而是依靠投资者对房地产的所有权为其提供担保。这就意味着在违约的情况下，夹层贷款的贷款人不是通过传统的止赎途径而是通过执行转换股权来获得对房地产所有权的权益。夹层贷款的贷款人也可以通过和第一抵押贷款人签署协议，约定在违约时承接第一抵押贷款。上述两种方式的结合给予了夹层贷款人对房地产更快速、更全面的控制。由于公司股权或者合伙企业的股权是个人财产，因此所有权可以通过法律途径获得，这就比贷款违约时的止赎步骤简化了很多。

最后，CDO的抵押物可能包含优先股（preferred equity）。优先股是对资产的所有者权益，但具有债权的特征，因为相比于普通（剩余）权益（common（residual）equity），它对于资产产生的现金流具有优先求偿权。例如，优先股股利率是8%，这就意味着优先股股东在普通股股东得到任何收益之前可以得到8%的收益。这种收益可能是可以累积的，也就是说，如果当年优先股股东没有获得8%的收益，未偿付部分就会累积到之后的年份，而且该未偿付部分必须在普通股股东获取收益之前全部偿清。偿付完优先股股东后，剩余部分才会分配给普通股股东。因而优先股就类似于前面章节提到的有参与权的抵押贷款。不同种类的优先股和其他类别的负债共同构成了CDO多元化的资产池。这种多元化使得CDO中的A等级证券获得高评级（比如AAA或者AA）成为可能，尽管CDO资产池中的个人债务投资的风险要高于CMBS中的抵押贷款。

**有管理的CDO**

有管理的CDO（managed CDO）是为了方便CDO的发行人而设置的。在有管理的CDO中，发行人可以（1）替换抵押资产，以及（2）将收到的本金进行再投资。当资产池中的某一笔或几笔贷款被偿清时，发行人就会将其替换为别的资产。而发行人不会将这些偿还的资金偿付给CDO的投资者，而是用来投资于类似等级的抵押贷款。这种做法会增加 CDO 投资者的利润，也不用投资者直接进行再投资。有管理的 CDO 有可能提供给发行人很多再投资机会，比如建设贷款和开发贷款。

图 20－7 描述了使用多种负债工具作为资产池的 CDO。在这个例子中，5 亿美元中有 4 亿美元由来自商业投资银行的第一抵押贷款构成，剩余的 1 亿美元则是权益。商业投资银行又将上述 4 亿美元分成 3 亿美元的 A 本票和 1 亿美元的 B 本票。上述 1 亿美元的权益则由 2 500 万美元的夹层贷款、2 500 万美元的优先股以及 5 000 万美元的普通股组成。（夹层贷款是可以转换成股权的权益，但是没有抵押贷款担保。）

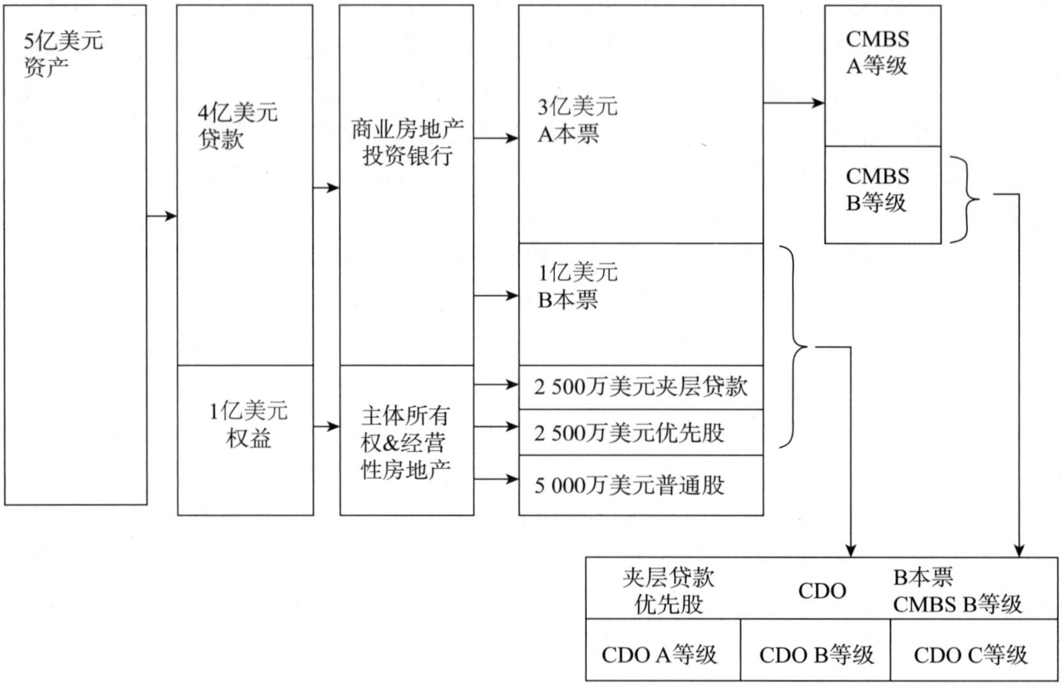


**图 20－7　CDO 的结构**

3 亿美元的 A 本票用来作为 CMBS 的抵押资产，该 CMBS 包含一个 A 等级证券和一个次级的 B 等级证券。CMBS 的 B 等级证券、从抵押贷款中分离出来的 B 本票、夹层贷款和优先股都可以作为 CDO 的抵押物。然后，CDO 将发行自己的证券（例如 A 等级、B 等级和 C 等级）。为了简单起见，在我们的示例中只包含了三种等级的证券。当然，在现实中会有更多等级的证券，而且这些证券评级不尽相同。表 20－13 就描述了典型 CDO 的资本结构。

**表 20－13　　典型 CDO 的资本结构**

| 投资者等级 | 总额（美元） | 评级 |
|---|---|---|
| A 等级 | 75 000 000 | AAA |
| B 等级 | 3 000 000 | AA |
| C 等级 | 4 000 000 | BBB |
| D 等级 | 7 000 000 | BB |
| E 等级 | 2 000 000 | B |

续前表

| 投资者等级 | 总额（美元） | 评级 |
|---|---|---|
| 总负债 | 91 000 000 | |
| 权益 | 9 000 000 | 未评级 |
| 服务和交易费 | | |
| 筹集资金总额 | 100 000 000 | |

近年来，CDO结构所带来的问题越发凸显。通过上述讨论，我们知道CDO资产池中包含了许多高风险的资产，比如B本票、低评级CMBS、夹层贷款等。这些资产来源各异（比如BBB评级的CMBS来自不同的发行人），似乎有很好的分散风险的效果，但是当房地产价格如2008年左右那样下降时，借款人就会违约，大量低评级的证券由于无法收回全部本金而遭受损失。由于CDO是由这些证券担保的，因而也会产生损失，而且会更严重。回顾往昔时的违约状况就会发现，很多投资者和他们信赖的评级机构都未能充分明白CDO给他们带来的系统性风险。

### 20.7.3 抵押贷款相关证券与REMIC

在CMO产生以前，大部分抵押贷款相关证券都采取MBB或MPT的形式。对此类证券的联邦税收处理办法很简单。MBB和MPT常将其抵押贷款置于某信托的托管之下，由后者代表证券所有人对信托协议的条款执行情况进行监督和管理。虽然此类条款千差万别，但只要符合联邦所得税法中对信托资格的有关规定，该信托本身可免于纳税，流入组合的利息只在投资者那一级进行纳税。此类信托必须具备以下基本条件：（1）具有有限的存续期；（2）具有自动清偿能力；（3）资产被置于该信托之后，不需进行大量的经营管理工作。实质上，为避免其成为企业类的需要纳税的经营组织，信托的投资收益必须在性质上是被动的。因此，对于MBB和MPT，托管人管理下的抵押贷款组合的本金和利息的支付额一般应足以避免按实体性质纳税，这意味着只有投资者（信托受益人）收到利息时才需要纳税。

在CMO发行之初，美国国税局（IRS）控制着的具有多个级别的抵押贷款支持证券（由发行人保留的股权或剩余所有者权益）非常类似于保留对其筹资工具的控制权的企业。实际上，发行实体是用CMO来进行商业融资活动，而不是为了创造一个被动的投资实体。此外，它要求有比转手证券积极得多的经营管理活动。比如，从组合中的抵押贷款收到支付款项到将其分配给CMO的证券持有人这一期间的临时性的现金流量，需要进行再投资活动（即选择合适的有价证券进行投资），这一点就是如此。因此，IRS的态度是，如果基于某组合发行的抵押贷款相关证券具有多个级别，它就冒着可能被划分为应税企业，进而面临着分别以实体和投资者的身份进行双重纳税的风险。如果是这样，很显然，CMO可能无法与MPT和MBB进行有效的竞争，因为后两者的收益一般只在个人的级别上进行纳税。

在1986年的《税收改革法案》中，国会通过有关法规，创立了房地产抵押贷款投资渠道（real estate mortgage investment conduit，REMIC）。其中规定只要符合条件，经过批准的有多个级别的抵押贷款支持证券可免于以实体的身份纳税。该立法的意图在于使发行人在对抵押贷款组合及其收入的管理上有一定的灵活性，同时仍不失其信托的基本的被动性质。

**有关规章条款**

REMIC 通常被看作是纳税实体（不一定是股份公司或合伙企业之类的法定组织形式），可以通过选择某 REMIC 的纳税地位并维持相对于抵押贷款组合以及与组合相关的资金的管理工作相独立的账目的方式来实现。股份公司、合伙企业、信托或联合会等组织均可竞选 REMIC 的席位。要成为 REMIC 的成员，发行人必须严格地遵循有关规定。例如，几乎所有的资产都必须由“合格的抵押贷款”、止赎房地产、额外现金流投资以及合格的准备金构成。这些要求可以概括为：

（1）合格的抵押贷款一般包括任何直接地或间接地由某房地产（住宅、商用及其他类）权益（全部或部分地）作为抵押的抵押贷款。这一定义非常宽泛，几乎囊括了一切第一抵押权、参与权、第二抵押权及其他转手证券等。此类抵押贷款必须是在组合创立前或创立后 3 个月之内被置于资产池中的。REMIC 创立之后，便不允许其购置新的抵押贷款或出售其现有抵押贷款。但创立两年之后，允许其用新抵押贷款去替换组合中的不良贷款。

（2）止赎房地产包括因组合中的抵押贷款违约而取得了所有权的房地产。

（3）额外现金流投资仅限于那些短期、被动、产生利息的资产项目（如国库券或担保投资合同），它们可以作为抵押贷款产生的尚未支付给投资者的临时性现金流的投资对象。

（4）合格的准备金包括一些较长期限的投资。由于它可以作为向投资者提供的对因组合中的抵押贷款违约所造成的损失进行的附加担保，因而其收入可用于支付管理 REMIC 的费用支出。此类准备金可采取被动投资、信用证、抵押贷款组合保险或其他信用改善的形式。它们对于商业抵押贷款支持证券或者其他未经 FHA、VA 或私营抵押贷款提供违约保险的抵押贷款来说格外重要。

## 20.7.4 REMIC：其他考虑

由于 REMIC 具有传递的性质，因而剩余权益的所有人（通常是发行人）就可能避免将 REMIC 的资产、负债和剩余权益置于 REMIC 之中，这样就不必按实体的标准纳税了。如果遵守了适用于 REMIC 的有关规定，剩余权益的所有者就不必将其反映在面向公众的资产负债表上，因为 REMIC 被认为是一种被动的、独立的实体。从理论上讲，REMIC 的创立就类似于将原资产出售给 REMIC，卖方从中获取收益或遭到损失，而这部分收益必须要么立即纳税，要么在 REMIC 的存续期内进行纳税。

这样一来，卖方的资产负债表上就不再体现有此类资产或负债项目了。但是，如果卖方不愿在出售资产给 REMIC 的时候确认损益，那么 REMIC 作为资产项目所拥有的剩余权益的价值将反映在资产负债表中。一般来说，只有在剩余权益被发行人出售或转让给第三方当事人的时候，才允许将抵押贷款相关证券的发行进行这样的表外会计处理。

总之，通过 REMIC，国会创立了一个可以利用它来发行 CMO 的免税渠道。这为具有多个到期等级的抵押贷款支持证券及其他抵押贷款转手证券所无法实现的投资机会的诞生创造了良好的条件，为投资者提供了更多的投资机会，并拓宽了参与抵押贷款相关证券的渠道。

# 总　结

抵押贷款支持证券市场的迅猛发展催生了近代史上资本市场的一些重大革新。最初，市场上交易的只是一些设计简单的抵押贷款转手证券。它们将抵押贷款组合在一起，经过包装，发行有价证券。而投资者则按比例收取本金和利息，并缴纳手续费，但是投资者经常受到由于借款人提前还款所造成的现金流的意外变化的困扰，这就促使一些投资银行和包销商创新并发展了抵押贷款担保债券。与简单地将现金流量“传递”出去不同，这种新的抵押担保债券结构发行的是以抵押贷款组合作为担保品的债务证券。它们依照各种证券等级来确定分配现金流的先后顺序。抵押贷款担保债券的投资者通常按票息率收取利息，并自行选择收回组合中的抵押贷款的摊还和提前偿还的款项的优先性。后一种分配方式使投资银行得以成功地将一些期限较长、利率较高的抵押贷款组合在一起，来作为那些期限有长有短、利率或高或低的债务证券的抵押物。这种灵活多样的证券结构和简单的传递结构相比，可以吸引更多的投资者。该市场上的最新的创新工具有剥离证券和逆浮动等级证券。此类“衍生工具”的设计意图在于进一步拓宽市场的经营范围，同时为投资者创造更多的套期保值的机会。

## 关键术语

A 证券
B 证券
担保债务凭证
抵押贷款担保债券
商业抵押贷款支持证券
普通（剩余）权益
凸性
违约风险
衍生证券
延期风险
第一损失头寸
浮动等级证券
逆浮动等级证券
只付利息剥离证券
伦敦银行同业拆借利率
锁定
有管理的 CDO
夹层贷款
抵押贷款转付债券
计划摊还等级证券
只付本金剥离证券
优先股
房地产抵押贷款投资渠道
比例调节
优先级
次级
目标摊还等级证券
等级/份额

## 参考网站

www.freddiemac.com——房地美致力于稳定抵押贷款市场以及通过确保贷款人有稳定的现金流以维持经济实惠的住房。房地美从贷款人处购买贷款，使得人们能够获得更多的抵押贷款融资。这个网站提供独户住宅和公寓的相关信息以及商业工具。

www.frbservices.org——美联储金融服务网站提供了与个人交易能力和服务有关的信息。

www.investinginbonds.org——这个网站提供债券市场协会的相关投资信息。

www.fanniemae.com——房利美提供了一些如何成为房屋业主的信息。

www.ginniemae.gov——吉利美隶属于美国住房和城市发展部，确保了全美贷款资金的可得性，尤其在农村和城市一些存在借贷困难的地区。吉利美为资产支持证券提供担保。

www.hud.gov——美国住房和城市发展部。

www.fha.gov——联邦住房管理局。

www.va.gov——美国退伍军人管理局。从 www.homeloans.va.gov 网站上可以查看美国退伍军人管理局担保的贷款。

www.nasdbondinfo.com——该网站包含向 NASD TRACE（交易报告和合规引擎）报告的投资等级、非投资等级和可转换公司债券的交易信息。此外，还提供个人公司债券的基本描述性信息和信用评级。交易数据会实时更新和提供，但新发行债券的某些交易和不太活跃的高收益债券的大额交易（100 万美元以上）除外。

www.intex.com——该网站提供有关房地产衍生品市场的最新交易信息。它还提供软件来估算 CDO 建模所需的现金流量。

## 问　题

1. 什么是抵押贷款转付债券（MPTB)？它与抵押贷款支持债券（MBB）有何相似之处？又有何区别？
2. MPTB 和 MBB 在超额担保的有关规定方面有何异同？
3. 列举两种对 MPTB 进行超额担保的方法。
4. 什么是 CMO？说明为什么 CMO 既被称为市场创新工具又被称为金融创新工具？
5. 衍生工具是什么意思？
6. 说出抵押贷款相关证券的四个主要类型。从发行人的角度解释各种类型的特点。
7. CMO 与其他类型的抵押贷款相关证券的主要区别是什么？
8. 为什么要对 CMO 进行超额担保？
9. 设立不同等级证券的原因是什么？如果没有 Z 等级证券，CMO 能够正常运作下去吗？如果没有 Z 等级证券，CMO 会发生什么变化？
10. CMO 中的哪一种证券最不易受到市场利率变化所带来的价格变动问题的侵扰？为什么？
11. 住房抵押贷款支持证券与商业抵押贷款支持证券的基本区别是什么？
12. 列举商业抵押贷款支持证券的主要增信措施。
13. 什么是“浮动等级证券”和“逆浮动等级证券”？
14. 浮动等级证券和逆浮动等级证券结构中的“比例调节”的作用是什么？
15. 人们为什么要购买浮动等级证券和逆浮动等级证券？
16. 什么是 IO 与 PO 剥离证券？哪一种证券的价格波动性比较大？为什么？
17. CMBS 与住房抵押贷款支持的 CMO 在结构方面有何区别？为什么要格外关注 CMBS 的违约风险？
18. CDO 和 CMBS 有什么区别？

## 习　题

1. MZ 抵押公司发行了一种具有三个等级的 CMO。其中，A 等级总额为 40 500 000 美元，票息率为 8.25%；B 等级总额为 22 500 000 美元，票息率为 9.0%；Z 等级总额为 45 000 000 美元，票息率为 10.0%。支持该证券的抵押贷款具有 10%的固定利率，期限均为 10 年（按年付息）。该证券的超额担保为 4 500 000 美元，向各等级证券的投资者支付了优先款项之后，剩余的净现金流量均由发行人保留，优先款项和承诺的票息额将支付给 A 等级投资者，流入组合的全部摊还额及利息将被累积在 Z 等级，直至 A 等级的 40 500 000 美元的本金全部偿还完毕为止。在 A 等级偿还完毕之前，B 等级投资者只能收到利息，之后才能实现优先的摊还额和累积利息。Z 等级的利息按 10%的利率被累积起来，直至 A 和 B 等级得到了全部偿还。到那时，Z 等级就可以按时收取偿还的本金和利息了。
   a. 该 CMO 发行时，它的加权平均票息率（*WAC*）是多少？
   b. 假设无提前还款发生，各等级的到期日分别是多少？
   c. 第 3 年末的 *WAC* 又是多少？第 4 年末和第 8 年末呢？

d. 如果发行时 A、B 和 Z 等级投资者所要求的收益率分别是 8.5%、9.5%和 9.75%，那么 MZ 抵押公司对各等级证券的定价分别是多少？CMO 发行时该公司可实现的收入是多少？

e. MZ 抵押公司实现的剩余现金流量是多少？超额担保的股本可获得的收益率是多少？

f. （选答题）假设基础组合中的抵押贷款的提前偿付率为 10%，那么（b）～（e）的答案将是怎样的？

g. （选答题）假设在（f）的条件下，该证券在发行之后立即被以高于发行价格 10%的价格进行交易，那么各等级证券到期时的收益率各是多少？

2. 某投资者正在考虑购买某 CMO 的 IO 或 PO 剥离证券。支持该证券的抵押贷款总额为 1 000 000 美元，剩余到期期限为 10 年，利率为 8%。

   a. 假设该组合中的抵押贷款为按年付款，且提前偿付率为 0，列表说明 IO 和 PO 两类证券的投资者可实现的现金流情况。如果投资者所要求的收益率也是 8%，那么 IO 和 PO 的价格分别是多少？

   b. 如果利率升至 10%，提前偿付率仍为 0，那么 IO 和 PO 的价格将会有何变化？IO 和 PO 中的哪一个较（a）中的价格的变化幅度较大？为什么？

   c. 投资者的利率现降为 6%，那么 IO 和 PO 的价格又分别是多少？由于借款人开始在低利率下进行再融资，致使每年的提前偿付率增至 20%，这时 IO 和 PO 的价格又分别为多少（假设 20%的提前偿付率是根据上年末的贷款余额计算出来的）？与（a）和（b）相比，IO 和 PO 哪种证券的价格的变化幅度较大？为什么？这说明两种证券的风险的相对情况如何？

3. 某发行人正试图在 CMO 发行中构建浮动等级。支持该等级的抵押贷款的利率为 8%，目前的余额为 2 000 000 美元。支付给浮动（F）等级和逆浮动（IF）等级的投资者的利息是根据 8%的初始（或基础）市场利率来计算的。F 等级投资者将从基础利率的上涨中获得益处，而 IF 等级投资者则从基础利率的下降中获益。

   a. 假设 F 等级和 IF 等级的比例相等（各占 50%），那么发行当日各类投资者可获得的利息份额是怎样的？必须为 F 等级投资者设定基础利率上升的上限。该上限应该是多少？而对于 IF 等级投资者来说，基础利率下降的下限又是多少？

   b. 假设 IF 等级投资者更喜欢杠杆式结构。如果（a）中的条件改为 F 等级投资者的比例为 60%和 IF 等级投资者为 40%，则发行当日的利息又该如何分配？上限和下限又分别是多少？

   c. 将（a）和（b）中的条件做比较。假设该 CMO 的发行日基础利率上升了 2%。这会使 F 和 IF 等级投资者的现金流分配发生什么变化？假设基础利率下降了 2%，则现金流分配又会发生什么变化？哪种证券的投资者的现金流的变化较大，从而价格的变化也较大？为什么？

4. **Excel.** 参考网站上提供的 Excel 工作簿中的“Ch20 CMO”。当提前偿付率分别为 15%、20%、25%和 30%时，剩余等级的收益率是多少？

5. **Excel.** 参考网站上提供的 Excel 工作簿中的“Ch20 Floater”。假设发行了 1 500 万美元的浮动等级证券和 500 万美元的逆浮动等级证券。当 LIBOR 分别为 2%、4%和 6%时，对逆浮动等级证券的收益率将产生什么影响？

6. **Excel.** 参考网站上提供的 Excel 工作簿中的“CH20 IO _ PO”。当提前偿付率分别为 25%和 30%时，IO 和 PO 的收益率分别为多少？

7. **Excel.** 参考网站上提供的 Excel 工作簿中的“Ch20 CMBS”。假设到期时出现违约，房地产以贷款余额的 90%出售。次级和剩余等级部分的收益率为多少？

# 附录 20A 存续期间——收益分析时的另一种考虑因素

到目前为止，我们已接触了不少抵押贷款相关或衍生证券的案例。回忆一下，大部分抵押贷款支持债券（MBB）都与公司债券很像，因为它事先承诺一个票息率，并到期偿还本金。抵押贷款转手证券（MPT）也有类似的利息承诺，但其由借款人偿还的本金是被传递给证券投资者的。因此，在整个 MPT 的期限内，还款活动是不断地按期进行着的。抵押贷款担保债券（CMO）与前两者均有不同。它们不但对票息率做出承诺，还对流入组合的本金和利息支付额的分配顺序向各等级投资者做出承诺。一些等级的利息支付活动被推迟至其他较优先等级的本金全部偿还完毕之后，才予以进行。

上述各类证券互不相同的现金流模式，为投资者的分析比较工作带来了很多麻烦。产生此类问题的原因在于如果用到期内部收益率来评价各种投资方式的回报能力，很可能出现在同一收益率下，产生各种截然不同的现金流模式的现象。如何对收益率相同但现金流模式不同的两种证券进行比较呢？能否在进行比较分析的时候，将各笔现金流的数额及实现时间两个因素考虑进去？

存续期间法可以帮助我们解决这个问题。回忆一下，这是一种综合考虑了现金流量的规模和实现时间这两种因素的方法。特别地，它可以测算出收回全部本金和利息所需的加权平均时间期限。存续期间（$D$）的数学表达式如下：

$$D=\sum_{i=1}^{n}w_t(t)$$

其中，$t$ 是收到款项的期数，$n$ 是收取款项的总期数，$w$ 代表每年收到的投资的现值的年比例权重。假设 A 证券目前的价格为 10 000 美元，票息率为 10%，期限为 5 年，每年付息一次。现计算 *IRR* 如下：

| 解： | 函数： |
|---|---|
| $n$=5 年 | $i$（$n$，$PV$，$PMT$，$FV$） |
| $PV$=10 000 美元 | |
| $PMT$=1 000 美元 | |
| $FV$=10 000 美元 | |
| 解得 $i$=10%。 | |

由此可知，该债券的到期收益率为 10%。

另外，假设 B 证券的价格也是 10 000 美元，5 年内每年支付本息 2 637.97 美元，则其到期收益率也是 10%。由下述计算便可得出该结论：

| 解： | 函数： |
|---|---|
| $n$=5 年 | $i$（$n$，$PV$，$PMT$，$FV$） |
| $PV$=10 000 美元 | |

$PMT$=2 637.97 美元

$FV$=0 美元

解得 $i$=10%。

由此可知，两种证券的收益率均为 10%。但是，当比较它们的现金流量时，就会发现二者存在着很大的区别。存续期间法可以帮助我们测算出收回全部本息所需的加权平均时间。特别地，对于要求的收益率（$i$），各期（$t$）的权重（$w$）计算方法如下：

$$w_1=t\left[\frac{\frac{R_t}{(1+i)^t}}{PV}\right]$$

其中，$PV=\sum_{t=1}^{n}\frac{R_t}{(1+i)^t}$。

根据以上定义，我们给出计算资产（$j$）的存续期间的公式如下：

$$D_j=(1)\left[\frac{\frac{R_1}{(1+i)^1}}{PV}\right]+(2)\left[\frac{\frac{R_2}{(1+i)^2}}{PV}\right]+\cdots+t(n)\left[\frac{\frac{R_n}{(1+i)^n}}{PV}\right]$$

注意在此公式中，每个时期收到的现金流量与投资现值之比是按收到现金流的先后顺序并乘以年份计算的。

本例中，对于投资 A，有：

$$D_A=(1)\left[\frac{\frac{1\ 000}{(1+0.10)^1}}{10\ 000}\right]+(2)\left[\frac{\frac{1\ 000}{(1+0.10)^2}}{10\ 000}\right]+(3)\left[\frac{\frac{1\ 000}{(1+0.10)^3}}{10\ 000}\right]$$
$$+(4)\left[\frac{\frac{1\ 000}{(1+0.10)^4}}{10\ 000}\right]+(5)\left[\frac{\frac{1\ 000}{(1+0.10)^5}}{10\ 000}\right]$$
$$=0.090\ 9+0.165\ 3+0.225\ 4+0.273\ 2+3.415\ 1$$
$$=4.170(\text{年})$$

对于投资 B，有：

$$D_B=(1)\left[\frac{\frac{2\ 637.97}{(1+0.10)^1}}{10\ 000}\right]+(2)\left[\frac{\frac{2\ 637.97}{(1+0.10)^2}}{10\ 000}\right]+(3)\left[\frac{\frac{2\ 637.97}{(1+0.10)^3}}{10\ 000}\right]$$
$$+(4)\left[\frac{\frac{2\ 637.97}{(1+0.10)^4}}{10\ 000}\right]+(5)\left[\frac{\frac{2\ 637.97}{(1+0.10)^5}}{10\ 000}\right]$$
$$=0.239\ 8+0.436\ 0+0.594\ 6+0.720\ 7+0.819\ 0$$
$$=2.810(\text{年})$$

由以上计算可以看出，投资 B 的存续期间少于投资 A。这意味着尽管二者的收益率和到期期限相同，但实际上投资 B 实现其全部现金流的加权平均年数要远远小于投资 A，因此，考虑到更好地利用再投资机会的问题，投资者就会选择投资 B，而不是投资 A。例如，如果其收益率曲线呈现出较大的正斜率，投资 B 所实现的现金流将被视为较理想的选择，因为可能以较高的利率将它们进行再投资。

存续期间还可以测量各种投资机会下投资者所承担的利率风险的水平。例如，如果利率突然上升，很明显，由于投资 A 的存续期间较长，因而其价格的下降幅度会大于投资 B。假设利率突然增至 15%，这两种证券的价格变动的百分比可粗算如下：

$$投资价格下降的百分比=\begin{cases} D\left(\frac{\Delta i}{1+i_1}\right),\ \Delta i<0 \\ -D\left(\frac{\Delta i}{1+i_1}\right),\ \Delta i>0 \end{cases}$$

在本例中，对于投资 A，有：

$$\begin{aligned}价格下降的百分比&=-4.170\times\frac{0.05}{1.10}\\&=-0.1895\end{aligned}$$

即下降了 18.95%，降为 8 105 美元。

对于投资 B，有：

$$\begin{aligned}价格下降的百分比&=-2.810\times\frac{0.05}{1.10}\\&=-0.1278\end{aligned}$$

即下降了 12.78%，降为 8 722 美元。

对于由一些资产和负债组成的资产组合，如果其每一个组成部分的现金流模式都不同，而到期期限可能相同，也可能不同，那么存续期间法也适用于对此类组合的分析。在估计利率风险时，存续期间法比单纯地将各资产和负债的到期期限加权平均要可靠得多，因为前者同时考虑了现金流的数额和实现时间。举例说明，假设投资 A 代表资产项目，投资 B 代表负债项目，二者的到期期限均为 5 年。利率增至 15%，资产 A 的市场价值（8 105 美元）低于负债 B 的市场价值（8 722 美元）。这种情况会令投资基金的资产组合经营人或金融机构的资产负债管理人大伤脑筋。因此，除了进行收益率的比较之外，存续期间法是在利率变动时期保持资产和负债价值平衡的较好的办法。

## 实际存续期间

在处理实际的抵押贷款组合和衍生工具投资的时候，常要用到实际存续期间的概念。由于在分析此类投资时，需对提前偿付率进行估测和判断。对前面所介绍的标准的存续期间计算方法，要根据各种提前偿付率做出相应的调整。这些依据一系列提前偿付率所修正出的存续期间的估算值，就被称为实际存续期间。

## 习　题

Provincial 保险公司欲进行价值 100 000 美元的投资，面临以下两种选择：（1）10 年期的抵押贷款支持债券，按年计息，剩余期限为 5 年，利率为 10%；（2）5 年期的公司债券，按年计息，到期一次还本，收益率为 10%。

a. 如果二者均按票面价值发行，分别计算它们的存续期间。

b. 如果市场利率降为 7%，(a) 中的存续期间保持不变，则二者的新价格应各是多少？

# 第 21 章 房地产投资信托

## 21.1 概 述

房地产投资信托（real estate investment trust，REIT）这一概念产生于 19 世纪 80 年代。在早些时候，如果信托收益被分配给受益人，那么这样的信托是免税的。然而在 20 世纪 30 年代，最高法院做出了一个判决，要求对所有像公司那样集中组织和管理的被动投资机构进行征税。这其中就包括房地产投资信托。

股票和债券投资公司同样受到这个最高法院裁决的影响，但很快在 1936 年相关立法获得通过，这一法规对包括共同基金在内的投资公司免征联邦税。此时，房地产投资信托没有自行组织起来施加压力以要求获得同等的税收待遇，信托还没有发展成为房地产投资方面一种重要的法定形式。

然而，第二次世界大战之后，由于对房地产投资和抵押贷款资金的较大数量的需求，人们重新产生了广泛利用房地产投资信托的兴趣。从那时起，一场为 REIT 争取获得与共同基金同等纳税待遇的运动开始了。1960 年，美国国会通过了相关立法。

### 21.1.1 立法要求

房地产投资信托从根本上说是《国内税收法典》的产物。它是一家房地产公司或信托公司根据某些税收条款组成的，使自己具备成为移转实体的资格。除了房地产销售所获资本利得外，这一实体还将全部收入分配给其股东。根据其所依据成立的税收法规条款，房地产投资信托不对其所得纳税，但股东要对其所分配到的股利收入进行纳税。同样，任何经过分配的资本利得将根据适当的税率对股东进行征税。

从 1961 年 1 月 1 日起，修正后的《国内税收法典》（第 856～858 条）赋予了一种新型的投资机构特别所得税优惠。根据这项修正案，对于纳税年度达到规定要求的房地产投资信托，可以仅被看作是将收入分配给信托受益人的一种中介机构。因此，通常作为公司纳税的非法人信托或协会，当它有资格获得特殊税收优惠时，就不按其分配的应纳税所得额纳税。只有受益人对获得的收入纳税。要想获得以房地产投资信托身份进行纳税的资格，信托必须满足以下要求：

**资产要求**

● 房地产资产、现金和政府债券必须占到 REIT 资产价值的 75%以上。

● 如果在 75%的资产要求下证券未被考虑在内，那么持有任何同一发行人发行的证券不能超过资产总值的 5%。

● 如果在 75%的资产要求下证券未被考虑在内，那么 REIT 不得持有超过 10%的任何同一发行人发行的具有投票权的股份。

● 可以持有不超过资产总值 25%的具有纳税资格的 REIT 子公司的股票。

**收入要求**

● 股利、利息、租金和销售某些房地产的所得，必须占到该实体总收入的 95%以上。

● 租金、抵押贷款的债务利息，销售某些资产的所得，或在其他 REIT 投资中所获收益，必须占到该资产总收入的 75%以上。

**分配要求**

● 分配给股东的份额必须等于或超过 REIT 应税收入的 90%。

**股票和股东的要求**

● REIT 必须像公司一样纳税。

● REIT 必须由董事会或受托人管理。

● REIT 中的份额必须是可转让的。

● REIT 中的份额持有人不得少于 100 人。

● 在一个纳税年度的后半年，5 个或 5 个以下的个人可以拥有不超过 50%的 REIT 股份。

在 1986 年以前，存在一项管理活动限制，以确保 REIT 的被动信托特征。REIT 的托管人、董事或者雇员不得积极从事 REIT 房地产的管理和运作、不得向承租人提供服务或向承租人收取租金。这些职能一般是由一个独立的承包商执行。1986 年，《税收改革法案》放松了对管理活动的限制，允许 REIT 为租户提供常规和惯例的维护和其他服务，消除了在房地产管理等与房地产相关的功能上需要外部独立承包商的需求。这种政策方面的变化的结果是，REIT 经理现在有能力将这些功能内部化，创建垂直整合的运营公司，并从根本上改变 REIT 工具。

1986 年以前，许多 REIT 都是由一个金融机构——例如保险公司、商业银行或抵押银行——组织或主办的。主办机构还直接或通过一个分支机构充当 REIT 的顾问。授权这一顾问机构负责包括管理 REIT 资产和债务在内的 REIT 运作。根据 1986 年的《税收改革法案》，对有意于进行被动投资的房地产开发商来说，REIT 成为一个更富有吸引力的投资工具。这些房地产开发商过去从未对被动型投资工具产生过兴趣。房地产开发商和运营商成了 REIT 的主要组织者，对于规模较大的公司尤其如此。

具有里程碑意义的首次公开发行帮助塑造了现代房地产投资信托行业。第一个是1991年的金克地产（Kimco Realty）的发行，这是现代垂直整合REIT的首次发行，该REIT提供自己的房地产和资产管理服务。尽管一些现有的REIT在1986年的《税收改革法案》实行之后进行了调整，但金克地产是第一家由内部管理和提供咨询的重要REIT首次公开发行。第二个重大上市是陶布曼地产（Taubman Realty）的上市，该公司推出了公共伞形合伙房地产投资信托（umbrella partnership REIT），即UPREIT。

UPREIT是一种在一家拥有房地产的有限合伙企业内享有支配权益的REIT，它与REIT直接拥有房地产的传统结构不同。这种结构作为一个延迟纳税机制产生于1992年，通过这样一种机制，房地产开发商和其他业主可以将他们的房地产转化为REIT的股份形式。由于这种转化是一方合伙企业权益同另一方合伙企业权益的交换，因此它是不征税的。这种合伙企业权益被称为经营合伙单位或OP单位，通常可以转换成REIT的股份，它提供与REIT的股票数量相对应的投票权和股利支付。

1992年，市场上传统房地产资本渠道的大量匮乏导致了信用恐慌。“现代”REIT以其积极管理和资产延税互换等特征，不仅对所有者，而且对投资者也有着较大的吸引力。这带来的结果便是REIT资本总额的大规模扩张。

在2007年和2008年，美国金融体系受到了次贷危机的影响，导致了非常严重的信贷紧缩，无论经营业绩如何，许多房地产投资信托都无法在公司债务或房地产级债务到期时进行再融资。REIT定价急剧下降，而且在2008年12月31日只有136只在美国证券交易委员会注册的REIT在全球主要市场之一纽约证券交易所交易。这些REIT的合计市值为1 920亿美元，而在2006年12月31日，当时有183只REIT，市值却达到了4 380亿美元。REIT市场的发展情况以及全球信贷危机的影响可以从图21-1中看出。

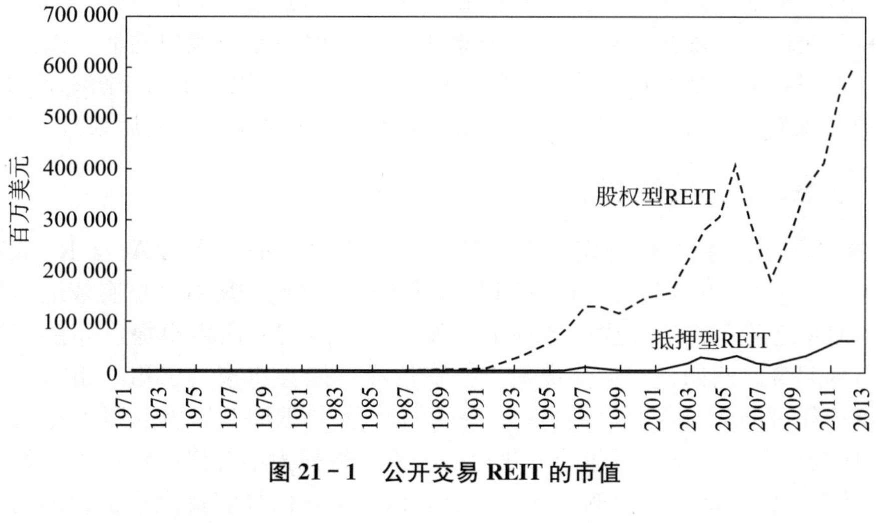


**图21-1　公开交易REIT的市值**

随着美国金融体系逐渐从次贷危机中恢复过来，REIT也在强劲复苏。比如2014年6月30日，在美国证券交易委员会注册的REIT就有210只，它们在主要的交易所交易，其中有182只在纽约证券交易所交易。这些REIT的市场份额合计达到8 160亿美元。

当今大多数的股权型REIT都是自行决策的、纵向联合运作的公司。它们积极经营投资组合，以求增加现金流量和它们的资产总和。它们与早期的“被动型”REIT有着本质的区别。它们还积极管理自己的资本结构，通过公开发行股票和债券、房地产级别和投资组合级别的债券以及与机构投资者和外国投资者建立合资企业来获取资本。随着房地产市场动态、资本市场动态和投资者偏好的变化，该行业也在不断变化以适应房地产市场的动态变化和投资者的偏好变化。

### 21.1.2 纳税待遇

REIT 会计核算的一个重要方面是财务报表中的折旧处理以及应税收入的确定。例如，REIT 可以在确定应税收入时使用加速折旧法；但在确定可供分配的股利收入时，则要求使用 40 年作为资产的期限。使用不一致的方法计算收入，有时会导致股东所分配的股利超过 REIT 计算的应税收入。然而，由于这一分配在一定程度上体现了对投资的回报，因此这些股利要作为一种正常收入进行纳税。在 2003 年 5 月，美国国会通过了《就业与增长减税协调法案》，该法案将大多数股利分配的所得税减至最高只有 15%的税率。由于 REIT 通常不支付企业所得税，因而大多数 REIT 支付的股利被当作普通收入并需要按照现行税率来缴税。诸如那些代表折旧的股利等任何额外的分配，都会被看作是原始资本的回报，因此自然会降低股东的课税基础。REIT 每年要按“表格 1099”就分配明细进行报账，投资者可以基于该分配明细，选择在应税或者非税账户中持有具体的 REIT。

### 21.1.3 违规处罚和资格终结

如果一个实体失去了 REIT 资格，或自愿终止其 REIT 资格，那么这个实体可以选择在当年或随后的年份终止按 REIT 待遇进行纳税。一旦发生这种资格终结，在终结之日的 5 年之后，这个实体才能重新选择按 REIT 待遇进行纳税。若是由于不能满足相关要求而导致实体的 REIT 地位终结，如果能向国税局证明，失去资格是由于合理原因而并非出于蓄意，那么该实体可以在 5 年内重新选择 REIT 地位。在 2004 年 10 月，一项关于公司税收改革的法案被签署。如果企业是由于合理的原因违规的话，该法案规定国税局有权采取罚款来代替取消企业的 REIT 资格。这么做可以减少由于疏忽而致使 REIT 资格被取消的风险，从而保护股东规避 REIT 资格被取消带来的不利后果。

### 21.1.4 应税 REIT 分支机构

1999 年，《房地产投资信托现代化法案》（REIT Modernization Act，RMA）签署成为法律。RMA 包含了几项旨在允许 REIT 与其他商业房地产所有者更有效地展开竞争的条款。在 RMA 之前，有一些法律方面的限制，禁止 REIT 向租户提供超出其行业“常规和惯例”的服务。例如，写字楼房地产投资信托可能会将家具出租给租户。购物中心房地产投资信托可能会向客户提供自己的信用卡。如果 REIT 提供的服务超出了“常规和惯例”，那么从提供服务的房地产中获得的收入将被视为不合格房地产收入。随着房地产行业的持续发展，“常规和惯例”变得更加难以定义，而且监督成本也越来越高。考虑到被界定为不合格收入时面临的风险（可能丧失 REIT 资格），一些 REIT 不愿提供服务，而这也限制了它们的竞争力。

RMA 还对设立可由 REIT 全额控股的 REIT 应税子公司（taxable REIT subsidiary，TRS）做出了规定。在这项新法案下，TRS 可以向 REIT 的租户等提供服务，缴纳相关的所得税，而且可以将收入转给 REIT，这些收入则被看作合格房地产收入。这种 REIT

应税子公司被设计来取代之前的由 REIT 持有非 REIT C 公司部分权益的结构。这种非 REIT C 公司的股权结构在利益分配方面存在着明显的冲突。TRS 结构则消除了这种冲突。RMA 还对 REIT 和 TRS 之间关于负债和租金支付进行了限制，并对它们之间进行的非独立交易课征 100%的消费税。

## 21.2 REIT 的类型

房地产投资信托的两种基本类型是股权型信托和抵押型信托。2010 年之前还有第三种信托，这种信托由股权和债权房地产投资共同构成，因而被称为混合型信托。但是 2010 年 12 月 17 日美国房地产投资信托协会（NAREIT）不再追踪这些信托了，因为当时只剩下 4 只混合型信托。此外还有一些 REIT 是上市公司，但没有在交易所上市或场外交易，通常被称为“私人” REIT。股权型信托在 20 世纪 70 年代之前比较盛行，但在 20 世纪 70 年代中期，抵押型信托变得更加重要起来。近年来，股权型信托再次占据重要地位，并且在数量和市值方面已经成为主要的 REIT 类型。截至 2014 年 6 月 30 日，81%的 REIT 为股权型 REIT，19%的 REIT 为抵押型 REIT。

股权型信托所持有的资产和抵押型信托所持有的资产之间存在着明显的区别。股权型信托获取房地产权益；而抵押型信托通过购买抵押债务，成为拥有抵押留置权的债权人，而且其留置权的效力优先于权益持有人。

### 21.2.1 股权型 REIT

大多数 REIT 专注于某些房地产类型，一些 REIT 专注于某些地理位置，还有一些 REIT 专注于某些房地产类型和位置。并非所有 REIT 的业务都是专业化的，一些 REIT 在房地产类型和地理位置上实行多样化。专业化意指集中力量来创造一个相对优势。REIT 和分析师通常用专业化这一术语来概括相当广泛范围内的“集中”。实际上，专业化只是一个程度问题。REIT 专业化的程度对与 REIT 所有权相关的风险有着较大的影响。因此，为了评估相关的风险，与其他 REIT 相比较，REIT 确定其专业范围是非常重要的。为了便于说明，股权型 REIT 通常根据具体的房地产类型进行分类。美国房地产投资信托协会把股权型 REIT 分为以下几种类型：

（1）工业/写字楼。此类 REIT 又可进一步按其拥有的工业、写字楼或者工业和写字楼混用的房地产进行细分。一些分析人士还根据房地产所在位置进行划分（它们是位于中央商务区还是坐落于郊外）。

（2）零售类。此类 REIT 又可按其拥有的地区性商业街、商埠中心和独立零售的房地产细分。

（3）住宅类。此类 REIT 又可按其拥有的多户住宅公寓和活动房屋（manufactured home）社区进行细分。

（4）多元化类。指拥有多种类型房地产的 REIT。

（5）租赁/旅游胜地类。指拥有旅馆、汽车旅馆和旅游胜地等房地产类型的 REIT。

（6）保健类。指那些拥有医院和与保健相关的设施的 REIT。这些设施被租回供运作这些设施的私营保健服务提供商使用。这是 REIT 的一种非常专业化的形式，许多人不认为这种 REIT 是“真正的、以房地产为担保的证券”。

（7）自用仓库类。这些 REIT 专门经营自用仓库设施的所有权。

（8）林地类。这些 REIT 专门经营森林所有权。

（9）基础设施类。这些 REIT 专门经营多种类型的基础设施，包括公路、电力和油气的传输、监狱和其他类型的基础设施。

按房地产类型划分的 REIT 的所有权分布情况会随着时间的推移产生变化。1991 年 9 月，住宅房地产占所有公开交易的 REIT 房地产投资总额的一半以上，其次是写字楼、零售、医疗保健、工业、酒店和其他类房地产。到 2003 年年中，工业/写字楼 REIT 占据最大份额，占比超过 25%，其次是零售、住宅、多元化、住宿/度假村、医疗保健、自助仓储和特别类房地产。截至 2014 年 6 月 30 日，工业/写字楼和零售房地产都占 REIT 的 22%左右，紧随其后的是多元化的住宅、住宿、医疗保健、林地、自助仓储和基础设施类房地产。概念框 21.1 列出了截至 2014 年 7 月美国最大的 REIT。

也可以根据其他变量对 REIT 进行分类，包括信托的存续期限，或者有限寿命与非有限寿命 REIT。有限寿命（或自行清算）REIT 的目标是在指定日期前处置其资产并将所有收益分配给股东。这种 REIT 的设立对许多投资者所批评的、REIT 股份的价格表现有等同于普通股的趋势做出了回应。这是因为，它们是基于当前和预期的未来收益，而不是 REIT 的潜在房地产价值。因此，有人认为，在确定最终分配日期时，REIT 的股价将更接近于其资产价值，因为投资者可以更好地估计相关资产的最终价值。有人认为，非有限寿命 REIT 的情况并非如此，后者将出售的房地产和融资所得资金再投资于新的或现有的房地产，往往更像是一家持续经营的企业，而不是一个投资中介。有限寿命 REIT 的一个潜在问题与该信托计划处置资产时的一般市场状况有关。在利率较高、占用率及租金较低的情况下，出售房地产的时机可能不佳，发售日期可能会延长。大多数新的 REIT 都是非有限寿命 REIT，一些现有的有限寿命 REIT 已经修改了其公司章程，成为非有限寿命 REIT。有限寿命 REIT 不在交易所进行公开交易。

**美国市值最高的三十家 REIT** **概念框 21.1**

截至 2014 年 7 月，按市值计算的美国前三十家 REIT 如表 21-1 所示。

**表 21-1**

| 公　司 | 代码 | 类型 | 市值（十亿美元） |
|---|---|---|---|
| Simon Property Group, Inc. | SPG | 股权类 | 52 250 |
| American Tower Corporation | AMT | 股权类 | 37 438 |
| Public Storage | PSA | 股权类 | 29 204 |
| Crown Castle International Corp. | CCI | 股权类 | 24 781 |
| Equity Residential | EQR | 股权类 | 23 273 |
| General Growth Properties, Inc. | GGP | 股权类 | 20 652 |
| Prologis, Inc. | PLD | 股权类 | 20 333 |

续前表

| 公　司 | 代码 | 类型 | 市值（十亿美元） |
|---|---|---|---|
| Vornado Realty Trust | VNO | 股权类 | 19 735 |
| Health Care REIT，Inc. | HCN | 股权类 | 19 546 |
| AvalonBay Communities，Inc. | AVB | 股权类 | 19 157 |
| HCP，Inc. | HCP | 股权类 | 19 023 |
| Ventas，Inc. | VTR | 股权类 | 18 684 |
| Boston Properties，Inc. | BXP | 股权类 | 18 113 |
| Host Hotels & Resorts，Inc. | HST | 股权类 | 16 438 |
| Weyerhaeuser Company | WY | 股权类 | 16 395 |
| American Realty Capital Properties，Inc. | ARCP | 股权类 | 11 904 |
| Essex Property Trust，Inc. | ESS | 股权类 | 11 791 |
| Annaly Capital Management，Inc. | NLY | 抵押类 | 10 514 |
| SL Green Realty Corp. | SLG | 股权类 | 10 226 |
| Realty Income Corporation | O | 股权类 | 9 532 |
| Macerich Company | MAC | 股权类 | 9 136 |
| Kimco Realty Corporation | KIM | 股权类 | 9 083 |
| Digital Realty Trust，Inc. | DLR | 股权类 | 8 715 |
| American Capital Agency Corp. | AGNC | 抵押类 | 8 235 |
| Federal Realty Investment Trust | FRT | 股权类 | 8 159 |
| Plum Creek Timber Company，Inc. | PCL | 股权类 | 7 319 |
| UDR，Inc. | UDR | 股权类 | 7 276 |
| W. P. Carey Inc. | WPC | 股权类 | 6 508 |
| DDR Corp. | DDR | 股权类 | 6 301 |
| Camden Property Trust | CPT | 股权类 | 6 139 |

## 21.2.2 股权型 ERIT 的投资吸引力

以股权为主导的 REIT 为投资者提供了如下机遇：（1）通过专业化管理，对房地产的多样化投资组合进行投资；（2）拥有可以在有组织的交易所进行交易的资产股份，因而比直接购买房地产能获得更多的流动资金。由于单个投资者有机会将自己与他人的资金集中在一起，所以可以筹集到大笔资金，足以购买任何面积的、能提供最具吸引力回报的建筑物、购物中心和土地。投资必须获得受托人委员会的批准，而且管理活动要经过受托人委员会的审查。这些受托人对股东负责，并且通常具有做出这类决策的资格。在通常情况下，REIT 可以在场外交易市场或主要的股票交易所出售。投资 REIT 也可以通过专门的共同基金进行，以及很多房地产和 REIT 交易所交易基金（ETF）及封闭式基金。

随着新的投资工具的发展和成熟，REIT 市场也在不断发展。由于投资者都想要投资国外的房地产来构建分散化组合，因此国际资本流动大量增加，国际 REIT 投资也在最近应运而生。国际 REIT 投资主要有两种方式：对美国和外国 REIT 的跨境投资，以及对美国现有的构建国际化组合的 REIT 的投资。现在，投资者更容易找到投资国外房地产的渠道。而在 2007 年全球信用危机时，包括国际类房地产投资在内的所有类型的房地产投资都面临资金枯竭的问题。随着市场的回暖，投资者对于国际房地产的兴趣正在持续回升。

REIT 以及其他类似投资工具的出现便利了国家之间的资本流动。截至 2012 年 12 月 31 日，富时发达市场 REITs 指数（FTSE EPRA/NAREIT① Developed Market REITs Index）包括全球 20 多个国家的 290 多家挂牌上市公司。以股票市值为基础，接近 50%的份额分布在北美洲，36%分布在亚洲，14%分布在欧洲。概念框 21.2 总结了国际 REIT。

**注意**

如上所述，当创立股权型 REIT 时，可以把现有房地产或将要开发的项目作为投资进行收购。此外，在 REIT 的存在期内，将向合伙方和其他与信托有业务往来的各方支付管理费、顾问费和佣金。通常情况下，投资银行可以与房地产业主合作，组建一个通过公开发行证券融资的 REIT。然后，这个 REIT 可以用募集的资金购买业主的房地产。这些交易中的价格通常不是基于激烈的谈判，一般也没有评估或其他独立的价值证明。

很明显，这种交易的形成以及 REIT 与为其出资的其他房地产组织或个人之间的密切联系可能产生潜在的矛盾或利益冲突。这些冲突可以有几种形式，其中包括给予由管理者拥有的房地产以优惠待遇，而不给予 REIT 投资者所有的房地产优惠待遇等。这遭到了投资者的强烈反对，他们反对 REIT 持有具有特殊价值的“提供”房地产，并迫使管理层为 REIT 制定条款，使其购买所有非“提供”的房地产。其他冲突还包括：管理者在与其提供的房地产运营商以及第三方管理合同谈判中，所协商的价格过高。UPREIT 又使之增加了更多的潜在冲突，其中就包括这样一种实际情况：OP 单元的持有人——通常是管理者，与“提供”的房地产相比有着不同的纳税待遇，对他们提供的房地产进行销售和再融资的所得可能会被征税。许多保障措施试图保护投资者避免遇到这些冲突问题，这包括在大多数 REIT 条款中规定的、受托人和董事中的大多数人都不能与 REIT 出资人有牵连关系等。一些 REIT 还雇用独立的评估师，以确定房地产的购买价格是否为以公平的市场价值从出资人处购置的，以及向 REIT 管理和顾问公司支付的费用是否合理。许多 REIT 都是“自己决策的”，通过不使用外部顾问来避免许多这类冲突。自己决策的 REIT 将披露和确定具体的管理人、他们的责任、报酬等，并在投资者对信托股份进行估价时，向其提供所需的信息。此外，《萨班斯-奥克斯利法案》（Sarbanes-Oxley Act）要求上市公司进行信息披露，并出台了额外的保护措施。

### 21.2.3 公募非上市 REIT

虽然大多数 REIT 都在证券市场中交易，但是并不要求其必须进行公开交易。不在

① 欧洲公众房地产协会/美国房地产投资信托协会。

交易所或柜台市场中挂牌的 REIT 被称为公募非上市 REIT。这类 REIT 是公众公司，但是没有挂牌上市。

美国房地产投资信托协会（NAREIT）将私募 REIT 分为三个类型：（1）专注于机构投资者的 REIT；（2）由金融顾问作为一揽子计划提供给投资者的 REIT；（3）由风投资本家孵化的 REIT，他们相信这些 REIT 会有良好的业绩记录从而将在未来成功上市。

**国际 REIT：总结** **概念框 21.2**

REIT 在 1960 年兴起于美国，随后荷兰、澳大利亚、波多黎各也设立了 REIT 市场。在日本的 REIT 市场开设之后，韩国、中国香港、中国台湾以及亚洲其他地区也相继引入。随后法国在 2003 年、英国和德国在 2007 年、芬兰和西班牙在 2009 年、匈牙利在 2011 年、爱尔兰在 2013 年也开设了这个市场。总之，已经有 31 个国家和地区设立了 REIT 市场了。

本章重点关注的 REIT 已经成为如今世界上最重要的房地产资产证券化产品。接下来，我们会对各国和各地区的 REIT 进行总结，包括现在流行的结构、特征、共同点以及区别。

下面介绍了 8 个国家的 REIT：美国（REIT）、加拿大（C-REIT）、荷兰（FBI）、比利时（SICAFI）、法国（SIIC）、澳大利亚（LPT）、新加坡（S-REIT）以及韩国（K-REIT）。表 21－2 对它们以及日本（J-REIT）、马来西亚（PTF）、中国香港（H-REIT）、土耳其（REIC）的 REIT 进行了详细的比较。

为了便于比较，表 21－2 将比较内容分为 4 个部分：（1）数据建立时间；（2）法律体系；（3）基金形式；（4）REIT 要求。

REIT 的结构主要取决于每个国家和地区的税法，因为 REIT 作为避税渠道的功能非常重要，而且也不应存在 REIT 和投资者两个层面的双重课税。REIT 可以大致划分为两类：一类是单纯基于税法体系的 REIT，比如在美国和荷兰；另一类是基于将房地产投资纳入集合投资架构和税收体系的投资信托法的 REIT。

虽然 REIT 不是归属于美国式结构（基于税法）就是归属于澳大利亚式结构（基于信托法），但是很多国家的 REIT 都是封闭的澳大利亚式结构，它们利用信托来筹集资金，然后雇用外部资产管理公司来管理。不过，现在的趋势是向美国式的外部管理而非内部管理转变，从仅投资于出租类房地产发展到也包括开发类房地产。

转手或者转付是保证投资主体转手性质的众多方法中最常用的两种。这两者中又以转付最为常见，这种方法允许将付出的股利作为费用扣除。不同国家对于如何认定 REIT 设立了不同的标准，比如股利标准、组织形式标准、资产和收入标准以及负债限制。当组织形式达到要求后，某种结构便可以被认定为 REIT。这些组织形式包括最低资本额要求、最低股东数要求、公募要求、挂牌要求、资产和收入要求（比如拥有资产的类型和比率）、投资者商业经营限制的要求以及负债比率限制的要求。几乎所有国家都对最低股利分配做出了要求。

不同国家之间对于出售房地产的收益的处理方法有着很大的不同。有的国家对其免税，有的国家对再投资部分的资金免税，有的国家则将其作为普通收入进行课税。

表 21-2

| 国家或地区 | 美国 | 加拿大 | 荷兰 | 比利时 | 法国 | 澳大利亚 | 日本 | 新加坡 | 韩国 | 马来西亚 | 中国香港 | 土耳其 |
|---|---|---|---|---|---|---|---|---|---|---|---|---|
| 体系 | REIT | C-REIT | FBI | SICAFI | SIIC | LPT | J-REIT | S-REIT | K-REIT | PTF | H-REIT | REIC |
| 1 数据建立时间 | 1960 年 | 1993 年 | 1969 年 | 1995 年 | 2003 年 | 1971 年 | 2000 年 | 1999 年 | 2001 年 | 1986 年 | 2003 年 | 1985 年 |
| 2 法律体系 | | | | | | | | | | | | |
| 2-(1) 税法 | 《国内税收法典》 | 《所得税法》 | 《企业纳税法》 | 《所得税法》 | 《所得税法》纳税公告 | 《所得税法》 | 《公司税法》 | 《所得税法》个人公告 | 《公司税法》 | 《所得税法》 | 《所得税法》 | 《所得税法》 |
| 2-(2) 相关法律 | 州公司法，《信托法》，1933 年《证券法》以及 1934 年《证券投资法》 | 每个省的信托法和证券法 | 《集合投资计划的监管法案》 | 1990 年 12 月 4 日的方案，1995 年 4 月 10 日的皇家法令 | 2003 年《预算法》 | 《公司法》《MIA 法》 | 《投资信托及公司法》《证券交易法》 | 2001 年《证券期货法》《房地产基金指导法则》 | 《房地产投资公司法》 | 1993 年《证券委员会法房地产信托基金指引》 | 《证券和期货条例》《房地产投资信托准则》 | 《资本市场法》 |
| 2-(3) 股票交易所 | 纽约证券交易所，纳斯达克证券交易所 | 多伦多证券交易所（TSX） | 阿姆斯特丹泛欧证券交易所 | 布鲁塞尔泛欧证券交易所 | 巴黎泛欧证券交易所 | 澳大利亚证券交易所（ASX） | 东京证券交易所（TSE） | 新加坡证券交易所（SGX） | 韩国证券交易所 | 吉隆坡证券交易所（KSE） | 香港联合交易所 | 伊斯坦布尔证券交易所（ISE） |
| 2-(4) 主管部门 | 美国证券交易委员会 | 每个省的证监会 | 荷兰金融市场主管部门（AFM） | 银行金融保险委员会（BFIC） | 金融市场主管部门（AFM） | 澳大利亚证券和投资委员会（ASIC） | 金融服务局 | 新加坡货币司（MAS） | 贸易建设部，金融监管委员会（CR） | 证券委员会 | 证券期货委员会（SFC） | 资本市场委员会（CMB） |
| 2-(5) 集合投资计划 | 否 | 是 | 是 | 是 | 否 | 是 | 是 | 是 | 否 | 是 | 是 | 否 |

续前表

| 国家或地区 | 美国 | 加拿大 | 荷兰 | 比利时 | 法国 | 澳大利亚 | 日本 | 新加坡 | 韩国 | 马来西亚 | 中国香港 | 土耳其 |
|---|---|---|---|---|---|---|---|---|---|---|---|---|
| 体系 | REIT | C-REIT | FBI | SICAFI | SIIC | LPT | J-REIT | S-REIT | K-REIT | PTF | H-REIT | REIC |
| 3 基金形式 | | | | | | | | | | | | |
| 3-(1) 上市/非上市 | 都有 | 都有 | 都有 | 上市 | 上市 | 都有 | 都有 | 都有 | 都有 | 都有 | 仅上市 | 仅上市 |
| 3-(2) 封闭式/开放式 | 封闭式 | 都有 | 封闭式 | 封闭式 | 封闭式 | 都有（现在只有封闭式存在） | 封闭式 | 封闭式 | 封闭式 | 封闭式 | 封闭式 | 封闭式 |
| 3-(3) 外部管理/内部管理 | 都有（内部居多） | 大多数为内部管理，少数为外部管理 | 都有 | 都有 | 内部管理 | 外部管理 | 外部管理 | 外部管理 | 内部管理（通常），外部管理 | 外部管理 | 外部管理 | 内部管理 |
| 3-(4) 基金工具 | 公司，信托 | 公司，信托 | 公司，信托 | 公司等 | 公司 | 信托 | 公司，信托 | 公司，信托 | 公司 | 信托 | 信托 | 公司 |
| 4 REIT 要求 | | | | | | | | | | | | |
| 4-(1) 组织形式要求 | 非金融或保险公司，像国内公司一样纳税，由多个受托人管理 | 加拿大居民单位信托，商业目的限于房地产的并购、所有、持有、改良和管理 | 由金融市场主管部门批准 | 由银行金融保险委员会批准，在初始注册后在1年内超过30%的股权必须上市 | 主要的商业目的是出租类房地产的收购和建设（包括以同样目的的直接或间接持有其他公司的股权） | 在澳大利亚证券和投资委员会注册，并由外部管理公司管理 | 在金融服务局注册的投资公司，并满足最低股东人数和最低上市要求 | 由新加坡货币司同意的外部管理公司管理，外部管理公司必须是上市的新加坡企业 | 在成立初期，股东至少持有10%的股票（上限为30%） | 管理公司必须是上市的马来西亚企业，管理公司应该是金融机构的子公司或者发行人的子公司 | 管理公司必须在证券期货委员会注册 | 使用“房地产投资信托”名称：股东必须有收入并满足资产要求；不能参与法律允许之外的商业、工业、农业交易行为；不能参与除管理自有组合之外的其他资本市场活动；不能参与建设活动 |

续前表

| 国家或地区 | 美国 | 加拿大 | 荷兰 | 比利时 | 法国 | 澳大利亚 | 日本 | 新加坡 | 韩国 | 马来西亚 | 中国香港 | 土耳其 |
|---|---|---|---|---|---|---|---|---|---|---|---|---|
| 体系 | REIT | C - REIT | FBI | SICAFI | SIIC | LPT | J - REIT | S - REIT | K - REIT | PTF | H - REIT | REIC |
| 4 -(2) 最低实收资本 | | | BV 180 000 欧元，NV 450 000 欧元 | 120 万欧元 | 1 500 万欧元 | | 1 亿日元 | | 500 亿韩元 | 1 亿林吉特 | | 1 万亿土耳其里拉 |
| 4 -(3) 最低股东人数 | 100 | 150 | | | | | 超过 50% 的股权由个人或者机构投资者持有 | | | 1 250（每个投资者至少持有 1 000 股股票） | | |
| 4 -(4) 公募要求 | | | | 至少有 30% 的股票上市交易 | | | 成立初期，至少有 1 亿日元上市交易 | | 在成立时，至少有 30% 的股票上市 | 至少有 25% 的股票上市 | | 至少有 49% 的股票上市 |
| 4 -(5) 特别股东管理（包括外国股权） | 5 人及以下必须持股超过 50% | 外国投资者至多持有 49% 的股权 | 特殊的外国投资者不能直接或间接持有超过 25% 的股权；个人投资者不能持有超过 25% 的 B1 股票股权 | | | | 3 个或者更少数量股东不能合计持股超过 50%。超过 50% 的股票必须在国内上市 | | 特殊的股东持股权限限制在 10% 以下 | 外国投资者合计持有的股权要低于 30% | | |

资料来源：2005 年《房地产证券化手册》，第 178～179 页，经由日本东京房地产证券化协会同意。

虽然会有一些非常好的专注于机构投资者的 REIT 或者由风投资本家孵化的 REIT，但是由金融顾问作为一揽子计划提供给投资者的 REIT 正在经历快速增长阶段，而且已经成为房地产市场的一个重要组成部分。在市场回暖时的低利率环境下，大量资金流入公募非上市 REIT 以期获得高股利分配。Robert A. Stanger & Company 公司负责追踪公募非上市 REIT。据它报道，这个行业在 2012 年已经吸纳了 103 亿美元的资金，在 2013 年更是创纪录地达到了 198 亿美元。由于投资的需要，它们俨然已经成为市场中极为重要的参与者。

非上市 REIT 通常经由理财规划师以固定的价格销售给客户。初始售价的一部分作为推销费用支付给理财规划师，还有一部分则支付给非上市 REIT 的顾问。剩余资金则用于购买符合 REIT 投资政策的资产。通常情况下，上述费用会高达 10%以上，剩余不到 90%的资金用于购买资产。

批评者认为非上市 REIT 与上市 REIT 相比既昂贵又缺乏流动性。支持者则认为非上市 REIT 不受短期价格波动的影响，而且发售书中也规定了提供流动性的方式。通常来说，非上市 REIT 有“上市或者清算”条款，该条款规定如果 REIT 没有在规定时间内上市则必须清算资产，将收益返还给投资者。这就有可能导致在非常不利的情况下 REIT 被清算，从而给投资者带来额外的风险。最广为人知的例子便是在次贷危机后，非上市 REIT 就遭遇了大崩盘。

上市和非上市 REIT 有很大的区别。投资者及其顾问应该对这些差异了然于胸，而且在做出投资决策或建议时也应该熟知其中的风险。

### 21.2.4 营运资金的重要性

大多数分析师把营运资金（funds from operations，FFO）看作 REIT 在工业股票上的等值收入。分析师和投资者用它来衡量 REIT 对股东的可分配现金流。在这方面，大多数投资者对使用每股收益比较熟悉。然而，对于 REIT 来说，由于存在较大的折旧因素，收入并不是衡量现金流的最佳手段。因为 REIT 拥有的房地产资产要受较大的折旧提存的制约，所以读者应该了解 REIT 的每股收益（earnings per share，EPS）和每股营运资金（FFO）之间的区别。可以用一个简单的例子来说明这两者之间的不同，如表 21-3 所示。

**表 21-3**

| | REIT 利润表（美元） | REIT 营运资金（美元） |
|---|---|---|
| 租金 | 100 | 100 |
| 一营运费用 | 40 | 40 |
| 净营业收入 | 60 | 60 |
| 一折旧 | 40 | — |
| ＋出售资产所得收益 | 20 | — |
| 净利润 | 40 | — |
| 现金流 | — | 60 |
| 每股收益 | 4 | — |
| 每股营运资金 | — | 6 |

假定表 21 - 3 中的 REIT 有 10 股已发行股票，其每股收益将是 4.00 美元/股，而其每股 FFO 将是 6.00 美元。一般公认会计准则（GAAP）规定，对资产的折旧是在其使用期限内随时间的推移而逐渐摊销的。假定折旧以一种可预知的方式发生，那么不同类型资产的时间期间和折旧率就能比较明确地设定。基于在汽车和其他耐用消费品方面得来的经验，大多数人对折旧的概念和逻辑都比较熟悉。随着物品的老化，其机械部件会发生故障而且性能效用降低，这使它们的价值降低。尽管随着时间的推移，实物条件在房地产的价值上的确发挥着一定的作用，但房地产价值更多地受市场条件而不是实物条件的影响。因此，使用历史成本折旧的 GAAP 收益计算无法提供精确或有意义的 REIT 财务业绩情况。

NAREIT 认识到了这一问题，已经着手制定并颁布将 FFO 作为衡量 REIT 业绩的更具代表性尺度的规定。1991 年，NAREIT 对 FFO 进行了如下定义：

> 营运资金是指经未合并的合伙企业和合资企业调整后的净收入（按一般公认会计准则计算），不包括出售房地产的利得（或损失），加上折旧和摊销。对未合并的合伙企业和合资企业的经营资金的调整将根据相同的基础进行计算。

这一定义在房地产业被广泛接受，而且 FFO 成为衡量 REIT 业绩的一个标准尺度。FFO 为分析师和投资者在比较不同 REIT 的经营业绩时提供了一个直观的衡量标准。NAREIT 指出，采用 FFO 的衡量尺度能够使投资者更容易了解 REIT 的经营情况。它们声称，人们了解的加深促进了 REIT 作为一种所有权形式的发展。这是一个很有价值的贡献。

随着 REIT 的发展，FFO 及其审核报告出现了一个重要问题。NAREIT 所采用的定义很有必要，但是相当宽泛。这个定义留下了相当大的解释空间。在 1992 年和 1993 年首次公开发行（IPO）非常盛行的时候，REIT 的初始价格通常就是根据由预测的 FFO 所支持的股利收益率（dividend yield）来制定的。管理层所有权份额的价值在确定初始价格中发挥着重要的作用。这就存在一个很强的诱因，即管理层会把 FFO 的预测值定到最大的水平。到 1993 年的中期，募股计划书中关于预测 FFO 的内容已经被称为“魔术页面”。这暗示着为支持过高的初始定价，预测的 FFO 被确定在非常不切合实际的水平。

因此，许多分析师和投资者略过 FFO 而侧重于使用经调整的营运资金（AFFO）、可供分配收入（FAD）或可供分配现金（CAD）。根据分析师进行分析时喜欢使用的术语不同，AFFO、FAD 和 CAD 在多数情况下是可以互换的。FFO 和这些补充术语之间的主要区别与资本改良，尤其是正在进行的资本改良有关。为了理解这一区别，我们以多户住宅公寓建筑为例。这里就有许多项主要开支，如经常粉刷和更换地毯。地毯要每 5 年一换，粉刷要每 3 年进行一次。由于这些费用的处理方式不同，每个 REIT 的会计政策也不一样。最保守的处理方式是将这些费用列为开支，不计入在当年的收入账目。还有一些 REIT 选择把它们都划归为资本改良，列在资产负债表中，并根据时间分期偿付。在后一种情况中，由于在计算 FFO 时分期偿付被加回到 EPS 上，因此资本改良的支出数额不会影响 FFO。因此，尽管处理的方式都是有效的，但这些差异导致在比较 REIT 收入和支出时出现困难。所以，美国房地产投资信托协会鼓励在资本改良、线性租金以及非持续性经营方面披露更多有关现金流的信息。

## 21.2.5 REIT 的扩张和成长

因为要求把 90%的收益作为股利支付出去，所以 REIT 在用保留收益或现金流量来购置额外房地产资产方面的机会非常有限。换句话说，REIT 拥有的自由流动资金非常少。后来，大多数 REIT 必须通过保留在将来某个时间发行额外股票的权利来制订扩展计划。这就是指发行后继的或第二次股票，以募集更多的权益资本，随后这些募集来的资金还可能被用来购置额外的房地产资产。分析师可能把这些股票的最后发行看作是未来收益稀释的一个潜在因素。房地产投资信托业发展中的一般趋势是：评估二次股票发行所募集资金的用途，以确定这些资金能否在抵销稀释额后产生现金流量的增加。这在该行业中被称为增值交易。在关注额外股票发行后和新购置资产创造额外现金流之前的这段时间，这种交易尤为重要。此外，要解决在新房地产的开发、租赁、管理和改造期间出现的许多临时问题都需要时间，因此，这些问题也会给创收造成潜在的拖延。发行额外股票所造成的股权收益稀释，也会通过对股利的影响而对 REIT 的股票价格产生抑制作用。

REIT 还使用较大数量的债务融资，其中包括个人房地产抵押、抵押贷款资产池、担保债务、非担保债务和公司信贷额度。许多 REIT—直由不同的评级机构分配投资等级，并利用多种债务融资渠道来获得增长。债务融资的收入可能被用来为购置额外房地产筹集资金。在某些情况下，长期抵押贷款融资或额外股票发行实现之前，信贷额度或者非担保债务融资可以用作暂时的资金来源渠道。不管怎样，由于 REIT 是对收入自留额度有着极大限制的“资产密集型”实体，所以它们必须极为慎重地计划未来的融资能力，以进行业务扩展。由于房地产投资是长期资产，因而 REIT 需要平衡其自身资本结构来避免风险过度集中，尤其是再融资的时点。概念框 21.3 讨论了近年来的全球信用危机给 REIT 发行和资本决策带来的影响。

**REIT 资本结构在发生变化** **概念框 21.3**

在传统金融中，再融资风险的评估包括了负债成本以及资本可获得性。在 2008 年之前，大多数对 REIT 资本结构风险的分析都集中于负债成本而不是资本的可获得性方面。在 2007 年、2008 年时，由于次级贷款导致的全球信贷紧缩造成了很多 REIT 在负债到期时融不到资金，不论该 REIT 原来的经营是好还是坏。在某些情况下，资金而不是融资成本才是真正的症结所在。分析师和评级机构逐渐开始以可持续资本结构来探讨 REIT，关注负债到期时再融资资金的可获得性。由于很多 REIT 投资者对于 REIT 市场的变化感到担忧，而且 REIT 份额被大量卖出，因而讨论都聚焦在“存活性”上。

REIT 价格大幅下降，曾经非常有名的 REIT、也是曾经最大的 REIT 之一通用成长房地产（General Growth Properties）已经在申请破产保护了。其他 REIT 包括曾经被认为拥有最优管理的公司也面临着相似的资本结构压力。在大多数情况下，这些 REIT 资本结构风险都比分析师和评级机构在次贷危机前预测的高得多。

自 1992 年以来，REIT 资本结构就在持续变化当中。在开启现代 REIT 时代的初期，大多数 REIT 的资本结构由普通股和个人房地产抵押贷款构成。当 REIT 被市场广为接受后，普通股被优先股取代，而房地产抵押贷款则被有资产组合担保的负债取代。REIT

开始经常发行公司层面的债务，使用债券、信用证以及非担保负债。随着时间的流逝，公司使用非担保债务和浮动利率债券的比率越来越高。与此同时，由于 REIT 更喜欢使用到期时间为 3～5 年的中期票据，因而负债的期限也变短了。虽然这些债务的初始利率比长期贷款的固定利率低，但是伴随的再融资风险却增加了。在一个充满资本的年代，虽然这种风险看上去微不足道，但是我们应该知道借短贷长在时间上是不匹配的。

为了应对其债务融资能力受到的限制，一些 REIT 的董事会被迫考虑那些本不应该在正常市场条件下考虑的获得资本的措施。当债务到期而不能借到替代债务时，主要的方法就是寻求其他负债（比如用担保债务替代非担保债务）或者其他担保权益资本。

在 2008 年，很多 REIT 都面临着流动性限制，它们发放 90%应税收入的现金股利存在困难。在 2008 年 12 月，美国国税局发布了《税收程序 2008 - 68》。该程序规定在 2009 年 12 月 31 日之前 REIT 发放的股票股利达到某些要求后就要被当作应税股利来课税。本质上，这种措施允许 REIT 通过发放股票股利来达到强制性分配规定。但是这种措施也允许其不发放现金股利来满足流动性需要，因此在 REIT 行业中引起了争议。通常来说，股票股利导致现有的股东投入更多的资金，他们不仅没有收到现金反而还需要纳税，从而对股东造成了双重打击。如此一来，股东要么用别的资金来源来纳税，要么使用卖掉股票后扣除交易费用的部分收益纳税。有些人将发行股票股利视为调节资本结构的重要工具，另一些人则认为股票股利违背了与投资者签订的合约中的要求，并带来了潜在的不利影响。

有些 REIT 通过发行股票来去杠杆，但是发行价格远远低于资产净值，从而造成了股权被严重稀释。但是这些股票发行却非常受市场欢迎，可能是因为 REIT 通过发行获得了资金，这使它们能够在关键时刻偿还到期债务从而解决了生存问题。其他一些公司则不顾极低的价格和恶劣的市场环境执意要出售房地产，并用这些收益去偿还债务。

从短期来看，随着全球信用环境的改善以及 REIT 市场的回暖，资本结构也在发生变化。曾经被认为有严重破产风险的 REIT 争取到了等待市场回暖的时间，现在大多数 REIT 已经恢复了之前的定价水平，甚至在市值方面已经超过了信贷危机之前的水平。

REIT 可以通过五种方式提高收入和营运资金，从而确保其股利支付并使股利增长成为可能：(1) 通过现有房地产增加收入；(2) 通过收购增加收入；(3) 通过房地产开发增加收入；(4) 通过提供服务增加收入；(5) 通过财务管理增加收入。这些领域中的相对收支余额与这些领域内的经营机制一样，是一种战略性的决策。

### 通过现有房地产增加收入

在现有的投资组合上增加收入的最明显的方法是，通过出租更多的面积来提高出租率，其次是靠提高租金。很明显，这两者有着本质上的联系，并且二者都依赖于市场的供求条件。第三种增加收入的方法是对现有房地产进行再开发。再开发主要是指对空间重新改造以满足承租人不断变化的需求。由于再开发可以带来更美观的空间，或者使空间更适合于未来的承租人，因此这两种情况都能导致租金的提高，从而带来收入的增长。再开发还可能解决其他实际问题，诸如在一栋三层的写字楼内缺少电梯等。扩建能通过提供更多实际可出租空间来增加收入，并且这种情况在零售房地产中相当普遍。在零售房地产中，主要承租人可能会扩张，或者开发外围土地以创造额外租金收入。写字楼和工业类 REIT，尤其是那些专门投资于工业园区/写字楼的 REIT，通常掌握着邻近它们现有园区的大量土地。这些土地通常是获得许可或被批准的，持有的目的是期望对空间的需求不断扩大。如果没有出现这种需求，那么可以卖掉这块土地，而且资产被重新分配到可以带来更多收益的地区。增加收入的另一种方式是改变市场组成部分。一个商业区可以改造成一个时尚活动中心，从而逐渐发展为再次出租的焦点。正如在一个公寓社区取消禁止养宠物的规定一样，营销和政策也会发生变化。

**通过收购增加收入**

通过收购增加收入有两种方法。这两种方法是：（1）利用资本成本和房地产收益之间的套利，用现金购买房地产；（2）以 REIT 的股份或经营合伙企业单位来换取房地产的收益，利用税收和组织形式优势获益。当 REIT 以相对于标的房地产的上限利率进行交易时，正利差收购相当常见，但当 REIT 的收益率接近或超过标的房地产的上限利率时，它们就更难实现了。另一种看待这个问题的方法是用资产净值（net asset value, *NAV*）来衡量。资产价值是指在减去所有负债和权益后，公司所有资产（包括但不限于其房地产）的净“市场价值”。当 REIT 的交易高于资产净值时，它比低于资产净值时更有可能发现具有吸引力的利差。当两者的收益（价格）非常接近时，以这种方式购买房地产可能是不明智的，因为这样做会带来与获得资本相关的成本。

为获取房地产的权益而交换 REIT 的股份或者经营合伙企业单位，具有现金需要量最少的优势。作为一般性规则，由于存在潜在的纳税时间调节，因此经营合伙企业交换成为这两种选择中更有吸引力的选择。因为这些交换一般是按有利的上限利率进行的，同时被收购房地产的所有者愿意接受一个折扣以换取流动资金，所以现有股东能从中受益。在某些领域，这些交换还包括其他对收购有益的商业企业或人员。例如，一个发展能力有限的现有 REIT 可以制订计划，在 REIT 首次公开发行中与拥有发展能力的私营公司进行交易。收购 REIT 可以得到更大投资组合以及一组以前没有的技能所带来的好处。被收购房地产的所有者满足了他们考虑公开上市的部分目标，同时又避免了在创立一个 REIT 的法律过程中可能发生的大量费用。

**通过房地产开发增加收入**

REIT 还可以选择通过房地产的开发来增加收入。一般来说，其风险要大于改建或收购，但这些风险是可以减轻的。例如，对于受到与具有良好信用的承租人之间的长期净租赁合约限制的建成即用型房地产开发，与之相关的风险要比与那些投机性开发相关的风险低得多。这两种情况都必须进行彻底的市场分析。开发房地产提供了一个获取承包利润和显著增加营业收入的机会，然而，这些回报却被一系列风险抵消了，因为总是存在建筑延期、费用超支和出租问题等风险。在市场上，许多投资者极其重视季度业绩，或许它在像房地产这样的长期资产投资中并无太大意义，但它的确会对价格形成产生影响。当收购机会较小时，REIT 可能把注意力转向房地产开发领域。在某些情况下，REIT 具有较长的和突出的开发历史，并且正在充分利用自己的建房经验。在另外一些情况下，REIT 自己不具有建房经验，并且被迫通过收购经营公司或通过雇用专家来获得这种经验。另外一种选择是，与一家现有的开发商发展关系，并在它们的建筑项目上利用这种关系。

### 通过提供服务增加收入

REIT 可以通过向第三方提供服务来增加收入，这些服务包括房地产管理、开发、使用权转让等。但是这部分收入因不同的 REIT 而异。有的公司这部分收入很多，有的却几乎没有。在大多数情况下，REIT 会和机构投资者建立合资企业，由该合资企业来直接持有房地产。而 REIT 只持有合资企业的小部分权益，并作为该合资企业的房地产和其他资产的管理者获得相对丰厚的报酬。而且越来越多的 REIT 为承租人提供营销、金融等服务。这样做的结果便是 REIT 能够扩大其专业能力的使用范围从而获取额外收入。

### 通过财务管理增加收入

第五种选择是通过财务管理增加营业收入。财务管理包括各种蓄意夸大营业收入的会计处理和杠杆应用措施，许多人把这些措施看作是 REIT 在短期创造收益能力的最佳衡量手段。财务管理还包括获取优惠利率、融资条款和资金来源的能力。这些因素能够影响 REIT 的长期资本成本。这个概念基本上是指，REIT 管理层可以操纵资金结构以进行最大的资金分配。下面概述了不同财务管理选择的一些风险和报酬。

会计处理可以用来夸大营运资金（FFO）。因为 REIT 一直倾向于以其营业收入的倍数进行交易，夸大营业收入能够导致股票价格的上涨。而其中存在的风险是，在被夸大的 FFO 数字基础上，REIT 无法满足股东的愿望。那些股东会把这些被夸大的数字作为未来的增收指数，并期望得到相应的股利增长。无法满足 FFO 预测值或无法维持较高增长水平的 REIT 则一直受到投资者的严厉指责。

下面的例子能说明会计处理的影响。一些经常性费用既可以费用化，也可以资本化。在一些房地产类型中，特别是多户住宅房地产，经常性费用是周期性循环的，它影响着 REIT 在通常情况下的资金分配能力。根据对费用处理的方式不同，REIT 也有所不同，这使得在 REIT 之间进行比较十分困难。因此，许多分析师转而考虑前面讨论过的可分配现金（cash available for distribution，CAD）。可分配现金是把经常性费用看作是费用，而不是资本项目，这对用于股利的潜在收入流量提供了一个较为保守的估算。但问题是，CAD 的计算不够规范，常常缺乏标准化计量所需要的信息。

REIT 还可以通过在短期内使用杠杆来夸大 FFO。这是 REIT 利用短期可变利率贷款来购置房地产的一种方法。由于这种贷款的利率要低于长期的固定利率，因此至少是在短期经营中，投资的收益率比较高。较高的投资回报会导致较高的 FFO 和股利，这在理想的情况下将会导致 FFO 和股利成倍增加，从而可以用较高价格的股票来取代债务。不幸的是，高收益率伴随的是高风险，这种杠杆可能发生反作用，扩大损失并使价格向另外一个方向运动。造成的结果可能是，无法以股票取代债务，并且需要在一个不是有利的时间进行重新融资。这种再融资的风险需要进行评估和定价。

REIT 还可以改变股利发放率。股利发放率是用于支付股利的 FFO 或 CAD 的百分比，它是体现一个公司财务灵活性和股利保有能力的重要指标。让我们用两个 REIT 来举例说明。REIT 1 的 FFO 是每股 1.00 美元，支付的股利是 0.85 美元，其股利发放率就是 85%。REIT 2 的 FFO 是每股 0.93 美元，支付的股利是 0.85 美元，其股利发放率就是 91.4%。如果两家 REIT 的收入每股都下跌 0.10 美元，那么在同等股利率下的股利发放率就分别是 94.4%和 102.4%。同时，REIT 1 能够在不动用现金储备的情况下支付股东股利，而 REIT 2 则需要用自己储备的现金来支付。在特殊环境下，这种类型的股利分配能被 REIT 短期保留，然而却不能在不损害发展前景的情况下无限期地保留下去。

## 21.3 会计和财务披露的重要问题：股权型 REIT

在分析财务报告时，我们必须清楚 REIT 同其他经济实体一样，对其经营情况进行计算时具有相当大的自由度。在这一节我们论述和解释有关 REIT 投资者根据财务报告和其他文件进行财务分析时应注意的问题。由投资银行公司和其他 REIT 市场分析师提供的不同行业报告，广泛地涉及了这些问题。下面我们列出了一些基本的问题，并阐明它们对评估 REIT 及其财务报告所起的重要作用。

### 21.3.1 租赁改建和免费出租：对 FFO 的影响

当市场疲软和闲置房屋数量超过正常水平时，房地产业主就会用由 REIT 管理层提供的免费出租或者租赁改建来诱使承租人签订租约。这种可能性对了解 REIT 的收入情况是非常重要的，尤其在租约是长期的情况下更是如此。在报告工业、写字楼和零售房地产的收益时，房地产的占用率和收入情况显然是非常重要的内容。可以通过改善租赁条件等形式向承租人做出重大的让步，来提高占用率和增加租赁收入。通常，新的商业承租人为了重新布置空间，需要投入一些费用，以使空间适应它们的经营。房地产业主为促进租赁而打折，这是房地产业中非常普遍的行为。但如果给出的折扣相对于其他房地产业主提供的折扣过大，那么折扣就成为普遍关注的问题。由房地产业主提供的租赁改建措施经常会进行资本化，并且随后会计入折旧。因此，用于租赁改建的现金流量并不包括在 FFO 的计算之中，因为 FFO 指的是折旧之前的收入。因此，投资者应该注意到当前可能发生的、因折旧的原因随着时间的推移而造成的这种资金外流。对于包括“计划将开始的已签租约”在内的 FFO 估算的任何解释，投资者还应当予以特别注意。这可能暗示，REIT 当前包括的租约要到将来的某个时间才生效。

投资者评估新租约影响的一个方法是，确定每平方英尺的“成本”和租约所包含的租赁改建以及免费出租的程度。在 REIT 准备以 IPO 的形式上市时，这一点可能尤其重要。例如，假设在 IPO 前的 3 年里，新租赁合同的租赁改建平均成本是 7 美元/平方英尺。然而在 IPO 的前一年，这家公司支出的成本是每平方英尺 20 美元。花费在租赁改建上的这些多余支出可能表明，这家公司正在采取措施提高占用率和名义租金水平，使自己对投资者更具吸引力，从而为即将到来的 IPO 做准备。许多公司没有明确披露租赁改建每平方英尺的成本，但它们可能披露有关历史上的租赁活动的足够信息和合计的租赁改建水平，投资者可以依据这些信息自己进行评估。

### 21.3.2 租赁佣金及相关费用

许多 REIT 对外部的租赁经纪人支付佣金让其招揽承租人。这些佣金通常以现金的方式支付，并且这种费用在整个租赁期限内被资本化支付。这些费用包括在折旧和摊销开支之内。因为在传统上，投资者常根据营业收入（在折旧和摊销之前的收入）来估量REIT的利润率，任何延迟的租赁成本都可以忽略。在披露延迟租赁成本方面没有单一的、被普遍接受的标准。许多REIT自己开展租赁业务，向它们的雇员-经纪人支付薪水或佣金，或者薪水、佣金两者都支付。然后这些REIT可以支出或者资本化并推迟这些费用。租赁费用的延迟会带来两个问题：(1) 租赁费用是一个正在发生的经营支出来源，把它们作为营运费用而忽略掉，能降低开支并增加FFO；(2) 很少有经纪人会在租赁期限内得到佣金，而不是获得预付佣金。在那种情况下，一个对将开始IPO的REIT进行投资的投资者将支付在IPO之前根据所签租约产生的佣金；这意味着，REIT可能将来必须为以前所签订的租约向投资者支出现金。

### 21.3.3 直线租金的应用

另一个会计问题是，当REIT依赖于长期租约时，租期内的租金会按合同规定增加。在一个以年或月为期限进行租赁的公寓型REIT中，很少出现这种问题。但对于进行长期租赁的REIT来说，这会是一个很重要的问题。这实际上包括了商业和工业房地产的每一个范畴。

为了理解这一潜在问题，我们举一个简单的例子。承租人签订了一个定期递增租金的为期10年的租约：第1～3年内的租金是每平方英尺8美元；在第4～7年的租金是每平方英尺10美元；第8～10年的租金是每平方英尺12美元。如果收入确认是基于“直线”报告，那么租金将是整个租期的平均值，在这种情况下就是每平方英尺10美元。因此，尽管第1年的实际收入是8美元，但是第1年的租金收入就被计算成10美元。因为FFO计算的是折旧前的收入，除非假设另有明确规定，否则预计的FFO会以10美元而不是8美元计算。很明显，在现金流量是12美元而非平均的10美元时，在租赁的后面几年估算的FFO会低于实际的收入。然而，在一个IPO中，人们把大量注意力放在最初的或近期的FFO估算上。在这种情况下，投资者就可能想转向直线租金方式。管理层应当就第1年没有进行直线租金调整的现金流量，为投资者提供清楚的指导。通过这种方法，投资者能够更好地评估REIT的股利支付能力，并根据来自一直持续到未来的合同租金调整的潜在现金流量增长，精确地对REIT公司进行评估。如前所述，这是许多分析师已经改用AFFO、CAD和现金流量的其他补充衡量尺度进行评估的一个主要原因。

### 21.3.4 FFO和管理其他房地产的收入

许多REIT收到第三方管理收入，或者因管理不属于自己的其他房地产而得到收入。尽管第三方管理收入可能提供额外的收益，但是由于许多管理合同可以由第三方所有人在短期通知下被撤销，因此与REIT自己房地产的基本租金收入相比，第三方管理收入可能波动较大。而且其他情况也可能对这种收入渠道造成影响：REIT管理的其他房地产可能被卖掉；或REIT在第三方房地产的管理中投入的精力过多，影响了对自己所有的房地产的管理等。因此，许多REIT证券分析师对管理收入创造的FFO部分分配了较低的乘数。投资者应当始终关注REIT申报的来自其他收入渠道的任何一项酬金，因为这些酬金的大部分可能是短期性质的。第三方关系的特征也是很重要的，因为REIT的管理者可能有合伙企业利益，从而有效地锁定了合同。了解第三方管理合同和其他收入来源的性质非常重要。此外，一些收入渠道可能没有包含在房地产收入内，如果这些收入超过了容许的限度，那么就可能损害 REIT 的纳税地位。因而，成立 REIT 应税子公司主要就是为了“清理”这些收入。

## 21.3.5 抵押债务和其他债务的类型

在评估一项 REIT 投资时，考虑该公司的抵押债务的期限是非常重要的。抵押贷款可能是长期的，也可能是短期的；可能是浮动利率的，也可能是固定利率的；可能是非分期付款的，也可能是分期付款的。实际上，大多数 REIT 都不采取分期偿还债务的方法。结果是，债务市场持续得到回报，取代了到期的债务。通过使用浮动利率的短期抵押债务，REIT 借款人可以享受较低的抵押贷款利率，作为承担某些通货膨胀和利率上涨风险的交换。因为利息费用较低，所以使用短期浮动利率在近期内是比较有利的，但这使 REIT 面临的风险更大。REIT 可以通过使用利率“上限”或者“互换”来规避这种风险，但是应该向股东披露“上限”或者“互换”的程度和费用。

## 21.3.6 地皮租赁的出现

如其名称所显示的那样，地皮租赁增加了建筑物下面土地的产权负担。这种租赁一般情况下期限比较长，有时租期长达 99 年。地皮租赁经常是“净”租赁，这意味着承租人支付所有与建筑相关的营运费用，其中包括公用设施费、税费和维修费等。土地所有者，或者说是“地产”所有者，只负责从建筑的拥有者或运营商那里收取土地租金，支付任何营运费用。在租赁期满时，土地所有者拥有在这块土地上全部的建筑和改建的权利。

地皮租赁的两种基本安排可能适用于 REIT。第一种情况是，REIT 拥有受限于一份地皮租赁的建筑。这个地皮租赁由另一方拥有。如果地皮租赁的支付是固定不变的，那么 REIT 或许具有一种潜在的优势。在这种情况下，REIT 能够利用杠杆的等价性。这是因为，如果来自建筑租金的现金流量相对于固定的地皮租赁支付而言持续增长，那么就将获得更高的权益收益率。地皮租赁的不利条件是，REIT 将在租赁期满时放弃建筑的所有权，或者它必须在期满之前就租约重新进行谈判。在评估过程中，投资者应该在接近到期日时对来自负有地皮租赁的建筑的现金流量进行大幅折现。此外，一些地皮租赁会要求出租人参与增收经营。这类似于参与贷款，并且在 REIT 投资者的立场上是可以进行谈判的。很明显，在租赁到期很早以前，就可能应该对所有地皮租赁的期限和条件重新进行谈判。

第二个基本适用于 REIT 的情况是，REIT 拥有它已经从土地所有人那里购买的地皮租赁。对 REIT 来说，地皮租赁是一种被准许的投资方向，这种投资把 REIT 的地位置于保留所有归还权利的土地所有者和建筑拥有人之间。这种安排又称为“差价投资”，在这种投资中，REIT 承担收集来自建筑拥有人的租金流量的风险，并且向土地所有人支付较低并可能是固定的款项。对第三方的地皮租赁，取决于第三方的信用，可能是确保收入流量的一种安全而可靠的途径。

一些地皮租赁非常重要而且复杂，因此需要进行详尽的财务分析。例如，许多零售类 REIT 拥有受到地皮租赁限制的购物商场。在这种情况下，只要超过某些零售收入的下限，出租人和土地所有人通常就能享有较大份额的现金流量，但是对地皮租赁的支付可能减少 REIT 的最终增长前景。

### 21.3.7 续租选择权和 REIT 的租金增长

投资者应当检查 REIT 的租赁展期时间表。这对于那些专注于带有长期租约的以下领域的 REIT 尤其重要：地区性商业区、工业房地产和写字楼房地产。这些 REIT 在大多数首次公开发行时，就应当把最近租约到期的平均租金水平和新租赁的租金水平进行披露。在首次公开发行之后，大部分 REIT 在财务报表的补充文件中还应该披露每年租赁到期的时间表。再加上记录和管理层的讨论，应该能够使投资者确定有多少新的租约的租金水平或低于先前的租金，以及租赁展期带来的租金增长有多少。

应当审查预期的租赁展期，以确定有续租选择权的空间数量和租金水平的范围。那些续租选择权正是在这个租金水平范围内确定的。在租赁期满时，租金可能远远低于先前的租金水平。投资者应当考虑某些承租人将选择不续租的可能性。这种情况可能发生在承租人发现现有的空间不足以满足其扩大经营的需要，或者是出于许多其他的原因。因此，投资者必须考虑这些空间将被出租给新的承租人的可能性，以及这将花费多长时间、消耗多少费用（提供多少租赁佣金和折扣才能吸引新的承租人）。

### 21.3.8 占有数字：出租空间或占用空间

当讨论占有数字时，几乎所有的 REIT 在解释财务报告和经营业绩时，都用到占用空间这一术语。同其他信息披露问题一样，最初它看上去似乎无关紧要，但随着进一步检查，就会发现它存在信息扭曲的可能。占用空间表示承租人现在正在支付租金的空间。出租空间包括所签租约涵盖的所有空间，尽管租约在未来 6～12 个月的时间里不会生效。出租空间的数量经常要比占用空间高出几个百分点。用一个 REIT 的占用空间与另外一个 REIT 的出租空间进行比较的投资者，可能在使用两种不同的——并且不具可比性的——方法来计算占用率。例如，对于尽管目前被出租出去、但已经或将要被承租人闲置起来的某些空间，一个 REIT 可能把其报告为占用空间，而另外一个 REIT 的报告则会直接称这些空间是空置空间。由于结构和租约期限长短方面的差异，在不同的房地产部门中也会存在计算方差。保守地说，对于有理由相信会在不久后将空置的占用空间，REIT 不应当为占用空间申请贷款，或者披露有关这些即将空置的空间的信息。

### 21.3.9 零售型 REIT 和每平方英尺销售额

没有标准的方法来衡量小型商店的每平方英尺销售额。有几种方法可以用于计算，但是投资者应当意识到每种方法的潜在含义。例如，某种方法在计算地区性商业区的直列式店铺时，排除了每平方英尺销售额；另一种方法使用了“商业区店铺销售额”，但排除了“大面积用户”的销售额。这些较大空间的利用不是那么密集，或者总体空间的一部分由承租人拥有，或者受到一个严格限制的经营合同的管理。这两种方法存在的问题是，排除在商业区中的大面积用户会对零售总额和每平方英尺销售额的计算产生影响。尽管许多大面积用户可能在商业区中拥有自己的空间，或者有一个非常严格的经营合同——这种经营合同可以使它们对空间有很大的支配权利，但是从某种意义上说，投资者在为租赁组合或者承租人名册和所有承租人的“销售能力”买单。一个更好的方法可能是报告每平方英尺的总销售额而不是排除大面积用户。一些 REIT 将主要承租人的销售额与直列式承租人的销售额区分开来。

对于在财务报告中排除大面积用户的做法的一个合理辩护是，许多经营年限较长的商业区拥有许多拉低每平方英尺平均销售额的各种类型店铺。租赁展期可能为商业区提供销售额和收入增长的巨大机会，尤其是在这些店铺租赁期即将结束时。其结果是，如果每平方英尺销售额的定义比较广泛，则可能使商业区的长期销售潜力被大大低估。

每平方英尺销售额的第三种定义是以“在经营期内报告了 12 个月的销售额的商业区店铺承租人”为基础的。这一定义可能排除因破产或蓄意终止租约而导致报告销售额的时间不足 12 个月的承租人。这种衡量尺度可能会受到“承租人生存能力偏差”的影响，或者受到仅计算那些存活下来的承租人并排除那些没有存活下来的承租人的影响。被排除的承租人同那些经营更好的同行相比，可能经历了较低的每平方英尺销售额；如果被包括在内，他们会拉低每平方英尺销售额的平均水平。作为一种选择，这种衡量尺度没有计算季节性的“售货亭”或“移动摊位”的销售额。这些“售货亭”或“移动摊位”仅在节假日或其他需求较大的时期在公共区域销售商品。这些销售商可以带来大量收入，因为在租赁合同中通常规定了百分比租金条款，但同时这种收入的波动性也非常大。

### 21.3.10 成为上市公司的额外费用

在通常情况下，REIT 必须为董事和管理者购买保险、向董事支付薪金、为在证券交易所上市付费、向证券交易委员会提交年度和季度报告。尽管这些费用通常包括在综合行政费用之内，但是其实际数额可能要大幅超过 REIT 最初的估计数额。

最近的重大发展便是 2002 年的《萨班斯-奥克斯利法案》，而美国证券交易委员会是推动该法案的主要监管主体。该法案修改了 1934 年的《证券交易法》，旨在避免如安然和世通那样的丑闻。此外，该法案还修改或新设了上市公司董事会的一些标准以及证券交易所的一些标准。法案的部分条款已经生效，比如与审计委员会以及披露额外的金融信息和审计师独立性有关的条款。其他部分则会在接下来逐步实施，比如加快定期报告的报送。此外，部分与额外披露要求有关的条款还在撰写当中。遵守该法案的成本与公司的规模不成比例，因而小型 REIT 公司面临着更大的成本压力。也正是由于该法案带来的成本，一些小型 REIT 公司采取了并购其他公司或者退市的做法，而这些做法也是其自认为很有必要的。

## 21.4 抵押型 REIT 的投资吸引力

抵押型房地产投资信托不同于股权型信托，它不拥有自己的房地产，而是拥有由基础房地产担保的抵押票据。抵押票据产生的收入受到抵押贷款合同的利率、获得债务的折价（或溢价）以及未偿还贷款余额的影响。因这种收入而产生的信托费用是指用来支付贷款的资金的利息、管理公司的费用和这种投资公司在经营方面的其他次要开支。

20 世纪 60 年代末至 70 年代初，抵押型 REIT 被用作一种贷款渠道，尤其是对房地产建设和开发贷款的渠道，突破了受到高度管制的银行、储蓄和贷款机构、保险公司或其他以房地产为主要业务方向的金融机构的法规和政策限制。由于其借贷政策受到的管制相对较少而且有机会在证券市场上市，因此抵押型 REIT 发挥着填补房地产融资市场空白的作用。尽管它们的短期贷款费用比较高，但是人们总是有理由期待抵押型 REIT 可以以高出其他借贷渠道 3.5～4 个百分点的利率发放房地产建设或开发贷款。随着借贷投资组合的增长，借贷费用和贷款收入之间的利差保证了股东的权益收入不断增加。这种收入的增加可能进一步支撑了信托股份以更高的价格销售等。循着这种模式，抵押型 REIT 在 20 世纪 70 年代早期的快速发展令人瞩目。

然而，1974 年发生了一次较大规模的经济衰退，各大银行的基本贷款利率上升到了前所未有的高度。因为资金成本出人意料地上涨，许多抵押型 REIT 因无法把这些大量升高的成本转移给借款人而被迫处于亏损经营的境地。此外，预付抵押贷款承诺是在利率较低、缺乏向上调整利率的灵活性的情况下做出的。在这个利率上升期间，由于建筑成本的快速膨胀，许多开发商无法售出完整的单元房屋或者不能完成整个房地产建设项目，结果是它们被抛入了建筑贷款违约的浪潮中。抵押型 REIT 股票的价格大幅下跌，从而降低了进一步发行股份筹措资金的可能性。

由于预计到贷款违约，商业票据市场也无法向信托提供资金，这迫使抵押型 REIT 几乎完全依赖银行的信贷额度。随着 1975 年贷款违约的继续增加，许多大型商业银行被迫对与这些贷款额度一致的到期信贷进行延期，这些贷款额度通常是由银行作为一个银团根据周转信贷协议来进行延期的。如果在一系列严重的商业衰退中，信托被迫实施大规模的止赎，那么就会授予偿还期限延迟，以避免对整个金融系统造成累加的冲击。当银根变得非常紧张、无法从商业银行续签贷款时，大多数银行出资人就从信托投资组合中取回大量的抵押贷款，并把这些抵押贷款投入自己的贷款和流动资金账户，以减少信托债务。这些措施对整个商业银行的变现能力有很大的影响，并且在可预见的未来，会把抵押型 REIT 作为资金供应渠道从房地产建设和开发信贷市场上清除出去。实际上，现在大多数抵押型 REIT 是对住房抵押贷款资金池发行的商业抵押贷款担保证券（CMBS）进行投资，而不是对整个贷款进行投资。而且越来越多的 REIT 采取分散化投资方式，既投资于夹层贷款，也投资于建设贷款。

在 2007 年次贷危机期间，房地产抵押型 REIT 遭受了严重的影响，资金量萎缩、违约率升高、短期利率大幅波动等。这些因素以及整个市场环境迫使房地产抵押型 REIT 的投资者要求极高的风险溢价。与此同时，一些公司股价大幅下跌，而且有些公司由于无法再融资而被迫宣告破产。在某些情况下，一些房地产抵押型 REIT 只能出售它们的贷款组合来还债，但由于价格极低，因而通常会损害股东的利益。

房地产抵押型 REIT 在次贷危机后面临了十分不利的市场环境，而且由于美联储长时间将利率维持在历史性的低位，从而导致其表现还不如其他类型的 REIT。随着美联储逐渐减弱量化宽松的力度，房地产抵押型 REIT 迎来了些许增长和回暖。2012 年，房地产抵押型 REIT 通过股权出售总共筹集了 162 亿美元，2013 年则仅为 73 亿美元。截止到 2013 年 12 月 31 日，26 家上市的住宅房地产抵押型 REIT 的市值为 423 亿美元，19 家上市的商业房地产抵押型 REIT 的市值为 197 亿美元。

**注意**

同股权型 REIT 的情况相似，当抵押型 REIT（例如，抵押公司、互助储蓄银行和商业银行）的出资人及分支机构同样也是抵押贷款的发行人时，就存在潜在的利益冲突。

在这些情况下，就可能存在在收取服务费的同时销售达不到最低标准的 REIT 贷款的动机。如前所述，管理任命非附属托管人以及使用外部评估师的规定，也必须随着抵押型 REIT 的设立和经营而出台。此外，CMBS 资产经常包含相当高的风险等级，这被称为“B 等级”。这一等级比其他等级存在高得多的风险和回报。处于增加收入压力下的抵押型 REIT 一直是 B 等级的主要买方。投资者应当像检查股权型 REIT 房地产一样，尽量仔细地检查抵押型 REIT 的投资政策及其贷款质量。很多抵押型 REIT 非常注意管理利率风险。通常来说，它们借入短期资金来购买长期资产，因此现金流波动性非常大，尤其是股权型 REIT。

## 股权型 REIT 财务分析说明

下面是一个有远见的投资者或股东可能对股权型 REIT 进行的分析。表 21－4 是中西部美洲房地产信托公司（MA）的财务报告。中西部美洲房地产信托公司拥有和管理着大约 500 万平方英尺的郊区写字楼房地产、写字楼-仓库房地产和写字楼/分销专用房地产，这些房地产是它多年来在美国中西部三个州积聚起来的。这些资产的基础成本是 3 亿美元；作为为其资产收购进行融资的一部分，REIT 已经发放或者承担了总值 8 000 万美元的抵押贷款。当前中西部美洲房地产信托公司股票交易价格是 75 美元/股，其当前的市场价值是 3.75 亿美元。

**表 21－4　　中西部美洲房地产信托公司的财务报告**　　单位：美元

| 1. 营业利润表摘要 | |
|---|---|
| 净收益 | 70 000 000 |
| 减： | |
| 营运费用 | 30 000 000 |
| 折旧和摊销 | 15 000 000 |
| 综合行政费用 | 4 000 000 |
| 管理费用 | 1 000 000 |
| 营业收入 | 20 000 000 |
| 减：利息费用 | 6 400 000 |
| 净收入（亏损） | 13 600 000 |
| 每股净收入（亏损） | 2.72 |

| 2. 资产负债表摘要 | | | | |
|---|---|---|---|---|
| 资产 | | | 负债 | |
| 现金 | | 500 000 | 短期负债 | 2 000 000 |
| 应收租金 | | 1 500 000 | 抵押债务 | 80 000 000 |
| 房地产成本 | 300 000 000 | | 合计 | 82 000 000 |
| 减：累计折旧 | 130 000 000 | | 所有者权益 | 90 000 000 |
| 房地产净值 | | 170 000 000 | | |
| 净资产 | | 172 000 000 | 总负债和所有者权益 | 172 000 0000 |

在对一个股权型REIT进行分析时，必须清楚两个关键的财务关系：（1）判断投资业绩和风险；（2）比较中西部美洲公司（MA）同其他股权型REIT公司。根据表21-4，我们看到MA在过去的一年中的总净收入是13 600 000美元，或是每股净收入2.72美元。然而，另外的数据（见表21-5）暗示我们，必须了解其他引人关注且重要的关系。同房地产投资的情况一样，总是要对现金流量进行大量的比较。例如，表21-5中第2部分包括了其他的业绩衡量尺度。经营净收入（net income from operations）是扣除利息和折旧前的收入，类似于在前面章节中以较长篇幅论述过的净营业收入（net operating income，*NOI*）。但是这是整个REIT的经营净收入，它扣除了与REIT有关的营运费用，比如管理费用。因此，为了计算出*NOI*，我们需要从房地产净收入中扣除营运费用。对于中西部美洲房地产信托公司来说就是70 000－30 000＝40 000（美元）。经营净收入在去年为每股7.00美元。第二种衡量尺度——营运资金（FFO），类似于每股净现金流量，它是通过把各项非现金支出加到净收入（或净亏损）上派生出来的。非现金会计费用一般包括折旧和摊销。大多数行业分析师在REIT之间进行判断和比较时，严重依赖于FFO这种衡量尺度。我们可以看到，MA在过去一年的每股FFO是5.72美元，而每股收益（EPS）是2.72美元。在这个简化例子中，这个差别是由1 500万美元的折旧提存造成的。

**表21-5　　　　财务业绩指标摘要：中西部美洲房地产信托公司**

| | | |
|---|---|---|
| 1. 总体摘要 | | |
| 房地产：500万平方英尺 | 抵押债务：80 000 000美元 | |
| 初始成本：3亿美元 | 平均利率：8%，10年期 | |
| 折旧成本：1.7亿美元 | 普通股股数：500万股 | |
| 2. 利润摘要 | 总金额 | 每股 |
| 每股收益（EPS）① | 13 600 000美元 | 2.72美元 |
| 经营收入加折旧和摊销② | 35 000 000美元 | 7.00美元 |
| 营运资金（每股FFO）③ | 28 600 000美元 | 5.72美元 |
| 3. 其他重要财务数据 | | |
| 普通股每股市价 | | 75.00美元 |
| 每股股利 | | 4.00美元 |
| 股东资本收回（每股ROC）④ | | 1.28美元 |
| 每股保留现金（CRPS）⑤ | | 1.72美元 |
| 收益率⑥ | | 3.62% |
| FFO收益率⑦ | | 7.62% |
| 股利收益率⑧ | | 5.33% |
| 当前收益乘数⑨ | | 27.6 |
| 当前FFO乘数⑩ | | 13.1 |
| 每股净资产（NAPS）⑪ | | 34.00美元 |
| 每股资产或账面价值（BVPS）⑫ | | 18.00美元 |

续前表

| |
|---|
| 4. 说明和计算 |
| ①EPS：净收益 13 600 000 美元/5 000 000＝2.72 美元 |
| ②*NOI*：经营收入＋折旧和摊销（20 000 000 美元＋15 000 000 美元）/5 000 000＝7.00 美元 |
| ③FFO：净收益＋折旧和摊销（13 600 000 美元＋15 000 000 美元）/5 000 000＝5.72 美元 |
| ④ROC：每股股利－EPS＝4.00 美元－2.72 美元＝1.28 美元 |
| ⑤CRPS：FFO－每股股利 5.72 美元－4 美元＝1.72 美元 |
| ⑥EPS/每股市价＝2.72 美元/75 美元＝3.62％ |
| ⑦FFO/每股市价＝5.72 美元/75 美元＝7.62％ |
| ⑧每股股利/每股市价＝4.00 美元/75 美元＝5.33％ |
| ⑨每股市价/EPS＝75 美元/2.72 美元＝27.6 |
| ⑩每股市价/FFO＝75 美元/5.72 美元＝13.1 |
| ⑪NAPS：净资产 172 000 000 美元/5 000 000 美元＝34.00 美元 |
| ⑫BVPS：（资产－负债）/股份数＝90 000 000 美元/5 000 000＝18.00 美元 |

先前详述过的关于 REIT 的一个规定是，95％的净收入必须作为股利进行支付。因此，第 3 部分所展示的另外一个非常重要的关系是每股所支付的股利。在我们所举的例子中，支付 4.00 美元/股虽满足了要求，但这一数额要比每股收益大得多。因此，MA 在每股收益只有 2.72 美元的情况下，支付的股利却是 4.00 美元/股。这种情况的发生是因为 FFO 或每股现金流量是 5.72 美元，这也超出了每股收益的金额。实际上，尽管 MA 仅被要求支付 2.72 美元的 90％，也就是 2.45 美元/股，但 MA 实际可以支付 5.72 美元/股的股利。通过支付 4.00 美元的股利，MA 满足了 90％的收入要求，并保留了 1.72 美元/股用于经营和收购新的资产。

REIT 的收益和股利之间的差别对股东的纳税额有着非常重要的影响。根据税法规定，尽管 MA 的投资者获得了每股 4.00 美元的收益，但是仅有 2.72 美元的收益被申报为应纳税股利；剩余的 1.28 美元被看作是资本收回（ROC），用于减小投资者所购股票的成本基数。例如，如果在股利申报日之前购买的 MA 股票为每股 75 美元，那么投资者将会减小每股 1.28 美元的投资基础，从 75.00 美元减少到 73.72 美元。在股票最后被卖出时，投资者会在低于 73.72 美元的售价基础上，或在减少的股票价格基础上，计算收益或亏损的情况。如果股票一直被持有了一年或更长的时间，并最终获益，那么它将会根据现行的资本所得税税率进行纳税。这也意味着，如果在普通所得税税率和资本所得税税率之间存在差别，那么投资者节省的纳税金额就等于 1.28 美元乘以这两种税率之间的差额。这样，这种税收措施可以使投资者在股票出售或 REIT 被清算之前，获取股利的一部分（1.28 美元）“免税”待遇。在这一点上，如果投资者持有股票的时间足够长，以至于使自己具有获得享受资本所得税待遇的资格，并且资本所得税的税率低于普通所得税的税率，那么投资者就会节省下纳税金额。

当 REIT 报告经营亏损时，这些亏损都不能移转给投资者。相反，这些亏损必须结转并用于抵销未来的收益。由于损失不能移转给投资者，因此这种被动亏损的限制规定并不会对 REIT 造成实质性影响。REIT 的股利被认为是投资组合的收益，因此不适合用于抵销被动亏损的被动收入。

关于来自房地产销售的资本利得，REIT 可以：(1) 保留这种收益并暂缓向股东分配，在这种情况下，这一收益要按适当的公司所得税税率纳税；(2) 作为股利向股东分配这些收益。在后一种情况中，REIT 不必对分配的收益缴纳所得税；然而，REIT 被要求标明这些股利是作为资本利得分配给股东的，而股东也必须承认这是资本利得，并作为一项资本利得进行纳税。资本亏损绝不能移转给个人投资者，但必须由 REIT 结转，并在未来收益中进行抵销。

在表 21-5 第 3 部分中，保有的现金流量数额或者是每股 FFO 与每股股利之间的差额 1.72 美元同样也非常重要。MA 在过去的一年中可能已把这部分金额作为现金储备保留了起来，或者用来购置新的房地产。正如所指出的那样，MA 可能已把这部分金额作为股利进行分配，并按普通所得税税率纳税。然而，由于这部分金额不是现时支付，因此，如果 MA 股票的价格能对管理者所做出的保留并投资这些资金，而不是支付股利的决定做出较好的响应，那么，所留存的现金流就会最终转化成资本利得。与其他公司选择不支付任何股利并保留所有收益以备日后业务扩展的处理不同，MA 必须支付至少 2.72 美元的 90%，也就是每股 2.58 美元。换言之，在支付最少股利方面，MA 与其他公司相比拥有较小的自由裁量权，这是 REIT 同公司实体的一个主要区别。这一区别在许多非常重要的方面影响着 REIT 股利的再投资和扩张政策。

## 21.5 将 REIT 作为投资进行估值

在前面的章节中，我们已经讨论过如何对单个房地产进行估值。而对 REIT 进行估值则更加困难，因为 REIT 拥有和经营了众多分散在各地的房地产。因此，我们不仅需要评估不同区位的房地产，还要考虑 REIT 持续经营管理和声誉方面的因素。而且在评估 REIT 时不仅需要对房地产有所了解，还要对资本市场有一定的了解。

证券分析师会发布一些有关 REIT 的投资研究和建议，但是公众通常不能及时获得这些信息。而且分析师所用的方法和资料也各有不同，一些分析师从房地产的角度考虑，另一些则采用混合角度，从房地产、资本结构、管理以及技术分析方面综合考虑。

REIT 发布的报告可以提供很多信息，但是通常不会提供 REIT 所持有的房地产的估值信息。美国财务会计准则委员会（FASB）近年来致力于要求房地产按照公允价值计量，以期向国际通用会计准则靠拢。现在并没有政策要求必须用公允价值计量房地产，不过未来可能需要这么做。由于房地产不是按照公允价值计量的，所以投资者需要自己估计 REIT 所持有的房地产的价值。在本节，我们以中西部美洲房地产信托公司为例，讨论其适用的不同的估值方法。

我们之前的分析着重于中西部美洲房地产信托公司本身及其某个特定时点的业绩表现。为了估值，我们还需要对其未来的业绩表现进行假设。这些假设在我们之后讨论不同的方法时会逐一谈到。

### 戈登股利折现模型

REIT 的股票也可以用其他股票估值方法进行评估。一个简洁又广为接受的方法便是戈登股利折现模型（Gordon dividend discount model）。这个传统模型假设股利增长率恒定不变以及股价是未来股利的折现值。这种方法尤其适合 REIT，因为它们有较高的股利率。在这个模型中，股票价值（$V$）等于未来一期的股利（$D_1$）除以要求的收益率（$K$）和股利增长率（$g$）的差值。

$$V=\frac{D_1}{K-g}$$

基于我们对中西部美洲房地产信托公司的分析，我们假设如下：

（1）当前股利为 4 美元/股，并且以每年 5%的速度增长。

（2）要求的收益率为 10.5%，这对中西部美洲房地产信托公司来说比较合理。

将上述假设代入公式中，我们就可以得到股票价值等于$\frac{4.2}{10.5\%-5\%}=76.36$（美元/股）。

### 收益（FFO）乘数法

估值的另一个方法便是估计收入，然后将其乘上某个收益乘数或者市盈率。分析师经常寻找可比公司的乘数，然后通过选择特征最类似的可比公司乘数来估值。

在选择 REIT 的收益乘数时，我们通常会使用 FFO 来代替收益，这是因为 FFO 比 EPS 更适合用于衡量 REIT 产生的现金流。下一步就是选取拥有相同类型房地产的 REIT 来计算乘数。在该例中，公司的 FFO 是 5.72 美元/股，当前的 FFO 乘数是 13.1，因此股价为 75.00 美元。

现在假设市场上有四个可比的 REIT，FFO 乘数在 12～15 的范围内。因此，我们可以看到中西部美洲房地产信托公司的交易乘数低于可比公司的中位数。

如果我们认为相对于可比公司而言，中西部美洲房地产信托公司能够改善经营，其乘数将会上升。在最终的分析中，虽然客观数据起了很大的作用，但是选择哪个乘数是一个主观行为。不过，也可以基于一定的方法对 REIT 进行排序，然后选择一个能够反映其排序的乘数。由于我们相信中西部美洲房地产信托公司会改善业绩，所以我们会选择 14 作为乘数。因此，公司的股价等于 14 乘以 5.72 美元，即 80.08 美元。

### 资产净值法

最后一种估值方法是基于分析 REIT 的资产净值（*NAV*）。REIT 的主要资产就是房地产，主要负债就是与房地产有关的负债。也就是说，用 REIT 所拥有的资产价值减去负债价值就得到了 REIT 的资产净值，即股东权益。

REIT 采用账面价值法而不是市场价值法来报告所持有房地产的价值，但是我们需要的是房地产的市场价值，因此分析师就需要估计出市场价值来。[①]

REIT 的资产净值和市值的差异表明了公开交易市场的投资者愿意付出的价格与非公开市场投资者愿意付出的价格之差。如果非公开交易的投资者愿意付出更高的价格，那么该 REIT 就会被私有化或者被一个非上市公司收购。相反，如果公开市场交易者愿

① 例如 Green Street Advisors（www.greenstreetadvisors.com）这样的公司会向会员提供 REIT 的 *NAV* 的估计值。

意付出更高的价格，那么非上市公司就会选择去上市。

我们可以用净营业收入（$NOI$）除以适用于整个 REIT 的混合资本化率（blended capitalization rate）来估计资产净值。混合资本化率就是 REIT 包含的所有单个资产的资本化率的平均值。[①] 由于我们并不知道每个单独房地产的净营业收入，因此，我们需要用一个混合资本化率以及所有房地产经营收入的总和来估计资产净值。从而，我们得到

$$NAV = NOI/r$$

其中，$NOI$ 是所有房地产的净营业收入，而 $r$ 是混合资本化率。

为了顾及房地产的资产净值，我们需要将房地产从经营主体中分割出来单独观察。为了达到这个目的，我们要使用的是房地产本身的净营业收入、房地产本身的收入、费用，而不包括主体的费用，比如管理费用、折旧以及利息费用。我们使用中西部美洲房地产信托公司的租金收入 70 000 000 美元（每股 14 美元）减去营运费用 30 000 000 美元（每股 6 美元）便得到了净营业收入 40 000 000 美元（每股 8 美元）。在 8.75%的混合资本化率下，中西部美洲房地产信托公司资产的总价值为 457 000 000 美元（每股 91.40 美元）。然后，我们将其减去 82 000 000 美元（每股 16.40 美元）负债，得到资产净值为 375 000 000 美元（每股 75 美元）。

如果 REIT 会快速发展，更合适的做法是首先我们估计一个净营业收入来代替现有的净营业收入，然后再略微下调以反映租赁损失。

**估值总结**

上述估值方法，我们可以总结在表 21 - 6 中。

**表 21 - 6**

| | |
|---|---|
| 戈登股利折现模型 | 76.36 美元/股 |
| FFO 乘数法 | 80.08 美元/股 |
| 资产净值法 | 75.00 美元/股 |

在该例子中，$NAV$ 估值等于当前的交易价格，但是低于其他两种方法估计出的值。但是股价通常会高于或低于资产净值，这取决于市场对管理层及其把握投资和发展机会能力的看法。FFO 乘数法假设公司比现在市价反映的状况要更好，而且交易价格会逐渐向好的可比公司靠拢。

戈登股利折现模型得出的股价是 76.36 美元，介于其他两种估值之间。因而，在考虑所有因素之后，我们认为股价在 76 美元和 77 美元之间比较合适。这就意味着现在的股价被略微低估了。

**进一步考虑**

通过上面的分析，我们知道 REIT 的大致股价是多少。但是，预测股价永远不是一个纯科学问题。所有的股票包括 REIT 的价格都会随着整个市场的波动而波动，但是 REIT 和整个市场的关联度不高，因而可以提供分散风险的作用，这一点将会在第 22 章讨论。不过，我们还是得注意到 REIT 和整个市场的波动方向很可能一致，因此在对

① 这个平均值会被加权到那些拥有最多房地产的地点。

REIT 估值时也需要考虑整个市场的波动方向。

另一个需要考虑的因素是 REIT 所持有的房地产处在什么投资周期，正如我们在第 10 章所讨论的那样。例如，如果 REIT 投资的写字楼正好处于下降周期中，那么这就会影响其创造净营业收入和经营现金流的能力，对那些收入依赖于新开发房地产的 REIT 尤甚。

最后，投资者应该考虑有哪些原因会导致股价高于或者低于资产净值交易。REIT 不仅仅是房地产的组合，更是购买、出售、开发、融资、运营、翻新房地产的公司。因此，这项投资不仅是房地产，更是一门生意。诸如 REIT 的管理能力、交易名称、租户的忠诚度等因素都需要考虑在这项生意之中。

**Web App**

访问 NAREIT 网站（www. reit. com），为股权型 REIT 找到富时美国房地产投资信托协会股权型 REIT 指数（FTSE NAREIT Equity REIT Index）的最新报价。然后访问任何一个房地产投资信托的网站，找到以下信息：公司全称、股票代码、交易所、房地产类型、投资组合构成（房地产数量、面积和主要市场）、当前价格、当前股利和当前收益率。最后，进入股利折现模型网站，使用适当的折现率对你所选择的 REIT 进行估值。（选择折现率的一种方法是在网站上查看房地产投资信托指数的预期收益率。）

# 总　结

20 世纪 90 年代早期，REIT 的复苏又一次暗示房地产业的发展已变得“证券化”。同传统的投资方法相比，房地产担保的证券因其可销售性、管理层对公众的公共责任感以及其他的众多原因，正在获得越来越重要的地位。REIT 为普通股票投资者提供了类似于共同基金的结构，使得投资者可以参与到房地产投资组合中。这些房地产投资组合在地理位置上具有多样性，并且是由专业人士进行管理的。此外，REIT 通常是免税的，并且必须把管理投资组合产生的大多数现金流量作为股利移转给投资者。折旧和摊销的会计惯例以及由此对净收入产生的影响，可能允许 REIT 股利的一部分税款推迟缴纳。今天，REIT 的市场价值超过了 8 160 亿美元，并且美国的许多主要的房地产经营商是以 REIT 形式进行经营的，因此可以很容易从投资银行和其他投资公司得到对单个 REIT 和整个房地产投资信托行业的市场调查和分析资料。

## 关键术语

| | | |
|---|---|---|
| 每股账面价值 | 混合资本化率 | 可供分配现金 |
| 股利收益率 | 收益乘数 | 每股收益 |
| 收益率 | FFO 乘数 | FFO 收益率 |
| 营运资金 | 戈登股利折现模型 | 资产净值 |

经营净收入　　房地产投资信托　　资本收回
伞形合伙房地产投资信托

## 参考网站

www.reit.com——美国房地产投资信托协会（NAREIT）网站。它提供有关 REIT 及其投资的计划、统计、出版物和研究的信息。

www.investopedia.com——该网站是一部完整、公正、易于理解的投资和个人理财教育指南。它提供了网上最大的金融词典、数百篇文章和教程以及一个投资模拟器，你可以在不损失金钱的情况下练习管理投资组合。

www.riskgrades.com——RiskGrade™ Measure 提供了一个公开透明的基准，用于衡量全球金融资产的风险。

www.snl.com/sectors/real-estate——该网站提供超过 230 个 REIT、REOC 和房屋建筑商的基本财务数据。它提供详细的描述性属性数据、成本和性能数据以及属性映射。它也是获取分析师覆盖程度、FFO 估计、专有 AFFO 和 *NAV* 共识估计的良好来源。

www.iirealestate.com/reitcafe_talk.aspx——该网站提供了众多专注于 REIT 行业的播客节目，主要内容包括 *NAV* 估计、REIT 公司电话会议的播客形式以及业界最新消息。

## 问　题

1. 在收入、投资和股利方面，REIT 必须满足什么条件才能享有免税待遇？
2. REIT 的两种基本形式是什么？
3. 根据房地产类型列出并指出股权型 REIT 的特征。
4. 每股收益（EPS）、营运资金（FFO）、调整后营运资金（AFFO）和每股股利之间的区别是什么？
5. 解释在一个股权型 REIT 中，投资者如何获取当前股利，以使部分当前股利推迟纳税。
6. 在分析 REIT 的财务报告时，投资者应当了解的重要租赁条款是什么？
7. 什么是抵押型 REIT？

## 习　题

1. 下面为你列出了一组全国房地产信托（National Property Trust）——一家即将对公众进行 IPO 的 REIT 的财务报告。该 REIT 专门从事收购和管理仓库房地产的业务。你所在的公司蓝街顾问公司（Blue Street Advisors），是一家正在考虑购买全国房地产信托股份的投资管理公司。你被邀请准备一份 REIT 的财务分析。

全国房地产信托　　单位：美元

| 1. 营业利润表摘要 | |
|---|---|
| 净收入 | 100 000 000 |
| 减： | |
| 营运费用 | 40 000 000 |
| 折旧和摊销 | 22 000 000 |
| 综合行政费用 | 6 000 000 |
| 管理费用 | 3 000 000 |
| 营业收入 | 29 000 000 |

续前表

| | |
|---|---|
| 减： | |
| 利息费用* | 6 400 000 |
| 净收入（亏损） | 22 600 000 |
| 2. 资产负债表摘要 | |
| 资产 | |
| 现金 | 51 500 000 |
| 应收租金 | 2 500 000 |
| 房地产成本 | 700 000 000 |
| 减：累计折旧 | 450 000 000 |
| 房地产净值 | 250 000 000 |
| 净资产 | 304 000 000 |
| 负债 | |
| 短期负债 | 12 000 000 |
| 抵押债务* | 80 000 000 |
| 合计 | 92 000 000 |
| 所有者权益** | 212 000 000 |
| 总负债和所有者权益 | 304 000 000 |

* 利率仅为 8%。

** 已发行股数为 10 000 000 股。

a. 制作一组财务比率分析表，就对全国房地产信托与其他 REIT 的评估和比较为蓝街顾问公司提供有用的信息。

b. 你的研究数据还要指出，在相同地区专门从事仓库收购的可比 REIT 的股份在以 8%的股利收益率出售。这些 REIT 的价格乘数大约是当前 FFO 的 12 倍。这意味着全国房地产信托的股票应处于什么价格水平范围？为了建议买入，你期望全国房地产信托应当制定什么样的股利和现金保留政策？

c. 假设蓝街顾问公司持有房地产的混合资本率为 10%，那么全国房地产信托的资产净值是多少？

2. 罗巴斯特（Robust）房地产公司正计划通过创立一个将发行 100 万股股票的 REIT 来上市。当前它正努力制定一份财务预测报告。罗巴斯特房地产公司在处理某些账目和财务状况披露等问题上面临着许多问题。

罗斯巴特房地产公司

| | |
|---|---|
| 1. 主要财务信息 | |
| 资产：房地产（实际成本） | 100 000 000 美元 |
| 折旧基数：仅建筑本身 | 80 000 000 美元 |
| 使用年限 | 40 年 |
| 营运费用 | 租金的 38% |
| 管理费用：第三方 | 租金的 5% |
| 综合行政费用 | 租金的 3% |
| 抵押贷款（利率为 8%，10 年期） | 30 000 000 美元 |
| 财务费用 | 900 000 美元 |

续前表

| 2. 租赁信息 | |
|---|---|
| 平均租期 | 5 年 |
| 可租面积 | 1 000 000 平方英尺 |
| 基本租金（第 1 年） | 15 美元/平方英尺 |
| 递增因子：每年租金 | 5% |
| 租赁佣金 | 第 1 年租金的 4% |
| 租户改建 | 10 美元/平方英尺 |

罗巴斯特房地产公司的管理层要求你准备一份未来 3 年的初步财务预测报告。你应当准备：(1) 一份最初的资产负债表；(2) 未来 3 年中每年的经营报告；(3) 第 1 年所有的财务比率。罗巴斯特房地产公司将在开始运作之际支付所有的融资费用、租户改建费和租赁佣金。它可能愿意支付最少不低于每股 4.00 美元的股利。

在准备你的预计经营报告时，罗巴斯特房地产公司希望你能考虑以下两种方法对报告的影响：

| 方法 | (1) | (2) |
|---|---|---|
| 租赁佣金 | 摊销，5 年 | 第 1 年的费用 |
| 融资费用 | 摊销，10 年 | 第 1 年的费用 |
| 租户改建 | 折旧，40 年 | 在 5 年租期内折旧 |
| 建筑 | 折旧，40 年 | 在 40 年内折旧 |

在这两种研究方法下的 EPS、FFO 和 ROC 分别是多少？罗巴斯特房地产公司应该如何制定它的会计政策？

3. Atlantis REIT 希望能够收到 8 美元/股的收益，其中已经扣除了 2 美元/股的折旧。Atlantis 在出售房地产时没有任何收益。Atlantis 的房地产大多数是公寓，而且假设现在其公寓平均以 8% 的最高收益率出售。Atlantis 发行了 100 万股股票，负债为 4 000 万美元。可比 REIT 的 FFO 乘数为 10。Atlantis 计划明年发放 6 美元/股的股利，并且股利以约 2%/年的速度递增。Atlantis 的投资者要求的收益率为 12%。

   a. 基于 FFO 乘数法，REIT 的 FFO 和每股价值是多少？

   b. 基于股利折现模型，REIT 的每股价值是多少？

   c. 基于资产净值法，REIT 的每股价值是多少？

# 第 7 部分

# 投资组合分析与房地产投资基金

# 第 22 章 房地产投资业绩与投资组合考虑

## 22.1 概 述

到目前为止，我们在讨论风险与必要的收益率时已经强调了评价具体投资项目或抵押融资选择使用的步骤或方法，在本章，我们来了解一下各种房地产投资工具和投资组合的回报与风险的衡量。

我们将使用财务理论的概念与方法来分析房地产投资。这些概念与方法的应用对那些机构投资者而言变得越来越重要。这些机构投资者包括人寿保险公司、投资顾问、养老基金顾问、银行信托部门以及其他管理房地产资产投资组合的实体，投资经理人必须对房地产投资业绩进行衡量并将其与股票、债券及其他投资的业绩进行比较。同时，许多投资经理人还想知道房地产投资与其他证券投资结合时的业绩情况。在接下来的章节中，我们会将这些概念扩展开来，并讨论如何将组合的业绩与基准相比较，以及解释为什么业绩表现会有差异。

## 22.2 房地产投资数据的性质

当对广义的房地产投资业绩进行衡量时，人们应该考虑到多方面的情况。理想情况是，要衡量房地产投资业绩，我们必须掌握经济中所有房地产投资交易（包括宾馆、仓库以及公寓等）的价格数据、土地的详细描述、改建以及这些房地产上产生的现金流量。我们应该掌握同类房地产在一段时间内的重复销售数据，然后计算一段时间内投资收益的各种衡量指标。但遗憾的是，我们无法得到这些数据系列，在许多房地产领域我们甚至无法得到足够的交易样本数据。这主要是因为，在市场中各个房地产的价格都是当事双方商定的，不必对任何公共或私人机构公开。因此，与证券市场不同，房地产市场中没有集中收集整理的相关交易与经营收益数据。①

由于受到这些限制，当前对房地产投资业绩的衡量主要是在几个选定来源的有限数据基础上进行的。这些数据可能无法代表（1）房地产的多种类型；（2）商业房地产所在的地理区域；（3）房地产投资活动在整个经济中的交易频率。因此，对房地产业绩进行概括时一定要多加注意。

## 22.3 衡量房地产投资业绩的数据来源

在本节中，我们将介绍对房地产投资业绩进行衡量时在有限的范围内使用的两个数据来源，同时我们还将在普通股、公司债券以及政府证券有关数据的基础上考虑投资的收益。表 22－1 对这些投资的数据进行了总结。在本章中，我们主要依靠两个房地产回报来源：一个数据来源是房地产投资信托（REIT）股份所代表的证券价格；另一个数据来源是对退休金计划发起人拥有的个人房地产价值的评估。注意这两个数据的区别，一个数据来源的基础是房地产支持的证券；而另一个的基础是对个人房地产的评估。

**表 22－1　　用于衡量投资业绩的普通数据来源**

| 房地产——权益回报 | 数据描述 |
| --- | --- |
| 美国房地产投资信托协会——股权型 REIT 股票价格指数与股利收益系列 | 基于拥有及管理房地产资产的房地产投资信托股票价格进行计算的月度指数。该指数中使用的证券价格来自纽约证券交易所（NYSE）、美国股票交易所（AMEX）以及全国证券商自动报价协会（纳斯达克）系统。股利数据由美国房地产投资信托协会收集。所拥有的房地产可以是有杠杆的，也可以是无杠杆的。该指数可提供从 1972 年至今的数据。 |
| 美国房地产投资信托协会——抵押型 REIT 股票价格指数系列 | 基于主要经营商业房地产抵押贷款（建设、开发及长期贷款）的房地产投资信托股票价格指数进行计算的月度指数（尽管其中一些 REIT 发放或购买多户和独户住宅贷款）。该指数中使用的证券价格来自纽约证券交易所、美国股票交易所以及全国证券商自动报价协会（纳斯达克）系统。股利数据由国家房地产投资信托协会收集。该月度指数可提供从 1972 年至今的数据。 |

① 在一些州，实际的交易价格必须对房地产税评估师公开，但是，有关房地产特征与营运现金流量的数据通常是无法得到的。

续前表

| 房地产——权益回报 | 数据描述 |
|---|---|
| 美国房地产投资信托协会——混合型 REIT 指数 | 由美国房地产投资信托协会根据（1）拥有房地产和（2）发放抵押贷款的房地产投资信托的股票价格与股利编撰的月度指数。与股权型 REIT 和抵押型 REIT 的数据来源相同。该指数值可提供从 1972 年至今的数据。 |
| 美国房地产投资受托人理事会（NCREIF）房地产指数 | 数据由美国房地产投资受托人理事会的成员提供，它是基于总市场价值约 2 000 亿美元的大约 5 000 处房地产的数据编制的。这些房地产是退休金计划发起人通过投资经理人而拥有的。该指数按季度计算，数据包括：（1）净营业收入；（2）所有房地产的季度初与季度末的评估价值。可以提供实际使用的销售价格。该季度指数值可提供从 1978 年至今的数据。 |
| 普通股票——标准普尔 500 股票价格指数 | 基于已发行普通股票的、市场价值最高的 500 家公司的普通股价格而计算的每日指数。数据从财经媒体中收集。股利数据由 Wilshire and Associates 公司编撰，并被纳入位于芝加哥的 Ibbotson Associates 公司编撰的月度和年度总回报指数中。该日指数可提供从 1926 年至今的数据。 |
| 公司债券——巴克莱资本美国总体债券指数 | 巴克莱资本美国总体债券指数覆盖了在美国证监会注册的以美元标价的、投资级、固定利率、需纳税的债券。该指数包括国库券、政府债券、公司债券、MBS（机构固定利率和混合 ARM 转手证券）、ABS、CMBS 等。美国总体债券指数是美国全球指数的组成部分，该指数创立于 1986 年，但该指数的历史可追溯至 1976 年 1 月 1 日。 |
| 政府证券 | 美国短期国库券与债券。价格数据从《华尔街日报》上收集。每月总回报系列由位于芝加哥的 Ibbotson Associates 公司编撰。该每日指数可提供从 1926 年至今的数据。 |

### 22.3.1 REIT 数据：证券价格

本章中使用的计算房地产投资收益的一个数据来源是基于房地产投资信托。美国房地产投资信托协会指数（National Association of Real Estate Investment Trusts REIT Share Price Index，NAREIT Index）是一个月度指标，它制定的基础是房地产投资信托投资者所拥有股份的市场销售价格。这个系列的数据从 1972 年 1 月至今都有记载，其中包括纽约证券交易所、美国股票交易所以及纳斯达克国家市场系统中现行交易的所有房地产投资信托。[①]

本章中使用的数据的基础仅仅是那些拥有房地产的房地产投资信托，或者说是股权型 REIT。美国房地产投资信托协会根据投资者拥有的那些被包含在指数之内的每个股权型 REIT 的股份月底价格及股利编纂出月度指数。因此，确定房地产投资信托股份价格的基础是投资者对单个房地产投资信托托管人的信心的反映：托管人能否以有利的价格

① 从华盛顿特区美国房地产投资信托协会的各种发行刊物上获得。

找到房地产、怎样管理这些房地产以及随后如何销售这些房地产。虽然股权型 REIT 股份的价格必然反映投资者对其所拥有的房地产资产的品质、多样性以及风险的看法，但是投资者也在评估受托人对股权型 REIT 进行评估的有效程度。而且在购买股份时，投资者不会失去像他们直接购买与管理房地产时那么多的流动现金，因为存在可交易股份的持续的拍卖市场（例如，纽约证券交易所）。因此，投资股权型 REIT 的风险可能比直接投资房地产的风险要小得多。

### 22.3.2 混合型与抵押型 REIT

表 22-1 中还列出了抵押型 REIT 回报系列与混合型 REIT 回报系列。抵押型 REIT 指数是基于专门购买不同类型抵押贷款的房地产投资信托已发行股票的证券价格而制定的。这些房地产投资信托抵押贷款是以许多类型房地产为抵押的。因此，当投资于抵押型 REIT 时，投资者相当于购买一个资产主要由抵押贷款构成的实体的股份。混合型 REIT 是通过购买房地产以及购买以商用和住宅房地产抵押的贷款来经营的。

### 22.3.3 美国房地产投资受托人理事会房地产指数：房地产价值

美国房地产投资受托人理事会指数测量的是收益性房地产的历史业绩。这些收益性房地产或者是由（1）开放式投资基金或混合式投资基金购买的——这些基金销售由合格的养老金信托或分红制信托拥有的投资股份单位；或者是由（2）投资顾问购买和在分离的账户基础上进行管理的。美国房地产投资受托人理事会指数中包括的数据是自愿提供的，并且是基于美国房地产投资受托人理事会成员所管理的房地产业绩而编制的。[①] 季度收益率是根据包括在该指数中的所有房地产进行计算的，并且基于两种不同的收益组成部分：（1）净营业收入；（2）房地产市场价值（增值或贬值）的季度变化。美国房地产投资受托人理事会指数包括五种主要房地产类型的数据：公寓、写字楼、工业房地产（仓库、办公/陈列室/研发设施）以及零售房地产（包括地区的、社区的以及居民点的购物中心和独立商店建筑）。房地产价值基于评估的价值，或者对于已售出的房地产来讲，则基于净销售收入。净销售收入作为该房地产所在地及所在季度的最终市场价值而被编入。该指数回报代表的是在减去投资咨询费用之前，按季度计算的单个房地产回报的总和。这些季度数据是通过将每处房地产的价值增长或减少的总额加上每处房地产当季度的净经营收入来计算的。为了获得价值上的变化，人们对房地产进行季度性估价。当达成销售协议后，买方与卖方协商的交易价格即成为该指数的一部分。

### 22.3.4 其他投资的数据来源

与房地产投资回报的数据不足相对照，有关金融资产方面的数据大量存在而且很容易得到。在本章中我们还将研究标准普尔 500 股票价格指数（S&P 500，简称标准普尔 500 指数）、美国国库券（T 债券）、期限较长的美国国债以及包括在所罗门兄弟公司债券指数中的长期公司债券的投资业绩衡量尺度。这些指数（见表 22-1）通常是以每日、每周、每月、每季度以及每年为基础进行计算的，并定期发表在金融出版物上。

---

① 参见由美国房地产投资受托人理事会（芝加哥）出版的各期《美国房地产投资受托人理事会房地产业绩报告》，www.NCREIF.org。

## 22.4 累积投资回报模式

为了讨论房地产投资业绩，我们收集了一系列历史上的总回报指数（见图 22－1）。其中包括了三种房地产指数：标准普尔 500 指数、股权型房地产投资信托（EREIT）指数以及美国房地产投资受托人理事会房地产指数。债务证券由国库券指数和政府债券指数来代表（资料来源见表 22－1）。这些指数是基于每种证券的季度数据的累积总回报：每个系列从 1985 年（起始时的指数为 100）一直编制到 2014 年，还包括股利、收入或利息的适当再投资。①

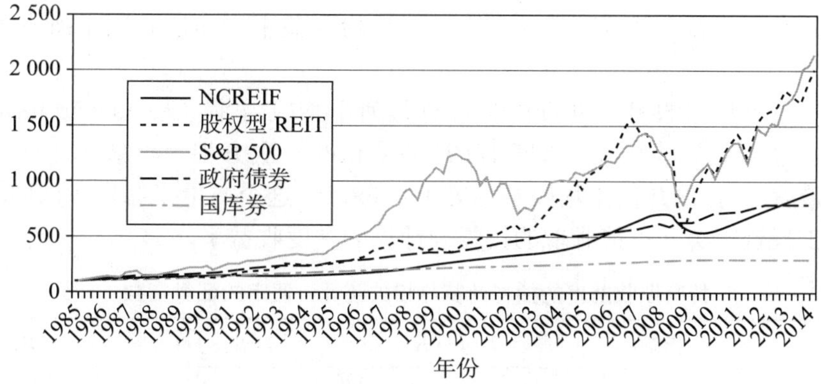


**图 22－1　累积总回报，1985—2014 年**

这些模式表明，如果投资于组成标准普尔 500 指数的证券，那么从 1985 年底一直到 2014 年投资的 100 美元将产生最大的回报总额（基于季度价格变动与所有股利、利息或收入的再投资）。其他指数总回报的排序为：股权型房地产投资信托指数、政府债券指数、美国房地产投资受托人理事会指数以及国库券指数。但是我们强调，尽管这些回报模式给我们提供了一些信息，但它并不意味着每种投资的风险是相同的。在试图对不同的证券进行比较时，应该将累积的回报数据分解成适当的时段系列，这样可以对各种衡量尺度的波动性进行计算，以了解每种证券的相关风险。应该强调的是，当对投资进行分析时，回报提供给我们的只是部分所需信息。有关投资的风险特征信息同样重要。

## 22.5 持有期收益率的计算

我们已经知道图 22－1 中的累积总回报是十分有用的信息，但是通过检查更短期间

① 标准普尔 500 指数与股权型房地产投资信托指数中包括股利。美国房地产投资受托人理事会指数中包括净营业收入。国库券指数中只在没有向这些工具支付利息的时候包括价格的变动。它们都是在根据到期时间进行折现的基础上购买与销售的。

的回报，可以获得对每种证券的风险与回报特征的更多了解。投资经理人在衡量单个证券或投资组合中的一组证券的投资回报时所使用的最基本的测算单位是持有期收益率（holding period return，*HPR*）。这是通过以下公式进行计算的：

$$HPR=\frac{P_t-P_{t-1}+D_t}{P_{t-1}}$$

其中，$P_t$ 代表的是资产持有期末的价格，或投资的指数价值，或代表业绩受到评估的一组投资的指数；$P_{t-1}$代表的是持有期开始时的价值；$D$ 代表的是在 *HPR* 被测算的期间内可能发生的股利或其他现金支出。

表 22－2 中演示的是一个假定证券指数持有期收益率计算的例子。第一季度的回报通过减去持有期末的价值并除以持有期间开始时的价值而获得。同时算术平均值、方差、标准差以及离散系数都已经计算出来。这些衡量标准在本章后面讨论风险时将会用到。第一季度的持有期收益率为 13.49%。持有期平均收益率，即该系列中所有季度的收益率为 1.09%。

考虑这些收益数据的另一种方法是计算几何平均收益率（geometric mean return）。这种收益是通过求出系列中每一季度 *HPR* 的乘积的 $n$ 次方根，再减去 1 而得到的（见表 22－2 的最后一行）。几何平均收益率等于 0.89%，这个衡量指标是在该期间内投资者在这个指数上投资 1 美元可能赚取的按复利计算的季度收益率。

**表 22－2　　持有期收益率的抽样计算与相关统计：假定的证券指数**

| 季度末 | 指数 | $HPR$ | $HPR-\overline{HPR}$ | $(HPR-\overline{HPR})^2$ |
|---|---|---|---|---|
| 1 | 673.7 | — | — | — |
| 2 | 764.6 | 0.134 9 | 0.124 0 | 0.015 4 |
| 3 | 787.6 | 0.030 1 | 0.019 2 | 0.000 4 |
| 4 | 803.6 | 0.020 3 | 0.009 4 | 0.000 1 |
| 5 | 802.5 | −0.001 4 | −0.012 3 | 0.000 2 |
| 6 | 886.3 | 0.104 4 | 0.093 5 | 0.008 7 |
| 7 | 890.6 | 0.004 9 | −0.006 1 | 0 |
| 8 | 855.3 | −0.039 6 | −0.050 5 | 0.002 6 |
| 9 | 773.1 | −0.096 1 | −0.107 0 | 0.011 5 |
| 10 | 844.3 | 0.092 1 | 0.081 2 | 0.006 6 |
| 11 | 867.8 | 0.027 8 | 0.016 9 | 0.000 3 |
| 12 | 878.5 | 0.012 3 | 0.001 4 | 0 |
| 13 | 874.4 | −0.004 7 | −0.015 6 | 0.000 2 |
| 14 | 895.6 | 0.024 2 | 0.013 3 | 0.000 2 |
| 15 | 948.5 | 0.059 1 | 0.048 2 | 0.002 3 |
| 16 | 982.6 | 0.036 0 | 0.025 0 | 0.000 6 |

续前表

| 季度末 | 指数 | $HPR$ | $HPR-\overline{HPR}$ | $(HPR-\overline{HPR})^2$ |
|---|---|---|---|---|
| 17 | 952.5 | −0.030 6 | −0.041 5 | 0.001 7 |
| 18 | 914.5 | −0.039 9 | −0.050 8 | 0.002 6 |
| 19 | 911.8 | −0.003 0 | −0.013 9 | 0.000 2 |
| 20 | 780.7 | −0.143 8 | −0.154 7 | 0.023 9 |
| 21 | 804.9 | 0.031 0 | 0.020 1 | 0.000 4 |
| | | $\sum 0.218\ 1$ | | $\sum 0.077\ 9$ |

第一季度 $HPR=(764.6-673.7)\div 673.7=0.134\ 9$

平均 $HPR=\overline{HPR}=\sum HPR\div n=0.218\ 1/20=0.010\ 9$

方差$=\sigma^2=\sum(HPR-\overline{HPR})^2\div n=0.077\ 9/20=0.003\ 9$

标准差$=\sigma=\sqrt{\sigma^2}=\sqrt{0.003\ 9}=0.062\ 4$

离散系数$=0.062\ 4\div 0.010\ 9=5.721\ 9$

几何平均收益率$=\sqrt[n]{(1+HPR_1)(1+HPR_2)\cdots(1+HPR_n)}-1=0.008\ 9$

尽管算术平均值与几何平均值的数值有时很接近，但情况并不总是这样，尤其是当一系列数值的涨幅或跌幅很大或者该系列比表中显示的样本长时。算术平均收益率与几何平均收益率在概念上是大不相同的。投资经理人在考虑一项投资的业绩时要用到几何平均值，它这时表现为某一特定期间从期初到期末的复利率。算术平均收益率（arithmetic mean return）只是简单的平均值（没有进行复利计算），被广泛应用于时间跨度非常长的统计研究中。①

表 22-3 包含了本章所选的各种投资的统计数据摘要。我们计算出了每种收益系列的算术平均值、几何平均值以及相关的统计数据。表中还包括了消费物价指数（CPI）的数据。

**表 22-3　　投资工具业绩衡量指标摘要**

| | CPI | 政府债券 | S&P 500 | 国库券 | NCREIF | EREIT |
|---|---|---|---|---|---|---|
| 算术平均值 | 0.70% | 1.85% | 3.06% | 0.95% | 1.92% | 3.11% |
| 标准差 | 0.79% | 2.50% | 8.25% | 0.63% | 2.21% | 9.29% |
| 离散系数 | 0.56 | 1.35 | 2.70 | 0.66 | 1.15 | 2.99 |
| 几何平均值 | 0.69% | 1.82% | 2.71% | 0.95% | 1.90% | 2.66% |

① 当考虑一项投资在某一特定期间（如从购买日至今）的过去投资业绩，或者考虑一项投资在投资组合（在该投资组合中资金在不断流入和流出，而且投资的基数在不断变化）中的过去投资业绩时，人们认为几何平均值要优于算术平均值。例如，假定一种证券在连续 3 年每年底的价格分别为 100、110、100。持有期收益率为 10%和 −9.09%。这时算术平均值为 0.45%，但是几何平均值为 0。后者的结果是因为期初与期末的价格相等。这项收益率更能代表一种证券从购买日至今的业绩。在根据过去业绩平均值对未来情况进行预测时，常用到算术平均收益率，在这些情形中，整个系列的收益率可能成为长期未来决策的依据，而且不再有哪个具体的时间间隔被认为比另一个时间间隔更重要。

### 投资回报比较

我们现在对表 22-3 中的各种投资类型的总回报情况进行比较。从数据中明显可以看出很多的模式。几何平均收益率（许多投资经理人也称之为时间加权收益率）表明，1985—2014 年，S&P 500 每季度的收益率为 2.71%；股权型房地产投资信托的收益率为 2.66%；然后是美国房地产投资受托人理事会指数，收益率为 1.90%；接下来是政府债券，其收益率为 1.82%；国库券的收益率最低，为 0.95%。

**持有期收益率与通货膨胀**

表 22-3 中所有的收益率都可以与由消费物价指数所代表的季度通货膨胀率，即 0.69%进行比较。比较的结果可以显示，每种投资类型的收益率是否超过了通货膨胀率（从而赚得实际收益率）。

**比较风险溢价**

除了收益率之外，每种投资相对于国库券的风险溢价也可以算出。此外，还可以计算出每种投资相对于其他投资的风险溢价。例如，在 1985—2014 年期间，股权型房地产投资信托获得的相对于国库券的平均风险溢价为每季度 1.71%（=2.66%−0.95%）。国库券通常用来代表无风险的投资，因此，国库券为无风险回报提供了一个衡量尺度。投资者在股权型房地产投资信托上还获得了相对于政府债券的收益率来说 0.84%（=2.66%−1.82%）的溢价。美国房地产投资受托人理事会指数按季度复利计算的收益率为 1.9%，与之相比，股权型房地产投资信托的收益率要高出 0.76%。但是我们应该记得，美国房地产投资受托人理事会指数是在无杠杆的基础之上编纂的，即该指数中的资产全部是用现金来购买的，或者说是没有债务的。因此，把完全用现金或者以非杠杆的手段购买房地产的股权型房地产投资信托与美国房地产投资受托人理事会指数进行比较应该更恰当，因为股权型房地产投资信托的收益率包括了杠杆的影响，而美国房地产投资受托人理事会指数不受这样的影响。相比之下，股权型房地产投资信托的风险性更大。因此，在其他数据固定的情况下，相对于以美国房地产投资受托人理事会指数为基础的收益率来讲，股权型房地产投资信托股份应该获得额外的溢价。

## 22.6 风险、回报与业绩衡量标准

尽管比较投资收益率是评价投资业绩的一个重要的起点，但它所代表的只是财务分析的一部分。我们从前面的介绍中知道，能产生较高收益率的投资通常价格波动更大，而且通常比产生较低收益率的投资具有更大的风险。在单个房地产投资的情况下，这些风险可能是房地产类型、位置、设计、租赁结构等的一个因变量。这些属性以及与这些属性相关的附带风险可以认为是一种商业风险。

举债进行房地产投资还带来另外一种风险，即违约风险。最后，因为出售房地产相对困难且需要时间，因此还存在流动性风险。我们知道，当在房地产或投资选择之间对这三种主要的风险来源进行比较时，投资者承担的风险越大，因承担额外风险而应该赚

得的风险溢价越高，或者说获得的投资回报越多。考虑这种风险与回报关系的一个方法就是对我们上面提到的风险溢价进行计算。这样可以就在风险较大的资产上获得的风险溢价是否足以补偿承担的额外风险做出一个主观的评估。因而，如果购买 EREIT 而不是购买公司债券，那么投资者就可以对在 EREIT 上获得的溢价是否足以补偿他们承担的额外风险进行判断。

另一种考虑风险与回报关系的方法是，看商业风险、违约风险以及流动性风险影响投资者预期的回报模式。随着时间的推移，具有较多这些风险的投资回报（股利与价格在变化）相对于具有较少这些风险的投资回报的变动更大。回忆一下我们前面进行的投资风险讨论，我们可能期望具有较大风险的房地产提供比具有较小风险的房地产更高、但变动更大的回报。问题在于市场价格与现金流量的较大波动是与增加的风险相随的，因为相对于低风险的资产来说，拥有高风险且高价格波动模式（上下波动）资产的投资者将面对不得不以一个更难以预料的价格卖出该资产的情况。假定资产回报的变动性代表风险，而在一个无风险投资上获得的超过回报的溢价代表风险价格，这个假定就是现代金融理论的基础。它也是下面将用来描述经风险调整的收益率技术所必须理解的前提。

## 经风险调整的收益率：基本因素

鉴于以上所描述的风险来源的综合影响将在投资回报的变动中得到反映，在评估投资业绩时把投资风险考虑在内的一种方法是考察回报的变动性。特定资产或特定种类资产持有期收益率的变动使得我们能够更好地对不同风险的投资进行比较。

可以用来考察风险与回报关系的另一种方法是计算回报的离散系数（coefficient of variation）。它被定义为收益率的标准差除以平均收益率（这可以基于某一给定投资或投资指数的算术平均收益率或几何平均收益率来计算）。这个概念有时也被称为风险报酬比率，它的目的是通过把由标准差所代表的总风险与平均回报联系起来，确定如果投资者进行投资的话，那么相对于承担的总风险他可能期待获得的回报是多少。例如，若一投资者持有一项包含平均收益率为 2%和标准差为 3%的证券投资组合，那么离散系数为 1.5。这可以解释为为获得每单位的回报要承担 1.5 个单位的风险。[①]

现在可将 EREIT 与 NCREIF 指数的投资业绩进行比较，结果将十分有趣。还记得表 22-3 中显示，与 EREIT 相比较，NCREIF 指数的平均收益率较低。但是，如果这两种投资的平均收益率经过风险调整后，再将这两种指数的离散系数进行比较的话，那么我们就会发现 NCFEIF 的经风险调整后的收益率要比 EREIT 经风险调整后的收益率高。

我们已经指出，NCREIF 指数（1）投资回报不受财务杠杆的影响；（2）用来计算 NCREIF 指数的房地产价值主要是基于季度估价加上相对较少的实际销售价格，使用估价可能会对回报产生平滑作用并能减小其变化。如果房地产估价（1）与具体的市场价值存在明显的差异，并且（2）影响到指数的变动，那么 NCREIF 指数可能无法代表房地

① 这种计算还假定所有投资者在所有投资上的风险溢价或收益率与所承担的风险成比例。这种假设显然不适用于所有的投资者。一些投资者要比其他投资者更不愿承担风险。即使是同一个投资者，风险规避也不能单独地考虑某个资产。相反，对评估风险必须依据相对于总资产投资所承担的额外风险来进行。这些在后面还要进行更多的讨论。

产真正的收益率或收益的变化程度。例如，在表 22－3 中，EREIT 的结果显示，其平均收益率为 2.66%，收益率的标准差为 9.29%，离散系数为 2.99。与之相比较，NCREIF 指数的平均收益率为 1.90%，标准差为 2.21%，离散系数为 1.15。这些结果表明，这两种指数的风险与收益率有着实质性的差异。这些差异可以归因于房地产类型的差异（例如写字楼、零售、公寓）、房地产地理位置分布的差异（例如，北部、南部、东部或西部以及城乡的位置）、投资经理人使用投资策略的差异（例如，在开发前阶段投资荒地或只投资全部租赁出去的房地产）。这些差异可能影响到在每个指数投资的相对风险。再者，EREIT 的股份是在拍卖市场连续交易的基础上购买与销售的，而构成 NCREIF 指数中的单个房地产是在一个范围相当有限的协商市场上由当事方进行买卖的。在对这两个指数进行比较时，人们没有很好地理解流动性溢价与交易成本，而且在研究中也没有将其独立出来。最后，计算这两种指数持有期收益率所采用的有关收入的定义可能也不具有可比性。因为 REIT 收入必须扣除顾问与其他管理费用，而 NCREIF 指数中的房地产则不用扣除这些费用。要理解投资 REIT 股份的风险与回报的性质与直接投资房地产（即由 NCREIF 指数代表）的风险与回报性质之间的差异，还需要进行大量的研究。

## 22.7 组合投资理论构成要素

在上一节我们讲了一种比较投资工具的方法，即将投资的平均收益率（我们使用的是几何平均值）与这些收益率的标准差进行比较。在对各种投资进行比较时，标准差用于衡量风险的大小。除此之外，投资者还必须考虑获得一项投资对投资组合风险与回报影响的程度。这个问题之所以非常重要，是因为当不同的投资被组合成一个投资组合时，收益率之间会产生相互作用。这种相互作用会导致投资组合收益率的方差小于单个投资的平均值。当投资者向一个现有投资组合中增加投资时，他们必须知道购买新的资产会影响到整个投资组合的收益率与风险。

在建立一个投资组合时，只考虑单个投资的收益率及其标准差将不能达到最佳投资组合的效果。的确，任何正在考虑被加入投资组合的新的资产都应在"功效"的基础上进行评估，即在维持或降低现有投资组合的风险的同时，添加的新资产能否提高现有投资组合的预期收益率。同时，投资者也可能判断，在维持或增加预期投资组合收益率的基础上，新资产的"功效"能否降低投资组合的风险。①

为了说明投资回报之间的相互作用是如何发生的，我们来看一下表 22－4 中的数据。$HPR_i$ 是基于股票 $i$ 的季度持有期收益率来计算的。$HPR_j$ 是相同时段股票 $j$ 的季度收益率。表下部的统计显示，股票 $j$ 的季度平均收益率为 3.59%，其标准差为 9.33%。股票 $i$ 的平均收益率为 1.09%，收益率的标准差为 6.24%（没有显示计算过程）。显然，这两种投资的风险与收益率的情况存在很大的差异。与股票 $i$ 相比，股票 $j$ 的平均收益率与标准差都要高。假定一个投资者在投资初期的投资组合中仅包括股票 $j$，那么我们的问题是，添

① 现代最佳投资组合理论的基础是马科维茨奠定的，其重要作品为 Harry Markowitz, "Portfolio Selection," *Journal of Finance* 7, no. 1 (March 1952), pp. 77－91。

加另外一项投资（由房地产股票 $i$ 代表）后，投资组合的季度平均收益率与其标准差将受到什么样的影响？在投资组合中添加房地产证券后，投资者的收益率是否会增加？

**表 22 - 4　　关于等权重股票 $i$ 和 $j$ 构成的组合平均持有期收益率和标准差的计算**

| 季度 | 股票 $i$ $HPR_i$ | 股票 $j$ $HPR_j$ | $HPR_p=0.5\times HPR_i+0.5\times HPR_j$ | $(HPR_p-\overline{HPR_p})$ | $(HPR_p-\overline{HPR})^2$ |
|---|---|---|---|---|---|
| 1 | 0.135 0 | 0.140 7 | 0.137 9 | 0.114 5 | 0.013 1 |
| 2 | 0.030 1 | 0.059 1 | 0.044 6 | 0.021 2 | 0.000 4 |
| 3 | 0.020 2 | −0.069 7 | −0.024 7 | −0.048 1 | 0.002 3 |
| 4 | −0.001 3 | 0.054 0 | 0.026 4 | 0.003 0 | 0 |
| 5 | 0.104 4 | 0.213 3 | 0.158 8 | 0.135 4 | 0.018 3 |
| 6 | 0.004 8 | 0.051 4 | 0.028 1 | 0.004 7 | 0 |
| 7 | −0.039 6 | 0.066 2 | 0.013 3 | −0.010 1 | 0.000 1 |
| 8 | −0.096 1 | −0.226 3 | −0.161 2 | −0.184 6 | 0.034 1 |
| 9 | 0.092 1 | 0.058 7 | 0.075 4 | 0.052 0 | 0.002 7 |
| 10 | 0.027 9 | 0.066 0 | 0.046 9 | 0.023 5 | 0.000 6 |
| 11 | 0.012 3 | 0.003 9 | 0.008 1 | −0.015 3 | 0.000 2 |
| 12 | −0.004 7 | 0.031 0 | 0.013 2 | −0.010 2 | 0.000 1 |
| 13 | 0.024 2 | 0.070 3 | 0.047 2 | 0.023 8 | 0.000 6 |
| 14 | 0.059 1 | 0.088 0 | 0.073 5 | 0.050 1 | 0.002 5 |
| 15 | 0.036 0 | 0.106 5 | 0.071 3 | 0.047 8 | 0.002 3 |
| 16 | −0.030 7 | 0.020 5 | −0.005 1 | −0.028 5 | 0.000 8 |
| 17 | −0.039 9 | −0.030 2 | −0.035 1 | −0.058 5 | 0.003 4 |
| 18 | −0.002 9 | 0.062 9 | 0.030 0 | 0.006 6 | 0 |
| 19 | −0.143 8 | −0.137 8 | −0.140 8 | −0.164 2 | 0.027 0 |
| 20 | 0.031 0 | 0.089 5 | 0.060 3 | 0.036 9 | 0.001 4 |
| $n=20$ | 0.218 1 | 0.718 0 | 0.468 1 | | 0.110 0 |

股票 $i$ 持有期收益率 $=\overline{HPR_i}=0.218\ 1\div 20=0.010\ 9$

股票 $i$ 方差 $=\sigma_i^2=0.077\ 9\div 20=0.003\ 9$

股票 $i$ 标准差 $=\sigma_i=\sqrt{\sigma_i^2}=0.062\ 4$

股票 $j$ 持有期收益率 $=\overline{HPR_j}=0.718\ 0\div 20=0.035\ 9$

股票 $j$ 方差 $=\sigma_j^2=0.174\ 1\div 20=0.008\ 7$

股票 $j$ 标准差 $=\sigma_j=\sqrt{\sigma_j^2}=0.093\ 3$

组合持有期收益率 $=\overline{HPR_p}=0.468\ 1\div 20=0.023\ 4$

组合方差 $=\sigma_p^2=(HPR_p-\overline{HPR_p})^2\div n=0.110\ 0/20=0.005\ 5$

组合标准差 $=\sigma_p=\sqrt{\sigma_p^2}=0.074\ 2$

### 22.7.1 计算投资组合收益率

为了能找出这些问题的答案，我们假定股票 $i$ 与 $j$ 开始时在投资组合中所占的比重相同，然后我们来计算一下投资组合的平均收益率与标准差（见表 22－4）。投资组合的平均收益率，即 $\overline{HPR_p}$ 可以通过以下公式进行计算：

$$\begin{aligned}\overline{HPR_p}&=W_i\times\overline{HPR_i}+W_j\times\overline{HPR_j}\\&=0.5\times0.0109+0.5\times0.0359\\&=0.0055+0.0179\\&=0.0234\end{aligned}$$

式中，$W$ 代表的是股票 $i$ 与 $j$ 在投资组合总价值中所占的比重（例如，$W_i+W_j=1.0$）。基于这项运算，我们可以看出投资组合收益率将为每季度 2.34%，这比股票 $j$ 的单独收益率要小。但是，我们不能从这个结果中得出很多结论，除非我们考虑到当两项投资被联合起来后投资组合的风险可能会受到怎样的影响。

### 22.7.2 投资组合风险

为了考虑在股票 $i$ 被添加进股票 $j$ 所在的投资组合后，现有投资组合总风险受到影响的情况，我们算出了新投资组合收益率的标准差（见表 22－4）。基于这些结果，我们可以看出投资组合的标准差为 7.42%，与股票 $j$ 的 9.33% 的标准差相比，这个数字要小得多。

但是，还有一点需要指出，与投资组合的平均持有期收益率不同，这两个指数的投资组合的标准差并不等于其中单个标准差的简单加权平均，即 $0.5\times6.24\%+0.5\times9.33\%$ 并不等于投资组合的标准差。这是因为在两种资产的回报被联合后，投资组合方差下降的比例更大。换句话说，这两种回报相互作用后，在每个期间单个的持有期收益率移动的方向或模式不再相同。[①] 的确，在一些季度，EREIT 的持有期收益率为正数，而股票的持有期收益率为负数。因此，当两项投资被联合成一个投资组合后，其收益率的变动性比单个投资的收益率变动性要小。在衡量一个投资组合的风险时，理解这种作用的本质十分重要，因为它将展示投资组合投资者能否从投资多样化中受益。

**协方差与回报的相关系数：主要的统计关系**

单个投资回报需要考虑的一个重要方面是，一项新资产的预期回报将怎样随一项现有投资组合的回报而变动。很明显，如果该资产的回报的变动模式与现有投资组合回报的变动模式十分相似，则加入新的资产后，投资组合的总变化（风险）不会很大。当与投资组合的平均回报及新资产的平均回报相联系时，这种模式表明，在与另一资产或另一项现有投资组合相结合后，购买新的资产的有效性如何。两种统计数据提供了一个数值方法来衡量收益在多大程度上可能会同向移动，或者反向移动，或者两者之间毫无关

---

① 如表 22－4 所示，可以通过计算投资组合的标准差来衡量股票的变化。另一种计算这两种股票的方法是在下列等式中改变股票 $E$ 与 $S$ 的比重 $W_E$ 与 $W_S$：$(W_E^2S_E^2+W_S^2S_S^2+2W_EW_SS_SS_E\rho_{SE})^{\frac{1}{2}}$ ＝投资组合标准差。这里，$W$＝证券 $E$ 与 $S$ 的比重（所有的 $W$ 总数必须为 1），$S$＝证券标准差，$\rho_{SE}$ 是 $S$ 与 $E$ 的相关系数。表 22－5 列出了每种股票标准差及两种股票相关系数的计算方法。

系。这些数据是两个回报系列的协方差和相关系数。

两种资产回报之间的协方差（covariance）是两个数据系列（$HPR$）在一段时期内一起移动程度的绝对衡量尺度。表 22－5 对我们例子中的数据进行了计算。实际上，在对这两种投资的协方差进行计算时，首先要找出每种投资的持有期收益率与其平均值（$\overline{HPR}$）之间的差异。将每种证券在每个期间的这种差异相乘然后再相加，最后将该结果再除以每个系列中数据的个数。这样得出的结果就是协方差，它是两种证券回报一同移动程度的绝对量度。在我们的例子中，$i$ 与 $j$ 之间的协方差是 0.47％。

因为协方差是正数，所以说明这两种证券的回报在该时期内倾向于一起变化，或者说是同向变化。因此，这两种股票之间存在正协方差。同时也有可能出现负协方差，这表明两种回报变化方向相反。尽管协方差这个衡量数据非常有用，但有时却很难解释，因为它是两种收益率之间的一种绝对量度。当协方差数值非常大时，我们预计两种投资回报之间有很强的关系（正向或负向的）。但是协方差的数值通常是从 $-\infty$ 到 $+\infty$，因此很难说协方差的值是“大”还是“小”。基于这种情况，我们需要一种能以相对重要等级的形式来测量数据重要性的方法。相关系数（correlation）（$\rho$）就是用来测量一组数据相对于另一组数据同向或反向变化的相对性或相对程度。相关系数（$\rho$）的计算公式为：

$$\rho_{ij}=\text{COV}_{ij}\div\sigma_i\sigma_j$$

在我们的例子中，我们得到：

$$\rho_{ij}=0.0047\div(0.0624\times0.0933)=0.8070$$

**表 22－5　　股票 $i$ 和 $j$ 协方差的计算**

| 季度末 | 股票 $i$ $HPR_i$ | 股票 $j$ $HPR_j$ | $HPR_i-\overline{HPR_i}$ | $HPR_j-\overline{HPR_j}$ | $(HPR_i-\overline{HPR_i})\times(HPR_j-\overline{HPR_j})$ | 股票 $i$ $(HPR_i-\overline{HPR_i})^2$ | 股票 $j$ $(HPR_j-\overline{HPR_j})^2$ |
|---|---|---|---|---|---|---|---|
| 1 | 0.135 0 | 0.140 7 | 0.124 1 | 0.104 8 | 0.013 0 | 0.015 4 | 0.011 0 |
| 2 | 0.030 1 | 0.059 1 | 0.019 2 | 0.023 2 | 0.000 4 | 0.000 4 | 0.000 5 |
| 3 | 0.020 2 | −0.069 7 | 0.009 3 | −0.105 6 | −0.001 0 | 0.000 1 | 0.011 1 |
| 4 | −0.001 3 | 0.054 0 | −0.012 2 | 0.018 1 | −0.000 2 | 0.000 1 | 0.000 3 |
| 5 | 0.104 4 | 0.213 3 | 0.093 5 | 0.177 4 | 0.016 6 | 0.008 7 | 0.031 5 |
| 6 | 0.004 8 | 0.051 4 | −0.006 1 | 0.015 5 | −0.000 1 | 0.000 0 | 0.000 2 |
| 7 | −0.039 6 | 0.066 2 | −0.050 5 | 0.030 3 | −0.001 5 | 0.002 6 | 0.000 9 |
| 8 | −0.096 1 | −0.226 3 | −0.107 0 | −0.262 2 | 0.028 1 | 0.011 5 | 0.068 7 |
| 9 | 0.092 1 | 0.058 7 | 0.081 2 | 0.022 8 | 0.001 9 | 0.006 6 | 0.000 5 |
| 10 | 0.027 9 | 0.066 0 | 0.017 0 | 0.030 0 | 0.000 5 | 0.000 3 | 0.000 9 |
| 11 | 0.012 3 | 0.003 9 | 0.001 4 | −0.032 0 | 0 | 0 | 0.001 0 |
| 12 | −0.004 7 | 0.031 0 | −0.015 6 | −0.004 9 | 0.000 1 | 0.000 2 | 0 |

续前表

| 季度末 | 股票 $i$ $HPR_i$ | 股票 $j$ $HPR_j$ | $HPR_i-\overline{HPR_i}$ | $HPR_j-\overline{HPR_j}$ | $(HPR_i-\overline{HPR_i})\times(HPR_j-\overline{HPR_j})$ | 股票 $i$ $(HPR_i-\overline{HPR_i})^2$ | 股票 $j$ $(HPR_j-\overline{HPR_j})^2$ |
|---|---|---|---|---|---|---|---|
| 13 | 0.024 2 | 0.070 3 | 0.013 3 | 0.034 4 | 0.000 5 | 0.000 2 | 0.001 2 |
| 14 | 0.059 1 | 0.088 0 | 0.048 2 | 0.052 1 | 0.002 5 | 0.002 3 | 0.002 7 |
| 15 | 0.036 0 | 0.106 5 | 0.025 1 | 0.070 6 | 0.001 8 | 0.000 6 | 0.005 0 |
| 16 | −0.030 7 | 0.020 5 | −0.041 6 | −0.015 4 | 0.000 6 | 0.001 7 | 0.000 2 |
| 17 | −0.039 9 | −0.030 2 | −0.050 8 | −0.066 1 | 0.003 4 | 0.002 6 | 0.004 4 |
| 18 | −0.002 9 | 0.062 9 | −0.013 8 | 0.027 0 | −0.000 4 | 0.000 2 | 0.000 7 |
| 19 | −0.143 8 | −0.137 8 | −0.154 7 | −0.173 7 | 0.026 9 | 0.023 9 | 0.030 2 |
| 20 | 0.031 0 | 0.089 5 | 0.020 1 | 0.053 6 | 0.001 1 | 0.000 4 | 0.002 9 |
| $n=20$ | 0.218 1 | 0.718 0 | | | 0.094 0 | 0.077 9 | 0.174 1 |

$$\text{COV}_{ij}=\sum(HPR_i-\overline{HPR_i})(HPR_j-\overline{HPR_j})\div n$$

$$=0.094\,0\div 20$$

$$=0.004\,7$$

股票 $i$ 与 $j$ 的相关系数 $=\text{COV}_{ij}\div\sigma_i\sigma_j=0.807\,0$

相关系数的范围是−1 到+1，因此，很容易解释这两种回报的相关程度。例如，当相关系数接近+1 时，这两个系列的变化非常接近，或者说高度相关。因此，当一个系列有变化时，另一系列很有可能以相同的方向发生变化。[①] 相反，当相关系数接近−1 时，这两个系列呈负相关，因为两者变化的方向正好相反。因此，当一个系列有变化时，另一个系列预期会以相反的方向发生变化。如果相关系数接近零，则意味着这两个系列之间无相关关系。在我们的例子中，0.807 0 这个相关系数表明股票 $i$ 与 $j$ 在该期间存在高度的正相关，因为这个系数更接近+1 而不是零。[②]

在现在这种情况下还有其他什么重要的关系呢？我们应该清楚，如果两项投资高度正相关，则与负相关或没有相关的情况相比，投资组合回报方差（风险）减少的程度可能会比较小。原因是：如果两种回报之间不相关或负相关，则回报之间的作用将得不到加强。如果两种回报呈负相关，那么它们可能相互抵消；并且在加入新的证券后，投资组合回报平均值差异的总和会变得更小。因此，投资组合回报的标准差会更小（例如，更小的风险）。因此，不管任何时候，当两种资产回报之间的相关系数小于

① 很明显，只有这两个系列存在基本的因果关系，我们才能用过去的关系来预测未来的关系。

② 当相关系数的数值大于 0.5 时，说明这两个系列之间的关系高度相关。还有一些统计数据可以用于测试其效果，并能说明我们对两个系列相关性的信心，或者说明计算出的两个系列的相关系数是否因抽样的不均衡而不具代表性。关于相关性、正态分布假定以及相关统计数据的讨论，参见大学初级统计学课本。

+1 时，与持有一项标准差高于预期投资的投资（或一种证券）相比，可以通过把两项投资进行联合来降低一些风险（标准差）；而当相关系数接近−1 时，风险降低的程度会更大。

基于上述分析，我们应该清楚为什么在我们的例子中投资组合回报的标准差不等于两项单独投资回报标准差的简单加权。再者，如果证券回报的方差能很好地代表投资者所承担的风险，那么我们就应该清楚，在使投资组合的投资多样化的情况下，即在投资组合中加入回报呈负相关的资产或相关性很小甚至不相关的不同资产，则投资的风险会有所降低，投资者会因此得到一些利益。当然，另外还有一个需要考虑的重要衡量尺度，即在对单个的证券进行联合时，投资组合的平均收益率将会受到什么样的影响。例如，如果两种证券有着相同的正平均回报，而且这两项回报呈完全负相关（例如，相关系数为−1)，则可以推断，若同时购买这两种证券，那么投资者会在零风险的情况下赚得正的投资组合回报（联合回报的标准差将为零)。当然，这种情况发生的可能性很小，因为找到完全呈负相关的两种证券的可能性很小。但是，基于以上所讲的效率，呈负相关或不相关，或者非完全正相关的投资可以被添加进一个投资组合。这些投资分析的基本因素应该可以为读者提供一个框架，使他们可以在这个框架下考虑与风险及回报有关的许多问题。

## 22.7.3 投资组合权重：平衡风险与回报

在我们所举的例子中，我们知道将股票 $i$ 添加至含有股票 $j$ 的投资组合后，投资组合风险（标准差）减小的程度要比投资组合平均回报减小的程度（百分比）小。这意味着包括这两只股票（指数）的投资组合不比仅包含一只股票的投资组合更有效。但是在我们的计算中，我们假定两种资产所占的比重相同。那么有没有一个更优化的证券投资组合，即在改变投资组合中两种证券的比重（比例）时，能在风险增加的情况下提高收益率，或者在维持收益率不变的情况下降低风险呢？要回答这个问题，我们首先考虑表 22-3 中 NCREIF 指数与标准普尔 500 指数的抽样情况，即在 1985—2014 年期间这些回报的情况。标准普尔 500 指数的季度算术平均持有期收益率为 2.71%，标准差为 8.25%；而 NCREIF 指数的持有期收益率为 1.9%，其标准差为 2.21%。这两个回报系列之间的相关系数为 0.134 4（见表 22-6)。[①] 因为相关系数小于 1，所以将这些两种资产结合起来风险将有所降低。

其次，我们想知道在一个投资组合中对证券进行加权的重要性。要确定最佳的权重，必须同时考虑两种资产的所有组合情况。在我们的例子中，每个证券的比重以 10%的增量进行变化，每个比重的平均投资组合回报与标准差都计算出来，结果显示在图 22-2 中。图中曲线显示了这两种极端情况之间的所有价值。两种极端情况中的一种是，投资组合完全由标准普尔 500 指数中的股票组成而不含 NCREIF 的房地产；另一种情况是，投资组合可能 100%由 NCREIF 的房地产构成，而没有标准普尔 500 指数中的股票。因此，随着这两种资产在投资组合中所占比例的变化，图中的曲线部分显示了回报与风险之间的平衡关系。

---

① 在一个比较长的期间计算相关系数，目的是获得这些不同资产之间长期的相关关系。

表 22-6　　可选资产的相关系数矩阵（季度回报，1978—2014 年）

| | CPI | 债券 | S&P 500 | 国库券 | NCREIF | REIT |
|---|---|---|---|---|---|---|
| CPI | 1 | | | | | |
| 债券 | −0.207 8 | 1 | | | | |
| S&P 500 | 0.001 4 | 0.104 7 | 1 | | | |
| 国库券 | 0.476 4 | 0.181 5 | 0.037 5 | 1 | | |
| NCREIF | 0.298 0 | −0.121 2 | 0.134 4 | 0.289 5 | 1 | |
| REIT | 0.081 8 | 0.209 1 | 0.616 9 | 0.068 4 | 0.152 5 | 1 |

我们注意到，与标准普尔 500 指数（见表 22-3）相比较，尽管 NCREIF 指数在该期间的平均持有期收益率较低，但与单纯持有标准普尔 500 指数或者单纯持有 NCREIF 房地产相比，把这两种资产联合可以实现多样化投资。图 22-2 就说明了这种情况。

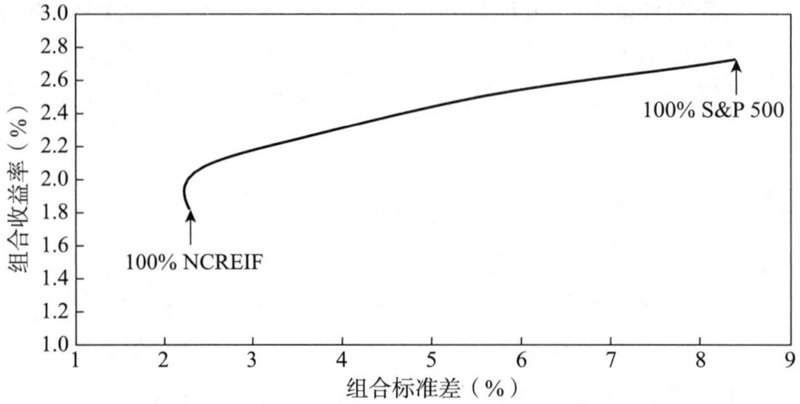


图 22-2　NCREIF 指数与标普 500 指数投资组合的收益率，1978—2009 年

从图 22-2 中可以看出，与持有某些标准普尔 500 指数和 NCREIF 指数的混合投资相比，当投资组合中包含 100%的 NCREIF 指数投资时，收益率较低，同时风险也较大。这是因为把 NCREIF 指数与标准普尔 500 指数混合投资时，会产生多样化的回报。曲线中正斜率部分（风险增长的同时收益率也随之增长）被称为有效边界。它代表的是证券的最有效组合，这时在风险增长的情况下投资者的回报最大。有效边界下面的收益率（椭圆线内部）较之略差，因为在既定的风险水平下，总有更好的证券组合能够产生更大的回报。投资者将根据其愿意承担风险的大小，沿着有效边界选择各种证券组合。在这个例子中，害怕承担风险的投资者会选择 NCREIF 房地产占大多数的投资组合，而不太害怕承担风险的投资者会在他们的投资中加入更大比重的标准普尔 500 指数。单纯持有股票时（100%的标准普尔 500 指数）会获得最大的预期回报，但同时承担的风险也最大。

## 22.8　房地产回报、其他投资与潜在的投资组合多样化

通过以上分析我们应该清楚，有许多不同资产可以具备有效组合在一起的可能性，

这样的投资组合将给投资者带来最佳的风险与回报关系。很明显，我们关于 NCREIF 指数与标准普尔 500 指数的例子证明了这一点。同时，在挑选资产时，还有许多其他资产可供投资者选择。表明资产组合潜力的一个重要的关系就是资产回报之间的相关系数。表 22-6 是一个相关系数矩阵，或者相关系数表格，它包括了表 22-3 中所列的所有证券回报之间的相关系数。计算这些相关系数的目的是在构建一个投资组合时，考虑怎样用不同的其他资产来有效地组合不同的投资工具。

我们可以初步回答将房地产投资工具添加至一个包含一些证券的投资组合后，该投资组合是否更加有效的问题了。我们之所以将注意力放在这个比较狭窄的问题上，主要是因为：如果我们要考虑全球，或者说世界范围内可供投资者选择的各种证券与资产的风险与回报情况，就必须回答最佳投资组合应该包括哪些内容这个问题。这样，一个投资组合将包括债券、股票、房地产、黄金、珠宝、铸币、邮票以及投资者能实际拥有的各种资产。基于各种资产回报的平均标准差及回报的协方差，投资者可以将各种可能的投资进行最优化的组合。这样一个较大规模的、多样化的"市场投资组合"也可能像图 22-2 所示的那样，存在一个有效的边界。如果所有投资者在做投资决定时都考虑总投资组合的风险与回报比率能否提高，那么他们进行的所有投资组合都将呈现多样化的趋势，而且会十分有效。评价任何额外投资的回报时都将考虑总投资组合风险是否会增加或降低，投资者为这些证券支付的风险溢价也将反映这些风险的增量。简言之，投资的风险溢价将由预期增加或减少的投资组合风险决定，而且所有投资定价依据的也都是这种关系。①

在本节中，我们考虑了投资组合业绩、多样化以及房地产的问题。投资经理人真正将房地产当作一个投资种类来考虑仅仅是从 20 年前开始的。只是在最近几年，房地产资产所有权才以"证券化"的形式普遍存在。这些证券化的形式包括房地产投资信托股份或者在开放式和封闭式混合投资基金中的所有者"单位"。同时，管理养老基金的一些法律限制也逐渐放松，使房地产成为养老基金可以进行投资的品种。而且许多以前考虑政府证券、公司债券以及普通股票的机构也对房地产产生了浓厚的兴趣。

我们现在来考虑一下房地产投资能否给已经持有一个包含政府证券、股票以及债券投资组合的投资者带来多样化收益（diversification benefits）。换句话说，我们先假定现有投资组合的性质，然后我们再考虑在 1985—2014 年间通过购买房地产进行多样化投资后能否增加这些投资组合的回报。

### 22.8.1 投资多样化：EREIT 与其他投资

再来看一下表 22-6，我们可以看到在 1978—2014 年间每种投资的季度回报相对于其他投资的历史（或过去的）相关程度。我们主要关注房地产投资。我们可以看到，倾向于与股权型房地产投资信托的回报正相关的是普通股（0.616 9）与公司债券（0.209 1）这两种投资，国库券与 EREIT 的相关系数几乎为零（0.068 4）。这种关系表明，因为 EREIT 与标准普尔 500 指数以及公司债券几乎完全相关，而其与国库券的相关系数非常小，在这种情况下，若将其与普通股、债券及国库券组成一个投资组合，那么可能获得

---

① 有关资本市场理论与有效市场的更多信息，请参见 Z. Bodie，A. Kane and A. Marcus，*Investments*，8th ed.（Burr Ridge，IL，McGraw-Hill，2009）。

多样化的回报。再者，尽管 NCREIF 与债券负相关（−0.121 2），但其与标准普尔 500 指数（0.134 4）及国库券（0.289 5）有着微弱的正相关关系。这表明，与单纯增加房地产投资信托相比，直接增加对房地产的投资会获得更大的分散化收益。

为了解释在含有股票与债券的投资组合中加入房地产资产后投资的多样化回报情况，我们使用了表 22-3 中的平均（算术）收益率与表 22-6 中的相关系数。① 图 22-3 显示了两个有效边界。下面的有效边界只包括股票（标准普尔 500 指数）与债券，而上面的有效边界则包括股票、债券以及私人房地产投资（NCREIF 指数）。请注意，包括房地产投资的边界在每一水平的风险（标准差）下都有较高的收益率，唯一的例外是最高风险/最高回报的投资组合，在这两种情况中投资组合均全部由股票构成。在边界的底端，将私人房地产投资与股票及债券混合后，产生一个范围更广泛的风险与回报组合（例如，低风险低回报的情况）。

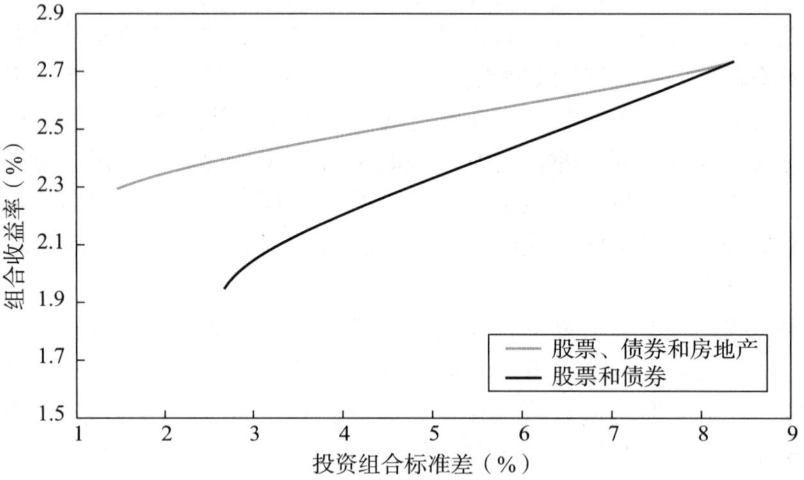


**图 22-3　有效边界**

还应该注意的是，这些结论都是根据特定时期的历史回报得出的，也许不能预测未来的业绩。投资者都是根据未来或预期风险与回报而做出投资决策的。这个例子在解释概念时用的是过去的经济实绩或过去的回报情况，这并不能确保这些情况在将来还会发生。在实际操作中，除非有情况证明不同资产之间的相关程度已经发生了显著的变化，否则投资者还能像在这个例子中一样经常使用历史的相关记录。同样的情况，除非有理由相信资产的风险已经发生变化，否则人们使用的还是历史的标准差。但人们关心的是每种资产的预期未来回报，而不是历史回报。历史回报只是用来作为可能提示预期回报的一个现实依据。

我们还使用了 NCREIF 指数来代表私人房地产投资的回报与风险（标准差）。NCREIF 指数的平均收益率与标准差都非常低。正如我们在本章开头所指出的那样，因为 NCREIF 指数的基础是评估的价值，而不是实际交易的价格，所以它可能无法代表私人房地产投资回报变化的真实情况。一些人认为，评估价值的使用可能会降低或“平滑”

---

① 在实际操作中，我们在这种类型的分析中可能会用到预期未来收益率，而不是历史收益率。我们在说明每种资产实际获得的多样化回报时才使用历史收益率。

收益率的变化，但这并不意味着对价值的估计是错误的。实际上，除非这些市场条件的变化能够得到额外市场证据的充分证实，否则估价过程不能反映仅在少数交易所反映的市场的突然变化。因此，像 NCREIF 指数一样，一个基于评估价值编制的指数可能无法充分反映房地产价值的季度变化。

## 22.8.2　公募与私募房地产投资

我们前面已经看到，美国房地产投资受托人理事会（NCREIF）指数所反映的私募房地产投资的业绩与美国房地产投资信托协会（NAREIT）指数所反映的房地产投资信托的业绩在历史回报、标准差以及与其他资产的相关程度方面的表现有所不同。例如，NAREIT 指数的标准差要比 NCREIF 指数的标准差高。一种解释是说，NCREIF 指数不能反映所有回报的变动，因为这种指数的基础是评估的价值；但是另一种解释认为，当房地产由公募交易的房地产投资信托所拥有时，它有着一般公共市场所共有的更多的风险。我们从表 22－6 中可以看出：与 NCREIF 指数相比，房地产投资信托与标准普尔 500 指数的相关系数要高得多。我们还可以看出，NCREIF 指数与消费物价指数有着相对较高的相关系数，这表明它相对于 REIT 能够更好地降低通货膨胀所带来的损失。

这两种解释都可能有其正确的一面——在 NCREIF 指数中，估价可能缩小了真实回报的方差；而公募交易的房地产投资信托则会呈现额外的方差，因为它是在一个更为活跃的市场上进行交易，会更多地受到短期资金流入或流出证券市场的影响。为了搞清楚这两种指数之间可变性的差异，我们在图 22－4 中画出了两者的历史收益率曲线。为了更好地对一段时间内的收益率进行比较，我们在衡量 NCREIF 指数的回报时使用的范围（－10％到＋8％）与在衡量国家房地产投资信托协会指数的回报时使用的范围（－50％至＋40％）不同。与 NCREIF 指数相比，NAREIT 指数的回报波动性明显更大，这两种指数在很多时期的表现都大不相同。

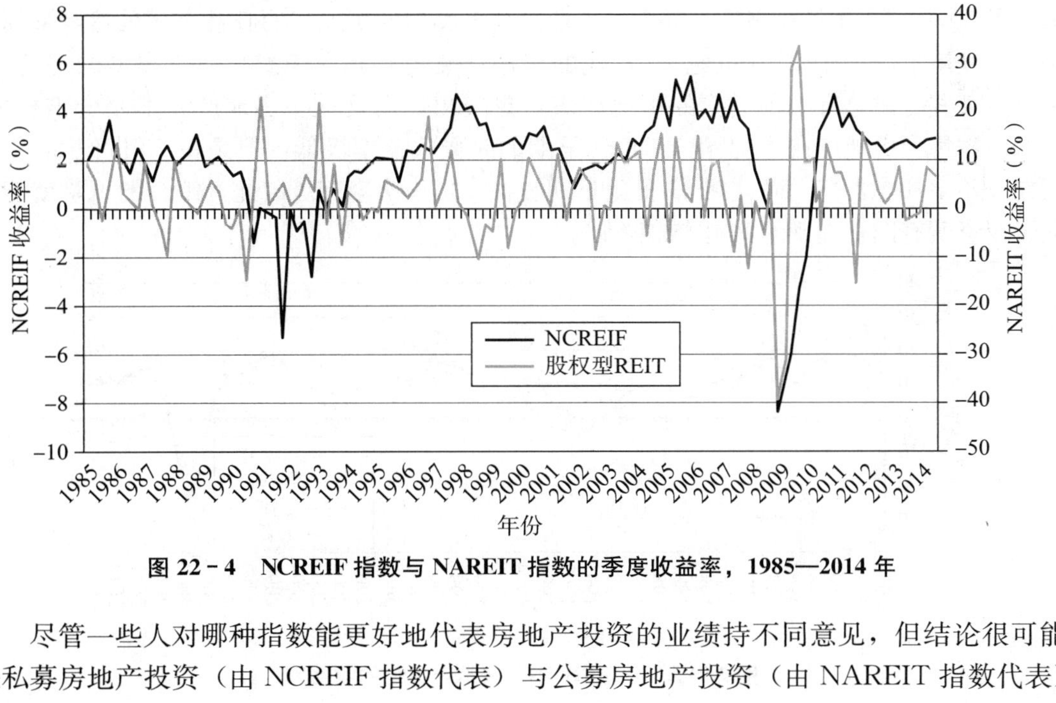


**图 22－4　NCREIF 指数与 NAREIT 指数的季度收益率，1985—2014 年**

尽管一些人对哪种指数能更好地代表房地产投资的业绩持不同意见，但结论很可能是私募房地产投资（由 NCREIF 指数代表）与公募房地产投资（由 NAREIT 指数代表）

在投资组合中都扮演着一定的角色。两者都为单纯的股票与债券投资组合带来了多样化回报；而且作为一种投资工具，两者都有其长处与短处。例如，房地产投资信托的流动性要比个人房地产的流动性更大，但投资者无法确定何时应该出售单个房地产，因为他选择了持有股份而不是直接持有房地产。本章的目的不是说明对某一特定投资者来说哪种类型的投资更好，而是为了告诉投资者在把房地产包括进一个投资组合时，应该使用什么工具来评估其中一种方法或者两种方法的作用。

### 22.8.3 房地产业绩与通货膨胀

最后令投资经理人比较感兴趣的一个方面是房地产业绩与通货膨胀之间的比较。更具体地讲，即房地产回报能超过通货膨胀率吗？为了回答这个问题，我们先回忆一下先前对EREIT指数及NCREIF指数与消费物价指数之间进行的比较。在所有情况下，房地产指数都超过了消费物价指数的增长率。这意味着至少在1985—2014年期间，由表22-3中的数据所代表的房地产投资的回报超过了通货膨胀率，从而产生了实质的投资回报。另一个很重要的问题是，房地产回报与通货膨胀是否相关。研究一下表22-6中的相关系数矩阵，从NCREIF指数与消费物价指数的数据来看，情况确实如此。在这种情况下，我们应该意识到，与通货膨胀正相关非常重要，因为这表明资产可以有效地规避通货膨胀所带来的风险，即当通货膨胀增加时投资的收益率也相应地增长，这样就能获得实质的收益率。

### 22.8.4 房地产类型和位置的分散化

我们知道将一个非完全正相关的资产加入到一个资产组合中，组合的风险就会降低。因此，投资者希望找到相关性不高的资产来构建组合，通常的一个做法就是投资不同类型和不同区位的房地产。不同类型的房地产受到决定住房需求的不同经济基本面因素的影响。同样地，不同区位的房地产也受到决定不同区域的经济基本面因素的影响。图22-5描述了1979—2014年写字楼、零售、工业、公寓类型的房地产的收益率。虽然经济周期和一些经济事件（比如20世纪90年代的房地产衰退）趋向于影响所有类型的房地产，但是在某些时候总有一种类型的房地产表现更突出，而且这些房地产并不完全正相关。比如，零售类房地产在20世纪80年代早期的时候收益率极低，但是在20世纪80年代后期收益率却非常高，而且在21世纪早期收益率再一次攀高。因此，组合的风险就能够通过投资所有四种类型的房地产来降低。

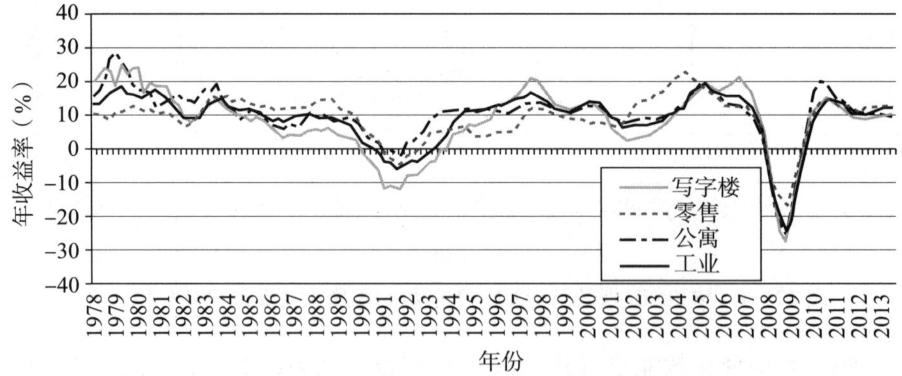


**图22-5 NCREIF不同房地产类型的收益率**

图 22-6 描述了 5 个不同城市 NCERIF 指数的收益率。可以看出，不同的城市在不同的时间表现不同。例如，波士顿在某个时期可能表现最好，但是在另外一个时期就表现最差。因此，投资于不同地区的房地产就可以降低组合的风险。

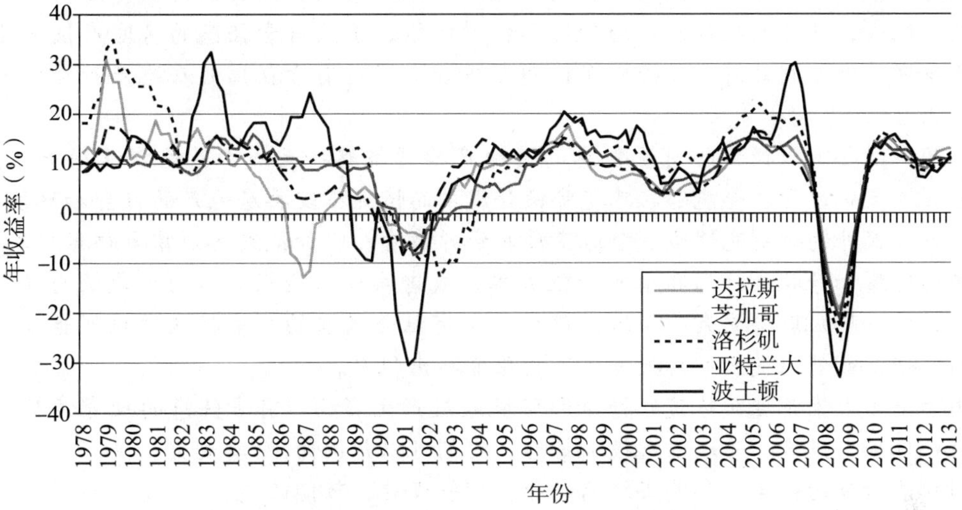


**图 22-6　不同城市的 NCREIF 收益率**

### 有责任感的房地产投资　　　　概念框 22.1

投资者长久以来都对有社会责任感或者有道德的投资感兴趣。他们通过选择符合价值观的投资以及影响企业的行为，把财务目标与社会正义、经济发展以及环境影响相结合。如今，很多机构以及个人房地产投资者都在做这类事情，因为房地产是诸多社会和环保关注的焦点。比如，根据联合国和世界气象学会的统计，世界上超过一半的温室气体排放来自经营住宅和商用建筑以及为了该经营所需要的人和物的陆上运输。事实上，服务业造成的环境影响中的 80%都与房地产的设计、选址以及经营有关。

如今，房地产投资者中的一种普遍观点是，由贫穷、犯罪以及全球变暖、自然灾害等造成的社会和环境问题对于他们的投资组合有着重大的影响。在改变消费者偏好、环境危害、政府管制、法律责任、昂贵的资源和原材料投入以及股东压力的同时，有可能因为忽视社会和环境影响而造成金融危害，也有可能在房地产投资的过程中解决这些问题从而带来金融收益。

随着这种观点而出现的就是有责任感的房地产投资（responsible property investment，RPI），或者说有责任感的投资组合、资产、房地产管理活动。这些投资活动的要求高于一般的法律规定，从而能够更好地管理有关环境和社会事务的机会和风险。有社会责任感的投资在有利可图的房地产投资过程中尝试了很多办法去解决生态完整性、社区发展以及人们的成就感等问题。它在解决人类当前和未来面临的挑战时，致力于降低风险以及把握机会。

有责任感的房地产投资不是慈善也不是利他主义。有一些投资者受到道德和价值观的驱动是事实，但是大多数有责任感的房地产投资者还是依靠对风险和收益的关注以及对机会的把握。如今，有些投资基金就关注待开发土地、绿色建筑、廉价建筑、城市复兴、历史遗迹保护、学生学习、公平的劳动实践以及其他既能够产生环境和社会良好效果又能够产生良好报酬的投资。同时，一些传统投资组合的管理者也在运用生态保护策略和公平劳工实践、一些不会损害而是有帮助的计划以及维持底线的活动。

经济学家开始研究有责任感的房地产投资的经济影响。到目前为止，他们发现了它能够改善租金、净营业收入、市场价值和投资回报。虽然有责任感的房地产投资还有待进一步研究，但是到目前为止的研究证明了投资者通过有责任感的房地产投资能够做得更好。

有两种财务上很稳健的有责任感的房地产投资策略：无成本策略以及附加值策略。通过无成本策略，管理者能够在不花费额外成本的情况下改善房地产的社会和环境效应。比如，关掉额外的灯就能够减少全球变暖和资源浪费。附加值策略则需要初始投入资金，但是会通过增加净收益（高租金或者低成本）或者减少风险报酬（由于较低的环境、折旧以及销售风险）取得更大的报酬。设计一个有社会效益的儿童护理设施可能需要一定的支出，但是额外的支出也会换来更高的租金和出租率。

由于很多因素都会对建筑的社会和环境效应产生影响，有责任感的投资涉及了其中的房地产选址、设计、管理以及投资策略。它们可以归纳为10类要素：

(1) 能源节约：生产和购买绿色能源、节能设计、节能改造。

(2) 环境保护：节约用水、固体废弃物回收、栖息地保护。

(3) 自愿认证：绿色建筑认证、可持续木材认证等。

(4) 减少依赖于机动车的发展：公交导向、步行交通以及混合交通的发展。

(5) 城市复兴和改良：填充开发、灵活的室内设计、棕地再开发。

(6) 健康和安全：现场安全、自然灾害的规避以及急救准备。

(7) 工人福祉：广场、户外儿童护理、室内环境质量、无障碍设计。

(8) 企业公民身份：遵守法制、持续性的信息披露和公告、独立董事成员、自愿道德规范的采纳、利益相关者参与。

(9) 社会公平和社区发展：公平的劳工实践、廉租房以及社区雇佣和培训。

(10) 当地公民：高质量的设计、最低的社区影响、体贴的施工、社区外展、遗迹保护、对当地政府没有不利影响。

有责任感的房地产投资数量的增加非常有意义。根据社会投资论坛，2007年美国有责任感的房地产投资达到了2.71万亿美元。如果有10%的有责任感的投资投入房地产行业，那么这个份额就和REIT市场份额的90%相等了。

如今，随着越来越多的私募房地产投资信托基金致力于投资绿色建筑，关注廉租房、社区发展、公平工资以及福利等实务，有责任感的房地产投资正在成为房地产和金融发展的主要趋势。

如果想进一步了解有责任感的房地产投资，可以参见：

有责任感的房地产投资中心（www.responsibleproperty.net）；

联合国环境署金融倡议房地产工作小组（www.unepfi.org）；

城市土地协会，有责任感的房地产投资理事会（www.uli.org）；

Pivo教授的个人主页（www.u.arizona.edu/～gpivo）；

美国绿色建筑理事会（www.usgbc.org）；

英国绿色建筑评估体系（BREEAM，www.breeam.org）；

美国环境保护协会——绿色之星（www.energystar.gov）；
绿色地球评估和评级体系（www.greenglobes.com）；
全国住宅建筑商协会绿色建筑计划（www.nahbgreen.org）。

### 22.8.5 全球多样化

近年来，投资者尤其是大型机构投资者喜欢进行国际化投资。之所以这么做，主要有以下原因：第一，全球投资的机会在增加。通过学习上一章，我们知道全球很多国家也开发了 REIT 这个投资工具。此外，这些国家还在发展商业住房抵押贷款支持证券（CMBS）以及其他有助于国外投资者投资于国内市场的工具。图 22－7 展示了全球房地产市场的分割情况，图 22－8 列出了全球拥有最大商业化房地产市场规模的国家以及规模大小。

第二，其他国家也设计出衡量房地产历史收益率的指数，这使得投资者在那些国家的房地产投资有一个比较基准，就像美国市场中的 NCREIF 指数一样。例如，日本的房地产证券协会（ARES）最近就基于 NCREIF 指数的方法设计出一个指数来衡量东京的房地产市场表现。

第三，进行全球化投资将其他国家的房地产放入组合中可以产生多样化效果。我们知道将房地产放入股票和债券的组合中可以产生分散投资的效果，这是因为房地产和股票、债券的相关性很低。我们也知道不同类型和不同地区的房地产可以产生多样化效果。同样，在不同国家投资能够带来多样化的好处，这也不足为奇。

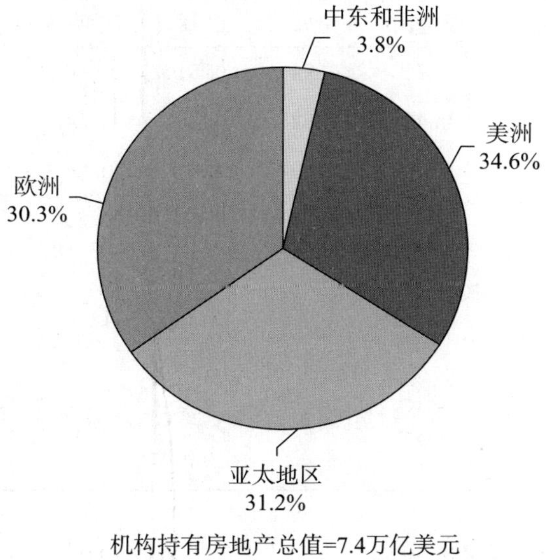


**图 22－7　2013 年全球不同地区的房地产情况**

注：上市的房地产公司包括所有上市的房地产企业、主要的 REIT 和 REOC。新兴市场包含持有房地产的垂直整合的开发公司，但是不包括住房建筑商。机构投资者房地产资产池包括所有机构投资者持有的房地产，公募的或者私募的。

我们可以看到全球不同城市的房地产表现各异。这就说明不同城市的房地产相关性很低，从而能够提供多样化收益。表 22－7 展示了不同城市收益增长率的相关系数。

注意到纽约、华盛顿、旧金山这三个城市和东京的相关系数都是负的，因而美国投资者将东京房地产纳入投资组合可以产生很好的多样化效果。同样，一些美国城市和中国香港的相关系数也是负的。即使相关系数不是负的，比如美国一些城市和伦敦、巴黎、悉尼之间的相关系数，只要收益率可观，同样也会产生多样化效果，组合的风险也能够降低。

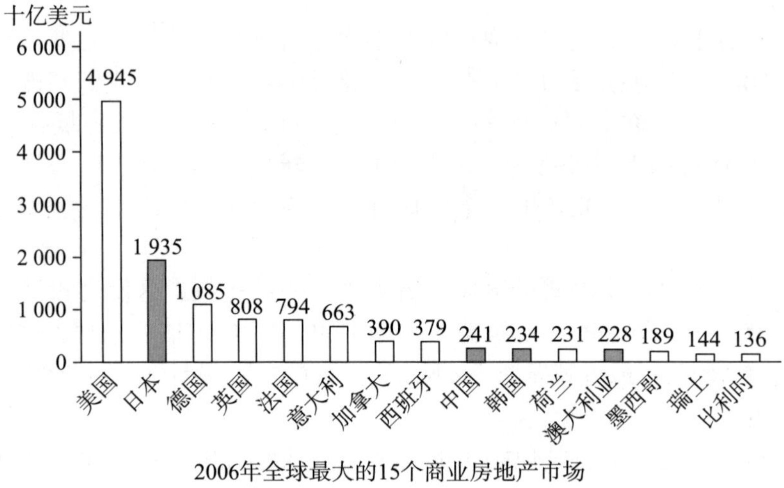


**图 22-8　大型商业房地产市场**

**表 22-7　　全球不同城市房地产收入总额增长的相关系数，1990—2004 年**

| 城市 | 纽约 | 华盛顿 | 旧金山 | 伦敦 | 巴黎 | 法兰克福 | 东京 | 香港 | 悉尼 |
|---|---|---|---|---|---|---|---|---|---|
| 纽约 | 1.00 | 0.92 | 0.72 | 0.94 | 0.54 | 0.26 | (0.59) | (0.54) | 0.84 |
| 华盛顿 | | 1.00 | 0.46 | 0.82 | 0.45 | 0.04 | (0.63) | (0.64) | 0.78 |
| 旧金山 | | | 1.00 | 0.69 | 0.29 | 0.24 | (0.43) | (0.13) | 0.57 |
| 伦敦 | | | | 1.00 | 0.68 | 0.39 | (0.39) | (0.51) | 0.91 |
| 巴黎 | | | | | 1.00 | 0.78 | 0.33 | (0.47) | 0.52 |
| 法兰克福 | | | | | | 1.00 | 0.49 | (0.20) | 0.19 |
| 东京 | | | | | | | 1.00 | 0.10 | (0.44) |
| 香港 | | | | | | | | 1.00 | (0.57) |
| 悉尼 | | | | | | | | | 1.00 |

## 22.8.6　全球投资的风险

我们找到了很多进行全球投资的理由，但是其也隐含了一些没有反映在组合风险里的其他风险。第一，由于美元相对于外国货币可能贬值，因而存在汇率风险。因此，将经营性现金流以及最终出售款兑换回美元时，就有可能产生损失。第二，虽然很多国家都提供了指数及其他信息，但是这些数据并不永远可行，也没有像美国那样非常大的数据量。因此，利用这些不完备的信息就有可能存在风险。第三，进行全球化投资需要明白不同国家的税法以及房地产所有权有所不同，从而可能会导致法律风险。第四，被投资国家可能存在政局不稳定，政局对于国外投资者态度的不确定性就会带来风险。第五，不同国家之间存在明显的交流障碍和文化冲突。为了降低这些风险，投资者可以投资于其他国家的合资企业。虽然合适的合作伙伴有点难找，但是这么做可以将美国投资者的专业技能、金融资本与国内合作伙伴的经营相结合，而且后者非常熟知国内的文化、语言、法律等。对于美国投资者来说，发展中国家的投资收益和分散化收益非常诱人，而且投资机会也在增多，因此国际投资总量很有可能持续增长。

### 22.8.7 利用衍生工具来对冲组合风险

正如我们在前面章节讨论过的那样，近年来基于 NCREIF 指数的衍生工具也出现了。衍生工具使得投资者能够不实际购买或出售房地产而持有或者对冲房地产头寸。他们基于 NCREIF 指数或者前面章节提到的一些其他指数的表现获得收益或者产生亏损。

衍生工具可以作为首次进入房地产市场的一种工具。投资者可以购买收益基于 NCREIF 指数表现的衍生工具，也就是所谓的多头。同时，另一个暴露在过多的房地产市场风险中的投资者就会选择卖出衍生工具，而不是卖出他还想继续持有和经营的实际房地产。通过这种方法，投资者既可以出售房地产，也可以降低房地产的风险暴露。如果投资者想要获得高于所持有房地产的平均收益，衍生工具就显得非常有意义。

衍生工具的另一个非常重要的应用就是将风险分配到不同类型的房地产上。投资者可能认为某种类型的房地产风险暴露过高，而其他类型恰好相反。例如，投资者认为他持有了过多的零售房地产，但是持有的写字楼房地产却过少。他就可以和另一方签订互换合约，约定向对方支付零售房地产收益、收到写字楼房地产收益，另一方收到零售房地产收益、支付写字楼房地产收益。两种收益都是基于各自的 NCREIF 指数的表现。投资者会做空零售房地产指数，做多写字楼房地产指数，从而使得他们在没有出售房地产的前提下，调整组合的风险。

### 22.8.8 例子——写字楼和零售房地产的互换合约

我们以下面的例子来阐述如何使用衍生工具来对冲组合风险。ABC 投资者决定在 2000 年 1 月 1 日进行一笔将写字楼房地产和零售房地产的收益进行互换的衍生品交易。即他同意支付基于 NCREIF 写字楼房地产指数表现的收益，而收到基于 NCREIF 零售房地产指数表现的收益。该合约的期限是 5 年，将于 2004 年 12 月 31 日到期。基于该策略，ABC 投资者能够获得多少收益呢?①

在这 5 年中，零售房地产的表现超过了写字楼房地产的表现，NCREIF 写字楼房地产的平均年化收益率为 8.15%，NCREIF 零售房地产的收益率则为 13.67%。因此，以写字楼房地产互换零售房地产的投资者每年收到的收益率为 13.67%，支付的收益率为

① 为简化起见，我们假设投资者进行互换交易时，写字楼和零售房地产的期望收益是一样的。实际上，两者可能存在差异，从而要求互换到高收益率房地产的投资者支付一个固定的收益以调整两者之间的差异。同样，如果投资者互换到收益率更低的房地产，就可以收到一个固定的收益来调整两者之间的差异。

8.15%，从而获得5.52%的净收益。

注意在该例中，投资者没有承担以NCREIF指数反映的房地产收益的风险。投资者只承担了零售房地产相对于写字楼房地产收益的风险。如果投资者过多暴露于写字楼类房地产风险，而过少暴露于零售房地产风险，那么通过这种策略来对冲风险，他就可以获得一个接近NCREIF指数的收益率。

概念框22.2总结了由瑞信提供的基于NCREIF指数的衍生工具，而瑞信也是美国第一家提供基于商业房地产指数的衍生工具的投资银行。由于衍生工具能够调整组合风险以及提高实体房地产效率，因而其在美国的市场一定会越来越壮大。

### NCREIF指数衍生工具　　　　概念框22.2

由瑞信发行的NCREIF指数衍生工具有以下3种。

1. 价格回报互换：投资者收到（或支付）NCREIF公布的季度资本回报部分，并作为回报支付（或收到）固定利差的互换交易。

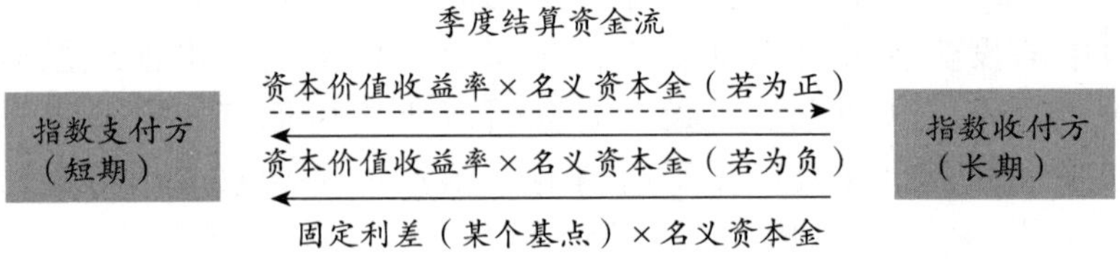


2. 房地产类型互换：一种互换交易，其中投资者获得一种房地产类型的总回报，并以相同的名义金额支付不同房地产类型的总回报。根据所签订的房地产类型互换协议，投资者将支付或收取固定利差作为此类房地产类型互换的一部分。

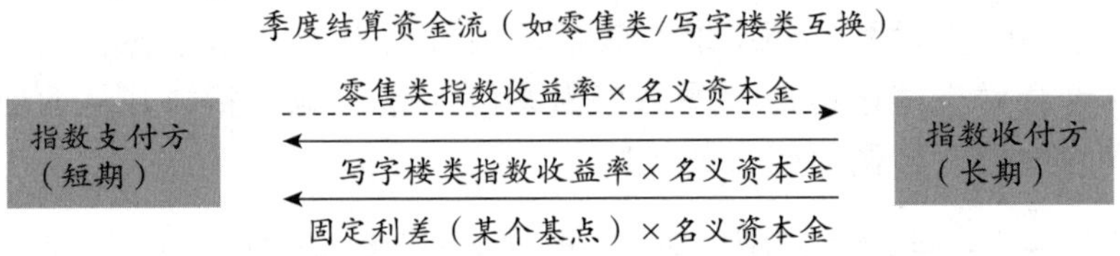


3. 总回报互换：投资者收到（或支付）NCREIF公布的季度总回报并作为回报支付（或收到）3月期LIBOR加利差的互换交易。

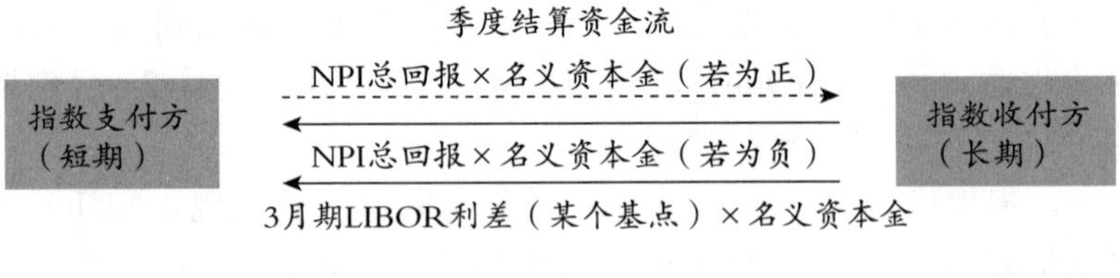


● 根据市场情况，固定利差可能持平或负值（即指数的支付者将支付固定点差以支付指数）。

● 交易以名义资本金为基础，进入交易的唯一前期成本是管理交易对手风险所需的保证金要求。

# 总　结

本章介绍了投资业绩的衡量尺度以及最佳投资组合理论的基本要素。我们还就房地产投资能否为传统上仅由政府证券、普通股票以及公司债券组成的投资组合带来多样化回报的问题进行了探讨。

我们强调，房地产投资回报数据非常有限，因此可能无法代表对房地产回报的广泛的衡量。再加上一些数据还是基于投资顾问所拥有的一组房地产而采集的，在这种情况下，指数大多数是根据报告的净营业收入以及房地产评估的价值来计算的，只包括极少数实际交易的价格。

本章最后一节的投资组合模拟中得出的结果表明，在 1985—2014 年期间，基于这些有限的数据组，把房地产包括在内的多样化投资确实提供了很大的回报。在所有的模拟中，房地产都增加了投资组合的效率。当然，这些结果都是在有限的房地产投资样本的历史数据基础上得出的，也许不能准确地预测未来的结果，或者说并不适用于所有房地产投资的情况。

## 关键术语

| | | |
|---|---|---|
| 算术平均收益率 | 离散系数 | 相关系数 |
| 协方差 | 多样化收益 | 几何平均收益 |
| 持有期收益率 | 美国房地产投资信托协会指数 | 美国房地产投资受托人理事会指数 |

## 参考网站

www. ncreif. com——美国房地产投资受托人理事会（NCREIF）是一个机构房地产专业人士协会，他们对该行业有共同的兴趣。该网站提供房地产信息、索引、成员资格和资源信息。

www. allegiancecapital. com——这是为机构投资者和高净值个人设计的网站，提供各种投资选择的信息。

www. wilshire. com——Wilshire Associates 提供了许多指数，包括房地产指数。

www. reit. com/news/realestateportfoliomagazine/tabid/74/default. aspx——房地产投资组合包含对特定市场问题和趋势的全面覆盖和分析、行业分析、公司和执行概况以及与公开交易的房地产行业相关的统计数据和预测。

www. demographia. com——该网站是查找有关遍布全球的不同市场的相关人口统计信息的非常好的来源。该网站的一些主要特点是它提供国际住房负担能力排名、不同经济报告以及与房地产相关的不同趋势。它也是寻找与房地产相关的法规和政策的良好来源。

www. realtyrates. com——该网站是房地产投资和开发新闻、趋势、分析和市场研究报告的良好来源。它还提供调查报告，其中包括七种核心商业房地产类型的国家抵押贷款期限和利率、财务指标和人口统计信息。部分内容不是免费的。

www. snl. com/sectors/real-estate——该网站提供超过 230 个 REIT、REOC 和房屋建筑商的基本财务数据。它提供详细的描述性数据、成本和性能数据等。它也是分析师覆盖面、FFO 估计、专有 AFFO 和 *NAV* 共识估计的良好来源。

## 问　题

1. 在采集衡量房地产投资业绩的数据时有什么困难？
2. 房地产投资信托（REIT）数据与美国房地产投资受托人理事会（NCREIF）指数之间有什么明显的区别？
3. 算术平均收益率与几何平均收益率有什么区别？
4. 在考虑投资业绩时，投资经理人通常使用什么统计学概念来代表风险？
5. 将 NCREIF 回报与 REIT 回报进行比较，前者的方差较小，为什么会出现这种情况？
6. 计算投资组合的平均收益率时，是将该投资组合中每种投资的平均收益率进行加权平均。这种方法为什么不能应用于计算投资组合回报的标准差上？
7. 协方差与相关系数有什么不同？为什么这些概念在投资组合分析中非常重要？
8. 本章得到的结果表明，在一个含有标准普尔 500 指数、公司债券以及国库券的投资组合中，加入 REIT 或 NCREIF 指数都能增加投资的多样化收益，为什么会出现这种情况？每种房地产投资是否都会产生这种收益？
9. 本章的结果都是基于历史数据导出的。这些结果对今天进行投资决策的投资经理人有什么用处？请详述。
10. 为什么投资者应该考虑全球化投资？
11. 全球化投资有哪些风险？

## 习　题

1. 作为一名动力房地产咨询基金（Momentum Real Estate Advisory Fund，MREAF）的投资顾问，你将要给 ET&T 养老基金投资经理人做一个介绍，展示一下如果 ET&T 在过去的 13 个季度里在 MREAF 进行投资，可能会出现什么情况。ET&T 经理人向你提供了这项全部由普通股构成的基金投资组合业绩的历史数据。ET&T 投资组合以及 MREAF 基金的历史数据如下：
   a. 计算每种投资的季度持有期收益率。
   b. 计算每种基金的算术平均持有期收益率、持有期收益率的标准差以及几何平均收益率。哪种基金的每单位回报中包含的风险较大？
   c. ET&T 基金与 MREAF 的回报之间存在相关系数吗？
   d. 一个含有等量 ET&T 证券与 MREAF 的投资组合会带来投资多样化吗？为什么？
   e. （选答）假定每种投资在投资组合中的比重在 0 和 100%之间变化，若每种投资以 10%的量增加/减少（两种投资的总和必须始终为 100%），则投资的风险与回报将出现什么模式？什么样的证券组合将构成“有效边界”（如果有的话）？
   f. 如果 ET&T 的经理人正在考虑对 MREAF 进行投资，那么这种分析对他有什么帮助？

单位：美元

| 季度末 | ET&T 普通股基金 | | MREAF 房地产基金 | |
|---|---|---|---|---|
| | 单位价值 | 季度分红 | 单位价值 | 季度分红 |
| 1 | 701.00 | 8.28 | 70.00 | 2.17 |
| 2 | 752.50 | 8.11 | 80.05 | 2.14 |
| 3 | 850.52 | 10.30 | 90.80 | 2.01 |
| 4 | 953.75 | 9.81 | 100.50 | 2.01 |

续前表

| 季度末 | ET&T 普通股基金 | | MREAF 房地产基金 | |
|---|---|---|---|---|
| | 单位价值 | 季度分红 | 单位价值 | 季度分红 |
| 5 | 1 047.57 | 12.05 | 99.14 | 1.87 |
| 6 | 1 221.70 | 14.17 | 95.50 | 1.81 |
| 7 | 1 443.90 | 17.18 | 93.77 | 1.79 |
| 8 | 1 263.31 | 14.91 | 80.31 | 1.54 |
| 9 | 1 258.56 | 13.84 | 77.34 | 1.49 |
| 10 | 1 526.72 | 18.32 | 76.53 | 1.44 |
| 11 | 1 616.81 | 19.73 | 78.42 | 1.51 |
| 12 | 1 624.08 | 19.98 | 79.01 | 1.53 |
| 13 | 1 560.25 | 18.88 | 81.75 | 1.55 |

2. **Excel.** 参考网站上提供的 Excel 工作簿中的“Ch22 _ Frontier”。假设 NCREIF、标普 500 指数之间的相关性是－20%。当 50%的投资被分配到每项投资时，这是否会改变投资组合的标准差？

# 第 23 章　房地产投资基金：结构、业绩、基准和归因分析

前几章对商业房地产投资进行了广泛的讨论。大多数章节重点关注个人房地产、租赁、估值、财务指标以及会计和税务因素。第 22 章将房地产投资包括在投资组合中，以实现多样化的优势。然而，为了最大化多样化效益，必须在投资组合中提供足够数量的房地产，以消除特定房地产类型、具体位置甚至个人房地产所特有的因素的大部分回报波动。

大多数投资者甚至富裕的个人以及许多基金和养老基金，都没有足够的资本或专业知识来构建一个资产类型和地理位置多样化的投资组合。因此，投资者的策略是建立多样化的房地产投资组合，并往往依靠各种房地产基金来满足这一需求。这些基金是由投资管理公司创建的，而投资管理公司具有专门针对特定类型投资者的需求获取和管理大型投资组合的专业知识。

本章讨论了这些私募房地产投资基金的许多重要特征。这些资金包括一系列非常重要的私人结构性投资工具，特别是机构投资者。与第 18 章所讨论的类似，这些投资基金广泛使用有限合伙企业结构。然而，本章讨论的基金有所不同，因为它们倾向于投资许多资产，导致总价值很大（见表 23 - 1）。通常这些大型私募基金是由房地产投资经理创立的，他们制定了一项投资策略，其中涉及（1）要收购的房地产类型和收购市场的类型，（2）基金如何运作，（3）资产何时出售，（4）资产策略如何与投资者的房地产投资要求保持一致。然后将这些资金出售给机构投资者（公募和私募养老基金、主权财富基金、研究和教育机构的基金等非营利机构）、家族理财办公室以及高净值人士。这些投资实体通常是希望直接投资于商业房地产投资组合的长期投资者。

一般来说，注册投资顾问[①]创立并出售这些基金，强调符合投资者投资目标的各项目

---

① 这些投资顾问必须“注册”并符合美国证券交易委员会以及国家证券委员会颁布的规定。有关顾问名单，请参阅 McGraw Hill&Co. 发布的“Money Market Directory，Standard and Poor's”。

标。还应指出，许多基金的投资是以养老金计划受益人“信托”的方式进行的。这意味着养老金计划发起人将资助养老金受益人的信托（fiduciary）义务和责任“转移”给这些房地产投资基金的经理。[①] 此外，投资经理和养老金计划发起人都对美国劳工部负责并受其管制。[②]

**表 23-1　　2014 年排名前 25 位的私募房地产投资基金公司**

| 2014 年排名 | 变动 | 公司 | 筹集资金（十亿美元） | 2013 年排名 |
|---|---|---|---|---|
| 1 | ↔ | The Blackstone Group | 32 129 | 1 |
| 2 | ↑ | Lone Star Funds | 12 500 | 3 |
| 3 | ↓ | Starwood Capital Group | 8 661 | 2 |
| 4 | ↔ | Colony Capital | 7 454 | 4 |
| 5 | ↑ | Brookfield Asset Management | 6 928 | 9 |
| 6 | ↔ | Tishman Speyer | 5 757 | 6 |
| 7 | ↑ | Angelo Gordon & Co | 4 606 | 15 |
| 8 | ↑ | Westbrook Partners | 4 532 | 13 |
| 9 | ↑ | Oaktree Capital Management | 4 496 | 21 |
| 10 | * | Global Logistic Properties | 4 400 | — |
| 11 | ↑ | Walton Street Capital | 4 189 | 23 |
| 12 | ↑ | Gl Partners | 3 524 | 38 |
| 13 | ↑ | Orion Capital Managers | 3 523 | 29 |
| 14 | ↓ | The Carlyle Group | 3 434 | 7 |
| 15 | ↑ | Fortress Investment Group | 3 159 | 19 |
| 16 | ↑ | TA Associates Realty | 3 055 | 20 |
| 17 | ↑ | CapitaLand | 2 895 | 18 |
| 18 | ↑ | Cerberus Capital Management | 2 650 | 39 |
| 19 | ↓ | LaSalle Investment Management | 2 557 | 5 |
| 20 | ↑ | Beacon Capital Partners | 2 541 | 28 |
| 21 | ↑ | Hines | 2 471 | 37 |
| 22 | ↑ | Northwood Investors | 2 381 | 24 |
| 23 | ↑ | Rockpoint Group | 2 330 | 34 |
| 24 | ↓ | Prudential Real Estate Investors | 2 315 | 16 |
| 25 | ↑ | GTIS Partners | 2 287 | 40 |

① 受托人处于信托地位，必须（1）将信托受益人的利益置于自身利益之上，（2）消除或者披露任何可能的与信托受益人之间的潜在利益冲突。

② 养老金计划发起人和投资顾问由美国劳工部根据修订后的《雇员退休收入保障法》（ERISA）进行监管。

## 23.1 投资者目的和目标

在评估投资哪些私募房地产投资基金时，投资者必须牢记其投资目标，即他们希望通过房地产分配来实现什么，以及房地产在整体投资组合中的作用。这些目标通常以投资者愿意承担的风险和他们期望因承担风险而赚取的投资回报（报酬）来表示。基金投资者必须评估基金所获得的资产是否符合其投资组合目标。这通常包括将房地产投资与其他资产类别［如公共证券（股票）、固定收益证券（债券）和其他投资］结合在一起的期望水平的多样化，如第 22 章所述。此外，投资者还必须评估基金经理是否可以收购、管理和销售这些房地产。这需要广泛的尽职调查和分析，包括基金经理的过往表现、人员和组织结构以及他们的专业知识和执行能力，以实现他们出售基金的目标。至于基金的运作，有许多因素必须融入基金发行中。这些条款包括在基金协议中，用于向投资者记录、识别和披露投资策略、资产类型、收购地点和退出策略等。它还为投资者提供指导，因为管理人员在经营基金时对于房地产的收购、管理和销售具有自由裁量权。

表 23-2 提供了基金经理在为潜在投资者创建基金和营销时通常考虑的更重要的一些条款列表（不是全部）。基金条款通常包括对基金如何运作的描述、管理者自由裁量权限制、经理费用以及其他使投资者能够更好地评估基金经理所承担风险的条款。根据基金的目标，这些条款的各种组合可用于制定基金协议。该表仅用于描述基金条款的许多可能组合中的一些。

## 23.2 基金发行可能规定的一般说明

以下是对表 23-2 所列项目的简要讨论。

**第一部分** 许多房地产投资基金按照投资风格进行分类，这些投资风格由基于基金策略的房地产状态或状况确定。通常基金分为核心基金、增值基金（value-added funds）和机会基金。这些策略在第 11 章中介绍过。核心基金主要投资于稳定的现有经营资产，它们有着流动现金流，空置率低，并位于主要大都市地区。它们通常投资于各种房地产类型，并且使用非常有限的财务杠杆。因此，风险相对较低。增值基金承担更多的风险，通过购买房地产，这些房地产要么有一些现有的空置，要么即将有主要租户变动或者需要进行一些翻新和资本改良，这样基金可以通过翻新和租赁来创造价值。与核心基金相比，它们通常也会使用更多的财务杠杆。机会基金承担更多的风险，投资一些开发项目，使基金暴露于额外的建设风险，如建设延期、成本超支、复杂的合资企业管理问题等。这些基金通常使用较高程度的财务杠杆。它们也可能不那么多样化，而是集中在基金经理认为会优于其他市场的某些地理区域或房地产类型。它们的策略往往涉及购买“不良房地产资产”。然后，它们通过重新定位或重新租赁来增加房地产价值。在某些情况下，这些基金可能会购买打折、抵押贷款违约的房地产。

房地产在止赎销售中被收购，然后被转售。这些基金不是为长期投资设计的，而是倾向于出售在较短时间内购买的房地产。

**表 23－2　　　　房地产投资基金发行可能的规定**

| | | | |
|---|---|---|---|
| 第一部分　房地产/市场/收购 | | | |
| (A. 1) | (A. 2) | (A. 3) | (A. 4) |
| 房地产投资基金策略 | 可能的市场 | 可能的次级市场 | 可能的房地产策略 |
| 核心 | 全球 | CBD | 多户住宅 |
| 核心增值 | 国内 | 郊区 | 零售 |
| 增值 | 门户城市 | 城市 | 写字楼 |
| 　新建 | 二线城市 | 填补空间/住宅区/市区 | 工业区/分销中心 |
| 　现存 | 三线城市 | 未开发土地 | 酒店 |
| 机会主义 | | 其他 | 混用 |
| 其他 | | | 其他 |
| 第二部分　基金结构/特征 | | | |
| (B. 1) | (B. 2) | (B. 3) | (B. 4) |
| 基金结构 | 投资者进入/退出 | 债务杠杆 | 房地产投资基金的规模和价值 |
| 混合基金 | 最小投资额度要求 | 杠杆限制： | 预期基金规模 |
| 　开放式 | 新投资者准入 | 　收购 | 单一房地产基金价值比最大值 |
| 　封闭式 | | 　债务承担 | |
| 基金预期期限 | 赎回： | 单一房地产贷款价值比最大值 | 单一房地产类别基金价值比最大值 |
| 　有限期限 | 　排队政策 | 债务基金价值比最大值 | |
| 基金续借期权 | 再投资政策 | | |
| 基金清算 | 房地产评估： | | |
| | 　年度，季度 | | |
| | 　内部，外部 | | |
| | 利益的转移 | | |
| 第三部分　基金管理/业绩/报告 | | | |
| (C. 1) | (C. 2) | (C. 3) | (C. 4) |
| 附加基金管理条例 | 管理费用 | 业绩报告 | 业绩基准 |
| 咨询委员会 | 收购费 | 经营成果 | NCREIF 指数 |
| 披露 | 管理费 | 　收入 | ODCE 指数 |
| 投资者资本： | 处置费 | 　升值 | 最小实际回报 |
| 　承诺 | 提成费 | 回报 | |
| 贡献 | 升级费 | 分配 | |
| | 附带收益 | *IRR* 和 *TWR* | |
| | | 投资乘数 | |

基金经理通常获得投资者投资于基金的承诺。来自投资者的资金被称为“资本”，因为投资机会已经确定并准备投资于基金。一方面，核心基金往往是开放式的（下文讨论），因为房地产是稳定的，投资者一般可以相对容易地进出基金。随着资本的增加，基金将继续进行新的收购。另一方面，机会基金（opportunistic fund）由于执行投资策略所需的时间，往往是封闭式的（下文讨论）。因此，许多这些基金有一个锁定期（通常是基金初始阶段1～2年），锁定期间不允许投资者退出。此外，这些基金通常在进行新的收购时具有有限的投资期限。

基金经理在未经投资者许可的情况下，可能有决定投资房地产的完全酌情处置权（full discretion）。在某些情况下，投资者可以保留投资的批准权。

一般来说，基金将把投资活动集中在其中一个策略上，以便投资者知道在投资基金时期望如何。然而，在有限的情况下，基金经理有一些灵活性。例如，一个核心基金可能会获得一处核心房地产，其中包括将来会获得发展的一些未开发的土地。这可以被称为“核心增值”或“建立核心”房地产投资。另外，通常一些房地产被称为“A地区的B级房地产”，这些核心房地产处于良好的地段，可以获得较高的出租率，但它们可能需要一些小的改进和现代化，以使其与区域竞争对手相匹敌。这些房地产有时被称为“核心增值型”房地产，是核心基金的一个次要组成部分。然而，由于这些投资将是基金主要关注点的例外情况，并且通常受其在基金中的比例限制，该基金可能会继续被认定为“核心房地产基金”。

基金的投资策略也可以明确其投资的目标市场、子市场和房地产类别。例如，基金可以包括某些地理区域，并且可以具体地排除某些市场（例如，在非美国国家的房地产）。为了进一步明确基金策略，也可以确定收购城市中属于地铁市场的房地产。（例如，投资可能仅限于“门户城市”。因此，投资可能仅限于西雅图、旧金山、洛杉矶、圣迭戈、芝加哥、波士顿、纽约、华盛顿特区、迈阿密、休斯敦、达拉斯、亚特兰大等城市。）也可以确定地铁市场内可能获得投资的子市场。例如，在地铁市场内，只有CBD和城市密集区的房地产才可能进行投资。

根据基金策略，投资可能会受到房地产类别的限制。例如，投资可能限于一个或多个特定类别，例如零售、写字楼、多户住宅、工业或仓库房地产。然而，根据策略，这个名单可以扩大到包括酒店、多用途房地产，以及可能投资于学生宿舍、医疗机构、老年人住房、医疗机构、停车场，甚至是轻型制造业房地产。

**第二部分** 除了房地产和市场的类别外，基金结构也非常重要。当一个非常大的基金被设立并且预期在许多地方投资大量房地产时，经理人通常使用混合基金（commingled fund）结构，然后向许多机构投资者出售。这些大型混合基金通常是开放式基金。这意味着，在初次发行后，基金开始运作，新投资者可以根据当时基金单位价值的价格进入。同样，开放式结构还允许投资者将其持有的单位权益转让（出售）给其他投资者。这些转让可能是针对已经在基金中的投资者，在某些情况下也可能针对新投资者。开放式基金通常遵循核心战略。

投资经理使用的另一种基金结构是封闭式基金（closed-end fund）。封闭式基金在特定时期内设法筹集特定资本金，之后该基金对新投资者关闭。这些基金通常规定每个投资者必要的最低投资金额。这往往限制了基金投资者的数量。封闭式结构对于在最近短时间内试图设立基金的经理来说可能是重要的。这些基金也倾向于限制投资者的退出或赎回。封闭式基金的重点往往比开放式基金更具体。在许多情况下，封闭式结构用于增值或机会房地产基金策略。封闭式基金也往往具有有限的存续期限（通常为5～7年，且具有有限的展期选择），并在基金目标实现时或当基金的运作时间到期时执行清算程序。

表23-3总结了主要的投资策略（风格）以及每种策略倾向于使用的结构。一旦基金选择了特定的投资策略（风格），经理在收购房地产时遵循这种风格对于投资者来说就很重要。投资者选择符合其特定需求的基金，包括其风险承受能力以及该基金如何适应其整体投资策略。因此，投资者不希望该基金偏离其预设的风格。当基金经理偏离其明确的策略并购买不符合基金规定目标的房地产时，这被称为“风格漂移”（style drift），并可能成为投资者关注的问题。例如，如果基金作为一个核心基金建立，却开始承担开发项目，这将是投资风格的重大变化。在某些情况下，基金经理可能会尝试获得更高的回报，以跑赢大盘指数，或进行风险较大的投资来弥补以前的不良投资。他们也可能会冒险承担风险较大的项目，以期获得奖励费用。实际上，该基金可能试图实现更高的回报，但可能会冒更大的风险——这使得投资者承担了比当初投资时更大的风险。

**表23-3　　房地产投资风格**

| | 核心 | 增值 | 机会 |
|---|---|---|---|
| 基金结构 | 一般为开放式 | 主要为封闭式，少数为开放式 | 封闭式 |
| 指数 | NPI | NPI＋400BP | NPI＋600BP |
| 预测回报 | ＜10％ | 10％～14％ | 高于15％ |
| 收益率（总回报的百分比） | 70％以上 | 40％～60％ | 0～50％ |
| 房地产类型 | 工业区、公寓、写字楼、商场 | 多向扩展（如养老公寓、学生公寓、医疗场所） | 所有类型 |
| 房地产生命周期 | 稳定，租赁 | 可识别缺陷 | 待发展 |
| 占用率 | 80％以上 | — | — |
| 开发 | 无 | 中等 | 大规模 |
| 杠杆率 | ＜35％ | ≤75％ | ≤100％ |
| 市场 | 一线/二线城市，国内 | 一线/二线/三线城市，国内 | 一线/二线/三线城市，国内，国际 |

**估价**　读者应该意识到，房地产投资基金在很多方面与股票和债券基金不同。一个非常重要的区别是，后一种基金可以更容易地或更经常地估值。这是因为股票和债券的交易非常频繁，但是个人房地产在大小、质量和位置上都有差异，因此，房地产价格的发现更为复杂。

无论投资于房地产的基金类型如何，基金经理均必须定期向投资者提供与基金房地产价值有关的信息，以及基金存续期间的投资表现。正如前文所指出的，房地产资产的价格发现可能有点复杂。在报告投资表现时，基金经理通常使用房地产估价来估值。基金文件通常披露投资组合中的房地产的估价频率（季度、年度等），基金经理在内部可能在多大程度上对这些估价进行评估，或者是否以及何时由外部（第三方）评估人员完成评估。虽然基金经理可能不时地向投资者提供价值估计值（内部评估），但通常需要由第三方评估者在特定时间间隔内所做的外部评估。应定期进行外部评估，以提供第三方意见。这在确定房地产价值时增加了一些客观性，并倾向于减少在向基金投资者报告房地产价值时基金管理面临的冲突。对于混合开放式基金，这些评估还有助于为新投资者和希望赎回单位权益的现有投资者建立单位价值，如果现有投资者希望退出基金的话。通常在基金文件中有赎回政策（redemption policy），规定可以实现赎回的条件。这项政策可能很重要，因为基金的一些房地产可能需要出售，从而为希望退出的投资者提供需求流动性和资金。许多基金采取赎回政策来确定退出顺序（排队）以处理多个投资者选择同时退出的可能情况。

**独立账户** **概念框 23.1**

除了表 23-3 所示的基金结构外，投资经理可能使用的另一种“类基金”工具，也被称为“独立账户”。独立账户是为单个投资者设立的单一客户投资工具，而混合基金中多个投资者将其投资资本汇集在一起。独立账户协议通常在单个个人投资者（机构或个人）和个人基金经理之间签订。（然而，一个投资者可能会与几个不同的个人经理有几个独立的账户关系。）独立账户通常使用合伙企业结构，并且独立账户协议中的规定可能与开放式基金中的规定非常相似。然而，重要的区别在于基金管理者的酌情处置权和所有者权益的转移。当创建一个独立账户时，投资者不希望其投资与其他投资者设立的基金混合在一起。这些投资者通常希望获得更多的控制权，并希望在收购、经营、租赁、融资或再融资以及房地产转让或处理等重大决策中发挥更重要的作用。这减少了基金经理的酌情处置权。另外，通过不与其他投资者的基金混合，独立账户条款通常会赋予投资者与基金经理终止基金协议，并将所有资产转让给新的基金经理的权利。

**债务/杠杆** 根据基金的预期风险状况，在投资房地产时，基金对债务和财务杠杆的使用可能受到限制或根本不被允许。当所投资的房地产提供以有吸引力的条件承担债务的机会时，就可以在一定限制的基础上进行这样的管理。一些基金可能允许使用债务，但可以指定（1）任何一个房地产的最大贷款价值比和（或）（2）总债务与总资金价值的最大百分比。这些限制被用来约束基金经理对基金的杠杆和财务风险的酌情处置权。

对基金经理的酌情处置权的其他限制可能包括：（1）限制单一资产敞口，即任何一种资产占基金总价值的最大百分比（例如，没有任何资产可能占该基金总额的 10%以上），（2）对单一资产类型敞口的限制，即一种资产类型占基金总价值的最大百分比（例如，所有写字楼的价值不得超过基金总价值的 30%）。同样，这些规定旨在限制基金经理的酌情处置权，并用于向投资者确保在基金投资组合中进行一定程度的多样化投资。

**第三部分　基金管理**　一些基金（特别是开放式混合结构）可能规定组建一个投资者咨询委员会，为基金管理提供一些指导。一般来说，基金管理对房地产选择、管理和销售具有充分的自主权。然而，在某些情况下，投资者将使用咨询委员会对基金的运作进行干涉。基金经理将向咨询委员会披露基金运作中的潜在利益冲突。例如，房地产管理通常不由基金经理完成。在可能的情况下，房地产管理通常由第三方公司执行。对政策的偏离和任何潜在的冲突一般都会向基金咨询委员会披露。在某些情况下，咨询委员会也可能被要求对某些房地产收购行使"优先否决权"。例如，如果房地产被考虑由混合基金购买，并且正在考虑由另一个由同一基金经理设立的基金（例如单独的账户）进行收购，那么轮换政策可能被包括在基金协议中。该政策规定了参与协商投资同一房地产的基金的可以选择购买或放弃购买该资产的顺序。

大多数基金也区分投资者资本承诺和投资者资本投入。前者通常与投资者对基金做出资本投入承诺的时间有关，但要在基金开始实际收购房地产之前。前者通常是指投资者向基金经理承诺进行房地产收购的资本配置数额。随着基金开始收购房地产，将向投资者发出"资本呼吁"，然后投资者出资。资本承诺与资本投入可能是两个非常不同的概念，由于一些因素复杂化，如基金是否在其指定的投资期内成功部署资本，或者在初始承诺的资本已经全部投入之后，在基金存续的后期是否需要追加资本，这可以增加总资本投入。资本承诺与实际出资之间的差异很重要，因为这可能会影响投资者如何确定和支付基金管理费。

**投资管理费**　投资基金经理收取的费用通常属于以下一个或多个类别：

- 收购费；
- 处置费；
- 管理费；
- 绩效费（又称奖励费、"提成"和"附带收益"）。

收购费是在房地产被收购时获取的，通常是购置成本的1%。处置费是在出售房地产时收取的。

在基金的整个存续期间，基金经理向投资者收取管理费。由于基金的设立和管理存在业务竞争，基金经理的收费可能会有所不同。例如，核心基金的收费通常以权益资本（资产价值减去任何债务）为基础确定。它通常按年度以百分比（或基准点）表示。一些投资者的费用可能会低于其他投资者，这取决于所承诺的权益数额。对于非常大的权益承诺和（或）基金的主要投资者，费用可能会减少（打折）。

募集资金的典型周期可以分三个阶段来考虑。在第一阶段（筹资阶段），基金管理层从同意投资基金的多名投资者处获得承诺（commitment）。在基金经理收到足够数量的承诺后，管理层开始准备收购房地产，第二阶段称为投资阶段（investment period）。这时基金存续期间正式开始。在此期间，投资者进行资本投资。这可以持续数年，通常在基金招股说明书中规定最长时间。资金需求是根据基金投资收购的需求确定的。投资阶段完成后，第三阶段涉及投资的持续管理、房地产的最终出售以及对投资者的资本回报（除非基金有再投资选择权）。封闭式基金通常有一个固定期限，之后所有的投资将被出售，但是如果基金经理需要，可能会有几个延期选择来提供更多的处置时间。开放式基金通常会将资金重新投资于其他投资，而且基金也没有一个有限的存续期限。

每个阶段的管理费可能会有所不同。通常从投资期开始，费用最初通常是基于承诺资本（committed capital），这是投资者同意为基金投入资金的最大数额。投资阶段后，费用可能会发生变化，并基于投资资本（invested capital）（按成本或市值计算）。如果按成本计算，则等于实际投资的金额，虽然有些基金可能会继续基于承诺资本进行费用计价。如果基金经理没有找到足够的投资来满足使用全部承诺资本的基金标准，投资金额可能会低于承诺金额。但是，基金不能要求投资者提供超过他们承诺的金额。

**例子——资本承诺与投资费用**

基金费用按照投资阶段承诺资本的0.35%和投资阶段后投资资本的0.5%收取。在本例中，投资者的承诺资本是1亿美元，其投资阶段为2年。2年投资阶段结束后，基金费用将基于投资资本计算。预计在第4年和第5年，基金计划将会出售一些房地产并将资本还给投资者（见表23-4）。

**表23-4** 单位：美元

| 年份 | 实缴资本 | 资本回报 | 投资资本 | 承诺资本费用 | 投资资本费用 | 总费用 |
|---|---|---|---|---|---|---|
| 1 | 50 000 000 | 0 | 50 000 000 | 350 000 | | 350 000 |
| 2 | 50 000 000 | 0 | 100 000 000 | 350 000 | | 350 000 |
| 3 | | 0 | 100 000 000 | | 500 000 | 500 000 |
| 4 | | 50 000 000 | 50 000 000 | | 250 000 | 250 000 |
| 5 | | 40 000 000 | 10 000 000 | | 50 000 | 50 000 |

正如前文所指出的，费用通常基于投资者权益，即房地产价值减去任何抵押债务。这是因为投资者可能不想为基金经理在收购房地产时使用的任何债务支付费用。然而，在某些情况下，费用可能是基于管理的资产的总价值，包括债务和权益。但是，在这种情况下，基于资产价值的百分比收取的管理费一般会低于基于权益资本的百分比收取的费用。管理费/费率也可以根据投资组合的规模进行分级（分层）。此外，在某些情况下，费用可能取决于获得的资产的初始成本。这种方法在合资企业和增值基金中更为常用，增值基金指的是随着时间的推移，房地产价值通过管理不断得到改善的基金。由于增值策略需要时间来实现，因此可能难以对房地产价值进行中期估算。

**其他基金管理费用结构**

其他基金管理费用的计算方法包括：

- 净营业收入的百分比；
- 现金流量分配的百分比；
- 项目收入（有时用于住宅用地开发项目）；
- 项目成本（有时用于商业开发项目）。

（1）示例：基于净营业收入的费用。

假设费用组成如下：

- 年度净营业收入中15 000 000美元的6%；
- 年度净营业收入中另外10 000 000美元的5%；
- 年度净营业收入除去以上25 000 000美元外的剩余部分的4%。

若实际年度净营业收入=35 000 000美元，支付给基金经理的费用应该为：

15 000 000×6%=900 000（美元）

10 000 000×5%=500 000（美元）

10 000 000×4%=400 000（美元）

900 000+500 000+400 000=1 800 000（美元）

(2) 绩效费用。

在某些情况下，最值得注意的是，对于“增值”基金和“机会”基金，基金经理可能会收到所谓的“提成”(promote)。这笔费用是向基金经理支付的，作为提高基金业绩的额外激励。费用通常是在基金结束时收取的，或直到 100%的投资者的资本已经返还。费用通常是根据基金经理赚取的回报超过基金经理和投资者在基金开始时所同意的“最低预期收益率”的程度来计算的。通常，这些基金管理人员的激励费用是通过重新定位、重新开发和（或）改善房地产来弥补其发展或“改变房地产特性”承担的额外和适当的风险。因此，可能需要时间来执行这些策略，并且这些房地产的全部市场价值在卖出之前可能是不会实现的。正是在销售时，基金经理通常会因为“成功完成”基金的“房地产周转”和（或）其他目标而得到包含“提成”的补偿或报酬。

**例子**

假设（见表 23-5）：

- 初始投入＝1 000 000 美元；
- 最低收益率＝10%，基金经理的提成比例＝20%；
- 资产运营年现金流＝80 000 美元；
- 持有期为 3 年；
- 房地产出售净收入＝1 500 000 美元；
- 年资产管理费用为 1 000 000 美元的 1%，即 10 000 美元。

**表 23-5** 单位：美元

| 年份 | 投资现金流（*CF*） | 减去年管理费（*AM*） | *CF*－*AM* | 用于提供报酬的现金流 | 剩余现金流 | 经理提成 | 剩余现金流 | 最终流向投资者的现金流 |
|---|---|---|---|---|---|---|---|---|
| 0 | －1 000 000 | | －1 000 000 | －1 000 000 | | | | －1 000 000 |
| 1 | 80 000 | －10 000 | 70 000 | 70 000 | | | | 70 000 |
| 2 | 80 000 | －10 000 | 70 000 | 70 000 | | | | 70 000 |
| 3 | 1 580 000 | －10 000 | 1 570 000 | 1 169 300 | 400 700 | 80 140 | 320 560 | 1 489 860 |
| *IRR* | | | | 10% | | | | 18.7% |

为了达到 10%的目标内部收益率，第 3 年的现金流可以表达为下式：

$$1\ 000\ 000 = 70\ 000 \times \frac{1}{(1+0.10)^1} + 70\ 000 \times \frac{1}{(1+0.10)^2} + X\frac{1}{(1+0.10)^3}$$

$$X = 1\ 169\ 300\text{（美元）}$$

注意，第 3 年总共有 1 570 000 美元资金用于分配给投资者和支付基金管理费用。其中，1 169 300 美元（包括 70 000 美元资产管理费）用于为投资者提供 3 年期 10%的最低报酬。投资者将会收到 80%的剩余现金流，即 320 560 美元。因此，投资者总共可以获得 1 489 860 美元，扣除费用后的净内部收益率为 18.7%。基金经理将会留存 400 700 美元的 20%，即 80 140 美元作为报酬。

## 23.2.1 基金业绩报告

表 23-6 提供了假设的房地产基金季度财务情况的一个例子。读者应该知道，除了

房地产之外，“基金层面”的结果也受到经营基金所需的许多其他项目的影响。例如，基金经理可能需要以现金余额或市场短期投资的形式获得流动性。短期债务的来源（例如信用额度）也将被使用。基金经理必须管理从房地产经营中获得的净现金流入或收入以及来自新投资者的额外权益投资的现金流入。然后，经理积累资金来进行房地产收购。经理还必须出售房地产，并向投资者分配现金。因此，在考虑基金层面的业绩时，除了在存续期间经理持续进行的房地产买卖外，还有许多其他业务。

### 23.2.2 衡量和报告投资回报

基金经理面临的一个挑战就是如何报告基金业绩的期间结果。例如，表 23 - 6 包含了假设的开放式混合房地产投资基金的财务摘要。仔细观察该表，我们可以看到，在本报告所述期间，股本的市值（*MV*）从季度初（见表 23 - 6A）的 2 亿美元增加到季度末（见表 23 - 6C）的 4.25 亿美元。我们也看到（见表 23 - 6B），在本季度，投资组合的房地产净收入为 1 000 万美元。由于投资者提供了 2.25 亿美元的额外股本，额外的房地产收购总额为 2.2 亿美元。这可能是新投资者或现有投资者为他们未履行的投资承诺提供的资金。该基金还报告向股票投资者分配了 500 万美元的现金，而基金的现金余额则增加到 1 800 万美元，以应对预期未来可能进行的收购。

**表 23 - 6　　基金流动概要——假设的房地产投资基金**　　单位：百万美元

| A. 基金的市值（季度初） | | | | B. 季度内经营和资本现金流 | | C. 基金的市值（季度末） | | | |
|---|---|---|---|---|---|---|---|---|---|
| **资产** | | **负债** | | **房地产经营** | | **资产** | | **负债** | |
| 现金 | 10 | 短期负债 | 10 | *NOI* | 10 | 现金 | 18 | 短期负债 | 10 |
| 短期投资 | 20 | 总负债 | 10 | 减：基金管理费 | 2 | 短期投资 | 20 | 总负债 | 10 |
| 房地产（市值） | 200 | 权益（市值） | 220 | 加：利息收入 | 1 | 房地产（市值） | 425 | 权益 | 453 |
| 总资产（市值） | 230 | 总负债＋权益 | 230 | 减：利息费用 | 1 | 总资产（市值） | 463 | 总负债＋权益 | 463 |
| | | | | 可分配现金流 | 8 | | | | |
| | | | | 减：分配 | 5 | | | | |
| | | | | 留存现金 | 3 | | | | |
| | | | | **资本现金流** | | | | | |
| | | | | 投资者实缴 | 225 | | | | |
| | | | | 房地产收购 | 220 | | | | |
| | | | | 房地产处置 | 0 | | | | |
| | | | | 留存现金 | 5 | | | | |

### 23.2.3 季度主要业务摘要

**期初**

- 基金包含 3 000 万美元的现金＋短期投资。
- 该基金还包括市值为 2 亿美元的房地产。

● 总资产市值＝2.3 亿美元。

● 短期负债＝1 000 万美元。

● 权益市值＝2.2 亿美元。

**季度内**

● 房地产经营性现金流入＝1 000 万美元。

● 支付的基金管理费共计 200 万美元。

● 基金向投资者分配了 500 万美元。

● 该季度内投资者对基金的投资共计 2.25 亿美元。

● 房地产收购总额达 2.2 亿美元。

● 没有长期负债用于收购。

● 没有出售房地产（即没有处置）。

● 季度现金余额增加 800 万美元（房地产营业收入为 300 万美元，投资者净投资额为 500 万美元）。

**期末**

● 基金现金总额为 1 800 万美元，短期投资总额为 3 800 万美元。

● 第四季度结束时的房地产市值＝4.25 亿美元。

我们现在必须回答的问题是，该基金的业绩和投资回报如何计算并在本季度向投资者报告？这有点复杂，因为房地产经营业务的现金流可能在季度内每天都在发生，一些现金流可能每月出现，而房地产收购可能发生在这期间的任何时候。最后，我们应该记得，权益的市值在很大程度上是基于对房地产价值的评估。图 23－1 列出了商业房地产投资基金运作所涉及的许多功能和现金流。基金管理如何为投资者提供有关基金业绩的指导？这些现金流量活动如何转换成单一的投资收益率？

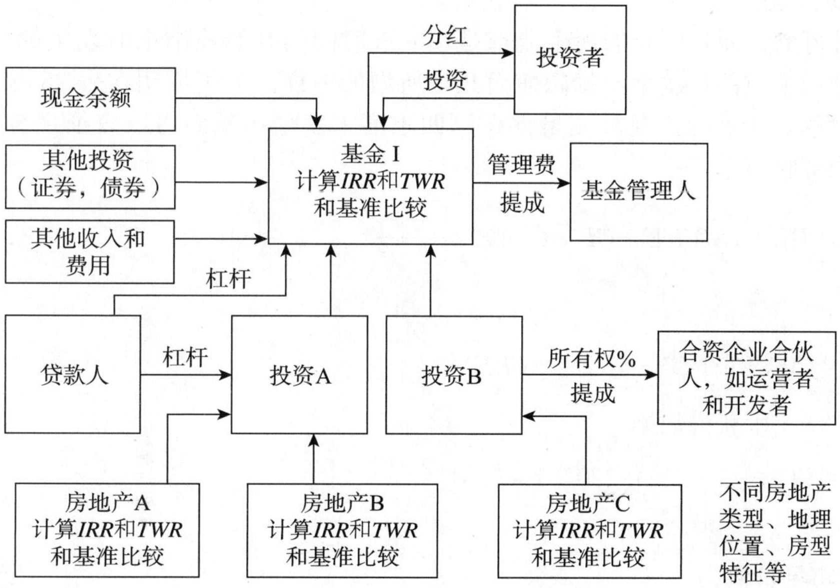


**图 23－1　房地产投资基金现金流**

当试图回答这个问题时，还必须记住其他几个因素。该基金的大部分房地产尚未出售，并继续构成该基金的大部分权益投资组合。其结果是，本季度末所显示的 4.25 亿美元的权益，基本上是基于估值的。因此，本季度 500 万美元的房地产升值是“未实现的”收益。因此，向投资者报告的财务信息应该被看作是对业绩的估计，假设所有的房地产都可以按其评估价值出售。当市场价值突然发生变化时，评估价值有时会滞后于交易价格反映的价值，因为评估者需要一两个季度的时间才能找到足够的证据来证明市场已经发生了变化。

绩效回报（实现或未实现）对于参与基金运作的各方都非常重要，因为投资者使用回报数据来评估他们的投资和基金经理的表现。此外，正如我们已经讨论过的，支付给基金经理的费用补偿可能部分依赖于房地产基金的表现。给经理的费用可能取决于报告的回报是否超过基金经理表示希望在基金发行文件中达成的目标回报，以及将基金出售给投资者时预期的收益。（我们将在下一节讨论绩效目标/基准。）当向客户推荐投资基金时，行业顾问也可以使用绩效数据进行“同业评估比较”。

## 23.3 计算投资回报

通常投资结果是由基金经理根据行业标准和实践计算和报告的。在过去的 30 多年里，关于绩效指标的发展已经有了很多的讨论，以捕捉并呈现商业房地产基金的准确结果。我们已经指出，在整个期间，可能会出现运营、房地产销售、资本贡献、收购和现金分配的现金流动。管理者还必须保持流动性（如持有留存现金等）来支付费用、进行额外的房地产收购等。由于这些资金流动通常发生在季度报告期内，因此通常被称为“期间内”现金流。

为了计算的方便，所有的现金流都是在一段时间的开始或结束时发生的。这样，我们可以计算一个内部收益率，就像前面几章所做的一样。为了说明在表 23－6 中我们使用的基金示例，如果所有现金流量都在第四季度末发生，我们可以表征现金流量如下，然后解决内部收益率：

$$MVBE=(MVEE+CF-CC)\times\frac{1}{(1+i)^1}$$

解出 $i$，有：

$$i=(MVEE+CF-CC)/MVBE-1$$

从图 23－1 中获得数据：

$$i=(453+5-225)/220-1=5.91\%$$

其中：

$MV$＝市场价值；

$BE$＝期初权益；

$EE$＝期末权益；

$CF$＝现金分配（$CD$）和所有净现金流量（所有流入－流出）；

$CC$=资本投入；

$i$=内部收益率。

不幸的是，计算简单的单期 $IRR$ 是不够的，因为我们知道该基金包括几个期内的现金流。换句话说，并不是所有的现金流都出现在期间的开始或结束。此外，直观地，我们知道，如果大量的所有净现金流量都在本期初发生，我们例子中的内部收益率可能会被低估。我们如何才能更好地评估收益率，以更精准地反映报告期内的资金流动？

一种方法是在 Excel 中使用 XIRR 函数。该函数允许对每个季度的每个现金流的确切日期进行详细的说明，同时也考虑到本季度的天数。因此，为了进行比较，所得到的 $IRR$ 可以转换成有效的季度和年利率（如果需要）。

第二个计算回报的方法是使用一个更简单的近似于 $IRR$ 的被称为“修正的 Dietz”（Modified Dietz）的返回公式。[①] 在本季度内发生期内现金流量时，“修正的 Dietz”（$R_D$）公式可用于计算近似 $IRR$。它不需要使用 Excel 的计算机，并且在 XIRR 函数可用之前就已经开发出来了。修正的 Dietz 方法将净现金流入量按投资基金持有的现金流量在报告期内的剩余天数进行加权。这个公式如下：

$$R_D = \frac{MVEE - MVBE + \sum CF_j}{MVBE - CFW}$$

其中，

$MVEE$ 是期末的基金市场价值；

$MVBE$ 是期初的基金市场价值；

$CF_j$ 是投资者在基金期间的第 $j$ 天收到的净正现金流量（分配减去投入）；

$\sum CF_j$ 是该期间所有天内所有净正现金流量的总和[②]；

$CFW$ 是按 $\sum CF_j(N-j)/N$ 计算的时间加权现金流量。每天的净现金流量按该期间的剩余天数加权；

$N$=期间总天数。

$R_D$ 公式中显示的分母可以被认为是在此期间每天通过净现金流入或流出（$CFW$）调整初始权益值（$MVBE$）。基金的净现金流量是根据在报告期内剩余的天数进行加权的，以调整货币的时间价值。所以整个分母可以解释为季度的日加权投资。从本质上说，如果本季度出现正现金流，$CFW$ 就会增加。公式中的大的 $CFW$ 减小了分母，从而增加了回报（$R_D$）。

为了进一步说明，在我们的例子中，如果我们假设（1）所有现金分配（$CD$）在本季度的第 30、60、90 天平均发生，（2）一个季度是 90 天，重点关注 $CFW$，我们有：

$$CFW=1/3CD\times(90-30)/90+1/3CD\times(90-60)/90+1/3CD\times(90-90)$$

① 这个公式是由 Peter O. Dietz（俄勒冈大学已故教授，Frank Russell 公司总裁）提出的原始公式演变而成。原来的 Dietz 公式在本季度的中点发生了所有的期内现金流。随后，引入了“修正的 Dietz”公式，该公式考虑了每个现金流发生的确切时间。修正后的公式更准确，因为它在现金流发生后的报告期内的剩余日子里对现金流进行加权。现金流的“日加权”为本季度的 $IRR$ 提供了更准确的估计。在美国的房地产基金报告业绩时，修正的 Dietz 公式现在被广泛使用。

② 如果 $CF$ 被定义为净投资，即投资者对基金的投入，则该符号将为负。

请注意，假定最后一笔分配在本季度最后一个月的末尾出现，其权重为 0。因此，它不影响 $CFW$。

在表 23-6 的示例中，我们在本季度向投资者发放了 500 万美元的投资，或者在三个等于 30 天的季度期间结束时分配了 167 万美元，因此：

$$\begin{aligned} CFW &= 1.67\times(90-30)/90+1.67\times(90-60)/90+1.67\times(90-90)/90 \\ &= 1.67(\text{百万美元}) \end{aligned}$$

在这种情况下，$CFW$ 恰好是一个月的现金流量，为 167 万美元。

$$\sum CF_j = 5-225=-220(\text{百万美元})$$

现在使用修正的 Dietz 公式，我们有：

$$R_D=\frac{MVEE-MVBE+\sum CF_j}{MVBE-CFW}$$

$$R_D=(453-220-225)/(220-1.67)=0.0595\text{，或 }5.95\%$$

请注意，5.95%与我们使用 $IRR$ 计算的 5.91%的答案非常接近。再次，由修正的 Dietz 公式所得出的 5.95%的更高的收益率是因为在本季度初发生了一些可供投资者分配的现金流。这导致使用修正的 Dietz 公式所得的结果在同一时期并不总是等于 $IRR$，但通常是一个很好的近似值。它已成为机构投资者向投资者衡量和报告业绩的标准。另请注意：

| | |
|---|---|
| 收益回报（扣除费用后） | 8/(220－1.67)＝3.66% |
| 增值回报 | 5/(220－1.67)＝2.29% |
| 总回报 | 5.95% |

## 23.3.1 在房地产层面计算回报

在上一节中，我们研究了“基金层面”报告的回报，并描述了期内现金流量发生时计算投资回报的方式。

现在我们来看看在“房地产层面”的投资业绩。这意味着我们只想关注基金中房地产的业绩。在这种情况下，我们不想考虑任何债务（杠杆）、留存现金、短期投资或短期负债的影响。虽然这些项目对于基金经理来说非常重要，但我们只想重点关注为了投资基金的业绩如何收购房地产。我们也将忽略为个人房地产提供融资所得的债务，因为我们要计算一种只反映房地产业绩而不依赖于财务结构的回报。

回到我们先前的例子，在表 23-6A 中，基金房地产的初始市值是 2 亿美元。在此期间，投资者投入了 2.25 亿美元的新权益资本，其中 2 亿美元用于房地产收购。在季度末，基金中所有房地产价值为 4.25 亿美元。季度内，该房地产组合也产生了 1 000 万美元的 $NOI$。房地产投资组合业绩如何？我们如何评估季度内现金流量、在该期间的 500 万美元的房地产增值以及通过 $NOI$ 收到的现金 1 000 万美元？

为了完成这一任务，我们可以再次利用修正的 Dietz 公式来计算本季度的 $IRR$ 近似值。

$$R_D=\frac{MVEE-MVBE+\sum CF_j}{MVBE-CFW}$$

在修正的 Dietz 公式中，各数值为：

$MVEE=425$（百万美元）

$MVBE=200$（百万美元）

$NOI=10$（百万美元）

$CF=220$（百万美元）

我们可以计算回报，如下：

$$R_D=\frac{425-200+(10-220)}{220-CFW}$$

再次假设 $CFW=333$ 万美元或投资者每 30 天收到一笔相同的金额，共计 1 000 万美元，那么我们计算 $R_D$ 如下：

$$3.33\times(90-0)/90+3.33\times(90-60)/90+3.33\times(90-90)/90=3.33$$

$$R_D=\frac{425-200+(-220+10)}{220-3.33}=7.62\%$$

另请注意：

$$收入(减去费用前)=\frac{10}{200-3.33}=5.08\%$$

$$增值回报=\frac{5}{200-3.33}=2.54\%$$

$$总回报=7.62\%$$

## 23.3.2 回报比较：基金层面与房地产层面

在前两节中，我们提供了在季度内现金流发生时基金层面与房地产层面的回报的计算。

在基金层面，本季度的收益率估计为 5.95%，而在资产层面，收益率为 7.62%（两个回报均以修正的 Dietz 公式计算，以接近季度内部收益率）。这两种收益率之间的差额，即 1.67%，被称为基金层面的“现金拖累”（cash drag）和（或）“行政拖累”（administrative drag），这是因为需要一些现金余额和短期投资，而现金余额和短期投资可能不像基金管理费那样获得很大回报。大多数基金经理试图通过尽可能有效地管理这些项目来减少基金回报的“拖累”。还应注意到，由于我们忽略了杠杆，房地产回报也可能低于基金回报，不管基金层面有任何的现金或行政拖累。

## 23.3.3 回报：费用之前和之后

在本章前一节中，我们讨论了管理费。实际上，基金层面的回报往往是在“费用之前和之后”计算的。回顾我们在表 23-6 中假设的例子。其中显示本季度已经支付了 200 万美元的管理费。我们还计算出“基金层面”的收益率为 5.95%，这是“扣除费用后”计算的。为了计算“扣除费用前”的回报，我们可能需要在表 23-6 所示的分配中增加 200 万美元的费用。这将使分配额从 500 万美元增加到 700 万美元，即每月 233 万美元。然后，我们可以通过将 $CF$ 增加 200 万美元，$CFW$ 减少 233 万美元来重新计算收益。费用扣除前的收益率的计算为：

$$CFW=2.33\times(90-30)/90+2.33\times(90-60)/90=2.33(百万美元)$$

$R_D = (453 - 220 + 225 + 7)/(220 - 2.33) = 6.89\%$

计算结果表明，在基金层面上，扣除费用前的收益率为 6.89%，而扣除费用后的收益率为 5.95%。这意味着由于管理费，投资者收益率降低了 94 个基点（BP）或 0.94 个百分点。这通常被称为投资者回报的“费用损失”。

## 23.3.4 计算历史回报

一些房地产投资基金已存在多年。一些知名的开放式混合核心房地产基金已经存在了 20 多年。因此，投资者和分析师对基金在历史上的表现非常感兴趣，因为他们可以利用这些回报来预测和推算未来的收益。

通常有两种方法可以为房地产投资计算历史回报。第一种方法是计算所谓的时间加权收益率（time-weighted return，*TWR*）。该方法需要在时间序列中的每个时间间隔的开始和结束处对价值进行估计。回想一下，在上一章中我们说明了一系列时期的持有期收益率（*HPR*）的计算。正如我们所指出的，在商业房地产交易中，一般来说，交易价格不能定期提供。这可能需要对每个季度开始和结束时的值使用评估值。

第二种方法是 *IRR*，这与我们在本书前几章中多次提到过的一样。一般来说，这种方法考虑的是房地产的最初购买价格、投资者在房地产经营中所实现的所有现金流，然后考虑的是当房地产被出售时收到的所有现金流，或者是基于期末价值的结算，就像它以评估价值出售一样。

时间加权收益率是非常重要的，也是一种常用的房地产基金业绩衡量指标。当投资者和分析师需要一项指标来记录基金在一段时间内的表现且可以与同期其他基金或指数的结果进行比较时，这些收益率尤其重要。时间加权收益率还具有额外的优点，即计算（1）独立于正在进行或被赎回的投资的美元规模，以及（2）回报可以分解成分析师期望的任何数量的子期间。

投资者通常使用 *IRR* 来衡量其特定投资的收益率或将会获得的收益率。这通常是基于投资的具体日期、现金投资和收到现金分配的日期以及具体的出售日期。与 *TWR* 不同的是，这些日期可能与任何特定投资报告期的开始和结束都不一致。此外，现金流的美元规模也对 *IRR* 产生了重大影响（因此，*IRR* 也被称为“美元加权收益率”）。在某些情况下，当房地产未出售时，*IRR* 的估计可能是根据房地产的评估价值进行的。换句话说，如果投资者认为评估的价值是对房地产价格的准确反映，并且当投资者需要 *IRR* 的估计值时，*IRR* 可以基于评估的价值计算。

## 23.3.5 时间加权收益率

当以固定时间间隔（例如每季度）报告收益率（*HPR*）时，大多数分析师将“链接”它们，然后计算各种累积时间间隔（例如，1 年、3 年、5 年）的几何回报。这个结果被称为“时间加权收益率”。这是因为在分析的累积时间段（例如，一年）内的每个期间（例如每季度）报告的收益率在计算收益率时带有相同的权重。也就是说，在房地产所有期间的第一期收到的现金流量回报与最后一期收到的现金流量对 *TWR* 计算的影响相同。回想一下，在上一章中，我们为假设的投资组合和几个指数计算了这些几何平均值。

由于在 *TWR* 上每个时期的收益的权重相同，所以计算的一个非常重要的方面是，在特定时间段内是否投入资本或多或少是无关紧要的。例如，如果某基金在第一期初将1亿美元投资于房地产，然后在此期间赚取500万美元，房地产的价值在期末增加到1.05亿美元，那么第一期的回报将为（105+5−100)/100=10%。那么假设在第二期初时，投资者会再投资9 500万美元的资本，并假设这9 500万美元由基金经理投资于其他房地产。然后，该基金在第二期期间从经营中赚取1 500万美元，第二期结束时基金总额增加到2.15亿美元。第二期的回报为（215+15−200)/200=15%。那么为了得到两个时期的*TWR*，我们将有1.10×1.15−1=26.5%。读者应注意，每个季度的回报在确定总回报中的权重相同，即使第二期投资的金额是第一期的两倍。几何平均值（geometric mean）为12.47%，反映了两期回报的权重相同，本章稍后将详细说明使用*TWR*的理由。

在上面的例子中，应该注意的是，我们在计算前对每个回报加了1。这样做是为了获得各个期间回报的复合效应。为了计算整个期间的平均收益率，我们采用链式回报的几何平均值。

如果我们想评估所有四个时期的收益率，我们应该这样链接这些回报：

$$(1+R1)\times(1+R2)\times(1+R3)\times(1+R4)$$

*R*1是第1年的回报，*R*2是第2年的回报，依此类推。

为了确定这四个时期的平均回报，我们计算了链式季度收益的第四个根，然后减去1。该结果就是*TWR*，即链式回报的几何平均值。链接回报然后采取几何平均值是非常重要的。为什么几何平均值是重要的？可以通过将其与算术平均值（arithmetic mean）进行比较来说明，它通过简单地相加并取算术平均值来确定。差异如下：

$$4\text{年的算术平均收益率}=(R1+R2+R3+R4)/4$$
$$4\text{年的几何平均收益率}=[(1+R1)\times(1+R2)\times(1+R3)\times(1+R4)]^{1/4}-1$$

几何平均值或*TWR*被大多数行业专业人士认为是对业绩衡量最相关的。为了说明原因，请考虑下面的例子（见表23-7）。某一房地产年初的价值为100，5年后的价值仍为100。我们假设没有期内现金流。该示例显示算术平均值略微为正。但是，如果投资者以100美元的价格开始和结束，这怎么可能呢？相比之下，几何平均值恰好为零，这代表了投资的真实表现。

**表23-7　　算术平均值与几何平均值**

| 年 | 价值 | 收益率 | 收益率+1 |
|---|---|---|---|
| 0 | 100 | | |
| 1 | 105 | 5.00% | 1.050 0 |
| 2 | 110 | 4.76% | 1.047 6 |
| 3 | 115 | 4.55% | 1.045 5 |
| 4 | 107 | −6.96% | 0.930 4 |
| 5 | 100 | −6.54% | 0.934 6 |
| | | $\sum$0.81 | 1.000 0 |

算术平均值：0.81/5=0.16%

几何平均值：$\sqrt[5]{1.000}-1=0$

当收益率按季度计算时，通常的行业惯例是报告“年化”收益率。考虑下面的例子，计算 3 年或 12 个季度的收益率（见表 23－8）。

**表 23－8　年化收益率示例**

| 季度 | 收益率 | 收益率＋1 | 链接 | |
|---|---|---|---|---|
| 1 | 2％ | 1.02 | 1.020 0 | 一个指数 |
| 2 | 3％ | 1.03 | 1.050 6 | ←1.02×1.03 |
| 3 | 4％ | 1.04 | 1.092 6 | |
| 4 | 2％ | 1.02 | 1.114 5 | |
| 5 | 0 | 1.00 | 1.114 5 | |
| 6 | －2％ | 0.98 | 1.092 2 | |
| 7 | －4％ | 0.96 | 1.048 5 | |
| 8 | 1％ | 1.01 | 1.059 0 | |
| 9 | 2％ | 1.02 | 1.080 2 | |
| 10 | 4％ | 1.04 | 1.226 7 | |
| 11 | 5％ | 1.05 | 1.179 5 | |
| 12 | 4％ | 1.04 | 1.226 7 | |

$1.226\ 7^{1/12}-1=0.017\ 175$，即平均季度收益率为 1.717 5％。

$1.017\ 175^{4}-1=0.070\ 5$，即年化收益率为 7.05％。

快捷计算：$1.226\ 7^{4/12}-1=0.070\ 5$，即年化收益率为 7.05％。

同样，我们可以将季度收益链接起来然后用几何平均来得到一个平均的季度收益率。在这种情况下，平均季度收益率为 1.717 5％。为了使这个平均季度收益率年化，我们必须在四个季度内复合计算。我们有 $1.017\ 175^{4}-1=7.05\%$，作为 12 个季度的平均年化收益率（*TWR*）。

### 内部收益率

图 23－2 显示了过去 5 年投资的内部收益率的计算。我们从之前的章节中知道，*IRR* 是使现金流现值包括转售价格等于最初的购买价格的比率。或者，它使净现值等于零。在这个例子中，考虑 5 年来的现金流量。一个房地产以 50 万美元的价格获得，第1～5 年的实际现金流量分别是 5 万美元、4 万美元、3 万美元、5 万美元和 6 万美元。该房地产在第 5 年底以 60 万美元的价格出售。所得到的 *IRR* 为 11.22％。所以我们可以说，购买房地产，投资 5 年后出售的投资者每年都可以获得 11.22％的回报。（我们还应该注意到，如果第 5 年底的估计销售价格是以 60 万美元的估值为基础的，则 11.22％将是估计的内部收益率，因为 60 万美元的销售价格还未实现。）

### 比较 *IRR* 和 *TWR*

看一下投资时间段内 *IRR* 的计算与之前讨论的 *TWR* 的计算的比较，这很有用。在上一个例子中，我们计算了假定的年度现金流量的 5 年期内部收益率。为了计算相同时间段的 *TWR*，我们应该在每一年年底都需要有估计值，以便计算每年的 *HPR*，然后取五个 *HPR* 的几何平均值获得 5 年的平均年时间加权回报。

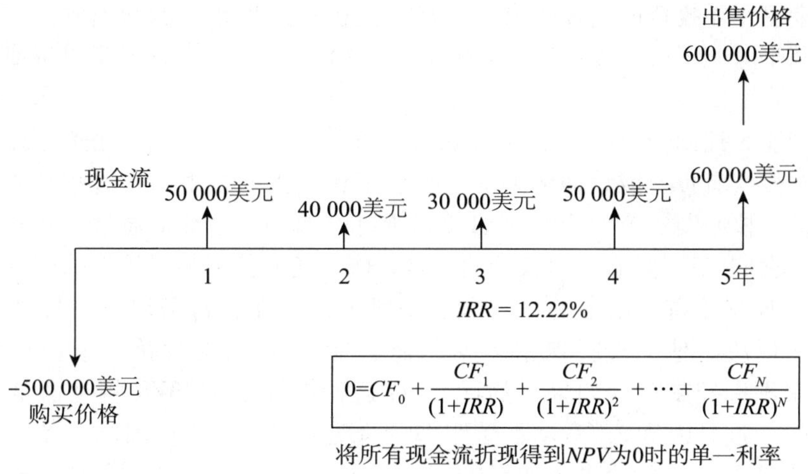


**图 23-2　*IRR* 示例**

在图 23-3 中，我们在第 1～4 年的年末添加了假定的评估值。每年都会显示 *HPR*，它根据价值随时间的变化而显著变化。*TWR* 是五个 *HPR* 的几何平均值，为 13.49%。同期 *IRR* 为 12.22%。同样，这一差异反映了一个事实，即 *TWR* 中每一时期（在本例中是每年）对几何平均值的影响都是相等的，而 *IRR* 反映了每个现金流的确切时间，并使早期获得的现金流有更大的权重。

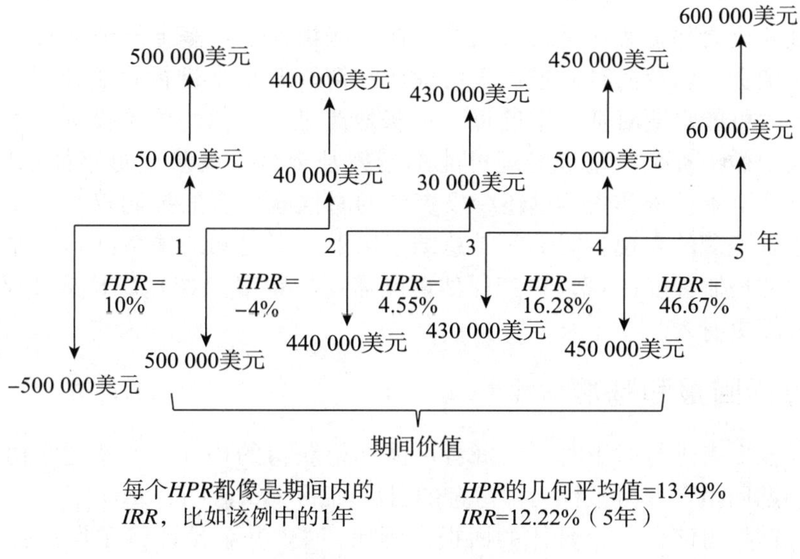


**图 23-3　*TWR* 与 *IRR***

## 23.4　选择 *IRR* 或 *TWR* 进行业绩衡量

在上一节的讨论中，相关问题变成："对基金业绩的最佳衡量标准是什么？"当经理控制每个时期可用于投资的资金数量时，*IRR* 是衡量经理绩效的适当方法。但是，当经理无法控制每个时期可用于投资的资金流量时，*TWR* 就能更好地衡量投资或基金经理的表现。

基金经理能否控制投资的金额通常取决于基金的类型。例如，正如我们所指出的，开放式基金在投资者投资或赎回的频率上提供了相当大的自由度。这些基金通常投资于相对多样化的“核心”资产组合。正如我们所讨论的，这些基金通常是“核心”的开放式混合基金。它们（1）具有相对较低的风险，（2）通常使用相对较低的杠杆率，（3）房地产通常位于具有较高占用率的好位置。一般来说，在正常情况下，投资者有相当大的灵活性，可以决定他们选择保留多少资金。[①] 因此，在这种情况下，基金经理对基金投资额几乎没有控制权（如果有的话）。在这种情况下，*TWR* 将是衡量基金经理业绩的最佳指标。这是因为，*TWR* 不受计算中的现金流的影响；因此，经理的业绩不受投资者进入或退出该基金的决定的影响，这可能引发涉及收购、分配或部分销售的重大资本决策。

在封闭式基金、增值基金和机会基金的情况下，对投资者增资或从基金中撤资的能力的限制更为常见。这些资金通常被用于更专业的投资策略，并且通常对那些处于还不稳定的生命周期中的房地产进行风险投资。例如，可以通过增加占有率或价值创造策略来投资业绩不佳的房地产，也可能购买需要大量装修的房地产。最后，这些基金通常使用更高的杠杆率。当基金使用这种投资策略时，它们可能被称为“增值基金”。或者在它们使用大量杠杆的情况下，除了进行重大改造之外，还进行开发时，它们可能被认为是“机会基金”。

增值基金和机会基金通常是封闭式的。在这些情况下，基金经理更有可能决定何时向投资者请求增资，以及何时通过出售房地产和清算基金来进行收益分配。此外，封闭式基金经理不太可能定期对基金中的每一项房地产进行估值。鉴于投资者不会定期增加资本并从基金中撤出资金，基金经理可能不希望基金每季度甚至每年都承担评估成本。总之，当经理在资本投资和资本返还给投资者的时候有更多的控制权时，*IRR* 可能能够更好地衡量投资经理的表现。图 23 - 4 总结了以下几点之间的关系：（1）基金经理对资金流入和流出的控制程度；（2）资产评估可能需要的频率；（3）*IRR* 或 *TWR* 哪一个对于测量投资业绩更有效。

### 23.4.1 目标回报和基准

当对潜在投资者进行营销时，投资者可能期望获得的预计收益率通常由基金经理提供。这种“预期回报”有时被称为“基金的目标回报（target return）”。

这个目标回报可能是一个具体的回报，例如，“该基金预计将在收费后产生 10%的投资回报”。然而，在许多情况下，目标回报可能随着经济状况而改变。因此，预期收益将与“基准”相关联，该“基准”可以很容易通过经“利润”或利差调整的知名市场指数来确定。以共同基金行业的类比为例：对于大盘成长型股票的多元化基金，经理可以使用标准普尔 500 指数作为基准设定目标回报，然后，在“主动管理”的投资组合中增

---

① 如果市场极度疲软，并且（或者）有许多投资者同时发出赎回基金的请求，一般会对投资者退出基金的能力有所限制。

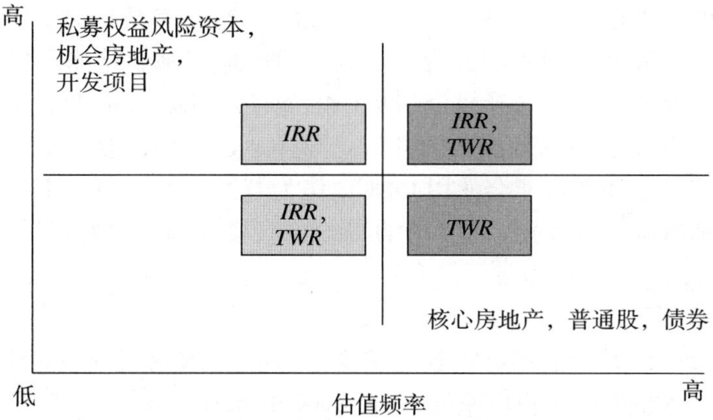


**图 23-4　何时使用 *IRR* 或 *TWR***

加一个利差作为溢价，以超过标准普尔 500 指数。[①]

基金经理对房地产投资基金的基准或目标回报通常是如何估计的？首先，考虑表 23-1A 中讨论的各种基金类型的风险和回报情况可能是有帮助的。我们在图23-5 中显示了这些房地产投资基金的概念。

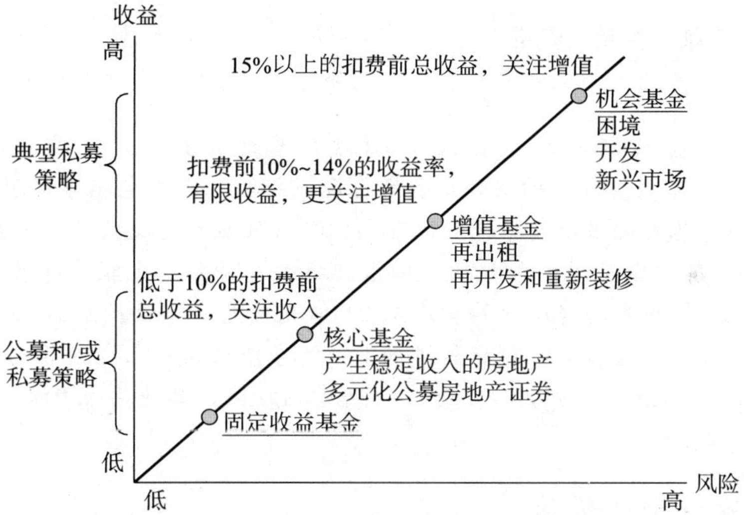


**图 23-5　房地产投资风格**

在概念框 23.2 中，我们列出了可能用于房地产投资基金的一些基准。对于核心基金，用于开放式混合基金的通用基准（benchmark）是由 NCREIF 产生的 ODCE 基金指数。对于核心单独账户，NCREIF-NPI（房地产水平）指数可作为基准。然后，当指出基金投资者可能达成的预期或目标回报时，房地产基金可能会在基准上增加“利差”或

① “主动管理”指的是基金经理实际上在做研究、积极地管理资产、买卖资产，试图超越基准的情况。投资者可以在没有基金经理的情况下进行“被动”投资。在普通股的情况下，投资者可以通过购买标准普尔 500 指数进行“被动投资”，而不进行任何主动管理（挑选和选择个股）。因此，为了证明主动型基金经理收取的费用是合理的，预计这些积极管理的基金应该达到超过标准普尔基准指数的目标收益率。

溢价。这一利差的扩大程度将取决于与构成基准的房地产市场相比，房地产基金在市场上的投入程度和专业程度。例如，虽然一个核心的房地产基金策略可能只投资于核心房地产，但管理层可能认为它在选择投资房地产的属性和地点方面拥有出众的技能，而且可能表明它预期获得高于 ODCE 指数的溢价。同样地，如果基金只是投资美国西部的核心写字楼房地产，基金经理可能会使用 ODCE 作为基准，然后再加上溢价。由于基金的专业性投资重点和有限的多元化，他们预期基金的投资业绩会更好。

## 23.4.2 投资乘数

我们已经讨论了作为衡量基金绩效的重要方法的 *IRR* 和 *TWR*。另一个相对简单但也对投资者有用的衡量方法是投资乘数（investment multiple），有时也被称为权益乘数。权益乘数计算如下：

权益乘数=(基金当前资产净值+累积分配)/出资额

该基金目前的资产净值是从当前日期来看，投资者在理论上可以收到的资金。累积分配是已经收到的资金。资产净值与累积分配之和除以投资者对基金贡献的金额等于权益乘数。显然，这一比例超过了投资者已经收到的资金与他们所投资的资金的比例。

**房地产投资基金常用的基准** **概念框 23.2**

**NFI-ODCE**

美国房地产投资受托人理事会（NCREIF）基金指数：开放式多元化核心权益（ODCE）是追求核心投资策略的混合基金的基金级指数。回报包括季度现金分配以及初始和期末权益值。基金回报还包括现金余额和杠杆（收益率也反映了房地产/资产的部分所有权头寸）。季度回报是时间加权的。回报既报告总费用，也报告净费用。截至 2014 年第二季度，ODCE 报告的房地产总资产为 1 500 亿美元，净资产为 1 170 亿美元，其中 22 只基金报告了 2 156 笔投资。指数构成如下：写字楼占 36.0%，公寓占 25.3%，零售房地产占 19.3%，工业房地产占 14.7%，酒店占 1.9%，其他占 2.9%。更多信息，请访问 www. ncreif. org。

**NCREIF-NPI**

NCREIF 房地产指数（NPI）是基于成员收集的数据而建立的个人房地产的房地产级指数。大多数房地产都是代表免税机构获得的，并且被托管在一个信托机构中。这些房地产包括全资所有和合资公司的投资，但是数据被报告给 NCREIF，就好像房地产由经理 100%拥有。它仅限于经营性质（不是开发性质），仅包括投资级、非农业型、创收型房地产。这些包括公寓、酒店、工业、写字楼和零售房地产。NCREIF 房地产指数是无杠杆的，并在扣除收购、资产管理和处置费之前编制。截至 2014 年第二季度，NPI 报告了 7 141 处房地产，总市值为 3 825 亿美元。更多信息，请访问 www. ncreif. org。

**10 年期美国国债收益率（名义收益率）**

一个常用的指标是 10 年期美国国债收益率。这一收益率代表了 10 年期美国国债的当前市场利率。这个比率是由美联储理事会每天建立的。用于计算收益率的市场报价基于场外交易市场中活跃的美国国债。收益率是根据纽约联邦储备银行的收盘价计算得出的。

**经 CPI 调整的实际回报**

计算投资组合回报，然后按照（城市）消费物价指数［CPI(U)］进行调整。CPI(U)由美国劳工统计局公布。

## 23.4.3 归因分析

在上一节中，我们简要介绍了基准和预期或目标回报。我们指出，大多数房地产投资基金都倾向于“积极管理”。在许多情况下，这些经理指出他们的基金的投资结果将超过基准（跑赢大盘）。当实际结果要么超过预期，要么表现不理想时，投资者和分析师可能会想要确定原因。这个问题可以用归因分析（attribution analysis）来回答。

基准常用于执行所谓的“归因分析”。“归因分析”一词是指解释为什么基金的表现可能高于或低于基准回报。归因分析包括将总投资表现分解为附加组件，以便将总绩效“归为”可能反映各种“主动”投资管理职能的来源。例如，投资经理可以在基金中获得 10%的收益率。这种回报可能是可以接受的；然而，如果 ODCE 指数（基准）报告在同一时间段内的收益率为 12%，投资者可能会认为经理的表现不如投资者预期的那样好。

为了详细说明，投资经理以两种方式增加价值：(1) 选择优越的房地产投资，即所谓的“选择”；(2) 执行一种优越的分配策略，即基金如何投资于不同的细分市场和地理位置，这被称为“配置”。

优越的选择是由交易团队、优越的房地产或资产管理实践和执行有效的配置策略所增加的价值。

优越的配置是在正确的市场地点购买和销售所增加的价值。

图 23-6 显示基金的收益率为 2.75%，而其基准利率为 2.50%。因此，该基金的表现优于基准指数。但这两个房地产部门的基准收益率更高。该基金为何能表现得优于基准？答案是，该基金有更多的资金分配给 A 部门，而 A 部门的表现优于 B 部门。因此，尽管该基金在“选择”单个房地产方面做得很差，但它在房地产行业的“配置”上做得很好。在这种情况下，优越的配置抵消了较差的房地产选择。

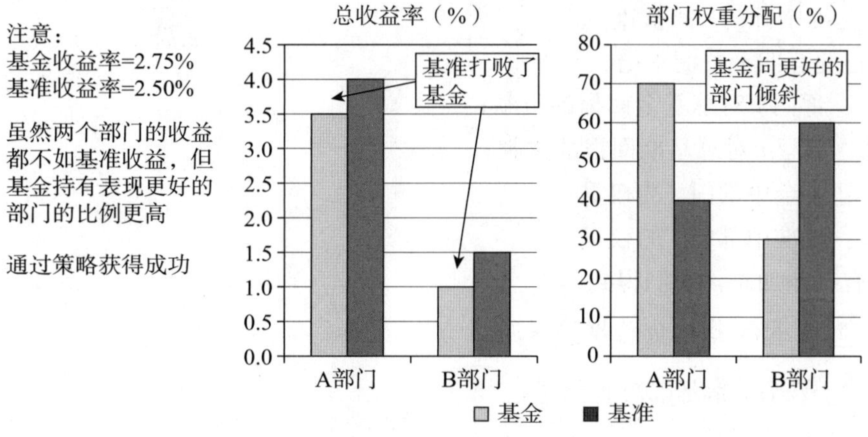


图 23-6　案例 1——归因分析

在图 23－7 所示的例子中，基金的表现落后于基准。然而，该基金在这两个部门的表现都好于基准。怎么会发生这种事？在这种情况下，基金经理在选择房地产方面做得很好，但是在跨部门配置（房地产类型、区域、MSA）方面做得很差。该基金将过多的资金分配给了 B 部门，这是表现最差的部门。糟糕的配置抵消了良好的房地产选择。

应该清楚的是，各个部门的单个房地产选择和配置对于优越的基金表现都是非常重要的。在试图改善未来业绩的时候，找出导致基金表现落后的领域（选择或分配）对基金经理来说很重要。

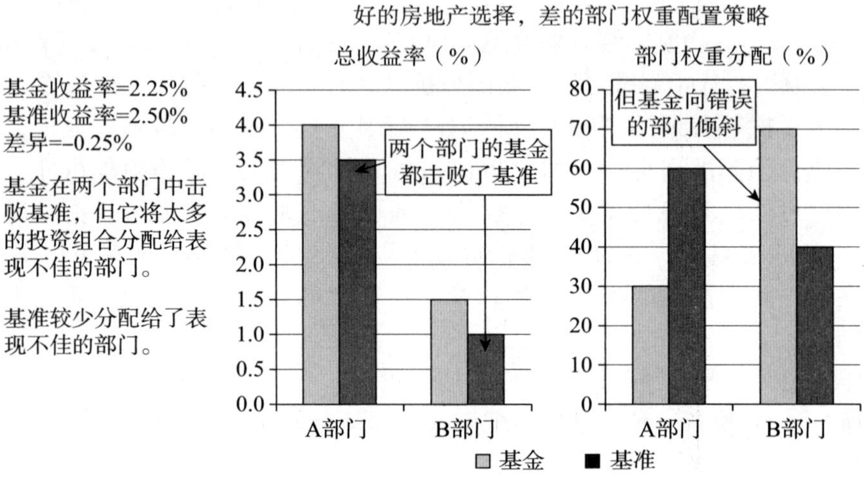


**图 23－7　案例 2——归因分析**

## 23.4.4　归因分析数学计算

在这一节中，我们将更深入地研究归因分析中使用的数学。

首先，我们为单个部门定义以下术语：

$R_f$：部门 $i$ 的基金收益率；

$R_b$：部门 $i$ 的基准收益率；

$W_f$：基金中部门 $i$ 的权重；

$W_b$：基准中部门 $i$ 的权重。

每个行业有四个关键术语：

$W_fR_f$：部门 $i$ 对总基金回报的贡献；

$W_bR_b$：部门 $i$ 对总基准回报的贡献；

$W_bR_f$：基金中部门 $i$ 的权重；

$W_fR_b$：基准中部门 $i$ 的权重。

将所有行业加总，我们得到：

$R = \sum W_fR_f$，指基金总收益率；

$B = \sum W_bR_b$，指基准总收益率；

$S = \sum W_bR_f$，指与基准构成比例一样时，基金的收益率；

$A=\sum W_f R_b$，指与基金构成比例一样时，基准的收益率。

上述结论总结如表 23－9 所示。

**表 23－9**

| | 基金权重 | 基准权重 |
|---|---|---|
| 基金收益率 | $R=\sum W_f R_f$ | $S=\sum W_b R_f$ |
| 基准收益率 | $A=\sum W_f R_b$ | $B=\sum W_b R_b$ |

我们的目标是解释为什么基金收益率（$R$）与基准收益率（$B$）不同。这一差异的计算，$R-B$，如表 23－10 所示。

注意，$R-B$ 可以分解为选择效应（selection effect）、分配效应（allocation effect）以及两个效应相互作用的“交叉”项。一些分析师在选择或分配术语中包括了交叉项，但从理论上讲，这是一个单独的术语，它是由选择和分配之间的交互作用产生的。在大多数情况下，它往往相对较小，甚至可能为零。总结如表 23－10 所示。

**表 23－10　　部门归因——基础数学**

| | | |
|---|---|---|
| $R-B=$ | 总超额收益率 | |
| $S-B\sum W_b\cdot(R_f-R_b)$ | 选择效应 | 基准权重带来的收益差异 |
| $+A-B\sum(W_f-W_b)\cdot R_b$ | 分配效应 | 基准收益带来的权重差异 |
| $+R-S$ $-A-B\sum(W_f-W_b)\cdot(R_f-R_b)$ | 交叉乘积 | 权重差×收益差 |

**例子**

使用前面的例子，我们现在使用公式计算分配效应、选择效应和任意交叉项（见表 23－11）。

**表 23－11　　使用前面的案例 2**

| | | |
|---|---|---|
| $R-B=$ | 总超额收益率 | 2.25%－2.50%－－0.25% |
| $S-B\sum W_b\cdot(R_f-R_b)$ | 选择效应 | ＝0.60×(4%－3.5%)＋0.40×(1.5%－1%)<br>＝0.5% |
| $+A-B\sum(W_f-W_b)\cdot R_b$ | 分配效应 | ＝(0.30－0.60)×3.5%＋(0.7－0.4)×1%<br>＝－0.75% |
| $+R-S$ $-A-B\sum(W_f-W_b)\cdot(R_f-R_b)$ | 交叉乘积 | ＝(0.3－0.6)×(4%－3.5%)<br>＋(0.7－0.4)×(1.5%－1%)<br>＝0 |

| 前面案例 2 的总结 | |
|---|---|
| 选择效应 | 0.50% |
| ＋分配效应 | －0.75% |
| ＋交叉乘积 | 0 |
| 总超额回报 | －0.25% |

正如我们所看到的，归因分析有助于解释为什么基金的回报与基准不同。业绩差异可能是由以下原因造成的：

- 风险差异。
- 选择单个房地产的能力差异。
- 与基准相比，投资组合按部门（房地产类型或地点）划分的差异。
- 到目前为止，我们研究的归因分析隐含地假定基准和投资基金具有相同的风险水平。下一节我们将考虑如何处理风险差异。

### 23.4.5 评估风险差异[①]

投资组合的绩效，部分是由承担风险的补偿组成的。总体绩效可以分解为风险调整和风险溢价部分。现代资本市场和投资组合理论表明，投资者应该获得每单位风险的回报溢价。因为投资风险通常会涉及一定程度的预期收益波动，所以有各种各样的方法来衡量基金风险。其中许多方法总结在表 23-12 中。

**表 23-12　　常用的基金风险衡量方法**

| 衡量指标 | 定义 |
| --- | --- |
| 夏普比率 | (平均基金收益率−无风险利率)/基金收益和无风险利率之差的标准差 |
| 贝塔 | 基金收益和基准收益的协方差/基准收益的方差 |
| 特雷诺比率 | (平均基金收益率−无风险利率)/贝塔 |
| 跟踪误差 | 基金相对于基准收益率差值的标准差 |
| 信息比率 | 基金收益和基准或跟踪误差差值的平均数 |
| 詹森 $\alpha$ | 基金真实收益与 CAPM 估计值之间的差异 |

为了说明这些不同的风险衡量方法，我们使用表 23-13 中假定的数据集。这个数据集包括基金的年收益率、基准收益率和无风险利率。尽管无风险利率每年都会有所不同，为了简单起见，我们保持不变。在计算这些不同的风险度量时，还包含了一些额外的计算方法。

**表 23-13　　风险衡量数据**

| 年 | 基金收益率 | 基准收益率 | 基金收益率−基准收益率 | 无风险收益率 | 基金超额收益率* | 基准超额收益率 |
| --- | --- | --- | --- | --- | --- | --- |
| 1 | 14.00% | 8.00% | 6.00% | 3.00% | 11.00% | 5.00% |
| 2 | 9.00% | 10.00% | −1.00% | 3.00% | 6.00% | 7.00% |
| 3 | 16.00% | 12.00% | 4.00% | 3.00% | 13.00% | 9.00% |
| 4 | 12.00% | 13.00% | −1.00% | 3.00% | 9.00% | 10.00% |
| 5 | 16.00% | 14.00% | 2.00% | 3.00% | 13.00% | 11.00% |

① 本节的大部分讨论在关于投资的金融教科书中也涉及了。读者可能有兴趣阅读与本次讨论有关的股票、债券和其他投资的相关材料。例如，参见 Bodie，Kane，Marcus，*Investments*，10th Edition，McGraw Hill，2013。

续前表

| 年 | 基金收益率 | 基准收益率 | 基金收益率－基准收益率 | 无风险收益率 | 基金超额收益率 | 基准超额收益率 |
|---|---|---|---|---|---|---|
| 6 | 20.00% | 14.00% | 6.00% | 3.00% | 17.00% | 11.00% |
| 7 | 14.00% | 12.00% | 2.00% | 3.00% | 11.00% | 9.00% |
| 8 | 15.00% | 11.00% | 4.00% | 3.00% | 12.00% | 8.00% |
| 9 | 12.00% | 10.00% | 2.00% | 3.00% | 9.00% | 7.00% |
| 10 | 13.00% | 9.00% | 4.00% | 3.00% | 10.00% | 6.00% |
| 11 | 6.00% | 8.00% | －2.00% | 3.00% | 3.00% | 5.00% |
| 12 | 8.00% | 5.00% | 3.00% | 3.00% | 5.00% | 2.00% |
| 13 | －6.00% | 3.00% | －9.00% | 3.00% | －9.00% | 0.00% |
| 14 | －8.00% | 1.00% | －9.00% | 3.00% | －11.00% | －2.00% |
| 15 | －6.00% | 2.00% | －8.00% | 3.00% | －9.00% | －1.00% |
| 16 | 6.00% | 3.00% | 3.00% | 3.00% | 3.00% | 0 |
| 17 | 2.00% | 5.00% | －3.00% | 3.00% | －1.00% | 2.00% |
| 18 | 8.00% | 8.00% | 0 | 3.00% | 5.00% | 5.00% |
| 19 | 18.00% | 10.00% | 8.00% | 3.00% | 15.00% | 7.00% |
| 20 | 12.00% | 12.00% | 0.00% | 3.00% | 9.00% | 9.00% |
| 方差 | 0.62% | 0.16% | 0.22% |  | 0.62% | 0.16% |
| 标准差 | 7.86% | 3.97% | 4.74% |  | 7.86% | 3.97% |
| 均值 | 9.05% | 8.50% | 0.55% |  | 6.05% | 5.50% |

* 超额收益率是指超过无风险收益率的部分。

**夏普比率** 夏普比率由基金的超额收益率除以基金超额收益率的标准差计算得出。这是一种相对于风险的超额收益率的衡量方法。有时计算的另一种比率是在分母上用超额收益率（超过无风险利率的收益率）的标准差。夏普比率是衡量每单位风险的超额收益率的标准。在我们的例子中，20 年的超额收益率平均为 6.05%。基金收益率标准差为 7.86%。因为我们假设这个例子中的无风险利率是不变的，基金超额收益率的标准差也将是 7.86%。超额收益率 6.05%除以收益率的标准差 7.86%，得出夏普比率为 0.769 3。这可以与基准的夏普比率进行比较，或者与其他基金的比率进行比较。

**贝塔** $\beta$是一种衡量特定基金的收益率如何随着基准收益率的增加或减少而增加或减少的风险衡量方法。$\beta$等于 1.0 表示基金的收益率趋势与基准的升幅或降幅相同。所以，如果基准收益率提高 100 个基点，基金收益率也会上涨 100 个基点，反之亦然。大于 1.0 的$\beta$将意味着基金收益率上升或下降的幅度超过基准收益率的变化幅度。相反，小于 1.0 的$\beta$将意味着基金收益率上升或下降的幅度小于基准收益率的变化幅度。

基金的$\beta$可以通过以下公式确定：

$$\beta = \text{COV}(\text{基金收益率，基准收益率})/\text{VAR}(\text{基准收益率})$$

在我们的例子中，基金收益率与基准收益率之间的协方差为 0.002 76（参见图 23－5 的协方差公式）。基准收益率的差异为 0.001 575。将这两个结果相除得到 1.75 的 $\beta$。这表明，如果基准指数上升（或下降）100 个基点，基金收益率将会上升（或下降）175 个基点。因此，对基金投资比对基准投资更具波动性或风险更大。

应该指出的是，当一只基金的风险较高时，这并不一定是坏事。问题是投资者是否可以通过获得更高的回报而获得额外的风险补偿。该基金的策略可能是寻求更高的 $\beta$ 投资，试图为投资者赚取更高的回报。例如，该基金可能会使用较高的杠杆或者投资于可能被租赁或需要翻修的表现不太好的房地产。这将是一个更高风险的策略，因此会有更高的贝塔系数，但有望带来更高的回报。重要的是，投资者在决定投资的时候，已经了解基金的风险策略。

此外，我们还可以了解到，通过基金对基准回报的线性回归的斜率，可以得到贝塔系数，即简单线性回归中自变量的系数（因变量是基金收益率，自变量是基准收益率）。图 23－8 显示了我们的示例数据的回归结果。回归方程为：

$$\text{基金收益率}=(1.750\,8\times\text{基准收益率})-0.058\,3$$

回归线的斜率（基准收益率变量的系数）为 1.750 8，即基金的贝塔系数。

**资本资产定价模型** 我们已经看到，$\beta$ 是衡量资产相对于基准的风险的方法。资本资产定价模型（CAPM）是一种理论模型，表示任何投资的预期收益作为其 $\beta$ 的函数，其中用于计算 $\beta$ 的基准是所谓的“市场组合”或投资组合，理论上由所有可能的投资组成。在实践中，市场组合通常被认为是标准普尔 500 指数等广泛的市场指数，其中包括一些以房地产投资信托形式进行的房地产投资。因此，房地产基金的贝塔系数可能是基于它与标准普尔 500 指数的协方差。因为市场组合的 $\beta$ 在理论上是 1，$\beta$ 大于 1 的投资基金比市场投资组合风险更高，反之亦然。

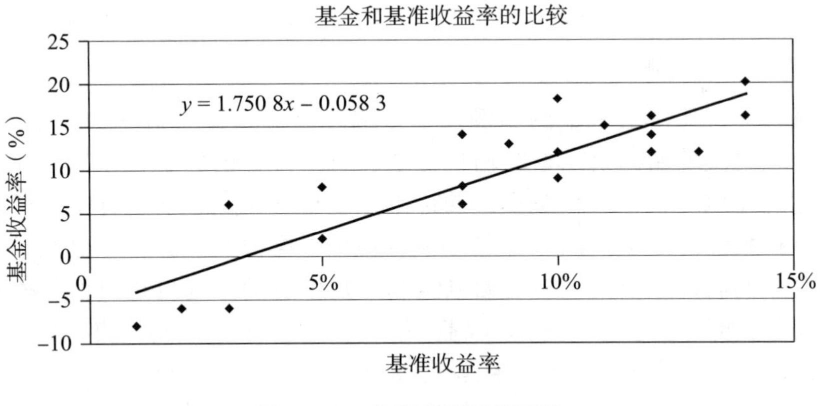


**图 23－8 从回归到贝塔系数**

基于 CAPM 的基金预期收益率如下：

$$R_{\text{基金}}=R_f+(R_M-R_f)\times\beta$$

其中，

$R_{\text{基金}}$ 是无风险利率。

$R_M$ 是市场组合的收益率。

$\beta$是基金相对于市场的贝塔值。

在讨论詹森$\alpha$后，我们将回到CAPM。

**特雷诺比率** 特雷诺比率也被称为“波动率”的收益率，这一比率与夏普比率相似，但通过贝塔系数而不是标准差来分配超额收益。造成这种差异的原因是，贝塔可能是一种比标准差相关性更强的风险衡量标准。这是因为，基金的标准差没有考虑到投资者可能通过持有不同类型的不同基金的多样化投资组合，来逐年抵消基金回报的一些变动。另一方面，贝塔系数往往会捕捉到被评估的基金所固有的风险。因此，特雷诺比率衡量的是投资者相对于该基金的贝塔值所获得的超额收益率。在我们的例子中，特雷诺比率是0.034 6（=0.060 5/1.75）。特雷诺比率将与基准的特雷诺比率和用于评估目的的其他基金的比率进行比较。这将让投资者看到，相对于风险而言，基金的收益率是怎样的。

**跟踪误差** 跟踪误差衡量的是一个投资组合的业绩与它的基准的距离，以及基金收益率与基准收益率的差异。按照基金与基准之间的收益率差额的标准差计算。举例来说，一只基金的收益率往往比基准指数高100个基点，它在密切追踪该指数的过程中，会有一个非常低的跟踪误差。另一方面，如果基金收益率较为波动，有时高于基准，而在其他时候低于基准，则基金的跟踪误差将会更大。如果基准与基金相匹配，并且经理做得很好，那么收益率往往会高于基准线，并且跟踪误差相对较低。然而，应该指出的是，如果基金收益率一直低于基准值，跟踪误差也会很低。因此，低跟踪错误并不总是表明经理正在击败基准。但它确实表明基金的风险与基准的风险非常相似。我们给出的基金例子的跟踪误差为4.74%，如表23-13的底部所示。

**信息比率** 信息比率解决了上述关于基金表现不佳时低跟踪误差的可能性的问题，即回报持续低于基准。信息比率计算如下：

信息比率=Ave(基金收益率−基准收益率)/跟踪误差

信息比率衡量两件事情：（1）基金经理是否产生相对于基准的超额收益；（2）这种表现过度/不佳是否为一致的行为。如果基金的平均收益率高于基准，信息比率将是正数。这也意味着跟踪误差越低，信息比率越高。在我们的例子中，基金和基准收益率之间的平均差异是0.550 0%。然后这个平均值除以4.74%的跟踪误差，给出正的信息比率，或0.550 0%/4.74%=0.116 0。

## 23.4.6 詹森$\alpha$

我们要考虑的最后一个风险指标，詹森$\alpha$，也使用了$\beta$。回想一下，如果一只基金的$\beta$大于基准的$\beta$，那么随着基准收益率的增加，基金收益率应该在更大程度上增加。然而，如果一只基金的收益率高于基准，那可能意味着经理除了承担更多风险之外，什么也没有做。投资者最终想知道的是，考虑到基金的风险水平，基金经理能否产生比预期更大的回报。图23-9说明了在给定$\beta$下，基金预期收益率应该是多少。它还显示了基金的“增值幅度”。

在这个例子中，该基金的$\beta$值高于基准。基准收益率是给定基准$\beta$值时的收益率。由于该基金的$\beta$高于基准，因此它应该比基准得到更高的回报，因为它比基准风险更高。这可以被认为是相对于其基准的基金风险溢价。最后，因为在这种情况下，经理能够获得的回报高于我们根据$\beta$预期的回报，这可归因于基金的积极管理。高于基金$\beta$的超额

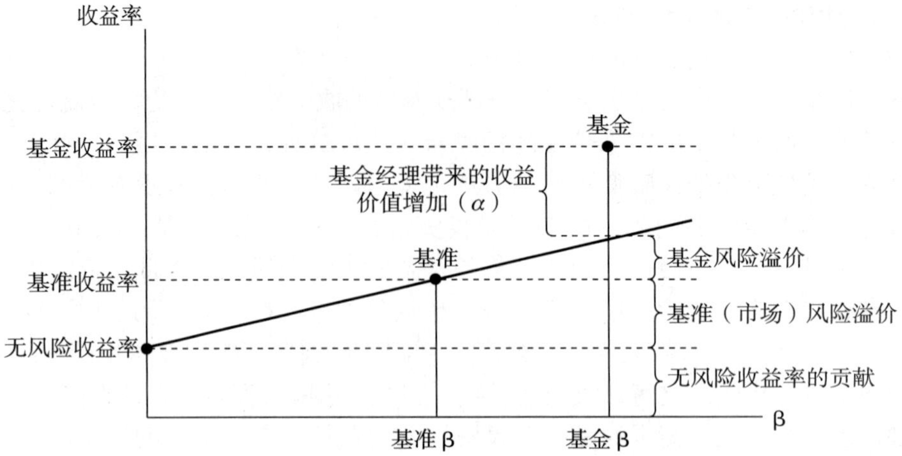


**图 23－9　基金绩效（回报）与特定级别的 $\beta$ 之间的关系**

回报，代表了经理应该得到的补偿。这个额外的收益率被称为阿尔法（$\alpha$）。

我们可以说，经理有两种方法可以尝试获得更高的回报。首先，经理可以进行投资，从而使基金获得更高的 $\beta$。其次，基金经理可以通过选择投资和管理基金的运作来实现投资策略，从而产生 $\alpha$，这样回报就比基金所承担的风险要大得多。

正如前面所讨论的，CAPM 是一个模型，它给出了在给定相对于作为基准的市场投资组合的 $\beta$ 值时的投资预期回报。对于一只基金，我们可以把它表示为：

$$R_{基金}=R_f+(R_M-R_f)\times\beta$$

对于我们在表 23－13 中所评估的样本数据，基金的收益率应该是：

$$R_{基金}=3\%+(8.5\%-3\%)\times1.751=12.63\%$$

考虑到该基金的平均收益率为 9.05%，收益率低于其本应基于的风险的水平。此外，詹森 $\alpha$ 会是：

$$\begin{aligned}詹森\ \alpha &= 实际基金收益率-根据\ \text{CAPM}\ 计算的基金收益率\\ &=9.05\%-12.63\%\\ &=-3.58\%\end{aligned}$$

因此，在风险调整的基础上，该基金的表现并不像预期的那样好。总而言之，我们可以得出结论：虽然该基金所产生的回报高于基准收益率所产生的回报，但它没有获得足够的回报，以适当地覆盖其 $\beta$ 值所反映的额外风险。

# 总　结

本章的重点是商业房地产投资基金，该基金由房地产组合组成，可供机构投资者和高净值个人使用。我们讨论了这些基金的不同结构方式，以及它们可能遵循的旨在吸引不同投资者客户的不同策略。投资者想知道他们投资（或可能投资）的基金相对于其他基金和行业基准的业绩如何。本章包括了对时间加权收益率等基金业绩的不同衡量标准的讨论。然后，我们讨论了归因分析是如何评估为什么一只基金的表现不同于基准，以确定“主动基金管理”是否有效。我们最后总结了风险测量技术的详细说明，用于确定基金相对于其他基金和基准可能承担多大的风险。当基金业绩超过基准指数时，可以通过这种分析来确定基金经理是否比典型的基金经理做出更好的投资决策，或者仅仅承担额外的风险，从而获得更好的业绩。

## 关键术语

| | | |
|---|---|---|
| 行政拖累 | 分配效应 | 算术平均值 |
| 归因分析 | 基准 | 现金拖累 |
| 封闭式基金 | 混合基金 | 承诺资本 |
| 核心基金 | 信托 | 完全酌情处置权 |
| 几何平均值 | 投资资本 | 投资阶段 |
| 投资乘数 | 机会基金 | 提成 |
| 赎回/排队 | 政策 | 选择效应 |
| 单独账户 | 风格漂移 | 目标回报 |
| 时间加权收益率 | 增值基金 | |

## 参考网站

www.irei.com——机构房地产投资者网站，提供关于养老基金和其他基金投资者的文章和消息。

www.pionline.com——养老金和投资网站，涉及养老基金行业问题的研究文章、公告和评论的来源。

www.mmdwebaccess.com——货币市场目录，由标准普尔公司出版。列出所有公募和私募养老基金的联系信息。

www.ncreif.org——美国房地产投资受托人理事会，是本章中讨论的 NCREIF 和 ODCE 指数的来源。

www.swfinstitute.org——该网站提供世界各地主权财富基金的清单和联系信息。

## 问　题

1. 开放式基金和封闭式基金的主要区别是什么？为什么投资者会选择投资其中一个呢？
2. 时间加权收益率与内部收益率有什么区别？当向核心基金的投资者报告历史投资业绩时，哪个收益率更有可能被报告？什么样的收益率可能会被用于一只机会基金？
3. 你预期哪类基金——核心基金或机会基金——会有更高的回报？为什么？哪个预期回报会有更大的波动？为什么？
4. 目标回报是什么意思？它与投资基准有何关系？
5. 在比较投资基金时，承诺资本与投资资本有什么不同？为什么这对投资者来说很重要？
6. 在评估投资基金时，“基金层面”和“房地产层面”的业绩意味着什么？这两者之间通常会有什么区别？这个区别叫什么？
7. 当考虑到基金经理在进行房地产收购时的酌情处置权时，在哪种基金结构下，经理往往有最大的酌情处置权？在哪种结构下，他们往往有最小的酌情处置权？为什么？
8. 当向基金投资者报告房地产价值时，哪个基金类型通常需要比其他基金更频繁的评估？为什么？
9. 执行归因分析的目的是什么？如何通过运用归因分析来评估基金经理的业绩？
10. 在计算基金业绩时，“风格漂移”指的是什么？风格漂移如何影响投资回报和波动性？

# 习 题

1. 机构投资者正在比较两只竞争性房地产投资基金的管理费用。两只基金预计将开始运营，并接受资本承诺。当这些基金开始收购资产时，在投资期间将对投资者进行资本认购。基金 A 将在投资期结束后收取承诺资本的 45 个基点以及投资资本的 60 个基点。基金 B 将在投资期结束后收取承诺资本的 50 个基点以及投资资本的 55 个基点。两只基金均预计将有 5 亿美元的资本承诺，并将开始一个为期 5 年的启动和收购周期。资金流量预计如下：

单位：美元

| 基金 A | | | |
|---|---|---|---|
| 年 | 实缴资本 | 资本回报 | 投资资本 |
| 1 | 200 000 000 | 0 | 200 000 000 |
| 2 | 300 000 000 | 0 | 500 000 000 |
| 3 | | 0 | 500 000 000 |
| 4 | | 100 000 000 | 400 000 000 |
| 5 | | 50 000 000 | 350 000 000 |
| 基金 B | | | |
| 年 | 实缴资本 | 资本回报 | 投资资本 |
| 1 | 300 000 000 | 0 | 300 000 000 |
| 2 | 200 000 000 | 0 | 500 000 000 |
| 3 | | 0 | 500 000 000 |
| 4 | | 50 000 000 | 450 000 000 |
| 5 | | 100 000 000 | 350 000 000 |

a. 基金 A 的总费用是多少？基金 B 呢？

b. 承诺资本/实缴资本的模式可能表明了各基金经理什么样的期望？

2. 假定设立一只封闭式混合机会基金，预期期限为 3 年。该公司预计将收购其预期“扭亏为盈”的房地产，并在 3 年后出售。该公司还计划向投资者提供 10%的最低“目标回报”，这将以营运现金分配和基金寿命结束时的资产出售为基础。在出售资产后，机会基金经理预计将获得相当于现金流的 25%的“绩效”，而股票投资者将获得 10%的最低目标收益率。现金流预计如下：

单位：美元

| 年 | 权益投资 | 分配给权益投资者的经营性现金流（扣除管理费后） | 预期出售收益 |
|---|---|---|---|
| 0 | 2 000 000 | | |
| 1 | | 50 000 | |
| 2 | | 50 000 | |
| 3 | | | 3 000 000 |

a. 为了达到他们的总共 10%的权益投资回报，在第 3 年末，权益投资者的现金流必须是什么？

b. 基金经理收到的房地产销售收入要为多少才能赚取 25%的“绩效”？

c. 在权益投资者获得 10%的 *IRR* 和基金经理获得 25%的绩效后，将会有多少资金分配给权益投资者？

d. 在第 3 年向基金经理支付“绩效费”后，3 年投资期内权益投资者的内部收益率是多少？

3. 商业房地产投资基金必须向投资者报告其季度投资业绩。其季度初的资产和权益以及本季度现金流入和流出的总结情况如下：

单位：万美元

| 季度初 | | 本季度 | |
|---|---|---|---|
| 现金+短期投资 | 4 000 | 经营性净收入 | 1 500 |
| 房地产的市值 | 22 000 | 管理费用 | 200 |
| 短期负债 | 1 000 | 分配给投资者的收益 | 800 |
| | | 投资者实缴资本 | 20 000 |
| | | 房地产收购 | 15 000 |
| | | 房地产出售 | 0 |

假设短期投资的利息被短期负债的利息抵消。

a. 初始权益值是多少？

b. 期末基金市值（*MVEE*）是多少？

c. 假设所有来自经营业务、股票投资、收购和分配的现金流都是在季度末发生的，那么 *IRR* 是多少？

d. 假设给投资者的所有现金分配在本季度的 30 天内均匀发生。使用修正的 Dietz 公式对 *IRR* 所得出的近似估计是多少？

e. 假设现金流与（d）相同，那么扣除费用之前的回报是多少？

f. 假设现金流与（d）相同，那么“房地产层面”的回报是多少？

g. 如果房地产的价值在本季度末达到 4 亿美元，那么（f）的答案会如何变化？

4. 投资者正在评估一只投资基金的历史业绩。向投资者提供以下年度回报：

| 年 | 基金价值 |
|---|---|
| 0 | 100 |
| 1 | 103 |
| 2 | 107 |
| 3 | 110 |
| 4 | 105 |
| 5 | 100 |

a. 计算每年的投资收益率。

b. 计算算术平均收益率。

c. 计算几何平均收益率。

d. 为什么（b）和（c）之间有差异？

5. 你被要求评估你的商业房地产投资基金（Bluestone 基金）的收益率，与行业基准指数比较，以确定你的“积极”投资策略的成功程度。具体来说，一个潜在客户希望你将你的投资组合策略的业绩与一个“被动”策略的业绩相比较，该策略只是对与构成基准指数相同比例的财产和位置进行投资。

在最近一个季度，根据资产类型和位置，向你提供以下信息：

| (A) | Bluestone 基金 | | | 行业指数 | | |
|---|---|---|---|---|---|---|
| 房地产类型 | 所占基金价值百分比 | 收益率 | 加权收益率 | 所占基金价值百分比 | 收益率 | 加权收益率 |
| 公寓类 | 14.4% | 13.0% | 1.8% | 20.4% | 8.9% | 1.8% |
| 酒店类 | 0 | 0 | 0 | 2.1% | 8.5% | 0.2% |
| 工业类 | 13.5% | 8.5% | 1.2% | 16.0% | 7.0% | 1.1% |
| 办公类 | 44.1% | 12.7% | 5.6% | 37.2% | 7.6% | 2.8% |
| 零售类 | 28.3% | 8.6% | 2.4% | 24.3% | 9.7% | 2.4% |
| 合计 | 100.0% | — | 11.0% | 100.0% | — | 8.3% |

| (B) | Bluestone 基金 | | | 行业指数 | | |
|---|---|---|---|---|---|---|
| 位置类型 | 所占基金价值百分比 | 收益率 | 加权收益率 | 所占基金价值百分比 | 收益率 | 加权收益率 |
| 北 | 6.3% | 4.5% | 0.3% | 11.0% | 6.1% | 0.6% |
| 南 | 27.6% | 8.6% | 2.4% | 18.0% | 7.8% | 1.4% |
| 东 | 43.3% | 14.0% | 6.1% | 34.0% | 9.0% | 3.1% |
| 西 | 22.7% | 9.9% | 2.2% | 37.0% | 8.8% | 3.2% |
| 合计 | 100.0% | — | 11.0% | 100.0% | — | 8.3% |

a. 计算 Bluestone 基金按照房地产类型计算的超过或低于行业指数的权重的程度。

b. 计算 Bluestone 基金按照位置/地区类型计算的超过或低于行业指数的权重的程度。

c. (A) 中 Bluestone 基金的优越表现在多大程度上可归功于房地产选择和配置？

d. (B) 中 Bluestone 基金的优越表现在多大程度上可归功于房地产选择和配置？

e. 假设 Bluestone 基金的收益率标准差为 10.0，而指数收益率标准差为 9.0，那么这两种基金的相对风险有什么关系？

# 译后记

中国房地产市场体量巨大，是我国国民经济的重要组成部分。由房地产市场所衍生出的投融资活动，也深刻地影响着一国金融体系的规模和结构。然而，市面上系统性地讲述房地产金融的教材极为有限。本书是房地产金融这一领域中不可多得的经典教材，它深入讲述了住宅房地产和商业房地产的不同特点，详细介绍了房地产开发、建设等各环节的具体内容及多种投融资工具，并为房地产项目的价值评估提供了详尽论述。

本书的翻译工作量巨大，在此鸣谢本书主要参译人员：陈婷婷、邓志伟、吕静敏、吕心宁、裴晓鹏、王佳、王雪琦、张婕。鸣谢本书复核校对人员：陈一维、胡雨星、刘礼丽、李新月、于宛京。他们的积极参与为本书翻译工作的顺利完成提供了很大帮助。由衷希望读者能从阅读本书中有所收获。

**刚健华**

经济科学译丛

| 序号 | 书名 | 作者 | Author | 单价 | 出版年份 | ISBN |
|---|---|---|---|---|---|---|
| 1 | 面板数据分析(第三版) | 萧政 | Cheng Hsiao | 69.00 | 2021 | 978-7-300-28646-4 |
| 2 | 宏观经济学(第十三版) | 鲁迪格·多恩布什等 | Rudiger Dornbusch | 89.00 | 2021 | 978-7-300-28853-6 |
| 3 | 曼昆版《宏观经济学》(第十版)课后题解答与题库 | N.格里高利·曼昆等 | N. Gregory Mankiw | 62.00 | 2021 | 978-7-300-28855-0 |
| 4 | 共谋理论和竞争政策 | 小约瑟夫·E.哈林顿 | Joseph E. Harrington, Jr. | 39.00 | 2021 | 978-7-300-28804-8 |
| 5 | 国际经济学:理论与政策(第十一版) | 保罗·R.克鲁格曼等 | Paul R. Krugman | 98.00 | 2021 | 978-7-300-28805-5 |
| 6 | 微观经济学(第四版) | 戴维·A.贝赞可 | David A. Besanko | 125.00 | 2020 | 978-7-300-28647-1 |
| 7 | 经济建模:目的与局限 | 劳伦斯·A.博兰德 | Lawrence A. Boland | 49.00 | 2020 | 978-7-300-28532-0 |
| 8 | 计量经济分析(第八版)(上下册) | 威廉·H.格林 | William H. Greene | 158.00 | 2020 | 978-7-300-27645-8 |
| 9 | 微观经济学(第四版) | 保罗·克鲁格曼等 | Paul Krugman | 86.00 | 2020 | 978-7-300-28321-0 |
| 10 | 发展宏观经济学(第四版) | 皮埃尔·理查德·阿根诺等 | Pierre-Richard Agenor | 79.00 | 2020 | 978-7-300-27425-6 |
| 11 | 平狄克《微观经济学》(第九版)学习指导 | 乔纳森·汉密尔顿等 | Jonathan Hamilton | 42.00 | 2020 | 978-7-300-28281-7 |
| 12 | 经济地理学:区域和国家一体化 | 皮埃尔-菲利普·库姆斯等 | Pierre-Philippe Combes | 56.00 | 2020 | 978-7-300-28276-3 |
| 13 | 公共部门经济学(第四版) | 约瑟夫·E.斯蒂格利茨等 | Joseph E. Stiglitz | 96.00 | 2020 | 978-7-300-28218-3 |
| 14 | 递归宏观经济理论(第三版) | 拉尔斯·扬奎斯特等 | Lars Ljungqvist | 128.00 | 2020 | 978-7-300-28058-5 |
| 15 | 策略博弈(第四版) | 阿维纳什·迪克西特等 | Avinash Dixit | 85.00 | 2020 | 978-7-300-28005-9 |
| 16 | 劳动关系(第10版) | 小威廉·H.霍利等 | William H. Holley, Jr. | 83.00 | 2020 | 978-7-300-25582-8 |
| 17 | 微观经济学(第九版) | 罗伯特·S.平狄克等 | Robert S. Pindyck | 93.00 | 2020 | 978-7-300-26640-4 |
| 18 | 宏观经济学(第十版) | N.格里高利·曼昆 | N. Gregory Mankiw | 79.00 | 2020 | 978-7-300-27631-1 |
| 19 | 宏观经济学(第九版) | 安德鲁·B.亚伯等 | Andrew B. Abel | 95.00 | 2020 | 978-7-300-27382-2 |
| 20 | 商务经济学(第二版) | 克里斯·马尔赫恩等 | Chris Mulhearn | 56.00 | 2019 | 978-7-300-24491-4 |
| 21 | 管理经济学:基于战略的视角(第二版) | 蒂莫西·费希尔等 | Timothy Fisher | 58.00 | 2019 | 978-7-300-23886-9 |
| 22 | 投入产出分析:基础与扩展(第二版) | 罗纳德·E.米勒等 | Ronald E. Miller | 98.00 | 2019 | 978-7-300-26845-3 |
| 23 | 宏观经济学:政策与实践(第二版) | 弗雷德里克·S.米什金 | Frederic S. Mishkin | 89.00 | 2019 | 978-7-300-26809-5 |
| 24 | 国际商务:亚洲视角 | 查尔斯·W.L.希尔等 | Charles W. L. Hill | 108.00 | 2019 | 978-7-300-26791-3 |
| 25 | 统计学:在经济和管理中的应用(第10版) | 杰拉德·凯勒 | Gerald Keller | 158.00 | 2019 | 978-7-300-26771-5 |
| 26 | 经济学精要(第五版) | R.格伦·哈伯德等 | R. Glenn Hubbard | 99.00 | 2019 | 978-7-300-26561-2 |
| 27 | 环境经济学(第七版) | 埃班·古德斯坦等 | Eban Goodstein | 78.00 | 2019 | 978-7-300-23867-8 |
| 28 | 管理者微观经济学 | 戴维·M.克雷普斯 | David M. Kreps | 88.00 | 2019 | 978-7-300-22914-0 |
| 29 | 税收与企业经营战略:筹划方法(第五版) | 迈伦·S.斯科尔斯等 | Myron S. Scholes | 78.00 | 2018 | 978-7-300-25999-4 |
| 30 | 美国经济史(第12版) | 加里·M.沃尔顿等 | Gary M. Walton | 98.00 | 2018 | 978-7-300-26473-8 |
| 31 | 组织经济学:经济学分析方法在组织管理上的应用(第五版) | 塞特斯·杜玛等 | Sytse Douma | 62.00 | 2018 | 978-7-300-25545-3 |
| 32 | 经济理论的回顾(第五版) | 马克·布劳格 | Mark Blaug | 88.00 | 2018 | 978-7-300-26252-9 |
| 33 | 实地实验:设计、分析与解释 | 艾伦·伯格等 | Alan S. Gerber | 69.80 | 2018 | 978-7-300-26319-9 |
| 34 | 金融学(第二版) | 兹维·博迪等 | Zvi Bodie | 75.00 | 2018 | 978-7-300-26134-8 |
| 35 | 空间数据分析:模型、方法与技术 | 曼弗雷德·M.费希尔等 | Manfred M. Fischer | 36.00 | 2018 | 978-7-300-25304-6 |
| 36 | 《宏观经济学》(第十二版)学习指导书 | 鲁迪格·多恩布什等 | Rudiger Dornbusch | 38.00 | 2018 | 978-7-300-26063-1 |
| 37 | 宏观经济学(第四版) | 保罗·克鲁格曼等 | Paul Krugman | 68.00 | 2018 | 978-7-300-26068-6 |
| 38 | 计量经济学导论:现代观点(第六版) | 杰弗里·M.伍德里奇 | Jeffrey M. Wooldridge | 109.00 | 2018 | 978-7-300-25914-7 |
| 39 | 经济思想史:伦敦经济学院讲演录 | 莱昂内尔·罗宾斯 | Lionel Robbins | 59.80 | 2018 | 978-7-300-25258-2 |
| 40 | 空间计量经济学入门——在R中的应用 | 朱塞佩·阿尔比亚 | Giuseppe Arbia | 45.00 | 2018 | 978-7-300-25458-6 |
| 41 | 克鲁格曼经济学原理(第四版) | 保罗·克鲁格曼等 | Paul Krugman | 88.00 | 2018 | 978-7-300-25639-9 |
| 42 | 发展经济学(第七版) | 德怀特·H.波金斯等 | Dwight H. Perkins | 98.00 | 2018 | 978-7-300-25506-4 |
| 43 | 线性与非线性规划(第四版) | 戴维·G.卢恩伯格等 | David G. Luenberger | 79.80 | 2018 | 978-7-300-25391-6 |
| 44 | 产业组织理论 | 让·梯若尔 | Jean Tirole | 110.00 | 2018 | 978-7-300-25170-7 |
| 45 | 经济学精要(第六版) | 巴德、帕金 | Bade, Parkin | 89.00 | 2018 | 978-7-300-24749-6 |
| 46 | 空间计量经济学——空间数据的分位数回归 | 丹尼尔·P.麦克米伦 | Daniel P. McMillen | 30.00 | 2018 | 978-7-300-23949-1 |
| 47 | 高级宏观经济学基础(第二版) | 本·J.海德拉 | Ben J. Heijdra | 88.00 | 2018 | 978-7-300-25147-9 |
| 48 | 税收经济学(第二版) | 伯纳德·萨拉尼耶 | Bernard Salanié | 42.00 | 2018 | 978-7-300-23866-1 |
| 49 | 国际贸易(第三版) | 罗伯特·C.芬斯特拉 | Robert C. Feenstra | 73.00 | 2017 | 978-7-300-25327-5 |

| 经济科学译丛 | | | | | | |
|---|---|---|---|---|---|---|
| 序号 | 书名 | 作者 | Author | 单价 | 出版年份 | ISBN |
| 50 | 国际宏观经济学(第三版) | 罗伯特·C. 芬斯特拉 | Robert C. Feenstra | 79.00 | 2017 | 978-7-300-25326-8 |
| 51 | 公司治理(第五版) | 罗伯特·A.G. 蒙克斯 | Robert A. G. Monks | 69.80 | 2017 | 978-7-300-24972-8 |
| 52 | 国际经济学(第15版) | 罗伯特·J. 凯伯 | Robert J. Carbaugh | 78.00 | 2017 | 978-7-300-24844-8 |
| 53 | 经济理论和方法史(第五版) | 小罗伯特·B. 埃克伦德等 | Robert B. Ekelund. Jr. | 88.00 | 2017 | 978-7-300-22497-8 |
| 54 | 经济地理学 | 威廉·P. 安德森 | William P. Anderson | 59.80 | 2017 | 978-7-300-24544-7 |
| 55 | 博弈与信息:博弈论概论(第四版) | 艾里克·拉斯穆森 | Eric Rasmusen | 79.80 | 2017 | 978-7-300-24546-1 |
| 56 | MBA宏观经济学 | 莫里斯·A. 戴维斯 | Morris A. Davis | 38.00 | 2017 | 978-7-300-24268-2 |
| 57 | 经济学基础(第十六版) | 弗兰克·V. 马斯切纳 | Frank V. Mastrianna | 42.00 | 2017 | 978-7-300-22607-1 |
| 58 | 高级微观经济学:选择与竞争性市场 | 戴维·M. 克雷普斯 | David M. Kreps | 79.80 | 2017 | 978-7-300-23674-2 |
| 59 | 博弈论与机制设计 | Y. 内拉哈里 | Y. Narahari | 69.80 | 2017 | 978-7-300-24209-5 |
| 60 | 宏观经济学(第十二版) | 鲁迪格·多恩布什等 | Rudiger Dornbusch | 69.00 | 2017 | 978-7-300-23772-5 |
| 61 | 国际金融与开放宏观经济学:理论、历史与政策 | 亨德里克·范登伯格 | Hendrik Van den Berg | 68.00 | 2016 | 978-7-300-23380-2 |
| 62 | 经济学(微观部分) | 达龙·阿西莫格鲁等 | Daron Acemoglu | 59.00 | 2016 | 978-7-300-21786-4 |
| 63 | 经济学(宏观部分) | 达龙·阿西莫格鲁等 | Daron Acemoglu | 45.00 | 2016 | 978-7-300-21886-1 |
| 64 | 中级微观经济学——直觉思维与数理方法(上下册) | 托马斯·J. 内契巴 | Thomas J. Nechyba | 128.00 | 2016 | 978-7-300-22363-6 |
| 65 | 环境与自然资源经济学(第十版) | 汤姆·蒂坦伯格等 | Tom Tietenberg | 72.00 | 2016 | 978-7-300-22900-3 |
| 66 | 货币金融学(第十一版) | 弗雷德里克·S. 米什金 | Frederic S. Mishkin | 85.00 | 2016 | 978-7-300-23001-6 |
| 67 | 动态优化——经济学和管理学中的变分法和最优控制(第二版) | 莫顿·I. 凯曼等 | Morton I. Kamien | 48.00 | 2016 | 978-7-300-23167-9 |
| 68 | 投资学精要(第九版) | 兹维·博迪等 | Zvi Bodie | 108.00 | 2016 | 978-7-300-22236-3 |
| 69 | 环境经济学(第二版) | 查尔斯·D. 科尔斯塔德 | Charles D. Kolstad | 68.00 | 2016 | 978-7-300-22255-4 |
| 70 | MWG《微观经济理论》习题解答 | 原千晶等 | Chiaki Hara | 75.00 | 2016 | 978-7-300-22306-3 |
| 71 | 横截面与面板数据的计量经济分析(第二版) | 杰弗里·M. 伍德里奇 | Jeffrey M. Wooldridge | 128.00 | 2016 | 978-7-300-21938-7 |
| 72 | 宏观经济学(第十二版) | 罗伯特·J. 戈登 | Robert J. Gordon | 75.00 | 2016 | 978-7-300-21978-3 |
| 73 | 动态最优化基础 | 蒋中一 | Alpha C. Chiang | 42.00 | 2015 | 978-7-300-22068-0 |
| 74 | 管理经济学:理论、应用与案例(第八版) | 布鲁斯·艾伦等 | Bruce Allen | 79.80 | 2015 | 978-7-300-21991-2 |
| 75 | 微观经济分析(第三版) | 哈尔·R. 范里安 | Hal R. Varian | 68.00 | 2015 | 978-7-300-21536-5 |
| 76 | 财政学(第十版) | 哈维·S. 罗森等 | Harvey S. Rosen | 68.00 | 2015 | 978-7-300-21754-3 |
| 77 | 经济数学(第三版) | 迈克尔·霍伊等 | Michael Hoy | 88.00 | 2015 | 978-7-300-21674-4 |
| 78 | 发展经济学(第九版) | A.P. 瑟尔沃 | A. P. Thirlwall | 69.80 | 2015 | 978-7-300-21193-0 |
| 79 | 宏观经济学(第五版) | 斯蒂芬·D. 威廉森 | Stephen D. Williamson | 69.00 | 2015 | 978-7-300-21169-5 |
| 80 | 现代时间序列分析导论(第二版) | 约根·沃特斯等 | Jürgen Wolters | 39.80 | 2015 | 978-7-300-20625-7 |
| 81 | 空间计量经济学——从横截面数据到空间面板 | J. 保罗·埃尔霍斯特 | J. Paul Elhorst | 32.00 | 2015 | 978-7-300-21024-7 |
| 82 | 战略经济学(第五版) | 戴维·贝赞可等 | David Besanko | 78.00 | 2015 | 978-7-300-20679-0 |
| 83 | 博弈论导论 | 史蒂文·泰迪里斯 | Steven Tadelis | 58.00 | 2015 | 978-7-300-19993-1 |
| 84 | 社会问题经济学(第二十版) | 安塞尔·M. 夏普等 | Ansel M. Sharp | 49.00 | 2015 | 978-7-300-20279-2 |
| 85 | 时间序列分析 | 詹姆斯·D. 汉密尔顿 | James D. Hamilton | 118.00 | 2015 | 978-7-300-20213-6 |
| 86 | 微观经济理论 | 安德鲁·马斯-克莱尔等 | Andreu Mas-Collel | 148.00 | 2014 | 978-7-300-19986-3 |
| 87 | 产业组织:理论与实践(第四版) | 唐·E. 瓦尔德曼等 | Don E. Waldman | 75.00 | 2014 | 978-7-300-19722-7 |
| 88 | 公司金融理论 | 让·梯若尔 | Jean Tirole | 128.00 | 2014 | 978-7-300-20178-8 |
| 89 | 公共部门经济学 | 理查德·W. 特里西 | Richard W. Tresch | 49.00 | 2014 | 978-7-300-18442-5 |
| 90 | 计量经济学导论(第三版) | 詹姆斯·H. 斯托克等 | James H. Stock | 69.00 | 2014 | 978-7-300-18467-8 |
| 91 | 中级微观经济学(第六版) | 杰弗里·M. 佩罗夫 | Jeffrey M. Perloff | 89.00 | 2014 | 978-7-300-18441-8 |
| 92 | 计量经济学原理与实践 | 达摩达尔·N. 古扎拉蒂 | Damodar N. Gujarati | 49.80 | 2013 | 978-7-300-18169-1 |
| 93 | 经济学简史——处理沉闷科学的巧妙方法(第二版) | E. 雷·坎特伯里 | E. Ray Canterbery | 58.00 | 2013 | 978-7-300-17571-3 |

经济科学译丛

| 序号 | 书名 | 作者 | Author | 单价 | 出版年份 | ISBN |
|---|---|---|---|---|---|---|
| 94 | 环境经济学 | 彼得·伯克等 | Peter Berck | 55.00 | 2013 | 978-7-300-16538-7 |
| 95 | 高级微观经济理论 | 杰弗里·杰里 | Geoffrey A. Jehle | 69.00 | 2012 | 978-7-300-16613-1 |
| 96 | 高级宏观经济学导论:增长与经济周期(第二版) | 彼得·伯奇·索伦森等 | Peter Birch Sørensen | 95.00 | 2012 | 978-7-300-15871-6 |
| 97 | 卫生经济学(第六版) | 舍曼·富兰德等 | Sherman Folland | 79.00 | 2011 | 978-7-300-14645-4 |
| 98 | 现代劳动经济学:理论与公共政策(第十版) | 罗纳德·G. 伊兰伯格等 | Ronald G. Ehrenberg | 69.00 | 2011 | 978-7-300-14482-5 |
| 99 | 计量经济学基础(第五版)(上下册) | 达摩达尔·N. 古扎拉蒂 | Damodar N. Gujarati | 99.00 | 2011 | 978-7-300-13693-6 |
| 100 | 《计量经济学基础》(第五版)学生习题解答手册 | 达摩达尔·N. 古扎拉蒂等 | Damodar N. Gujarati | 23.00 | 2012 | 978-7-300-15080-8 |

金融学译丛

| 序号 | 书名 | 作者 | Author | 单价 | 出版年份 | ISBN |
|---|---|---|---|---|---|---|
| 1 | 房地产金融与投资(第十五版) | 威廉·B. 布鲁格曼等 | William B. Brueggeman | 118.00 | 2021 | 978-7-300-28473-6 |
| 2 | 金融工程学原理(第三版) | 罗伯特·L. 科索斯基等 | Robert L. Kosowski | 109.00 | 2020 | 978-7-300-28541-2 |
| 3 | 金融市场与金融机构(第12版) | 杰夫·马杜拉 | Jeff Madura | 99.00 | 2020 | 978-7-300-27836-0 |
| 4 | 个人理财(第11版) | E. 托马斯·加曼等 | E. Thomas Garman | 108.00 | 2020 | 978-7-300-25653-5 |
| 5 | 银行学(第二版) | 芭芭拉·卡苏等 | Barbara Casu | 99.00 | 2020 | 978-7-300-28034-9 |
| 6 | 金融衍生工具与风险管理(第十版) | 唐·M. 钱斯 | Don M. Chance | 98.00 | 2020 | 978-7-300-27651-9 |
| 7 | 投资学导论(第十二版) | 赫伯特·B. 梅奥 | Herbert B. Mayo | 89.00 | 2020 | 978-7-300-27653-3 |
| 8 | 金融几何学 | 阿尔文·库鲁克 | Alvin Kuruc | 58.00 | 2020 | 978-7-300-14104-6 |
| 9 | 银行风险管理(第四版) | 若埃尔·贝西 | Joël Bessis | 56.00 | 2019 | 978-7-300-26496-7 |
| 10 | 金融学原理(第八版) | 阿瑟·J. 基翁等 | Arthur J. Keown | 79.00 | 2018 | 978-7-300-25638-2 |
| 11 | 财务管理基础(第七版) | 劳伦斯·J. 吉特曼等 | Lawrence J. Gitman | 89.00 | 2018 | 978-7-300-25339-8 |
| 12 | 利率互换及其他衍生品 | 霍华德·科伯 | Howard Corb | 69.00 | 2018 | 978-7-300-25294-0 |
| 13 | 固定收益证券手册(第八版) | 弗兰克·J. 法博齐 | Frank J. Fabozzi | 228.00 | 2017 | 978-7-300-24227-9 |
| 14 | 金融市场与金融机构(第8版) | 弗雷德里克·S. 米什金等 | Frederic S. Mishkin | 86.00 | 2017 | 978-7-300-24731-1 |
| 15 | 兼并、收购和公司重组(第六版) | 帕特里克·A. 高根 | Patrick A. Gaughan | 89.00 | 2017 | 978-7-300-24231-6 |
| 16 | 债券市场:分析与策略(第九版) | 弗兰克·J. 法博齐 | Frank J. Fabozzi | 98.00 | 2016 | 978-7-300-23495-3 |
| 17 | 财务报表分析(第四版) | 马丁·弗里德森 | Martin Fridson | 46.00 | 2016 | 978-7-300-23037-5 |
| 18 | 国际金融学 | 约瑟夫·P. 丹尼尔斯等 | Joseph P. Daniels | 65.00 | 2016 | 978-7-300-23037-1 |
| 19 | 国际金融 | 阿德里安·巴克利 | Adrian Buckley | 88.00 | 2016 | 978-7-300-22668-2 |
| 20 | 个人理财(第六版) | 阿瑟·J. 基翁 | Arthur J. Keown | 85.00 | 2016 | 978-7-300-22711-5 |
| 21 | 投资学基础(第三版) | 戈登·J. 亚历山大等 | Gordon J. Alexander | 79.00 | 2015 | 978-7-300-20274-7 |
| 22 | 金融风险管理(第二版) | 彼德·F. 克里斯托弗森 | Peter F. Christoffersen | 46.00 | 2015 | 978-7-300-21210-4 |
| 23 | 风险管理与保险管理(第十二版) | 乔治·E. 瑞达等 | George E. Rejda | 95.00 | 2015 | 978-7-300-21486-3 |
| 24 | 个人理财(第五版) | 杰夫·马杜拉 | Jeff Madura | 69.00 | 2015 | 978-7-300-20583-0 |
| 25 | 企业价值评估 | 罗伯特·A.G. 蒙克斯等 | Robert A. G. Monks | 58.00 | 2015 | 978-7-300-20582-3 |
| 26 | 基于Excel的金融学原理(第二版) | 西蒙·本尼卡 | Simon Benninga | 79.00 | 2014 | 978-7-300-18899-7 |
| 27 | 金融工程学原理(第二版) | 萨利赫·N. 内夫特奇 | Salih N. Neftci | 88.00 | 2014 | 978-7-300-19348-9 |
| 28 | 国际金融市场导论(第六版) | 斯蒂芬·瓦尔德斯等 | Stephen Valdez | 59.80 | 2014 | 978-7-300-18896-6 |
| 29 | 金融数学:金融工程引论(第二版) | 马雷克·凯宾斯基等 | Marek Capinski | 42.00 | 2014 | 978-7-300-17650-5 |
| 30 | 财务管理(第二版) | 雷蒙德·布鲁克斯 | Raymond Brooks | 69.00 | 2014 | 978-7-300-19085-3 |
| 31 | 期货与期权市场导论(第七版) | 约翰·C. 赫尔 | John C. Hull | 69.00 | 2014 | 978-7-300-18994-2 |
| 32 | 国际金融:理论与实务 | 皮特·塞尔居 | Piet Sercu | 88.00 | 2014 | 978-7-300-18413-5 |
| 33 | 货币、银行和金融体系 | R. 格伦·哈伯德等 | R. Glenn Hubbard | 75.00 | 2013 | 978-7-300-17856-1 |
| 34 | 并购创造价值(第二版) | 萨德·苏达斯纳 | Sudi Sudarsanam | 89.00 | 2013 | 978-7-300-17473-0 |
| 35 | 个人理财——理财技能培养方法(第三版) | 杰克·R. 卡普尔等 | Jack R. Kapoor | 66.00 | 2013 | 978-7-300-16687-2 |
| 36 | 国际财务管理 | 吉尔特·贝克特 | Geert Bekaert | 95.00 | 2012 | 978-7-300-16031-3 |
| 37 | 应用公司财务(第三版) | 阿斯沃思·达摩达兰 | Aswath Damodaran | 88.00 | 2012 | 978-7-300-16034-4 |
| 38 | 资本市场:机构与工具(第四版) | 弗兰克·J. 法博齐 | Frank J. Fabozzi | 85.00 | 2011 | 978-7-300-13828-2 |

William B. Brueggeman, PhD, Jeffrey D. Fisher, PhD
Real Estate Finance and Investments, Fifteenth Edition
007337735X


北京市版权局著作权合同登记号：图字：01－2020－1218

**图书在版编目（CIP）数据**

房地产金融与投资：第十五版/（美）威廉·B. 布鲁格曼，（美）杰弗里·D. 费希尔著；刚健华译. --北京：中国人民大学出版社，2021.2
（金融学译丛）
ISBN 978-7-300-28473-6

Ⅰ.①房… Ⅱ.①威… ②杰… ③刚… Ⅲ.①房地产金融②房地产投资 Ⅳ.①F293.3

中国版本图书馆 CIP 数据核字（2020）第 165572 号

金融学译丛
**房地产金融与投资（第十五版）**
威廉·B. 布鲁格曼
杰弗里·D. 费希尔 著
刚健华 译
Fangdichan Jinrong yu Touzi

| | | | |
|---|---|---|---|
| **出版发行** | 中国人民大学出版社 | | |
| **社　　址** | 北京中关村大街 31 号 | **邮政编码** | 100080 |
| **电　　话** | 010－62511242（总编室） | | 010－62511770（质管部） |
| | 010－82501766（邮购部） | | 010－62514148（门市部） |
| | 010－62515195（发行公司） | | 010－62515275（盗版举报） |
| **网　　址** | http://www.crup.com.cn | | |
| **经　　销** | 新华书店 | | |
| **印　　刷** | 涿州市星河印刷有限公司 | | |
| **规　　格** | 185 mm×260 mm　16 开本 | **版　　次** | 2021 年 2 月第 1 版 |
| **印　　张** | 51　插页 1 | **印　　次** | 2021 年 2 月第 1 次印刷 |
| **字　　数** | 1 204 000 | **定　　价** | 118.00 元 |

# 麦格劳-希尔教育教师服务表

尊敬的老师：您好！

感谢您对麦格劳-希尔教育的关注和支持！我们将尽力为您提供高效、周到的服务。与此同时，为帮助您及时了解我们的优秀图书，便捷地选择适合您课程的教材并获得相应的免费教学课件，请您协助填写此表，并欢迎您对我们的工作提供宝贵的建议和意见！

麦格劳-希尔教育 教师服务中心

★ 基本信息

| | | | | | |
|---|---|---|---|---|---|
| 姓 | | 名 | | 性别 | |
| 学校 | | | 院系 | | |
| 职称 | | | 职务 | | |
| 办公电话 | | | 家庭电话 | | |
| 手机 | | | 电子邮箱 | | |
| 省份 | | 城市 | | 邮编 | |
| 通信地址 | | | | | |

★ 课程信息

| | | | |
|---|---|---|---|
| 主讲课程-1 | | 课程性质 | |
| 学生年级 | | 学生人数 | |
| 授课语言 | | 学时数 | |
| 开课日期 | | 学期数 | |
| 教材决策日期 | | 教材决策者 | |
| 教材购买方式 | | 共同授课教师 | |
| 现用教材<br>书名/作者/出版社 | | | |
| | | | |
| 主讲课程-2 | | 课程性质 | |
| 学生年级 | | 学生人数 | |
| 授课语言 | | 学时数 | |
| 开课日期 | | 学期数 | |
| 教材决策日期 | | 教材决策者 | |
| 教材购买方式 | | 共同授课教师 | |
| 现用教材<br>书名/作者/出版社 | | | |

★ 教师需求及建议

| | | | |
|---|---|---|---|
| 提供配套教学课件<br>（请注明作者 / 书名 / 版次） | | | |
| 推荐教材<br>（请注明感兴趣的领域或其他相关信息） | | | |
| 其他需求 | | | |
| 意见和建议（图书和服务） | | | |
| 是否需要最新图书信息 | 是/否 | 感兴趣领域 | |
| 是否有翻译意愿 | 是/否 | 感兴趣领域或<br>意向图书 | |

填妥后请选择电邮或传真的方式将此表返回，谢谢！

地址：北京市东城区北三环东路36号环球贸易中心A座702室，教师服务中心，100013
电话：010-5799 7618/7600 传真：010-5957 5582
邮箱：instructorchina@mheducation.com
网址：www.mheducation.com, www.mhhe.com

欢迎关注我们的微信公众号：MHHE0102